LEGER GILLES

MANUEL DE L'ÉDUCATEUR SPORTIF

Edgar THILL, Raymond THOMAS et José CAJA
avec la participation de :
G. Cazorla, R. Chappuis, R. Chauvier, B. During,
G. François, J. Keller, P. Legros et G. Missoum

MANUEL DE L'ÉDUCATEUR SPORTIF

destiné aux Éducateurs sportifs
et aux candidats préparant
le brevet d'État d'Éducateur sportif
(formation commune)

Neuvième Édition

VIGOT

Dépôt légal : juillet 1995 – I.S.B.N. 2-7114-1983-5
Imprimé en France

Table des matières

Deuxième partie

Sciences humaines appliquées au sport

LES PARTICIPANTS

Troisième partie

Histoire du sport et de l'éducation physique

Quatrième partie

Organisation et réglementation du Sport en France et dans le monde

Avant-propos de la nouvelle édition

Depuis de nombreuses années le Manuel de l'éducateur sportif *tient lieu de référence.*

Les candidats au brevet d'Etat le connaissent bien et savent qu'ils peuvent trouver dans ce livre non seulement les éléments nécessaires à la préparation de leur examen mais également un exposé clair des données scientifiques indispensables à leur fonction d'entraîneur qui demande des connaissances variées allant de la physiologie à l'administration en passant par la psychologie et l'histoire.

Cette nouvelle édition se veut donc d'une part adaptée aux exigences les plus récentes de l'examen du brevet d'Etat qui progressivement s'est ajusté à une formation évoluant elle-même, et d'autre part plus complète que les précédentes. En effet nous avons tenté de prendre en compte des aspects des différentes disciplines scientifiques dont la connaissance nous semblait indispensable à l'entraîneur.

Enfin certaines parties ont été totalement réécrites et d'autres ont été ajoutées ***en fonction du nouveau programme d'examen****. L'ouvrage s'avère également un outil indispensable pour la préparation au* ***C.A.P.E.P.S.****, pour celle du* ***professorat de sport****.*

Nous conseillons vivement aux candidats au brevet d'Etat de compléter leur information par la lecture de deux ouvrages :

le *Manuel de l'entraînement* de Jurgend Weineck, éd. Vigot

Les aptitudes motrices de Raymond Thomas et Col. éd. Vigot.

Modification du brevet d'Etat d'éducateur sportif 1er degré

Le B.E.E.S. 1er degré, tel qu'il avait été défini par l'arrêté du 8 mai 1974, était obtenu après le succès à un examen comportant deux parties distinctes : l'examen de la formation commune et l'examen de la formation spécifique.

Or le ministère de la Jeunesse et des Sports a constaté que le pourcentage du nombre de reçus par rapport au nombre de candidats était assez faible et que les échecs se produisaient essentiellement lors de l'examen de la formation commune. Il a donc paru nécessaire aux responsables d'envisager une modification du tronc commun qui permette aux candidats de mieux se préparer et aux examinateurs de mieux apprécier la valeur des postulants.

Deux transformations principales ont été effectuées :

1. Il a été introduit une épreuve orale qui se déroule sous la forme d'un entretien avec un jury.
2. L'épreuve écrite comporte désormais 3 questions (au lieu de 10 précédemment) qui portent sur la biomécanique (anatomie)*, la physiologie et la psychologie (sociologie)*.

Par ailleurs des stages sont mis en place dans les services des établissements relevant du ministère chargé des Sports. Dans ceux-ci l'évaluation se fera sous forme de contrôle continu.

Le manuel de l'éducateur a donc été transformé pour répondre à ces exigences. Il continue, évidemment, à permettre la préparation du 2e degré. Sous ce double aspect il est à ce jour le seul ouvrage existant.

* Les parenthèses signifient que le domaine de la discipline précédente s'étend à celle mise entre parenthèses.

PREMIÈRE PARTIE

Sciences biologiques appliquées au sport

J. CAJA, G. CAZORLA et P. LEGROS.

Introduction

L'être vivant peut être considéré comme étant composé de deux grands systèmes :

- l'un assure la vie de nutrition de l'organisme ou vie végétative ;
- l'autre permet les relations de l'individu avec son environnement, ou vie de relation.

A chacun de ces systèmes correspond un ensemble de grandes fonctions ou appareils :

- **pour la vie végétative :**

- *la circulation :* elle assure le « transport » des substances nécessaires au fonctionnement de l'organisme ou résultant de celui-ci ;
- *la respiration :* elle permet les échanges gazeux entre l'air ambiant et le sang ;
- *la digestion :* elle transforme les aliments afin de les rendre assimilables par l'organisme ;
- *l'excrétion :* elle évacue les déchets résultant du fonctionnement de l'organisme ; elle est réalisée par des organes isolés ou « appartenant » à d'autres fonctions :
  — reins (urines),
  — glandes sudoripares (sueur),
  — foie (bile),
  — poumons (CO_2, vapeur d'eau) ;
- *la fonction endocrinienne :* un certain nombre de glandes sécrètent des hormones : substances qui participent à la régulation des fonctions précédentes.

- **pour la vie de relation :**

- *l'appareil locomoteur :* constitué par les os, les articulations, les muscles, c'est le support du mouvement ;
- *l'ensemble des organes des sens :* ils permettent la réception des différentes informations (stimulations) issues de l'environnement : toucher — vue — ouïe — odorat — goût.

Une place particulière est réservée au **système nerveux** qui organise la commande et le fonctionnement de tout l'ensemble. Bien que formant un tout, on a l'habitude de diviser celui-ci en :

- *système nerveux cérébro-spinal* qui « règle » les fonctions de relation ;
- *système nerveux neuro-végétatif* qui « règle » la vie végétative.

Le support anatomique des différentes fonctions est constitué par différents tissus assurant des fonctions spécialisées. On peut distinguer :

- *le tissu musculaire* (étudié plus loin) ;

- *le tissu osseux* (étudié plus loin) ;
- *le tissu cartilagineux :* à l'origine de la formation de l'os, il subsiste au niveau articulaire ;
- *le tissu conjonctif :* il entre dans la constitution des éléments de fixation des organes entre eux (ligaments, aponévroses,...) ;
- *le tissu épithélial :* recouvre et protège (peau, couche intérieure des vaisseaux, du tube digestif...) ;
- *le tissu glandulaire :* les cellules qui le composent sécrètent les substances utiles à l'organisme ;
- *le tissu nerveux :* constitue tous les éléments du système nerveux ;
- *le tissu sanguin :* compose le sang (principalement globules rouges et blancs).

L'unité de base de ces tissus est la cellule. Les différentes cellules composant un tissu donné possèdent ensemble la propriété de pouvoir assurer une ou plusieurs fonctions spécialisées (exemples : globules rouges pour le transport de l'oxygène — cellules musculaires : contractilité — cellules nerveuses : conduite de l'influx nerveux...) mais, qu'elles soient musculaires, nerveuses, osseuses..., les cellules possèdent les mêmes propriétés générales. En effet, la cellule est la plus petite organisation vivante et, comme l'organisme entier :

- elle respire : absorbe de l'oxygène, rejette du gaz carbonique ;
- elle se nourrit des substances provenant de la digestion ;
- elle rejette des déchets ;
- elle réagit à différents stimuli qui règlent son fonctionnement :
  — substances hormonales,
  — influx nerveux ;
- elle se reproduit (par division) ;
- elle dégénère et meurt.

Organisation générale d'une cellule

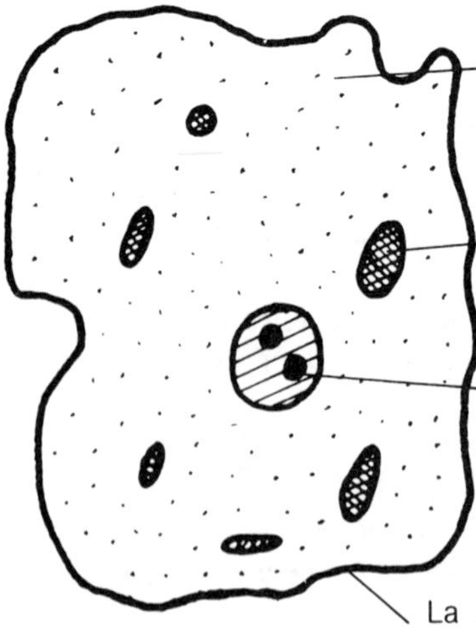

1re Section

Support anatomique du mouvement — P. LEGROS

Une meilleure compréhension du geste sportif est l'un des facteurs de l'amélioration de la performance. La biomécanique, « science qui étudie les forces internes et externes agissant sur le corps humain et les effets produits par celles-ci » (1), permet à l'entraîneur de pouvoir analyser le geste. Cette analyse amène l'entraîneur à une meilleure perception des mouvements, ce qui lui permet de détecter et de corriger les fautes techniques, d'adapter une technique aux changements de règlements, d'inventer de nouvelles techniques et de nouveaux exercices d'apprentissage...

La compréhension de la mécanique du mouvement suppose une bonne connaissance de l'anatomie. En effet, on peut assimiler le mouvement à une modification des positions respectives d'une ou plusieurs pièces osseuses (leviers), se déplaçant autour d'un axe (articulation) sous l'action musculaire.

(1) J.G. HAY, *Biomécanique des techniques sportives,* Vigot Ed., 1980. Nous conseillons aux candidats au brevet d'Etat de compléter leur information par la lecture de cet ouvrage.

1. Anatomie de l'appareil locomoteur — P. LEGROS

1.1. Les os

Ensemble, ils forment le squelette, c'est-à-dire la charpente du corps. Ils sont reliés entre eux par les articulations permettant les divers types de mouvements.

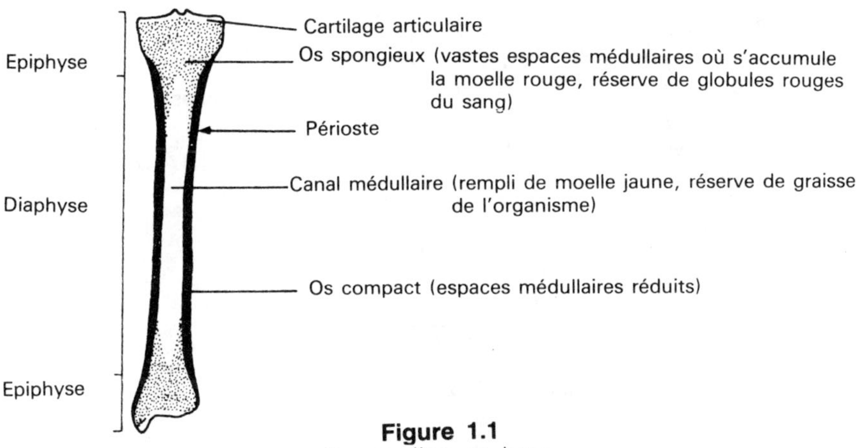

Figure 1.1
Coupe d'un os long

Ils sont constitués (fig. 1.1) par une substance appelée osséine, elle-même imprégnée de sels (calcium et phosphore) qui donnent la dureté et la rigidité.

On distingue :

- *les os longs :* fémur, tibia, humérus, radius, côtes...
- *les os courts :* vertèbres, phalanges...
- *les os plats :* omoplate, os de la voûte du crâne...

Les différents éléments du squelette (fig. 1.2) s'organisent autour d'un axe vertical : la colonne vertébrale. De chaque côté, les membres sont reliés au tronc par des ceintures :

- ceinture scapulaire (clavicules et omoplates) pour le membre supérieur ;
- ceinture pelvienne (os illiaques qui, avec le sacrum, forment le bassin) pour le membre inférieur.

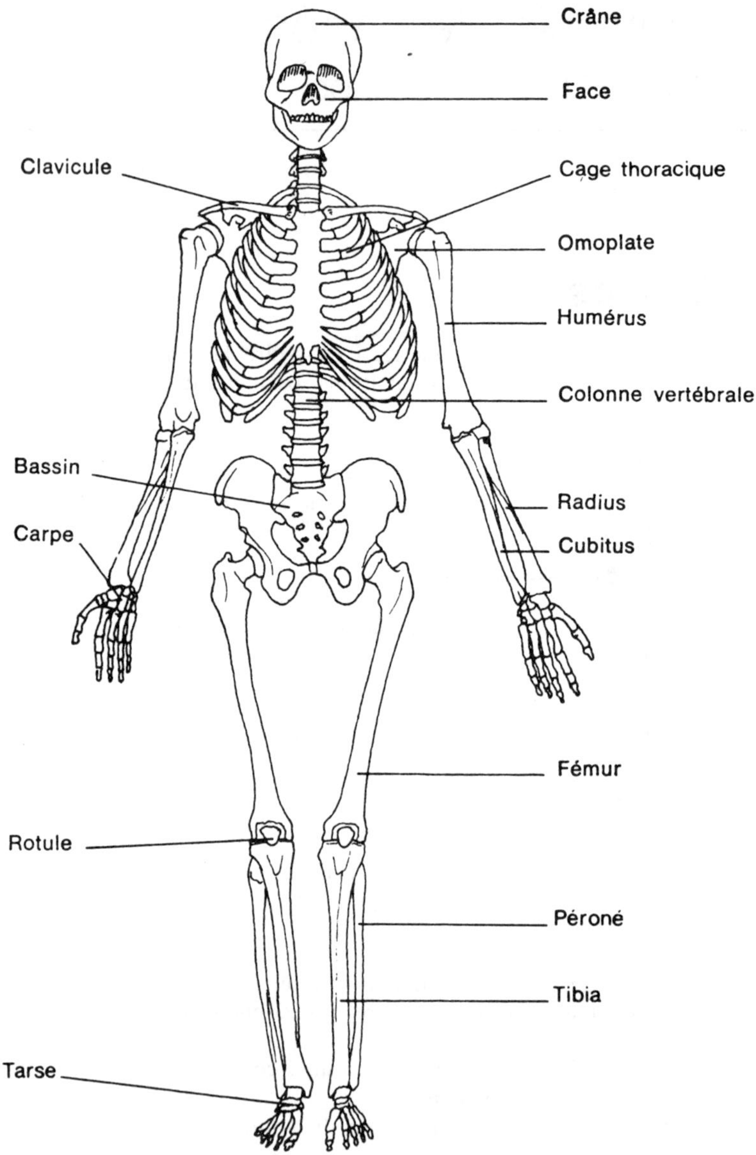

Figure 1.2
Représentation schématique du squelette de l'homme

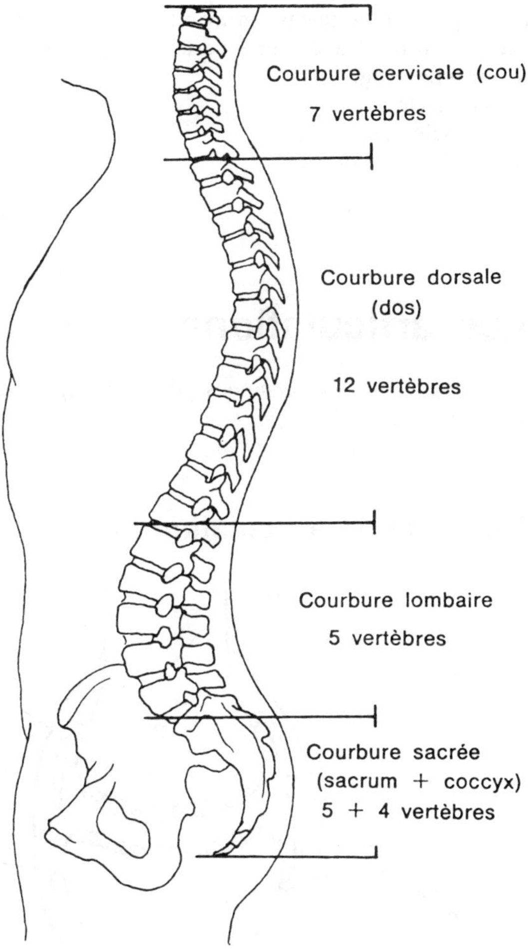

Figure 1.3
Colonne vertébrale (vue latérale)

La colonne vertébrale (fig. 1.3) est constituée d'une série de petits os : les vertèbres. Il existe 7 vertèbres cervicales, 12 vertèbres thoraciques et 5 vertèbres lombaires ; en plus, 5 éléments soudés entre eux forment le sacrum et 5 autres le coccyx. Entre chaque vertèbre, on trouve les disques intervertébraux. Ce sont des éléments cartilagineux se comportant comme des coussinets élastiques (amortisseurs) lors des mouvements des vertèbres les unes par rapport aux autres. En fait, la mobilité entre deux vertèbres voisines est faible ; c'est la somme totale des petits mouvements qui permet la mobilité de la colonne qui peut se fléchir en avant, en arrière, latéralement, ou tourner sur son axe. De profil, la colonne vertébrale présente un certain nombre de courbures normales (fig. 1.3) :

- courbure cervicale ;
- courbure dorsale (cyphose) ;
- courbure lombaire (lordose).

1.2. Les articulations

Elles représentent les systèmes d'assemblage des différentes pièces osseuses du squelette.

1.2.1. Etude d'une articulation type

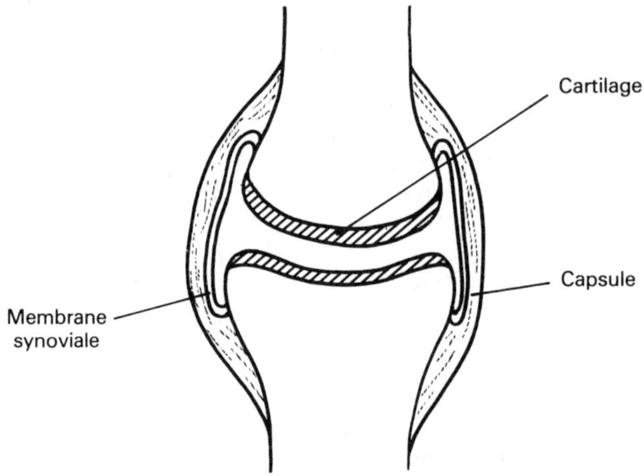

Figure 1.4
Schéma d'une articulation type

a. Les surfaces articulaires

A leurs extrémités, les os présentent une surface lisse permettant un meilleur glissement : c'est le cartilage articulaire. Il y a en plus un système de lubrification assuré par un liquide : la synovie.

En principe, dans une articulation les surfaces articulaires en regard s'emboîtent parfaitement. Dans certaines articulations ce n'est pas le cas ; il existe des cartilages supplémentaires qui complètent et agrandissent une des surfaces articulaires : le bourrelet dans l'articulation de l'épaule (omoplate - humérus), les ménisques dans l'articulation du genou (tibia - fémur).

La forme des surfaces articulaires est le facteur déterminant dans les différents mouvements possibles d'une articulation.

b. Les moyens d'union

Ils maintiennent solidement l'emboîtement des pièces osseuses en présence. On distingue :

- *la capsule :* sorte de manchon fibreux qui entoure complètement l'articulation. Elle renferme la synovie ;
- *les ligaments :* bandes plus ou moins larges de tissus fibreux qui renforcent, en certains points, la capsule ;
- *les muscles* qui croisent l'articulation et dont le tissu constitue un puissant élément d'union.

1.2.2. Les mouvements articulaires

On distingue selon leurs degrés de mobilité plusieurs types d'articulations :

• *Les diarthroses :* articulations très mobiles essentiellement rencontrées dans les membres, elles permettent — soit des mouvements dans tous les plans (les surfaces articulaires de ces articulations sont constituées par des fractions de sphère), exemple : épaule, hanche — soit des mouvements dans un seul plan (les surfaces articulaires sont constituées de fractions de poulie cylindrique ou conique), exemple : genou, coude.

• *Les amphiarthroses :* articulations peu mobiles ne permettant que des mouvements de glissement. Elles sont simplement maintenues par des ligaments interosseux (il n'y a pas de capsule), exemple : vertèbres entre elles, articulations côte — vertèbres.

• *Les synarthroses :* articulations immobiles, dans lesquelles aucun mouvement n'est possible. Il n'y a ni capsule, ni ligament, exemple : os du crâne entre eux.

L'amplitude des mouvements articulaires est limitée. Ces limites dépendent de deux facteurs :

- la rencontre des pièces osseuses ou des masses musculaires, exemple : flexion de l'avant-bras sur le bras limitée par la rencontre avec le corps musculaire du biceps ;
- l'action des différents moyens d'union : tension des ligaments, état de tension (tonus) des muscles étirés.

Bien qu'ils puissent être associés, on considère de façon analytique, qu'il peut se produire quatre variétés de mouvements au niveau d'une articulation (fig. 1.5) :

• *Les mouvements d'angulation :* ils provoquent une modification de l'angle formé par les deux pièces osseuses concernées. On en décrit deux types : la flexion-extension qui désigne l'action de « plier » ou « déplier » une articulation, elle se produit autour d'un axe transversal ; l'abduction-adduction qui désigne le fait d'éloigner ou de rapprocher un membre du grand axe médian vertical du corps, ce mouvement se produit autour d'un axe antéro-postérieur ;

• *La circumduction :* s'observe lorsque les deux types de mouvement d'angulation sont possibles (les surfaces articulaires sont des fractions de sphère). Dans ce mouvement l'extrémité du membre considéré décrit un cercle ou un arc de cercle, le membre décrit un cône ou une partie de cône dont le sommet est l'articulation ;

• *La rotation* (à ne pas confondre avec la circumduction) ; dans ce mouvement, l'os tourne autour d'un axe longitudinal. On décrit, selon leur direction initiale, des rotations externes ou internes ;

• *Les mouvements de glissement :* les deux surfaces articulaires glissent l'une sur l'autre. Exemple : os du carpe, articulation acromio-claviculaire.

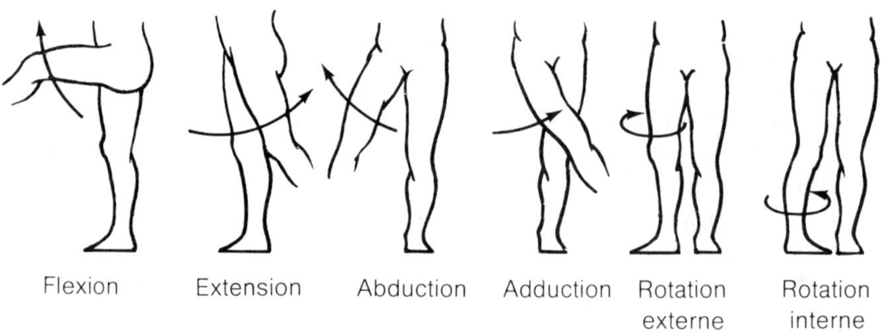

Figure 1.5
Mouvements de l'articulation de la hanche

1.3. Les muscles

On distingue trois types de muscles :

- les muscles striés qui constituent essentiellement les muscles du squelette ; ils sont les moteurs de la vie de relation et peuvent être commandés par la volonté ;
- les muscles lisses qui constituent les muscles des viscères ; ils assurent le fonctionnement de ceux-ci ; ils ne sont pas soumis au contrôle volontaire ;
- le muscle cardiaque est un muscle strié particulier qui n'est pas placé sous le contrôle de la volonté.

1.3.1. Structure macroscopique des muscles striés

Le corps charnu constitue la partie contractile du muscle. Il est composé de l'ensemble des fibres musculaires (unité de base du muscle), accolées les unes aux autres. Il est enveloppé (et cloisonné) par du tissu appelé aponévrose. Il peut présenter différentes formes : long dans les membres, large au niveau abdominal...

Les extrémités constituent les tendons qui s'insèrent (se fixent) sur le périoste de l'os, parfois sur d'autres muscles ou la peau (muscles peauciers).

1.3.2. Mode d'action des muscles

Les muscles relient au moins deux pièces osseuses par leurs insertions. En général, ils ne croisent qu'une seule articulation mais il existe quelques muscles (droit antérieur de la cuisse, fléchisseurs des doigts...) qui en croisent deux ou davantage.

Par leur contractilité, les muscles permettent le déplacement ou la fixation des os autour des articulations, c'est-à-dire le mouvement. Celui-ci est déterminé par l'axe de l'articulation et par la direction de l'action musculaire (c'est-à-dire la direction générale des fibres musculaires) par rapport à cet axe.

C'est en fonction de ces éléments qu'il est possible de prévoir les modifications que l'activité musculaire apporte au niveau de l'angle formé entre eux par les os d'une articulation.

1.3.3. Les grandes régions anatomiques

a. Les muscles du cou et du tronc

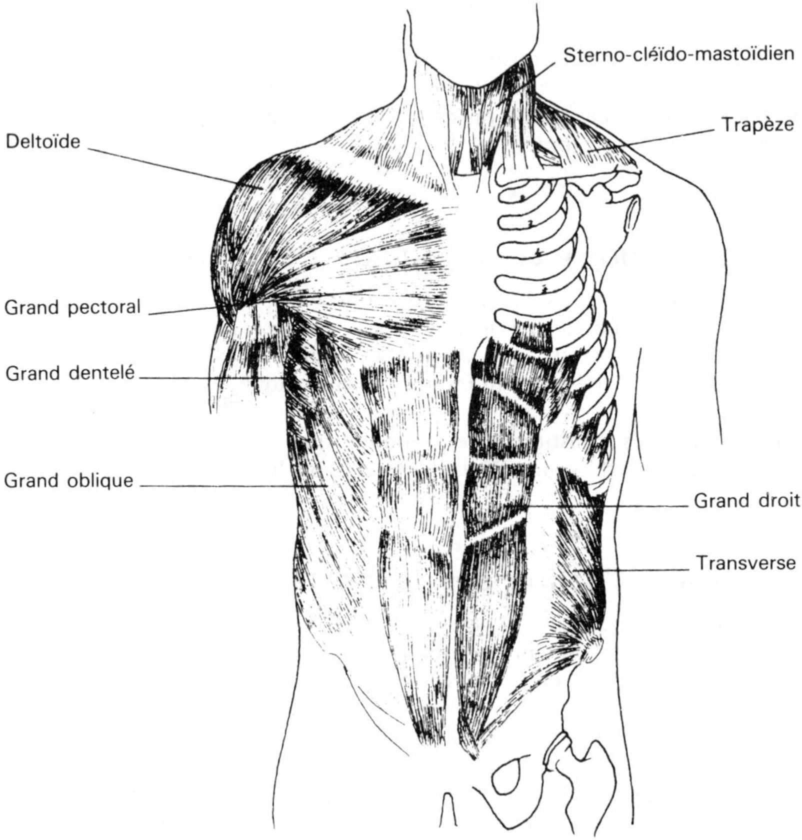

Figure 1.6
Muscles du thorax et de l'abdomen

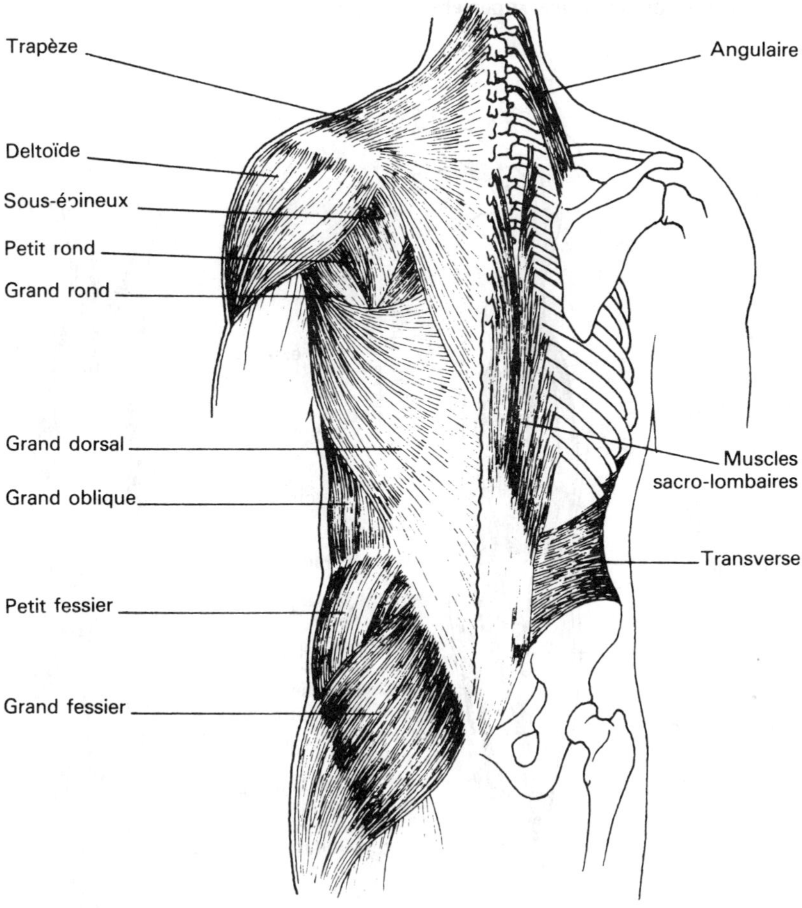

Figure 1.7
Muscles du dos, de la région lombaire et du bassin

b. Les muscles du membre supérieur

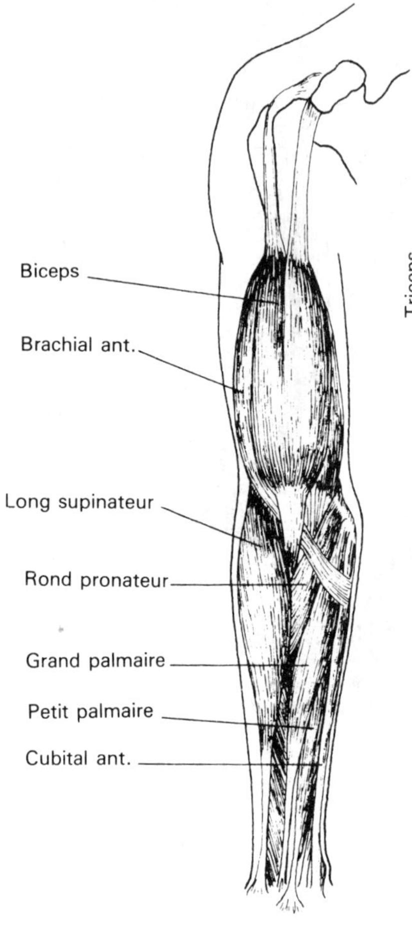

Figure 1.8
Muscles du bras et de l'avant-bras
vue antérieure

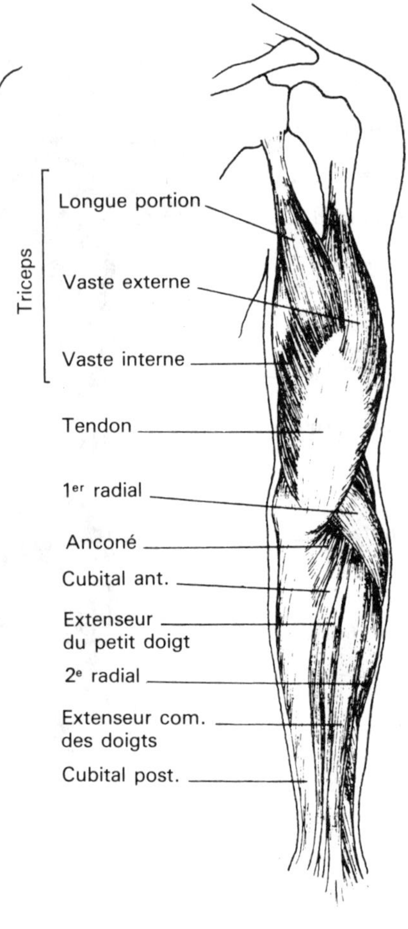

Figure 1.9
Muscles du bras et de l'avant-bras
vue postérieure

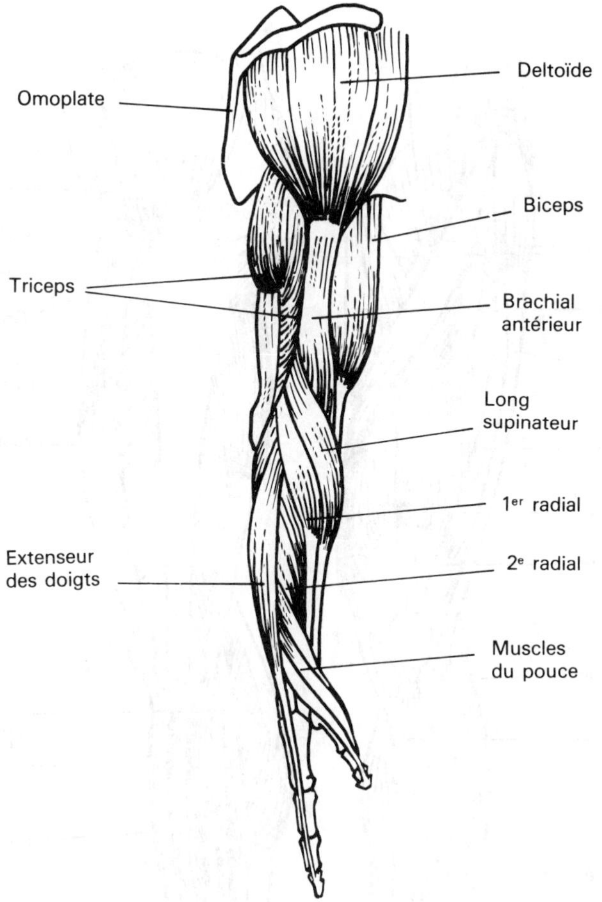

Figure 1.10
Muscles du bras et de l'avant-bras
vue externe

c. Les muscles du membre inférieur

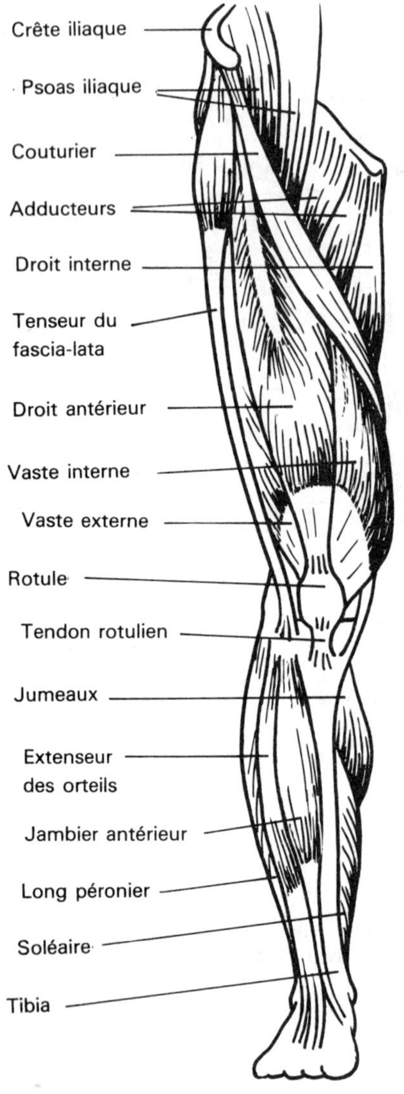

Figure 1.11
Muscles de la cuisse et de la jambe vue antérieure

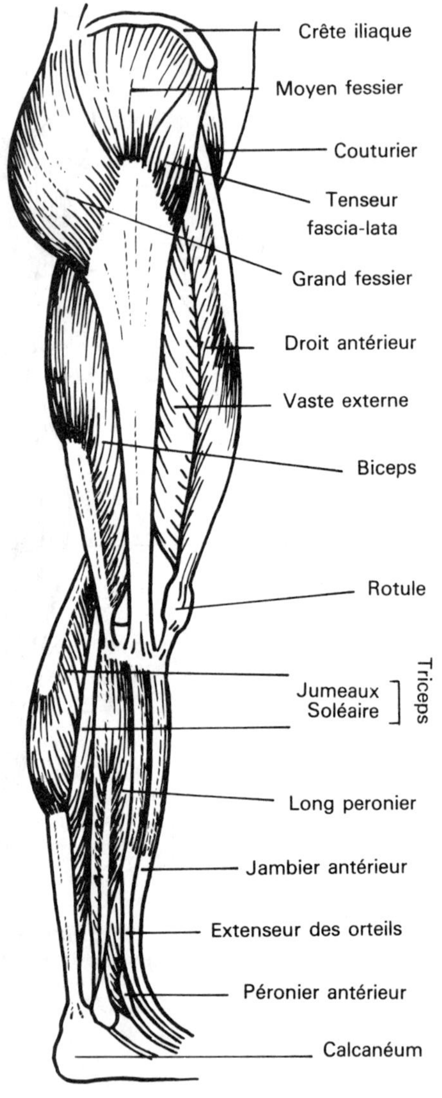

Figure 1.12
Muscles de la cuisse et de la jambe vue externe

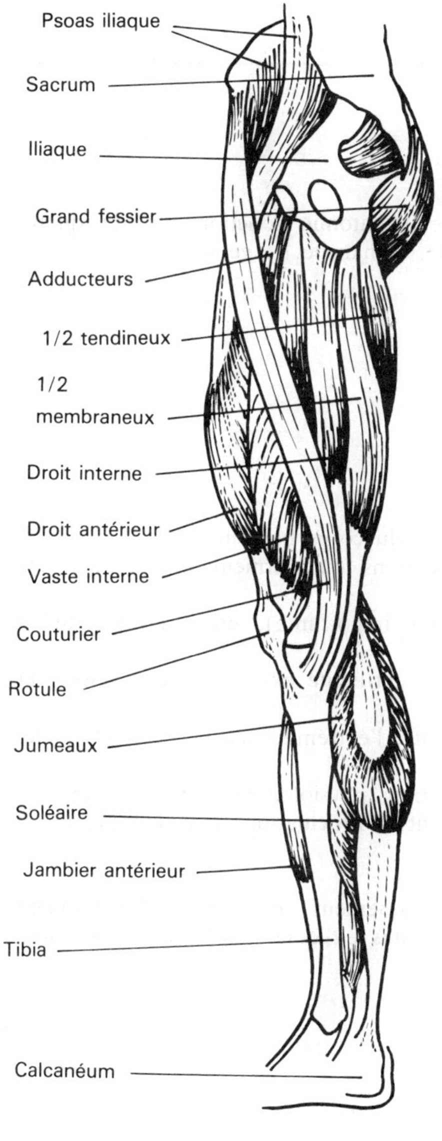

Figure 1.13
Muscles de la cuisse et de la jambe vue interne

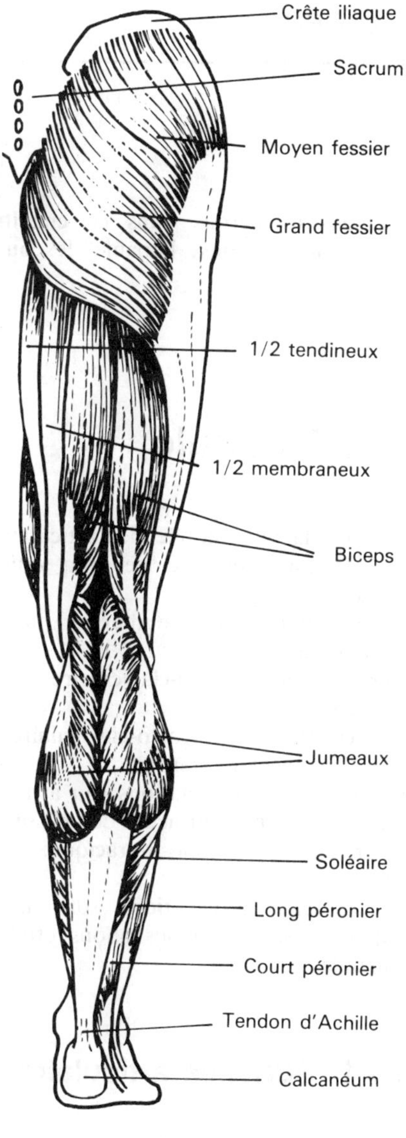

Figure 1.14
Muscles de la cuisse et de la jambe vue postérieure

2. Anatomie fonctionnelle

P. LEGROS

Nous étudierons dans ce chapitre l'anatomie fonctionnelle de quatre grandes articulations : l'épaule, le coude, la hanche, le genou.

2.1. L'épaule

C'est la plus mobile des articulations du corps humain.

Elle est composée de cinq articulations qui forment le complexe de l'épaule.

- articulation scapulo-humérale (la plus importante), entre l'omoplate et l'humérus ;
- articulation acromio-claviculaire entre l'extrémité externe de la clavicule et l'acromion ;
- articulation sterno-costo-claviculaire entre l'extrémité interne de la clavicule, la 1re côte et le sternum ;
- deux fausses articulations (ou articulations physiologiques) qui ne représentent que des surfaces de glissement : l'articulation sous-deltidienne et l'articulation scapulo-thoracique.

Ces cinq articulations sont mécaniquement liées, elles fonctionnent toujours ensemble. Nous allons étudier plus en détail l'articulation scapulo-humérale.

2.1.1. Surfaces articulaires

Elles sont constituées par :

- l'extrémité supérieure de l'humérus ou tête humérale ;
- la cavité glénoïde de l'omoplate complétée par le bourrelet glénoïdien qui augmente légèrement la taille de la surface articulaire.

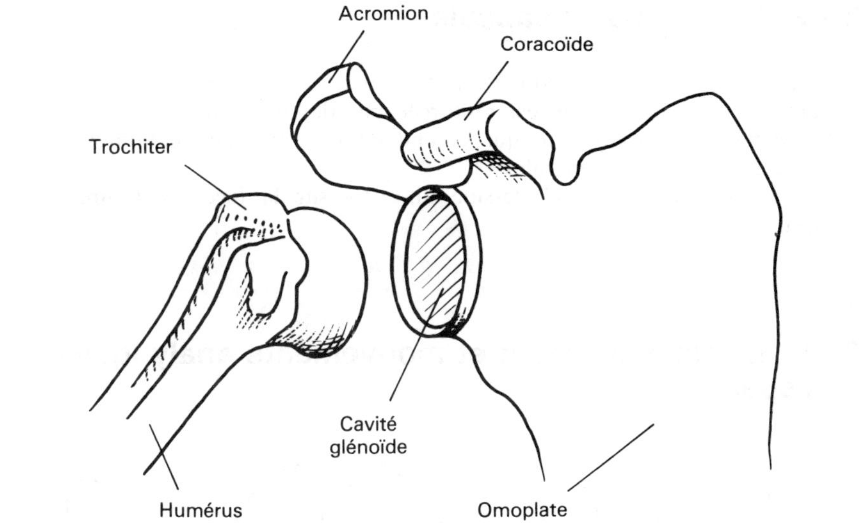

Figure 2.1
Surfaces articulaires de la capsule humérale

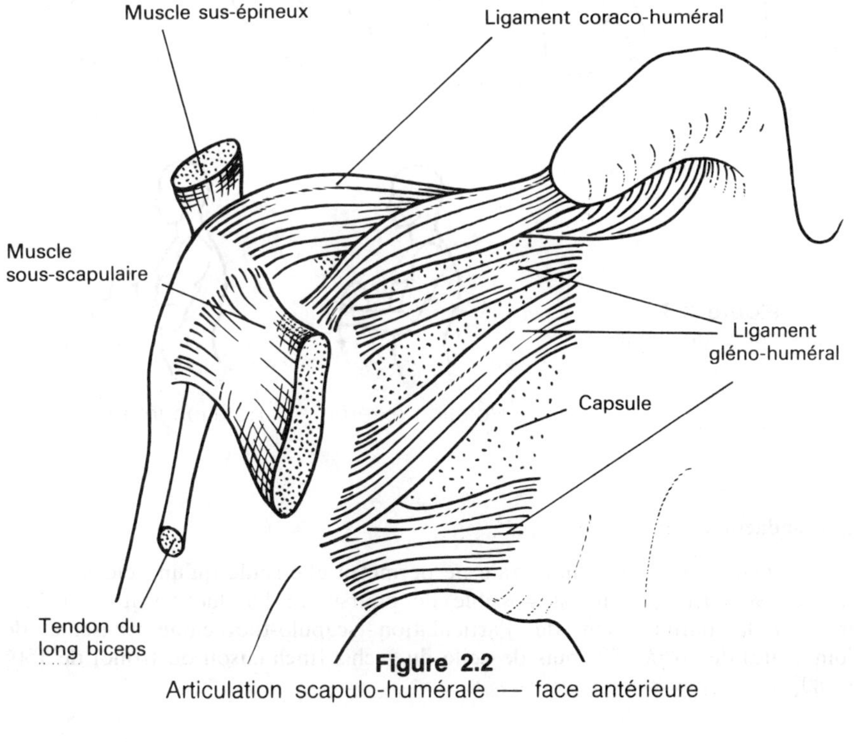

Figure 2.2
Articulation scapulo-humérale — face antérieure

2.1.2. Ligaments et capsule

La capsule relie le pourtour de la tête humérale ou pourtour de la cavité glénoïde de l'omoplate. Elle est renforcée par des ligaments :

- le ligament coraco-huméral qui s'étend de la coracoïde de l'omoplate au trochiter de la tête humérale ;
- le ligament gléno-huméral dessine un « Z » sur la face antérieure de la capsule.

2.1.3. Muscles moteurs et mouvements analytiques de l'épaule

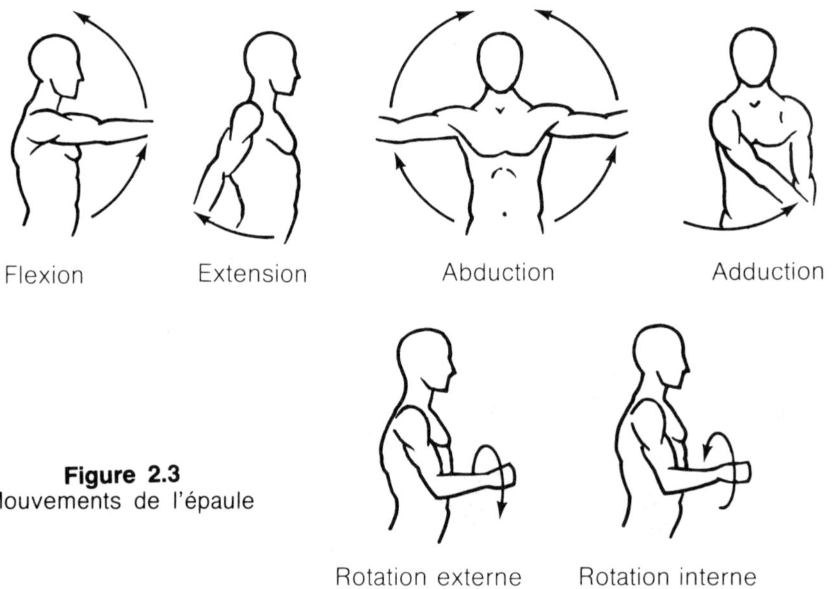

Figure 2.3
Mouvements de l'épaule

a. L'abduction

L'articulation scapulo-humérale ne permet à elle seule qu'une élévation du bras de 90°. En fait, il est possible de poursuivre l'abduction jusqu'à 180° grâce à la participation de l'articulation scapulo-thoracique (bascule de l'omoplate) de 90° à 150° puis de celle du rachis (inclinaison du tronc) de 150° à 180°.

Les muscles moteurs principaux de l'abduction au niveau scapulo-huméral sont :

- le deltoïde ;
- le sus-épineux.

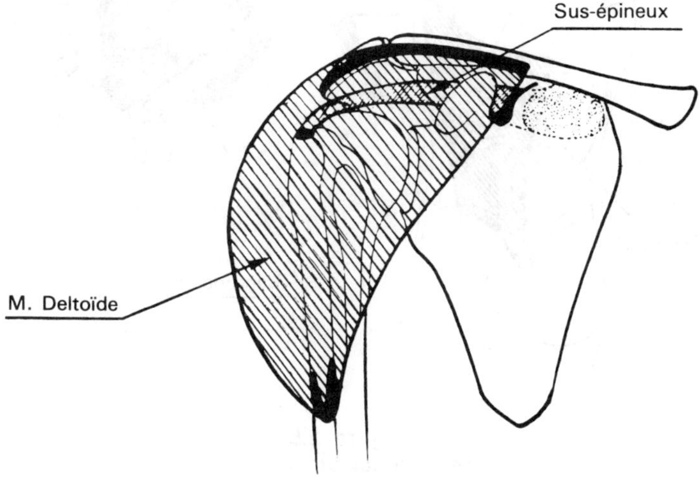

Figure 2.4
Muscles abducteurs de l'épaule

b. L'adduction

Elle n'est possible, à cause de la présence du tronc, que combinée à une flexion. Elle peut atteindre 30° à 45°.

Les muscles moteurs principaux de l'adduction sont :

- le grand dorsal ;
- le grand pectoral ;

c. La flexion

C'est un mouvement de grande amplitude, 180°, qui nécessite la participation de l'articulation scapulo-thoracique et du rachis.

Les muscles moteurs principaux de la flexion sont :

- le deltoïde (faisceau claviculaire) ;
- le grand pectoral.

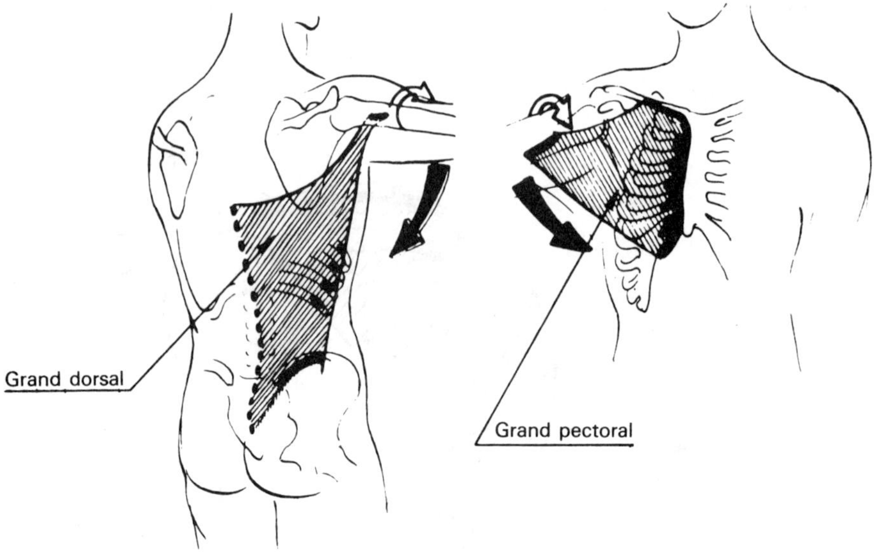

Figure 2.5
Muscles adducteurs de l'épaule

Il faut noter que ces muscles sont aussi rotateurs internes.

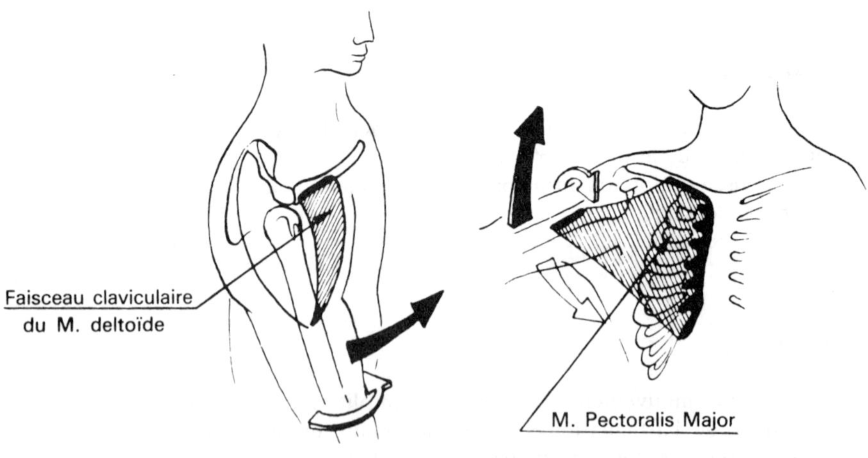

Figure 2.6
Muscles fléchisseurs de l'épaule

d. L'extension

C'est un mouvement de faible amplitude, 45°.

Les muscles moteurs principaux de l'extension sont :

- le deltoïde ;
- le grand dorsal ;
- le grand rond.

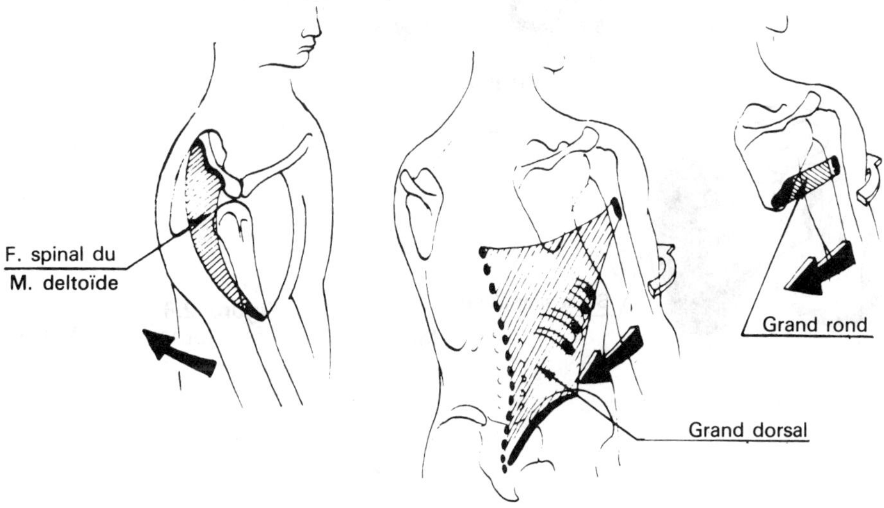

Figure 2.7
Muscles extenseurs de l'épaule

e. Les rotations

On peut distinguer, suivant le sens, une rotation interne et une rotation externe.

Les muscles moteurs principaux de la rotation interne sont :

- le grand dorsal ;
- le grand rond ;
- le sous-scapulaire ;
- le grand pectoral.

Les muscles moteurs principaux de la rotation externe sont :

- le sous-épineux ;
- le petit rond.

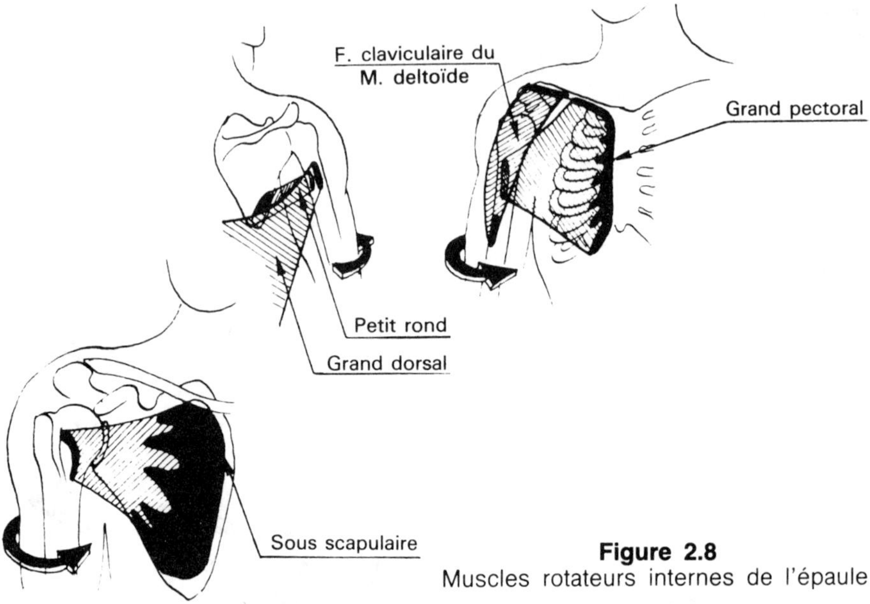

Figure 2.8
Muscles rotateurs internes de l'épaule

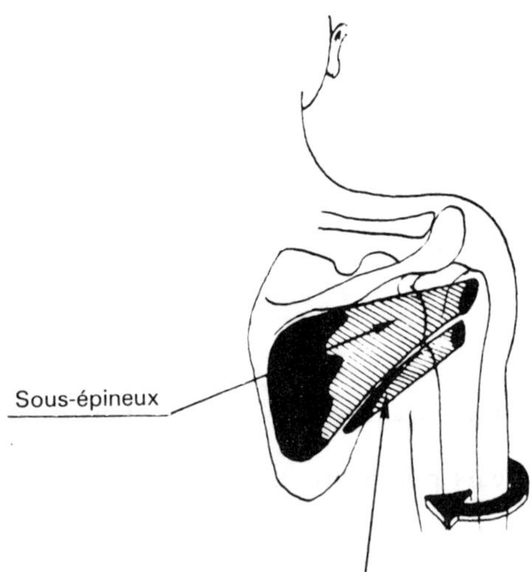

Figure 2.9
Muscles rotateurs externes de l'épaule

2.2. Le coude

C'est l'articulation intermédiaire du membre supérieur. Elle permet d'éloigner ou de rapprocher l'avant-bras du bras (et donc la main du corps), quelle que soit l'orientation donnée au bras grâce à l'épaule.

Même si l'articulation du coude ne présente qu'une seule cavité articulaire, la physiologie articulaire conduit à distinguer deux fonctions :

- la flexion-extension (qui sera étudiée ici) : elle nécessite la mise en jeu des articulations huméro-cubitale et huméro-radiale ;
- la prono-supination : c'est l'ensemble des mouvements de rotation de l'avant-bras autour de son axe longitudinal ; elle nécessite la participation des articulations radio-cubitales supérieure et inférieure.

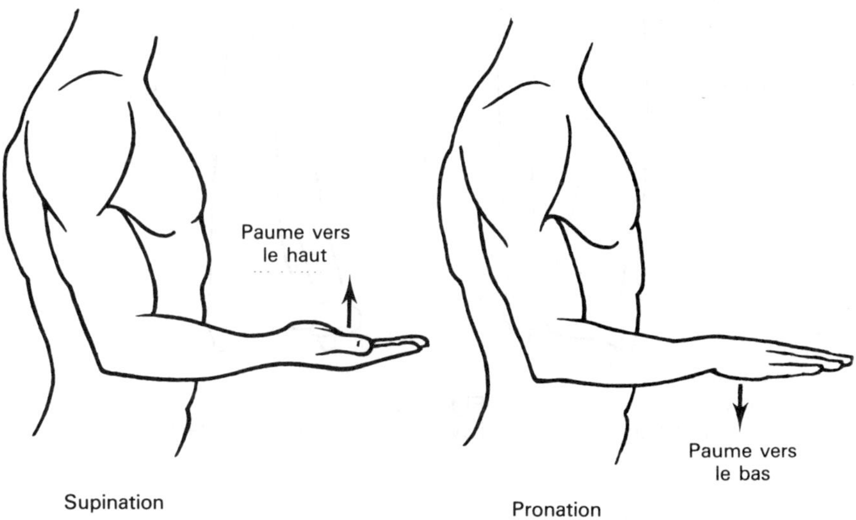

Figure 2.10
Mouvements de prono-supination

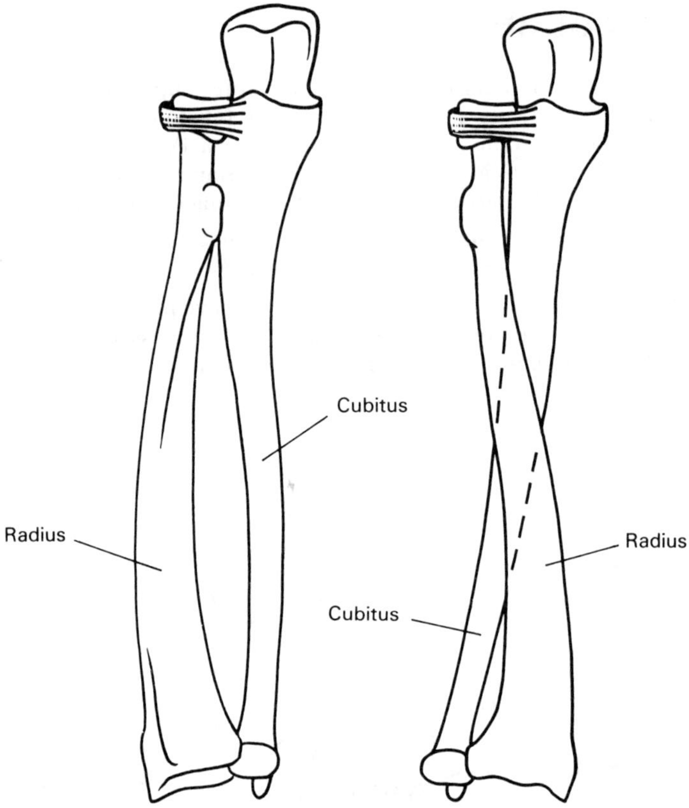

Figure 2.11
Position des os de l'avant-bras dans la supination

2.2.1. Surfaces articulaires

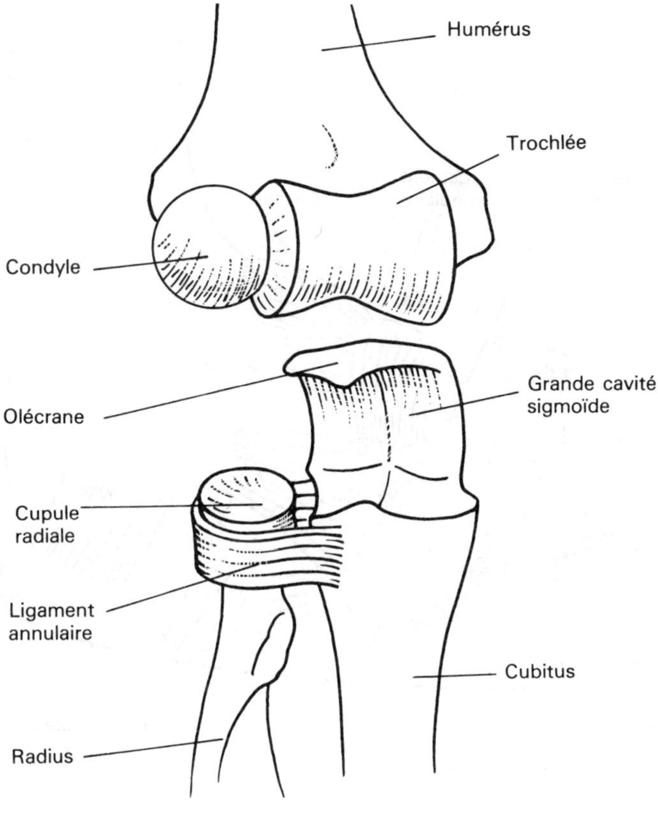

Figure 2.12
Surfaces articulaires du coude

Elles sont constituées par :

- l'extrémité inférieure de l'humérus qui présente deux surfaces articulaires, la trochlée humérale (en forme de poulie) et le condyle huméral (sphérique) situé en dehors de la trochlée ;
- les extrémités supérieures des os de l'avant-bras : la grande cavité sigmoïde du cubitus qui s'articule avec la trochlée, et la cupule radiale (en face supérieure de la tête du radius) qui s'articule avec le condyle.

Ces deux surfaces forment un seul ensemble grâce à la présence du ligament annulaire.

2.2.2. Ligaments et capsule

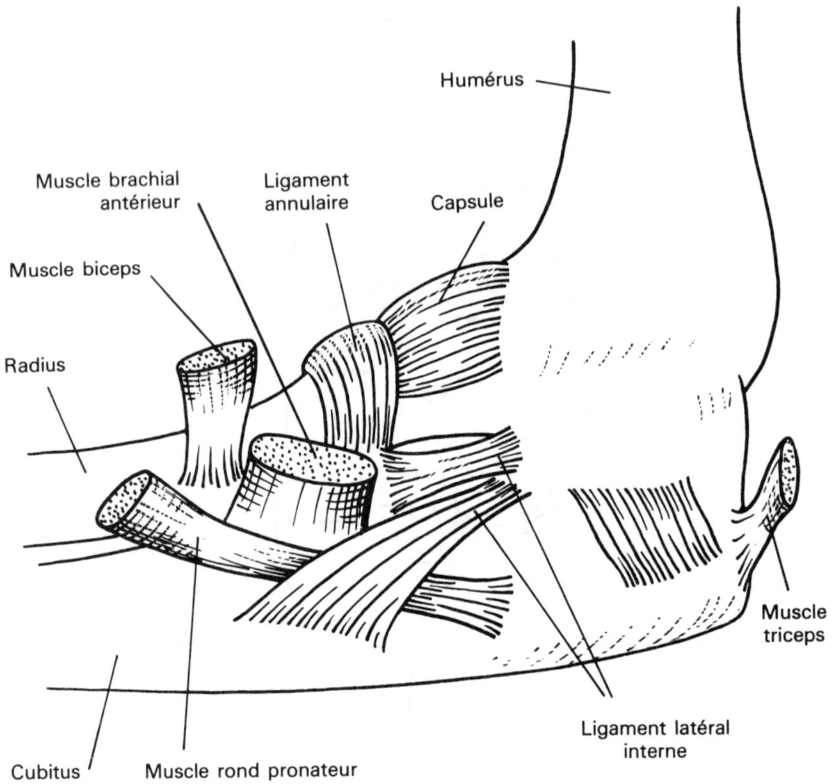

Figure 2.13
Articulation du coude — face interne

La capsule relie le pourtour de toutes les surfaces articulaires en présence et ne forme qu'une seule cavité articulaire renfermant les deux articulations fonctionnelles.

Elle est renforcée par des ligaments :

- le ligament annulaire qui entoure la tête radiale ;
- le ligament latéral interne formé de trois faisceaux ;
- le ligament latéral externe formé de trois faisceaux.

2.2.3. Muscles moteurs et mouvements analytiques du coude

a. La flexion

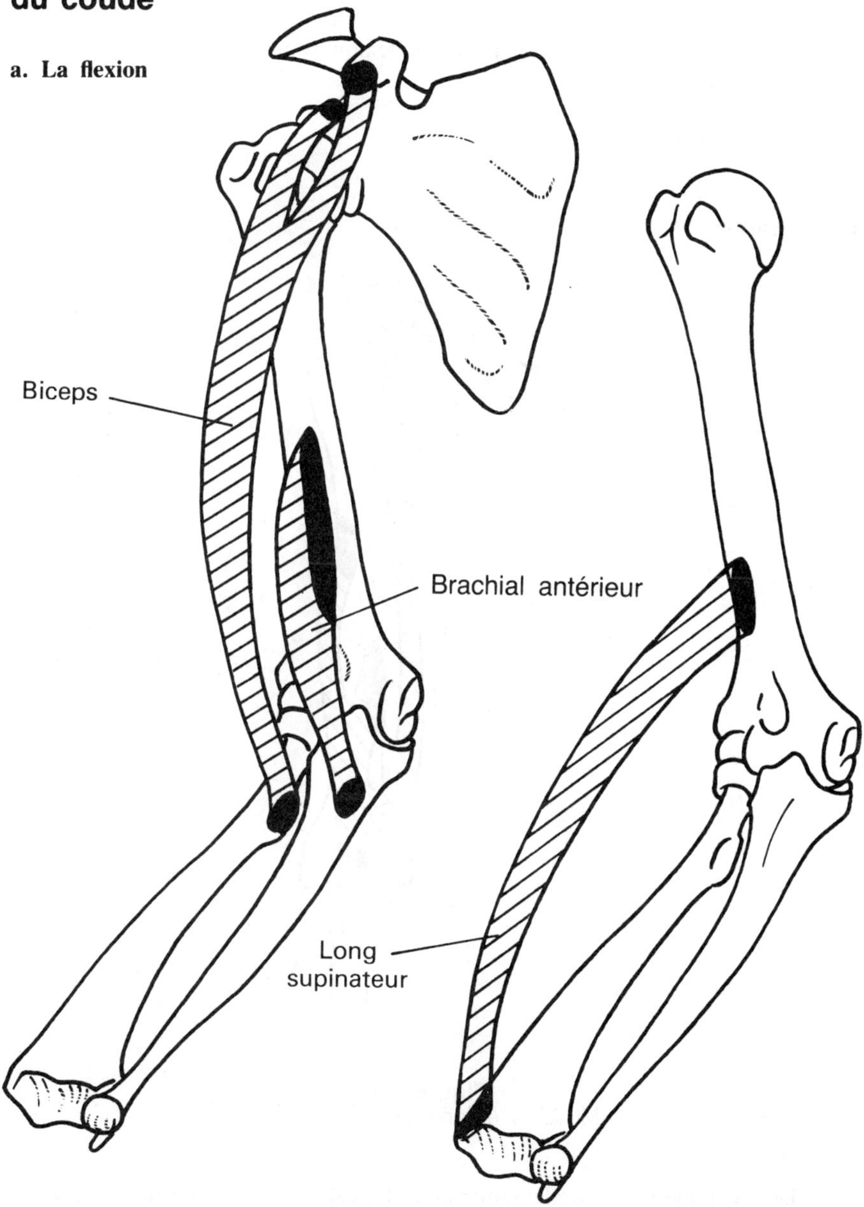

Figure 2.14
Muscles fléchisseurs du coude

La flexion active (par contraction musculaire) ne peut dépasser 145° à cause du contact des masses musculaires contractées de l'avant-bras et du bras (biceps).

Les muscles moteurs essentiels de la flexion sont :

- le brachial antérieur ;
- le long supinateur ;
- le biceps (muscle fléchisseur principal).

b. L'extension

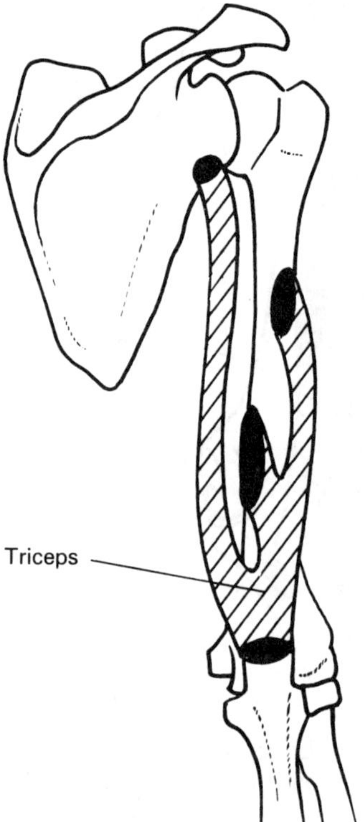

Figure 2.15
Muscles extenseurs du coude

Elle est limitée essentiellement par la butée de la tête cubitale (olécrâne) sur l'extrémité inférieure de l'humérus.

Le muscle moteur de l'extension est le triceps.

2.3. La hanche

C'est l'articulation qui relie le membre inférieur au tronc. Elle a pour fonction de permettre l'orientation du membre inférieur dans toutes les directions de l'espace. Les mouvements de la hanche sont réalisés par une seule articulation : l'articulation coxo-fémorale entre le fémur et l'os iliaque. C'est une articulation très stable.

2.3.1. Surfaces articulaires

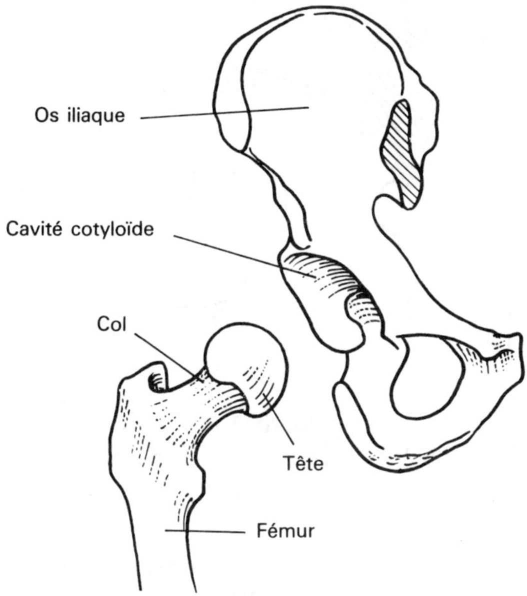

Figure 2.16
Surfaces articulaires de l'articulation coxo-fémorale

Elles sont constituées par :

- la cavité cotyloïde de l'os iliaque, en forme de demi-sphère, renforcée par un bourrelet de cartilage fibreux sur son pourtour ;
- l'extrémité supérieure du fémur qui s'emboîte dans la cavité cotyloïde.

2.3.2. Ligaments et capsule

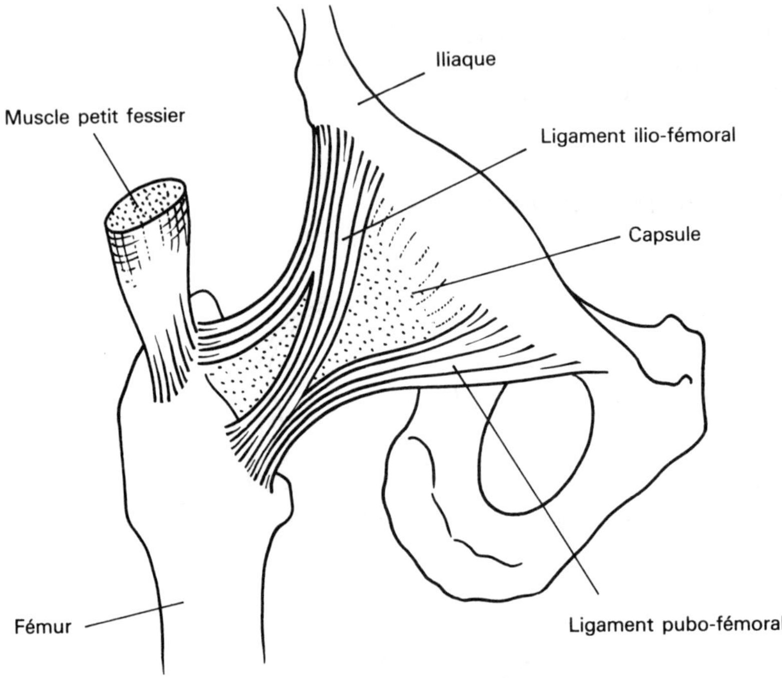

Figure 2.17
Articulation coxo-fémorale — face antérieure

La capsule, en forme de manchon cylindrique, relie le pourtour des surfaces articulaires. Elle est renforcée par des ligaments très puissants :

- le ligament ilio-fémoral sur la face antérieure ;
- le ligament pubo-fémoral sur la face extérieure ;
- le ligament ischio-fémoral sur la face postérieure.

2.3.3. Muscles moteurs et mouvements analytiques

Tous les mouvements sont possibles (voir fig. 1.5) :

- la flexion ou élévation de la cuisse en avant ;
- l'extension ou élévation de la cuisse en arrière ;
- l'abduction ou élévation latérale en dehors de la cuisse ;
- l'adduction : mouvement inverse du précédent ;
- la rotation, en dehors et en dedans, autour d'un axe vertical.

a. La flexion

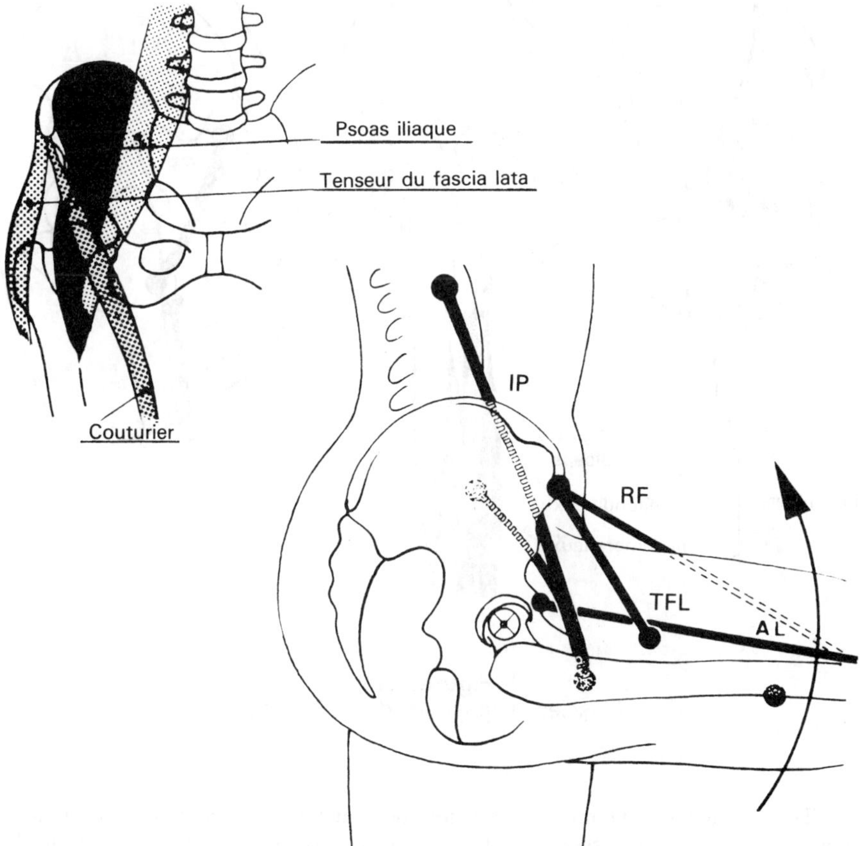

Figure 2.18
Muscles fléchisseurs de la hanche

C'est un mouvement de grande amplitude, plus de 120°, si le genou est fléchi (plié), la cuisse peut venir toucher le thorax.

Les principaux muscles moteurs de la flexion sont :

- le psoas iliaque (n'est actif que si le bassin est « fixé » par les muscles abdominaux) ;
- le couturier ;
- le tenseur du fascia-lata.

b. L'extension

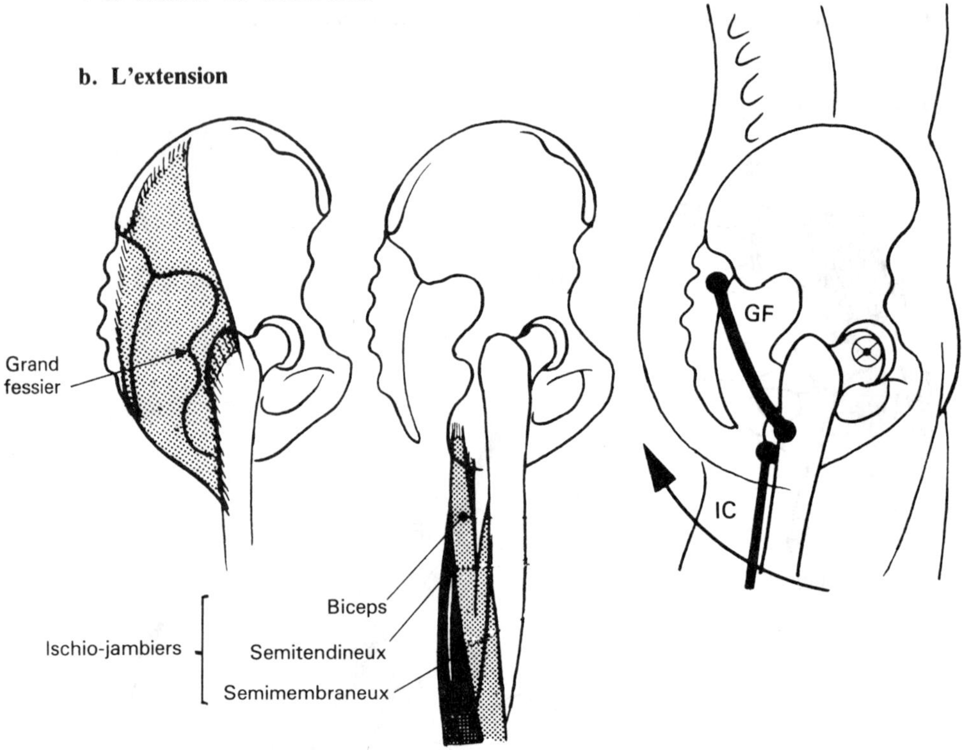

Figure 2.19
Muscles extenseurs de la hanche

Très limitée par la mise en tension des puissants ligaments de l'articulation, elle ne peut dépasser 15°. Le rôle des muscles extenseurs est tout de même important pour ramener vivement le fémur vers l'arrière.

Les principaux muscles moteurs de l'extension sont :

- le grand fessier ;
- les ischio-jambiers (ils sont également fléchisseurs du genou).

c. L'abduction

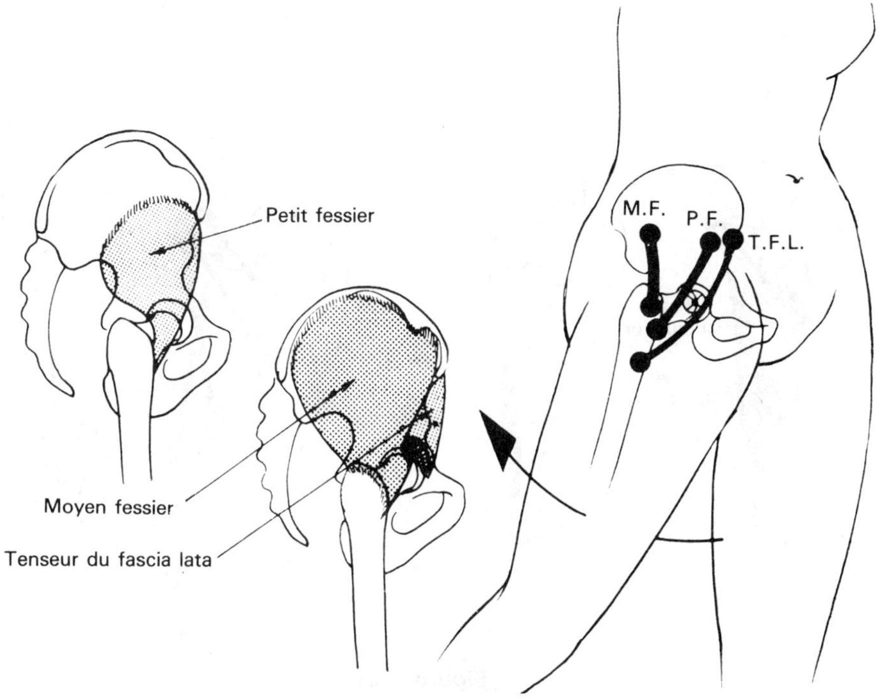

Figure 2.20
Muscles abducteurs de la hanche

Ce mouvement est limité à 45° par la butée du fémur sur l'os iliaque. Les muscles moteurs de l'abduction sont :

- le moyen fessier ;
- le petit fessier.

d. L'adduction

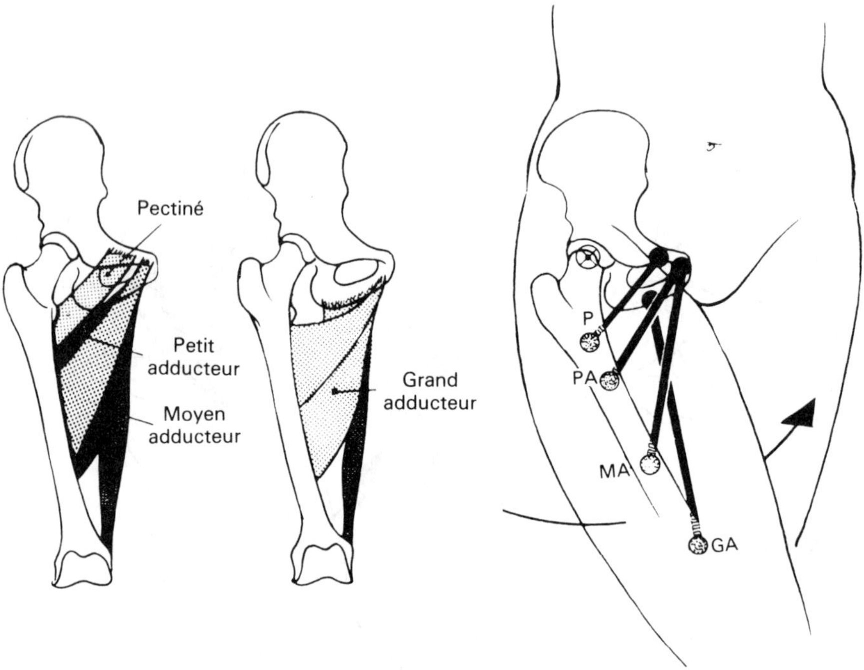

Figure 2.21
Muscles adducteurs de la hanche

Ce mouvement est impossible dans la position debout (les cuisses se touchent). Si le fémur est un peu en avant, ou en arrière, il devient réalisable mais reste limité à 30°.

Les principaux muscles moteurs de l'adduction sont les muscles du groupe des adducteurs.

e. La rotation externe

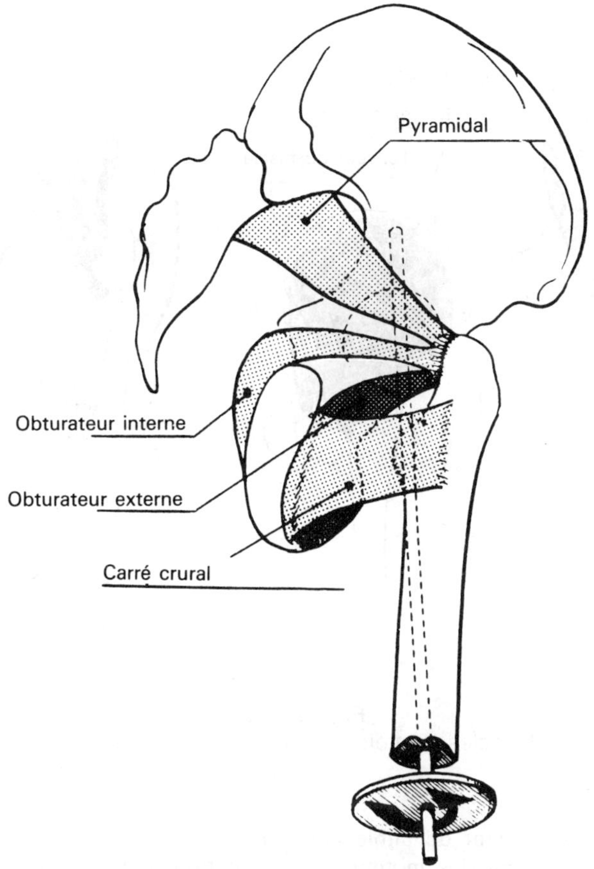

Figure 2.22
Muscles rotateurs externes de la hanche

L'amplitude de ce mouvement est de 50° en moyenne mais elle peut atteindre, voire dépasser, 90° chez les sujets souples et entraînés.

Les principaux muscles moteurs de la rotation externe sont :

- le pyramidal ;
- l'obturateur externe ;
- l'obturateur interne ;
- le carré crural.

Ils constituent le groupe des muscles pelvitrochantériens.

f. La rotation interne

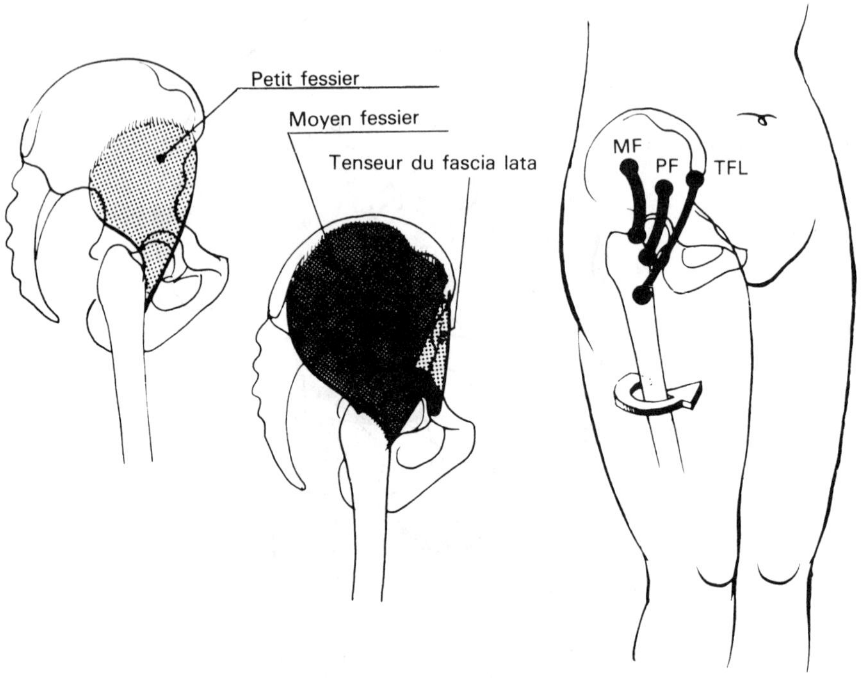

Figure 2.23
Muscles rotateurs internes de la hanche

C'est un mouvement de faible amplitude : 10° à 15°.

Les principaux muscles moteurs de la rotation interne sont :

- le petit fessier ;
- le moyen fessier.

2.4. Le genou

C'est l'articulation intermédiaire du membre inférieur. Elle ne permet que des mouvements de flexion-extension.

L'articulation du genou est constituée de deux systèmes articulaires :

- l'articulation entre le fémur et le tibia (qui sera étudiée ici) ;
- l'articulation entre le fémur et la rotule.

2.4.1. Surfaces articulaires

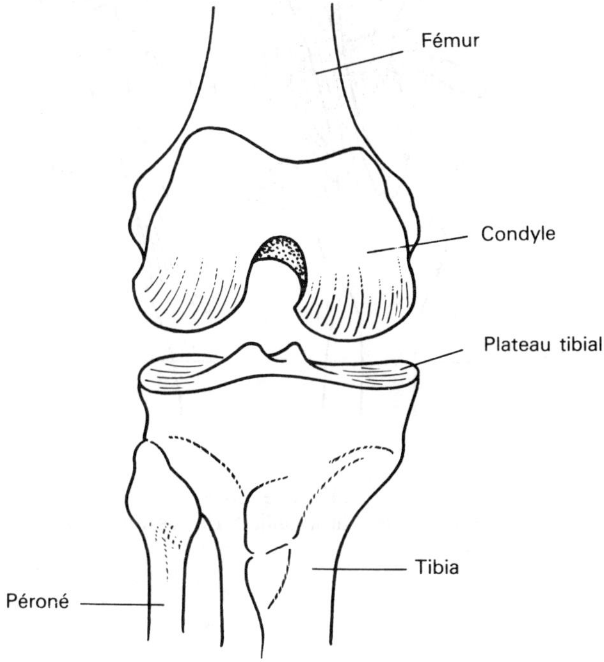

Figure 2.24
Surfaces articulaires du genou

Elles sont constituées par :

- l'extrémité inférieure du fémur composée des deux condyles ;
- l'extrémité supérieure du tibia ou plateau tibial qui présente deux surfaces concaves correspondant aux condyles. La concavité de chaque surface est augmentée par la présence de deux fibro-cartilages : les ménisques (fig. 39).

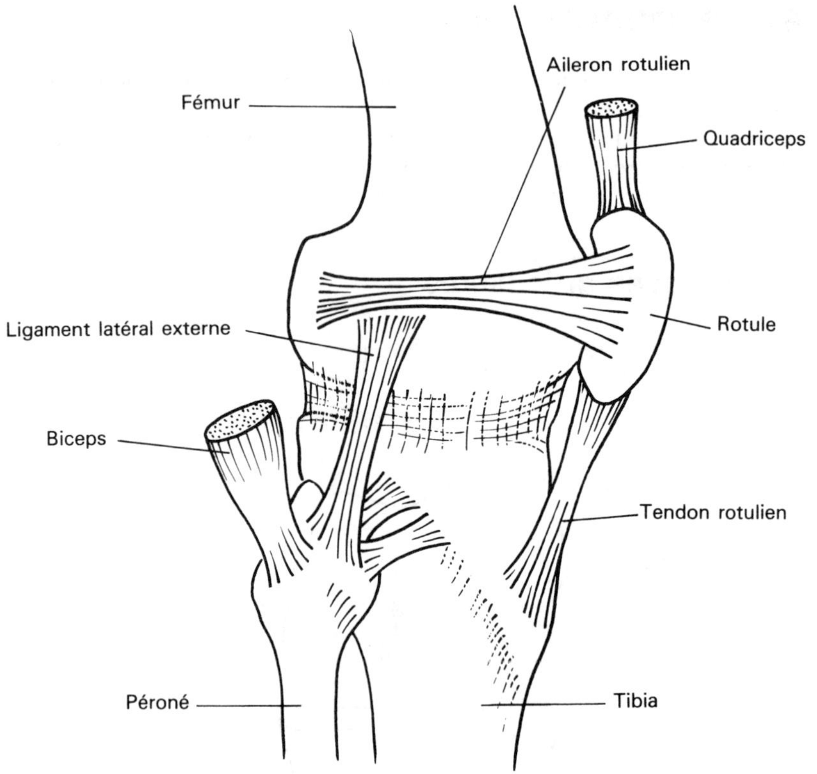

Figure 2.25
Vue interne de l'articulation du genou ouverte

2.4.2. Ligaments et capsule

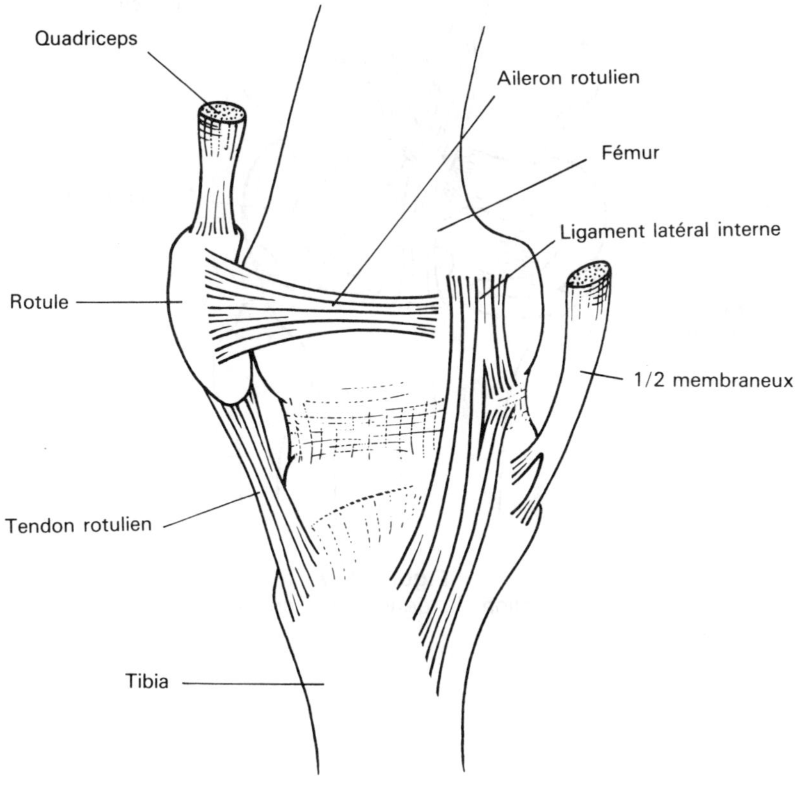

Figure 2.26
Articulation du genou — face externe

La capsule relie le pourtour des surfaces articulaires. Elle est renforcée de chaque côté par des ligaments puissants : les ligaments latéraux externe et interne.

Deux autres ligaments renforcent l'articulation : les ligaments croisés. Ils présentent la particularité de se situer entièrement dans l'espace articulaire.

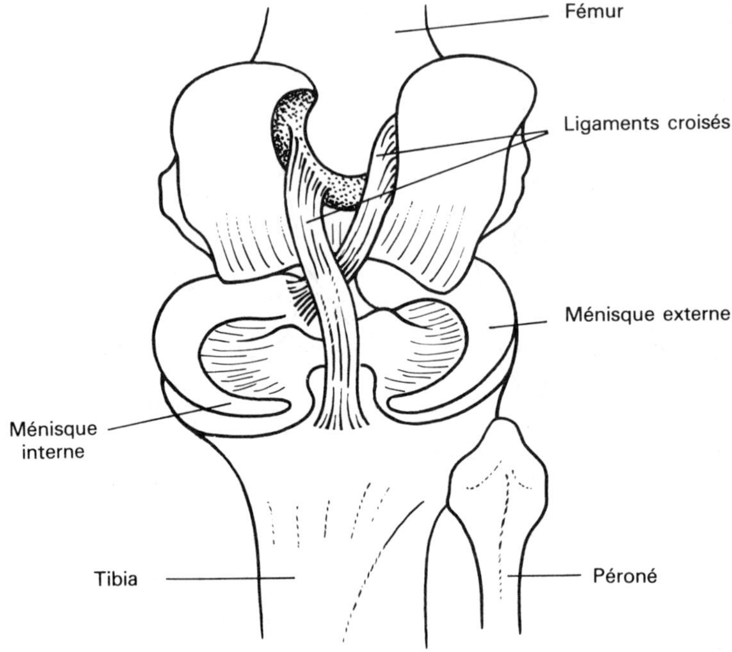

Figure 2.27
Articulation du genou — face interne

2.4.3. Muscles moteurs et mouvements analytiques du genou

a. La flexion

Elle est limitée par le contact des importantes masses musculaires de la jambe (mollet) sur la cuisse (ischio-jambiers).

Les muscles moteurs essentiels de la flexion forment le groupe des ischio-jambiers. Ils sont composés de trois muscles :

- le biceps ;
- le demi-membraneux ;
- le demi-tendineux.

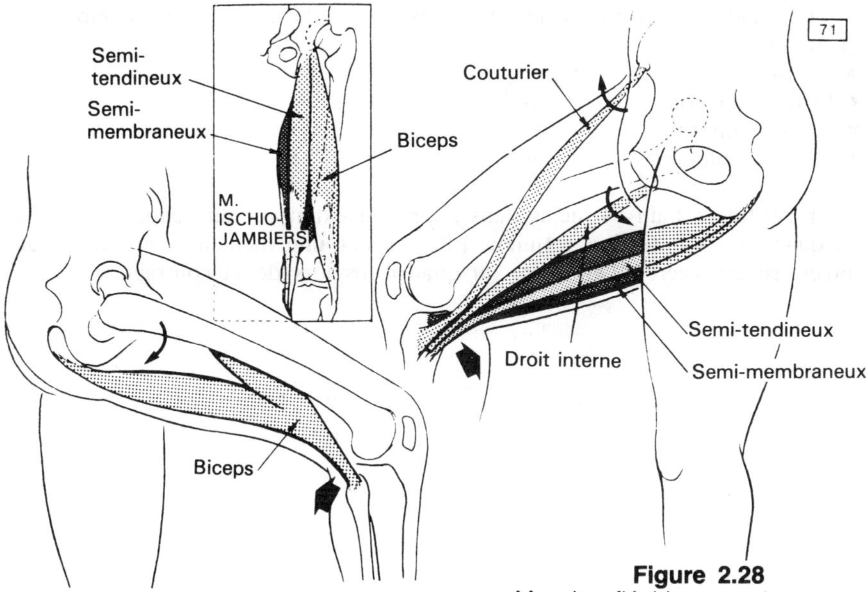

Figure 2.28
Muscles fléchisseurs du genou

b. l'extension

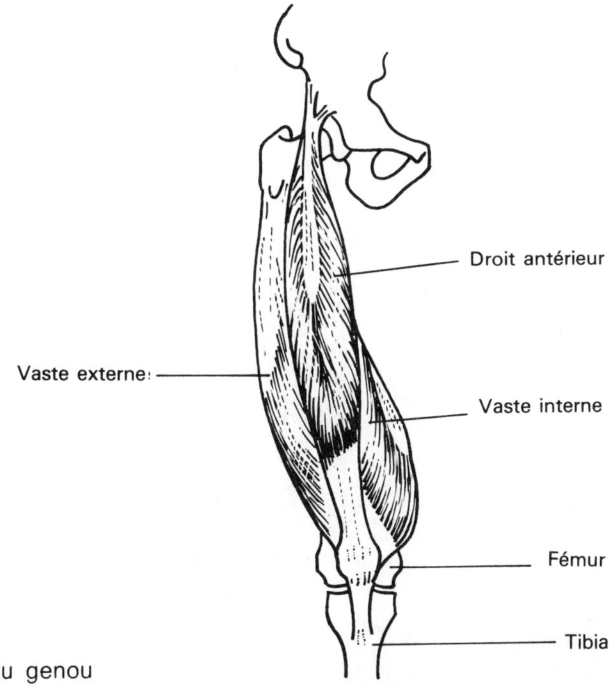

Figure 2.29
Muscles extenseurs du genou

Le quadriceps crural est le muscle extenseur du genou. Il est composé de quatre muscles :

- le crural ;
- le vaste externe ;
- le vaste interne ;
- le droit antérieur.

La rotule est un os inclus dans l'appareil extenseur du genou : le tendon du quadriceps ou tendon rotulien. Elle permet une meilleure répartition des forces, ce qui accroît l'efficacité du quadriceps lors de sa contraction.

3. Eléments de mécanique du mouvement — P. LEGROS

3.1. Mécanique de la contraction musculaire — Les différents types de contraction — Le travail musculaire — Les leviers osseux

Elément central de l'activité physique, le muscle, en se contractant, fournit du travail, c'est-à-dire engendre des forces. Celles-ci peuvent faire varier sa longueur, ce qui déplace les pièces osseuses et crée le mouvement. Elles peuvent aussi déterminer l'apparition d'une tension (force) destinée à fixer les articulations. Dans tous les cas, les phénomènes qui se déroulent au niveau musculaire sont de nature identique : le raccourcissement du muscle ou l'apparition d'une tension à son niveau sont liés à la mise en jeu d'un certain nombre de structures (système contractile), consécutivement à l'incitation venue d'un système de commande (système nerveux), et grâce à l'énergie fournie par le système d'apport énergétique (voir chapitre sur la synthèse de l'A.T.P.).

On peut considérer que le muscle est constitué de deux types d'éléments :

- des éléments contractiles : les myofibrilles ;
- des éléments élastiques : les tendons, le sarcolème...

Lors de l'excitation du muscle (arrivée de l'influx nerveux par l'intermédiaire du système de commande), il y a d'abord une mise en tension des éléments élastiques par l'intermédiaire des éléments contractiles. Comme pour un élastique, lorsque la tension devient maximum, le mouvement se déclenche. Ces éléments élastiques jouent un rôle important ; ils permettent d'amortir des variations brusques de contraction ; ils absorbent et mettent ainsi en réserve de l'énergie qui pourra être restituée ensuite.

L'étude du squelette, des articulations et des muscles montre que les os jouent le rôle de leviers mobiles sur lesquels les muscles agissent d'une façon mécanique (fig. 3.1).

- **F = R** : la force musculaire équilibre la charge, il n'y a pas de déplacement de B. La contraction est dite *isométrique ;*

- **F>R** : la force musculaire est plus forte, le muscle se raccourcit, il y a rapprochement de B vers A. La contraction est *concentrique ;*

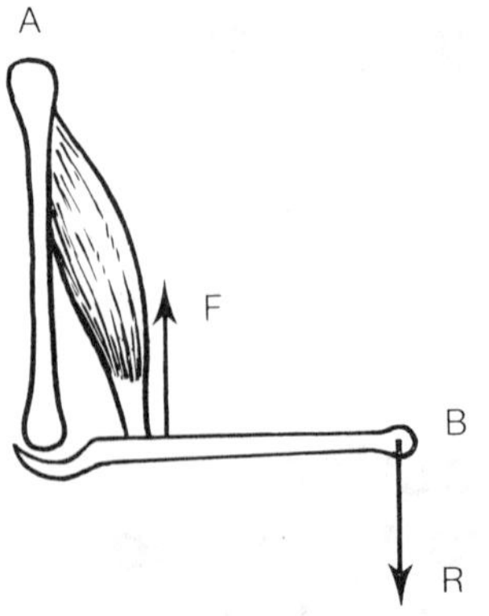

Lors de la contraction, le muscle développe une force F qui tend à rapprocher entre elles les deux extrémités osseuses A et B. Si l'on suppose l'extrémité A immobilisée et que l'on applique une force extérieure R (charge) de sens opposé à F au niveau de B, trois éventualités peuvent se présenter :

Figure 3.1
Les leviers osseux

• **F<R** : la force musculaire est plus faible, le muscle s'allonge, il y a éloignement de B. La contraction est *excentrique.*

Du point de vue de la physique, le muscle n'effectue de travail que dans la contraction concentrique (le travail est nul dans la contraction isométrique ; pour la contraction excentrique, c'est la force extérieure qui réalise le travail). En physiologie, on admet que le muscle travaille dans les trois cas et l'on parle de :

- travail dynamique actif quand le muscle se raccourcit ;
- travail dynamique résistant quand le muscle s'allonge ;
- travail statique quand il n'y a pas de déplacement.

On décrit classiquement trois types de leviers :

• *Le levier du 1er groupe, dit interappui :* le point d'appui A se trouve entre la puissance P et la résistance R ;

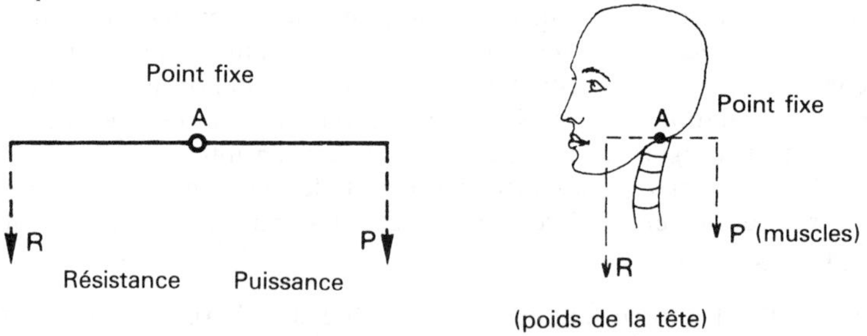

Figure 3.2
Leviers du 1er groupe

• *Le levier du 2e groupe, dit interrésistant :* la résistance R est appliquée en un point situé entre le point d'appui A et la puissance P. Rare dans le corps humain, il est utilisé dans la manutention des charges (brouette) ;

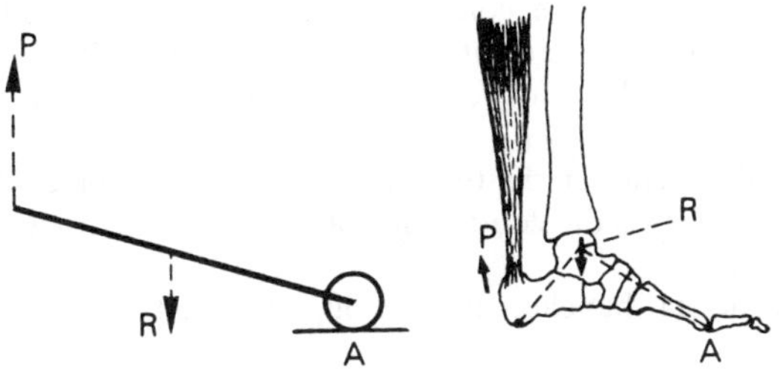

Figure 3.3
Leviers du 2e groupe

• *Le levier du 3e groupe, dit interpuissant :* la puissance P est appliquée en un point situé entre le point d'appui A et la résistance R.

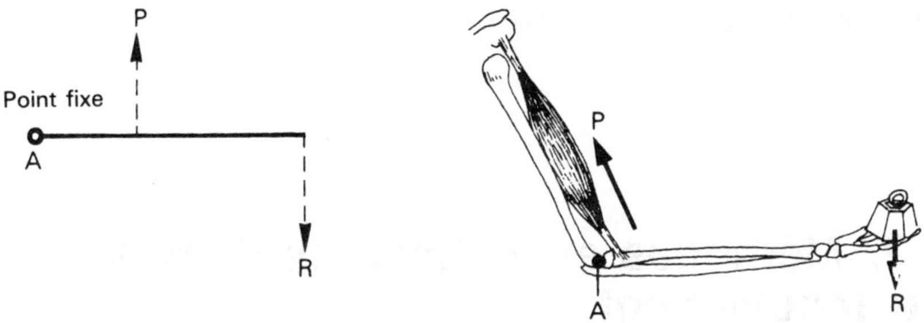

Figure 3.4
Leviers du 3e groupe

Dans le corps humain, les bras de leviers sont répercutés par les pièces osseuses du squelette. Les points d'appui sont les axes des mouvements articulaires. Généralement, les points d'application des forces sont les insertions musculaires, le centre de gravité, ou le point au niveau duquel s'exerce une force extérieure. Pratiquement, le corps humain ne comporte que des leviers du 1er et du 3e groupe.

Exemples :
- équilibre de la tête sur la colonne vertébrale : 1er groupe (fig. 3.2) ;
- flexion de l'avant-bras sur le bras : 3e groupe (fig. 3.4).

3.2. Les mouvements élémentaires

Les articulations des membres, du cou et du tronc sont le siège de mouvements élémentaires. La combinaison de ces mouvements conduit à une réalisation plus globale qui constitue le geste sportif. L'étude de celui-ci passe par une connaissance des mouvements élémentaires des différentes articulations du corps :

- mouvements du rachis et du thorax au niveau du cou et du tronc ;
- mouvements du bras, du coude, de l'avant-bras, du poignet au niveau du membre supérieur ;
- mouvements de la hanche, du genou, du pied au niveau du membre inférieur.

Il faut noter, à propos des mouvements élémentaires et de leur combinaison dans le but de réaliser des mouvements complexes, l'existence de deux groupes de muscles. En effet, dans le mouvement d'une articulation, à chaque muscle moteur correspond toujours un muscle dont l'action est opposée (exemple : biceps et triceps au niveau du coude). Ces muscles sont dits *agonistes* et *antagonistes.* Plusieurs muscles présentent souvent une complémentarité d'action ; on parle de *muscles synergiques.* Fréquemment, les mouvements résultent d'un jeu complexe d'un ou plusieurs groupes musculaires, on parle de *synergie musculaire.*

3.3. Méthodes et techniques d'étude du mouvement

Il n'est pas question de faire un cours de méthodologie ou de technologie, mais simplement, nous voulons citer et définir les divers modes d'étude afin de familiariser le lecteur avec le vocabulaire.

3.3.1. Etude de trajectoires

Il est souvent intéressant de connaître, au cours de la réalisation d'un geste sportif, la trajectoire du corps ou d'un segment du corps. On repère un point anatomique remarquable et l'on place une marque quelconque (feutre, crayon, papier collant, point fluorescent...) afin de pouvoir suivre sa trajectoire.

3.3.2. Procédés photographiques et cinématographiques

a. Le simple cliché

Il permet la visualisation d'une attitude à un instant donné.

b. La chronophotographie

Elle permet d'obtenir une suite de clichés photographiques au cours de la réalisation d'un geste.

c. La stroboscopie

Elle permet l'enregistrement sur un seul cliché de la décomposition du mouvement.

d. Procédés cinématographiques et magnétoscope à différentes vitesses

Il est d'autre part possible d'utiliser simultanément tous ces procédés pour étudier la trajectoire.

3.3.3. Electromyographie

En se contractant, le muscle émet un signal électrique qu'il est possible de capter. Le recueil de ce signal, au moyen d'électrodes et d'une chaîne d'enregistrement, permet d'apprécier l'état de contraction d'un muscle à un instant donné.

3.3.4. Mesures de forces

Elles peuvent être réalisées au moyen de capteurs de forces (dispositifs dont les caractéristiques électriques se modifient sous l'action d'une force), ou d'appareils plus simples comme les dynamomètres à ressort.

3.4. Exemple d'application pratique

Nous pouvons illustrer cette étude théorique à l'aide de l'exemple posé par la musculation de la région scapulaire de l'épaule.

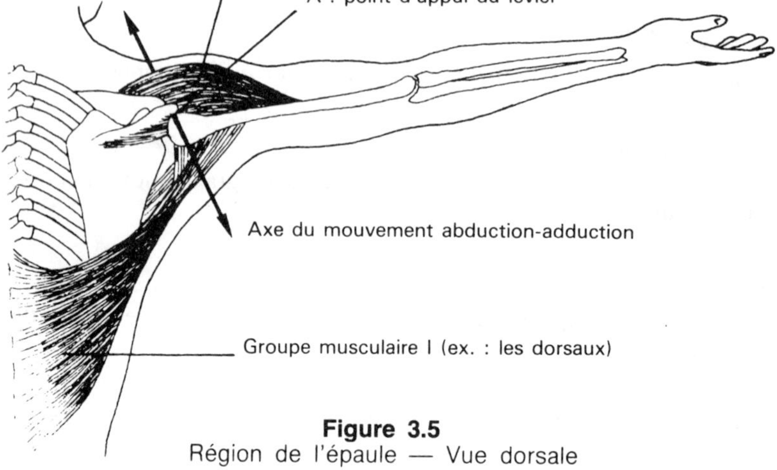

Figure 3.5
Région de l'épaule — Vue dorsale

Si l'on considère que l'omoplate est fixée, le mouvement d'abduction-adduction du bras se localise à l'articulation scapulo-humérale. Le bras du levier est représenté par le membre supérieur tendu (les articulations du coude et du poignet sont fixées grâce au jeu des synergies musculaires agonistes et antagonistes de ces articulations) et le point d'appui du levier est le centre de l'articulation.

a. Travail des dorsaux

Par leurs actions, nous l'avons déjà vu, ils sont adducteurs, c'est-à-dire qu'ils abaissent le bras et ferment l'angle bras-tronc.

La puissance P s'exerce vers le bas. Pour faire travailler ces muscles, il est nécessaire de placer une résistance R dirigée vers le haut que le bras va tirer vers le bas. Exemple : un poids suspendu par l'intermédiaire d'une poulie.

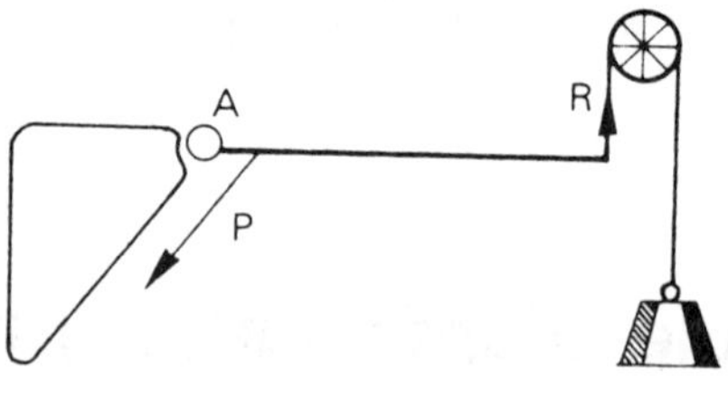

Figure 3.6
Travail des dorsaux

b. Travail du deltoïde

Ce muscle est abducteur, il éloigne le bras du tronc sur le côté, il ouvre l'angle bras-tronc.

La puissance P s'oriente vers le haut. Pour faire travailler le deltoïde (ou plutôt le faisceau responsable de l'abduction), il faut placer une résistance vers le bas. Exemple : soulever une charge à bout de bras.

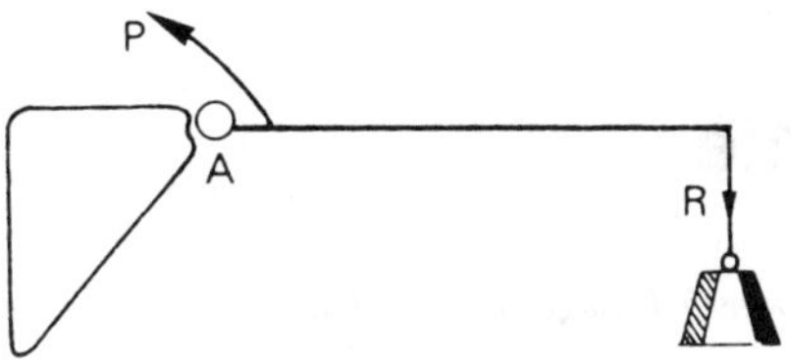

Figure 3.7
Travail du deltoïde

c. Remarques

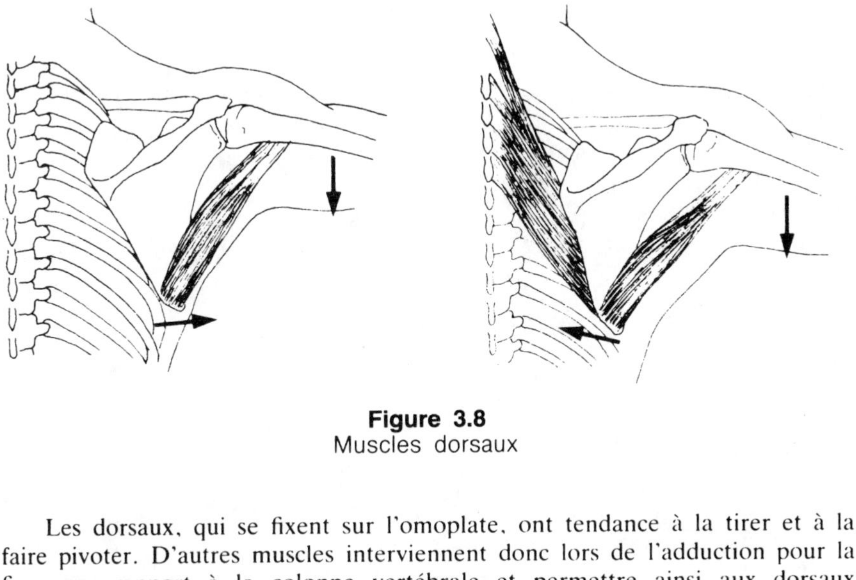

Figure 3.8
Muscles dorsaux

Les dorsaux, qui se fixent sur l'omoplate, ont tendance à la tirer et à la faire pivoter. D'autres muscles interviennent donc lors de l'adduction pour la fixer par rapport à la colonne vertébrale et permettre ainsi aux dorsaux d'avoir un point d'appui solide.

On voit donc que tout mouvement met en jeu des chaînes musculaires complexes. En fait, ce rôle de fixation et d'équilibration est le travail principal des muscles qui s'insèrent sur la colonne vertébrale.

Un autre groupe musculaire joue un rôle de fixation important : les abdominaux. S'ils n'ont aucun rôle moteur lors de l'élévation des jambes puisqu'ils n'ont aucune insertion sur le fémur, ils interviennent pour fixer le bassin et donner un point d'appui solide aux véritables muscles moteurs qui s'insèrent à la fois sur le bassin et le fémur.

Bibliographie

PERROT J.W. : *Anatomie à l'usage des étudiants, des professeurs d'éducation physique,* Ed. Vigot., 1976.

CASTAING J. : *Anatomie fonctionnelle de l'appareil locomoteur,* Ed. Vigot.

HAY J.G. : *Biomécanique des techniques sportives,* Ed. Vigot, 1980.

2e section

Support physiologique du mouvement — G. CAZORLA

La contraction musculaire permet les mouvements puissants de l'haltérophile, rapides du sprinter, harmonieux de la danseuse, comme ceux précis de l'escrimeur.

Dans certaines activités, telles la natation, les courses de longues durées, l'aviron, le cyclisme ou le ski de fond, c'est la durée pendant laquelle les contractions peuvent être maintenues à leur niveau optimal qui importe. Au contraire dans les mouvements très complexes de la gymnastique, de la danse ou de l'escrime, le rôle du système nerveux est prévalent pour contrôler et coordonner les différentes contractions.

Cependant dans tous les cas, la commande motrice se traduit toujours par l'apparition de signaux électriques parcourant les nerfs moteurs (*Motoneurone Alpha*). Arrivés à la jonction neuro-musculaire (ou *Plaque motrice), ils disparaissent après avoir provoqué la libération d'une substance chimique (l'Acetylcholine*) stockée dans les extrémités des fibres nerveuses. Dès lors le rôle du système nerveux est terminé, les phénomènes qui suivent se déroulent d'une façon autonome au sein même de la cellule musculaire. Ils se traduisent par la libération de l'énergie nécessaire à la contraction.

Les muscles squelettiques peuvent faire varier leur dépense d'énergie dans des limites très importantes. Lors d'un travail maximal, leur besoin peut être multiplié par 80 à 100. Compte tenu de la masse qu'ils représentent (environ 40 % de la masse totale du corps), on peut imaginer sans peine que l'activité musculaire est directement tributaire de son approvisionnement en énergie.

D'où provient cette énergie ?

- soit des réserves de l'organisme qui peuvent être directement utilisables avec ou sans oxygène ;
- soit de la combustion plus lente des glucides, lipides, protides en réserve dans le muscle, ou véhiculés par la circulation sanguine.

On devine alors que le maintien de l'activité musculaire exige une profonde modification de tous les systèmes susceptibles :

- de leur apporter l'oxygène et les substrats nécessaires ;
- et d'évacuer le gaz carbonique, la chaleur et les déchets produits.

Ce sont ces modifications et leurs conséquences sur l'exercice et l'entraînement que nous nous proposons d'examiner, en distinguant deux étapes successives :

1. l'étape tissulaire qui conditionne en partie la suivante :
2. l'étape des échanges avec le milieu environnant par l'intermédiaire de la ventilation, la circulation, la digestion et l'excrétion.

4. Etape tissulaire — G. CAZORLA

Etant dépendante de la diffusion des matériaux hors du sang, toutes les cellules baignent dans un milieu interne : *le Liquide interstitiel,* qui entoure chacune d'elles d'un mince film fluide. L'effet d'entretien du liquide interstitiel résulte de ses relations intimes avec le sang au niveau des capillaires. Par exemple, au fur et à mesure que les cellules consomment de l'oxygène et des nutriments, il s'établit des différences de concentration, ou *Gradient de concentration,* entre les différents milieux (intracellulaire, interstitiel et plasmatique ou compartiments liquidiens), ce qui entraîne une diffusion membranaire des fortes vers les faibles concentrations jusqu'à ce que tous les milieux aient atteint *l'Equilibre de diffusion.* Etroitement contrôlées par le système nerveux et le système hormonal, les possibilités d'échanges sont à la base du maintien de la stabilité du milieu intérieur (ou *Homéostasie*)indispensable à la vie cellulaire.

4.1. Structure du muscle strié squelettique

Le muscle squelettique est formé d'un ensemble de cellules (ou *fibres musculaires*), réunies par du tissu conjonctif élastique, et parcourues par de nombreux capillaires sanguins, nerfs et terminaisons nerveuses. Ces fibres de 10 à 100 microns de diamètre et dont la longueur peut atteindre 30 centimètres, se caractérisent par la présence de bandes transversales claires et sombres régulièrement alternées, d'où le nom de *Muscle strié* (fig. 4.1).

Chaque fibre contient un grand nombre d'éléments cylindriques : les *Myofibrilles* (fig. 4.1D).

Les stries transversales des myofibrilles comprennent au niveau de chaque unité fonctionnelle (ou *Sarcomere*), deux types de filaments (fig. 4.1E) :

- les myofilaments épais (ou *Myosine*), qui occupent la partie moyenne du sarcomère et correspondent aux bandes sombres ;
- les myofilaments minces (ou *Actine*), fixés aux deux extrémités du sarcomère sur la structure appelée Strie : Z.

Sur une coupe transversale de la zone de chevauchement des myofilaments, chaque filament de myosine est entouré par six filaments d'actine, et

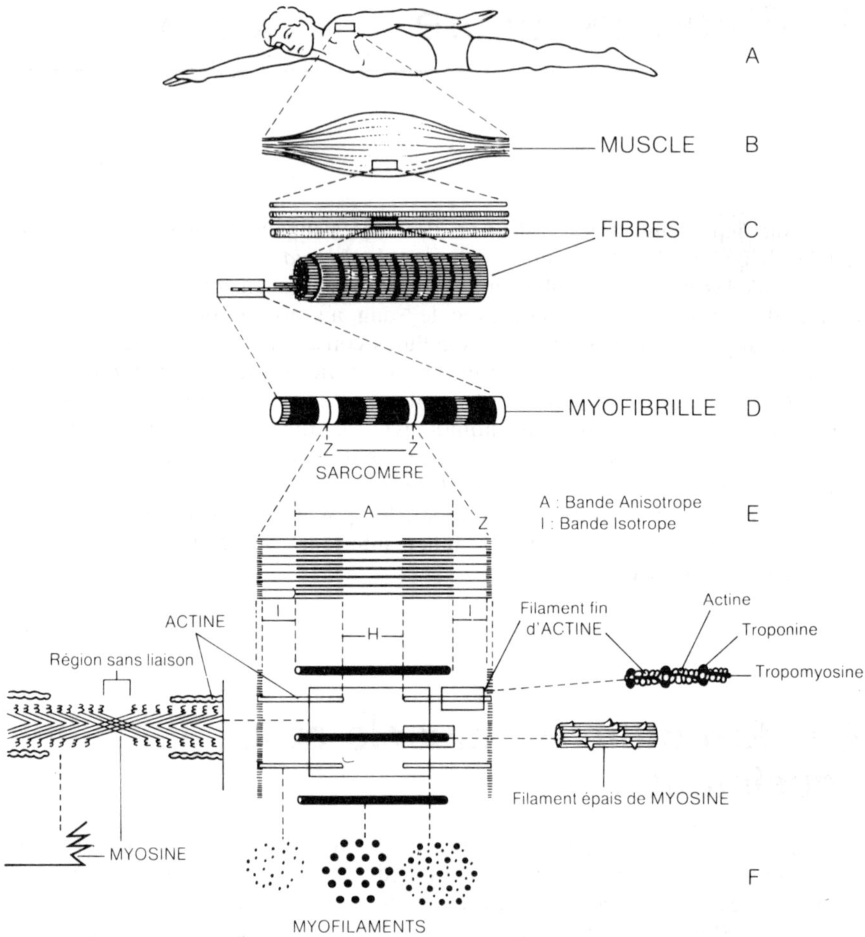

Figure 4.1

chacun de ceux-ci l'est par trois filaments de myosine (fig. 4.1F). La myosine, en forme de « club » de golf, présente au niveau de son extrémité globulaire deux sites capables respectivement :

- de se combiner à l'actine ;
- et de dégrader les molécules *d'Adenosine TriPhosphate* (A.T.P.). Cette activité A.T.P. asique est renforcée par la présence d'actine (fig. 4.2B).

A.T.P. $\rightleftharpoons$ A.D.P. + P + Energie **(1)**

réaction de Lohman.

A.T.P. : Adénosine TriPhosphate

A.D.P. : Adénosine DiPhosphate/P : ion Phosphate

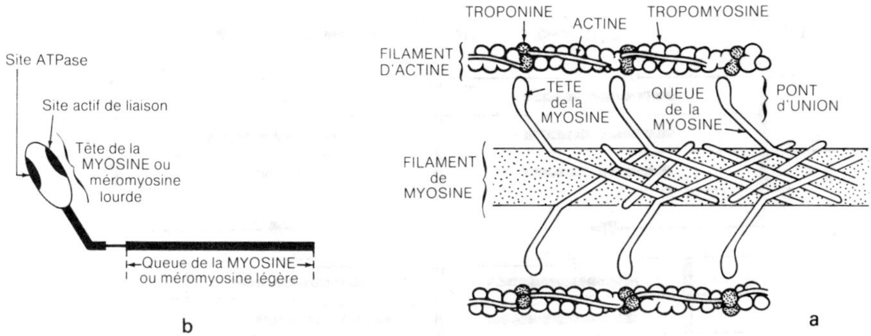

Figure 4.2
Relation de l'actine et de la myosine
Les protéines régulatrices troponine et tropomyosine sont localisées dans la chaîne de l'actine. La myosine A.T.P. ase est localisée sur la tête de la myosine

Enroulées d'une manière torsadée, autour de la double chaîne hélicoïdale des filaments d'actine, deux protéines : la *Troponine* et la *Tropomyosine* jouent aussi un rôle important dans la régulation de la contraction et du relachement musculaires.

Cet ensemble constitue les véritables « pistons et cylindres » de la fibre striée. Leur interaction entraîne le raccourcissement des sarcomères et de la fibre entière. La force qui en résulte agit sur les leviers osseux par l'intermédiaire des éléments élastiques du muscle (tendons et tissu conjonctif), et engendre le mouvement.

4.2. La contraction musculaire

Selon la théorie du glissement de H.E. Huxley, le raccourcissement du muscle strié résulte des mouvements des filaments, les uns pas rapport aux autres, ceux de myosine glissent entre les filaments d'actine à la façon de « coups d'aviron » (figures 4.2 et 4.3).

Les protubérances de la myosine s'ancrent aux filaments d'actine par la formation de *Ponts d'Union* et les tirent. Ces derniers glissent les uns sur les autres en s'emboîtant (fig. 4.3).

Ce mouvement élémentaire qui se produit de multiples fois au cours de la contraction requiert chaque fois l'énergie libérée par la segmentation de la molécule d'A.T.P.

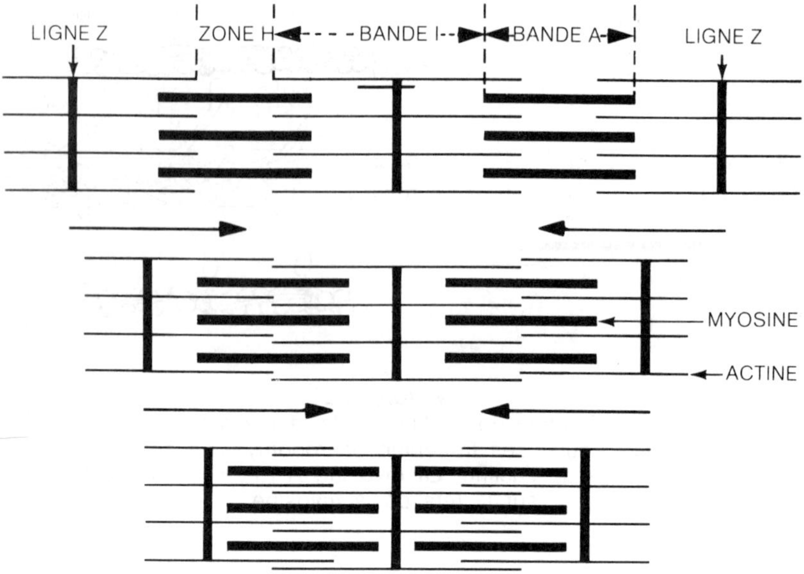

Figure 4.3
Glissement des filaments fins et épais au cours de la contraction

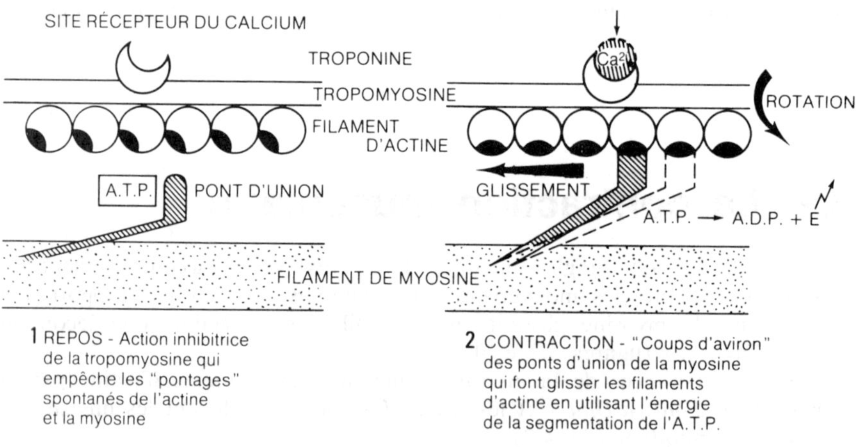

Figure 4.4
Action du calcium dans la contraction musculaire

Le relâchement tient à la présence des deux protéines régulatrices: la troponine et la tropomyosine. De par sa position, la tropomyosine s'oppose à la combinaison spontanée de la myosine et de l'actine et inhibe la contraction. Ce blocage est sous l'étroite dépendance de la présence ou de l'absence de *Calcium* qui se fixe sur la troponine. L'ensemble « troponine-calcium » déplace la molécule de tropomyosine, l'inhibition est provisoirement levée. L'A.T.P. peut alors se fixer sur le site A.T.P. asique de la protubérance de la myosine et libérer son énergie potentielle (fig. 4.4).

Par quel mécanisme le calcium qui pourrait être l'élément clé du couplage entre l'excitation de la fibre musculaire (commande nerveuse) et la contraction (réponse motrice) est-il mis en présence des protéines régulatrices lors de la contraction?

Au repos la membrane cellulaire, ou *Sarcolemme,* présente entre sa face interne et sa face externe une différence de potentiel stable.

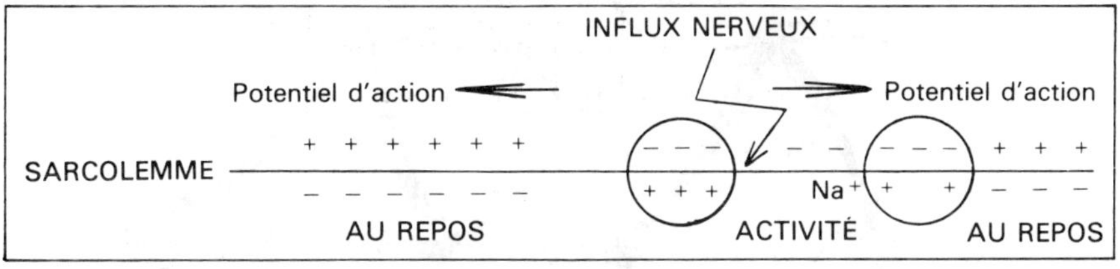

Lors de la commande nerveuse, l'acétylcholine libérée au niveau des terminaisons nerveuses, ou *Plaque motrice,* provoque une inversion de ce potentiel qui se propage très rapidement le long et à l'intérieur de la fibre. Ceci est facilité par l'invagination du sarcolemme qui tapisse à la façon d'un doigt de gant retourné les *Tubules transverses* (fig. 4.5).

De part et d'autre de ceux-ci sont disposés des « réservoirs » de calcium (ou *Citernes*) qui sont accolés au tubule, l'ensemble est appelé *Triade.* Lors du passage du potentiel d'action le long des tubules, la membrane serait rendue perméable au calcium selon un mécanisme encore mal connu.

Le calcium diffuse alors dans le milieu intérieur de la fibre (ou *Cytoplasme*), et se fixe électivement sur les *Sites récepteurs* de la troponine, entraînant une légère rotation de la tropomyosine, ce qui suffit à lever l'inhibition qu'elle exerçait, et à mettre en contact les sites récepteurs de l'actine et de la tête de la myosine (fig. 4.5). Le pontage actine-myosine ainsi réalisé entraîne la segmentation de la molécule d'A.T.P. dont l'énergie est utilisée pour « tirer » les filaments d'actine (figures 4.4, 4.5 et 4.6).

Le relâchement est obtenu par le retour du calcium à l'intérieur des citernes. Ce transport de calcium du cytoplasme vers les citernes est un *phénomène actif* qui requiert aussi de l'énergie. Cette énergie provient de même de la segmentation de l'A.T.P.

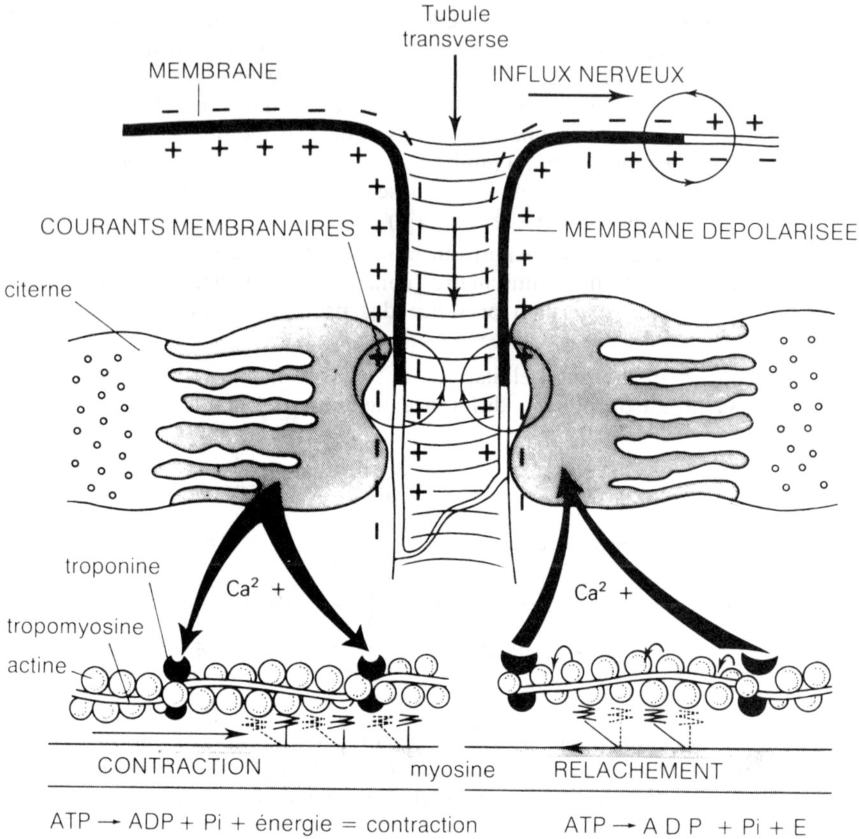

Figure 4.5
Schéma du rôle du calcium dans le couplage excitation-contraction

La succession des étapes de la contraction musculaire suppose la présence constante de molécules d'A.T.P. à liaisons potentiellement riches en énergie.

L'A.T.P. est donc l'élément central de la contraction du muscle squelettique, élément qui devra être sans cesse renouvelé pour faire face aux besoins de l'activité physique.

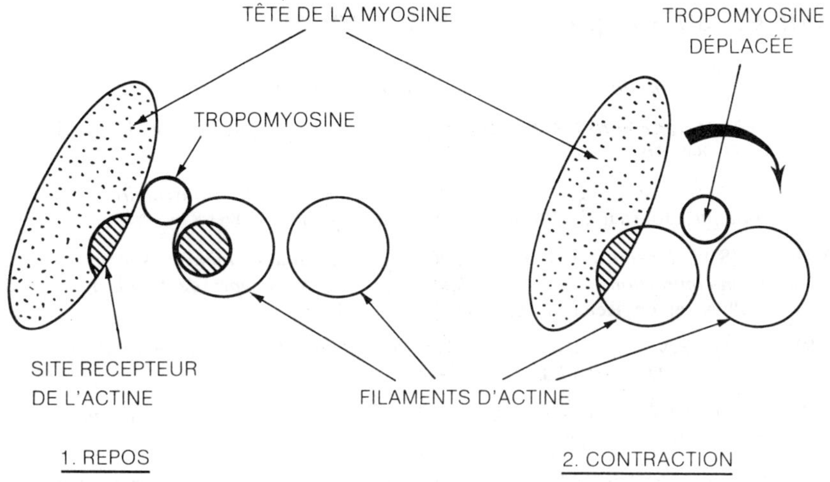

Figure 4.6
Coupe frontale montrant le rôle du déplacement de la tropomyosine dans la contraction musculaire

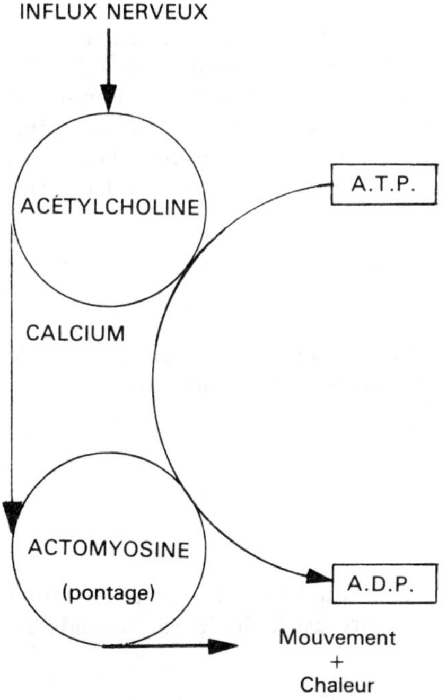

Résumé

Chaque fibre qui se contracte transforme par un processus complexe de l'énergie chimique en énergie mécanique.

L'étape ultime des échanges d'énergie dans la cellule musculaire est représentée par la dégradation de l'A.T.P. qui fournit l'énergie nécessaire aux pontages des myofilaments de myosine et d'actine pour créer un déplacement : c'est *l'étape mécanique.*

Avant d'arriver à cette ultime étape ont été nécessaires :

1. un influx nerveux : *Phénomène électrique ;*
2. une libération de l'acétylcholine, du calcium et la dégradation de l'A.T.P. : *phénomènes chimiques.*

Figure 4.7
Les étapes de la contraction (d'après Maréchal 1972)

Pour en savoir plus, lire notamment :

CRAPLET (C.) : *Physiologie et nutrition du sportif,* Ed. Vigot, 1985.

GILLIS (J.M.) : *Le contrôle intracellulaire de la contraction musculaire,* La Recherche, 1975, 60, 840-849.

GILLIS (J.M.) : *Le couplage excitation-contraction dans la fibre musculaire squelettique et cardiaque,* Journal de Physiologie de Paris, 1977, 73, 863-876.

METRAL (S.) : *Le muscle strié squelettique — Quelques données sur le couplage excitation-contraction, la bioénergétique et les différents types de fibres,* J. belge de Méd. Phys. et de Rehab., 1980, vol. 3, Fasc. 4.

KARPOVICH (P.V.) et SINNING (W.) : *Physiologie de l'activité musculaire,* Vigot frères Paris, 1975, pp. 17-41.

ASTRAND (P.O.) et RODAHL (K.) : *Manuel de physiologie de l'exercice musculaire.* Masson et Cie, 1973, pp. 20-30.

VANDER (A.J.), SHERMAN (J.H.) et LUCIANO (D.S.) : *Physiologie humaine.* Mc Graw-Hill, éditeurs Montréal, 1977, pp. 177-213.

4.3. La synthèse de l'A.T.P.

La présence de l'A.T.P. est la condition de travail musculaire. Or l'organisme ne dispose que d'une réserve extrêmement réduite d'A.T.P. (4 à 5 mmol/kg de muscle). Une simple marche pourrait totalement l'épuiser en une à deux minutes et l'exercice maximal en 1 à 2 secondes. Cependant même dans ce dernier cas, le niveau des réserves n'accuse qu'une discrète diminution au début de l'activité, et tend par la suite à se stabiliser à des valeurs très proches de celles du repos.

Ceci indique que la molécule d'A.T.P. est renouvelée au fur et à mesure qu'elle se dégrade.

Au cours de l'exercice, ce mouvement cyclique de dégradation et de synthèse est sous la dépendance de trois processus complémentaires :
- *Le processus anaérobie alactique ;*
- *Le processus anaérobie lactique ;*
- *et le processus aérobie.*

Chacun d'entre eux se caractérise par :
- un **délai d'intervention ;**
- un débit maximal ou **puissance** qui est la quantité maximale d'énergie produite par unité de temps. L'unité de mesure est le Joule par seconde J/s ou Watt,
  1 J/s = 1 Watt ;

- une réserve totale d'énergie disponible ou **capacité.** L'unité de mesure est le Joule ou en physiologie la **calorie,**
  1 cal = 4,186 Joules ;
- un **rendement** ou rapport de l'énergie effectivement utilisée pour un travail sur l'énergie libérée qui s'exprime en pourcentage ;
- et par un, ou des, **facteurs limitants.**

Au repos, ou lors d'activités de faibles intensités, la fibre musculaire tire son énergie de son approvisionnement en substrats (glucides et lipides essentiellement. Les protides intervenant surtout dans l'entretien cellulaire), et en oxygène, véhiculé par le sang.

Lorsque les besoins en oxygène sont débordés, soit en début d'exercice alors que la chaîne des transporteurs d'oxygène (poumons, sang, cœur, vaisseaux sanguins, diffusion cellulaire...), ne s'est pas encore adaptée, soit au cours d'exercices très intenses, selon la durée de ces exercices, la cellule peut faire appel à deux filières d'urgence qui sont :

- la filière anaérobie alactique ;
- la filière anaérobie lactique.

4.3.1. La filière anaérobie alactique

La filière anaérobie alactique recouvre l'ensemble des réactions qui assurent la synthèse de l'A.T.P. en absence d'oxygène (anaérobie), et sans production finale d'acide lactique (alactique).

Chronologiquement, elles interviennent dès le début de l'exercice. Hormis les faibles quantités disponibles d'A.T.P., la cellule utilise un autre composé riche en phosphore : la *Créatine phosphate* (CP) en réserve intracellulaire.

La CP qui libère son énergie presqu'aussi rapidement que l'A.T.P., ne peut cependant pas la mettre directement à la disposition des systèmes contractiles du muscle. Pour ce faire, elle a besoin d'un enzyme (1) : la *Créatine phosphoKinase* (C.P.K.) qui lui permet de céder un phosphate à l'A.D.P. (voir réaction 1) pour reformer de l'A.T.P. :

$$\text{A.D.P.} + \text{CP} \underset{}{\overset{\text{C.P.K.}}{\rightleftharpoons}} \text{A.T.P.} + \text{Créatine} \qquad \textbf{(2)}$$

La synthèse de l'A.T.P. peut être aussi réalisée grâce la condensation de deux molécules d'A.D.P. avec formation d'une molécule d'A.T.P. et d'une molécule d'A.M.P. (Adénosine Mono Phosphate). Cette réaction se produit en présence de l'enzyme MyoKinase (M.K.) et pour cette raison est souvent appelée réaction myokinase.

$$2\ \text{A.D.P.} \xrightarrow{\text{(M.K.)}} \text{A.T.P.} + \text{A.M.P.} \qquad \textbf{(3)}$$

(1) Enzymes : Protéines qui ont la propriété d'orienter et d'accélérer les réactions chimiques, sans les modifier ni être détruite. Leur action ressemble à celle d'un lubrifiant : il ne peut inverser le sens de la réaction mais il peut l'accélérer.

La formation de molécules d'A.T.P. selon ce mécanisme n'apparaît que lorsque la concentration en A.T.P. est très abaissée et celle de l'A.D.P. élevée. Le rôle essentiel de la myokinase, analogue à celui des fortes concentrations d'A.D.P., est d'activer un autre mode de synthèse de l'A.T.P. : la Glycolyse anaérobie.

Caractéristiques du métabolisme anaérobie alactique

Au total le processus anaérobie alactique se caractérise par :

- un délai d'intervention pratiquement nul ;
- une puissance très élevée : 400 kJ/min en moyenne chez le sédentaire et jusqu'à 750 kJ/min chez le sportif spécialisé ;
- une capacité très faible : 30 k Joules chez le sédentaire et jusqu'à 50 kJ chez le sportif entraîné ;
- un rendement élevé : 41 % en moyenne ;
- c'est l'épuisement des réserves en phosphagène (A.T.P., CP) qui en constitue le facteur limitant.

4.3.2. La filière anaérobie lactique ou glycolyse anaérobie

La glycolyse anaérobie recouvre la chaîne des réactions qui permettent la synthèse de l'A.T.P. par dégradation (*Catabolisme*) du glucose (ou sucre) sans utilisation d'oxygène et avec production finale d'*Acide Lactique.*

Le *Glycogène* en réserve dans la fibre représente la forme de stockage du glucose.

Le catabolisme d'une molécule de glucose ou de glycogène se déroule selon un processus complexe nécessitant de nombreuses étapes. Chacune d'elle est orientée par un enzyme spécifique. Nous ne retiendrons ici que les étapes essentielles :

1. Le glucose pénètre dans la cellule en utilisant un A.T.P. ;

2. Sa dégradation et celle du glycogène qui constituent les *Unités glucose,* passe par une étape commune : la formation de *Glucose 6-phosphate* (glucose-6-P) et suivent ensuite la même filière ;

3. Une unité glucose ($C_6\ H_{12}\ O_6$) est catabolisée, avec ou sans oxygène, en 2 molécules de *Pyruvate* ($C_3\ H_4\ O_3$). L'enchaînement de ces réactions s'accompagne de la libération de 2 *Hydrogène.* L'Hydrogène (H^+) qui ne peut rester à l'état libre dans la cellule, est accepté par un coenzyme : le Nicotinamide Adénine Dinucléotide (N.A.D.) qui intervient comme transporteur d'hydrogène

$$\text{N.A.D.} + 2H \rightarrow NADH_2 \qquad \textbf{(4)}$$

La concentration du N.A.D. étant limitée, la poursuite de la glycolyse nécessite son « recyclage ». Le $NADH_2$ doit céder son hydrogène pour être à nouveau disponible. A ce stade, si l'apport d'oxygène est insuffisant, l'acide pyruvique joue le rôle d'accepteur de l'hydrogène et en présence de l'enzyme *Lacticodeshydrogénase* (L.D.H.) donne l'acide *lactique* (C_3 H_6 O_3).

Le bilan de la glycolyse anaérobie peut se résumer ainsi : une molécule d'unité glucose est décomposée de façon à donner deux fragments : l'un des deux est *oxydé* (2) par l'autre libérant ainsi de l'énergie. Cette énergie est utilisée pour la synthèse de l'A.T.P. à partir de l'A.D.P. et des P initialement produits (réaction 1).

Au total :

2 A.T.P. sont produits avec la dégradation du glucose plasmatique (glycolyse anaérobie) et 3 A.T.P. avec le glycogène cellulaire (glycogénolyse anaérobie).

1 Glucose + 2 N.A.D. + 2 A.D.P. + 2 Pi → 2 Pyruvate + 2 N.A.D.H_2 + 2 A.T.P. **(5)**

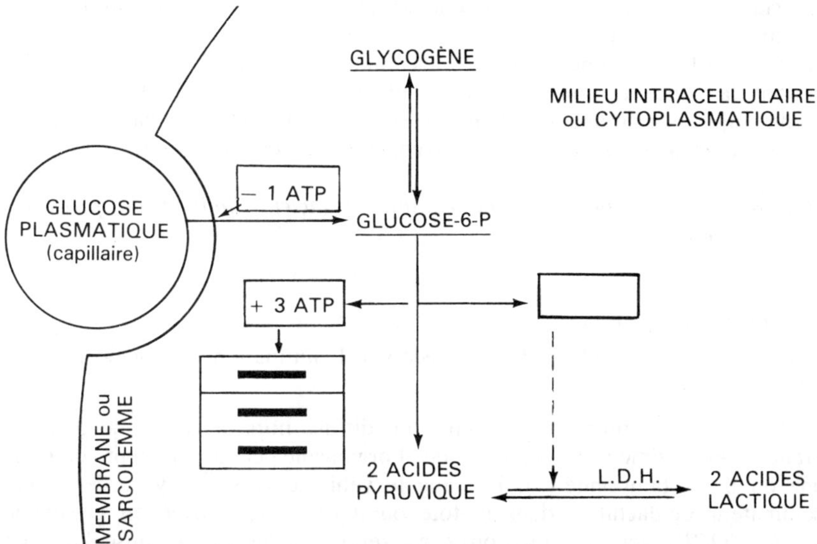

Figure 4.8
Bilan de la glycolyse et de la glycogénolyse anaérobies

(2) *Oxydation — réduction :* Une substance A est dite oxydée lorsqu'elle Cède son hydrogène. Elle est dite réduite quand elle Accepte de l'hydrogène. Lorsqu'une substance cède son hydrogène, il y a production concomitante d'énergie disponible.

Exemple : AH_2 + B ⟶ A + BH_2 + énergie

réduite — oxydée — réduite

L'acide lactique : facteur limitant du processus anaérobie lactique

Nous savons que la condition de la vie cellulaire est le maintien, dans certaines limites, de la stabilité du milieu intracellulaire (stabilité du niveau d'acidité, de la température et de la masse liquidienne). L'ensemble des réactions biochimiques en dépend.

L'accumulation de l'acide lactique induit une élévation de la concentration des ions H^+, donc du niveau d'acidité. Ceci a pour effet d'inhiber l'action des enzymes de la glycolyse.

La diminution de la glycolyse implique une baisse de la synthèse de l'A.T.P. L'A.T.P. représentant la source d'énergie immédiatement utilisable par les systèmes contractiles du muscle, on peut en déduire une chute des tensions développées par celui-ci.

La fatigue qui se manifeste à la fin d'un exercice maximal de durée brève pourrait être expliquée par une diminution de l'activité glycolytique et non par l'épuisement des réserves de glycogène qui demeurent à un niveau relativement élevé.

L'acide lactique pourrait aussi agir directement sur les éléments contractiles (actine et myosine) suivant un mécanisme encore mal connu.

Dans tous les cas, une trop forte accumulation d'acide lactique intracellulaire dont la concentration dépend du niveau de motivation et d'entraînement du sujet, s'accompagne d'une baisse de l'intensité ou par l'arrêt de l'exercice, alors que les réserves en glycogène sont encore importantes.

L'acide lactique apparaît donc comme le facteur limitant du processus anaérobie lactique.

Devenir de l'acide lactique

La reprise de l'activité cellulaire nécessite l'élimination de l'acide lactique produit.

• Une partie, estimée à 50 % environ, diffuse hors de la cellule dans les différents compartiments liquidiens de l'organisme et notamment dans le plasma où il est tamponné (3). Le sang le véhicule vers le myocarde (grand consommateur de lactate), dans le foie où il est retransformé en glycogène (*cycle de CORI*), vers les territoires au repos où les fibres musculaires,en présence d'oxygène, le catabolisent en H_2O et CO_2, et vers les reins qui l'éliminent.

(3) Les tampons les plus importants de l'organisme sont le bicarbonate HCO_3, les protéines plasmatiques et l'hémoglobine. Ils agissent en liant les ions H^+ selon la réaction :

$$\text{TAMPON}^- + \underset{\text{(acide fort)}}{H^+} \leftrightarrows \underset{\text{(acide faible)}}{\text{H. TAMPON}}$$

La réversibilité de cette réaction permet de stabiliser la concentration H^+ dans l'organisme.

• Lorsque l'apport d'oxygène devient suffisant, l'autre partie qui demeure dans la cellule peut :

a. redonner du pyruvate grâce à la reversibilité de la réaction Pyruvate ⇄ Lactate et peut alors :
   — soit entrer dans la chaîne de réactions aérobies pour être totalement catabolisé en CO_2 et H_2O avec formation concomitante d'A.T.P. ;
   — soit être retransformé, par reversibilité des réactions de la glycogénolyse, en glycogène.

b. être transformée en *Alanine* (produit du catabolisme des protides).

L'acide lactique n'est donc pas qu'un déchet qui limite l'activité cellulaire, mais peut dans certaines circonstances améliorer les réserves en énergie potentielle de la cellule.

Dans l'état des connaissance actuelles, l'unanimité n'est pas faite sur tout le devenir exact de l'acide lactique, bien des recherches sont encore nécessaires pour faire le point sur ce sujet.

Caractéristiques du métabolisme anaérobie lactique

a. son délai d'intervention

La glycolyse est mise en jeu dès le début de l'exercice. Son intensité est d'autant plus élevée que la baisse initiale d'A.T.P. a été importante, cependant, à cause des nombreuses transformations intermédiaires, son délai d'intervention efficace, se situe entre vingt et trente secondes.

b. Sa puissance

Elle peut être très importante : 200 à 250 kJoules/mn chez le sujet non entraîné et jusqu'à 500 kJoules/mn chez le sportif entraîné ; elle peut être atteinte et maintenue entre la 30e et 50e seconde.

c. Sa capacité

Elle dépend des possibilités individuelles d'accumulation de lactate intracellulaire. Elle se situe en moyenne entre 95 kJoules chez le sédentaire et 120 kJ chez le sportif entraîné.

d. Son facteur limitant

Est déterminé par une trop forte concentration intracellulaire d'acide lactique.

e. Son rendement

n'est que de 26 %.

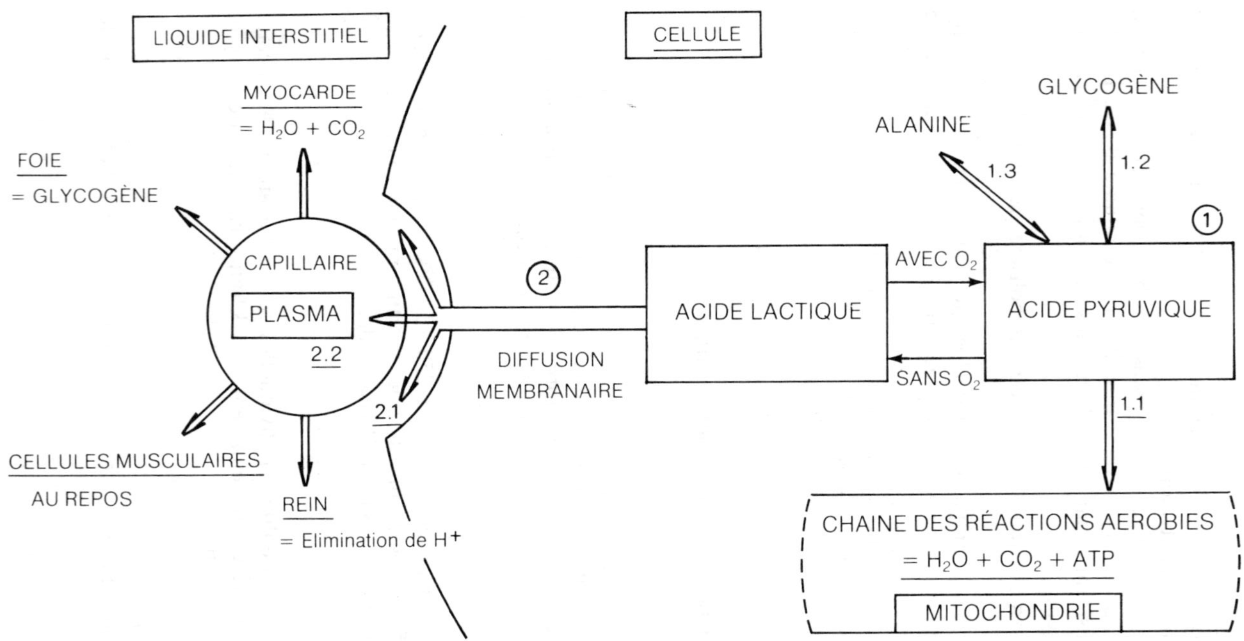

Figure 4.9
Bilan schématique du devenir de l'acide lactique

1 — Transformation en acide pyruvique en présence d'oxygène.
2 — Diffusion membranaire dans les différents compartiments liquidiens de l'organisme.

4.3.3. La filière aérobie

Elle est constituée par l'ensemble des processus de production d'A.T.P. dans lesquels intervient l'oxygène.

Les glucides, les lipides et secondairement les protides sont les substrats dont le catabolisme permet, en présence d'oxygène, de libérer l'énergie nécessaire à la synthèse de l'A.T.P.

a. La glycolyse aérobie

En présence d'oxygène, la plus grande partie de l'acide pyruvique résultant de la dégradation des unités glucose (figures 4.9 et 4.10) se combine au *Coenzyme* A pour donner l'*acétyl-coenzyme A et est ensuite oxydé dans la mitochondrie* (4) au cours du *cycle de Krebs*. L'enchaînement des réactions du cycle de *Krebs* s'accompagne de la libération de gaz carbonique et d'hydrogène. L'hydrogène est ici aussi pris en charge et transporté par ses

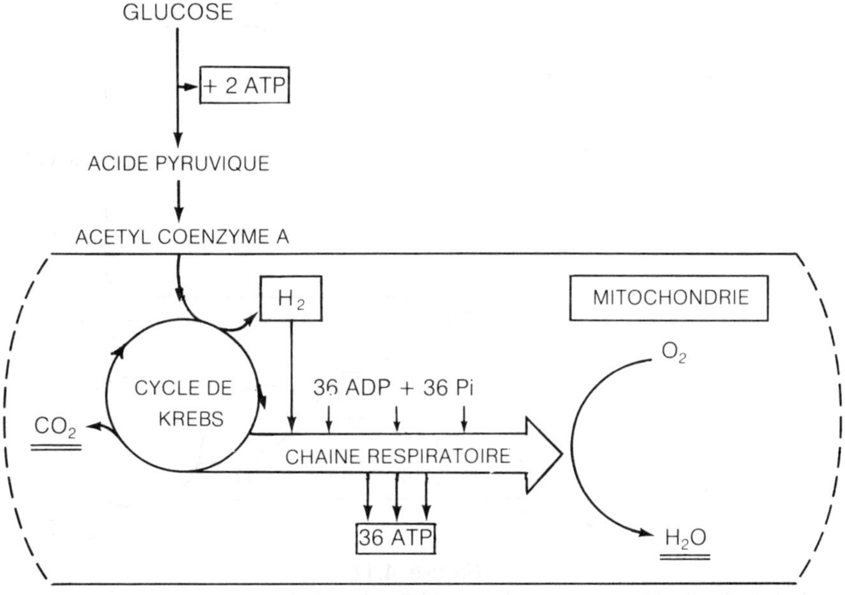

Figure 4.10

Bilan du catabolisme d'une unité glucose en présence d'oxygène

1 GLUCOSE + O_2 → 38 A.T.P. + H_2O + CO_2

1 GLYCOGÈNE + O_2 → 39 A.T.P. + H_2O + CO_2

(4) La Mitochondrie : appelée aussi « centrale énergétique » de la cellule, est le siège de toutes les réactions qui nécessitent la présence de l'oxygène et permettent la synthèse de grandes quantités d'A.T.P.

accepteurs (N.A.D. et F.A.D.) (5), jusqu'à la *chaîne respiratoire* (6), dans laquelle, par petites étapes successives, leur énergie potentielle est libérée pour synthétiser de grandes quantités d'A.T.P. à partir de l'A.D.P. et Pi initialement produits lors de la contraction (fig. 4.10).

b. Le catabolisme lipidique ou lipolyse

Le catabolisme des lipides joue aussi un rôle important dans l'apport d'énergie nécessaire à la synthèse de l'A.T.P. Le muscle utilise les lipides, essentiellement sous la forme *d'Acides Gras Libres* (A.G.L.) provenant de la dégradation des *Triglycérides.* Les Triglycérides sont constitués par trois acides gras attachés à une molécule de *Glycérol.* Il se localisent non seulement au niveau du plasma et des dépôts adipeux (tels que le tissu cellulaire sous-cutané), mais également dans la fibre musculaire elle-même sous forme de vacuoles lipidiques, ainsi que dans les cellules adipeuses intercalées entre

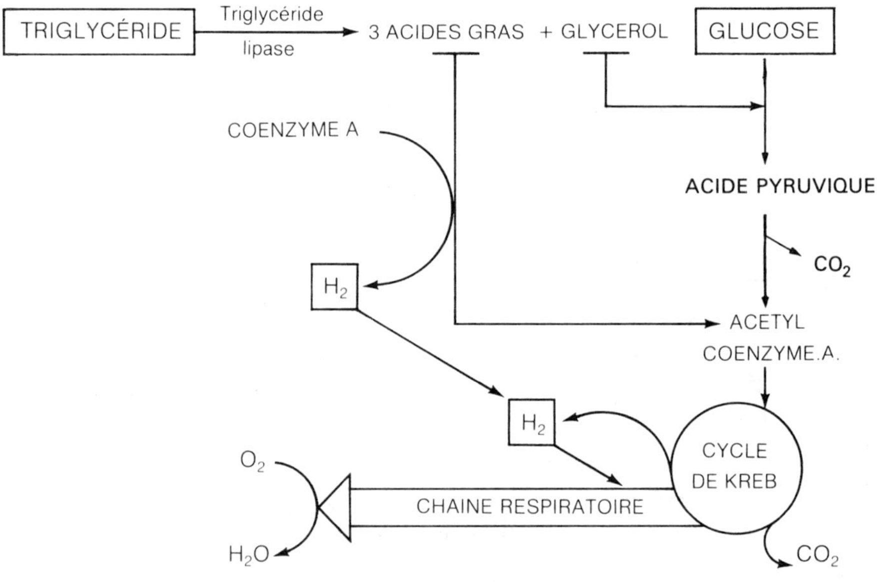

Figure 4.11
Intermédiaires communs du catabolisme du glucose et des triglycérides en présence d'oxygène

(5) F.A.D. : Flavine Adénine Dinucléotide est aussi un accepteur et transporteur d'hydrogène dont l'action est comparable à celle du N.A.D.
(6) Chaîne respiratoire : Chaîne transporteuse d'électrons vers l'oxygène, qui permet, grâce à la présence des cytochromes, la libération progressive de l'énergie potentielle du NAD H^2 et FAD H^2 nécessaire à la resynthèse de l'A.T.P. Sa mise en jeu dépend d'un apport convenable d'oxygène.

les fibres musculaires. Leur dégradation (et leur synthèse) est étroitement liée au métabolisme du glucose car elle passe par des intermédiaires communs (fig. 4.11). L'étape initiale de la dégradation des triglycérides, contrôlée par l'activité de l'enzyme *triglycéridelipase,* est la séparation des trois acides gras et du glycérol. Glycérol et acides gras suivent ensuite des voies différentes. Le glycérol entre dans la voie de la glycolyse qu'il suit dès lors jusqu'à son terme. La dégradation des acides gras exige du coenzyme A et des transporteurs d'hydrogène, pour entrer dans le cycle de Krebs et la chaîne des réactions aérobies (fig. 4.11).

La dégradation des triglycérides dépend donc essentiellement de celle du glucose et de la présence obligatoire de quantités importantes d'oxygène. Le bilan final fait apparaître des possibilités très importantes de synthèse de l'A.T.P. Les lipides sont donc d'excellents modes de stockage de l'énergie.

Dégradation du glycérol	22 ATP
Dégradation des trois acides gras libres : 147 ATP × 3 = ...	441 ATP
Bilan total..	463 ATP

c. Le catabolisme des protides

L'apport énergétique nécessaire à la synthèse de l'A.T.P. par la voie de la dégradation des protides n'est que très secondaire comparé à celui de la dégradation des glucides et des lipides. Dans les conditions normales, les protides interviennent peu dans le métabolisme énergétique. Ils constituent avant tout, les matériaux de construction : dans l'édification de nouveaux tissus ou dans l'entretien des cellules déjà formées, d'où leur rôle très important lors de la croissance et lors de programmes de musculation.

Cependant, comme les lipides, la dégradation des protides en *acides aminés,* doit s'associer au catabolisme des glucides pour contribuer à la synthèse d'A.T.P. Il faut toutefois limiter la fonction énergétique des acides animés à certains cas particuliers comme le jeûne prolongé ou lors d'exercices de très longue durée accompagnés d'une alimentation carencée en glucides et lipides.

d. Les caractéristiques du métabolisme aérobie

Délais d'intervention

Mis en jeu dès le début de l'exercice, le délai de son intervention prépondérante est sous la dépendance de l'adaptation progressive du système transporteur de l'oxygène (ventilatoire et cardio-vasculaire), et des nombreuses réactions qui assurent le catabolisme des substrats utilisés (unités glucoses et Acides Gras Libres).

Son plein rendement n'est atteint que vers la quatrième minute chez l'adulte sédentaire. Ce délai peut cependant varier avec l'âge et le niveau d'entraînement : deux à trois minutes chez l'enfant et deux voire une minute, chez le sportif entraîné.

Puissance et facteurs limitants

La puissance du processus définie par la consommation maximale d'oxygène ou $\dot{V}O_2$ max, est limitée à la fois par les possibilités de transport de l'oxygène et de son utilisation par la cellule.

Très variables avec l'âge, le sexe et le niveau d'entraînement des sujets, les valeurs les plus souvent citées sont : 60 kJ/min chez l'homme et 50 kJ/min chez la femme, adulte jeune et de taille moyenne, ce qui correspond respectivement à des $\dot{V}O_2$ max de 3 l/mn et 2,5 l/min. Il est aussi d'usage pour être plus précis, de ramener ces valeurs au kilogramme de poids du sujet, les moyennes obtenues se situent alors aux environs de : 0.9 kJ/min/kg ou 45 ml d'oxygène/min/kg chez l'homme et 0.7 kJ/min/kg ou 35 ml d'oxygène/min/kg chez la femme. Ces valeurs sont considérablement plus élevées chez le sportif spécialiste d'efforts de longue durée, ce qui semble indiquer que la grande variabilité de $\dot{V}O_2$ max- peut être à la fois sous la dépendance de facteurs génétiques et du niveau d'activité du sujet.

Capacité et facteurs limitants

Les réserves de glucides et lipides de l'organisme étant très importantes et l'oxygène pouvant être puisé dans l'environnement, la capacité du métabolisme aérobie pourrait sembler illimitée. Cependant, il faut relativiser cette notion en tenant compte des trois facteurs suivants :

- de l'intensité du travail musculaire ;
- du niveau d'entraînement du sujet ;
- de ses capacités de thermolyse.

En effet, la capacité du métabolisme décroît en fonction de l'augmentation de l'intensité du travail musculaire qui la sollicite selon une relation qui tient compte du niveau d'entraînement. D'autre part, au cours d'exercices de longue durée, une partie de l'énergie est libérée sous forme de chaleur qu'il faut évacuer. L'augmentation de chaleur (ou hyperthermie) est aussi un facteur limitant la capacité du métabolisme. De l'aptitude à éliminer la chaleur (ou thermolyse) dépendra partiellement la poursuite des activités biochimiques cellulaires.

Rendement

Le rendement dépend aussi des facteurs précédemment évoqués, il est donc variable d'un individu à l'autre, sa moyenne se situe à 25-26 %.

Remarque :

L'organisme possède ses propres réserves d'oxygène, soit dissoutes dans le sang et dans le liquide interstitiel ($\simeq$ 250 ml) soit liées à la myoglobine (7) de certaines cellules musculaires (50 ml). Ces réserves pourraient jouer un rôle

(7) Myoglobine : est une protéine qui existe dans tous les muscles striés et est notamment responsable de leur couleur rouge. Elle a le pouvoir de stocker provisoirement l'oxygène et d'être par conséquent un des éléments de l'énergétique aérobie de l'organisme.

non négligeable en début d'exercice de forte intensité ou lors d'un travail par intervalles de courtes durées. Le supplément d'énergie apporté par ces réserves s'ajouterait à celle obtenue initialement par la dégradation des phosphagènes (A.T.P., C.P.)

4.3.4. Résumé

L'énergie permettant la resynthèse de l'A.T.P. nécessaire à la contraction musculaire est assurée par trois sources différentes (fig. 4.12) :

- **Anaérobie alactique** qui résulte de l'utilisation des réserves de phosphagène intracellulaire (A.T.P. + C.P.)
- **Anaérobie lactique** qui utilise, en l'absence d'oxygène, le glycogène intracellulaire ou le glucose véhiculé par le sang, et s'accompagne de production d'acide lactique.
- **Aérobie** qui requiert la présence d'oxygène pour cataboliser les unités glucose ou les Acides Gras Libres en CO_2 et H_2O. Cette source permet la synthèse des plus grandes quantités d'A.T.P.

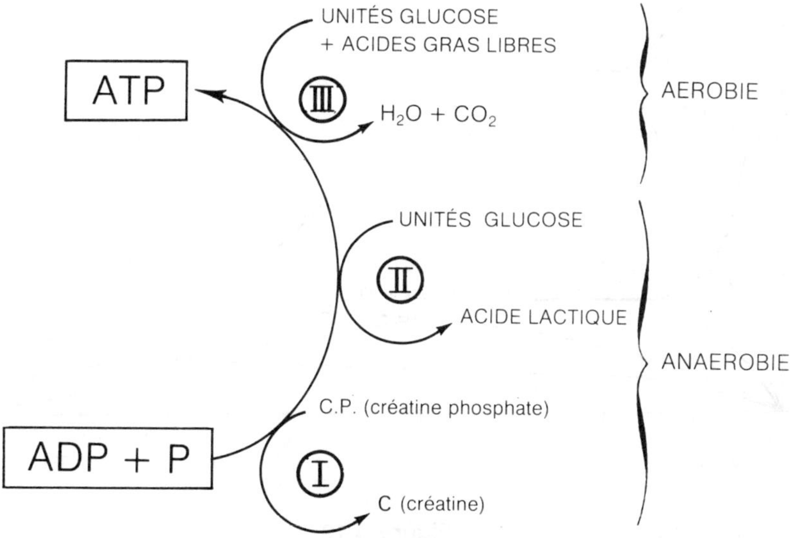

Figure 4.12
Les trois sources assurant la production d'énergie nécessaire à la synthèse de l'A.T.P.

I - II et III est l'ordre de leur intervention lors d'un exercice de forte intensité et de longue durée (mettre en relation cette figure et la figure 4.7 — d'après Maréchal 1972).

Chacune des trois sources est mise en jeu dès le début de l'activité musculaire mais devient prépondérante selon un délai qui lui est propre. Elles se différencient en outre par leur *puissance* ou débit maximal de synthèse de l'A.T.P. qu'elles permettent, et par leur *capacité* ou total de leur réserve potentielle énergétique (tableau 4.1, fig. 4.13). Le maintien de leur puissance est déterminé par leurs facteurs limitants qui sont respectivement :

- la baisse ou la disparition des réserves de phosphagène (A.T.P. — C.P.) (*Anaérobie alactique*) ;
- une trop forte acidité du milieu induite par l'accumulation du lactate intracellulaire (*Anaérobie lactique*) ;
- par les possibilités de transport et d'utilisation de l'oxygène au niveau de la cellule (VO_2 max) et une baisse des réserves de glycogène.

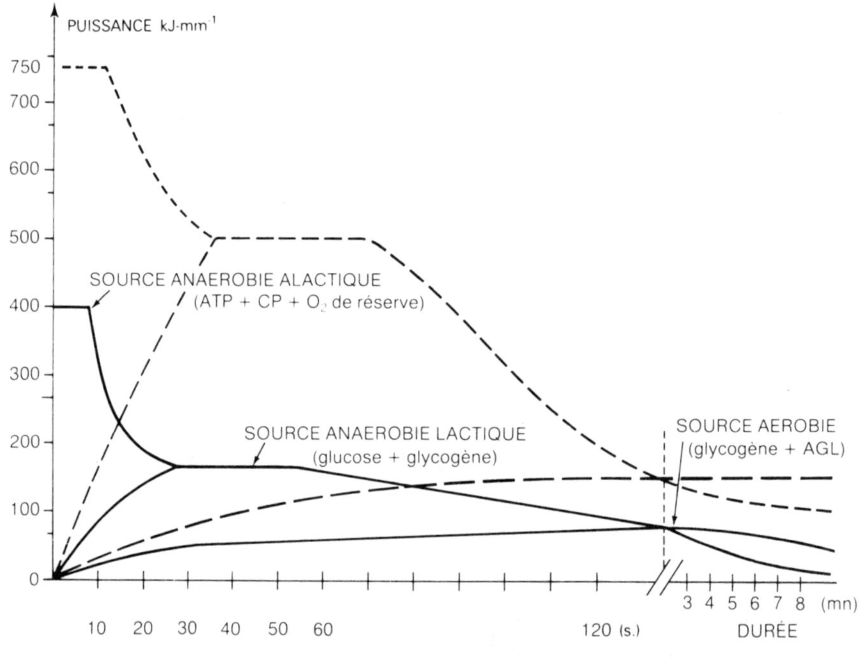

Figure 4.13

Schéma récapitulatif des délais respectifs d'intervention, de maintien de la puissance et des substrats utilisés par les trois sources énergétiques permettant la synthèse de l'A.T.P.

Valeurs moyennes du sédentaire adulte jeune : —

Valeurs extrêmes relevées chez des sportifs d'un haut niveau de spécialisation : — — — —

Tableau 4.1

Sources de production d'énergie et leurs caractéristiques

Métabolismes / Caractéristiques	Anaérobie alactique	Anaérobie lactique	Aérobie
Substrats utilisés	A.T.P. + créatine phosphate	glycogène glucose	lipide-glucide (accessoirement protide)
Délai d'intervention prépondérante	nul	20 à 30 secondes	2 à 4 minutes
Puissance ou débit maximal d'énergie	très élevée 400 à 750 kJ/min (*)	élevée 200 à 500 kJ/min (*)	dépend de VO_2 max. 60 à 120 kJ/min (*)
Durée limite du maintien de la puissance	7 à 10 secondes (*)	30 à 50 secondes (*)	3 à 15 minutes (*)
Capacité ou quantité totale d'énergie disponible	très faible 30 à 50 kJ (*) (1)	faible 95 à 120 kJ (*) (1)	très élevée dépend du % de VO_2 max. utilisé*
Durée limite du maintien de la capacité	20 à 30 secondes	20 sec. à 2 min.	théoriquement illimité dépend du % de VO_2 max. utilisé*
Lieu de production dans la cellule	cytoplasme cellulaire au niveau des filaments d'actine et de myosine	cytoplasme cellulaire (extra-mitochondrial)	mitochondrie
Produit final du catabolisme	A.D.P., A.M.P. et créatine	acide lactique	eau + gaz carbonique
Facteurs limitants	épuisement des réserves	acide lactique et baisse du PH cellulaire	VO_2 max. et épuisement du glycogène + thermolyse
Durée de la récupération après sollicitation maximale	reconstitution des réserves A.T.P. - C.P. 2 minutes	élimination du lactate 1 heure	reconstitution du glycogène 24 heures

* Dépend des caractéristiques individuelles et du niveau d'entraînement.

(1) Les valeurs les plus élevées sont celles d'athlètes hautement spécialisés.

Pour en savoir plus, lire notamment

Articles

FLANDROIS (R.): *Energétique de l'exercice musculaire maximal chez l'homme,* J. Physiol, Paris, 1979, 75, 195-205.

DI PRAMPERO (P.E.): *Energétique de l'exercice musculaire,* J. Physiol, Paris, 1972.

MARECHAL (G.): *Les sources d'énergie immédiate de la contraction musculaire,* J. Physiol; Paris, 1972, 65; 5A, 50 A.

Livres

ASTRAND (P.O.) et RODAL (K.): *Manuel de physiologie de l'exercice musculaire,* Masson et Cie, Paris, Chapitre 14, 483-504.

KARPOVICH (P.V.) et SINNING (E.): *Physiologie de l'activité musculaire,* Vigot Frères, Paris, 1975, chapitre 5 et 6, pp. 115-154.

KARLSSON (J.), ERIKSON (A.), FORSBERG (A.), KALLBERG (K.) et TESCH (P.): *Etude physiologique du ski alpin — Colloques de physiologie médico-sportive,* Saint-Etienne, traduit de l'anglais par J.R. LACOUR et A. DEBRINAY.

LACOUR (J.R.): *Etude physiologique de la course à pied. Traité d'athlétisme: Les Courses,* Vigot Frères, Paris.

4.4. Fibres musculaires et processus énergétiques

L'intensité et la durée de l'exercice ne sont pas seules à influencer l'utilisation des différents substrats énergétiques. Pour expliquer le mécanisme des différents métabolismes, nous avons considéré jusqu'ici le muscle comme un système homogène. Les techniques de biopsie musculaire (photos 1 et 2) et de l'histochimique, développées surtout depuis Bergstrom et Hultman (1967), ont montré que ce n'est pas le cas. Le muscle est composé de différents types de fibres dont les caractéristiques spécifiques sont: la taille, la contractilité, les réserves en substrats, l'équipement et l'activité enzymatique, le nombre et la taille des mitochondries qu'elles contiennent, le nombre de capillaires sanguins qui les irriguent (tableau 4.2).

Il est désormais classique d'identifier deux grands groupes de fibres d'après leur capacité de production et leur vitesse d'utilisation de l'A.T.P. (donc de leur vitesse de contraction):

- les fibres de type I à contraction lente;

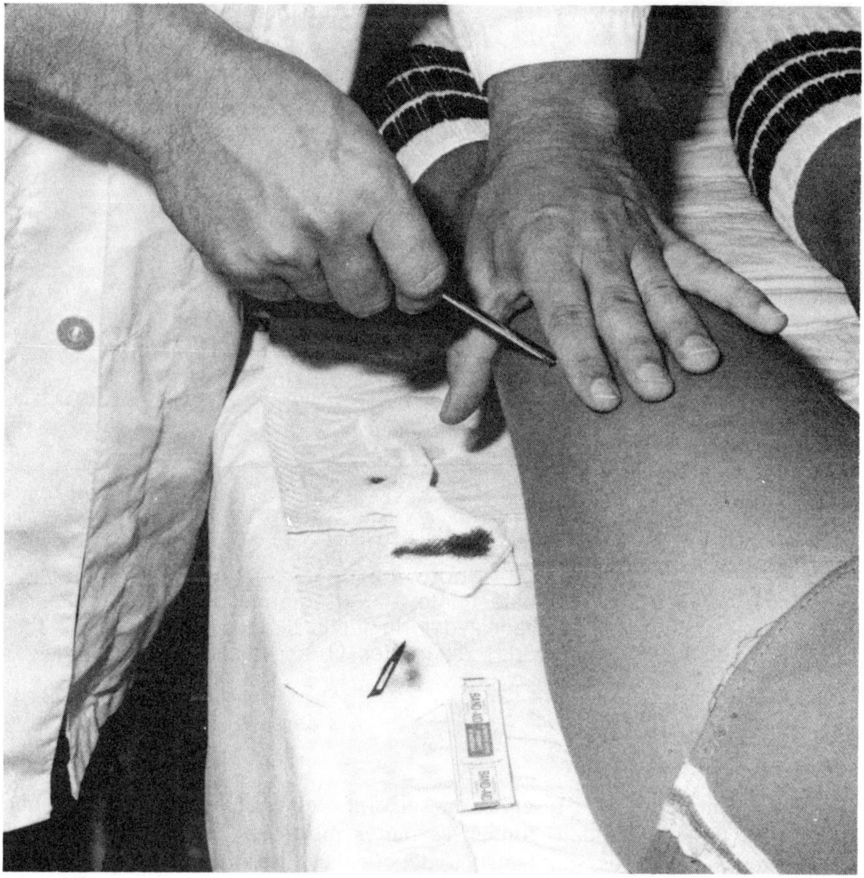

Photo 4.1
Prélèvement d'un échantillon musculaire par biopsie

- les fibres de type II à contraction rapide qui, se subdivisent en deux sous-groupes :
  — II a, ou fibres intermédiaires ;
  — II b, type le plus pur de fibres à contraction rapide.

Lors de la contraction, l'unité élémentaire à laquelle se distribuent les influx nerveux constitue l'*Unité motrice*. Une unité motrice est l'ensemble formé par un motoneurone alpha et la totalité des fibres qu'il innerve. Au sein de chacune de ces unités, les fibres sont du même type. Cependant, la

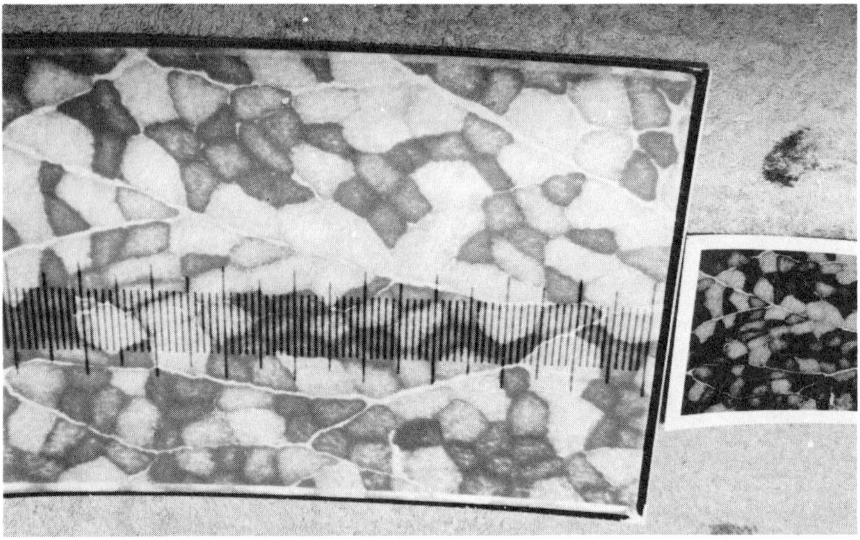

Photo 4.2
Mosaïque musculaire (petite photo 100 × ; grande photo 260 × .)
Etalon servant à déterminer la surface
et le pourcentage des différentes fibres musculaires.

vitesse de contraction, les réserves en substrats, et l'équipement enzymatique ne sont pas les mêmes dans toutes les unités motrices.

De telles variations sont sous la dépendance de l'activité des motoneurones. Il n'est pas surprenant alors de trouver une étroite liaison entre la composition biochimique des fibres et l'importance des stimulations nerveuses qu'elles sont habituées à recevoir.

D'autre part, il est très important de savoir que *toutes* les fibres musculaires possèdent des potentiels métaboliques aérobies et anaérobies que développe, voir hypertrophie, l'activité physique à laquelle elles sont régulièrement soumises.

Pour ces raisons, il est indispensable de bien connaître le niveau d'activité, de spécialisation ou d'entraînement d'un sujet avant d'étudier les caractéristiques de ses fibres musculaires.

4.4.1. Fibres à contraction lente de type I

L'essentiel de l'A.T.P. produit par ces cellules repose sur leur approvisionnement adéquat en oxygène. Toutes leurs spécificités physico-chimiques s'articulent autour de cette condition :

- entourées d'un riche réseau capillaire par où arrivent oxygène et nutriments, leur petit diamètre (∅ 25 microns) en favorise la diffusion ;
- de plus, la *myoglobine* qu'elles renferment en grande quantité, assure le stockage de petites quantités d'oxygène immédiatement disponible et augmente la vitesse de diffusion de ce gaz à travers la membrane dans le sens :

Capillaire → milieu interstitiel → cellule

Grâce à l'ensemble de ces facteurs (petit diamètre, nombre et taille des mitochondries, forte teneur en myoglobine, nombre de capillaires, forte teneur en lipide fragmenté ou *Triglycérides*), les fibres de type I *peuvent maintenir une contraction très longtemps,* elles sont *peu fatigables* et sont principalement sollicitées dans les efforts de longue durée. Par contre, le Pouvoir *A.T.P.-Asique* (ou de dégradation de l'A.T.P.) de la tête de leur myosine est faible, c'est pourquoi leur *vitesse et leur pouvoir contractiles sont faibles.* Pour ces raisons, les Anglo-Saxons les appellent : *slow twitch fibers* ou S.T. (abréviation souvent rencontrée dans la littérature).

4.4.2. Fibres à contraction rapide de type II b ou *Fast Twitch b* (F.T.b)

A l'opposé, l'équipement enzymatique des fibres II b ne leur permet qu'un faible métabolisme aérobie, mais est par contre très adapté à l'utilisation du glycogène pour produire l'essentiel de l'A.T.P. par la voie de la glycolyse anaérobie. D'autre part, elles peuvent se contracter rapidement en raison de l'aptitude de leur myosine à dégrader l'A.T.P. L'importance de leur concentration en enzymes et en substrats (phosphagène et glycogène) intervenant dans le métabolisme alactique et lactique leur permet un plus grand débit (ou puissance) de production d'A.T.P.

Ce débit élevé épuise d'autant plus vite les réserves de phosphagène et glycogène et dans le cas d'efforts en anaérobiose, s'accompagne d'une production importante d'acide lactique qui bloque la contraction. Baisse des réserves et accumulation de lactate expliquent la précocité de la fatigue.

Ces fibres, les plus épaisses (∅ 45 microns), présentent un rapport : *surface de section capillaire/surface de section de fibre* très faible, une concentration extrêmement basse en mitochondries et en myoglobine. Cette dernière particularité les fait apparaître les plus claires dans le muscle, c'est pourquoi on les appelle souvent *fibres blanches* par opposition aux fibres I ou *fibres rouges.*

La grande vitesse de contraction et la *fatigabilité précoce* sont les deux principales caractéristiques des fibres II b.

4.4.3. Fibres oxydatives à contraction rapide de type II a ou *Fast Twitch a* (F.T.a)

Ces fibres, à fort pouvoir oxydatif, à contraction rapide et d'une épaisseur moyenne (∅ 35 microns), ont des propriétés intermédiaires par rapport à celles des deux précédentes. Leur vascularisation est assez semblable à celle des fibres I, elles contiennent la même quantité de glycogène, mais leur réserve en triglycérides (lipide) est beaucoup moins importante.

Ces caractéristiques induisent :

- une grande vitesse de contraction ;
- un pouvoir glycolytique élevé ;
- un pouvoir oxydatif important qui leur permet d'être moins fatigables que les fibres II b.

Fibres à contraction rapide de type C

On ignore encore la signification de ces fibres mais elles pourraient représenter une forme transitoire entre les fibres à contraction rapide et celles à contraction lente. On les rencontre chez le nourrisson quelques jours après la naissance et chez l'athlète de haut niveau spécialisé dans les activités de longue durée.

Répartition des différents types de fibres

L'activité contractile varie selon la fonction des muscles et selon la rapidité ou la force du mouvement qu'imposent les circonstances.

Les muscles qui supportent le poids du corps et les muscles posturaux doivent être capables de maintenir une activité prolongée sans apparition trop précoce de la fatigue. C'est dans ces muscles que le pourcentage de fibres à fort pouvoir oxydatif de type I est le plus important.

D'autres muscles au contraire doivent être capables d'engendrer des mouvements rapides et intermittents et sont pour cela plus riches en fibres à contraction rapide.

Dans les circonstances habituelles, c'est aux deux types d'activité que doivent répondre la majorité des muscles, ce qui explique l'hétérogénéité de la répartition de leurs fibres. Certains athlètes appartenant à l'élite, présentent cependant des prédominances très marquées d'un type de fibre, ou d'un autre. Cette situation peut aussi bien résulter d'un héritage génétique compatible avec les nécessités de la discipline, que des programmes d'entraînement axés spécifiquement sur le type de performance visée.

Comment dans un même muscle, sont recrutés les trois types de fibres ?

D'une manière générale, aux différents types de stimulations nerveuses correspondent différents types de contractions.

A de faibles fréquences de stimulations (exercices de faible intensité), seules les fibres à contraction lente et à fort pouvoir oxydatif sont recrutées.

Au cours d'exercices d'endurance aérobie par exemple, la fréquence des potentiels d'action est relativement faible et seule une partie des unités motrices à fibres I est recrutée et se contracte d'une manière synchrone.

En effet, puisque la gradation de l'intensité de l'effort musculaire dépend du nombre d'unités motrices recrutées, il paraît logique d'admettre qu'une fraction seulement de la totalité des fibres musculaires est engagée dans le processus de contraction. Ces fibres utilisent l'A.T.P. Pendant ce même temps, les fibres provisoirement inactives sont le siège de la resynthèse de l'A.T.P. Ce fonctionnement asynchrone et particulièrement économique, permet, selon l'intensité du travail, le prolongement plus ou moins important de l'exercice.

Au fur et à mesure que l'intensité de l'exercice s'élève, l'activité nerveuse augmente sa fréquence. De plus en plus d'unités motrices sont recrutées, l'exercice devient énergiquement plus dispendieux sans pouvoir trouver les conditions d'équilibre entre la dégradation et la resynthèse de l'A.T.P. Sa durée en est écourtée d'autant.

L'activité nerveuse peut aller de brèves décharges intenses destinées à la plupart des unités motrices lors d'exercices intenses de courte durée (sauts, haltérophilie) jusqu'aux décharges prolongées de basses fréquences destinées aux unités motrices à fort pouvoir oxydatif lors d'exercices d'endurance aérobie.

La fréquente répétition d'un même type d'exercice (intensité + durée), s'accompagne non seulement d'une adaptation spécifique de l'activité nerveuse qui lui est destinée mais aussi des modifications progressives de la composition chimique des fibres musculaires sollicitées.

Il faut bien se souvenir que dans le cas d'entraînements très poussés, **toutes** *les fibres s'adaptent.*

Les fibres IIa et IIb peuvent présenter, tout autant que les fibres I, une augmentation de leur capacité oxydative qui, exprimée en pourcentage de leur potentiel initial, est plus importante que dans les fibres à contraction lente.

De même, les fibres de type I peuvent augmenter, dans certaines limites, leurs pouvoirs contractiles et glycolytiques.

La question qui demeure d'actualité est de savoir si l'entraînement transforme le génotype des fibres, ou si, seules certaines de leurs caractéristiques histochimiques sont modifiées ? Dans cette dernière hypothèse les fibres devraient retrouver leur état initial à l'arrêt prolongé de l'entraînement.

Une autre question non résolue et controversée est de savoir si l'entraînement intensif augmente le nombre de fibres ou si seule la taille de ces dernières est affectée ?

Quoiqu'il en soit, l'étude d'échantillons musculaires prélevés sensiblement au même endroit d'un même muscle montre :

- une grande teneur en glycogène de toutes les fibres avant l'entraînement ;
- une baisse de glycogène des fibres I après travail aérobie (intensité $\leq$ 75 % de $\mathring{V}O_2$ max).

Si le travail se prolonge jusqu'à épuisement, le glycogène des fibres IIa puis IIb est alors chronologiquement utilisé.

- Une chute de la teneur en glycogène des fibres IIb et IIa après des exercices de sprint tandis que celle des fibres I est peu affectée.

On peut déduire de ces études que, si l'on s'entraîne à des vitesses peu élevées, seules les fibres lentes sont sollicitées. Par contre les exercices à vitesse élevée sont assurés par la sollicitation des fibres à contraction rapide.

Enfin les exercices de force avec charges lourdes semblent mettre en jeu un ensemble d'unités motrices plus importants comprenant aussi bien des fibres I que des fibres II.

Il est donc très important d'harmoniser au cours des entraînements ces trois formes de sollicitations pour répondre aux exigences de la compétition visée.

4.4.4. Résumé

Le muscle squelettique humain est composé de fibres musculaires à caractéristiques différentes :

Les fibres I à contraction lente et peu fatigables, développant essentiellement un métabolisme aérobie, interviennent généralement dans les exercices de faible intensité et de longue durée ;

Les fibres IIb à contraction rapide et très fatigables permettent, grâce à l'importance de leurs métabolisme anérobie alactique et lactique, la réalisation d'exercices de forte intensité de durée brève ;

Les fibres IIa qui offrent des caractéristiques intermédiaires peuvent entrer en jeu aussi bien dans les exercices d'intensité élevée que dans ceux de longue durée.

Pour en savoir plus, lire notamment :

DENIS (C.) et LACOUR (J.R.) : *L'étude des fibres musculaires, in Sports et Sciences* 1979, Ed. Vigot.

SALTIN (B.), HENRIKSSON (J.), NYGAARD (E.) et ANDERSEN (P.) : *Répartition des différents types de fibres et potentiel métabolique du muscle squelettique chez le sédentaire et le coureur d'endurance*, Comptes rendus du Colloque de Saint-Etienne, 15-16 juillet 1977, Université de Saint-Etienne.

TAYLOR (A.W.) : *Myotypologie* dans : *Physiologie appliquée de l'activité physique*, Vigot, éditions, Paris 1980, pp. 217-239.

Tableau 4.2

Récapitulatif des caractéristiques les plus importantes des différentes fibres musculaires (G. Cazorla)

Nomenclature Base d'identification	Fibre à contraction lente type = I ou ST	Fibre à contraction rapide type = IIa ou FTa	Fibre à contraction rapide type = IIb ou FTb
Diamètre	 Faible	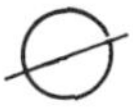 Important	 Important
Couleur liée au contenu en myoglobine	rouge élevé	rose intermédiaire	blanche faible
Vascularisation (nombre de capillaires)	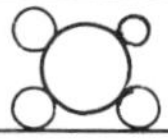 importante	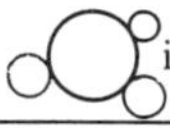 intermédiaire	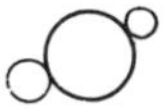 faible
Innervation	motoneurone α 1 tonique (décharges à basse fréquence mais continue)	motoneurone α 1 ou α 2	motoneurone α 2 phasique (décharges haute fréquence mais intermittentes)
Propriétés contractiles (secousse)	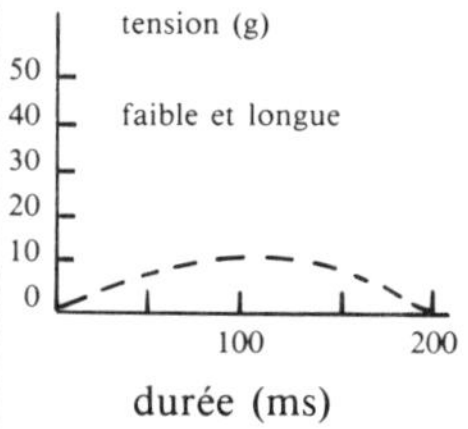	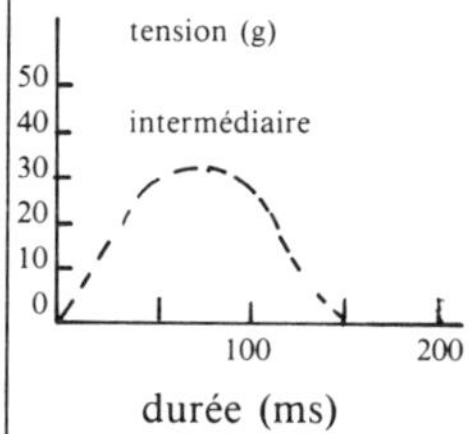	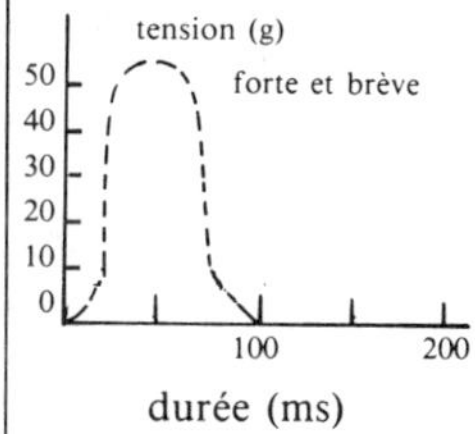
Lacticodéshydrogénase (L-D-H)	L-D-H type " cardiaque " (utilisation du lactate) lactate → pyruvate		L-D-H type " musculaire " consommation du lactate pyruvate → lactate
Activité A.T.P.asique de la tête de la myosine	faible	forte	forte
Source de la production d'A.T.P.	oxydation (mitochondrie)	glycolyse anaérobie + oxydation	glycolyse anaérobie
Activité des enzymes de la glycolyse anaérobie	faible	intermédiaire	forte
Fatigabilité (à sollicitation maximale)	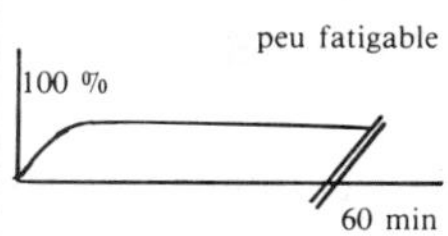	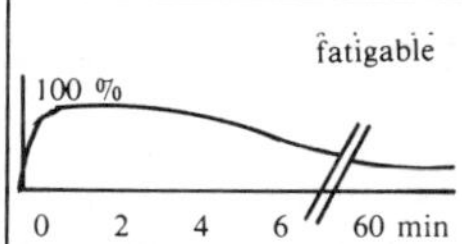	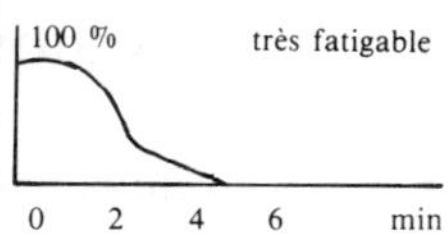
Activités des enzymes aérobies (cycle krebs)	très élevée	intermédiaire	faible
Nombre et taille des mitochondries	élevés	intermédiaires	faibles

5. Etape des échanges avec le milieu — G. CAZORLA et P. LEGROS

Afin de répondre aux besoins énergétiques considérablement accrus lors de l'exercice musculaire, une grande quantité de *« liquide frais »* est indispensable pour alimenter la cellule en oxygène et en substances nutritives, la débarrasser rapidement de ses déchets métaboliques et pour maintenir constants le degré d'acidité et la température du milieu dans lequel elle baigne.

Les dimensions des systèmes respiratoire et cardio-vasculaire permettent au sang de remplir ces fonctions.

Il est en effet remarquable de constater la cohésion existant entre les ajustements respiratoires, cardio-circulatoires et les besoins métaboliques des territoires en activité.

5.1. La respiration

La respiration, ou échange de l'O_2 et CO_2 entre la cellule et le milieu extérieur, est assurée par l'enchaînement de deux grandes étapes :

- la *ventilation*, qui assure la mobilisation des volumes gazeux ;
- et la *diffusion*, qui est le moyen par lequel l'O_2 et le CO_2 traversent les membranes des poumons, des vaisseaux sanguins et des cellules (fig. 5.1).

5.1.1. Anatomie de l'appareil ventilatoire (fig. 5.2)

La ventilation est réalisée par les voies aériennes et les poumons.

Les voies aériennes sont formées de l'ensemble des conduits qui amènent l'air au lieu de leur échange. Leur rôle est d'assurer le conditionnement (humidification et réchauffement), l'épuration et la filtration de l'air inspiré. Elles sont composées par :

- les fosses nasales,
- le pharynx, carrefour des voies respiratoires et digestives,

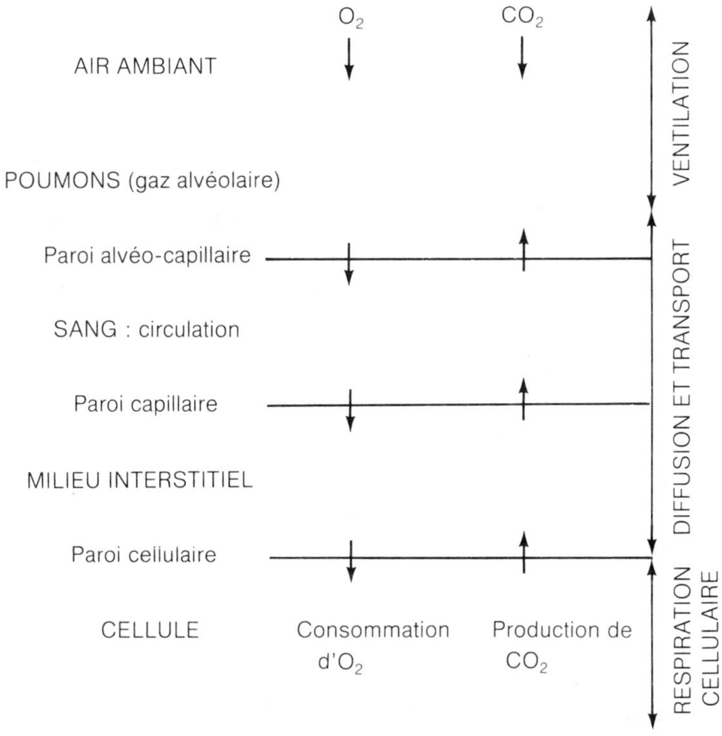

Figure 5.1
Schéma des phénomènes respiratoires

- le larynx, siège des cordes vocales,
- la trachée artère et les bronches. La trachée artère se divise en deux bronches souches droite et gauche qui se prolongent et se ramifient dans les poumons.

Les poumons

Situés dans la cage thoracique, les deux poumons droit et gauche, sont séparés par le cœur et les gros vaisseaux. Les bronches, après avoir pénétré dans les poumons, se divisent en bronchioles de plus en plus fines. Les bronchioles terminales donnent naissance à de petits sacs : les alvéoles pulmonaires. Les alvéoles sont tapissées de multiples vaisseaux sanguins très fins : les *capillaires*. Cette organisation permet un contact très étroit et une vaste surface d'échange (environ un demi court de tennis) entre le sang et l'air.

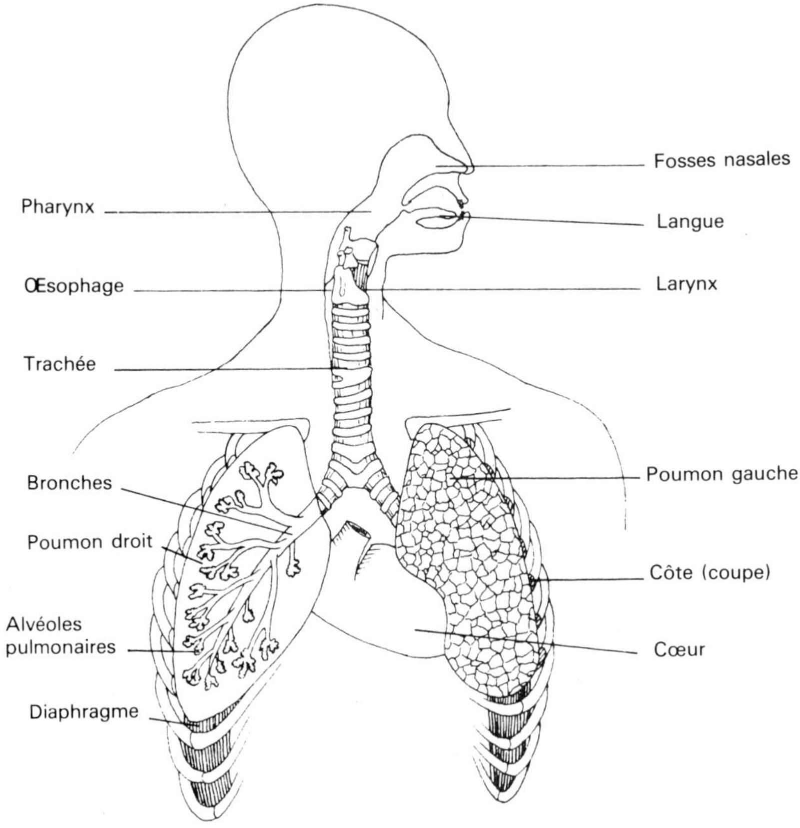

Figure 5.2
Représentation schématique des voies respiratoires

Les capillaires sont issus de la ramification des artères pulmonaires droite et gauche qui s'engagent dans les poumons avec les bronches, suivent les ramifications bronchiques en se subdivisant en artérioles et capillaires. Après avoir permis l'échange gazeux, les capillaires se réunissent en veinules et en veines pour finalement constituer les quatre veines pulmonaires qui ramènent le sang oxygéné vers le cœur.

Les poumons sont recouverts d'une membrane, la *plèvre* qui, en se repliant, forme deux sacs clos qui tapissent la surface interne de la cage thoracique. L'espace entre les deux feuillets : la *cavité pleurale*, vide d'air, est occupée par un liquide incompressible : le *liquide intrapleural*. La cavité pleurale joue un rôle important dans la mécanique ventilatoire en maintenant de façon permanente le poumon contre la paroi thoracique.

5.1.2. Mécanique ventilatoire

La mobilisation de l'air dans l'appareil respiratoire est permise par l'action des muscles respiratoires et par la solidarité des poumons avec la cage thoracique.

La ventilation est la succession de phases inspiratoires et expiratoires. Au repos, la fréquence ventilatoire est d'environ douze cycles par minute et peut s'élever jusqu'à 25 cycles/minute au cours de l'exercice intense.

a. L'inspiration

Elle est produite essentiellement par le *diaphragme*, muscle large en forme de coupole, séparant le thorax de l'abdomen (fig. 5.3), et par certains *muscles intercostaux*. Leur action entraîne :

- une augmentation du volume intrathoracique par abaissement de la coupole diaphragmatique, par projection du sternum vers l'avant et élévation des côtes ;
- une baisse de la pression, qui assure l'entrée de l'air dans les poumons.

D'autres muscles (sterno-cléïdo-mastoïdien, scalènes...) dits muscles inspiratoires accessoires, interviennent aussi lors d'inspirations forcées.

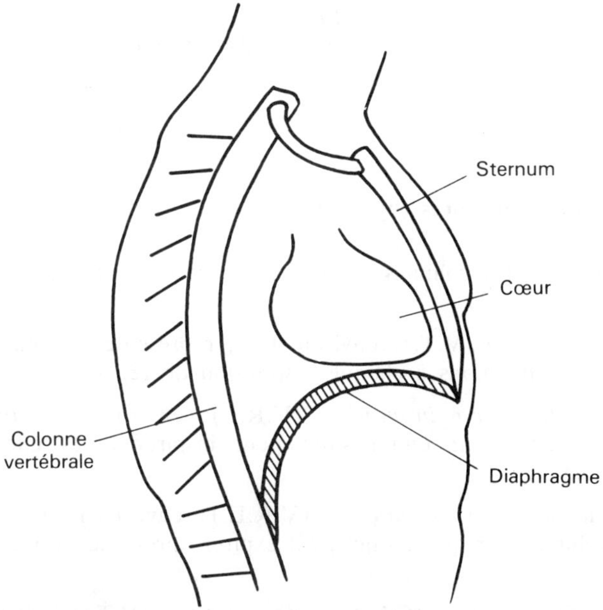

Figure 5.3
Schéma montrant les insertions du diaphragme

b. L'expiration

Au repos, l'expiration utilise essentiellement l'élasticité des poumons, sans action musculaire et s'accompagne d'une baisse de la pression intra-alvéolaire qui assure la sortie de l'air des poumons. L'expiration forcée est produite par la contraction des muscles de la paroi abdominale (fig. 5.4).

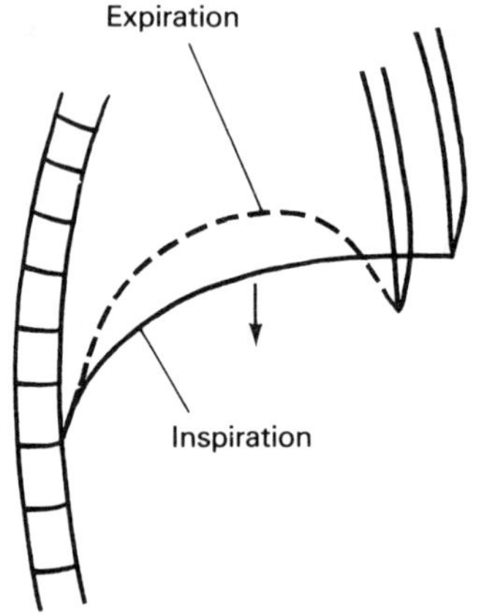

Figure 5.4
Schéma des mouvements respiratoires

c. Les volumes pulmonaires (fig. 5.5)

La capacité et les volumes respiratoires, mesurés par un spiromètre, se décomposent en :

• *Volume courant* (V.T.) : environ 0,5 l, représente le volume d'air qui entre et sort des poumons à chaque respiration de repos ;

• *Volume de réserve inspiratoire* (V.R.I.) : environ 2,5 l, représente le plus grand volume d'air qu'un sujet peut inspirer après une inspiration normale de repos ;

• *Volume de réserve expiratoire* (V.R.E.) : environ 1,5 l, représente le plus grand volume d'air qu'un sujet peut expirer après une expiration normale de repos ;

• *La Capacité vitale* (C.V.) : environ 4,5 l (V.T. + V.R.I. + V.R.E.) représente le volume maximal d'air qui peut être expiré (expiration forcée) après une inspiration forcée.

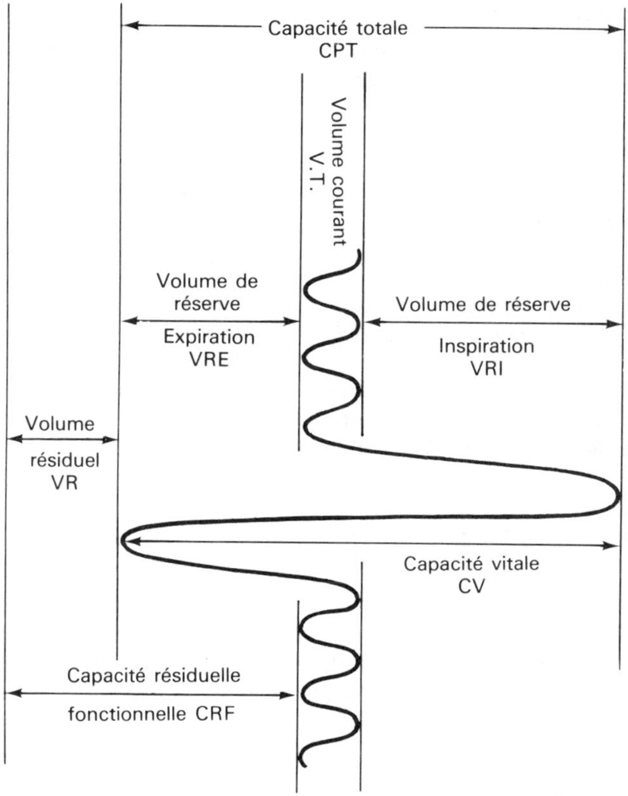

Figure 5.5
Schéma des volumes et capacités pulmonaires

La spirométrie ne peut mesurer, par contre :

• le *Volume résiduel* (V.R.) : environ 1,5 l, qui représente la quantité d'air qui reste dans les poumons après une expiration forcée ;

• la *Capacité pulmonaire totale* (C.P.T.) : environ 6 l, qui représente le volume total d'air contenu par les poumons après une inspiration forcée maximale. C'est la somme de la capacité vitale et du volume résiduel (C.V. + V.R.) ;

• et la *Capacité résiduelle fonctionnelle* (C.R.F.) qui représente le volume de gaz qui reste dans les poumons après une expiration normale.

d. Le débit ventilatoire global (V)

Il est déterminé par le volume courant (V.T.) multiplié par la fréquence (F) exprimée en cycles par minute.

V = V.T. × F

Ex. V = 0,5 × 12 = 6 l/mn

e. Les espaces morts

• *L'espace mort anatomique*

Dans les poumons, les échanges de gaz avec le sang ne se font que dans les alvéoles. Les voies conductrices aériennes dont le volume total est d'environ 150 ml, ne participent pas à ces échanges, c'est pourquoi elles sont appelées *espace mort anatomique.* Ainsi, sur 500 ml d'air ambiant qui entrent dans les poumons (volume courant) seuls 350 ml atteignent les alvéoles et permettent les échanges. Ce volume résultant, représente la ventilation alvéolaire.

Volume courant :	500 ml
Espaces morts anatomiques :	— 150 ml
Ventilation alvéolaire :	= 350 ml

La conséquence pratique est que pour un même débit ventilatoire (volume ventilatoire total par minute), plus la fréquence (F), est élevée, moins la ventilation alvéolaire est importante.

Exemple :

Hypothèses	Volume courant ml/mvt	×	Fréquence mvt/min	=	Débit ventilatoire ml/min	—	Espaces morts anat. ml/min	=	Débit alvéolaire ml/min
1	300	×	20	=	6 000	—	(150 × 20)	=	3 000
2	600	×	10	=	6 000	—	(150 × 10)	=	4 500

Ceci indique que des mouvements ventilatoires amples et lents assurent un meilleur débit alvéolaire : hypothèse 2 du tableau ci-dessus.

• *L'espace mort physiologique ou alvéolaire*

Certaines alvéoles reçoivent trop peu de sang par rapport à leur taille. Une partie de l'air de ces alvéoles n'est donc pas utilisée : c'est l'*espace mort physiologique* qui, minime chez les sujets normaux, peut s'accroître dans diverses maladies pulmonaires, entraînant un risque grave pour le malade.

En position verticale et au repos, les lobes supérieurs des poumons sont relativement moins perfusés à cause de la pression hydrostatique, de même certains territoires capillaires sont fermés entraînant une sous-perfusion.

5.1.3. La diffusion

a. Rappel physico-chimique

La pression exercée par un gaz est proportionnelle à la température et à la concentration du gaz, c'est-à-dire au nombre de molécules par unité de volume. La diffusion est le déplacement des molécules de gaz d'une région où leur concentration est forte jusqu'à une autre région où elle est faible. Le nombre de molécules de gaz dans un milieu s'évalue d'après la Pression partielle (P) de ce gaz dans le milieu.

b. Les échanges gazeux

La diffusion est le phénomène qui permet les échanges gazeux entre les alvéoles et le sang contenu dans les capillaires d'une part, et les capillaires et la cellule d'autre part.

La pression partielle de l'oxygène (PO_2) étant plus élevée dans les alvéoles (105 mm Hg) que dans les capillaires (40 mm Hg), de l'oxygène diffuse dans ces derniers jusqu'à atteindre la même PO_2 (105 mm Hg). Etant donné l'immense surface d'échange, la diffusion s'effectue dans un temps très court de l'ordre de la seconde. Arrivé au niveau de la cellule où PO_2 intracellulaire est inférieure à 40 mm Hg, l'oxygène diffuse du capillaire vers la cellule où il est utilisé selon le niveau d'activité. Il en est de même pour le CO_2.

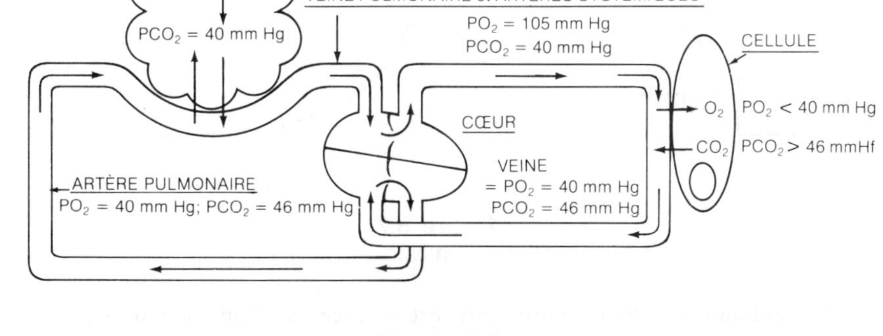

Figure 5.6

Schéma des différentes pressions partielles d'O_2 et CO_2 entre alvéole, sang et cellule qui expliquent le phénomène de diffusion

c. La capacité de diffusion pulmonaire

Elle est définie par le nombre de millimètres-cube de gaz qui diffusent à travers la membrane alvéolo-capillaire par minute et par différence de pression entre le gaz alvéolaire et la gaz sanguin.

Elle dépend :

- de l'épaisseur des membranes alvéolo-capillaires ;
- et de la surface d'échange.

La ventilation terminée, c'est par l'intermédiaire du sang que peuvent être assurées les autres étapes de la respiration.

5.1.4. Adaptation de la respiration à l'exercice

Au cours de l'exercice intense, la ventilation alvéolaire peut augmenter de dix à vingt fois, et ceci afin d'apporter l'oxygène supplémentaire dont l'organisme a besoin, et d'éliminer le gaz carbonique produit.

Le débit d'oxygène transitant des poumons vers le sang est augmenté par :

- une élévation du volume d'oxygène fixé par unité de volume sanguin ;
- et par une augmentation du débit sanguin pulmonaire.

Dès le début de l'exercice, il y a une brutale augmentation de la ventilation, ou *accrochage ventilatoire* (fig. 5.7), suivie d'un accroissement secondaire plus progressif. De la même façon, il y a une baisse brutale de la ventilation lorsque l'exercice est arrêté : *décrochage ventilatoire,* suivie d'un retour progressif aux valeurs avant exercice.

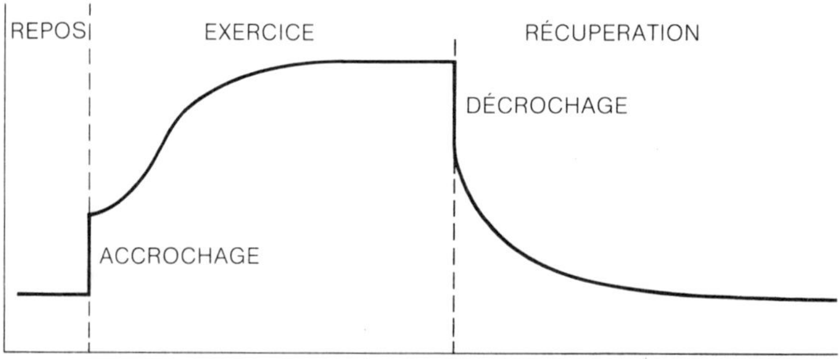

Figure 5.7
Les modifications ventilatoires à l'exercice

L'adaptation du débit ventilatoire est assurée par l'augmentation :

- de la fréquence des mouvements ventilatoires qui peut passer suivant l'intensité de l'exercice de 12 cycles par minute à 40, voire 50 cycles/min ;
- et de l'amplitude des mouvements.

Pour un exercice de faible intensité, la ventilation augmente essentiellement par accroissement du volume courant. Pour un exercice intense, par augmentation optimale de la fréquence et du volume courant qui détermine le *débit ventilatoire maximum*. Celui-ci est limité par les possibilités individuelles de sollicitation des muscles ventilatoires mais ne constitue pas lui-même un facteur limitant de la consommation maximale d'oxygène. Il est en effet possible d'augmenter volontairement sa ventilation alors que la consommation maximale d'oxygène est atteinte.

Au cours de l'exercice, la pression artérielle pulmonaire augmente, des territoires non fonctionnels au repos sont mis en service, ce qui entraîne :

- une augmentation de la ventilation alvéolaire ;
- une ouverture de capillaires qui étaient collabés, ce qui se traduit par une plus grande surface de perfusion.

Grâce à ces adaptations, l'augmentation de la fréquence ventilatoire peut répondre aux besoins accrus de diffusion gazeuse.

5.1.5. Régulation de la ventilation (voir chapitre : Commande et Régulation)

La régulation de la ventilation est sous la dépendance de facteurs humoraux (CO_2, H^+ et CO_2), nerveux, et de la température, dont les effets combinés s'exercent sur la commande bulbo-protubérantielle.

Les facteurs nerveux déclencheraient « l'accrochage respiratoire » et l'entretien du haut niveau de sollicitation du système. Les facteurs humoraux interviendraient ensuite pour régler le régime ventilatoire optimal.

A l'issue de l'exercice, seuls les stimuli humoraux persistent plus ou moins longtemps ce qui explique la pente de décroissance plus « douce » après le brutal décrochage respiratoire initial.

5.1.6. Remarques pratiques

a. Composition de l'air

- L'air atmosphérique est composé de pourcentage gazeux stables : 79 % d'azote, 20,97 % d'oxygène et de 0,03 % de gaz carbonique. La composition de l'air expiré dépend de l'activité du sujet. Au repos, il est composé en moyenne de 18 % d'O_2, 3 % de CO_2 et l'azote non utilisé au cours de la respiration : 79 %.

La différence des fractions d'O_2 et CO_2 utilisées au cours de l'exercice permet de calculer la consommation d'oxygène d'un sujet (ou $\dot{V}O_2$). Lorsque l'exercice augmente progressivement, elle atteint une valeur limite qui ne s'accroît plus, même si l'intensité de l'exercice augmente : c'est la consommation maximale du sujet ou $\dot{V}O_2$ max (voir chapitre : *synthèse de l'A.T.P.*).

Retenons que ventilation et $\dot{V}O_2$ évoluent parallèlement mais que l'étape ventilatoire ne constitue pas un facteur limitant de la chaîne des transporteurs d'O_2 et donc de $\dot{V}O_2$ max.

• Les pressions partielles des gaz (PO_2 et PCO_2) dépendent de la pression atmosphérique et donc de l'altitude. Plus on s'élève, plus la PO_2 diminue, entraînant une série d'adaptations dans toute la chaîne respiratoire. Au niveau ventilatoire, l'adaptation se traduit par une augmentation de la fréquence des mouvements.

b. Essoufflement ou dyspnée

La dyspnée représente un type de respiration dans laquelle la ventilation est ressentie comme difficile, voire inconfortable. Cette prise de conscience de la ventilation serait due à des influx nerveux nés dans les muscles respiratoires.

c. Respiration nasale ou buccale

Au repos, l'homme en bonne santé respire par le nez (l'air est ainsi réchauffé, humidifié et « dépoussiéré »).

Au cours de l'exercice intense, la respiration buccale tend à devenir prépondérante car la résistance à l'entrée et à la sortie de l'air devient moindre.

D'autre part, l'air, directement au contact de la muqueuse buccale humide et bien vascularisée, participe au refroidissement de la température élevée de l'organisme en activité.

d. Le point de côté

On connaît encore assez mal la cause de cette douleur. Il semble que la croyance aux crampes du diaphragme ou des muscles intercostaux pour l'expliquer ne soit pas fondée et qu'une meilleure explication pourrait être « l'engorgement » sanguin du foie (point de côté droit) ou de la rate (point de côté gauche).

e. Le second souffle

Durant les premières minutes d'un exercice violent, une dyspnée importante associée à une sensation d'angoisse, semblent liées à l'inadaptation entre le besoin et l'apport en oxygène au niveau des muscles actifs (travail anaérobie). Progressivement, ces phénomènes disparaissent pour laisser place à un « équilibre respiratoire » (le *Steady state* des Anglo-Saxons) ou *second souffle* lorsque l'exercice n'est pas trop intense.

5.1.7. Résumé

La respiration est assurée par l'ensemble des étapes que constitue la chaîne des transporteurs de l'O_2 et du CO_2. Elle permet notamment à ces deux gaz d'être véhiculés à distance, ce qui assure l'échange gazeux entre la cellule et l'air atmosphérique. Schématiquement, on distingue deux étapes :

- la ventilation qui amène les volumes gazeux au niveau où pourront avoir lieu les échanges ;
- la diffusion, qui permet l'échange gazeux et utilise le tissu sanguin comme transporteur des gaz, des alvéoles à la cellule et inversement.

La diffusion est donc tributaire de l'adaptation coordonnée des fonctions respiratoires et cardio-vasculaires encore appelées *chaîne des transporteurs.*

Pour en savoir plus, lire notamment :

CRAPLET (C.) : *Physiologie et nutrition du sportif,* Ed. Vigot, 1985.

ASTRAND (P.O.) et RODAHL (K.) : *Manuel de physiologie de l'exercice musculaire,* Masson et Cie, 1973, pp. 172-231.

SKINNER (J.S.) : *Adaptations générales de l'organisme à l'activité physique.* Dans *Physiologie appliquée de l'activité physique,* (Nadeau N., Péronnet F. et coll.), pp. 15-23, Vigot Ed., Paris, 1980.

VANDER (A.J.), SHERMAN (J.H.) et LUCIANO (D.S.) : *Physiologie humaine.* McGraw-Hill, édit., Montréal, pp. 273-310.

KARPOVICH (P.V.) et SINNING (W.E.) : *Physiologie de l'activité musculaire,* Vigot Frères, Paris, 1975, pp. 213-236.

5.2. La circulation

Les cellules des animaux supérieurs ne sont pas, pour la plupart, en contact direct avec l'environnement. La diffusion est le moyen par lequel les gaz et certaines substances traversent les membranes alvéolo-capillaires et cellulaires. L'*écoulement* du sang (le contenu) dans l'appareil circulatoire (le contenant) permet leur transport rapide, de l'environnement ou de certains organes (intestin - foie...) jusqu'à la cellule et inversement. La fonction de l'appareil circulatoire est de mobiliser le tissu sanguin et de favoriser son écoulement. L'appareil circulatoire est très schématiquement composé d'un moteur ou pompe : le *cœur* qui assure la circulation d'un liquide : le *sang* dans une tuyauterie : les *artères, artérioles, capillaires, veinules* et *veines*. L'ensemble réalise un circuit fermé.

5.2.1. Le tissu sanguin

a. Composition

Le tissu sanguin est formé d'un ensemble de *cellules* spécialisées qui sont en suspension dans un liquide : le *plasma*. La quantité totale de sang chez un homme moyen représente environ 8 % de la masse totale, soit 6 kg (ou 6 litres) pour un homme de 75 kg.

— *Les cellules :* on distingue les globules rouges ou érythrocytes, les globules blancs et les plaquettes.

- les globules rouges, encore appelées *hématies*, sont des cellules sans noyau qui renferment un pigment : l'*hémoglobine*. La propriété de l'hémoglobine est de fixer l'O_2 et le CO_2. Leur nombre est d'environ 5 M/mm^3 de sang chez l'homme et 4,5 M/mm^3 chez la femme. Les hématies se renouvellent constamment, leur durée de vie est d'environ cent jours.
- les globules blancs ou *leucocytes* jouent un rôle essentiel dans l'immunité et la défense de l'organisme. Leur nombre est de 5 à 6 000/mm^3 de sang.
- Les plaquettes : de 2 à 300 000/mm^3 de sang, elles interviennent essentiellement dans la coagulation du sang.

— *Le plasma* est un liquide très complexe, constitué d'un grand nombre de substances organiques et d'une grande variété de sels minéraux dissous.

Les substances organiques : protéines, substrats et déchets en constituent l'essentiel.

- Les protéines, composées d'*albumines*, les plus abondantes, et de *globulines*, sont synthétisées par le foie pour la plupart, et par les ganglions lymphatiques pour le groupe des *gammaglobulines*. Elles ne sont pas captées par les cellules.

- Les substrats : le glucose, les acides gras libres, et les acides aminés qui subviennent aux besoins énergétiques et d'entretien de la cellule.
- Les déchets : produits du catabolisme cellulaire comme l'acide urique, l'acide lactique...

Les sels minéraux : sodium, chlorure, bicarbonate, potassium, calcium, phosphate, magnésium, qui répondent aussi aux besoins cellulaires.

b. Fonction respiratoire du sang

L'une des fonctions essentielles du sang est le transport de l'O_2 et du CO_2 ou *fonction respiratoire.*

a. Transport de l'O_2

L'oxygène existe dans le sang sous deux formes : dissoute et combinée à l'hémoglobine (tableau 5.1).

Tableau 5.1

Quantité d'O_2 physiquement dissoute	3 ml
Quantité d'O_2 chimiquement liée à l'hémoglobine	197 ml
Quantité totale d'O_2 transportée par litre de sang artériel..................	200 ml

La forme dissoute est le relais obligatoire qui permet de libérer l'O_2 de sa forme liée à l'hémoglobine, pour le mettre à la disposition de la diffusion cellulaire (fig. 72). Dans des conditions de pression partielle normale de l'O_2 alvéolaire (PO_2 = 100 mm Hg), il n'y a que 3 ml d'O_2 qui peuvent être dissous dans le plasma. 197 ml (soit 96 %) sont par contre transportés par l'hémoglobine des globules rouges qui devient alors de l'*oxyhémoglobine :* HbO_2 et est complètement saturée (couleur rouge du sang artériel).

$$O_2 + Hb \leftrightarrows HbO_2 \qquad (1)$$

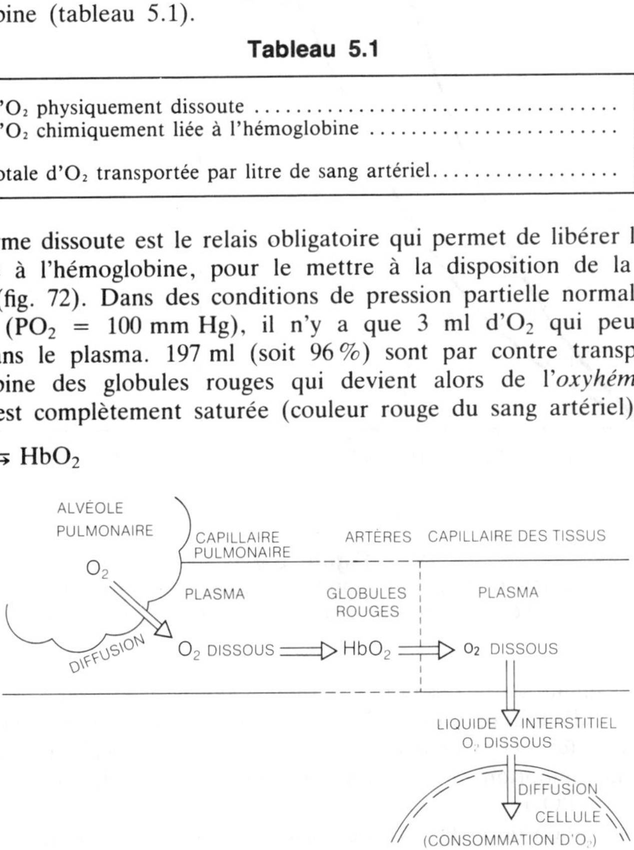

Figure 5.8
Complémentarité de la diffusion et du transport de l'O_2 grâce respectivement à sa forme dissoute dans le plasma et liée avec l'hémoglobine

b. La courbe de dissociation oxygène - hémoglobine (fig. 73)

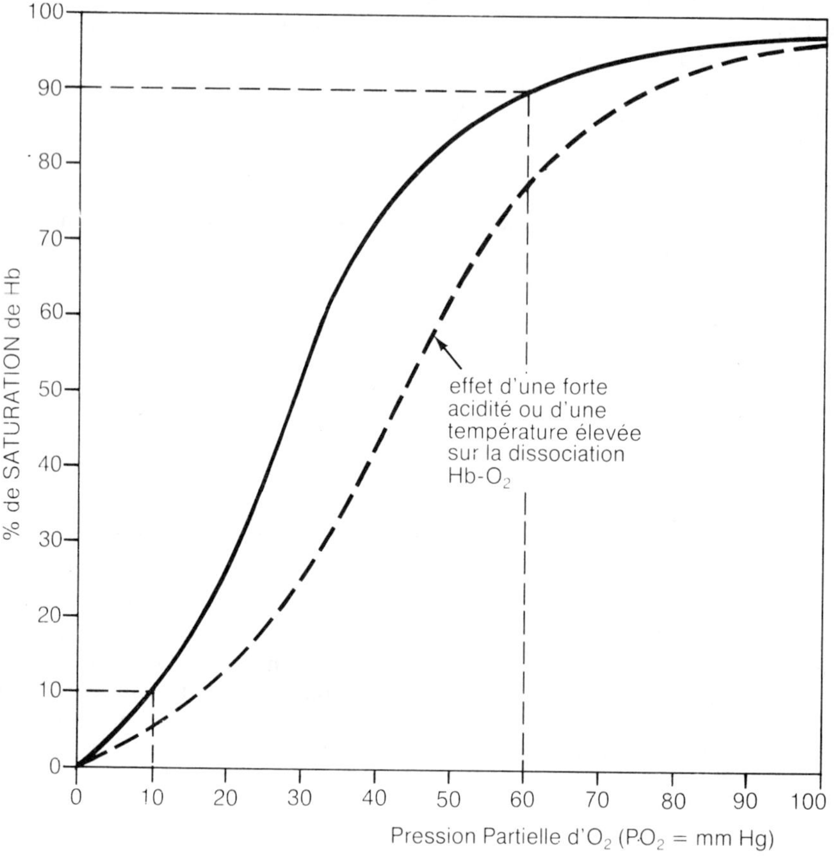

Figure 5.9
Courbe de dissociation de l'hémoglobine et de l'oxygène dans des conditions normales de pression, de température et d'acidité

La reversibilité de la réaction 1 permet d'une part de fixer l'O_2 au niveau alvéolaire, et d'autre part de le libérer au niveau des cellules. De tous les facteurs qui déterminent la quantité d'oxygène qui se combine à l'hémoglobine, le plus important est la concentration de l'O_2 dissous ou pression partielle d'O_2 (PO_2)

L'augmentation de la PC O_2, de l'acidité et de la température (conditions de l'exercice intense) déplace la courbe vers la droite : il y a donc plus d'extraction de l'O_2. La courbe a une forme sigmoïde avec une forte pente entre 10 et 60 mm Hg de PO_2 et une portion plate entre 60 et 100 mm Hg de

PO_2. Ce plateau constitue un excellent facteur de sécurité dans les mécanismes d'apport d'O_2 aux cellules, car si PO_2 tombe de sa valeur normale 100 MM Hg à 60 (altitude, exercice intense, maladie cardiaque ou pulmonaire), la quantité totale d'oxygène ne diminue que de 10 % puisque la saturation de l'hémoglobine est encore de 90 %.

c. Transport du CO_2

Le CO_2 d'une manière identique à l'O_2, existe dans le sang sous deux formes : dissoute et combinée, ce qui permet sa diffusion cellule→sang, son transport jusqu'au poumon et à nouveau sa diffusion capillaire→alvéole.

$$\underset{\text{Gaz carbonique}}{CO_2} + \underset{\text{Eau}}{H_2O} \xrightleftharpoons{\text{Anhydrase carbonique}} \underset{\text{Acide carbonique}}{H_2CO_3} \rightleftharpoons \underset{\text{Bicarbonate}}{HCO^-_3} + \underset{\text{Hydrogène}}{H^+} \qquad \textbf{(2)}$$

$$CO_2 + Hb \leftrightarrows Hb\ CO_2 \text{ carboxyhémoglobine} \qquad \textbf{(3)}$$

La forme dissoute représente 8 %, que l'on retrouve autant dans le plasma que dans les globules rouges.

— La plus grande fraction (67 %) du gaz carbonique, subit les réactions décrites dans l'équation (2) et est convertie en ions bicarbonate et hydrogène. Cette réaction ne se produit que dans les globules rouges, qui contiennent seuls de l'anhydrase carbonique.

— La fraction restante (25 %) réagit directement avec l'hémoglobine pour donner de la carboxyhémoglobine (réaction (3)).

5.2.2. L'appareil circulatoire

Composé du *cœur*, véritable pompe, qui fait circuler le sang et des *vaisseaux sanguins* où il circule.

a. Le cœur (figures 5.10 et 5.11)

Le cœur est un muscle creux le *myocarde*, constitué de fibres striées dont l'innervation est involontaire. Il est divisé en deux parties totalement séparées par une cloison :

- le cœur droit pour la circulation pulmonaire ;
- le cœur gauche pour la grande circulation ou *circulation systémique*.

Chaque partie se subdivise en deux cavités : les oreillettes et les ventricules :

- l'oreillette droite qui reçoit le sang périphérique par les deux veines caves, l'oreillette gauche celui des poumons par les quatre veines pulmonaires ;

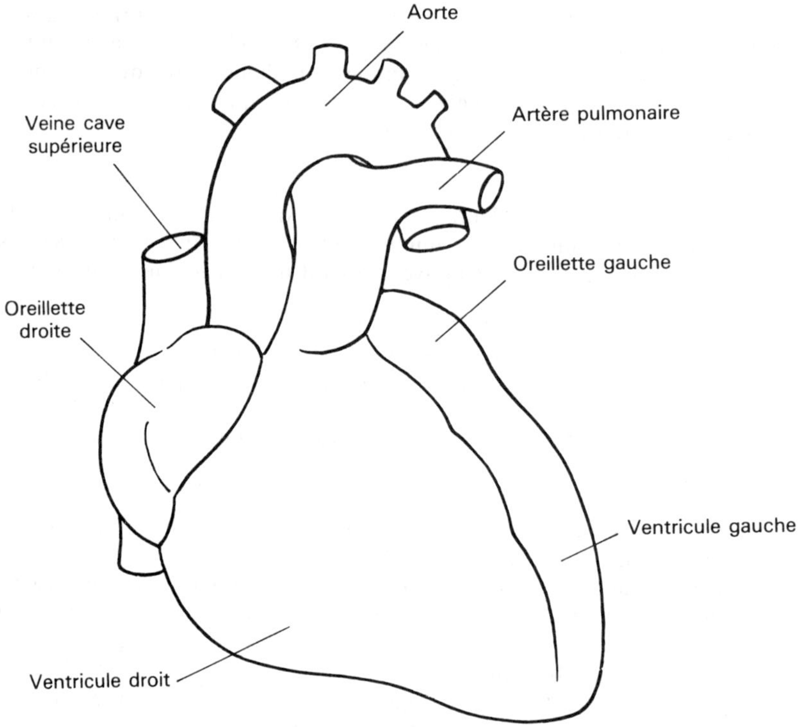

Figure 5.10
Schéma du cœur — face antérieure

- le ventricule qui propulse le sang :
  — dans l'aorte pour le ventricule gauche,
  — dans l'artère pulmonaire pour le ventricule droit.

Oreillettes et ventricules communiquent entre eux par l'orifice auriculo-ventriculaire. Entre oreillette et ventricule, entre chaque ventricule et l'artère afférente, existe un système de valves étanches qui interdit le retour du sang en amont.

b. Les vaisseaux sanguins

- *Les artères* conduisent le sang du cœur vers les organes. Elles naissent de l'aorte et des artères pulmonaires et se divisent en artérioles et capillaires pour pénétrer intimement dans les tissus. Par leur pouvoir contractile et de relâchement (la paroi des artères possède des fibres musculaires) ainsi que par leur élasticité, elles jouent un rôle important dans la régulation du débit sanguin.

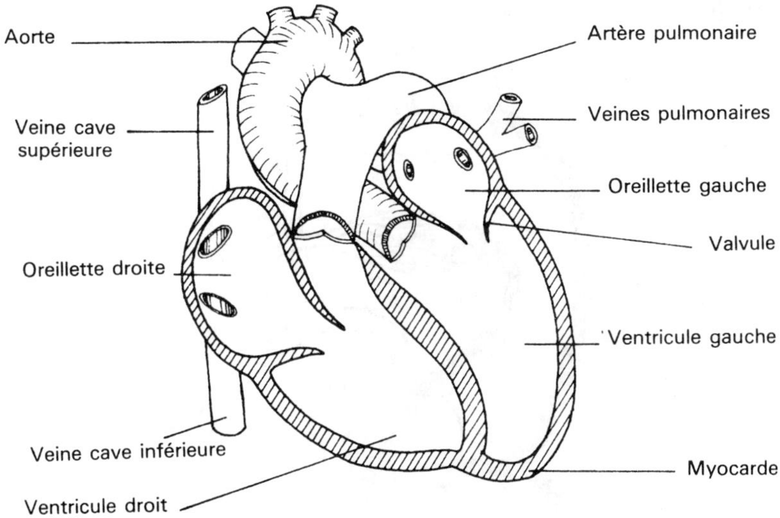

Figure 5.11
Schéma du cœur en coupe

- *Les veines* ramènent le sang des organes au cœur. Elles sont pour la plupart dépourvues de fibres élastiques et présentent, surtout au niveau des membres inférieurs, des valvules qui aident la progression du sang et empêchent son retour en arrière (fig. 5.12).

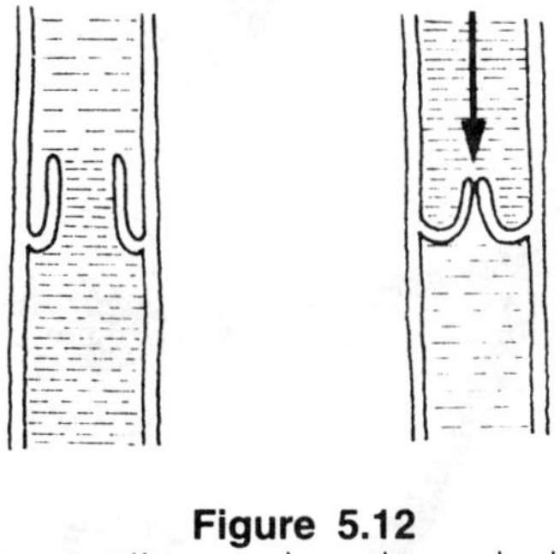

Figure 5.12
Coupe d'une veine : les valvules

- *Les capillaires* assurent la continuité entre les artères et les veines. C'est un réseau très dense qui permet au sang d'irriguer complètement les tissus (augmentation des surfaces d'échanges). Au repos, une partie d'entre eux est collabée et ne s'ouvre que dans certaines conditions (exercice, température, massage...)

c. Les deux circulations (fig. 5.13)

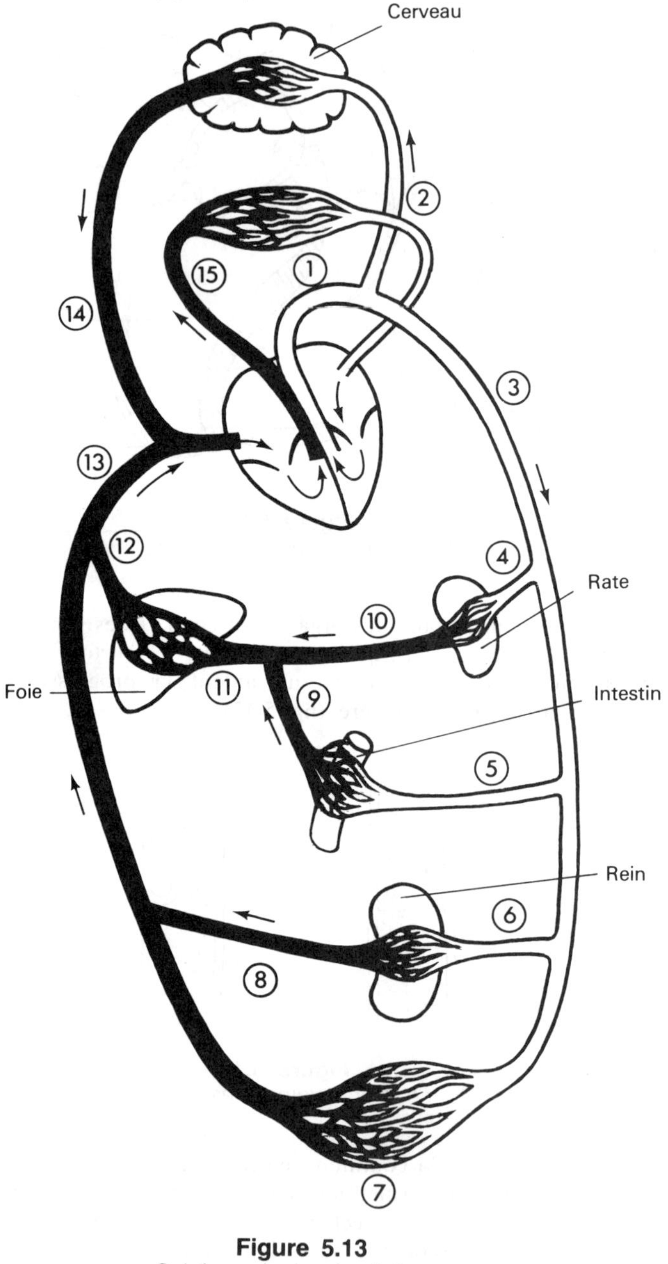

Figure 5.13
Schéma de la circulation

- *La grande circulation* ou *circulation systémique* permet, depuis le ventricule gauche, la circulation du sang riche en oxygène par l'aorte et ses multiples arborisations jusqu'aux tissus. Le circuit se poursuit par les capillaires. Le réseau veineux ramène ensuite le sang appauvri en oxygène au niveau des veines caves qui débouchent dans l'oreillette droite.
- *La petite circulation* ou *circulation pulmonaire:* au départ du ventricule droit, l'artère pulmonaire et ses branches se divisent en capillaires pulmonaires par lesquels arrive le sang pauvre en O_2 au niveau des alvéoles. Le sang se débarrasse alors du gaz carbonique pour s'enrichir en O_2. Le sang revient ensuite au cœur dans l'oreillette gauche par les quatre veines pulmonaires.

5.2.3. Fonctionnement de l'appareil circulatoire

a. Le cœur

Il se contracte (systole) et se relâche (diastole) périodiquement suivant une fréquence d'environ 70 à 80 cycles par minute au repos (fréquence cardiaque).

Ce mécanisme de contraction s'accompagne de phénomènes électriques qui peuvent être enregistrés par des électrodes externes: c'est le principe de l'électrocardiographie.

Pendant la diastole, le cœur se remplit; pendant la systole, il se vide. La quantité de sang éjecté par le ventricule à chaque systole *volume systolique* est d'environ 100 ml au repos.

Le débit cardiaque représente la quantité de sang éjectée par le cœur par unité de temps. Il est déterminé par le produit de la fréquence cardiaque et du volume d'éjection systolique.

$$\mathring{Q} = \text{F.C.} \times \text{V.E.S.}$$

(Débit) = (Fréquence cardiaque × Volume d'éjection systolique)

Dans les conditions de repos, sa valeur est de 5 à 7 litres par minute.

b. L'hémodynamique

— *Dans les artères,* l'état circulatoire dépend de trois paramètres: le débit, la pression et les résistances à l'écoulement du sang.

- Le débit a été défini plus haut. Il faut toutefois préciser qu'il peut s'adapter aux besoins tissulaires. Des valeurs de 25 à 30 l/min peuvent être atteintes au cours d'exercices intenses, par des athlètes entraînés.
- La pression représente la force avec laquelle le sang sort du ventricule gauche. Cette force qui permet au sang de vaincre les résistances à son

écoulement, se traduit au niveau de la paroi des artères par une pression. La valeur de cette pression varie selon le niveau de l'appareil circulatoire où elle est mesurée. Au niveau de l'artère humérale, elle représente la tension artérielle :

— la tension maxima correspond à la systole ventriculaire : elle est de 12 à 13 cm de mercure ;
— la tension minima correspond à la diastole ; elle est de 7 à 8 cm de mercure.

• L'effort intense provoque des modifications de ces valeurs avec une élévation de la pression systolique, ce qui conduit à une augmentation de la différence entre maxima et minima.
• Les résistances sont définies comme les forces qui s'opposent à l'écoulement du sang dans les vaisseaux. La contraction (vasoconstriction) des petites artères périphériques (artérioles) en est la cause principale.

— *Dans les veines,* les causes de la circulation (retour du sang vers le cœur) sont multiples :

• la pression veineuse capillaire ou reliquat de la pression artérielle après vascularisation des tissus ;
• l'activité musculaire dynamique qui comprime les veines ;
• le système valvulaire des veines qui interdit le retour du sang en amont ;
• l'action aspirante thoracique pendant l'inspiration ;
• enfin l'action aspirante du cœur pendant la diastole.

5.2.4. Les réponses circulatoires à l'exercice

Nous distinguerons les modifications immédiates des modifications à long terme que nous n'aborderons pas dans ce chapitre.

Dès le début de l'exercice, pour répondre aux besoins nouveaux des muscles en activité, apparaissent rapidement les modifications circulatoires suivantes :

• *Au niveau local :* une *vasodilatation* (ou dilatation) des artérioles, métartérioles et un relâchement des sphincters précapillaires qui entraîne l'ouverture de ceux d'entre eux qui étaient collabés au repos.
• *Au niveau de la « pompe cardiaque » :* une élévation du débit par augmentation de la fréquence cardiaque et du volume d'éjection systolique.
• *Au niveau général :* une redistribution compensatrice de la masse sanguine, avec nouvelle répartition des débits de l'organisme en faveur de la zône en activité, et augmentation de la vitesse du retour veineux du sang vers le cœur.
• *Au niveau pulmonaire :* l'élévation parallèle du débit cardiaque et du débit sanguin pulmonaire, permet une augmentation des échanges gazeux.

a. Modifications locales

Les modifications du calibre artériolaire au niveau des tissus actifs résultent :

- de facteurs physico-chimiques locaux ;
- et de contrôles réflexes qui intègrent et coordonnent les besoins de l'organisme entier (voir chapitre « Commande et régulation »).

• *Facteurs physico-chimiques :*

Bien qu'ils ne soient pas encore identifiés avec précision, deux facteurs semblent avoir une action directe sur l'augmentation de l'irrigation locale ou *hypérémie active :*

— le potassium libéré hors de la cellule lors de la dépolarisation de la membrane occasionnée par les influx nerveux ;

— la baisse de la PO_2 résultant d'une plus grande consommation cellulaire de l'oxygène.

Leur action conjuguée se fait *directement* sur les muscles lisses artériolaires et les sphincters précapillaires. Un grand nombre de capillaires jusqu'alors au repos sont recrutés de cette manière (fig. 5.14).

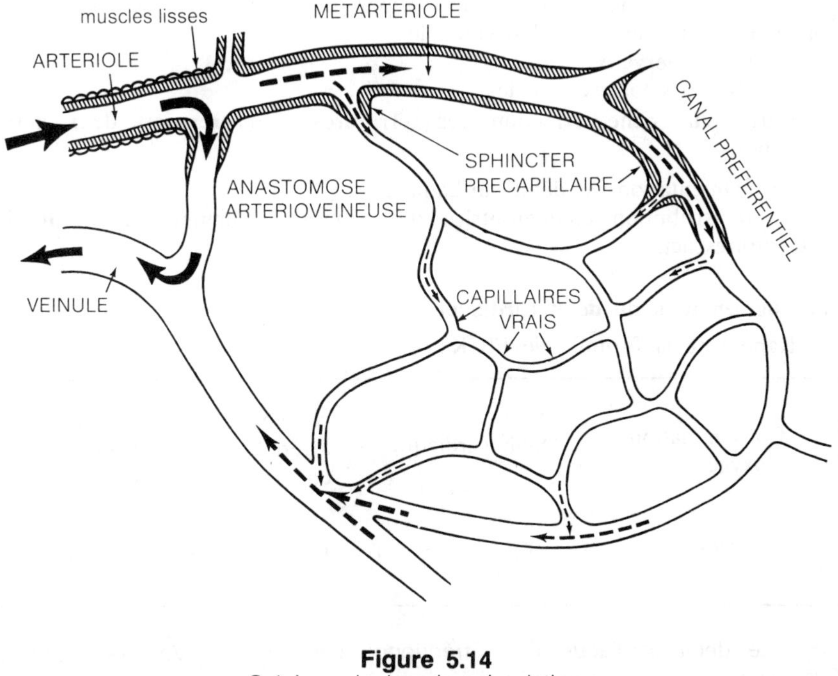

Figure 5.14
Schéma de la microcirculation

L'hyperémie active entraîne deux conséquences qui augmentent la possibilité de perfusion entre le sang et les tissus :

1. Une diminution de la distance moyenne entre le sang et les cellules, ce qui facilite la diffusion ;
2. Une augmentation de la surface de la section transversale du « lit » vasculaire qui diminue la vitesse d'écoulement du sang (plus le sang s'éloigne du cœur, plus sa vitesse d'écoulement diminue).

A la suite d'une plus grande consommation cellulaire d'O_2 et de substrats énergétiques, un *gradient de concentration* s'ajoute à l'hyperémie active, ce qui augmente considérablement la diffusion plasma $\rightleftarrows$ milieu interstitiel $\rightleftarrows$ cellule.

• *Contrôle réflexe :*

Ce point sera développé ultérieurement ; cependant, schématiquement nous pouvons retenir que la contraction musculaire et l'apport sanguin seraient coordonés au sein d'un même système. La commande centrale serait située dans l'*hypothalamus* qui, par voies descendantes, stimulerait les fibres vasodilatatrices sympathiques des artérioles.

• *Résumé*

Au niveau local, l'augmentation du débit sanguin résulte d'une vasodilatation des artérioles et métartérioles, et du relâchement des sphincters précapillaires, ce qui entraîne une hyperémie active. L'ensemble de ces adaptations est sous le double contrôle :

• du système nerveux ;
• et de facteurs locaux associés.

Cette plus riche irrigation des territoires actifs requiert deux autres adaptations :

1. une augmentation du débit cardiaque ;
2. une redistribution compensatrice de la masse sanguine en faveur des territoires actifs.

b. Augmentation du débit cardiaque

Rappel de la formule de FICK :

Consommation d'oxygène	=	Débit cardiaque*	×	contenu artériel en O_2	—	contenu veineux enO_2
($\mathring{V}O_2$)	=	(F.C. × V.E.S.)	×	(CaO_2	—	CvO_2)

* Le débit cardiaque $\mathring{Q}$ = fréquence cardiaque × Volume d'Ejection Systolique.

La formule de Fick fait apparaître l'étroite dépendance de la consommation d'oxygène et du débit cardiaque.

Lorsque l'intensité d'un exercice croît jusqu'à la puissance maximale aérobie ($\dot{V}O_2$ max) ; le débit cardiaque augmente parallèlement selon une relation directe. Si l'exercice met en jeu une masse musculaire importante (2/3 de la masse musculaire totale), il est généralement admis que le débit cardiaque et la consommation d'oxygène plafonnent pour la même puissance de l'exercice.

Nous savons que cette augmentation du débit est rendue possible par une modification simultanée de la fréquence cardiaque et du volume d'éjection systolique.

- *Augmentation de la fréquence cardiaque*

L'adaptation la plus apparente et la plus immédiate lors du travail musculaire est l'accroissement de la F.C.

L'accroissement de la F.C. reflète assez fidèlement l'augmentation du débit cardiaque et de la consommation d'oxygène. D'autre part, la F.C. maximale est atteinte pour la même puissance de l'exercice nécessaire pour obtenir $\dot{V}O_2$ max. Ces relations « F.C. — $\dot{V}O_2$ — Puissance » se vérifient aussi bien chez l'athlète très entraîné que chez le sédentaire, si bien que la F.C. permet d'évaluer indirectement le $\dot{V}O_2$ max. à partir d'exercices standards de puissances contrôlées.

1. Variations de la F.C. pendant l'effort

Au repos, d'une valeur moyenne de 78 battements par minute chez l'homme, et de 84 chez la femme, la F.C. diminue progressivement de la naissance à l'âge adulte. La F.C. maximale atteinte durant l'exercice, et la durée nécessaire pour l'atteindre, sont très variables d'un sujet à l'autre, et dépendent de l'intensité, de la durée et de la nature de l'exercice, de sa composante émotionnelle, de la température et de l'hygrométrie ambiantes, du niveau d'entraînement et de l'âge du sujet. Il est classique d'estimer la F.C. max. du sujet par la formule :

220 — l'âge du sujet = F.C. max. (bat. min^{-1})

Les valeurs les plus souvent citées sont résumées dans le tableau ci-dessous (tableau 5.2) :

Tableau 5.2

Moyennes des fréquences cardiaques maximales selon l'âge

Ages (en années)	F.C. (battements.min^{-1})
10 - 15	210
16 - 20	200
21 - 35	190
36 - 45	180
46 - 55	170
56 et plus	160

Pour des intensités de travail inférieures à $\mathring{V}O_2$ max., la F.C. peut être un élément précieux d'appréciation des pourcentages de $\mathring{V}O_2$ max. mis en jeu (tableau 5.3) à la condition :

1. de connaître :
   - la F.C. max. du sujet : 220 — l'âge,
   - et la F.C. de repos prise le matin au lever ;
2. et de relever la F.C. en cours d'effort ou immédiatement dans les 10 secondes à l'issue de l'effort.

A partir de 90 % de $\mathring{V}O_2$ max. la fréquence cardiaque ne permet plus de distinguer la nature du métabolisme mis en jeu.

Tableau 5.3

Correspondances théoriques entre F.C., $\dot{V}O_2$ et métabolismes mis en jeu (G. GAZORLA)

F.C.	% de différence F.C. max.- F.C. repos	Rapports F.C. VO_2	Métabolismes mis en jeu	Substrats utilisés
		% VO_2 max. 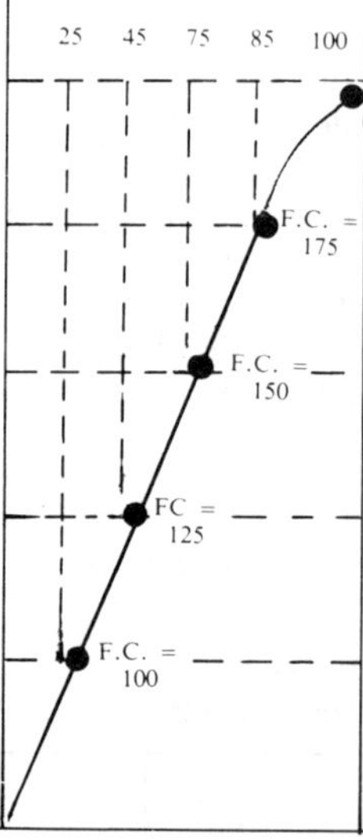	travail mixte anaér. lact. + alact. VO_2 max.-F.C. max.	glyco + phosphag. (saturation lactique)
200	F.C. max.		travail mixte : anaérobie lactique + aérobie	glycogène (accumulation lactique)
175	80 %		travail mixte : aérobie + anaérobie lactique	glycogène + ac. gras (apparition lactique)
150	60 %		travail aérobie récupération active	(seuil anaérobie) acide gras + glycogène
125	40 %			
100	20 %			
75	F.C. repos			

La durée du retour de la F.C. à sa valeur de repos à l'issue d'un effort standard est aussi un indice de condition physique à évaluer souvent au cours d'une saison d'entraînement. Plus la récupération est rapide, plus s'élève l'état de forme du sujet.

• *Modification du volume d'éjection systolique (V.E.S)*

A la fin d'une contraction ventriculaire ou systole, il reste toujours une quantité importante de sang dans le ventricule. Le V.E.S. est donc égal à la différence du volume de sang à la fin de la diastole (ou volume *télédiastolique*) et du volume restant à la fin de la systole (ou volume *télésystolique*).

V.E.S. = V. Télédiastolique — V. Télésystolique.

Au cours de l'exercice, l'augmentation du retour veineux du sang remplit davantage les ventricules, ce qui étire les fibres myocardiques qui répondent en renforçant leur contraction *(Loi du cœur de Starling)*, et augmente donc la quantité de sang chassé.

A cette régulation intrinsèque s'ajoute une régulation extrinsèque induite par l'action des nerfs sympathiques, ce qui entraîne :

— une plus forte contractilité du myocarde (d'où un meilleur vidage ventriculaire) ;

— une contraction et un relâchement plus précoces qui rendent compatibles l'augmentation de la F.C. avec les délais de remplissage ventriculaire (effet de succion du relâchement brutal).

• *Résumé*

L'adaptation systolique est sous l'influence :

1. Des facteurs qui *influencent* le V.E.S. qui sont :
   — le retour veineux sanguin vers le cœur (d'où l'importance de la position du sujet lors de l'exercice) ;
   — la distensibilibté des fibres myocardiques.

2. Des facteurs qui finalement *déterminent* le V.E.S. qui sont :
   — l'énergie des contractions ;
   — et la *pression* entretenue dans les artères : aorte et pulmonaire.

Pour bien comprendre les modifications du V.E.S., il faut envisager l'interaction de tous les phénomènes qui se passent :

• en amont : le retour veineux ;
• au niveau du cœur : la pression systolique ;
• en aval : les résistances qu'il doit vaincre pour permettre l'écoulement sanguin.

c. Influence respectives de la F.C. et du V.E.S. dans l'augmentation du débit cardiaque au cours de l'exercice

En admettant que l'intensité de l'effort augmente progressivement — cas d'une course ou d'une nage en accélération progressive — l'augmentation du débit s'explique par :

1. L'augmentation du volume de sang chassé à chaque contraction (V.E.S.). Tant que l'effort reste modéré : 40 à 50 % de $\dot{V}O_2$ max., c'est-à-dire avec une F.C. voisinant 120, 130 b^t/min, c'est l'augmentation du V.E.S. qui assumera l'accroissement du débit. Le V.E.S. peut doubler.

2. L'augmentation de la F.C. lorsque l'exercice sollicite plus de 40 à 50 % de $\dot{V}O_2$ max.

Sachant que la F.C. maximale n'est pas différente entre les athlètes entraînés spécialistes de sports de longue durée, les autres athlètes et les adultes sédentaires, c'est donc leur plus grand V.E.S. *maximal* (jusqu'à 200 ml) qui les différencie.

Ces athlètes — coureurs de fond, cyclistes, skieurs de fond — ont des cœurs volumineux. Cette hypertrophie est le résultat d'une augmentation des parois ventriculaires qui favorisent la puissance de contraction et d'une dilatation des cavités auriculaires et ventriculaires qui favorisent le remplissage.

Les conséquences de cette hypertrophie sont un V.E.S. de repos plus élevé donc une F.C. plus basse (au-dessous de 50 b^t/min chez certains athlètes bien entraînés), et un débit cardiaque accru donc une consommation d'oxygène plus élevée.

Conséquences pratiques pour l'entraînement

Si l'on veut solliciter principalement le V.E.S. et la mise en jeu progressive de l'ensemble du système de transport de l'O_2, et ce, afin de préparer le « terrain physiologique » susceptible de supporter par la suite des charges de travail de plus en plus importants (début de saison, récupération, organismes jeunes ou adultes sédentaires), il est recommandé de travailler à environ 50 % de $\dot{V}O_2$ max. (soit environ 120-130 b^t/min). Ce type de travail correspond au développement progressif de la *capacité aérobie.*

Cette première période ou période de remise en condition physique avant la saison d'entraînement ne doit pas excéder 3 à 4 semaines. Il est alors recommandé, même chez les jeunes, de faire appel aux exercices développant $\dot{V}O_2$ max., en augmentant progressivement les intensités des exercices à des pourcentages proches de $\dot{V}O_2$ max., ce qui correspond au développement de l'*endurance aérobie.*

d. Modifications de la circulation systémique

Bien qu'elles fassent partie du même ensemble, on peut distinguer les modifications qui se situent en amont du cœur : le retour veineux, de celles qui se situent en aval : la redistribution compensatoire de la masse sanguine.

- *Retour veineux lors de l'exercice*

Il existe des mécanismes efficaces de compensation des effets de la pesanteur. Ils comprennent :

1. les réflexes de vaso-constriction au niveau des veines des membres inférieurs ;
2. l'effet de massage réalisé par les contractions des muscles des membres inférieurs ;

3. le sens unique imposé par le jeu des valvules veineuses ;
4. l'effet des mouvements respiratoires.

1. La vaso-constriction réflexe des veines jambières

Les veines qui par leur paroi fine et extensible emmagasinent le sang pendant le repos, subissent une vaso-constriction réflexe dès le début de l'exercice, ce qui entraîne un retour rapide du sang vers le cœur.

2. Effet de massage

La contraction musculaire compresse les veines, ce qui chasse son contenu toujours vers le cœur, grâce à un système de valvules qui n'autorise aucune autre direction.

Dans le relâchement, les veines se remplissent à nouveau de sang provenant des capillaires. Les muscles qui se contractent et se relâchent agissent donc comme une pompe foulante. L'efficacité de ce mécanisme varie avec l'intensité et le type d'exercice. La fréquence des alternances : *fortes contractions* — relâchement (course, nage, aviron...) augmente le débit veineux ; les contractions statiques ou *isométriques* (haltérophilie) peuvent perturber le retour veineux. L'accumulation des déchets métaboliques qui en résulte entraîne l'arrêt précoce de l'exercice.

3. La « Succion » des mouvements respiratoires

La citerne veineuse intra-abdominale et intrathoracique est bloquée en bas par les valvules fémorales et en haut par les valvules jugulaires et sous-clavière. Une seule issue : l'oreillette droite.

L'inspiration abaisse d'une part le diaphragme ce qui compresse les veines abdominales et diminue d'autre part la pression intrathoracique. Le sang qui ne peut refluer vers le bas est dans le même temps aspiré vers le haut par la diminution de la pression intrathoracique.

L'inspiration facilite donc la « vidange » des veines abdominales vers les veines intrathoraciques.

L'expiration inverse les pressions intrathoraciques. Les veines intrathoraciques alors comprimées se vident alors dans le cœur droit. Dans le même temps, le diaphragme se relève, aspirant une nouvelle quantité de sang veineux des membres inférieurs vers l'abdomen. L'exercice qui augmente l'amplitude et la fréquence des mouvements respiratoires renforce ce processus.

Une bonne respiration assure donc un bon retour veineux et un bon remplissage cardiaque, gage d'une augmentation conséquente du débit cardiaque.

- *Redistribution compensatoire des débits locaux au cours de l'exercice*

Lors de l'exercice, parallèlement à l'élévation du débit cardiaque, il y a redistribution des débits locaux, permettant un apport supplémentaire de sang aux muscles en activité (tableau 5.4).

Tableau 5.4

Territoires concernés	Débits sanguins locaux (1/mn)	
	Repos	Exercice
Cerveau	0,750	0,750
Cœur	0,250	0,750
Muscle	1,200	12,500
Peau	0,500	1,900
Rein	1,100	0,600
Abdomen	1,400	0,600
Autre	0,600	0,400
TOTAL	5,800	17,500

• *Territoires à circulation accrue*

1. Les muscles en activité :

Le débit sanguin local augmente en fonction de la puissance et de la nature de l'exercice. Dans un travail maximal des membres inférieurs, le débit local peut atteindre 80 à 90 % du débit cardiaque.

2. Le myocarde :

Au niveau des cellules myocardiques, l'apport d'O_2 se fait essentiellement par l'augmentation du débit sanguin local. Le débit coronarien est plus important pendant la diastole. L'exercice très intense entraîne une forte augmentation de la F.C. (ou *tachycardie*), l'irrigation du myocarde peut donc se trouver limitée par la réduction du temps diastolique.

3. La peau :

Le début de l'exercice est suivi d'une vasoconstriction des vaisseaux cutanés (pâleur), puis pour dissiper la chaleur produite, les sphincters précapillaires s'ouvrent, le débit local est alors augmenté (couleur rose ou rouge de la peau).

• *Territoire à circulation inchangée*

L'alimentation en glucose et en O_2 des cellules nerveuses du cerveau est très finement régulée et ne subit aucune modification au cours de l'effort.

• *Territoires à circulation diminuée*

— Les autres muscles au repos ;

— Le tractus gastro-intestinal dans lequel la chute du débit sanguin peut être considérable, atteignant parfois 30 % du débit de repos. C'est pour cette raison qu'il n'est pas recommandé de faire des exercices en période digestive ;

— Le rein : le débit intra-rénal peut subir une réduction de 40 à 70 % chez des sujets en cours d'exercice ce qui diminue d'autant le débit urinaire (ou *diurèse*)

e. Modification de la circulation pulmonaire

L'augmentation du débit cardiaque tend à élever la pression de l'artère pulmonaire, l'hyperventilation à la diminuer. Il en résulte une augmentation modérée de pression artérielle pulmonaire, qui entraîne une vasodilatation des vaisseaux pulmonaires perfusés, avec recrutement des vaisseaux collabés au repos.

• *Conclusion*

L'ensemble des adaptations précédentes : accélération du retour veineux, augmentation du débit cardiaque, dérivation de la masse sanguine vers les territoires actifs, élève la perfusion des muscles sollicités par l'exercice à un degré tel que leur consommation d'oxygène peut notamment augmenter de 17 fois.

Nous avons constaté que, tant au niveau local qu'au niveau de retour veineux et du remplisssage cardiaque, les exercices alternant contraction — relâchement et accompagnés d'une bonne respiration, permettent d'améliorer la circulation générale. Les exercices dynamiques de longue durée, comme la course et la natation... sont donc à conseiller pour augmenter la capacité de la chaîne des transporteurs. Ils sont surtout recommandés aux jeunes organismes dans la phase initiale de leur formation sportive et doivent constituer l'amorce d'une saison d'entraînement sportif.

5.2.5. Résumé

D'une manière générale, les modifications immédiates qui répondent aux besoins nouveaux des muscles engagés dans l'exercice résultent de l'enchaînement de deux étapes :

1. *une étape locale* qui crée le déséquilibre et s'accompagne d'adaptations ponctuelles :
   — relâchement de la vasoconstriction des artérioles et capillaires et recrutement de nouveaux capillaires ;
   — diminution des résistances ;
   — diminution de la distance de diffusion ;
   — augmentation de la durée de perfusion.
2. *une étape générale*, mise en jeu par l'augmentation du retour veineux et par régulation nerveuse. Elle est la résultante de deux actions combinées :
   — l'augmentation du débit cardiaque par élévation de la F.C. et du V.E.S.,
   — et une redistribution compensatrice de la masse sanguine circulante, en faveur des territoires actifs.

L'ensemble de ces modifications concourent à approvisionner les fibres actives en substrats énergétiques, en oxygène, et à les débarrasser des métabolites résultant de la contraction musculaire.

Pour en savoir plus, lire notamment :

CRAPLET (C.) : *Physiologie et nutrition du sportif,* Ed. Vigot, 1985.

KARPOVICH (P.V.) et SINNING (E.) : *Physiologie de l'activité musculaire,* Vigot Frères, Paris, 1975, pp. 239-325.

SKINNER (J.S.) : *Adaptations générales de l'organisme à l'activité physique.* Dans *Physiologie appliquée de l'activité physique,* Vigot Frères ed., 1980, pp. 15-23.

6. Les systèmes de contrôle

J. CAJA et P. LEGROS

Le bon fonctionnement de toutes les fonctions composant l'organisme nécessite l'existence de systèmes assurant le contrôle d'un certain nombre de paramètres. Comme nous l'avons déjà mentionné, le milieu interne de l'individu ne doit varier que dans les limites très étroites (notion d'homeostasie). Si ces conditions de fonctionnement ne sont pas respectées, la mort survient rapidement.

Sur un autre plan, afin d'assurer une harmonie de fonctionnement à l'ensemble, l'existence d'un système de coordination est indispensable.

La réalisation d'une performance sportive dépend pour beaucoup du bon fonctionnement de ces systèmes régulateurs.

Les différents systèmes qui assurent le contrôle et la coordination de toutes les fonctions sont organisés sur un même schéma général (fig. 6.1). L'information (issue d'un récepteur) est transmise au centre de contrôle où elle est comparée (comparateur) à une valeur modèle. En fonction du résultat de la comparaison, des instructions sont préparées (calculateur) puis transmises à un effecteur qui doit en assurer la bonne réalisation. En retour (feed back), le système de contrôle est informé des effets produits par l'ordre transmis.

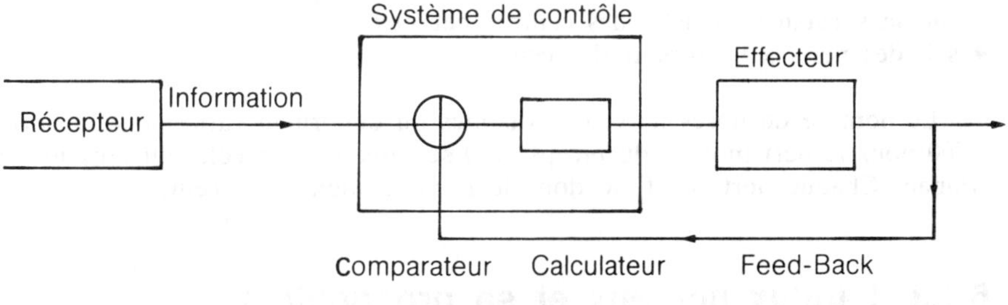

Figure 6.1
Modèle d'organisation des mécanismes de contrôle

Le contrôle du fonctionnement de l'organisme est assuré par l'action combinée du système nerveux et du système hormonal.

6.1. Le système nerveux

La base de l'organisation de la cellule nerveuse, encore appelée neurone, qui transmet les excitations sous forme d'influx nerveux.

6.1.1. La cellule nerveuse

Le système nerveux est constitué par l'assemblage d'une quantité considérable de neurones. Leur nombre serait de 15 milliards chez l'homme, dont 9 milliards pour le seul cerveau.

Chaque neurone est constitué d'un corps cellulaire d'où émergent :

- des filaments plus ou moins nombreux appelés *dendrites ;*
- un fin prolongement plus ou moins long (jusqu'à 1 mètre) appelé *axone* qui se termine par une arborisation terminale.

Souvent l'axone présente des dérivations appelées *collatérales.*

Le tissu nerveux est donc, comme tout autre tissu, constitué de cellules, mais celles-ci, très différenciées, sont essentiellement caractérisées par leurs très importants prolongements et le fait aussi qu'elles ne se reproduisent pas (leur nombre est définitif dès la naissance d'où la gravité d'une lésion nerveuse).

6.1.2. Les centres nerveux et les nerfs

Les corps cellulaires, groupés entre eux dans des centres nerveux (parfois de simples ganglions nerveux), forment la matière grise.

Les axones ou les dendrites se groupent en paquets et constituent :

- soit la substance blanche des centres nerveux,
- soit des nerfs à l'extérieur des centres.

Le nombre de fibres nerveuses (axones ou dendrites) varie dans un nerf : 1 500 pour le nerf moteur du biceps, 150 seulement pour celui du tenseur du tympan. Chaque nerf constitue donc le prolongement d'un centre.

6.1.3. L'influx nerveux et sa propagation

Le rôle principal du neurone est de transmettre des excitations qui peuvent avoir des sources multiples (électricité, pincement, chaleur, substance chimique et... autre neurone). Toute excitation, lorsqu'elle atteint une intensité suffisante (seuil d'excitation), se transforme en influx nerveux qui se propage dans le système nerveux. Dans un neurone, le sens de la propagation de l'influx nerveux se fait *toujours* dans le même sens :

dendrite → axone → arborisation terminale

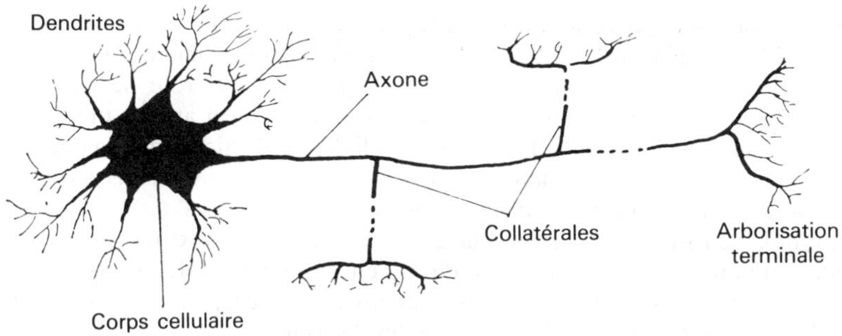

Figure 6.2 a
Cellule nerveuse ou neurone (type multipolaire)

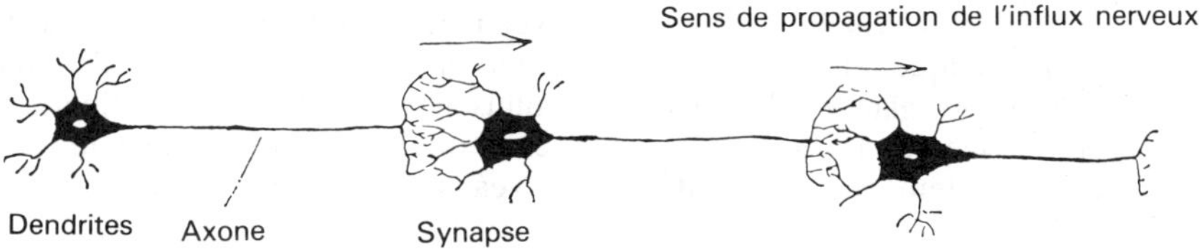

Figure 6.2 b
Chaîne de neurones

Deux ou plusieurs neurones peuvent s'articuler entre eux. La jonction s'appelle une *synapse;* elle se fait *toujours* entre l'arborisation terminale de l'axone d'un neurone et les dendrites d'un autre neurone.

Un neurone peut donc, par ses collatérales et son arborisation terminale, s'articuler avec plusieurs neurones. L'influx nerveux choisit sa voie et cela fait autant d'aiguillages qui assurent ainsi la souplesse des réactions nerveuses.

A cause du sens unique de la transmission nerveuse, il existe deux sortes de nerfs :

- ceux qui transmettent l'influx nerveux des centres nerveux vers les organes (muscles, par exemple) ; transmettant donc la commande, ils sont dits *nerfs moteurs ;*
- ceux qui transmettent l'influx nerveux des organes vers les centres nerveux et apportent donc des renseignements, des sensations ; ils sont dits *nerfs sensitifs.*

Les neurones, en s'articulant entre eux, forment des chaînes, les unes sensitives, les autres motrices. Il s'établit ainsi des circuits parfois simples, mais le plus souvent infiniment complexes, qui règlent les relations de l'individu avec l'extérieur.

Examinons un circuit quelconque. Au départ, le corps reçoit une excitation physique venue de l'extérieur (lumière, choc, chaleur, son...). Cette excitation est enregistrée par des *récepteurs* qui ont pour rôle de transformer toute excitation en influx nerveux. Ainsi, si une excitation atteint une intensité suffisante, un certain seuil d'excitation, elle donne naissance à un influx nerveux qui va se propager dans les circuits nerveux. L'influx nerveux est dit sensitif à ce stade puisqu'il transmet des sensations.

L'influx sensitif arrive alors dans les centres nerveux les plus proches (moelle épinière pour les nerfs rachidiens, encéphale pour les nerfs crâniens). Dans ces centres se trouvent les synapses ou aiguillages, de sorte que l'influx nerveux prendra tel ou tel circuit selon les besoins.

Après avoir cheminé dans les centres nerveux selon un trajet plus ou moins complexe, mettant en jeu un nombre plus ou moins grand de synapses, l'influx nerveux revient par le nerf moteur, afin de commander aux muscles la réponse adaptée à l'excitation du départ.

Au niveau des synapses comme au niveau des effecteurs il n'y a pas de jonction anatomique entre les neurones, ou entre le neurone et l'organe considéré (muscle, glande). L'arrivée de l'influx nerveux dans les terminaisons déclenche la sécrétion d'une substance chimique : le neuro-médiateur. La nature du médiateur varie aux différents niveaux du système nerveux.

6.2. Les récepteurs et le système nerveux sensitif

Au départ, les récepteurs sont chargés de « codifier » les sensations en les transformant en influx nerveux.

Parmi les classifications possibles des récepteurs, nous choisirons :

a. *les récepteurs extéroceptifs* dont le rôle est de capter les informations, les stimulations venues de l'extérieur de l'organisme. Ce sont des récepteurs qui se trouvent notamment dans les organes des sens : yeux (rétine), oreilles (tympan), nez, langue ou peau. Dans la peau se situent des récepteurs sensibles à des excitations mécaniques (mécano-récepteurs), tels que la pression, le pincement, la piqûre... et des récepteurs sensibles à des excitations thermiques (thermo-récepteurs).

b. *les récepteurs intéroceptifs* qui captent les excitations venues de l'intérieur de l'organisme. On les divise en deux catégories :

- viscéro-récepteurs (sensations qui viennent des organes). Ce sont des mécano-récepteurs, mais surtout des récepteurs sensibles aux variations chimiques du milieu intérieur (chémo-récepteurs). Par exemple, l'augmentation de la teneur du sang en gaz carbonique entraînera une augmentation du rythme respiratoire ;

- proprio-récepteurs (sensations issues des muscles, tendons, articulations). Ce sont des récepteurs qui transmettent des informations concernant les diverses positions et mouvements du corps. Parmi les plus importants, citons :
  — le labyrinthe de l'oreille qui renferme les récepteurs de l'orientation et de la direction ; ces terminaisons sont sensibles également aux accélérations ;
  — dans les muscles, près des tendons, se trouvent des fuseaux neuromusculaires sensibles à l'allongement des fibres musculaires et qui jouent un très grand rôle dans l'équilibration, ainsi que dans la facilitation de certains mouvements ;
  — dans les tendons se trouvent les corpuscules de Golgi renseignant sur les tractions exercées sur les muscles.

6.3. Le système nerveux moteur

6.3.1. La commande des muscles squelettiques

Nous venons de voir que des fibres nerveuses sensitives partent des muscles, renseignant les centres supérieurs sur leur état de relâchement ou d'étirement.

Mais, arrivent également aux muscles des fibres motrices qui apportent la commande nerveuse et vont déclencher la contraction musculaire. La jonction entre le nerf moteur et le muscle constitue la plaque motrice.

Chacune des fibres nerveuses du nerf moteur est indépendante de ses voisines et commande un nombre plus ou moins important de fibres musculaires.

Par exemple : les quelques 800 fibres nerveuses du nerf moteur du biceps commandent chacune 700 à 750 fibres musculaires (au total environ 580 000 fibres musculaires).

L'intensité de la contraction musculaire dépend principalement de deux phénomènes :

- Elle dépend, d'une part, du nombre de fibres musculaires en action dans le muscle et, par conséquent, du nombre de fibres nerveuses qui envoient des influx nerveux aux fibres musculaires qu'elles commandent.

- Elle est déterminée, d'autre part, par l'importance du raccourcissement ou l'intensité de l'influx nerveux ; autrement dit, elle est fonction du nombre d'impulsions nerveuses par unité de temps qui parviennent aux fibres musculaires (entre 5 et 50 impulsions par seconde dans la plupart des muscles).

Dans un effort de faible intensité, un petit nombre de fibres nerveuses entre en action et, si l'effort dure, elles sont relayées par d'autres fibres. Il y a donc rotation de travail des fibres.

Si l'effort augmente, un nombre de plus en plus grand de fibres musculaires rentre en jeu pour être maximum à 80 % de l'effort musculaire. L'augmentation du nombre des impulsions interviendrait ensuite.

Au niveau de la plaque motrice le médiateur est l'acétylcholine.

6.3.2. Le système nerveux autonome

On appelle *système nerveux autonome*, la partie du système nerveux qui innerve les muscles lisses. Il comprend *le système nerveux sympathique* (orthosympatique) et *le système nerveux parasympathique*.

Chaque fibre musculaire lisse possède en fait une double innervation, sympathique et parasympathique. Ainsi, les deux systèmes s'équilibrent et exercent une balance entre les influences excitatrices et modératrices.

En plus de l'innervation des muscles lisses du corps, le système nerveux autonome innerve :

- le cœur ;
- les glandes sécrétrices comme les glandes sudoripares et les glandes digestives.

Le système nerveux autonome échappe au contrôle de la volonté. Seules quelques fibres sensitives vont jusqu'au cortex donner des informations diffuses sur l'état des organes. De même les centres supérieurs peuvent influencer, dans certaines conditions, le fonctionnement de ce système (émotion, peur...).

Organe innervé	Activité sympathique	Activité parasympathique
Pupille de l'œil	Dilatation	Constriction (diminution de diamètre)
Bronches	Dilatation	Constriction
Glandes salivaires		Augmente la sécrétion
Cœur	Augmente l'activité (accélération)	Diminution de l'activité
Tube digestif	diminue la motilité	Augmente la motilité
Vaisseaux sanguins	Vasoconstriction	
Glandes sudoripares	Augmente la sudation	

Effets du système nerveux autonome

Le médiateur chimique du système sympathique est la *noradrénaline.* Celui du système parasympathique est l'*acétylcholine.*

6.4. Les niveaux de commande et d'intégration

On peut considérer que le système nerveux comporte plusieurs niveaux de fonctionnement. Il existe une sorte de hiérarchie dans ces niveaux en rapport avec le type d'information reçue.

Anatomiquement (fig. 6.3), on décrit trois niveaux principaux de fonctionnement :

- la moelle épinière logée dans la colonne vertébrale et concernée par les réflexes de base ;
- le tronc cérébral concerné par les activités involontaires. On trouve notamment :
  - les centres de commande respiratoire et circulatoire,
  - les centres sympathique et parasympathique,
  - le cerveau et le cortex concerné par les activités volontaires.

Il faut ajouter à cette description, les nerfs :

- 31 paires de nerfs rachidiens émis par la moelle épinière, qui vont se ramifier dans tout le corps,
- 12 paires de nerfs craniens issus de l'encéphale au niveau du tronc cérébral.

6.5. Contrôle nerveux des différentes fonctions

6.5.1. Les muscles squelettiques

a. Le mouvement réflexe

C'est un mouvement qui se produit sans le contrôle de la volonté.

Caractéristiques du mouvement réflexe :

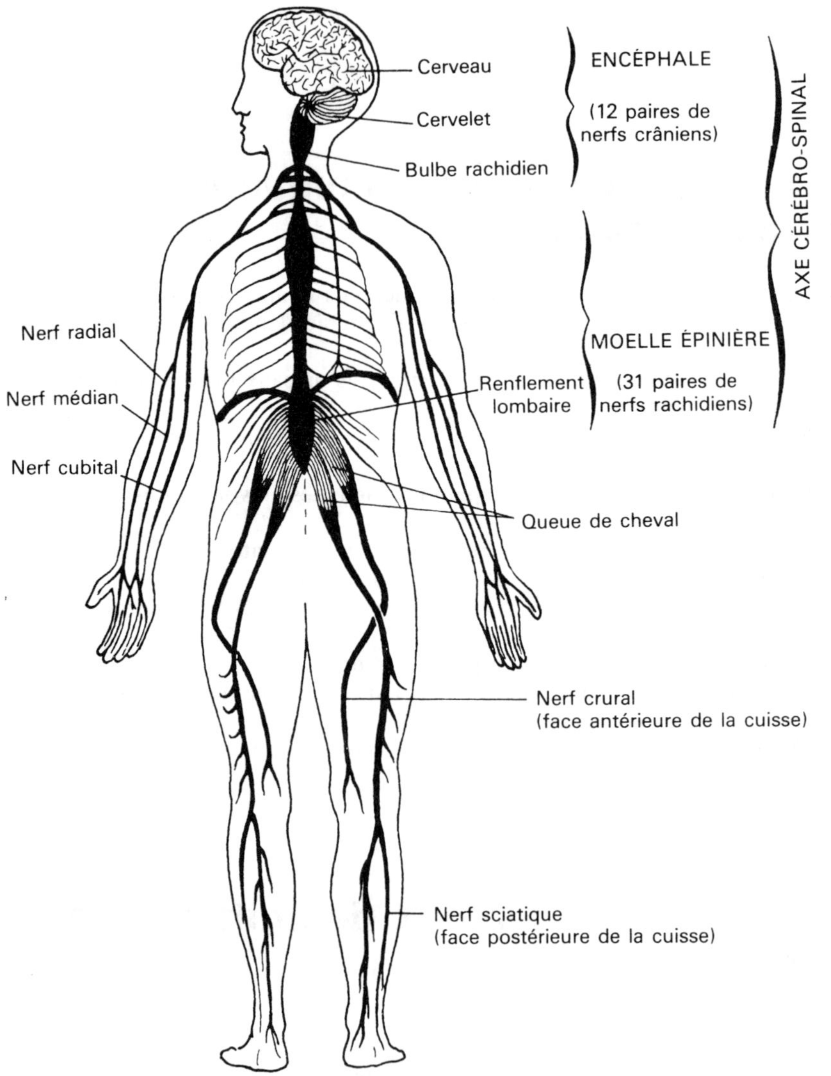

Figure 6.3
Schéma d'organisation anatomique du système nerveux

- il est constant, c'est-à-dire qu'il se reproduit toujours chez le sujet normal ;
- il est semblable à lui-même, empruntant des voies préétablies ;
- il ne nécessite aucune éducation préalable, car il est inné.

La base anatomique du mouvement réflexe est l'arc réflexe.

Le nombre de neurones qui entre en jeu varie selon la nature du réflexe et les besoins de l'adaptation, car ce réflexe, malgré son caractère incontrôlable, est parfaitement adapté aux situations.

Selon le type de récepteur mis en jeu à leur origine, les réflexes peuvent être extéroceptifs ou intéroceptifs. Etudions quelques réflexes :

- *Le réflexe d'extension*

La pression du sol sur les pieds stimule les récepteurs de la peau de la plante des pieds. Cette pression déclenche, par voie réflexe, l'action des muscles extenseurs du membre inférieur qui maintiennent la station debout.

- *Le réflexe de flexion*

C'est un réflexe de défense. Se piquer un doigt, toucher une surface brûlante, déclenche le retrait brutal de la main. La sensation de douleur nous parvient lorsque le réflexe est terminé. Dans la moelle, à la synapse du neurone sensitif et moteur, un neurone sensitif a transmis par relais jusqu'au cerveau l'information, information qui déclenche la douleur.

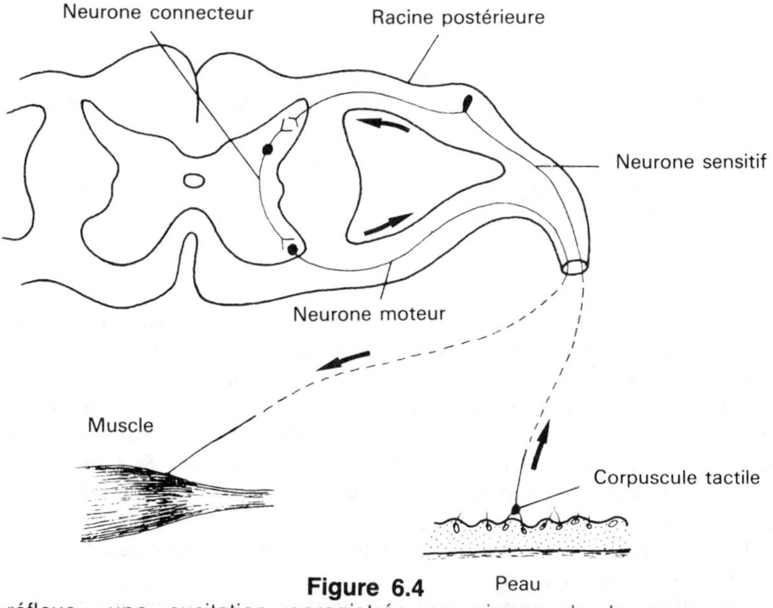

Figure 6.4

L'arc réflexe : une excitation enregistrée au niveau de la peau par un récepteur tactile, déclenche la contraction du muscle fléchisseur ou extenseur, selon le type de réflexe.

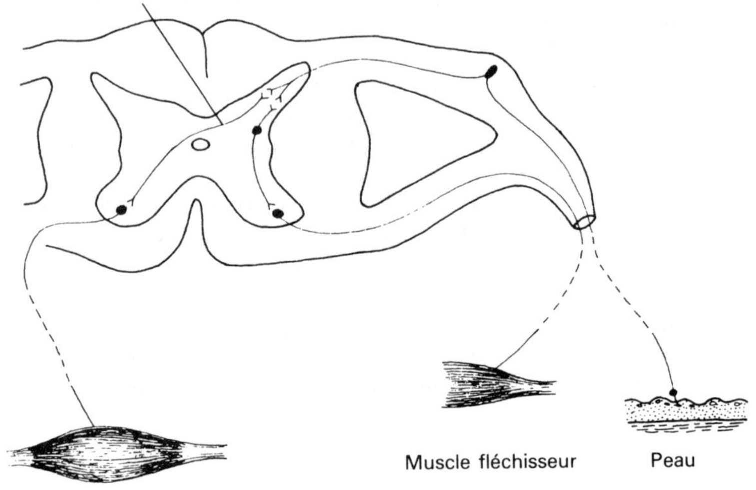

Figure 6.5
Réflexe d'extension croisé. Une piqûre de la plante d'un pied par exemple déclenche la flexion du membre et le renforcement de l'extension de l'autre membre.

- *Le réflexe d'extension croisée* (cf. figure 6.5)

C'est une réponse élargie du réflexe de flexion, qui intéresse aussi le membre opposé.

A partir de cet exemple, nous comprenons comment les réflexes peuvent être de plus en plus complexes. Cette richesse de réponses résulte du nombre de plus en plus grand de neurones qui interviennent au niveau de la moelle épinière (cf. figure 6.6).

- *Les réflexes proprioceptifs*

Ils ont pour point de départ les récepteurs proprioceptifs qui, nous l'avons vu, se trouvent dans les muscles, tendons et articulations. Ces réflexes intéressent l'entraîneur car ils sont à la base des mouvements.

Citons par exemple le réflexe myotatique : si on étire un muscle, par voie réflexe, il va se contracter. C'est un réflexe de défense (point de départ : les fuseaux neuro-musculaires), l'arc réflexe le plus simple. Si l'on percute par exemple le tendon rotulien (sous la rotule), la jambe se détend (contraction du quadriceps).

Les récepteurs qui se trouvent sur les tendons (corpuscules de Golgi) sont également sensibles à l'étirement.

Le réflexe myotatique doit être recherché dans le geste sportif ; l'étirement préalable du muscle favorise sa contraction (en gymnastique ou lancer...).

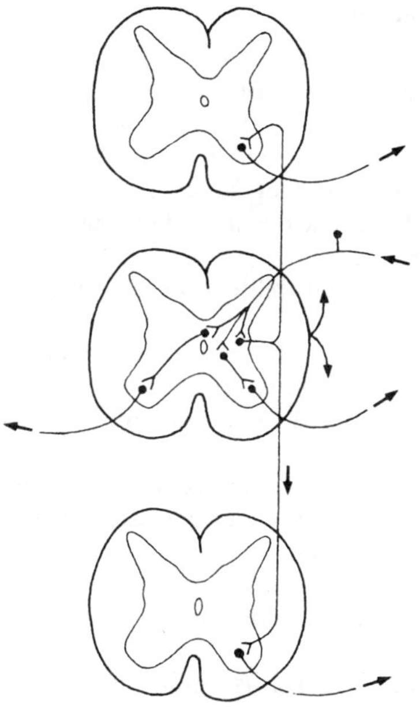

Figure 6.6
A partir d'un point d'excitation quelconque, le nombre de neurones qui peuvent être mis en jeu, peut être considérable.

• *L'équilibration et la posture.* L'équilibre, le maintien de la station debout résultent de la coordination d'une quantité de réflexes (myotatique et labyrinthique, en particulier), qui réajustent constamment, par un jeu musculaire très fin, la position du corps. Les centres nerveux qui interviennent sont : la moelle, le bulbe et, à un degré supérieur, le cervelet.

Le cortex peut également intervenir sur ces centres grâce à des neurones d'association, si bien que nous pouvons exercer à tout moment une influence consciente sur l'équilibre et la posture.

• *Le tonus musculaire*

L'équilibre et la posture ne sont possibles que parce que les muscles ont la propriété de posséder un certain tonus, c'est-à-dire d'être toujours légèrement contractés (le tonus musculaire ne disparaît qu'à la mort ou sur un muscle paralysé, dénervé).

Le tonus musculaire traduit une activité permanente du muscle et il reste sous la dépendance des centres nerveux qui peuvent le renforcer ou l'inhiber partiellement (sujets toniques ou relâchés).

Tous les centres nerveux participent, à des degrés divers, à la régulation du tonus musculaire.

b. Le mouvement volontaire

C'est dans l'écorce cérébrale (cortex) que s'élaborent les sensations, c'est-à-dire les phénomènes de conscience créés chez l'individu grâce aux informations de ses récepteurs. De l'écorce partent, en sens inverse, les influx qui suscitent des mouvements réellement volontaires. Enfin, le cortex est indispensable au développement et à l'exercice de l'intelligence.

On distingue dans le cortex des aires bien distinctes ayant chacune un rôle précis, comme par exemple :

- l'aire de projection de la sensibilité générale où arrivent les influx venus des récepteurs ;
- la zone de perception de la sensibilité générale où sont identifiées, reconnues, toutes ces sensations ;
- l'aire motrice, d'où partent des neurones moteurs dans toutes les parties du corps ;
- l'aire psychomotrice, qui est le centre de commandement supérieur, responsable des *praxis* (fonction qui consiste à coordonner des mouvements de façon à les adapter à une fin déterminée ; par exemple, parler, écrire, nager...) ;
- la zone de projection des sensations visuelles, auditives.

Ainsi, grâce aux influx sensitifs, grâce à des neurones d'association, le cortex est capable de synthétiser une quantité infinie d'informations et de déclencher des mouvements, des comportement sans cesse réadaptés.

Remarque. Les sensations, les influx sensitifs sont essentiels pour stimuler l'action, le mouvement volontaire. De nombreuses observations cliniques montrent que, lorsque l'innervation sensitive se détériore, le mouvement volontaire est très sensiblement diminué. Ainsi, l'apprentissage d'un geste devra se fonder sur une recherche de sensations correctes et nombreuses.

c. Le mouvement automatique

La figure 6.7 montre que les sensations traversent de nombreux relais avant d'arriver au cortex. A chaque relais se trouve un neurone moteur ou d'association, qui peut court-circuiter l'influx sensitif et provoquer une réponse. C'est ce qui se passe dans le mouvement automatique ; à force de répéter un même geste volontairement, l'influx nerveux choisit un circuit plus simple, provoquant la même réponse. On dit que le mouvement, le geste est automatisé. Les centres supérieurs dits volontaires n'entrent plus en jeu ; ils ne conservent qu'un pouvoir de contrôle car, à tout moment, le circuit d'origine peut se rétablir. Un automatisme est donc un geste, un comportement appris par répétition. Contrairement au mouvement volontaire, il a un caractère rigide, mais plus économique, car le circuit nerveux est simplifié, donc plus rapide, plus efficace. Pour cette raison, l'automatisation du geste est recherchée en sport dès qu'une situation se renouvelle fréquemment, automatisation qui s'obtient par la répétition.

Remarque. Il est important d'automatiser des gestes corrects, car tout se retient, le bon comme le mauvais.

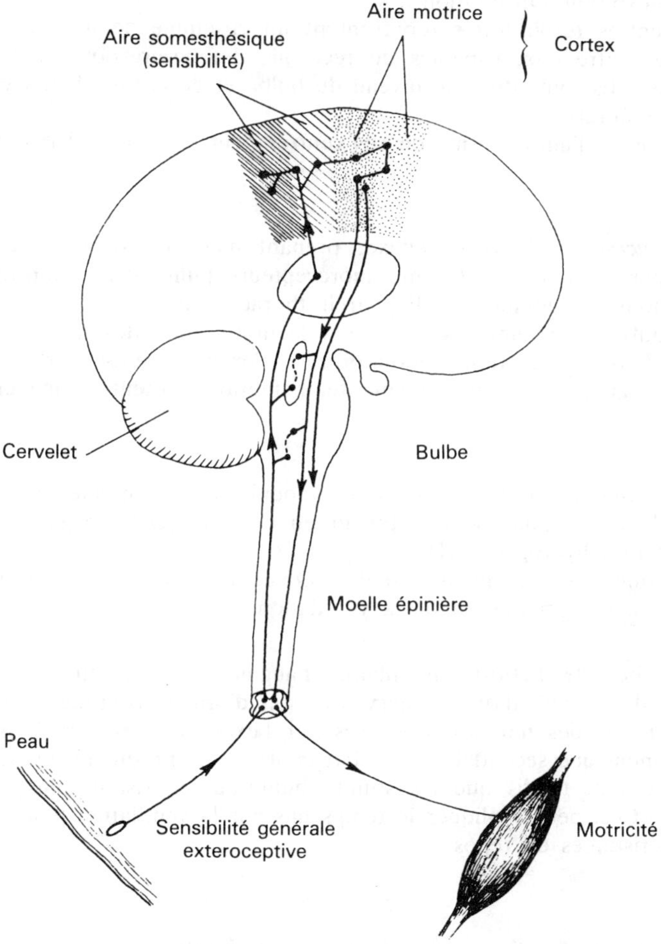

Figure 6.7
Schéma montrant quelques circuits qui peuvent s'établir entre les voies sensibles et motrices. Si la jonction se fait au niveau du cortex, le mouvement est conscient et volontaire.

6.5.2. Les fonctions automatiques

a. Régulation de la respiration

Les centres respiratoires doués d'une activité rythmique commandent, par l'intermédiaire des nerfs, les muscles respiratoires. Ils assurent la succession inspiration-expiration-inspiration...

Les centres respiratoires représentent un ensemble de neurones étroitement reliés entre eux, capables de recevoir, de mesurer ou d'envoyer des informations. Ils sont situés au niveau du bulbe et de la protubérance (parties du tronc cérébral).

A l'inverse, l'automatisme de ces centres peut être modulé par différents stimuli :

- *Stimuli nerveux :* de type réflexe, prenant naissance dans les récepteurs périphériques, notamment les mécanorécepteurs pulmonaires (informent sur les conditions mécaniques de l'appareil thoraco-pulmonaire) ; les récepteurs proprioceptifs des membres stimulés par la motilisation des segments, jouent un rôle dans l'adaptation ventilatoire à l'exercice musculaire ; d'origine centrale : le langage articulé, la volonté, l'émotion, l'attention agissent sur la respiration.

- *Stimuli humoraux* représentés par les modifications chimiques ou physiques du sang. Les principaux sont la teneur en oxygène (O_2), en gaz carbonique (CO_2), en ions hydrogène (H).

En résumé, une augmentation de CO_2 et d'H ou une diminution de O_2 entraînent une augmentation de la ventilation.

Au début de l'effort musculaire, l'augmentation ventilatoire est une réponse à des stimuli d'origine nerveuse, soit d'origine centrale, soit de type réflexe à partir des muscles intéressés par l'exercice. Les stimuli humoraux n'interviennent que secondairement. Par contre, à la fin du travail, les stimuli nerveux cessent, tandis que les stimuli humoraux persistent plus ou moins longtemps. Ceci peut expliquer le temps mis par la ventilation pour retrouver ses caractéristiques de repos.

b. Régulation du fonctionnement de l'appareil circulatoire

Elle s'effectue par action sur trois facteurs : débit — pression — résistances périphériques. Ces facteurs sont, par ailleurs, liés entre eux par la relation :

$$\text{débit} = \frac{\text{pression}}{\text{résistance}}$$

Le débit circulatoire doit s'adapter pour assurer la nutrition des cellules. Cette adaptation se réalise à deux niveaux :
- niveau local, par variation du diamètre des artérioles,
- niveau général, par régulation du débit cardiaque.

Le cœur peut augmenter son débit de deux manières :
- éjection d'une plus grande quantité de sang à chaque systole
- augmentation de la fréquence des contractions (débit cardiaque = volume systolique × fréquence).

Les deux mécanismes sont utilisés. L'adaptation de la fréquence cardiaque résulte de l'action du système nerveux autonome sur le rythme automatique de contraction du cœur. Cette action se fait par l'intermédiaire de deux nerfs : le pneumogastrique (parasympathique) qui diminue la fréquence cardiaque, les nerfs sympathiques qui induisent une augmentation de fréquence cardiaque.

L'action du système nerveux autonome est régulée par des centres de commande situés dans le bulbe et la moelle épinière (tronc cérébral), en fonction d'informations reçues (teneur du sang en O_2, CO_2, pression artérielle).

Il faut noter que l'adaptation de la fréquence cardiaque ne peut pas dépasser certaines valeurs maximales : on parle de fréquence cardiaque maximale.

On estime qu'elle est obtenue théoriquement par la formule :

220 — âge (années)

La régulation de la pression artérielle est assurée par deux mécanismes :

- le mécanisme nerveux ou vaso-moteur permet de faire varier le calibre des artères : la vasoconstriction (diminution de diamètre) est réalisée par l'action des fibres nerveuses sympathiques, la vasodilatation (augmentation de diamètre) est réalisée par la mise en jeu des fibres parasympathiques ;
- le mécanisme humoral et hormonal : les modifications de la teneur du sang en O_2, CO_2, ions H, entraînent une variation de calibre des artères ; l'adrénaline, hormone secrétée par la médullo-surrénale, entraîne une vaso-constriction.

Lors de la réalisation d'un exercice musculaire, l'appareil circulatoire doit s'adapter pour répondre à l'augmentation des besoins des cellules musculaires en substrats énergétiques.

D'une manière générale, cette adaptation se fait par une augmentation du débit sanguin grâce :

- localement à une vasodilatation des artérioles entraînant une diminution des résistances périphériques ;
- généralement par :

— une augmentation du volume systolique (surtout pour les effets modérés) ;
— une augmentation de la fréquence cardiaque ;
— une modification dans la répartition du débit sanguin : diminution pour les organes et les muscles au repos, augmentation pour les muscles et organes

qui travaillent (cœur, peau...) : le cerveau n'est pas touché par ces modifications.

c. Autres fonctions

En dehors de la respiration et de la circulation, une autre variable est contrôlée de manière automatique ; la température interne du corps. Cette variable est importante lors de la pratique de certaines activités notamment de longue durée et en particulier dans des conditions inhabituelles d'environnement (froid, chaud, humidité...).

Il faut en effet rappeler que l'énergie utilisée par l'appareil musculaire ne représente que 20 à 25 % de l'énergie totale produite par les réactions biochimiques. Le reste (75 à 80 %) représente une grande quantité de chaleur qu'il faut évacuer afin que la température interne reste stable (lois de l'homéostasie).

D'autre part, les effets généraux du système nerveux autonome sur l'organisme ont été donnés au paragraphe 3.2.

6.6. Le contrôle hormonal

Les glandes hormonales sécrètent des hormones, substances chimiques qui, transportées par le sang, agissent sur des organes éloignés.

Elles complètent ainsi l'action du système nerveux.

Les hormones sont prescrites à dose infime et jouent un rôle spécialisé, soit sur un organe bien déterminé, soit sur toutes les cellules.

On distingue les glandes hormonales suivantes (fig. 6.8).

a. L'hypophyse

L'hypophyse antérieure est en relation avec l'hypothalamus qui contrôle (par feedback) ses sécrétions.

Les principales hormones sécrétées sont :

- la somatotrope ou hormone de croissance ;
- les hormones stimulant la sécrétion d'autres glandes : les surrénales, la thyroïde, les glandes sexuelles.

b. La thyroïde

Elle joue un rôle important dans le métabolisme de l'iode. Les hormones thyroïdiennes et notamment la thyroxie interviennent dans les processus de croissance.

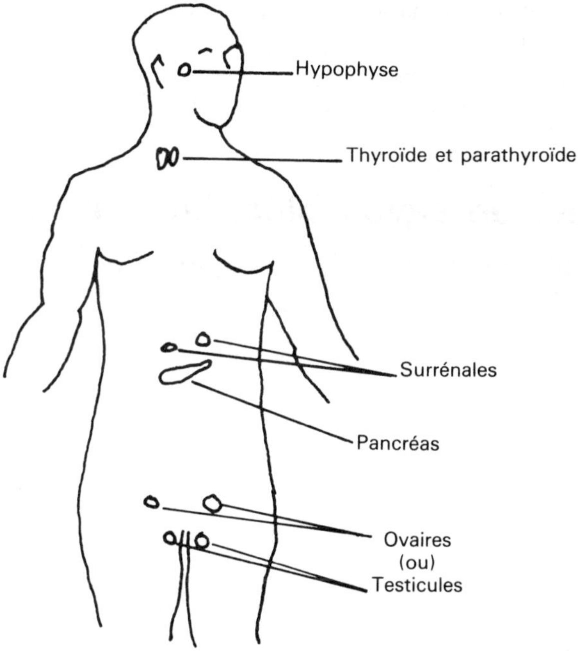

Figure 6.8
Organisation des glandes endocrines

c. Les glandes surrénales

Situées au-dessus des reins, on distingue deux parties dans la glande.

La médullo-surrénale sécrète l'adrénaline qui intervient dans de nombreuses régulations (médiateur du système sympathique). De fortes réactions émotionnelles entraînent une « décharge d'adrénaline ».

La cortico-surrénale sécrète les hormones corticoïdes et notamment le cortisol.

Ces hormones ont une activité très importante au niveau du travail musculaire.

d. Le pancréas

Situé sous l'estomac, il sécrète l'insuline et le glucagon, hormones qui interviennent dans la régulation du taux de glucose dans le sang (glycémie).

L'insuline joue le rôle le plus important, elle diminue la glycémie.

e. Les glandes sexuelles

- La testostérone, hormone mâle, agit sur le développement du squelette, la formation du muscle...
- La folliculine et la progestérone règlent les cycles menstruels de la femme.

Pour en savoir plus, lire notamment :

KARPOVICH (P.V.) et SINNING (E.) : *Physiologie de l'activité musculaire,* Ed. Vigot, 1975.

3e Section

Physiologie appliquée à l'activité physique

7. Généralités et définitions

G. CAZORLA

Le niveau remarquable atteint par les résultats sportifs, notamment durant les toutes dernières années, est le fruit d'une meilleure connaissance et maîtrise de tous les facteurs dont l'interaction conditionne la performance. Ils sont d'ordre psychologique, morphologique, biomécanique, physiologique (fig. 7.1) et dépendent de l'amélioration des conditions institutionnelles et matérielles de la pratique.

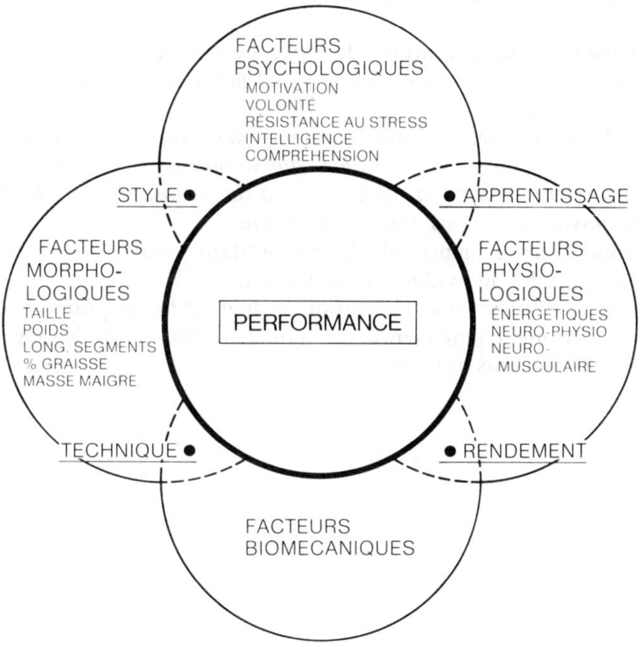

Figure 7.1
Modèle des interactions entrant en jeu dans la réalisation d'une performance sportive.

Tout essai de rationalisation de leur plein développement peut s'inscrire dans les quatre étapes suivantes :

1. Recherche de tous les facteurs généraux et spécifiques requis par la pratique sportive considérée. C'est ce que nous définirons comme l'**analyse des exigences de la tâche ;**

2. Evaluation des qualités individuelles des jeunes athlètes permettant :
- de les aider à choisir la discipline ou l'épreuve dans laquelle ils auront le plus de chance de satisfaire leurs ambitions sportives ; c'est l'étape de l'**orientation sportive ;**
- et d'individualiser leur entraînement ;

3. Planification de leur entraînement au cours de chaque séance, chaque cycle, chaque saison pour les amener, dans le cadre d'un « plan de carrière » progressif, au plus haut niveau de leur épanouissement sportif ; c'est l'étape de la **formation** et du **développement ;**

4. Contrôle rigoureux et régulier de la cadence de leur progrès à l'aide de tests et mesures dont la standardisation et le protocole de passation auront été maîtrisés : c'est l'étape de la **confirmation.**

L'*entraînement,* étape centrale de cette démarche est la seule voie pour qu'un athlète puisse, à partir de *son potentiel génétique,* atteindre la qualité de la performance visée.

Si nous le définissons comme la *somme des exercices adaptés, à intensité progressivement croissante, et contrôlés, qui aboutissent, par des modifications biologiques, psychologiques et techniques à la réalisation de la plus haute performance possible,* il nous faudra connaître :
- le profil et les exigences de la compétition visée ;
- et les aptitudes individuelles du sportif,

pour ensuite choisir, dans ses grandes lignes, la programmation la plus adéquate, en parfaite connaissance des effets immédiats et à long terme des procédés d'entraînements retenus.

8. Métabolisme et activités sportives — G. CAZORLA

Il faut se rappeler que l'exercice augmente au niveau du muscle les besoins en énergie. Celle-ci peut être soit « empruntée » aux réserves musculaires, soit fournie aux cellules actives grâce à l'adaptation des grandes fonctions de l'organisme, au nombre desquelles la respiration et la circulation jouent un rôle très important. Le système nerveux central, renseigné sur la nature de ces nouvelles exigences, régule et oriente l'action motrice qui en découle.

En ce qui concerne les facteurs énergétiques, l'organisme du sportif peut être considéré comme un transformateur d'énergie chimique en énergie mécanique restituée au milieu extérieur sous forme de mouvement.

Très schématiquement, l'amélioration de la performance d'un organisme entier reviendrait alors à :

- augmenter la quantité totale d'énergie disponible ou *capacité énergétique ;*
- élever le niveau d'énergie utilisée dans un temps donné ou *puissance énergétique ;*
- améliorer le travail mécanique fourni, sans augmenter la dépense énergétique ou *rendement énergétique.*

Nous avons étudié les différentes sources de production de l'énergie (cf. Etape tissulaire, synthèse de l'A.T.P.) et avons caractérisé en terme de *durée* et d'*intensité* les trois métabolismes (cf. fig. 4.13 et tableau 4.1).

Métabolismes aérobie et anaérobies diffèrent sur deux plans : alors que le métabolisme *aérobie* présente une *puissance maximale* relativement *faible,* (mesurée par la consommation maximale d'oxygène) et une *capacité élevée,* les métabolismes *anaérobies alactique* et *lactique* peuvent fournir par contre une *puissance élevée* mais sont rapidement *limités.*

Ces caractéristiques aident à comprendre la séquence des modifications métaboliques accompagnant le passage du *repos* à l'*Activité de longue durée :*

- l'ascension immédiate de l'énergie requise en début d'exercice, exige une disponibilité instantanée d'une grande puissance *(Processus anaérobie alactique) ;*
- la quantité d'énergie fournie rapidement doit couvrir la *transition* entre la dégradation initiale des phosphagènes et l'établissement d'un niveau constant de consommation d'oxygène *(Processus anaérobie lactique) ;*
- l'exercice de longue durée suppose un état d'équilibre entre production et consommation d'énergie ou équilibre respiratoire *(Processus aérobie).*

Chaque *« passage »* d'un processus à l'autre s'accompagne inévitablement d'une baisse de l'intensité de l'exercice, qui correspond à la puissance limite que le système mis en jeu, est capable de fournir. Par exemple, l'étude de la décroissance de la vitesse en fonction de la performance chronométrique de chacun des records du monde de course (fig. 8.1) nous indique d'une manière remarquable une courbe en tout point similaire à celle de la décroissance du continuum énergétique : A.T.P. — C.P. — O_2 de réserve, glycolyse anaérobie, glycolyse et lypolyse aérobie (comparer fig. 8.1 — Course et figure 4.13 — synthèse de l'A.T.P.).

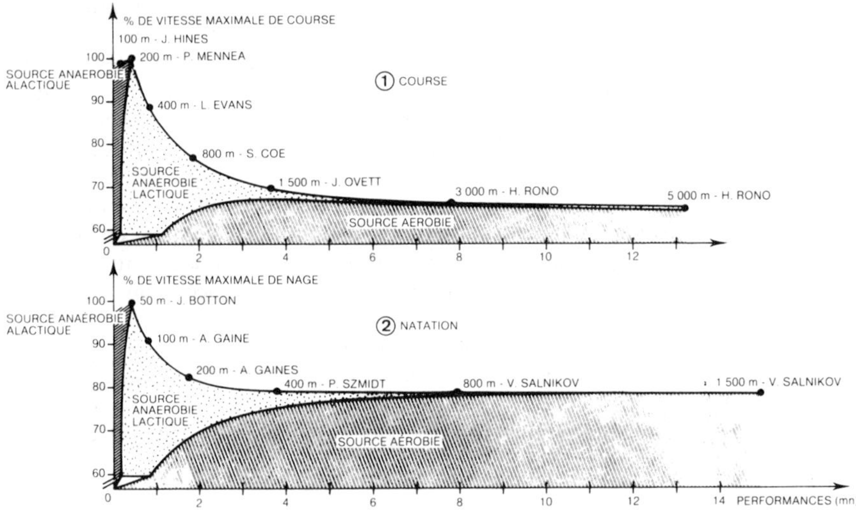

Figure 8.1
Relation de la décroissance de la vitesse des records du monde (mai 1981) et des métabolismes sollicités :
1. Course — 2. Natation

La fig. 8.1-Natation fait apparaître une décroissance plus faible due à la résistance rencontrée dans le milieu liquidien. Dans ce cas, comme à un degré moindre en cyclisme et en aviron, vitesse durée et résistance sont étroitement liées. Ceci nous amène à définir l'activité sportive dans le cadre d'un espace tridimensionnel prenant en compte ces trois variables (fig. 8.2).

D'une manière générale, les métabolismes n'expliquent pas à eux seuls la durée et l'intensité de l'exercice. Parallèlement à leur développement, le bon entraîneur devra toujours s'efforcer d'améliorer, d'une part la technique qui permet de diminuer la résistance rencontrée et donc d'économiser la dépense d'énergie, et, d'augmenter d'autre part, la force pour vaincre cette résistance.

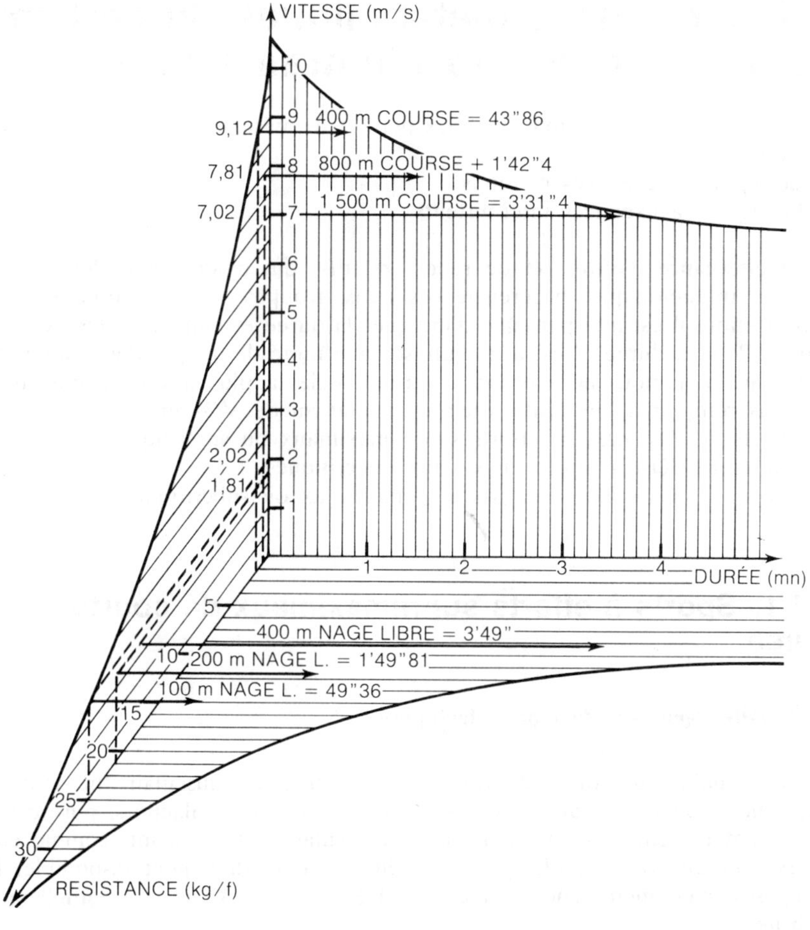

Figure 8.2
Analyse tridimensionnelle faisant apparaître l'interaction des composants physiques, biomécaniques et physiologiques dans la course et la nage

8.1. Exigences métaboliques de certains sports et objectifs d'entraînement

Une classification sommaire nous permet d'envisager deux grands groupes de sports :

- Les sports à exercices continus ;
- Les sports à exercices intermittents.

L'alternance d'efforts et de repos (relatifs) qui modifie considérablement l'impact physiologique, différencie ces deux groupes. Afin de préciser cette classification, il est indispensable d'indiquer la durée et l'intensité des exercices requis. Pour la durée, il est aisé d'utiliser une unité de temps. Pour l'intensité, par convention nous adopterons la terminologie la plus utilisée actuellement en nous référant à l'intensité atteinte au plateau de $\mathring{V}O_2$ max. :

- Efforts > $\mathring{V}O_2$ max. = efforts supra maximaux ou surcritiques
- Efforts = $\mathring{V}O_2$ = efforts maximaux ou critiques
- Efforts < $\mathring{V}O_2$ max. = efforts inframaximaux ou subcritiques

8.1.1. Sports à efforts supramaximaux de courte durée

a. Activités sportives de type « alactique »

Les qualités de force, de vitesse et de puissance musculaire ne sont pas strictement réductibles aux réserves d'énergie anaérobie, alactique puisqu'elles dépendent également de facteurs neuro-musculaires. Cependant, comme elles nécessitent une très grande quantité d'énergie immédiatement disponible, les composés hautement énergétiques (A.T.P. — C.P.) sont essentiellement sollicités.

Rapidement disponibles et susceptibles des puissances élevées, ils peuvent répondre aux besoins de certaines activités où priment la vitesse et la force : sauts, haltérophilie, lancers, sprints courts... (fig. 8.3).

L'entraînement en vue d'améliorer les qualités *vitesse* et *force* aura donc comme objectif principal :

- d'augmenter le nombre d'éléments contractiles dans la cellule ;
- d'améliorer les réserves d'A.T.P. et C.P. ;
- de stimuler l'activité des enzymes associés à leur métabolisme *(Myokinase* et *créatine phosphokinase*) ;
- de recruter d'une manière synchrone le plus grand nombre possible de fibres :
  - — à contraction rapide pour la vitesse ;
  - — et à la fois à contraction rapide et lente pour la force.

	ACTIVITES SPORTIVES	DUREE
AEROBIE	SKI DE FOND	3 à 5 h
	CYCLISME (PAR ÉTAPE)	2 à 5 h
	MARATHON	2 h 10 à 3 h
	MARCHE	1 h à 3 h
	COURSE DE FOND	13 h 10 à 1h 40
	CROSS COUNTRY	
	1 500 m NAGE LIBRE	15 à 16 mn
	800 m NAGE LIBRE	7,50 à 8,20 mn
	3 000 m COURSE	7,32 à 8 mn
MIXTE	AVIRON (MESSIEURS)	5,30 à 6,50 mn
	2 000 m COURSE	4,50 à 5 mn
	AVIRON (DAMES)	4,20 à 4,40 mn
	1 500 m COURSE	3,31 à 3,50
	400 m NAGE LIBRE	3,50 à 4 mn
	400 m 4 NAGES	3 à 4 mn
ANAÉROBIE LACTIQUE	GYMNASTIQUE	
	200 m NAGE L. et SPEC	1,49 à 2,15 mn
	800 m COURSE	1,42 à 1,53 mn
MIXTE	100 m NAGE L. et SPÉC	49,36 à 54 s
	400 m COURSE	43"86 à 49"
	200 m COURSE	19"72 à 22"
ANAÉROBIE ALACTIQUE PUR	100 m COURSE	9"95 à 11"
	SAUTS	
	LANCERS	
	HALTÉROPHILIE	

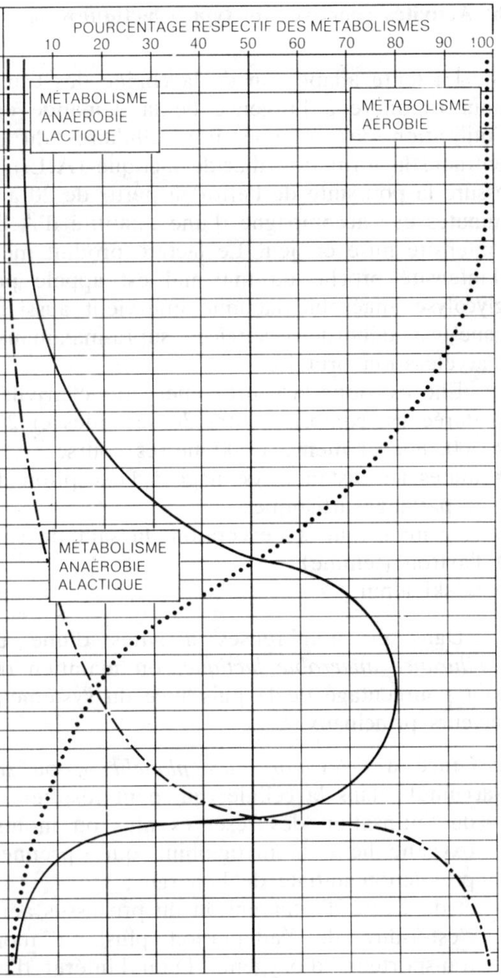

Figure 8.3

Exigences métaboliques de certains sports à effort continu (d'après PERONNET et FERGUSSON, modifié par CAZORLA, HELAL) On remarquera que toutes les activités utilisent une source principale et des sources secondaires.

b. Activités sportives de type « lactique »

La lente adaptation de la chaîne des transporteurs de l'oxygène nécessite pour répondre à l'urgence de la demande énergétique du début d'exercice, l'utilisation des réserves intracellulaires du glycogène sans oxygène ce qui entraîne la formation d'acide lactique (A.L.). La glycolyse anaérobie lactique assure la poursuite de l'effort à partir de 20 à 30 secondes et ce, jusqu'à 2 à 3 minutes et s'accompagne d'une quantité d'A.L. directement proportionnelle à l'intensité mise en jeu. Le lactate produit inévitablement en début d'exercice d'intensité proche du maximal est appelé pour cela le *lactate précoce.* La glycolyse anaérobie lactique intervient aussi chaque fois que l'apport d'oxygène est débordé (exercices supra-maximaux) : fin de course, ou période d'accélération brutale...

Elle est donc la source énergétique privilégiée des activités sportives dont la durée est comprise entre 30 secondes et 2 à 4 minutes :

- 400, 800 et même 1 500 mètres course ;
- toutes les distances de nage à l'exception du 800 et 1 500 mètres ;
- le patinage artistique ;
- la gymnastique à l'exception du saut de cheval ;
- l'aviron (femme) ;
- le ski alpin.

Dans de nombreuses activités d'une durée de 1 minute ou plus, l'*endurance anaérobie lactique,* ou maintien de l'intensité de l'exercice à un haut pourcentage de la puissance du système, peut être augmentée par deux facteurs principaux :

1. Grâce à *l'élévation du « plancher »,* ou *seuil* à partir duquel le lactate s'accumule dans la cellule, qui peut résulter :

— de l'utilisation des réserves plus ou moins importantes d'A.T.P.-C.P. et oxygène lié à la myoglobine qui « prennent en charge » une part de la production initiale de l'énergie ;

— et du degré d'intervention du processus aérobie dès le début de l'exercice, c'est-à-dire de l'adaptation plus ou moins rapide de la chaîne des transporteurs d'oxygène. D'où l'intérêt d'avoir de bonnes bases aérobies rapidement mobilisables pour aborder le travail anaérobie lactique (voir remarque).

2. de la capacité individuelle de repousser les limites de la souffrance physique traduisant une forte acidose organique (élévation du « *plafond* »), qualité psychologique qui est l'apanage des grands champions.

Remarque :

Entre deux sujets ayant un $\mathring{V}O_2$ max. différent, pour une même intensité d'exercice, celui dont $\mathring{V}O_2$ max. est plus faible produira beaucoup plus de lactate et sera contraint d'arrêter plus vite l'exercice. A la limite, l'effort supramaximal de l'un peut être l'effort maximal, voire inframaximal de l'autre, d'où l'importance d'un bon $\mathring{V}O_2$ max.

Pour tous les athlètes pratiquant une des disciplines sportives citées précédemment, les objectifs de la préparation physiologique seront :
- de relever le seuil d'apparition de l'A.L. ;
- d'en retarder les effets sur la cellule, en l'habituant progressivement à en supporter des concentrations de plus en plus élevées ;
- d'améliorer le pouvoir des systèmes tampons de l'organisme ;
- et de stimuler l'activité des enzymes associés à l'utilisation de l'A.L.

Pour ce faire, l'entraînement devra inclure des séquences de travail maximal ou supramaximal d'une durée comprise entre 30 secondes et 2 minutes.

8.1.2. Sports à efforts maximaux de longue durée

Nous savons que l'homme ne peut être trop longtemps privé d'oxygène. L'utilisation de ses réserves anaérobies ne constitue qu'une étape de transition qui fait face à des procédures d'urgence. Dès lors qu'un exercice se prolonge au-delà de deux ou trois minutes, ce sont les processus oxydatifs qui assurent l'essentiel de son approvisionnement énergétique. Ils s'accompagnent d'une baisse de l'intensité de l'exercice qui correspond aux valeurs limites des possibilités de transport et d'utilisation cellulaire de l'oxygène. Ces deux paramètres conditionnent la consommation maximale d'oxygène ou $\mathring{V}O_2$ max. du sportif. L'endurance du système est fonction non seulement du $\mathring{V}O_2$ max. mais aussi du niveau d'entraînement du sujet.

Le métabolisme aérobie, utilisateur des très importantes réserves de glucide et lipide de l'organisme, est particulièrement sollicité par les sports de longue durée :
- Ski de fond,
- Marathon,
- Marche,
- Courses de fond,
- Cross country,
- Cyclisme (par étapes),
- 400 m 4 nages, 800 et 1 500 m Natation,
- Aviron (hommes),
- Canoë Kayak,

...

De trois à neuf minutes, les sources énergétiques aérobies interviennent en concurrence avec les sources anaérobies ; au-delà de cette durée, elles assurent la part prépondérante de l'exercice.

En ce qui concerne les objectifs de l'entraînement aérobie, deux dimensions sont à envisager :
- l'augmentation de la *puissance du système* (ou $\mathring{V}O_2$ max.) ;
- et l'amélioration de l'*endurance* aérobie qui permettra à l'athlète de maintenir plus longtemps un effort dont l'intensité sera de plus en plus proche de $\mathring{V}O_2$ max.

Dans ces deux perspectives, l'entraînement doit prendre en considération :

- l'amélioration de la capacité de transport de l'oxygène, notamment en augmentant le débit cardiaque maximum qui permet de mettre en circulation davantage d'oxygène par unité de temps et en multipliant le nombre de capillaires fonctionnels dans le muscle ;
- et le développement ou le renforcement du potentiel oxydatif de toutes les fibres (rapides et lentes) :
  — augmentation du nombre et de la taille des mitochondries ;
  — utilisation des acides gras pour des intensités de travail de plus en plus élevées ;
  — élévation des concentrations des enzymes du cycle de Krebs et de la chaîne respiratoire...

Outre son rôle très important dans les performances de longue durée, $\mathring{V}O_2$ max. intervient aussi :

- comme capacité d'entraînement, un $\mathring{V}O_2$ max. élevé permet de s'entraîner à des intensités et des durées plus importantes, ce qui indirectement a des répercussions bénéfiques, même sur les performances de moyennes ou courtes durées ;
- comme facteur de récupération. Un muscle bien oxygéné est plus vite débarrassé de son A.L. et peut reprendre plus tôt son activité.

Autant de raisons qui nous conduisent à accorder dans tout entraînement, une large part au développement de la consommation maximale d'oxygène, notamment lors des premières étapes du plan de carrière du jeune sportif. Les exercices dynamiques de longue durée, nécessitant l'utilisation de grandes masses musculaires sont particulièrement recommandées.

8.1.3. Résumé

Selon les durées et intensités des sports à efforts continus, les trois métabolismes prennent tour à tour une fonction prépondérante. Toutefois, dans de nombreuses activités, ils interviennent en concurrence, ce qui indique que tout éducateur sportif devra bien analyser les exigences de la compétition visée, pour prévoir, compte tenu des capacités physiques de ses sportifs, les objectifs principaux et secondaires qu'il assignera à chacun de ses entraînements.

Comme l'homme est un être essentiellement aérobie, le développement du $\mathring{V}O_2$ max. est le préalable le plus important de tout entraînement. L'entraînement spécifique des autres métabolismes ne devrait jamais être envisagé sans l'assurance de bonnes bases aérobies, surtout chez les jeunes sportifs.

8.1.4. Le rôle de la récupération

Notre étude s'est limitée jusqu'à présent aux exercices continus d'intensités relativement stables qui sont commodes pour les recherches de laboratoire mais qui constituent de bien des façons des situations artificielles. Cependant, dans la plupart des activités physiques tels les jeux ou les sports collectifs, exercice et repos sont en constante alternance, il nous faut donc examiner :

1. Ce qui se passe dès l'arrêt du travail musculaire ;
2. Et les influences réciproques immédiates et à plus long terme de l'exercice et de la récupération.

a. Récupération immédiate : la dette d'oxygène

Pour comprendre les répercussions physiologiques de l'exercice, il faut considérer *travail* et *repos* comme un *tout*. Les réactions biochimiques amorcées en période de travail continuent pendant le repos selon une cinétique qui leur est propre et qui est largement tributaire ;

- de l'intensité et de la durée de l'exercice ;
- et du niveau d'entraînement du sujet.

Dès le début de l'exercice d'intensité élevée, l'apport énergétique d'origine aérobie s'avère insuffisant par rapport à la demande (adaptation lente de la chaîne des transporteurs d'oxygène). Pendant cette phase transitoire, l'organisme utilise ses propres réserves, il contracte en conséquence un *déficit* provisoire, qu'il lui faudra rembourser dès la fin du travail musculaire (fig. 8.4).

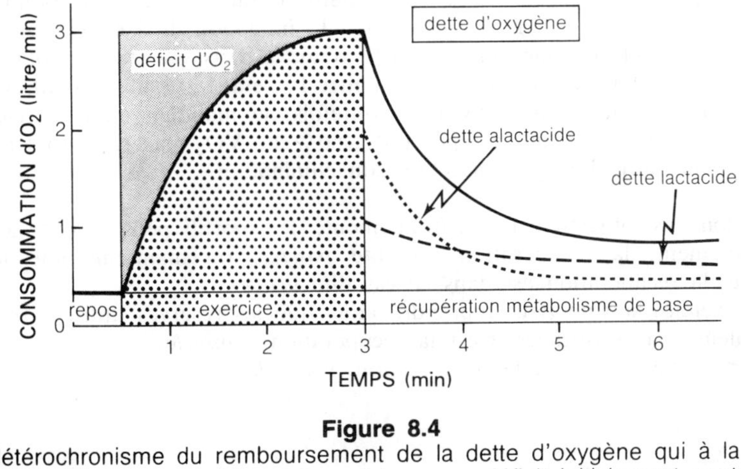

Figure 8.4
Hétérochronisme du remboursement de la dette d'oxygène qui à la fin de l'exercice est sensiblement supérieure au déficit initialement contracté

Remarque :

Ce déficit peut être contracté aussi dans toutes les circonstances où l'apport d'oxygène à la cellule est débordé (cas d'une accélération d'intensité supramaximale) en milieu de course, ou effort intermittent des sports collectifs.

Le déficit en oxygène correspond :

- à l'épuisement de l'oxygène de réserve de l'organisme ;
- à la dégradation de l'A.T.P. — A.D.P. musculaire. Dans ces premiers cas, il ne s'accompagne d'aucune formation d'acide lactique ; il est dit *alactacide.*
- et à l'utilisation anaérobie du glycogène. Il s'accompagne dans ce cas de la production d'acide lactique : il est dit *lactacide.*

Le « remboursement » du déficit débute dès que l'apport en oxygène devient excédentaire, c'est-à-dire :

- à la fin de l'exercice ;
- ou pendant la poursuite d'un exercice de faible intensité.

Il se traduit par un niveau de sollicitation ventilatoire et cardio-vasculaire élevé qui correspond à la phase du remboursement de la *dette d'oxygène.*

Remarque :

La sollicitation importante des muscles ventilatoires, du système cardio-vasculaire, et l'élimination de la chaleur excédentaire entraînent une dépense supplémentaire d'énergie pendant la récupération, c'est pourquoi la dette d'oxygène est toujours supérieure au déficit initial.

La dette d'oxygène décroît à l'issue de l'exercice selon deux exponentielles :

- la pente rapide correspond au remboursement de la dette alactacide. La totalité des réserves « alactiques » serait remboursée en deux minutes ;
- la pente plus douce, à celui de la dette lactacide, qui correspond à la reconstitution du glycogène utilisé et à l'élimination du lactate produit. A l'issue d'un effort anaérobie exhaustif d'une à deux minutes, la totalité du lactate produit disparaît (cf. chapitre I : étape tissulaire-synthèse de l'A.T.P.) en une heure environ. Toutefois, le maintien d'un exercice de faible intensité pendant le repos (50 à 60 % de VO_2 max.), ou tout apport supplémentaire d'oxygène accélère son élimination.

Selon les objectifs de l'entraînement, le sportif peut donc s'arrêter complètement, la récupération est dite *passive,* ou maintenir une légère activité, la récupération est dans ce cas dite *active.*

L'exercice suivant peut reprendre alors que les réserves utilisées sont :

- totalement reconstituées, c'est la récupération *complète ;*
- ou partiellement, c'est la récupération *incomplète.*

Tableau 8.1

Exemples des récupérations après un effort exhaustif type compétition (G. CAZORLA)

Durée travail exécuté au maximum des possibilités individuelles	Récupérations (*)		Nature de la récupération conseillée
	incomplète à 60 % (**)	complète	
10 secondes } A.T.P. C.P. 20 secondes	30 secondes 60 secondes	2 minutes 2 à 3 minutes	passive mixte active + passive
30 secondes à 1 minute (glycogène anaérobie)	10 minutes	50 à 60 min	active : accélère l'élimination du lactate en 20 à 30 minutes
1 à 3 minutes (glycogène anaérobie)	15 minutes	60 minutes	idem
3 à 9 minutes (glycogène anaérobie + aérobie)	10 minutes	1 à 2 heures	mixte = passive + active
1 à 2 heures glycogène et lipide aérobie)	3 à 6 heures	24 à 48 h	passive (+ massage, bain chaud, relaxation...)

(*) Dépend du niveau d'entraînement du sujet.
(**) 60 % étant compatible avec la reprise du travail.

b. Récupération à moyen terme : la surcompensation

Pendant le travail musculaire une part des réserves énergétiques de l'organisme est dégradée selon l'*intensité* et la *durée* de l'exercice.

Durant la période de récupération, les processus de leur resynthèse deviennent prioritaires. Dans le cas où les réserves ont été épuisées, ou très fortement entamées, il se produit non seulement une reconstitution de ce qui a été dépensé mais aussi une *reconstitution* dépassant le niveau initial (fig. 8.5).

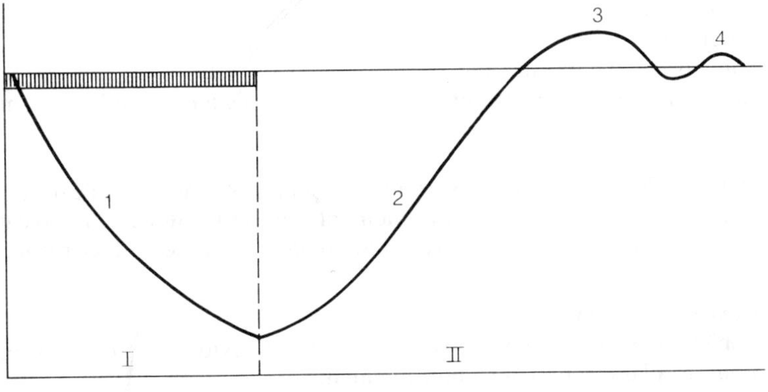

Figure 8.5
Explication schématique du phénomène de surcompensation

Ce phénomène, constaté à la suite d'une série d'études faites chez l'animal a pris le nom de *« surcompensation »*. Il peut être défini comme suit :

Toute cellule de l'organisme sollicitée maximalement (principe de la *surcharge*) tend dans la phase de récupération à reconstituer et dépasser le niveau initial des réserves utilisées (principe de *spécificité*) jusqu'à un maximum génétiquement déterminé.

En conséquence, l'efficacité de la régénération des réserves à un niveau supérieur dépend non seulement de l'intensité et de la durée du travail, mais aussi de la durée optimum du repos.

La valeur optimale de cette durée est liée aux substrats utilisés lors de l'exercice et aux possibilités individuelles de récupération du sujet.

Remarques :

1. Ce gain en réserve utilisables n'expliquerait que partiellement l'augmentation des capacités de l'athlète. Il ne faut en effet pas oublier que l'amélioration du rendement du sportif dépend aussi fortement de :
— l'économie d'énergie induite par le recrutement de plus en plus fin des fibres musculaires entrant dans le geste sportif : ou *amélioration technique ;*
— et du comportement psychologique : ou *amélioration mentale.*

2. Hormis l'évolution de la régénération du glycogène, il faut souligner que toutes les données sur lesquelles se fondent les lois de la surcompensation ont été relevées à partir d'études faites sur l'*animal.* Bien que quelques travaux ponctuels permettent de confirmer en partie ces résultats chez l'homme, il faut en attendant les conclusions de recherches longitudinales, conserver à leur égard l'élémentaire réserve de rigueur.

3. Enfin, chacune des différentes réserves énergétiques utilisées se reconstituent selon une cinétique qui lui est propre (cf. tableau 1.) et qui dépend notamment :
— du sujet ;
— de son niveau d'entraînement ;
— de la nature, de l'intensité et de la durée de l'exercice qui les a mis en jeu.

Elle peut aller de quelques secondes à quelques heures (tableau 1.1).

La grande difficulté de l'entraînement se situe donc au niveau de l'harmonisation de ces différentes variables pour obtenir les effets recherchés.

Conséquences pratiques

Le phénomène de surcompensation a mis en évidence trois lois importantes pour la planification de l'entraînement :

La surcharge : plus l'épuisement des réserves aura été important plus élevé sera leur niveau de surcompensation ;

La spécificité : seules les fibres musculaires entraînées améliorent leur capacité ;

Les répétitions : Les exercices et les séances d'entraînement doivent être judicieusement rapprochés pour bénéficier des phases les plus élevées de surcompensation des différentes surcharges.

Le phénomène de surcompensation, malgré ses incertitudes, permet de mieux organiser les exercices dans une séance, les séances dans les microcycles, les microcycles dans une saison.

Pour ce faire, il est cependant indispensable de tenir compte :

- de la spécificité de la sollicitation ;
- et des aptitudes individuelles de l'athlète.

8.1.5. Les sports à efforts intermittents

Quelques études, surtout menées en pays scandinave, ont mis en évidence le caractère polymorphe des sollicitations cardio-vasculaires et métaboliques de certains sports collectifs (hand-ball, basket-ball, foot-ball) et de sports individuels à efforts intermittents (tennis... tennis de table).

Pour le hand-ball par exemple :

- une bonne puissance maximale aérobie permet de maintenir un rythme soutenu (deux mi-temps de 30 minutes avec très peu de temps morts) ;
- de bonnes qualités anaérobies alactiques et lactiques sont nécessaires en raison de la fréquence des efforts violents de courte durée (contre-attaques, replis défensifs, accélérations, blocages, sauts, plongeons, tirs) entrecoupée d'efforts moins intenses (attaques placées, défenses ou arrêt de jeu...)

D'une manière générale, les résultats de recherches entreprises dans ce domaine montrent que, au cours de l'exercice intermittent, même d'intensité supramaximale, la concentration de lactate plasmatique et cellulaire n'augmente pas (sauf durant les premières périodes : lactate précoce), à condition que la durée de chaque exercice ne dépasse pas 20 secondes et que celle de la pause soit environ le double du temps de travail.

L'étude des concentrations cellulaires d'A.T.P., C.P., glycogène et d'acide lactique (1) au cours de séquences d'exercices intermittents d'intensité supramaximale d'une durée totale de 30 minutes a mis en évidence la nature des métabolismes sollicités.

(1) Saltin (B.) et Essen (B.) — *Muscle glycogen, lactate, A.T.P. and C.P. in intermittent exercise. Muscle metabolism during exercise.* Eds Pernow and Saltin (New York Plenium Press) II = 419 ; 1977.

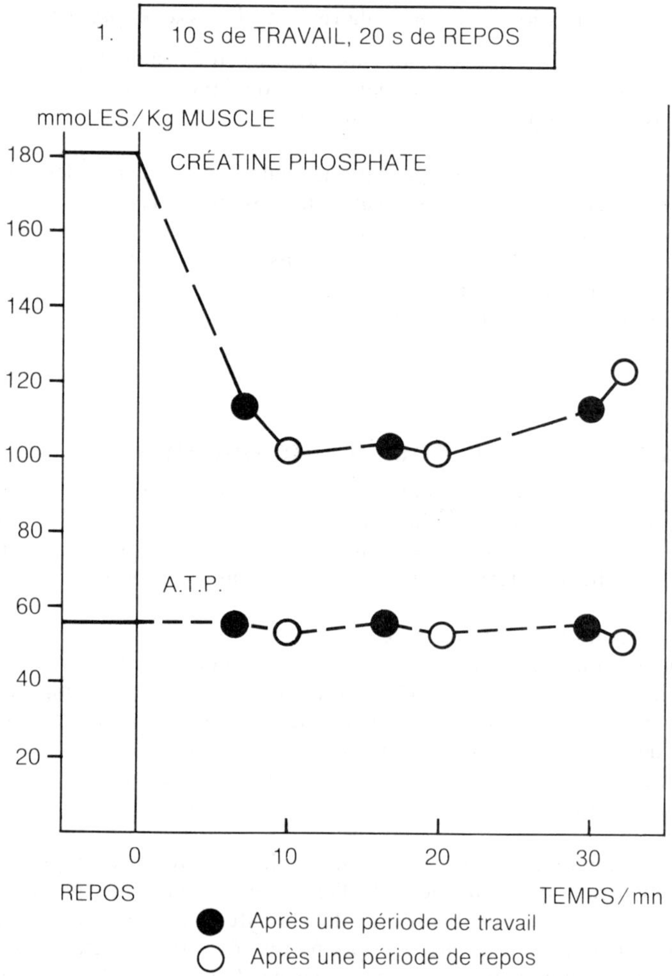

Figure 8.6
Utilisation de l'A.T.P. et C.P. au cours d'une séquence de 30 minutes d'exercices intermittents à 10 secondes de travail et 20 secondes de repos

a. Exercices intermittents : 10 secondes de travail, 10 secondes de repos

Il serait logique de penser que les réserves d'A.T.P. et C.P. sont ici prioritairement utilisées. Cependant, après une baisse initiale, leur niveau se stabilise et même augmente sensiblement vers la fin de la séquence (fig. 8.6). Comme d'autre part, il n'y a pas d'augmentation de lactate cellulaire, ceci indique :

- que seul l'oxygène de réserve est utilisé et restauré ;

- et que 20 secondes de repos sont insuffisantes pour permettre la reconstitution des réserves de C.P. mais suffisantes pour amener, et maintenir, un haut niveau de sollicitation de la chaîne des transporteurs de l'oxygène. Ceci est la caractéristique des exercices intermittents mixtes: *Anaérobie alactique — Aérobie.*

b. Exercices intermittents: 20 secondes de travail, 20 secondes de repos (fig. 8.7)

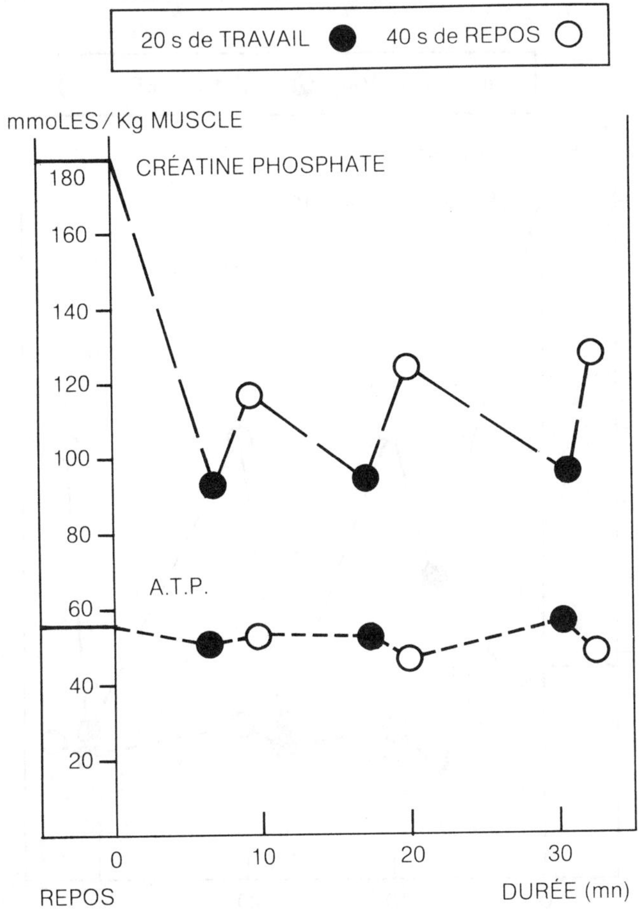

Figure 8.7
Sollicitation et reconstitution des réserves de C.P. au cours d'une séquence de 30 minutes d'exercices intermittents 20 secondes de travail, 40 secondes de repos.

Dans ce type de travail, la C.P. est utilisée au cours de chaque effort et une partie est reconstituée après chaque repos. La production de lactate demeure faible. D'où 20 secondes de travail sollicitent électivement les réserves d'A.T.P. — C.P., et 40 secondes de repos permettent déjà la resynthèse partielle de la C.P. La sollicitation métabolique est mixte ici aussi : *Anaérobie alactique — Aérobie.*

c. Exercices intermittents : 30 secondes de travail, 1 minute de repos (fig. 8.8)

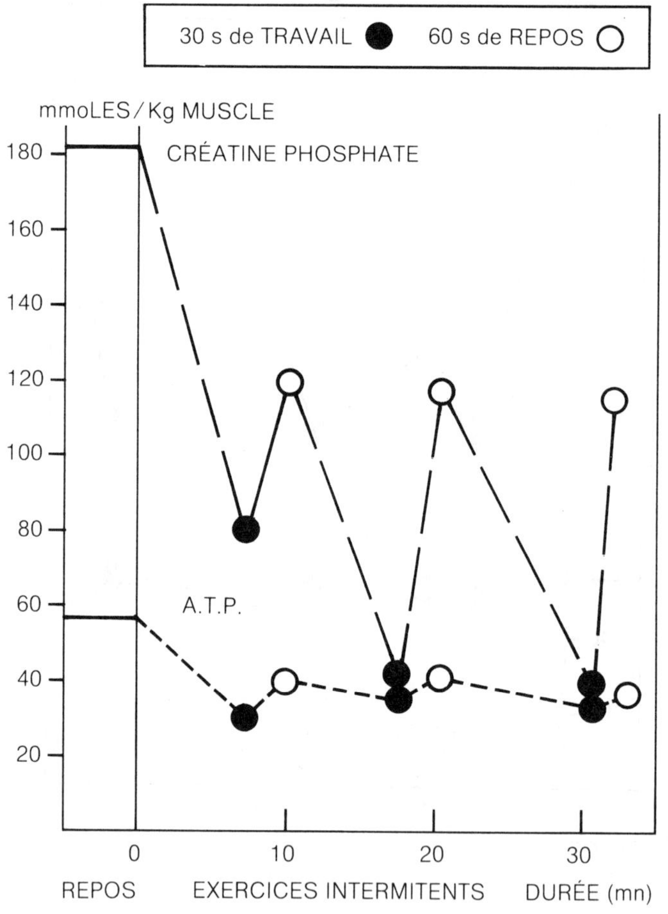

Figure 8.8
Utilisation et resynthèse de l'A.T.P. — C.P. avec un effort intermittent 30 secondes de travail — 1 minute de repos

La forte utilisation des réserves A.T.P. — C.P. et la production importante de lactate cellulaire font apparaître cet exercice comme le type même de travail mixte *Anaérobie alactique — Anaérobie lactique — Aérobie.*

La récupération d'une minute permet une importante reconstitution de la C.P., et maintient le système cardio-vasculaire à un niveau de sollicitation suffisant pour prendre en charge un pourcentage élevé de l'exercice grâce à l'apport de l'oxygène.

d. Exercices intermittents : 1 minute de travail, 2 minutes de repos (fig. 8.9)

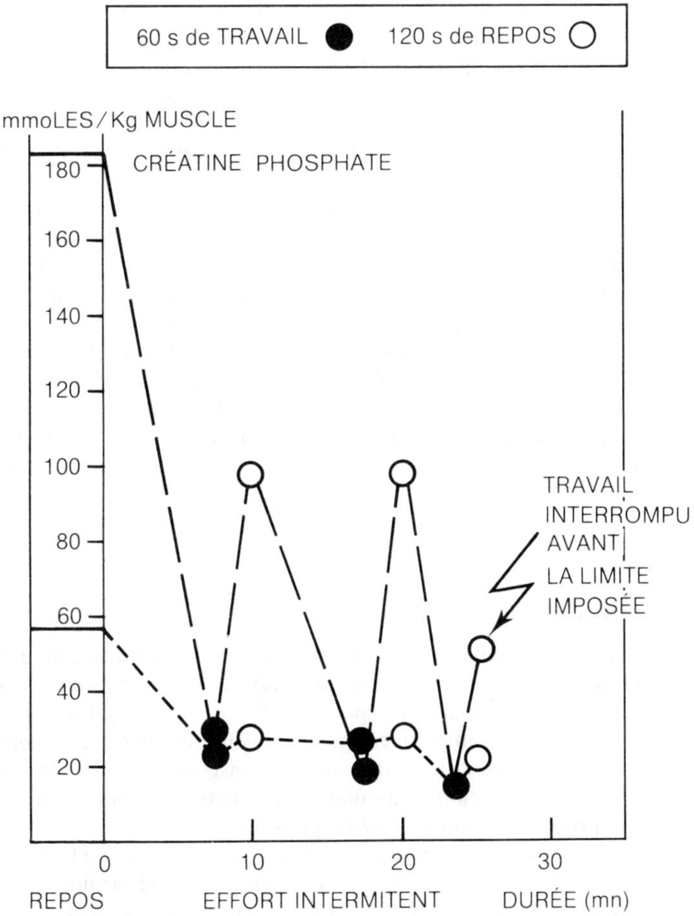

Figure 8.9
Epuisement et reconstitution de réserves des phosphagènes au cours d'un effort intermittent 1 minute de travail — 2 minutes de repos

La période d'une minute de travail sollicite pleinement la glycolyse anaérobie, ce qui explique les fortes concentrations de lactate cellulaire. La période de repos de deux minutes est insuffisante pour éliminer le lactate produit mais permet un retour du système cardio-vasculaire vers son état de repos. Tout nouvel effort intensif doit vaincre l'inertie initiale de la chaîne des transporteurs d'oxygène, ce qui augmente le déficit du début et s'accompagne d'une accumulation de lactate incompatible avec la poursuite de l'exercice. Dans ce cas, l'exercice est interrompu avant la limite imposée.

Ce travail caractérise l'exercice intermittent *Anaérobie lactique.*

A partir de cette étude, nous pouvons établir une sous-classification des activités sportives en tenant compte de la durée des exercices qui la constituent. Nous distinguerons :

- les sports à exercices intermittents de durées inférieures à 20 secondes ;
- et les sports à exercices intermittents de durées supérieures à 20 secondes.

L'escrime, le volley-ball et, à un degré moindre, l'ensemble des sports collectifs, le tennis et le tennis de table appartiennent au premier de ces groupes. Ils font en effet intervenir des périodes d'activité intense (série de sauts ou de sprints) avec peu de récupération et des périodes de récupération relative. L'augmentation de la concentration lactique devrait normalement intervenir pour limiter l'adaptation du sportif aux conditions d'intensité imposées par la rencontre, et pourtant, il n'en est rien dans la plupart des cas. Il semble que la vitesse d'élimination du lactate soit accélérée au cours du jeu par la baisse de l'intensité de l'effort à 60-70° de $\dot{V}O_2$ max., ce qui correspond aux périodes de récupération relative (temps faibles ou arrêt de jeu).

Le judo, la lutte et la boxe, pratiqués à un haut niveau, sont des activités sportives à efforts intermittents de longue durée, ce qui correspond au deuxième sous-groupe.

8.1.6. Résumé

Quelle que soit l'activité sportive considérée, la performance réalisée est toujours déterminée par l'interaction des différentes composantes suivantes : psychologiques, physiologiques, biomécaniques et sociologiques.

Les composantes physiologiques que l'on peut subdiviser en : neurophysiologie (apprentissage, adaptation, justesse, réponse motrice) et en bio-énergie (biochimie de la contraction musculaire) permettent aujourd'hui de mieux déterminer le profil de chaque activité physique.

Le profil à caractère essentiellement métabolique permet à l'entraîneur d'avoir une image « cible » ou réfentielle pour mieux déterminer les objectifs et le contenu de ses entraînements. Nous avons ainsi distingué comme :

Anaérobies alactiques :

- les sports à exercices explosifs (sauts, lancers, haltérophilie...) ;
- les sports à exercices continus de courte durée (sprints courts...).

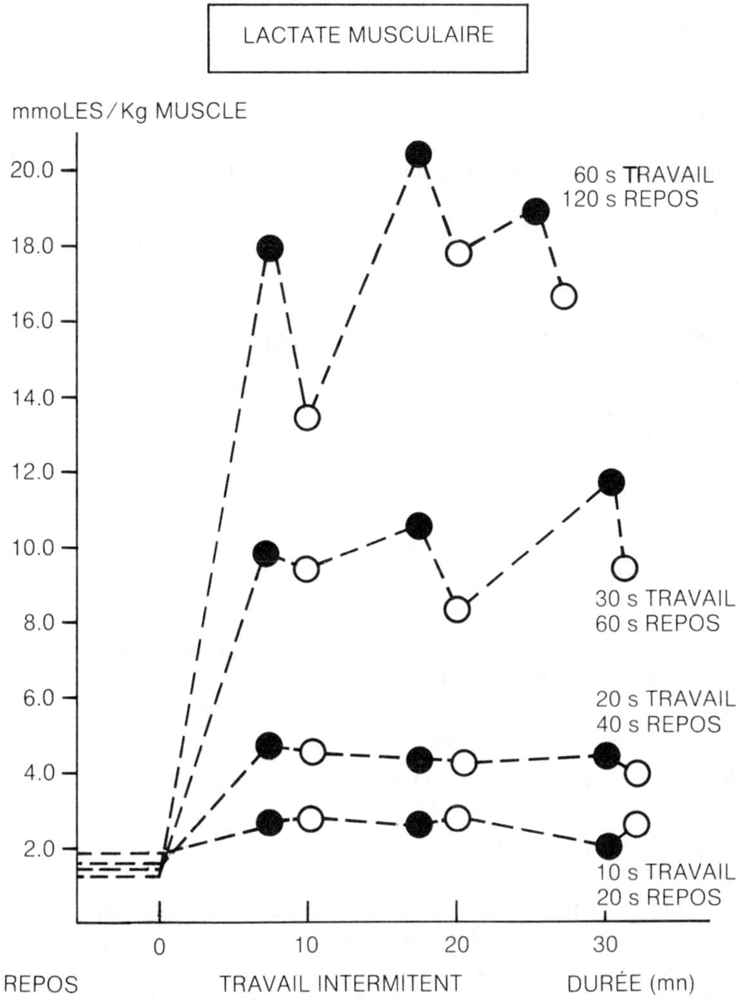

Figure 8.10
Formation du lactate cellulaire au cours des différents efforts intermittents

Anaérobie lactique :
- les sports à exercices continus de durée intermédiaire (400, 800, 1500 course, 100, 200, nage, aviron femme...).

Aérobie :
- les sports à exercices continus de longue durée (ski de fond, marathon, 800, 1500, nage, aviron homme...).

La récupération après l'exercice caractérise aussi de nombreuses activités sportives. La durée de chaque séquence « exercice-récupération relative », nous permet de proposer la classification suivante :

Aérobie + Anaérobie alactique :

- Sports à exercices intermittents de courte durée (escrime, volley-ball, ensemble des sports collectifs, tennis, tennis de table...).

Anaérobie lactique et alactique :

- Sports à exercices intermittents de longue durée (judo, lutte, boxe...)

Pour en savoir plus, lire notamment :

MACNAB (R.B.J.), QUINNEY (A.), DALLAIRE (J.) et NADEAU (M.) : *La marche, la course et le cyclisme* — Dans *Physiologie appliquée de l'activité physique*, Vigot ed. Frères, 1980, pp. 67-81.

MONTPETIT (R.) : *Le ski de fond* — Dans : *Physiologie appliquée de l'activité physique*, Vigot ed. Frères, 1980, pp. 81-97.

CAZORLA (G.) : *Contribution à l'étude de la performance en natation.* Mémoire I.N.S.E.P., 1978.

CAZORLA (G.) : *Spécial Natation*, I.N.S.E.P., Volume II, 1982.

LAVOIE (J.N.), NADEAU (M.) : *La Natation* — Dans : *Physiologie appliquée de l'activité physique*, Vigot ed. Frères, 1980, pp. 95-106.

FARRAR (D.) : *La plongée sous-marine* — Dans : *Physiologie appliquée de l'activité physique*, Vigot ed. Frères, 1980, pp. 107-114.

LÉGER (L.) : *Le hockey sur glace* — Dans : *Physiologie appliquée de l'activité physique*, Vigot ed. Frères, 1980, pp. 115-129.

OUELLET (J.G.) : *Le volley-ball* — Dans : *Physiologie appliquée de l'activité physique*, Vigot ed. Frères, 1980, pp. 131-137.

ASTRAND (P.O.) et RODAHL (K.) : *Manuel de physiologie de l'exercice musculaire*, Masson et Cie, 1973, Physiologie de quelques activités sportives, pp. 502-518.

MIKKELSEN (F.), OLESEN (M.N.) : *Etude physiologique du Handball.* Ed. Scientifique, C. DENIS, J.R. LACOUR. Lab. phys. U.E.R. de méd., univ. de Saint-Etienne.

AGNEVICK (G.) : *Etude physiologique de Football*, Ed. par J.R. LACOUR, Diffus : Fédération Française de Football.

LACOUR (J.R.) : *Etudes physiologiques de la course à pied.* Dans : *Traité d'athlétisme : Les Courses*, Vigot ed. Frères, Paris.

HENRIKSSON (J.) : *Le métabolisme énergétique aérobie au cours de l'exercice* — Dans : *Energétique et sports de compétition* — Références particulières à cinq activités sportives : gymnastique, judo, tennis, natation, ski alpin. Compte rendu du Colloque international de Nice. Edit. J.R. LACOUR. Lab. Physiol. de l'U.E.R. Med. de l'Univ. de Nice.

9. Evaluation des capacités physiques — G. CAZORLA

9.1. Définitions, objectifs et moyens

9.1.1. Définitions

Nous désignerons par «*capacité physique*», l'ensemble des facteurs morphologiques, biomécaniques, psychologiques dont l'interaction réciproque avec le «milieu» détermine l'action motrice. Selon les objectifs de l'action motrice la définition de la capacité physique doit être précisée :

- s'il s'agit du développement harmonieux de l'ensemble des facteurs précités afin d'atteindre un «mieux-être» ou bonne condition physique, nous la désignerons comme *capacité physique générale ;*
- s'il y a volonté de réaliser une performance précise dans une discipline sportive donnée il s'agira alors de *capacités physiques spécifiques.*

En fonction du sport il existe donc plusieurs capacités physiques : celle du marathonien par exemple, est différente de celle du lanceur, de l'althérophile, ou du nageur.

Les capacités physiques sont dépendantes à la fois des *aptitudes* génétiquement déterminées et du *milieu* qui permet leur émergence.

L'activité sportive sélectionne le renforcement d'une, voire de quelques-unes d'entre elles, que les entraîneurs appellent *qualités principales,* au détriment de qualités secondaires qui, semble-t-il, régressent.

D'une manière générale les qualités nécessaires au sportif peuvent être classées selon trois grands groupes :

1. sa capacité à transformer de l'énergie suivant les processus aérobies et anaérobies,
2. Grâce à son système neuro-musculaire qui se manifeste par :
   — l'amplitude musculo-articulaire (ou souplesse spécifique) ;
   — la vitesse ;
   — la force ;

et détermine la technique (aspects biomécaniques) ;

3. et grâce à des facteurs psychologiques tels que l'affectivité, la motivation, la résistance au stress, l'anticipation, la tactique, le sens esthétique...

L'évaluation permet la mesure ou l'estimation objective de ces qualités à un moment de la vie, mesures, qui rapportées à des standards nationaux ou internationaux, mettent en évidence les déficiences ou les points forts du sujet.

9.1.2. Objectifs

Les objectifs dépendent des milieux dans lesquels les outils d'évaluation sont utilisés. Ils permettent notamment :

- à *l'enseignant* de programmer efficacement une éducation physique plus conforme aux possibilités des élèves et d'en contrôler les effets fondamentaux,
- au *sportif* de mieux se connaître pour mieux s'orienter vers l'activité la plus adaptée à ses goûts et capacités,
- à *l'entraîneur* d'individualiser et de planifier la carrière, les cycles, les séances, et les exercices de chacun des jeunes sportifs dont il connaîtra les qualités principales,
- aux *fédérations sportives* de sélectionner les candidats aux Centres d'entraînement,
- à *l'adulte non pratiquant* de préciser le niveau de tolérance à l'effort dans la perspective d'une prescription adéquate de la pratique d'une activité physique.

En milieu sportif elle revêt une importance toute particulière puisqu'elle est indispensable :

- à *l'orientation* vers l'activité la plus conforme aux goûts et aux capacités de chacun,
- à la *détection* des talents
- à la *sélection* de l'athlète
- au *contrôle et à l'individualisation* de l'entraînement.

9.1.3. Moyens

A chaque instant l'« *état* » dans lequel se trouve tout individu peut se traduire non seulement par la réalisation d'une performance mais également par le résultat de mesure et d'épreuves d'aptitude de laboratoire ou de terrain. Pour ce faire, des batteries de tests permettent « d'entr'ouvrir de petites fenêtres » sur cet état et de déterminer les qualités qui le soustendent.

Ces batteries peuvent se situer :

- soit le plus en amont de tout programme d'entraînement et constituer ce que nous définissons comme évaluation *diagnostique*. Elle permet à ce niveau d'avoir un reflet de l'état de développement des facteurs de la motricité, et d'en identifier les qualités principales, ou les faiblesses.

- soit tout le long des périodes d'entraînement. Les nombreuses passations qu'elle requiert, la définissent comme *évaluation sommative.* C'est ainsi que le même test, passé selon le même protocole à intervalles réguliers, permet d'apprécier les cadences du développement des qualités choisies. C'est la complémentarité de ces deux premiers types d'évaluation qui autorise la véritable identification du talent et confirme le choix d'une orientation sportive.
- Elles peuvent aussi ponctuer les microcyles d'entraînement pour savoir si un objectif a été réellement atteint avant de passer à l'étape suivante. Elle permet ainsi à l'entraîneur d'apprécier l'efficacité de son travail. Son utilisation fréquente liée aux objectifs préalablement fixés la désigne comme *évaluation opérationnelle.*

Dans la perspective d'une pratique sportive intensive il importe en premier lieu de vérifier si aucune contre-indication médicale et psychologique n'est décelable chez le jeune sportif. Seuls médecins et psychologues spécialisés en ont compétence.

Il est ensuite nécessaire de détecter les facteurs favorisant la pratique sportive en mettant en parallèle qualités évaluées et qualités requises par la discipline considérée. Elles sont pour la plupart liées comme nous l'avons défini précédemment :

- aux métabolismes ;
- aux possibilités biomécaniques et techniques ;
- et aux aspects intellectuels et psychologiques.

Nous n'envisagerons dans cette étude que l'évaluation des deux premiers aspects.

9.2. Evaluation des qualités liées aux métabolismes

Il est désormais possible d'établir une relation directe entre la répartition prédominante d'un type de fibre, le métabolisme préférentiel et l'aptitude énergétique requise par une activité sportive : les sujets dotés de muscles à fort pourcentage de fibres à contraction rapide, ont plus de chance d'exceller dans les activités exigeant force explosive et vitesse. Au contraire ceux dont le pourcentage de fibres à contraction lente est nettement plus élevé, ont plus d'avenir dans les sports de longue durée.

Bien que cette répartition dépende du patrimoine génétique, il semble que le type d'entraînement auquel les sujets se soumettent puisse modifier assez considérablement l'aspect fonctionnel de leur fibre.

Il est donc important de bien évaluer les aptitudes dominantes du sujet pour l'aider à choisir le sport dans lequel il aura le plus de chance de réussir et ensuite les renforcer par l'entraînement.

Les qualités liées aux métabolismes peuvent être évaluées :

- soit par méthode directe grâce aux techniques de biopsie musculaire ;
- soit indirectement par des tests de laboratoire et de terrain.

La biopsie étant réservée au domaine de la recherche nous ne retiendrons ici que les mesures indirectes.

9.2.1. Evaluation du système ATP-CP

Le système ATP-CP permet de fournir des efforts intenses de courte durée. Sa puissance est évaluée par des tests d'une durée inférieure à 7 s. Sa capacité par des tests d'une durée incluse entre 15 et 20 s.

- **Evaluation de la puissance du système**

a. En laboratoire : test de Margaria-Kalamen

• Matériel nécessaire : un escalier avec des marches de 175 mn environ et des cellules photoélectrique couplées à un chronomètre électronique (figure 9.1). Un chronométreur très exercé peut cependant utiliser un chronomètre mesurant jusqu'au centième de seconde.

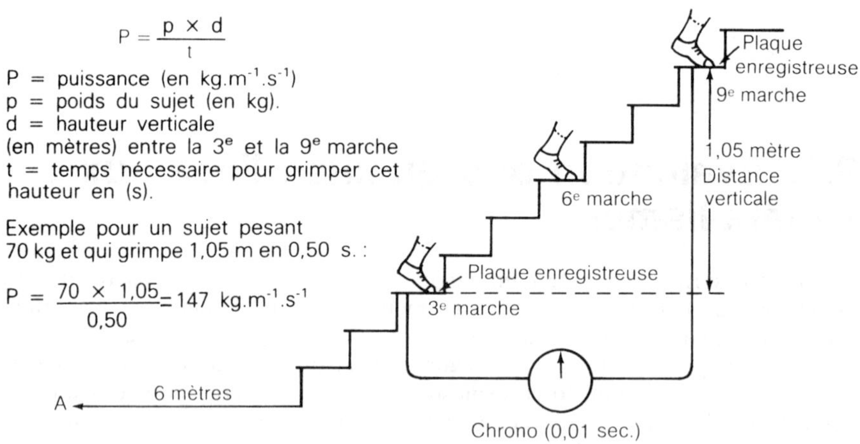

Figure 9.1
Test de puissance de Margaria-Kalaman.
(D'après Fox et Mathew, dans « Interval Training », Vigot ed., Paris)

— Protocole : le sujet part du point A et après un élan de six mètres, grimpe les escaliers aussi rapidement que possible trois par trois. Le temps nécessaire pour aller de la marche n° 3 à la marche n° 9 est enregistré à 0,01 seconde.
— Résultat : La puissance (1) développée est le produit du poids du sujet (p) et de la distance verticale franchie sur la durée nécessaire :

Tableau 9.1
Guide d'interprétation pour le test Margaria-Kalamen
(Dans Interval training Fox et Mathex. Vigot éd. Paris)

Hommes

Classification	Catégorie d'âge (années)				
	15-20	20-30	30-40	40-50	Plus de 50
Médiocre......	Moins de 113**	Moins de 106**	Moins de 85**	Moins de 65**	Moins de 50**
Passable	113-149	106-139	85-111	65-84	50-65
Moyen........	150-187	140-175	112-140	85-105	66-82
Bon	188-224	176-210	141-168	106-125	83-98
Excellent......	Plus de 22,4	Plus de 210	Plus de 168	Plus de 125	Plus de 98

Femmes

Classification	Catégorie d'âge (années)				
	15-20	20-30	30-40	40-50	Plus de 50
Médiocre......	Moins de 92**	Moins de 85**	Moins de 65**	Moins de 50**	Moins de 38**
Passable	92-120	85-111	65-84	50-65	38-48
Moyen........	121-151	112-140	85-105	66-82	49-61
Bon	152-182	141-168	106-125	83-98	62-75
Excellent......	Plus de 182	Plus de 168	Plus de 125	Plus de 98	Plus de 75

* D'après Kalamen J. : *Measurement of maximum muscular power in man*. Doctoral Dissertation, Ohio State University, 1968 ; et d'après Margaria R. P., Aghemo et Rovelli E. : Measurement of muscular power (anaerobic) in man. *J. Appl. Physiol.*, 1966, *21*, 1662-1664.
** Kg-m/sec.

(1) Sur le plan physiologique Force, vitesse et puissance sont indissociables. Physiquement la puissance est égale au rapport du travail (W) par temps (t)
P = W/t (1)
— *Le travail* est égal au produit de la force (F) par la distance (d) sur laquelle elle est appliquée :
W = F × d (2)
— *La force* est égale au produit de la masse (M) par l'accélération (A)
F = M × A (3)
— D'où la *Puissance* (1) peut s'écrire aussi :
W/t = F × d/t = F × V ou f = force ; V = vitesse.

D'autres épreuves nécessitant un matériel important sont aussi utilisées en laboratoire. Nous nous contenterons de les citer :

- test sur bicyclette ergométrique : d'Ayalon et Coll. (1974), et de Prinay et Criellaard (1979) ;
- test sur tapis roulant de Dal-Monte et Leonardi (1978).

b. Epreuves de terrain :

D'une manière générale tous les tests faisant intervenir la puissance, à la condition de respecter un protocole rigoureux, peuvent être imaginés. Nous retiendrons le test de détente verticale et les tests de vitesse gestuelle.

Le sargent test ou test de détente verticale.

- *Matériel nécessaire :* une planche verticale de 3 m 50, graduée en cm à partir de 1 m 50. Cette planche, accrochée à un mur doit être avancée de 15 cm pour éviter toute éventuelle blessure.

- *Protocole :* Le sujet de profil par rapport à la planche place ses pointes de pieds sur une ligne située à 30 cm en avant de la planche. Les extrémités des doigts sont passés à la craie. Le bras qui se trouve du côté du mur est levé en extension maximale, les talons restent bien au sol, et l'extrémité du majeur fait une marque sur la planche. Noter cette première hauteur (a). (Figure 100). Le sujet, sans prendre d'élan, saute aussi haut que possible et, bras en extension imprime sur la planche une nouvelle marque. Recommencer trois sauts et n'enregistrer que la plus grande hauteur atteinte (b).

La détente verticale est la distance entre les deux marques extrêmes : d = b — a (cm).

Interprétation des résultats :

Figure 9.2
Epreuve du saut vertical.

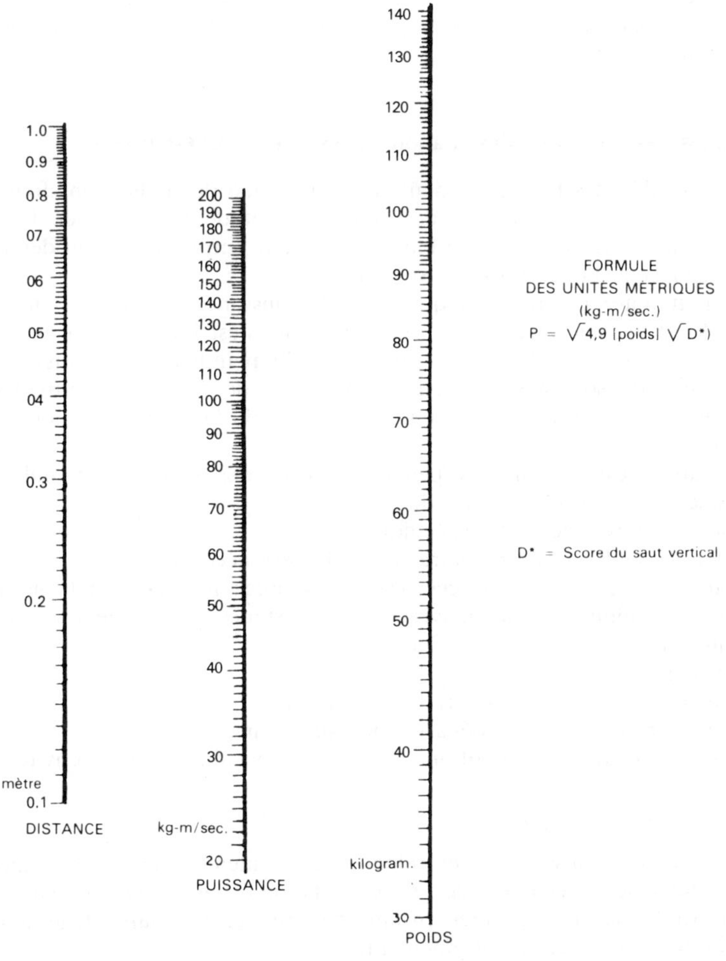

Figure 9.3
Monogramme de Lewis pour déterminer la capacité anaérobie d'après le score du « saut vertical » et le poids du sujet.

La combinaison de la détente verticale et du poids du sujet permet le calcul de sa puissance. La lecture du monogramme mis au point par Lewis (figure 9.3) nous donne directement une estimation de la puissance.

• Exemple : pour un sujet qui pèse 70 kg et dont le score à la détente verticale est 55 cm.

Placer une règle joignant 70 kg sur la colonne de droite et 55 cm sur la colonne de gauche. Lire directement sur la colonne centrale la puissance correspondante, ici 115 kgm/s.

• Limites des épreuves d'évaluation du système « ATP-CP »

L'ensemble des tests précédents ne donne que des indications fondées sur la connaissance de la rapidité de contraction et de libération de l'ATP-CP, mais aucune corrélation n'a été établie à ce jour entre l'utilisation des réserves en phosphagène et les résultats obtenus.

Il faut noter d'autre part que seule la puissance de « crête » du système ATP-CP est évaluée mais aucun renseignement n'est fourni sur la quantité des réserves disponibles. Enfin la puissance d'un individu est aussi sous la dépendance de son système neuro-moteur, et de l'élasticité musculaire qui prend en compte une partie non négligeable du mouvement, sans dépense d'énergie.

D'autres tests spécifiques peuvent fournir des indications similaires sur l'aptitude à la vitesse gestuelle du sujet.

- Tests de vitesse gestuelle spécifique.
- Matériel : seul un chronomètre au 0,01 s est nécessaire.
- Protocole : Le principe de ces tests est simple : ils mesurent le nombre de gestes spécifiques d'une activité, ou la distance parcourue en une durée donnée jamais supérieure à 8 s.

  Exemples :
- 12 m 50 de nage avec départ lancé sur 5 m ;
- 30 ou 40 m course avec départ lancé sur 10 m ;
- nombre maximal de répétitions d'un geste spécifique d'une activité en 8 s.

Interprétation des résultats

Ces tests fournissent à l'entraîneur non seulement une bonne indication sur la puissance spécifique de ses sportifs, mais aussi leur *vitesse gestuelle étalon.* Cette dernière permet ensuite de préciser le pourcentage d'intensité des différents exercices d'entraînement.

Ce même test utilisé avec des durées plus importantes, grâce à l'étude de la décroissance de la vitesse, situe les limites des autres métabolismes. (cf. exemple tableau 9.2).

• Evaluation de la capacité du système A.T.P.-C.P.

Avec les mêmes principes, l'entraîneur peut simplement proposer des durées de plus en plus longues jusqu'à un maximum de 80 sec., et étudier les points d'inflection de la vitesse étalon.

Tableau 9.2

Rapport de la puissance anaérobie alactique et lactique d'un même sujet par l'étude de ses performances

Puissance du système A.T.P.-C.P. Vitesse étalon de nage	Puissance du système anaérobie lactique Vitesse réalisée sur 100 m	Rapport * puissance anaérobie lactique / puissance anaérobie alactique
2,2 m/s	1,85 m/s	$\frac{1,85}{2,2} = 0,84$

* Plus ce rapport tend vers 1, plus la puissance AN.LACT est développée. L'impact physiologique d'un entraînement peut ainsi être suivi tout le long d'une saison en notant l'amélioration de ce rapport, sachant que la vitesse étalon n'évolue que très peu.

Exemple : Course départ lancé : *40 m = ou « vitesse étalon » puis courir les différentes distances suivantes : 60 m — 80 m — 100 m — 120 m — 140 m — 160 m — 180 m — 200 m — 220 m — 240 m — 260 m...*

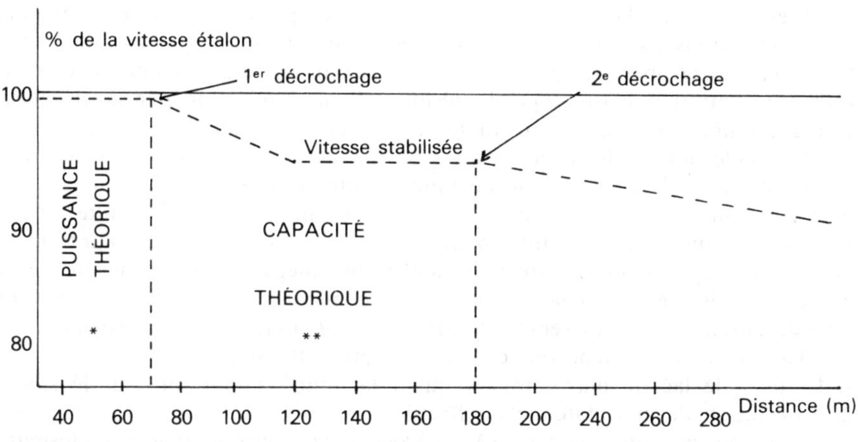

Figure 9.4

Exemple théorique permettant l'estimation de la puissance et de la capacité spécifique du système A.T.P.-C.P. d'un sujet.

* Dépend surtout du patrimoine génétique (% de fibres à contraction rapide, système neuro-moteur et morphologie)

** Dépend à la fois du patrimoine génétique et du niveau d'entraînement.

Dans ce type de test, la fatigue accumulée ne doit pas influencer le résultat ; il est donc nécessaire de prévoir son déroulement sur plusieurs jours, en début d'entraînement et après un échauffement standardisé.

Les résultats peuvent être interprétés comme le suggère soit le tableau 8, soit la figure 102. Ils permettent non seulement de comparer les sujets entre eux mais aussi de suivre leurs progrès tout le long des périodes d'entraînement.

Nous n'avons donné comme exemple que la natation et la course. Il est tout à fait possible d'obtenir des résultats similaires avec d'autres activités à la condition de bien standardiser le contenu du test.

En haltérophilie par exemple, il suffit de compter le nombre de charges correspondant à un pourcentage précis de la charge maximale que le sujet est capable de développer pendant les différentes durées mettant en jeu le système A.T.P.-C.P.

9.2.2. Evaluation de la glycolyse anaérobie

a. En laboratoire

L'évaluation de la glycolyse anaérobie est complexe car des deux témoins dont nous disposons, l'un, la dette d'oxygène ne correspond pas uniquement à la capacité anaérobie lactique, l'autre, le taux de lactate sanguin est comme toute concentration plasmatique le résultat d'une production par la glycolyse et d'une élimination au niveau du foie, du cœur, des muscles et des reins.

Il semble donc difficile de mesurer la puissance de la glycolyse anaérobie.

La capacité de ce métabolisme pourrait être estimée à partir du taux de lactate maximum à l'arrêt d'un effort supra-maximal de 2 à 3 minutes. Cela supposerait homogène sa diffusion dans tous les espaces du milieu intérieur. Or le lactate qui est une petite molécule diffuse inégalement ; la mesure de la capacité anaérobie par la lactatémie issue de micro-prélèvements sanguins au lobe de l'oreille ou à l'extrémité de l'index, n'est donc qu'une approximation.

Trois éléments retiendront cependant notre attention :

1. Le taux de lactate maximum indiquant la limite supportable par le sujet.
2. L'évolution de la lactatémie en fonction :

— d'une intensité (ou vitesse) progressive au cours d'un test à plusieurs paliers standardisés ;

— de la fréquence cardiaque ;

— et du $\mathring{V}O^2$.

du même sujet au cours d'une saison d'entraînement.

3. Le « pic » de concentration plasmatique de lactate à l'issue d'un effort bien codifié (figure 9.5).

Pour éviter les mesures de laboratoire que nécessite l'étude de la lactatémie, plusieurs tests de terrain peuvent être proposés :

Tous procèdent de la décroissance de la puissance, ou vitesse gestuelle-étalon précédemment étudiée.

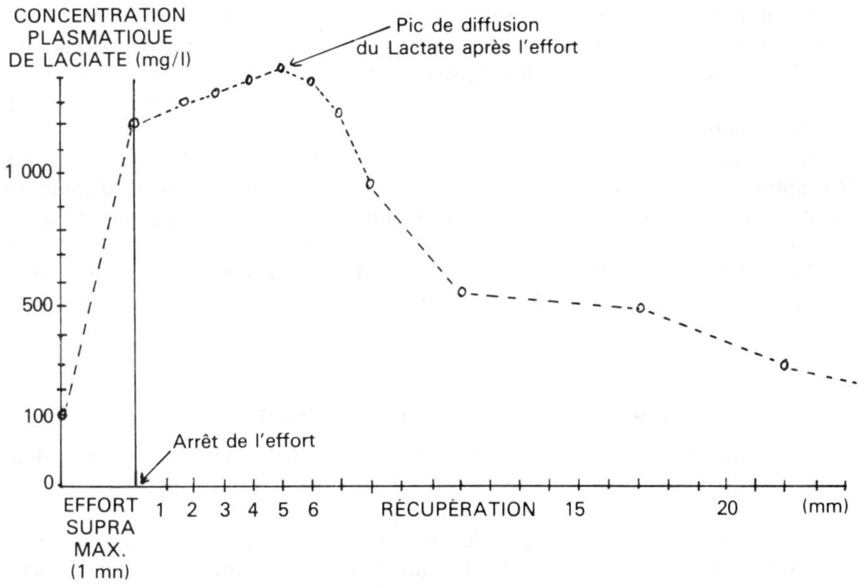

Figure 9.5

Evolution des concentrations plasmatiques du lactate après un effort supramaximal.

Il semble que ce pic apparaisse à des durées différentes selon, le sport considéré, la nature du test (continu ou intermittent) et le niveau d'entraînement du sujet.

b. Sur le terrain

La glycolyse anaérobie permet de fournir un effort supramaximal qui selon son intensité pourra être poursuivi entre 30 s *(puissance)* et 3 min *(capacité)*.

L'évaluation de la puissance suggère que l'on utilise des épreuves de durées incluses entre 30 et 60 s, celle de la capacité, des tests de durées de 2 à 3 min.

La même épreuve assortie de durées variables peut donc être retenue, la décroissance de l'intensité permet d'apprécier ces deux dimensions, (cf. tableau).

Exemple: (test du Dr Lemon P)

Sur une piste étalonnée de 50 en 50 m faire courir un 500 m au maximum des possibilités du sujet.

Chronométrer le 2e et le dernier cinquante mètres. Calculer la différence.
Ex: 7,5 s (dernier 50 m) — 6,2 s (deuxième 50 m) = 1,3 s × 10 = 13 points

Le but est d'obtenir le score le plus bas possible, une forte décroissance de la vitesse entre les deux cinquante mètres semble dépendre de l'accumulation de l'acide lactique dans les muscles actifs.

L'évolution de ce score au cours d'une saison permet d'apprécier les effets de l'entraînement.

Selon ces mêmes principes la puissance et la capacité lactiques peuvent être appréciées par groupes musculaires (nombre de « pompes » ou d'exercices « abdominaux » réalisés en 40 s ou en 2 min) ou par gestes spécifiques d'une activité.

Leur passation s'adresse surtout aux sportifs entraînés et doit être évitée aux jeunes enfants et aux adultes sédentaires.

9.2.3. Evaluation des qualités aérobies

Le processus aérobie permet de fournir des efforts de longue durée dont l'intensité est limitée par la consommation maximale d'oxygène *(puissance)* et par le niveau d'entraînement du sujet *(capacité)*.

Bien qu'il n'y ait pas parfaite unanimité, il semble que la puissance aérobie soit en partie dépendante du patrimoine génétique et que la capacité soit au contraire dépendante du niveau d'entraînement du sujet.

1. DÉTERMINATION DE LA PUISSANCE AÉROBIE ($\mathring{V}O_2$ max)

a. En laboratoire

Le $\mathring{V}O^2$ max peut être mesuré au cours d'un exercice selon divers protocoles.

- *Protocoles de la mesure directe de $\mathring{V}O^2$ max)*

La durée de l'exercice doit permettre d'atteindre un état stable de consommation d'oxygène. Cette durée dépend du protocole utilisé. Lorsque la charge est constante pendant l'exercice (épreuve dite rectangulaire) l'état stable est atteint au bout de 3 à 5 mn. La mesure de $\mathring{V}O^2$ max est obtenue après plusieurs séances de ce type, la charge étant chaque fois augmentée.

Les épreuves de type *triangulaire* permettent d'obtenir cette donnée au terme d'une seule épreuve par paliers progressivement croissants dont la durée est fonction de l'augmentation de la charge entre deux paliers (en règle générale 1 mn par 10 watts d'augmentation).

Toutes les méthodes utilisées doivent mettre en jeu plus des deux tiers de la masse musculaire totale ; au cours d'épreuves d'efforts reproductibles dont la puissance peut être évaluée.

1. Matériel :

L'ergomètre utilisé peut être un tapis roulant ou un ergocycle. Il semble que les résultats obtenus sur tapis roulant soient plus élevés en raison de la plus grande masse musculaire mise en jeu.

Au cours de l'épreuve, le débit ventilatoire, la consommation d'oxygène et l'élimination du gaz carbonique sont mesurés par divers appareillages (débitmètre, spiromètre de Tissot, analyseurs d'O_2 et de CO_2) soit en circuit ouvert, soit en circuit fermé.

2. Résultats :

Le résultat est un débit exprimé en litres d'oxygène par minute ($l.min^{-1}$) ou en millilitres par minutes et par kilogramme de poids ($ml.min^{-1}.kg^{-1}$).

Les valeurs obtenues dépendent de l'âge, du sexe, du niveau d'activité, de la position au cours du test et de la masse musculaire mise en jeu.

Les plus fortes valeurs ont été enregistrées chez l'homme adulte, jeune, spécialiste d'activité de longue durée, dans un test dynamique en position debout (course).

Valeurs moyennes = 45 ml/min/kg chez l'homme
40 ml/min/kg chez la femme.

Valeur la plus élevée = 90 ml/min/kg skieur de fond.

- *Protocole de la détermination indirecte de $\mathring{V}O^2$ max*

La détermination du $\mathring{V}O^2$ max est réalisée habituellement en laboratoire spécialisé. Elle nécessite un investissement particulier en matériel et personnel et ne peut être proposée à l'ensemble des sportifs. C'est pourquoi de nombreux auteurs ont étudié la validation de méthodes dites indirectes qui font appel à des exercices submaximaux.

Le principe de ces méthodes repose sur les relations linéaires existant entre la consommation d'oxygène, la fréquence cardiaque et la puissance de travail.

1. Matériel :

Plusieurs méthodes utilisent des marches de hauteur donnée (30 ou 40 cm), à gravir selon une fréquence imposée. C'est le cas notamment du step-test d'Astrand-Rhyming qui consiste à monter et à descendre une marche de 40 cm au rythme de 22,5 fois à la minute pendant six minutes. La F.C. est enregistrée pendant la dernière minute. Le $\mathring{V}O^2$ max est alors estimé au moyen d'un nomogramme (fig. 9.6), à partir de la F.C. et du poids du sujet.

D'autres méthodes utilisent la bicyclette ergométrique ou le tapis roulant qui permettent de connaître la puissance développée. Le $\mathring{V}O^2$ max est également estimé dans ces derniers cas au moyen du nomogramme d'Astrand et Rhyming (figure 9.6).

Enfin d'autres auteurs ont mis en évidence une relation linéaire entre la consommation maximale d'oxygène et un certain nombre de tests de terrain.

b. Sur le « terrain »

- *Test de course de 12 minutes.*

Cooper a montré que $\mathring{V}O^2$ max pouvait être estimé à partir des performances réalisées au cours d'une course de 12 minutes sur terrain plat.

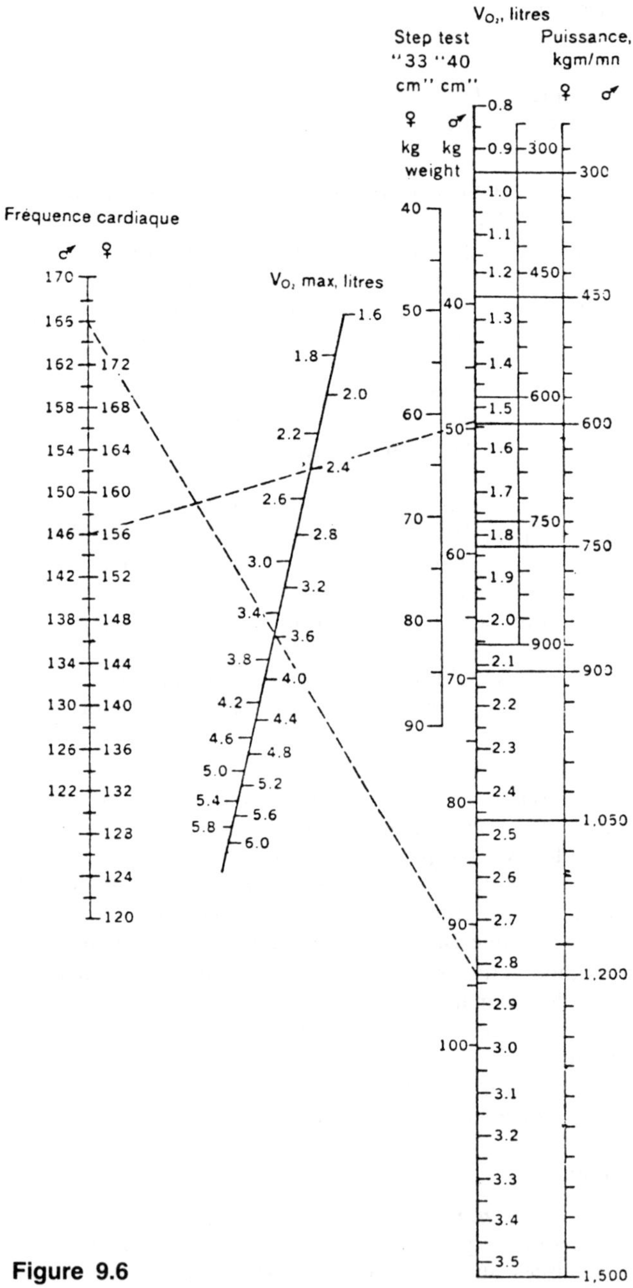
Fréquence cardiaque
♂ ♀
V_{O_2} max, litres
V_{O_2}, litres
Step test
"33 "40
cm" cm"
♀ ♂
kg kg
weight
Puissance,
kgm/mn
♀ ♂

Figure 9.6

— *Matériel:* une piste de 200, 300 ou 400 m étalonnée de 50 en 50 m;
— *Protocole:* les sujets préalablement entraînés à maintenir une vitesse régulière, courent pendant 12 minutes en essayant de réaliser la plus grande distance possible.

Course et marche sont autorisées; pour réguler la vitesse, la durée de course est indiquée toutes les 30 secondes pendant les quatre premières minutes, toutes les minutes pendant les quatres minutes suivantes, et plus aucune indication n'est fournie pendant les quatre dernières minutes.
— *Résultats:* en fonction de la distance parcourue, Cooper a établi des échelles qui, par tranche d'âge au-dessus de 20 ans permettent d'apprécier rapidement la consommation maximale d'oxygène du sujet (tableau 9.3):

Tableau 9.3

Table de Cooper

Correspondance entre distances parcourues en 12 mn de course et VO^2 max.

Distance (m)	VO^2 max. (ml/mn/kg)	Distance (m)	VO^2 max. (ml/mn/kg)
1 600	25	2 500	45
1 700	27	2 600	47.2
1 800	29	2 700	49.2
1 900	31.6	2 800	51.6
2 000	33.8	2 900	53.8
2 100	36.2	3 000	56
2 200	38.2	3 100	58.2
2 300	40.4	3 200	60.2
2 400	42.6	3 300	62.4

Figure 104

Nomogramme permettant de calculer la consommation maximale d'oxygène à partir des fréquences cardiaques et des consommations d'oxygène mesurées lors d'exercices submaximaux (travail sur bicyclette course ou marche, et step-test)

Lorsque les épreuves ne comportent pas la mesure directe de la consommation d'oxygène, celle-ci peut être estimée par simple translation horizontale depuis l'échelle « poids corporel » (pour le step-test), ou l'échelle « puissance » (pour le travail sur bicyclette) à l'échelle « consommation d'oxygène ». On trace une ligne droite entre le point correspondant à l'exercice, et situé sur l'échelle « consommation d'oxygène » " $38O_2$, litres) et le point correspondant à la fréquence cardiaque mesurée; cette ligne croise l'échelle « consommation maximale d'oxygène » le point d'intersection correspond à la valeur prédite pour le sujet. Un sujet féminin (61 kg) atteint une fréquence cardiaque de 156 lors d'un exercice de step-test; la consommation maximale prédite est de 2,4 litres/mn. Un sujet masculin atteint une fréquence cardiaque de 166 lors d'un exercice sur bicyclette à la puissance de 1 200 kgm/mn; la consommation maximale prédite est de 3,6 litres/mn (exemples représentés par les lignes en pointillé). (D'après I. Astrand, 1960.)

Tableau 9.4

Table d'interprétation des résultats obtenus au Test de 12 mn de Cooper.

Hommes	Catégorie d'âge (années)			
Classification	Moins de 30	30 - 39	40 - 49	50 et plus
Très médiocre .	moins de 1 600 m	moins de 1 500 m	moins de 1 360 m	moins de 1 260 m
Médiocre......	1 600 à 2 000 m	1 500 à 1 840 m	1 360 à 1 680 m	1 280 à 1 580 m
Passable	2 020 à 2 400 m	1 860 à 2 240 m	1 700 à 2 080 m	1 600 à 1 980 m
Bon	2 420 à 2 800 m	2 260 à 2 640 m	2 100 à 2 480 m	2 000 à 2 380 m
Très bon......	2 820 à 3 200 m	2 660 à 3 040 m	2 500 à 2 880 m	2 400 à 2 780 m
Excellent......	plus de 3 200 m	plus de 3 040 m	plus de 2 880 m	plus de 2 780 m
Dames	Moins de 30	30 - 39	40 - 49	50 et plus
Très médiocre..	moins de 1 560 m	moins de 1 360 m	moins de 1 200 m	moins de 1 040 m
Médiocre......	1 560 à 1 840 m	1 360 à 1 680 m	1 200 à 1 500 m	1 040 à 1 360 m
Passable	1 860 à 2 140 m	1 700 à 200 m	1 520 à 1 840 m	1 380 à 1 680 m
Bon	2 160 à 2 640 m	2 020 à 2 480 m	1 860 à 2 320 m	1 700 à 2 100 m
Très bon......	2 660 à 3 040 m	2 500 à 2 880 m	2 340 à 2 620 m	2 120 à 2 440 m
Excellent......	plus de 3 040 m	plus de 2 880 m	plus de 2 620 m	plus de 2 440 m

Remarque : La durée trop longue de l'épreuve de Cooper la fait apparaître comme épreuve évaluant plus l'endurance que la puissance (ou VO_2 max) du système. En outre, elle ne permet pas d'obtenir avec certitude la vitesse correspondant au VO_2 max. C'est pourtant cette vitesse qui intéresse particulièrement l'entraîneur pour doser les charges d'entraînement en fonction des objectifs définis ; c'est pourquoi, nous proposons d'autres épreuves dont la validation plus récente permet aujourd'hui de répondre à ce besoin.

• *Epreuve progessive Léger-Boucher*

Cette épreuve consiste en une progression de la marche vers la course pouvant s'échelonner sur 20 à 30 minutes consécutives. Le sujet s'arrête lorsqu'il ne peut plus suivre la vitesse imposée par une bande sonore pré-enregistrée.

— *Matériel*

Une piste de 200 ou 400 m, étalonnée par quatres bornes et une bande pré-enregistrée du test, ainsi qu'un magnétophone (avec si possible, un système d'amplification du son).

— *Protocole*

La vitesse de course est contrôlée au moyen d'une bande magnétique sur laquelle sont enregistrés des signaux sonores. Lors de l'émission d'un signal, le sujet doit se retrouver au niveau d'une des quatre bornes.

Le test commence lentement mais la vitesse augmente automatiquement toutes les deux minutes. Le sujet s'arrête lorsqu'il ne peut plus maintenir le rythme imposé. Il note alors le dernier palier complété. Ce palier correspond à la puissance aérobie atteinte.

— *Résultats.*

L'originalité de cette épreuve est non seulement d'obtenir la vitesse de course correspondant à VO_2 max mais aussi la consommation maximale d'oxygène qu'il suffit alors de repérer sur un tableau pré-établi (1).

• *Tests progressifs de nage — Cazorla. Montpetit*

Selon les mêmes principes la vitesse de nage correspondant à VO_2 max peut être obtenue en piscine.

Les durées sont toutefois remplacées par des distances de 50 m nagées de plus en plus vite.

— *Matériel :*

Une piscine de 25 ou de 50 m étalonnée tous les 12 m 50. Une bande sonore pré-enregistrée du test. Un magnétophone et deux haut-parleurs sous-marins (type natation synchronisée).

— *Protocole :*

Le test est nagé en crawl par les dossistes, papillonneurs et crawleurs, en brasse par les brasseurs.

. en crawl la première vitesse est : 1 m/s soit 50 secondes au 50 m.

. en brasse : 0,89 m/s soit 56 secondes au 50 m.

(Voir tableau 9.5 ci-dessous).

Tableau 9.5

Test progressif pour déterminer la vitesse de nage correspondant à VO_2 max.

Durée (exprimée en sec) de chaque palier de 50 m		
CRAWL		BRASSE
50 - 49 - 48 - 47 - 46 - 45 - 44 - 43 - 42 - 41 - 40 - 39 - 38 - 37 - 36 - 35 - 34 - 33 - 32 - 31 - 30 - 29 - 28 - 27 -	mettre une croix sur le palier auquel s'arrête le nageur. Il correspond à sa vitesse de VO_2 max.	56 - 55 - 54 - 53 - 52 - 51 - 50 - 49 - 48 - 47 - 46 - 45 - 44 - 43 - 42 - 41 - 40 - 39 - 38 - 37 - 36 - 35 - 34 - 33 -

2. DÉTERMINATION DE L'ENDURANCE AÉROBIE

Pour calculer l'endurance aérobie d'un sujet, il suffit de mesurer la durée pendant laquelle il peut maintenir un pourcentage (le plus élevé possible de son VO_2 max).

(1) « Tests progessifs Léger-Boucher » et « test de Course navette L. Léger ». Département d'Education physique de l'université de Montréal : Bd E. Montpetit : Montréal - Canada.

9.3. Evaluation des facteurs d'exécution de l'action motrice

L'évaluation des métabolismes a permis de mettre en évidence les aptitudes à la pratique sportive exprimée en terme de durée et d'intensité. La technique exige d'autres qualités pour utiliser avec un rendement optimal les réserves énergétiques d'un sujet :

- Pour vaincre les résistances, force et vitesse sont nécessaires.
- Pour augmenter l'efficacité de geste, rapports segmentaires et amplitude articulaire sont aussi indispensables.

9.3.1. Evaluation de la force

Rappel : En physique la force est le produit de la masse (M) par l'accélération (A) : F = M.A (dans le système international elle s'exprime en Newton (N) N = Kg. m^{-1}. s^{-1}).

Physiologiquement la force peut s'exprimer de différentes façons : dynamique (ou isotonique), statique (ou isométrique), générale, ou localisée à un groupe musculaire.

On peut cependant la définir : comme le maximum de tension exercée par un muscle au cours d'une contraction.

Principe

- Mesure de la Force dynamique. Si on veut mesurer la force dynamique générale ou de muscles localisés il faut utiliser une charge à déplacer et l'augmenter progressivement. Pour éviter les effets de la fatigue, un repos supérieur ou égal à trois minutes doit être respecté entre deux séries composées respectivement d'un maximum de trois efforts. Seul la charge la plus lourde est enregistrée, elle détermine la force maximale du sujet.
- Mesure de la Force statique, à partir du groupe musculaire à évaluer, le sujet est placé pour localiser l'effort (figure 9.7).

Un dynamomètre, ou un tensiomètre est utilisé pour enregistrer les tensions maximales exercées par le sujet. Le test est généralement répété trois fois, le meilleur résultat est retenu.

Dans les deux cas, la force maximale enregistrée sert de mesure étalon pour planifier les charges à utiliser en fonction des objectifs de l'entraînement.

Figure 9.7 ►

Quelques possibilités de mesure de la force maximale statique et dynamique
D'après Clarke H.H. — *Application of measurement to healt and physical education,* Prentice-Hall, inc., Englewood Cliffs, New Jersey.

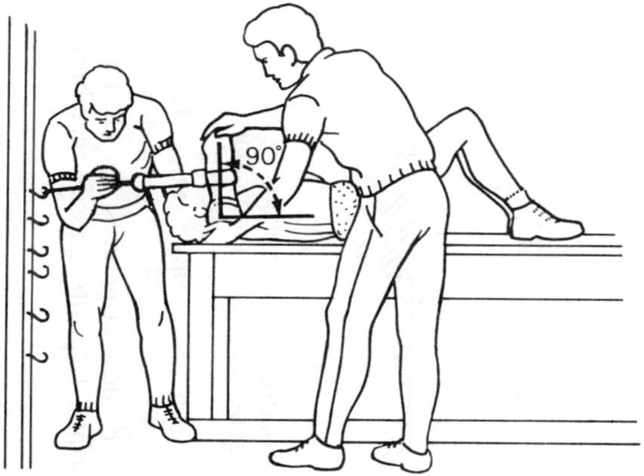

Force d'adduction des muscles de l'épaule

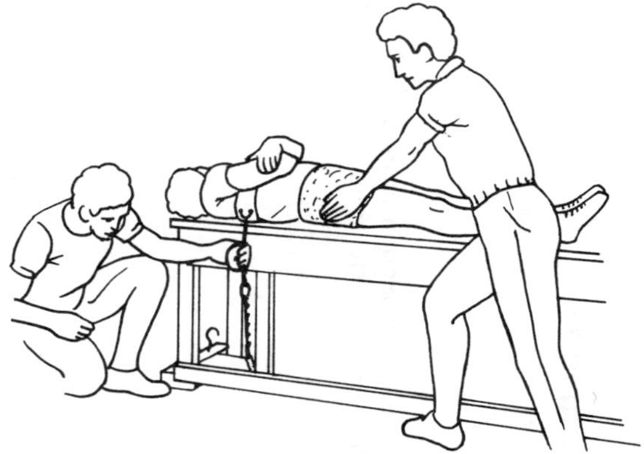
Force de rotation du tronc

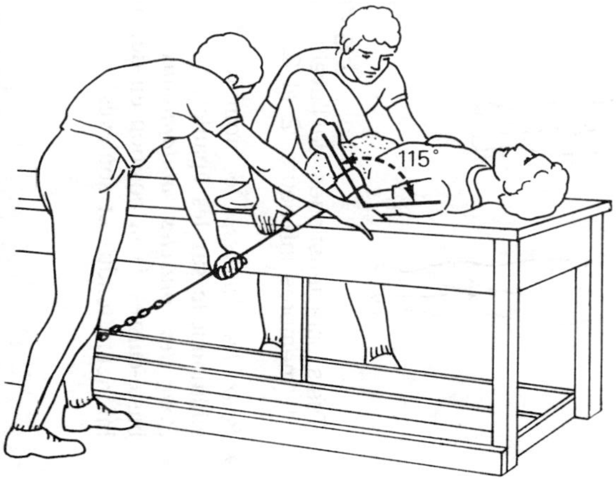

Force de traction du biceps

Développer-coucher
Force dynamique
des membres supérieurs

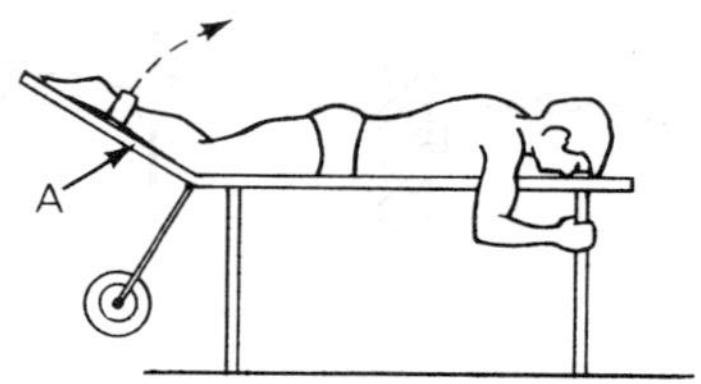

Force dynamique des ischio-jambiers

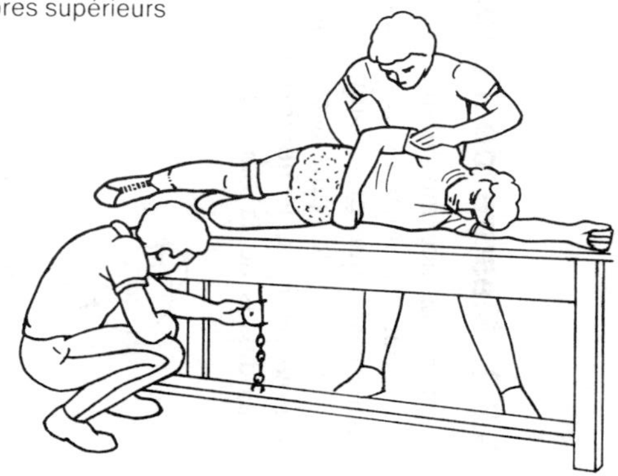
Force des abducteurs de la cuisse

9.3.2. Mesure de l'endurance musculaire

L'endurance musculaire est le pourcentage de la force maximale qui peut être soutenu localement jusqu'à épuisement. Elle peut être évaluée de manière statique et dynamique.

Les tests les plus accessibles sont :

- *Pour les bras,* le nombre de tractions, ou la durée de suspension le menton au-dessus de la barre fixe, et les « pompes » le corps en extension.

Figure 9.8

Tests caractéristiques de l'évaluation de l'endurance musculaire locale
1. membres inférieurs, 2 et 3. membres supérieurs, 4. abdominaux.

- *Pour les jambes,* le nombre de flexions-extensions avec une charge additionnelle sur les épaules.
- *Pour les muscles abdominaux,* le nombre de fermetures de l'angle buste-cuisses de la position en décubitus dorsal à la position assise membres inférieurs tendus et soulevés.

9.3.3. Evaluation de la vitesse

La vitesse est non seulement tributaire des propriétés contractiles des fibres mises en jeu mais aussi du système neuro-musculaire et dans une certaine mesure de rapports segmentaires intervenant dans le mouvement.

Dans une performance de courte durée est-ce le métabolisme anaérobie alactique, est-ce l'appareil neuro-musculaire ou sont-ce les facteurs morphologiques qui en constituent le facteur limitant ?

L'évaluation des aspects liés aux métabolismes et correspondant à la vitesse gestuelle ayant été étudiée au paragraphe précédent, nous n'envisageons dans la présente section que la mesure de la vitesse de réaction qui semble plus dépendre de l'appareil neuro-musculaire

En laboratoire, il est classique d'utiliser le chronoscope et des appareils dérivés, qui mesurent non seulement le temps de réaction à un stimulus sonore ou visuel, mais aussi la justesse de la réponse motrice.

Sur le terrain, l'accent doit être mis sur la mesure du temps de réaction à un signal sonore ou visuel reproduisant une des caractéristiques de la compétition visée = départ de course, de nage ou de cyclisme.
L'indispensable précision de la mesure nécessite l'utilisation d'appareils appropriés : électroniques, cellules photoélectriques, ou chronomètres allant jusqu'au centième de seconde.

Protocole : La mesure débute au moment précis où le stimulus est déclenché et s'arrête après que le sujet ait réalisé la plus courte distance afin de minimiser l'influence de la fatigue, de l'apprentissage technique, ou de la morphologie du sujet. Exemple : arrêter le chronomètre au moment précis où le sujet quitte son point de départ.

Dans de nombreuses activités, force et vitesse sont intimement liées et déterminent la puissance encore appelée « force explosive ». La puissance est le produit de la force par la vitesse : P = F.V (unité = watt). Lorsque la force déployée dans un mouvement ne peut être mesurée, la vitesse de déplacement, à la condition que la force demeure relativement stable pendant le déroulement du test, peut être considérée comme un indice pertinent de puissance

9.3.4. Mesures anthropométriques

Taille, poids, rapports segmentaires sont souvent les facteurs indispensables à la pratique de certains sports : gymnastique, basket-ball, lancers athlétiques, halthérophilie... Leurs mesures très codifiées nécessitent un matériel facilement accessible : une balance, une toise, un ruban métallique gradué pour mesurer les circonférences, un pied à coulisse pour mesurer les petites largeurs (main, pied, articulations, genou, poignet...), un compas pour mesurer les diamètres.

L'ensemble des mesures recueillies permet l'élaboration du type constitutionnel (ou somatotype) du sujet, dont l'influence peut considérablement augmenter ou limiter le rendement musculaire.

9.3.5. Calcul du pourcentage de graisse et de la masse maigre

La graisse représente une charge dont le superflu peut être préjudiciable à la motricité. Une réserve lipidique est cependant indispensable au métabolisme aérobie, et à la thermorégulation dans certaines conditions climatiques. Ce sont surtout les excès de graisse qu'il faut éviter. Ils traduisent un déséquilibre entre l'apport réel et la dépense énergétique et doivent être corrigés soit en augmentant la dépense d'énergie soit en modifiant le régime diététique.

La masse maigre inclut le squelette, les viscères, les liquides organiques et les muscles. Elle permet donc au sujet de vivre, et de se conduire. Un programme d'entraînement, et surtout la musculation, devraient normalement en augmenter l'importance.

Mesure

On peut déterminer le pourcentage de graisse en évaluant la densité du corps obtenue par pesée du sujet totalement immergé. Connaissant la densité moyenne de la masse maigre et de la graisse chez l'homme, il est ensuite aisé de calculer le pourcentage de graisse.

A l'aide d'une pince spéciale ou *Adiposomètre* (photo 9.1) la mesure des plis adipeux sous-cutanés dont le nombre et la situation anatomique dépendent de la méthode utilisée, permet aussi la mesure du pourcentage de graisse et de la masse maigre, sans recourir à l'immersion.

Cette mesure est importante pour établir la courbe de poids d'un sujet et pour déterminer les excès de graisse préjudiciables à la qualité de la performance.

9.3.6. Mesure de l'amplitude articulaire

L'harmonie et l'efficacité du geste dépendent aussi de l'amplitude des articulations mises en jeu. La « souplesse » fut longtemps considérée comme une entité génétique or de nombreuses études ont montré que la « souplesse » est spécifique non seulement de l'activité concernée (la souplesse du gymnaste est différente de la souplesse du nageur ou du basketteur), mais aussi de chacune des articulations.

Aux nombreuses épreuves d'appréciation de la « souplesse » :

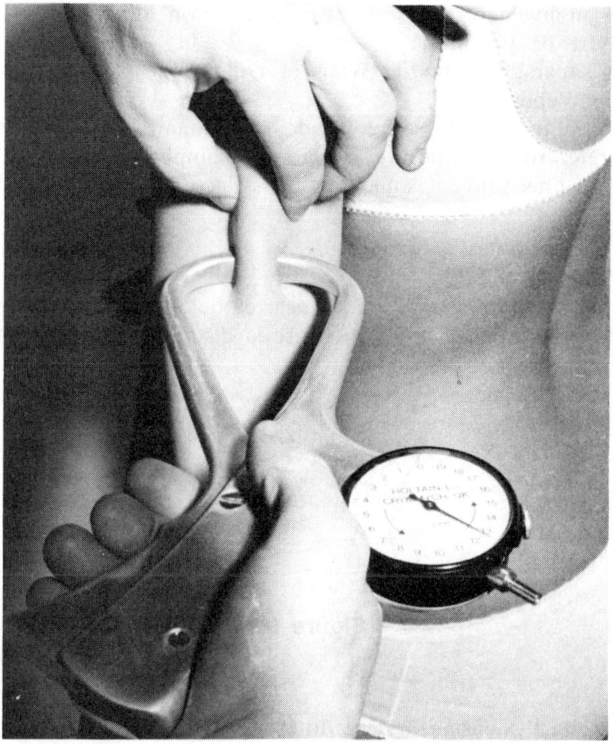

Photo 9.1
Mesure du pli adipeux tricipital à l'aide d'un adiposomètre à pression constante quelle que soit l'ouverture

Tableau 9.6
Normes canadiennes par groupes d'âges pour le pourcentage de graisse estimé

Ages	17 - 19		20 - 29		30 - 39		40 - 49		50 - 59	
Sexes	♂	** ♀	♂	♀	♂	♀	♂	♀	♂	♀
Obèse	⩾ 23	⩾ 29	⩾ 25	⩾ 29	⩾ 27	⩾ 30	⩾ 32	⩾ 31	⩾ 35	⩾ 33
Supérieur à la moyenne......	18-22	24-28	20-24	24-28	23-26	25-29	27-31	26-30	29-34	27-32
Moyenne......	12-17	19-23	15-19	19-23	19-22	20-24	22-26	21-25	23-28	22-26
Idéal	7-11	14-18	9-14	14-18	15-18	14-19	16-21	15-20	17-22	16-21
Mince	⩽ 6	⩽ 13	⩽ 8	⩽ 13	⩽ 14	⩽ 13	⩽ 15	⩽ 14	⩽ 16	⩽ 15

** Estimation déterminée par la méthode de Sloan. A.W. et coll. " Estimation of body fat in young women - J. Appl. Physiol 19 = 967-970, 1962.

- les quatre mouvements de souplesse de Cureton modifiés par Hall ;
- le flexomètre de Leighton ;
- le « Wells sit and Reach » de Wells et Dillon ;
- Le « Krans-Weber » ;
- le test d'amplitude de la souplesse de Fleishmann.

Nous préférerons la mesure simple de l'amplitude de mobilisation des articulations le plus souvent sollicitées dans l'activité physique concernée :

a. Amplitude de la flexion avant du tronc (figure 9.9)

Assis membres inférieurs et pieds écartés de 30 cm, fléchir lentement par relâchement le tronc en avant. On mesure la distance entre le front et le sol à l'aide d'un anthropomètre.

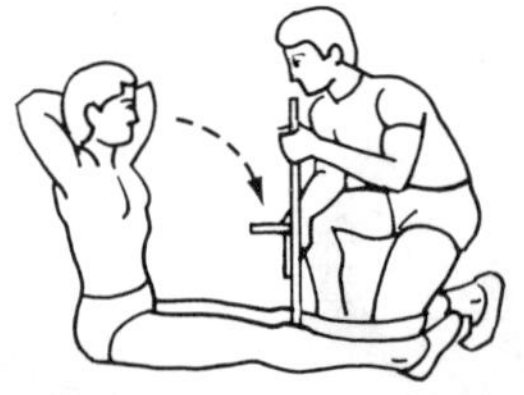

Figure 9.9

b. Amplitude de l'extension arrière du tronc (figure 9.10)

A partir de la position en décubitus ventral, élever lentement la tête et le tronc le plus haut possible vers l'arrière. On mesure la distance entre le menton et le sol.

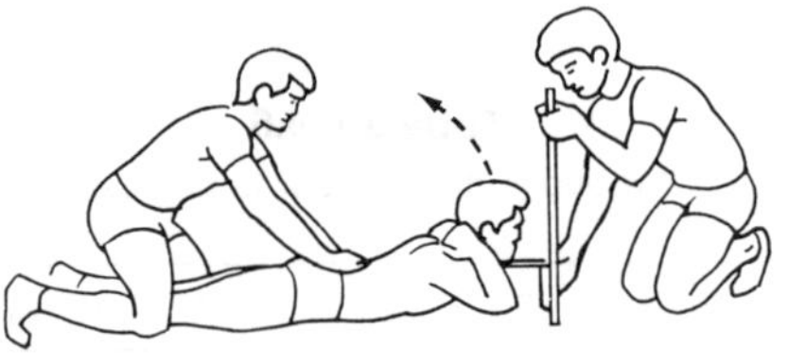

Figure 9.10

c. Amplitude articulaire de la ceinture scapulaire

A partir d'une position en décubitus ventral le menton restant au sol, élever les membres supérieurs en tenant une baguette à deux mains. On mesure la distance maximale sol-poignet (figure 9.11).

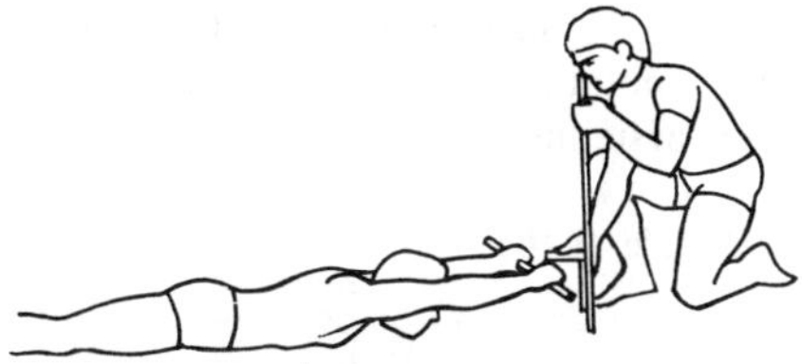

Figure 9.11

A partir de la position debout, les membres supérieurs levés et tendus tiennent une baguette tendue. La faire passer en avant et en arrière du tronc sans flexion des coudes. Mesurer la distance entre les deux mains (figure 9.12).

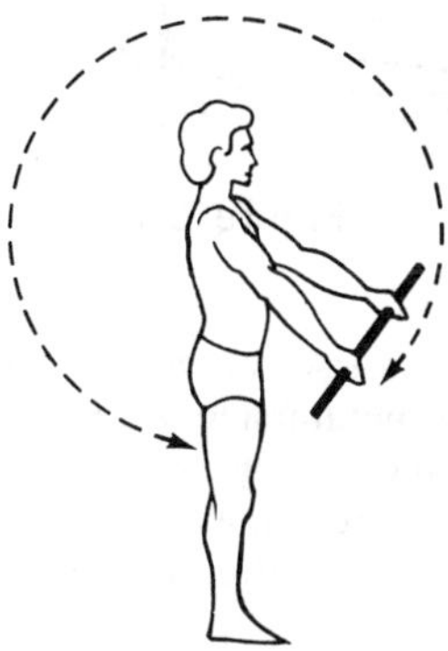

Figure 9.12

Amplitude articulaire des chevilles.

1. *Extension tibio-tarsienne* (figure 9.13)

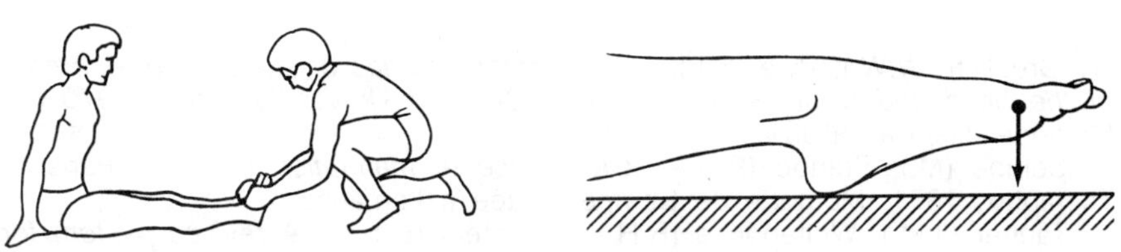

Figure 9.13 + figure 9.14

A partir de la position assise membres inférieurs tendus, mesurer la distance sol-proéminence métatarsienne préalablement marquée, après une extension maximale tibio-tarsienne.

2. Flexions tibio-tarsie (figure 9.15)

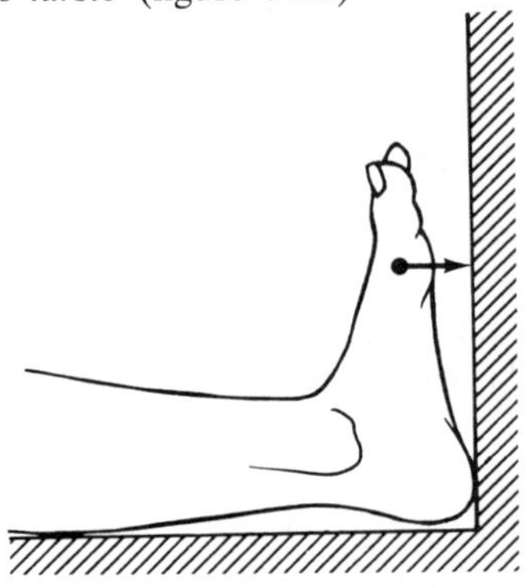

Figure 9.15

A partir de la position assise membres inférieurs tendus, mesurer la distance mur — proéminence métatarsienne préalablement marquée, après une flexion maximale tibio-tarsienne.

Les normes de ces mesures n'existant pas, l'entraînement ne peut qu'établir une hiérarchie entre les différents sportifs mesurés.

9.3.7. Détermination de l'âge osseux

L'âge osseux est un critère objectif précis du stade de croissance des jeunes sujets. Comme il existe des corrélations étroites entre l'âge osseux et l'âge biologique, il est possible de ramener les performances et scores obtenus par les sujets dont la croissance n'est pas terminée, non plus à l'âge civil, ou âge chronologique, mais à l'âge biologique, ce qui les rend plus significatifs.

Il existe plusieurs méthodes de détermination de l'âge osseux (1), la

(1) Greulich (W.W.), Pyle (S.I.). — *Radiographic atlas of skeletal development of the hand and wrist.* Second edition. Stanford University Press, 1970. — Méthode dite « à l'atlas ».

Sempe (M.), Sempe (P.). — *Croissance et maturation osseuse.* Paris = Theraphix, 1971. Méthode de Sempe limitée à l'enfance.

Tanner (J.M.), Whitehouse (R.H.), Goldstein (H.). — *A revised system for estimating skeletal maturity from hand and wrist radiographs, separate standards for carpals and others bones.* Paris, Centre International de l'enfance, 1972. Méthode utilisée par le Service Evaluation de l'INSEP.

plupart d'entre elles se fondent sur l'étude de caractéristiques différentes d'une radiographie de la main et du poignet.

La comparaison entre l'âge de l'état civil calculé en mois d'après la méthode de Sempe et l'âge osseux obtenu par l'étude radiographique, montre souvent de grandes différences chez un même sujet, ce qui peut être très important dans la prévision des performances à venir. Certaines bonnes performances ne sont en fait que le reflet d'une maturation biologique précoce. Pour les rendre significatives, elles devraient donc être ramenées à l'âge osseux du jeune sportif.

Limitées dans tous les cas à seize ans chez les filles et dix-sept ans chez les garçons, ces méthodes permettent à partir de la taille du moment, de l'âge osseux et de l'âge chronologique, de prévoir avec une marge minime d'erreur (± 2 centimères) la taille adulte des sujets.

A défaut d'une détermination radiologique de l'âge biologique du sujet, le développement des caractères sexuels secondaires (système pileux, poils pubiens chez le garçon, développement des seins, poils pubiens, apparition des menstruations chez la fille) peuvent aussi fournir des renseignements intéressants.

9.4. Conclusion et perspectives

Nous nous sommes volontairement limités dans cette étude à l'évaluation des principales composantes biologiques qui conditionnent la réalisation d'une action motrice. A ce stade notre démarche analytique se heurte à l'aspect global de la motricité qui résulte de l'interaction de facteurs dépendant des domaines : moteur, affectif et cognitif.

Nous considérons les composantes précédemment étudiées comme les « sousbassements » moteurs dont l'importance varie avec l'activité physique envisagée.

L'apparent paradoxe de notre étude est de vouloir évaluer *individuellement* des qualités qui dans toute motricité sont en *perpétuelles interactions.* Cette démarche nous est dictée par la rigueur méthodologique requise par la validation et l'interprétation des résultats du test. Le test le plus précis est celui qui n'évalue qu'un seul facteur à la fois.

L'analyse des corrélations deux à deux, ou multiples, des résultats obtenus, met ensuite en évidence les éventuelles liaisons entre les différents facteurs.

C'est ainsi que l'on a pu étudier l'évolution de la motricité en fonction de l'âge et de la pratique des sujets :

- Plus un enfant est jeune, plus fortes sont les liaisons entre les différentes composantes. Jusqu'à 10-11 ans cette absence de différenciation semble indiquer que la motricité de l'enfant doit être appréhendée globalement.
- Ensuite, progressivement les facteurs se différencient, notamment durant la période pubertaire, et évoluent en fonction de la pratique sportive du sujet :

Tableau 9.7

Proposition d'un cadre, d'une orientation et d'un contenu d'évaluation des facteurs de la motricité en fonction de l'âge et du niveau de pratique physique et sportive

Niveaux et lieux	Ages concernés	Orientation de l'évaluation	Facteurs à évaluer	Tests correspondants proposés
Niveau I (l'école)	Avant 10 ans	Evalutation globale	- vitesse - coordination - Puissance bras - tronc - Puissance - coordination membres inférieurs - Coordination générale	- Course de vitesse navette 4 × 10 m - Lancer à 2 bras d'une médecine-ball - Saut multibond (3 ou 5 bonds) - Parcours d'enchaînement d'actions motrices différentes
Niveau II le C.E.S. le club	De 10 à 15 ans	Evaluation des facteurs différenciés de la motricité	- Vitesse gestuelle - Endurance organique - Endurance musculaire (membres supérieurs) - Puissance membres supérieurs - Puissance membres inférieurs - Age biologique	Les mêmes tests que ci-dessus + : - 30 ou 40 mètres course - départ " au pied " - 12 minutes course ou test progressif Luc Léger - Nombre de tractions ou durée de suspension à la barre fixe - Lancer à " bras cassé " d'une balle lestée de 500 grammes - Saut en longueur pieds joints + saut vertical - Radiographie main poignet = âge osseux
Niveau III le lycée le club la section sport - étude	15 ans et plus	Evaluation des capacités physiques générales et spécifiques	- Force membres supérieurs - Force membres inférieurs - Puissance aérobie (VO_2 max.) - Temps de réaction - Amplitudes articulaires - Coordination spécifique	Les mêmes tests que ci-dessus + : - Développer-couché d'une charge maximale - Flexion extension mbres inf. avec charge max. - Mesure indirecte de la consommation maximale d'oxygène - Vitesse de réaction spécifique = départs... - Mesure amplitude articulation = épaules, tronc, chevilles - Parcours spécifique d'habileté gestuelle
Niveau IV équipe nationale centre national d'entraî- nement	Athlète haut niveau	Evaluation des capacités spécifiques	- Métabolisme anaérobie lactique - Métabolisme aérobie - Biomécanique - Psychologique = motivation - Intelligence - Affectivité	Mêmes tests que ci-dessus + : - Lactatémie à l'issue d'un test spécifique - VO_2 max. mesure directe de laboratoire ou de terrain - Morphologie, amplitude articulaire, % de graisse - masse maigre, analyse du geste technique - Questionnaire pour sportif (E. Thill) - test niveau intellectuel, test projectif

— si le sujet s'adonne à un sport , les facteurs les plus sollicités vont se développer et devenir des qualités spécifiques, alors que les autres tendent à régresser.
— Si le sujet ne pratique aucune activité, on observe à nouveau une absence de différenciation.

Tenant compte de cette évolution nous suggérons (tableau 14) une évaluation à caractère global pour des enfants âgés de moins de dix ans, puis de plus en plus précise pour les jeunes au-dessus de dix ans. Enfin des mesures et épreuves de plus en plus sophistiquées et spécifiques des activités sportives concernées au fur et à mesure que l'on évalue la motricité des athlètes de haut niveau.

Pour en savoir plus, lire notamment :

LACOUR (J.R.), FLANDROIS (R.) et DENIS (C.): *Les tests d'efforts* dans *Sports et sciences*, Ed. Vigot, 1981.

GODBOUT (P.): *L'évaluation des déterminants variables spécifiques de la performance sportive.* dans: *La préparation d'un champion*, Edit. du Pélican, 1973, pp. 445-493.

BELIVEAU (P.): *L'examen médical de l'athlète, son rôle, son contenu, sa périodicité.* Dans: *La préparation d'un champion*, Edit. du Pélican, 1973, p. 371-393.

LANDRY (F.): *Le contrôle de l'état d'entraînement à travers l'évaluation de la condition physique générale de l'athlète: son rôle, son contenu, sa périodicité.* Dans: *La préparation d'un champion.* Edit. du Pélican, 1973, p. 397-437.

Physitest normalisé. Manuel technique. Ministère d'Etat. Santé et Sport amateur, Québec.

Annales de l'E.N.S.E.P. N° 7, Juin 1975: *Valeur physique de la population française.* Document recherche.

LEGER (L.): *Tests de Capacité anaérobie. Evaluation et normes.* Département d'E.P. Université de Montréal, 1979 (document non publié).

CÔTÉ (C.), LEGER (L.): *Inventaire des tests de Flexibilité*, Départ. d'E.P., Univ. de Montréal, 1980, (doc. non publié).

THOMAS (R.): *La réussite sportive*, P.U.F., 1975.

THOMAS (R.): *La condition physique*, P.U.F., 1982.

Pour tout renseignement concernant: protocole et normes des tests d'évaluation de la capacité physique s'adresser à: Service Evaluation. Mission Recherche I.N.S.E.P.

10. Les bases de l'entraînement

G. CAZORLA

10.1. Les principes fondamentaux

En fonction des capacités physiques des sujets et des exigences de la performance visée, le but de l'entraînement est d'amener le sportif au mieux de son « état de forme » pendant les périodes de compétitions les plus importantes. La connaissance des processus physiologiques permet désormais à l'entraîneur une organisation plus rationnelle de son plan de travail de façon à pouvoir, sur toute une « carrière », sur une ou plusieurs saisons, un ou plusieurs cycles, une ou plusieurs séances, et même d'un exercice à l'autre, améliorer le potentiel énergétique (ou moteur) et les facteurs d'exécution (force, puissance, souplesse, technique).

L'ensemble de cette organisation ou *planification de l'entraînement* se fonde sur l'application des grands principes précédemment énoncés :

- la surcharge ou intensité ;
- la progressivité ;
- la spécificité ;
- l'alternance travail-repos ;
- la quantité de travail ou volume.

10.1.1. La surcharge

Seuls les exercices qui sollicitent fortement les réserves énergétiques et qui entraînent la fatigue, permettent une amélioration du potentiel initial par les phénomènes de « surcompensation » (1).

Les mécanismes de ces phénomènes sont encore mal connus, cependant après un délai de récupération consécutif à des exercices intenses et prolongés on peut constater une augmentation des substrats énergétiques et des enzymes sollicités accompagnée d'une amélioration de la performance.

L'augmentation du potentiel initial peut s'obtenir selon Matveiev de plusieurs façons :

- soit après une séance de travail intense et prolongé. Si aucune autre séance n'est prévue pendant la phase ondulatoire, on obtient l'entretien de la (ou des) qualité(s) sollicitée(s) mais pas d'amélioration (figure 10.1) ;

(1) Matveiev (L.P.). — La base de l'entraînement, p. 65-71, Ed. Vigot, 1980.

- soit après une sommation de séances judicieusement alternées avec des périodes de repos (figure 10.2);
- soit encore après une sommation de séances rapprochées suivies d'une période de récupération (figure 10.3).

La difficulté majeure reste ici le choix judicieux de l'alternance travail-repos qui dépend :
- de la nature, de la durée et de l'intensité des exercices retenus ;
- et des caractéristiques physiologiques individuelles des sujets.

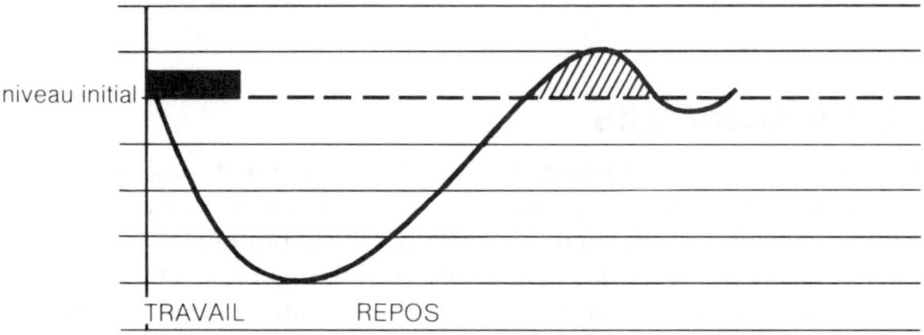

Figure 10.1

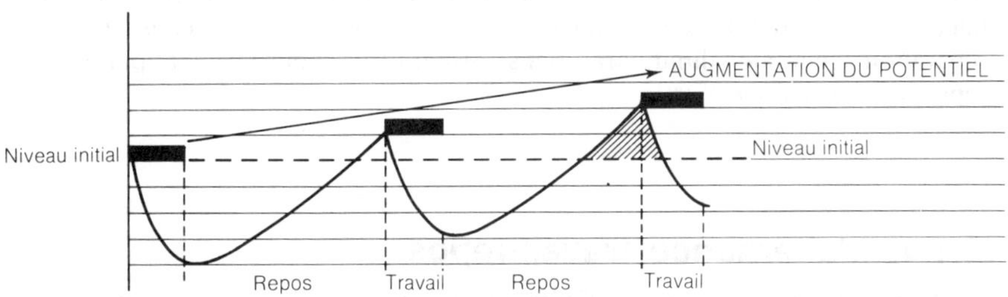

Figure 10.2

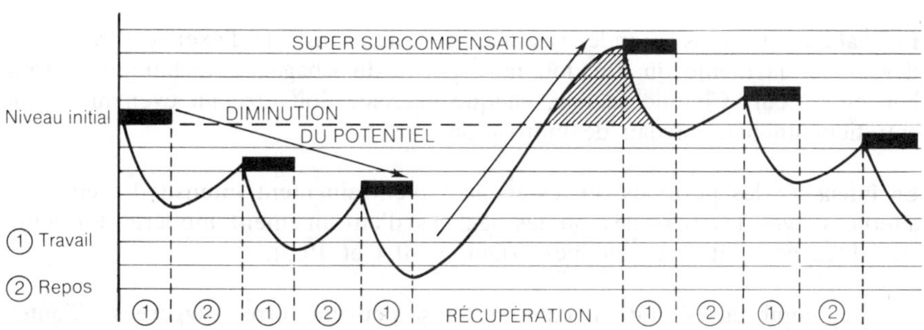

Figure 10.3

10.1.2. La progressivité

Pour éviter l'inadaptation organique des jeunes en formation et de celle de tout athlète en début de saison, l'intensité et le volume des entraînements doivent être progressifs. La progressivité sera ensuite poursuivie tout le long de la saison d'entraînement afin d'éviter l'accoutumance de l'organisme et l'arrêt de l'amélioration. Selon le but recherché par l'exercice, elle se traduit par une augmentation des intensités de travail et une diminution des durées de repos.

10.1.3. La spécificité

En fonction de la performance visée, l'entraînement doit permettre une sollicitation sélective des métabolismes, des groupes musculaires et des articulations entrant en jeu dans l'activité sportive pratiquée.

Cependant pour que les capacités physiologiques et biomécaniques puissent se développer au maximum, une première phase de préparation générale doit faire partie intégrante de tout entraînement quelle que soit l'activité sportive. Elle comprend une pratique multiforme et un développement très important du métabolisme aérobie. Prépondérant chez le jeune athlète, et en début de chaque saison, le pourcentage consacré à la préparation générale diminuera, sans disparaître, pour laisser place à la préparation spécifique.

10.1.4. L'alternance travail-repos

Pour éviter les excès d'entraînement qui peuvent aboutir au surmenage et à la saturation psychologique, il convient de respecter le principe de l'alternance, en nature, en intensité et en durée du travail et du repos.

En nature: la plus grande richesse de situations et d'exercices visant à développer la même qualité doit faire partie du « bagage » technique de tout bon entraîneur. Chaque séance, chaque exercice doit être un événement qui entretient un haut niveau de motivation.

En intensité: les périodes ou les séances d'entraînement intensif doivent être alternées avec les périodes ou les séances d'entraînement modéré. Plusieurs modalités peuvent être retenues: (figures 10.4 et 10.5).

De nombreuses autres combinaisons peuvent être suggérées. Toutes doivent respecter l'alternance et la progressivité (représentée par la flèche sur les figures 10.4 et 10.5).

En volume: les séances longues (volume important d'entraînement) doivent aussi alterner avec les séances courtes généralement plus intenses. Intensité et volume évoluent le plus souvent de façon contraire (figure 10.6).

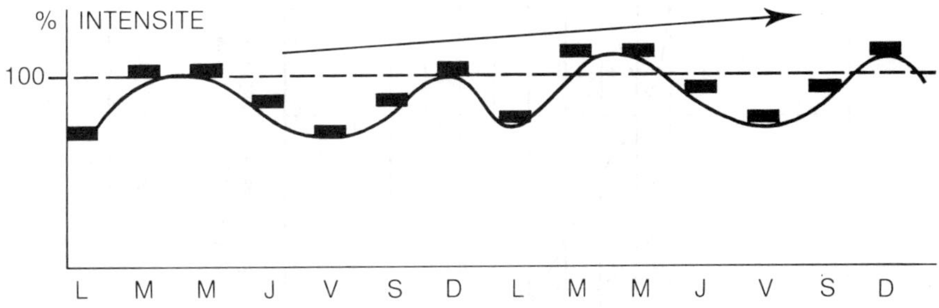

Figure 10.4
Courbe ondulatoire de l'intensité des séances au cours de 2 semaines d'entraînement. Convient surtout aux sports collectifs.

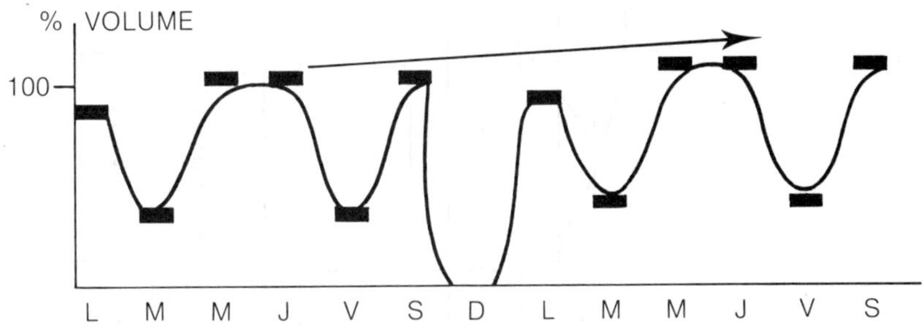

Figure 10.5
Courbe ondulatoire interrompue par une journée de repos complet. Convient à tous les sports dont la saison est centrée sur une ou deux périodes de compétitions importantes (natation, athlétisme, boxe, aviron...)

10.1.5. La quantité de travail

De récents travaux ont permis de mesurer les effets de différentes caractéristiques de travail sur l'organisme.

- Deux séances de deux heures d'entraînement hebdomadaire, ne font qu'entretenir ou améliorer sensiblement l'état de bonne condition physique.
- L'amélioration efficace des potentialités organiques commencent réellement à partir de trois séances.

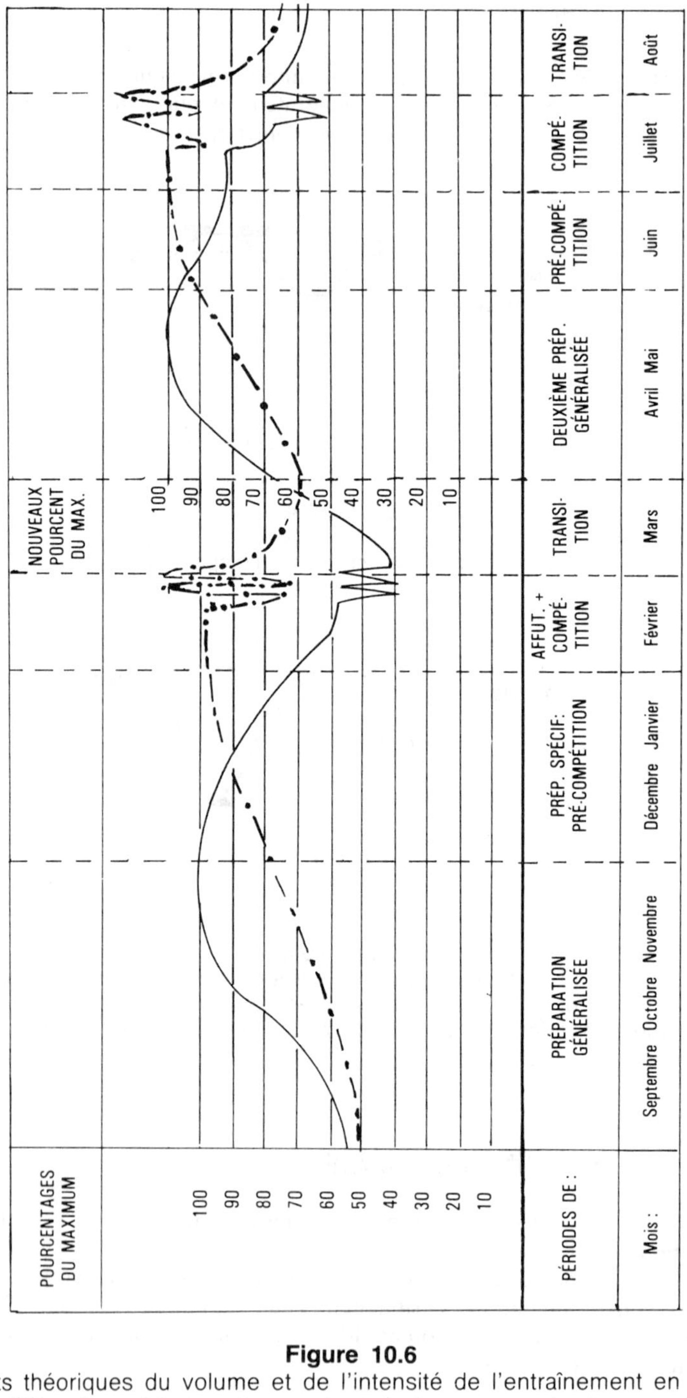

Figure 10.6

Rapports théoriques du volume et de l'intensité de l'entraînement en fonction des différentes périodes d'une saison à deux sommets de compétition (Ex : natation, athlétisme...)

- Après une bonne préparation physique générale en début de saison, il est plus avantageux de s'entraîner quatre fois une heure par semaine à des intensités supérieures, que deux fois deux heures, ce qui est la moyenne nationale française des entraînements en sports collectifs par exemple.

Certains sportifs de très haut niveau arrivent actuellement à une moyenne de trois entraînements quotidiens. Nous n'avons aucune donnée permettant d'apprécier le bien-fondé de ce choix. La limite de la capacité individuelle d'entraînement est encore dans un domaine mal connu, tout au plus pouvons-nous indiquer que dans ces cas extrêmes une infrastructure sportive est indispensable comme l'est la parfaite maîtrise de la planification de l'entraînement.

10.2. Planification de l'entraînement

Planifier l'entraînement c'est organiser la combinaison :

- de plusieurs « saisons » ou *macrocycles* au sein d'un « plan de carrière » ;
- de plusieurs grandes périodes ou *mésocycles* au sein de chaque saison ;
- de plusieurs groupes de séances ou *microcycles* au sein des mésocycles ;
- de plusieurs séances au sein de chaque microcycle ;
- de plusieurs exercices au sein d'une séance, dont l'objectif final est le développement optimal, au moment le plus opportun, de toutes les potentialités requises par la compétition visée.

10.2.1. Le plan de carrière

Le plan de carrière du sportif ne doit pas se limiter à l'amélioration des potentialités physiques mais doit aussi prendre en compte le développement psychologique, social et professionnel.

Nous n'envisagerons ici que l'aspect physique.

Le plan de carrière dépend non seulement des capacités physiques initiales mais aussi de l'âge auquel les meilleures performances sont atteintes dans la spécialité et de l'âge du sujet.

D'une manière générale le plan de carrière se divise en trois grandes périodes :

1. l'entraînement de base ou période de formation générale
2. l'entraînement spécifique ou période d'orientation
3. la spécialisation.

a. L'entraînement de base ou : l'enfant et l'entraînement

A quel âge l'enfant peut-il commencer l'entraînement ?

Quel type d'entraînement proposer à l'enfant ? Deux questions indispensables que doit se poser tout éducateur sportif. Au terme « entraînement » nous préférons substituer celui de « formation de base » qui est plus conforme au but recherché. La formation de base doit être entreprise très tôt, vers six-sept ans et surtout respecter les étapes du développement ontogénétique de l'enfant.

Entre six et dix ans l'enfant possède de très grandes facultés d'apprentissage et éprouve d'énormes besoins d'une « nourriture cinétique » abondante et variée. C'est à cet âge qu'il est indispensable de lui proposer une activité multiforme et surtout ne pas l'enfermer dans la spécialisation.

La spécialisation trop précoce va à l'encontre du développement de l'enfant et, même dans la perspective de l'accomplissement de performances futures, risque de l'handicaper. A cet âge l'appareil moteur, la musculature, les différents systèmes, dont le système nerveux cérébro-spinal et le système neuro-végétatif, subissent une série de transformations évolutives appelées *ontogenèse*. La formation de base ne peut garantir le développement harmonieux que si l'organisme de l'enfant est sollicité par des efforts équilibrés mettant en jeu l'ensemble des systèmes concernés.

La forme variée des exercices et leur caractère plutôt ludique doivent maintenir l'intérêt et le plaisir ce qui ne veut pas dire que toute intensité doit être exclue. Contrairement à certaines théories non fondées et largement véhiculées, de récents travaux ont mis en évidence que l'organisme de l'enfant peut parfaitement supporter des efforts relativement intenses et de longue durée, et que la référence à la seule fréquence cardiaque est un critère peu sérieux pour apprécier les adaptations fonctionnelles.

A la condition qu'elle soit introduite progressivement, et accompagnée des temps de repos nécessaires, l'intensité bien maîtrisée et contrôlée, ne doit pas être systématiquement écartée d'un programme de formation des jeunes sportifs.

Hormis le travail de type anaérobie lactique pour lequel l'organisme de l'enfant présente certaines déficiences, les autres formes de sollicitations métaboliques peuvent être progressivement introduites.

La recherche de leur développement doit cependant être secondaire par rapport à celui de l'habileté, de l'apprentissage de tâches de plus en plus complexes, de la vitesse de réaction, de l'amplitude et de l'élasticité articulo-musculaire.

b. L'entraînement spécifique ou d'orientation

Entre dix et douze-treize ans, l'enfant marque une première pause dans son développement psychomoteur et morphologique. C'est la période de la vie ou l'accent doit être mis sur le développement prioritaire des grandes fonctions et plus particulièrement de la fonction cardio-respiratoire.

Toute la chaîne de transporteurs d'oxygène doit être spécifiquement sollicitée, garantissant ainsi les bonnes bases indispensables à l'intensification future de l'entraînement ou plus modestement à l'amélioration de la condition physique. C'est aussi l'âge privilégié pour l'orientation sportive la plus conforme au goût et aux capacités des jeunes sportifs.

c. La spécialisation

A partir de treize-quatorze ans, période secouée par les transformations pubertaires, le jeune traverse plusieurs crises de fragilisation organique (poussée rapide de croissance). Celles-ci sont en alternance avec une amélioration très importante des potentialités physiologiques qui dépendent elles-mêmes des modifications hormonales inhérentes à cette période de la vie. Par exemple, la testostérone augmente l'anabolisme protéique ce qui explique non seulement la croissance mais le développement concomitant de la force. De plus le jeune adolescent affirme sa personnalité et ses choix : c'est le moment du début de la spécialisation.

En évitant les périodes de crise aiguë (poussée importante de croissance), l'accent devra être mis sur le développement systématique de la puissance et de l'endurance aérobie, du renforcement musculaire, puis progressivement de la force, et de l'endurance anaérobie lactique.

Si les étapes précédentes ont été bien respectées, le jeune doit être en mesure de choisir la discipline ou l'épreuve qui correspond le plus à ses capacités et à ses goûts et se soumettre à l'entraînement le mieux adapté pour développer la/ou les qualité(s) principale(s) requise(s) par la pratique retenue.

Chaque grande étape du plan de carrière doit être ponctuée d'une évaluation de l'acquis afin de pouvoir passer à l'étape suivante.

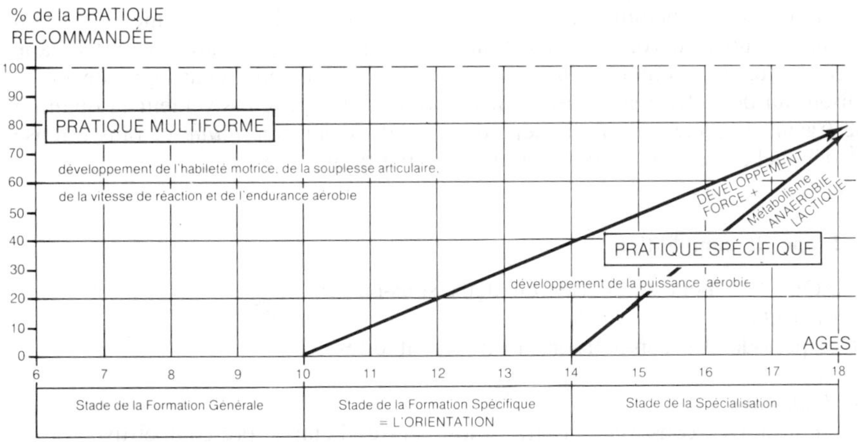

Figure 10.7
Les différentes étapes du plan de carrière

10.2.2. Organisation d'une saison sportive ou macrocycles (figure 10.7)

Physiologiquement l'organisme ne peut atteindre son plus haut niveau fonctionnel qu'une, deux et exceptionnellement trois fois par saison. L'entraîneur, quelle que soit l'activité sportive, doit choisir en fonction des compétitions inscrites au calendrier, les périodes qui lui semblent les plus importantes et développer en conséquence les différentes étapes suivantes.

a. Préparation du « terrain physiologique »

Cette étape correspond à la reprise de l'activité après une période d'interruption.

Elle inclut

- un travail d'endurance aérobie dont l'intensité augmente progressivement pour atteindre des valeurs proches ou égales à $\mathring{V}O_2$ max.
- un programme de musculation et d'assouplissement généralisé,
- une amélioration technique,
- et un entretien indispensable des qualités de vitesse.

Cette première étape est très importante car elle permet en six à huit semaines, de préparer l'organisme à l'entraînement, et de fixer les objectifs de la saison.

b. Etape de pré-compétition

Elle peut s'échelonner sur une période de huit à douze semaines. Dans un premier temps, au volume important de travail généralisé caractérisant l'étape précédente, est ajoutée l'*intensité*. C'est la phase la plus contraignante de la saison qui doit être rigoureusement contrôlée. Puis progressivement la quantité de travail diminue, l'entraînement devient alors plus *spécifique* et plus intense et débouche sur l'étape des grandes compétitions.

c. Etape de compétition

Que l'on peut subdiviser en deux sous-étapes :

- « l'affutage » ;
- et période des compétitions proprement dites.

— *L'affutage*

L'affutage constitue la transition entre l'étape pré-compétitive et la compétition proprement dite. Elle se traduit par :

- une diminution importante du volume de travail ;
- le maintien voire l'augmentation de l'intensité ;
- l'aménagement de temps de repos plus long ;

- une haute spécificité des exercices proposés ;
- et par une préparation psychologique la mieux adaptée à la situation.

Elle doit permettre à l'athlète de récupérer tout son potentiel énergétique et nerveux pour se présenter dans la condition physique et psychologique la plus favorable aux compétitions visées.

La durée de cette étape varie selon :

- *l'activité,* généralement plus longue (en moyenne deux semaines) avec les activités qui requièrent des efforts brefs de haute intensité, elle est réduite ou parfois même absente avec les activités de longue durée.
- *l'athlète* qui, en fonction de son état psychologique en ressent ou non le besoin,
- *et la conception de l'entraînement.* La diminution progressive du volume de travail de l'étape antérieure, dans certains cas, ne nécessite pas l'aménagement spécial d'une période consacrée à l'affûtage, celle-ci étant le prolongement naturel du processus d'entraînement.

D'une manière générale, le principe qui sous-tend l'affûtage est l'augmentation de tous les potentiels psycho-physiologiques requis par la performance visée. Cette surcompensation est induite par l'aménagement d'un repos relatif situé après une période de stress spécifique important. Comme une surcompensation mal maîtrisée peut souvent aboutir à des effets contraires, l'entraîneur doit savoir être à l'écoute des impressions ressenties par l'athlète, et attentif aux résultats des derniers tests de contrôle, pour choisir la conduite à tenir. Outre l'importance de la préparation psychologique, cette dernière période est surtout consacrée aux derniers ajustements techniques et tactiques réalisés dans des conditions les plus proches possible de la compétition.

— *Période des compétitions proprement dites*

Pendant cette période, l'athlète doit atteindre et maintenir son plus haut niveau de « forme physique ». Celle-ci ne se manifeste que pendant une période privilégiée de haut rendement spécifique de courte durée. Cependant, lorsque la période de compétition est étalée sur plusieurs compétitions, elle s'accompagne des règles d'hygiène de vie des plus favorables au meilleur équilibre entre le sommeil, la diététique, l'entraînement, et les activités culturelles diversifiées qui permettent d'éviter un éventuel blocage psychologique.

— *Etape de transition*

La fin de la période de compétition est souvent marquée par une baisse brutale de l'état de forme du sujet. La transition entre cette période et la reprise de l'entraînement doit permettre une récupération tant physique que psychique. Seul l'entretien des qualités foncières doit être envisagé à travers la pratique d'activités sportives habituelles.

Cette période, d'une durée maximum de quinze jours à trois semaines, débouche progressivement, soit sur une deuxième période d'entraînement, soit sur une nouvelle saison sportive. Dans les deux cas, l'intensité et le volume des exercices retenus doivent être en augmentation par rapport à ceux de la période ou de la saison précédente (principe de la progressivité.)

10.2.3. Organisation des microcycles

Le *microcycle* est une des unités les plus importantes de tout système d'entraînement. Sa durée peut osciller entre quatre et quatorze jours, cependant les cycles d'une semaine qui présentent plus de commodité, sont les plus répandus.

Chacun des microcycles doit exercer une influence particulière sur l'organisme. Il importe donc d'en élaborer précisément le contenu de façon à résoudre une ou plusieurs tâches incluses dans la préparation du sportif.

Tout en respectant les principes précédemment énoncés (surcharge, progressivité, spécificité, alternance, volume de travail...), l'agencement des microcycles entre eux doit demeurer relativement stable durant plusieurs semaines consécutives ou *mesocycle.*

Lorsque l'on passe d'un mesocycle à l'autre, compte tenu des modifications organiques déjà obtenues, il est indispensable de se fixer de nouveaux objectifs et de changer en conséquence la structure même des microcycles prévus.

L'élaboration du contenu d'un microcycle dépend de nombreux facteurs : composé de séances à caractères rendus très différents par l'utilisation d'exercices d'intensité et de durée variables (ce point sera détaillé dans le chapitre suivant), le fondement du microcycle est l'alternance harmonieuse des effets de la *fatigue* et de la *récupération.* De plus, pour élaborer correctement les microcycles, il faut à la fois bien connaître les réactions individuelles du sportif aux différentes caractéristiques du travail, et la cinétique particulière de ses processus de récupération.

Le développement progressif de « l'état d'entraînement » (ou condition physique spécifique) du sportif résulte du prolongement et du renforcement des modifications post-séance (voir principes fondamentaux de l'entraînement.) Celles-ci se manifestent de deux façons :

- par une phase de modification immédiate qui peut durer de quelques minutes à quelques heures selon l'intensité, la durée des exercices qui l'ont précédée, du niveau d'entraînement et des caractéristiques individuelles du sujet. Cette phase tent à rétablir l'équilibre du milieu intérieur ou homéostasie.
- et par une phase constructive durant laquelle, sous l'effet de la mise en jeu spécifique d'une innervation trophique et d'un certain nombre de réactions biochimiques, s'établissent des modifications plus durables des organes et tissus sollicités.

Remarquons toutefois que cette division des phases est purement arbitraire car en fait elles se déroulent normalement en parfaite symbiose, le

rapport optimal entre les efforts et le repos joue un rôle capital dans la planification de l'entraînement. L'alternance des efforts et du repos peut provoquer au sein d'un microcycle trois types principaux de réactions :
a. peu ou pas d'effet ;
b. amélioration optimale de l'état de forme ;
c. surentraînement.

Lorsqu'un nombre trop faible de séances intensives est placé dans le microcycle, on aboutit àu premier type de résultat.

Les réactions du deuxième type interviennent quand un nombre optimal de ces séances est placé avec une alternance appropriée de récupérations.

Enfin, l'abus de séances à fortes charges sans une récupération suffisante peut provoquer le *surentraînement.*

Le bien-fondé de l'alternance optimale du travail et du repos au sein du microcycle est actuellement bien établi, cependant ce schéma simplifie considérablement la situation réelle de la pratique sportive. Ceci s'explique par de multiples raisons ; nous en examinerons brièvement quelques-unes :
- On sait d'une part que le rétablissement et la surcompensation des diverses fonctions et réserves énergétiques utilisées, interviennent à des moments différents, il y a donc hétérochronisme des phénomènes de récupération.
- D'autre part la fatigue stimule spécifiquement et accélère les processus de resynthèse des réserves utilisées. Plus leur niveau initial est abaissé, plus elles tendent à se reconstituer rapidement à des concentrations plus élevées.
- Enfin, après des séances à fortes intensités axées sur la sollicitation sélective d'un des trois métabolismes (aérobie, anaérobie lactique et anaérobie alactique), les capacités correspondantes sont fortement réduites, alors que les capacités dépendant des autres métabolismes semblent au contraire stimulées. Par exemple, après une séance visant à améliorer la vitesse, la capacité anaérobie alactique est réduite, mais il semble par contre, que la puissance aérobie soit momentanément augmentée...

D'où les questions suivantes :
- Au sein de chaque microcycle vaut-il mieux utiliser des séances :
— à objectif unique ;
— à objectifs multiples ;
— ou à grandes dominantes ?
- Comment les alterner pour obtenir le meilleur effet réciproque ?
- Combien de séances à haute intensité peut-on programmer dans un microcycle ?
- Comment alterner les différents microcycles entre eux ?
- Quelles est la nature et la durée des intervalles de récupération ?

L'état actuel de nos connaissances est encore sur bien des points au stade de la recherche, ce qui nous incite à un certain nombre de réserves. D'aucune manière nous ne pouvons proposer un modèle, cependant pour aider l'éducateur sportif dans sa démarche et pour tenter d'apporter quelques réponses à ses légitimes interrogations, nous lui suggérons les propositons suivantes, toutes issues d'une réflexion purement thorique qui demandera confirmation.

a. Quel type de séances choisir au sein d'un microcycle ?

• Les séances à *objectif unique* épuisent d'une manière plus profonde et très localement les réserves correspondantes ce qui amène une reconstitution sélectivement plus importante et peut avoir un effet spécifique bien précis. Ces séances ont donc l'avantage de la précision de l'impact physiologique recherché.

• Les séances à *objectifs multiples* ont une influence sur l'organisme moins profonde mais plus généralisée. Elles recherchent un développement harmonieux de toutes les qualités en même temps mais ne peuvent arriver à l'hyperdéveloppement d'une d'entre elles.

• Les séances à *grandes dominantes* utilisent un ensemble de procédés dans la recherche du développement d'une, voire de deux qualités, sans pour autant négliger les autres.

Face à l'attitude très tranchée de certains entraîneurs en faveur du choix de l'un ou de l'autre type de séances, nous pensons qu'il n'y a pas d'incompatibilité entre elles. Leur choix dépend des circonstances :

- Pour l'entraînement des jeunes il nous semble souhaitable d'utiliser les séances à « objectifs multiples » en évitant toutefois les exercices de type anaérobie lactique.
- Les séances à « grandes dominantes » doivent être retenues selon la chronologie de la « saison » : Dominante aérobie, en début de saison ; puissance aérobie, anaérobie lactique en début de période de précompétition ; anaérobie lactique et anaérobie alactique en fin de cette même période.
- Les séances à « objectif unique » sont à utiliser plutôt dans la phase de l'affûtage en fonction des caractéristiques de la compétition visée. Elles peuvent l'être aussi tout le long de la saison sportive et constituer, la, ou les deux séances à forte « charge » spécifique d'un microcycle. Elles sont alors choisies en fonction de la grande dominante du microcycle et harmonisées soit avec des séances à objectifs multiples soit avec des séances à grandes dominantes facilitant la récupération.

b. Comment alterner les séances pour obtenir leurs meilleurs effets réciproques ?

La réponse à cette question dépend du nombre réel de séances d'entraînement prévu hebdomadairement :

• Dans l'hypothèse de deux séances, les résultats risquent d'être très aléatoires. Dans ce cas une séance devrait poursuivre des objectifs multiples et l'autre tenter de développer spécifiquement une ou deux grandes dominantes.
• A quatre séances hebdomadaires ou au-delà une réflexion sur les possibilités de planification devient indispensable.

D'une manière générale les tableaux ci-dessous indiquent les alternances possibles mais non exclusives.

Tableau 10.1

Influences réciproques des différentes sollicitations métaboliques

Contenu de la séance proprement dite objectif principal	Effets immédiats principaux		Alternance suggérée avec séance du type :
	Baisse des réserves en :	Effet stimulant sur :	
Anaérobie alactique	A.T.P. - C.P.	Glycolyse aérobie	Puissance aérobie
Endurance + puissance aérobie	Glycogène + Acides gras	A.T.P. - C.P.	Puissance anaérobie alactique
Endurance + puissance anaérobie lactique	Glycogène avec production de lactate	A.T.P. - C.P. Glycolyse aérobie	Endurance aérobie (faible) + capacité anaérobie alactique

Tableau 10.2

Exemple d'une séance toutes les 24 heures : microcycle à objectifs multiples (adapté aux sports collectifs)

Lundi	Mardi	Mercredi	Jeudi	Vendredi	Samedi	Dimanche
Récupération active endurance aérobie (intensité faible)	*Vitesse* puissance et capacité anaérobie alactique intensité élevée	*Aérobie* puissance aérobie intensité et volume important	*Anaérobie lactique* puissance	*Récupération active* endurance aérobie intensité modérée)	*Vitesse* puissance anaérobie alactique	Compétition

Tableau 10.3

Exemple d'une séance toutes les 24 heures : microcycle à dominante aérobie (adapté aux courses et à la natation)

Lundi	Mardi	Mercredi	Jeudi	Vendredi	Samedi	Dimanche
Endurance puissance aérobie	Endurance aérobie + puissance et endurance alactiques	Puissance aérobie	Endurance aérobie + puissance anaérobie alactique	Endurance aérobie + endurance anaérobie lactique	Puissance aérobie	Récupération

c. Combien de séances à haute intensité peut-on programmer dans un microcycle ?

Le haut niveau des performances actuelles exige une intensification poussée de l'entraînement, ce qui serait impossible sans l'augmentation du nombre de séances à haute intensité dans le microcycle. Il faut donc nécessairement tenir compte de l'influence cumulative de telles séances.

Deux séances *à même objectif* et à haute intensité se suivant à vingt-quatre heures d'intervalle sont à programmer avec prudence au sein du même microcycle, et ne peuvent de toute façon s'adresser qu'à des athlètes déjà bien entraînés. En outre s'il est possible de concevoir d'améliorer l'endurance aérobie et anaérobie lactique par ce type de planification, il ne serait pas rationnel de l'envisager pour améliorer les possibilités de vitesse.

Compte tenu de l'existence d'une fatigue spécifique, il y a altération marquée de la vitesse gestuelle : excitabilité diminuée du système nerveux et potentiel énergétique (ATP - CP) moindre.

Deux ou trois séances à haute intensité et *à objectifs différents,* même situées respectivement à vingt-quatre heures d'intervalle, ne présentent pas par contre les mêmes inconvénients.

D'une manière générale une forte charge de travail, placée sur un fond de fatigue provoquée par une séance dont l'orientation est totalement différente

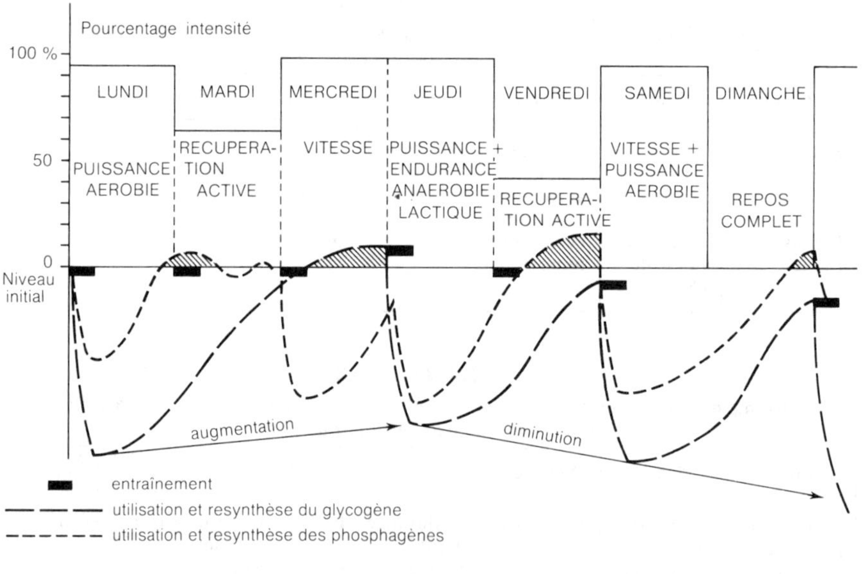

Figure 10.8
Exemple d'organisation de quatre séances à haute intensité au sein d'un microcycle

de la suivante, n'aggrave pas la fatigue spécifique mais entraîne une diminution d'un autre aspect du rendement. Par exemple une séance *« vitesse »* placée après une séance *« endurance aérobie »* voit les possibilités de vitesse diminuées mais ne réduit pas le niveau de l'endurance aérobie.

Il semble que trois, voire quatre séances à haute intensité et à objectifs différents est le maximum qui puisse être demandé à l'athlète entraîné sans qu'il y ait surentraînement. Les microcycles incluant quatre de ces séances doivent toujours respecter non seulement le principe de l'effet cumulatif mais aussi l'alternance indispensable entre travail et récupération.

d. Comment alterner les différents microcycles entre eux?

La baisse progressive des potentiels énergétiques les plus longs à se reconstituer = glucose-glycogène indique qu'il est nécessaire de prévoir à l'issue d'un certain nombre de microcycles (en général deux à trois), un microcycle spécifique de récupération (figure 10.9) qui permet la reconstitution des potentiels énergétiques utilisés d'une manière cumulative et évite le surentraînement.

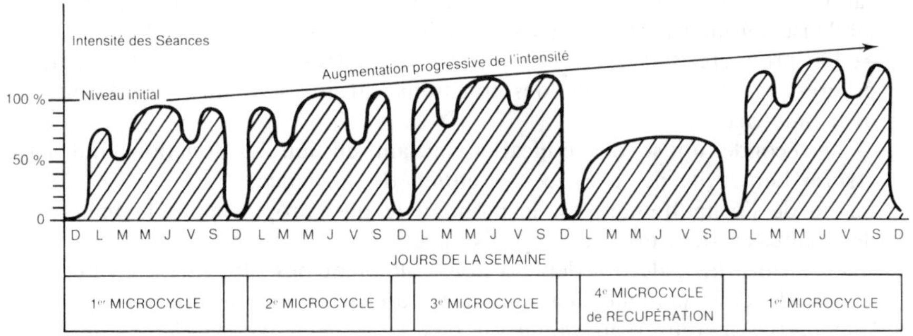

Figure 10.9
Exemple d'organisation de plusieurs microcycles entre eux

e. Quelle est la nature et la durée des intervalles de récupération (voir aussi chapitre sur la récupération)?

Dans le cas de microcycles comportant trois à quatre séances:

- six heures après la dernière séance, tous les potentiels énergétiques sont réduits;
- vingt-quatre heures après, hormis la puissance anaérobie lactique qui demeure nettement en-dessous de son niveau d'origine, tous les autres potentiels énergétiques ont retrouvé leurs valeurs initiales;
- quarante-huit heures après, c'est-à-dire au moment où habituellement reprend un nouveau microcycle, tous les potentiels sont revenus à leur niveau initial et même le dépassent.

D'autre part le maintien d'une activité de faible intensité favorise la récupération notamment pour le métabolisme du lactate comme nous l'avons étudié précédemment.

10.2.4. Elaboration des séances d'entraînement

La séance est l'unité de base de l'entraînement. Elle est constituée de l'agencement rationnel d'exercices dont la nature, l'intensité, la durée et la fréquence dépendent :

- des objectifs poursuivis ;
- des capacités individuelles.

Elle comprend généralement :

- Une partie introductive dans laquelle sont précisés les objectifs qui permettent au sportif de mieux se concentrer sur le travail à réaliser.
- Une partie d'échauffement progressif dont le but est de bien préparer l'athlète à réaliser les exercices principaux de la séance. L'échauffement se subdivise lui-même en une partie générale et une partie spécifique.
  — La première fait appel à des exercices très généraux qui sollicitent progressivement l'ensemble des fonctions cardio-vasculaire, respiratoire et neuro-motrice ;
  — la seconde utilise des éducatifs mettant en jeu les fonctions qui vont assurer l'efficacité des exercices essentiels de la séance.
  La fin de l'échauffement est le moment le plus propice pour la réalisation des exercices de vitesse et de puissance.
- Une partie principale qui dépend non seulement des objectifs mais aussi de la période dans laquelle la séance est située dans la saison.
- Une partie de retour au calme ou récupération active pendant laquelle la réduction progressive de l'intensité favorise et accélère les processus de récupération.

La séance peut, soit poursuivre un seul objectif (développement des qualités aérobies, anaérobies lactiques, ou anaérobies alactiques), soit au contraire avoir une orientation multiple. Dans ce dernier cas deux éventualités peuvent être envisagées :

1. la première consiste à diviser la séance en deux ou trois parties relativement indépendantes (exemple : 1 : vitesse, 2 : endurance aérobie, 3 : endurance anaérobie lactique).
2. la deuxième propose non pas le développement successif mais parallèle de deux qualités à la fois (vitesse-endurance aérobie, vitesse-puissance anaérobie lactique...).

Le choix dépend de la bonne connaissance des effets réciproques des différents exercices entre eux.

10.2.5. Choix de l'exercice

Le choix de l'exercice est un moment important de l'entraînement. En fonction des effets physiologiques recherchés, la pertinence de ce choix nécessite de répondre aux variables qui contingentent l'exercice :

- l'intensité ;
- la durée ;
- la durée et la nature de la récupération ;
- le nombre de répétitions.

Il est notamment indispensable d'agencer avec précision ces variables pour répondre électivement au développement de la *puissance* ou de l'*endurance* de chacun des systèmes producteurs d'énergie. Quelle est leur influence respective ?

a. L'intensité

Comme le degré de sollicitation des différents métabolismes s'exprime en terme mécanique par des vitesses (de course ou de nage), des forces (charges à soulever), ou des puissances (force × vitesse) il est indispensable de connaître les valeurs limites qui correspondent à la puissance respective de chaque filière énergétique, pour établir ensuite les pourcentages utilisables à l'entraînement.

La détermination de l'intensité d'un exercice dépend des caractéristiques de l'activité sportive considérée. Elle peut être à la base de déplacements = course, nage, patinage, cyclisme, aviron, ski de fond,... ou bien de charges à déplacer : musculation, haltérophilie...

1. Pour les premières il est possible de déterminer :

- la plus grande vitesse de déplacement sur une courte distance ou *vitesse étalon ;*
- et la vitesse qui correspond à $\mathring{V}O_2$ max ou *vitesse critique* en utilisant par exemple un test progressif de longue durée au cours duquel la vitesse est sensiblement augmentée toutes les minutes (cf. chapitre 9, paragraphe 9.2.3.).

Avec ces deux précieuses indications l'entraîneur peut choisir l'importance de l'intensité pour obtenir l'impact métabolique souhaité.

- *Exemple :*

vitesse sub. critique = endurance aérobie ;
vitesse critique = puissance aérobie + endurance anaérobie lactique ;
vitesse surcritique = puissance anaérobie lactique + endurance anaérobie alactique ;
vitesse étalon ou très proche = endurance + puissance anaérobie alactique.

2. Pour les secondes, seule la charge soulevée, ou déplacée, la plus importante, ou *charge Etalon,* doit être connue pour chaque mouvement mettant en jeu des groupes musculaires différents.

• Exemples : le développer-coucher, l'arracher, les squats avec les membres inférieurs, l'extension de la jambe sur la cuisse, etc.)

Pour obtenir avec plus de précision l'impact physiologique souhaité, en plus de l'intensité, la *durée* de l'exercice doit être contrôlée, ceci s'avère très utile surtout dans les exercices avec déplacement.

b. La durée

• *Avec des efforts sub-critiques continus de longue durée* (supérieure à 6 minutes), l'impact prioritaire est le renforcement de la capacité aérobie améliorée par l'utilisation d'efforts prolongés effectués sans arrêt : footing, cross country, distances « marathon » ou « over-distances », une bonne capacité aérobie permet de reprendre la saison sportive en toute sécurité, préparant dans des conditions optimales le « terrain physiologique » et notamment le système transporteur d'O2 (*contenant et contenu*) grâce auquel il est alors possible d'envisager des intensités d'effort progressivement plus importantes.

• *Avec des efforts critiques de deux à six minutes* c'est surtout le développement de la puissance aérobie et secondairement, suivant les intervalles de repos entre deux efforts de ce type, l'endurance du système anaérobie lactique.

Deux procédés peuvent être utilisés :

— l'entraînement continu, ou effort continu à intensité la plus élevée possible ;
— et surtout l'entraînement par intervalles travail court, repos court dont la durée totale de la séquence doit être supérieure à quinze minutes. Ce type de travail a l'avantage de solliciter pleinement la puissance aérobie et d'améliorer aussi l'endurance anaérobie alactique ;

• *Enfin avec des efforts sur critiques de courte durée* (de 10 secondes à 2 minutes) dont l'intensité peut être appréciée soit par une fréquence cardiaque maximale rapidement atteinte, soit par l'utilisation d'un pourcentage élevé de la vitesse étalon, l'impact le plus important est surtout anaérobie.

Un entraînement basé sur la répétition d'efforts courts et très intenses (8 à 20 secondes) entrecoupés de récupérations complètes (fréquence cardiaque revenue au-dessous de 120 battements par minute) semble le plus indiqué pour répondre à ces objectifs. Une musculation spécifique permet aussi d'améliorer la qualité des contractions requise par ce type d'effort.

Remarque : Ces différentes formes d'entraînement n'excluent pas l'utilisation de combinaisons et de variantes telles :

- le *« Fartlek »* ou alternance sans arrêt d'efforts critiques ou sur-critiques et d'efforts sub-critiques de récupération active qui améliore surtout la puissance aérobie ;
- la *« Pyramide »* ou diminution progressive de la durée et augmentation concomitante de l'intensité d'un exercice jusqu'à un sommet et *« descente »* symétrique ;
- le *« Casse »* ou fragmentation d'une distance de compétition en plusieurs intervalles d'intensité égale ou supérieure à celle de la performance visée.

Dans ces deux dernières variantes la modulation des durées et de la nature de la *récupération* peut avoir des impacts métaboliques très différents.

En rendant l'entraînement moins monotone, ces variations permettent d'entretenir une bonne motivation, c'est pourquoi ils doivent faire l'objet d'un agencement harmonieux dans lequel :

- intensité ;
- durée d'effort ;
- durée et nature de la récupération revêtent une importance majeure.

c. Durée et nature de la récupération

L'étude attentive de l'hétérochronisme des processus de récupération nous autorise à proposer les procédés suivants :

1. Amélioration des qualités de vitesse

Elle nécessite un rétablissement des réserves en phosphagène pour pouvoir effectuer chaque nouvelle répétition avec une intensité élevée. La *récupération doit donc être complète,* c'est-à-dire que pour un exercice surcritique d'une durée inférieure à vingt-cinq secondes, la durée de la récupération doit toujours être le double de la durée de travail :

Exemples :

1 Travail = 20 secondes, récupération = 40 secondes ;
2 Travail = 10 secondes, récupération = 20 secondes ;
3 Travail = 15 secondes, récupération = 30 secondes.

Afin d'éviter une éventuelle accumulation d'acide lactique une durée de récupération longue doit être aménagée entre deux séries.

La récupération entre chaque répétition doit être passive pour permettre une reconstitution plus efficace de la dette alactique.

Les repos longs entre chaque série peuvent être utilisés par le maintien d'une activité de faible intensité (environ 50 à 60 % de $\mathring{V}O_2$ max, FC = entre 120 et 140 batt/min.) appelée pour cela récupération active.

Nous définissons ce type d'entraînement comme *Entraînement par intervalles « courts-longs »*.

2. Amélioration de la puissance aérobie

En adoptant les mêmes caractéristiques précédentes, mais :

- en *réduisant* la durée de la récupération entre chaque répétition ;
- et en *augmentant* leur nombre (n. supérieur à 30) ;

on arrive rapidement à un haut niveau de sollicitation aérobie. En effet pendant les pauses de courtes durées, les processus oxydatifs (transport et utilisation de l'oxygène) n'ont pas le temps de s'abaisser, le travail suivant reprend à un niveau important de leur sollicitation, ce qui n'occasionne pas de déficit anaérobie initial (ceci est objectivé par les faibles concentrations d'acide lactique relevées à l'issue de telles séquences d'exercices).

Ce travail peut, à moyen et à long terme, améliorer considérablement le métabolisme aérobie (Puissance et endurance).

Nous définissons ce type d'entraînement comme *entraînement par intervalles « courts-courts »*.

3. Amélioration de la puissance et de l'endurance anaérobies lactiques

Enfin, à des intensités critiques ou surcritiques d'une durée comprise entre 30 secondes et 2 minutes, l'accumulation lactique devient très importante. Son élimination tant de la cellule que des différents compartiments liquidiens de l'organisme, n'est que très progressive (50 minutes à 1 heure au niveau plasmatique lors d'une récupération passive) et nécessite des délais d'autant plus importants que l'intensité du travail a été élevée. La durée et la nature de la récupération doivent être alors modulées suivant les effets recherchés :

- S'il s'agit d'habituer les muscles et l'organisme entier à travailler avec de fortes accumulations lactiques, la récupération doit à la fois être incomplète et permettre au système cardio-respiratoire de retrouver des valeurs proches de celle du repos (F.C. inférieure 120 batt/min.). Nous suggérons des pauses passives d'une durée comprise entre 1 et 2 minutes ;
- S'il s'agit au contraire d'éliminer rapidement le lactate produit pour reprendre un autre exercice, pendant les pauses le sujet doit maintenir un niveau d'activité sollicitant 50 à 60 % de $\mathring{V}O_2$ max (F.C. = 140 - 150 batt/min.).

Les processus oxydatifs sollicités par la récupération active en catabolisant plus rapidement le lactate et en augmentant la resynthèse de l'A.T.P. permettent une diminution importante du temps de récupération.

Dans ces deux cas, l'arrêt de l'exercice est dicté par une baisse de rendement de l'activité qui correspond aux limites de tolérance aux concentrations de lactate.

Nous définissons ce type d'entraînement comme *entraînement par intervalles « moyens-moyens »*.

d. Le nombre de répétitions

Le nombre optimal de répétitions est un problème encore mal connu qui dépend de nombreux facteurs, comme l'âge, la capacité individuelle et le niveau d'entraînement, la motivation et la volonté de l'athlète. Cependant pour un même exercice, selon l'interaction de l'intensité, de la durée des récupérations entre chaque exercice et du nombre total de répétitions l'impact physiologique peut être totalement différent.

Exemple d'un exercice surcritique d'une durée de 15 secondes :

- 6 × 15 secondes décomposés de la manière suivante :
  (3 × 15 secondes) × 2 avec des récupérations de 30 secondes entre chaque exercice et de 3 minutes entre les deux séries, sollicitent électivement le processus anaérobie alactique.
- 6 × 15 secondes avec des pauses incomplètes :
  (r (1) = 15 à 20 secondes) ont un impact principal anaérobie lactique et secondairement alactique.
- 30 × 15 secondes avec des récupérations incomplètes de courte durée (r = 10 à 15 secondes), mettent en jeu d'une manière principale la puissance aérobie et secondairement les processus anaérobies alactiques.

Ceci ne nous indique pas pour autant le nombre limite de séries et de répétitions nécessaires pour améliorer d'une manière maximale le processus souhaité.

Dans l'attente de conclusions objectives, *« l'expérience »* de l'entraîneur et la bonne connaissance subjective que l'athlète a de lui-même, demeurent prédominantes pour savoir déterminer les limites critiques au-delà desquelles les effets des différentes répétitions ne sont plus bénéfiques.

10.3. Conclusion

L'ensemble de ces propositions déduites d'une construction scientifique théorique, présentent de nombreuses incertitudes, notamment dans l'évolution des adaptations individuelles qui peuvent profondément différer d'un sujet à l'autre, c'est pourquoi un contrôle par tests spécifiques régulièrement proposés, devrait à part entière être inclus dans tout entraînement rationnel et être le fondement des recherches longitudinales que requiert la meilleure maîtrise des effets de l'entraînement.

(1) r = récupération.

Tableau 10.4

Tableau récapitulatif des impacts métaboliques essentiels ➡ et secondaires ⟶ des différents exercices et séances d'entraînement (G. CAZORLA)

Nature de l'entraînement / Procédés	Intensité du travail	Durée du travail	Exercices à utiliser	Nombre de séances par semaine	Fréquence cardiaque (bat/mn) pendant le travail
I. CONTINU	*Sub-critique* (la plus élevée possible)	Minimum 45 minutes	- Distances marathon - Farteck	Dépend de la période de préparation et du sport (entre 2 et 6)	10 à 20 battements au-dessous de la F.C. max.

II. PAR INTERVALLES

Travail	Repos		Intensité du travail	Durée du travail	Durée de la récupération	Nature de la récupération	Nombre de répétitions par série	Durée totale des des séries	Durée de récupération entre chaque série	Nombre de séance d'entraînement par semaine	F.C. (batt/mn) Travail	F.C. (batt/mn) Fin du repos
Longs	Longs	Principe	*Sub-critique* 85 à 95 % des possibilités maximales sur durée choisie	3 à 15 minutes	2 à 5 minutes	Active 50 à 60 % de VO_2 max.	4 à 5	30 mn à 1 heure	3 à 5 mn (passive)	2 à 6	Pas inférieure à 10-15 batt. au dessous de la F.C. maximale	Entre 120 et 130
		Exemples		3 mn 4 mn 10 mn	3 mn 2 mn 5 mn		5 4 3	3 × 15 mn 3 × 16 mn 2 × 30 mn				
Moyens	Moyens	Principe	*Sub-critique critique*	40 à 90 s	1 à 2 mn	Passive ou active	4 à 6	10 à 15 mn	5 mn (active)	1 à 2	Pas inférieure à 10 batt. au dessous de F.C. maximale	Entre 120 et 130
		Exemples		1 mn 1 mn 30 s	1 mn 30 s 2 mn		6 4	2 × 6 mn 2 × 6 mn				
Courts	Courts	Principe	Critique ou surcritique	10 à 20 s	10 à 15 s	Passive	20 à n. fois	> 20 mn	2 à 3 mn passive ou active	2	F.C. maximale ou proche	> 160
		Exemples		10 s 15 s 15 s	10 s 10 s 15 s		30 20 40	6 × 5 mn 6 × 5 mn 10 × 3 mn				
Courts	Longs	Principe	Surcritique	8 à 20 s		Passive	3 à 4	Entre 5 et 15 mn	5 mn passive ou active 40 % VO_2 max. (F.C. = 120)	2 mais doit faire partie de chaque séance d'entraînement	Variable	< 120
		Exemples		10 s 15 s	2 mn 3 mn		4 3	10 × 40 s 10 × 45 s				

Amélioration des métabolismes

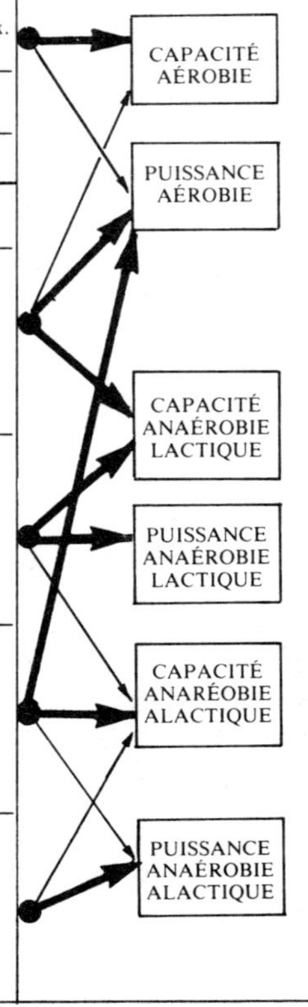

Pour en savoir plus, lire notamment :

WEINECK (J.): *Manuel d'entraînement*, Ed. Vigot, 1983.

MATVEIEV (L.P.): *Aspects fondamentaux de l'entraînement*, Ed. Vigot, 1983.

MATVEIEV (L.P.): *La base de l'entraînement*, Ed. Vigot, 1980.

FOX (E.L.), MATHEWS (D.K.): *Interval training*, Ed. Vigot, Paris, 1980.

HORT (W.), FLÖTHNER (R.): *Les bases scientifiques de la musculation et de la traumatologie musculaire*, Ed. Vigot, 1984.

CAZORLA (G.): *Contribution à l'étude de la performance en natation. Apport des Sciences biologiques*, Mémoire, INSEP, 1978.

ASTRAND (P.O.) et RODAHL (K.): *Entraînement physique*. Dans *Manuel de physiologie de l'exercice musculaire*, Masson et Cie, 1973, pp. 349-394.

11. Exemples de procédés d'entraînement et adaptations à moyen ou long terme recherchées

G. CAZORLA

11.1. Amélioration de la vitesse

Dans de très nombreuses activités sportives il est toujours intéressant pour l'athlète d'avoir de bonnes qualités de vitesse qui importent naturellement davantage chez le sprinter.

La vitesse de réaction qui est sous la dépendance du système neuromoteur est en grande partie fixée génétiquement et l'entraînement ne pourra l'améliorer que dans les limites très étroites. Par contre la vitesse gestuelle sur courte durée (25 m nage, 100 et 200 m course) dépend surtout des réserves en phosphagène et du pouvoir contractile de la fibre musculaire. L'entraînement doit mettre l'accent sur leur développement. Les exercices dévolus à cette tâche se distinguent par les caractéristiques suivantes :

Nature de l'exercice

Musculation avec charges lourdes, exécutée à grande vitesse, série de départs suivis de course ou de nage sur courtes distances, sprints, font partie de la batterie classique.

Intensité

Surcritique, l'intensité de l'exercice doit être maintenue entre 95 et 100 % de l'intensité étalon.

Durée

Le développement de la puissance nécessite des exercices de 8 à 10 s alors que celui de la capacité du système des exercices de 15 à 30 s.

Récupération

Peut être courte, 15 à 30 s entre chaque répétition si celles-ci ne sont pas nombreuses, et supérieures à 3 minutes entre chaque série de trois à quatre répétitions. Les pauses longues peuvent être actives (40 % à 50 % de $\mathring{V}O_2$ max).

Nombre de répétitions

Est fixé d'après le niveau de préparation de l'athlète. Faible en début de saison (5 %), peut occuper jusqu'à 30 % de la séance à l'issue de la période de précompétition.

Adaptations recherchées

- Augmentation du nombre d'éléments contractiles dans les muscles sollicités.
- Augmentation des réserves ATP/CP et de l'oxygène en réserve intramusculaire.
- Augmentation de la concentration des enzymes intervenant dans le métabolisme anaérobie alactique : créatine phosphokynase et myokinase.

Avec pour conséquence une augmentation de la force musculaire et de la vitesse d'où un gain important de puissance.

Inconvénients

Un nombre trop élevé de répétitions de sprints de même nature, risque de fixer un stéréotype ou « barrière de vitesse » que l'athlète ne peut plus ensuite améliorer en compétition. Pour éviter cet inconvénient il est indispensable de faire varier la durée des différents sprints d'entraînement. D'autre part des séries de sprints voisinant 20 secondes risquent progressivement, malgré des pauses adéquates, d'entraîner une accumulation de l'acide lactique musculaire qui se traduit par une baisse de la vitesse et une fatigue plus ou moins précoce, c'est pourquoi :

« L'entraînement de l'utilisation du phosphagène ne peut donc être opéré sans risque, que si le sujet a préalablement entraîné ses processus de glycolyse anaérobie ». Lacour, 1976.

11.2. Propositions pour l'entraînement de la glycolyse anaérobie

En fonction de l'âge du sujet et du profil métabolique de la performance visée, le rôle de l'entraînement de la glycolyse anaérobie est principalement de retarder les effets inhibiteurs de l'acide lactique :

- en habituant le muscle à travailler efficacement avec un pourcentage élevé de lactate (motivation et volonté revêtent ici une grande importance) ;
- et pour une intensité donnée de l'exercice, abaisser progressivement la production de lactate.

Les moyens d'y parvenir doivent respecter les caractéristiques suivantes :

Intensité

Surcritique : correspondant à 90-95 % de l'intensité étalon

Durée

- pour le développement de la puissance du système = 30 s à 1 minute ;
- pour le développement de l'endurance du système = 1 à 3 minutes.

Récupération

La durée de la récupération doit permettre un retour de la F.C. vers ses valeurs de repos de façon à créer à chaque reprise du travail une nouvelle inertie de la chaîne des transporteurs d'oxygène qui s'accompagne d'une accumulation de lactate.

La durée optimale se situe entre une et deux minutes. Elle peut diminuer progressivement au cours d'une même série dans un entraînement, ou plus longitudinalement au cours de plusieurs entraînements. Elle peut être passive ou active si l'on recherche respectivement une forte accumulation ou au contraire une utilisation accrue du lactate produit.

Nombre de répétitions

Il est généralement peu élevé (pas plus de 4 à 8) à cause de l'intervention rapide de la fatigue. Comme il dépend aussi beaucoup de l'âge (à éviter avant 13-14 ans) et du niveau de l'athlète, l'entraîneur devra l'interrompre dès qu'il percevra les premiers signes de fatigue.

Adaptations recherchées

- Augmentation des différents enzymes intervenant dans la chaîne de la glycolyse anaérobie.
- Augmentation de la dette d'oxygène.
- Amélioration de l'adaptation tissulaire dans des conditions de pH faible (milieu acide)
  et ce afin d'améliorer toutes les performances nécessitant un effort violent d'une durée de 30 secondes à 3 minutes.

Inconvénients

Ce travail, très difficile à doser, doit s'appuyer sur une parfaite connaissance :

- des processus mis en jeu ;
- des possibilités individuelles de chaque athlète, car il semble que les surcharges dans ce domaine peuvent avoir des conséquences négatives sur toute une saison et même au-delà. Une forme d'entraînement aussi intense n'est guère recommandée pour les sujets ordinaires et surtout pour les jeunes qui semblent manquer de l'équipement enzymatique leur permettant de faire face à ce type de sollicitations.

Enfin, l'amélioration des potentiels anaérobies s'estompe très rapidement dès que cesse l'entraînement spécifique. En tout état de cause la durée de l'entraînement de la glycolyse anaérobie ne doit pas excéder un mois et demi à deux mois consécutifs, car les contraintes psychologiques requises seraient difficilement supportables au-delà.

11.3. Propositions pour l'entraînement du système aérobie

Pour aborder l'entraînement de la glycolyse anaérobie dans de bonnes conditions il est prioritairement souhaitable d'améliorer le système aérobie : son intervention précoce et efficace diminue d'autant la production de lactate et permet aussi de réduire les durées de récupération en favorisant son oxydation. Le facteur limitant (forte acidité musculaire), se trouve ainsi repoussé, autorisant un prolongement de l'effort. Le développement du processus aérobie sous-tend trois objectifs :

- élever le niveau de consommation d'O2 (puissance) ;
- améliorer la capacité de le maintenir à ce niveau maximal pendant la plus longue durée possible (endurance) ;
- diminuer la période d'inertie initiale de mise en jeu efficace du processus.

Nature de l'exercice

Trois types d'exercices peuvent être envisagés :

1. Les exercices à effort continu de longue durée et à faible intensité dont le but est d'améliorer la capacité du processus aérobie, ce qui favorise une bonne reprise de l'entraînement intensif au cours d'une saison.
2. Les exercices intermittents de longues durées qui améliorent à la fois l'endurance et la puissance aérobie.

Ex : (travail : 6 min, repos : 3 min) × 4.

3. Les exercices intermittents de courtes durées mais dont le volume total des séries est supérieur à 10 minutes.
   Ex : (travail : 10 s, repos : 10 s) × 60

Ce type d'exercice qui utilise surtout les réserves d'oxygène lié à la myoglobine, augmente la sollicitation cardio-vasculaire, et améliore l'utilisation de l'oxygène par la fibre. Il peut donc entraîner une augmentation rapide du VO2 max.

Intensité

Sensiblement voisine de l'intensité critique au cours des exercices intermittents de courtes durées, elle doit être abaissée entre 80 et 85 % de cette intensité au cours des exercices intermittents de longues durées ou continus.

Durée

Les longues durées développent surtout la capacité aérobie tandis que les durées plus courtes développent davantage la puissance. Ceci correspond à la chronologie des améliorations à rechercher au cours d'une saison.

Durée de la récupération

Il en va de même des durées de récupération : longues en début de saison entre deux distances importantes (3 à 5 minutes), elles diminuent nettement ensuite pour être comprises entre 10 et 20 secondes lors du travail d'amélioration de la puissance aérobie.

Nombre de répétitions

Le nombre de répétitions conditionne l'amélioration aérobie dans la mesure où la somme totale des durées de travail est supérieure à 6 minutes pour le développement de la puissance, et nettement plus élevée pour développer l'endurance du système (supérieure à 20 minutes).

Adaptations recherchées à long terme

Les exercices proposés pour développer la puissance aérobie, en sollicitant intensément la chaîne de transporteurs d'O2 (diffusion pulmonaire, transport sanguin de l'O_2, volume et débit cardiaques...) semblent surtout avoir un effet bénéfique sur la circulation systémique et locale (augmentation du recrutement des capillaires).

Ceux proposés pour améliorer l'endurance aérobie semblent, quant à eux, augmenter le nombre et la taille des mitochondries, la concentration des enzymes du cycle de Krebs et de la chaîne respiratoire, les réserves de glycogène, et l'utilisation des acides gras libres. L'utilisation de ces derniers pour des exercices d'intensités de plus en plus élevées, économise la consommation du glycogène, ce qui augmente d'autant les possibilités de prolonger l'exercice.

Inconvénients

Le travail « fractionné » aérobie nécessite une discipline assez stricte qui n'est pas toujours compatible avec les qualités psychologiques des jeunes sportifs. Il est donc recommandé de ne pas en abuser et de les alterner avec du travail de longue durée. Hormis cet inconvénient minime, il est conseillé quelle que soit la spécialité envisagée, de commencer par entraîner le système de transport et d'utilisation de l'oxygène. Garant d'une bonne capacité d'entraînement, et d'une récupération plus efficace il aura indirectement et directement des effets bénéfiques sur la performance.

Cette approche très partielle doit être nécessairement nuancée par l'âge, le niveau technique et les possibilités physiques de chaque sujet. Elle ne constitue donc qu'une approche non exhaustive dont la seule intention est de proposer une base de réflexion.

12. Facteurs influençant la performance — J. CAJA et P. LEGROS

L'activité physique et plus particulièrement l'entraînement sportif est un facteur supplémentaire « d'agression » de l'organisme. La somme de toutes les « agressions » peut entraîner l'apparition pour le sujet d'une sensation pénible : la fatigue. Si l'on ne prend en compte que le facteur qui nous intéresse ici, c'est-à-dire la charge d'entraînement, il est possible de considérer la fatigue due à cette charge comme une rupture momentanée de l'équilibre travail musculaire (entraînement) — récupération. Lorsque ce déséquilibre persiste trop longtemps ou même augmente, apparaît le surmenage (sorte d'état de fatigue chronique). Dans le cas de l'entraînement, le surmenage peut être le fait :

- d'une trop grande quantité de travail ;
- d'une mauvaise qualité dans la récupération ;
- souvent d'une combinaison des deux facteurs.

Une fois installée, la thérapeutique essentielle de la fatigue, et à plus forte raison du surmenage, reste le repos. Il est donc essentiel de pouvoir prévenir leur apparition, c'est-à-dire qu'il faut être capable de détecter la survenue d'indices qui doivent alerter l'entraîneur et le sportif. Ce diagnostic précoce permettra une mise en œuvre plus rapide des dispositions qui conduiront vers un retour à l'état d'équilibre (principalement le repos et si nécessaire consultation d'un médecin spécialiste).

Les indices de surmenage sont nombreux, mais il convient de prêter une attention particulière aux signes suivants :

- irritabilité exagérée, mauvaise humeur ;
- insomnie, sommeil de mauvaise qualité (réveil précoce) ;
- perte d'appétit ;
- stagnation, voire chute des performances ;
- lassitude générale, accompagnée d'un dégoût de l'entraînement ;
- perte de poids ;
- fréquence cardiaque de repos (le matin au réveil) plus élevée.

Un entraînement bien conduit, ménageant des temps de repos (alternance repos-travail), un respect et une amélioration des moyens de récupération, participent à la prévention de la fatigue et du surmenage.

Nous allons envisager dans la suite les différents facteurs qui peuvent influencer la qualité de la récupération de l'athlète :

- l'alimentation ;
- les procédés visant à l'amélioration des périodes de repos :
  — le sommeil,
  — la relaxation,
- les moyens qui facilitent la préparation à l'effort ou la récupération :
  — l'échauffement,
  — les différents soins du sportif.

12.1. L'alimentation du sportif : Eléments de diététique

12.1.1. Généralités — Les différents types d'aliments

L'alimentation doit permettre, notamment chez l'athlète, d'assurer :

- le besoin énergétique nécessaire au maintien de la vie et à l'activité musculaire (activité des cellules au repos ou lors de l'exercice) ;
- le besoin plastique impliqué par la protection, la respiration, l'élaboration des tissus de l'organisme.

Les trois grands types d'aliments : glucides (sucres), lipides (graisses), protides, présentent plus ou moins une activité à la fois énergétique et plastique. Par contre, les sels minéraux, les vitamines, l'eau, ne présentent qu'une activité plastique.

La valeur énergétique des aliments s'exprime en calories : la ration alimentaire normale d'un adulte est de 2 500 à 3 000 calories par jour.

La ration calorique est la quantité d'aliments nécessaire à l'organisme, considérée indépendamment des propriétés plastiques, vitaminiques et de l'équilibre en quantité, des différents aliments qui la composent.

Les calories nécessaires aux besoins énergétiques sont fournies par les glucides, les lipides et les protides. Schématiquement :

- 1 g de glucide libère 4 calories ;
- 1 g de protide libère 4 calories ;
- 1 g de lipide libère 9 calories.

Il est nécessaire que la ration calorique soit apportée à l'aide des trois types d'aliments. Des études ont montré que chez les athlètes, les meilleurs résultats étaient obtenus avec une alimentation composée de :

- 15 % de l'apport calorique total en protides ;
- 30 % de l'apport calorique total en lipides ;
- 55 % de l'apport calorique total en glucides.

a. Les glucides

Le glucose (C_6 H_{12} O_6) représente la forme la plus habituelle de transformation des glucides (ou hydrates de carbone) par les processus de digestion. C'est sous cette forme la plus simple qu'ils sont utilisés par l'organisme.

On peut distinguer dans les glucides :

- les sucres simples (la molécule est constituée de 6 atomes de carbone) dont le type est le glucose ; ils présentent une propriété importante en diététique sportive : ils sont pratiquement directement assimilables par l'organisme sans avoir à subir un processus de digestion (on les appelle pour cela sucres rapides ou starters) ;
- les sucres doubles (la molécule est constituée de 12 atomes de carbone) ; les plus importants sont le saccharose (sucre usuel) et le lactose ;
- les formes de stockage du glucose : l'amidon dans les plantes et le glycogène chez les animaux et l'homme, formés par l'assemblage d'une grande quantité de molécules de glucose liées les unes aux autres ;
- la cellulose qui constitue la membrane de toutes les cellules végétales ; elle n'est pas digérée, c'est-à-dire qu'elle ne joue aucun rôle énergétique, mais elle est indispensable pour le transit intestinal.

Les principales sources alimentaires de glucides sont :

- les céréales et leurs dérivés (farines, semoules, pain, pâtisserie, pâtes alimentaires, riz...), les légumes secs, les pommes de terre pour l'amidon ;
- le sucre et tous les produits sucrés pour le saccharose ;
- le lait pour le lactose.

b. Les lipides

L'action énergétique et plastique des lipides fait qu'ils sont indispensables à une alimentation saine.

Les principales sources alimentaires de lipides sont :

- les corps gras d'origine animale : crème, beurre...
- les différentes huiles ;
- les margarines ;
- les lipides de constitution : difficiles à évaluer, ils représentent une grande part de la consommation lipidique ; on les trouve dans les viandes, le poisson, les fromages.

c. Les protides (protéines)

Aliments de toutes les cellules vivantes, les protéines en représentent le substrat élémentaire (constitution des muscles, des enzymes, des hormones...).

Elles sont constituées de carbone d'oxygène et d'hydrogène (comme les glucides et les lipides) mais aussi d'azote.

Les principales sources alimentaires de protides sont :

- les viandes et dérivés ;
- les produits de la mer : poissons, crustacés...
- les œufs ;
- les produits laitiers : lait, yaourt, fromages...

12.1.2. L'alimentation du sportif

La rigueur que l'on portera à la surveillance de l'alimentation dépendra bien sûr du niveau de compétition de l'athlète et du sport considéré. Les règles diététiques devront être simples et ne pas perturber les athlètes. C'est ainsi que tout programme diététique devra être discuté avec les sportifs qui participent à son élaboration, et progressivement établi bien avant une épreuve importante. Les habitudes alimentaires familiales, régionales, raciales devront être respectées, mais nuancées, et l'on se limitera bien souvent à éviter certaines erreurs ou abus encore trop souvent commis.

On distingue trois rations alimentaires types :

- la ration d'entraînement ;
- la ration de compétition ;
- la ration de récupération.

a. La ration d'entraînement

Elle doit comporter 3 000 à 3 500 calories réparties en trois repas.

- *Le petit déjeuner*

Il sera copieux et devra éviter la sensation de faim de 11 heures. Il comprendra :

- céréales (corn-flakes, semoule riz...) au lait ;
- jambon ou œuf dur ou coque ;
- pain + beurre + confiture ou miel ;
- café ou thé + sucre ;
- fruit ou jus de fruit.

On éliminera le café au lait, trop indigeste.

- *Le déjeuner et le dîner*
- crudités ou légumes cuits ou entrée chaude (pizza, quiche...) ;
- une viande ou équivalent (abats, poisson, œufs...), 150 g par repas ;
- pommes de terre ou céréales (pâtes, riz) à l'un des repas, légumes verts et quelques pommes de terre à l'eau à l'autre ;
- fromage ou équivalents (laitages) ;
- fruits cuits ou crus ou compote.

Ajouter environ 300 g de pain ou équivalent (biscottes, biscuits, pain d'épice), des matières grasses d'origine animale (30 g de beurre) et d'origine végétale (35 g d'huile ou margarine).

- *Conseils généraux :*
- Ne pas boire pendant les repas ; de même, il faut éviter de boire une demi-heure avant et deux heures après un repas. En revanche, boire au moins un litre et demi par jour en dehors de ces périodes. Penser à boire tout de suite après l'entraînement, ne pas attendre le repas suivant pour le faire. Certains auteurs pensent même que certains accidents (claquages, crampes, tendinites) sont favorisés par un apport de boisson insuffisant.
- Ne pas manger entre les repas. A la rigueur, un fruit ou un yaourt pour ceux qui ne peuvent s'en passer.
- Eviter les modes de cuisson trop lourds à digérer (sauces, fritures, graisses cuites), les charcuteries, certains légumes (choux, concombres, navets).
- Manger lentement, bien mastiquer ; le repas doit se prendre détendu et non à la sauvette.

b. La ration de compétition

Toute erreur peut provoquer une contre-performance ou une prestation médiocre.

- *Le petit déjeuner*

Si la compétition se situe le matin ou si l'épreuve est de longue durée, le petit déjeuner sera copieux et comprendra :

- un bol de céréales avec lait ;
- viande froide ou jambon ou œufs ;
- biscottes ou pain grillé + beurre + confiture ;
- thé ou café sucré ;
- un fruit mûr.

Si la compétition se situe l'après-midi, le petit déjeuner sera léger.

- *Le déjeuner*

Ce repas devra toujours être pris 3 ou 4 heures avant l'heure fixée de la compétition. Il devra se rapprocher le plus possible du repas type suivant :

- un hors-d'œuvre en petite quantité à l'huile et au citron pour exciter les sécrétions gastriques ;
- une viande grillée ou rôtie ;
- légumes verts ou pommes de terre ou pâtes ou riz cuit à l'eau,
- fromage à pâte dure ou yaourt ;
- pain ou biscottes ;
- un ou deux fruits mûrs.

Il faudra particulièrement veiller à prendre ce repas dans de bonnes conditions psychologiques.

- *La ration d'attente*

L'anxiété, chez certains, provoque souvent une sensation de malaise, de faim. Pour l'éviter, on s'habituera à prendre toutes les heures ou demi-heures, une boisson préparée dans les proportions suivantes : 1/2 eau + 1/2 jus de fruit avec soit du miel, soit du glucose. Ne pas servir frais.

- *La mi-temps*

Elle sera exploitée afin d'éviter certains effondrements et comportera :

- soit thé léger + miel ;
- soit 1/2 eau + 1/2 jus de fruit + glucose ou miel ;
- ajouter dans la boisson une à deux cuillerées à café de sirop de potassium pour un litre d'eau ;
- et du citron pour rafraîchir la bouche.

Ces boissons devront être testées à l'entraînement, et le potassium sera en particulier remplacé par des abricots secs, s'il provoque des douleurs gastriques.

c. La ration de récupération

Souvent complètement négligée (fêter la victoire), elle doit permettre pourtant d'éliminer rapidement la fatigue et sera indispensable pour des épreuves à compétitions rapprochées.

- *Immédiatement après l'épreuve*

Boire une eau fortement minéralisée (Perrier, Vichy, etc.), avec, si possible, un peu de sirop de potassium.

- *Après la douche*

Boire 1/4 l de lait écrémé et de l'eau selon sa soif, en veillant à s'arrêter 1/2 heure avant le repas suivant (environ 1,5 litre entre la fin de la compétition et le coucher).

- *Au repas qui suit la compétition*
- pas de viande ;
- 1 bouillon de légumes ;
- plat de pâtes, riz ou pommes de terre cuites à l'eau ;
- salade et œuf dur ;
- deux fruits mûrs.

Si les compétitions sont quotidiennes, on ajoutera cependant environ 100 g de viande grillée, rôtie ou froide.

En conclusion, il faudra, dans le domaine de l'alimentation, faire preuve de modération et de bon sens. Eviter les positions extrêmes (laisser-aller ou rigueur) et respecter, tout en nuançant, l'originalité de chacun.

12.1.3. Les autres apports

a. Les besoins hydriques (eau)

Une règle essentielle doit être respectée : il faut compenser les pertes hydriques dues à l'entraînement ou à la compétition. Lorsque le bilan hydrique est négatif (différence entre les entrées et les sorties), il y a risque de déshydratation. Cette déshydratation peut entraîner une diminution de l'aptitude à l'effort et donc une diminution des performances.

L'entraînement sportif exige donc de la part de l'athlète une bonne connaissance des problèmes posés par les besoins en eau :

- connaissance de ses propres besoins : cet apprentissage doit se faire en période d'entraînement (pesées avant et après un effort donné) ;
- nécessité de boire avant l'effort : une fois acquise la connaissance de ses besoins hydriques en fonction d'un effort donné, il est préférable de constituer un « stock d'eau » nécessaire à sa réalisation (prises fractionnées, durant les 2 heures précédentes avec arrêt total 1/2 heure avant).
- nécessité de boire pendant l'effort (si celui-ci est de longue durée) : il faut boire souvent (tous les 1/4 d'heure) et par petites quantités.

La boisson la plus efficace reste l'eau pure (les boissons alcoolisées ne sont jamais nécessaires et doivent être supprimées). Il est préférable d'ingérer la boisson à température ambiante (jamais glacée).

b. Les besoins en sels minéraux

Les éléments minéraux ont de nombreuses fonctions :

- constituants essentiels des cellules ;
- participent à la composition de nombreuses substances : hémoglobine, certains enzymes...
- interviennent dans la régulation de la perméabilité des membranes cellulaires ;
- entrent dans la constitution des os : en particulier le calcium et le phosphore ;
- influent sur toutes les fonctions cellulaires et notamment l'excitabilité neuro-musculaire ;
- interviennent dans la régulation du métabolisme de l'eau et du volume du sang circulant.

Les principaux sels minéraux sont : le potassium (K), le sodium (Na), le chlore (Cl), le phosphore (P), le magnésium (Mg), le calcium (Ca), le fer (Fe).

En principe, une alimentation quantitativement et qualitativement équilibrée apporte, dans les proportions nécessaires, les sels minéraux indispensables.

c. Les besoins vitaminiques

Les vitamines représentent un groupe de substances très actives qui participent notamment à la structure de nombreux enzymes.

Le plus souvent, même en période d'entraînement, une alimentation bien équilibrée dispense de tout autre apport vitaminique. En période de compétition, une forte consommation vitaminique peut nécessiter un tel apport.

De toutes façons, les vitamines doivent être utilisées à bon escient et suivant une posologie déterminée car leur totale inocuité à doses trop importantes n'est pas prouvée.

12.2. Procédés visant à l'amélioration des périodes de repos

12.2.1. Le sommeil

Période de repos indispensable à l'organisme. Il est conseillé au sportif soumis à un entraînement intensif de dormir 8 à 9 heures par nuit. Toute perturbation du sommeil peut créer à la longue des troubles graves. Aussi, conviendra-t-il de veiller soigneusement à créer des conditions qui favorisent le sommeil, en particulier par l'aménagement d'une température optimale, le contrôle de l'aération et surtout de l'atmosphère qui ne doit pas être trop sèche, la suppression des bruits et l'atténuation des sources lumineuses.

De même, comme après un entraînement, la fin de la journée comportera un retour au calme progressif ; il est conseillé de terminer la soirée par une activité peu intense, ne nécessitant pas d'effort intellectuel trop important et de veiller à ce que la digestion soit terminée.

Si l'on se sent tendu, on pourra, soit prendre une douche ou un bain chaud, soit se relaxer pendant quelques minutes en contrôlant simultanément le relâchement musculaire et la respiration.

Certains facteurs favorisent l'insomnie. Nous avons cité le surmenage ou les fatigues passagères, les excitants, de même que les compétitions ou les entraînements trop intenses. Il faudra à ce propos ne jamais terminer un entraînement ou même une compétition par des efforts très intenses ; des exercices de retour au calme (travail très léger — relaxation) sont indispensables pour favoriser la reprise normale du rythme physiologique.

12.2.2. La relaxation

Sans empiéter sur le domaine psychologique, il est notoire que la personnalité, et plus particulièrement l'affectivité, exerce une influence importante sur le comportement. L'émotivité de tel athlète avant une compétition, sera pour lui un avantage qui lui permettra de trouver des forces nouvelles, ou un handicap qui l'affaiblira. Mais l'affectivité peut se manifester sous des formes plus nuancées et affecter profondément l'état et le fonctionnement même de l'organisme ; l'ulcère d'estomac, les crises d'asthme ou d'épilepsie, par exemple, sont en grande partie des conséquences physiques d'un trouble affectif. C'est là que se situe l'un des fondements de la relaxation : améliorer par certaines techniques, certains exercices, des troubles affectifs, certaines tensions affectives. Plus modestement, la relaxation s'efforcera de diminuer le tonus musculaire, de rechercher un relâchement musculaire en certaines circonstances afin de repousser la fatigue (économie d'énergie) et d'obtenir une détente nerveuse. Elle réalise également une meilleure connaissance de sa propre image corporelle, de meilleures sensations qui amélioreront le geste technique.

Les mécanismes de l'influence réciproque de l'affectivité et du physique sont cependant assez mal connus et l'on conçoit que les techniques requièrent des connaissances et une expérience suffisantes car, mal conduites, ces techniques peuvent être négatives. Les techniques ou méthodes proposées sont réparties en deux groupes :

a. Les méthodes analytiques

Le point de départ est d'ordre périphérique : en contractant et en relâchant les muscles, on obtient une sensibilité très fine des états de tension musculaire. Ces résultats sont obtenus par les méthodes suivantes.

Le yoga, dont la forme la plus élémentaire, le hata yoga, vise le relâchement total à travers différentes postures qu'il faut tenir et améliorer dans le sens d'une plus grande économie d'effort et d'un abandon total. Il y a en même temps une éducation et un contrôle respiratoire.

La méthode de Jacobson. Par l'alternance des contractions et relâchements de divers muscles, cette méthode cherche à reconnaître des sensations de plus en plus fines de contraction et obtenir un certain contrôle, particulièrement dans l'affrontement de circonstances difficiles.

La méthode de Gerda Alexander, qui vise d'abord à obtenir le repos le plus complet par l'intermédiaire de postures qu'il faut contrôler. Puis on affine le sens musculaire en éduquant le toucher et les contacts conçus comme une forme d'échange, qui doit être le plus riche possible, entre l'individu et l'extérieur. Chaque segment, chaque partie du corps est ensuite examinée, sentie, puis replacée dans l'ensemble, pour constituer une unité nouvelle de l'individu.

b. Les méthodes globales

Le point de départ est cette fois d'ordre cérébral. La plus connue, la méthode du « training autogène » de Schulz, sorte d'autohypnose, cherche à obtenir une déconnection du système neuro-musculaire. Lorsque l'isolement, l'abandon même est atteint, on recherche des sensations de pesanteur et de chaleur. Cette méthode exige une grande expérience et doit être menée avec prudence.

c. Applications pratiques

Cette énumération sommaire incite à penser que toute technique de relaxation demande des connaissances particulières et une expérience solide pour être appliquée. Ces méthodes ne devront pas être imposées, mais librement consenties, car elles demandent toutes une concentration et une participation très active du sujet.

Sans être spécialiste, on peut malgré tout, emprunter certains procédés à ces techniques et les utiliser à la fin d'une séance comme moyen de détente ou pour calmer certains sujets très nerveux avant une compétition (pas moins d'une heure avant cependant).

• *Exemple de travail*

Le sujet est allongé, bras et jambes légèrement écartés ; rien ne doit le gêner ou l'irriter (chaussures, vêtements trop serrés...). La salle doit être calme, dans la pénombre.

Le moniteur, l'entraîneur (pour un groupe) entretiendra cette atmosphère feutrée par une voix calme, monocorde et basse (hypnose).

La concentration totale, l'isolement intérieur doivent être recherchés.

Les points d'attention seront les suivants :

- contrôle de la respiration et prise de conscience des mouvements respiratoires ;
- prise de conscience des différents points de contact avec le sol ;
- recherche de la sensation de lourdeur et de chaleur ;
- état de relâchement des différentes parties du corps (pieds, jambes, cuisses, fessiers, ventre, mains, bras, cou, mâchoires, yeux).

A la fin, le retour à la station debout sera progressif.

La séance peut durer de 10 à 20 minutes.

Pour en savoir plus, lire notamment :

CRAPLET (C.) : *Physiologie et nutrition du sportif,* Ed. Vigot, 1986.

12.3 Moyens facilitant la préparation ou la récupération

12.3.1. L'échauffement

a. Buts

L'échauffement a pour but de préparer le sportif à affronter dans les meilleures conditions les efforts d'une compétition ou d'un entraînement. La préparation concernera deux aspects complémentaires.

La préparation physiologique :

- solliciter l'appareil cardio-pulmonaire, afin que l'irrigation des muscles soit dès le début la meilleure possible ;
- solliciter l'appareil neuro-musculaire et articulaire de façon à ce que les circuits nerveux soient les plus efficaces possible et que les mouvements se fassent avec le maximum d'amplitude

La préparation psychologique qui s'avère très importante avant la compétition.

Si la concentration sera déjà recherchée pour un simple entraînement, elle devra être totale pour une compétition ; toutes les pensées doivent converger peu à peu vers un but unique, la compétition.

Rechercher la combativité, se faire un moral de vainqueur est très personnel à chacun, mais constitue un aspect peut-être capital de la préparation à la compétition.

b. Caractéristiques de l'échauffement

Parce que chacun a sa propre personnalité, parce que chacun a ses propres qualités neuro-musculaires, l'échauffement doit être essentiellement personnel. Il n'y a pas d'échauffement type. Cependant, il ne faudra pas oublier que l'échauffement doit être :

- *adapté :* il prépare à un effort bien particulier et doit être conduit en conséquence ;

- *long :* un échauffement trop hâtif entraîne souvent un engorgement musculaire qui aboutit à une sensation de lourdeur (jambes coupées) et d'étouffement (une durée de 3/4 d'heure avant une compétition semble un minimum). Il ne faut pas confondre d'autre part, chaleur superficielle et échauffement en profondeur ;

• *progressif:* d'abord très lente, l'intensité de l'échauffement croît de plus en plus pour atteindre le rythme de compétition. Le sportif sent de lui-même quand il est échauffé, c'est-à-dire quand il se sent à l'aise, quand il a envie d'accélérer son allure. Un rythme cardiaque entre 90 et 120 indique que le sujet est prêt.

c. Moyens

L'activation du système cardio-pulmonaire se fera de préférence avec des exercices sollicitant les membres inférieurs: courses, sautillements (avec ou sans cordes), exercices légers et longs.

L'échauffement des articulations pourra se réaliser par des exercices d'étirement, en faisant jouer les articulations dans leur plus grande amplitude (s'attarder sur les points douloureux).

Les massages peuvent être utilisés, à condition que le masseur soit de qualité et que le sportif en ait l'habitude (voir paragraphe *massage).* En tout cas, les massages seuls ne peuvent se substituer entièrement à l'échauffement.

• *Conclusion.* Ne pas négliger l'échauffement, car il conditionne grandement le résultat. Se préparer longtemps à l'avance, dans le calme et sans précipitation.

12.3.2. Les soins

Nous envisagerons dans ce chapitre les divers moyens qui facilitent soit la préparation à l'effort, soit la récupération de l'effort. Il s'agit essentiellement de l'action de l'eau (bains, douches), du sauna et des massages.

a. Douche et bain

Les bains et douches froides de courte durée, s'ils peuvent provoquer un effet tonifiant, sont à utiliser avec prudence; ils peuvent même être déconseillés, en raison des réactions souvent violentes qu'ils provoquent.

Les bains ou douches chaudes sont au contraire davantage employés. Nous distinguerons deux types:

- *bains ou douches très chauds (40 à 45°) de 4 à 5 minutes,* bains excitants qui provoquent un coup de fouet sur les organismes endormis;
- *bains ou douches chaudes (35°) de longue durée (15 à 25 minutes)* qui constituent après l'entraînement ou la compétition des bains réparateurs et permettent un relâchement musculaire, favorisent la circulation sanguine grâce à leur action dilatatoire sur les vaisseaux sanguins périphériques et facilitent le sommeil.

b. Sauna

C'est un bain d'air chaud (40 à 100°) et sec, pris à l'intérieur d'une petite pièce isothermique.

Avant de prendre un sauna, un exercice physique préalable (échauffement) est nécessaire afin de préparer l'organisme. Au début de la sudation, il est recommandé de prendre une douche progressivement froide, puis de retourner dans le sauna. Après le bain, la douche prise, une relaxation de 25 à 30 minutes dans un coin isolé complètera l'effet « défatigant ».

Le sauna est en effet indiqué comme moyen de récupération efficace après l'effort. Secondairement, il aura un effet calmant sur les athlètes surentraînés ou anxieux.

En revanche, le sauna est contre-indiqué pour les sujets atteints de certaines maladies vasculaires ou respiratoires.

c. Massages

Nous ne citerons pas ici les massages médicaux qui ont des techniques et des applications bien particulières. Seules seront mentionnées les techniques classiques que l'on utilise avant ou après l'effort.

Elles ont essentiellement une action sur la circulation et peuvent avoir deux effets opposés.

• *L'effet calmant :* le massage est un effleurage, une manœuvre des mains superficielle, lente, de grande amplitude. La surface de contact est la plus grande possible. Cet effet sera donc bénéfique après l'effort et constituera l'essentiel du massage de récupération (durée maximum : 30 minutes). Ce type de massage est déconseillé avant l'épreuve, sauf, très exceptionnellement, chez les sujets nerveux.

• *L'effet excitant :* il sera obtenu par un effleurage qui, contrairement au précédent, devra être réalisé sur un rythme rapide et des glissées profondes qui font souvent suite à l'effleurage. Elles sont faites par des pressions accentuées des mains qui s'exercent toujours dans le sens de la circulation veineuse (vers le cœur) avec des mouvements lents et amples.

Cet effet sera recherché avant l'effort. Cependant le massage ne se substitue pas à l'échauffement (en particulier des articulations). De plus, si l'athlète n'est pas habitué au massage, il risque de mal contrôler ses mouvements sportifs à cause d'une atténuation de ses sensations musculaires.

Conseils pratiques :
- exiger la propreté des mains du masseur et de la peau du patient (douche préalable après l'effort) ;
- utiliser du talc ou de la vaseline pour faciliter le glissement des mains ;
- rechercher une ambiance chaude et calme ;
- rechercher le meilleur relâchement musculaire par une position confortable ;
- éviter le massage des zones riches en ganglions lymphatiques (face postérieure du genou, aine, aisselle et faces latérales du cou) ;
- ne traiter les contusions et les douleurs qu'après avis du médecin.

13. Quelques problèmes particuliers. — J. CAJA

13.1. Les accidents musculaires et articulaires

L'éventail des incidents et accidents qui peuvent arriver aux sportifs est évidemment très large et intéresse souvent le domaine médical. Aussi nous limiterons cette étude à quelques connaissances élémentaires utiles à l'homme de terrain.

Toute pratique assidue expose à des incidents, très bénins en général. Cependant, la répétition trop fréquente de traumatismes devra faire l'objet d'une attention particulière au niveau de l'organisation de l'entraînement, l'exécution de gestes techniques, les déséquilibres alimentaires et le mode de vie trop fatigant.

13.1.1. Les accidents musculaires

Ils peuvent être provoqués soit par une cause externe, un choc en général qui détermine une contusion, soit par une cause interne ; la contraction d'un muscle faite dans de mauvaises conditions entraîne une blessure appelée selon le degré de gravité :

- élongation ;
- claquage ;
- déchirure.

a. Les accidents d'origine externe — Contusion

Coup direct porté sur le muscle qui occasionne non seulement un écrasement musculaire, mais très souvent une déchirure musculaire.

La douleur est vive, très localisée ; l'impotence est immédiate. Une ecchymose (bleu) apparaît quelque temps après.

Le traitement s'apparente à celui de la déchirure.

b. Les accidents d'origine interne

Ces accidents arrivent lorsque le muscle ne travaille pas dans des conditions physiologiques normales : geste en porte à faux, déséquilibre (mauvaise direction des forces), muscle surpris, mal échauffé ou fatigué.

• *L'élongation*

Elle se manifeste par une douleur vive, soudaine, mais qui n'entraîne pas l'arrêt de l'effort. Au repos, le muscle reste légèrement contracturé et la douleur ne réapparaît que si l'on contracte le muscle. Le muscle a été simplement choqué sans que rien ne soit lésé.

On obtiendra la guérison :

• par le repos ;
• par la chaleur (compresse) ;
• par le massage très doux avec pommade révulsive ;
• par un travail très léger après un temps de repos.

Si la douleur persiste, il faudra recourir au traitement médical.

• *Le claquage*

La douleur, très vive, entraîne cette fois l'arrêt immédiat de l'effort. La douleur persiste au repos. Il y a eu rupture de quelques myofibrilles en un point très précis qui détermine une douleur vive. L'apparition d'une ecchymose, parfois tardive et souvent à distance, indique bien qu'il s'agit d'un claquage.

• *La déchirure musculaire*

Degré plus marqué du claquage, car de nombreuses fibrilles sont rompues. L'ecchymose est cette fois précoce, sous-cutanée, violette. La déchirure évolue vers une consistance molle qui, peu à peu, donne un noyau dur. On ne reprendra l'activité que lors que ce noyau dur aura complètement disparu. La reprise sera très prudente. Si la déchirure est mal soignée, on assiste à une calcification de l'hématome.

• *La tendinite*

C'est une douleur vive d'un tendon dont les causes sont multiples ; elles sont imputables d'une part, à l'absence d'échauffement, répétitions trop nombreuses, fatigue, âge, insuffisance de la ration d'eau dans l'alimentation (mauvaise élimination des déchets azotés), d'autre part, à la qualité des sols, des chaussures... Son évolution est imprévisible d'emblée. On assiste parfois à la guérison spontanée avec l'emploi de petits moyens. D'autres cas rebelles désespèrent médecins et patients.

Leur traitement : 65 % d'excellents résultats en moins de six semaines sont obtenus dans les meilleures conditions.

13.1.2. Les accidents articulaires

L'entorse reste l'accident le plus fréquent, la luxation demeure plus rare.

a. Les entorses

Une entorse est un traumatisme articulaire qui entraîne des lésions plus ou moins graves, mais sans qu'il y ait déplacement des surfaces articulaires.

On distingue trois types de lésions :

- *Les lésions capsulo-ligamentaires.*

La capsule a été plus ou moins choquée ou déchirée, selon un degré analogue aux traumatismes musculaires. La gravité est difficile à apprécier dans l'immédiat ; le repos et l'immobilité s'imposent.

- *Les troubles vasomoteurs secondaires.*

Il s'agit d'un épanchement sanguin, d'un gonflement d'origine réflexe. Pour l'éviter, faire des applications de glace, des frictions locales avec pommade d'alphachymotrypsine.

- *Des atteintes musculaires.*

Elles peuvent être soit immédiates s'il y a eu contraction brutale consécutive au moment de l'entorse, soit secondaires s'il y a immobilisation de l'articulation traumatisée (diminution du volume des muscles).

Traitement

Il dépend bien sûr de l'importance des lésions qui sera appréciée par le médecin.

Dans les cas extrêmes, le traitement chirurgical s'impose.

Dans les cas sérieux, le traitement médical suffit.

Pour les entorses bénignes heureusement plus fréquentes, les petits moyens suffisent : repos au début avec application de glace et de pommade, puis mobilisation progressive le 2e et le 3e jour. La marche peut être rapidement reprise au bout de 3 à 4 jours pour une entorse de la cheville, par exemple. Reprise de l'entraînement progressif vers le 10e jour.

b. Les luxations

Ce sont des lésions articulaires qui s'accompagnent de déplacement des surfaces articulaires.

Les dégâts ligentaires et capsulaires peuvent être importants ; l'immobilisation est de rigueur.

Traitement médical, parfois chirurgical, s'il y a récidive.

En conclusion, retenons les trois principes suivants :

- Rien ne remplace le temps.
- Ne pas traiter sans savoir.
- Ne pas vouloir forcer la guérison, mais reprendre, de façon progressive et contrôlée, l'entraînement.

13.2. Le dopage

La pratique du dopage ou doping est vieille comme le monde et la volonté de se surpasser dans les moments importants a toujours tenté les hommes, surtout si la recette était jugée facile et infaillible. Mais, avec l'escalade de la compétition du sport moderne, des accidents, parfois mortels, ont obligé le législateur à réagir et le contrôle antidoping a pris peu à peu sa place, non sans mal et sans contestation, dans les règlements fédéraux et internationaux. Il ne nous est possible ici que de résumer le sujet, mais le lecteur pourra se reporter à l'excellent ouvrage du Dr Noret : « Le dopage », Ed. Vigot, 1981.

a. Définition

Le dopage peut être défini comme l'absorption de substances capables d'augmenter artificiellement le rendement en vue de la compétition.

Sur le plan pratique et médico-légal, sera considérée comme dopage, l'absorption d'une substance inscrite sur la liste officielle des produits dopants.

De là l'application des fraudeurs à rechercher de nouvelles substances non encore citées dans la loi antidoping, ou impossibles à détecter dans les conditions actuelles de la recherche.

b. Les principaux agents dopants

Ils sont très nombreux et exercent des effets divers. Parmi eux, citons :

- Les excitants du système nerveux central, depuis la caféine qui soutient l'étudiant dans ses veillées, jusqu'aux tristement célèbres amphétamines qui diminuent la sensation de fatigue et le besoin de sommeil. Elles ont un effet très douteux sur le rendement musculaire mais ont une action toxique certaine par leur effet d'accoutumance allant jusqu'à la toxicomanie, et surtout en perturbant la régulation thermique, ce qui explique les accidents mortels lors d'un effort musculaire violent, sous une température extérieure élevée.

- Les dépresseurs du système nerveux central qui comprennent toute la gamme des tranquillisants utilisés dans certains sports qui nécessitent une parfaite maîtrise de soi, sans effort musculaire important, comme le tir par exemple.
- Les hormones, adrénaline, cortico-surrénale... et anabolisants de synthèse qui ont eu un temps de vogue dans certains milieux sportifs. Leur effet spectaculaire sur le développement de la masse musculaire, joint à la difficulté de les déceler lors des contrôles, ont pu séduire. Pourtant, leur réputation s'est peu à peu ternie car leur utilisation prolongée a révélé des dangers certains : tumeur prostatique, atrophie testiculaire, trouble du comportement avec agressivité, troubles hydro-électriques avec œdème,

etc., sans oublier chez la femme des effets virilisants. De plus l'augmentation du volume et la puissance musculaire ne s'accompagne pas d'une augmentation de la résistance tendineuse, d'où des accidents fréquents de rupture plus ou moins complète ou de tendinite.

c. La loi antidoping

La lutte antidoping a pris d'abord forme en Italie à cause des concours de pronostics sportifs autorisés dans ce pays. Dès 1954, la lutte prend forme et, en 1961, fonctionne à Florence le premier laboratoire antidoping européen. En France, le Congrès d'Oriage en 1963 demande au Parlement de promulguer une loi antidoping. En 1965, la loi est votée. Les autres pays ont suivi la même évolution ; en 1964 des essais de contrôle antidoping apparaissent aux Jeux Olympiques de Mexico.

Depuis lors, la lutte n'a cessé de s'amplifier malgré les vicissitudes et les difficultés d'application.

En France, la loi n° 65-412 du 1er juin 1965 tendant à la répression de l'usage des stimulants à l'occasion des compétitions sportives, punit de 500 à 5 000 F d'amende quiconque aura utilisé des produits dopants lors des compétitions, assortie d'un emprisonnement d'un mois à un an pour celui qui aura facilité sciemment cette pratique. Actuellement, les fédérations ont la charge d'appliquer cette loi et elles y ajoutent diverses sanctions prévues dans leurs règlements (licence retirée pendant une durée déterminée...).

Avant de clore ce sujet, il faut savoir que certains médicaments pris avec la seule intention de se soigner peuvent contenir des produits dopants inscrits sur la liste officielle de la loi. Il sera bon dès lors de demander conseil à son médecin.

En conclusion, l'application de la loi antidoping n'a certes pas été aisée et elle rencontre encore des réticences. On ne peut pourtant nier son efficacité car, dans le seul sport cycliste, 36 % des prélèvements étaient positifs en 1966, contre 5 % en 1968. Elle a certainement contribué, s'il en était besoin, à faire prendre conscience au public et aux athlètes de l'importance et de la gravité du problème.

13.3. Catégories de poids

Nous avons défini les besoins énergétiques du travail musculaire. Plus généralement, l'organisme réclame, pour fonctionner, une certaine quantité d'énergie qui lui est fournie par les aliments ingérés, de même qu'il a besoin d'un certaine quantité de matière pour compenser les pertes.

On définit donc les besoins qui varient considérablement selon l'activité du sujet. Ces besoins sont évalués quantitativement en calories (unité de chaleur).

Ainsi, un homme, placé dans des conditions telles qu'il n'est appelé à fournir apparemment aucune dépense d'énergie (à jeun depuis au moins 12 heures, au repos complet, couché et n'ayant à lutter ni contre le froid ni contre la chaleur), dépense malgré tout une quantité d'énergie nécessaire au fonctionnement au « ralenti » de l'organisme, dépense minimum qui est appelée *métabolisme de base.*

Sa valeur est variable selon le sexe, l'âge, la morphologie du sujet, mais peut être évaluée en moyenne à 1 500 calories par 24 heures pour un homme de 70 kg.

Dès que le sujet fait une activité, la dépense d'énergie augmente. Ainsi une profession assise non manuelle demande 2 200 à 2 400 calories par 24 heures et jusqu'à 3 000 calories pour un travail modéré. Un travail (dur (mine, bâtiment, agriculture, métallurgie...) exige déjà 3 000 à 5 000 calories. Enfin pour un travail maximum (docker, bûcheron,... et athlètes en compétition) la dépense peut atteindre 8 000 calories. Ces besoins sont fournis par l'alimentation.

Si l'apport alimentaire équilibre les besoins, le sujet adulte est dit en état d'équilibre nutritif, il conserve le même poids et la même constitution chimique. Si l'apport alimentaire est plus important que les besoins, l'organisme peut, soit éliminer certaines matières (eau, sels minéraux...), soit stocker certaines autres (protides, glucides, lipides) sous forme de graisse pour une bonne part qui s'accumule généralement sous le tissu cutané. Ces matières stockées peuvent éventuellement être ré-utilisées si l'apport alimentaire est insuffisant par suite soit de jeûne ou de besoin accru comme à la reprise de l'entraînement par exemple.

Ainsi, se produit un équilibre sans cesse remis en question entre les apports et les besoins de matière et d'énergie. Ces variations se traduisent en poids pour l'individu, mais ne peuvent cependant être aussi directement dépendantes car le mécanisme de régulation du poids dépend de nombreux facteurs très complexes.

L'un des buts de l'entraînement est d'arriver peu à peu au rendement musculaire maximum. A ce rendement maximum correspond un poids de l'individu que l'on appelle couramment poids de forme, équilibre entre une dépense d'énergie importante due à l'entraînement compétitif et un apport alimentaire nécessairement important (voir ration d'entraînement et de compétition). Ce poids se stabilise au bout d'un temps d'entraînement plus ou moins long selon les individus.

Après l'arrêt des compétitions ou de l'entraînement, les dépenses énergétiques étant subitement diminuées, le sujet aura tendance à prendre du poids s'il ne diminue pas l'apport alimentaire, ce qui est fréquent.

Ce poids de forme est bien sûr individuel et sera déterminé par la pratique et l'observation. Certains sports imposent des catégories de poids pour diminuer l'influence de la force dans les résultats. Il sera alors capital de maintenir l'athlète dans des limites de poids compatibles avec sa catégorie, en veillant à ne pas nuire à son rendement ; la perte de poids devra être progressive, résultat d'un entraînement progressif et bien dosé.

Il faut insister sur le caractère progressif de la perte de poids, car s'il est possible de perdre du poids par élimination d'eau (sueur, urine), procédé d'ailleurs couramment utilisé avant les pesées dans certains sports, cette élimination devra être compensée après l'effort si l'on ne veut pas s'exposer à des accidents graves (depuis la crampe musculaire jusqu'au coup de chaleur). Une perte de poids de 3 % du poids du corps non compensée dans les 24 à 28 heures doit inquiéter. Il est à ce titre illusoire et parfois dangereux de vouloir perdre du poids en s'entraînant le corps trop couvert de façon à suer beaucoup. Seule une dépense d'énergie plus importante que l'apport alimentaire permet de perdre du poids, de « faire fondre » la graisse. Un kilogramme de graisse correspond à 8 000 calories environ. Si donc un individu absorbe de façon régulière l'équivalent de 2 000 calories dans son alimentation quotidienne et qu'il fasse une activité qui exige 3 000 calories, le déficit de 1 000 calories puisé dans ses réserves permettra de « faire fondre » 1 kg de graisse en 8 jours.

Les catégories de poids dans les divers sports

JUDO

moins de 60 kg	78-86 kg
60-65 kg	86-95 kg
65-71 kg, mi-moyen	plus de 95 kg
71-78 kg, moyen	

HALTÉROPHILIE

Mouche	jusqu'à 52 kg	Lourd léger	77-82,5 kg
Coq	52-56 kg	Mi-lourd	82,5-90 kg
Plume	56-60 kg	Lourd	90-110 kg
Léger	60-67,5 kg	Super-lourd	plus de 110 kg
Moyen	67,5-75 kg		

BOXE

Mi-mouche	44-48 kg	Mi-moyen	63,5-67 kg
Mouche	48-51 kg	Super mi-moyen	67-71 kg
Coq	51-54 kg	Moyen	71-75 kg
Plume	54-57 kg	Mi-lourd	75-81 kg
Léger	57-60 kg	Lourd	plus de 81 kg
Super-léger	60-63,5 kg		

Pour en savoir plus, lire notamment :

NORET (A.): *Le dopage,* Ed. Vigot, 1981.

14. Conclusions et perspectives

G. CAZORLA

L'organisation de l'entraînement nécessite non seulement des perspectives à long terme mais doit permettre aussi à l'entraîneur une grande souplesse d'adaptation dans le choix des exercices qu'il propose. Tout en s'inscrivant dans une ligne générale de progrès, ceux-ci doivent pouvoir répondre opportunément aux différentes caractéristiques du moment : état de forme ou de méforme, baisse de la motivation, maladie, etc.

A long terme

En fonction de l'aptitude du sportif et surtout de son âge, pour rationnaliser son plan de carrière pendant 7 à 8 années, il est souhaitable de commencer par enrichir ses potentialités d'apprentissage en lui proposant de nombreuses activités à caractère multiforme et surtout en n'abordant pas trop prématurément la spécialisation. Parallèlement il est plus prudent de développer toutes les possiblités aérobies du jeune que de vouloir lui faire consacrer trop tôt son énergie à l'amélioration bien aléatoire et toujours très problématique de son processus anaérobie lactique. Cela ne veut pas dire pour autant qu'il faille réduire ses activités physiques à des intensités faibles et à des durées longues et souvent fastidieuses, comme le proposait certains éducateurs qui avaient mal assimilé les notions spécifiquement françaises et au demeurant très floues d'*endurance* et de *résistance*. Au contraire, progressivement, il est nécessaire de solliciter chronologiquement la capacité, l'endurance puis la puissance aérobie de façon à développer au maximum le métabolisme correspondant qui est une des principales garanties du bon avenir sportif du jeune athlète.

En tenant compte de la spécialité, les étapes suivantes seront consacrées à l'amélioration et à l'harmonisation des qualités requises par la performance visées.

A moyen terme

Une bonne puissance aérobie favorise la récupération en permettant notamment l'oxydation d'un pourcentage important de l'acide lactique produit. Ceci indique que le développement des potentiels aérobies doit précéder dans une saison celui du métabolisme anaérobie lactique. Par contre la vitesse qui semble fortement déterminée génétiquement, doit être entretenue tout le long des différentes périodes d'entraînement (un entraînement uniquement aérobie risquerait de lui être préjudiciable), et doit être renforcée dans les phases cruciales de la fin de l'étape précompétitive. Pour mieux organiser ces objectifs généraux, l'entraîneur doit planifier l'ensemble de la saison sportive, c'est-à-dire harmoniser les différents microcycles entre eux, ainsi que les différentes séances qui le constituent. Cependant, si la planification permet de fixer rationnellement les orientations générales des différentes étapes et microcycles, elle doit aussi permettre une grande souplesse dans l'organisation du contenu même de la séance. La connaissance des différents paramètres précédemment étudiés mis au service de la perspicacité de l'entraîneur, lui offrira la meilleure réponse aux problèmes individuels posés le moment venu.

A court terme

Les progrès réalisés dans la connaissance de l'énergétique musculaire rendent plus aisé l'élaboration d'une séance d'entraînement et le choix des exercices les mieux adaptés aux objectifs poursuivis. Cette grande clarté contraste avec la confusion des multiples *« recettes »* qui sont encore l'apanage de certains entraîneurs. Durée, intensité, nombre de répétitions, durée et nature de la récupération sont les différents facteurs de l'exercice qui permettent d'orienter l'impact physiologique recherché (voir tableau 18).

Cependant, il ne faut pas oublier que la question du rapport et du dosage des procédés axés sur le développement d'un des processus énergétiques doit être résolu *individuellement,* en tenant compte de nombreux paramètres = caractère et ordre de succession des procédés d'entraînement, niveau de la préparation physique et technique de l'athlète, particularités morphologiques et physiologiques individuelles, style personnel, étape et période de l'entraînement, réactions subjectives à l'effort, motivation du moment...

C'est à ce carrefour que se situe le rôle irremplaçable de l'entraîneur qui, mieux placé que quiconque, doit savoir harmonieusement orchestrer cet ensemble.

DEUXIÈME PARTIE

Sciences humaines appliquées au sport

Les programmes des épreuves des examens de formation commune du premier degré et du deuxième degré comportent une partie intitulée « Sciences humaines appliquées au sport ».

En fait, les thèmes envisagés relèvent principalement de la psychologie, bien que quelques aspects puissent être renvendiqués par la sociologie. D'autres sciences, cependant, pourraient apporter des informations très utiles au futur entraîneur, l'économie, l'ethnologie, la linguistique par exemple.

Il faut penser que les programmes, établis en fonction d'un certain contexte et peut-être en vue d'un souci de rentabilité immédiate, évolueront. Nous avons voulu pour notre part présenter quelques éléments hors programme qui nous ont paru utiles à l'entraîneur.

15. Introduction à la psychologie sportive

C'est par le biais de la médecine sportive que les méthodes scientifiques se sont introduites progressivement dans le sport pour remplacer l'empirisme.

Dans le domaine de la médecine sportive et de l'analyse mécanique des mouvements, on s'est essentiellement appliqué à étudier le corps, l'adaptation des grandes fonctions organiques à l'effort, afin d'accroître les performances des compétiteurs sportifs. L'intérêt de plus en plus grand manifesté à l'égard des compétiteurs de haut niveau, a provoqué un développement et un perfectionnement considérables des techniques scientifiques, mobilisant un nombre croissant d'hommes de sciences.

Puis on constata, qu'à valeur physique et à préparation physiques égales, la victoire allait à ceux qui avaient un meilleur moral. Aussi les investigations scientifiques se sont-elles davantage centrées sur l'étude du psychisme des athlètes supérieurs :

- Quelles sont les caractéristiques mentales des athlètes supérieurs ? Peut-on réaliser leur portrait-type et de ce fait sélectionner ceux qui présentent la configuration mentale nécessaire ?
- Comment se manifeste la volonté dans l'effort et comment la développer ?
- Qu'est-ce qui amène les compétiteurs à s'engager totalement dans une activité corporelle de leur choix ? Comment les motiver pour les amener à s'entraîner encore davantage ? etc.

Les sciences humaines ont donc été utilisées pour venir en aide à l'entraîneur, dont l'intuition psychologique ne suffit plus pour affronter l'ampleur des problèmes posés à la personnalité soumise à la tension des grandes compétitions sportives.

Par rapport au médecin, le psychologue expérimentaliste réalise cependant une approche de l'individu totalement différente. Alors que le premier s'évertue à comprendre le fonctionnement interne des fonctions et réalise une approche moléculaire, le second étudie le comportement du sujet dans son ensemble. Il considère l'homme comme une boîte noire ; le montage des mécanismes ou les modalités de fonctionnement internes lui sont en partie indifférentes. Le psychologue se contente d'étudier les réactions de la personne, ses modalités particulières de comportement, en réponse à des stimuli précis.

Ainsi, pour connaître l'influence que peut exercer une variable importante dans les processus d'apprentissage, l'aménagement d'intervalles de repos entre

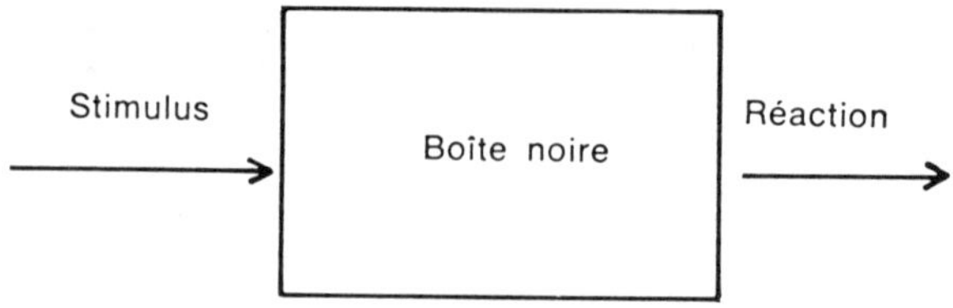

Figure 15.1
La psychologie, science des conduites

les différentes périodes d'acquisition, l'expérimentateur pourra répartir des sujets en deux groupes homogènes. En veillant à ce qu'ils travaillent dans des conditions identiques, il demandera à l'un des groupes de réaliser des tirs (de basket-ball, par exemple), sans interruption pendant un temps déterminé. L'autre groupe de sujets exécutera la même tâche, mais au cours de celle-ci seront aménagés des intervalles de repos. Toutes choses étant égales par ailleurs, la comparaison des courbes d'apprentissage mettra vraisemblablement en évidence la supériorité du second type d'apprentissage.

Bien qu'il soit amené, pour des nécessités d'analyse et de rigueur scientifique à ne considérer que certains aspects du comportement pris isolément (la perception kinesthésique, le processus de mémorisation ou le conditionnement moteur), le psychologue référera toujours les données obtenues par rapport à l'ensemble de leurs conditions d'existence. *La personnalité sera essentiellement conçue comme une unité, une totalité dynamique,* dont les particularités cognitives (relatives aux opérations de la connaissance : perception, intelligence, mémoire), affectives (relative à la vie émotionnelle, aux sentiments et au niveau du vécu proprement dit), conatives (relatives aux phénomènes de la volonté ou d'efforts volontaires) et physiques (relatives au corps lui-même et à son substrat biologique), sont en étroite interdépendance.

De même qu'il n'y a pas d'opérations intellectuelles sans mise en jeu de sentiments de succès ou d'échec, de plaisir ou d'ennui, de même il n'y a pas d'efforts physiques sans intervention de discriminations perceptives et de facteurs motivationnels ou de sentiments. On connaît le cas de Glenn Cunningham, recordman mondial du mile. Cet athlète avait été gravement blessé à un pied lors de son enfance et les médecins avaient déclaré à sa famille qu'il ne pourrait plus jamais marcher sans béquilles. Le jeune Cunningham essaya cependant de s'en passer et reporta tous ses intérêts sur les formes du mouvement. Après être arrivé à marcher sans béquilles, il s'orienta vers la course à pied et, le 16 juin 1934, conquit le record mondial du mile.

Cet exemple, parmi tant d'autres, démontre que l'infériorité physique (ou toute infériorité résultant du dysfonctionnement d'un appareil quelconque), peut conduire les êtres à réaliser des efforts de compensation leur permettant d'éviter le sentiment d'insécurité psychologique initial et de valoriser leur personnalité. Selon le psychanalyste Adler, en particulier, l'homme est poussé de l'intérieur vers des buts invisibles et tend constamment à se dépasser. De ce point de vue, on peut donc considérer l'affectivité comme l'élément dynamique ou énergétique de la personnalité, c'est-à-dire comme un ensemble de mobiles déclenchant et sous-tendant l'action du sujet. Par activité, l'on désignera non seulement la conduite concrète de l'individu, mais également ses opérations intellectuelles qui en constituent des prolongements intériorisés. On comprend dès lors que l'origine de l'intelligence abstraite est à rechercher dans les formes les plus élémentaires de l'adaptation sensori-motrice et que l'on ne pourra jamais dissocier la motricité des autres composantes de la personnalité.

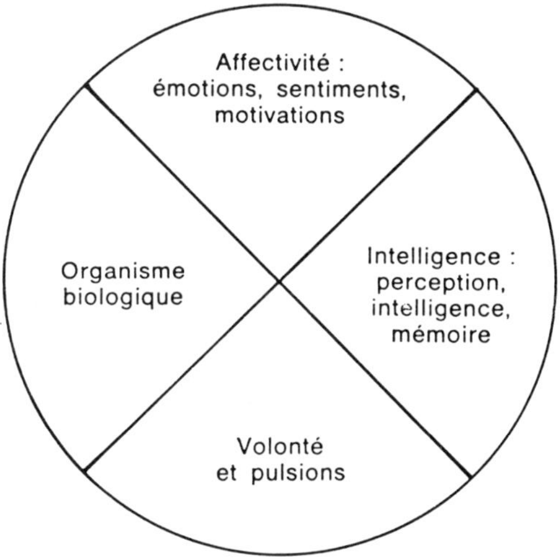

Figure 15.2
La personnalité, organisation dynamique et unifiée.

Les conceptions actuelles de la personnalité mettent non seulement l'accent sur son caractère de totalité dynamique, *mais refusent également toute discontinuité entre le sujet et son environnement.* Ainsi, le choix d'une activité sportive est moins déterminé par les capacités physiques, que par les idéaux véhiculés par une culture donnée. Des études statistiques ont montré que le pourcentage d'enfants juifs pratiquant la natation à l'Université de Columbia, a triplé après les victoires de Mark Spitz aux Jeux Olympiques de Munich. De même, on est en droit de penser que les jeunes appartenant à des populations dans lesquelles les comportements agressifs sont valorisés chez l'homme, choisissent davantage les activités qui leur permettent d'adopter des attitudes viriles et seront probablement amenés à préférer habituellement le football américain ou la boxe, à la natation.

Contrairement donc au médecin, le psychologue étudie le comportement de l'individu d'un point de vue molaire et non moléculaire (1). Dans une certaine mesure, il procède d'une manière analogue à l'entraîneur lorsqu'il observe et étudie les réactions des conduites prises dans leur ensemble. Cependant, pour pallier les nombreuses difficultés inhérentes à l'observation empirique (subjectivisme, manque de contrôle, etc.), il procédera à des observations armées (2) ou créera des situations expérimentales en définissant une série de conditions standardisées, c'est-à-dire rigoureusement fixées et identiques pour tous les sujets examinés.

(1) Molaire = global. Moléculaire = analytique.
(2) C'est-à-dire à l'aide d'outils et d'instruments de mesure.

1re Section

Le pratiquant

16. Personnalité et pratique sportive

E. THILL

Dans le contexte actuel de la pratique sportive, il apparaît clairement que ce ne sont pas toujours les sujets présentant au départ les habiletés motrices les plus appropriées, qui réalisent les performances sportives les plus marquantes. La manière dont les sportifs s'investissent dans leur spécialité, la persistance de leurs efforts et de leur activité orientés vers des buts qui dépassent leurs capacités du moment, leur aptitude à pouvoir donner le meilleur d'eux-mêmes dans les circonstances difficiles, incite à admettre que la réussite ne repose pas uniquement sur l'efficacité de l'ajustement moteur ou la conjonction d'un milieu favorable. Il y a lieu de supposer que la réalisation de performances majeures requiert la mise en œuvre de ressources psychologiques particulières résultant d'une adéquation entre la structure et le dynamisme particulier de leur personnalité et la réussite sportive.

De fait, depuis de nombreuses années, les entraîneurs ne basent plus l'entraînement sur les seules données techniques, biomécaniques ou médicales. Ils ne sous-estiment plus, par exemple, l'importance des aspects motivationnels qui donnent à la conduite son orientation et sa persistance. Et la plupart d'entre eux croient qu'il est utile d'identifier la probabilité du succès d'un athlète donné. Les entraîneurs dans leur majorité, enfin, apparaissent sensibilisés par les aspects significatifs des comportements des athlètes, tentent de prévoir leurs réactions de manière à minimiser les effets indésirables de la pratique, et estiment que l'administration de tests constitue de ce point de vue un moyen d'appréciation plus efficace qu'une observation non systématisée du comportement.

De même, des dirigeants perspicaces, considèrent avantageux de déterminer, à partir d'une investigation psychologique appropriée, la probabilité de succès d'un entraîneur ou l'aptitude d'un arbitre à surmonter l'hostilité d'un public.

Les besoins du sport de performance amènent donc les psychologues à étudier les particularités psychologiques et la personnalité des participants — sportifs, entraîneurs, arbitres — qui s'y investissent. L'étude de la personnalité de ces acteurs représentent l'un des objectifs prioritaires de la psychologie du sport qui s'est donné pour tâche générale de décrire, d'expliquer, de contrôler et de prédire le comportement de sujets qui s'impliquent dans des activités de type concurrentiel (1). Cette évaluation psychodiagnostic intervient à différents moments de la carrière d'un sportif (2). L'examen psychologique, en faisant ressortir les différences entre sportifs et non-sportifs ou en considérant les sportifs selon leur niveau de compétence et de spécialisation sportive, permet d'élaborer des méthodes de détection et de sélection sportive à l'aide de critères psychologiques. L'évaluation répétée de groupes de sportifs à l'aide d'outils standardisés, adaptés aux caractéristiques du sport de performance, donne la possibilité de mesurer la charge d'un entraînement et apporte à l'entraîneur des informations essentielles sur la manière dont la conduite de l'entraînement est ressentie et assimilée. Enfin, l'examen des mêmes groupes de sportifs et de non-sportifs lors d'intervalles de temps planifiés et dans des conditions de recueil des observations rigoureusement déterminées, fait ressortir l'influence structurante du sport sur la personnalité des pratiquants.

L'étude de la personnalité des sportifs offre par conséquent un terrain d'investigation scientifique qui répond à des besoins de préparation à la compétition, tout en révélant les aspects psychologiques caractérisant les phénomènes sportifs et leurs lois psychologiques.

16.1. Personnalité et modèles de personnalité

Une raison d'être essentielle d'une recherche sur la personnalité des sportifs, est d'identifier les constantes et les modalités de comportement des participants, en vue de prédire leur comportement futur. Pour cela, les psychologues s'efforcent de construire des *théories* qui rendent compte de la manière dont un certain nombre de composantes motivationnelles, cognitives (3) et affectives déterminent des comportements et pensées caractéristiques.

Or, l'étude de la personnalité s'est avérée riche de théories dans la psychologie traditionnelle. Trois grandes conceptions peuvent être considérées selon la nature des causes principales susceptibles d'infléchir le comportement et de lui conférer cohérence et unicité.

Selon le modèle dispositionnel, la conduite est déterminée *du dedans*. La cohérence que manifeste une personne lorsqu'elle est placée dans des situations variées (professionnelles, scolaires, sportives...) ou au contraire le

(1) E. Thill. — La psychologie du sport. Spécificité et domaines d'applications, Cinésiologie, XXI, 89, p. 164-172.
(2) E. Thill. — Le développement de l'entraînement et la préparation psychologique, *in* Compétition sportive et psychologie, Paris : Chiron, 1983, p. 67-74.
(3) Relatives aux structures de connaissances ; synonyme de l'intelligence.

mode particulier de réaction de personnes placées dans une même situation, traduit selon ces théories l'existence de dispositions stables, permanentes, que sont les traits de personnalité. Un trait de personnalité, comme l'agressivité ou la sociabilité, constitue dans cette perspective un attribut relativement stable. On sait, par exemple, que selon la théorie psychodynamique de Freud, certains besoins ou pulsions confèrent au sujet une marque particulière indépendante de la structure de la situation dans laquelle le comportement se développe. De même, les théories caractérologiques (Heymans, Wiersma, 1925) ou factoristes (Cattel, 1950 ; Guilford, 1959 ; Eysenck, 1961) considèrent que les traits représentent les unités descriptives les plus pertinentes de la personnalité. Pour ces derniers, la personnalité représenterait la configuration spécifique de traits psychologiques ou facteurs, identifiés par certaines stratégies d'observation ou calculs statistiques.

Par opposition, des auteurs pensent trouver dans le milieu les causes déterminantes du comportement. Pour les théories situationnistes, la personnalité est infléchie *du dehors*. Ces conceptions, inspirées par une lourde tradition théorique due à l'influence de la gestaltthéorie et du behaviorisme, stipulent que l'analyse des situations permet de prédire dans quel sens un comportement se développe : l'unité d'analyse utilisée n'est donc plus le trait, mais la situation. Ce qui conduit les chercheurs à multiplier les classifications des situations en fonction de leurs caractéristiques les plus marquantes et régulières.

Enfin, intégrant les deux explications précédentes, le modèle théorique interactionniste considère que le comportement représente le produit : de variables de personnes, de facteurs de situation, et de l'interaction dynamique qui s'exerce entre la personne et les situations. Ce nouveau cadre théorique, qui explique l'origine et le développement des conduites à partir de la conjonction de facteurs internes et externes, cherche à identifier de nouveaux invariants, qui ne sont plus dispositionnels ou situationnels, mais *cognitifs*. En effet, les théories d'ordre interactionniste prennent en compte le caractère spécifique de la réalité humaine, en stipulant qu'un sujet doté de structures de connaissance n'agit pas sous l'effet d'incitations internes ou externes, mais en fonction de l'interprétation qu'il se fait de la réalité externe et des causes de son comportement.

Or, dans le cadre de l'étude de la personnalité, que ce soit dans une perspective sportive ou autre, il existe à présent un consensus de plus en plus grand pour admettre que l'objectif consistant à expliquer et à prédire des comportements, ne sera pas atteint en opposant inné et acquis, nature et culture, hérédité et environnement, variations organiques et variations situationnelles, mais bien en considérant le comportement humain sous l'angle des interactions qui s'exercent entre ces déterminants. Dans ce cadre théorique, la recherche d'invariants cognitifs a permis d'expliquer une plus grande part de la variabilité des conduites sportives, dans le domaine de la motivation à l'accomplissement (Atkinson, 1957), de l'anxiété de base et de l'anxiété compétitive ou pré-compétitive (Spielberger, 1972) ou de l'apprentissage social.

Par ailleurs, compte tenu du fait que le comportement représente le produit de variables personnelles (détermination du dedans) et de facteurs de situation (détermination du dehors), il importe d'étudier et de mesurer le comportement du sportif en situation d'entraînement et de compétition sportive. Or, par le passé, la plupart des descriptions et évaluations des sportifs ont été basées sur l'utilisation de tests généraux : les chercheurs se sont contentés d'appliquer au sportif des outils élaborés dans le domaine de la pathologie mentale, ou construits à des fins d'évaluation de la personnalité de non-sportifs. Ceci explique la faible concordance des résultats obtenus en matière d'évaluation des caractéristiques psychologiques des sportifs. Ainsi, l'estime qu'un sujet porte à lui-même, dépend du domaine de compétence dans lequel il effectue des essais de maîtrise de son environnement. En effet, ses interactions avec l'environnement peuvent être d'ordres différents : intellectuelles, sportives, sociales... Son estime de soi pourra donc être différente selon ses succès et échecs obtenus dans ces domaines divers et des sentiments de compétence qu'il en retire. De surcroît, l'environnement du sportif (son milieu familial, ses proches, camarades et entraîneur) affectent cette image qu'il se construit de lui-même : un joueur de basket-ball pourra voir son estime de soi érodée s'il effectue des études dans un milieu qui dévalorise de telles performances motrices ; en revanche, ses réussites académiques le renforceront dans son sentiment de compétence intellectuelle en cas de réussite dans ce domaine spécifique. Tout sujet se construit donc une image de lui-même et y rattache des sentiments de valeur, positifs ou négatifs, en fonction de ses réussites ou échecs dans un domaine et milieu particuliers. Il en est ainsi de tout trait de personnalité, qui s'actualise en raison de l'association qui s'effectue entre la disposition interne et des incitations ou inhibitions que cette disposition subit dans l'environnement (fig. 16.1).

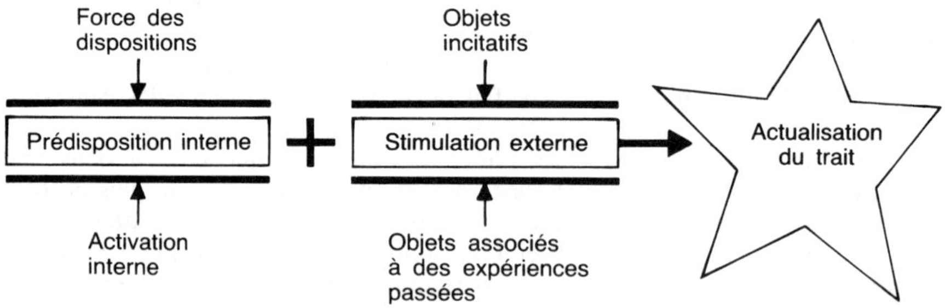

Figure 16.1
Modèle interactionniste schématisant la manière dont des stimulations externes peuvent contribuer à la manifestation et à l'expression d'une caractéristique de personnalité.

Il importe donc d'évaluer l'estime de soi, comme tout trait de personnalité (coopération, endurance psychologique, agressivité, contrôle émotionnel, etc.), *en construisant des outils spécifiques de mesure* prenant en considération le domaine particulier dans lequel on veut analyser, expliquer ou prédire des comportements. Le cadre théorique interactionniste conduit à de telles procédures d'évaluation : la prédiction des comportements des sportifs s'avérera alors pertinente si l'on connaît les procédures d'interprétation des situations dans lesquelles un comportement se développe et lorsqu'on sait comment un sujet réagit habituellement à des situations qui sont interprétées d'une certaine façon. La recherche d'invariants cognitifs apparaît donc particulièrement appropriée à l'analyse et à la compréhension de la complexité d'une performance motrice, puisque le sportif est à la fois le produit d'une situation dont il interprète les éléments les plus saillants, et l'agent causal qui transforme cette situation.

16.2. Les participants diffèrent-ils du point de vue de leur personnalité ?

L'un des premiers chercheurs à montrer que les sportifs diffèrent des non-sportifs du point de vue de leurs traits psychologiques, fut Henry (1941). Les pratiquants d'athlétisme et les pilotes évalués dans sa recherche, apparurent moins introvertis et hypocondriaques que les haltérophiles, et plus neurasthéniques que les étudiants en éducation physique. A.R. Thune (1949) corrobora ces résultats quelques années plus tard, en comparant des populations d'étudiants pratiquant, ou non l'haltérophilie. Moins extravertis que les étudiants, mais davantage démonstratifs, les étudiants haltérophiles semblent vouloir afficher avec persistance leur santé et force.

Alors que ces premières descriptions furent menées à l'aide de questionnaires de personnalité, Harlow (1951) administra diverses planches du test d'aperception des thèmes de H.A. Murray, ainsi qu'une épreuve d'association de mots à vingt haltérophiles, et compara leurs réponses à celles d'individus ne pratiquant pas de sport ou cette discipline. La principale différence obtenue lors de l'interprétation de leurs réponses, concerne le sentiment de non-adéquation au rôle masculin que semblait afficher la population haltérophile.

Réalisées sur des populations géographiquement différentes et mettant en œuvre des techniques d'évaluation diversifiées, ces premières investigations mirent en évidence l'association de certains traits de personnalité et des caractéristiques motrices du comportement. Mais ces études initiales, comme la quasi-totalité de celles qui allaient suivre, ne permirent pas d'établir si l'activité sportive suscitait une modification progressive de traits de personnalité ou si le choix préalable d'une discipline sportive s'effectuait en fonction d'une structure de la personnalité pré-établie. Les haltérophiles peuvent, dans l'étude considérée de A.R. Thune, différer des non-sportifs avant même que les conditions de situation changent pour les deux groupes concernés. De même, l'hypothèse d'une relation de causalité présumée par Harlow, entre la perception d'une inadéquation personnelle par rapport à une image de référence sociale (la masculinité) et la pratique de l'haltérophilie, ne se justifie que si d'autres hypothèses alternatives peuvent être rejetées : celle, en particulier, qui implique l'intervention d'un facteur d'âge et de maturité psychologique différenciant les sujets du groupe expérimental de ceux constituant le groupe de contrôle.

16.2.1. Structure physique et personnalité

L'observation courante montre que les personnes agissent souvent d'une façon qui semble caractéristique de leur type morphologique, les individus minces, par exemple, privilégiant les activités intellectuelles, alors que les sujets athlétiques s'investissent volontiers dans les activités motrices et multiplient les contacts interpersonnels. De sorte que tout un courant constitutionnaliste, dont l'origine remonte à la fameuse théorie hippocratique des humeurs, s'est orienté dans la définition des rapports existant entre la structure physique et la personnalité.

Bien que la corrélation demeure généralement faible, les nombreuses études relevées dans ce domaine s'accordent en général pour montrer qu'il existe une relation entre la configuration de l'organisme et la personnalité d'un individu. C'est ainsi que Carter (1968) montre que la répartition des somatotypes (4) à l'intérieur d'équipes de football américain se réalise en fonction du poste occupé dans l'équipe, ce qui corrobore l'observation courante. Mais la haute endomorphie et mésomorphie, qui permet de distinguer ces sujets de ceux de la population normale, se retrouve également chez d'autres spécialistes sportifs (5), de sorte que les auteurs associent aux ressemblances « constitutionnelles » entre certains sports (lancers, lutte, haltérophilie, judo...), certaines spécificités du tempérament. Ces sportifs de type lourd s'opposeraient plus particulièrement aux coureurs de fond de type ectomorphe, et apparaîtraient relativement objectifs et extravertis.

Mais outre qu'on peut relever, comme nous le verrons, une relation plus spécifique entre la structure de la personnalité et la spécialisation sportive, ces observations n'ont rien d'inéluctable. Comme le souligne A. Anastasi (1966),

(4) Le somatotype représente la configuration morphologique d'un sujet en fonction du groupement spécifique de son degré :
— d'endomorphisme ou prédominance d'une « molle rondeur » dans toutes les parties du corps ;
— de mésomorphisme, signifiant la prépondérance du système musculaire, osseux et conjonctif ;
— d'ectomorphisme, attestant la prédominance du « linéaire et du fragile ».

(5) Voir, par exemple, l'étude de H. Ide et A. Colemont, portant sur 58 sélectionnés olympiques belges *in* Revue « Sports », n° 4, octobre 1968.

les relations entre le type physique et les dimensions psychologiques n'impliquent pas nécessairement une base héréditaire commune. Ainsi, une personne de type athlétique, douée pour le sport, peut acquérir un statut social par ses performances et développer un certain nombre de particularités psychologiques De même, les adolescents et adultes peuvent se forger une personnalité en s'adonnant à des activités de type culturiste ou en exerçant leur virilité, ou ténacité, compensant peut-être des sentiments d'infériorité résultant d'une carence initiale dans un domaine donné.

Si la psychologie constitutionnaliste procède d'une attitude pertinente, puisqu'elle aborde l'individu dans sa détermination globale, les descriptions associées aux types morphologiques s'attachent en fait aux seuls aspects de l'individu « qui sont relativement plus fixes et plus stables » (Sheldon, 1950) et minimisent de ce fait les effets du milieu. En ne révélant à l'entraîneur que des caractéristiques modales, elle ne favorise pas l'adaptation à chaque cas individuel.

16.2.2. Comparaisons de sportifs et de non-sportifs

Pour délimiter d'une manière plus précise les caractéristiques de la personnalité des sportifs, un moyen apparemment simple réside dans la comparaison du sportif au non-sportif. Mais il apparaît relativement rapidement, dans la pratique, d'établir des critères de différenciation des deux populations considérées. Aussi, les chercheurs ont-ils contourné la difficulté en choisissant pour objet de comparaison des groupes extrêmes.

Les études comparatives, menées pour la plupart à l'aide de questionnaires psychologiques, ont permis d'élaborer un portrait type du sportif, qui se présenterait ainsi. Par rapport au non-sportif, le sportif est :

- davantage tourné vers les objets et personnes du monde extérieur et manifeste plus d'assurance sociale ;
- plus agressif et porté à dominer les autres ;
- stable émotionnellement, variant peu dans son énergie, ses intérêts et son humeur ;
- capable de supporter plus facilement la douleur physique ;
- délibéré dans ses conduites et moins impulsif.

De même que les études constitutionalistes, ces descriptions ne tiennent pas compte du fait que les traits psychologiques semblent davantage dépendants de la spécialité sportive pratiquée. De plus, elle font surgir aussitôt un second problème : les différences constatées sont-elles provoquées en raison d'une participation massive à une activité physique et sportive, ou bien les individus s'orientent-ils vers les activités corporelles parce qu'ils présentent une configuration psychologique préformée ?

16.2.3. Personnalité et niveau de performance

Une première série d'éléments de réponse à cette question fondamentale peut être fournie par l'évaluation des rapports entre la personnalité et le niveau de performance :

— en comparant du point de vue des dimensions psychologiques les spécialistes de haut niveau, à des performers plus modestes ;
— en observant les changements de personnalité éventuels qui surviennent lorsque l'efficience motrice s'améliore.

Une étude particulièrement significative à cet égard nous paraît être celle de Tillman (1965), qui soumit 386 juniors et séniors au test de l'A.A.H.P.E.R. afin de discriminer les 15 % supérieurs, des 15 % inférieurs du point de vue de leur efficience motrice.

Les résultats à trois tests psychologiques permirent à l'auteur d'affirmer que les personnes en meilleure condition physique s'avèrent plus dominants, extravertis (ils sont plus bavards, animés, expressifs et alertes), calmes, contrôlés et valorisant le travail de groupe. Ils manifestent, par ailleurs, une préférence marquée pour les activités de plein air ou mettant en jeu la persuasion.

Dans un second temps, le groupe « inférieur » fut divisé en deux sous-groupes : un groupe de contrôle et un groupe expérimental, ce dernier subissant pendant huit mois un entraînement intensif. A la fin de cette période on décela un changement au regard de l'un des traits de personnalité évalués, si bien que l'auteur fut amené à se poser très justement la question de savoir ce qui aurait pu se passer si cet entraînement avait duré quelques années.

Analysant soixante-cinq haltérophiles, classés par la Fédération dirigeante en quatre catégories du point de vue de leurs performances, l'un d'entre nous a montré l'existence d'une hiérarchie correspondante relative aux caractéristiques psychologiques, les meilleurs se montrant plus dominants, ambitieux, agressifs, égocentriques, portés à l'excès d'exhibition et présentant une acceptation de soi plus favorable.

16.2.4. Conclusion

Ces études transversales, dans lesquelles on collecte des informations sur différents groupes de sportifs en un temps limité, posent donc des problèmes intéressants — sur la relation existant entre le niveau de performance, ou la discipline pratiquée, et des caractéristiques de personnalité, par exemple — mais se révèlent inappropriées pour vérifier le type de relation de *causalité* intervenant entre les conditions de pratique sportive et l'organisation des traits de personnalité. La vérification de variations communes entre des conditions de pratique motrice et des modalités de structuration de la personnalité, représente une condition nécessaire, mais non suffisante, de la possibilité d'une relation causale entre ces deux types de variables. D'un point de vue scientifique, pour étayer de telles relations causales, il convient de faire appel à d'autres critères : il s'agit de montrer notamment qu'il existe une organisation de ces variables de milieu et de personnalité qui se modifie avec le temps.

16.3. La participation sportive modifie-t-elle la personnalité ?

Pour répondre d'une manière plus décisive à la question de savoir si un individu réussit en sport parce qu'il présente une structure préformée de la personnalité, ou si au contraire la pratique sportive modèle celle-ci, il semble préférable, malgré l'intérêt des approches précédentes, de porter l'observation sur des jeunes compétiteurs, afin de déterminer dans quelle mesure la personnalité se structure en fonction de l'âge et du niveau de performance.

Les recherches menées par Mass et Kagan (1961) sur 36 garçons et 35 jeunes filles évalués entre la naissance et 14 ans, puis après 20 ans, font apparaître que le besoin de réussite, qui représente un indicateur de motivation important, se manifeste très tôt chez les individus et constitue un pré-requis au désir d'être champion. Cette tendance ne serait pas dépendante de l'activité athlétique, de sorte que les auteurs furent amenés à soupçonner l'existence de traits prédéterminés de la personnalité, peu sensibles aux effets de la pratique.

Partant de l'observation de jeunes nageuses d'un Collège américain, Ogilvie (1967) a mis au contraire en évidence des changements importants de la configuration psychique, sous l'effet de la pratique. A mesure que leur âge augmentait, les nageuses devenaient :
— plus stables du point de vue de leur énergie, intérêts et humeur ;
— plus confiantes en elles, éprouvant d'une manière générale moins d'appréhension et de soucis ;
— plus autoritaires que leurs compagnes du Collège ;
— moins tendues et anxieuses, manifestant par ailleurs plus de confiance en elles et d'autodiscipline.

Les trop rares études longitudinales portant sur la structuration de la personnalité du sportif, ont donc apporté des résultats peu convergents, et cela pour les raisons suivantes.

D'une part, comme indiqué précédemment, il importe d'étudier les sportifs à l'aide de tests adaptés à la spécificité des situations d'entraînement et de compétition sportive : situations dans lesquelles on cherche précisément à prévoir les modes d'action et de réaction considérés. Aussi, une étape importante de notre propre étude, a-t-elle été consacrée à l'élaboration d'un test spécifique. Le Questionnaire de Personnalité pour Sportifs (Q.P.S. de

E. Thill), évalue la personnalité des sportifs du point de vue des traits suivants (6) :

— domaine de la motivation : désir de réussite (D.R.), estime de soi (E.S.), agressivité (AG.) ;
— domaine de l'activité : endurance psychologique (E.P.), dynamisme (V.I.), compétitivité (C.P.) ;
— domaine du contrôle : contrôle de l'activité (C.A.), prise de risque (P.R.), contrôle émotionnel (C.E.), résistance aux stress (R.P.) ;
— domaine relationnel : extraversion/introversion (E.I.), dominance (DO.), sociabilité (SO.), coopération (CO.).

En outre, deux échelles de sincérité permettent d'invalider les réponses des sujets qui tendent à se montrer sous un jour trop favorable.

D'autre part, comme la co-variation ne constitue pas une preuve suffisante quant à l'influence possible de la pratique sportive sur la personnalité, l'évaluation a porté de façon répétée (trois fois en trois ans), sur les mêmes groupes de sportifs. L'étude longitudinale a donc permis d'exercer un contrôle plus rigoureux sur l'organisation temporelle des variables. De surcroît, la comparaison de l'évolution de sportifs et de non-sportifs, a offert la possibilité de vérifier l'influence éventuelle de facteurs de maturation et de développement sur l'évolution des traits de personnalité.

Dans ces conditions méthodologiques, les principaux résultats qui ressortent de l'étude longitudinale menée par E. Thill et J. Brenot (1983) sur 309 sportifs et 123 non-sportifs, se présentent comme suit (tableau 16.1).

a. Alors que les non-sportifs ne changent pas au cours du temps, les sportifs manifestent des transformations notables du point de vue de leur personnalité ; on peut donc supposer que les changements observés sont dus à l'influence structurante du sport et non à des phénomènes de maturation.
b. Les non-sportifs et les sportifs se distinguent d'emblée par leur niveau de motivation (note D.R.). Le désir de réussite apparaît plus élevé chez les sportifs dès la première phase d'évaluation, ce qui semble indiquer que l'attrait à l'égard des activités sportives se manifeste précocément chez certains en raison des stimulations multiples qu'ils subissent dans la famille ou à l'école. Par la suite, l'engagement dans des compétitions exerce un renforcement de la motivation extrinsèque : les jeunes sportifs maintenant leur engagement dans ces formes d'activité en raison des satisfactions externes qu'elles leur apportent (récompenses, approbations sociales, promotions sociales) et non pour le plaisir lié à la pratique motrice elle-même.
c. Au fur et à mesure que l'entraînement se poursuit, les sportifs assurent un meilleur contrôle de leurs émotions (C.E.) et résistent mieux aux stresseurs de l'environnement (R.P.). Les capacités de contrôle semblent stimulées

(6) Le Questionnaire de Personnalité pour Sportifs, est édité par les Editions du Centre de Psychologie Appliquée, 48, avenue Victor-Hugo, 75783 Paris Cedex 16.

Tableau 16.1
Feuille de profil du Q.P.S.

NOM ______ PRÉNOM ______ SPÉCIALITÉ ______

Facteurs	Notes B.	Notes St.	Notes basses	1	2	3	4	5	6	7	8	9	Notes élevées	Facteurs	Domaines
dr			Peu ambitieux, irrésolu Intérêts limités, passif			T1				T2			Motivé, désir de réussite, d'exceller, d'acquérir 1 statut	dr	motiv
es			Faible estime de soi Insatisfait, dépendant										Se valorise, consistant, intégré, influent	es	
ep			Peu endurant, dispersion des intérêts, se décourage										Endurant, persévérant, déterminé, obstiné	ep	activité
vi			Lent, modéré fatigable										Vif, spontané, allure rapide, énergique	vi	
cp			Manque d'affirmation de soi, concède										Capacité de surpassement affirmé	cp	
ca			Contrôlé, délibéré réfléchi, pondéré										Impulsif, insouciant imprévoyant	ca	controle
pr			Préfère la sécurité réservé, rigide										Audacieux, prend des risques, spontané, téméraire	pr	
ce			Changeant d'humeur, d'énergie, sensible, pessimiste										Stable émotionnellement égalité d'humeur, euphorique	ce	
rp			Peu résistant aux pressions fortes et subites du milieu										Résistant aux malchances, critiques et stress	rp	
ei			Introverti, méditatif, observation de soi										Extraverti, porté à l'activité manifestée, expressif	ei	relations
do			Soumission, tendance à suivre, manque confiance										Dominant, persuasif, aptitudes au commandement	do	
ag			Tolérant, bienveillant passif, inhibé										Agressif, combatif, défend sa place	ag	
so			Socialement timide, réservé, se suffit à lui-même										Sociable, entreprend contacts et activités sociales	so	
co			Autonome, méfiant critique, égocentrique										Coopératif, abnégation de soi au profit du groupe	co	
aq			Sincère, attentif, peu conformiste, autoritaire										Acquiescant, conformiste inattentif, dépendant	aq	sinc
ds			Sincère, distant, objectif, sur la réserve										Tient à faire bonne impression, besoin d'approbation	ds	
				4 %	7 %	12 %	17 %	20 %	17 %	12 %	7 %	4 %			
				4 %	11 %	23 %	40 %	60 %	77 %	89 %	96 %	100 %			

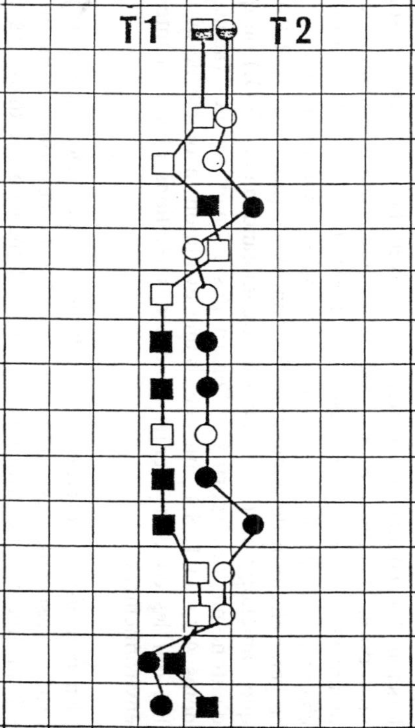

■ ● Note significative

□ T1 PREMIERE PASSATION
○ T2 DEUXIEME PASSATION

par toutes formes d'incitations désorganisantes émanant de l'environnement (enjeu de la compétition, hostilité du public, arbitrage...) que les compétiteurs apparaissent en mesure de mieux intégrer et contrôler.

d. Parallèlement, la pratique sportive renforce les tendances agressives (A.G.) des participants. Leur agressivité est à la fois «poussée» par l'augmentation générale de l'activation, et «tirée» par des incitations externes; ces dernières résultent d'associations que les sujets effectuent entre des figures (vainqueurs ou adversaires) ayant engendré par le passé des sentiments de frustration, et les adversaires qu'ils cherchent à dominer ultérieurement dans leur spécialité.

e. Si l'hérédité semble jouer un rôle important dans la détermination des types psychologiques extravertis et introvertis, l'observation des sportifs montre que les situations dans lesquelles ils sont engagés, accentuent généralement les caractéristiques d'extraversion (E.I.). La performance s'améliore chez des sportifs extravertis (tournés vers le monde extérieur), lorsque les conditions d'interactions avec l'environnement stimulent les procédures d'activation: celles-ci s'alimentent des stimulations émanant du milieu et donnent aux extravertis la possibilité de mieux performer (voir le chapitre: Motivation, émotion, attention et concentration).

f. La généralisation de conduites plus contrôlées (notes C.E., R.P.), de même que l'amélioration des aptitudes au commandement (D.O.) ou que la prise d'autonomie des sportifs à l'égard des normes sociales (abaissement des notes A.Q. et D.S.), attestent d'une évolution favorable de leur personnalité qui les conduit à entreprendre des relations plus confiantes avec leur environnement.

En conclusion, ce type d'étude longitudinale, rigoureusement planifiée et contrôlée, associant des groupes de sportifs et de non-sportifs, montre donc que l'entraînement sportif systématisé et l'engagement dans des pratiques à caractère concurrentiel, suscitent des modifications sensibles de nombreux traits de personnalité. Ces transformations, décelables à l'aide de tests psychologiques adaptés comme le Q.P.S., améliorent les facultés d'adaptations au milieu d'affrontement, tout en renforçant les participants dans leur sentiment de valeur personnelle.

16.4. Détection et sélection sportive

Alors que la sélection représente une modalité continuée de choix et d'orientation qui s'exerce à un niveau de pratique sportive déjà affirmée, la détection s'applique aux sujets les plus jeunes, s'adonnant à une pratique motrice multiforme, non encore spécialisée, en vue d'évaluer l'adéquation de leurs aptitudes aux caractéristiques des différentes pratiques sportives dans lesquelles ils sont susceptibles d'investir leurs compétences d'une manière optimale.

16.4.1. Les facteurs prédictifs de la performance

Effectuant, lors d'opérations de détection sportive à l'I.N.S.E.P., des pronostics de réussite sportive concernant 310 pratiquants de natation, d'aviron et de voile, nous avons pu vérifier deux ans plus tard la conformité de ces pronostics avec les performances effectives réalisées par ces mêmes sportifs sur le terrain (E. Thill, R. Chauvier, M. Levque, G. Missoum, R. Thomas, 1982). Cette étude a fait ressortir l'excellente validité prédictive du Q.P.S. et l'utilité de considérer certains traits psychologiques comme indicateurs de la réussite sportive. Parallèlement, la comparaison de sportifs de haut niveau à des sportifs en devenir et à des non-sportifs (G. Missoum, 1982) confirmait la pertinence d'une utilisation des mêmes traits suivants, à titre de prédicteurs des performances futures des athlètes. Il s'agit :

- *de l'endurance psychologique* (E.P.), trait qui qualifie l'obstination, la persévérance et la capacité de réguler à long terme l'énergie disponible ;
- *du contrôle émotionnel* (C.E.) et de *la résistance psychologique* (R.P.), signalant la manière dont les participants régulent leur émotivité et intérêts, d'une part, ou résistent aux malchances, critiques et hostilités adverses lors de compétitions, d'autre part ;
- *la compétitivité* (C.P.), ou manière d'assurer le meilleur profit des ressources disponibles en rendant l'athlète capable de surpassement.

Les autres traits psychologiques interviennent à des degrés divers selon la spécialité sportive pratiquée. Ainsi, la capacité à prendre des risques (P.R.) singularise les skieurs performants, alors que l'expression de l'agressivité représente chez le judoka l'une des conditions de succès, par exemple. Mais d'une manière générale, ce sont bien les qualités de contrôle qui constituent les déterminants essentiels du succès. Elles se renforcent, comme on l'a vu, au fur et à mesure que l'expérience de la compétition augmente ; mais l'engagement des sportifs dans des programmes systématisés de régulation psychotonique et de contrôle de l'attention, accélérerait singulièrement ces qualités essentielles (voir le chapitre : Motivation, émotion, attention et concentration).

16.4.2. Constitution d'équipages à partir de critères psychologiques

La comparaison des pronostics de réussite aux performances effectives réussies sur le terrain, de même que la confrontation de sportifs performants à des non-sportifs, mettent en évidence le rôle majeur joué par certains traits psychologiques dans la réalisation de performances motrices. Parallèlement, il y a donc lieu de discerner à l'intérieur d'une discipline sportive, les traits psychologiques qui sont capables de différencier les sportifs selon leur niveau de compétence donnée pour la réalisation d'une tâche ou fonction particulière. L'étude de la personnalité du sportif doit, en effet, non seulement se donner pour but de déterminer des critères de détection sportive, mais également fournir des indices de sélection. C'est la démarche qui a été réalisée en voile, discipline dans laquelle il convenait de sélectionner barreurs et équipiers (E. Thill, 1980). Or, cette étude a amené à distinguer deux autres sortes de critères psychologiques. A côté des traits psychologiques prédicteurs de performances, comme stipulé précédemment, il y a lieu de discerner des traits psychologiques d'adéquation aux postes occupés, et des traits de complémentarité des personnalités.

Les traits psychologiques *d'adéquation à la performance* conduisent à la différenciation entre barreurs et équipiers. A l'examen psychologique et à l'observation, les barreurs apparaissent en effet plus introvertis (E.I.−), plus contrôlés dans leur activité (C.A.−), plus endurants (E.P.+), mais plus lents (V.I.−) que les équipiers. Cette différenciation, significative, autorise l'utilisation de ces qualités psychologiques comme facteurs de discrimination objective de futurs spécialistes. Ainsi, à partir d'une pratique multiforme chez les jeunes coureurs en voile, est-il possible de sélectionner des barreurs et équipiers sur des bases rigoureuses.

Les critères de *compatibilité des personnalités* donnent l'opportunité de construire des équipages homogènes et complémentaires, en se fondant sur l'utilisation des traits psychologiques ne discriminant pas les deux spécialistes. C'est ainsi qu'il semble vain d'associer deux sportifs dominants ou portés tous deux à prendre des risques. Ces critères de complémentarité se définissent par exclusion aux critères d'adéquation aux postes, dans les domaines du contrôle (notes C.E., R.P., P.R.) et de la vie relationnelle (notes D.O., A.G., S.O., C.O.).

Cette investigation ouvre donc la voie à la constitution d'équipages et d'équipes plus efficientes, parce que fondée sur la prise en compte de facteurs favorisant à la fois l'efficacité opérationnelle des éléments du groupe et sa cohérence globale par rapport aux objectifs fixés.

16.5. Conclusion

L'étude de la personnalité ouvre donc d'intéressantes perspectives d'applications en psychologie du sport. Par rapport à l'entraîneur qui évalue ses athlètes lors de l'entraînement et rectifie ses jugements au fur et à mesure que les interactions se développent, le psychologue procède par observation armée : il utilise des outils assurant une mesure objective, rapide et fidèle d'aptitudes psychomotrices, de traits psychologiques ou de capacités de traitement d'information. La relation qu'il établit avec l'entraîneur, permet à ce dernier de raffiner progressivement les unités d'analyse utilisées lors des procédures d'observation, et de faire procéder à une analyse plus approfondie de certains cas individuels lorsque des troubles de l'adaptation apparaissent.

La personnalité des sportifs étant à présent mieux définie et circonscrite dans un cadre théorique interactionniste, il apparaît nécessaire :

a. d'appréhender son évolution dans une perspective de développement (chapitre 17) ;
b. de considérer les processus d'apprentissage moteurs qui conduisent à son adaptation au milieu (chapitre 18) ;
c. d'indiquer sur quelles motivations s'appuient les processus d'apprentissage et comment on peut réhausser ces motivations (chapitre 19).

L'assimilation de ces éléments de psychologie appliquée au sport dans le domaine de la génétique ou des grandes fonctions, permettra à l'éducateur d'approfondir sa connaissance de la personnalité du pratiquant et par voie de conséquence, d'améliorer l'efficacité de ses actions de formation.

L'ACTE MOTEUR DU POINT DE VUE PSYCHOLOGIQUE

17. Le développement de l'enfant

G. MISSOUM

17.1 Généralités

La spécificité de certaines grandes étapes de la vie conduit à développer des analyses et des études séquentielles approfondies. Sans nuire à une appréhension continue et dynamique de l'homme, celles-ci s'efforcent cependant de préciser tout ce que chacune de ces époques particulières révèle de caractéristique.

Ainsi on découpe l'existence humaine en une succession d'états qui, de l'enfance à la vieillesse en passant par l'âge adulte, permettent de décrire le cheminement de l'homme, au long de son histoire personnelle.

L'enfance est la période de la vie qui intéresse de manière privilégiée l'éducateur, étant donné l'âge des sujets qui lui sont le plus souvent confiés.

Couramment définie comme « la période de la vie humaine qui va de la naissance à l'adolescence (1) », l'enfance fut très tôt et ceci dès le début du siècle, l'objet d'un vif intérêt de la part des scientifiques et des chercheurs. Ce fut le cas en particulier du psychologue Léon Binet (2) qui fit porter ses recherches sur l'objectivation et l'évolution des capacités intellectuelles des enfants et celui du pédagogue Edouard Claparède (3) qui réhabilita leurs activités ludiques.

Pendant l'enfance, l'individu croit et se développe jusqu'au moment où il atteint l'âge de la maturité.

Ainsi, l'enfant, au contraire de l'adulte est en constante évolution, en état de maturation progressive, continuellement confronté au changement et soumis à différents types de développement. Il n'est jamais un être statique. Le développement de l'enfant obéit à un processus complexe qui prend en compte, aussi bien des aspects psychomoteurs et affectifs que cognitifs et sociaux.

(1) Définition du grand Larousse encyclopédique, Tome 8, 1970.
(2) A. Binet, T. Simon. *La mesure du développement de l'intelligence chez les jeunes enfants,* Colin, Paris, 1911.
(3) E. Claparède. *Psychologie de l'enfant,* Kundig, Genève, 1916.

Les termes de maturation, croissance et développement peuvent prêter à confusion, en raison d'un certain caractère d'analogie, aussi est-il indispensable de les définir chacun, avec précision.

La maturation est représentée par l'ensemble des modifications qui se produisent dans l'organisme en voie de croissance, sous l'effet d'une force d'organisation intrinsèque.

La croissance qui s'exprime par des manifestations quantitatives et traduit une augmentation mesurable de l'organisme est différente du développement, phénomène davantage qualitatif, qui signale une transformation aboutissant à l'élaboration d'une structure plus complexe que la structure d'origine.

Le développement est sous l'influence de deux facteurs qui interagissent : l'un intrinsèque, maturatif, guidé par les conditions physiologiques et l'autre extrinsèque, socio-affectif, originaire du milieu environnant. Il est difficile de faire la part respective des facteurs innés et des facteurs du milieu mais tous interviennent conjointement dans l'évolution physique et mentale de l'individu.

Sur le plan chronologique, le développement n'est pas strictement uniformisé pour tous les sujets ni à tous les niveaux, psychomoteur, affectif, cognitif et social. Chaque individu a son rythme propre dicté par les conditions particulières du milieu dans lequel il évolue.

Pour A. Gesell (4) (1940) « il n'y a pas deux enfants qui se développent d'une façon absolument semblable. Chaque enfant a son rythme et son style de croissance qui sont aussi caractéristiques de l'individualité que les traits de sa figure ».

Par ailleurs, le développement n'est pas linéaire : on observe des paliers, des poussées brusques, des régressions mais « chaque période du développement rend compte en partie des suivantes. » (5)

Aux divers âges de la vie de l'enfant correspondent des stades différents et des modalités variées de phénomènes psychomoteurs, de réactions affectives, d'opérations intellectuelles et d'adaptation sociale. Selon Y. Pélicier, cette description des stades « a le mérite de réduire à l'essentiel, les moments significatifs de cette évolution », mais il ne faut pas « les considérer comme des références absolues », plutôt « comme des indications, des repères. » (6)

L'enfance est subdivisée en une série d'étapes :

- *La première enfance* ou période néo-natale, de la naissance jusqu'à l'âge de 12-15 mois (maîtrise de la marche).
- *La seconde enfance* ou âge de l'exploration de 15 mois à 3 ans - 3 ans 1/2 (déambulation, langage).
- *La période pré-scolaire* de 3 ans à 6 ans.
- *La période scolaire* de 6 ans à la puberté ou période de latence.
- *L'adolescence* allant de la puberté à l'âge adulte.

(4) A. Gesell. *L'enfant de 5 à 10 ans.* P.U.F., Paris, 1963.
(5) J. Piaget, B. Inhelder. *La psychologie de l'enfant.* P.U.F., Que sais-je n° 369, Paris, 1968, p. 7.
(6) Y. Pélicier. *Univers de la psychologie. Tome 3.* Lidis, Paris, 1977, p. 29.

D'après Gesell, l'enfance humaine au sens biologique s'étend de la naissance jusqu'à l'âge de 25 ans environ. C'est en effet à cet âge que la croissance de l'individu est considérée comme achevée.

Cette lente évolution qui conduit l'enfant vers l'état d'homme l'a longtemps fait considérer comme un adulte inachevé et non pas comme un être à part entière. Cette conception a renforcé le caractère directif de la pédagogie traditionnelle. On ne considère plus à présent l'enfant comme un adulte en réduction mais comme un individu propre disposant de ses lois de vie spécifiques (7). Considérer l'enfant comme un adulte en miniature revient à n'insister entre eux que sur des différences de degré alors que celles-ci sont de nature mais aussi à juger l'enfant selon des normes exclusivement adultes (adulto-morphisme).

L'éducateur physique, au même titre que les autres éducateurs ne peut être dispensé d'une connaissance approfondie de l'enfant, de même qu'il ne peut ignorer les lois du développement auquel celui-ci est soumis. Ainsi, il sera en mesure de proposer des activités éducatives mieux adaptées aux besoins des élèves et d'accroître l'efficacité de sa pédagogie tout en évitant de commettre des erreurs préjudiciables aux enfants.

17.2. La croissance physique

La croissance peut être définie comme « l'ensemble des processus physiologiques — directement mesurables ou appréciables seulement par des investigations appropriées — qui jalonnent les stades du développement entre la conception et la réalisation de la plénitude, c'est-à-dire, la maturité. » (8).

Durant **la première et seconde enfance,** la croissance s'effectue d'une manière progressive et harmonieuse. L'acquisition au cours de ces étapes des deux fonctions fondamentales, du langage et alimentaire donne à cette période son caractère capital.

Au terme des trente premiers mois de sa vie, l'enfant a totalement acquis sa première dentition ainsi que la maturité intellectuelle, suffisante pour développer son langage et acquérir la notion du moi. Pendant cette période, la croissance physique est très rapide : de 50 cm environ à la naissance, le nouveau-né passe à 75 cm à 1 an puis à 85 cm à 2 ans. Parallèlement, en deux ans, son poids a quadruplé. La croissance du périmètre crânien est également un élément fondamental de l'évolution durant cette période. En effet, à 30 mois, le périmètre crânien de l'enfant est très peu différent de ce qu'il sera par la suite (9).

(7) M.A. Bloch. *Philosophie de l'éducation nouvelle.* P.U.F., Paris, 1973.
(8) *Univers de la psychologie. Tome n° 2.* Lidis, Paris, 1977, p. 40.
(9) Le périmètre céphalique est en moyenne de 47-48 cm à l'âge de deux ans.

La période pré-scolaire et scolaire, bien que chronologiquement plus longue (de 2 ans 1/2 à 10 ans environ), est moins importante que la précédente. L'enfant progresse en taille, en poids et d'autres paramètres sont concernés. La modification des rapports segmentaires, qui en particulier s'accentue, est importante. Durant cette période, des différences selon le sexe se manifestent.

La puberté

Les caractères sexuels secondaires apparaissent et rendent compte de la maturité effective des organes de la reproduction.

Cette étape se divise en trois parties :

La période pré-pubertaire qui dure deux ans (de 10 à 12 ans) au cours de laquelle on assiste à une accélération de la croissance en taille et à des modifications de la morphologie segmentaire.

La période pubertaire où apparaissent rapidement et de façon spectaculaire, les aspects physiques de la transformation sexuelle. Cette période dure deux ans : de 11 à 13 ans chez la fille et de 12 à 14 ans chez le garçon.

La période post-pubertaire qui dure deux ans environ, au cours de laquelle s'achève la maturation du système endocrinien physique et sexuel qui marque l'aptitude à la procréation.

17.3. Le développement psychomoteur

17.3.1. La première enfance

Cette période composée de deux étapes, est caractérisée chez l'enfant par une activité spontanée et totale.

Le nouveau-né (jusqu'à l'âge de 3 semaines)

Le nouveau-né diffère de la plupart des autres mammifères ; il est à la naissance immature et complètement dépendant de sa mère. Le corps recroquevillé en position fœtale, en état d'hypertonie et de somnolence quasi constant, il n'est capable d'effectuer que des mouvements globaux, massifs et inadaptés. Il dispose cependant de mouvements réflexes parfaitement au point dès la naissance : la succion, la déglutition et la défécation.

Le nourrisson (jusqu'à l'âge d'un an)

Les mouvements du nouveau-né ont évolué. Ils sont devenus, à la fin de la première année, coordonnés et adaptés. Cette évolution obéit à des lois d'organisation qui ne sont pas propres à l'espèce humaine. La progression des possibilités motrices se fait selon une direction céphalo-caudale (de haut en bas) et proximo-distale (de la racine à l'extrémité des membres). Le tonus musculaire se modifie : il diminue pour les membres et augmente pour l'axe du corps. La station assise est complètement acquise vers 9-10 mois. Cette étape du développement psychomoteur aboutit à la marche indépendante (10) qui apparaît vers 13-14 mois.

A. Gesell (11) a particulièrement étudié le développement psychomoteur du premier âge (mimique expressive, préhension, habileté manuelle dominante, imitation mélodique).

- *4-16 semaines :* Contrôle des muscles oculo-moteurs.
- *16-28 semaines :* Contrôle des muscles qui supportent la tête et meuvent les bras. La préhension véritable apparaît vers 4 mois, qui n'a plus rien de comparable avec le grasping reflex, présent durant les premières semaines de la vie. L'enfant tend la main vers les objets et à 6 mois, les saisit d'un geste bien orienté.
- *28-40 semaines :* Contrôle du tronc et des mains. L'enfant s'assied, saisit, transfère et manipule les objets. L'activité du pouce apparaît à 7 mois et le stade de la pince supérieure (préhension pouce-index) est acquis à 9 mois.
- *40-52 semaines :* Contrôle des jambes et des pieds. L'enfant maintient la station debout et manipule plusieurs objets à la fois.

17.3.2. La seconde enfance

Cette période qui va de un à trois ans est caractérisée par la déambulation de l'enfant et l'apparition du langage.

La marche indépendante qui apparaît au début de la deuxième année marque des différences souvent importantes entre les enfants (9 mois pour certains, 18 mois pour d'autres). On considère habituellement que la marche est devenue correcte à 18 mois et qu'à 21 mois, l'enfant est devenu capable de courir. L'acquisition de la marche permet l'exploration du monde environnant et accentue ainsi l'autonomie. A 30 mois, l'enfant améliore son équilibre et peut se tenir sur un pied. A trois ans la coordination des mouvements est assurée et la préhension est devenue de plus en plus fine (dessin du bonhomme-têtard).

Le contrôle des sphincters apparaît entre 15 et 20 mois mais le contrôle de la vessie est plus tardif. La propreté nocturne ne peut être atteinte avant 24 mois-3 ans chez les filles et plus tard chez les garçons.

(10) La marche automatique du nourrisson disparaît à 2 mois.
(11) A.L. Gesel, F.L. Ilg. *Le jeune enfant dans la civilisation moderne.* Paris, 1956.

C'est également à cette période, aux environs de 15 mois, qu'apparaît le geste du non. Mais cette période est surtout marquée par l'acquisition du langage dont le maniement correct vers 3-4 ans coïncide avec la maîtrise du plein équilibre moteur.

17.3.3. Le langage

Dans les premiers mois l'enfant babille et vocalise, exerçant ainsi ses organes de la phonation. Il prend plaisir à cette activité (fonction ludique) qui agit sur la conduite de l'adulte. Le premier mot apparaît aux environs d'un an : c'est un mot phrase. L'enfant reconnaît son prénom à 12 mois. Le vocabulaire augmente lentement puis très vite au cours de la période pré-scolaire. A un an, l'enfant dispose de 3 mots, à 18 mois de 10 à 20 mots, à 2 ans de 1 000 mots et à 3 ans, la moyenne est de 1 507 mots (12).

A 21 mois, l'enfant associe deux mots significatifs et entre 2 et 3 ans, apparaissent le « je », le « mien », le « mon », souvent répétés.

Le langage durant la seconde enfance remplit deux fonctions inverses. Il est égocentrique (Piaget) en donnant à l'action un accompagnement vocal. Mais il est aussi socialisé : il permet la communication avec autrui, il est l'instrument privilégié de la communication sociale. Il offre donc à l'enfant la possibilité de se différencier du monde en tant qu'être unique et permanent. Le langage joue aussi un rôle majeur dans la constitution définitive de soi-même.

En fait, le langage en tant que fonction spécifique et différenciée ne sera définitivement acquis que vers 10-11 ans en moyenne (13).

17.3.4. La période pré-scolaire

Cette étape importante dure de 3 à 6 ans et coïncide avec l'entrée à l'école maternelle. L'enfant de 4 ans peut sauter, courir et s'habiller seul. A 5 ans, son contrôle moteur est arrivé à maturité : il saute à cloche-pied mais aussi à la corde, il monte et descend l'escalier en alternant les deux pieds. La préhension permet de saisir mais aussi d'explorer du bout des doigts. La dominance manuelle est devenue nette et la marche assure la liberté de l'enfant à l'égard de l'objet.

(12) A 4 ans, la moyenne est de 2 148 mots et à 5 ans, de 2 557 mots.
(13) Encyclopaedia universalis. Volume 6. Paris, 1979, p. 273.

17.3.5. L'âge scolaire

Cette période s'étend de 6 ans à l'âge de la puberté, et débute avec la découverte de l'écriture et de la lecture. L'enfant de 6 ans se sert de ses mains dans des buts expérimentaux, celui de 7 ans sait lire l'heure. A 8 ans, le maintien du corps est beaucoup plus symétrique et l'enfant manifeste une certaine hyperactivité motrice que l'on retrouvera à 11 ans.

17.3.6. L'adolescence

L'adolescence dure de 2 à 3 ans, de 12 à 15 ans. Durant la prépuberté, on note vers 13 ans, du fait de la croissance staturale rapide, un manque de tonus. La puberté et la post-puberté signent enfin le bon contrôle de la motricité.

17.3.7. L'enfant et le jeu

La psychologie génétique considère le jeu tout à la fois comme l'expression et la condition du développement psychomoteur de l'enfant. A chaque étape est lié un certain type de jeu. Piaget distingue trois sortes de jeux : les jeux d'exercice, les jeux symboliques et les jeux de règles.

a. Les jeux d'exercice

Dans ces jeux surtout pratiqués au cours de la 1re et 2e enfance (avant l'âge de 3 ans), se déploie l'activité sensori-motrice de l'enfant. Ces jeux d'exercice sont motivés par le seul plaisir d'agir. Jouer pour le tout jeune enfant, c'est s'amuser. Il s'amuse avec ses pieds, avec ses mains, avec sa voix. Mais la jouissance ludique est aussi jouissance fonctionnelle.

« Jouer, c'est toujours se réjouir du jeu de ses fonctions » (14).

Dans ces jeux fonctionnels, sensori-moteurs, le plaisir réside dans le fonctionnement lui-même (mouvements des différentes parties du corps, rythmes, équilibres, activités vocales etc.).

- *De 2 à 6 mois,* l'enfant joue avec son corps (mains, pieds).
- *De 6 à 9 mois,* il joue à attraper les objets et à les jeter à terre.
- *de 9 à 12 mois,* il saisit des objets par des manœuvres complexes.
- *De 12 à 18 mois,* il superpose des cubes et emboîte des objets.
- *De 18 à 24 mois,* sa dextérité manuelle lui permet des manipulations plus fines.
- *De 24 à 30 mois,* il se livre à des jeux de plein air.

(14) J. Chateau. *Le jeu de l'enfant.* Vrin, Paris, 1967.

Le jeu primitif du tout jeune enfant se confond donc avec l'ensemble des conduites sensori-motrices. Presque tous les comportements sensori-moteurs, sont ainsi susceptibles de tourner en jeux dès qu'ils se répètent par assimilation, c'est-à-dire par simple plaisir fonctionnel.

L'assimilation est un processus de modification de la réalité objective par le sujet. Celui-ci d'une certaine façon, rend le monde semblable à lui-même, afin d'en jouir et d'en jouer. L'assimilation est un mouvement par lequel l'individu, incorporant l'objet en annule, au moins en partie, le caractère d'obstacle (15).

Dans ces jeux d'exercices, l'assimilation prime l'accommodation qui se définit ainsi :

L'accommodation est un processus de modification de la réalité subjective en fonction de l'objet, en particulier de son caractère d'obstacle. Le sujet dont l'activité s'oriente dans le sens d'une plus grande efficacité ajuste son être aux structures du réel et modifie en conséquence les composantes de sa conduite (15).

L'accommodation commande des conduites de style imitatif et adaptatif plus élaborées que celles commandées par pure assimilation.

Les jeux d'exercices mettent donc en œuvre une fonction où seuls les schèmes se trouvent exercés. Pour Piaget, le schème désigne « la découverte à la suite de laquelle l'enfant qui a vu qu'à telle conduite aboutira tel résultat, reproduira ce même geste pour obtenir un résultat semblable. C'est donc ce qui dans une action peut être appliqué à une autre situation » (16).

Il existe des schèmes praxiques (gestes), perceptifs ou comportementaux.

b. Les jeux symboliques

Le symbole représente un objet absent et fait partie des moyens utilisés par l'enfant pour se représenter la réalité et s'y adapter. L'enfant accède à la représentation par le « faire semblant ». C'est aux alentours de 3 ans, entre 2 ans 1/2 et 4 ans, que les jeux d'imitation prennent leur grande extension (jeux de la marchande, du docteur, etc.). Mais rapidement, l'enfant recherche les règles. Vers 5 ans, l'enfant se plie à la règle et au besoin, la crée. C'est la période des jeux de règle.

c. Les jeux de règle

Ces jeux s'installent lorsque l'enfant atteint « l'âge de grâce » (5 ans). Les jeux de règle introduisent un système de relations inter-individuelles à l'intérieur du groupe. C'est à présent, l'activité ludique de l'être socialisé (jeux de coopération et de codification sociale). Les jeux de règle nécessitent l'ajustement des rôles selon des conventions symboliques. Mais il faut attendre

(15) *Univers de la psychologie.* Tome 4. Lidis, Paris, 1978, p. 26.
(16) *Univers de la Psychologie.* Vocabulaire de psychologie. Lidis, Paris, 1977, p. 86.

encore plusieurs années pour que l'enfant coopère régulièrement avec le groupe.

Pour Piaget, c'est toujours le règne de l'égocentrisme même si, vers 7-8 ans, se développe le besoin d'une entente mutuelle dans le domaine du jeu. Jusque vers 10 ans, l'enfant n'arrive pas à une suffisante coopération faute de connaître suffisamment les règles. C'est vers 10 ans, que l'enfant découvre les jeux de procédure (jeux de société) et que s'épanouit le goût du sport. C'est alors l'accès aux règles strictes et complexes où la régularité logique s'impose aux joueurs.

17.4. Le développement affectif (17)

La connaissance du développement affectif de l'enfant doit beaucoup à l'école psychanalytique (18) qui a démontré le rôle essentiel et l'importance des premières années de la vie dans la formation de la personnalité adulte. Le développement affectif passe par une succession de phases caractérisées par l'importance de la vie sexuelle de l'enfant et par le primat de certaines zones érogènes (zones corporelles de plaisir).

17.4.1. La période pré-œdipienne

a. Le stade oral

Ce stade s'étend approximativement sur la 1re année et correspond au premier niveau de l'évolution libidinale. Il consacre le rôle privilégié de la zone orale (bouche et lèvres) et de l'alimentation. La succion du pouce et le suçotement des lèvres constituent des actes indépendants, uniquement orientés vers la recherche du plaisir. Vers 6 mois, le mordillement peut favoriser l'expression d'une certaine agressivité. La zone buccale est à cette époque le principal moyen de connaissance de l'enfant qui porte à la bouche tous les objets qui l'intéressent. Au cours de cette première année de la vie, l'enfant manifeste un certain nombre de réactions affectives caractéristiques.

Vers 3 mois, l'enfant commence à sourire au visage humain. Vers 6 mois, apparaît le stade du miroir : l'enfant se reconnaît comme sujet, manifeste un certain intérêt et sourit en face de l'image que lui renvoie le miroir. Entre 6 et 8 mois intervient la reconnaissance de la mère, ce qui favorise une ébauche de jeu avec l'adulte. Enfin au 8e mois, l'approche d'une personne étrangère

(17) P. Malrieu. *La vie affective de l'enfant.* Ed. du Scarabée, Paris, 1963.
(18) S. Lébovici, S. Soulé. *La connaissance de l'enfant par la psychanalyse.* P.U.F., Paris, 1970.

déclenche pleurs et angoisse. Durant ce 1er âge, la carence affective est très préjudiciable à l'enfant.

b. Le stade anal

Situé entre 2 et 4 ans approximativement, ce stade est marqué par le primat de la zone érogène anale et par la fonction de défécation (rétention, expulsion). C'est à cette époque que se développe la maîtrise musculaire sphinctérienne, époque qui correspond à une évolution rapide de la motricité (marche). L'apprentissage de la propreté est un élément important de l'autonomie infantile. Avec la maîtrise sphinctérienne, l'enfant découvre un moyen d'action sur l'adulte : il peut chercher à faire plaisir ou bien marquer son agressivité ou son autonomie. C'est précisément entre 2 et 3 ans qu'apparaît l'époque du « négativisme ». Il convient là d'insister sur l'importance de l'apprentissage de la propreté sphinctérienne et sur l'influence à long terme, d'une éducation rigide à ce niveau. A 3 ans se produit la crise de personnalité caractérisée par un besoin d'autonomie que vient satisfaire la fréquentation de l'école maternelle.

17.4.2. La période œdipienne

a. Le stade phallique

Situé vers la 3e ou 4e année, ce stade correspond à une phase d'intense éveil de la sexualité. A partir de ce stade, l'évolution affective va se différencier selon le sexe de l'enfant.

b. Le complexe d'Œdipe

Il apparaît entre 3 et 5 ans et constitue l'époque des identifications au père et à la mère. Il marque le passage de la relation duelle mère-enfant à la relation triangulaire père-mère-enfant. Cette phase est capitale car elle engage l'identification masculine ou féminine de l'individu adulte et l'accès à la génitalité. Le complexe d'Œdipe est défini comme « l'ensemble organisé des désirs amoureux et hostiles que l'enfant éprouve à l'égard de ses parents » (Laplanche et Pontalis).

Pour les deux sexes, le complexe d'Œdipe se résoud par l'identification de l'enfant au parent du même sexe. C'est à cette même période que s'érige le surmoi, instance psychique à l'origine de la conscience morale. C'est à cette époque également que se forme l'idéal du moi qui est la base de la formation des idéaux de l'individu.

17.4.3. La phase de latence

Cette phase qui dure de 5 ans à 13 ans environ est l'époque privilégiée de l'adaptation au monde extérieur. Celle-ci est caractérisée par une relative neutralité affective et libidinale qui tranche avec la période du conflit œdipien. Cette trêve dans l'évolution de l'enfant est propice à l'investissement des activités scolaires, sportives et sociales où s'expriment la curiosité intellectuelle et le besoin de compétition.

A 8 ans l'enfant est courageux, entreprenant et attiré par le sport. A 9 ans sa motivation personnelle et l'auto-stimulation sont très fortes pour accomplir des tâches. C'est l'âge de l'indépendance année charnière entre l'enfance et la pré-adolescence. A 11 ans enfin, l'esprit compétitif est très développé.

La phase de latence s'achève avec la puberté qui réintroduit sous une forte poussée instinctuelle, des préoccupation sexuelles et d'anciens conflits.

17.4.4. L'adolescence

Cette étape capitale conditionne la forme définitive que prendra la vie sexuelle adulte. Elle est l'époque de l'autonomie vis-à-vis de la famille, l'époque de l'insertion sociale et de l'entrée dans la vie professionnelle. L'adolescence est marquée par des réactions contradictoires (grande générosité ou forte opposition. C'est l'époque de l'affirmation de soi sur le mode du conflit (idéalisme juvénile), c'est l'affirmation d'un corps aux possibilités nouvelles (goût pour les records et besoin de surpassement).

17.5. Le développement intellectuel

L'intelligence est le résultat de l'action combinée des variables de l'environnement et du potentiel génétique. Elle se définit comme une fonction « qui organise l'activité de l'organisme sur le monde environnant pour l'utiliser, le modifier ou le transformer en vue de la satisfaction des besoins. L'action peut être immédiate ; c'est l'intelligence pratique : l'organisme réagit immédiatement par ses mouvements aux sollicitations de l'extérieur. Elle peut être différée ; avant d'agir, l'organisme cherche à représenter et à penser le monde pour le connaître. C'est l'intelligence discursive. » (19).

L'intelligence (20) s'organise par niveaux successifs, chaque étape du développement intellectuel ne pouvant être compris qu'en référence étroite à celle qui la précède et à celle qui la suit. Elle n'atteint son organisation adulte qu'à la fin de l'adolescence.

(19) *Univers de la Psychologie.* Tome n° 3. Lidis, Paris, 1977, p. 47.
(20) J. Piaget. *La psychologie de l'intelligence.* A. Colin Paris, 1947.

Les recherches génétiques de J. Piaget (21) ont permis de diviser le développement intellectuel en 4 grandes périodes :

- *La période sensori-motrice* qui dure jusqu'à l'âge de 18-20 mois. Durant les 18 premiers mois de son existence, l'enfant élabore l'ensemble des substructures cognitives qui serviront de point de départ à ses constructions perceptives et intellectuelles ultérieures. A la fin de la 1re enfance, l'espace de l'action est organisé. Cet espace sous-entend l'étendue concrète mais aussi l'ensemble des relations qui coordonnent les déplacements et les positions des objets et de l'enfant. Aucune représentation abstraite n'est possible à cette époque : c'est essentiellement l'action qui compte. Jusqu'à l'âge de 2 ans, l'intelligence est uniquement pratique.
- *La période pré-opératoire* qui dure jusqu'à l'âge de 6-7 ans. La troisième année de la vie est une étape importante de l'évolution de l'intelligence. En effet, à cette période apparaissent une série de fonctions et de structures nouvelles qui ne cesseront de se développer en chaîne jusqu'à l'âge de 11-12 ans.
- *La période des opérations concrètes* qui dure jusqu'à l'âge de 11-12 ans. Durant cette étape, s'élabore un système de concepts qui constitue une logique des classes et des relations et qui s'applique à différents secteurs de l'expérience (nombre, espace, temps etc.).
- *La période du raisonnement abstrait,* à partir de 11-12 ans. La logique de l'adolescent intègre et coordonne les structures précédentes en systèmes plus généraux, source de nouveaux modes opératoires et de notions dépassant l'expérience immédiate.

17.5.1. L'espace sensori-moteur

Le progrès des fonctions sensorielles et motrices, fonction de la maturation physiologique et renforcé par l'exercice explique le développement intellectuel de la petite enfance, de la naissance jusqu'à 18 mois-2 ans.

Entre 1 et 4 mois, on voit apparaître les premières habitudes et les premiers mouvements coordonnés. Entre 4 et 9 mois apparaissent les réactions secondaires qui s'attachent aux objets et non au corps seul. Vers 6 mois l'enfant découvre l'objet partiellement dissimulé mais ce n'est guère avant 9-10 mois qu'il soulève l'écran pour retrouver l'objet totalement dissimulé. Entre 9 et 18 mois, apparaissent les conduites intentionnelles vraies. A partir de 18 mois, l'enfant devient capable de reconstituer mentalement une situation spatio-remporelle en partie non observée. Après 18 mois, les découvertes ne se font plus par tâtonnement mais par insight (brusque découverte) après deux

(21) G. Lerbet. *Piaget.* Ed. universitaires, Paris, 1970

essais seulement. La genèse de l'intelligence motrice qui se terminera avec l'apparition du langage se décompose en 4 stades. (22).

Le 1er stade (les huit premiers mois)

Pendant les premiers mois de la vie, l'enfant exerce son pouvoir physique et intellectuel sur les objets qui l'entourent, par l'intermédiaire d'un comportement sensori-moteur apparemment désordonné. Il effectue des exercices moteurs variés à base de préhension. La préhension est coordonnée à la vision entre 4 et 6 mois et associée à une stabilisation du tonus et des postures. Impulsives et automatiques à l'origine, les réactions motrices et toniques se régularisent et s'adaptent aux situations et aux objets. A 8 mois, la préhension n'est plus une réponse stéréotypée au contact mais un schème d'action. Celui-ci nécessite des coordinations motrices qui incorporent à l'action, des objets variés (assimilation) et entraînent l'ajustement du comportement aux conditions particulières (accommodation) (23). Selon Piaget, l'assimilation et l'accommodation constituent le mécanisme même du développement intellectuel à tous les niveaux. L'enfant répète sans cesse la manipulation des objets : ces réactions circulaires sont pour lui de véritables exercices fonctionnels. Cette répétition continuelle permet de généraliser l'action, de l'affiner et de la coordonner à d'autres pour former des gestes puis des notions, par la suite.

Le 2e stade (de 8 à 12 mois)

Pendant le 2e stade la permanence de l'objet s'établit, consécutivement à la reconnaissance du visage de la mère et la coordination de schèmes distincts s'opère.

Le 3e stade

A la fin de la 1re année, la maturation tonique permet à l'enfant de posséder des postures plus dynamiques qui étendent son rayon d'action. L'enfant accède à des conduites de détour ou d'instrument. Il est capable d'écarter des obstacles ou de les contourner pour s'emparer d'un objet convoité. Pour atteindre le même but, il est désormais capable d'utiliser des conduites instrumentales (tirer une couverture pour rapprocher un objet éloigné ou utiliser un bâton). L'enfant objective progressivement l'espace réel et prépare sa transformation en espace mental, indispensable à la formation des symboles et des représentations.

Le 4e stade (à partir de 18 mois)

Le début de la représentation permet une compréhension immédiate de certaines situations, ce qui interrompt les tâtonnements et permet la résolution rapide du problème posé. La locomotion étend l'espace de l'action et permet

(22) J. Piaget. *Le problème des stades en psychologie de l'enfant.* P.U.F., Paris, 1956.
(23) *Encyclopaedia universalis.* Volume 6. Paris, 1979, p. 214.

de résoudre par des déplacements plus nombreux, des situations plus complexes.

L'enfant devient capable d'interpréter certains indices et de concevoir des projets d'action supposant l'articulation de plusieurs segments de conduite.

17.5.2. La pensée pré-rationnelle (de 2 à 6-7 ans)

L'apparition du langage est capitale dans l'évolution intellectuelle de l'enfant durant cette période car elle étend considérablement le champ d'exercice de la pensée abstraite. Mais elle ne constitue pas l'unique instrument du passage de l'intelligence sensori-motrice à l'intelligence discursive (jugement, raisonnement). Parmi les autres instruments à l'œuvre, on trouve le jeu symbolique, l'imitation en l'absence de modèle ou le dessin figuratif. A propos du dessin, le plus souvent l'enfant de 4-5 ans reproduit ce qu'il sait et non pas ce qu'il voit. Le dessin de l'enfant permet donc à l'éducateur de repérer avec exactitude, le niveau de la prise de conscience du schéma corporel.

Les jugements de l'enfant de 4 à 5 ans défient souvent les principes élémentaires de la logique adulte. Aussi, on a longtemps caractérisé la pensée infantile comme pensée pré-logique en raison de sa perméabilité à la magie, à l'animisme (prêter aux choses des intentions) et à l'égocentrisme (assimilation du réel à l'activité propre de l'enfant). Wallon (24) note cependant que l'enfant raisonne d'une manière plus rationnelle sur des situations où il peut agir que sur des situations qui échappent à son expérience.

Syncrétisme et égocentrisme (25)

La pensée pré-rationnelle est qualifiée de syncrétique c'est-à-dire qu'elle appréhende l'objet ou la situation par intuition globale sans pouvoir en analyser les éléments constitutifs. L'enfant à cet âge ne parvient pas à coordonner les détails à l'ensemble, les parties au tout. Selon la complexité des situations et les contraintes de la tâche, l'enfant oscille entre une appréhension globale et vague et une lecture pointilliste. Avant 7 ans, l'enfant éprouve d'importantes difficultés à coordonner l'ensemble des états et des transformations qui s'opèrent dans son environnement en raison de son égocentrisme cognitif. Le jeune enfant agit comme s'il ne tenait pas compte que de son point de vue personnel. Cet égocentrisme traduit le manque de mobilité de la pensée et une incapacité à coordonner avec méthode des points de vue différents et successifs. Les principes rationnels de réciprocité ne sont pas encore constitués. L'intelligence achevée, quant à elle, apparaît comme une aptitude à saisir la réversibilité des relations. Mais vers 6 ans se produit

(24) H. Wallon. *Les origines de la pensée chez l'enfant.* P.U.F., Paris, 1945.
(25) J. Piaget. *Six études de psychologie.* Gonthier, Genève, 1964.

un palier de maturation essentiel. L'enfant coordonne ses attitudes et parvient à mieux se concentrer sur une tâche. L'enfant va dépasser le syncrétisme et accéder à la connaissance rationnelle.

17.5.3. La logique concrète (de 6-7 ans à 11-12 ans)

A partir de 6-7 ans, âge considéré comme le début de « l'âge de raison » apparaissent les premiers systèmes d'opérations simples relatives aux structures élémentaires de la logique (classification, sériation et maniement des nombres). A partir de 9 ans, on assiste à l'achèvement de certains systèmes d'ensemble qui concernent le poids, le volume des objets, l'espace et le temps.

C'est vers 6-7-8 ans que se constitue la notion de conservation de la matière en dépit de modifications perceptives. Grâce à cette notion, l'enfant va acquérir la pensée opératoire. Celle-ci se caractérise par la réversibilité (si $4+3 = 7$; $7 - 3 = 4$) et l'association $[(A+B)+C = A+(B+C)]$.

Les opérations réalisées durant cette période sont dénommées concrètes car elles organisent le réel et pas encore le possible, c'est-à-dire qu'elles s'appliquent à des objets donnés ou aisément imaginables. L'enfant n'est pas encore capable de spéculer sur des données intériorisées.

17.5.4. La logique de l'adolescent

Vers 11-12 ans apparaît une dernière période de développement intellectuel et de progrès cognitifs dont le palier d'équilibre se situe à l'adolescence (15-16 ans). Cette période consacre la conquête d'un nouveau mode de raisonnement qui ne porte plus uniquement sur des objets ou des réalités directement représentables mais aussi sur des hypothèses.

On assiste à la formation de nouvelles opérations dites propositionnelles. L'accès au raisonnement expérimental marque bien la différence essentielle entre la pensée de l'enfant avant 11-12 ans et l'adolescent. Le raisonnement expérimental inclue des tactiques d'investigation pour interroger le réel, l'interprétation des faits et des procédures de vérification et de preuve : il est hypothético-déductif et correspond à la façon de penser définitive de l'adulte.

La logique formelle est enfin acquise. L'évolution intellectuelle s'achève donc dans le passage du concret manipulable à l'abstrait conceptualisé, dans le passage progressif de l'égocentrisme (subjectivité) à l'objectivité.

Tableau 17.1

Les stades du développement intellectuel selon Piaget

Naissance	Période de l'intelligence sensori-motrice
2 ans	Période pré-opératoire 1er niveau : 2 - 4 ans 2e niveau : 4 - 7 ans
6 - 7 ans	Période des opérations concrètes 1er niveau : 7 - 9 ans 2e niveau : 9 - 11 ans
11 - 12 ans	Période des opérations formelles
Extrait de " Revue de Médecine, 1974, 15, 39.	

17.6. Le processus de socialisation

La socialisation est un « processus d'élaboration personnelle par lequel un individu s'intègre à la société de ses congénères et en intériorise les lois. Il ne s'agit pas d'adaptation à des groupes occasionnels ou secondaires, mais de l'assimilation, au cours du développement de l'enfant et de l'adolescent, du fait social dans toute sa complexité. » (27).

Comme pour les autres grands domaines abordés, psychomoteur, affectif et cognitif, l'intégration à la société se réalise progressivement, par paliers successifs.

Au début de la vie, elle est totalement absente car l'enfant n'ayant aucune conscience de soi, ne peut avoir conscience des autres. Le *« soi »*, défini comme *« ce qui fait qu'un individu est quelqu'un, lui-même et pas un autre »* (P.C. Racamier) n'existe pas à la naissance. Il se construit lentement dans l'interaction stimulante enfant-milieu.

Cette absence initiale d'identité personnelle, Piaget l'explique en constatant qu'à ce stade indifférencié, « les impressions vécues et perçues ne sont rattachées ni à une conscience personnelle sentie comme un moi, ni à des objets conçus comme extérieurs : elles sont simplement données en un bloc indissocié ou comme étalées sur un même plan, qui n'est ni interne, ni externe, mais à mi-chemin entre ces deux pôles. »

(26) Dans la psychologie génétique le groupe I.N.R.C. est l'une des structures de la pensée formelle que l'adolescent acquiert après 12-13 ans. Ce groupe est constitué de 4 opérations (Identité, Négation, Réciprocité, Corrélativité) dont la maîtrise est à la base du raisonnement abstrait.

(27) *Univers de la psychologie. Vocabulaire de psychologie.* Lidis, Paris, 1977, p. 90.

Tableau 17.2

Les stades du développement selon Wallon

Naissance	*Stade impulsif pur* • Activité motrice réflexe • Adaptation sociale progressive des réponses motrices • Agitation diffuse de l'émotion
6 mois	*Stade émotionnel* • Symbiose affective • Expression par l'émotion • Reconnaissance dans le miroir
12 mois	*Stade sensori-moteur* • Réactions circulaires • Marche - Parole
2 ans	*Stade projectif* • Syncrétisme différencié • L'action stimule l'activité mentale
2 ans et 1/2	*Stade du personnalisme*
3 ans	*Phase d'opposition* • Négativisme • Réactions de prestance (l'enfant cherche à se faire valoir)
4 - 5 ans	*Phase de grâce* • Intégration et dépendance dans la constellation familiale
6 ans	*Personnalité polyvalente* • Jeux de groupe - Rôle dans le groupe
11 - 15 ans	*Stade de l'adolescence* • Valeur fonctionnelle • Découverte des valeurs sociales • Apprentissage

Extrait de " Revue de Médecine " 1974, 15, 39.

Ce n'est que progressivement que le moi de l'enfant se différencie du monde extérieur. Cette différenciation est accentuée, renforcée par les nombreux types de rapport que l'enfant établit et entretient avec les objets et les êtres qui l'entourent. Et ce n'est qu'au fur et à mesure de cette différenciation que la socialisation se développe.

Genèse de la socialisation

Durant les 2 premières années l'enfant vit dans une situation fusionnelle avec le monde. La conscience de soi n'apparaît qu'avec la rupture de cette situation provoquée par l'apparition du langage.

A 10 mois, l'enfant commence à manifester de l'intérêt pour les autres bébés et de 1 à 2 ans, cet intérêt se concrétise dans l'ébauche de relations parallèles (on joue l'un à côté de l'autre mais pas ensemble). Vers 2 ans, l'enfant se met à jouer avec ses compagnons mais sans qu'il y ait vraiment d'unité dans le groupe.

Entre 3 et 5 ans, petit à petit, les jeux parallèles vont être remplacés par un début de coopération. Les contacts entre enfants sont alors ambivalents, souvent teintés de conflits et de rivalité. A cette époque, l'agressivité devient physique.

A partir de 5-6 ans, les enfants s'initient à la vie en groupe et préfèrent les activités collectives aux activités solitaires mais l'intégration se fait très progressivement. A cette époque, en relation sans doute avec la découverte de la vie en groupe, l'enfant s'exerce à des jeux de prouesse où s'affirment la force et le courage.

A partir de 7-8 ans, le comportement de l'enfant change. On l'observe dans ses jeux où il développe une entente mutuelle avec ses camarades et s'efforce d'observer des règles communes dans sa relation avec eux. L'égocentrisme commence à céder devant une socialisation accrue. L'enfant se sert du «nous» et au jeu individuel se substitue le jeu coopératif.

A 12 ans, l'enfant se fie aux autres et tient compte de l'avis du groupe, les relations à autrui sont devenues satisfaisantes. Le sport l'attire et l'admiration pour l'aîné peut déclencher chez lui, certaines vocations.

A 13-14 ans, la passion du sport accentue le processus de la socialisation.

A 15 ans, les amis prennent une énorme importance. Les adolescents apprécient le groupe et l'équipe : l'entraide est privilégiée.

De la naissance à l'adolescence, le processus de la socialisation s'est ainsi affirmé et l'égocentrisme s'est effacé au profit d'une intégration au groupe achevée.

17.7. Aspects pédagogiques

Toutes les connaissances accumulées sur le développement de l'enfant (stades, lois psychologiques de l'activité humaine etc.) sont d'une grande utilité pour l'éducateur (28) qui en recourant à ces données peut ainsi adapter le contenu de son enseignement à l'évolution psycho-génétique de ses élèves. Les différentes étapes du développement physique, psychomoteur, affectif, cognitif et social sont alors autant de repères précieux, indispensables à l'établissement des contenus enseignés. Par ailleurs, en se conformant aux structures mentales de l'enfant à chaque période, l'éducateur est plus à même de remporter son adhésion et de s'appuyer sur une motivation réelle.

(28) J. Piaget. *Psychologie et pédagogie*. Denoël, Paris, 1969.

En ce qui concerne l'éducateur physique et sportif, on peut faire, à partir de ces connaissances, un certain nombre d'observations pratiques.

L'étude du développement de l'enfant a montré que les acquisitions de l'enfant étaient dues à des démarches actives de sa part. L'école doit donc préserver ce fonctionnement et l'éducateur privilégier des méthodes d'éducation actives. Comme ces méthodes nouvelles d'éducation réservent une place importante à la vie sociale entre les enfants, elles ne peuvent qu'accentuer le processus de la socialisation, dont on a souligné l'importance. L'éducateur doit donc combiner surtout à partir de 7-8 ans, travail individuel et travail de groupe mais ce dernier n'est vraiment efficace qu'après 9-10 ans. Il doit considérer la classe comme un moyen éducatif supplémentaire, destiné à faire jouer un rôle à chaque enfant, à l'intérieur du groupe. Il doit considérer la classe comme un moyen éducatif supplémentaire, destiné à faire jouer un rôle à chaque enfant, à l'intérieur du groupe. Il développe ainsi chez lui, les qualités individuelles et sociales nécessaires à l'équilibre de sa personnalité.

L'étude du développement de l'enfant a aussi beaucoup insisté sur la valeur pédagogique et sur l'importance fonctionnelle du jeu aux périodes scolaire et pré-scolaire, entre 3 et 11 ans. Le jeu met en œuvre toutes les activités perceptives sensori-motrices, stimule les différents domaines de l'affectivité et nécessite des procédures cognitives plus ou moins complexes. Ceci montre l'importance de la prise en compte d'une éducation physique effective, mais actuellement délaissée, à l'école maternelle et à l'école primaire, avec des contenus adaptés et une pédagogie renouvelée (29), tenant compte des besoins des enfants et de leur niveau de développement. Ainsi, l'importance du jeu symbolique vers 3 ans peut orienter l'éducateur pour une part de son activité vers des pratiques d'expression corporelle (30) en favorisant la variété des identifications à l'œuvre dans les jeux de « faire semblant ». Mais chaque méthode convient à un âge, à un niveau donné. La méthode globale par exemple convient tout à fait pour des enfants de 5-6 ans qui ne savent pas analyser mais pas au-delà de 7 ans.

La pédagogie des adolescents doit elle aussi tenir compte de leur spécificité et de leurs caractéristiques.

L'âge de la puberté (12-13-14 ans) variant suivant les individus, il n'est pas rare de noter au sein d'une même classe des différences importantes au niveau de la croissance entre certains élèves pré-pubères et d'autres, pubères ou post-pubères. Les écarts de taille et de poids constatés dans ce cas peuvent être préjudiciables aux premiers (31) et doivent conduire l'éducateur à adapter une partie de ses contenus (32) aux possibilités morphologiques de ses élèves.

(29) P. Provost, M. Villeneuve. *Jeux et Sports coopératifs.* Editions de l'homme, Montréal, 1980.
(30) G. Missoum. Revue E.P.S., n° 146, Juillet-Août 1977.
(31) R. Rigal, R. Paoletti, M. Portmann. *Motricité-approche psycho-physiologique.* Les presses de l'université du Québec, Montréal, 1974.
(32) G. Missoum. *Psychopédagogie des activités du corps.* Vigot, Paris, 1979.

Le sport a une heureuse influence éducative chez l'adolescent : il satisfait son esprit d'équipe et son sens de la collaboration avec autrui. La pédagogie de l'adolescent doit permettre à ce dernier d'exercer son besoin de dépassement tout en favorisant l'acquisition d'apprentissages adaptatifs. Elle doit s'efforcer de valoriser chez lui la prise de responsabilités et la conquête de l'autonomie, afin qu'il puisse prouver sa valeur et affirmer sa personnalité.

Bibliographie

ALDERMAN (R.B.): *Manuel de psychologie du sport*, Ed. Vigot, 1983.
BOUET (M.), *Signification du sport*, Editions Universitaires, Paris, 1968.
CASSIDY (M.): *The tricky business of giving rewards*. Psychology Today, 1974, 8 (4), 52.
GREENE (D.), LEPPER (M.R.): *Effects of extrinsic rewards on Children's subsequent intrinsic interest*. Child development, 1974, 45, pp. 1141-1147.
HALLIWELL (W.): *Strategies for enhancing motivation, in Coach, athletes and the sport psychologist*, University of Toronto, 1979.
LEPPER (M.R.), GREENE (D.), NISBETT (R.G.): *Undermining children's interest with extrinsic rewards : A test of the « overjustification hypothesis »*. J. of Personality and Social Psychology, 1973, 28, pp. 129-137.
MAGNANE (G.): *Sociologie du sport*, Gallimard, Paris, 1964.
MOORE (H.): *Psychology for business and industry*, New York : Mc Graw Hill, 1939.
RIOUX (G.), CHAPPUIS (R.): *L'équipe dans les sports collectifs*, Vrin, Paris, 1967.
RIOUX (R.), CHAPPUIS (R.): *Eléments de psychopédagogie sportive*, Vrin, Paris, 1972.
RIOUX (R.), THILL (E.): *Les déterminants psychologiques de la performance*, Paris : Vrin, 1980.
ROTTER (B.): *Generalized expectanties for internal versus external control of reinforcment*. Psychological Monographs, 1966, 80.
THILL (E.): *Eléments théoriques et pratiques pour une motivation sportive individuelle et collective ;* Paris : Vigot, Sports et Sciences, 1981.
THILL (E.): *Sport et personnalité*, Editions Universitaires, Paris, 1975.
THOMAS (R.): *Introduction aux fondements théoriques et méthodologiques de la recherche sportive*, Vrin, 1970.
R. THOMAS, *La réussite sportive*, Presses Universitaires de France, Paris, 1975.
WHITING (H.T.A.): *Textes choisis en psychologie sportive*, Vigot Frères, 1976.

18. L'apprentissage moteur

J. KELLER

La relation entraîneur-entraîné s'établit le plus souvent dans des situations d'apprentissage. Le geste technique a en effet, en sport, une importance capitale, de même que l'acte tactique. Il convient donc pour l'entraîneur de connaître les processus d'acquisition qui se situent dans le cadre des actions et réactions de l'entraîné. Il existe une autre raison primordiale d'étudier l'apprentissage. L'homme comme l'animal doit constamment s'adapter aux conditions du milieu, sans quoi il ne pourrait survivre. Il dispose pour cela de comportements innés et de comportements appris. Les premiers sont apportés à la naissance, ils ont donc une origine héréditaire ou congénitale, ils appartiennent à la « nature » de l'être, par oppositions aux seconds (1). La plus grande partie des conduites et particulièrement les conduites sociales sont apprises. Une bien faible partie de celles-ci apparaît déterminée par les éléments génétiques. Pour comprendre l'entraîné, l'entraîneur doit savoir comment s'acquièrent les comportements.

Pour dépasser tout empirisme et toute habitude didactique, l'action pédagogique du formateur doit être orientée par les connaissances liées aux processus d'apprentissage de l'élève et à l'interaction entre l'élève, la tâche et le maître car la relation pédagogique est régie par la triade :

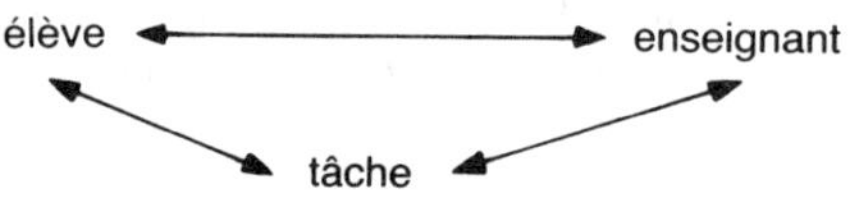

On considère classiquement que l'enseignement concerne le formateur et sa capacité à proposer des tâches d'apprentissage finalisées (Arnaud, 1985), alors que l'apprentissage est plus orienté sur l'apprenant et ses processus de réalisations (motrice, cognitive...).

(1) En fait la distinction n'est pas si aisée qu'il y paraît, le milieu jouant toujours un rôle. Cf. Hinde, *Le comportement animal,* P.U.F., 1975, tome 2, pp. 501-512.

Dans ce chapitre, nous étudierons brièvement l'apprentissage. Les auteurs de cet ouvrage ont voulu rédiger un manuel pratique. Il ne leur apparaissait donc pas nécessaire d'offrir au lecteur des développements trop étoffés de psychologie théorique. L'inverse aurait pour effet de conforter l'entraîneur dans ses habitudes, en considérant le chercheur, le théoricien comme trop éloigné de ses problèmes de terrain. A l'inverse, se réfugier dans l'attitude du «maquignon, qui sent les choses» et ne veut pas entendre parler de recherche, nous semble dépassé à une époque où le sport de haut niveau exige tant d'engagement de la part de tous les protagonistes concernés par l'amélioration de la performance du sportif. Tout au long de cet exposé, dans le cadre de cette démarche, nous nous efforcerons de donner des exemples pour relier la théorie et la pratique. Mais la réalisation de cette intention présente des difficultés. En effet, l'étude des phénomènes liés à l'acquisition des réponses constitue l'un des secteurs les plus riches de la psychologie et notamment de la psychologie américaine.

Les psychologues se sont surtout interessés à l'apprentissage verbal et à l'apprentissage conceptuel. Cependant à la suite d'une demande du monde du travail confronté à des problèmes d'apprentissage de gestes professionnels, puis à celle du milieu sportif rencontrant également des difficultés dans l'acquisition des techniques gestuelles, tout un courant de recherche s'est développé pour répondre aux questions posées. Concrétisant les nombreux travaux effectués à partir de 1960 dans le domaine du sport aux Etats-Unis, des livres de qualité ont été publiés sur l'apprentissage moteur (Motor learning) dans ce pays. L'apprentissage moteur est l'apprentissage d'habiletés gestuelles.

18.1. Définition

18.1.1. L'apprentissage

De très nombreux auteurs se sont attachés à définir les termes d'apprentissage et d'habileté. Etant donné la multiplicité des définitions et leurs différentes orientations à partir de quelques citations, nous allons simplement faire ressortir les notions les plus fréquentes. Pour l'apprentissage, citons tout d'abord la définition du dictionnaire de psychologie :
modification adaptative du comportement au cours d'épreuves répétées (H. Piéron) (2).

De cette citation, retenons l'idée d'adaptation et de répétition.

(2) Dictionnaire de psychologie, P.U.F., 1968, p. 30.

Pour Schmidt, *« l'apprentissage moteur est un ensemble de processus associés à l'exercice, ou à l'expérience, conduisant à des modifications relativement permanentes du comportement habile »*.

Nous retrouvons les deux notions précédentes auxquelles s'ajoutent celles de :

- **processus ;**
- **durabilité.**

En revanche, peu d'auteurs font allusion aux idées de progrès et d'acquisition de capacités, d'informations auxquelles on associe traditionnellement ce mot. Le terme de progrès étant plus difficile à déterminer, nous considérerons la notion d'amélioration de l'habileté, donnée par Marteniuk.

En résumé, nous concevrons l'apprentissage comme une activité adaptative qui apparaît lors de situations répétitives et qui met en jeu des processus cognitifs et moteurs dans le but d'améliorer les habiletés, afin de les rendre reproductibles.

18.1.2. La performance

D'autre part, la performance est définie comme une action déterminée au double plan de l'exécution motrice et de son résultat.

Le langage sportif valorise le résultat au détriment de la façon dont celui-ci est obtenu. Par la suite, quand nous parlerons de performance, nous ferons allusion tant à la conséquence du mouvement (le résultat) qu'aux processus qui sous-tendent et qui organisent la réalisation du geste.

Les psychologues ont coutume d'associer la performance et l'apprentissage. Ces deux notions sont différenciées par le fait que la performance traduit le rendement d'une action en cours de réalisation, influencé par les facteurs du moment (motivation, fatigue) et que c'est en mesurant l'évolution de ce rendement, sur une période donnée, que l'on peut savoir s'il y a apprentissage ou non.

La performance traduit un état, l'apprentissage une transformation. L'apprentissage peut porter sur une habileté donnée.

18.1.3. L'habileté

Traditionnellement, en sport, on considère que l'habileté est une conduite déterminée par les critères de *vitesse et de précision.* Ces indices sont estimés par rapport au degré de réussite de l'objectif visé.

A partir de cette orientation de l'action, l'habileté a la capacité de s'ajuster avec souplesse aux variations du milieu extérieur. L'organisation de l'habileté suppose qu'elle ne dépende pas seulement de séquences motrices et posturales, mais d'un invariant spatial et temporel. Pour cela, elle s'appuie sur un mode de contrôle de type proprioceptif, qui explique les caractéristiques d'économie et de stabilité.

La recherche des différents processus engagés dans le développement des habiletés motrices a pour objectif d'obtenir une réelle efficacité de l'apprentissage. Nous allons envisager les modèles scientifiques qui s'y rapportent et qui ont pour fondement la théorie de l'information et la cybernétique.

18.2. La théorie de l'information (Quelques données)

La théorie de l'information a répondu à la nécessité de transmettre l'information à travers des systèmes de communication (téléphone, télégraphe...). Elle s'attache à mesurer la quantité d'information transmise d'un point à un autre, dans un système de communication.

Cette notion a été appliquée à de nombreux domaines scientifiques : la linguistique, la biologie, la psychologie... ainsi qu'à l'étude des processus moteurs appliquée à l'être humain.

L'idée fondamentale qui est ressortie de cette théorie est que l'information doit être transmise à l'aide d'un *canal.* Cette notion de canal se présente sous la forme d'un modèle de base avec :

- *une information* qui déclenche un comportement ;
- *une entrée* qui reçoit l'information ;
- *un système de transmission* (le S.N.C.) qui code et interprète l'information, choisit et élabore la réponse ;
- *une sortie* qui mobilise le plan de réponse et est associée à l'idée de mouvement ;
- *un mouvement :* organisation spatiale et temporelle de l'action — résultat observé.

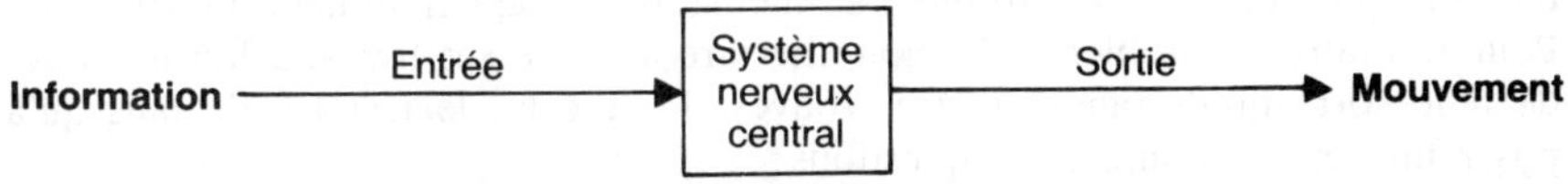

N.B. On dissocie la sortie du mouvement car l'idée que l'on a du mouvement peut être différente du résultat observé.

Pour analyser la performance humaine, on se sert, à l'heure actuelle, d'un modèle en trois étapes, où l'on étudie comment l'homme utilise l'information afin de **percevoir, décider, organiser** une action dans le but de s'adapter aux demandes de l'environnement, liée en l'occurrence aux exigences d'une situation sportive.

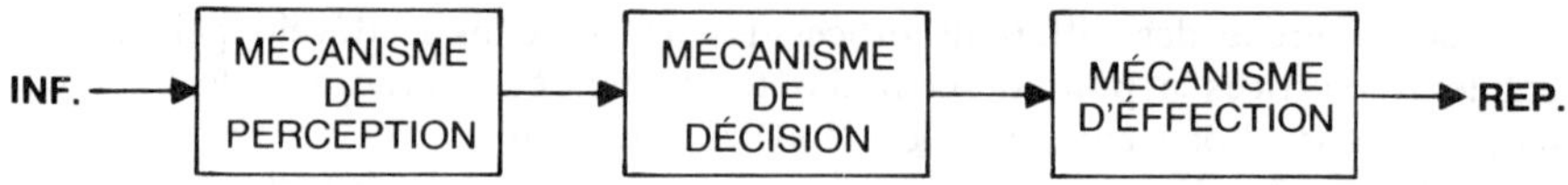

Ce schéma de transformation de l'information en une réponse, en trois étapes, est assimilé à un canal de traitement de l'information et renvoie à deux niveaux de questionnement :

- *pour celui du sportif :*
  Que dois-je observer ?
  Que dois-je faire ?
  Comment m'y prendre ?
- *celui de l'enseignant :*
  A quel niveau l'échec se situe-t-il ?

Par exemple, lors d'un tir au but au hand-ball, le joueur peut rater pour diverses raisons :

— *soit,* il a mal observé la situation et n'a pas perçu, anticipé le déplacement de l'adversaire (et/ou du partenaire) qui va contrer son tir ;
— *soit,* il a bien perçu la situation, mais il n'a pas de connaissances tactiques suffisantes pour s'adapter, trouver une solution ;
— *soit,* il s'est bien préparé, mais il ne dispose pas de qualités physiques suffisantes pour réaliser un tir de l'aile, et exécuter un mouvement efficace.

L'entraîneur ne doit pas s'en tenir au seul résultat, mais il doit prendre en considération tous les déterminants de la performance, liés à chaque stade du traitement de l'information.

Avant de les préciser, nous allons expliciter les notions d'*information* et de *canal de transmission.*

18.2.1. La notion d'information

Dans le langage courant, la notion d'information est liée à la signification. Dans le langage scientifique, elle se rapporte à celle d'incertitude.

Prenons un exemple : lorsqu'une personne cherche un livre dans une bibliothèque, elle est confrontée à une situation apparemment inextricable. Pour résoudre ce problème, le bibliothécaire a classé ses livres, selon un code, de telle sorte qu'ils puissent être trouvés. Pour cela, le lecteur n'a plus qu'à poser un certain nombre de questions :

- Dans quelle rangée se trouve le livre ? Puis une fois le numéro obtenu, il s'interroge :
- Dans quelle colonne se trouve-t-il ?

A chaque réponse, l'incertitude sur la position du livre diminue, jusqu'à disparaître quand le lecteur a le numéro de l'étagère, puis la position du livre sur cette étagère. On constate que la probabilité d'apparition d'un événement (ici le livre) augmente avec la diminution de l'incertitude. Du point de vue technique, « une information désigne un ou plusieurs événements possibles »

(Simonet, 1985) et d'une façon synthétique, on considère que l'information est une *réduction d'incertitude.*

A partir de ces considérations, le modèle précédent peut être spécifié, en tenant compte de l'influence de l'incertitude aux différentes étapes du traitement informationnel. Un modèle plus fonctionnel, propre à l'homme en situation sportive, peut être avancé.

Entrée →	Information ou incertitude →	Traitement de l'information →	Incertitude →	Sortie
Stimuli de l'environnement	Spatiale temporelle événementielle	Analyse et décision de la réponse à exécuter	Réponse	Exécution de la réponse sélectionnée
	Complexité de la réponse		**Difficulté de la réponse**	

Comme on peut le voir, l'incertitude présente différents aspects et s'applique soit à la complexité de la tâche sous la forme :
- *spatiale :* lieu d'apparition du stimulus ;
- *temporelle :* date d'apparition du stimulus ;
- *événementielle :* type d'événement pouvant survenir ;

soit à la difficulté de la tâche, pour contrôler le mouvement ; elle correspond à la réponse :
- par l'organisation biomécanique du mouvement influencée par les critères de temps, d'espace et d'intensité.

On retiendra que la complexité de la tâche est la quantité d'informations à traiter pour l'organisation et le déclenchement du mouvement, alors que la difficulté de la tâche est la quantité d'informations à traiter pour le contrôle du mouvement.

Il est à noter que dans les classifications des A.P.S., celles-ci sont souvent classées par rapport aux incertitudes environnementales faisant des sports d'opposition avec ou sans balle (tennis, sports collectifs, combat), des activités riches, car à haute incertitude, vu la variation continuelle des adversaires, des partenaires, des trajectoires, par opposition à des sports se réalisant dans des milieux (athlétisme, golf, gymnastique, natation). Or, on oublie de considérer que l'incertitude de la réponse dépend de la précision élevée que ces derniers exigent.

Dans les situations sportives, l'homme est continuellement confronté à des problèmes d'incertitude. Entre le stimulus et la réponse, l'information est traitée par le système nerveux.

18.2.2. La transmission de l'information

La qualité du traitement de l'information est déterminée par les propriétés du canal qui se définissent par leur capacité à analyser un certain nombre de messages. Chez l'homme, le système nerveux central est assimilé à un canal et sa mesure permet de concevoir quelles sont les limites de traitement de l'information. Pour Salmela et Alain (1972), il est nécessaire « pour définir les limites et les possibilités de l'homme, et pour prédire sa performance, d'examiner les demandes ou le contenu d'information de la tâche qu'il doit acccomplir... ». En effet, marcher ou courir ne demande pas la même attention que pour jouer aux échecs, attraper une balle ou tirer au but.

Nous venons de voir le modèle de traitement de l'information appliqué à la performance humaine et les différents facteurs qui lui sont liés. Nous aborderons maintenant les facteurs cognitifs qui mettent en évidence la capacité de traitement de l'information du canal. Pour reprendre la définition de Bresson (dans le dictionnaire de psychologie), l'activité cognitive définit « les processus par lesquels un organisme acquiert des informations sur l'environnement et les élabore pour régler son comportement : perception, formation de concepts, raisonnement, langage, décision, pensée », auxquels nous ajouterons : représentation, attention, mémoire, anticipation.

18.3. L'attention

En sport, l'attention renvoie à l'idée de concentration et fait penser à l'athlète qui se prépare à agir. Dans la vie courante, nous sommes amenés à de tels états lorsque par une activité plus volontaire, on s'intéresse à un objet. Mais, l'opérateur humain ne peut demeurer en permanence dans un état où il puisse répondre à toutes les variations de l'environnement et surtout se maintenir dans un état proche de l'efficacité maximum.

L'attention se définit difficilement tant elle renvoie à différentes notions. Actuellement, on retient l'idée d'activation et de sélection.

L'activation traduit l'aspect quantitatif de l'attention et est associée à la notion de capacité limitée, quant à la sélection perceptive, elle correspond à l'aspect qualitatif. Celui-ci est lié aux mécanismes de filtrage des informations, pour compenser sa capacité limitée en ne retenant que les informations utiles.

18.3.1. L'attention comme capacité limitée

Cette notion de capacité limitée est mise en évidence dans des activités simples de la vie quotidienne. Un sujet descendant un escalier prête peu attention à cette activité. Mais, si pour une raison ou pour une autre (obscurité, transport d'objets), il perd confiance et veut contrôler son déplacement, il devient très maladroit, hésitant au risque de tomber. Dans cette situation, le sujet veut organiser toutes les parties du mouvement, mais il en a trop à contrôler et sa capacité attentionnelle est dépassée.

« L'attention, qui peut paraître nécessaire à l'exécution d'une tâche, peut également avoir des effets contraires, si elle est trop importante et gêner l'exécution correcte d'un geste » (Wallon, 1959).

En sport, le joueur qui « se regarde » traduit ce phénomène. Il veut contrôler tous ses gestes, mais, bien souvent, il est lent et gauche. Pour être plus efficace, il doit détacher son attention de son corps, ou n'en laisser qu'une faible part, pour l'orienter vers d'autres objectifs et s'appuyer sur la régulation automatique.

La capacité attentionnelle est également mise en défaut quand on essaie de réaliser deux choses en même temps. Ceci peut s'observer très facilement chez le jeune enfant dont le développement attentionnel n'est pas très avancé. Quand un enfant de deux ans tient un objet dans la main droite, s'il prend un jouet dans la main gauche, invariablement il lâche l'objet qu'il a dans la main droite.

Un enfant d'environ dix ans qui apprend à dribbler au basket, regarde sa main et le ballon pour réussir cette habileté. Si le maître vient à demander à l'élève de faire autre chose, regarder le jeu (partenaires, adversaires), l'enfant est très vite déréglé dans la réalisation du dribble, jusqu'à en manquer la balle.

18.3.2. Mise en évidence expérimentale

La notion de capacité limitée est liée à l'idée que l'on ne peut réaliser qu'une tâche à la fois ou encore que l'on ne peut porter attention à deux choses à la fois.

Ce phénomène est mis en évidence dans des situations expérimentales, dites de la double tâche (encore appelée méthodologie de la tâche ajoutée). Elle consiste à proposer à un sujet de réaliser une activité que l'on veut analyser (par exemple marquer des croix sur un tableau) et que l'on va tester seule pour avoir une performance de base (écrire le plus de croix possible pendant 30 secondes). Puis, on demande au sujet la réalisation d'une deuxième tâche. Continuons avec notre exemple : le marquage des croix doit à nouveau être exécuté pendant 30 secondes, mais en plus, il faut fermer et ouvrir le poing avec l'autre main quand on entend le nom d'un animal dans une liste de mots distribués au hasard. Puis, on compte le nombre de croix tracés au tableau dans les deux situations. On se rend compte que dans la deuxième situation le nombre de croix est inférieur à celui du test, et même que le tracé des croix est très perturbé. Ceci peut paraître étonnant, quand on pense que ces activités représentent des tâches d'une extrême facilité. Le lecteur pourra très aisément réaliser cette épreuve avec un compère pour se rendre compte du phénomène, en n'oubliant pas que la liste de mots (voir tableau 18.1) doit être lue assez rapidement.

Tableau 18.1
Liste de mots empruntés à C. Alain, Université de Montréal

toi	foin	grain	mère	frère	doigt
sol	coq	*canard*	femme	toit	ciel
chat	*veau*	poivre	*rat*	rein	film
temps	sel	*chevreuil*	dune	*chèvre*	*chat*
beau	bette	*zèbre*	père	cœur	
chien	blé	*oiseau*	homme	*tigre*	
loup	*lion*	soleil	*bœuf*	sable	
table	cuir	*ours*	sœur	*mouton*	
vache	*singe*	lune	*poule*	vin	
				pomme	

On constate que la méthode de la double tâche permet la mise en évidence des exigences d'une tâche selon sa difficulté propre.

En effet, la qualité de la performance de la tâche subsidiaire permet de mesurer la charge (ou le coût attentionnel) imposée par la tâche primaire.

Cette méthode a souvent été utilisée pour analyser la demande attentionnelle d'une habileté motrice ou d'un geste simple.

Dans une tâche de pointage où l'on doit déplacer un curseur jusqu'à un endroit précis, on observe que la demande attentionnelle varie selon que l'on se trouve au début, au milieu ou à la fin du mouvement. Ceci est mis en évidence à l'aide d'une deuxième tâche qui consiste généralement en une épreuve de temps de réaction à un stimulus visuel ou sonore. Ce temps de réaction est plus ou moins long en fonction des besoins attentionnels de la tâche de pointage. On considère que la charge attentionnelle est (fig. 18.1) :

- *maximale au début ;*
- *minimale au milieu ;*
- *intermédiaire à la fin.*

Ces relations peuvent varier pour le début du mouvement si l'incertitude du milieu change (voir section 18.2.1) et pour la fin, si la précision du geste est plus importante (voir section 18.8).

Le fait que l'on ne puisse porter attention à deux choses à la fois signifie-t-il que l'on ne puisse pas faire deux activités en même temps ? Ce qui poserait un problème énorme en sport où nous sommes soumis à toutes sortes de contingence d'informations.

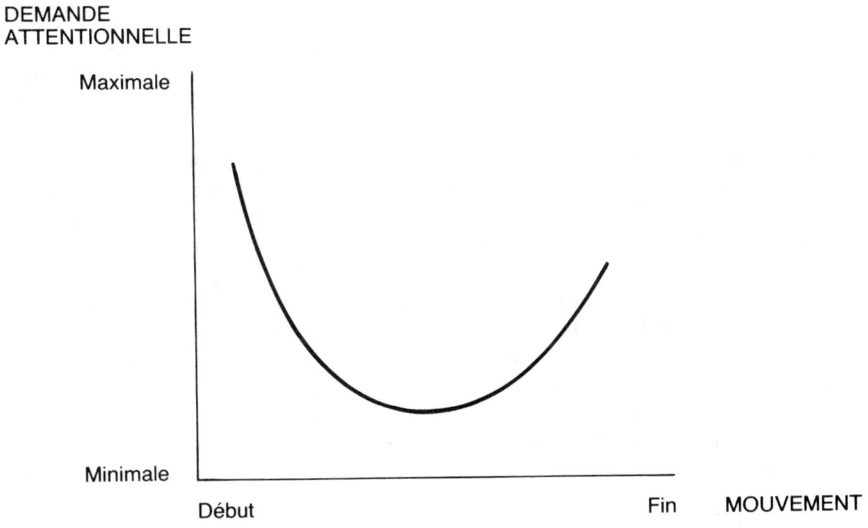

Figure 18.1
Relation schématique entre la demande attentionnelle et les phases du mouvement (emprunté à Yves Girouard, in Psychology of motor behavior and sport 1979).

18.3.3. Attention et automatisation

Cette limite des possibilités humaines dans l'organisation de la motricité peut être compensée par un autre mode de fonctionnement qui est l'automatisation. Ainsi, dans des situations impliquant la réalisation de deux tâches, il faut que l'une d'entre elles soit automatisée.

La difficulté, dans les situations d'apprentissage moteur, réside dans l'obtention de cette automatisation, tout en considérant qu'elle n'est jamais totale.

Girouard et coll. (1979) ont étudié des habiletés motrices fondamentales comme la marche et la course et ils ont observé qu'elles nécessitaient toujours d'un peu d'attention, et que, même des habiletés comme le saut en hauteur, hautement automatisé par des athlètes de niveau international, continuent de requérir de l'attention.

Cet auteur relate une expérience de Lewitt, réalisée en hockey sur glace. Celui-ci propose à des hockeyeurs de patiner en avant pendant 15 m mais selon quatre conditions d'évaluation différentes, et à chaque fois, il mesure le temps mis sur cette distance :

1. Patinage avant sur 15 m.

2. Patinage avant sur 15 m + une tâche secondaire (maniement du palet).
3. Patinage avant sur 15 m + une autre tâche secondaire (perception visuelle).
4. Patinage avant sur 15 m + ces deux tâches secondaires à la fois.

Il faut attendre que les sportifs aient environ huit ans d'expérience pour qu'une tâche secondaire ne perturbe pas le patinage. De plus, cette habileté n'est jamais complètement automatisée car, même après 15,5 ans d'expérience, l'ajout simultané des deux tâches secondaires perturbe celle du patinage. Ainsi, on considère qu'une habileté « comme le patinage avant en hockey sur glace, n'est pas complètement automatisée au sens où elle ne requiert plus de l'attention pour être exécutée ».

L'automatisation a souvent un statut négatif auprès des enseignants d'E.P.S., sous prétexte que la qualité de l'enseignement se rapprocherait du dressage et l'individu de la machine, le robot. Pourtant, fort est de constater qu'un mouvement n'est jamais totalement automatisé mais que, de plus, l'automatisation est absolument nécessaire pour dépasser la « capacité limitée » de l'attention. Le musicien, le danseur, le sportif seraient esclaves de leur main, de leur corps, de leur jambe, s'ils devaient tout contrôler et ils ne pourraient consacrer leur attention au rythme, à l'esthétique, à la tactique. L'automatisme est à dissocier du stéréotype qui, lui, est une action qui se répète quelles que soient les conditions d'exécution.

Reprenons l'exemple de l'enfant qui apprend à dribbler. Au début de l'apprentissage, il regarde sa main, et la balle et la régulation du geste sont essentiellement sous le contrôle de la vision. Ce n'est qu'avec le temps que le regard va se détacher de la main et que le dribble va être régulé par les sensations musculaires et articulaires. Dans ce cas, on parle de contrôle proprioceptif du mouvement et on admet que ce type de contrôle assure une plus grande finesse du geste ainsi qu'une plus grande économie de l'effort.

Au cours d'un apprentissage moteur, le sujet utilise des indices différents au fur et à mesure qu'il progresse dans la réussite. Au début, ce sont les indices verbaux qui aident le sujet, puis les indices visuels prennent le relais et enfin les indices kinesthésiques. Ceci entraîne une conséquence. Ce ne sont pas les mêmes sujets qui réussiront le mieux au début et à la fin d'un apprentissage.

Fleishman a démontré ce fait. Utilisant une épreuve motrice de coordination des deux mains, il observe qu'au début de l'apprentissage les sujets ayant une aptitude élevée à la visualisation spatiale réussissent mieux que ceux qui présentent une faible aptitude. Puis au fur et à mesure de l'apprentissage, les deux groupes se rejoignent (fig. 18.2). En revanche, les sujets ayant une sensibilité kinesthésique élevée obtiennent au début de l'apprentissage les mêmes résultats que ceux ayant une faible sensibilité kinesthésique. A mesure que l'apprentissage se déroule, les deux groupes se séparent avec un net avantage pour les sujets présentant une sensibilité kinesthésique élevée (fig. 18.3).

D'une façon générale, au cours de l'apprentissage, l'automatisation se réalise par un passage du contrôle **visuel** au contrôle **proprioceptif** où l'automatisme permet :

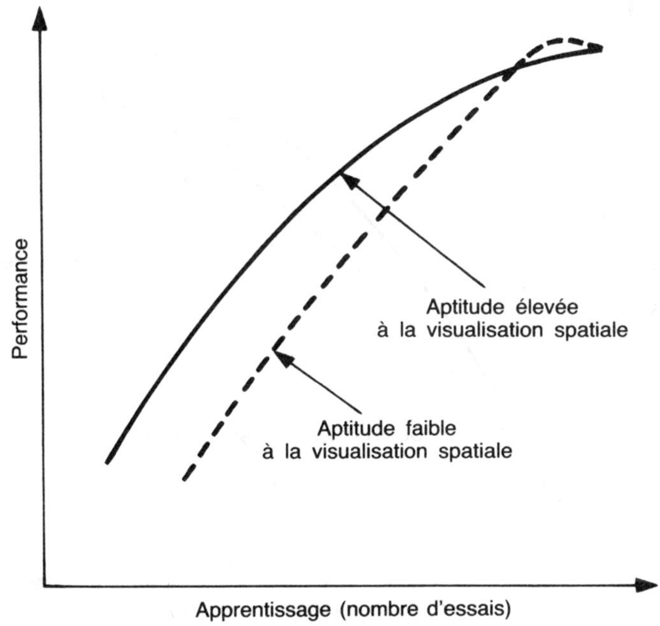

Figure 18.2

— de contrôler le mouvement sur un mode proprioceptif ;
— de prêter attention à moins de repères sensitifs ;
— de mettre en place une chaîne de séquences de mouvement ;
— de faire disparaître les temps morts entre chaque séquence.

18.3.4. Attention, automatisation et implications pédagogiques

Si de nombreuses méthodes pédagogiques dites analytiques ont été abandonnées, c'est que celles-ci se heurtaient à la capacité attentionnelle limitée des apprenants.

En effet, ces méthodes sont basées sur la décomposition d'une technique en un certain nombre de phases qui sont ensuite apprises successivement. Puis, lorsque chaque phase est assimilée, on fait répéter le geste global en espérant que chaque partie sera reproduite.

Prenons par exemple le saut ventral en hauteur. On apprenait :
— l'avancée du bassin (liaison course-impulsion) ;
— le lancer de jambe libre tendue ;
— l'armer de bras ;
— la position groupée sur la barre,

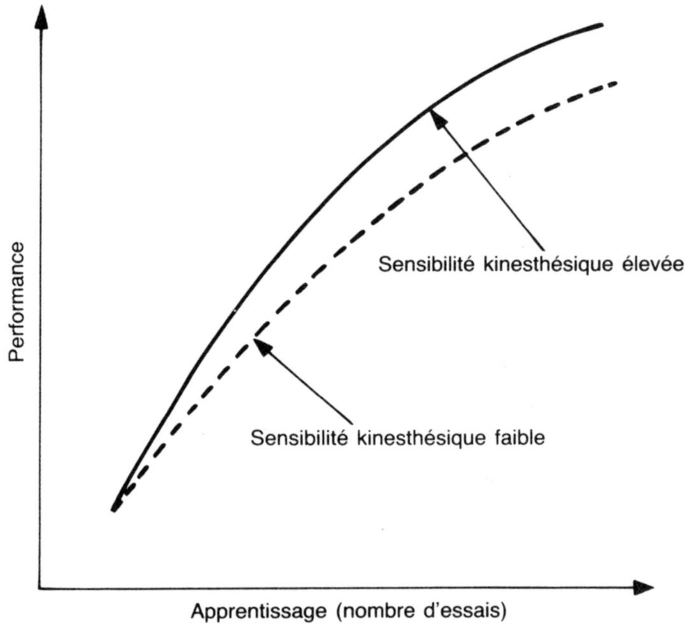

Figure 18.3
Rôle variable de certaines aptitudes au cours de l'apprentissage d'une tâche de coordination des deux mains (d'après Fleishman).

le tout d'une façon statique et, en plus, sans tenir compte de l'interdépendance de chaque phase. Ensuite, on demandait à l'élève de réaliser quatre tâches nouvellement apprises en une seule, ceci en quelques centièmes de seconde. La capacité attentionnelle étant surchargée, dès la deuxième tâche ajoutée, la limite de cette méthode était atteinte.

De la même façon, en tennis, pendant longtemps on a décomposé le geste de renvoi de la balle en quatre temps :

1. je mets ma raquette en arrière ;
2. je me retourne ;
3. je frappe (avec parfois un arrêt à l'endroit présumé de la frappe) ;
4. je reviens.

Là encore, le mouvement était décomposé et réalisé lentement, puis l'élève devait reproduire en un moment relativement bref ces quatre tâches successives auxquelles s'ajoutaient deux autres tâches, l'ajustement du corps par rapport à la balle et la mise en coïncidence de la raquette avec la balle. On imagine aisément que les possibilités de traitement de l'information étaient saturées et que très souvent la raquette de l'élève passait à côté de la balle.

(Cela ne vise pas à critiquer une pédagogie de type analytique qui peut être appliquée à certains moments de l'entraînement, mais à montrer l'inconvénient de donner trop de conseils, trop d'informations en même temps à un élève).

Le rôle et l'intérêt de l'entraîneur consiste à analyser, parmi un ensemble de défauts, lequel doit être corrigé en priorité, pour permettre à l'élève d'améliorer sa performance motrice.

Une partie de la technique ayant été choisie, elle doit être automatisée. Pour cela, le moyen le plus classique est la répétition, sous certaines conditions (voir section 18.9) à laquelle s'ajoute la méthodologie de la double tâche. En effet, une fois qu'une séquence motrice a été suffisamment assimilée, son automatisation peut être améliorée en ajoutant une tâche secondaire. Bien souvent, celle-ci consiste à réorienter le regard sur un autre élément de l'aire sportive, afin que la régulation motrice soit sous contrôle proprioceptif.

Dans l'exemple du basket, si dès le début de l'apprentissage, on demande à l'enfant de dribbler et de regarder ailleurs, il rate le ballon. Mais, si au bout d'une certaine quantité d'entraînement, l'habileté « dribble » commence à se régulariser, on peut l'améliorer en demandant à l'enfant de détacher les yeux de sa main et de son ballon en suivant du regard un partenaire qui se déplace. Après quelques maladresses, le dribble s'automatise et le joueur lui prête de moins en moins attention.

En saut en longueur, une fois que la course a été travaillée, on peut obtenir une meilleure régulation de celle-ci, en orientant le regard vers une cible au bout du sautoir.

En tennis, où il est difficile de détacher son regard de la balle, à un certain niveau de jeu, le joueur doit toujours avoir pour objectif de viser une cible.

18.3.5. Résumé

Bien que la réalisation d'une habileté nécessite toujours un minimum d'attention, la charge attentionnelle demandée reste bien inférieure à celle requise au début de son apprentissage. Cette diminution du coût attentionnel est une des caractéristiques de l'apprentissage. Elle s'obtient par un glissement du registre de contrôle visuel du mouvement vers le registre proprioceptif qui assure une meilleure régulation de celui-ci grâce à son automatisation. La méthodologie de la double tâche a montré que, sous certaines conditions, la tâche secondaire aide à automatiser la tâche primaire. En A.P.S., la tâche secondaire peut être un objectif (avoir l'intention de), un repère visuel, un schéma tactique.

Alors que l'homme est considéré comme un manipulateur d'informations à capacité limitée, il est situé dans un environnement qui comprend une multitude d'informations. Nous allons aborder les mécanismes qui soutiennent l'attention pour essayer de comprendre comment il organise son comportement ?

18.3.6. Les mécanismes liés à l'attention

Observons une mère qui dort dans sa chambre avec un bébé assoupi dans la pièce voisine. Un camion bruyant viendrait à passer dans la rue que celle-ci ne serait pas perturbée. En revanche, si le bébé témoigne d'un malaise à travers quelques vagissements, la mère se réveille aussitôt.

Maintenant, prenons une personne occupée à discuter au milieu d'une foule. Elle est concentrée sur la conversation de ses voisins ou sur ce qu'elle a à dire ; mais il suffit qu'un de ses amis l'appelle par son nom au milieu du tintamarre pour qu'elle arrive à percevoir ce son plus particulier.

Que se passe-t-il au niveau de l'organisme ? Dans les deux cas, il faut qu'il existe un mécanisme de sélection de l'information qui ait un sens pour le sujet (le bébé pour la mère, son nom pour une personne). Cette sélection perpétuelle liée à la focalisation de l'attention est considérée comme un mécanisme spécifique.

Dans la première situation, une fois que le bruit a pris un sens, la mère doit s'éveiller pour aller s'occuper de son enfant. Cette activité est liée au niveau de vigilance de l'organisme et correspond à l'activité non spécifique de celui-ci.

Le mécanisme non spécifique

Il représente l'état de vigilance d'un individu, qui correspond à différents niveaux de sommeil et d'éveil.

Ce soutien de l'attention est représenté par une structure que l'on appelle système d'éveil. Il est parallèle au S.N.C. et correspond à la formation réticulaire située dans le tronc cérébral, du bulbe au thalamus.

Elle ne représente pas une unité morphologique bien définie, mais occupe les espaces non occupées par les systèmes spécifiques.

Sa dénomination provient de sa constitution caractéristique, car les anatomistes ont décrit un ensemble d'aspect réticulaire (réseau de neurones qui s'étalent dans tous les sens). Le nombre considérable de ses synapses explique le caractère diffus de l'activité du système réticulé, mais favorise des phénomènes :

— *de convergence ;*

— *d'intégration,*

des différentes informations somesthésiques, visuelles, motrices, etc.

Ces deux phénomènes confèrent au système réticulaire un rôle activateur. L'intervention des formations réticulées sur le niveau de vigilance fut mis en évidence par Magoun et Moruzzi en 1949 ; par leur stimulation chez le chat, on obtenait tous les signes bio-électriques, neuro-physiologiques et comportementaux de l'éveil. Inversement, en 1976, Bremer avait remarqué que leur section amenait chez l'animal un certain type de sommeil et rendait impossible son éveil.

Ce système possède *deux modalités de vigilance.* Une mise en éveil généralisée de l'organisme par les formations réticulées bulbo-ponto-mésencéphaliques et une focalisation de l'état de vigilance sur un stimulus particulier par le système réticulaire thalamique. Ce dernier système est lié à l'attention. Son fonctionnement dépend de la réticulée mésencéphalique car celle-ci est nécessaire pour le niveau d'activation de l'organisme, mais, en revanche, si elle est suractivée, elle gêne le fonctionnement de la réticulée thélamique et empêche la régulation de l'attention.

Dans un premier temps, l'augmentation du niveau de vigilance permet le soutien de l'attention, mais dans un deuxième temps, la surélévation du niveau de vigilance perturbe l'attention et diminue le niveau de performance (fig. 18.4). Cette surexcitation fait en sorte que le système, selon l'expression de Soulairac, est « attentif à tout et à rien » et peut être une des causes de la baisse de rentabilité de traitement de l'information.

Dans ce cas, la F.R. mésencéphalique domine la F.R. thalamique. En A.P.S., comme dans le quotidien, la prise d'amphétamine provoque l'activation du système (mobilisation énergétique) mais perturbe sa focalisation (finesse d'exécution).

Ce mécanisme pourrait être une des causes de l'évolution d'une performance en fonction du niveau d'activation du S.N.

On admet que le degré d'une performance évolue avec le niveau de vigilance. Dans un premier temps, quand le sujet se concentre de plus en plus, ce qui est corrélatif d'une augmentation du niveau de vigilance, la performance s'améliore. Mais, si le niveau de vigilance continue d'augmenter, on considère qu'à partir d'un certain degré, la performance ne s'améliore plus, mais se stabilise, puis régresse.

C'est pourquoi on considère que le niveau de vigilance influence le degré de performance, selon une fonction en U inversé (fig. 18.4).

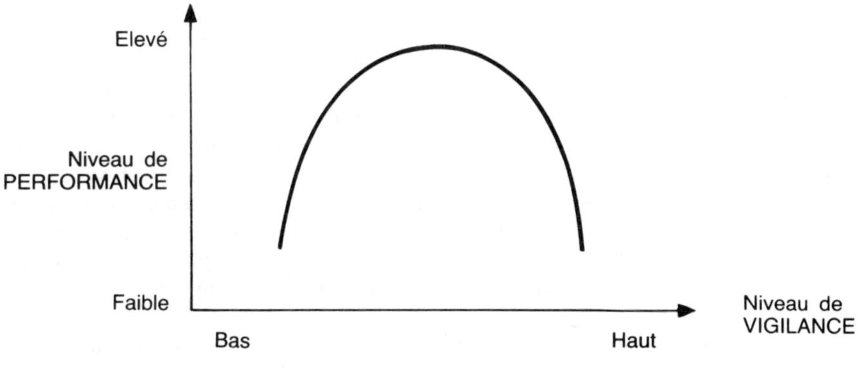

Figure 18.4
Relation entre le degré d'activation et le niveau de performance (emprunté in Marteniuk 1976).

Ce phénomène peut s'expliquer par la théorie de l'information. En dessous d'un certain seuil du niveau de vigilance, le traitement de l'information n'est pas suffisant, (sauf cas exceptionnel), pour produire une performance valable. On dit que l'information reste inerte dans le canal. Au contraire, quand le niveau de vigilance dépasse un certain optimum, il y a trop d'informations dans le canal de transmission, qui est saturé. On dit encore que l'organisme répond au *bruit* informationnel qui gêne le traitement de l'information. Le bruit étant un ensemble d'éléments informationnels qui perturbent la transmission d'un message.

En sport, notamment en compétition, l'athlète est amené à se stimuler pour améliorer notre performance. En athlétisme, l'athlète procède souvent par petits sprints pour exciter l'organisme. Mais, si celui-ci veut encore augmenter son état d'excitation en jouant sur la motivation, il arrive qu'il dépasse son optimum et à partir de ce moment-là, sa performance chute.

Un autre phénomène peut intervenir pour préparer l'organisme à l'action, c'est l'émotion. Malheureusement, l'état émotionnel est souvent difficile à contrôler et, là encore, la performance s'en ressent quand elle est excessive. Ceci peut même aller jusqu'à «la peur de gagner» du tennisman.

L'émotion et l'optimum de vigilance

Les mots «motivation» et «émotion» ont la même origine latine qui provient de movere (mouvoir, remuer), c'est-à-dire ce qui pousse à agir. Les psychologues considèrent que l'émotion est une conduite d'adaptation qui dépend de la signification donnée à la perception. Cette signification dépend du passé de l'individu, de son affectivité face à une situation et, paradoxalement, les réactions émotionnelles nuisent à l'action et troublent l'adaptation des conduites. Cette désadaptation apparaît quand il y a un décalage entre les moyens et les objectifs.

Si la peur est une réaction d'adaptation devant un danger à la suite de la stimulation de l'organisme pour entraîner la fuite, cette réaction devient néfaste si elle est trop intense, c'est alors la peur paralysante qui fige l'homme, l'animal, sur place (exemple du lapin fixé par le serpent).

L'émotion engendre ce que le psychologue appelle une régression, c'est-à-dire un retour des conduites antérieurement apprises. Un sujet connaissant deux techniques A et B et ayant appris d'abord A, puis B, peut être entraîné à n'utiliser que B. Sous l'effet d'une violente émotion, il recourra à A. D'une manière générale, son comportement se désorganisera car la technique employée (quelle qu'elle soit) et qu'il a apprise, s'est affinée avec le temps. En régressant, il retourne à des comportements moins élaborés.

Il faut avoir présent à l'esprit que la compétition constitue un stress capable de provoquer une forte émotion. Si celle-ci peut être bénéfique lorsqu'elle n'est pas trop élevée, elle devient source de désadaptation à partir d'un certain seuil.

Le lien établi entre la performance et l'émotion ou le niveau d'activation (fig. 18.4) est affiné en fonction des conditions d'exécution motrice.

Yerkes et Dodson (1908) ont précisé cette relation en fonction d'une autre variable, la difficulté de la tâche. L'optimum de vigilance varie avec la difficulté. Plus la tâche à accomplir est facile, plus l'optimum de niveau d'activation sera élevé (fig. 18.5). En d'autres termes, plus la technique sportive est aisée, plus il est souhaitable que l'athlète éprouve une forte émotion au moment de la compétition.

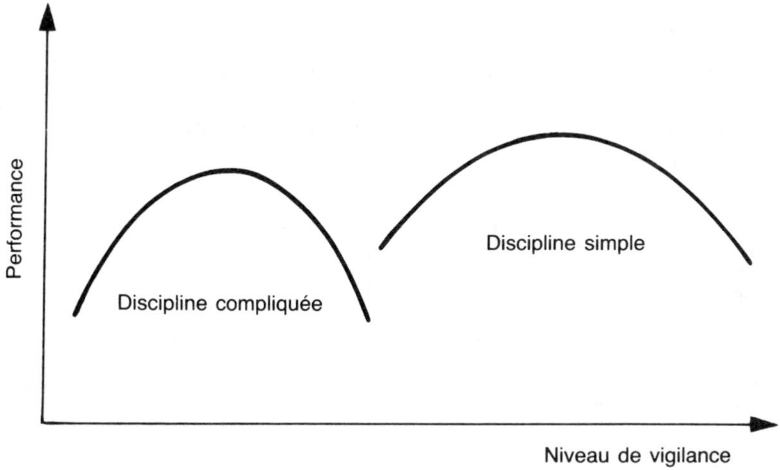

Figure 18.5
Relation entre le niveau de performance et le niveau de vigilance en fonction de la complexité de la tâche.

Cette relation peut être expliquée par le même type de raisonnement. L'organisme étant perçu comme un système de traitement de l'information à capacité limitée, lorsque la tâche à réaliser est complexe, il a beaucoup d'informations à traiter. Si on active le système, il a tendance à capter toutes sortes de signaux inutiles. Le bruit informationnel, et il se retrouve saturé. A l'inverse, une tâche facile nécessite peu de prise d'information et le système peut subir de fortes excitations.

C'est pourquoi, des activités nécessitant soit une grande précision de coordination, soit l'observation du comportement tactique de l'adversaire, ne doivent pas être soumises à des intensités émotionnelles trop fortes. Par contre, des activités qui sont dépendantes essentiellement de la force, de la vitesse, de l'endurance, peuvent faire l'objet d'un haut niveau d'activation.

Ainsi l'utilisation de techniques de motivation doit faire l'objet de beaucoup de prudence pendant les périodes d'apprentissage et au cours d'une compétition. A la complexité et à la difficulté de réalisation d'une tâche est liée le niveau d'éveil de l'élève. De plus, selon la période de la journée (chronobiologie), du cycle et de la période d'entraînement (voir chap. 10), l'entraîneur doit prendre garde à l'état d'éveil de l'élève.

Mais, une question apparaît devant les difficultés de l'individu face à l'excès d'informations non pertinentes et à la capacité limitée du canal de transmission de l'information, comment peut-il analyser le milieu où il se trouve ?

Mécanisme spécifique

Ce mécanisme permet la sélection de l'information. Pour que cette fonction se réalise, l'ensemble des psychologues s'accorde à reconnaître l'existence d'un *filtre* qui ne laisserait passer que l'information pertinente, utile à l'action (fig. 18.6).

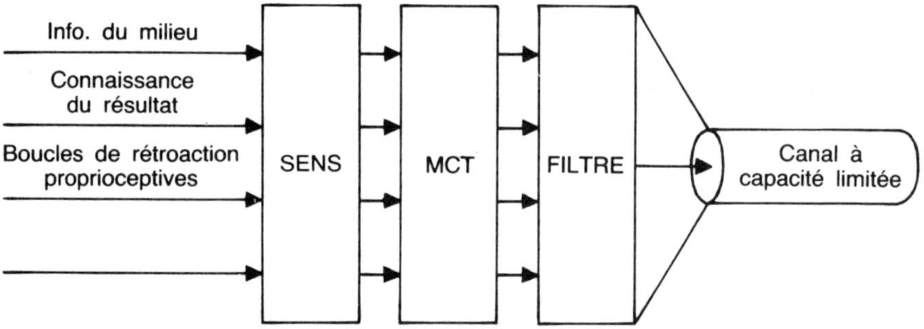

Figure 18.6
Schéma général du filtrage de l'information. Modèle dit du goulot (neckbottle : embouteillage de Kahneman) de Broadbent. L'information ne concerne pas seulement ce qui provient du milieu extérieur, mais également les sensations corporelles (proprioceptives) et le résultat de son action.

Pour certains auteurs, le filtre serait situé après le système d'analyse perceptif des caractéristiques physiques du stimulus et le système de mémorisation. Pour d'autres, les stimuli dépassent le niveau perceptif et une série d'opérations centrales, demandant un niveau de conscience plus ou moins élevé, peuvent se dérouler, en fonction du degré d'automatisation de l'action. Dans ce cas, le choix d'une information est dépendante de la valeur qu'elle représente pour l'organisme.

En fait, les chercheurs admettent de plus en plus que le phénomène attentionnel dépend de la capacité de la mémoire à court terme et de l'organisation structurale du système de traitement de l'information que nous verrons sous différents aspects (détection, discrimination, spécificité de la prise d'information).

Implications pédagogiques et attention sélective

Ainsi, l'attention est déterminée par deux dimensions:
— *quantitative* (niveau d'activation);
— *qualitative* (sélection).

Au cours de l'apprentissage moteur, l'attention évolue dans le sens de la sélectivité. C'est-à-dire que c'est un processus complexe qui devient de plus en plus sélectif et de moins en moins quantitatif.

L'orientation de l'attention doit tenir compte de la complexité de la tâche. Dans certaines situations, on s'est interrogé pour savoir si elle devait être orientée sur le stimulus, le signal ou sur la réponse.

La solution dépend du type d'activité à réaliser, perçue en fonction de la quantité d'information à traiter:

- Quand le mouvement est très simple, les réactions les plus rapides sont obtenues avec l'attention focalisée sur le mouvement.
- Dans le cas d'un geste complexe, l'attention doit être portée sur le signal.

D'autre part, puisque l'activité sportive se déroule dans un environnement où de nombreux indices non pertinents sont présents et qu'ils sont source de distraction, il est souhaitable que l'apprentissage se passe dans un tel milieu. C'est une condition pour développer l'attention sélective.

L'orientation de l'attention nécessite une analyse de la tâche, afin que le sujet sélectionne les indices les plus pertinents pour sa réalisation, notamment chez les enfants de moins de douze ans qui ont une capacité sélective très faible.

Cette capacité dépend, pour l'enfant comme pour l'adulte, de la mémoire et de la prise d'information.

18.4. La mémoire

L'homme moderne a un préjugé défavorable à l'encontre de la mémoire par opposition et au profit de l'intelligence. A l'école, dans la vie courante, on pardonne le trou de mémoire, mais pas la faute d'intelligence. Le statut de la mémoire est également associé à celui du passé, mais on oublie qu'elle est un élément sur lequel se construit l'avenir. L'évolution de l'être humain n'est possible que grâce à elle. Les êtres vivants inférieurs, qui n'ont que des conduites innées, ne peuvent se modifier, alors que toute la vie de l'homme n'est qu'un long apprentissage basé sur l'acquisition de connaissances et de comportements. Tout apprentissage, toute performance, tout moment de la vie fait appel à un processus de mémoire où chaque action modifie un organe, le système nerveux et le muscle. Ceci concerne évidemment la motricité, surtout dans une société qui accorde une place de plus en plus importante aux activités sportives et artistiques. Les progrès de l'enfant sont souvent spectaculaires dans une phase de maturation physiologique et psychologique.

Mais, pour l'adulte, il en va différemment et chacun sait très bien à quel point il est difficile de modifier puis de conserver l'acquis. Il suffit d'un arrêt dans la pratique pour que très rapidement s'observe une régression.

On a observé (Hettinger, cité in Weineck, 1983) qu'à la suite d'un entraînement de musculation isométrique, étalé pendant sept jours, les effets n'étaient plus que de 56 % le jour même de l'entraînement, 39 % le lendemain et seulement 0,6 % le septième jour et qu'ils avaient disparu après 15 jours.

Cette approche assez large et succincte à la fois, fait ressortir que le phénomène de mémorisation, qui est nécessaire à l'apprentissage moteur, est régi par trois processus :

1. **L'acquisition :** consiste en un processus d'encodage et d'enregistrement en mémoire. Le codage est réalisé au niveau nerveux avec passage de l'information spécifique (verbal-moteur...) au niveau psychique.
2. **La rétention :** correspond à un stockage à plus ou moins long terme.
3. **La récupération :** est liée à la remémorisation ou au souvenir, ou encore à l'inverse, l'oubli.

Mais la mémoire est un phénomène qui dépend également d'une autre condition : le temps qui est un facteur relatif à toutes les phases de l'entraînement (leçons, microcycle, période). Ce facteur détermine différents types de mémoire :

- *la mémoire sensorielle M.S. ;*
- *la mémoire à court terme M.C.T. ;*
- *la mémoire à moyen terme M.M.T. ;*
- *la mémoire à long terme M.L.T.*

18.4.1. La mémoire sensorielle

La mémoire sensorielle est le système qui maintient l'information sensorielle pendant un court laps de temps d'environ 3 secondes. Elle doit préserver l'information, le temps de lui porter attention.

Elle est très importante, lors de l'apprentissage, car tout apprentissage n'évolue que si l'individu est informé sur sa prestation, sinon il y a régression de celui-ci.

Dans un acte moteur, le sujet dispose de :

la C.P. : connaissance de la performance ;

la C.R. : connaissance du résultat auxquelles s'ajoutent des informations provenant du maître.

Elles entretiennent la motivation, mais surtout la C.P. est sensorielle et courte et doit être traitée avec les deux autres informations, dans un court laps de temps, pour prendre sa valeur, afin que le sujet les analyse et les retienne avant d'agir.

Les conséquences pédagogiques portent sur :

- l'attitude de l'enseignant qui doit transmettre son observation le plus tôt possible ;

- le travail avec l'outil audiovisuel où il est indispensable de visionner moins de 30 s après la performance.

L'entraîneur lui-même est soumis à ce mécanisme. Immédiatement après l'observation du geste, pour dépasser le temps limite de conservation en mémoire, il porte ce qu'il a vu en M.C.T. S'il est gêné par une personne, juste après son observation, il risque bien de ne pas être capable de commenter ce qu'il a vu.

La mémoire sensorielle fait apparaître l'importance de la M.C.T. pour l'apprentissage et soulève deux problèmes :

1. la capacité de stockage ;
2. le passage de M.C.T. en M.L.T.

18.4.2. La mémoire à court terme

On peut proposer la définition suivante : la M.C.T. est un système qui, en l'absence de l'attention soutenue, perd rapidement l'information qu'elle a stockée. Pour Fitts et Posner, elle est d'environ 60 s.

Nous avons soulevé le problème de la capacité de stockage dans des situations verbales.

« *L'étendue de la mémoire à court terme est le nombre d'items qui peuvent être reproduits immédiatement sans erreur et dans l'ordre même où ils ont été donnés* » (C. Alain).

Cette étendue (ou capacité) est estimée à 7 ± 2 par Miller (1956). Or ce nombre 7 se retrouve très souvent dans différentes sortes d'expérience. C'est pourquoi la généralisation de cette observation a amené les auteurs à considérer le nombre 7 comme le nombre **magique** de Miller.

La nature du matériel présenté affecte la capacité de la M.C.T. S'il s'agit de retenir des lettres, il est d'environ de 7 items ; des mots, il est d'environ de 5 items.

Mais 5 mots comptabilisés en lettres font toujours plus que 7 lettres et si l'on veut se souvenir de beaucoup de lettres, il suffit de les regrouper en quelques mots.

C'est le nombre de ces **regroupements** que l'on peut déposer en mémoire qui définit la limite de la M.C.T. et non pas la quantité d'information véhiculée par chacun de ces groupements. On les appelle des « *chunks* » ou regroupements d'information ou encore **unité informationnelle.**

Pour augmenter sa capacité de mémorisation, l'homme regroupe des informations en une unité par *recodage* de l'information. C'est le moyen mnémotechnique.

Par exemple : pour se souvenir d'un numéro de téléphone de 7 chiffres, on les arrange en 3 regroupements significatifs :

343 Diderot	75 Paris	62 Date de naissance

En ski, pour apprendre un slalom de 100 portes, on ne retient que

quelques organisations de portes : 6 en enfilades, 4 en devers, 5 en chicanes, etc.
En musique, l'artiste travaille les gammes, les arpèges.
En sp. co., le sportif développe sa compréhension des schémas tactiques.
Le joueur d'échecs apprend de nombreuses règles et des situations qu'il n'aura plus à réétudier pendant la partie.

En motricité, les informations du S.N.C. sont de deux types :
— celles qui proviennent de l'action (C.P., C.R., maître) ;
— l'information concernant ce que le sujet s'attend à réaliser par les signaux afférents qui partent du cerveau et qui sont stockés dans le système nerveux.

Ces deux types d'informations sont comparés en M.C.T. pour réajuster le mouvement (voir section 18.9.2).

La M.C.T. est la mémoire active (ou primaire) du T.I. et elle est ensuite maintenue durablement grâce à la M.L.T.

18.4.3. Le passage des M.T.C. en M.L.T.

Il se réaliserait par codage de l'information sensitive (visuelle auditive) en une information significative (passage à l'abstrait).
Cette transformation correspond à une économie du coût attentionnel.
On l'obtient par une attention continue et par la répétition.

La mémorisation de l'information est liée au temps ainsi qu'à ses propriétés perceptive et sémantique. Un troisième facteur intervient, c'est l'effet de contexte.

18.4.4. L'effet de contexte

On s'est aperçu que si l'on apprend un texte dans une pièce et que l'on essaie de reproduire ce texte dans une autre pièce, on observe une diminution de la mémorisation par rapport à sa réalisation dans la pièce initiale.

La mémorisation d'une information est liée aux conditions d'acquisition et de restitution. Elle est d'autant plus efficace que les conditions sont identiques.

Cette observation s'applique au contexte dans lequel on apprend et il dépend bien souvent du lieu où l'apprentissage est exécuté.

En sport, on a cru remarquer que l'on réalise sa meilleure performance sur son terrain. Cette situation est typique des championnats de sports collectifs où les équipes considèrent qu'il est logique de gagner sur leur terrain. Certes, les phénomènes émotionnels interviennent pour une bonne part, mais l'effet de contexte y participe également.

Au cours de l'apprentissage, les situations pédagogiques doivent être aménagées en fonction de ce phénomène. On a parfois tendance à développer des capacités motrices en dehors de la situation de base, réelle, et lorsque l'on revient à la pratique première, on n'observe pas le transfert des progrès réalisés au cours des exercices préparatoires. Il est classique, en saut en hauteur, de travailler des fondamentaux de la course d'élan (placement de bassin, appui...) la liaison course-impulsion, sur la piste d'athlétisme, en ligne droite. Puis, lorsque l'athlète revient sur le sautoir, avec en plus une course d'élan en courbe, il lui est très difficile d'utiliser les progrès réalisés au cours des exercices. On a même l'impression qu'il exécute un type de coordination lié au sautoir, alors qu'il possède une autre qualité de coordination liée à la piste d'exercice. Le passage peut être assez long à moins de réaliser les exercices de base sur le sautoir et avec virage. Pour améliorer la mémorisation du mouvement (et sa récupération), il faut rapprocher les deux situations d'apprentissage et d'exécution.

D'autre part, pour faciliter l'apprentissage, les nombreuses composantes de l'habileté peuvent être regroupées dans des unités significatives.

En danse de claquettes, les frappes du pied au sol sont organisées en mouvements de base :

— **brush :** frotter le bout de pied ;
— **step :** pied à plat ;
— **shuffle :** brush avant et brush arrière ;
— **toe :** talon ;
— **hop :** sursaut sur une jambe.

En unités plus complexe :

— **Maxie Ford :** shuffle jump toe step ;
— **Irish :** shuffle hop step.

Quand on a automatisé les unités plus complexes au lieu d'apprendre 9 frappes, il suffit de retenir deux idées de mouvement pour composer des petites danses.

En gymnastique, les mini-enchaînements qui servent à construire des mouvements gymniques, tiennent de cette méthodologie.

En athlétisme, les coordinations motrices de base (appui, équilibre, coordination des bras, rythme, vitesse d'exécution) ont pour but d'être utilisables dans toutes les disciplines athlétiques et sportives.

Si la règle de base de toute pédagogie est de tenir compte du vécu de l'enfant, c'est que cette conception s'appuie sur ce qui lui est significatif.

Si la mémoire et l'attention sont deux éléments de la capacité de traitement de l'information, tout au long des trois étapes de réalisation, la sélection de l'information est un des moyens pour dépasser les limites de cette capacité.

18.5. La sélection de l'information

La sélection de l'information comporte deux dimensions :
1. *la détection ;*
2. *la discrimination.*

La détection désigne la situation où on commence à percevoir un signal, un stimulus, alors que la discrimination s'adresse à une situation où l'on est capable de distinguer une variation dans l'intensité d'un stimulus dont on a déjà perçu l'existence.

18.5.1. La détection

La capacité de détection de l'être humain peut nous étonner. En effet, l'œil est capable de percevoir une bougie qui brûle, située à 27 km de distance, ce qui correspond à 1' d'arc pour l'angle de vision. Dans le domaine de la motricité, les travaux sur la détection des mouvements ont porté sur les mouvements actifs et passifs et la prise d'information visuelle.

D'après Marteniuk (1976), la détection des mouvements passifs n'apparaît que pour des angles très faibles. Pour les mouvements actifs, le type de repérage est plus étendu et plus précis. Lors de recherches sur la plasticité du système nerveux, Paillard et Brouchon (1968) ont mis en évidence que la position finale atteinte par le membre activement déplacé, se trouvait repérée avec beaucoup plus de précision que la nouvelle position atteinte par un membre passivement déplacé. Ceci peut s'expliquer par le fait que, lors du mouvement volontaire, l'information rétroactive est différente de celle du mouvement passif car le système produit un patron moteur qui permet de comparer ce qu'il a ressenti du mouvement avec ce qu'il avait prévu.

L'extraction visuelle

Parmi tout ce que l'on peut observer et ressentir sur un terrain de sport et vu notre capacité limitée à traiter les informations, il est nécessaire de détecter celles qui sont les plus utiles à notre action. Il s'agit pour l'enseignant d'orienter l'attention vers les informations pertinentes, c'est-à-dire à sélectionner parmi tous les signaux que nous observons ceux qui vont nous permettre d'organiser notre motricité, que ce soit :
- sur nos propres sensations ;
- sur le comportement de l'adversaire ;
- sur l'objet (balle, épée, raquette...) ;
- sur l'espace de jeu.

Une fois l'information détectée, le sportif doit en apprécier l'importance et celle-ci dépend de ses possibilités à percevoir les variations d'intensité des signaux, c'est-à-dire de ses capacités de discrimination.

18.5.2. La discrimination

C'est la capacité perceptive à distinguer des sensations proches l'une de l'autre.

Par exemple : la distinction porte sur l'intensité (à partir de quel moment un poids semble plus lourd) :

— *la qualité* (quand perçoit-on la modification d'une couleur du rouge vermillon à l'orange), en escrime le pommeau apporte-t-il plus d'informations que le bras ?
— *le temps :* les variations de rythme ;
— *l'espace :* à partir de quel endroit distingue-t-on que la balle ira à droite ou à gauche ?

Au siècle dernier, le désir de développer une psychologie moins empirique, plus expérimentale, a amené les psychologues à étudier les relations entre les propriétés physiques d'un stimulus excitant l'organisme et la sensation qui en résulte. Cette première démarche scientifique de la psychologie a donné naissance à la psychophysique qui espérait expliquer toutes les réactions humaines, à partir d'excitations physiques bien définies. De cette période, deux noms sont restés attachés : Weber et Feschner. Le deuxième restant plus connu, à cause de son nom lié à la loi dite de Fechner. Cette loi stipule que la sensation croît comme le logarithme de l'excitation, c'est-à-dire que plus l'intensité de l'excitant est forte, plus les variations de cet excitant doivent être importantes, pour que des modifications dans les sensations soient perçues. On peut schématiser en prenant un exemple à l'aide de la constante de Weber. Si, pour un poids de 300 g, il faut ajouter 30 g pour percevoir une modification, à un poids de 600 g, il faudra ajouter 60 g pour ressentir à nouveau un changement. C'est-à-dire que le rapport $\frac{30}{300} = \frac{60}{600}$ est constant.

Nous avons vu précédemment que les mouvements actifs sont perçus plus précisément que les mouvements passifs. Cette précision kinesthésique, dans un geste d'aller et retour, est de l'ordre de 2° d'angle.

Quant à l'acuité visuelle, la finesse de discrimination est égale à 1' d'arc, c'est-à-dire, pour reprendre les tests d'optique, que l'on peut voir une lettre de 1 mm située à 5 m.

Mais cette précision va diminuer, à partir de 15-20°, quand on s'éloigne du centre du champ visuel (appelé vision fovéale). Au-delà de la vision fovéale, on parle de vision périphérique et, vers 45°, l'acuité visuelle devient très faible. Par contre, si la vision est très imprécise, cette zone perçoit très bien les déplacements. Une expérience très simple en rendra compte. En plaçant, en face de soi-même sa main, on peut compter le nombre de doigts tendus ou pliés. Si je déplace la main d'environ 45°, il devient presque impossible de désigner le nombre de doigts indiqués, en revanche, on peut très facilement dire s'ils bougent ou non. (Dans cette situation, il faut bien prendre garde de ne pas déplacer l'œil vers la périphérie).

Les propriétés des systèmes sont sujets à des lois de variation, elles peuvent même évoluer avec l'état du sujet, émotion, fatigue, c'est pourquoi de nombreux auteurs se sont attachés à étudier les modes de fonctionnement du système de prise d'information dans des situations sportives. En l'occurrence, il s'agit surtout du système visuel.

18.5.3. La prise d'information visuelle

L'étude de la prise d'information visuelle se conçoit dans le sens où elle détermine les deux premières phases de la performance :

- *perception ;*
- *décision,*

alors que, plus traditionnellement, on s'intéressait à *effection,* c'est-à-dire à la technique ou à l'aspect bio-énergétique du mouvement. Ces recherches ont pris deux orientations :

— une qui s'intéresse aux informations qui donnent un sens à la situation ;
— l'autre qui se préoccupe de l'organisation de la motricité pour assurer la prise d'information visuelle.

Informations significatives

Les différentes études ont porté sur les endroits privilégiés où le sportif oriente le regard (liée à la vision centrale). On a constaté que, dans chaque sport, l'individu regarde préférentiellement des zones du corps de l'adversaire ou de l'engin manipulé et que, parmi celles-ci, certaines sont scrutées plus souvent. De plus, ces indices de référence ne sont pas les mêmes entre l'athlète de haut niveau et le débutant. Leur comparaison a permis d'en tirer des conséquences pédagogiques où le pratiquant expert devient un sujet de référence pour l'apprentissage.

En escrime, le pratiquant regarde préférentiellement le pommeau de l'épée et à partir de cet indice, il balaie le champ visuel de repère en repère avec une prépondérance pour quelques-uns d'entre eux (sur le bras) (fig. 18.7).

On observe également que le sportif expert passe moins de temps que le débutant, sur les indices sélectionnés et on considère que ceux-ci sont plus significatifs pour le bon spécialiste.

Parfois, les indices sélectionnés entre des athlètes de niveau différent se révèlent disparates. En tennis de table, le débutant balaie tout le champ visuel, il essaie de suivre la balle sur toute sa trajectoire, de point en point, par saccades oculaires, alors que « le champion » adopte une position intermédiaire, il fixe seulement l'ensemble raquette-balle de l'adversaire et le rebond de la balle.

En règle générale, la prise d'information visuelle semble dépendante de la discipline, de sa complexité et de la qualification du sportif. Elle prépare l'individu à l'action et permet de comprendre les processus décisionnels et les phases du processus effecteur dans les habiletés perceptivo-motrices.

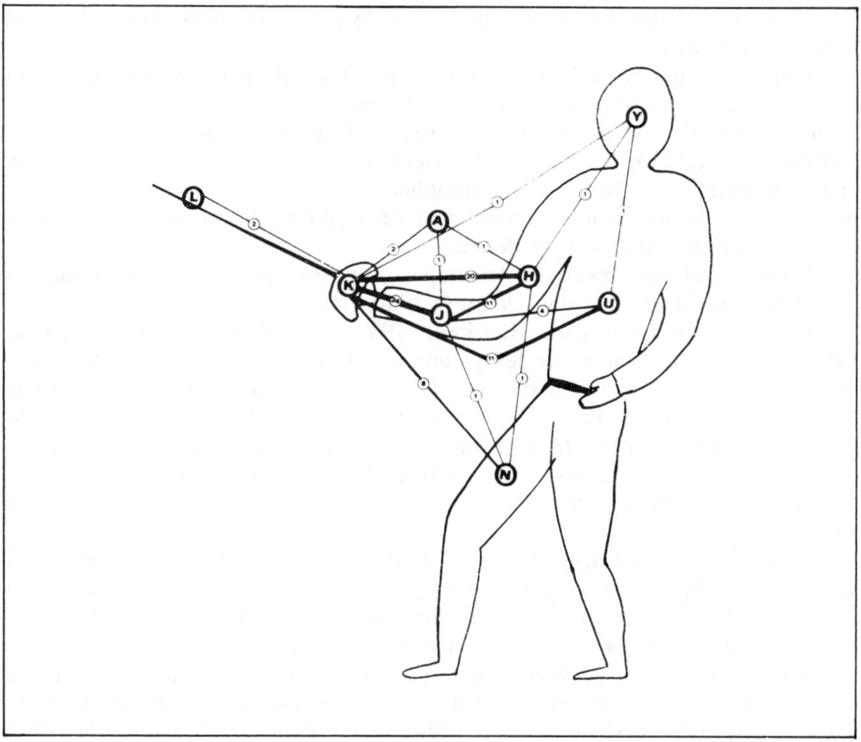

Figure 18.7
Indices pour la prise d'information chez l'escrimeur.
Schéma emprunté à Cl. Bard in *Neurobiologie des comportements moteurs,* sous la direction de Azemar et Ripoll, 1982, I.N.S.E.P., Paris.

La prise d'information et le support sensori-moteur

En sport, où l'individu est dans la plupart des cas en mouvement, il lui est nécessaire de maintenir l'intégrité de l'activité posturale car celle-ci représente le soutien de l'activité locomotrice, des organes de préhension, de manipulation et de la prise d'information et des activités d'exploration. Elle a également pour rôle de maintenir l'équilibre, afin que les systèmes informationnels, placés pour la plupart dans la tête-œil, oreille (ouïe et équilibre), constituent un invariant pour se situer dans l'espace.

La mise en action du système postural passe par trois types d'organisation :

- *le positionnement ;*
- *le maintien ;*
- *la stabilité.*

Nous ne développerons que la notion de positionnement, liée à la prise d'information visuelle.

Pour s'orienter vers la proie ou un objet à attraper, l'animal ou l'être humain réalise une séquence ordonnée d'opérations.

Tout d'abord, il doit mettre en concordance l'œil et la stimulation,
à partir de la capture fovéale, la tête vient compenser le mouvement des yeux et se positionner en direction du stimulus,
puis le corps et les membres procèdent de la même façon, afin que tout le corps soit orienté vers l'objet désiré.

Dans les activités sportives, les étapes du positionnement sont déterminées par le niveau d'expertise dans la prise d'information visuelle.

Lors d'un tir au basket, H. Ripoll (1982) a constaté que les joueurs de haut niveau mettent moins de temps que les non-experts pour porter les yeux, puis la tête vers le panneau de basket, ce qui laisse plus de temps au tireur expert pour la mise en place de l'activité posturale de stabilisation de l'ensemble, œil-tête pour fixer le panier. Par la même occasion, ces joueurs disposent de plus de temps pour contrôler leur tir (voir tableau 18.1).

On observe même des joueurs non experts qui tirent sans regarder le panier.

Nous voyons donc que la prise d'informations visuelles ne concerne pas seulement quelques indices à déterminer, mais qu'elle influence l'organisation de la réponse motrice. Dans cet ordre d'idée, la rétine de l'œil elle-même présente différentes fonctions pour soutenir le mouvement.

Nous avons dissocié précédemment vision centrale et vision périphérique où il apparaît que cette dernière transmet l'information avec moins d'acuité. En revanche, elle présente d'autres capacités qui complètent celle de la vision fovéale. En effet, si dans l'activité de positionnement, il est possible de fixer un indice en vision centrale pour l'analyser et l'identifier, c'est que, antérieurement, l'information pertinente a été récupérée en vision périphérique pour y être transportée.

Une fois l'orientation du corps réalisée, l'organisme doit garder sa stabilité. Là encore, la vision périphérique intervient pour maintenir l'équilibre en accord avec d'autres systèmes (vestibulaire, proprioceptif).

Tableau 18.2

Comparaison des différentes phases temporelles du tir au basket

Les prises d'information au basket-ball	Le sujet expert	Le non expert
Précocité de l'orientation de la tête vers la cible	0,44 sec.	0,59 sec.
Fixation de la cible avant le tir	0,19 sec.	0,11 sec.
Plus grande efficacité quand elles sont associées à une stabilisation de la tête en direction de la cible		28 % tirent sans localisation de la cible

18.5.4. Implications pédagogiques

Les implications pédagogiques sur la sélection de l'information sont de deux ordres :
— soit il s'agit de l'attitude sur la manière d'enseigner ;
— soit elle est d'ordre technique sur les critères de sélections.

La notion d'actif-passif que nous avons fait ressortir dans la détection des mouvements est à rapprocher des expériences réalisées avec les chatons sur le développement de capacités perceptivo-motrices.

Deux petits chats sont élevés dans le même milieu que l'un découvre activement et l'autre passivement, soumis aux déplacements du premier par l'intermédiaire d'un système de potence. A la suite de cette période, seul le chat élevé activement réussit avec précision une épreuve de placement des pattes, alors que l'autre devra attendre plusieurs semaines de vie active pour y arriver.

Or, au cours de l'apprentissage, il arrive que l'élève soit dans une attitude passive. En effet, en A.P.S., il a été tentant de guider l'élève pour lui faire réaliser le geste souhaité. Mais, dans ce cas, les sensations ne sont pas les mêmes car le mouvement est produit par des forces extérieures au sujet et il ne produit pas sa propre activité et même, parfois, l'élève peut avoir des contractions réflexes contraires au mouvement. En gymnastique, lors de l'apprentissage du flip-flap, on a coutume de porter l'élève sous le dos, ce qui entraîne des contractions des muscles abdominaux, alors que dans cette habileté, ceux-ci doivent être étirés. Il en est de même pour l'ensemble des muscles concernés. D'autre part, le rythme du mouvement est différent car il est réalisés à une vitesse inférieure.

En règle générale, une habileté exécutée sous deux conditions différentes, soit passivement et lentement, *soit intentionnellement et à vitesse normale,* procure des sensations disparates, voire opposées (notamment dans les tâches d'équilibre).

Lors de l'apprentissage, il faut débuter avec un mouvement le plus proche de la réalité.

Ces quelques conseils concernant les informations de type proprioceptif, celles du domaine visuel (extéroceptive) sont en général liées à la tâche, c'est-à-dire que l'on apprend à l'élève à reconnaître les détails les plus efficaces pour organiser sa conduite.

En pédagogie, elle correspond à l'orientation de l'attention et sous-tend l'importance du regard dans l'organisation de la motricité. La sélection de l'information visuelle porte sur l'attitude de l'adversaire, la position et les déplacements des partenaires et des adversaires, l'objet (balle, engin manipulé).

Si la sélection informationnelle est un moyen pour diminuer la quantité de données à traiter, afin de dépasser sa capacité limitée, il apparaît que dans les situations sportives, l'organisme est soumis à une autre limite, celle du temps. Pour dépasser ce problème, l'organisme dispose d'une autre capacité : l'anticipation.

18.6. L'anticipation

L'observation d'un très jeune enfant (3 ans) désirant attraper une balle, met en jeu ses coordinations oculomotrices. Quand une personne est prête à lui lancer la balle, celui-ci fixe la balle et tend les mains, il se prépare à la recevoir. Une fois la balle lancée, l'enfant ne semble pas modifier sa position et ce n'est que lorsque la balle touche sa poitrine, qu'il réagit en resserrant ses mains, comme pour l'attraper. L'enfant donne l'impression de répondre trop tard. L'observation d'un adulte, dans la même situation, pourrait faire penser que sa réussite dans la saisie de balle tient dans une réaction plus rapide au départ de celle-ci (les temps de réaction de l'adulte étant plus courts que ceux de l'enfant). Pourtant, le sportif se trouve confronté à des situations où les balles vont à très grande vitesse (service au tennis avec une vitesse de balle de l'ordre de 150 à 200 km/h ; au base-ball le renvoyeur ne dispose que de 430 à 580 m/sec.) et il faut penser que le sujet doit :
— prendre du temps pour savoir à quel endroit va la balle ;
— organiser sa réponse ;
— et mettre en mouvement son corps et la balle.

Pour qu'une décision soit prise sur le lieu, le moment et la manière de frapper, il faut que la « décision à réagir soit faite quand la balle est loin du joueur » (Marteniuk), c'est-à-dire que l'individu soit capable d'anticiper certains événements futurs.

L'anticipation ne se limite pas seulement à des trajectoires de balle, elle est également requise lors des tâches de la vie quotidienne, lire, jouer de la musique, conduire une voiture... ou dans des sports dits individuels où les différentes parties d'un mouvement conditionnent les suivantes, gymnastique, plongeon, athlétisme... Mais les problèmes d'anticipation ont surtout été étudiés dans des tâches d'anticipation et coïncidence (a/c), c'est-à-dire lors d'activités impliquant l'interception d'un objet en déplacement.

18.6.1. Les tâches d'anticipation et coïncidence et les trajectoires des balles

Les tâches d'anticipation et coïncidence nécessitent :

- *La prédiction* par le joueur de l'endroit où se rend l'objet.
- *Le déclenchement* de son mouvement avant l'arrivée de l'objet, afin de faire coïncider la réponse au bon endroit et au bon moment avec l'objet (balle).

Ces notions de prédiction et d'anticipation sur l'endroit et le moment d'arrivée d'une balle, vu les limites temporelles de traitement de l'information, indiquent qu'il n'est pas utile d'observer la balle tout au long de la trajectoire.

Mais alors, quelles caractéristiques de la trajectoire faut-il observer ? On s'intéresse à deux aspects :
— quantitatif : temps minimum de vision ;
— qualitatif : visibilité des différentes parties du trajet de la balle.

1. Les différents travaux de recherche ont confirmé qu'il suffisait d'observer la balle pendant un très court laps de temps (quelques dizaines de msec.) pour savoir où elle irait et obtenir un assez bon pourcentage dans les attraper de balle.

Pour un même trajet, la balle peut avoir des vitesses différentes. Dans un renvoi de balle au tennis, si on augmente sa vitesse, la précision de la réponse diminue, puisque l'on dispose de moins de temps. Paradoxalement, si on diminue cette vitesse en dessous d'un certain optimum, là encore, la précision est faible. On s'accorde à penser qu'il existe une vitesse optimum pour organiser un bon renvoi. Pour des vitesses plus lentes, le sujet présente une discontinuité dans sa mise en place. C'est ce que l'on peut ressentir au tennis quand on fait jouer un partenaire de niveau nettement inférieur ou bien en match, lorsqu'un adversaire se met à lever les balles, à envoyer des balles molles qui paraissent faciles, mais qui provoquent beaucoup de fautes. On peut imaginer que dans des situations où le jeu est trop lent, que les rythmes de conception de l'organisation du geste change, qu'il présente des discontinuités dans sa structuration.

En effet, on a également remarqué que si le sujet dispose de plus de temps que le temps optimum nécessaire, il l'utilise pour produire sa réponse, avec le risque supplémentaire du trop d'attention, du bruit informationnel (voir section 18.3.6).

2. Si un temps partiel de vision, du parcours de la balle est suffisant pour l'attraper, il s'agit de le rentabiliser. Pour cela, on a étudié les différentes portions de la trajectoire (début, fin, milieu et d'autres parties intermédiaires) qui peuvent être les plus informatives. Il s'est avéré qu'il est préférable de répartir ce temps minimal de vision au début et à la fin du trajet de la balle. Les deux prises d'information sont nécessaires car une seule réalisée au début implique une prédiction trop importante pour savoir où la balle arrive. Ou bien, une autre effectuée à la fin ne laisserait pas assez de temps pour prévoir et organiser la réponse et, en outre, elle permet la mise en coïncidence de la balle et de la main (ou d'un objet) par une régulation de plus en plus fine du lieu et du moment de la saisie (ou de la frappe).

Cette répartition semble la plus judicieuse pour les jeux de balle. Cette capacité d'anticipation de l'organisme sur les trajectoires de balle qui n'impose d'observer celle-ci que lors de partie intermédiaire, libère l'activité attentionnelle au profit de l'observation de l'environnement (partenaires-adversaires-situation dans l'espace de jeu) et des prises de décision, stratégiques (schéma tactique, technique utilisée).

Cette observation correspond au conseil donné classiquement au tennis de fixer la balle dans la raquette de l'adversaire, puis dans la sienne pour le renvoi. Entre temps, on peut décider du renvoi (coup long croisé, décroisé, amorti, etc.) et avec telle technique (coup plat, chopé, lifté...) en fonction du replacement (au centre ou non, montée à la volée à contre-temps...). En revanche, l'anticipation ne concerne pas seulement les trajectoires de balle et la stratégie (tactique, technique), elle intéresse également l'organisation du mouvement où la séquence d'un geste conditionne toujours la suivante, notamment pour des sports dits individuels, athlétisme, gymnastique, plongeon, golf, etc.

18.6.2. Les tâches d'anticipation et coïncidence et une activité athlétique : le saut en longueur

Dans le cadre du saut en longueur, la mise en coïncidence consiste en la pose du pied d'impulsion sur la planche d'appel. Dans ce cas, c'est le corps de l'athlète lui-même qui vise une cible (la planche) située très loin. Le niveau d'exigence requis pour la réalisation de cette tâche est très élevé, puisque sur une distance de 30-45 m, l'athlète doit poser son pied avec une précision de l'ordre du cm par rapport à la plasticine (3).

Il est classique de considérer que la course d'élan d'un athlète est une activité purement automatisée, voire stéréotypée et que l'entraînement n'a que pour but l'automatisation de la technique. Or, l'observation du terrain nous indique qu'un sauteur ne court jamais tout à fait de la même façon et qu'il peut poser son pied d'impulsion avec des écarts considérables (vu la longueur d'une foulée) par rapport à la planche d'appel. Des observations filmées (Laurent et Pailhous, 1982) sur des sauteurs confirmés et débutants ont montré qu'en fait, ce sont les débutants qui ont les longueurs de foulée les plus constantes, mais qu'en revanche, les athlètes confirmés, avec des variations de foulée plus importantes peuvent modifier bien plus tôt leur course, pour arriver sur la planche. Cette anticipation de la régulation de la foulée par rapport à la planche est réalisée six foulées auparavant par le sauteur confirmé, alors qu'elle n'est que de deux foulées chez le débutant. De plus, bien que les variations de la foulée soient plus importantes chez l'expert, la précision à l'arrivée sur la planche est bien plus grande.

La finesse de la course d'élan n'étant pas suffisante pour la précision requise pour la tâche, le sportif doit anticiper la phase terminale. L'anticipation de la régulation de la foulée est précoce chez les experts, tardive chez les inexpérimentés.

Citons Laurent et Pailhous : *« Contrairement à ce qu'on aurait pu penser chez les sujets en saut en longueur, la course d'élan (bien qu'elle soit effectuée dans des conditions très standardisées) n'est pas automatisée et le sujet doit, sur une base d'appréciation visuelle des distances, réguler sa foulée... Les régulations de la foulée, référées à l'appel, sont plus anticipées chez les sujets confirmés ».*

On est loin des clichés sur le champion d'athlétisme, ou autre, qui, telle une machine ou un robot, accumule les automatismes à force de répétitions et d'entraînements. Le sportif de haut niveau est, comme le pianiste qui travaille

(3) Plasticine : matière molle, ressemblant à de la pâte à modeler, située sur la planche d'appel. Elle délimite la fin de la course d'élan et le lieu de mesure du saut et laisse l'empreinte du pied lorsque l'athlète mord un saut.

ses gammes, il prépare des automatismes pour libérer son attention, afin de prévoir et d'anticiper les actions futures et s'exprimer avec sa sensibilité. Il n'y a pas des activités qui soient plus riches que d'autres, en anticipation et en incertitude (les sports collectifs et/ou d'opposition avec ou sans balle par rapport aux sports dits individuels), il y a des sports dont la manifestation de l'incertitude et de l'anticipation se situe à des niveaux et à des degrés différents.

Ces quelques données ne sont pas sans conséquences pour la pédagogie.

18.6.3. Implications pratiques

En pédagogie, une question revient souvent: comment aménager une situation et comment manipuler la tâche pour améliorer une performance? Tout d'abord pour permettre la mise en place et l'apprentissage d'une réponse motrice, d'un geste... on peut diminuer la quantité d'information à traiter: pour cela, on agit sur divers facteurs:

- *temporel:* en réduisant la vitesse de l'engin, on permet d'ajuster le temps de réponse avec l'objet;
- *spatial:* en abaissant l'incertitude du lieu d'arrivée (droite, gauche, avant, arrière), en augmentant la taille de la balle, ce qui nécessite moins de précision;
- *événementiel:* en demandant des gestes plus simples (faire une impulsion verticale en saut en hauteur, sans avoir à créer les rotations autour de la barre et/ou pour travailler l'armer de bras).

Mais, on peut chercher à développer ces capacités d'anticipation:

Dans des situations tactiques, on pose les conditions qui amènent à prévoir. En sport collectif, le jeu doit se réaliser avec une seule touche de balle, ce qui nécessite une prise d'information pour prévoir, et la trajectoire de la balle qui arrive et l'endroit où la renvoyer aussitôt après.

Dans des situations à «temps de réaction» où la contrainte de temps impose de choisir l'information utile. En tennis, un joueur se met au filet et envoie des balles à un rythme soutenu, ce qui laisse tout juste le temps, au renvoyeur pour réaliser son geste et se replacer.

Pour reprendre l'exemple du saut en longueur, l'athlète travaille sa course d'élan sur des distances variables. Il peut également sauter sans marque, pour «sentir» le lieu de l'appel.

Dans des entraînements de tennis, on a trop tendance à donner les mêmes types de balle, il vaut mieux varier les trajectoires sous forme chopée, liftée, classique, longue, courte, etc., et cela d'autant plus que la technique de renvoi change.

Lors de l'éducation de l'enfant, il faut varier les situations d'apprentissage. En mini-tennis, le jeune joueur pratique beaucoup de jonglage et de frappes diverses dans des situations réduites (voir plus haut), afin de s'habituer aux trajectoires et à sa mise en coïncidence avec la raquette.

Pour organiser les situations pédagogiques en fonction de la complexité d'une tâche, celle-ci a fait l'objet d'une classification en fonction de l'anticipation et du coût informationnel.

On distingue du plus simple au plus complexe :

— l'attraper à l'arrêt ;

— l'attraper en déplacement ;

— le renvoi d'un objet en déplacement vers une cible fixe ;

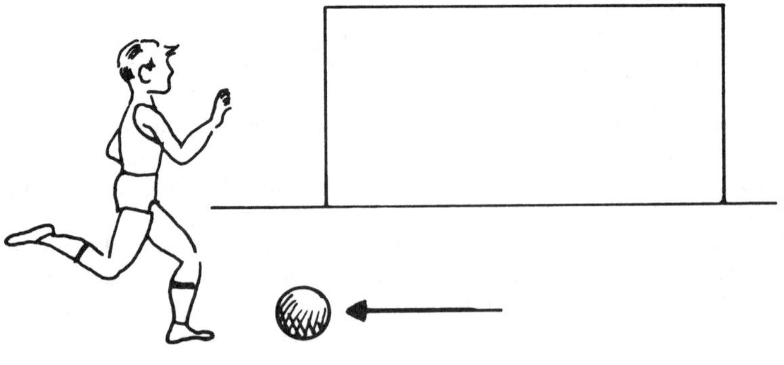

— le renvoi d'un objet en déplacement vers une cible mobile.

La manipulation de ces diverses variables est un outil pédagogique pour structurer l'environnement, afin de modifier le comportement du sportif. L'anticipation apparaît comme la modification des processus de décision, avant l'arrivée de l'événement, ce qui permet de réduire certaines étapes de traitement de la réponse et de gagner du temps.

18.7. Les processus de décision

D'après le modèle que nous avons proposé en début de cet exposé, les processus de décision interviennent après ceux de perception. En effet, lorsqu'une information a été vue et qu'elle a reçu une signification, l'individu doit choisir une réponse pour réagir. Mais, il arrive que des informations proches l'une de l'autre, en apparence, renferment en fait des significations contradictoires.

Quand un joueur de rugby est prêt de faire une passe, l'adversaire est tenté d'intercepter la balle au lieu de le plaquer, s'il perçoit que la passe est amorcée. Inversement, ce même joueur peut faire semblant de passer le ballon pour clouer sur place l'adversaire, impliquant toute une chaîne d'interrogations du style : « il sait que je sais ce qu'il sait que je sais », et la seule information fournie est probablement fausse.

Le marin sur son voilier, même s'il n'est pas en compétition, est confronté à tout un ensemble de décisions qui conditionne sa survie. Le marin doit décider le plus rapidement possible, surtout s'il est en solitaire, de changer de voile à l'approche d'une tempête. Pour cela, il a élaboré toute une stratégie de détection des signaux où les valeurs météorologiques sont dosées en fonction des nuages, du vent, de l'état de la mer, de la pression atmosphérique, etc. Mais certains signes avant-coureurs peuvent être trompeurs. Les vagues peuvent être une houle du large qui annoncent la fin d'une tempête qui a eu lieu très loin dans l'océan. Les nuages sont soit annonciateurs de pluie ou de vent, soit associés à la traîne d'une fin de troubles météorologiques. Tout dépendra de la connaissance que l'on a des événements.

En athlétisme, lorsque le sauteur en hauteur s'élance dans sa course, il analyse constamment ses sensations de vitesse, pour savoir à quel moment il doit accélérer. Mais, pour peu qu'il soit en pleine forme, ou à l'inverse fatigué, ses marques et ses sensations vont s'en trouver faussées, il risque d'accélérer ou trop tôt ou trop tard, ou ne pas réaliser qu'il est trop près de la barre. Il doit constamment réajuster ses critères de décision.

En fonction de sa décision, le sportif se trouve confronté à plusieurs cas de figures. Soit, il répond positivement à une information correcte, c'est une réponse juste, il n'y a rien à dire. Soit, il ne répond pas à une information trompeuse, dans ce cas le rejet de la mauvaise information est correct, là encore il n'y a rien à dire. Mais parfois le signal avertisseur est présent et le sujet n'y répond pas, il rejette faussement une bonne information. Pour notre marin, s'il ne réagit pas aux prémices de la tempête, c'est le risque de naufrage qui s'amorce. Il existe une autre situation où l'on peut faire une erreur, c'est lorsque l'on répond positivement à une mauvaise information. Dans ce cas, c'est une fausse alarme et ce n'est pas grave pour le marin qui a pris des ris dans ses voiles, croyant percevoir les signes avant-coureurs de la tempête et qu'il se retrouve avec un calme plat. Mais, s'il est en compétition, il perd du temps comme le sportif qui réagit à une feinte.

Ces quatre résultats possibles d'une décision se synthétisent dans le tableau suivant :

Tableau 18.3

(La notion de bruit est à prendre dans le sens de la théorie de l'information, explicitée plus haut)

		Décision	
		Oui	Non
Information juste :	Signal	Acceptation Correct	Faux Rejet
Information fausse :	Bruit	Fausse Alarme	Rejet Correct

Ce qui pousse un sujet à agir ou non est déterminé par le critère de décision. Dans le tableau, il se situe entre le oui et le non et influence la qualité de la réponse. Il dépend de la connaissance de l'activité que l'on pratique et conditionne la justesse de la réponse. Mais il est influencé par des phénomènes psychologiques.

18.7.1. La motivation

Reprenons l'exemple du voilier. Un marin navigue avec des amis, il essaie d'avoir la réponse la plus correcte possible. Mais, si ce marin réalise une croisière hauturière en solitaire, il aura tendance à déplacer son critère de décision vers la gauche (vers la fausse alarme). Dans ce cas, il est prêt à répondre au moindre signe de tempête (même au bruit), afin d'éviter d'être surpris par la tempête pendant son sommeil. Maintenant, si on observe un groupe de navigateurs en compétition, ceux-ci répondent le plus tard possible aux signes météorologiques et leur critère de décision se déplace vers la droite (vers le faux rejet).

18.7.2. La personnalité

Lors de tests dits intellectuels, encore appelés tâches de résolution de problème à haut degré d'incertitude, un psychologue américain, Kagan J., a observé que des enfants avaient tendance à répondre très vite, mais avec l'inconvénient de réaliser beaucoup d'erreurs. En revanche, des enfants qui prennent leur temps pour répondre, c'est-à-dire qui inhibent la première réponse qui leur vient à l'esprit pour trouver un résultat plus efficient, présentent moins d'erreurs dans leurs résultats.

Ainsi, la qualité de la réponse est non pas influencée par les capacités cognitives de l'enfant à résoudre une tâche, mais par son attitude face à celle-ci. Ces attitudes, J. Kagan (1964) les a dénommées *impulsive* et *réfléchie*.

Cette orientation de l'activité peut être assimilée avec celle observée lors de situations expérimentales de type : Temps de Réaction (T.R.), de Choix (T.R.C.).

Dans ce cas, les sujets qui ont des T.R. les plus courts ont des résultats inférieurs à ceux qui ont des T.R. un peu plus longs. Cette relation entre la précision du résultat et la vitesse de réponse (T.R.C.) évolue selon un axe *d'échange vitesse-précision* (fig. 18.8).

Cette relation a été recherchée en sport. En tennis, avec des enfants de 7 et 9 ans, on obtient cette fois-ci, non plus une relation linéaire, selon un axe, mais une relation en U inversé (de type parabolique). Cette évolution de la relation entre la vitesse de réaction et la précision de la réponse peut s'expliquer par le fait que le tennis est une situation à contrainte de temps.

Dans les deux exemples précédents, les sujets disposent de tout le temps désiré pour répondre. Au tennis, le temps de réaction, pendant lequel le joueur observe la balle, ne peut dépasser une certaine limite, sinon il n'a plus le temps disponible pour la renvoyer.

Au tennis, l'impulsif analyse mal l'information et alors il a tendance à répondre à des informations non pertinentes (c'est-à-dire au bruit informationnel). Par exemple, c'est le nerveux sur un terrain qui fait beaucoup de fautes. Quant au « réfléchi », il a tendance à trop observer l'environnement pour éliminer toute information fausse, mais à laisser passer des informations correctes. Le joueur qui assure trop ses coups, ne prend pas de risque et se cantonne dans un jeu trop classique (pousser la balle au fond du court, par exemple).

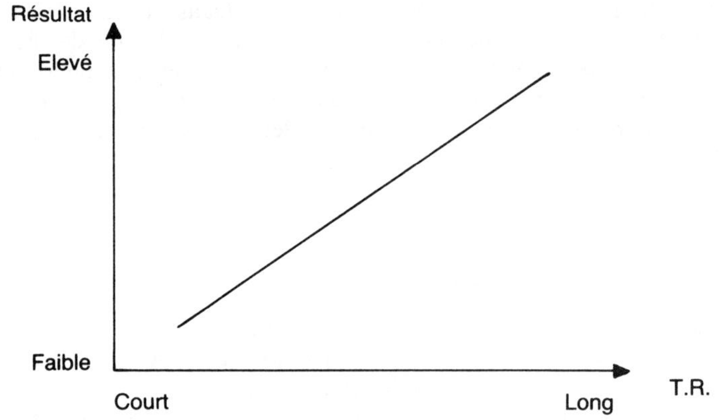

Figure 18.8
Axe d'échange vitesse-précision.

Figure 18.9
Evolution du temps de réussite en fonction du T.R. au départ de la balle.

Ainsi, un critère de personnalité, l'attitude impulsive ou réfléchie influence la qualité de la réponse. Ce ne sont pas seulement les capacités cognitives d'analyse de trajectoire de la balle, du comportement de l'adversaire, de la situation dans l'espace qui influencent la valeur du résultat, mais l'attitude que l'on a face à une situation (sportive). Il est à remarquer que ce genre de facteur est rarement pris en considération dans les critères de détection.

L'acte pédagogique s'en trouve concerné car à certains moments de l'intervention didactique, les joueurs de type « réfléchi » doivent plutôt être situés dans des situations à « temps de réaction » alors que les impulsifs doivent temporiser et apprendre à observer plus longuement.

L'observation de l'attitude d'un joueur sur le terrain nous amène à penser que certains sont prêts à prendre des risques, d'autres non. Cette prise de risque dépend de l'estimation du degré d'incertitude qu'offre une situation.

18.7.3. Temps de décision et incertitude

Plus l'individu a de choix à faire, plus le montant d'incertitude est important et plus le temps de réaction augmente (fig. 18.10).

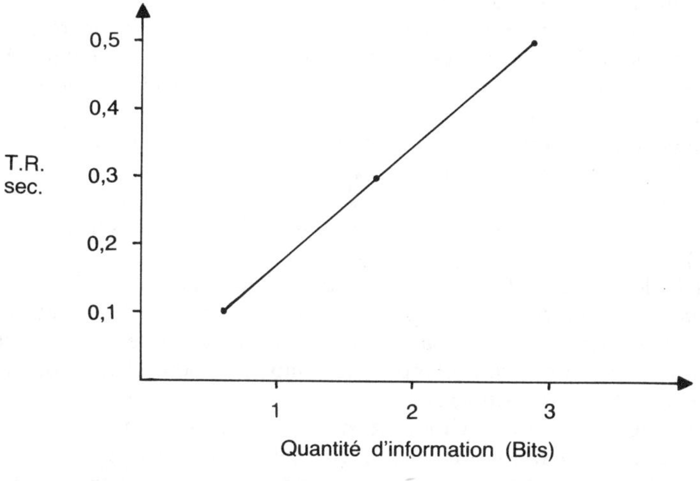

Figure 18.10
Evolution du T.R. en fonction de la quantité d'information.

La quantité d'information dans une situation expérimentale est déterminée par un dispositif qui met en correspondance l'action d'un certain nombre de doigts et un nombre de lumières allumées (comme stimuli déclencheurs de la réponse : appuyer sur un ou des boutons (fig. 18.11).

Mécanisme de décision

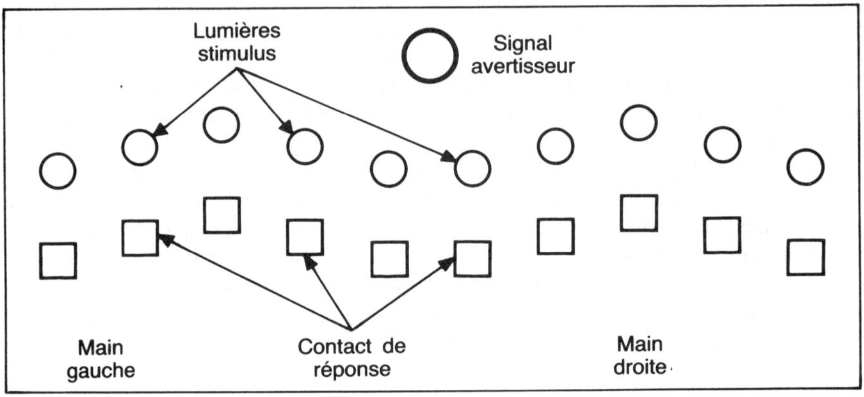

Figure 18.11
Dispositif de temps de réaction au choix.

Le montant d'incertitude est déterminé par le nombre de boutons sur lesquels le sujet doit appuyer ; ils correspondent aux lumières qui s'allument.

Ce genre d'expérimentation peut s'appliquer à des activités sportives. Alain et Proteau ont étudié l'évolution du temps mis pour réagir afin de renvoyer une balle dans une situation de type tennis (au racquet-ball). La complexification de la situation est obtenue en variant l'incertitude sur le lieu d'arrivée ou le lieu de renvoi de la balle.

Première opération : pas d'incertitude sur le lieu d'arrivée, ni le lieu de renvoi. La balle arrive à droite, renvoi à droite.

Deuxième opération : incertitude sur l'endroit où la balle doit aller (pour obtenir cet effet, une lumière s'allume au dernier moment, soit à droite, soit à gauche).

La balle arrive à droite, renvoi à droite ou à gauche.

Troisième opération : incertitude à la fois sur lieu de départ et de renvoi.

La balle arrive à droite ou à gauche, renvoi à droite ou à gauche.

Ensuite ces auteurs ont composé le temps pris pour chaque opération par rapport à la troisième situation :
— la première opération : choisir le plan d'action nécessite environ 86 % ;
— la deuxième opération : choisir le coup d'envoi nécessite environ 7 % ;
— la troisième opération : décider où placer la balle nécessite environ 7 % du temps total.

On constate qu'à chaque fois que le joueur est confronté à une action et/ou une incertitude de plus, le temps nécessaire pour réagir augmente.

Lors d'apprentissage moteur, nous avons déjà exposé (section 18.6.3) comment faire varier la quantité d'information en fonction du type d'anticipation à réaliser. Le montant informationnel peut également agir sur le nombre de décision à prendre en aménageant l'espace. Par exemple, lors du travail du smash au volley-ball, une situation pédagogique est plus ou moins complexe si l'attaquant joue avec un passeur contre un défenseur, 2 défenseurs, 3 défenseurs.

Puis on ajoute un deuxième passeur pour augmenter l'incertitude du lieu d'arrivée de la balle. La passe, par elle-même, peut être haute ou courte, être intégrée dans un schéma tactique ou non, etc.

Pour le sportif, il apparaît la nécessité d'offrir à l'adversaire le plus d'éventualités possibles sur les coups à venir et par conséquent sur les choix tactiques.

Il a déjà été précisé que face à un excès d'informations à traiter, l'individu cherche à anticiper certains événements. Pour diminuer le temps de décision grâce à une situation tactique, le sportif assigne une probabilité sur l'arrivée d'un événement. Quand on regarde un match de tennis de très haut niveau, on est étonné de voir à quel point le joueur donne l'impression d'avoir du temps pour frapper la balle, alors que celle-ci va plus plus vite que pour le joueur classé moyen, qui donne souvent l'impression d'être débordé. En effet, le joueur de haut niveau réalise un coup de telle façon que l'adversaire n'a qu'une ou deux probabilités de réponse, et plus il est sûr de l'arrivée d'un événement, plus il réagit vite.

On a observé ce comportement en filmant des joueurs de tennis sur le terrain. On compte le nombre de comportements anticipateurs d'un joueur en fonction du jeu de l'adversaire. Puis, après le match, on montre à ce joueur le jeu de l'adversaire et on lui demande avec quelle probabilité il avait estimé le coup de son adversaire. On constate que, plus l'estimation de l'arrivée d'un type de balle est élevée, plus le joueur sur le terrain a eu un comportement anticipatoire.

L'évolution du T.R., en fonction de la probabilité assignée à un événement a également été étudiée expérimentalement.

Dans une situation de type tennis (racquet-ball), on place un sujet avec une raquette sur un support, face à un panneau où deux lampes indiquent le côté de la frappe de deux balles suspendues à 2 m du joueur. Puis, on assigne des probabilités sur l'occurrence de l'allumage d'une lampe du côté de la balle à frapper (C. Alain et L. Proteau, 1979).

A partir du T.R. le plus rapide (180 msec.), c'est-à-dire quand on est sûr à 100 % du côté où frapper la balle à droite, on observe que le T.R. augmente (de 180 à 245 msec.), dès que l'on doute un tant soit peu (probabilité à 10 %) du côté d'arrivée de la balle. Le T.R. continue d'augmenter quand le sujet sait qu'il a deux et même trois chances sur dix pour que la balle arrive de l'autre côté (à gauche). Le T.R. se stabilise lorsque la probabilité passe de 30 à 70 % pour diminuer à partir de 70 %, on se retrouve dans une situation inverse à la première (fig. 18.12).

Lors de la pratique sportive, il est conseillé de ne pas toujours employer le même coup (au tennis, classiquement le revers), même si c'est le point faible, car l'adversaire est prêt à s'adapter et en plus l'adversaire peut se régler. Des entraîneurs conseillent de jouer le point fort de l'adversaire (s'il n'est pas trop dominant) car lorsque l'on joue le point faible, à la difficulté technique s'ajoute l'effet de surprise et l'augmentation du temps de réaction qui met le joueur encore plus en difficulté.

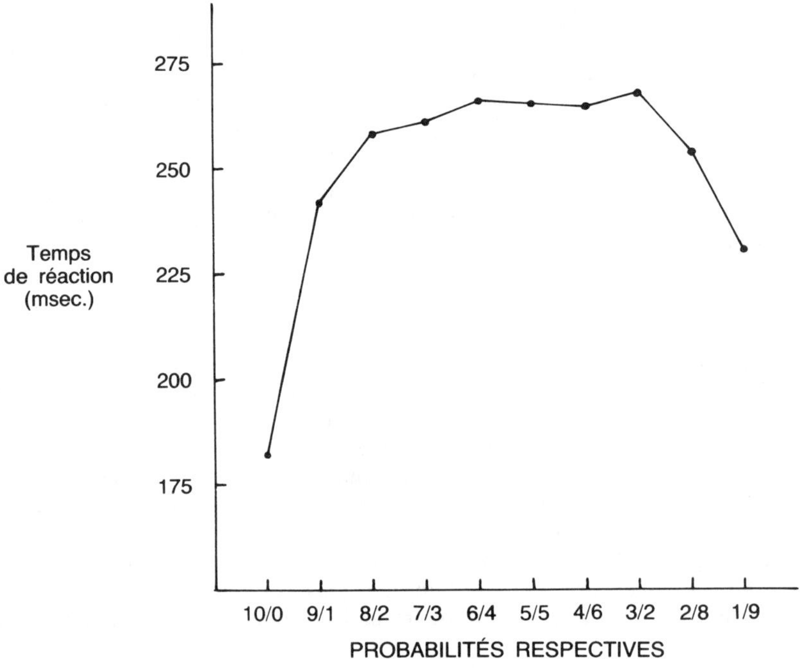

Figure 18.12
Temps de réaction en fonction d'une performance de probabilités respectives assignées à deux événements. Schéma emprunté à Alain C. (1979).

En règle générale, il faut varier ses coups, ses feintes et ils seront d'autant plus efficaces qu'ils ne sont pas trop utilisés, gardés pour le bon moment, avec le maximum de surprise.

Dans les exemples précédents, on a remarqué que la vitesse de réaction évolue avec l'incertitude (ou la quantité d'information contenue dans le stimulus). Mais il existe un autre facteur qui influence l'évolution du temps de réponse, c'est le degré de *comptabilité* entre le stimulus et la réponse.

18.7.4. La compatibilité entre le stimulus et la réponse

Le degré de compatibilité exprime la correspondance, la complexité de la traduction du stimulus à la réponse. Plus cette transformation est complexe, plus il faut d'étapes de traitement de l'information pour la réaliser. Par voie

Exemple expérimental

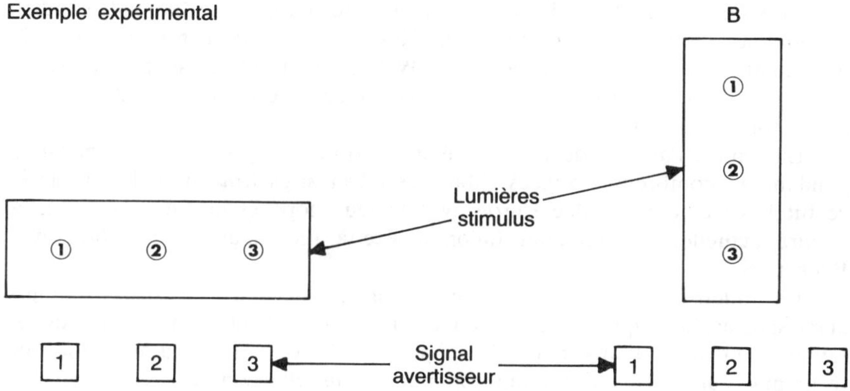

Figure 18.13
Deux configurations de stimulus-réponse diffèrent en compatibilité.

de conséquence, plus la compatibilité entre S-R est grande, moins l'effet de l'incertitude est marqué.

En reprenant le dispositif expérimental précédent sur le T.R., le phénomène de compatibilité est mis en jeu, en faisant varier la correspondance entre la lumière stimulus et le contact pour la réponse (fig. 18.13). Dans le premier cas, à gauche, le bouton sur lequel il faut appuyer est en face de la lumière déclenchante, la correspondance est directe car les deux lignes de lampes et de contacts sont parallèles. Dans le deuxième cas, les deux lignes sont perpendiculaires et il doit y avoir une analyse spatiale pour faire correspondre une lumière à un contact. Lors de mesure de T.R., ceux-ci sont toujours plus longs dans la deuxième situation pour des conditions expérimentales identiques.

Le degré de compatibilité concerne toutes les activités cognitives de l'individu, il traduit le lien entre un élément et un autre, il reflète un code spatial, symbolique, un chiffre, un langage. Ceci est à rapprocher avec les unités informationnelles où à une situation doit correspondre automatiquement une activité motrice, tactique. C'est pourquoi en sport on va associer une situation à une autre.

Dans le domaine stratégique, on apprend comment organiser des combinaisons tactiques et dans le même temps, comment leur répondre. A telle attaque correspond telle défense (en basket, deux grandes références, la défense de zone ou la défense individuelle, au football, le W.M., le 4-2-4). Mais, il arrive que le grand modèle du moment soit dépassé par l'innovation d'une équipe, d'un joueur.

Vers les années 1950, l'équipe d'Angleterre dominait le football mondial, quand une équipe peu renommée, la Hongrie, la battit par deux fois, très nettement. L'organisation tactique du W.M. venait d'être remplacée par le 4-2-4. Puis ce fut au tour du Brésil d'innover dans ce domaine et de dominer à son tour en adoptant le 4-3-3.

En tennis, l'arrivée du jeu lifté assura à Bjorn Borg une nette domination pendant de nombreuses années. Mais ses adversaires trouvèrent la parade et ce fut l'avènement de Mac Enroe avec le jeu chopé et le jeu à la volée. A l'heure actuelle, il semblerait qu'on assiste à une nouvelle évolution avec Becker.

En athlétisme, la créativité est également possible. Elle n'est pas toujours aussi spectaculaire que la révolution technique de Fosbury qui battit tous les sauteurs en ventral aux jeux olympiques de Mexico, grâce à une nouvelle technique qui porte aujourd'hui son nom, mais elle concerne également les moyens de l'entraînement.

Lors de situations d'apprentissage, on s'efforcera de diminuer les temps de réponse de l'élève dus aux mécanismes décisionnels en améliorant le degré de compatibilité entre une situation et une réponse.

Pour reprendre l'exemple du tennis, le joueur va travailler son coup droit, mais il doit apprendre que lorsque la balle est haute, il va la frapper à son niveau avec une raquette fermée allant bien vers le haut, alors que lorsqu'elle est basse, il fléchit plus les genoux et va frapper la balle plus en avant de lui. On pourrait encore fournir une position intermédiaire, mais toujours est-il que le joueur doit être prêt à fournir un type de comportement en fonction d'une certaine observation.

Si la stratégie sportive consiste à donner de fausses informations pour produire :

- une erreur de décision ;
- une augmentation du temps de réponse, c'est-à-dire feinter l'adversaire, ce phénomène s'explique par le fait que l'organisme est sujet à une période réfractaire.

18.7.5. La période réfractaire

Une erreur de décision est exploitable par un adversaire car après toute prise de décision, il existe une période de temps où l'individu est incapable de traiter une autre information, c'est la période réfractaire.

Ce délai temporel imposé dans le traitement de l'information serait central et non sensori-moteur car à ce niveau, la prise d'information continue en M.C.T. La cause de cette période serait attentionnelle (voir section 18.2) et renvoie au modèle du canal où une deuxième information ne peut être traitée que lorsque la première l'a été.

On peut schématiser le traitement de deux informations S_1 et S_2 de la façon suivante :

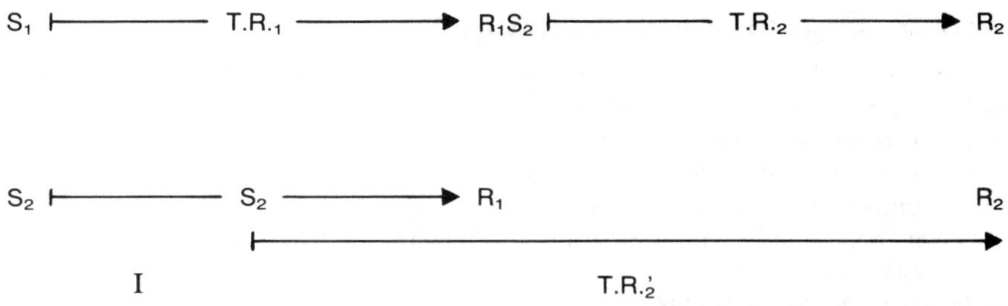

Si S_2 arrive après la première réponse, pas de problème, la deuxième réponse R_2 se produit après le $T.R._2$ normal.

Si S_2 apparaît pendant le temps de traitement de l'information de S_1, il doit attendre que R_1 soit produit pour être pris en charge par le système nerveux. L'apparition de R_2 est l'objet d'un nouveau T.R. ($T.R.'_2$) égal à la somme du temps d'attente pour sa prise en charge plus son temps normal de traitement.

Ou encore :

$$T.R.'_2 = T.R._1 + T.R._2 - I$$

Où I = intervalle séparant la présentation de S_1 et de S_2.

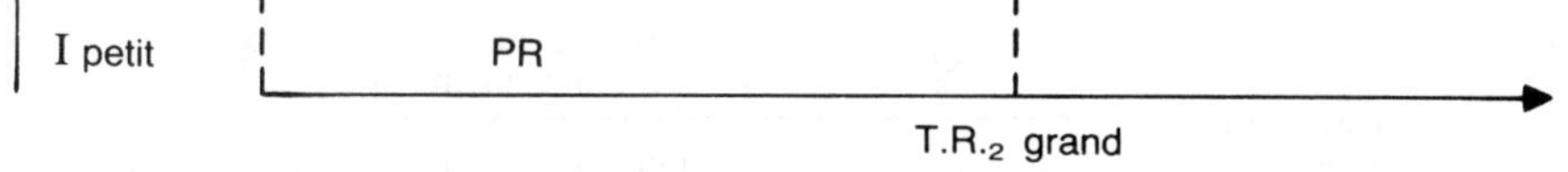

Le temps d'attente correspond à la période réfractaire (PR).

Plus l'intervalle de temps séparant la présentation de S_1 et S_2 est petite, plus $T.R._2$ sera grand.

Ce modèle permet de comprendre que pour traiter en série un certain nombre d'actions, elles doivent apparaître dans des limites de temps de l'ordre de 300 msec. Cette suite d'actions concerne aussi bien l'observation du monde extérieur qu'un ensemble de corrections sur son propre mouvement. On ne peut traiter en parallèle l'information que si une première tâche est automatisée.

18.7.6. Organisation didactique

En résumé, pour développer les stratégies sportives et influencer les temps de décision, il faut manipuler :

- **l'incertitude sous toutes ses formes** :
  - — spatiale (D.-G., Av.-Ar., Ht-B.) ;
  - — temporelle (vitesse d'exécution de balle) ;
  - — événementielle (passer, tirer, dribbler) ; les rôles et le nombre de joueurs) ;
- **le degré de compatibilité** :
  - — par des situations apprises : associer une réponse motrice à une situation ;
  - — en renforçant celles-ci par un travail dit « à temps de réaction » ;
  - — par des situations d'opposition en 1 contre 1, 2 contre 2, pour une meilleure connaissance de l'adversaire qui nécessite une évaluation permanente.

La nécessité continuelle sur un terrain, d'observer, d'évaluer et de prendre une décision pour agir est applicable au champ didactique.

Pour apprendre un mouvement et l'organiser, le sujet va faire des prédictions sur la probabilité d'arrivée d'une bonne ou d'une mauvaise réponse. La relation entre la prédiction et le résultat s'organise selon quatre éventualités. Celles-ci dépendent de la comparaison entre l'intention et la performance qui doivent aboutir à leur harmonisation (voir tableau 18.4).

Tableau 18.4

C.R. connaissance du résultat, C.P. connaissance de la performance

<table>
<tr><td>Caractère de l'évaluation</td><td colspan="3">Le mouvement a-t-il été réalisé selon sa planification ? C.P.</td></tr>
<tr><td rowspan="3">L'objectif est-il atteint ? C.R.</td><td>Sortie</td><td>Oui</td><td>Non</td></tr>
<tr><td>Oui</td><td>Bonne idée du mouvement</td><td>Surprise</td></tr>
<tr><td>Non</td><td>Quelque chose est inadéquate</td><td>Tout est faux</td></tr>
</table>

Gentile (1972)

Il est deux situations qui ne posent pas de problème, c'est lorsqu'il y a correspondance entre l'intention et la perception que l'on a du moment. Dans les deux autres cas, il existe un décalage entre les sensations et les repères mis en place, pour contrôler le mouvement et ceux qui devraient être réalisés pour atteindre le but fixé. C'est à partir de ces phases que l'enseignant et l'élève analysent et réajustent leur conduite et cherchent de nouveaux repères.

Ce tableau renseigne sur les différents types d'évaluation à réaliser au cours de l'enseignement de l'entraînement. On est loin d'une mécanisation de l'apprentissage et celui-ci consiste en une attitude continuelle de mise en place de stratégie de *prédiction, d'évaluation, de décision,* où l'on met en place de nouveaux repères de plus en plus précis, afin d'éviter tout stéréotype par des répétitions invariables.

D'après le modèle de Whiting (section 18.2), ces actions correspondent aux phases qui précèdent le déclenchement du mouvement (perception, sélection de l'information et décision). Il reste à préciser les opérations de traitement de l'information qui s'imposent au moment de l'exécution d'un geste.

18.8. Les processus effecteurs

18.8.1. Les facteurs intervenant dans les processus effecteurs

Les processus effecteurs sont mis en évidence par les exigences que nécessitent une tâche en fonction de la précision et de la demande attentionnelle qu'implique ce facteur. La loi de Fitts fait ressortir les différents éléments qui interviennent lors de la phase d'exécution et traduit le degré de difficulté des réalisations d'une tâche :

$$I.D. = \log 2 \frac{2A}{E.P.}$$

(A = amplitude)
(E.P. = erreur permise).

Laissons de côté l'aspect savant de la formule : l'index de difficulté (I.D.) qui traduit la quantité d'information par unité de temps (en seconde) selon la fonction logarithmique en base 2 et gardons les notions d'amplitude et d'erreurs permises. Ces facteurs ont été surtout étudiés dans des mouvements simples tels que des pointages sur une cible. Dans l'exemple suivant, le sujet

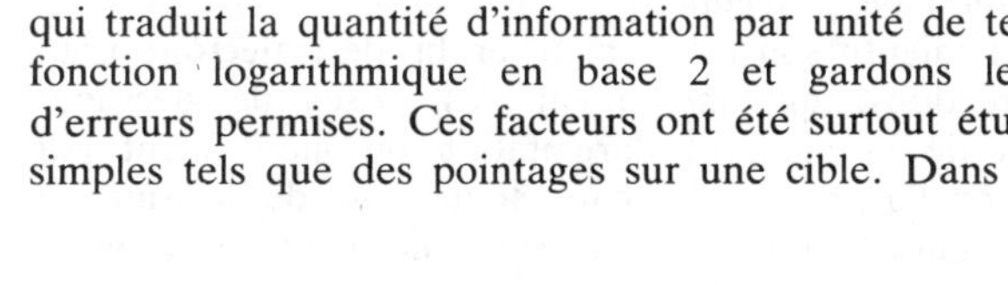

A : Amplitude.
E.P. : Erreur permise.

doit viser alternativement, le plus de fois possible, aux centres de 2 cibles. Les exigences du mouvement sont déterminées par les caractéristiques d'amplitude du geste (des mouvements d'aller et retour) et de la précision demandée au centre de la cible, c'est-à-dire de l'erreur permise par rapport à ce centre. Si on augmente l'amplitude, le nombre de mouvements diminue. On peut encore obtenir une diminution des mouvements d'aller et retour en réduisant l'erreur permise, c'est-à-dire en étant plus exigeant sur la précision du geste.

L'influence de la précision sur une performance est mise en évidence dans d'autres conditions. Reprenons la méthodologie de la double tâche (voir paragraphe 18.3.2) où on interfère une action (répondre à un son en appuyant sur un bouton et dont on mesure le T.R.) avec une tâche principale qui consiste à ajuster un curseur avec un repère-cible. On se souvient que le T.R. sert d'indice pour rendre compte de la demande attentionnelle. D'autre part, le son est appliqué à n'importe quelle partie du mouvement de déplacement du curseur. On observe que le T.R. augmente au fur et à mesure de l'approche de la cible et que ce T.R. est d'autant plus important qu'elle est plus petite.

Si on admet que le mouvement est un ensemble de corrections, celui-ci nécessite plus de corrections à la fin (fig. 18.14).

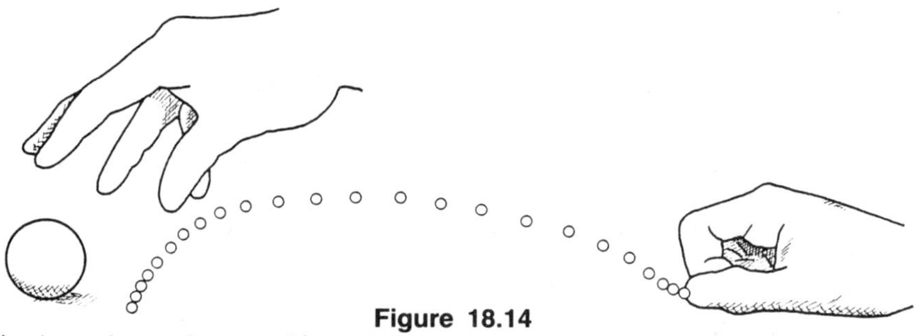

Figure 18.14

Analyse chronophotographique du mouvement de la main repéré par un point pour saisir une balle. A l'approche de celle-ci, les points se resserrent, le mouvement se ralentit pour la saisie.

On considère que c'est le processus de correction du mouvement qui semble « accaparer » l'attention de l'exécutant.

C'est pourquoi un sujet ralentit son mouvement en fin de trajectoire pour mettre en place les corrections, qui impliquent des prises de décisions successives sur la position de la main et l'orientation du mouvement par rapport à la cible. Comme on l'a précisé plus haut, toute prise de décision est suivie d'une période réfractaire pendant laquelle on ne peut en prendre d'autres. Cette limite impose que l'on ralentisse le mouvement pour avoir le temps de se concentrer sur les derniers réglages nécessaires à la mise en coïncidence avec la cible.

18.8.2. Le mécanisme effecteur et les A.P.S.

Bien souvent, les taxinomies accordent une place prépondérante à l'incertitude provenant de l'environnement pour classer les différents sports.

C'est pourquoi les sports qui présentent moins d'incertitude environnementale d'anticipation peuvent paraître moins intéressants, moins riches. Pourtant, si l'on pense à une activité comme le golf, on est étonné de voir que celle-ci présente de grandes difficultés de réalisation bien que l'environnement soit stable, pas de partenaires ni d'adversaires à observer, la balle est fixe et le joueur est à l'arrêt. Si on resitue cette habileté sportive, par rapport à la loi de Fitts, on comprend mieux le pourquoi de sa difficulté. L'objectif de cette activité consiste à mettre un objet très petit dans une cible très petite située à une très grande distance. Dans ce cas, l'I.D. est très élevé. Cette loi peut également s'appliquer au geste par lui-même car il nécessite une très grande amplitude d'exécution à laquelle s'ajoute une très haute précision.

L'observation au racquet-ball (voir exemple section 18.7.3) de gestes d'experts et de non-experts, fait ressortir que pour des temps de réalisation motrice assez proches l'un de l'autre, les sportifs spécialistes les exécutent avec plus de vitesse et plus d'amplitude. L'utilisation d'une vitesse supérieure nécessite une plus grande précision quant au rythme du geste et au lieu de mise en coïncidence avec la balle, tout en considérant que le sujet dispose de moins de temps, sur la fin, pour mettre en place les décisions correctrices, vu la plus grande vitesse d'exécution.

Au basket-ball, les enfants ressentent bien intuitivement cette relation dans leurs jeux. Les petits concours qu'ils organisent autour du panneau de basket, où l'on s'éloigne à chaque fois que l'on marque un panier, afin d'augmenter la difficulté du tir, consiste bien à mettre en jeu le facteur amplitude.

Dans le modèle de Whiting (section 18.2.1), la loi de Fitts est à resituer au niveau de la difficulté de la réponse et devrait entrer en ligne de compte pour la classification des sports (golf, athlétisme, gymnastique) ou des habiletés motrices faisant partie de certaines activités sportives (tir au basket, service au tennis...).

L'analyse des tâches se référant au modèle précité (section 18.2.1) de Whiting, doit servir de base à la construction pédagogique d'une leçon. A cette référence doit s'ajouter la loi de Fitts qui fait ressortir le rôle fondamental de la *précision* dans l'organisation d'un geste et sa place prépondérante dans la mise en place d'une situation pédagogique.

Si, pour certains sports, la précision est toujours en valeur, comme le tir au basket (en dehors de la raquette), pour d'autres activités l'espace doit faire l'objet d'aménagement : les zones de tir (cage de football) sont matérialisées par des valeurs proportionnelles à la position du gardien de but ; le terrain de tennis doit toujours être muni de cible ; les sautoirs sont organisés en fonction de zones d'appel ou de réception où l'élève doit passer.

La *précision* est une dimension qui devrait être systématique au cours de l'apprentissage, qu'elle apparaisse dans l'aménagement de l'espace ou dans la qualité du geste.

Nous avons présenté la notion de précision au niveau du mécanisme effecteur, mais ceci ne signifie pas qu'il soit indépendant des deux processus précédents (perception, décision). Il en va de même pour tous les facteurs cognitifs que nous avons développés, notamment pour l'attention et la mémoire que nous avons situées au début de l'exposé, mais qui concernent toutes les phases du traitement de l'information. Les différents déterminants que nous avons fait ressortir peuvent s'organiser en fonction des processus selon le schéma suivant :

Attention		
Mémoire		
Perception	**Décision**	**Effection**
Capacité sensorielle Sélection Prédiction	Compatibilité	Précision

Les composants de base qui sous-tendent l'organisation de la motricité sont essentiels pour soutenir l'apprentissage moteur.

Jusqu'à présent, nous avons fait ressortir les facteurs cognitifs qui régissent le contrôle de la performance et de l'apprentissage en les présentant comme des facteurs à capacité limitée.

Pour approfondir ces phénomènes, les psychologues ont cherché à mettre en évidence des processus qui sous-tendent l'organisation de la motricité et pour cela ils ont proposé des modèles de fonctionnement.

18.9. Les déterminants des modèles de la motricité

Les différents modèles de la motricité s'articulent autour de deux idées forces :
1. la régulation périphérique ;
2. le programme moteur.

18.9.1. Régulation périphérique et programme moteur

Le processus de base se rattache aux conceptions développées par la cybernétique (voir un exemple section 18.6) et renvoie à l'idée de contrôle de ce qui est produit. Dans l'exemple précédent (voir section 18.8.1) quand on parle de correction, on fait allusion à des rectificatifs qui se réalisent par des prises d'information en retour sur ce qui a été fait. Celles-ci sont de plusieurs sortes, *soit* elles sont liées au système proprioceptif et traduisent l'état du mouvement, grâce aux récepteurs nerveux situés dans les articulations :

- *les muscles* (boucle gamma) ;
- *la peau* (notamment sous les pieds : pression) ;
- *l'oreille interne* (système vestibulaire : équilibre) ;

soit elles sont liées au système extéroceptif qui renseignent sur les modifications de l'environnement : vision, audition.

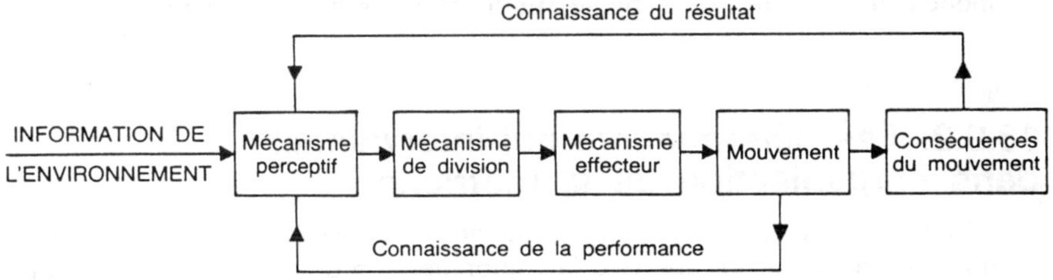

Figure 18.15
Traitement de l'information dans une habileté motrice (schéma emprunté à Marteniuk, 1976).

Sur le schéma précédent, les informations qui renseignent sur l'état du mouvement qui retournent au système perceptif, empruntent une voie qui constitue une boucle dans le modèle d'où le nom particulier de ces voies utilisées par ces informations récurrentes, les *boucles de rétroaction* (B.R.) plus connue sous le terme américain de *Feed-back* (F.B.).

La boucle de rétroaction, qui met en évidence l'action de l'effet sur la cause, est un des processus essentiels de la cybernétique et a apporté la distinction entre deux catégories de système :

1. le système ouvert ;
2. le système fermé.

Le système fermé est celui qui s'organise grâce aux informations dues aux boucles de rétroactions (aux feed-back informationnels). Les sports de balle entreraient dans ce type d'organisation de la motricité puisque le sportif doit continuellement prendre des informations sur l'adversaire, le partenaire, la balle et lui-même.

Pour certains auteurs, la motricité peut fonctionner sans ces prises d'informations où tout serait prévu à l'avance dans un programme moteur, c'est un système à boucle ouverte.

La notion de programme est apparue avec l'informatique et correspond à un ensemble d'instructions ordonnées selon un but fixé. Elles sont immuables. Appliqué au domaine de la motricité, Keele (1968) considère que « le programme moteur génère une série organisée de commandes musculaires permettant le mouvement, selon les séquences désirées, avec leur propre rythme ».

Le golf pourrait entrer dans ce cadre, ainsi que certaines parties d'habiletés sportives : dans les sports avec balle, la partie qui concerne la frappe, avec le pied, la raquette ou la main ; en athlétisme des phases terminales comme dans le javelot. Dans ces parties de mouvement, on considère que l'exécutant n'a plus le temps pour mettre en place les boucles de rétroaction.

A l'heure actuelle, on s'accorde à penser que toute organisation motrice est basée sur un programme moteur et que c'est sur les conditions de mise en place de celui-ci que les opinions divergent. De toute façon, toute proposition de modèle de la motricité s'appuie sur le rôle des boucles de rétroaction.

18.9.2. Les déterminants qui interviennent dans l'organisation de la motricité

Dans le cadre de cet exposé, il ne nous est pas loisible de développer toutes les conceptions proposées à la compréhension de ces phénomènes. Pour de plus amples détails, nous conseillons au lecteur de se reporter sur l'ouvrage de langue française de Pierre Simonet. Nous nous intéresserons à un des premiers modèles proposés sur la motricité, celui de Keele (1968) car il présente l'avantage d'être simple et d'être conçu par rapport au contrôle et à l'apprentissage du geste (fig. 18.16).

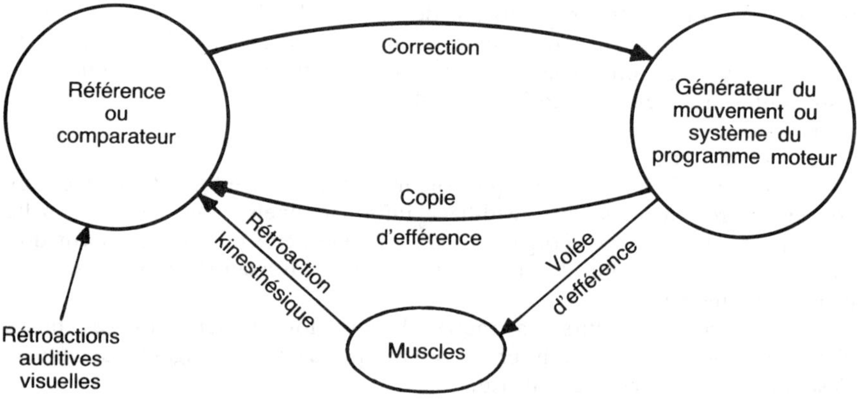

Figure 18.16
Modèle du programme moteur pour l'acquisition et le contrôle de l'habileté motrice. (Schéma emprunté à Keele S.W., 1976).

Dans ce modèle apparaît deux données nouvelles :

- la copie d'efférence ;
- le comparateur.

Quand le sujet a un objectif à atteindre, le système moteur est mis en action sous l'effet des commandes nerveuses. Ces commandes sont organisées selon un ordre bien déterminé et elles constituent le programme moteur. Elles parviennent aux muscles par un circuit appelé volée d'efférence. Mais, parallèlement à celles-ci, le sujet reproduit en lui ces commandes sous forme d'une copie qui est une représentation des boucles de rétroaction attendues. Par contre, la volée d'efférence peut ne pas être rigoureusement identique à la copie d'efférence, et il s'en rend compte grâce à toutes les informations proprioceptives et extéroceptives.

Il est bien connu que lorsqu'on se prépare à réaliser un mouvement, celui-ci n'est pas toujours conforme à l'intention que l'on en avait au départ (voir les différents cas de figure dans le tableau pédagogique, section 18.7.6), et c'est justement la comparaison entre la volée d'efférence et sa copie, dans un système réducteur d'écart, appelé ici comparateur, qui permet la précision d'un geste et/ou son évolution.

L'ensemble des sensations auxquelles on s'attend à produire et à ressentir va constituer une valeur référence que l'on peut percevoir sous forme d'image motrice.

Au cours de l'apprentissage, la mise en place de cette image peut être facilitée par la démonstration. Le statut de la démonstration a souvent été remis en cause, pourtant il s'avère que de très nombreux entraîneurs l'utilisent encore. On peut considérer que la démonstration ne doit pas s'appliquer à l'ensemble d'un mouvement, sinon regarder le geste du champion suffirait, mais qu'il doit correspondre à une partie du mouvement, afin de donner un repère, une image, à l'élève. Elle s'appuie sur le mécanisme de l'imitation et elle s'inscrit dans le cadre d'une sélection de l'information par le maître, afin d'en diminuer la quantité à traiter par le sujet.

La comparaison avec ce que l'on s'attend à produire prend deux formes déjà citées :

1. la C.R., connaissance du résultat ;
2. la C.P., connaissance de la performance.

Depuis les données sur le conditionnement, il s'avère que la connaissance du résultat de son action est indispensable au progrès de l'apprenant. Il est des situations où cette possibilité est directe, évidente : je saute en hauteur, la barre tombe ou ne tombe pas ; je frappe la balle au tennis, je vois si elle est courte ou longue, dans le terrain ou en dehors du terrain. Mais il y a des situations d'apprentissage où le résultat n'est pas perçue immédiatement car l'entraîneur impose des objectifs différents de la pratique originelle. Pour travailler sa course d'élan, le sauteur s'entraîne sur des haies plus ou moins rapprochées, avec pour objectifs de monter les genoux et de garder une attitude droite. Dans ce cas, le résultat de son action n'est pas immédiat et c'est l'entraîneur qui lui en fournit la teneur. Cette information doit être donnée très peu de temps après l'exécution, pour des problèmes de mémoire sensorielle (voir section 18.4), sinon tout autre type d'événement peut interférer avec ce qui vient de se passer et perturber les mécanismes d'analyse de l'apprentissage. De plus, il semble important de la transmettre avec le maximum de précision. En effet, cette C.R. va être mise en relation avec la C.P., c'est-à-dire avec ce que le sportif vient de ressentir de son mouvement et à partir de là, modifier éventuellement son programme moteur. C'est cette activité de comparaison qui semble la plus riche pour l'apprentissage (voir le modèle présenté plus haut).

Alors que la place traditionnelle de la C.R. se situe après l'activité du sujet, les pédagogues ont essayé d'améliorer l'apprentissage en la plaçant pendant la pratique. L'exemple de la danse, où l'élève s'observe dans le miroir en même temps qu'il danse, est le prototype même de cette application. Mais peu de sports ont la possibilité de réaliser cette adaptation et seuls les moyens modernes de communication peuvent apporter cette organisation de l'acte d'apprentissage. L'audio-visuel est un de ces moyens privilégiés pour transmettre à l'élève une image de ce qu'il fait en cours de réalisation. Ce genre de montage a été étudié en aviron où le rameur voit le trajet de ses rames en même temps qu'il conçoit et ressent le geste. Ce type d'expérimentation s'est soldé par des résultats positifs. Mais, là encore, tous les sports n'ont pas la possibilité de se prêter à de telles organisations et la plupart du temps, la vidéo est utilisée après l'action. Dans ce cas, il ne faut pas oublier que le sportif doit se voir immédiatement après sa production (pour les problèmes de comparaison avec la C.P. et de capacité limitée de la mémoire), et non pas après plusieurs passages entrecoupés par celui des autres et après plusieurs minutes.

D'autres procédés techniques plus simples, liés à l'image, présentent de l'intérêt. La chronophotographie peut être plus efficace que la vidéo car elle assure la diminution de la quantité d'information à traiter.

La présentation de la C.R., si elle doit être rigoureuse et fréquente, peut être supprimée à certaines périodes de l'apprentissage. Sa suppression doit être tardive au cours de l'entraînement mais non totale, c'est-à-dire alternée avec sa restitution, quand le sportif a déjà un système de référence pour se révéler efficace. Elle évite le maternage de l'athlète par l'entraîneur et le prépare aux conditions normales de réalisation, la compétition, où le sportif est seul. Ce procédé se situe au cours des périodes précompétitive et compétitive (voir chapitre 10 sur la périodisation de l'entraînement).

Si les notions de C.R. et de C.P. liées à l'information rétroactive s'intègrent dans les modèles de la motricité d'où ressortent l'idée de comparateur, de copie d'efférence et d'image motrice, il est un paramètre que nous n'avons pas développé dans le modèle présenté, c'est celui de programme moteur.

La notion de programme moteur a fait l'objet de diverses propositions. Nous retiendrons celle de Schmidt qui assortit la mise en place de celui-ci de diverses conditions préparatoires et d'une structure de soutien, le schéma d'action. Ce processus est à rapprocher de l'idée de concept pour la représentation de l'objet. Quand on parle d'une table, on a une image de celle-ci qui est soumise à un ensemble de règles qui donne une seule idée de cet objet, constitué de quatre pieds et d'un plateau. Mais derrière cette apparente uniformité peuvent se dessiner toute une multitude de tables aux couleurs, à la forme et à la matière différente et à des représentations variées, dessin, jouet, utilisation. Le passage de l'unicité à la différenciation ne se fait pas aisément chez l'enfant. Quand il est très jeune, il dénomme table tout ce qui a des pieds et un plateau, c'est-à-dire aussi bien la table, que le tabouret ou le bureau.

La notion de schéma moteur répond à cette idée pour l'organisation du mouvement où une habileté donnée est construite à partir d'un ensemble de règles qui fournit un ensemble de mouvement identique, le coup droit au tennis, le tir au basket, le saut en hauteur... mais dont des observations plus fines feraient ressortir des modifications importantes d'une réalisation à une autre. Cette variation dans la continuité, ou l'inverse, est très bien transcrite dans la réflexion de Bartlett (cité in P. Simonet) : « Lorsqu'avec ma raquette, j'exécute un coup, je ne produis en fait rien de tout à fait nouveau, et je ne répète jamais non plus quelque chose d'ancien ».

Ainsi, à partir d'un ensemble de règles génératrices, l'organisme est capable de développer tout un ensemble de programmes moteurs généraux proches d'une habileté motrice désirée.

La mise en place d'un programme moteur nouveau est dépendant de ces règles de structuration et de quatre facteurs conditionnels :

- *les conditions initiales* qui ont trait à l'état du sujet par rapport à sa posture, ses membres, sa place dans l'environnement ;
- *les spécifications de réponse* qui sont les caractéristiques propres à chaque type de mouvement, intensité, temps, espace, arrêt, par rapport aux programmes moteurs généraux ;
- *les conséquences sensorielles de la réponse :* ce sont les informations rétroactives sous forme de C.P. ;
- *le résultat.*

Ces deux derniers facteurs ayant été développés plus haut, on comprendra mieux leur rôle, dans la mise en place d'un programme moteur, associés aux deux autres sources d'information.

L'idée de schéma d'action, soutenant l'existence de programmes moteurs généraux n'est pas sans conséquences sur l'organisation pédagogique des apprentissages moteurs. L'élève ou l'athlète de haut niveau n'apprend plus une technique, ou ne met pas en place un programme moteur, mais développe tout « un éventail d'expériences motrices antérieures » propres à enrichir, à maîtriser la coordination motrice visée, un saut, un tir, une course, une nage... Cette orientation de l'enseignement ou de l'entraînement implique la mise en place d'une pratique diversifiée de l'exercice.

Ainsi, le sauteur en hauteur qui prépare une « technique » définie, ne répète pas inlassablement celle-ci. Au contraire, la part prise par ce type d'entraînement n'occupe qu'une faible proportion dans sa programmation. Le développement de ses qualités de sauteur est réalisé sur le sautoir selon des formes différentes, avec des haies plus ou moins hautes, plus ou moins espacées, qui sont franchies sous des formes courues, sautées, sur le sautoir en longueur avec des foulées bondissantes, des cloche-pieds, etc. mais où dans tous les cas, l'athlète a les mêmes objectifs dans la recherche, des montées de genoux, de la pose du pied d'appui, du placement du bassin, de l'impulsion, etc.

Dans le cadre du développement de la force, l'activité du sportif est souvent associée à une pratique purement énergétique musculaire, où il soulève de la fonte. La transformation du muscle est également dépendante des conceptions développées précédemment. L'augmentation des qualités de force passe par l'utilisation de formes d'entraînement très variées, telles que : la force maximum (en résistance, en pyramide et en force pure), l'endurance-force, la musculation dynamique avec charge ou sans charge, la musculation en contraction continue, la force contraire, la musculation excentrique avec une surcharge et la force isométrique.La subtilité de l'entraînement consistant à organiser ces différents types de musculation selon une programmation rigoureuse.

L'idée de variation des formes d'entraînement des situations pédagogiques ne signifie qu'il faille changer systématiquement d'exercice (changer pour le changement) car l'apprenant ne peut faire l'économie de la répétition. A l'inverse, toujours répéter un même exercice a pour conséquence d'apprendre et de progresser dans un exercice, et non pas dans la technique recherchée. On s'en rend compte quand on fait toujours très aisément 20 fois le même exercice d'« abdominaux », que l'on croit avoir une sangle abdominale forte et où il suffit de changer d'exercice abdominal pour ne le réaliser que péniblement une dizaine de fois. Il faut donc se méfier d'apprendre une situation pédagogique sans penser au problème de transfert soulevé notamment avec les facteurs de la mémoire (contexte).

Si on considère que la stratégie pédagogique repose sur l'utilisation de variations de l'environnement, celles-ci vont créer les conditions d'un enrichissement des capacités motrices de l'individu. C'est en développant son potentiel moteur par des pratiques diverses que l'homme est capable de créativité motrice. La créativité n'est pas une activité réservée à l'enfant et l'athlète de haut niveau n'a pas une pratique sclérosée pour autant. Au contraire même, ce sont des athlètes de haut niveau qui innovent dans des disciplines, Barichnikov au poids, Fosbury en hauteur, Borg au tennis. La créativité en saut en hauteur est réalisée par des athlètes entraînés qui composent des formes différentes de saut ; Fosbury en saut périlleux, impulsions de face avec franchissement sur le dos, etc. Dans les situations sportives l'enfant, souvent, ne fait qu'imiter imprécisément ce qu'il a vu.

L'aménagement varié de l'environnement permet de développer les potentialités du schéma d'action propre, à créer des programmes moteurs nouveaux. Cette structuration de l'environnement vise à guider l'apprentissage par :

- la mise en place d'un objectif ;

- la détermination d'une situation pédagogique pour développer une séquence motrice et renforcer la compatibilité S-R ;
- la diminution de l'incertitude ou de la quantité d'information à traiter ;
- l'augmentation du temps de traitement de l'information ;
- une stabilisation du milieu sans toutefois oublier que la suppression de la prédiction peut être gênante.

Comme on peut le voir, l'opérationnalisation (4) d'une situation pédagogique dépend des facteurs cognitifs et des processus qui influencent l'organisation de l'activité motrice. Leur rôle évolue au cours de l'apprentissage comme par exemple, la place de l'anticipation, qui, d'effacée au début devient prépondérante à la fin de celui-ci. C'est pourquoi, il est utile d'aborder les grands principes qui régissent l'évolution d'un apprentissage.

18.10. Les étapes de l'apprentissage

L'évolution de l'apprentissage passe par des stades où l'activité du sujet est orientée sur des aspects particuliers de l'organisation de la motricité. On distingue classiquement trois étapes pour structurer cette évolution. Ces étapes ayant fait l'objet de nombreuses classifications, nous présenterons celle qui se réfère au type de prise d'information de Iancu, Zapan, Bolez et Cristian, 1953 (cités Ombredane et Faverge, 1955).

Première étape des signaux verbaux : d'autres auteurs parlent de stade cognitif, ou verbal moteur, ou de mise en place de l'idée du mouvement. Ces diverses dénominations recouvrent en fait les différents aspects des premières approches d'un nouveau mouvement à apprendre. Au tout début, l'élève cherche à comprendre ce qu'il aura à faire et cette intériorisation du nouveau geste à effectuer (où l'élève essaie de composer les nouvelles phases de son mouvement à partir d'anciennes habitudes) fait l'objet d'une description verbalisée. Elle consiste en la mise en place d'une première image du mouvement, où n'est pas exclue l'activité corporelle sous forme de variations toniques du corps, qui tient des capacités d'imitation de l'individu. La verbalisation prête souvent à rire mais quand on demande à un athlète qui se concentre de verbaliser, de dire à quoi il pense, on est souvent étonné de voir qu'il est incapable de le faire.

La deuxième étape est dite des signaux visuels car elle est sous la domination du contrôle pour l'exécution du mouvement. A cette période de l'apprentissage, la charge attentionnelle est maximale car sous le contrôle visuel (voir section 18.3). L'apprentissage doit s'accompagner d'une diminution

(4) Pour l'aspect didactique sur la mise en place d'une situation pédagogique, nous renvoyons à l'article de J.P. Famose in : la relation au sein des A.P.S., éd. Vigot Sport, 1983.

du coût attentionnel en passant sous contrôle proprioceptif. Cette diminution s'accompagne d'une association de plus en plus grande, à partir des programmes moteurs généraux vers un programme moteur spécifique.

L'habileté s'oriente vers une stabilisation de son organisation, bien que les moyens pour l'obtenir puissent être très diversifiés.

La troisième étape des signaux proprioceptifs assure une plus grande autonomie. La quantité d'attention nécessaire au contrôle du mouvement diminue puisque sa régulation passe du système extéroceptif au système proprioceptif. Non seulement le coût attentionnel a diminué, mais est accompagné d'une plus grande précision de la régulation du mouvement.

L'évolution des systèmes de contrôle va dans le sens de l'automatisation du mouvement qui doit permettre d'améliorer les capacités de prédiction du sportif.

La présentation de ces déterminants de la performance motrice et de l'apprentissage ne sont là que pour aider l'enseignant à analyser les problèmes auxquels il est confronté, en n'oubliant pas qu'ils ne prendront tout leur sens que par la pratique sur le terrain (pour dépasser la stérile querelle du maquignon et du chercheur). A ces facteurs s'ajoutera toute la dimension affective et l'implication émotionnelle entre le maître et l'élève. L'intérêt et la richesse de l'intervention pédagogique résidant justement dans cette analyse continuelle des interrelations de la triade maître-élève-tâche et surtout des solutions à proposer dans le cadre d'un objectif commun à tous les acteurs de la relation pédagogique.

Pour en savoir plus, lire notamment :

ALAIN (C.), PORTEAU (L.) : *Decision making in sport. Psychology of motor behavior and sport.* Champaign III, Human kinetics publishers, 1979.

ARNAUD (P.) : *La didactique de l'éducation physique, dans La psychopédagogie des A.P.S.,* sous la direction de Pierre Arnaud et Gérard Broyer, Privat, Toulouse, 1985, pp. 241-278.

GIROUARD (Y.) : L'attention et l'acquisition de l'habileté motrice. Psychology of motor behavior and sport. Human kinetics III, 1979, pp. 534-548.

IANCU, ZAPAN, BOLEZ et CRISTIAN : *L'analyse du travail,* Paris, P.U.F., 1955, Ombredane (A.) et Faverge (J.M.).

KEELE (S.W.) : *Current status of the motor program concept.* Psychology of motor program behavior, 1976.

LAURENT (M.) et PAILHOUS (J.) : *Contribution à l'étude du pointage locomoteur. Application au saut en longueur et au saut d'obstacle en équitation,* Staps, 1982, 5, 1-13.

MARTENIUK (R.G.) : *Le traitement de l'information dans les habiletés motrices,* Holt, Rinehart, Winston, New-York, 1976, p. 230.

PAILLARD (J.) et BROUCHON (M.) : *Active and passive movements in the calibration of position sense.* In S.J. Freedman. The neurophysiology of spatially oriented behavior. Homewood III. Dorsey press, 1968, pp. 37-55.

PIERON (H.) : *Dictionnaire de psychologie,* P.U.F., 1968, p. 30.

RIPOLL (H.) : *L'apprentissage moteur.* In Neurobiologie des comportements moteurs. Ripoll et Azémar éd., I.N.S.E.P., Paris, 1982.

SALMELA (J.H.) et ALAIN (C.) : *Performance humaine, habiletés motrices et manipulation de l'information : vue d'ensemble.* Mouvement, vol. 7, n° 4, décembre 1972, pp. 173-177.

SIMONET (P.) : *Apprentissages moteurs. Processus et procédés d'acquisition,* coll. Sport, Vigot, Paris, 1985, p. 209.

THOMAS (R.) : *Psychologie du sport.* P.U.F., 1983.

WALLON (H.) : *La maladresse.* Enfance, n° spécial Henri Wallon, 3-4, mai-octobre 1959.

19. Motivation, émotion, attention et concentration

E. THILL

19.1. La régulation dynamique du comportement : le système motivationnel

Génétiquement, c'est par l'action et les schèmes d'action que se constitue le sujet affectif et intellectuel. Au cours de l'activité s'organise la perception, se déposent les contenus de la mémoire, se réalisent les apprentissages et les principaux modes d'adaptation. L'expérience de R. Held (1965) sur les chatons, met en évidence que l'activité motrice « informe » (met en forme) l'organisme en lui donnant la possibilité de s'orienter et de localiser les objets grâce à la structuration active de l'environnement qu'elle suscite. Par l'étude de la génèse des structures de l'activité, J. Piaget montre comment le sujet élabore son milieu de vie (espace, temps, causalité) et comment ces structures s'intériorisent (classes, relations, nombres) pour en démultiplier l'efficacité dans un espace intériorisé. Enfin, dans ses interrelations actives avec l'environnement, le sujet réactive des modes de relations affectives antérieures, s'accommode à un réel particulier et se structure dans un rapport d'adaptation réciproque.

Si c'est par l'action et les schèmes d'action que l'enfant se constitue comme sujet affectif et intellectuel, il convient d'expliquer les facteurs qui : déclenchent l'activité du sujet, lui permettent de se prolonger ou l'inhibent, d'une part, et qui orientent cette activité en fonction de motifs, buts ou visées de valeurs, d'autre part. En effet, et bien qu'elles diffèrent quant au processus ou mécanismes mis en jeu, les théories de la motivation conceptualisent le comportement en fonction de deux dimensions fondamentales : la direction et l'intensité.

a. La direction réfère à l'orientation sélective du comportement vers un objet-but : un objet matériel ou un certain niveau de performance à atteindre. Cette question de l'orientation sélective du comportement apparaît dans des formulations telles que : « Pourquoi un sujet manifeste-t-il un intérêt pour le ski de fond, plutôt que pour le basket ball ? » « Pourquoi certains enfants aiment-ils les activités sportives, alors que d'autres préfèrent la musique, ou cherchent constamment à se faire dispenser lors des cours d'éducation physique ? »
b. L'intensité correspond à la quantité d'énergie investie dans le comporte-

ment et permet de mettre en correspondance les performances de l'organisme avec le niveau d'activation. L'aspect «intensité» de la motivation est révélé dans des questions de cet ordre: «Pourquoi tels élèves ou tel athlète s'entraînent-ils avec acharnement, alors que d'autres semblent prêts à abandonner ou se laissent aller?» Ce versant de la motivation intéresse plutôt les entraîneurs, qui cherchent à élaborer des stratégies de motivation visant à maintenir et à rehausser le niveau d'implication des sportifs dans leurs tâches.

L'étude de la motivation porte donc sur les facteurs qui déclenchent l'activité d'un organisme, la dirigent vers un but, la sous-tendent si ces buts ne sont pas immédiatement atteints (M. Reuchlin, 1977).

Pour expliquer ces processus de régulation, différents modèles ou théories sont proposés. On discerne actuellement deux grandes catégories d'explication, se rattachant à des disciplines scientifiques connexes: les théories neurophysiologiques et les théories cognitivistes.

Les théories neurophysiologiques étudient principalement les mécanismes régulateurs qui interviennent entre la situation, dans laquelle est impliqué un organisme et qui le Stimule (S), et la Réponse comportementale (R). Ces théories de type S-R, comme on va le voir, reposent sur la conception selon laquelle la réponse réaliserait une réduction d'un besoin ou tendance initial ayant déclenché ou initié le comportement. Mais de nos jours, on considère plus précisément que l'organisme ne recherche pas une réduction du niveau initial d'activation, mais un optimum d'activation. Pour atteindre ses performances maximales, le sujet doit donc trouver et gérer un Niveau Optimal d'Activation (N.O.A.). Avec les théories neurophysiologiques, on est amené à définir des moyens permettant aux sujets de réguler leur niveau interne d'excitation et de se concentrer, sans que l'émotion perturbatrice n'intervienne.

Les théories psychologiques actuelles, analysent le rôle de la perception et de l'intelligence (cognition), qui confèrent une signification particulière aux situations en fonction de l'expérience passée et des systèmes de valeurs ou projets. Dans les théories de type S-P-R, on se concentre sur la manière dont les motifs personnels et les facteurs situationnels interagissent pour déclencher et maintenir un comportement donné. En bref, les théories interactionnistes actuelles tendent de cerner les processus de transformation de l'information en action, en prenant en compte les déterminants situationnels (S) et personnels (P): (principalement les cognitions), du comportement (R).

19.1.1. Activation et émotion. Régulation du Niveau Optimal d'Activation

Les théories physiologiques se sont initialement appuyées sur un modèle de type homéostatique (voir les conceptions de Cl. Bernard et de W.B. Canon), qui explique l'activation du comportement par l'existence de besoins qui, lorsqu'ils ne sont pas satisfaits, déclenchent des tensions internes qui constituent une tendance générale : l'agent qui fournit l'énergie nécessaire au comportement.

Le modèle homéostatique. L'exemple de la faim

Globalement on admet qu'un état de tension caractérise un besoin (need) primaire ; ce besoin suscite une tendance, c'est-à-dire un état de l'organisme qui constitue la condition de déclenchement d'une réponse ; cette tendance fournit l'énergie nécessaire à la réalisation d'un comportement instrumental qui se déclenche pour satisfaire le besoin initial et réduire la tendance ayant déclenché la réponse appropriée (fig. 19.1).

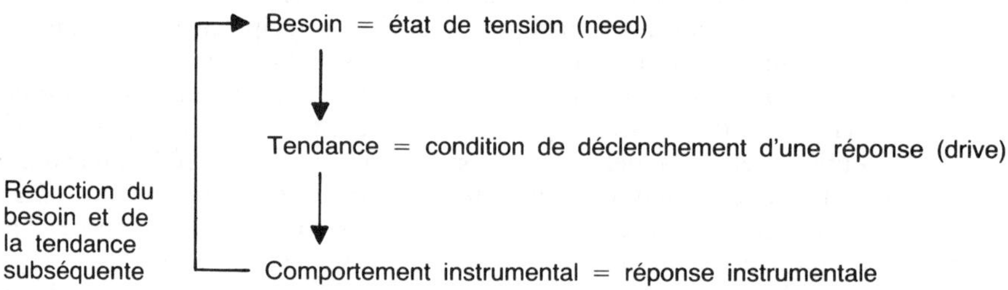

Figure 19.1
Représentation du modèle hémostatique.

La réalisation d'une bonne réponse instrumentale, dans l'acte de recherche de nourriture par exemple, ne peut s'appuyer que sur la distinction de certains états internes qui acquièrent la propriété d'indices. L'acte de manger proprement dit renforce alors les bonnes réponses instrumentales parce qu'il interrompt les stimuli induits par la privation de nourriture.

Et pourtant, l'étude de l'enregistrement électrique des contractions stomacales, montre que celles-ci présentent peu de relations avec les sensations de faim (Cofer Appley, 1964). De même, les substances à faible valeur nutritive et au goût très sucré comme la saccharine, peuvent constituer de puissants agents de renforcement (1), plus efficaces que d'autres qui possèdent un pouvoir calorique élevé, mais un goût neutre. Pour ce qui concerne le délai entre la présentation de la nourriture (agent de renforcement) et la réponse instrumentale (acte de manger), il y a lieu de supposer que l'effet de renforcement agit probablement sur la réduction de la tendance, avant d'induire une réduction du besoin lui-même.

Ces faits imposent donc des limites à la généralisation du principe selon lequel les réductions du besoins *et* de la tendance s'avèrent nécessaires au renforcement des réponses. Différentes expériences montrent ainsi l'existence d'une dissociation temporelle entre le besoin primaire et la tendance.

Dans l'expérience de Sheffield (1951), on impose à des rats parvenus à une maturité sexuelle, sans expérience hétérosexuelle préalable, de se déplacer dans une allée et de grimper dans une boîte terminale. En utilisant comme agent de renforcement une activité de copulation sans éjaculation terminale, l'auteur induit un accroissement de la vitesse de parcours tout au long des 28 essais. L'acquisition des réponses instrumentales (parcours de l'allée) constitue la preuve d'une possibilité de renforcement par activité de copulation sans réduction du besoin sexuel primaire. Pour Sheffield (1954), c'est *l'activation*, par anticipation de l'activité consommatoire, et non la réduction du besoin primaire, qui mobilise l'activité instrumentale.

Cette expérience, ainsi que d'autres (activités de manipulation d'appareils nouveaux ou de puzzles à serrures), montrant l'effection d'activités en l'absence de besoins primaires comme la faim, la soif, la sexualité ou l'évitement de stimuli nocifs, amèneront Hebb à formuler l'hypothèse d'un Niveau Optimal d'Activation (N.O.A.) ; les animaux et êtres humains ne cherchent pas seulement à faire leur tension, mais lorsque celle-ci baisse, recherchent des stimulations pour induire un niveau d'activation. Dans ses recherches psychophysiologiques, Hebb (1951, 1974) soutiendra que l'activation joue un rôle général de mobilisation d'énergie sans propriété d'orientation. C'est l'activation de l'aire hypothalamique qui suscite un état de motivation *sans orientation spécifique*.

Olds et Milner (1954), implantant des électrodes dans le cerveau des rats, montreront par ailleurs, que pour certains points intracérébraux, l'animal s'auto-stimule de façon continue ; pour d'autres, il évite de toucher au levier de stimulation. L'activation de certaines aires déclenche donc des conséquences que l'animal recherche, alors que d'autres zones anatomiques participent aux systèmes dont l'activation provoque des conséquences que l'animal évite. L'idée s'est donc progressivement imposée, que l'activation naturelle ou expérimentale de telle ou telle structure hypothalamique ne donne pas lieu à un état de motivation spécifique, mais qu'elle détermine l'une des deux attitudes fondamentales de l'organisme : l'approche ou l'évitement (Karli, 1976, pp. 1 333i, 1 429). D'une manière générale, du fait de sa sensibilité aux fluctuations de certains paramètres intérieurs (glycémie, osmolarité, taux d'hormones), l'hypothalamus joue donc un rôle essentiel dans l'éveil comportemental, et l'hypothèse de Hebb considérant l'existence d'un système motivationnel unique dont l'activation se traduit par des effets non

(1) Le renforcement est l'opération qui consiste à ajouter (renforcement positif) ou à retrancher (renforcement négatif) un stimulus comme conséquence à un comportement et à augmenter (renforcer) la probabilité de voir ce comportement réapparaître dans des conditions semblables (voir le chapitre sur l'apprentissage).

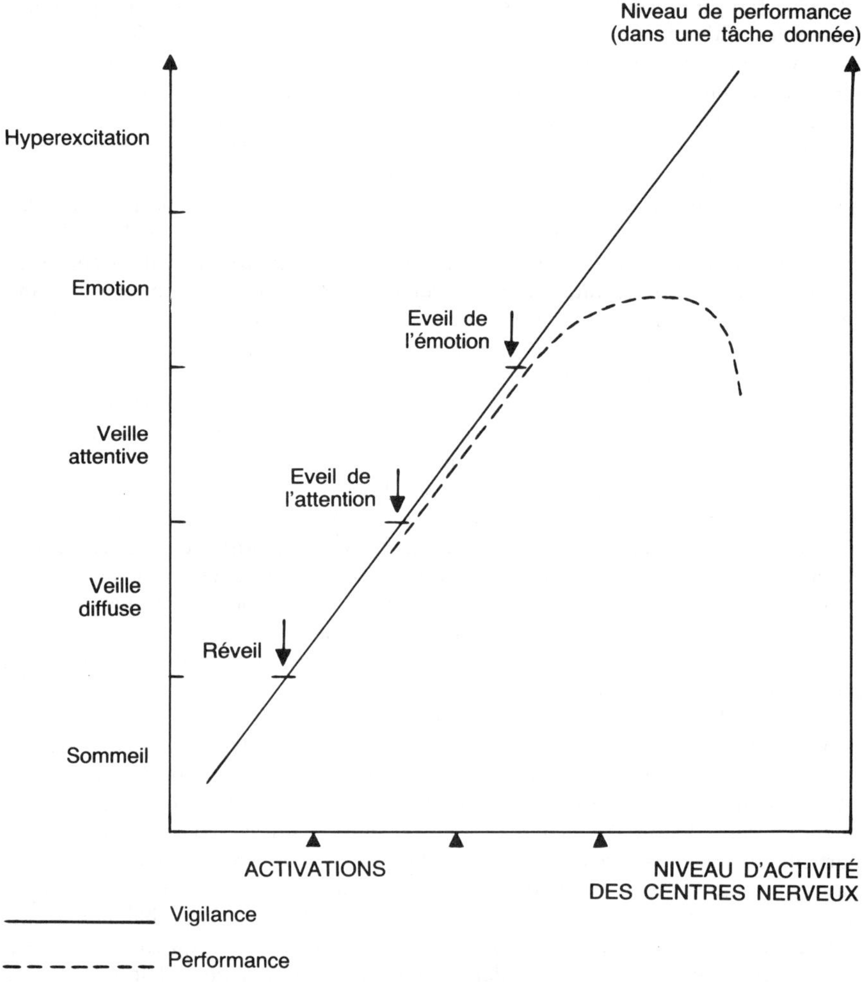

Figure 19.2
Relations entre niveau de vigilance, niveau d'activité des centres nerveux et niveau de performance (d'après Lindsley, 1951).

spécifiques, reçoit donc des confirmations expérimentales récentes. L'activation de l'aire hypothalamique suscite selon Karli (1976) un état de motivation sans orientation spécifique, qui se traduit :

- *par une élévation de la vigilance* rendant l'organisme plus disponible à l'égard de l'environnement, en raison de la connexion existant entre l'hypothalamus (sensible aux fluctuations du milieu interne) et le système réticulé activateur du mésencéphale ;
- *par la facilitation sélective de la réception* et la transmission de certains signaux ; celle-ci contribue à donner à l'éveil comportemental une orientation moins diffuse ;
- *la modulation quasi sélective des effets* de renforcement positif ou négatif.

Dans ce contexte, les définitions qui ont été proposées de l'activation prennent en compte, soit l'accroissement d'activité du système nerveux central, soit l'intensité des processus qui en résultent, soit les deux à la fois (Bloch, 1973). Le terme d'« AROUSAL », renvoit plutôt au phénomène électroencéphalographique de désynchronisation qui se manifeste au cours de la réaction d'éveil.

Le Niveau Optimal d'Activation (N.O.A.)

Il se produit cependant souvent un décalage entre le niveau normal d'activation d'un sujet, et celui présenté à un moment donné ou dans une situation particulière. Dans une situation trop, ou trop peu excitante, le sujet modifie alors cet état pour le rendre favorable à la réalisation d'une tâche donnée : soit en baissant, soit en rehaussant son état interne de tension. De surcroît, depuis les travaux de Yerkes et Dodson (1908), on sait qu'il existe une relation curvilinéaire entre l'activation — qu'on peut donc également appeler excitation, stress, tension — et la performance réalisée par des animaux de laboratoire. En plaçant, par exemple, des rats dans une boîte de Skinner, on constate que le niveau d'excitation, enregistré par l'intermédiaire des pulsations cardiaques, augmente au fur et à mesure que les heures de privation de nourriture se prolongent. Parallèlement, la fréquence des pressions excercées sur un levier en vue d'obtenir de l'eau, s'accroît ; mais seulement jusqu'à un certain seuil au-delà duquel cette fréquence décroît. Ainsi, l'hypothèse de l'U-inversé, suggère que le comportement est activé et dirigé vers l'obtention d'un Niveau Optimal d'Activation (fig. 19.2).

Depuis lors, de nombreuses preuves expérimentales et des évidences empiriques ont montré, que cette relation curvilinéaire entre le niveau d'activation et la performance, pouvait être généralisée à l'homme, à des situations non-expérimentales, et en particulier à des situations sportives. La performance s'accroît chez l'homme au fur et à mesure qu'augmente le niveau d'excitation, jusqu'à un certain seuil, au-delà duquel cette performance diminue. L'activation possède donc une propriété de mobilisation générale de l'organisme et correspond à l'une des dimensions fondamentales de la motivation. Et les structures nerveuses qui contrôlent le niveau d'activation sont à présent bien identifiées, structures autorisant des régulations complexes entre la formation réticulée, les afférences sensorielles et le cortex.

L'entraîneur mesure donc bien qu'il faut activer, exciter un sportif pour qu'il soit en mesure de réussir une performance. Mais cette excitation doit atteindre un niveau optimal. De plus, il faut qu'il tienne compte des facteurs médiateurs qui affectent la relation activation-performance, à savoir, les caractéristiques du sujet, la complexité de la tâche et la nature du style d'attention mis en jeu.

La relation entre l'activation et la performance est en effet plus complexe, que ne le laissait supposer le modèle de Yerkes et Dodson.

a. *En premier lieu*, des différences individuelles, au niveau d'une sensibilisation à l'activation, ont été maintes fois démontrées. Ainsi, les sujets anxieux sont plus excitables que les sujets non anxieux. Cependant, l'expérience acquise au cours des compétitions permet de réduire progressivement cette anxiété survenant avant, ou pendant une épreuve importante. Le problème posé, est alors de savoir si on doit se fixer comme objectif de contrôler progressivement son niveau d'excitation au cours de l'entraînement et de faire de ce contrôle un objectif permanent, ou de laisser le sportif acquérir de lui-même cette maîtrise émotionnelle avec le temps.

   De même, les sujets introvertis (barreurs de voile, coureurs de fond, par exemple) manifestent habituellement un niveau d'activation basal plus élevé que les extravertis (joueurs de volley ball, par exemple) en situation de privation sensorielle. En revanche, les introvertis se désorganisent plus facilement lorsque le stress augmente, alors que les extravertis sont capables de mieux performer dans les mêmes conditions de tension excessive. On a montré, par exemple, que lorsqu'une lumière vive frappe leurs yeux, les extravertis dilatent plus rapidement et davantage leurs pupilles comme pour rehausser le niveau d'activation ; dans les mêmes conditions de privation sensorielle, les introvertis présenteront une contraction plus rapide des pupilles (Holmes, 1967). On a pu dire, en ce sens, que les extravertis se « nourrissent » de stimulations provenant de l'environnement.

b. *En second lieu*, la complexité de la tâche modifie également le lien entre l'activation et la performance. C'est ainsi que le N.O.A. est plus élevé dans des tâches dites « fermées », c'est-à-dire dans des conditions où les dimensions spatiales de l'environnement sont stables (voir le tir à l'arc, par exemple). Dans les tâches dites « ouvertes », se déroulant dans un milieu dont les paramètres spatio-temporels fluctuent, et dans lesquelles le sportif doit donc répondre aux exigences d'un environnement changeant, le N.O.A. requis est généralement plus bas (voir en basket ball, par exemple).

c. *En troisième lieu*, un des effets qui est communément rapporté, est celui d'une réduction du champ de l'attention lorsque le niveau d'excitation augmente. Ainsi, lorsqu'un sportif stressé veut excécuter un smash ou un tir (tâche centrée), il devient moins capable de répondre à des stimuli périphériques. Les effets de l'activation dépendent donc également du degré *d'attention* que la tâche exige, procédure qui sera plus particulièrement étudiée au point IV.

Activation et émotion

Les mécanismes de l'émotion, comme ceux de l'activation, participent de l'adaptation de l'organisme aux conditions du milieu ; plus spécifiquement, ils ont pour fonction, selon Masquin (1968), de réaliser une adaptation réciproque de la vie végétative et de la vie de relation. Mais de ce point de vue, l'émotion se présente comme un mécanisme d'adaptation plus primaire. C'est ainsi que la colère permet de faire céder un obstacle, ou que l'inhibition met l'organisme à l'abri de celui-ci. Ces mécanismes primaires ne sont pas appropriés aux situations de compétitions qui exigent l'instauration d'interactions multiples et complexes avec l'environnement, et dans lesquelles l'émotion apparaît comme un trouble de l'adaptation. De nombreuses preuves expérimentales et évidences empiriques montrent que sous l'emprise de la peur, de la colère et ou du déplaisir, se manifestent des altérations dans les processus d'apprentissage et des pertes d'efficacité des performances.

Bien que l'on ne puisse pas parler d'un centre spécifique de l'émotion, le système limbique apparaît pourtant, d'un point de vue neuroanatomique, comme un centre de commande important de l'émotion. Ainsi, Bacelli (1971) montre-t-il que pour un chat, la vue d'un autre chat provoque une vasoconstriction, tandis que la vue d'un chien induit une vaso-dilatation. C'est donc, soit par la mise en jeu exagérée du système ortosympathique, soit par la mise en jeu du système parasympathique, soit simultanément par les deux systèmes, que se manifestent les réactions émotionnelles.

Il convient alors d'envisager l'action des stimuli de l'environnement (action des co-participants, adversaires, public, arbitres) sous leurs aspects qualitatifs et d'intensité. Si tous les stimuli induisent une activation généralisée par suite de la stimulation de la formation réticulée, seuls certains stimuli, analysés et interprétés d'une certaine manière, donnent lieu à des manifestations émotives. Dans cette procédure d'interprétation, la référence à la mémorisation d'expériences passées, joue donc un rôle essentiel. C'est en ce sens, qu'on confère au système limbique un rôle de réactivation essentiel.

D'un point de vue quantitatif, et non plus qualitatif, Lindsley (1951) a montré que l'émotion apparaît à partir d'un certain seuil d'activation. En passant du sommeil à l'état de veille, puis de veille attentive, et enfin d'excitation-surexcitation, la performance décroît dès lors que l'émotion apparaît. L'infléchissement de la courbe en U-inversé correspond précisément à la mise en jeu de l'émotion (fig. 19.2).

Il importe donc d'optimiser les mécanismes d'activation et de contrôler l'apparition des réactions émotionnelles, si l'on veut adapter la vie végétative à la réalisation de performances motrices (J.M. Allard, 1983). C'est dans cette perspective, que des programmes de régulation psychologique ont été progressivement proposés aux sportifs.

Le contrôle du Niveau Optimal d'Activation

Dans le monde sportif ont été mis au point des programmes *d'entraîne-*

ment mental systématisé, en-dehors des procédures classiques de régulation psychotonique plus largement diffusées. Ces dernières, d'inspiration humaniste, mettent en jeu, soit des techniques à médiation corporelle (kinésophie, bio-énergie, gymnastiques douces, massages), soit différentes formes de relaxation (méthodes Schultz, Jacobson...). Mais depuis une dizaine d'années, les chercheurs ambitionnent de réaliser une synthèse entre ces différents apports d'ordre « humaniste », et des méthodes « comportementalistes » utilisant dans d'autres domaines, non sportifs, des techniques de renforcement (inhibition conditionnée, immersion, aversion, inhibition récriproque, imagerie mentale, arrêt de la pensée). Ces méthodes d'entraînement systématisé, intègrent les méthodes classiques de relaxation dans une perspective plus générale, où le travail de l'image mentale (abord cognitiviste) et le recours systématique au biofeedback, deviennent prépondérants. Ces programmes se sont développés dans les Universités de San Diégo (R. Nideffer), d'Orebro en Suède (L.E. Unestahi), de Cologne (I. Sonnenschein) et de Clermont Ferrand (Allard, Chomillier, Thill). On se limitera dans le cadre de cet ouvrage à donner quelques indications générales sur ces méthodes étant donné que les caractéristiques de celles utilisées dans les pays de l'Est-européen n'ont pas été divulguées.

L'Entraînement du Contrôle de l'Attention (A.C.T.) de R. Nideffer, pose comme objectif de contrôler l'anxiété des sportifs en contrôlant leur attention. A l'aide d'un test spécifique (voir en IV), l'auteur propose d'identifier le style d'attention dominant des sujets, d'identifier les stimulations stressantes de manière à clarifier ce qui fait problème pour eux. Puis, il s'agit d'utiliser les stimulations non stressantes pour broiser une attention négative. Les sportifs apprennent ensuite à centrer leur attention sur eux-mêmes (concentration), sur des stimulations qui rappellent des sensations confortables et relâchées. Le contrôle de ces acquisitions se fait par rétro-action biologique.

L'entraînement à la psychorégulation de Cologne, destiné aux athlètes et entraîneurs, utilise à la fois des techniques de déconditionnement, et l'activation-désactivation à l'aide de procédures de relaxation. Le contrôle de la méthode se réalise principalement à partir de médiations cognitives.

L'entraînement mental intérieur (I.M.T.) de l'Ecole de Suède, vise à faire acquérir des modalités « alternatives de contrôle mental » qui ne sont pas sous la dépendance de la volonté. Particulièrement élaboré et appliqué par 40 % des sportifs de haut niveau (1982), cet entraînement se développe sur 20 semaines. Un programme d'acquisition d'habilités mentales aborde successivement les aspects de la régulation psychotonique, de la relaxation mentale par auto-hypnose, du travail de concentration (concentration passive, relâchement de l'attention, dissociation).

Par la suite, se poursuit un entraînement spécifique sur la motivation proprement dite et portant sur la définition des buts et de leur programmation.

Méthodes de synthèse : auto-contrôle comportemental

L'auto-contrôle comportemental (Chomillier F., Allard J.M., Thill E.) tente une synthèse des différentes techniques de préparation mentale existant à ce jour (U.E.R.E.P.S. de l'Université de Clermont-Ferrand II).

L'athlète est invité à prendre lui-même en charge la régulation de ses tensions (auto-contrôle). Au cours de l'apprentissage on prend en compte le ou les problèmes psychologiques selon des techniques issues des théories comportementales (Wolpe, 1951) et déjà introduites au sport.

L'apprentissage de la méthode est bref et se déroule sous forme de stage. Il comprend :

— un entretien avec l'athlète sur l'existence de comportements ou de situations-problème. Passage de tests psychologiques (Q.P.S. d'E. Thill).
— puis acquisition des procédés de régulation de l'activation. Ces procédés destinés à augmenter ou diminuer l'activation (tonifiée ou relaxée) utilisent des médiations classiques :

Effets / **Médiations**	Diminution de l'activation (relaxation)	Augmentation de l'activation (tonification)
Cognitives	Imagination d'une situation calme	Imagination d'une situation stressante
Respiratoires	Expirations passives	Suivis de blocages en apnée
Musculaires	Relaxation	Contraction des avant-bras

Une fois maîtrisées ces techniques, le sujet apprend à réaliser les étapes de la méthode :

1. Concentration sur les tensions musculaires liées au stress ;
2. Relaxation générale ;
3. Réactivation adaptée à l'activité pratiquée.

Cet apprentissage est favorisé par l'utilisation du rétro-contrôle biologique. Une électrode, placée sur un muscle, enregistre et donne au sujet en permanence l'état de son tonus musculaire. L'athlète peut ainsi approfondir, affiner et par là mieux maîtriser les techniques de régulation.

Une fois acquise, la méthode doit être replacée dans le cadre général de l'entraînement du sportif et faire partie intégrante de chaque séance. Actuellement réservée aux athlètes de haut niveau, elle devrait connaître d'ici quelques années un plus large développement.

Toutes ces procédures systématisées s'efforcent à faire acquérir aux sportifs ou à améliorer leurs capacités de contrôle afin d'optimiser les mécanismes d'activation, tout en maîtrisant l'apparition des réponses émotionnelles. La vie végétative s'adaptera plus facilement à la réalisation de performances motrices et en même temps en démultipliera l'efficacité. Ce n'est donc plus d'une façon fortuite, au gré des circonstances ou d'expériences malheureuses, que les possibilités de résistance aux stress s'amélioreront, mais par un travail spécifique, systématique, constituant une partie intégrante d'un entraînement d'ensemble planifié.

Conclusion

Si les comportements se réfèrent à deux dimensions principales, leur intensité et leur orientation, le niveau d'activation apparaît particulièrement associé à la dimension d'intensité et rend compte de l'éveil, de la persistance et des performances produites.

En considérant les processus d'activation comme l'équivalent d'une tendance générale à l'activité, sans propriété d'indices lui conférant une orientation particulière, on peut alors faire appel au concept de *mobile* en tant que processus de médiation facilitant l'orientation préférentielle du sujet vers des objets-buts, et sans que cette notion de mobile — ou motif — constitue une description redondante du comportement.

Deux points de vue complémentaires expliquent alors le traitement spécifique d'une situation sportive, ou le fait qu'une situation motivante puisse être conférée à tel stimulus (le ski, plutôt que la lecture, par exemple) ou tel aspect de la situation sportive (l'opposition possible en situation de face à face ou par chronomètre interposé, par exemple). L'un prend en compte les travaux relativement récents en neuro-biologie et attribue au système limbique un rôle modulateur essentiel. L'autre, d'ordre psychologique, examine la manière dont la perception et les structures de connaissance traitent l'information disponible et la transforme en action.

Si les explications neurophysiologiques s'évertuent à démonter les mécanismes qui conditionnent l'éveil comportement et son orientation *diffuse* comme on l'a vu précédemment, les recherches actuelles qui s'appuient en psychologie sur les processus d'attribution causale et les théories cognitivistes, abordent le problème de l'orientation sélective du comportement dans une perspective différente. Elles ambitionnent de définir et d'analyser les variables qui interviennent entre la situation et la réponse, afin d'expliquer une plus grande part de la variation des comportements.

19.1.2. L'orientation sélective du comportement : les motifs de participation

On a vu que pour certains physiologistes, l'état d'équilibre de l'organisme se traduit par l'absence de toute stimulation. Cette conception est également partagée par des psychologues, qui estiment qu'il existe pour chaque sujet un niveau optimal d'activation : le comportement se développe pour accroître ou diminuer les stimulations, en relation avec l'état actuel de l'organisme (activation) et le niveau de stimulation accepté. Dans ces conditions, les mobiles possèdent des propriétés particulières, d'ordre directionnel, puisqu'ils guideraient l'organisme vers des finalités particulières. Les mobiles, ou motifs, posséderaient essentiellement un *pouvoir dynamique d'orientation*, portant les sujets vers la réalisation d'objectifs particuliers.

Le mobile à l'accomplissement

Le mobile à l'accomplissement, étudié par McClelland et ses collaborateurs, rend compte des réactions positives ou négatives anticipatrices de certains buts ; ces réactions apparaissent particulièrement stimulées dans des situations qui impliquent « la compétition avec un standard d'excellence ». Ces standards peuvent être liés :
a. à la tâche, impliquant l'actualisation d'une volonté de perfection ;
b. au sujet, induisant des comparaisons avec des performances accomplies antérieurement ou expectées ;
c. ou aux autres, suscitant des processus de comparaison sociale.

Mais pour McClelland, la motivation à l'accomplissement correspondrait à une caractéristique personnelle stable, non affectée par les conditions de situations, et qui se manifesterait sous une variété de comportements observables, comme : chercher à bien faire, manifester sa compétence, accroître sa performance par rapport à celle de l'adversaire. Pour mesurer ce mobile et prédire le degré d'investissement futur d'un individu dans une tâche, McClelland a utilisé un matériel de type projectif.

Mais deux personnes peuvent obtenir le même score au test mesurant le mobile à l'accomplissement, et cependant manifester un entrain différent selon le milieu dans lequel ils manifesteront leur motivation. C'est pourquoi Atkinson considérera-t-il le mobile à l'accomplissement comme la résultante de trois variable :
a. la motivation à atteindre le succès (MS), c'est-à-dire la disposition personnelle stable étudiée par McClelland ;
b. la probabilité du succès (Ps) qui renvoit à la notion d'atteinte possible du but en fonction des essais et expérience antérieurs ;
c. la valeur incentive du succès, reliée à la nature de la tâche à accomplir et à l'environnement (Is) ; plus la tâche présente des difficultés et davantage l'attraction du succès apparaît élevé.

En essayant de confirmer ce modèle par l'analyse de comportements comme la prise de risque et la persistance dans des tâches difficiles, Atkinson a trouvé que l'activité d'accomplissement suscitait chez certains sujets une tendance opposée : la peur de s'engager dans une activité dont l'issue s'avère, comme en sport, incertaine. Cette réaction émotive anticipatrice est appelée *anxiété* ou *crainte de l'échec*. Ceci explique que dans le domaine du sport, de nombreuses études aient été menées pour mesurer les différences individuelles d'anxiété, de façon à prévoir ses effets sur la performance et l'apprentissage. De très nombreux tests d'anxiété ont, par conséquent, été créés et appliqués en sport : Echelle d'Anxiété Manifeste (M.A.S.) de Taylor, Test d'Anxiété par Questionnaire (T.A.Q.) de Mandler et Sarason, Inventaire de l'Anxiété Trait et Etat (S.T.A.I.) de Spielberger etc.

Cette théorie du mobile à l'accomplissement développée par McClelland et Atkinson, s'est montrée extrêmement fertile dans de multiples secteurs de la psychologie appliquée et offre aujourd'hui une base intéressante pour prédire le rendement des individus. Les test élaborés pour évaluer les divers aspects du mobile à l'accomplissement devraient permettre d'opérer une détection sportive plus rigoureuse et valide.

Quels sont les motifs de participation des sportifs ?

Les recherches qui portent sur les motifs de participation des sportifs sont relativement nombreuses et les données recueillies fournissent de précieuses indications sur les raisons de participation aux entraînements et compétitions sportives (D. Gill, 1983 ; M. Basser, 1982 ; L. Wankel et Ph. Kreisel, 1982 etc.). les recherches effectuées en France par M. Bouet, sont également instructives sur ce point.

Dans une étude menée sur 425 jeunes hocheyeurs canadiens, âgés de 11 à 14 ans, R. Alderman et N. Wood (1976) ont décelé sept motifs incitatifs importants (fig. 19.3).

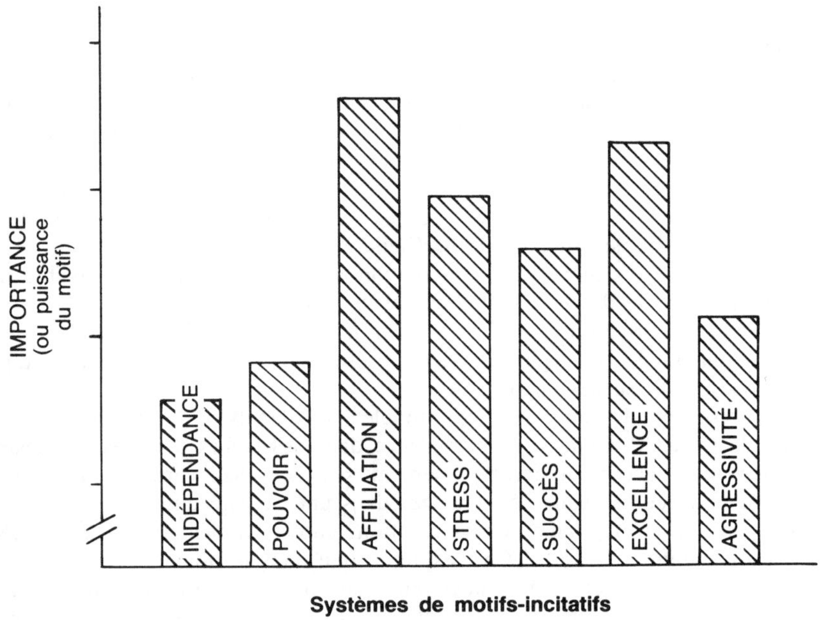

Figure 19.3
Importance des systèmes de motifs-incitatifs, basée sur les scores de 425 jeunes joueurs de hockey (Alderman et Wood, 1976).

- *Besoin de succès* : les athlètes recherchent des récompenses allouées lors des succès en compétition, comme les médailles, la reconnaissance sociale ou de l'argent. Cette motivation est donc d'ordre extrinsèque.

- *Besoin d'excellence*: la pratique sportive représente une possibilité de maximiser son niveau de compétence et de réaliser son potentiel. Il s'agit ici d'une motivation intrinsèque.
- *Besoin de perfectionnement*: la manifestation des pouvoirs personnels, peut se réaliser également par la médiation d'activités à caractère plus technique et technologique.
- *Besoin d'agression*: la possibilité de battre les autres, mais aussi de les intimider lors de joutes sportives, représente pour certains un motif incitatif puissant.
- *Besoin d'indépendance*: l'engagement dans un programme d'entraînement et de compétition, est un des moyens qui permet à l'enfant ou l'adolescent, de conquérir son autonomie.
- *Besoin d'affiliation*: les jeunes, comme les adultes, apprécient dans le sport l'occasion qui leur est donnée d'établir et de maintenir des contacts sociaux, ou d'être reconnus comme des membres importants du groupe.
- *Besoin de stress*: la recherche de situations excitantes, voire stressantes, apparaît comme une raison importante, bien que souvent inconsciente, de s'adonner aux compétitions.

Tous ces motifs de participation n'agissent pas isolément, mais en interaction réciproque. Mais le problème est de savoir si ces motivations à l'égard des activités sportives peuvent constituer pour certains sujets, en raison du sentiment d'inaptitude qui peut les habiter, des incitations suffisamment importantes pour les amener à pratiquer un sport. L'éducateur aurait donc tout intérêt à faire ressortir dans les activités proposées aux jeunes enfants ou adolescents démotivés, les différents aspects de l'activité qui pourraient répondre à ces besoins fondamentaux. Pour répondre aux motifs incitatifs les plus puissants (fig. 19.3) il s'agira:

a. de faire percevoir que le sport est une activité favorable à l'émergence d'amitiés (besoin d'affiliation);
b. de montrer que cette activité permet de devenir très habile (besoin d'excellence) et;
c. de faire ressortir les aspects excitants de la pratique sportive individuelle ou collective (besoin de stress).

Vis-à-vis des jeunes déjà engagés dans une pratique à caractère compétitif, l'entraîneur devra être, d'une part, sensible aux motifs généraux de participation de ses athlètes, car si l'un de leurs mobiles n'est pas satisfait, ils peuvent faire preuve d'une perte de motivation. Mais d'autre part, l'entraîneur doit être vigilant vis-à-vis de leurs désirs personnels. C'est ainsi que dans une activité à caractère technologique comme la voile, l'entraîneur pourra satisfaire le besoin de perfectionnement de certains coureurs, en les associant à la préparation du matériel, en leur fournissant les tâches de bricolage, voire en les associant, comme c'est le cas dans les équipes nationales, à des activités de recherche sur les voiles.

Conclusion

De même qu'il paraît essentiel pour l'entraîneur et l'athlète d'être en mesure de gérer leur niveau d'activation pour se montrer compétitif relativement aux exigences du sport contemporain, on vient de voir que la connaissance des motifs de participation des athlètes permet à l'entraîneur d'orienter leur comportement dans un sens conforme à leurs attentes particulières. L'entraîneur se donne alors la possibilité d'instaurer un climat sportif qui réponde aussi bien aux aspirations du groupe de sportifs, qu'aux désirs personnels. Mais il peut encore faire davantage. Une fois les sportifs engagés dans un programme d'entraînement, il convient d'élaborer des stratégies de motivation ayant pour effet de rehausser, sinon de maintenir, l'engagement motivationnel des sportifs dans leur activité.

19.1.3. L'intensification des conduites. Définition de stratégies de motivation

Pour élaborer des stratégies de motivation, on pourra se référer à un système d'explication de la motivation d'ordre psychologique, plutôt que physiologique (voir section 19.1.1.), car ce système prend en compte le caractère spécifique de la motivation humaine.

Pour assurer son adaptation au milieu, l'être humain doit, en effet, disposer :

a. d'un système de traitement de l'information permettant d'analyser les « causes » de son comportement et de voir dans quelle mesure il régule lui-même sa conduite par rapport à des déterminations plus extrinsèques. On analysera de ce point de vue, successivement, l'interaction qui s'exerce entre la *motivation intrinsèque* et la *motivation extrinsèque*, puis la manière dont le sujet sportif réalise le *contrôle externe* ou le *contrôle interne* de ses conduites dans des situations d'environnement stable ou instable ;

b. d'une information de référence nécessaire à l'estimation des changements qui l'éloignent ou le rapprochent du but assigné. Il s'agira d'éclaircir la nature et la fonction d'une troisième variable médiatrice, l'image que le sujet à de lui-même et à laquelle se rattache son *estime de soi* ;

c. d'une possibilité d'anticipation des résultats attendus de l'action, permettant de réaliser une correction anticipée des erreurs, et orientant la conduite en raison des finalités escomptées ; on cernera alors la notion de *formation de buts*, notion qui sera plus largement étudiée dans le chapitre suivant (R. Chauvier, motivation, niveaux d'aspiration et activités physiques).

Alors que les explications neurophysiologiques s'attachent à démonter les mécanismes qui conditionnent l'éveil comportemental et son orientation diffuse, le point de vue psychologique tente de définir le statut des variables médiatrices qui interviennent à un niveau plus global entre la situation et les réponses des sujets : la motivation intrinsèque-extrinsèque, le lieu de contrôle de la motivation, l'estime de soi, le niveau d'aspiration. A partir de leur rapide étude théorique, on pourra alors proposer des stratégies de motivation des sportifs.

La motivation intrinsèque (2)

Une conduite intrinsèquement motivée se reconnaît au fait que les sujets assignent leur participation à une activité pour la satisfaction qu'elle leur apporte, et non pas dans le but d'atteindre une fin quelconque. Lorsque la satisfaction se situe en dehors de l'activité elle-même, on peut dire que la motivation est de nature extrinsèque. Une activité telle que le jeu ne présente pas d'attrait extrinsèque, car ses stimulants font partie du champ de cette activité. Cependant, si le joueur prélève une partie de son temps de travail pour jouer, une motivation extrinsèque peut tenir l'individu éloigné du jeu. Parallèlement, on motive l'individu dans les milieux de travail organisé en lui accordant des bénéfices marginaux, tels que des plans de retraite, une assurance maladie-invalidité, des congés supplémentaires. Chacun de ces stimulants augmente la satisfaction de travailler dans une entreprise donnée, plutôt que l'intérêt d'accomplir la tâche elle-même. Le type de motivation peut amener une personne à choisir un travail désagréable offrant des avantages multiples, tout en lui faisant oublier qu'elle s'active à un travail qu'elle n'aime pas.

Il semble donc exister une compétition entre les facteurs de motivation extrinsèque et intrinsèque, tenant au fait qu'un individu doit choisir une activité pour la satisfaction qu'elle lui apporte ou pour les finalités autres qu'elle lui permet d'obtenir. Pour mettre en évidence cette relation négative, différentes expériences furent menées, plaçant les sujets en situation de motivation intrinsèque et attribuant à ces sujets des récompenses externes (alors que le groupe de contrôle n'en recevait pas). Comment évolue, dans ces conditions, le niveau initial de motivation intrinsèque.

Dans l'expérience de Lepper, Greene et Nisbett (1973), on propose à des enfants d'école maternelle une activité de dessin avec des crayons feutres, motivant ces enfants de façon intrinsèque. Trois groupes de travail furent constitués :

a. un groupe d'enfants informés du fait qu'ils recevraient une récompense en raison de leur participation à l'activité,
b. un groupe récompensé pour les mêmes raisons, mais alors que les enfants ne s'y attendent pas et,
c. un groupe non récompensé pour cette activité.

Or l'analyse de la production de dessins révéla que le groupe « à récompense attendue » dénote une perte très réelle d'intérêt pour l'activité, comparativement aux enfants des deux autres groupes, les enfants récompensés consacrent de moins en moins de temps à l'activité. Cherchant à apprécier l'effet d'une incitation à la réalisation d'une performance, Greene et Lepper (1974) spécifièrent ultérieurement aux enfants du groupe « haute performance », que seuls les meilleurs dessins seraient récompensés, et à ceux

(2) Pour une analyse théorique plus détaillée des facteurs de motivation, le lecteur pourra se reporter à l'article de E. Thill, « Eléments théoriques et pratiques pour une motivation sportive individuelle et collective », Paris : Vigot, Sports et Sciences, 1981.

du groupe « basse performance », que la seule participation était requise pour obtenir une gratification. Les résultats firent apparaître que le groupe « haute performance » produisit une grande quantité de dessins en un temps réduit, mais que la qualité de la production se révélait nettement inférieure à celle des deux autres groupes (« basse performance » et « absence de récompense »). Autrement dit, la performance précipitée se développe essentiellement, dans le premier cas, pour atteindre une récompense extérieure. Il se produit dans ces conditions un effet de « surjustification », c'est-à-dire que les sujets semblent oublier les raisons initiales de leur engagement dans une activité, en faveur de facteurs extrinsèques.

L'exemple suivant (Cassidy, 1974) illustre cette déperdition d'un intérêt interne dans le cas d'une administration de récompenses externes.

Un vieil homme, qui vivait seul, était fréquemment dérangé par les jeux bruyants d'enfants du voisinage. Un jour, il les appela pour leur dire que son acuité auditive baissait et qu'il ne pourrait plus longtemps les entendre. Aussi, leur proposa-t-il de jouer plus près de sa maison et de faire plus de bruit. Pour cela, il les récompenserait journellement par une petite somme d'argent. Les enfants revinrent donc le lendemain et, à la suite de leur vacarme, le vieil homme les récompensa. Il en fut de même le surlendemain, mais les enfants furent payés moins. Donnant divers prétextes, le vieil homme rémunéra encore moins les enfants les 3e et 4e jours. Si bien que les enfants se fâchèrent et dirent au vieil homme qu'ils ne reviendraient désormais plus, car il n'était pas question pour eux d'être payés aussi peu pour faire autant de bruit.

Dans les observations citées, il se produit donc une déperdition du niveau de motivation interne. Les indices de satisfaction liés à l'accomplissement de la tâche ou de l'activité, s'atténuent dans le cas d'administration de récompenses, ces dernières devenant en contrepartie plus saillantes pour l'individu. En d'autres termes, il se produit une modification des processus d'auto-perception. Selon la théorie de la dissonance cognitive, l'individu se réfère à des indices externes dans le cas où les indices internes d'appréciation deviennent faibles ou ambigus. L'individu peut ainsi mettre en œuvre certains principes d'évaluation perceptive et cognitive pour justifier les raisons de son engagement dans une activité, relativement à la présence ou à l'absence d'une récompense externe.

Analysant les implication des recherches précédentes, Halliwell (1979) considère que l'attribution des récompenses affecte la motivation intrinsèque du sportif selon deux processus complémentaires.

En premier lieu, l'attribution de trophées, de médailles ou d'avantages divers à des jeunes sportifs, peut susciter une diminution de la motivation intrinsèque initiale. Les compétiteurs ont alors tendance à s'engager dans une pratique suivie, méthodique et intensive, pour acquérir ou accumuler des récompenses et non pas en raison des satisfactions personnelles que celle-ci leur apporte. Les dirigeants, entraîneurs ou parents devront donc se montrer particulièrement circonspects dans la manière dont ils encouragent l'activité sportive des jeunes. Cela d'autant, que ces formes d'incitations externes conduisent progressivement les sujets à considérer que leur comportement dépend du contrôle d'autrui. Il en est ainsi de toute forme d'incitation extérieure exercée de façon trop manifeste. Un jeune patineur peut avoir le sentiment de progresser pour faire plaisir à ses parents (et réaliser leur propre ambition). De même lorsque les entraîneurs accablent leurs joueurs de consignes trop rigides, ceux-ci réalisent à un moment donné qu'ils jouent pour l'entraîneur et perdent ainsi tout plaisir dans une pratique qui n'apparaît plus contrôlée par eux.

En second lieu, les rétributions diverses peuvent constituer les indices pertinents relativement au niveau de compétence des pratiquants. Par exemple, « le contrat de préparation » représente indéniablement un critère d'excellence qui conforte le bénéficiaire dans son sentiment de compétence personnelle. Cependant, il est possible que le titulaire d'un tel contrat cherche à réaliser par la suite des performances notables pour mériter la confiance placée en lui, plutôt que pour la satisfaction inhérente dans l'accomplissement d'un progrès. Aussi conviendrait-il davantage, à notre sens, d'attribuer des primes ou récompenses pour sanctionner le degré de compétence d'un sujet, une fois la performance réalisée. Dans ce cas, l'aspect *informationnel* l'emporte sur l'aspect *contrôle externe*: il y a induction d'un sens de compétence et d'auto-réalisation, c'est-à-dire d'un état de motivation interne.

Compte tenu des processus psychologiques qui les sous-tendent, on peut donc considérer les conduites intrinsèquement motivées comme déterminées par le besoin d'une personne à se sentir « compétente » et « auto-déterminée » (D.E.C.I., 1975). Examinant plus loin les moyens pratiques destinés à agir sur le « lien de contrôle du comportement, nous analyserons présentement quelques procédés pédagogiques capables de stimuler et de revaloriser les sentiments de compétence des sujets.

Au premier rang de ces moyens, on doit mentionner la nécessité, pour l'entraîneur, d'impliquer au maximum ses sportifs et de les considérer comme des « centres de décision » actifs. Au lieu de tenir les sportifs pour des exécutants sans initiative, il convient de les encourager à établir leurs propres buts, à planifier leurs entraînements ou à organiser leurs plans de carrière. A chaque instant, l'entraîneur devra leur fournir l'occasion d'émettre leurs propres opinions et les associer à la prise de décision, afin d'augmenter leur sentiment d'auto-détermination.

Lors des séances d'entraînement, on peut demander aux athlètes de diriger certaines séquences de l'échauffement ou d'inventer de nouveaux exercices. Certains entraîneurs particulièrement efficaces, n'hésitent pas à demander à leurs joueurs professionnels d'inventer à tour de rôle des nouveaux procédés destinés à animer les séances et à accroître le sens de la responsabilité personnelle des joueurs.

De même, il s'agit de faire prendre conscience à l'athlète de l'importance de sa contribution au succès de l'équipe. Dans les équipages de voile, par exemple, il convient de rechercher tous les moyens susceptibles d'associer l'équipier aux prises de décision du barreur. Les équipiers doivent être admis comme des agents de décisions capables de prendre en main la tactique dans les allures de près, et non pas seulement comme des collecteurs d'information renseignant l'équipage sur les changements des conditions météorologiques ou de placement des adversaires, voire comme du « lest » apportant une stabilité dynamique dans toutes sortes de situations de navigation. Dans cette perspective, on fera entendre aux membres de l'équipage les enregistrements de leurs communications à bord, afin de leur faire percevoir les modalités de prise de décision et la manière dont les informations sont transmises et reçues. L'incitation à un meilleur partage des responsabilités, augmentera vraisemblablement le sentiment de compétence des équipiers et de fierté dans l'accomplissement de ses fonctions.

Dans les sports collectifs, on s'attachera, de même à valoriser tous les rôles de l'équipe, et non pas seulement à glorifier les joueurs offensifs. L'un des intérêts des feuilles d'observation, réside précisément dans la possibilité d'établir des statistiques relatives aux smashs ou tirs contrôlés, récupérations de balles, placages ou écrans réussis. L'usage pertinent de cette source d'information fournit l'opportunité de gratifier certains joueurs pour leur contribution particulière à la réussite ou au rendement de l'équipe. De même, on pourra faire ressortir, lors des commentaires après ou avant match, qu'un joueur apporte une contribution positive au succès du groupe, non pas tellement en raison d'une compétence technique évidente, mais parce qu'il assure une fonction « émotionnelle » nécessaire à la vie de l'équipe.

L'un des rôles les plus importants de l'entraîneur consiste donc à faire prendre conscience à chaque participant de l'importance de sa fonction et de sa contribution au progrès de l'équipe. On encouragera systématiquement dans ce but l'organisation de séances d'évaluation et de discussions collectives traitant des moyens requis pour favoriser l'intégration de chaque élément au fonctionnement cohérent de l'ensemble. Pour faciliter la perception de la diversité et difficulté des rôles individuels, une permutation régulière aux différents postes augmentera non seulement l'aspect ludique des séances d'entraînement, mais fournira à chacun l'occasion d'apprécier les exigences particulières des tâches des coéquipiers.

D'une façon générale, toutes formes de rétro-action assurant les participants de leur compétence personnelle, de même que la multiplication des modalités d'implication en vue de renforcer essentiellement les sentiments d'auto-détermination, s'avèrent donc pertinents pour rehausser le niveau de motivation intrinsèque.

Le lieu de contrôle de la motivation

Le niveau de la motivation intrinsèque apparaît, comme nous venons de la voir, directement affecté par la perception qu'un sujet a des modalités de contrôle de ses comportements. Lorsqu'il considère que ses activités sont induites par des événements ou des pressions externes, son plaisir lié à leur réalisation diminue ainsi que son sentiment de compétence personnelle, alors qu'augmente parallèlement son sentiment de dépendance à l'égard des buts ou des approbations fixées par l'environnement. De ce fait, la motivation intrinsèque (appelée également motivation de compétence) diminue. Considérant que ses actions ne dépendent pas entièrement de lui, il attribue leurs résultats à l'intervention d'éléments externes, comme la chance, ou considère que la trop grande complexité des forces qui l'environnent, lui échappent.

Inversement, l'approbation par les agents sociaux des essais de maîtrise d'un sujet et non seulement la valorisation de ses réussites, génère un système intériorisé de contrôle interne des comportements et d'un sens de compétence personnelle. Dans cette éventualité, le niveau de motivation interne augmente car le sujet perçoit que les résultats de ses actions dépendent de ses propres initiatives et caractéristiques personnelles (Rotter 1966).

Cependant, la manière dont une personne interprète les raisons de son comportement, ne tient pas seulement compte des caractéristiques objectives des comportements et des situations, mais de la perception personnelle qu'elle s'en fait. En outre, lorsque les indices internes d'appréciation de ses actions s'avèrent vagues ou ambigus, le sujet procède comme le ferait quelqu'un observant de l'extérieur son comportement : il se réfère à des indices externes observables afin d'inférer un état interne.

Suivant que le sujet se réfère dans l'attribution des raisons de son comportement, soit à un contrôle interne ou externe, soit à une stabilité ou instabilité des facteurs de situation, différents cas des figures peuvent être considérés (fig. 19.4). Par exemple, si l'individu se réfère à des conditions stables de l'environnement et à la modalité du contrôle interne, il explique son comportement en faisant référence à son habileté. Si, dans les mêmes conditions de perception de contrôle interne, il se « heurte » à une instabilité du milieu, il prédit son comportement en termes d'efforts personnels. Relativement aux facteurs d'environnement et à leur perception de contrôle, les personnes qui présentent un niveau élevé d'accomplissement mettent en évidence leur moindre rendement en raison d'un manque d'effort (« je vais m'entraîner plus fort ») alors que les individus à besoin d'accomplissement bas, évaluent leur faible réussite en termes de manque d'habileté ou de difficulté de la tâche (« je ne suis pas assez fort »).

Milieu / **Sujet**	**Contrôle interne**	**Contrôle externe**
Facteurs stables	Habileté	Difficulté de la tâche
Facteurs instables	Effort	Chance

Figure 19.4
Stabilité des attributions qu'un individu utilise à l'intérieur d'une analyse causale de son comportement (d'après Lefcourt, 1976).

D'une manière générale, les individus font appel à des facteurs externes pour expliquer les motifs de leurs échecs et invoquent de préférence l'intervention de facteurs internes pour justifier leur réussite.

C'est pourquoi, l'entraîneur devra toujours analyser *la manière dont une tâche a été accomplie*, plutôt que les résultats d'une performance. Il évitera ainsi que, dans le cas d'un échec, les athlètes fassent appel à des considérations telles que la malchance, les effets perturbateurs d'un arbitrage injuste, ou la trop grande difficulté de la tâche abordée, pour justifier leur échec. Sinon la pratique sportive s'inscrit dans une sorte de fatalité sans que le sportif puisse avoir une quelconque emprise sur l'événement. En analysant, au contraire, les procédures ayant menées à la non-réussite, l'entraîneur donne la possibilité aux sportifs de positiviser celle-ci, c'est-à-dire d'aborder la situation d'échec d'une façon rationnelle, dédramatisée, tout en portant l'accent sur les moyens requis permettant d'accéder au succès. L'entraîneur responsabilise ainsi l'athlète après avoir éliminé de sa perception le résultat antérieur dévalorisant et culpabilisant.

Par exemple, lorsqu'un joueur de volley-ball réussit consécutivement plusieurs smashs qui surprennent le contre-adverse, mais qui sont néanmoins repris grâce à une défense basse de l'équipe adverse, le résultat s'énonce ainsi : trois smashs réussis, mais aucun point marqué. Dans une situation de cet ordre, l'entraîneur et les co-équipiers ont tendance à ne percevoir que les conséquences de l'attaque (aucun point marqué), ou les « exploits » de la défense adverse, alors que leurs appréciations (rétro-actions) devraient porter sur la manière dont a été exécutée l'attaque, surmontée la défense haute des adversaires. De même, en cas d'échec de l'équipe, l'entraîneur devrait porter l'accent sur l'analyse des conditions techniques et tactiques du jeu, plutôt que d'incriminer l'hostilité du public ou le parti pris de l'arbitre. Même en cas de divergence d'appréciation entre les joueurs et l'entraîneur, ce dernier se montrerait plus efficace en reliant ses informations et commentaires à la manière dont la performance a été accomplie, plutôt qu'aux résultats de la performance. Il évitera ainsi de détériorer le niveau de la motivation intrinsèque et d'éroder l'estime de soi.

L'estime de soi

Les pouvoirs d'action et les potentiels fonctionnels définissent une image de soi de façon directe : ils circonscrivent un ensemble d'habileté, de capacités, de perceptions cénesthésiques et d'agencements de traits spécifiques, que le sujet reconnaît comme lui appartenant. Le sujet a besoin, en outre, du partenaire social pour compléter, de façon indirecte, cette image propre. Le partenaire social intervient comme un élément renforçant les apprentissages socialement admis et valorisés, et comme un référant nécessaire de stabilisation des représentations et valorisations personnelles. L'ambiance culturelle détermine, en outre la nature des pouvoirs fonctionnels auxquels aspire le groupe d'appartenance soit en définitive, les capacités d'actions reconnues et appréciées. Par leur existence, les signifiants culturels facilitent la structuration subjective de soi, servant autant d'indices d'évaluation que de renforçateurs du comportement.

A cette structure ou instance de soi dont le sujet se fait une représentation — son image propre ou image de soi — se rattachent des sentiments de valorisation qui forment l'estime que le sujet a de lui-même. Cette modalité d'auto-valorisation représente un élément important de stimulation des motivations et, par conséquent, un prédicteur des performances futures de l'individu. En effet, *ce système intériorisé d'auto-évaluation*, mis en place lorsque les agents sociaux encouragent le sujet dans ses comportements de prise d'autonomie, lui donnent la possibilité :

a. d'apprécier les résultats de ses actions momentanées et passées, parce qu'il fournit un cadre de référence stable et permanent en dépit des changements de situation,

b. de libérer de l'énergie en fonction des essais de maîtrise réussis et du sentiment de compétence que le sujet en retire,

c. d'orienter les motivations en raison de la perception que le sujet se fait de la fiabilité de ses choix antérieurs d'action et d'adéquation de ses performances.

L'intervention de l'entraîneur devra donc se réaliser de façon constante dans le sens d'un *raffermissement du sentiment de compétence des sujets*, afin de susciter une revalorisation narcissique dynamisant les comportements.

Deux exemples concrets nous permettent d'illustrer la manière dont l'éducateur pourra contribuer au renforcement du sentiment de compétence de l'athlète, c'est-à-dire de son estime de soi.

La rédaction rationnelle de « notes techniques » se rapportant aux entraînements, de même que l'« analyse du succès », constituent, dans cette voie, des procédés efficaces de revalorisation narcissique. La prise de notes d'entraînement représente, en effet, dans certaines conditions de réalisation, une occasion privilégiée d'auto-critique positive. Les entraîneurs de tir (Delnord, 1979) recommandent à leurs athlètes de rédiger en toutes circonstances un rapport consignant tous les événements significatifs vécus avant, pendant, ou après le tir. Cette « archivation » des connaissances a pour effet de réduire le temps d'adaptation ultérieure aux différentes situations et *positivise* les défaillances constatées. Au lieu d'analyser et de s'appesantir sur les erreurs ou contre performances commises, tendance qui engendre intimement un sentiment de non compétence, l'analyse technique doit d'abord faire constater la défaillance présentée, en analyse les causes, puis formule les moyens susceptibles d'y porter remède. En relisant ses notes, l'athlète se conforte dans la certitude qu'il peut réaliser une performance parce qu'il sait *comment* il doit la réaliser. L'association des sensations, attitudes mentales, qualités de gestes, aux réussites particulièrement favorables, représente un premier pas vers l'auto-suggestion. C'est bien l'identification des diverses sensations d'équilibre, de visée ou de lâchés, qui conditionne la progression du tireur de compétition. Les identifier, c'est se donner la possibilité de les retrouver. L'analyse du succès (A.S.) permet au tireur de prendre conscience de ce qu'il fait bien lorsqu'il tire bien, et surtout, le renforce dans la conviction qu'il est capable de performances supérieures successives : « Six 10 de suite. C'est normal. J'ai déjà fait ça plusieurs fois de suite. Tiens, l'autre jour, j'ai tiré onze 10 de suite, de cette manière. Je sais faire cela, je peux le faire en ce moment (Delnord, 1979, p. 22)».

Parallèlement, il est recommandé aux entraîneurs de commencer systématiquement leurs discussions par une note positive (par exemple, un commentaire sur telle compétition particulièrement réussie par tel joueur), avant de faire le point sur les déficiences observées récemment. Ils augmenteraient de cette façon le sentiment de valeur personnelle, ce qui faciliterait l'acceptation de la critique proposée. Les entraîneurs perspicaces termineraient leur intervention en mettant l'accent sur l'importance de la contribution de chacun au succès de l'équipe. L'approche «positive-négative-positive», identifiée chez des entraîneurs très efficaces (Halliwell, 1979), apparaît ainsi comme une technique probante de renforcement de la motivation, en raison de l'action stimulante et revalorisante qu'elle exerce sur l'estime de soi.

Les éloges représentent une forme de renforcement auxquels les adultes comme les enfants, sont très sensibles. L'étude expérimentale de Moore (1939) montre que l'éloge suscite chez des étudiants, par exemple, 87,5 % d'amélioration de leur travail et que les différentes formes de désapprobation ne provoquent qu'une amélioration de 11,9 à 66,3 % selon la forme de désapprobation utilisée (Tableau 19.1). Il est donc clair que les éloges pour les efforts fournis apparaissent plus profitables que l'utilisation de toute forme de désapprobation du travail réalisé. Seule la réprimande effectuée en privé améliore davantage les réultats plutôt que de les diminuer. Les autres formes de désapprobation donnent des résultats d'autant plus préjudiciables, qu'ils blessent l'amour-propre, dégradent l'estime que le sujet a de lui-même. Les psychanalistes considèrent, dans le même sens, que la «blessure narcissique» conduit à une rétraction de la personnalité et à une perte d'efficacité tant comportementale que sociale.

Tableau 19.1

Comparaison entre stimulants positifs et négatifs
(Moore H., 1939, p. 302)

Stimulants	**Ordre d'importance**	**Pourcentages**		
		Meilleurs résultats	*Résultats identiques*	*Résultats inférieurs*
Félicitation publique	1	87,5	12,0	0,5
Réprimande en privé	2	66,3	23,0	10,7
Réprimande publique	3	34,7	26,7	38,7
Ridicule en privé	4	32,5	33,0	34,5
Sarcasme en privé	5	27,9	27,5	44,7
Ridicule en public	6	17,0	37,5	47,3
Sarcasme en public	7	11,9	23,0	65,1

L'éloge facilite non seulement l'apprentissage en montrant aux sujets les actes qui conduisent à la réussite et ceux menant à l'échec. Il possède également la signification d'une récompense rendant attirante l'activité qui l'a suscité. Pour qu'il en soit ainsi cependant, il faut que l'individu perçoive que l'activité louée ou critiquée demeure sous son contrôle (voir plus haut). Lorsqu'un entraîneur juge un athlète, il renforce son rapport de dominance et amène celui-ci à adopter un comportement susceptible de plaire à l'éducateur.

L'éloge ou la critique peuvent donc induire un effet de conformité, plutôt qu'une activité adaptée aux exigences personnelles. L'utilisation de ces stimulants présente donc des limites. En tout état de cause, cette forme de renforcement sera utilisée avec davantage de profit si elle constitue une rétro-action relative à l'adéquation des performances et si le sportif la perçoit comme un motif utilisé dans le but d'enseigner et non pas de juger ou de contrôler.

La formation de buts

La valorisation de soi ne résulte pas de la simple prise de conscience des résultats de l'action. L'estime de soi résulte également de la perception du rapport d'adéquation que le sujet établit entre l'action effective et l'action projetée. Elle s'affirme par la confrontation opérée entre le décours actuel d'une action et les buts ou idéaux posés.

A moins qu'il ne s'agisse d'activités automatiques, c'est au moyen des structures intellectuelles que s'effectue la projection du cours de l'action actuelle sur le cours d'action anticipée. Cependant, le comportement actuel ne prend lui-même une valeur significative que par rapport aux situations passées : il y a attribution d'une valeur particulière à tel ou tel comportement que parce qu'il produit quelque chose qui a eu lieu et laissé une trace. C'est le système limbique qui rend possible l'engrammation de l'expérience passée, en intégrant un contenu affectif aux éléments objectifs de l'information sensorielle, ce système confère une signification motivante et une valeur d'incitation à la situation.

La personne doit disposer, en outre, d'un cadre de référence stable afin de rendre possible l'estimation des changements qui l'éloignent ou la rapprochent du but fixé. Pour cela, elle se réfère à la représentation qu'elle se fait d'elle-même (image de soi) à laquelle se rattachent des éléments de valorisation personnelle.

L'émergence du système néo-associatif permet à l'homme d'intégrer toutes ces informations, celles de l'expérience passée, présente et de l'événement escompté, et de développer ainsi des *actions finalisées*.

De l'examen des principes d'organisation précédents, ressort la nécessité d'encourager systématiquement les athlètes à circonscrire leurs buts personnels et les différentes étapes permettant d'y accéder. En les incitant à se référer de façon constante à leur programme de travail, les sportifs se montreraient certainement plus motivés pour atteindre les objectifs fixés, et les exercices d'entraînement, jugés généralement fastidieux, revêtiraient sans doute un intérêt nouveau.

Mais ces buts devront se montrer singulièrement réaliste, de manière à éviter une érosion éventuelle de l'estime de soi, tenant à l'impossibilité d'atteindre l'objectif imposé. Ainsi, une attention particulière devra être portée aux exigences de l'environnement scolaire, professionnel ou familial du sujet. Dans le cas d'un athlète marié, la prise en compte des désirs, intérêts et du vécu affectif du partenaire humain se révèle à cet égard comme un levier efficace de motivation intrinsèque et réaliste des comportements. De même, l'élaboration des plans de saison devrait-elle s'adapter judicieusement au programme et aux impératifs scolaires, qui prennent une importance croissante à mesure que les possibilités de l'athlète s'affirment.

L'élaboration de buts personnels réalistes ne se limite pas seulement dans la définition de tâches techniques, mais peut consister à préciser certains aspects spécifiques du comportement : cognitif, social ou affectif (Halliwell, 197).

Un exemple de but affectif à atteindre, réside dans l'effort qu'un équipier de dériveur en voile fournit pour acquérir des techniques améliorant ses capacités de résistance aux stress, de manière à assurer une meilleure stabilité émotionnelle à l'équipage.

Chercher à rendre progressivement sa conscience plus sélective, peut représenter un but cognitif pour un pistolier ou un carabinier. A cet effet, ces spécialistes peuvent s'évertuer à penser intérieurement leurs tirs, afin qu'aucune pensée étrangère n'altère leurs possibilités de concentration. Le tireur performant sera un imaginatif, capable d'élaborer des « séquences mentales » fournissant des réponses précises et prospectives aux situations auxquelles il peut être amené à se confronter.

Au plan social, une joueuse de basket-ball peut répertorier avec son entraîneur, les moyens les plus efficaces conduisant à développer des rapports interpersonnels plus confiants et plus approfondis.

L'entraîneur peut donc motiver un sportif, s'il lui demande de fixer un but personnel et s'il le met dans des conditions lui permettant d'évaluer périodiquement sa propre performance. En fixant des objectifs avec l'aide de l'athlète, ce dernier devient alors conscient de ce qu'il peut exiger de lui-même et, de ce fait, se sentira effectivement plus impliqué dans ce qu'il entreprend.

Dans le cas d'une équipe sportive, l'entraîneur devra particulièrement tenir compte de l'existence de deux motivations fondamentales propres aux groupes : le désir des membres d'accéder au succès et leur désir d'éviter l'échec collectif. Un groupe qui présente un grand désir d'accéder au succès collectif, choisit en effet généralement un but constituant un défi modéré. Ni trop facile, car le succès assuré n'apparaît pas satisfaisant ; ni trop difficile, car l'échec engendre un sentiment de frustration. Par opposition, un groupe motivé principalement par le désir d'éviter l'échec, préfère fixer, soit un but très facile pour assurer son succès, soit un but très difficile puisque l'échec ne constitue pas une honte dans ces conditions. Pour éviter la peur de l'échec et la tendance consistant à fixer des objectifs trop difficiles qui s'y associent, il conviendra dans ces conditions :

a. de choisir des buts représentant des défis modérés ;
b. de fixer des standards de réussite pour les activités envisagées et les capacités (physiques, techniques et psychologiques) qu'elles requièrent ;

c. de changer les buts irraisonnablement trop difficiles, principalement après un échec (de fortes pressions s'exercent dans un groupe pour augmenter le niveau de difficulté à mesure que la performance s'améliore, et pour ne pas diminuer ce niveau même dans le cas de l'échec) ;
d. de considérer les obstacles pouvant empêcher l'atteinte d'un but et en analysant la manière dont on peut les surmonter ;
e. d'encourager constamment la discussion collective sur la manière dont le groupe peut améliorer ses performances.

Conclusion

Différentes composantes de la motivation affectent donc directement ou indirectement le niveau d'implication d'une personne dans une tâche. Ces variables n'interviennent cependant pas isolément, mais en interraction étroite. Par exemple, l'évaluation par l'entraîneur du succès de l'action, affecte non seulement les sentiments que l'athlète développe à la suite de ses essais de maîtrise, mais la perception de leur contrôle. Les sentiments liés aux pouvoirs fonctionnels et la perception de contrôle, conditionnent la représentation que le sujet se fait de lui-même et, par l'intermédiaire de la valorisation du moi, le niveau de motivation lui-même.

La compréhension de ce système de régulation dynamique fournit donc à l'éducateur la possibilité d'élaborer des moyens pertinents de motivation et de préparation psychologique.

19.1.4. Vigilance, attention et concentration

L'organisme baignant et évoluant dans un milieu physique et social, absorbe les informations qui le frappent par l'intermédiaire de ses organes sensitifs visuels, tactiles, olfactifs, auditifs. Cette information spécifique, provenant du milieu externe, est transmise pour partie par les neurones vers la substance réticulée. Cette dernière recueille toutes ces informations spécifiques provenant de l'extérieur pour les redistribuer de façon non spécifique. *L'activation* désigne, on l'a vu, cette distribution généralisée de l'information par la substance réticulée bulbo-pontique.

D'après V. Bloch (1973), il semble admis de considérer que les variations du taux d'activité nerveuse entraînent une élévation du taux de *vigilance*, qui représenterait la conséquence de ces variations du taux d'activité nerveuse sur le comportement. La vigilance correspondrait donc, au plan du comportement, à l'activation réticulaire non spécifique et croîtrait en fonction de son niveau d'excitabilité. Il existerait ainsi, pour chaque type de conduite adaptative, un niveau optimum de vigilance qui correspondrait au Niveau Optimal d'Activation précédemment caractérisé.

Or la vigilance, assure la transition, le passage de l'activation des centres nerveux à *l'attention*. L'attention pourrait se caractériser, selon Soulairac et Tisso (1978), par le passage de la vigilance diffuse adrénergique (attention d'expectative) à la vigilance focalisée cholinergique (attention focalisée). L'attention implique donc un certain niveau de vigilance au moins diffuse, et une certaine mobilisation ou orientation des processus nerveux. Selon les neurophysiologistes, deux dimensions caractériseraient ainsi l'attention :

— l'intensité, soit la quantité d'information transmise à partir du milieu interne ou externe et utilisée dans le comportement ;
— la sélectivité, soit la capacité de sélectionner et/ou de traiter les informations à un moment donné et qui implique donc une opération de choix de l'information à traiter.

Effectuant des recherches sur des personnes hautement efficaces comme des sportifs ou des dirigeants d'entreprise, d'une part, et sur des sujets souffrant de difficultés psychologiques comme des schizophrènes, d'autre part, R. Nideffer a confirmé l'existence de ces deux dimensions de l'attention dont la combinaison permet de définir quatre styles d'attention.

Les styles d'attention

Selon le psychologue du sport R. Nideffer, il existe en effet deux dimensions principales de l'attention.

Un athlète doit d'abord être capable de contrôler *l'ampleur* de son attention et la quantité d'informations qu'il laisse pénétrer dans sa conscience. Un joueur de basket ball, par exemple, a besoin d'élargir son champ d'attention pour tenir compte des déplacements de ses partenaires ou adversaires. A d'autres moments, ce joueur doit réduire son champ d'attention avant d'entreprendre une action spécifique comme un lancer franc, de manière à éviter toute distraction provoquée par des informations non pertinentes.

La seconde dimension concerne la *direction* du champ d'attention. A certains moments, et plus particulièrement lorsqu'il s'agit d'élaborer une stratégie ou d'analyser ses propres sensations corporelles, l'attention est dirigée intérieurement. Mais à d'autres moments, c'est un champ d'attention dirigé extérieurement qui est requis pour réagir à une situation sportive en évolution.

A n'importe quel moment donc, les exigences de l'attention peuvent être décrites selon les composantes de grandeur et de direction du champ d'attention requis. Cela signifie qu'à un moment particulier et pour une activité donnée, il faut développer l'un des styles d'attention suivants (fig. 19.5).

Le style d'attention large et externe est particulièrement bien approprié pour réagir à des situations complexes, rapides et changeantes. Par exemple, déceler les systèmes défensifs d'une équipe ou analyser les parcours d'un équipage de voile adverse. L'entraîneur lui-même utilise un style d'attention large et externe, lorsqu'il s'efforce d'analyser les points forts ou faiblesses d'une équipe adverse.

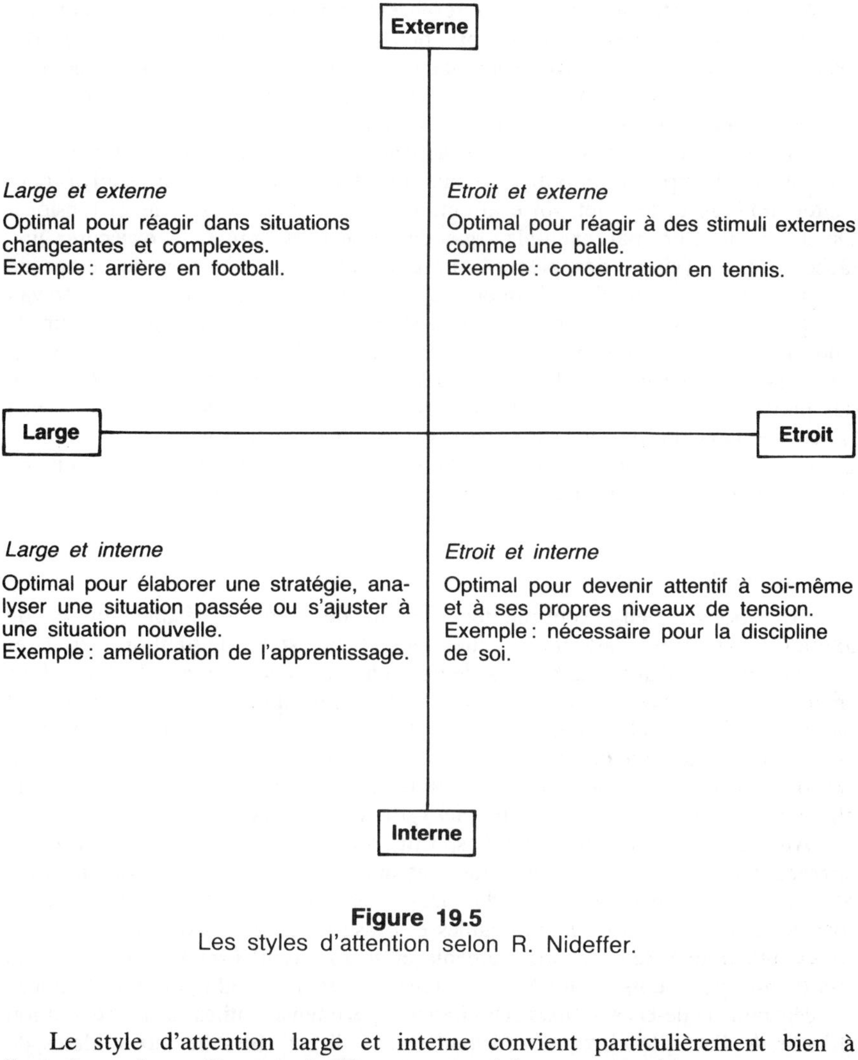

Figure 19.5
Les styles d'attention selon R. Nideffer.

Le style d'attention large et interne convient particulièrement bien à l'entraîneur lorsqu'il veut planifier une stratégie ou construire un programme d'entraînement. D'une manière générale, ce mode d'attention est requis lorsqu'il s'agit d'améliorer l'apprentissage de la vitesse d'exécution d'un geste ou éliminer les erreurs répétitives.

Le style d'attention étroit et externe convient particulièrement pour réagir à des stimuli externes comme une balle de tennis, pour se concentrer sur une cible, pour réagir dans un jeu à « un contre un », par exemple. Par son intermédiaire, l'entraîneur peut déceler les points techniques à améliorer chez tel ou tel joueur.

Un style d'attention étroit et interne est enfin nécessaire si l'on veut être attentif à soi-même et à son propre niveau de tolérance à la douleur, par exemple, se préparer psychologiquement à la compétition ou pour modifier des pensées négatives. A l'entraîneur, ce mode d'attention permet de faire prendre conscience de son propre niveau de stress.

Or, à mesure que le niveau d'activation et de vigilance augmente, se rétrécit le champ d'attention : la quantité d'information qu'un sportif peut traiter diminue et le sujet porte attention à ses propres sensations et tensions. On a pu montrer, par exemple, que des plongeurs appelés à excécuter une tâche centrale (visser des pièces), présentaient une diminution du temps de réaction à des stimuli périphériques lorsque les conditions de travail changeaient : passage du travail à la surface de l'eau, à une profondeur de cinq mètres en bassin, puis à une profondeur de 10 mètres dans l'océan (Wettman, Engström, 1969). Des études similaires sur des parachutistes ou des pilotes, démontrèrent que les erreurs augmentent en cas d'anxiété et que les choses vont de mal en pis parce que le sujet devient trop « suranalytique ». Le problème est donc d'accroître le contrôle de l'attention des sujets en agissant notamment sur leur niveau d'activation et de vigilance.

Le contrôle de l'attention

Les sportifs peu expérimentés ou qui dénotent un faible niveau de tolérance au stress, adoptent généralement un style d'attention étroit et interne et, en s'enfermant dans leurs pensées, s'effondrent. Il faut donc encourager ces sportifs à assurer une bonne *flexibilité* de leur attention. Il paraît donc utile de renseigner les sportifs sur la nature du style d'attention requis pour une activité ou de leur indiquer celui qu'ils utilisent de façon prédominante. C'est pourquoi R. Nideffer a construit un test de style d'attention applicable aux populations sportives (S.T.A.I.).

Au fur et à mesure qu'un sportif progresse, il devient efficace en apprenant quels indices il doit ignorer et quels autres signaux il doit intégrer. Mais, en situation d'enjeu et de stress, les sportifs ont trop tendance à contracter les muscles de leurs épaules et bras ; ils perdent alors conscience de l'amplitude réelle de leurs mouvements et se focalisent exclusivement sur des indices non pertinents. L'athlète doit donc apprendre à rediriger son attention, en centrant celle-ci sur *tous* les indices pertinents, utiles à la réalisation efficace de l'activité. Lors de l'échauffement, il est conseillé aux athlètes de répéter les exercices qu'il savent bien faire, d'associer des images positives à des événements jugés stressants, de provoquer un arrêt des pensées négatives... Les procédures de relaxation et de rétro-contrôle biologique, en agissant sur les processus d'activation et de vigilance, permettent indirectement de mieux réguler l'attention (voir en I-D).

Le problème pour certains, n'est pas de faire baisser la tension, mais au contraire de l'élever. A ces athlètes, on conseille de faire des exercices de réveil musculaire, d'étirements et de contraction des muscles avant la compétition. En tout état de cause, pour trouver le Niveau Optimal d'Activation, le sportif devra donc alterner, comme le sauteur en hauteur D. Stones, par exemple, exercices de tonification ayant un effet activateur et de facilitation de la répétition mentale de la tâche, et des exercices de désactivation, lorsque la tension apparaît trop forte, en réalisant des respirations relaxantes.

Un entraîneur ne devra évidemment pas surcharger les sportifs d'informations lorsque les situations s'avèrent difficiles. Un entraîneur stressé a, en effet, trop souvent tendance à fournir de multiples informations de dernière minute à un athlète déjà surchargé, tout en oubliant qu'il appuie ses analyses sur un style d'attention large et externe qui n'est pas forcément mis en jeu par l'athlète impliqué dans l'action.

Enfin, il ne faut pas oublier que la vigilance, ou attention fluctuante, joue un rôle important en sport, et principalement lorsque la conduite est liée à celle d'un adversaire, ou participe à la coopération tactique d'une équipe. Une telle attention se présente assez normalement, mais ne conduit pas automatiquement à une exécution adéquate du mouvement. Pour entraîner l'attention fluctuante, il faut donc que l'athlète apprenne les structures d'action relatives à sa discipline et qu'il puisse les appliquer de manière adéquate à la situation concrète. Le développement de stéréotypes moteurs dynamiques concernant des mouvements spécifiques, en constitue la condition première. Mais l'aspect qui est le plus important pour entraîner l'attention fluctuante, réside dans l'observation et l'identification des schémas spécifiques d'action, utilisés par le sujet lui-même ou ses adversaires, de manière à ce que leur analyse suscite des réponses immédiates et adéquates. L'entraînement de l'attention fluctuante ou de la vigilance, comprend donc l'analyse du comportement, la préparation d'actions et de mesures adéquates relativement à des indices saillants et préalablement identifiés.

La concentration

La concentration correspond à une forme d'attention impliquant une décision, consciente et volontaire, de centration de l'attention sur un objet-but pendant une certaine durée.

Des troubles de concentration peuvent être liés à des raisons d'ordre physiologique (neurasthénie, par exemple), mais le plus souvent les difficultés de concentration semblent dues à l'absence d'apprentissage de la réalisation intensive d'une tâche spécifique. Les difficultés de concentration peuvent donc déjà être réduites par un entraînement systématique, afin que des actions toujours clairement définies puissent se dérouler.

Mais la capacité de concentration dépend également de l'état actuel d'un sujet, de sa fatigue par exemple, dont les manifestations physiques et physiologiques bloquent toute possibilité de concentration sur les modalités intrinsèques de la tâche. Lorsqu'il y a tension, il faut que l'individu puisse s'adapter et répondre aux situations fluctuantes d'une manière efficace, de manière à intégrer les stimulations réellement requises dans la réalisation de la performance. Or, le sportif répond le plus souvent de façon émotionnelle aux incitations et fluctuations du milieu (étonnement, surprise, peur...), ce qui l'amène à développer des réactions plus émotionnelles que rationnelles (défaillance, tensions exagérées, surmenage...). Il s'agit donc d'apprendre aux sportifs à se concentrer ou à se reconcentrer, c'est-à-dire de les aider :

a. à réagir de façon adéquate en compétition,
b. à contrôler leurs mouvements, et actions de l'adversaire, en vue d'imposer leur propre plan,
c. à organiser l'activité sportive dans le temps en ménageant des temps forts et temps faibles,
d. à mobiliser l'essentiel de l'énergie sur le but à atteindre.

Quels sont alors les principes sur lesquels peut s'étayer un plan d'entraînement à la concentration ?

Un psychologue du sport allemand, E. Hanhn, nous rappelle de ce point de vue, qu'une concentration ne peut se maintenir longtemps à un haut niveau. Cela est encore davantage vrai dans les contextes difficiles et changeants. Aussi, l'une des premières mesures préconisées consiste-t-elle à apprendre au sportif à répartir son « flux » de concentration. Celle-ci devra porter sur des moments précis de l'exécution d'un mouvement. Des discussions avec l'athlète permettront de connaître les parties de l'activité présentant des difficultés propres, de manière à orienter la concentration vers ces jalons spécifiques. On pourra parler de véritables « marques » de concentration, en dehors desquelles le mouvement pourra se réaliser de façon plus automatique ou stéréotypée.

Un travail d'entraînement mental, c'est-à-dire de représentation du déclenchement d'une action, de son déroulement dans l'espace et le temps, apporte de ce point de vue une aide importante. L'athlète apprend par ces techniques particulières, à développer des schémas idéo-moteurs qui, en cas de nécessité, pourront être à un moment donné, en tout ou partie, réactivés.

L'entraînement à la concentration signifie alors que les conditions de la compétition soient éprouvées lors de la situation d'entraînement et qu'une préparation psychologique de ce type devienne une partie intégrante, programmée, de la séance d'entraînement elle-même. Le sportif doit identifier à l'avance les points-clés de ses actions qui posent problème, en vue de construire des schèmes de réponses spécifiques et adaptées aux situations réelles de la compétition.

Cela signifie également, que la concentration est toujours liée à un *objet* particulier. Il ne peut donc exister d'exercices généraux de concentration, en-dehors de ceux qui induisent une diminution des processus d'activation et de vigilance, et donc de la surcharge des processus attentionnels. Les techniques de désactivation déjà préconisées, comme la relaxation ou les méthodes comportementalistes, s'avèrent alors particulièrement utiles pour désensibiliser les sujets et améliorer leurs capacités de concentration.

Conclusion

L'activation, la vigilance, l'attention et la concentration apparaissent donc comme des mécanismes parfaitement liés, révélant l'unité de l'organisme bio-psychologique. Ils conditionnent très directement l'efficacité de nos performances. Aussi diverses stratégies de préparation psychologique ont-elles été proposées, prenant compte, à la fois, de leurs caractères spécifiques et complémentaires. Un point essentiel de cette préparation consiste donc à réguler l'aspect « intensité » de la motivation, c'est-à-dire le niveau d'activation du système central, dont le degré de mobilisation affecte les processus de traitement de l'information et de transformation de celle-ci en action.

C'est dans cette direction que se développent actuellement de plus en plus les travaux de la psychologie du sport. C'est à partir de leurs résultats que pourront être préconisées de nouvelles techniques d'entraînement et de compétition, prenant en considération le caractère spécifique de la motivation et de la performance humaine.

20. Motivation, niveaux d'aspiration et activités physiques

R. CHAUVIER

20.1. Introduction

De tous les êtres vivants, l'homme est le seul qui puisse s'interroger sur ce qui le pousse à agir. Les animaux s'activent par instinct, c'est-à-dire en fonction de conditions de vie prédéterminées par l'espèce à laquelle ils appartiennent.

L'homme au contraire s'efforce, autant qu'il se peut, d'exercer un certain pouvoir sur ses actes. Il recherche donc les raisons ou plus précisément les motivations qui déterminent ses conduites d'une manière générale. C'est ainsi que l'on parle de motivations conscientes, et après les travaux de Freud, de motivations inconscientes du comportement. Autrement dit, il y a des causes avouées à notre comportement, mais aussi des causes plus cachées, plus secrètes dont l'existence ne peut être niée. « Nous verrons... qu'il faut bien tenir pour inconsciente la vie obscure et efficace des souvenirs de notre passé, ou encore le dynamisme de tendances qui s'inscrivent dans nos actions de tous les jours ; ou encore le travail de notre affectivité, déterminant de notre sympathie et de nos antipathies, de nos amours et de nos haines » (1).

20.2. La notion de motivation est-elle une notion claire ?

Il est courant d'entendre dire autour de soi qu'un individu est plus ou moins « motivé » pour la tâche à laquelle il se consacre. Il s'ensuit que l'intérêt qu'il manifeste pour cette tâche est plus ou moins prononcé et que cette différence donne naissance elle-même à une attitude plus ou moins mobilisatrice. Nous pourrions illustrer notre propos par les opinions et attitudes que

(1) J.-C. Filloux, *L'Inconscient,* Que sais-je ?, P.U.F. Paris, 1945, Introduc., p. 7.

suscitent les activités physiques et sportives et dont nous connaissons la diversité.

La motivation doit donc s'envisager sous un double aspect : celui de la mobilisation d'une énergie et celle de l'orientation de cette énergie vers un but. *« La motivation n'est pas seulement cette modification de l'énergie la mettant en mouvement, mais ce facteur spécifique qui prédispose l'individu à accomplir certains buts »* (2). Ce qui a fait écrire à J. Nuttin (3) : *« que l'homme éprouve plus ou moins comme un projet de réalisation »*.

20.3. Perspectives d'études

Il était d'usage que la psychologie classique — qui faisait beaucoup appel à la notion de « facultés » — distingue les motivations intrinsèques (c'est-à-dire propres à l'individu : ex. La faim fait sortir le loup du bois), des motivations extrinsèques (c'est-à-dire déclenchées par le milieu de vie propre à l'individu considéré). Il était aussi d'usage que cette psychologie fasse une distinction subtile entre les motifs (causes intellectuelles de nos actions) et les mobiles (causes affectives).

Aujourd'hui, compte tenu de la complexité d'étude de toute motivation, on parle plus volontiers, pour analyser un comportement, en termes de pulsions, de tendances, de besoins, voire de désir ; leur satisfaction étant sous-tendue par une dépense d'énergie plus ou moins grande selon leur intensité. Ce dernier terme n'étant pas pris au sens précis qu'il possède quand il est utilisé pour évoquer des problèmes propres à la mécanique ou à la physique (ex. : l'énergie libidinale de la théorie freudienne).

20.4. Motivations et pratiques sportives

S'interroger sur les motivations à l'égard des activités physiques et sportives paraît relever du plus parfait paradoxe ou d'un faux problème. En effet, ces activités sont presque toujours présentées comme si leur pratique allait de soi pour les enfants et les adolescents, voire les adultes (4).

(2) Encyclopédie Universelle, p. 396.
(3) Elaboration d'une nouvelle approche expérimentale en matière de perception de la personnalité, B.P. spécial.
(4) Cette croyance à une spontanéité mobilisatrice identique pour tous, peut expliquer en grande partie l'ostracisme qui a été de règle en France jusqu'à une époque encore récente à l'égard de toutes recherches concernant le phénomène sportif.

Or la réalité statistique (5) est là pour nous rappeler que cette activité semble plus relever d'une motivation acquise que d'une motivation innée. De ce fait, l'étude des motivations à l'égard des activités physiques et sportives peut donc s'envisager selon deux orientations :

1. Une première qui s'interrogera sur les réserves, les refus, voire les blocages massifs constatés chez un grand nombre d'individus et dont rien a priori ne peut expliquer leur désaffection.
2. Une seconde qui s'interrogera sur les motivations profondes du sportif et plus particulièrement du sportif de haut niveau.

Nous nous contenterons simplement d'exposer quelques considérations sur la première orientation, pour nous attarder plus longuement sur la seconde.

Désaffection vraie ou ambivalence ?

... L'idée que le mouvement et la joie par le mouvement appartiennent par nature aux enfants et aux adolescents est tellement devenue un lieu commun que nous supportons mal, en tant qu'enseignants d'E.P.S., l'inactivité, la passivité, bref le manque d'intérêt manifeste pour les activités physiques et sportives d'une grande majorité de nos élèves, plus nombreux qu'ils ne devraient l'être, compte tenu de l'apanage que nous leur octroyons.

Comme tous les mythes derrières lesquels s'abrite le confort intellectuel, celui-là aussi paraît devoir être remis en question. S'interroger sur les raisons de la désaffection constatée devient nécessaire puisqu'elles concernent un problème d'actualité.

En ce qui concerne les préadolescents et les adolescents dont nous avons la responsabilité, nous sommes confrontés à une population d'élèves que nous pouvons caractériser ainsi : pour la grande majorité d'entre eux, il n'y a pas de difficultés psychomotrices majeures telles qu'elles puissent rendre toute tentative d'apprentissage sportif illusoire. Même souvent, nous retrouvons chez beaucoup des possibilités motrices au-dessus de la moyenne de celles de jeunes gens de leur âge, mais qui sont absolument inopérantes sur le plan des réalisations sportives car il semble leur manquer l'énergie sans laquelle elles ne restent que des potentialités. En termes psychologiques, il y a blocage, inhibition, voire même une attitude phobique. Pour certains de ces préadolescents ou adolescents, le refus de participation est si massif qu'il les conduit à se présenter comme des infirmes. Il semble qu'il se passe sur le plan du vécu ce qui se passe dans les situations d'émotion intense où le sujet s'évanouit pour ne plus affronter la situation qui l'effraie. D'autres, au contraire, adoptent des réactions de prestance (comme l'affectation), mais pour qui veut bien aller au-delà des apparences, ne reflètent en fait que les difficultés ressenties et non une véritable aversion pour les activités sportives en général.

(5) 25 % des Français pratiquent une activité physique et sportive d'une manière plus ou moins régulière.

Beaucoup de ces adolescents ressemblent au renard de la fable qui, déçu de ne pouvoir atteindre les fruits convoités, les dédaigne et les rejette comme indignes de lui. Même si une telle attitude nous irrite parfois, ne soyons pas dupe de celle-ci qui n'est en fait que l'expression d'un désappointement et d'un désarroi. Bref, l'aversion est telle chez certains, qu'elle en paraît suspecte d'authenticité.

Qu'en est-il de l'attitude de ces adolescents à l'égard des activités physiques et sportives ? Ne faut-il pas d'abord remettre en cause ce mythe trop facilement répandu d'une adolescence heureuse, se livrant spontanément à toutes les activités physiques et sportives proposées par l'adulte comme s'il allait de soi que tous les adolescents et adolescentes soient à l'aise dans leur corps. En fait, un grand nombre d'adolescentes ont une grande réticence à l'égard de ces activités. La vérité est que nous nous sommes peu interrogés sur les raisons de cette réticence, sur ses motivations.

Mais plutôt que de réticence, ne vaudrait-il pas mieux employer le terme d'ambivalence, car existe-t-il réellement des adolescent(e)s immotivé(e)s pour les activités physiques et sportives ? Chez tout(e) adolescent(e) existe un désir latent de réussite physique, désir qui se cache ou se manifeste sous des aspects ou selon des critères qu'une pédagogie aveugle nous a peu appris à déceler et à actualiser.

Mais d'où provient cette ambivalence ? Diverses causes paraissent devoir l'expliquer :

1. Une première tient à la nature même des activités physiques et sportives. Certes, on glorifie le vainqueur mais qu'en est-il des vaincus ? Il se peut que soit infligée à l'adolescent une grave blessure narcissique (6). Il se peut donc que par crainte de se voir infliger cette blessure, l'adolescent refuse les activités sportives... tout en étant attiré par elles. Son refus apparent ne cache en fait que la crainte de ne pas être à la hauteur de ce qui lui est demandé. Bref, la crainte du ridicule l'emporte sur son intention de participation.
2. Une seconde tient à l'image que les mass média donnent du sport et qui ne peut que renforcer nombre d'adolescents dans leur complexe d'infériorité physique. Là encore, le mythe du champion paraît jouer un rôle plus paralysant que mobilisateur. Pour s'identifier à un champion, ne faut-il pas ressentir en soit des possibilités semblables aux siennes ? Est-ce bien le cas de tous les adolescents ?
3. Une troisième tient au statut du corps dans le contexte culturel français, dont il est inutile de souligner le rôle peu mobilisateur à l'égard des activités physiques et sportives.
4. Un quatrième enfin tient au statut même des activités physiques et sportives présentées contradictoirement, tantôt comme une des possibilités éducatives privilégiées de formation du caractère, d'épanouissement de la personnalité et d'affirmation de soi, tantôt comme peu éducatives ou

(6) Narcissisme : amour de soi.

capables seulement d'intéresser des êtres frustes qui y trouveraient des satisfactions perverses.

Nous arrêterons là ces considérations qui mériteraient un plus long développement pour nous interroger sur les motivations du sportif de haut niveau.

20.5. Le sportif de haut niveau : mutant (7) ou individu normal ?

Ce questionnement délibérément provocateur procède de deux constats :

- l'un concerne le petit nombre de pratiquants de haut niveau par rapport au nombre d'habitants d'un pays,
- l'autre la durée éphémère de records établis dans certains sports comme la natation.

Autrement dit, l'activité sportive de haute compétition s'adresse-t-elle réellement à tous ou à une catégorie particulière d'individus ? En quoi donc la personnalité des champions diffère-t-elle de celle de « Monsieur Tout le Monde » ? Que possède l'un que ne possède pas l'autre ? Quels facteurs enfin peuvent expliquer la réussite hors du commun de certains athlètes ?

Ceux qui voudront trouver une réponse à ces deux importantes questions liront avec profit, d'une part l'ouvrage de E. Thill (8), « Sport et personnalité », d'autre part l'ouvrage de R. Thomas (9) « La réussite sportive ».

Mais notre tentative d'approfondissement des motivations du sportif de haut niveau ne serait pas complète si nous n'accordions pas une attention particulière aux travaux relatifs au niveau d'aspiration.

20.5.1. Niveau d'aspiration

De quoi s'agit-il ?

Nous prendrons comme définition celle de Franck, rapportée par F. Robaye (10) car elle nous paraît correspondre avec la nature même de la performance sportive et les travaux de recherche que niveau d'aspiration et activité sportive peuvent conjointement susciter : *« Le niveau d'aspiration est le niveau qu'un sujet désire explicitement atteindre lorsqu'on le place devant une tâche qu'il a déjà effectuée et qui est susceptible d'apprentissage ».*

(7) Mutant : de mutation, le terme est utilisé pour désigner le changement d'état d'une gêne aussi bien que la variation héréditaire qu'est la manifestation visible de ce changement, Grand Larousse encyclopédique, p. 618.
(8) Encyclopédie universitaire, Paris, 1975.
(9) Paris, PUF, 1975.
(10) F. Robaye *Niveau d'aspiration et niveaux d'expectation,* P.U.F., Paris, 1957.

Le schéma d'étude classique est le suivant :

- *Premier essai :* le sujet accomplit une action (ex. tir sur une cible). Expression d'un niveau d'aspiration : on demande au sujet à quoi il s'attend comme performance à son essai suivant. La différence de but est la différence entre le nombre de points obtenus au premier essai et celui espéré au second.

- *Deuxième essai :* le sujet accomplit la même action dans les mêmes conditions. La différence de réalisation est la différence entre ce qu'il était prévu de réaliser et le résultat obtenu au second essai.

Plusieurs essais sont possibles, donc il peut être exprimé successivement plusieurs niveaux d'aspiration ou le même. Déjà la fluctuation de niveau d'aspiration ou son maintien constant peut être révélateur de la personnalité même du sujet face à une tâche donnée. Nous comprenons dès lors pourquoi l'évolution d'un niveau d'aspiration chez le sportif de haut niveau est un moyen de connaissance pertinent de sa personnalité profonde, car elle s'appuie :

- sur l'estime de soi du sujet ;
- sur la confiance qu'il a en lui-même ;
- sur son besoin de réussite nettement affirmé ou diffus ;
- sur ses réactions positives ou négatives à l'échec ;
- sur la sous-estimation ou la surestimation de ses propres qualités physiques et morales.

« Nous pensons d'abord au fait que le sujet doit donner son pronostic sans être assuré de l'anonymat. Dans ce cas il court toujours le risque de se rendre ridicule en faisant des prévisions trop élevées ou d'apparaître comme trop ambitieux... Nous pouvons encore citer toute une série de comportements que nous qualifierons de magiques, et qui consistent par exemple à prévoir un résultat médiocre pour que, par une sorte d'opération mystérieuse donnant une prime à la modestie, il finisse par être très bon. Ou encore le sujet craint d'irriter le sort et d'être puni en se montrant trop ambitieux (11). Nous sommes à même de constater que toutes ces conduites mises en jeu pour éviter l'échec font appel à des mécanismes de défense du Moi (12) et qui ne peuvent pas ne pas intervenir chez l'athlète de haut niveau au cours d'une longue et laborieuse préparation qui mobilise toutes ses énergies.

A partir des observations du comportement d'un individu engagé dans une action aux paramètres bien définis (13) — comme la situation sportive

(11) F. Robaye, *op. cit.,* p. 17.
(12) A. Freud, *Le Moi et les mécanismes de défense,* P.U.F., Paris.
(13) Chauvier R., *Manifestations de régression en E.P.S. : Etudes cliniques,* Chap. Psychologie clinique et activités physiques et sportives, Thèse de doctorat 3e cycle, Paris VII, 1976.

codifiée — K. Lewin (14) est arrivé à concevoir le mise en forme d'une «séquence typique d'événements» qui puisse servir de cadre d'analyse des réactions fondamentalement caractéristiques d'un individu donné en situation de compétition.

Sa conclusion sur ses propres travaux mérite d'être rapportée car elle nous permet de comprendre pourquoi l'évaluation du niveau d'aspiration synthétise de fait les motivations qui l'animent : «la plupart des résultats qualitatifs liés au niveau d'aspiration peuvent être en relation avec trois facteurs ; à savoir ; la recherche du succès, la tendance à éviter l'échec et le facteur cognitif d'un jugement de probabilité» (15).

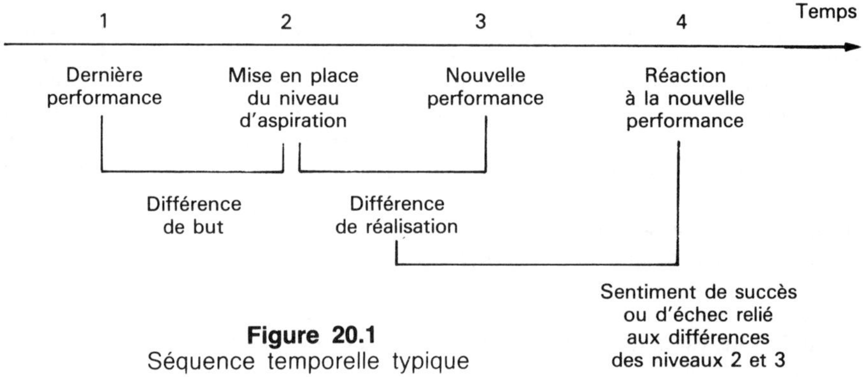

Figure 20.1
Séquence temporelle typique

20.5.2. Niveau d'aspiration et activités sportives

L'évaluation du niveau d'aspiration chez les sportifs de haut niveau a suscité de nombreux travaux de recherche.

Nous ne pouvons ici que rendre compte brièvement de certains d'entre eux qui nous paraissent avoir des incidences pédagogiques intéressantes :

a. Les travaux de V. Hosek se révèlent intéressants à connaître car ils mettent en évidence qu'un athlète de haut niveau manifeste une sensibilité particulière à ses succès et à ses échecs et qu'il «existe chez les sportifs une tendance plus grande à augmenter le niveau d'aspiration après le succès que chez le reste de la population. Le niveau d'aspiration des sportifs s'adapte rapidement au résultat antérieur, surtout dans le sens de son augmentation au cours de la performance en augmentation. Après l'échec, il baisse plus rapidement qu'il n'augmente après le succès» (16).

(14) Lewin K., *Psychologie dynamique,* Paris, P.U.F., Chap. Niveau d'aspiration, pp. 136-194.
(15) Lewin K., *op. cit.,* p. 193.
(16) Hosek V., *Recherches expérimentales du niveau d'aspiration des sportifs,* Kinanthropologie, $\frac{1}{2}$ 1969.

b. Cl. Nadeau et Ch. C. Pelletier (17) se sont attardés plus particulièrement à étudier le niveau d'aspiration des adolescents sportifs de haut niveau, mais plus encore les facteurs déterminants de la genèse et du développement du niveau d'aspiration. Parmi ces derniers, les auteurs distinguent ceux propres à la personnalité même de l'adolescent (notion de corps, notion de soi, notion de risque, de combativité et de justice), de ceux propres aux influences parentales (identification et contre-identification) et aux influences socioculturelles.

c. Bryant Cratty (18) fait le point sur les études qui ont été menées sur « l'influence de l'inspiration individuelle et collective sur la réussite et l'apprentissage des habiletés motrices ».

A notre avis, l'originalité de ce travail est de préciser un certain nombre de constats, d'en tirer les corollaires (19) et de mettre en évidence les attitudes pédagogiques qu'ils impliquent. Nous ne citerons, pour illustration, que la première, tant elle paraît correspondre à la nécessaire finesse d'intervention d'un pédagogue ou d'un entraîneur en certaines occasions: « Aider les enfants et les adolescents à formuler des désirs judicieux quant à leurs performances psychiques et physiques serait une tâche susceptible de les soutenir et contribuerait à leur donner une image plus exacte d'eux-mêmes et ainsi pourrait les aider à arriver à maturité dans de bonnes conditions » (20).

20.6. Conclusion

Toute motivation ainsi que les travaux précédemment cités l'ont abondamment démontré est sous-tendue par un niveau d'aspiration. En termes imagés, une motivation peut être comparée soit à un feu qui couve sous la cendre et qu'il s'agit d'attiser, soit à une flamme vive qu'il faut entretenir et préserver. Notre effort, pour cerner à partir de certains travaux sur le niveau d'aspiration la nature spécifique de la motivation du sportif de haut niveau fait ressortir la complexité et l'interdépendance des éléments qui la constituent (affirmation de soi, ambition, besoin de réussite, etc.). Elle n'a donc pas cette apparente simplicité qui lui a toujours été prêtée jusqu'alors. Il semble bien au contraire

(17) Nadeau Cl. et Pelletier Ch. C., *Quelques considérations sur le niveau d'aspiration et la personnalité des adolescents engagés dans le sport individuel de haute compétition,* Sport, vol. 7, n° 3, sept. 1972.
(18) Cratty B.J., *Psychologie et activité physique,* Vigot, Paris, 1974.
(19) Terme emprunté en mathématiques : conséquence directe d'une proposition démontrée, Larousse, Paris, 1949, p. 241.
(20) Cratty B.J., *op. cit.,* p. 44.

que cette motivation présuppose un engagement total de l'athlète, engagement dont peu d'individus paraissent capables. Mais il ne faudrait pas, de ce fait, que le sport de haut niveau participe à sa propre extinction par une sélection trop rigoureuse et que l'idéologie à laquelle il est aliéné le conduise à douter des infinies possibilités d'adaptation de l'homme à tout effort ou à toute entreprise difficiles. Quelle chance aurait-on donnée à Guillaumet pour triompher, seul, de l'immensité glacée de la cordillère des Andes ?

2e Section

L'éducateur sportif en relation avec les participants

L'ENVIRONNEMENT SOCIAL DE LA PRATIQUE SPORTIVE

21. Les différentes formes de pratique (1) — R. THOMAS

Avec la diffusion de sa pratique le sport a perdu en précision dans sa définition. Le mot recouvre, de nos jours, des significations variées. Suivant le contexte il désigne des domaines différents et, pour préciser le sens dans lequel le locuteur l'emploie, celui-ci l'associe volontiers à des qualificatifs. On parle ainsi du sport de haut niveau, du sport de masse, du sport pour tous, du sport-loisir, du sport sauvage. Certes ces divers secteurs présentent un noyau commun que nous retrouvons dans la notion d'effort physique intensif associée plus ou moins avec l'idée de compétition mais des dimensions importantes les différencient (2).

Naguère on distinguait simplement sport de masse et sport de haut niveau ou sport d'élite. Ces deux pratiques formaient un tout. Elles étaient liées dans un ordonnancement hiérarchique. Le sport de haut niveau caractérisé par son élitisme, constitué des champions participant aux rencontres internationales et nationales les plus élevées, était issu du sport de masse regroupant les licenciés des fédérations classiques, c'est-à-dire de celles qui organisent des compétitions dans les disciplines traditionnelles. L'ensemble se présentait sous forme d'une pyramide, d'une succession de couches hiérarchisées ayant pour abscisse le nombre d'individus et pour ordonnée la performance.

Or ce schéma de la pyramide symbolise plusieurs thèmes. Tout d'abord le sommet constitue un lieu enviable, qu'il faut tenter d'atteindre. La pyramide est donc significative d'une ascension possible, d'une mobilité sociale éventuelle. Par ailleurs, elle représente une cohérence justificatrice, reposant sur des couches de plus en plus épaisses vers le bas. L'ensemble est unitaire et fonde chacune des parties vis-à-vis des autres.

A côté de ce système existait un sport loisir, pratiqué de personnes ne s'inscrivant pas dans un club sportif mais se livrant à des activités physiques au hasard du temps libre.

(1) L'essentiel de ce chapitre a déjà été publié dans *« Sports et Sciences 1979 »* Editions Vigot. *« Les pratiques sportives et leur évolution »* Raymond Thomas.
(2) Cf. *« Sports et Sciences 1981 ». Sports, définitions, classifications.* Raymond Thomas, Editions Vigot.

21.1. Evolution du sport d'élite

Ce modèle général a évolué. Les performances sportives se sont continuellement élevées. Les pays soucieux de s'affirmer à travers les grandes compétitions internationales ont mis en place un système permettant la constitution de la meilleure élite possible. Après la surenchère de la préparation physique, de la rationalisation de l'entraînement, est apparue la nécessité de la détection, au plus jeune âge, des sujets susceptibles d'obtenir des meilleurs résultats.

Dès lors a été organisé un système permettant de les repérer. Le plus rationnel consistant à soumettre l'entière population des enfants à un ensemble de tests représentatifs des capacités physiques athlétiques et des composantes psychologiques nécessaires à la réussite. Connaissant les aptitudes importantes pour une discipline donnée, il est possible de diriger les sujets vers les activités où la probabilité qu'ils obtiennent les meilleures performances est la plus élevée (3).

Ceux qui dans une discipline présentent des résultats aux tests prédictifs les plus forts, sont placés dans des conditions de préparation optimales. Du fait qu'il existe dans certains pays un climat psychosociologique favorable à une motivation de réussite sportive élevée, le système fonctionne correctement.

En France, le processus n'est pas exactement le même. On recherche certes les jeunes sujets susceptibles d'obtenir les meilleurs résultats au moment de leur maturité sportive, mais la sélection s'opère au sein de pratiquants déjà inscrits dans des clubs ou association sportives. De plus cette sélection s'opère notamment en fonction des premiers résultats sportifs du sujet dans la discipline. Le filtre fonctionne donc sur une partie seulement de la population et ce filtre n'est peut-être pas le meilleur (fig. 21.1).

Notons cependant qu'une tentative de mise en place d'un système de détection a été réalisé vers 1979 en France par les pouvoirs publics avec la création du Brevet d'Aptitude Physique (B.A.P.) mais l'outil et son application semble encore demander de nombreux ajustements et l'ensemble de la population des jeunes français paraît bien loin d'être concerné par la passation du test.

Le lecteur pourra objecter que réaliser une sélection au sein de pratiquants permet d'obtenir des sujets motivés et que la motivation constitue une force importante pour la réussite. Mais les sujets motivés pour pratiquer une discipline sont-ils par la suite les mêmes qui sont motivés pour poursuivre un entraînement de tous les instants ? Cela n'est pas sûr (4), de la même

(3) La détection peut s'opérer au sein des écoles ou lors de grandes manifestations de masse (spartakiades).
(4) En fait, il faut détecter certains types de personnalité susceptibles de s'astreindre à un entraînement continu, susceptibles de s'adapter aux conditions de vie particulières nécessitées par la juxtaposition des études et de la préparation sportive.

manière que ceux qui réussissent les performances les plus élevées au début de la pratique sportive ne sont pas forcément dans les meilleurs quelques années plus tard à égalité d'entraînement avec d'autres moins bien classés au départ.

Ce système de détection constitue, nous semble-t-il, une des difficultés du sport français de haut niveau. Un autre obstacle à sa réussite trouve sa source dans le système de valeurs qui évolue dans notre société. Enfin, pour en terminer avec l'élite sportive, si la technique et l'entraînement constituent des domaines bien connus des entraîneurs, en revanche, la préparation à la grande compétition, domaine éminemment psychologique, apparaît comme leur point faible.

Nos futurs succès sportifs passent par la création d'une sociologie du sport français et le développement de la psychologie dans ce même domaine.

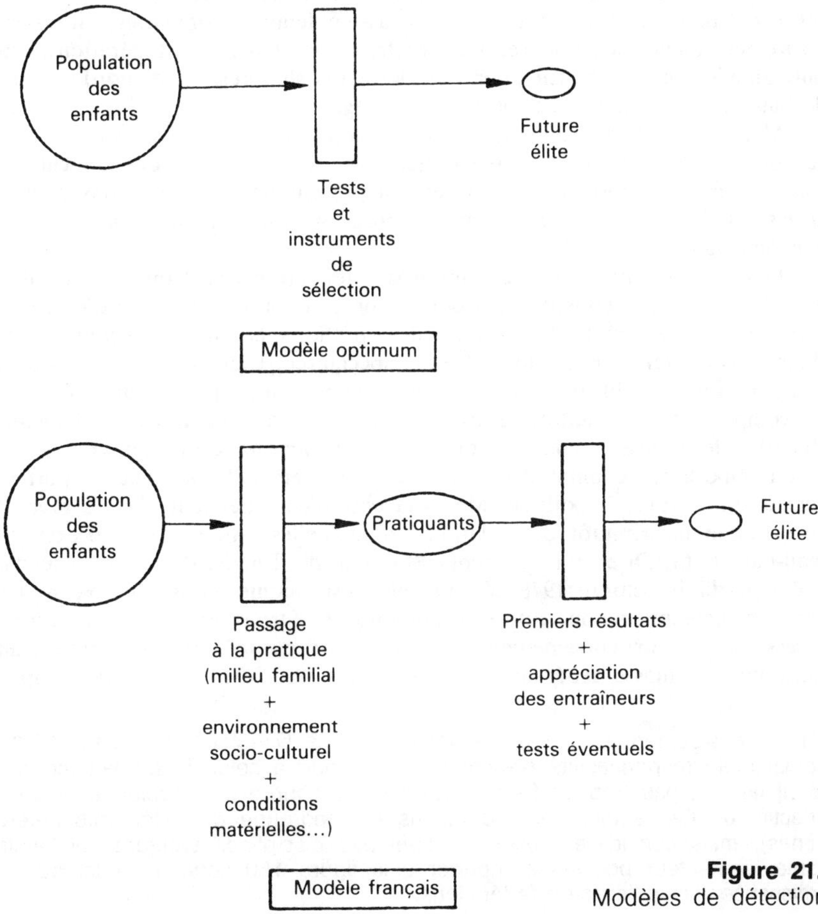

Figure 21.1
Modèles de détection.

21.2. Evolution des différentes pratiques

Grâce à la détection, à la rationalisation de l'entraînement, grâce aux conditions particulières octroyées aux jeunes sportifs, les performances ont donc atteint des sommets qui paraissent, principalement pour celles qui se chiffrent, inaccessibles au pratiquant moyen au fur et à mesure qu'il avance en âge.

Ne percevant plus la possibilité d'accéder à l'élite, les sujets constituant le sport de masse ont tendance à quitter ce domaine et à se diriger vers le sport loisir. Le schéma représentatif de ce processus semble particulièrement s'appliquer aux sports ascétiques comme l'athlétisme. Les grands cross, tel que celui du *Figaro,* qui attirent certes beaucoup de monde, ne semblent guère relever du sport de masse défini au début de cet article, mais apparaissent plutôt comme un divertissement festif dépendant du sport loisir. Vis-à-vis de cet attrait pour ce sport loisir, pour ces rassemblements populaires, on observe assurément quelques tendances récupératrices de la part des fédérations, mais sans grande conviction. En effet, ces dernières s'intéressent d'abord au sport de haut niveau qui, lui, est objet de prestige.

Mais, du fait de son hyperspécialisation, l'élite sportive nécessite une gestion de plus en plus complexe que des bénévoles ont des difficultés à contrôler car leur formation n'est jusqu'à présent pas assurée. Conséquence : la gestion du sport de haut niveau est progressivement prise en main par les pouvoirs publics (5).

Dès lors, le champ d'intervention des fédérations se trouve confronté à deux difficultés qui tendent à le vider de son contenu (6) : absence d'aspiration vers le sommet pour l'ensemble des pratiquants, haute technicité des champions requérant une administration spécialisée. Bien sûr nous brossons ici à grands traits le tableau de l'évolution et d'autres aspects pourraient être pris en compte telle la rupture entre le bénévolat des membres de l'appareil fédéral et le professionnalisme croissant des champions. Cette ligne de rupture a son importance comme d'autres. Quoi qu'il en soit, des faits importants demeurent en toute hypothèse. Masse et élite n'entretiennent plus de rapports de cohésion mais plutôt des relations conflictuelles. Ainsi à titre d'exemple, Jean-Paul Loth, Directeur Technique National du Tennis, déclarait au journal *L'Equipe* du 14 octobre 1978 : « Notre élite est victime de la masse », arguant que les champions ou futurs champions ne trouvent plus les terrains nécessaires à leur entraînement, ceux-ci étant occupés par les pratiquants constituant la masse fédérale. Autre fait plus significatif encore des respon-

(5) Autre argument en faveur de cette thèse, le Directeur technique voit son domaine de responsabilité s'accroître par rapport à celui du bureau fédéral.
(6) Il ne faut pas trop se fier à l'allure de la courbe de développement des effectifs de l'ensemble des fédérations (on regroupe des éléments hétérogènes), mais considérer celles de quelques disciplines typiques tel l'athlétisme. Le lecteur pourra se reporter à la figure 150 concernant le taux de croissance des différentes fédérations.

sables de divers sports collectifs soulignaient dans le même journal que les exigences des équipes nationales vont souvent à l'encontre des intérêts des clubs. En résumé, l'évolution du phénomène que nous venons d'envisager est représenté à la figure 21.2.

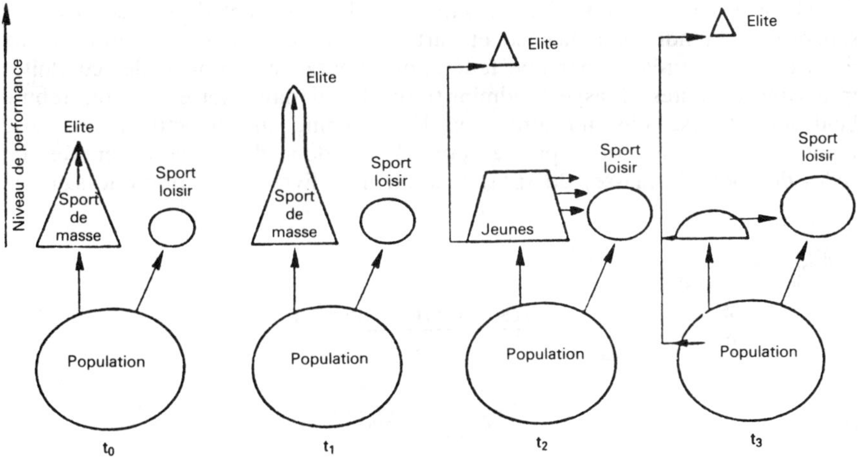

Figure 21.2
Evolution actuelle du sport.

Ce processus présente des analogies avec ce que l'on peut observer dans les organisations où existent entre les différents niveaux de statut des goulots d'étranglement qui empêchent les individus de progresser vers le sommet de la hiérarchie. Ceci entraîne des fuites hors de l'organisation, fuites psychologiques puisqu'il faut nécessairement travailler. L'évasion s'opère par changement de valeurs. Le travail ne jouit plus de la même considération. L'individu recherche le loisir plutôt qu'une augmentation de salaire.

21.3. Situation actuelle

Actuellement, comment se caractérise le passage à l'activité sportive vers les secteurs évoqués au début de cet article ? D'une part, les forces attirent les individus vers la pratique et ces forces sont fonction de l'évolution des valeurs, et, d'autre part, des contraintes institutionnelles et matérielles modulent le cheminement des sujets vers les différents domaines. Les mass-média, par exemple, véhiculent un certain nombre de messages incitatifs. Des modèles corporels sont proposés qui nécessitent une activité physique. Le sport est largement représenté. Les exploits des champions, les rencontres au plus haut niveau sont largement diffusés par la télévision. Ces messages constituent des modèles qui attirent à la pratique. Mais, d'une part, le décalage entre l'image de ses possibilités et celle du champion incite le sujet à se tourner vers les activités où la hiérarchie chiffrée est moins oppressante.

D'autre part, les contraintes institutionnelles semblent de moins en moins supportées. Prendre une licence et surtout se livrer à des compétitions aux jours et heures prévues par une fédération apparaissent comme des conduites trop contraignantes. L'aspect administratif, lourd dans notre société, rebute l'individu. Le secteur tertiaire considéré comme improductif a mauvaise réputation. Le sujet attiré par le sport choisit donc des voies différentes de celles du sport de masse, du sport fédéral, il se livre à une pratique sauvage

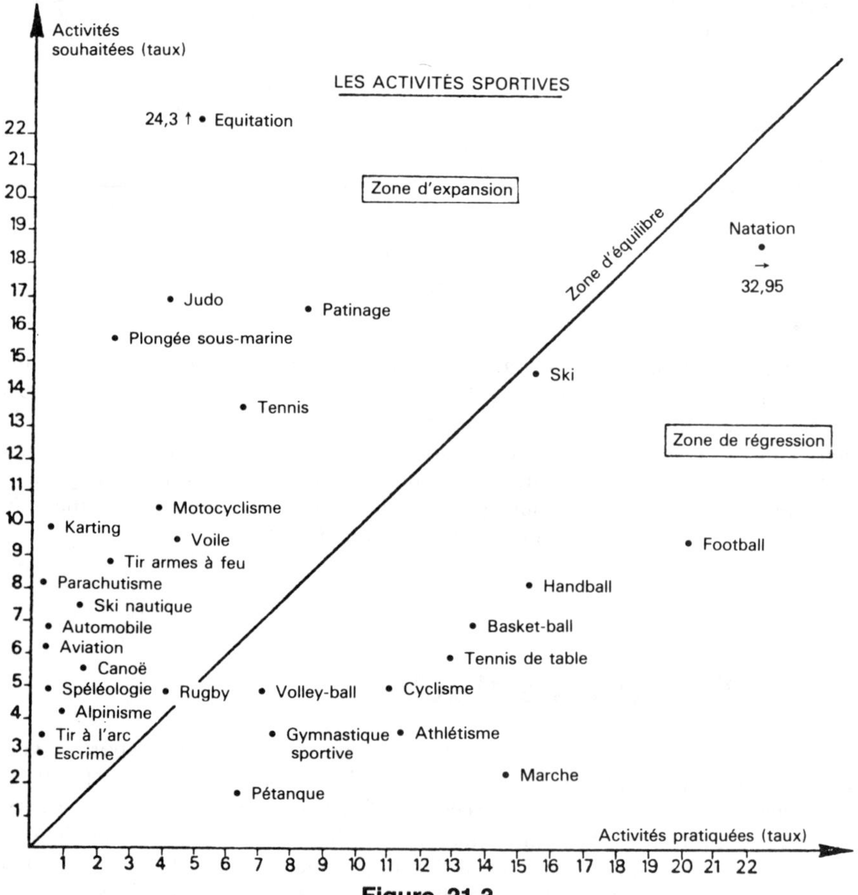

Figure 21.3
(S.E.J.S., 1976)

en courant dans les bois ou dans la ville, en organisant entre voisins des rencontres sportives, ou il préfère s'inscrire dans un cadre corporatif plutôt que fédéral car, dans ce cas, les matches se déroulent en semaine sur accord de deux équipes (7).

Si ce mouvement concerne d'abord les adultes, il concerne également les jeunes dont les pratiques sont liées à celles des parents. Les adolescents semblent se diriger en plus grand nombre vers le domaine socio-éducatif où l'activité sportive est aussi moins institutionnalisée, moins compétitive.

Les sports traditionnels sont partiellement délaissés au profit d'activités physiques dans la nature, équitation, voile, plongée, ou bien, de disciplines où l'écart entre le champion et soi-même se mesure moins facilement, tennis, patinage, et même judo. La figure 21.3 est explicite à cet égard (8).

Elle résume un aspect de données recueillies auprès d'un échantillon de 4 686 jeunes âgés de 13 ans et plus, scolarisés dans l'enseignement secondaire public. L'échantillon était représentatif de la population. Il respectait notamment la répartition globale des élèves par sexe et tranche d'âge.

En abscisse figure le taux de pratique, en ordonnée le taux des vœux. On voit clairement que des activités sont appelées à se développer, d'autres, à régresser.

En résumé, les motivations qui poussent à la pratique sportive sont conditionnées par des contraintes institutionnelles et par un système de valeurs qui évoluent. La compétition semble moins désirable. Ainsi, la Fédération Française d'Education Physique et de Gymnastique Volontaire qui, dans ses statuts, écarte la compétition, voit ses effectifs augmenter, d'année en année, de façon spectaculaire (9). Le taux de croissance des différentes fédérations sportives, représenté à la figure 21.4, démontre le bien-fondé de notre argumentation.

L'ensemble des considérations que nous venons de développer révèle une répartition des sujets vers les différentes pratiques sportives qui peut se schématiser par la figure 21.5. Il serait utile d'étudier les flux des individus vers, et entre les différents secteurs ainsi que d'observer leur évolution afin de prendre des décisions pertinentes. Ce schéma général que nous avons esquissé s'articule très correctement avec certains scénarios d'évolution de la société française, tel à titre d'exemple, celui qui apparaît comme le plus probable à Bernard Cathelat. L'auteur décrit dans *Les styles de vie des français 1978-1998* (10) un premier scénario «vers une France implosive» qui correspond à ce que nous avons représenté. Pour Bernard Cathelat, dans un proche avenir, le sport sera éclaté en deux parties, un sport loisir sans rituel compétitif, sans souci de performances, pratiqué par une grande partie de la population et un sport spectacle pratiqué par une élite professionnelle. Autre exemple, François

(7) En volley-ball, le phénomène semble assez net.

(8) Les lycéens et les collégiens face aux activités sportives éducatives et culturelles. S.E.J.S., février 1976, 53.

(9) Près de 20 % d'augmentation annuelle avec une décroissance de ce taux très faible.

(10) Bernard Cathelat: *Les styles de vie des français,* 78-98. Stanké, 1977.

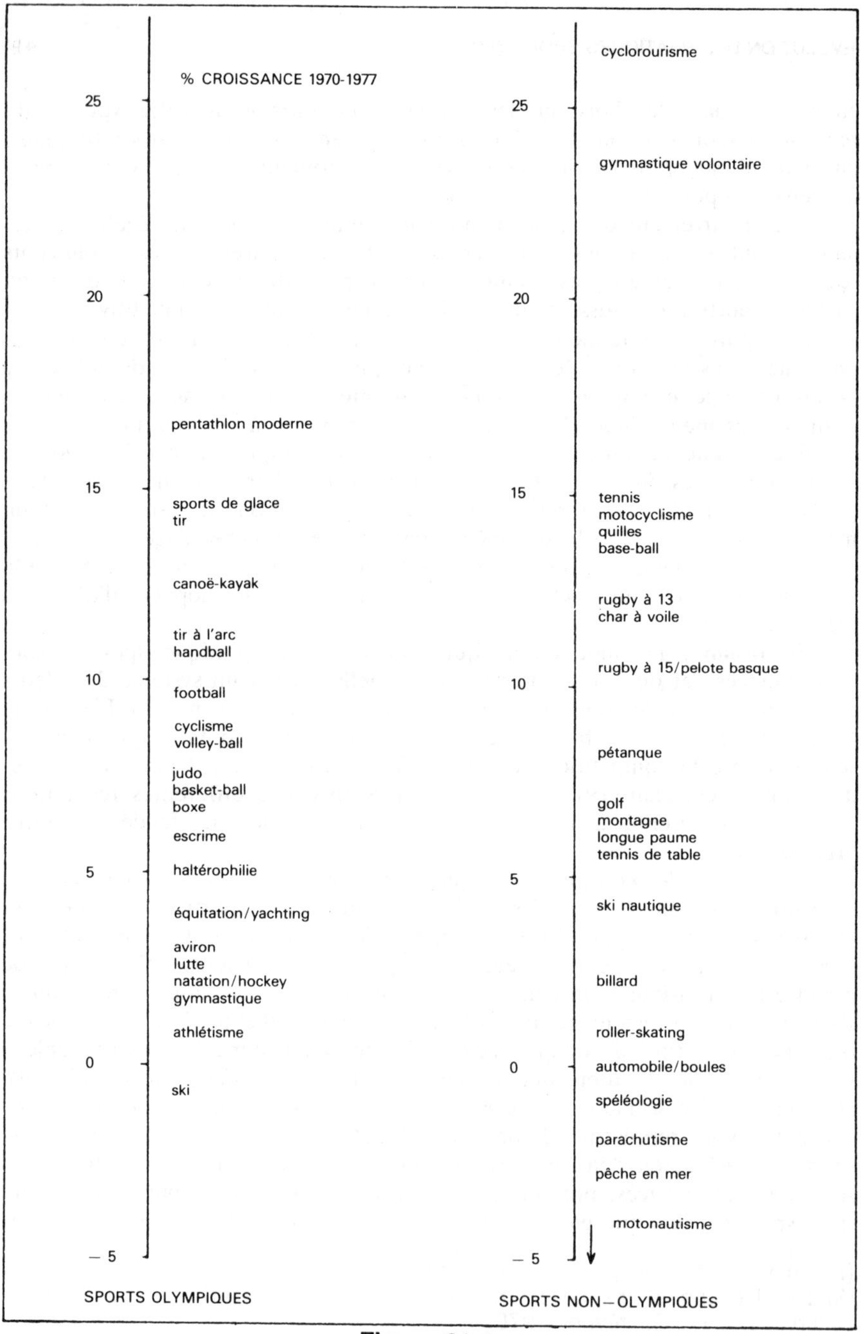

Figure 21.4

Croissance des effectifs des Fédérations

Taux de croissance annuel des différentes fédérations
Le taux de progression annuel, T, entre 1970 et 1977, en supposant une croissance régulière s'obtient par la formule :
effectif de 1977 = effectif de 1970 $(1 + T)^7$

de Closets, réalisateur sur *France-Inter* d'une série d'émissions de futurologie (11), propose dans le domaine du sport deux scénarios qui doivent, d'après lui, se réaliser conjointement (12). Un premier, *The best in the world*, dépeint un sport de haute compétition hyperspécialisé et hypercommercialisé. Un second, *In corpore sano*, décrit un sport de loisir devenu pratique quotidienne pour tous les Français. Ces différentes prospectives ne sont que des extrapolations en ligne droite de ce que l'on observe actuellement.

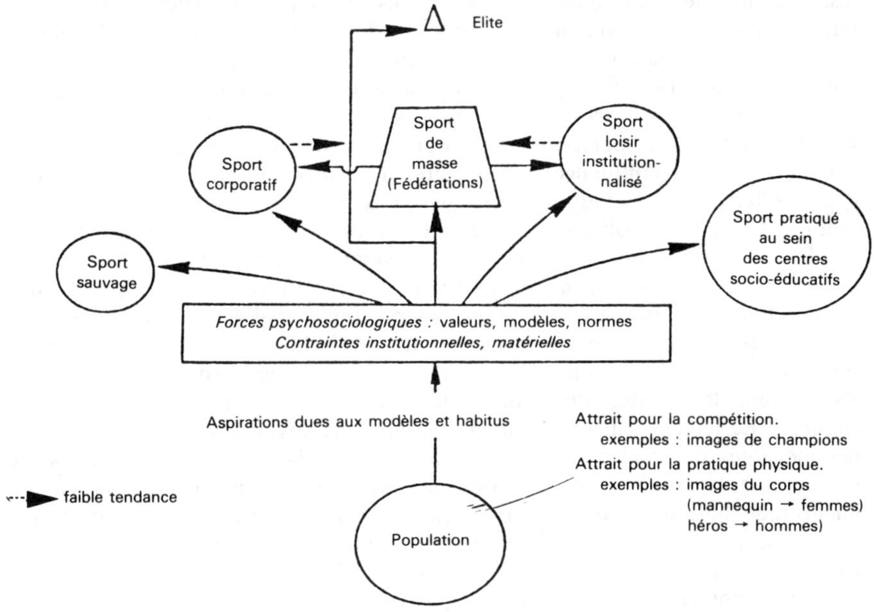

Figure 21.5
Distribution de la pratique sportive actuelle

(11) François de Closets : *Scénarios du futur*, Denoël, 1978.
(12) François de Closets : *Scénarios du futur*, Denoël, 1978, p. 207.

22. L'élite sportive — R. THOMAS

La notion d'élite a d'abord servi historiquement à désigner des marchandises de qualité supérieure, puis a acquis un sens plus sociologique pour qualifier les classes dominantes. L'élite se définit par opposition à la masse, mais des aspects différents la caractérisent. Certains sociologues, tel Pareto, ont insisté sur la notion de hiérarchie due à des inégalités d'aptitudes, d'autres, tel Mosca, sur l'exercice du pouvoir. En effet, pour Guy Rocher, « l'élite comprend les personnes ou les groupes qui, par suite du pouvoir qu'ils détiennent ou de l'influence qu'ils exercent, contribuent à l'action historique d'une collectivité, soit par les décisions qu'ils prennent, soit par les idées, les sentiments ou les émotions qu'ils expriment ou qu'ils symbolisent » (1).

Etymologiquement le terme élite provient d'*eligere,* choisir. Dans cette optique l'élite constitue donc ce qu'il y a de meilleur et fait référence à l'idée de sélection. Les groupes sociaux ou les personnes qui détiennent le pouvoir seraient les plus capables de diriger et de servir la société. Se pose alors le problème de la circulation des élites. Est-ce bien par le mérite que s'acquièrent les postes de commandement ou par transmission d'héritage culturel ? Le lecteur sait que tout un courant sociologique a mis à jour le rôle des inégalités de chance des enfants devant l'enseignement. L'origine sociale conditionne la carrière scolaire des enfants elle produit un certain capital linguistique qui, dans les couches sociales favorisées, est plus conforme aux normes scolaires. Un laminage progressif élimine les enfants qui ne possèdent pas le capital adéquat. La réussite sociale dépendant fortement du cursus scolaire et universitaire, il se produit par ce biais une reproduction des élites. Autrement dit, d'une manière plus générale, les strates sociales qui détiennent le pouvoir possèdent des privilèges dont elles font profiter leurs enfants. Ceux-ci ont de ce fait plus de chance de devenir à leur tour dirigeants. On est alors dans un régime aristocratique. Cependant, ainsi que le note Bottomore (2), une démocratie n'est pas incompatible avec la notion d'élite.

Dans une telle organisation le recrutement des classes élitaires est ouvert et « la méthode démocratique est le système institutionnel aboutissant à des décisions politiques, dans lequel les individus acquièrent le pouvoir de statuer

(1) G. Rocher, *Introduction à la sociologie générale, tome 3 ;* Editions HMH, 1968, p. 135.
(2) T.B. Bottomore, *Elites et sociétés,* Stock, 1964. « En un sens, donc, les théories des élites de Pareto, de Mosca et de leurs successeurs ne sont pas contraires à l'idée générale de démocratie. Ce à quoi elles s'opposent, c'est socialisme, en particulier le socialisme marxiste », p. 20.

sur ces décisions à l'issue d'une lutte concurrentielle portant sur les votes du peuple» (3).

22.1. La hiérarchie sportive

L'éducateur physique comprend par ce préambule que la notion d'élite est chargée idéologiquement. Du fait qu'elle apparaît centrale dans le domaine du sport, il est logique que celui-ci soit critiqué par certains courants politiques, notamment par celui de la nouvelle gauche (4).

Le sport est un système hiérarchique qui ordonne les individus. Certaines disciplines, tel l'athlétisme, définissent même une distance entre deux compétiteurs. L'un a sauté 2,14 m, l'autre 2,10 m. Quatre centimètres les séparent. Quelquefois il existe simplement un ordre, tels le football, le tennis. Mais le sport cherche à préciser l'écart entre deux sujets, deux équipes pour bien marquer leurs positions. Le législateur attribue des points, des notes. Il s'agit donc de bien montrer la place de chacun, de bien spécifier qui domine qui.

Dans ce cadre une élite peut facilement être délimitée. Elle sera caractérisée par une place dans une hiérarchie objective définie par le règlement. Nous appelons élite sportive la couche des athlètes qui obtiennent les résultats les plus élevés dans la spécialité considérée.

De nombreuses questions peuvent être envisagées au sujet de l'élite sportive ; nous évoquerons ici deux aspects qui intéressent particulièrement l'éducateur sportif, d'une part le rapport entre la masse et l'élite, d'autre part les facteurs qui conditionnent le passage vers le haut niveau.

22.2. Le vieux modèle de la pyramide

Au sein des responsables sportifs a prévalu longtemps en France «le modèle de la pyramide sportive». Dans un tel schéma une masse de pratiquants donnait naissance, par sa seule présence, a une élite. Plus la masse des licenciés augmentait et plus l'élite devait être de haut niveau. Le modèle pouvait se représenter ainsi :

(3) J.A. Schumpeter, *Capitalisme, socialisme et démocratie,* p. 367, Payot, 1963.

(4) Pour une meilleure connaissance de cet aspect, le lecteur pourra se reporter à l'ouvrage «*L'Education physique*» de Raymond Thomas, P.U.F., Collection Que sais-je ?

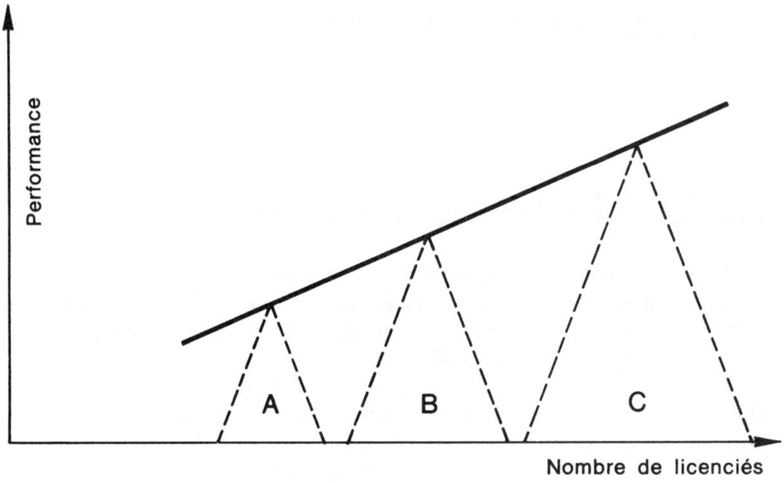

A, B, C = différentes pyramides sportives.
Figure 22.1
L'ancien modèle.

Ce modèle a semble-t-il été abandonné au profit d'un autre plus juste. Dans ce nouveau, l'élite est relativement indépendante de la masse. Effectivement il apparaît tout à fait possible de développer une élite sans disposer d'une masse de pratiquants. Il convient de sélectionner parmi les jeunes ceux qui présentent les dispositions les plus grandes pour la discipline considérée. Ce problème de la détection commence à être abordé de manière rationnelle dans notre pays. Pour le résoudre, il est nécessaire de disposer d'un modèle de cheminement d'un sujet vers le haut niveau, afin de connaître les facteurs qui conditionnent l'accès à l'élite sportive. L'un d'entre nous a mis au point un premier schéma explicatif (5).

Figure 22.2
Le nouveau modèle.

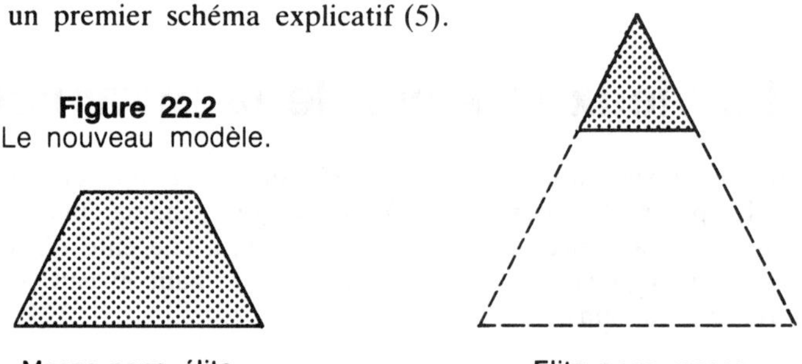

(5) R. Thomas, *La réussite sportive,* P.U.F., 1975. Le candidat au deuxième degré du brevet d'Etat devra se reporter à ce livre pour la partie qui concerne les facteurs de la réussite sportive.

22.3. L'accession à l'élite

Des facteurs sociologiques, psychologiques et biologiques filtrent le passage du candidat champion. Suivant son appartenance sociologique, l'individu est plus ou moins prédisposé à pratiquer le sport. Nombre d'enquêtes réalisées sur ce thème ont mis en évidence ce phénomène. Ainsi les agriculteurs se livrent à l'activité sportive, les classes supérieures beaucoup.

Tableau 22.1

Pratique sportive en fonction du milieu d'origine du chef de famille (en pourcentage)

	Professions libérales et cadres supérieurs	Cadres moyens employés	Ouvriers	Agriculteurs	Inactifs
Pratiquants licenciés.	17	14	7	6	5
Pratiquants non licenciés . .	19	22	13	5	15

Source : I.F.O.P.
(Exemple : parmi les ouvriers 7 % sont licenciés, 13 % pratiquent sans être licenciés, le reste 80 % ne pratique pas)

D'autre part, selon leur catégorie socioprofessionnelle, les individus pratiquent plutôt telle discipline que telle autre. Il existe même une véritable échelle de prestige des sports mise à jour par plusieurs recherches :

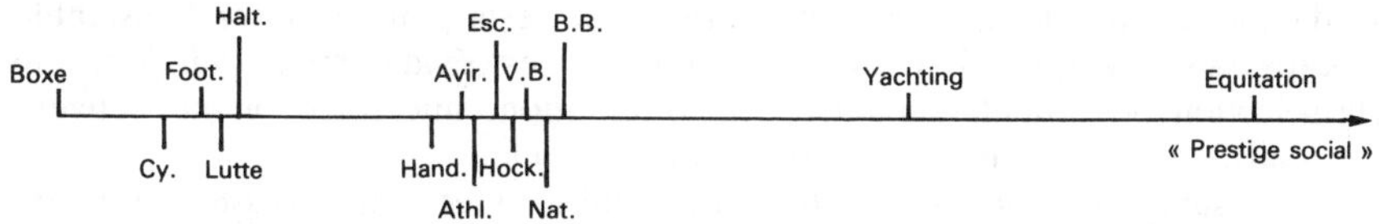

Figure 22.3

La boxe étant située au degré zéro, voici les coordonnées des différentes disciplines : Boxe 0 — Cyclisme 0,26 — Football 0,33 — Lutte 0,38 — Haltérophilie 0,4 — Handball 0,84 — Aviron 0,93 — Athlétisme 0,95 — Escrime 0,99 — Hockey 1,02 — Volley-ball 1,04 — Natation 1,10 — Basket-ball 1,14 — Yachting 1,92 — Equitation 2,72 (6).

A côté des facteurs sociologiques que nous avons seulement évoqués, car il existe beaucoup d'autres thèmes que nous aurions pu présenter, se manifestent des facteurs psychologiques. La personnalité constitue l'une des

(6) Cf. R. Thomas, *La réussite sportive,* P.U.F., 1975, Chapitre I.

variables souvement mentionnée et représente l'un des secteurs de recherche les plus importants du domaine sportif. Nous renvoyons le lecteur au chapitre consacré à ce concept, de même que pour la motivation. Signalons cependant les travaux de Mc Clellandet de son équipe, aux Etats-Unis, qui associent facteurs sociologiques et psychologiques dans une série de recherches sur le besoin de réussite (« Need for achievement »). D'après cette école, lorsqu'un changement idéologique se produit dans une société cela entraîne une élévation du besoin de réussite chez les individus. Cette élévation a comme conséquence un développement économique du pays. Mc Clelland et ses successeurs ne se sont pas intéressés au domaine sportif, mais on peut raisonnablement émettre l'hypothèse que l'élévation du besoin de réussite a pour effet une amélioration du niveau de l'élite sportive du pays considéré. Le schéma causal se présenterait ainsi : changement idéologique → élévation du besoin de réussite → élévation du niveau de l'élite sportive. Ce processus expliquerait en partie la réussite de pays comme la R.D.A. ou Cuba. Notons qu'à notre connaissance, personne n'a encore envisagé cette explication tout à fait vraisemblable.

L'éducateur sportif doit savoir que, pour Mc Clelland, un certain nombre de facteurs influencent le besoin de réussite d'un sujet : notamment sa classe sociale d'appartenance et le type d'éducation qu'il a reçu. L'enfant dont les parents savent équilibrer la liberté qu'ils accordent et les contrôles qu'ils exercent, présente un besoin de réussite élevé.

Après les facteurs sociologiques et psychologiques restent les facteurs biologiques. Parmi ceux-ci, qui jouent un rôle très important pour la réussite au plus haut niveau, nous trouvons les capacités physiques. Un modèle de la motricité a été mentionné au chapitre consacré à la préparation physique. Fleishmann, psychologue américain, a mis à jour, à la suite de plusieurs recherches, cinq secteurs dans la structure de la motricité athlétique : ceux de la force, de la vitesse-souplesse, de l'équilibre, de l'endurance et de la coordination. L'auteur propose une batterie de tests pour mesurer l'ensemble des capacités physiques d'un sujet. Un tel outil est évidemment indispensable à la sélection des talents sportifs. Une orientation, une sélection ne peuvent être réalisés efficacement sans l'appui d'un modèle.

En résumé, la réussite sportive d'un individu et son accession à l'élite sportive sont fonction de différents facteurs sociologiques, psychologiques et biologiques. Des recherches ont déjà permis de proposer un modèle opératoire mais il est nécessaire de poursuivre les études dans ce domaine pour mieux permettre la réalisation de toutes les potentialités.

23. Les activités physiques et sportives dans le système éducatif — B. MACCARIO

23.1. Le système éducatif en France

Issu de la Révolution qui en dicta l'esprit, organisé sous l'Université impériale par la mise en place de structures fortement hiérarchisées — « les académies » —, le ministère de l'Instruction publique prit, en 1882 avec Jules Ferry, l'allure d'une grande administration et constitua l'enseignement primaire en service public sur la base des principes républicains :

« L'enfant doit être élevé pour lui-même avant de l'être pour l'Etat ou pour une collectivité quelconque politique, religieuse ou civile. Il faut développer sa qualité d'homme, l'intégrer en lui-même avant de l'intégrer dans la société, mais, en même temps, cette conception éducative rejoint la conception démocratique de la vie politique ou sociale, fondée également sur le respect de la personne humaine ».

Coordonner le système scolaire français et établir des liaisons entre les enseignements primaire, secondaire, supérieur, faire disparaître les inégalités dans la distribution des connaissances vont inspirer les réformes successives de l'Education nationale dont la dernière en date est la loi relative à l'éducation (n° 75620 du 11 juillet 1975).

23.1.1. Principes fondateurs

« La nation garantit l'égal accès de l'enfant et de l'adulte à l'instruction, à la formation professionnelle et à la culture. L'organisation de l'enseignement public, gratuit et laïque à tous les degrés est un devoir de l'Etat. »

Tels sont les principes définis par la Constitution.

Coexistence d'un enseignement public et d'un enseignement privé

L'Etat n'a pas le monopole de l'enseignement. A côté des écoles publiques, existent des établissements d'enseignement privés créés et entretenus par des particuliers, des associations, des organismes professionnels et des institutions religieuses.

Depuis 1959, selon les termes de la loi — dite Loi Debré —, les établissements privés peuvent revêtir plusieurs statuts parmi lesquels l'engagement contractuel avec l'Etat, sous la forme de contrat simple ou de contrat d'association, fixe les conditions de leur concours au service public d'éducation.

Des modifications devraient être apportées à ces dispositions afin, notamment, d'intégrer les donnés nouvelles par la loi du 22 juillet 1983 portant sur la décentralisation et contenant des dispositions relatives à l'enseignement.

L'obligation scolaire

Elle est, depuis 1959, portée à 16 ans. En conséquence, les adolescents et adolescentes âgés de 14 à 17 ans, employés dans des entreprises industrielles ou commerciales, doivent suivre des cours professionnels.

La gratuité

L'affirmation d'un droit des enfants à l'instruction, auquel répond pour l'Etat un devoir, inspira la gratuité pour les enseignements pré-élémentaire et élémentaire en 1881. Elle fut étendue en 1933 à l'enseignement secondaire.

L'enseignement supérieur n'est pas gratuit. Les droits d'inscription exigés des étudiants sont cependant modiques. Un système de bourses peut apporter aux familles et aux étudiants l'aide financière nécessaire à la poursuite des études.

La neutralité

Principe sur lequel se cristallisèrent de nombreux affrontements à la fin du siècle dernier, au moment du débat sur la laïcité.

La Constitution de 1958 reconduit ce principe. L'Etat assure aux élèves des établissements publics d'enseignement la possibilité de recevoir un enseignement conforme à leurs aptitudes dans un égal respect de leurs croyances.

Délivrance par l'Etat des grades et des diplômes

L'Etat a le monopole de la collation des grades. Les examens sont publics et accessibles aux élèves des établissements de l'Etat, à ceux des écoles privées et aux candidats libres. Les concours (entrée aux grandes écoles, recrutement de fonctionnaires et d'enseignants) sont ouverts à tous les candidats remplissant les conditions d'âge et de titres.

23.1.2. L'organisation administrative

L'administration de l'Education nationale est centralisée et hiérarchisée. Les membres du personnel, enseignant ou non, sont des fonctionnaires de l'Etat. L'organisation des établissements scolaires, les horaires et programmes, le régime des études sont identiques dans tout le territoire.

Mais le ministère de l'Education nationale n'exerce pas son autorité sur tous les établissements scolaires. Ainsi, certains ministères, au niveau de l'enseignement secondaire principalement, ont institué des écoles qui, à côté de l'instruction générale, dispensent des formations spécifiques. C'est le cas notamment des ministères de l'Agriculture (enseignement agricole), de la Justice (éducation surveillée), de la Défense (écoles militaires préparatoires).

Enfin, depuis 1981 le ministère de l'Education nationale a de nouveau la charge de l'éducation physique et sportive dans les établissements scolaires, auparavant confiée au ministère de la Jeunesse, des Sports et des Loisirs.

Le ministre de l'Education nationale est chargé de mettre en œuvre la politique décidée par le gouvernement, d'établir le programme général d'action en matière d'enseignement, de préparer le budget, de préparer les programmes annuels et pluri-annuels de développement, de gérer les moyens et personnels dont il dispose, d'assurer les relations avec les autres départements ministériels, les organismes nationaux et internationaux, les gouvernements étrangers. Il dirige, anime et contrôle deux types de services :

- les services centraux (Administration centrale) ;
- les services extérieurs comportant ;
  - — un échelon académique dont le chef est le Recteur,
  - — un échelon départemental, dirigé par l'Inspecteur d'Académie.

Le financement des dépenses de l'enseignement public

La loi du 22 juillet 1983 qui fixe la répartition des compétences entre les communes, les départements, les régions et l'Etat, contient des dispositions relatives à l'enseignement. Elle fixe un cadre général qui servira de base à la préparation des décrets et circulaires d'application de la loi. D'ores et déjà il apparaît que seront à la charge des communes la construction, l'équipement, l'entretien et le fonctionnement des écoles. La construction, l'équipement, les dépenses d'entretien et de fonctionnement des collèges d'une part, des lycées d'autre part, seront respectivement pris en charge par le département et la région. L'Etat prenant en charge toutes dépenses de personnels de tous les secteurs.

23.1.3. Les enseignements

Les enseignements pré-élémentaire et élémentaire

L'école maternelle accueille les enfants de 2 à 6 ans. Il s'agit d'un enseignement facultatif (enfants non soumis à l'obligation scolaire) qui constitue cependant, ainsi qu'en attestent nombre de travaux, un maillon essentiel de la réussite scolaire. Son rôle est triple : accueil, éducation et préparation aux apprentissages.

L'école élémentaire comprend trois cycles et cinq classes :
- cycle préparatoire,
- cycle élémentaire (CE1 et CE2),
- cycle moyen (CM1 et CM2).

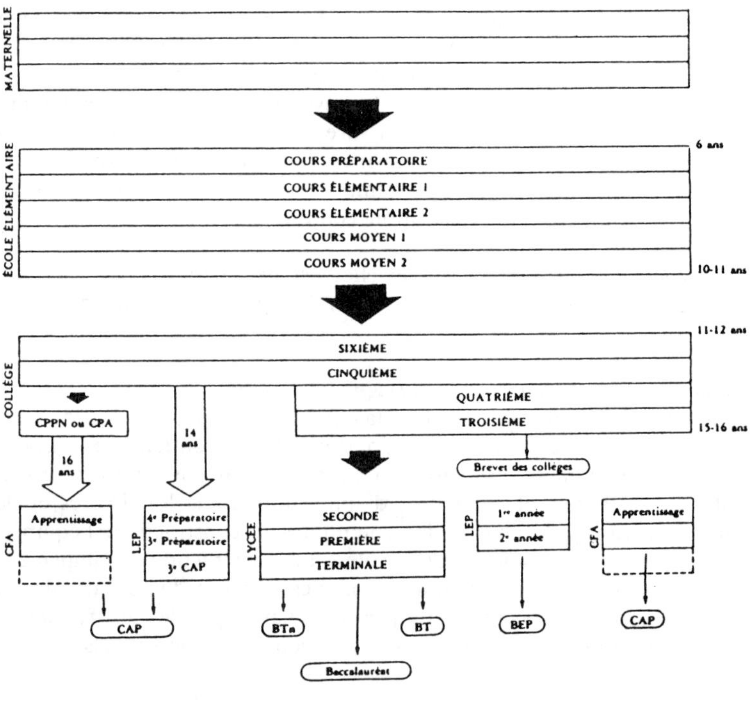

CPPN : classe préprofessionnelle de niveau
CPA : classe préparatoire à l'apprentissage
CAP : certificat d'aptitude professionnelle
CFA : centre de formation d'apprentis
BEP : brevet d'études professionnelles
LEP : lycée d'enseignement professionnel
BT : brevet de technicien
BTn : baccalauréat de technicien

Figure 23.1
Structure du système éducatif français

Suite à l'introduction du « Tiers Temps Pédagogique » (Arrêté du 7 août 1969) et aux textes officiels régissant les contenus de formation, l'horaire hebdomadaire de 27 heures est ainsi réparti :

- Langue française .... 9 heures
- Mathématiques .... 6 heures
- Activités d'éveil .... 7 heures
- Education physique .... 5 heures

L'enseignement est donné par des instituteurs et institutrices recrutés par concours après le baccalauréat. Admis dans les Ecoles normales départementales, les élèves-instituteurs effectuent, pour partie, et conjointement, leur formation à l'Université en vue d'obtenir un Diplôme d'Etudes Universitaires Générales (D.E.U.G. mention enseignement du premier degré).

Selon des projets actuellement à l'étude, des modifications devraient intervenir concernant l'organisation, la durée ainsi que les modalités de recrutement des instituteurs.

Enfin, il convient de souligner les structures mises en place pour pallier les difficultés rencontrées par certains élèves et pour favoriser l'intégration des handicapés : groupes d'aide psycho-pédagogique (G.A.P.P.) permettant de développer les actions de prévention et de rééducation précoces, classes d'adaptation, classes de perfectionnement.

L'enseignement secondaire

Il comporte deux cycles :

- *Le premier cycle* dure 4 ans et accueille les élèves de 11/12 ans à 15/16 ans dans des collèges. L'enseignement est organisé sur quatre niveaux successifs d'une année chacun. Les deux premiers niveaux (classes de 6e et 5e) constituent le cycle d'observation, où l'enseignement est commun ; les deux niveaux suivants constituent le cycle d'orientation qui porte pour une part sur les mêmes disciplines que le cycle d'observation, et pour une autre part sur des disciplines optionnelles (latin, grec, 2e langue vivante, options technologiques) ou sur des activités à caractère préprofessionnel (4e C.P.P.N. et 3e C.P.A.). Cependant les élèves âgés de 14 ans peuvent être admis dans un lycée d'enseignement professionnel pour y préparer, en trois ans, un C.A.P.

- Le second cycle s'étale, soit sur une durée de 3 ans (second cycle long) pour un enseignement de caractère général, soit sur une durée de 2 ans (second cycle court) pour une formation technologique orientée vers une profession. L'enseignement long conduit à un baccalauréat ou à un brevet de technicien portant mention d'une spécialité professionnelle. L'enseignement court associe un complément de formation générale à une préparation aux activités professionnelles ; dispensé dans des lycées d'enseignement professionnel (L.E.P.), outre la préparation de C.A.P. en trois ans (voir ci-dessus), il conduit à un Brevet d'Etudes Professionnelles (B.E.P.) préparé en 2 ans.

Dans les collèges, l'enseignement est donné par des professeurs spécialisés dans les différentes disciplines, qui appartiennent, pour la majorité d'entre eux, à deux catégories : les professeurs d'enseignement général de collège (P.E.G.C.) et les professeurs certifiés. Dans les lycées, par des professeurs agrégés et des professeurs certifiés. Dans les L.E.P., il est fait appel à diverses catégories de professeurs spécialisés dans l'enseignement technique.

23.2. Les activités physiques et sportives dans le système éducatif

La loi du 16 juillet 1984 relative à l'organisation et la promotion des activités physiques et sportives, d'une part consacre l'éducation physique et sportives, rattachée au ministère de l'Education nationale, comme discipline à part entière devant contribuer à la formation globale de l'individu et permettre à chaque élève de s'initier au cours de sa scolarité aux diverses activités physiques et sportives (articles 2 à 6), et d'autre part affirme le triple rôle du sport scolaire comme secteur privilégié de l'ouverture de l'école sur la vie, de l'apprentissage de la vie associative, de passerelle vers les fédérations sportives (articles 7 et 8).

En d'autres termes, si elle reconnaît à l'Etat, par l'intermédiaire de ses enseignants, la responsabilité de l'enseignement de l'éducation physique et sportive, cette loi vise également à promouvoir l'élargissement des activités ancrées dans l'école, et appelle donc que soient définis les statuts et rôles des divers intervenants à chacun des niveaux de la scolarité.

23.2.1. Dans l'enseignement élémentaire

Les contenus de formation

A l'instar des autres disciplines enseignées à l'école élémentaire, l'éducation physique et sportive est régie par des instructions officielles qui précisent pour chacun des cycles (1) :

(1) Pour l'école maternelle ; Circulaire n° 80-080 du 8 février 1980 (B.O.E.N. du 13 mars 1980) ; pour le C.P. : arrêté du 18 mars 1977 (B.O.E.N. du 31 mars 1977) ; pour le C.E. : arrêté du 7 juillet 1978 (B.O.E.N. n° 30 bis du 27 juillet 1979) ; pour le C.M. : arrêté du 18 juillet 1980 (B.O.E.N. n° 31 du 11 septembre 1980) ; auxquels s'ajoute la Circulaire n° 77-198 et 77-162 du 27 mai 1977 consacrée à l'enseignement de la natation à l'école élémentaire (B.O.E.N. n° 29 du 28.7.1977).

- les objectifs éducatifs généraux et spécifiques qu'il convient de poursuivre ;
- la démarche pédagogique à mettre en œuvre (conditions matérielles, différents types de séances et d'activités à proposer, évaluation des progrès et des résultats) pour y parvenir.

Dans les classes maternelles les activités d'éducation physique s'inscrivent dans une pédagogie de développement : *« Le corps étant à la fois condition, cause et moyen de développement, l'activité motrice de l'enfant soutient l'éducation de son être tout entier »* (2). Cette pédagogie se doit donc d'être globale, fonctionnelle, ouverte sur l'environnement (variété des sollicitations) et socialisante, de manière à respecter et à favoriser les phases de la croissance.

A l'école élémentaire, et dans le prolongement de l'école maternelle, l'éducation physique et sportive participe, de concert avec la totalité des autres activités scolaires, à l'ensemble de l'action éducative qui incombe à l'école. Parmi ses préoccupations doit figurer au premier chef *l'amélioration et l'entretien de la santé des enfants* (3) :

- favoriser le développement organique et foncier ;
- développer le goût et l'habitude d'une hygiène de vie ;
- augmenter la capacité d'endurance (4).

En regard d'objectifs plus spécifiques, l'éducation physique doit viser l'acquisition de compétences et de capacités concourant au *développement de la disponibilité motrice,* ainsi qu'une *contribution à l'éducation sociale et morale* (3). En ce sens, la pratique des activités physiques et sportives constitue un apport indispensable à l'éducation globale du jeune enfant, s'appuyant sur une éducation des conduites motrices prises en charge dans leurs aspects physiologique, psychologique et relationnel. S'agissant par une pratique régulière et éducative, d'épanouir chez chacun les aptitudes ainsi manifestées, il est évident que dans ce cadre, « l'objectif n'est pas de détecter systématiquement chez les enfants des prédispositions athlétiques susceptibles chez les meilleurs de déboucher sur la réussite sportive de haut niveau » (3).

Dès lors la recherche d'une formation harmonieuse peut être obtenue au moyen d'une programmation équilibrée des *divers types d'activités,* choisies en fonction des ressources locales :

(2) Circulaire n° 80-080 du 8 février 1980, *op. cit.*
(3) Arrêté du 18 juillet 1980, *op. cit.*
(4) Il est ainsi précisé, à titre de repère, « qu'à l'issue du C.M., l'enfant devrait être capable, après entraînement, de courir sans s'arrêter, à allure régulière et modérée, sans essoufflement ni rythme cardiaque excessifs, pendant au moins 15 minutes, sur une distance minimum adaptée à ses possibilités » (ibid.).

- *activités et jeux d'adaptation au milieu physique* (naturel, aménagé ou spécifique) : parcours divers, activités physiques de pleine nature (5), activités à caractère athlétique, activités d'adaptation au milieu aquatique ;

- *activités de maîtrise corporelle et d'expression par le mouvement* (activités à caractère gymnique, danse, jeux et activités d'expression) ;

- *jeux reposant sur la coopération et l'opposition* (jeux de tradition, jeux régionaux, jeux sportifs et sports collectifs, jeux et sports d'opposition).

« En fin de scolarité élémentaire, tout enfant devrait avoir eu l'occasion de s'essayer dans chacun de ces domaines, dans une perspective d'initiation-orientation et avant toute spécialisation, pour avoir une idée de ses préférences et de ses dispositions, et pouvoir ainsi se déterminer en connaissance de cause dans le choix de ses activités de loisir et d'une option sportive (3). »

Les conditions de mise en œuvre

La communauté d'objectifs entre l'éducation physique et sportive et d'autres domaines scolaires font de *l'instituteur, polyvalent, « le seul responsable, le seul garant de l'action pédagogique ».* Ce principe du maître responsable pédagogique et animateur de sa classe vient d'être réaffirmé par la note de service n° 83-509 du 13 décembre 1983 (B.O.E.N. n° 3 du 19 janvier 1984) concernant les nouvelles actions pédagogiques et éducatives à mettre en œuvre en matière d'éducation physique et sportive à l'école (6).

Ces recommandations s'inscrivent dans le cadre d'une pédagogie du projet, du contrat, de la responsabilité, et visent l'élaboration et la réalisation, au sein de chaque école, de *projets pédagogiques,* c'est-à-dire d'actions collectives (portant soit sur une période, soit sur un niveau de classe, soit autour d'installations, soit à travers une activité) permettant d'associer d'autres intervenants (parents, animateurs locaux) à l'action éducative qui est celle de l'école.

C'est donc à la lumière de ce texte que seront précisés le rôle et la qualité des différents acteurs de la mise en œuvre de l'éducation physique et sportive à l'école élémentaire.

(5) Une récente note de service (n° 84-150 du 24 avril 1984) vient de préciser les premières recommandations pour la mise en œuvre des nouvelles actions pédagogiques et éducatives concernant les activités physiques de pleine nature à l'école. Y sont notamment précisés les objectifs et la démarche pédagogiques en fonction des conditions particulières de pratique : activités « terrestres », « nautiques » et de « montagne ». (cf. B.O.E.N. n° 19 du 10 mai 1984).
(6) Et dont la note de service évoquée ci-dessus (cf. note précédente) constitue l'actualisation et la spécification dans le domaine des activités de pleine nature.

• *L'instituteur, l'équipe des maîtres*

De la responsabilité du maître (ou de l'équipe de maîtres, si plusieurs classes participent de façon coordonnée à l'activité) découle la nécessité de sa participation active à la conception et à la conduite des activités pratiquées. Le rappel de ce principe du maître responsable n'exclut pas, précisément dans le cadre de projets d'écoles, « l'utilisation optimale des compétences de chacun » et notamment celles « d'instituteurs particulièrement sensibilisés à la dimension pédagogique de l'éducation physique et sportive ».

• *L'équipe de circonscription*

L'enseignement pré-élémentaire et élémentaire est organisé au plan départemental, en circonscription géographiques dont sont responsables les Inspecteurs Départementaux de l'Education Nationale (I.D.E.N.), agissant sous l'autorité de l'Inspecteur d'Académie. Auprès de chaque I.D.E.N. sont adjoints 2 conseillers pédagogiques dont l'un — le C.P.C. — a pour tâches essentielles, la formation, l'animation et la coordination pour tout ce qui concerne l'éducation physique dans les écoles de la circonscription. C'est dans ce cadre qu'une aide peut être apportée à l'élaboration et au suivi des projets d'écoles ; la cohérence des actions étant garantie par la définition et la mise en œuvre, au niveau de la circonscription, d'un plan d'action permettant de préserver l'originalité de l'action éducative.

• *Le conseiller pédagogique départemental (C.P.D.)*

Il s'agit généralement d'un enseignant d'éducation physique placé auprès de l'inspecteur d'Académie, et auquel incombe, en collaboration avec les autres formateurs (I.D.E.N., C.P.C., professeurs d'Ecole normale) d'assurer l'information et la formation des instituteurs. Dans le cadre de la nouvelle approche globalisante de l'éducation physique et sportive, il lui revient de favoriser la mise en œuvre de projets d'envergure départementale et de participer à l'élaboration du plan d'action départemental pour la promotion de l'éducation physique et sportive. A ce titre, il est un animateur privilégié de la Commission départementale pour l'éducation physique et sportive dans le premier degré, placée sous la responsabilité de l'Inspecteur d'Académie.

• *L'Union Sportive de l'Enseignement Primaire (U.S.E.P.)*

Emanation de l'Union des Fédérations d'Œuvres Laïques d'Education Physiques (U.F.O.L.E.P.) dont elle constitue la Commission scolaire, l'U.S.E.P. a été habilitée par l'Arrêté du 2 février 1955, à assurer l'initiation sportive et l'organisation des épreuves contrôlant cette initiation dans l'enseignement du premier degré. Cette mission de service public s'est toujours appuyée sur une action militante menée principalement dans le secteur périscolaire grâce à l'intervention de nombreux animateurs locaux dont l'action est coordonnée par le délégué départemental U.S.E.P., désigné par le bureau départemental U.S.E.P. présidé par l'Inspecteur d'Académie.

Forte de l'expérience acquise, l'U.S.E.P. doit être l'un des partenaires privilégiés dans l'élaboration et la mise en œuvre des projets et plans d'action aux différents niveaux.

• *Les intervenants extérieurs*

L'importance croissante de la demande en matière d'activités physiques et sportives au sein de la vie de la cité, a conduit bon nombre de communes à créer des emplois d'*animateurs ou de moniteurs municipaux de sport* (7) et à les affecter, dans des proportions variables, au service des écoles. Par rapport aux situations ainsi créées la récente note de service ministérielle arrive à point pour éclairer et délimiter les modalités dans lesquelles peut s'envisager l'intervention de cette catégorie de personnels dans l'enseignement de l'éducation physique et sportive à l'école.

« La participation éventuelle d'intervenants extérieurs, bénévoles ou rémunérés à cet effet, ne peut s'envisager dans le cadre d'une substitution pure et simple à l'instituteur.

Bien au contraire, cette participation devra être l'occasion d'une collaboration avec les maîtres dans le cadre du projet pédagogique de l'école, à l'élaboration duquel l'intervenant devra participer.

Cette collaboration, sous la responsabilité des maîtres donne un sens nouveau à la participation d'animateurs et de moniteurs municipaux au service public d'éducation. Leurs interventions respectives dans le domaine de l'animation de la cité, de la vie associative et de l'école, permettent d'assurer une cohérence des contenus et des démarches pédagogiques dans les structures qui se sont trop longtemps ignorées.

Les autorités compétentes et particulièrement l'I.D.E.N. concerné, après examen du dossier de l'intéressé, entretiens, stages en situation et aptitudes à s'intégrer dans le projet pédagogique de circonscription, pourront donner ou non leur accord à l'agrément, prononcé par l'Inspecteur d'Académie pour ces participations éventuelles (8). »

En ce qui concerne la responsabilité des intervenants extérieurs qui participent à l'animation des activités d'éducation physique à côté des instituteurs, il convient de souligner les points suivants (9) :

1. La responsabilité civile de l'insituteur est permanente mais, dans tous les cas où la responsabilité des membres de l'enseignement public est engagée à la suite ou à l'occasion du fait dommageable commis, la responsabilité de l'Etat est substituée à celle desdits membres de l'enseignement qui ne pourront jamais être mis en cause devant les tribunaux civils par la victime ou ses représentants (Loi du 5 avril 1937).

2. Cette responsabilité de l'instituteur n'implique pas pour autant sa présence à tous les instants auprès de chaque enfant. C'est notamment le cas lorsque

(7) L'Arrêté du 16 mai 1966, paru au *J.O.* du 5 juin 1966 précise les conditions de recrutement de ce personnel.
(8) Note de service n° 83-509 du 13 décembre 1983, *op. cit.*
(9) Précisés par la note de service n° 84-150 du 24 avril 1984, relative aux activités physiques de pleine nature pendant le temps scolaire *(op. cit.)*.

l'organisation pédagogique de l'activité prévoit le fractionnement de la classe et l'intervention de collaborateurs compétents.

3. Les intervenants extérieurs qui participent à l'encadrement des activités à côté de l'instituteur et sous la responsabilité générale de celui-ci sont responsables des élèves dont ils ont la charge dans le cadre de l'organisation prévue par le projet pédagogique.

« En l'état actuel de la jurisprudence, on peut admettre que bénéficie de la protection légale prévue par la loi du 5 avril 1937 toute *personne agréée* par les autorités académiques intervenant dans une mission d'enseignement et d'éducation non interdite par les règlements et qui, à ce titre se voit confier des élèves.

La responsabilité des animateurs rémunérés par les collectivités ou les associations est garantie par leur employeur en application de l'article 1384 du code civil et, pour les collectivités territoriales, selon les règles habituelles du droit public (10). »

23.2.2. Dans les enseignements secondaire et supérieur

Par rapport à l'enseignement élémentaire il est bien évident que le statut d'établissement public des collèges et lycées, et surtout la présence en leur sein d'enseignants spécialisés ne permettent pas d'envisager sous le même angle la participation d'intervenants extérieurs.

L'organisation de l'enseignement de l'éducation physique est régie par un ensemble de textes qui fixent les conditions de la pratique (telles que l'horaire hebdomadaire : 3 heures dans le premier cycle, 2 heures dans le second ; les maxima de service des enseignants ; ...) ainsi que des instructions pédagogiques pour sa mise en œuvre (11).

Dans le premier et le second cycle, l'éducation physique comprend une diversité d'activités physiques et sportives qu'il convient d'utiliser en vue de favoriser le développement organique et foncier, l'éducation de la motricité et l'aisance du geste, la contribution à la formation de la personnalité sociale. Au niveau de chaque établissement, et au niveau de chaque classe, l'enseignement doit être méthodiquement programmé et doit pouvoir se dérouler par cycles de durée variable selon les données propres à chaque établissement mais toutefois suffisante pour fixer les acquisitions. De plus, cet

(10) *Ibid.,* souligné dans le texte.
(11) Instruction ministérielle du 19 octobre 1967. Rappelons que les catégories d'enseignants d'E.P.S. sont les mêmes que ceux des autres disciplines. (Agrégés — depuis 1983 —, certifiés, P.E.G.C.). S'y ajoute le corps des professeurs-adjoints.

enseignement est pris en compte dans les examens et concours scolaires (Brevet des collèges, Baccalauréat, C.A.P., B.E.P.) avec une organisation spécifique pour les candidats handicapés. Enfin, il convient de noter que cette action éducative se prolonge dans les activités de l'association sportive de l'établissement (affiliée à l'Union Nationale du Sport Scolaire : l'U.N.S.S. ex. A.S.S.U.) dont l'animation est comprise dans le service des enseignants sous la forme de 3 heures forfaitaires hebdomadaires.

En ce qui concerne l'enseignement supérieur et afin de favoriser la pratique des activités physique et sportive à l'Université, il a été procédé à la création des Services Universitaires des Activités Physiques et Sportives (S.U.A.P.S.) (12) dont les missions visent à assurer l'organisation et l'animation de ces activités. A ce titre, outre des moyens financiers et matériels, les S.U.A.P.S. disposent d'un personnel spécifique : professeurs et professeurs adjoints d'éducation physique et sportive, affectés sur des postes budgétaires. Afin de limiter au minimum nécessaire ces emplois et de confier à ces professeurs l'importante mission globale d'organisation, il a été préconisé de faire un « large appel à la participation d'un personnel complémentaire » et notamment à des brevetés d'Etat rétribués en vacations (13). Dans le cadre ainsi défini qui est souvent celui d'une activité optionnelle choisie par l'étudiant, les intervenants doivent maîtriser toutes les facettes d'une activité donnée, depuis son apprentissage jusqu'à son perfectionnement dans la perspective de la préparation à des compétitions (14).

En conclusion, tant l'éducation physique que l'animation sportive en milieu scolaire sont du domaine de la responsabilité de l'Etat par l'intermédiaire de ses enseignants. Si cette responsabilité est pleine et entière dans l'enseignement secondaire, la volonté d'ouverture de l'école sur la vie au niveau de l'enseignement élémentaire, la spécificité de la pratique sportive à l'Université autorisent l'intervention de personnels associés au service public d'éducation.

Cette collaboration s'effectue dans un cadre bien défini : projet d'école, programme d'activité, dont la responsabilité de la conception comme de la mise en œuvre sont du seul ressort des enseignants.

(12) Cf. décret n° 70-1269 du 28 septembre 1970, paru au B.O.E.N. n° 2 du 14 février 1971.
(13) Circulaire n° 72-43 du 31 janvier 1972.
(14) La Fédération Nationale du Sport Universitaire (F.N.S.U.) a pour mission d'organiser et de développer le sport de compétition pour les étudiants membres des associations sportives des universités et établissements d'enseignement supérieur.

24. Les activités physiques et les personnes âgées — G. MISSOUM

L'évolution des sociétés modernes occidentales aménage le temps libre et accorde aux loisirs une place de plus en plus prépondérante (1).

La pratique des activités physiques connaît de ce fait, une expansion générale qui n'épargne aucune catégorie socio-professionnelle, qui sollicite aussi bien les hommes que les femmes et qui touche dorénavant toutes les tranches d'âge, y compris celle des retraités. Certes, ce phénomène est plus ou moins accentué et amplifié selon les cas. Mais, même si l'on constate que la pratique des activités physiques est plus répandue parmi les cadres supérieurs et les professions libérales que parmi les ouvriers et les agriculteurs, que les hommes pratiquent davantage que les femmes et que par ailleurs, les retraités restent encore le groupe le plus minoritaire, il n'en demeure pas moins que le taux global de pratique a triplé depuis 1968. Une autre constatation s'impose, c'est celle du déclin de la pratique des activités physiques avec l'avance en âge, celle-ci passant de 55 % dans la tranche d'âge des 18-35 ans à 23 % dans celle des 65 ans et plus (tableau 23).

Mais, malgré ce constat, il convient de considérer dorénavant la pratique physique des personnes âgées comme une réalité incontournable et comme un acquis irréversible. Progressivement le groupe troisième âge sort de l'isolement social dans lequel il était maintenu et s'oriente vers les pratiques physiques, attiré par les multiples sollicitations collectives qui s'affirment et mu par des motivations individuelles destinées à satisfaire des objectifs divers, occupationnels ou thérapeutiques.

Afin de favoriser et de stimuler la pratique des activités physiques auprès du public troisième âge, il est indispensable de maîtriser l'ensemble des connaissances gérontologiques (2) accumulées sur le sujet âgé et d'approfondir plus particulièrement les phénomènes de sénescence susceptibles d'altérer le fonctionnement de l'organisme humaine.

(1) Missoum G. Le corps-roi. *Loisirs, santé,* n° 9, avril-mai 1984, pp. 10-12.
(2) La gérontologie est la science du vieillissement. Son objet est l'étude des modalités et des causes des modifications que l'âge imprime au fonctionnement des êtres vivants, sur tous les plans biologique, psychologique et social.

24.1. Le vieillissement

Qu'est-ce que vieillir, qu'est-ce que le viellissement ?

Le vieillissement des populations humaines est un phénomène typique du vingtième siècle dans les sociétés industrialisées ; la progression notable de la proportion des personnes âgées de 60 ans et plus résulte dans les sociétés modernes d'une baisse antérieure importante et continue de la natalité. La France est particulièrement impliquée dans ce phénomène et compte en 1982, 10 023 740 de personnes âgées de 60 ans et plus pour une population globale de 54 273 000 babitants, soit un pourcentage de 18,5 %, hommes et femmes se situant d'ailleurs différemment sur le plan du viellissement, du fait de la surmortalité masculine En 1983, l'espérance de vie était de 70,6 ans pour les hommes contre 78,8 ans pour les femmes.

Sur un plan individuel, vieillir implique tout à la fois, une redéfinition de sa propre image corporelle (intégration du vieillissement biologique) et de son identité sociale (adaptation à l'éloignement du milieu socio-professionnel et à la retraite), mais aussi une auto-évaluation clairvoyante de son état actuel et une plus grande disponibilité psychologique à l'égard des bouleversements vitaux qui se produisent en soi (cette disponibilité incluant pour le sujet, la possibilité de ne pas vivre ces changements de façon défavorable).

24.1.1. Vieillissement biologique

C'est l'ensemble de l'organisme qui vieillit, ce vieillissement interne se caratérisant par une réduction de la capacité fonctionnelle des organes, un ralentissement des fonctions, une capacité d'adaptation à l'effort, aux stress et aux situations nouvelles diminuée et une sensibilité accrue aux agressions.

Pour la même fonction, ou de façon plus générale, pour le même paramètre biologique, le vieillissement ne s'effectue pas à la même vitesse selon les individus.

Pour le même individu, la vitesse du vieillissement n'est pas identique pour toutes les fonctions : il n'est donc pas possible de fixer un âge biologique distinct de l'âge chronologique à moins de poser en principe que le véritable vieillissement est exprimé par une fonction précise et unique ce qui est évidemment arbitraire.

Pour la plupart des paramètres biologiques qui expriment une aptitude de l'organisme, on observe une décroissance plus ou moins précoce ou plus ou moins rapide avec l'âge.

Il n'y a pas, après la période de développement et de croissance, un plateau stable qui traduise la maturité de l'âge adulte. Dans la plupart des cas, la performance maximale est observée entre 20 et 30 ans et la décroissance suit immédiatement cette apogée selon un processus linéaire.

Dans le vieillissement biologique, on distingue les sénescences (3) morphologique et physiologique.

La sénescence morphologique

C'est entre 18 et 21 ans que l'organisme atteint sa taille adulte. Le vieillissement commence donc très tôt et n'est pas l'apanage exclusif du sujet âgé.

Dès la 3e décennie de la vie humaine, la masse des tissus métaboliquement les plus actifs diminue (muscles, foie, rein) et ce phénomène s'accentue par la suite. Parallèlement, les dépôts graisseux ainsi que la quantité de tissu intersticiel augmentent, ce qui masque la diminution des tissus nobles et donne l'illusion d'une phase de stabilité. Passée la cinquantaine et plus sensiblement après la soixantaine, les pertes l'emportent sur les gains, la peau s'amincit et se ride. Le squelette se modifie progressivement, les disques de la colonne vertébrale se tassent et les corps vertébraux s'affaissent : entre 45 et 85 ans, le buste diminue de cinq centimètres, la largeur des épaules se réduit et celle du bassin augmente. L'atrophie musculaire et la sclérose des articulations peuvent entraîner des troubles de la locomotion.

La sénescence physiologique

Elle souligne l'importance et la vitesse des processus de vieillissement de l'appareil locomoteur, de l'appareil respiratoire et des récepteurs sensoriels (ouïe, vision).

Le maximum de la force musculaire se situe entre 20 et 30 ans. Il est suivi par un affaiblissement continu, s'accélérant au fur et à mesure que l'on avance en âge. La motricité évolue dans le sens d'une altération de l'aptitude à effectuer des exercices rapides et intenses surtout s'ils sont nouveaux et d'un allongement des temps de réaction. La diminution de la densité osseuse est régulière de 20 à 70 ans. La baisse des performances ventilatoires est aussi très accentuée : les valeurs de la capacité vitale et de la ventilation maximale par minute diminuent respectivement de 40 et de 60 % entre 30 et 90 ans.

L'œil est un des organes les plus précocement touchés l'amplitude d'accomodation du cristallin se réduit dès la *2e décennie* et devient pratiquement nulle à la soixantaine. L'adaptation aux faibles éclairements décline régulièrement dès la *20e année* tout comme le temps de récupération après éblouissement. L'oreille vieillit presqu'aussi rapidement que l'œil. Dès la quarantaine, il y a une notable diminution de la perception des sons plus aigus. Les récepteurs du tact et du goût suivent une évolution analogue, quoique plus lente.

(3) La sénescence est synonyme de vieillissement. Elle signifie le ralentissement de plus en plus marqué de l'activité vitale, la diminution progressive avec l'âge des aptitudes et des fonctions.

Excrétion et digestion vieillissent aussi de façon précoce et relativement rapide.

Le système circulatoire vieillit également de façon progressive. Même dans les populations humaines ne souffrant pas d'un excès d'alimentation et d'un manque d'exercice physique favorisant l'arthérosclérose, la pression artérielle systolique, la résistance périphérique et le temps de circulation tendent à augmenter avec les ans. Ces modifications exposent d'une manière accrue le sujet âgé aux maladies cardio-vasculaires.

Les facteurs de risque vasculaire ne sont certes qu'un des aspects des facteurs de risque impliqués dans la mortalité ou la morbidité des sujets de plus de 65 ans.

Mais, la pathologie vasculaire reste prépondérante chez le vieillard comme cause de mort ou d'invalidité. L'hypertension artérielle en particulier reste même dans le grand âge un facteur de risque vasculaire majeur et doit être prise en compte en priorité: le traitement à ce niveau est efficace. La fréquence des accidents vasculaires cérébraux et coronariens est fort importante compte tenu du nombre de personnes exposées. Il s'agit là d'un problème capital de santé publique.

Certaines glandes endocrines vieillissent d'une façon tout à fait analogue à celle des organes précédents. Leur production décroît régulièrement avec l'âge. C'est le cas de la production des androgènes (4) chez l'homme à partir de la 20e année.

Quelques fonctions résistent cependant de manière remaquable à l'épreuve du temps, notamment celles dont le rôle est de maintenir l'homéostasie de l'organisme et la contenance de «son milieu intérieur». Tel est le cas par exemple, de la sécrétion des gluco-corticoïdes par la cortico-surrénale. Il semble en être de même de certaines hormones anté-hypophysaires.

Quant aux gonado-stimulines produites par la glande anté-hypophysaire, elles sont sécrétées en plus grandes quantités après la ménopause chez la femme et de 40 à 65 ans chez l'homme, comme pour répondre à la baisse d'activité de l'ovaire et du testicule.

Ce sont donc essentiellement les performances des organes et des tissus effecteurs qui baissent avec l'âge alors que les organes intégrateurs continuent à maintenir la constance du milieu intérieur mais réagissent de moins en moins efficacement aux agressions du monde ambiant.

Pour conclure sur le vieillissement biologique insistons sur deux notions fondamentales:

- *Le vieillissement différentiel*

  Il est influencé de deux manières:

  — par le terrain biologique du sujet: là, le déclin des capacités est d'autant moins important que les performances initiales sont meilleures;

  — par les facteurs écologiques (influence du milieu et du mode de vie).

(4) Androgènes: hormones sexuelles mâles.

• *Le vieillissement cellulaire et moléculaire*

Le dénominateur commun de tous les phénomènes de sénescence est représenté par la probable altération d'un certain nombre de fonctions cellulaires vitales, dans les différents tissus. Différentes théories sont avancées. Pour les théories génétiques, le vieillissement est programmé, c'est-à-dire inscrit dans le code génétique de l'invididu au même titre que les stades de l'embryogenèse, de la croissance, de la puberté et de la ménopause. Ces théories s'opposent aux théories stochastiques du vieillissement qui invoquent l'accumulation des modifications moléculaires et cellulaires liées au hasard. A côté de ces théories génétiques et stochastiques les plus avancées à l'heure actuelle, nombre d'auteurs sont partisans de la théorie de l'horloge cérébrale qui situe dans l'hypothalamus, le siège du mécanisme réglant le vieillissement.

24.1.2. La sénescence psychologique

Les psychologues bien avant, les physiologistes avaient insisté sur l'importance et la précocité des phénomènes de vieillissement. L'évolution avec l'âge d'un certain nombre d'aptitudes peut être appréciée grâce à une série de tests psychométriques qui ont maintenant leur place dans toutes les batteries d'épreuves destinées à mesurer l'âge biologique des sujets (5).

Comme dans le cas des fonctions physiologiques, il apparaît que toutes les capacités intellectuelles ne sont pas influencées de la même façon par l'âge : celles qui sont nécessaires à la solution de *problèmes nouveaux* déclinent précocement et fortement avec les années alors que celles qui font intervenir *l'expérience* ne se modifient guère avec l'âge ou ne le font que tardivement. L'analyse des réponses données par un groupe de sujets sains à une « batterie » de tests explorant de nombreuses capacités et censée mesurer de ce fait l'intelligence globale (l'échelle d'Intelligence de Wechsler, par exemple) montre déjà d'impressionnantes différences entre 15 et 70 ans. Les meilleures performances sont réalisées entre 20 et 30 ans puis le déclin est linéaire jusqu'à 70 ans. Mais, de telles échelles composites sont formées de tests inégalement sensibles aux effets de l'âge et il est plus intéressant de considérer séparément les résultats d'épreuves mesurant des aptitudes plus spécifiques.

Les tests permettant d'apprécier les capacités mnésiques et les facultés d'apprentissage de tâches nouvelles décèlent de la façon la plus sensible, le vieillissement. Qu'il s'agisse de la mémorisation d'une série de mots ou de dessins ou encore de la mémoire d'un récit, la qualité des réponses diminue rapidement avec l'âge. Il en est de même pour les résultats des tests de code, où le sujet doit apprendre à associer certains symboles à d'autres en un temps limité. Il ne fait pas de doute que la plasticité intellectuelle, qualité hautement sollicitée dans l'adaptation aux situations nouvelles, décroît rapidement avec les ans.

(5) Missoum G., Laforestrie R. et al. Evaluation psychologique du sujet âgé. *Méd. et Hyg.*, 39, Genève, 1981.

On observe également des troubles de repérage temporo-spatial, la capacité à organiser le temps et l'espace mettant en jeu des opérations intellectuelles spécifiques perturbées par le vieillissement.

Les tests de facteur général (Cubes de Kohs) qui mesurent en fait les capacités supérieures d'abstraction et de synthèse apparaissent d'autant plus sensibles au veillissement qu'ils utilisent un matériel non verbal ou qu'ils exigent du sujet examiné certaines manipulations.

Les facultés d'attention et de concentration sont, elles aussi très affectées par l'âge, comme le montrent les tests d'attention. Les courbes obtenues mettent en évidence un déclin relativement précoce qui s'accentue ensuite avec les années.

En revanche, les épreuves faisant intervenir l'expérience (tests de vocabulaire notamment) ne font pas apparaître d'effet défavorable du vieillissement, du moins jusqu'à 70 ans. Quant aux tests de personnalité, ils dévoilent une légère augmentation avec l'âge des tendances dépressives et de l'introversion ainsi qu'une diminution de l'estime de soi et de la confiance en soi, ce qui rejoint les impressions cliniques recueillies. Un état de vulnérabilité peut cependant se déclarer avec l'avance en âge, caractérisé par un vécu de dévalorisation, par des difficultés d'implication dans les relations humaines et par un sentiment de perte des fonctions de maîtrise et de contrôle.

En conclusion donc, le vieillissement psychologique se traduit surtout par une perte progressive de la faculté d'adaptation aux situations nouvelles que ne compense pas forcément l'augmentation de l'expérience individuelle (6).

Selon J. Poitrenaud, l'accroissement de l'importance relative du facteur expérience s'accompagne d'une tendance de plus en plus marquée, au fur et à mesure que l'âge augmente, à se référer aux données des expériences antérieures pour résoudre les problèmes nouveaux. Les schémas anciens auxquels le sujet âgé aura recours peuvent ne pas convenir et interférer avec l'information tirée des situations actuelles. Ces interférences retardent ou empêchent la découverte de la solution et entraînent une chute des performances.

24.1.3. Vieillissement social

Pour les sociologues, la vieillesse est la phase de la vie consacrée à la pure reproduction des comportements déjà appris, c'est-à-dire le « moment de la rigidification des conduites... introduite par le jeu cumulatif des déterminismes sociaux, qui ne permet plus que la reproduction détériorée des

(6) Ces difficultés d'adaptation sont responsables de périodes de crises caractérisées par une plus grande fragilité psychologique survenant lors de ruptures provoquées par un départ brutal à la retraite, un deuil, une évolution maladive ou une séparation d'avec les enfants.

comportements déjà appris» (7). L'introduction de nouveaux modèles de conduites sociales apparaît compromise. Comme le souligne Rémi Lenoir (8), le vieillissement apparaît tel un processus de réduction sociale dont la vitesse est socialement déterminée.

Plusieurs modèles théoriques tentent d'expliquer ce vieillissement social.

- *La théorie de l'activité* propose un modèle de vieillissement réussi qui repose sur le maintien de l'activité le plus longtemps possible. L'activité pour Otto Pollack (9) est nécessaire au maintien d'une bonne santé physique et psychologique et la détérioration de la personnalité est en partie la conséquence de l'absence d'activités.

- *La théorie du désengagement* de Henry et Cumming (10) se fonde sur l'observation que l'individu encore en période d'activité, réduit avec l'avance en âge, ses activités professionnelles. Le vieillissement de l'individu est conçu comme un éloignement ou un désengagement réciproque qui s'opèrent entre la personne vieillissante et autrui dans les systèmes sociaux auxquels elle appartient. Comme le soulignent Henry et Cumming, la société intervient dans ce processus mais le désengagement est avant tout le fait de l'individu et secondairement une réponse à l'approche obligatoire de la retraite (11).

- Le modèle théorique d'Anne-Marie Guillemard propose une typologie des retraites fondée sur la nature des ressources que possède l'individu qui quitte son travail (12). Les ressources se répartissent en biens disponibles (revenu, réseau de relations sociales) et en potentialités (niveau d'instruction, aptitudes intellectuelles acquises au cours de la vie).

Anne-Marie Guillemard distingue ainsi :

— la retraite-retrait où le retraité, privé de biens et de potentialités est rejeté hors du champ social ;
— la retraite troisième âge où le retraité disposant de ressources suffisantes et équilibrées en biens et potentialités reste dans le système social en changeant simplement de statut ;

(7) A.M. Guillemard. *La retraite, une mort sociale,* Paris, Mouton, 1972, p. 233.
(8) R. Lenoir. *Transformations des rapports entre générations et apparition du troisième âge.* Centre d'Etudes des mouvements sociaux, 1977.
(9) Pollack O. *Social Adjustment in old age. A Research planing report.* New York, 1948.
(10) Cumming E., Henry W.E. *Growing old. The process of desengagement.* New York, 1961.
(11) Missoum G., Laforestrie R. L'homme et la femme devant la retraite. Quotidien « Le Monde », idées, 3 mai 1978, p. 2.
(12) Missoum G., Laforestrie R. L'homme et son travail : insertions et ruptures. *Gérontologie et société,* n° 10, sept. 1979.

— la retraite-famille et la retraite-loisirs où le retraité dispose de davantage de biens et de potentialités. La première répond aux attentes d'une société traditionnelle, la seconde aux attentes d'une société moderne de consommation ;

— la retraite-revendication où le retraité disposant de plus de potentialités que de biens met celles-ci au service de la défense des intérêts de sa classe d'âge ;

— la retraite-participation où le retraité gratifié en biens mais démuni en potentialités adhère au système social mais essentiellement par une consommation intense et passive de médias.

Tableau 24.1

Pratiquez-vous une activité physique ou sportive, ne serait-ce que de temps en temps ?

	Ensemble	Hommes	Femmes	18-35 ans	35-49 ans	65 et +
— OUI...	42 %	48 %	36 %	55 %	43 %	23 %
— NON...	58 %	52 %	64 %	45 %	57 %	77 %
	100 %	100	100 %	100 %	100 %	100 %

Quelle est la fréquence de votre activité sportive ou physique ?

	Ensemble	18-35 ans	+ 65 ans	Cadres supérieurs (18-45 ans)	Ouvriers (18-45 ans)
— Tous les jours ou presque tous les jours......	12 %	12 %	13 %	12 %	11 %
— Au moins une fois par semaine	20 %	29 %	8 %	33 %	19 %
— Une fois par mois ou seulement pendant les vacances d'été ou d'hiver......	10 %	14 %	2 %	39 %	10 %
— Ne pratiquent pas, même occasionnellement	58 %	45 %	77 %	16 %	60 %

— Sondage S.O.F.R.E.S. C.F.E.S. (20-26 février 1981)

Nombre de clubs ou groupements pratiquant :	
— La gymnastique d'entretien	2 407
— La natation	472
— La marche	854
— Le ski de fond	334
— La bicyclette	107
— Le tennis	5
— Le yoga	54
— Autres à préciser	27
(danse : 10 ; tir à l'arc : 2 ; boules : 15)	

Tableau 24.2

24.2. L'activité physique chez la personne âgée

24.2.1. Les pratiques (13)

On estime à environ 100 000 personnes âgées de soixante ans et plus, le nombre des retraités pratiquant une activité physique au moins une fois par semaine. Une enquête du ministère de la Jeunesse et des Sports menée en 1980, auprès de 73 directions départementales, a recensé le nombre des clubs ou groupements proposant parmi leurs diverses activités, la pratique de l'activité physique aux personnes âgées (tableau 24.3). On constate que les activités les plus répandues sont la gymnastique d'entretien, puis la marche, la natation, le ski de fond, la bicyclette, le tennis et le yoga. Les enquêtes sur les pratiques culturelles des français, réalisées par le ministère de la Culture en 1982 (tableau 25) confirment ces choix des personnes âgées qui s'orientent en effet avec prédilection vers le footing (18,2 %), la gymnastique (7,2 %), la natation (6,6 %), la bicyclette (6,5 %), le ski (2,4 %), les boules (1,5 %) et le tennis (1 %).

Ces différentes pratiques sont animées par les trois principales catégories d'intervenants suivantes (tableau 24.4) :

- les titulaires de diplômes de fédérations françaises de gymnastique d'entretien ;
- les retraités eux-mêmes qui manifestent ainsi leurs capacités à assumer les responsabilités liées à la prise en charge autonome de leurs loisirs ;
- les enseignants d'éducation physique et sportive.

(13) Ernoult J.P. Situation et perspectives des activités physiques du 3e Age en France. *Revue de Gériatrie,* n° 9, nov. 1983, pp. 443-446.

Tableau 24.3

	60 à 69 ans	70 ans et plus	ENSEMBLE DE LA POPULATION
Footing	11,3 %	6,9 %	18,2 %
Natation	6,0 %	0,6 %	14,7 %
Football	0,4 %		11,1 %
Gymnastique	5,9 %	1,3 %	10,0 %
Tennis	0,6 %	0,4 %	9,5 %
Vélo	5,1 %	1,4 %	7,8 %
Ski	1,7 %	0,7 %	7,5 %
Voile	0,2 %	0,1 %	2,9 %
Ping-pong	0,1 %	0,1 %	2,5 %
Equitation	0,2 %		1,8 %
Judo	0,2 %		1,4 %
Danse			0,9 %
Boules	0,9 %	0,6 %	0,8 %
Moto	0,2 %		0,7 %
Tir à la carabine	0,2 %	0,1 %	0,4 %
Golf	0,2 %		0,2 %
Tir à l'arc			0,1 %
Autre	1,0 %		3,5 %

Tableau 24.4

Nombre de clubs ou groupements où l'activité est dirigée par :	
Enseignant E.P.S.	415
Enseignant Fédéral	1 006
Kinésithérapeute	164
Retraité	527
Etudiant en E.P.S.	32
Titulaire Unité de Valeur Sport et 3e Age	61
Autres à préciser	277
(Travailleurs sociaux, infirmières, moniteurs municipaux, animateurs	

24.2.2. Objectifs poursuivis

Pour Henri Laborit, l'inhibition de l'action est responsable de la dépression qui atteint l'individu qui vieillit. Aussi l'influence de l'entourage est fondamentale, qui doit considérer la personne âgée comme un adulte capable d'agir et de penser. Le développement de la pratique des loisirs physiques chez les personnes âgées contribue donc à modifier sensiblement l'image négative de la vieillesse et le modèle déficitaire qui lui est associé. Il ne peut être question d'ignorer la dégradation physique qui accompagne le vieillissement normal de l'individu mais il convient de considérer que le sentiemnt de bien-être psychique (life satisfaction) peut être indépendant de l'âge et du statut social. On évite ainsi de dévaloriser les femmes et les hommes de 60 ans et plus qui assument de manière positive leur statut de retraité comme c'est le cas dans les pratiques physiques de loisirs.

L'activité physique poursuit par ailleurs un triple objectif de prévention du vieillissement prématuré, physique, psychique et social.

24.2.3. Influence des activités physiques sur les personnes âgées

Effets fonctionnels (14)

La sédentarité et le manque d'exercice accélèrent le viellissement osseux, articulaire, cardiaque et respiratoire. La pratique régulière d'une activité physique adaptée permet de ralentir les effets néfastes du vieillissement, en améliorant sur le plan fonctionnel, le rendement de l'individu âgé et en renforçant l'autonomie physique.

- Amélioration du système neuro-musculaire :
  - — développement musculaire,
  - — progrès articulaires,
  - — affinement des perceptions sensorielles,
  - — développement de l'efficacité et de la précision gestuelles.
- Amélioration du système cardio-vasculaire :
  - — diminution de la fréquence cardiaque au repos,
  - — contrôle de la pression artérielle.
- Amélioration du système respiratoire :
  - — meilleure ventilation.

La diminution de l'aptitude énergétique globale est surtout liée au déclin des facteurs cardio-vasculaires. L'aptitude cardio-vasculaire à l'exercice décroît chez le sujet âgé et se manifeste essentiellement par une diminution de la consommation maximale d'oxygène, de la fréquence cardiaque maximale et du volume d'éjection systolique, donc par une diminution du débit cardiaque.

L'adaptation cardio-vasculaire est donc moins satisfaisante pour les efforts brefs et intenses. Aussi, aux exercices intenses il sera préféré les efforts modérés et prolongés, c'est-à-dire les efforts d'endurance tels que la marche (30 minutes à 2 heures), la randonnée, le jogging, le ski de fond, la natation ou le cyclo-tourisme.

(14) Harichaux P., Rougier G., Palis M. Activités physiques et troisième âge. *Chiron Sports,* Paris, 1982.

De la même façon, l'atrophie musculaire signant une diminution en nombre et en surface des fibres rapides, le muscle du sujet âgé, moins puissant s'adaptera mieux aux mouvements répétés d'intensité moyenne.

Effets psychologiques

L'activité physique joue lors du processus de vieillissement, un rôle prophylactique et thérapeutique qui favorise le maintien des facultés intellectuelles et l'adaptation psycho-affective de la personne âgée à l'environnement (15).

En effet, la solitude et l'isolement accélèrent et aggravent le processus du vieillissement en provoquant des défaillances psychiques qui peuvent altérer la santé mentale de l'individu. Ce phénomène est particulièrement préoccupant lorsque l'on sait que 46 % des personnes âgées de plus de 55 ans vivent seules (enquête I.N.S.E.E., 1975). La pratique de l'activité physique en évitant ou en brisant l'isolement et la solitude du sujet âgé remplit au plan psychologique un double rôle préventif et thérapeutique.

Le vieillissement qui pose aussi le délicat problème de la transformation de l'image coporelle (16) influence l'évolution de la personnalité et plus précisément le devenir de la composante narcissique du sujet âgé (17). Définie comme l'investissement de soi, de sa propre personne, cette composante joue chez l'individu un rôle fondamental puisqu'elle est à l'origine des sentiments d'identité, de confiance en soi et d'estime de soi qui facilitent l'action sur l'environnement et favorisent la résistance aux stress et aux agressions psychologiques et sociales.

La revalorisation corporelle que la pratique des loisirs physiques induit, agit d'une manière bénéfique sur le maintien de la composante narcissique du sujet âgé. Elle soutient l'idéal du moi (18) et améliore l'image de soi par l'accumulation des expériences de succès que le pédagogue met à sa portée dans la pratique.

Les activités physiques permettent donc de lutter efficacement contre l'angoisse de la déchéance corporelle et par là même, à l'individu, de préserver ou de restaurer son autonomie.

Enfin, sur un plan psycho-sociologique, la pratique des activités physiques de groupe, en valorisant les situations pédagogiques relationnelles, réhabilite la communication entre les individus et lutte ainsi contre la carence et l'appauvrissement affectifs.

(15) Missoum G., Laforestrie R. et al. L'influence psychologique de la pratique des activités physiques chez les personnes âgées. *Revue de Gériatrie,* tome 6, n° 10, 1981, pp. 493-501.
(16) Missoum G. Quand l'homme vieillit... *Loisirs, santé,* n° 13, janvier 1985.
(17) Balier C., Ferry Druene M., Gognalons-Caillard M. Vieillissement individuel et vieillissement social : pour une approche dynamique de la pathologie de la sénescence. *Cahiers de la fondation de Gérontologie,* 1976, n° 4.
(18) Idéal du moi : modèle auquel le sujet cherche à se conformer.

Conséquences sociales

La pratique collective des activités physiques reste l'un des moyens les plus efficaces de favoriser la relation à autrui, de renforcer la sociabilité et de stimuler les contacts sociaux. Elle facilite ainsi l'insertion ou la réinsertion du sujet âgé à l'intérieur du système social.

24.3. Aspects pédagogiques

24.3.1. Mixité

La formule pédagogique de la mixité est conseillée dans la mesure où elle préserve et restitue la réalité des relations sociales (19). Elle engage le pédagogue à la reconnaissance de l'identité sexuelle du sujet âgé (20) et l'autorise par l'intermédiaire des contacts corporels provoqués par l'activité, à engendrer des stimulations affectives intenses (danse et expression corporelle).

Des séances séparées pour les femmes et pour les hommes peuvent cependant être proposées lorsqu'elles correspondent à des motivations très affirmées des pratiquants âgés du groupe (danse et sport).

24.3.2. Autonomie

Sans nuire à l'indispensable climat sécurisant du groupe, les séances doivent faire la place à des séquences de prise en charge autonome des sujets par eux-mêmes, de façon à éviter de cultiver une dépendance excessive à l'égard du pédagogue.

24.3.3. Stratégie pédagogique

Pédagogie adaptée

La pédagogie doit être adaptée aux capacités et aux aptitudes des individus. Par exemple, la gymnastique pour les moins de 75 ans peut prévoir

(19) Coutier D., Camus Y., Sarkar A. Mouvement et animation physique. I.N.S.E.P., 1980.
(20) Missoum G., Laforestrie R. Pour une libération sexuelle de la vieillesse. Quotidien « Le Monde », idées, 1-2 oct. 1978, p. 2.

une graduation des mouvements, debout, à genoux, assis au sol et pour les plus de 75 ans, on peut alterner les mouvements debout et assis sur une chaise.

Pédagogie de la réussite

Le pédagogue doit favoriser l'expérience du succès en privilégiant les évaluations lors d'acquisitions partielles et en ne systématisant pas, l'évaluation terminale et mettre ainsi la réussite à la portée du plus grand nombre.

Pédagogie attrayante

L'introduction de jeux et de contenus ludiques, de la musique et du travail avec engins dans les séances doit contribuer à rendre les séances plus attrayantes et à favoriser l'expérience du plaisir.

Bibliographie

Activités physiques et sportives et vieillissement. XVIe Journée régionale de Gérontologie, Saint-Etienne, 28 oct. 1981 : Société Rhône-Alpes de Gérontologie, 1982.

BENEZIS (C.) : *Le sport après 40 ans. Evaluation de la condition physique.* Le courrier du corps, n° 38, janv. 1984, pp. 8-13.

HARRIS (R.), FRANKEL (L.J.) and al. : *Guide to fitness after fifty.* New York, Plenum press, 1977.

Les activités physiques et les loisirs sportifs à la retraite. Udiage. La Revue de Gériatrie, n° 7, sept. 1983, pp. 347-348.

LEHR (V.) : *La cure de mouvement dans le troisième âge.* L'évolution médicale, 1969, tome XIII, n° 4, pp. 357-362.

LENOIR (H.), COUTIER (D.), DURAND (O.), SARKAR (A.) : *Appréciation et confrontation sur le terrain des effets biologiques et psycho-sociologiques de l'activité physique et sportive chez les personnes âgées dans la perspective d'une pratique et d'une formation de cadres supérieurs.* Recherche I.N.S.E.P., 1982.

LONGUEVILLE (L.) : *Réalités, objectifs et limites des activités physiques pour personnes âgées.* Santé de l'homme, n° 187, oct. 1973.

LOUVARD (A.) : *Guide pratique d'exercices physiques du troisième âge.* Paris, Amphora, 1982.

MALENFANT (Ch.) : *Pratiques corporelles et animation sportive chez les retraités,* in Gérontologie et société : le corps âgé et ses ressources, n° 29, 1984.

MISSOUM (G.), LAFORESTRIE (R.) : *Un modèle d'intervention de la psychologie clinique en gérontologie,* in Psychologie et Vieillissement, Gérontologie et Société, n° 22, 1982, pp. 86-100.

MISSOUM (G.), LAFORESTRIE (R.) et al. : *Etude longitudinale de différentes activités physiques : leur intensité et leurs effets cognitifs et psycho-affectifs chez les sujets âgés vivant à domicile.*

MISSOUM (G.), LAFORESTRIE (R.), BERTHAUX (P.) : *Psychological diagnostic and clinical evaluation : Elaboration and validation for a new projective test suitable for old people.* XIIe International Congress of Gerontology, Hamburg, Germany, July 12-17, 1981.

VELLAS (P.) : *Conditionnement physique : troisième âge.* Editions Succès du jour, 1983.

25. La pratique sportive chez les handicapés — R. THOMAS

Le mot handicap provient de la locution anglaise « Hand in cap », la main dans le chapeau. Cela signifie que l'on tire au sort dans un chapeau, donc que les chances sont égales, plus précisément que l'on a égalisé les chances. Tous les concurrents ont la même probabilité de gagner. Du fait que certains sont réputés meilleurs on leur impose un désavantage initial. Dans les courses de chevaux où cette expression est apparue, on surcharge un concurrent connu comme supérieur aux autres, ou bien encore on donne au départ une certaine avance à un autre moins bon. Ce désavantage initial devient le handicap.

Le terme handicapé qualifie une personne présentant un désavantage physique, intellectuel ou social. Ces handicaps pouvant malheureusement se cumuler.

On distingue différents types de handicaps physiques et intellectuels. Ainsi chez les enfants on les classe de la manière suivante : handicapés sensoriels, moteurs, mentaux, par suite de maladies internes chroniques, telle le diabète.

La catégorie des handicapés moteurs regroupe des sujets présentant des déficiences variées notamment des amputations, des atteintes neurologiques, des infirmités musculaires.

On constate donc une grande diversité parmi les handicapés et donc des différences de possibilité d'adaptation au monde environnant, ainsi que des réactions très variées de la part d'individus normaux vis-à-vis des handicapés.

Le nombre des handicapés est élevé. Un rapport publié en 1969 et rédigé sous la direction de Bloch-Lainé (1) fait état de 1 313 000 personnes en 1962. On cite, en 1974, le chiffre de 2 800 000 dont 175 000 mineurs et 1 300 000 personnes de plus de 65 ans (2).

(1) Bloch-Lainé F. *Etude du problème général de l'inadaptation des personnes handicapées.* Paris, 1969.
(2) Lenoir R. *Les exclus.* Seuil, 1974.

25.1. Sport et handicapés

Pendant la deuxième guerre mondiale les soins donnés aux blessés ont suscité de nouvelles techniques de thérapies et de rééducation. Parmi le personnel affecté à cette mission, certains spécialistes ont songé à utiliser la pratique de quelques sports ou celle de jeux de compétition adaptés. Dans les années qui ont suivi la fin des hostilités, le professeur Guttman développa, à Stoke-Mandeville, en Grande-Bretagne, cette utilisation du sport comme thérapie pour les handicapés obligés de se déplacer en fauteuil roulant. Progressivement le mouvement s'est institutionnalisé.

Les premiers Jeux se sont déroulés, en 1951, à Stoke-Mandeville. A partir de 1960 les compétitions furent organisées la même année que les Jeux Olympiques et pour certains dans la même ville. Ils s'ouvrirent peu à peu aux différents types de handicaps. La France a activement participé au mouvement mondial. Dès 1954 existait une association, l'Amicale Sportive des Mutilés de France (A.S.M.F.), fut créée ensuite la Fédération Sportive des Handicapés Physiques de France, puis la Fédération Française de sport pour Handicapés Physiques et enfin la Fédération Française Handisport, souvent appelée en abrégé Handisport (3).

Sous l'impulsion de son président, André Auberger et de son directeur technique national, François Terranova, la fédération obtient d'excellents résultats dans les compétitions internationales. Elle a remarquablement progressée. Alors qu'elle ne remportait que 13 médailles en 1964 (4 d'or, 2 d'argent, 7 de bronze à Tokyo) elle en gagnait 85 en 1980.

Pour la pratique sportive les handicapés sont classés en cinq grandes catégories :

- handicapés en fauteuil roulant,
- aveugles et mal voyants,
- infirmes moteurs cérébraux (I.M.C.),
- handicapés divers.

Les handicapés pratiquent de nombreuses disciplines : athlétisme, ball-trap, basket, cyclisme, équitation, escrime, haltérophilie (développé couché), natation, ski (alpin et nordique), tennis, tennis de table, tir, tir à l'arc, volley-ball.

(3) Fédération Française Handisport : 1, av. Pierre-Grenier, 92100 Boulogne. Tél. : 608.31.85.

25.2. Les handicapés mentaux

Il existe également une fédération regroupant les handicapés mentaux pratiquant le sport, la Fédération Française du Sport Adapté (4) qui a pris la suite en 1983 de la Fédération Française d'Education par le Sport des Personnes Handicapées Mentales. Le président, en 1984, en est Monsieur Jean Calvino et le directeur technique national, Monsieur Henri Miau. Cette fédération a été habilitée par le ministère de la Jeunesse et des Sports en 1977. Ce qui signifie que le Ministère a confié à la fédération la responsabilité de l'organisation et du développement des activités physiques et sportives pour les handicapés mentaux en France. Les sportifs sélectionnés par la fédération participent à des Jeux Olympiques spéciaux et à des rencontres internationales telles les « Spartakiade 80 ».

25.3. Motivations des handicapés

Quels sont les facteurs qui expliquent la pratique sportive chez les handicapés ? Une étude entreprise à Tours (5) montre qu'il existe la même relation entre pratique et classes sociales que celle observée chez les sportifs. Plus le niveau social est élevé plus la pratique est importante.

Au plan des motivations, il semblerait exister une différence entre handicapés de longue date et handicapés récents. Les premiers présenteraient des choix plus diversifiés, les seconds auraient tendance à se replier sur eux-mêmes et donc à opter pour certains sports individuels tels l'athlétisme ou le tir à l'arc.

Dans le cadre du brevet d'Etat d'éducateur sportif à trois degrés il existe une option handicapés physiques et un brevet d'Etat option handicapés mentaux.

(4) F.F.S.A., 182, rue Raymond-Losserand, 75014 Paris. Tél. : 545.07.60.
(5) Fabert R. Mémoire dirigé par R. Thomas. *La pratique du sport chez les handicapés physiques.* 1975, université de Tours.

LES PARTICIPANTS

26. L'éducateur sportif : attitude et rôle — R. THOMAS

26.1. Définition de l'attitude

Dans son sens le plus courant, le mot attitude désigne une pose, mieux une posture du corps, c'est-à-dire l'ensemble des positions relatives des diverses parties corporelles animées par la musculature squelettique dont l'activité s'oppose à l'action de la pesanteur. Le peintre demande à son modèle de prendre une certaine attitude. Dans cette acceptation du mot on parle d'attitude motrice. Celle-ci anticipe un mouvement et indique donc l'intention du sujet. L'athlète qui se prépare à sauter en hauteur prend une certaine attitude. Dans un autre sens courant, attitude est synonyme de comportement. Telle personne a eu, au cours d'une situation dangereuse, une attitude courageuse.

Le psychologue et plus particulièrement le psycho-sociologue utilisent la notion d'attitude dans un sens qui se situe à l'articulation des deux significations usuelles que nous venons de décrire. Il s'agit d'une disposition qui prépare l'individu à agir comme dans le premier sens courant, mais cette disposition n'est pas visible. Intérieure, elle ne se manifeste qu'en présence de l'objet sur lequel porte l'attitude. Cette présence pouvant n'être que symbolique, évoquée par exemple.

Ainsi une personne a, vis-à-vis du sport, une attitude qui peut être favorable, neutre ou hostile. Tant que le sport n'est pas présent dans le champ psychologique de cette personne, l'attitude ne se manifeste pas. Mais elle n'en demeure pas moins une constante du sujet, prête à apparaître. L'attitude est donc une structure latente, elle indique ce qu'intérieurement nous sommes disposés à faire.

Le psychologue a été amené à imaginer cette notion pour expliquer certains phénomènes. Avec un même stimulus, dans des conditions apparemment identiques, on obtient sur un même sujet des réponses différentes. Un exemple fera mieux comprendre ce fait. Si nous enregistrons le temps de réaction d'un sprinter lors d'un départ, en chronométrant le délai qui s'écoule entre le coup de pistolet et le moment où le pied arrière quitte le starting block (1), nous observons que le temps varie suivant la consigne donnée au

(1) On peut tout aussi bien arrêter le chronomètre lorsque le pied avant quitte le starting block, le résultat est identique.

sujet. Si on lui demande de se concentrer sur le mouvement à effectuer, le temps enregistré sera plus bref que si on lui donne la consigne de porter son attention sur le coup de pistolet. On explique cette variation par des attitudes différentes.

Après avoir introduit le concept d'attitude pour expliquer le genre de phénomènes que nous venons de décrire, le psychologue l'a enrichi en le rattachant à la notion de valeur. Un individu adhère à certaines valeurs (2), par exemple la liberté, la justice. Celles-ci engendreront des attitudes. Ainsi le sujet présentera une attitude antiraciste. La liaison n'est pas à sens unique ; les attitudes engendrent également des valeurs. Le lecteur voit donc que le concept auquel nous nous intéressons recouvre un champ psychologique assez vaste, d'autant que les attitudes sont également en relation avec les motivations et, par leur intermédiaire, avec les besoins.

Les attitudes d'un sujet doivent former un tout cohérent, ou du moins ne pas présenter trop de contradictions, sinon apparaît un état que le psychologue qualifie de dissonant (3). Lorsque le cas se produit, un état d'équilibre a tendance à se réinstaurer, il faut donc que les contradictions diminuent, les attitudes les moins stables seront transformées.

Illustrons ce que nous venons de dire. Prenons l'exemple d'un sportif pratiquant une certaine discipline. Il y trouve beaucoup de plaisir et présente donc vis-à-vis de ce sport une attitude positive extrêmement favorable. Ce sportif rencontre une jeune fille et s'en éprend. Il va donc présenter de même une attitude très favorable vis-à-vis de cette personne. Celle-ci éprouve également un sentiment très fort pour ce sportif. Mais supposons qu'elle

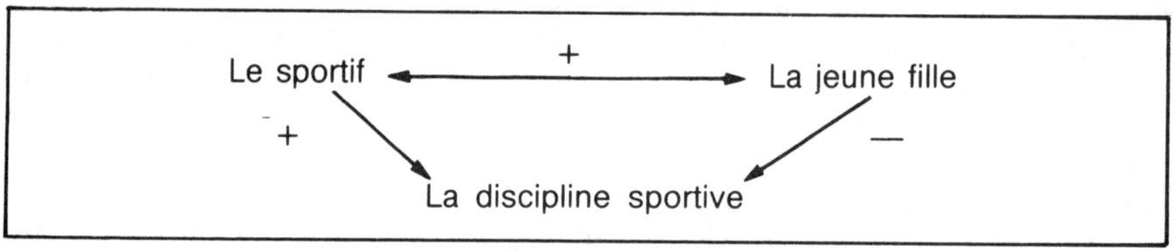

Figure 26.1

déteste la discipline que pratique le garçon. L'ensemble des attitudes entre les deux sujets et l'objet « discipline sportive » est en déséquilibre (cf. figure 26.1).

Le système va tendre à s'équilibrer. Plusieurs solutions sont possibles. La jeune fille et le jeune homme peuvent rompre leur relation. Le sportif peut cesser de pratiquer. La jeune fille peut devenir indifférente vis-à-vis de la discipline sportive et même être attirée par celle-ci. L'évolution se fera vers la ligne de moindre résistance. Certes le système peut demeurer ainsi fort

(2) L'une des valeurs fondamentales de la culture des sociétés industrielles est le culte du succès, ce qui entraîne des attitudes favorables au sport. En général le sportif jouit d'une bonne image de marque.
(3) Une théorie a été élaborée pour expliquer ces phénomènes : la théorie de la dissonance cognitive.

longtemps, mais alors il existe toujours une tension et le travail qui pousse l'ensemble vers un état d'équilibre continue.

Bien entendu les attitudes peuvent être plus ou moins profondes. Si elles ne présentent pas une certaine force, aucun conflit n'apparaîtra.

26.2. Caractéristiques de l'attitude

L'attitude est acquise, apprise le plus souvent pendant l'enfance. Le comportement des parents vis-à-vis de l'enfant constitue un élément essentiel de l'environnement dans lequel le jeune élabore son système d'adaptation. En grandissant l'enfant tend à adopter les attitudes de ses parents. La mère a notamment une grande influence. Ainsi, la pratique sportive d'un jeune dépend souvent de l'attitude de sa mère vis-à-vis du sport. Bien entendu, les éducateurs avec lesquels l'enfant sera en rapport auront aussi une forte emprise, de même que les personnes admirées. L'enfant comme l'adulte s'identifie souvent à certains modèles proposés par la société tel que le champion. Le sujet aura donc tendance à adopter les attitudes des sportifs d'élite. Les groupes dans lesquels la personne vit ont également un rôle important dans la formation des attitudes. Il faut enfin noter l'influence des groupes auxquels le sujet voudrait appartenir, appelés par le psycho-sociologue, groupes de référence.

La première caractéristique de l'attitude est donc d'être acquise, de dépendre de l'environnement et de l'histoire de la personne. Ce fait entraîne sa deuxième caractéristique. L'attitude est plus ou moins durable et elle peut être modifiée. De nombreuses recherches ont été consacrées à l'étude des changements d'attitude. Le nom de Lewin est associé à ces travaux. Ce psychologue allemand émigré aux Etats-Unis a réalisé de nombreuses expériences sur cette question. Il a montré qu'il était important d'intéresser personnellement les sujets dans toute entreprise visant à modifier les attitudes. Il a de même montré qu'il était plus facile de modifier l'attitude d'un groupe que celle d'une personne.

L'attitude présente une troisième caractéristique. Elle est orientée. On se situe entre deux pôles affectifs, entre un pôle favorable et un pôle défavorable, entre le pour et le contre. L'attitude entraîne la sympathie ou la répulsion.

Quatrième caractéristique, l'attitude est sélective. Elle filtre les informations que l'individu reçoit de son environnement. Elle peut même déformer notre perception. L'attitude organise notre univers pour lui donner un sens.

26.3. Moyen de mesure

Le plus souvent le psycho-sociologue cherche à cerner l'attitude d'un sujet par l'intermédiaire de l'opinion de ce dernier, c'est-à-dire d'une expression orale sur la question. Cette technique présente des avantages et des inconvénients. D'un côté le langage offre de subtiles nuances et rend possible la découverte de la position précise de l'attitude d'un individu sur le problème envisagé, mais d'un autre côté les dires d'un sujet ne coïncident pas toujours avec ses actes. De ce fait il sera bon de chercher à définir également l'attitude par des comportements. Cependant, ainsi que nous venons de le dire, la mesure des attitudes se fait presque toujours par un questionnaire d'opinion. Le psychologue a construit des outils de mesure, les échelles d'attitudes. Grâce à des questions judicieusement choisies (4), une vingtaine en général, le spécialiste mesure l'attitude d'une personne sur un sujet déterminé. On dispose notamment d'échelle pour évaluer l'attitude vis-à-vis du sport ou de l'éducation physique.

26.4. Effets de l'attitude de l'entraîneur

Suivant l'attitude que l'entraîneur adoptera dans ses relations pédagogiques, soit au niveau individuel, soit au niveau collectif, son action sera plus ou moins efficace. Des expériences très connues ont démontré l'influence du climat affectif créé par le leader. Ces recherches sont décrites plus avant dans le chapitre concernant la relation affective en pédagogie. Nous renvoyons donc le lecteur à cette partie de l'ouvrage.

Il existe une autre série de recherches qui permettent de préciser l'influence de l'attitude de l'entraîneur sur l'athlète. Elles sont dues à un chercheur américain du nom de Rosenthal. Celui-ci a montré que la croyance d'une personne sur certains phénomènes entraînait souvent l'apparition de ces phénomènes. Le prophète réalise sa prophétie. Rosenthal a notamment démontré ce fait au niveau pédagogique. A l'intérieur de plusieurs classes, il a sélectionné au hasard certains enfants, puis il a déclaré au maître responsable de l'enseignement qu'ayant examiné ses élèves à l'aide de nouveaux tests, certains (ceux tirés au sort) étaient à la veille de faire des progrès étonnants. Le résultat des expériences fut toujours le même. Les élèves déclarés comme devant progresser notablement obtinrent à la fin de l'année scolaire de meilleurs résultats que les autres. Le maître s'attendait à ce fait et son attente a créé le résultat (5).

(4) La technique de construction des échelles d'attitude est décrite dans le livre : *Introduction aux fondements théoriques et méthodologiques de la recherche sportive,* R. Thomas, Editions Vrin, 1970, pp. 86-93.
(5) Nous avons simplifié la description des expériences. Le lecteur pourra se reporter à l'ouvrage *Pygmalion à l'école,* de Rosenthal R. et Jacobson L., Casterman, 1971.

Ce que les psychosociologues appellent l'effet Rosenthal est évidemment un phénomène très important pour l'entraîneur. Celui-ci doit être vigilant vis-à-vis de son attitude envers les capacités de ses sportifs. Il doit se méfier de tout ce qui pourrait être un préjugé. Rosenthal cite d'ailleurs des observations réalisées en milieu sportif. L'athlète qui craint l'échec échoue. De même l'attente du groupe influe sur le résultat. L'observation d'une bande de jeunes joueurs de bowling le montre (6). Lorsque le groupe s'attendait à ce qu'un membre joue mal, il jouait effectivement mal. Rosenthal explique ce fait par une action inconsciente du groupe sur les motivations et l'angoisse du sujet.

Pour clore ce chapitre, notons que les attitudes de l'entraîneur sont déterminées par son rôle, c'est-à-dire par un ensemble de conduites attachées à sa position, par ce que les autres attendent de lui. Les fédérations sportives précisent en général par des textes ce que doit être ce rôle. Il existe donc une attente assez précise de la part des personnes avec lesquelles l'entraîneur est en relation. Ce dernier va de ce fait essayer de faire correspondre ses attitudes à ce modèle idéal. Une étude réalisée par Gérard Bosc de la F.F.B.B. montre qu'effectivement les entraîneurs veulent donner d'eux-mêmes une image calquée sur ce rôle idéal. Les entraîneurs devraient présenter des attitudes stimulantes pour les sportifs dont ils ont la charge et également se montrer fermes et calmes.

26.5. Rôles de l'éducateur sportif

La notion de rôle provient du latin *« rotulus »* c'est-à-dire du rouleau de parchemin que l'acteur lisait sur scène. Il s'agit donc de prescriptions de conduites qu'un sujet doit tenir en certaines circonstances. Pour l'anthropologue américain Ralph Linton le rôle « est l'ensemble des modèles culturels associés à un statut ». Une culture impose à chaque individu des comportements précis en fonction de la place qu'il occupe dans la société et chacun jouit, suivant le rôle qu'il tient, d'un certain statut. L'éducateur sportif possède un statut ambigu. Le sport dans le milieu intellectuel est souvent considéré comme marginal. De ce fait la fonction d'entraîneur risque de ne pas conférer un statut de niveau aussi élevé que celui fourni par le métier d'ingénieur, d'administrateur ou de professeur (7). Néanmoins cela n'est pas universel. Aux Etats-Unis certains types d'entraîneurs jouissent d'un statut élevé.

L'éducateur sportif doit donc remplir un rôle. Celui-ci est évidemment en liaison avec sa fonction. Le milieu sportif s'attend à ce que l'entraîneur

(6) Id., p. 24.

(7) Encore faut-il que le professeur ne soit pas professeur d'éducation physique. Tout ce qui touche au corps ne bénéficie pas d'un statut élevé.

enseigne des techniques mais aussi à ce qu'il crée un climat affectif favorable au sein du collectif d'entraînement. Il s'attend encore à ce qu'il éduque les jeunes qui lui sont confiés. Dans notre société contemporaine la famille ne constitue plus un milieu éducatif aussi important que naguère car les parents sont souvent très occupés par d'autres charges, la mère travaillant fréquemment hors du foyer.

Le lecteur, et plus particulièrement le candidat au métier d'éducateur sportif, ont intérêt à consulter les ouvrages qui traitent des problèmes actuels de la jeunesse et plus précisément des questions concernant la déviance.

Suivant le niveau des pratiquants dont il a la charge, l'entraîneur insistera plus sur certaines dimensions de son rôle. Animateur au niveau du sport pour tous, il sera avant tout technicien et manager pour le sportif d'élite. Mais il devra également assurer d'autres fonctions tel que celui de régulateur de tensions au sein du collectif d'entraînement.

Pour en savoir plus, lire notamment :

THOMAS (R.) et ALAPHILIPPE (D.) : *Les attitudes,* P.U.F., 1983.

THOMAS (R.) et col. : *La relation au sein des A.P.S.,* Ed. Vigot, 1983.

27. L'éducateur sportif en relation avec les pratiquants

Le rôle de l'entraîneur s'est trop souvent limité, comme pour le maître à l'école, à la simple transmission d'informations techniques et de connaissances.

Or, l'expérience l'a souvent démontré, ce ne sont pas nécessairement les meilleurs techniciens qui deviendront de bons entraîneurs. En effet, l'obtention de performances supérieures ne dépend pas uniquement d'une préparation technique et physique efficaces. Bien que les différences neurologiques des individus conditionnent fortement les performances, il faut également tenir compte du contexte dans lequel s'exerce le sportif et plus particulièrement des interrelations qui s'exercent entre lui et l'entraîneur d'une part, et d'autre part, des interactions qui le lient à ses partenaires. L'entraînement de sportifs et d'équipes ne peut donc plus se limiter à la simple transmission de savoir-faire techniques, au développement d'habitudes motrices et au perfectionnement physique. L'entraîneur doit tendre à prendre en charge la personnalité totale du sujet et devenir ainsi un véritable éducateur.

Afin d'assurer une meilleure efficacité de l'apprentissage, de susciter un climat de confiance et d'acceptation, de promouvoir des relations interpersonnelles fondées sur l'égalité et le partage des responsabilités, le rôle et le personnage de l'entraîneur doivent être réinventés.

Le changement d'attitude de l'éducateur vis-à-vis des sujets pourra essentiellement intervenir au niveau de la conception qu'il se fait de *l'autorité*. Or, sous l'influence des conceptions psychanalytiques et des travaux sociométriques, l'autorité n'est plus conçue comme un attribut inné ; elle découle des interrelations privilégiées établies par des sujets avec d'autres membres du groupe, relations qui demeurent cependant influencées par les dimensions psychologiques spécifiques.

Aussi, en adoptant un style de commandement démocratique, l'entraîneur assurera non seulement une meilleure régulation des échanges à l'intérieur du groupe, mais minimisera les effets de l'agressivité ou de la dépendance et favorisera la mise en jeu des processus nécessaires d'identification.

27.1. Le leadership

Le terme leadership désigne aussi bien le statut, le comportement, que l'ensemble des traits caractérisant la personne qui assure la conduite d'un groupe.

Le leadership peut revêtir différentes formes :

1. les chefs peuvent être nommés par une autorité supérieure (les dirigeants). Dans ce cas, les Anglais utilisent de préférence le terme de headship ;
2. les chefs peuvent être désignés par le groupe, généralement en raison de leurs capacités supérieures ;
3. le leadership peut être saisi par un membre du groupe.

Il apparaît évident que bon nombre d'équipes possèdent plusieurs types de leader. L'entraîneur représente le type même du leader nommé par une autorité supérieure. Mais parmi les membres de l'équipe, certains rivalisent pour tenter d'obtenir le leadership ; par un accord tacite des équipiers, certains peuvent être reconnus comme leaders (informel).

L'entraîneur doit être conscient du fait que son autorité lui a été conférée par une autorité supérieure. Aussi doit-il s'efforcer à conquérir une part du pouvoir octroyé par le groupe, en se faisant :

- *médiateur du savoir,* par l'apport d'informations nouvelles au groupe, en les dosant et en les formulant de telle façon qu'elles soient assimilables ;
- *observateur du groupe,* afin d'adapter son enseignement aux capacités individuelles ou à l'état d'efficience du moment ; mais son observation doit également porter sur le fonctionnement du groupe (formation de clans, leadership exercé par tel ou tel, réseaux de communication...) ;
- *organisateur du travail,* en fixant la progression des acquisitions, réglant la succession des activités.

Mais quelle que soit sa dextérité, il lui est impossible de mener toutes ces tâches de front. Aussi devra-t-il se décharger de certaines des fonctions précédentes et assurer une participation des élèves aux responsabilités de sa tâche.

27.2. Les formes de commandement

27.2.1. Influence du commandement sur le comportement du groupe

Une expérience célèbre de Lewin (1938) a démontré que le style de commandement influe sur le comportement du groupe. Cette expérience qui a porté sur des enfants de 10 ans fréquentant un club « d'activités dirigées », montre les avantages et inconvénients résultant de l'adoption par le leader (l'entraîneur, par exemple), d'un mode autoritaire ou démocratique de conduite des groupes.

L'hypothèse à tester était que le comportement des enfants dépendait de l'attitude du moniteur. Aussi, les enfants ont-ils été répartis en trois groupes dirigés respectivement par des chefs autoritaires, démocrates et laisser-faire.

Les principaux phénomènes observés sont reclassés comme suit, en opposant plus particulièrement les groupes à commandement « autocratique », aux groupes à commandement « démocratique ».

Comportements du moniteur

Mode autoritaire	*Mode démocratique*
a. toutes les directives sont établies par le chef	a. les directives font l'objet d'une délibération préalable du groupe, suscité par le chef
b. les étapes de réalisation du travail sont prescrites par le chef	b. les objectifs généraux sont tracés par le chef, qui en indique les alternances, entre lesquelles on choisit librement
c. le chef impose la tâche particulière et les compagnons de travail	c. division spontanée du travail
d. le chef distribue compliments et critiques	d. le chef reste objectif dans ses critiques, fondées sur les faits

Chaque adulte a adopté successivement chacun des rôles afin d'éliminer les effets dus à sa personnalité. Les principaux résultats sont les suivants :

- le leadership démocratique suscite plus de coopération, d'amitié, de réalisations et d'attirance vers le groupe ; la productivité est meilleure ;
- le leadership autoritaire amène davantage d'hostilité entre les membres et vis-à-vis du chef, engendre une certaine instabilité et un minimum de sociabilité entre les membres ; il est à l'origine de l'apparition de boucs émissaires ; enfin, les membres font preuve de moins d'initiative.

L'exemple suivant montre que les dirigeants rencontrent les mêmes problèmes au niveau des équipes sportives. En effet, lorsque les équipiers participant à une compétition sportive sont trop exclusivement dépendants d'un entraîneur autocrate, ils ont tendance à transférer leurs sentiments de frustration, issus de l'échec, sur les autres. D'un point de vue psychanalytique, on pourrait caractériser la « recette » du bouc émissaire de la manière suivante : celui qui doute de la légitimité de son pouvoir et de ses forces détournera l'agressivité résultant de l'échec sur un autre. Selon J. Dubois, cette attitude aura pour avantage de permettre aux « bons enfants » de faire cause commune avec le « père » (l'entraîneur), contre le fauteur de troubles.

On constate donc que l'attitude adoptée par le leader s'avère déterminante sur le climat du groupe et sur sa productivité. En l'occurrence, l'expérience de Lewin, dont les résultats ont été par la suite constamment vérifiés, met en évidence la supériorité du mode de commandement démocratique.

27.2.2. Conséquences pratiques

L'entraîneur qui, pour des raisons diverses, met initialement en place des structures contraignantes, doit progressivement déléguer au groupe de possibilités de choix, de décisions, et donner ainsi à celui-ci la capacité d'élaborer ses propres structures. La participation des équipiers ou des individualités devient ainsi plus manifeste et les tensions interindividuelles s'atténuent. Lorsque l'on accorde aux sujets la possibilité de prendre davantage de décisions et d'initiatives, ceux-ci se montrent plus capables d'endurer les efforts de l'entraînement.

De même, les résultats deviennent meilleurs si l'entraîneur donne aux sujets la possibilité d'une appréhension intellectuelle des problèmes soulevés lors de l'entraînement : les principes physiologiques impliqués, les aspects techniques ou tactiques utilisés. Un effort systématique entrepris dans ce domaine par certains chercheurs (pays de l'Est essentiellement), a permis de mettre en évidence un accroissement notable des performances individuelles ou collectives, dû non seulement à une meilleure compréhension intellectuelle des tâches, mais à une association plus réelle des sujets aux décisions et responsabilités communes.

En assumant ainsi une partie du travail d'organisateur et de médiateur du savoir habituellement conféré à l'entraîneur, les élèves donnent à ce dernier la possibilité d'exercer plus pleinement sa mission d'observateur. L'entraîneur n'intervient donc plus au niveau du groupe en tant qu'autorité souveraine mise en place par une institution extérieure, les dirigeants du club, mais agit en vertu d'une délégation de pouvoir octroyée par les membres de l'équipe, qui lui reconnaissent une certaine influence en raison de ses compétences particulières.

L'entraîneur autocrate n'exerce en somme qu'une pression extérieure sur l'individu. Le partage des responsabilités amène au contraire l'élève à se déterminer intérieurement, de façon libre et pleinement acceptante. L'activité corporelle devient alors totalement éducative, car elle suscite chez le sujet des processus de formation personnelle, d'auto-adaptation aux situations fluctuantes du milieu.

27.3. L'autorité, dimension du groupe

La redistribution des rôles au sein de l'équipe suppose une conception nouvelle de l'autorité, conçue davantage comme une dimension du groupe et non comme une caractéristique innée propre à tel ou tel individu.

27.3.1. Conception traditionnelle de l'autorité

Traditionnellement, le maître est sensé détenir la totalité du savoir qu'il déverse dans l'esprit vide de l'élève, comme le père nourricier alimente sa progéniture.

entraîneur
↓
entraîné

La relation qui les relie est une relation de type vertical, met l'enseigné dans une situation de *dépendance* et lui enlève toute initiative dans l'acte de formation.

Cette conception de l'autorité est sous-tendue par la croyance qu'il existe des chefs nés. Les chefs posséderaient certains attributs, des aptitudes innées, qui les prédestineraient par leur caractère à commander, alors que les êtres ordinaires auraient pour essence d'être menés. Si bien qu'ils sont portés à tout faire par eux-mêmes et amenés à pratiquer éventuellement la politique du « diviser pour régner ».

Or les investigations psychologiques ont montré qu'on ne peut faire un portrait type du chef et que ses caractéristiques dépendent en grande partie de la situation donnée. Par ailleurs, l'évolution considérable des techniques et des connaissances, la spécialisation de plus en plus poussée dans tous les domaines, ont progressivement limité l'omnipotence du chef traditionnel.

Cette conception traditionnelle de l'autorité repose en outre sur le fait que les enseignés tendent à transférer sur l'entraîneur les attitudes qu'ils avaient manifestées vis-à-vis de la figure parentale. La théorie psychanalytique nous enseigne en effet, qu'entre l'âge de trois et cinq ans, le garçon doit affronter et surmonter un conflit intérieur qui résulte de l'admiration qu'il porte à son père et de la crainte que simultanément ce dernier lui inspire. Son admiration le pousse, d'une part, à vouloir prendre la place de ce père qu'il envie et considère comme un rival ; d'autre part, il craint que ce père, qu'il veut remplacer, ne le punisse en retour. Or le dépassement de ce conflit n'est possible qu'à certaines conditions : le garçon doit d'abord accepter le risque de cet affrontement, et découvrir qu'il peut s'identifier au père : devenir un autre adulte sans pour autant nier son amour pour lui.

Si le père est trop autoritaire, le modèle à imiter apparaîtra trop impressionnant et le danger d'être vaincu dans cet affrontement conduira l'enfant à manifester des conduites infantiles de dépendance excessive.

Inversement, si le père se montre trop faible, il ne suscitera pas assez d'admiration et le dépassement, la maturation de l'enfant seront rendus difficiles.

On sait, par ailleurs, que les expériences affectives précoces sont déterminantes dans le processus de formation de la personnalité. On ne s'étonnera donc point de voir l'adolescent ou l'adulte généraliser à l'égard des figures d'autorité (les entraîneurs, les dirigeants), les comportements de dépendance qu'ils avaient manifestés en présence des parents. N'étant pas en mesure d'affronter l'entraîneur ou le dirigeant sur un pied d'égalité, le sportif adoptera des positions de repli, refoulera son désir de puissance et, dans une certaine mesure, régressera.

Mais, pour peu que les entraîneurs ne s'ingénient pas à éviter les conflits nécessaires et, qu'au lieu de s'indigner, ils se préparent eux-mêmes à affronter les révoltes en adultes, le sujet pourra dépasser ses réactions « infantiles » d'agressivité vis-à-vis de l'entraîneur, de coéquipiers ou d'adversaires, devenir à son tour un équipier authentique et un membre influent du groupe en fonction de ses dispositions particulières.

27.3.2. L'autorité, dimension du groupe

En effet, dès que les responsables ne s'évertuent plus à concevoir leur autorité comme un fait inaliénable, et qu'à l'inverse, chacun peut participer à la définition du but commun et se sentir le droit de donner sa vision personnelle de ce qu'il considère comme essentiel, alors les revendications de participation, cogestion et autogestion ne sont plus interprétées comme des révoltes. Dans cette optique, l'entraîneur devient alors un membre du groupe comme un autre qui détient une parcelle plus ou moins importante d'autorité ; mais celle-ci sera totalement acceptée et reconnue.

Cette évolution de la conception de l'autorité a été mise en évidence par les sciences humaines. Celles-ci ont montré que les *relations entre des éléments* quelconques (les équipiers, l'entraîneur, le capitaine) ont autant, sinon plus d'importance que les éléments eux-mêmes.

Le groupe, l'équipe, sont considérés comme un ensemble dynamique, un « atome social » constituant un tout indivisible résultant de l'interaction de forces. Dans ce champ, nous ne trouvons plus la relation de type $A \rightarrow B$ (A exerçant de l'ascendant sur B et provoquant chez ce dernier des réactions de soumission), mais des interactions $A \rightleftarrows B$ (A agissant sur B et réciproquement).

Par exemple, ce n'est plus parce que A présente une personnalité originale qu'il exerce une influence sur B, C, D et E ; mais c'est parce que A, B, C, D et E constituent eux-mêmes un ensemble original (jeu d'interactions, équilibre de forces), que les relations de commandement peuvent exister entre A et les autres. Ainsi, il suffirait qu'un membre s'en aille ou qu'apparaisse un nouvel individu, pour que tout l'équilibre précédent soit rompu.

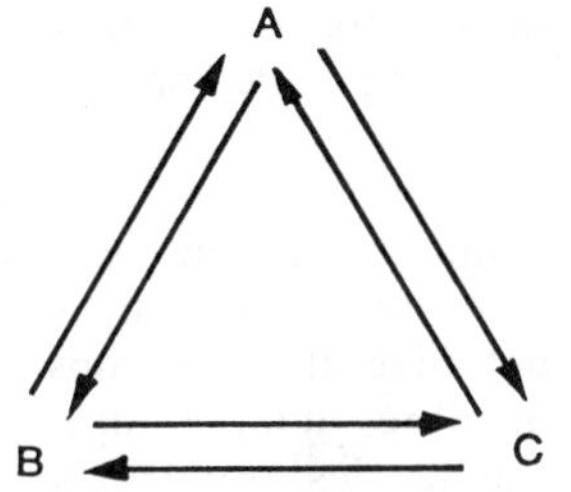

Figure 27.1

Selon cette conception, l'aptitude au commandement n'est plus considérée et définie comme une disposition personnelle, *mais comme une dimension du groupe.*

Suivant les équipes, l'entraîneur devra élaborer une politique d'action à plus ou moins long terme, répartir les tâches, surveiller leur exécution, contrôler les relations internes, se faire juge ou distributeur de sanctions, constituer pour eux un idéal, se substituer aux responsabilités individuelles, être leur bouc émissaire... Or ces différentes fonctions dépendent du groupe, de son histoire, des individus qui le composent, de son environnement proche (dirigeants) ou lointain (les supporters).

C'est pourquoi le rôle de l'entraîneur peut varier. L'aptitude à un commandement donné (et non au commandement) dépend de la correspondance qui existe entre les besoins du groupe et les fonctions que le chef pressenti est capable d'assumer. On sait que les leaders des groupes sociaux extrasportifs ne peuvent prétendre au même rôle dans le domaine sportif. De même, les sujets qui tentent de conserver leur rôle de leader acquis dans un certain contexte, deviendront vraisemblablement inefficaces dans d'autres situations.

27.4. Conclusion

Le rôle de chef, et en particulier celui d'entraîneur, est éducable. Le respect semble jouer, plus que l'amitié, un rôle essentiel dans l'attribution de cette fonction. Dans tous les cas, son degré d'influence sur les autres dépendra non point de la manière dont il aura été mis en place par une autorité extérieure, ou de ses traits de caractère, mais des connaissances et capacités dans des situations bien précises et de son acceptation implicite par les autres membres du groupe.

Son efficacité réelle sera fonction de la manière dont il redistribuera ses rôles entre les élèves et du degré de participation de ces derniers aux responsabilités.

Le paradoxe de l'éducateur est donc qu'il doit en partie s'effacer, mourir un peu, afin de permettre symboliquement au sujet d'exister d'une manière autonome. En s'amputant d'une partie de son autorité, il donnera simultanément au sujet davantage d'initiative et de responsabilité. L'attitude démocratique consiste à mettre les membres d'un groupe en mesure d'élucider et, si possible, de résoudre eux-mêmes les problèmes qu'ils rencontrent, tant au niveau des tâches qu'au niveau des sentiments mutuellement ressentis. Ce nouveau style de coopération entre l'entraîneur et les élèves représente la condition essentielle d'une promotion non exclusivement technique, mais également affective et sociale des personnalités. Comme le dit excellemment J. Ardoino, « l'éducateur n'aura jamais été aussi utile que quand il aura réussi à se rendre inutile, puisque ce sera le signe de sa double victoire, sur lui-même comme à l'égard de celui qu'il formait » (1). Mais il aura probablement du mal à l'accepter.

(1) J. Ardoino, *Propos actuels sur l'éducation,* Gauthier-Villars, Paris, 1969, p. 70.

28. Historique de la dynamique des groupes — R. CHAPPUIS

Si le mot « groupe » est apparu en France en 1676, l'expression « dynamique de groupe » n'est reconnue officiellement qu'à partir de 1944.

La dynamique de groupe couvre un domaine important de la psychologie sociale. Son originalité se dégage progressivement grâce aux travaux américains et sous l'influence de certains chercheurs qui en précisent « l'esprit », le contenu et la méthode d'approche.

D'une façon générale la « dynamique de groupe » concerne l'étude du fonctionnement interne des cellules sociales comprenant un nombre limité de personnes (équipe sportive, classe-atelier, etc.). Elle exclut les groupements plus vastes tels que les clubs, les associations diverses, etc. La « dynamique de groupe » peut être utilisée à des fins pédagogiques ou psychothérapeutiques.

Les premières recherches sont nées aux U.S.A. sous l'influence des pressions sociales économiques et politiques. L'enquête de Hawthorne et les travaux de Kurt Lewin se situent dans cette optique. Ces recherches se sont ensuite étendues au domaine de la personnalité dont elles explorent les niveaux les plus obscurs, les travaux de Moreno en sont l'expression la plus vivante.

28.1. L'enquête de Hawthorne

Elle a lieu dans l'usine de Hawthorne de 1927 à 1932. Inspirée par Elton Mayo, elle porte sur l'étude des conditions de travail des ouvriers et sur le rendement de la production.

Après plusieurs tâtonnements (analyse de l'influence de l'éclairage, de l'horaire, de la température), la recherche aborde les phénomènes d'interactions affectives et leurs influences sur l'organisation informelle de l'atelier.

Trois constatations s'imposent immédiatement :

- Les conditions matérielles du travail sont impuissantes à expliquer la hausse ou la baisse du rendement. En revanche, la qualité du climat affectif détermine dans une large mesure ce dernier.
- Le groupe de tâche s'organise pour déterminer son mode de fonctionnement et résister aux dangers d'éclatement.
- Chaque participant modifie son comportement en fonction des « normes » du groupe.

28.2. Kurt Lewin et le champ psychologique

Adepte de la « Gestalt théorie », Kurt Lewin développe les notions de « champ psychologique », notions qui s'inspirent de la physique.

Sa théorie postule que « le comportement d'un individu dérive d'une totalité » de faits coexistants.

Ainsi le comportement d'un individu est *fonction* de la personnalité de celui-ci et de l'environnement socioculturel.

L'auteur traduit ces phénomènes d'interactions par la formule :

$$C = f\ (P\ E)$$

L'interaction entre la personne et l'environnement définit « l'espace de vie ». L'espace de vie comprend l'ensemble des réalités objectives et subjectives qui ont une influence pour la personne. Cette influence se situe dans le présent « ici et maintenant ». Le passé et le futur n'interviennent que dans la mesure où ils présentent une signification existentielle.

Le champ psychologique évolue constamment et son équilibre interne se rompt sous l'influence des variations de la vie (besoins insatisfaits, dangers, etc.) pour se reconstituer à un autre niveau d'intégration.

Dans cette optique dynamique, la théorie de la personnalité que Kurt Lewin propose, fait du Moi un champ d'interactions entre le moi intime, le moi social et le moi public. Le moi intime regroupe toutes les valeurs fondamentales ; le moi social et le moi public renferment le système des valeurs sociales et culturelles.

Les expériences de Kurt Lewin sont riches de prolongements individuels et collectifs.

Ainsi celles qui portent sur l'attitude des ménagères quant à l'achat des viandes pendant la guerre montrent l'importance des préjugés sur le comportement individuel.

Les expériences réalisées avec Lipitt et White révèlent l'influence du climat affectif sur le comportement des groupes d'enfants dirigés démocratiquement ou d'une façon autoritaire.

Cependant, c'est la naissance du « T groupe », en 1946, qui constitue le fait majeur des découvertes de Lewin. Ces découvertes permettent l'élaboration d'une nouvelle méthode pédagogique fondée sur l'influence des phénomènes d'interaction sur la connaissance de soi et des autres. Cette conception se retrouve actuellement dans l'animation des groupes de formation.

D'une façon générale, le « T groupe » qui a pour but d'améliorer les rapports humains s'appuie sur trois hypothèses :

- l'intégration s'achève au sein d'un groupe quand les rapports interpersonnels entre tous les membres sont fondés sur des communications *ouvertes, confiantes et adéquates*.
- La capacité de communiquer de façon adéquate avec autrui n'est pas un don inné mais une aptitude acquise par apprentissage.

- C'est en remettant en question sa manière habituelle de communiquer avec autrui, en remettant en question ses aptitudes à son égard, qu'on découvre les lois fondamentales de la communication humaine.

28.3. Moreno et le psychodrame

Les travaux de Moreno mettent en évidence l'action thérapeutique du groupe.

Moreno part du principe qu'en groupe chaque participant peut être agent thérapeutique pour les autres membres, « cette faculté de chacun d'aider chacun s'explique par la rencontre ».

Moreno développe les notions « d'atome social », de « télé », d'empathie, de spontanéité, de rôle.

Les notions d'atome social et de télé donnent naissance à la sociométrie et au test sociométrique. Les notions de spontanéité, de rôle donnent naissance au psychodrame. Si la sociométrie permet la mise en évidence des structures relationnelles par l'émergence des affects positifs et négatifs (choix et rejets) et autorise de ce fait à cerner de plus près le problème de la cohésion, ce psychodrame constitue un moyen efficace pour parvenir au rétablissement de l'équilibre psychologique individuel et collectif.

L'idée fondamentale qui anime la démarche de Moreno c'est que la spontanéité individuelle est innée, mais celle-ci se trouve progressivement réduite sous la pression des facteurs sociaux et culturels.

Une bonne part des troubles psychiques et sociaux dont souffre l'humanité peut être attribuée à un épanouissement insuffisant de la spontanéité.

Retrouver cette spontanéité, c'est le but que se propose le psychodrame.

Le psychodrame est une situation relationnelle qui s'organise autour et au profit d'un membre du groupe victime de conflits internes.

L'action thérapeutique se développe sur scène et engage les participants à adopter un rôle en fonction du conflit vécu antérieurement par le sujet et réactualisé « ici et maintenant » sous la direction d'un animateur.

Le psychodrame et le jeu de rôle mettent en évidence toutes les dimensions de la personnalité, ils sont utilisés en France depuis plusieurs années, soit comme instrument de formation, soit comme technique psychothérapeutique (psychodrame triadique d'Anne Ancelin-Schutzenberger, psychodrames analytiques de Serge Lebovici, d'Anzieu et d'analyse interrelationnelle).

28.4. Les groupes de rencontre

A partir de 1960, le groupe va servir de support à la mise en œuvre de nouvelles méthodes et techniques dont les objectifs restent néanmoins la psychothérapie individuelle ou collective.

Plusieurs « écoles » prennent naissance et se développement aux Etats-Unis et Esalen devient le lieu privilégié des groupes de rencontre.

Ces nouvelles méthodes d'intervention s'inspirent de la pensée humaniste et existentielle, de la notion de « personnalité idéale » de Carl Rogers et de la théorie de la « croissance » de Maslow.

Le principe fondamental sur lequel s'appuient ces « nouvelles » écoles est que l'épanouissement de la personne, la levée des résistances internes, le dépassement des aliénations sociales et culturelles passent par le corps. Dans ce mouvement de libération, la sensibilité prend une place privilégiée.

W. Schutz fait du « non verbal » l'instrument de progression. Le geste, le toucher, expressions du sentiment deviennent le plus sûr moyen d'accéder à une communication authentique. Les « jeux de rencontre » s'enrichissent progressivement de l'apport d'exercices corporels favorisant l'émergence du « vrai moi ». La découverte de l'autre par les mains, le dos à dos, le saut de table, le berçage, etc., constituent des moyens d'exploration efficaces de la personnalité.

Avec la bio-énergie le corps se trouve encore plus impliqué dans la recherche du moi profond.

La méthode d'intervention repose sur la libération des énergies bloquées. Les « décharges » s'accompagnent de gestes et de cris violents, ce qui favorise l'émergence de la spontanéité instinctive et par voie de conséquence la levée des résistances.

Wilhelm Reich est, avec la « végétothérapie », le novateur de ce mouvement. Il est convaincu que l'insatisfaction sexuelle demeure le facteur fondamental des névroses, d'où l'accumulation d'énergie refoulée, susceptible d'être libérée par « l'orgasme ».

Pour Reich, l'orgasme est la condition majeure de l'équilibre psychologique et physique. Dans l'orgasme, le corps brise ses entraves ; il accède à la « plénitude ».

D'abord freudien, Reich s'éloigne de l'orthodoxie psychanalytique pour traiter le Moi dans ce qu'il a de plus rigide, c'est-à-dire la « cuirasse caractérielle ». Le « passage à l'acte » devient l'élément essentiel de la guérison.

Fritz Perh, père de la « gestalt-thérapie », est lui aussi un psychanalyste converti au mouvement humaniste et existentiel.

Pour Perh, il convient de libérer le patient de ses blocages en les « mettant en scène ». Cette mise en scène diffère du psychodrame morénien par l'absence « d'ego auxiliaire ». Le patient revit et joue dans les personnages de son drame intérieur.

Pour retrouver « la conscience de soi », Perh préconise la confrontation avec la réalité extérieure et le patient doit assumer son émotion sans chercher à la dissimuler afin de retrouver l'unité de son être, car pour Perh chacun souffre d'un morcellement qui est conséquence d'une éducation fondée sur des contradictions. « Perdre l'esprit pour retrouver les sens », telle est la ligne directrice de ce « gestalisme » influencé par K. Horney et Reich.

Avec *Janov*, fondateur de la théorie primale, nous découvrons l'influence libératrice du « cri ».

Pour ce psychothérapeute, le mal vient du fait que l'enfant est rarement reconnu tel qu'il est réellement, mais tel que ses parents désirent le voir, d'où cette « souffrance primale » qui « encombre » l'existence et qui empêche l'accès au bien-être.

La libération de cette tension douloureuse se réalise par le cri. Le cri est produit par « la douleur originelle » qui s'extériorise. Le cri fait passer le patient de son « moi irréel » à son moi unifié et profond.

Cette libération se fait en groupe et chaque participant se sert des autres pour décharger ses tensions ; le thérapeute dirige cette « plongée » dans les profondeurs de l'inconscient et il intervient pour faciliter l'intégration des révélations trop douloureuses.

28.5. Critiques des groupes de rencontre

Les critiques sont de deux ordres.

Les premières concernent les dangers de l'intervention du corps dans les processus de changement. L'expression des émotions peut en effet prendre une allure dramatique qui empêche toutes intégrations progressives des effets produits sur autrui. Certains « passages à l'acte » peuvent devenir des dangers pour chacun et pour le groupe.

Les secondes sont d'ordre psychologique et sociologique. Ces activités sont en effet dirigées, structurées et plus ou moins imposées de l'extérieur par le « technicien ». Le mode d'expression est facteur d'aliénation et rend les participants dépendants des animateurs.

De plus, la dimension sociale est occultée dans la mesure où les facteurs économique, politique et idéologique n'interviennent pas dans le processus de changement.

28.6. La dynamique de groupe et l'équipe sportive

L'équipe est un groupe de tâche. Elle n'est pas d'emblée une unité fonctionnelle et cohérente : elle le devient après avoir dépassé les obstacles externes et internes.

La cohésion, terme du processus d'intégration des capacités techniques et affectives, exprime la manière collective de sentir, de penser, de vouloir et d'agir. Cette cohésion n'est pas figée, elle est sans cesse remise en question sous la pression des événements (échecs, rivalités, frustrations, angoisses, etc.) ; elle se rétablit progressivement par la ventilation des tensions qui se réalise au cours des séances de « dynamique de groupe centré sur lui-même » (T groupe).

La phase « d'entretien » constitue un moment important de la vie de l'équipe, elle prépare la phase de progression au cours de laquelle s'actualisent les potentialités mises en évidence pendant les « dynamiques » animées soit par l'entraîneur, si celui-ci est préparé à assumer cette responsabilité, soit par un psychologue spécialiste des groupes de formation. Phase de progression et phase d'entretien signifient que l'équipe travaille tantôt au niveau de la réalisation de la tâche (activités physiques et techniques), tantôt au niveau des « affects » pour l'émergence du « climat de confiance », du « bon esprit ».

Il est important d'attirer l'attention des entraîneurs sur la nécessité de l'alternance des fonctions de progression et d'entretien. Cette alternance maintient l'intégrité du mouvement de progression. La liquidation des conflits permet aux joueurs de mieux se percevoir, de mieux se sentir, de mieux « agir ensemble ».

On comprend la nécessité d'une politique de formation à l'animation des équipes quand on constate qu'à niveau technique égal c'est l'équipe psychologiquement préparée qui s'avère supérieure sur tous les plans de l'action. Cette préparation psychologique aux problèmes de l'animation devrait s'obtenir au cours de stages qui offriraient aux participants l'occasion tout d'abord de « vivre » les problèmes relationnels, puis de les comprendre pour mieux les maîtriser. L'originalité d'une telle formation tient à l'importance que les entraîneurs doivent accorder à la personnalité des joueurs et à la nature du projet qui les conduit.

28.7. Résumé

L'évolution des groupes comprend finalement deux phases distinctes. Une phase initiale de tendance psycho-sociologique qui se développe à partir de 1947 sous l'influence de Lewin et Moreno.

Une deuxième phase qui commence en 1960 et se développe à Esalen à partir de 1962.

Le « T groupe », groupe de base ou groupe de diagnostic dans sa version lewinienne d'analyse des processus d'autorité disparaît au profit des groupes de rencontre influencés par les écoles de la bio-énergie, de la gestalt-théorie et influencés aussi par des courants européens de l'antipsychiatrie et de l'analyse institutionnelle.

Le « T groupe » est « paroliste ». L'échange verbal qui constitue le support de la communication est le facteur fondamental de progression, soit sur le plan pédagogique avec l'apprentissage à la vie relationnelle, soit sur le plan psychothérapeutique dans la mesure où il est décodé, interprété par l'animateur. Le groupe de rencontre est « non verbal ». Le geste, l'émotion, remplacent la parole. En permettant l'irruption des désirs il ouvre la voie à l'unité de l'être.

Actuellement se développe un courant de pensée qui fait intervenir la dimension politico-économico-culturelle.

Si les travaux de recherche se multiplient, il semble cependant certain que leurs objectifs vont tous dans le sens d'une intégration des dimensions de l'être par la remise en question des aliénations introduites par la société dont les activités restent étrangères aux besoins fondamentaux de sécurité, de progrès et de liberté.

Certaines activités de groupe à but non lucratif (groupes contre l'alcoolisme, contre la toxicomanie, etc.) se proposent d'aider les « patients » à s'échapper de leur « enfer », d'autres font l'objet d'une utilisation moins désintéressée.

29. L'équipe dans les sports collectifs

Dans les sports collectifs, chaque intention individuelle ou projet d'action est déterminé par les objectifs généraux du groupe. Bien que responsable de son pouvoir et de son vouloir, chaque équipier demeure dépendant de l'ensemble. L'équipe constitue une totalité, où les actions individuelles sont induites par l'organisation d'ensemble et en même temps la fondent.

Si le comportement de l'équipier apparaît fortement déterminé par l'unité dynamique que constitue le groupe, ce dernier n'existe véritablement que grâce à d'autres individus organisés collectivement et s'opposant à lui. Les activités d'équipe ne peuvent naître et se développer que dans l'opposition qui, à l'intérieur des limites du règlement de jeu et de l'éthique sportive, met directement en présence deux équipes pour la conquête d'une balle, d'un ballon, palet ou volant. Ces médiateurs représentent un moyen d'action puissant à travers lequel on peut exprimer sa domination sur autrui ; mais ils disposent également d'une vie propre, puisque c'est par leur intermédiaire que l'on subit la pression de l'adversaire. La balle « répond, mais aussi elle échappe » (1).

L'unité dynamique de l'équipe, « faite de concurrence et de coopération » (2), ne peut réellement exister que si chacun renonce à ses réactions personnelles pour s'intégrer dans une structure d'ensemble. La réaction de chacun des équipiers devra se fondre :

- dans une intention organisatrice commune. Si les sportifs se rassemblent pour s'opposer à la pression adverse, marquer des buts et vaincre l'adversaire, ils doivent nécessairement inférioriser le projet d'action commun et s'organiser afin que le rendement devienne maximal ;
- dans une sympathie totale avec les coéquipiers. En effet, les sportifs ne coopèrent pas exclusivement pour marquer des buts, mais afin de rechercher des camarades avec lesquels ils pourront former un véritable réseau affectif et satisfaire ainsi leur besoin d'amitié.

Pour que le rendement d'une équipe sportive soit maximal, il apparaît évident que la cohésion affective (harmonie des relations interpersonnelles) et l'organisation technique (rendement opérationnel) doivent aller de pair. Il est

(1) M. Bouet, *Signification du sport,* Editions Universitaires, Paris, 1968, 5e édition, p. 106.
(2) G. Rioux, R. Chappuis, *Eléments de psychopédagogie sportive,* Vrin, 1972, p. 71.

donc intéressant d'étudier des équipes sportives sous ces deux aspects, afin de rechercher les causes de certaines stérilités sur le plan des réalisations ou des résultats concrets, de déceler les raisons de conflit et difficultés d'intégration rencontrées au plan affectif.

Pour étudier des élèves d'une classe, des unités militaires, des équipes de travail ou des équipes sportives, l'un des moyens les plus pratiques consiste à les soumettre au test sociométrique. Pour cela, on invitera les membres du groupe étudié à désigner de façon anonyme, les personnes qu'ils choisissent ou rejettent. Le dépouillement du questionnaire permettra d'établir une sorte de radiographie des liens socio-affectifs existant au sein du groupe considéré.

29.1. Le test sociométrique

Au cours d'une enquête qu'il réalisa dans une institution d'adolescentes délinquantes en 1930, l'Institut Hudson près de New York, Jacob Moreno, déjà inventeur du psychodrame (3), mit au point la technique sociométrique.

Selon cet auteur, les êtres humains sont reliés par trois types de relations possibles :

- des relations de sympathie, symbolisées de la manière suivante :
  A choisit B   A → B
  B choisit A   A ← B
  A et B se choisissent mutuellement A ↔ B
- des relations d'antipathie, symbolisées par des traits discontinus, par exemple :
  A rejette B   A → B
- des relations d'indifférence :
  A   B

Les relations se mesurent grâce à un questionnaire auquel chaque membre d'un groupe indique quelle personne il choisit ou rejette. Le dépouillement des réponses permet d'établir une sorte de radiographie des liens socio-affectifs se développant à l'intérieur du groupe. La sociométrie représente donc une technique qui, par le test sociométrique, amène l'expérimentateur à repérer la structure informelle d'un groupe primaire. Mais que doit-on entendre par groupe primaire et structure informelle ?

(3) Dans l'Antiquité déjà, on s'était aperçu que le théâtre provoquait chez les interprètes une « purgation des passions ». Le grand mérite de Moreno est d'avoir utilisé le jeu théâtral comme moyen de traitement des conflits. Dans le psychodrame, le sujet revit sur un mode ludique ses tensions ; l'expression dramatique spontanée entraîne, dans une ambiance de jeu, la détente sur le plan des sentiments et des relations interpersonnelles. Cette technique est de plus en plus utilisée en psychologie sportive, car convenablement contrôlée par un psychologue, elle contribue grandement à harmoniser les relations groupales.

Groupe primaire.

Le test sociométrique ne s'applique qu'aux petits groupes, c'est-à-dire ceux dans lesquels tous les membres peuvent se connaître directement et vivent entre eux des relations de face à face.

Structure informelle.

Le test sociométrique révèle, à côté du capitaine d'équipe mis en place par les responsables du club, des personnes qui exercent un ascendant et une influence sur les membres du groupe. Ces personnes qui exercent une influence en dehors de l'autorité hiérarchique constituent des leaders informels. Le test sociométrique ne met donc pas en évidence la structure formelle du groupe, puisque celle-ci est donnée par l'organisme ; dans chaque club, on connaît en effet le président, les membres du bureau ou les entraîneurs et capitaines d'équipes. Le test fait apparaître au contraire les structures informelles, c'est-à-dire les relations non directement apparentes, non connues, qui n'ont aucun caractère officiel et qui ne sont pas déterminées par des structures imposées.

29.2. Réalisation pratique d'un test sociométrique

29.2.1. Rédaction des questions

Après avoir expliqué le but de l'opération et minimisé la méfiance des sujets en les assurant de l'anonymat des résultats, l'entraîneur demandera aux équipiers de choisir, parmi les membres du groupe auquel ils appartiennent (ou désireraient appartenir), les personnes qu'ils voudraient avoir pour compagnons (critère affectif), ou qu'ils apprécient en raison d'une compétence particulière (critère technique).

On pourra poser, par exemple, les questions suivantes :

- Quels sont vos meilleurs amis de l'équipe ? Nommez-les par ordre de préférence.
- Quels sont, à votre avis, les meilleurs techniciens de l'équipe ? Nommez-les par ordre de préférence.
- Quels sont les équipiers que vous élimineriez pour incapacité ?

29.2.2. Dépouillement des résultats

Les résultats obtenus seront reportés sur une sociomatrice, qui présente en un tableau d'ensemble les choix et rejets, émis ou reçus, par la totalité des sujets du groupe considéré. Ainsi, les deux sociomatrices suivantes, obtenues à

CHOIX EMIS / CHOIX REÇUS	A	B	C	D	E	F	G	H	I	J	K	L	M	N	O	P	Q	R
A		1	1	1	1	1	1	1	1	1	1	1	1	1	1	1	1	1
B	3			4		5	2											
C																		
D	5	4	3		2				1									
E	5	4	3			2												
F	5		4				3		2									
G	5	4		3	1	1		2								1		
H	1	1	1	1	1	1	1		1	1	1		1	1		1	1	1
I	4	5		3	1			2										
J	5		4		3						2			1				
K	5	4		3	1			2										
L	3		5		4	2												
M	5	4		3	2													
N	1	5								4	3		2					
O	3	4		2								5	1					
P	3	2	5		1		4											
Q	4			2		1	5		3									
R	1	1	1	1	1	1	1	1	4	5	3	1	1	1	1	1	1	
Choix Affectif S	16	12	9	10	11	8	7	5	6	4	5	3	5	4	2	4	3	2
Choix Affec. Val	58	39	27	23	18	14	17	8	12	11	10	7	6	4	2	4	3	2

Figure 29.1
Sociomatrice des relations affectives

partir de l'investigation d'une équipe de football, comportent sur la ligne horizontale supérieure et dans la colonne verticale gauche, les noms des joueurs, symbolisés par une lettre alphabétique afin de garantir l'anonymat des réponses.

CHOIX EMIS / CHOIX REÇUS	A	B	C	D	E	F	G	H	I	J	K	L	M	N	O	P	Q	R
A		(5)	3	(3)	2^-		1^-		(2)	5^-	4^-	(4)						3^-
B	(3)		4		4^-					5^-		(5)	(1)		2^-		3^-	(2)
C																		
D	(5)	3	4		3^-		2^-		(1)	4^-						5^-	[1]	2
E	5	3	2				3^-		1	4^-	1^-	4			2	5^-		
F	4	5	1				2^-		3		5^-	2 3^-		1^-		4^-		
G	5	4	3	1					2		2^-	[1]		4^-	3^-			5^-
H		4	5	2					(1)			3						
I	(5)	4		(2)				(1)				(3)						
J	4	5	2	1					1			3						
K	4	5							1			3						2
L	(5)	(4)	3	2	3^-		[4]		(1)	1^-	2^-					5^-		
M	4	(5)					2^-		3		4^-	2		1^-	1	5^-		3^-
N	4	5	1						2			3						
O	3	5							2	4^-	3^-	4				[5]	[2]	1
P	5	3	4						2	5^-	4^-	1			[3]			
Q	4	5	2	[3]					3	5^-	4^-	1			[2]			
R	5	(3)	2					1				4^-						
Choix Tech. S.	15	16	13	6	0	0	0	2	14	0	0	14	1	0	1	0	0	4
Choix Tech. Val	65	68	36	11	0	0	0	2	25	0	0	42	1	0	1	0	0	7
Rejets Tech. S.	0	0	0	1	4	0	6	0	0	8	9	2	0	3	5	6	3	3
Rejets Tech. Val	0	0	0	3	12	0	14	0	0	33	29	4	0	6	12	29	6	11

Note. - Par convention, les symboles suivants permettent de différencier les différents choix et rejets :

2 : courant positif simple
(2) : réciprocité positive
2^- : courant négatif simple
[2] : réciprocité négative

Figure 29.2
Sociomatrice des réactions techniques

On donne 5 points au premier choix, 4 points au deuxième, etc., 1 point au cinquième choix et aux suivants. Dans notre exemple (fig. 29.1) les sujets A, H et R ont choisi un grand nombre de joueurs sans donner l'ordre de préférence, nous avons alors donné un point à chaque choix. Dans les relations affectives, nous ne nous sommes intéressés qu'aux choix, nous n'avons pas traité les rejets.

On constatera que chaque joueur figure à deux reprises sur le tableau ; mais comme il ne peut se choisir ou se rejeter lui-même, la case correspondante à l'intersection de son nom sera cochée.

Du point de vue des relations affectives (fig. 148), on pourra noter par exemple que :

- B choisit dans l'ordre : F (5 points), D (4 points) A (3 points) et G (2 points) ; ligne horizontale en face de B ;
- G choisit dans l'ordre : A (5 Points), B (4 points), D (3 points), H (2 points), E (1 point) et F (1 point) ; par convention, on attribuera en effet 1 point à partir du cinquième choix ;
- A choisissant tous ses équipiers, la valeur de chacun de ses choix équivaudra par conséquent à 1 point.

En totalisant par colonne le nombre de choix ou rejets reçus par chaque sujet, on sera en mesure de connaître la position sociale de l'individu considéré par rapport à son groupe de référence. Ce décompte pourra s'établir, soit en tenant compte du nombre de choix (ou rejets) simples dont il aura été l'objet (choix affectifs), soit en prenant en considération la valeur des choix (ou rejets) s'appliquant au cas envisagé (choix affectifs valorisés = choix affec. val. figure 148, dernière ligne. A a été choisi 16 fois [avant-dernière ligne = 16] mais souvent il a été choisi en premier, donc à chaque fois il reçoit 5 points. Le total des choix valorisés = 58). Le calcul du statut sociométrique des sujets s'effectue en divisant le nombre de choix reçus par le nombre de rejets reçus.

29.2.3. Réalisation des sociogrammes

Pour représenter plus concrètement les positions et interrelations sociales, le degré d'organisation du groupe et ses réseaux de communication, on procédera à la construction des sociogrammes (4). On pourra utiliser la technique de la cible de Northway, qui consiste à tracer deux axes de coordonnées gradués en fonction du nombre total de choix et rejets émis, à placer au centre les individus les plus choisis et à situer à la périphérie les moins choisis et rejetés.

(4) L'un d'entre nous, Raymond Thomas, a mis au point une technique d'analyse automatique sur ordinateur des résultats d'un test sociométrique. Au lieu d'interroger le sujet sur ses choix et ses rejets on lui demande de donner une note à chacun des membres du groupe. Les résultats sont soumis à une analyse multidimensionnelle révélatrice de la structure du groupe. Cf. R. Thomas, *Sports et Sciences,* 1981, Ed. Vigot.

a. Le sociogramme des relations affectives

La représentation topographique des relations affectives montre que, du point de vue des choix simples, l'individu A arrive largement en tête : c'est le sujet le plus populaire. Nous le placerons donc au centre de la cible et nous situerons chacun de ses équipiers au niveau correspondant à son indice sociométrique.

Trois groupes apparaissent :

- *groupe 1 :* A (+ 16), B (+ 12), E (+ 11), D (+ 10) ;
- *groupe 2 :* C (+ 9), F (+ 8), G (+), 1 (+ 6) ;
- *groupe 3 :* P (+ 4), L (+ 3), Q (+ 3), R (+ 2 et O (+ 2).

Les sujets populaires A et B, reliés entre eux par des courants réciproques positifs, constituent le noyau autour duquel s'organise la cohésion affective du groupe. D'une manière générale, on constatera que les individus à statut sociométrique bas ont tendance à s'associer aux plus choisis.

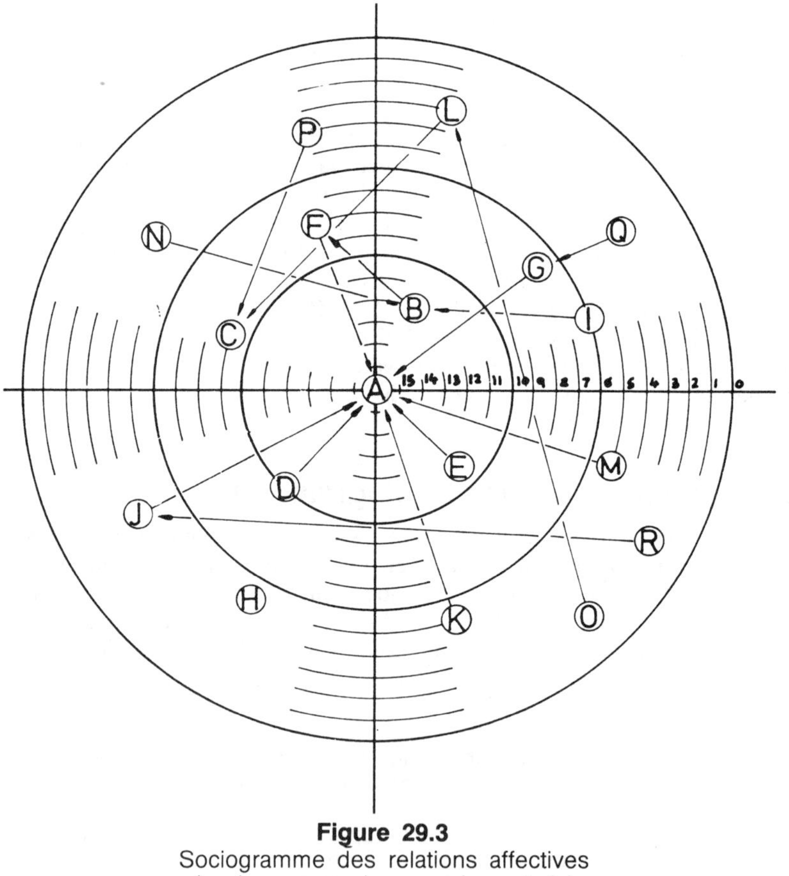

Figure 29.3
Sociogramme des relations affectives
(sociogramme des premiers choix)

Sociogramme des relations directes (sociogramme des premiers choix)

b. Le sociogramme des relations techniques

Il se construit de la même façon que précédemment. Et pourtant, la composition des trois groupes de sujets populaires, moyens et rejetés, diffère sensiblement de la structure affective précédente :

- *groupe 1 :* B (+ 16), A (+ 15), I (+ 14), C (+ 13), L (+ 12) ;
- *groupe 2 :* D (+ 5, H (+ 2), M (+ 1), R (+ 1) ;
- *groupe 3 :* E (– 4), F (O), G (– 6), J (– 8), K (– 9), P (– 6), Q (– 3) et O (– 4).

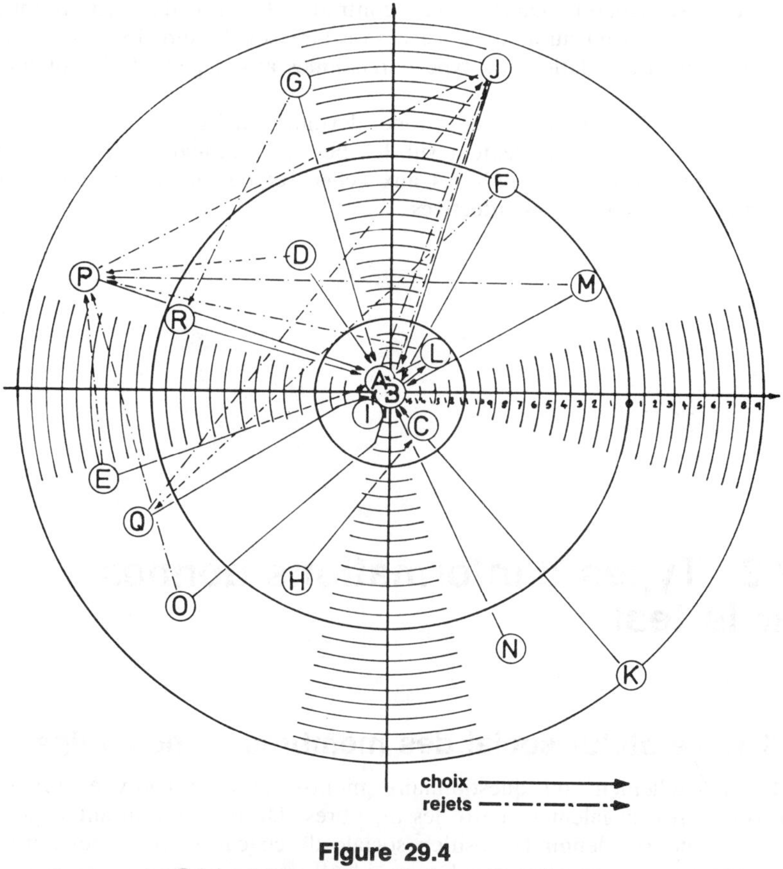

Figure 29.4
Sociogramme des relations techniques
(sociogramme des premiers choix et rejets)

Les changements les plus notables concernent I et L, qui, appréciés sur le plan de leur compétence technique, passent des groupes 2 et 3 au groupe 1 ; il en va de même pour H, M et R qui se montrent plus techniciens que populaires. Inversement, les deux joueurs D et E apparaissent sensiblement plus intégrés sur le plan affectif que technique.

Les équipiers I et L furent exclus du groupe quelques semaines après la passation du test, au moment même où l'équipe intensifia son entraînement en vue de sa participation à une compétition de haut niveau. L'équipe ayant accumulé jusqu'alors de nombreux succès, les joueurs avaient tendance à valoriser davantage le besoin d'amitié afin de garantir une cohésion maximale de l'équipe face aux situations futures insécurisantes. Cependant, lorsque les relations amicales prennent le pas sur le besoin de réussite, on peut s'attendre à une diminution de l'efficacité de l'équipe. En effet, si les pertes et échecs se renouvellent, le moral peut baisser d'une façon telle que les membres auront tendance à se séparer. Dans le cas contraire, le taux d'attraction mutuel augmentera et chacun aura tendance à satisfaire son besoin d'affiliation, à se complaire dans des relations de type narcissiques aux dépens de la volonté de gagner.

Le rôle de l'entraîneur peut donc devenir particulièrement délicat ; il consistera à jouer alternativement sur les besoins d'affiliation et de réussite, afin de minimiser les tensions dues aux échecs et de maintenir une certaine harmonie dans les relations affectives.

29.3. Types d'informations donnés par le test

29.3.1. Le statut social des membres d'une équipe

Le dépouillement du questionnaire montre que les choix et rejets se répartissent très inégalement entre les membres. De plus, en faisant varier les critères, on pourra définir la position sociale de chacun et comparer ainsi ses statuts respectifs. C'est ainsi que E, considéré comme un faible technicien, se révèle néanmoins un membre influent du groupe en raison de sa popularité.

Le statut d'un individu est donc sa position sociale ou rang occupé dans un groupe. Ce statut varie évidemment en fonction du groupe d'appartenance, mais chaque personne possède un statut global qui lui confère une position d'ensemble dans la société. Pour les jeunes qui s'adonnent à des activités sportives, la réussite constitue un moyen privilégié de rehausser leur image sociale.

Parmi les statuts sociométriques, ceux du leader, de l'isolé et de l'exclu ont suscité de nombreuses et intéressantes études.

a. Le leader

Le leader n'est pas forcément le sujet le plus populaire ; néanmoins, un leader se montre toujours populaire, alors qu'un sujet populaire n'accapare pas forcément le leadership. Ce sont des individus qui sont perçus comme les plus capables de résoudre les problèmes rencontrés par le groupe.

Il est évident que le capitaine d'équipe aura un prestige plus grand s'il s'impose par ses qualités personnelles et non point parce qu'il aura été nommé par l'entraîneur. C'est pourquoi il convient de déceler le leader informel qui a conquis ce rôle en raison de son comportement sain et sa compétence. L'entraîneur doit prendre conscience de ce type de conflit potentiel qu'entraîne une telle situation et tenter de les éviter.

Exemple de problème posé (5) : On a administré en 1966 un test sociométrique à une équipe nationale qui se préparait pour les Jeux Olympiques de Mexico et on s'est aperçu que deux individus possédant de grands besoins de domination allaient bientôt entrer en interaction de façon néfaste. A l'approche de la compétition, il devenait de plus en plus évident que la présence de ces deux cyclistes de type dominateur entraînerait une moins bonne performance d'équipe. Sur les recommandations du psychologue, on élimina l'un des deux leaders à la suite d'une légère blessure et les quatre cyclistes — un dominateur et trois soumis — réussirent à gagner le titre de champion.

Comment choisir un leader ? Dans les équipes sportives, les leaders sont généralement un peu plus grands, un peu plus capables et intelligents que les autres membres de l'équipe. Cependant, si par exemple, les différences intellectuelles apparaissent trop importantes entre les équipiers et le leader, les efforts de ce dernier risqueront d'être entravés. Le respect semble également jouer un rôle important dans l'attribution du leadership. Aussi l'entraîneur devrait-il délibérément essayer de renforcer le pouvoir du capitaine et l'informer sur certains problèmes de communication de groupe, de hiérarchie et de dynamique de groupe. Mais il demeure évident que les équipiers doivent se mettre d'accord, explicitement ou implicitement, sur le choix du leader ; on ne devient donc pas capitaine parce que l'on présente certains traits de caractères spécifiques. Le leadership est le produit de la situation sociale existante et des traits de caractères personnels.

(5) M. Vanek, B.J. Cratty, *Psychologie sportive et compétition,* Editions Universitaires, Paris, 1972, p. 100.

b. L'isolé et l'exclu

L'examen du sociogramme permet de déterminer rapidement les individus isolés, car ils reçoivent aussi peu de choix que de rejets (O et R, par exemple), alors que les exclus recueillent de nombreux rejets (K et P par exemple).

Ce sont évidemment ces derniers qui poseront les plus grands problèmes, car ils perturberont l'atmosphère du groupe. En réaction aux frustrations subies ou ressenties, les rejetés se montreront généralement agressifs, car ils perçoivent habituellement les relations sociales comme menaçantes. Ils auront donc tendance à restreindre le champ de leurs relations et à émettre des choix non réalistes.

c. Les sociogrammes individuels ou atomes sociaux

Selon Moreno, l'atome social est un individu, non pas pris isolément, mais pris avec tous les liens qui le relient aux autres équipiers ; il constitue donc l'unité de mesure de tout système social.

Pour construire un atome social, il suffit de relier un sujet placé au centre de la figure, à toutes les personnes avec lesquelles il se trouve en relation. L'atome social de D (fig. 29.5) montre l'intérêt de cette forme de

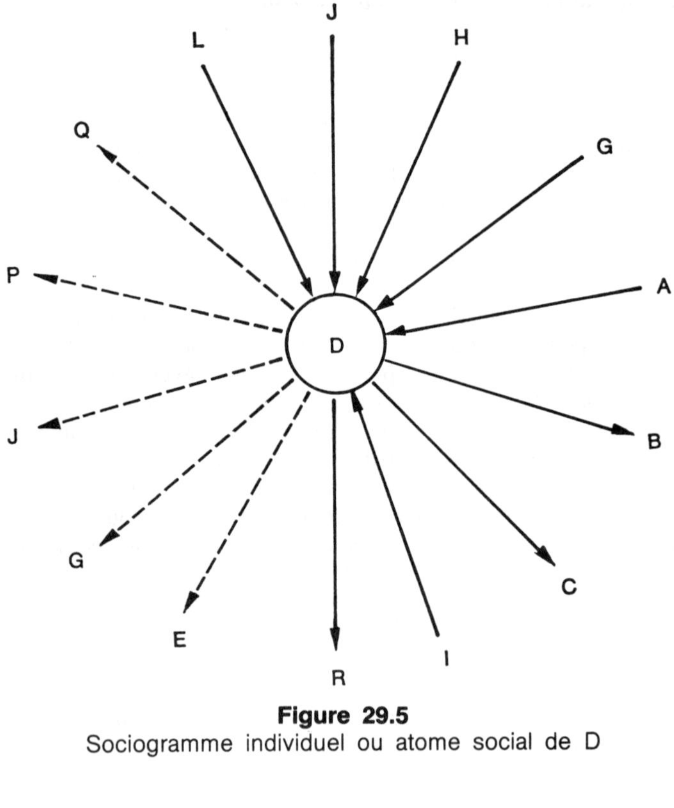

Figure 29.5
Sociogramme individuel ou atome social de D

représentation, qui met parfaitement en évidence la plus ou moins grande richesse des relations interpersonnelles des sujets.

29.3.2. La cohésion du groupe

La cohésion d'un groupe peut se définir comme la résultante des forces d'attraction exercées par le groupe à l'égard de ses membres et tendant à les maintenir en son sein. Ces forces dépendent :

- de l'effectif du groupe ; plus l'effectif est élevé et moins le groupe se montrera vraisemblablement cohérent ;
- de son type d'organisation ; sous l'influence du leader autoritaire, par exemple, les forces agressives qui ne peuvent s'exprimer vers lui, s'extérioriseront vis-à-vis des sous-groupes ou de boucs émissaires (6) ;
- des motivations personnelles ; plus élevé sera le prestige d'une personne à l'intérieur d'un groupe ou plus elle espère en obtenir, par exemple, et davantage elle sera attirée vers lui.

Les choix réciproques constituent habituellement de bons indices de la cohésion d'un groupe. Toutefois, la cohésion n'est pas nécessairement en relation directe avec le nombre de choix réciproques. Lorsque ceux-ci se développent principalement à l'intérieur de sous-groupes ou de clans, l'apparition de ces clivages nuira en effet à la cohésion d'ensemble de l'équipe.

Comment peut-on former un ensemble homogène avec des rapports individuels disparates résultant de partenaires dissemblables ? Shérif, expérimentant sur des enfants d'une colonie de vacances, a montré qu'en séparant systématiquement les amis pour les placer dans des groupes antagonistes, le nombre des choix réciproques nouveaux augmentera très rapidement à l'intérieur des équipes nouvellement constituées. Pour renforcer la cohésion d'un groupe quelconque et former des amitiés solides, il suffira de lui imposer des tâches difficiles et de l'opposer à une équipe adverse. Si une équipe remporte un succès, l'attraction mutuelle des membres se renforce. Mais que la compétition soit victorieuse ou non, il s'avère probable qu'elle augmente néanmoins la cohésion du groupe.

Fréquemment, les conflits naissent quand les joueurs les plus expérimentés se trouvent en face de jeunes ou de nouveaux mutés. En effet, les anciens constituent en général un groupe très clos où les jeunes ont du mal à rentrer. Or, si l'entraîneur ne facilite pas l'intégration des jeunes, il peut surgir des conflits personnels dus à des sentiments de rejet et d'isolement. Aussi, se révèle-t-il parfois utile d'arranger les logements et les places pendant les déplacements, de telle sorte que les jeunes ou nouveaux aient l'occasion de vivre avec les anciens. C'est en effet la proximité physique qui joue dans la manière dont se nouent les relations et les amitiés.

(6) Voir l'expérience de Lewin, Lippit et White présentée dans le chapitre « La relation affective en pédagogie ».

L'entraîneur pourra également faciliter l'intégration d'autres membres de l'équipe, en donnant aux anciens des informations diverses sur les jeunes, en expliquant la manière dont peut être conçu leur rôle dans le groupe et en veillant à ce que tous, jeunes et anciens, reçoivent le même traitement dans toutes les situations.

Une autre technique employée de plus en plus avec succès, consiste à utiliser le psychodrame. On fera jouer, dialoguer les protagonistes en leur demandant de se montrer le plus spontané possible et en les encourageant à formuler leurs sentiments et conflits (extériorisation). A la suite de ce dialogue, on incitera parfois les participants à inverser les rôles et à jouer ceux de leurs partenaires, de sorte qu'ils seront amenés à prendre conscience d'autres points de vue et sentiments (7).

La valeur du psychodrame réside en ce qu'il expose bien les conflits et met les sentiments au grand jour. S'il est parfaitement contrôlé par un psychologue, ce type de thérapie amène une résolution rapide des tensions. A défaut, il sera possible d'aménager des réunions de discussions structurées, afin d'aider à résoudre les problèmes sociaux et à augmenter l'efficacité personnelle et groupale. Ces discussions pourront se placer notamment avant la compétition et porteront sur l'évolution positive ou négative des individus ou de l'équipe. Des réunions où sont invités les femmes, amies ou enfants peuvent également contribuer à consolider l'esprit d'équipe en aidant le compétiteur à s'entraîner plus durement.

Enfin, et contrairement à l'opinion généralement admise suivant laquelle il s'avère légitime pour un entraîneur d'avoir un maximum de joueurs sur la liste, des études récentes ont montré que plus le groupe est petit et davantage l'identification de chaque membre vis-à-vis du groupe sera facilitée. En restreignant le nombre de ses joueurs et en s'opposant à ce que les dirigeants multiplient les démarches de recrutement vis-à-vis de joueurs extérieurs au club, l'entraîneur pourra ainsi rendre plus forte la cohésion entre les membres de son équipe.

29.4. Conclusion

Le résultat d'une tâche impliquant l'intégration des efforts de plusieurs personnes dépend d'un facteur spécifique de groupe et non pas exclusivement des aptitudes individuelles : aptitudes à coordonner des mouvements à ceux des autres, à anticiper les actions d'un partenaire ou de l'adversaire. Trop souvent cependant, les entraîneurs de sports collectifs tendent à associer ceux qui, individuellement, réalisent les meilleures performances, au lieu de retenir ceux qui produisent les meilleures performances collectives.

(7) M. Vanek, B.J. Cratty, *Psychologie sportive et compétition,* Editions Universitaires, Paris, 1970, p. 102.

On a vu que pour vaincre cette difficulté, il était possible de prendre un certain nombre de mesures, en essayant de déceler les membres les plus influents du groupe, les exclus ou les rejetés, en recherchant les clans ou sous-groupes, en facilitant l'intégration des nouveaux, en aménageant des discussions structurées et, comme nous le verrons, en associant les individus au pouvoir de décision (8).

Pour s'attaquer aux conflits et résoudre les tensions en les anticipant, on a pu voir que la sociométrie constitue précisément une méthode qui offre à l'entraîneur la possibilité de dépasser le cadre des phénomènes individuels. C'est dans cette perspective que l'entraîneur ou le dirigeant devra tenter de l'exploiter (9).

(8) Voir le chapitre « La relation affective en pédagogie ».
(9) G. Bastin, *Les techniques sociométriques,* Presses Universitaires de France, Paris, 1970.

30. L'enseignement sportif

B. DURING

30.1. Un sport qui ne s'enseignait pas

A ses origines, le sport ne s'enseigne pas. Dans les collèges britanniques, lorsque vient l'heure du rugby, du cricket, ou des poursuites à travers champs, s'effacent les maîtres, qui désapprouvent les violences, craignent les brutalités, et surtout, font du sport le creuset où s'apprend le respect librement consenti des règles, où se forgent les conditions du « self-government ». Pour les pédagogues anglais, le passage des règles du jeu à celles de la vie se fait d'autant mieux que l'intervention de l'adulte dans les communautés de jeunes est plus discrète. Pensé comme éducation civique et morale, le sport est un bon maître, qui se passe des maîtres.

Défini d'autre part, à la même époque, comme l'activité de professionnels sur les prouesses desquels on parie de fortes sommes, qu'il s'agisse de combats de boxe ou de course à pied, le sport est depuis longtemps déjà l'affaire d'entraîneurs, techniciens de la préparation physique. Comme certains préparent les chevaux, d'autres affûtent les hommes. Connaissances scientifiques et recettes sont mises au service de la recherche du meilleur rendement. L'entraînement ainsi conçu ne se définit pas comme un enseignement.

Absente aux origines du sport moderne, la notion d'enseignement sportif va, pour exister, devoir surmonter à la fois la résistance des enseignants qui, suivant la tradition des collèges britanniques, ne lui reconnaissent ni nécessité, ni spécificité, et celle des premiers entraîneurs qui n'ont pas du tout le sentiment de s'occuper d'enseignement. Sans oublier les résistances des premiers pratiquants aux formes d'encadrement qui pourraient rapprocher le sport — lieu de la libre initiative de jeunes gentlemen — des écoles et des sociétés de gymnastique.

Le chemin qui va de l'absence de l'enseignement sportif à nos actuelles « écoles de sport » mériterait plus longue étude. Contentons nous ici d'évoquer pour l'expliquer le rajeunissement progressif des pratiquants et l'influence croissante d'un système scolaire qui concerne de plus en plus d'enfants et d'adolescents, et de plus en plus longtemps. Il n'en reste pas moins que la notion d'enseignement sportif continue, en particulier en France, à faire problème, et qu'il est par conséquent intéressant d'en analyser les principales composantes.

30.2. Communication et enseignement

Pour que l'expression enseignement sportif ait un sens, il faut que soient réunies certaines conditions:

Les unes sont externes: présence de jeunes sportifs — ou de débutants, quel que soit leur âge — existence de structures d'accueil, qui prennent souvent le nom d'école, présence de personnes qualifiées prenant les groupes en charge. L'enseignement, en effet, est institution, organisation: il lui faut des lieux aménagés, des horaires, des publics homogènes si possible du point de vue de l'âge et du niveau.

Les autres sont internes: l'enseignement, envisagé de façon traditionnelle suppose l'existence d'une matière organisée en vue d'être transmise, de connaissances concernant les modalités de sa transmission, et des connaissances sur ceux qui s'exercent. Au centre de l'enseignement est la communication. Un émetteur — le maître — adresse par un canal précis un message codé — consigne, démonstration — à un récepteur — l'élève. Pour qu'il y ait communication efficace, il faut d'abord que l'émetteur utilise un code clair, parfaitement connu du récepteur. Les expressions que nous employons, les images que nous utilisons, les démonstrations que nous faisons doivent pouvoir être décodées par les récepteurs auxquels elles s'adressent, ce qui implique qu'elles tiennent compte des caractéristiques de leur langage, de leur perception, de leur compréhension, qui varient selon l'âge, le milieu d'appartenance, la formation antérieure. Ensuite l'ouverture du canal doit être contrôlée: il s'agit par exemple de savoir si tous sont en position de voir et d'être vus, d'entendre et d'être entendus. Des «bruits» peuvent cependant venir perturber la communication, comme autant de parasites: les sources de distraction ne manquent pas, externes ou internes, dues aux transformations de la situation ou à l'irruption de l'affectivité, par exemple. Enfin, pour que la communication soit véritable il faut aussi qu'elle puisse être réciproque: le récepteur se transforme alors en émetteur à son tour, ce qui dans la situation de l'enseignement traditionnel a pour fonction essentielle de rendre possible un contrôle de l'efficacité de la communication.

L'éducateur sportif qui prépare ses séances en tenant compte du schéma de la communication en améliore l'efficacité. Certes, il se situe dans la logique des pédagogies traditionnelles. Mais, dans le domaine du sport, cette logique est aussi celle des habitudes, du meilleur rendement apparent, et celle qui correspond souvent le mieux aux attentes des pratiquants. Ceux-ci deviennent les élèves souvent assidus, parfois même enthousiastes des écoles d'athlétisme, de sports collectifs, de ski ou de voile, écoles qui ne se distinguent que par les caractéristiques des «disciplines» qu'elles enseignent.

Pourtant une analyse plus attentive du schéma de la communication peut aussi conduire à bouleverser la conception même de l'enseignement sportif. En effet, pour que la communication soit bonne et durable, il faut qu'elle soit à double sens. Si elle part de l'adulte pour aller vers l'enfant, ou l'adolescent, du maître pour aller vers l'élève, est-elle assurée de jamais pouvoir fonctionner de façon durable et féconde ? Ne faut-il pas plutôt donner d'abord la parole — et le droit à l'action à celui qui s'exerce ?

30.3. Méthodes actives et enseignement sportif

D'une manière schématique, on distingue les méthodes traditionnelles centrées sur la matière à transmettre, où le pouvoir du maître est privilégié, des méthodes actives, centrées sur l'apprenant, où les initiatives de celui-ci sont au centre de la démarche. L'enfant par rapport à l'adulte, et dans une certaine mesure, l'apprenant par rapport à l'expert, ne perçoivent, n'agissent, ni ne ressentent de la même façon les situations proposées. Et souvent le maître ne comprend pas ce que l'élève éprouve. Si l'on accepte l'idée que le sportif n'est pas une machine qu'il suffit de bien régler, mais un être qui analyse, ressent, décide, présent tout entier dans ses actes, il faut accepter aussi que le rôle central soit tenu par l'activité de l'apprenant. A la pédagogie du modèle succède alors l'apprentissage par l'action, et les pédagogies nouvelles.

Cependant, de même que dans le système éducatif en général, l'apport des pédagogies actives, nouvelles au début du siècle, n'a pas fait disparaître, loin de là, les formes traditionnelles de travail, pas plus dans l'enseignement sportif le souci de prendre en compte l'activité du pratiquant n'apparaît-il partout. Nombreux sont ceux qui pensent que l'idée est généreuse, mais peu conciliable avec des objectifs de réussite en compétition sportive.

Rien n'est moins sûr, et il nous semble au contraire qu'il est possible de concilier réussite sportive et pédagogie active — de la même façon d'ailleurs qu'il est possible de concilier réussite scolaire et pédagogies nouvelles.

Le sport peut être le lieu d'une activité riche et originale des sujets apprenant, à condition que soient respectées un certain nombre de lignes directrices. D'abord, si l'on se place dans le cadre d'une spécialité, il semble important de proposer une multiplicité de situations, un éventail ouvert de tâches : le parcours plutôt que l'atelier, les situations à explorer plutôt que les mouvements que l'on décompose pour mieux les imiter, les jeux plutôt que les leçons. Ensuite, il peut être utile et fécond de déborder ce premier cadre, et de donner l'occasion d'explorer un univers aussi riche que possible de disciplines sportives variées, dans la perspective d'une contribution aussi ouverte que possible de l'enseignement sportif à l'éducation motrice. Enfin il faut prendre le parti de centrer la démarche pédagogique sur la connaissance du sujet agissant et des caractéristiques de son activité, parti qui a pour conséquence une transformation profonde du style d'intervention et des formes de communication : l'observation et l'écoute n'y jouent plus le rôle d'un simple contrôle de la qualité de la réception des messages émis par le maître, mais permet à l'élève d'émettre les siens, qui parfois surprennent.

TROISIÈME PARTIE

Histoire du sport et de l'éducation physique

31. La gymnastique dans l'Antiquité gréco-romaine

Lorsque les Achéens, dont parle Homère dans l'Iliade, envahirent la Crète vers quelque 2 000 ans avant l'ère chrétienne, ils découvrirent combien la vie sportive y était déjà valorisée (1). S'étant établis dans le Péloponnèse, ces guerriers blonds fortement organisés, venus du Nord de l'Europe, allaient développer les exercices sportifs étroitement liés à leurs activités militaires. Cette tradition devait se maintenir chez les Kouroi ou chevaliers de l'aristocratie de l'époque d'Homère (9e siècle avant notre ère), qui se livraient aux lancers du disque ou du javelot et s'affrontaient au cours de combats de lutte ou de boxe, en vue de préparer de nouvelles guerres. Ces exercices étaient essentiellement pré ou post-militaires, de sorte que la guerre ne s'achevait pour ainsi dire jamais.

La gymnastique d'essence militaire devait connaître son apogée à Sparte, où l'éducation tendait à préparer le citoyen à se vouer entièrement au service de l'Etat. La pratique du sport consistait à fortifier les corps, à les endurcir aux coups et blessures, afin de préparer les hommes à affronter la bataille. Même les femmes ne restaient pas confinées au gynécée ; les filles comme les garçons devaient rivaliser de vitesse et de force, car le rôle essentiel des femmes libres consistait à engendrer des enfants vigoureux.

Au 9e siècle avant l'ère chrétienne, le roi d'Elide Iphitos dut se résoudre à demander à la grande prêtresse, le moyen de débarrasser son pays de la peste. La Pythie lui répondit que les dieux interviendraient favorablement, s'il rétablissait les Jeux Olympiques en leur honneur. Aussi Iphitos dut-il conclure un traité avec Sparte, déclarant Olympie inviolable durant les Jeux sacrés. Il ne fit donc que rétablir les Jeux Olympiques qui, selon certains historiens, avaient été apportés de la Crète par un prête nommé Héraclès. La rénovation des Jeux Olympiques en 776 avant J.-C. fut d'autant plus aisément accomplie que les Grecs de cette époque s'étaient mis à pratiquer les exercices corporels davantage par goût du jeu et de la compétition et qu'ils les associaient désormais à d'autres occasions : pour célébrer des hôtes ou pour fêter les dieux (2).

(1) Des vestiges architecturaux nous enseignent que deux sports semblaient recueillir à cette époque la faveur du public crétois : le pugilat et la course de taureaux.

(2) L'année de la réinstallation des Jeux serait 884 avant J.-C. ; mais les Olympiades furent comptées officiellement à partir de l'an 776, année où les noms des vainqueurs furent consignés dans le registre public.

31.1. Les Jeux Olympiques

Les premiers Jeux débutèrent à Olympie par une simple course (3). Le lieu sacré se situait à 16 kilomètres de la mer Ionienne, sur la côte occidentale du Péloponnèse. Le stade avait la forme d'un U ouvert sur un bois sacré (l'Altis), d'où débouchaient les athlètes. D'une longueur de 192,27 m, il pouvait contenir vingt coureurs de front disposant chacun de 1,22 m de largeur. C'est donc entre le fleuve Alphée et le mont Kronion que furent remportées de 776 avant J.-C. jusqu'à 393 après J.-C., soit pendant plus de onze siècles, les victoires les plus éclatantes de l'Antiquité. Se déroulant tous les quatre ans, ces Jeux devaient en effet se développer très rapidement par l'adjonction de nouvelles disciplines et la participation de plus en plus massive des représentants des autres cités grecques. Des délégations issues de tout le monde hellénique y furent reçues et nourries aux frais de la Cité. On jouait des tragédies et les poètes venaient lire leurs vers : à chaque célébration s'instaurait périodiquement une trêve entre Grecs et toutes les dissenssions s'aplanissaient.

Le programme des Jeux Olympiques, complet dès 520 avant J.-C. (LXVe J.O.), se déroulait selon un cérémonial précis. Bien avant l'ouverture des Jeux, un groupe de messagers choisis parmi les membres de l'aristocratie, partait dans toutes les directions annoncer la célébration prochaine des Jeux. Puis la ville d'Elis désignait dix hauts magistrats chargés de l'organisation technique et administrative de la cité athlétique ; ils recevaient notamment les engagements qu'ils étaient chargés de vérifier. « L'olympionike » devrait être de pure race hellénique, n'avoir commis ni crime ni sacrilège et se soumettre à un entraînement intensif durant six mois.

La première journée se déroulait dans l'enceinte sacrée, dans laquelle se dressait, imposante, la masse d'or et d'ivoire du temple de Zeus et quatre-vingts autels devant lesquels s'amoncelaient les trésors offerts aux dieux par les citoyens grecs.

Après ces cérémonies religieuses consacrées aux cantiques et aux prières, le cortège empruntait, dès l'aurore, le lendemain, la direction du stade ; les dix magistrats ouvraient ce défilé, suivis des députations et des concurrents. A l'issue de l'appel de chaque engagé, se déroulaient les premières courses. Celles-ci comportaient la course vitesse (dromos) d'une longueur équivalente à celle du stade, le demi-fond (diaulos) qui se déroulait sur deux longueurs de stade, et la course de fond dans laquelle allaient particulièrement s'illustrer les Spartiates (parcours de 7, 12 ou 24 stades).

Au cours de la troisième journée, avaient généralement lieu les quatre épreuves du pentathle, à savoir le saut, le lancer du disque, le lancement du javelot et la lutte à mains plates. Au saut en longueur, il était permis de s'aider de petites haltères pesant parfois jusqu'à cinq kilogrammes, alors qu'au

(3) Coraebos, un commerçant d'Elis, remporta cette première épreuve et reçut en récompense une couronne d'olivier.

gymnase on s'exerçait également aux sauts en hauteur, en profondeur et au saut à la perche. Etait vainqueur celui qui avait obtenu le meilleur total aux trois essais; c'est ainsi que le Spartiate Chionis aurait totalisé 16,66 m aux XXVIIIe Jeux (668 av. J.-C.). Le disque, constitué par une plaque de bronze d'environ 30 cm de diamètre et pesant jusqu'à cinq kilogrammes, se lançait à partir d'une petite butte de terre. Un certain *Phayllos,* de Croton, propulsa cette masse à une distance record de trente mètres. Les concurrents avaient également droit à deux ou trois lancers du javelot, qui se présentait sous la forme d'une longue tige de bois munie d'une pointe de fer démontable. On le propulsait à l'aide d'une courroie de cuir enroulée autour de la tige, imprimant lors de son déroulement, un mouvement rotatif à l'engin. Les lutteurs, leur corps nu enduit d'huile afin de rendre les prises plus difficiles, essayaient de se déséquilibrer mutuellement par une prise du bras, un croc-en-jambe ou une projection par-dessus l'épaule. Le vainqueur, qui avait réussi par deux fois à plaquer au sol la hanche, l'épaule ou le dos de l'adversaire, était également proclamé gagnant du pentathle, car le règlement laissait entendre qu'il fallait remporter au moins trois épreuves, dont celle de lutte.

Le pugilat et le pancrace constituaient l'essentiel du programme de la quatrième journée, au cours de laquelle débutaient aussi parfois les courses de char. Le pugilat, sorte d'escrime à coups de poings destiné à l'origine à exercer les guerriers, se pratiquait les mains entourées de lanières de cuir dont l'extrémité comportait un anneau cylindrique coiffant les phalanges à l'exception du pouce. Bien que les règles nous demeurent imprécises, il semble que les coups au corps étaient interdits et que le combat ne s'achevait que sur abandon de l'adversaire. Au pancrace tous les coups étaient permis, ce qui rendait l'épreuve meurtrière et constituait un spectacle extrêmement barbare.

Les courses de char se déroulaient le jour suivant à l'hippodrome, sur une piste mesurant 770 mètres. Habités par un grand désir de vaincre et n'osant cependant prendre part aux courses, certains nobles ou riches citoyens s'y firent parfois représenter par des esclaves. Par la suite, on institua à leur profit des courses de chevaux réputées moins dangereuses.

La course en armes du sixième jour constituait traditionnellement l'épreuve de clôture. Alors qu'à l'origine les hoplites y participaient complètement harnachés, le bouclier devint par la suite le seul signe de leur qualité. Cette épreuve avait essentiellement valeur de symbole en indiquant aux spectateurs que la trêve militaire touchait à sa fin (4).

Les villes de Grèce et d'autres parties du bassin méditerranéen qui engageaient leur prestige dans ces Jeux, facilitaient l'entraînement de leurs représentants. Les victoires devenant de plus en plus difficiles à mesure que le niveau de performance s'accroissait, la nécessité d'un entraînement intensif associé à un mode particulier de vie donna naissance au professionnalisme.

(4) J. Le Floc'hmoan, *La genèse des sports,* Payot, Paris, 1962.

Aux 5e et 4e siècles, chaque cité possédait son stade et organisait au cours de l'été des fêtes athlétiques (5). Les entraîneurs arrivèrent ainsi à une connaissance étendue du corps humain et de la diététique, si bien que le professionnalisme donna naissance à une gymnastique plus spécifiquement médicale. En définissant la médecine comme « une diététique, c'est-à-dire une science des régimes et une gymnastique ou science de l'efficacité des exercices », Hippocrate faisait ressortir le rapport de filiation entre la gymnastique et la médecine (6).

31.2. Gymnastique et éducation

Lorsque les Athéniens élaborèrent une doctrine éducative au cours du 5e siècle, en cherchant à y intégrer les activités corporelles, ils se trouvèrent par conséquent en face de trois gymnastiques plus ou moins distinctes les unes des autres : les gymnastiques militaire, médicale et sportive. Au cours de cette époque, la démocratie remplaçant l'organisation aristocratique et le peuple ayant reçu les droits réservés jusque lors aux Kouroi, l'exigence démocratique assurera la création d'une éducation collective. Désormais trois maîtres — le cithariste, le grammairien et le maître de gymnastique ou pédotribe — vont se partager l'éducation des enfants. Mais comme le grammairien ne dispensa qu'une éducation rudimentaire, l'éducation se limita principalement à l'enseignement de la musique et de la gymnastique. L'éducation fut, en effet, très vite et étroitement liée au gymnase dans lequel elle était dispensée.

31.2.1. Le gymnase et la palestre

Le gymnase fut, à l'origine, un établissement exclusivement réservé aux activités physiques. Il se présentait sous la forme d'une grande pelouse dont une partie était aménagée en pistes ; parfois couvertes (les xystes), elles permettaient un entraînement par mauvais temps. De chaque côté des pistes se trouvaient des aires de sauts et de lancers, ainsi qu'un parc planté d'oliviers où pouvaient circuler les orateurs entourés de leurs élèves. A proximité du gymnase se dressait la palestre, c'est-à-dire un bâtiment disposant d'une

(5) Parmi les jeux les plus connus qui se déroulaient dans l'intervalle des Jeux Olympiques, citons les Jeux Pythiques (Delphes), Isthmiques (Corinthe), Néméens (Némée).
(6) J. Ulmann, *De la gymnastique aux sports modernes,* Vrin, Paris, 1971, p. 21.

grande cour intérieure recouverte de sable fin (7). Sur cette cour s'ouvrait un certain nombre de salles de déshabillage, de bains, de massage, de sudation et de jeux. Au 4e siècle le gymnase se transformera et certaines salles seront réservées à l'enseignement intellectuel, essentiellement philosophique et militaire. Si bien que le gymnase devient à la fois un lieu d'exercice physique et un rendez-vous pour les savants les plus éminents.

Les exercices pratiqués à la palestre comportaient le saut en longueur avec haltères, des luttes, des jeux d'adresse avec des cerceaux ou ballons, des mouvements d'assouplissement et diverses formes d'attaques et de défense, alors qu'au gymnase on s'adonnait principalement au pentathle, pugilat ou au pancrace, ce dernier sport constituant un spectacle extrêmement barbare. A ces formes de lutte s'ajoutèrent rapidement des concours d'éloquence, de poésie, de beauté musculaire, de sorte que l'éducation va désormais lier deux aspects complémentaires de la formation de l'homme qui étaient jusqu'alors indépendantes, la gymnastique et l'instruction.

Dans cette éducation, la gymnastique occupe une place prépondérante en raison de l'influence du philosophe Platon. Celui-ci considérait en effet qu'il n'y avait pas une gymnastique militaire, une gymnastique médicale et une gymnastique sportive, mais seulement trois usages complémentaires des mouvements du corps procédant toutes d'une même source, le Bien.

Mais ces différentes formes d'activités corporelles se dissocièrent peu à peu, connurent des évolutions particulières et se développèrent d'autant plus rapidement que leur croissance n'était plus limitée par des considérations générales.

31.2.2. L'athlétisme professionnel

Engageant le prestige de la cité qu'ils représentaient, les champions de l'époque se voyaient attribuer des revenus intéressants par le trésor public ou étaient exemptés de toute charge. Dans tous les cas, le titre de vainqueur olympique leur conférait des égards incontestables durant toute la vie. L'athlétisme professionnel se développa par conséquent rapidement (dès le 6e siècle avant notre ère), cela d'autant que les concurrents devaient obligatoirement se soumettre à un entraînement intensif de dix mois, observer un régime et une discipline sévères.

Ces champions adulés furent pourtant l'objet de jugements peu favorables. Euripide dénonça leur moralité douteuse ; on vit en effet de nombreux athlètes sanctionnés pour avoir violé le règlement des Jeux. L'Athénien Callipos, par exemple, fut condamné pour avoir acheté ses adversaires du pentathle (CXXIIe Jeux) ; comme il était insolvable, la cité grecque dut finalement se résoudre à payer une forte amende. Galien (131-201) s'appliqua

(7) La palestre était, semble-t-il, soit un moment indépendant, soit une partie du gymnase, qui se distinguait de ce dernier par l'absence du xyste, parce que la course n'y était vraisemblablement pas pratiquée.

constamment à caricaturer les athlètes professionnels, à dénoncer leur nullité intellectuelle ou à stigmatiser leurs activités qui, selon lui, n'apprennent pas à labourer, ni à chasser ni à combattre. Mais à travers ces attaques, le médecin de l'Empereur romain Marc-Aurèle, cherchait en fait à revendiquer la gymnastique pour la médecine et à l'arracher des mains des pédotribes.

31.2.3. La gymnastique médicale

Le terme de pédotribe s'appliquait initialement aux entraîneurs qui s'occupaient des enfants et, par la suite, à tout entraîneur. Le nom de gymnaste, qui apparut plus tardivement, désignait les pédotribes qui avaient acquis des connaissances diététiques supérieures et qui laissaient aux pédotribes, l'enseignement de la simple pratique. Galien multiplia donc ses attaques afin de faire dépendre la diététique de la médecine et non plus de la gymnastique, et prétendit réserver l'appellation de gymnaste aux seuls médecins. Il reprit ainsi une idée de Platon qui considérait la gymnastique comme une forme d'entretien de l'homme en bonne santé, alors que la médecine devait se consacrer à la guérison des malades.

Il fallait par conséquent dénoncer l'incompétence des pédotribes en critiquant leurs buts désastreux et montrer que seuls les médecins possédaient des connaissances étendues du corps humain ou en matière de diététique. Mais la distinction des médecins et des pédotribes s'avéra difficile à réaliser à cette époque, car ces derniers avaient pu multiplier les observations sur l'homme en mouvement, mettre au point des recettes diététiques et développer les règles essentielles de l'hygiène. Aussi, Galien ne fut-il pas suivi dans sa tentative de réserver la dénomination de gymnaste au seul médecin.

Galien eut pourtant le mérite de préconiser, dans une perspective hygiénique, le développement des jeux de balles pratiqués depuis longtemps en Grèce sous des formes variées. Au jeu de l'harpastum, par exemple, deux équipes luttaient pour la possession d'une outre de cuir remplie de sable et s'empêchaient mutuellement de progresser vers un but déterminé. Ce jeu préféré des paysans, fut introduit ultérieurement par les légionnaires romains en Gaule (8). Le follis était une balle légère, que les joueurs propulsaient à l'aide de leurs avant-bras munis d'une sorte de gantelet. Différents jeux de balle connurent donc une certaine vogue dans le monde hellénique ; mais, variant d'une région à l'autre, ne donnant pas lieu à des compétitions régulières, ils ne furent pas jugés assez nobles pour entrer à Olympie.

La gymnastique médicale et l'athlétisme professionnel subsistèrent par conséquent longtemps et connurent un destin parallèle, dans la mesure où les ambitions des médecins s'accrurent en même temps que les connaissances et que le professionnalisme continua d'exercer un attrait certain sur les jeunes, assoiffés de renommée et de gloire.

(8) Il est plausible de penser que ce jeu donna naissance à la soule et qu'il fut l'ancêtre du rugby.

31.2.4. La décadence

La gymnastique militaire disparut la première, car elle accorda de moins en moins d'importance à la préparation militaire. On retrouvera donc les deux autres formes de gymnastique, mais sous une forme dégradée.

Les vieux Romains s'opposèrent en effet à la pénétration des mœurs helléniques et plus particulièrement à celle de la gymnastique, cela d'autant, que cette dernière se présentait à cette époque sous la forme d'une occupation d'oisifs : moyens destinés à donner des couleurs ou de l'appétit, onctions, bains, promenades et conversations au gymnase.

Alors que l'on conçoit fort bien que les soins du corps et l'usage des bains aient été particulièrement développés chez les Grecs, les onctions, les bains et les massages devinrent l'occupation principale des Romains, jeunes et vieux. Les thermes connurent un développement incroyable et se présentaient comme de véritables villes comportant des magasins divers (charcuteries, pâtisseries, salons de coiffure, lieux de réunions).

A ces hommes, trop amollis pour se livrer à des exercices physiques, les spectacles violents offrirent une agréable compensation. Si bien que l'on assista parallèlement à une mutation de l'athlétisme professionnel, qui dégénéra en lutte des hommes contre des bêtes ou des hommes entre eux. Le professionnalisme, puis les jeux de cirques amenèrent la décadence de l'Olympisme, si bien que le christianisme pût aisément donner le coup de grâce à une institution qui n'avait pu que survivre difficilement à l'âge d'or hellénique (9).

(9) Empereur romain converti au christianisme, Théodose (379-395) publia un édit supprimant les Jeux Olympiques en 393, sous la demande de l'évêque de Milan, Ambroise, afin de se faire pardonner le massacre de Thessalonique. La mort de Théodose, en 395, amena la fin du Grand Empire Romain.

32. Du Moyen Age au 18e siècle

Le christianisme a mis un terme aux jeux du stade et aux spectacles des amphithéâtres, parce qu'on y célébrait les corps et qu'il ne pouvait admettre que les hommes, formés à l'image de Dieu, y fussent mutilés ou tués par leurs semblables. Et sans doute le Moyen Age religieux adopta-t-il une attitude analogue à l'égard des exercices corporels. Mais le véritable esprit chrétien cherchait à sauver l'homme tout entier, dans lequel il apparaissait difficile de dissocier l'âme du corps, pour en assurer le salut exclusif. On ne peut donc affirmer, selon J. Ulmann, que le christianisme affichait un total mépris du corps ; certes, le corps ne vaut pas l'âme, mais il lui est nécessaire. Aussi les jeux connurent-ils au Moyen Age une grande faveur (1).

32.1. Le Moyen Age

Le tournoi apparaît comme le modèle de l'activité sportive du Moyen Age. Il se présentait sous la forme d'une bataille rangée livrée à travers champ avec les armes de guerre, sans haine, mais souvent sanguinaire. La mêlée y était confuse et, à la différence du sport moderne, les charges sans nombre s'effectuaient dans une grande débauche d'énergie, de courage et dans lesquels l'adresse ne tenait que peu de place. Les protagonistes faisaient des prises, mais le combat se terminait sans cession de territoire. Si les tournois se déroulaient par conséquent pour le plaisir et l'honneur, les multiples interdits dont ils furent l'objet, attestent de leur caractère sanguinaire, mais également de leur succès.

Les excès manifestes des tournoyeurs et les règlements de comptes personnels amenèrent progressivement une réglementation des tournois, par l'introduction de dispositions diverses telles que l'aménagement de lieux de refuges (les recets) et l'arbitrage des combats par des juges armés de bâtons. M. Bouet souligne fort justement comment la délimitation du terrain, la célébration des cérémonies et la multiplication des règlements anticipèrent les

(1) J. Ulmann, *De la gymnastique aux sports modernes,* Vrin, Paris, 1971, p. 86.

traits du sport moderne (2). Les contestations s'élevèrent néanmoins nombreuses et « la force, le poids du bras demeuraient encore le principal mérite » (3).

Le Moyen Age fut également le théâtre d'innombrables joutes, d'assauts à la lance et à cheval au cours de combats singuliers. L'établissement d'une barrière séparatrice le long de laquelle galopaient en sens inverse les deux cavaliers, l'adoption d'un armement de plus en plus élaboré et protecteur, transforma la joute en un heurt dangereux de deux masses mobiles, mais plus ou moins dénué d'intérêt. La mort d'Henri II par suite d'une blessure reçue lors d'une joute, mit fin en 1559 à cette activité sportive individuelle et brutale.

Si les tournois et les joutes restèrent le privilège quasi exclusif des seigneurs, les jeux de balle constituèrent une activité populaire, alors que la paume fut en faveur tant auprès des milieux aristocratiques que populaires.

Lointaine ancêtre du football et du rugby, la soule se jouait à travers champs, bois et ruisseaux entre deux équipes, qui devaient faire parvenir un ballon en un point donné, par exemple d'un village à un autre. Les coups pleuvaient et les accidents graves, voire mortels, se produisaient fréquemment.

Comme on n'y admettait pas le match nul, le combat pouvait durer une journée ou davantage ; aussi les « souleurs » ou « choleurs » convenaient-ils parfois d'une trêve. La soule fut l'objet d'interdits fréquents en raison de sa violence, mais également parce qu'elle détournait les sujets de l'exercice du tir à l'arc, plus utile en temps de guerre.

Alors qu'à l'origine, la paume se jouait à toute volée sur des terrains variés, la délimitation du terrain en deux camps et leur séparation par une simple corde, puis par un filet par-dessus lequel les joueurs renvoyaient la pelote de la paume de la main, régularisèrent progressivement ce jeu attrayant.

On commença à pratiquer la paume à l'abri, dans les salles attenantes aux cathédrales notamment, à partir du 14e siècle. Ainsi le règlement permettait-il de faire ricocher la balle contre les murs ou de la faire rouler sur le toit d'une galerie. Afin de rendre ce sport moins éprouvant aux mains, on autorisera ultérieurement l'emploi du gant, puis celui de la raquette. Dans le jeu en salles ou courte paume, les battoirs munis de corde furent les plus répandus.

Si l'on considère que la lutte fut pratiquée par les manants et les nobles, que la soule se jouait également avec un bâton recourbé ou crosse, on peut estimer que les exercices du corps connurent une indéniable faveur au Moyen Age. Selon J. Ulmann, la chrétienté n'a pas été hostile aux exercices corporels, mais elle leur déniait toute autre utilité qu'un délassement ou simple exercice du corps. Au plan pédagogique, le rôle de l'école était

(2) M. Bouet, *Signification du sport,* Editions Universitaires, Paris, 1968, p. 247.
(3) J.J. Jusserand, *Les sports et les jeux d'exercice dans l'ancienne France* Paris, Plon, 1901, p. 95.

d'instruire et non de faire jouer. Sur ce point, les idées pédagogiques ne devaient changer qu'à la Renaissance (4).

32.2. La Renaissance

M. Bouet caractérise très justement les activités physiques du Moyen Age en disant qu'elles contenaient toute la matière de ce que deviendra le sport moderne, mais que la forme en demeura fruste, pleine de vitalité, de force et de courage (5).

A la Renaissance au contraire, l'esprit d'individualisme, le nivellement des classes sociales, le raffinement progressif de l'existence et l'intérêt pour la technique, conduisirent à valoriser davantage l'esprit d'émulation et de revanche, à refuser la distinction entre sports vils ou nobles et à valoriser la prouesse technique et l'adresse au détriment de la force brutale.

L'âge des tournois est révolu et on assiste à un très grand développement du combat à l'épée, qui devient de plus en plus subtil grâce à l'influence des Italiens, multipliant parades, feintes, ripostes et bottes. C'est la grande époque des duels et de l'escrime, des prétextes « à un affrontement » d'intention sportive chez des hommes que le mépris de la mort, si net au Moyen Age, n'a pas encore abandonné » (6).

A la Renaissance, les salles de courte paume se multiplient, alors que la longue paume reste en faveur auprès du peuple. Vers la fin du 16e siècle, la ville de Paris compte à elle seule 250 jeux de paume et l'importance de ce jeu s'avère telle, que les fabricants de balles et de raquettes peuvent se réunir en confréries. Signe de l'époque, on ne se bat plus à cinq ou six joueurs, mais joueur contre joueur ou par équipes de deux.

Aux joutes brutales du Moyen Age se substituent donc progressivement des jeux d'adresse, de vélocité, où la tactique mobilise l'intelligence et les capacités d'observation de l'adversaire.

En Italie, dont l'influence et le rôle de précurseur s'avèrent déterminants, la noblesse s'adonne au « calcio », jeu dont les brutalités sont sévèrement sanctionnées par dix arbitres placés sur une estrade. Sous l'influence de l'école italienne, l'équitation s'engage davantage vers l'art du dressage et de la haute école.

(4) J. Ulmann, *De la gymnastique aux sports modernes,* Vrin, Paris, 1971, pp. 91-92.
(5) M. Bouet, *Signification du sport,* Editions Universitaires, Paris, 1968, p. 261.
(6) M. Bouet, *Signification du sport,* Editions Universitaires, Paris, 1968, p. 273.

L'abondance des écrits techniques sur l'escrime, l'équitation ou les jeux de balle, témoigne de l'intérêt suscité par les activités physiques au cours de la Renaissance. Mais la redécouverte de la médecine grecque et le développement d'une gymnastique exclusivement vouée à des fins hygiéniques et à la santé du corps, l'orientation des rationalisations vers des préoccupations plus spécifiquement pédagogiques, seront responsables de la relative désaffection que connaîtront ces activités sportives aux 17e et 18e siècles.

Vittorino De Feltre, par exemple, que J. Ulmann considère comme le fondateur de l'éducation physique, introduisit dans son école une gamme variée d'exercices physiques dont il espérait des bienfaits non seulement physiques, mais intellectuels et moraux. Il s'appliquait davantage à corriger les mouvements maladroits, à encourager les élèves plus faibles, à soutenir les efforts des moins persévérants ou à railler ceux qui manifestaient de l'orgueil, plutôt qu'à rechercher la performance ou le plaisir proprement sportifs.

On retrouve cette orientation chez la plupart des pédagogues de cette époque et notamment chez Rabelais, dont le Gargantua éprouve, selon le terme de J. Ulmann (7), « la même fringale de culture corporelle que de science ». Mais l'introduction de multiples activités physiques dans le programme éducatif de Gargantua, de l'escrime au ramassage du foin ou au sciage du bois, le maniement de toutes sortes d'armes, l'exercice de la chasse, de courses ou de sauts par tous temps, se réalise dans une perspective hygiénique et médicale.

Montaigne ne fera pas des exercices physiques le fondement de l'éducation, mais ennemi du gavage intellectuel et soucieux de préparer l'homme à l'expérience réelle de la vie, il soulignera la valeur pédagogique et récréative de leur utilisation mesurée et pertinente. Montaigne veut « roidir les muscles » avant tout pour forger le caractère sur le modèle de son père qui fut « adroit et exquis en tous nobles exercices » (8).

32.3. Les 17e et 18e siècles

Alors que la Renaissance avait apporté des éléments de régularisation aux plans de la réglementation et de la technique à la matière extrêmement riche du Moyen Age, on assistera à une régression des activités physiques en France au cours des deux siècles suivants. La France et l'Italie ayant respectivement marqué l'activité sportive du Moyen Age et de la Renaissance, ce sera au tour de l'Angleterre de susciter un renouveau des activités corporelles et d'amorcer l'apparition du sport moderne avec ses caractéristiques principales.

(7) J. Ulmann, *De la gymnastique aux sports modernes,* Vrin, Paris, 1971, p. 190.
(8) Montaigne, *Essais,* Editions Pléiade, p. 380.

32.3.1. En France

Au 17e siècle, les exercices chevaleresques sont en complet déclin. Soucieux d'esthétique et non point de performance ou de concurrence, les gentilshommes s'orientent vers la pratique de l'escrime et de l'équitation savantes. « Non seulement la violence des vieux exercices continue de s'atténuer, mais les seuls qui progressent sont ceux qui peuvent faire valoir une belle prestance, une élégante tournure, la grâce unie à la majesté » (9). La chasse représentera pratiquement le seul exercice viril des nobles. Certes on verra apparaître au siècle suivant des courses de chevaux, mais les seigneurs feront rapidement monter leurs palefreniers.

Sur le plan pédagogique, J.-J. Rousseau aura donc le mérite de prôner l'éducation corporelle, à une époque où celle-ci avait beaucoup perdu de sa force. Soucieux d'éducation naturelle où la natation, la course, les sauts, la lutte, l'équilibrisme annoncent déjà l'hébertisme, il condamnera des exercices trop civilisés comme l'escrime ou l'équitation.

32.3.2. En Angleterre

L'apparition du sport moderne aux 17e et 18e siècles est fortement liée à l'évolution sociale qui se produit en Angleterre, où la constitution d'un gouvernement démocratique et l'essor de la civilisation industrielle eurent une influence déterminante.

En éloignant l'aristocratie de toute activité productive et du pouvoir, la révolution parlementaire transforme celle-ci en une classe oisive campagnarde. Pour s'occuper, elle s'adonnera aux exercices chevaleresques avec passion. Par ailleurs, la pénétration des classes aristocratique et bourgeoise, dans les collèges principalement, aura pour conséquence de généraliser la pratique sportive dans toutes les couches de la société.

Le goût démesuré des Anglais de cette époque pour le pari, aura pour conséquence de lier la notion du sport à celle de record, de vitesse et de mesure. C'est qu'en effet, les paris vont avoir de plus en plus fréquemment pour objet les courses à pied, courses des chevaux ou combats de boxe. Un certain John Lepton se rendit aussi célèbre au début du 17e siècle, en pariant qu'il parcourrait à cheval en six jours la distance de 1 000 miles ; en réalité, il mit cinq jours.

Des foules de plus en plus nombreuses (15 000 à 20 000 spectateurs) se passionnent au 18e siècle pour les courses de chevaux. A la fin de ce siècle, trois grandes classiques sont fondées et le Jockey Club est créé en 1750 par l'aristocratie afin d'arbitrer les contestations.

La course à pied et la boxe donnent également lieu à d'innombrables paris. On se rachète les coureurs à pied professionnels comme des chevaux et

(9) J.J. Jusserand, *Les sports et les jeux d'exercice dans l'ancienne France*, Paris, Plon, 1901, p. 370.

on voit apparaître ce qu'on appelle aujourd'hui les managers et organisateurs. Un nommé Figg (mort en 1734), par exemple, dirige non seulement une école de boxe, mais organise des rencontres, en assure la publicité pour remplir la salle, encaisse les entrées et rémunère les combattants. J. Broughton, quant à lui, introduit en 1747 les gants de boxe afin que les élèves ne s'abîment pas les mains à l'entraînement et il transforme le combat sauvage en « noble art », où l'intelligence et la technique priment sur la force brutale. C'est dans son amphithéâtre que seront élaborés les premiers règlements relatifs à la boxe. La démocratisation de la société anglaise contribue fortement à diffuser l'intérêt pour ce sport dans toutes les classes sociales et à provoquer l'amélioration de la technique.

On voit donc, selon M. Bouet, s'accentuer les traits spécifiques du sport moderne en Angleterre aux 17e et 18e siècles : la recherche de la performance, le perfectionnement de la technique, l'organisation et la réglementation, la pénétration dans toutes les classes sociales et le spectacle de masse (10). L'urbanisation et la croissance de la société industrielle jouèrent dans cette évolution un rôle fondamental.

(10) M. Bouet, *Signification du sport*, Editions Universitaires, Paris, 1968, p. 325.

33. L'essor du sport moderne au 19e siècle

L'Angleterre constitue définitivement le sport moderne au cours du 19e siècle, après en avoir amorcé l'apparition et la pratique dans les milieux privilégiés de la fortune, d'une part, et dans le monde du spectacle et des paris, d'autre part.

33.1. Le sport en Angleterre

L'épanouissement du sport moderne en Angleterre ; selon les caractéristiques principales qu'il connaît de nos jours, résulte pour une grande part de l'influence qu'exercent à cette époque les écoles et les universités anglaises. Les nouvelles conditions de vie de la société globale suscitent l'adoption d'un style de vie plus démocratique dans les écoles, et leur invasion par les bourgeois constitue un facteur de développement des jeux populaires. La liberté conférée aux élèves leur permet de s'adonner de leur propre mouvement aux activités de leur choix pour y dépenser leur surplus d'énergie. Les jeunes organisent initialement les activités sportives sous l'œil désapprobateur des maîtres. Mais, lorsque les pédagogues se rendent peu à peu compte, vers la seconde moitié du 19e siècle, de l'utilité et de l'intérêt pédagogiques du sport, ils s'efforceront d'éduquer les élèves selon l'idéal de l'athlète-chrétien : l'éducation physique doit en faire des athlètes, alors que l'éducation morale doit les rendre chrétiens.

Ainsi, lorsque Thomas Arnold (1795-1842) prend la direction de l'école de Rugby en 1828, le culte du sport y est déjà poussé parmi les élèves. Et en réalité, Thomas Arnold, à qui on attribue trop souvent un rôle déterminant dans le développement du sport moderne, n'a jamais pratiqué de sport ou manifesté le moindre intérêt pour le football auquel l'école donne son nom, de même qu'il n'a jamais enseigné la pédagogie. Si le sport se développe cependant à Rugby, c'est en raison de la liberté absolue conférée aux élèves.

Son œuvre consiste à supprimer la brutalité des jeux, à préciser les règles et à faire du sport, « plus qu'un jeu, un style de vie » (1). L'originalité des

(1) J. Ulmann, *De la gymnastique aux Sports modernes,* Vrin, Paris, p. 329.

écoliers britanniques réside quant à elle, et grâce à l'influence profonde exercée sur eux par quelques pédagogues d'exception, dont Thomas Arnold, à codifier les règles, à créer une obéissance librement consentie à ces règlements et à promouvoir la loyauté dans les rapports entre coéquipiers et adversaires, le *fair play*.

En 1823, en courant vers l'avant, balle en mains, au lieu de l'expédier du pied vers le but adverse, un élève commet une maladresse et « invente » le rugby. Le rugby est codifié en 37 points dès 1846 et vers 1870 on accentue la forme ovale du ballon afin de le différencier de la balle ronde utilisée par les clubs de Football Association. En 1871 se constitue la Rugby Football Union. Parallèlement, le « dribbling game » dans lequel on progressait vers le but adverse, balle au pied, et où les contacts brutaux et placages étaient proscrits, se développa également rapidement. Les règles en furent rédigées en 1861 par les élèves, à l'occasion de la fête anniversaire de Charterhouse.

Très rapidement se développe un secteur professionnel en rugby et en football. En effet, les clubs de rugby à effectifs ouvriers demandent vers la fin du siècle à la Rugby Football Union, d'autoriser le manque à gagner et le remboursement des frais de déplacement. Mais les clubs universitaires du Sud s'y opposent. Mises en minorité, vingt-deux sociétés de rugby des Midlands fondent la Northern Rugby Union, qui admet le semi-professionalisme. Ainsi naissait le jeu à treize moderne, qui réduisit l'importance des coups du pied et supprima les mêlées ouvertes. La Football Association fut, quant à elle, moins intransigeante car moins dépendante des clubs universitaires. La Football League, fondée par douze clubs du Nord en 1885, ne transforma pas le jeu et demeura dépendante de la Football Association. En 1892, cette ligue de clubs professionnels dénombra vingt-huit sociétés réparties en deux divisions.

Les Anglais ne se contentent pas de codifier les sports collectifs de balle, mais ils mettent également au point, lors de cette période, une série de sports individuels. Parmi ces sports, citons le golf, le lawn-tennis, l'athlétisme, la natation, la boxe et l'aviron.

Les premières compétitions d'athlétisme se déroulèrent à partir de 1844 à l'Université de Dublin, puis à Eton. Au programme de ces manifestations figurèrent principalement des courses sur courtes, moyennes ou longues distances, auxquelles s'ajoutèrent par la suite des courses sur obstacles et des sauts. L'introduction de lancers résulte directement d'une longue tradition écossaise privilégiant les exercices de force. Très vite se créent des associations d'athlétisme et les premiers championnats d'université sont organisés en 1857 à Cambridge. Des sociétés civiles naissent une dizaine d'années plus tard, époque qui vit l'instauration de l'Amateur Athletic Club (1866), organisme de coordination des associations non professionnelles.

L'aviron, sport typiquement anglais, se constitua également dans les « Public Schools » et les Universités. La première course Oxford-Cambridge se déroula en 1829 et dès cette époque ce sport fut l'objet d'études médicales, afin de démontrer les bienfaits de la pratique du sport sur la santé et la longévité des individus. Autre sport d'eau, mais où le travail musculaire ne s'applique pas à un engin en déplacement, la natation se développe essentiellement en raison d'une propagande active qui a lieu à cette époque en faveur de l'hygiène. La croissance des grandes villes voit en effet se développer rapidement des établissements de bains pourvus de bassins de natation.

Là encore, on constatera que la création d'une activité à caractère récréatif ou sportif, résulte des conditions de la nouvelle société industrielle. Réalisant la première, une expansion considérable aux plans de la structure économique et politique, l'Angleterre marque simultanément un intérêt remarquable pour les activités sportives.

33.2. Le sport en Allemagne

L'humiliation infligée à la Prusse par Napoléon à Iéna (1806) a pour résultats de stimuler et de cristalliser les énergies du peuple allemand. Dans son « Discours à la nation allemande », Fichte réclame une prise de conscience des forces vives et un apprentissage de l'esprit communautaire par l'emploi des exercices physiques.

Mais le véritable initiateur du « Turmen » qui a jeté les bases solides d'une forte implantation gymnique et le goût de l'effort physique, fut Jahn (1778-1852).

Professeur dans un lycée de Berlin, il connut vers le début du siècle l'occupation française. La haine des Français devenant désormais sa seule raison de vivre, il s'engage dans le corps franc de Lützow qui avait prêté serment de n'épargner aucun Français. A la libération, il groupe la jeunesse du pays dans un esprit de renaissance nationale et de revanche contre l'étranger. En 1816, il publie *Die deutsche Tunrnkunst* dans lequel il prône la pratique d'exercices de force et d'adresse en vue de développer la volonté, l'audace, la combativité et de susciter « l'émulation sociale pleine de joie et de vie ».

La méthode de Jahn, dont l'éthique virile allait influencer longtemps l'esprit dans lequel devait être pratiqué le sport en Allemagne, comprend :

1. la marche, marche d'entraînement, de fond, à travers des terrains variés et la marche forcée ;
2. la course de vitesse et de fond, course en zigzag ou à reculons ;
3. le saut en hauteur, en longueur, saut périlleux et voltige sur le cheval de bois ;
4. les équilibres sur des barres ou cordes suspendues ;
5. la lutte, des exercices de traction et de répulsion ;
6. le grimper à la corde ou au mât ;
7. le lancer de force ou d'adresse ;
8. le porter ;
9. la barre fixe ;
10. les barres parallèles.

Pour la première fois apparaissent, par conséquent, les agrès qui connaîtront rapidement une diffusion internationale : il s'agit du cheval (Bock), de la barre fixe (Reck) et des barres parallèles (Barren). Mais le « Drill » prussien apporte également d'autres innovations : un style discipliné et énergique, des mouvements d'ordre et d'ensemble qui permettent de grouper sur les terrains des masses de pratiquants, une raideur militaire dans les attitudes, gestes et démarches.

Jahn enferme rarement, sauf par mauvais temps, les enfants dans les *Turnhallen* ou gymnases. C'est qu'en effet, disciple de Gutsmuth, Jahn veut placer les enfants devant des obstacles naturels, leur faire aimer les beautés naturelles de la patrie. Cette ardeur patriotique n'est pas exempte d'un certain idéal romantique : le goût pour les randonnées à travers la nature, sac au dos, le chapeau tyrolien sur la tête, afin de maintenir à travers le pays le sentiment de l'unité allemande.

Enfin, comme en Angleterre, une autre innovation réside dans la création des sociétés de gymnastique et leur groupement en fédérations puissantes. En 1850, la Turnerschaft comprend 300 sociétés et en 1865 elle regroupe 1 934 associations, toutes animées par le même idéal patriotique.

Si par conséquent l'essor du sport moderne en Allemange a procédé tout d'abord d'un désir d'imitation de la bourgeoisie à l'égard des Anglais, l'unification de la Nation allemande a eu pour conséquence de faire pénétrer des exercices physiques spécifiques dans toutes les couches sociales. Là encore, des facteurs sociaux ont déterminé l'avènement du sport moderne.

33.3. Le sport en Suède

Nous retrouvons en Suède une situation analogue, en ce sens que ce pays a subi les effets ravageurs de la guerre napoléonienne et qu'il va trouver une voie de raffermissement dans la gymnastique de Per-Henrik Ling (1776-1839). Mais, contrairement à Jahn, le novateur suédois ne va pas instituer une gymnastique musculaire pour faire des sportifs des surhommes, mais élaborer une gymnastique fondée sur l'analyse scientifique du mouvement afin de les rendre sains.

La méthode de Ling, parce qu'elle s'appuie sur l'analyse rationnelle des mouvements, de leur support anatomique et physiologique en vue de les adapter au corps humain, connaîtra une diffusion internationale sous le nom de gymnastique suédoise. Cette gymnastique se fera connaître d'abord, ainsi que nous le verrons, comme méthode médicale ou kinésithérapique, puis sous la forme d'une éducation physique destinée aux enfants et aux adultes en bonne santé.

33.4. Le sport aux Etats-Unis

Selon Mc Intosh (2), le développement du sport moderne au Nouveau Monde fut analogue à celui observé en Angleterre. La croissance du sport se réalisa néanmoins avec un certain retard et ne prévalut qu'après la guerre civile en 1865. Mais, grâce à l'action des émigrants de diverses nationalités, le golf, le Turnen et d'autres exercices physiques y firent une apparition précoce.

Les Américains mirent au point des sports typiques, tels que le football américain et le base-ball, qui ne se diffusèrent pas à travers le monde. Ces deux disciplines répondent au grand besoin de compétition et de recherche de performance physique caractéristique de ce peuple.

Mais également, soucieux de créer des jeux qui puissent se pratiquer dans des aires réduites, ils élaborèrent les règles actuelles du basket-ball et du volley-ball qui devaient conquérir le monde entier.

D'origine canadienne, Naismith quitte son pays natal pour entrer à l'International Training-School de Springfield en vue d'entreprendre les études du professorat d'éducation physique. Le principal problème qui menaçait à cette époque toute l'éducation physique aux Etats-Unis se posait ainsi : comment intéresser les élèves à la pratique des activités physiques en hiver ? Ayant remarqué que les jeux utilisant de petites balles exigent une technique difficile à maîtriser, Naismith décide tout d'abord d'utiliser une grosse balle. Comme il souhaite également que le joueur reste constamment maître de lui-même, il a l'idée d'augmenter progressivement la hauteur de ses corbeilles à papier (basket) afin d'accroître la difficulté du jeu. Progressivement il élabore ainsi le jeu de basket-ball, praticable en salle à la lumière artificielle, en instituant l'entre-deux (jump) par analogie aux touches de rugby dont il fut un fervent adepte, et en éliminant systématiquement toute brutalité par l'introduction du dribble. Ces règles devaient par la suite changer et s'adapter à l'évolution du jeu (la règle des trois secondes dans la raquette, par exemple), mais elles restèrent conformes aux idées directrices et à l'esprit éducatif ayant présidé à son invention.

Le volley-ball connaît une destinée analogue à celle du basket-ball, puisque W. Morgan le met au point en 1895 au Collège Y.M.C.A. de Springfield (Massachussets). Frappé par le fait que beaucoup de ses élèves ne savaient pas jouer au basket-ball, ce professeur d'éducation physique tente d'élaborer un jeu récréatif simple, accessible à tous. Il utilise primitivement une vessie en demandant à des élèves de la frapper avec les mains, puis il sépare les groupes par un filet médian. Les équipes, composées alors de 9 joueurs, se répartissaient en 3 lignes sur un terrain rectangulaire de 15,20 m de long et de 7,60 m de large. Chaque équipe faisait voyager la balle en un nombre illimité de rebonds successifs, d'une ligne à l'autre, puis de l'autre côté du filet. Cette particularité, consistant à faire progresser la balle par une frappe de doigts, sans déplacement, constitue dès l'origine l'une des caractéristiques de ce jeu collectif.

(2) Mc Intosh, *Sport in Society*, Watts, London, 1963.

33.5. Le sport en France

Comme la Suède et l'Allemagne, la France devait connaître, sous l'action d'Amoros (1770-1848), un mouvement orienté vers la régénération nationale.

a. Officier espagnol, Amoros vient, à la demande de Joseph Bonaparte, enseigner la gymnastique aux officiers français. Au courant de l'œuvre de Jahn et de Ling, il crée rapidement plusieurs gymnases à Paris, dont celui du Parc de Grenelle qui deviendra le berceau de l'Ecole de Joinville. En 1930, il publie son «Manuel d'Education physique, gymnastique et morale» qui expose l'essentiel de sa méthode d'enseignement.

Cette doctrine se présente à la fois, selon l'auteur, comme une méthode éducative et agréable. Educative, car elle veut enseigner l'endurcissement, la lutte contre l'adversaire, et en fait, si Amoros assigne comme but aux élèves de vaincre les difficultés et de triompher des obstacles, c'est que cette méthode d'éducation est beaucoup plus militaire que civile. Elle vise à former des athlètes-soldats auxquels on fait exécuter les exercices les plus violents et les plus dangereux. Agréable, car elle permet de vaincre et de réussir avec une certaine facilité. Il s'agit de donner aux élèves, en même temps que la force, «un cœur bon et généreux, l'amour de Dieu, de la patrie, de l'ordre, le respect aux lois, au Roi, aux parents, aux autorités et une exacte subordination aux règles établies...». Mais bien que l'auteur ait confondu éducation physique et préparation militaire, il eut le mérite de poser le problème de l'origine de l'énergie psychomotrice.

Sa gymnastique comprend:

1. des exercices sans agrès qui préparent les exercices aux agrès. Parmi ceux-là, notons l'utilisation d'exercices élémentaires de flexion, de rotation et d'assouplissement, des exercices d'équilibre sur le sol, des marches et courses avec ou sans obstacles, des exercices de force (tractions, répulsions, porter, lancer), des luttes et des sauts. Tous ces mouvements s'exécutent suivant le principe typiquement amorosien de la détente brusque succédant à une violente contraction des muscles fléchisseurs;
2. des exercices aux agrès. Afin de préparer les sujets à surmonter les obstacles auxquels ils peuvent se heurter notamment en temps de guerre, il met au point une série d'épreuves difficiles, parfois violentes, aux agrès. Non seulement il emprunte des appareils à Jahn ou à son disciple suisse Clias, mais il invente lui-même la poutre horizontale, instrument d'adresse autant que de force, et le portique avec ses cordes lisses ou à nœuds, ses échelles de bois ou de cordes et ses mâts.

Ces agrès et l'esprit dans lequel ils ont été utilisés, c'est-à-dire l'abus des exercices violents, sans correction, parfois funambulesques, trop conduits et sans aucune spontanéité, vont longtemps prévaloir dans l'éducation scolaire. Formés à l'Ecole de Joinville, ouverte en 1852, les maîtres de gymnastique civils et militaires confondront longtemps préparation militaire et éducation scolaire, erreur pédagogique qui sera à l'origine d'une certaine désaffection de l'éducation physique en France.

b. La poussée nationaliste et gymnique se manifeste également par la sécrétion de sociétés de gymnastique qui se constituèrent en France sous l'influence du Turnen allemand après la débâcle de 1870. De plus, l'intérêt des classes supérieures pour les réalisations anglaises, amena tout aussi rapidement la création de sociétés sportives.

c. Mais le principal apport de la France réside, d'une part, dans la promotion des sports de pleine nature et du cyclisme, dont les premières épreuves du Bordeaux-Paris et du Tour de France eurent lieu en 1891 et en 1903, et d'autre part, dans le rôle déterminant joué dans la constitution des rapports sportifs internationaux.

Pierre de Coubertin, fortement convaincu de la valeur des méthodes de Thomas Arnold, devient un ardent propagandiste du sport lors de son retour d'Angleterre en donnant des conférences et en publiant « L'Education en Angleterre » (1888) et « l'Education anglaise en France (1889) ». Devenu l'animateur de l'« Union des Sociétés Françaises de sports athlétiques », il mène une campagne vigoureuse pour le rétablissement des Jeux Olympiques. Les premiers jeux Olympiques modernes ont eu lieu en 1896 à Athènes, un an après la création du Comité Olympique International.

Comme le fait remarquer dans ses écrits P. de Coubertin, l'internationalisation du sport apparaît pour l'essentiel comme un moyen efficace de développer le sport en France et répond à sa volonté de « rebronzer la France ». Une certaine trace de nationalisme n'est donc pas exempte dans son œuvre.

Mais en restaurant les Jeux Olympiques, Coubertin diffuse simultanément un certain nombre de principes fondamentaux qui seront érigés en une véritable éthique de la pratique sportive : l'Olympisme, comme dans l'Antiquité, doit se présenter comme une religion par laquelle l'élite, dont la règle d'or est le fair play, honore sa patrie ; c'est pourquoi une trêve générale doit s'instaurer lors de leur célébration. A ces idées sur l'olympisme, Coubertin rattache très consciemment celle d'une concurrence sévère par laquelle le pratiquant apprend, dans un milieu ordonné et sécurisant, à affronter les vicissitudes du monde moderne que domine le « struggle for life ».

Tableau 33.1

Annexe : La renaissance des Jeux Olympiques (*)

Villes	Dates	Nations	Participants (**)	Sports	Epreuves
Athènes	*1896* : 5-4 au 14-4	13	285 (0)	10	42
Paris...........	*1900* : 14-5 au 20-10	20	1.066 (6)	14	60
Saint-Louis	*1904* : 11-7 au 29-10	11	496 (0)	13	76
Londres	*1908* : 6-5 au 29-10	22	2.059 (36)	21	104
Stockholm......	*1912* : 29-6 au 22-7	28	2.541 (57)	15	106
Berlin	*1916* (non célébré)				
Anvers	*1920* : 20-4 au 21-9	29	2.606 (63)	20	154
Paris...........	*1924* : 3-5 au 27-7	44	3.092 (290)	17	120
Amsterdam	*1928* : 28-7 au 12-8	46	3.015 (290)	17	120
Los Angeles.....	*1932* : 31-7 au 7-8	37	1.408 (127)		
Berlin	*1936* : 2 au 16-8	49	4.069 (328)	22	142
Tokyo, Helsinki.	*1940* (non célébré)				
Londres	*1944* (non célébré)				
Londres	*1948* : 29-7 au 14-8	59	4.468 (438)	19	138
Helsinki	*1952* : 19-7 au 3-8	69	5.867 (573)	19	149
Melbourne......	*1956* : 22-11 au 8-12	67	3.184 (371)	19	145
Rome	*1960* : 25-8 au 11-9	84	5.396	18	150
Tokyo..........	*1964* : 10-10 au 24-10	94	5.558 (732)	18	165
Mexico	*1968* : 12-10 au 27-10	109	6.082 (844)	18	171
Munich.........	*1972* : 26-8 au 10-9	122	7.831 (1171)	21	196
Montréal	*1976* : 17-7 au 1-8	88	6.189	21	196
Moscou	*1980* : 19-7 au 3-8	85	5.923	21	203
Los Angeles......	*1984* : 28-7 au 12-8	140	7.795	24	226

(*) D'après M. Berlioux, *Olympica*, Flammarion, Paris, 1964, p. 427.
(**) Entre parenthèses : le nombre de participants.

34. La guerre des méthodes

Avec l'apparition de types nouveaux d'éducation physique, l'hébertisme et la gymnastique suédoise, naîtront et se développeront entre écoles des conflits graves dans lesquels l'éducation physique s'embourbera. L'introduction de ces méthodes dans les programmes scolaires renforcera en outre l'antagonisme entre celles-ci et la pratique proprement sportive, qui se développera pour l'essentiel dans les clubs et groupements civils. Les tentatives de rapprochements ne feront en définitive que souligner les ambiguïtés d'une éducation physique marquée par les conceptions dualistes traditionnelles du corps et de l'esprit, alors qu'en réalité, l'exercice corporel mobilise la personnalité entière et ne dépose sa signification qu'en rapport avec la conduite de l'être dans sa totalité.

34.1. Modalités d'organisation du sport en Angleterre et en France

On a vu que les organisations sportives ont une origine très ancienne en Angleterre, puisque le Jockey Club, le Royal and Ancient Golf Club ou le Marylebone Cricket Club remontent au 18e siècle. Ce qui caractérise principalement l'activité des groupements anglais, c'est leur autonomie totale, tant au plan financier, que réglementaire. En effet, non seulement les associations privées ne reçoivent aucune subvention gouvernementale, ce qui leur confère dans ce domaine une totale liberté, mais elles ont la faculté de réglementer leur activité. Ces caractéristiques résultent de la croyance, fortement ancrée dans la tradition et rarement remise en cause, que le sport doit être organisé sur une base bénévole. Aussi les organes de coordination demeurent-ils tous organisés sur ce principe en raison du préjugé défavorable qu'affectent les Britanniques vis-à-vis du professionnalisme :

- La British Olympic Association, fondée en 1909 dans le but de coordonner les participations d'équipes britanniques aux Jeux Olympiques, a pour mission essentielle de trouver les fonds à l'envoi d'équipes représentatives à ces manifestations.
- La National Playing Fields Association, instituée en 1925 en vue de l'aménagement d'aires sportives, répartit des subsides provenant de contributions privées, mais ne reçoit aucune allocation gouvernementale.

- Seule, la Central Council of Physical Recreation constituée en 1935, dont la vocation consiste à promouvoir les activités de détente post-scolaires, reçoit des allocations croissantes du ministère de l'Education.

Comme le fait remarquer J. Meynaud (1), la totale indépendance conférée aux organisations dirigeantes a pour contrepartie un manque d'uniformité dans la réglementation de la pratique sportive. En outre, l'absence d'une politique de jeunes et la carence d'entraîneurs professionnels qualifiés ne favorisent pas son développement. Il s'avère donc douteux que la tradition du bénévolat puisse se maintenir longtemps en Grande-Bretagne.

En France, les groupements sportifs jouissent d'une autonomie bien moins élevée et le risque d'étatisation de l'organisation sportive a été dénoncé à maintes reprises par les instances sportives dirigeantes. Cette intervention progressive de l'Etat s'explique en partie en raison de la difficulté rencontrée par les organisations sportives pour harmoniser la pratique et la réglementation de leurs disciplines.

Pourtant, si le Havre Athletic Club naît en 1872, suivi du Racing Club de France (1882) et du Stade Français (1883), quatre sociétés cyclistes se constituent dès cette époque en une Union Vélocipédique de France (1881); parallèlement, l'Union des Sociétés Françaises de Courses à pied se transforme en un groupement omnisports, l'Union des Sociétés Françaises des Sports Athlétiques (U.S.F.S.A.). Le 23 mai 1908, la Fédération Française des Sociétés d'Aviron, l'Union Vélocipédique de France, la Fédération Française d'Escrime, la Fédération Française de Boxe et l'U.S.F.S.A. fondent le Comité National des Sports qui a pour mission principale d'assurer les relations de ces Fédérations avec les pouvoirs publics et les instances sportives étrangères. Mais très rapidement, à l'exemple du football qui crée sa propre fédération en 1919, les disciplines sportives renvendiquent leur autonomie et provoquent l'éclatement de l'U.S.F.S.A. Le Comité National des Sports conservera son rôle de représentation des fédérations unisport et omnisports auprès des pouvoirs publics. Le Comité National Olympique, dirigé par le Conseil d'Administration du C.N.S., prendra son autonomie en 1952, mais fusionnera à nouveau avec cet organisme en 1972.

L'intervention de l'Etat dans la gestion des groupements publics se manifeste dès le lendemain de la seconde guerre mondiale avec la promulgation de l'ordonnance du 28 août 1945 qui réserve à l'Etat le droit d'autoriser les compétitions et d'établir les règlements techniques des sports. En revanche, elle prévoit l'aménagement d'une délégation de pouvoirs aux Fédérations, délégation qui sera effectivement réalisée au profit des fédérations sportives dirigeantes dès le 25 novembre 1946.

Contrairement donc à la Grande-Bretagne, les pouvoirs publics français s'arrogent un certain nombre de droits et compétences en vue d'imposer aux Fédérations des règles d'administration et de fonctionnement : organisation du

(1) J. Meynaud, *Sport et politique,* Payot, Paris, 1966, p. 56.

contrôle médical, conditions pour être électeur et pour être éligible, limitation de la durée des saisons sportives, délimitation des territoires des ligues et comités régionaux, limitation de la durée de la présidence, etc.

Si nous sommes donc loin du mode de gestion britannique, il convient néanmoins d'admettre que ces dispositions tendaient à détruire un certain nombre d'habitudes néfastes au développement du sport moderne (2).

34.2. Les nouveaux types d'éducation physique

Alors que l'association sportive ou club demeure en France la cellule de base de la pratique et de l'organisation sportive, l'école tend à promouvoir l'enseignement de types nouveaux d'éducation physique qui dénient au sport toute valeur formatrice. Certaines de ces méthodes, comme celle de Ling, perpétuent la tradition hygiéniste déjà apparente dans l'Antiquité ; celle de Hébert vise le « développement physique complet » rendant le sujet apte à tous les genres d'efforts. La méthode naturelle ne cherche pas à atteindre un objectif limité, de type militaire ou sportif, mais elle vise au développement des qualités motrices de l'individu de la même manière que l'école éduque les capacités intellectuelles.

34.2.1. La gymnastique suédoise

Pierre Ling (1776-1839), professeur de poésie scandinave à l'Université de Stockholm, s'étant guéri par l'escrime d'une blessure de guerre au bras droit, ne cesse depuis lors de mettre au point une méthode rationnelle susceptible d'apporter au corps, santé, grâce et force.

Il introduit une distinction aujourd'hui classique en gymnastique, en répartissant tous les mouvements du corps humain en deux catégories :

- la gymnastique de formation qui repose sur l'analyse préalable des mouvements et qui seule constitue une méthode éducative et hygiénique. Elle apprend à immobiliser préalablement certaines parties du corps en vue de favoriser une exécution réglée, analytique et mécanique des segments mobilisés ;
- la gymnastique d'application, esthétique, sportive ou militaire, produit des mouvements libres, non prescrits, non applicables à tous les sujets et sans effets sur les grandes fonctions de l'organisme.

(2) J. Meynaud, *Sport et politique,* Payot, Paris, 1966, v. pp. 58 et sv.

La gymnastique suédoise se veut donc avant tout une méthode construite et analytique, dont les mouvements réglés et combinés agissent successivement sur les fonctions respiratoires circulatoires et digestives de l'organisme. Le mouvement s'exécute à partir de l'une des cinq positions fondamentales, debout, couché, à genoux, assis ou en suspension aux bommes ou à l'espalier) et la correction doit être obtenue sans mouvements de compensation.

L'intérêt majeur de cette méthode a été de subordonner l'exercice corporel au contrôle préalable de l'analyse anatomique et physiologique du mouvement. Au lieu de constituer, comme Amoros, des exercices réservés à une élite, Ling a élaboré une gymnastique parfaitement définie du point de vue de la qualité, de l'intensité et du rythme des mouvements applicables par tous les sujets.

Georges Demeny (1850-1917), élève de Marey et de Broca, est chargé de rédiger le premier manuel officiel de gymnastique (1891) et introduit la gymnastique suédoise en France. Comme les Suédois, il distingue la gymnastique de développement de la gymnastique d'application, mais il admet cependant la seconde en raison de son caractère plus attrayant. L'analyse photographique des mouvements d'animaux lui enseigne que ceux-ci sont arrondis et continus. Aussi la gymnastique doit-elle s'efforcer de les réaliser synthétiquement dans tous les plans, synthèse que, selon lui, le sport ne peut réaliser. Contrairement néanmoins au mouvement suédois, Demeny n'immobilise pas le corps dans des attitudes préparatoires figées, car il recherche avant tout l'économie dans l'effort et le maximum de rendement dans le travail utile.

On pourrait donc considérer Demeny comme un précurseur des méthodes athlétiques modernes, qui cherchent à assurer le rendement maximal à partir d'un effort économique, si le travail utile préconisé par l'auteur ne devait constamment se développer dans une perspective hygiénique. L'un des grands apports de Georges Hébert, le créateur de la méthode naturelle, consistera précisément à assigner au mouvement utile une finalité sociale.

34.2.2. La méthode naturelle

J. Hébert se fait connaître au moment même où Demeny introduit la méthode suédoise en France, en obtenant des résultats remarquables dans l'éducation physique des fusillers marins dont il assumait le commandement. Appelé à présenter sa méthode au Congrès International d'éducation physique réuni à Paris en 1913, il enthousiasme le public nombreux en faisant évoluer des groupes de jeunes marins. Pour la première fois dans l'histoire de la gymnastique française, l'opinion publique prend fait et cause pour une méthode d'éducation physique.

Si Hébert fait courir, sauter, lancer, porter, lutter, grimper et nager ses élèves, c'est parce qu'il a voyagé et étudié les mœurs des peuples sauvages qui possèdent naturellement tous les gestes nécessaires à leur adaptation au milieu. Selon Hébert, l'être humain n'est plus en pleine possession de ses capacités physiques en raison de l'action nocive de la vie sociale ; aussi préconise-t-il un « retour raisonné aux conditions naturelles de la vie ».

La méthode naturelle comporte dix séries de mouvements exécutés dans leur simplicité naturelle sur un « plateau », loin des agglomérations ; il s'agit de la marche, de la course, des sauts, du grimper, de la quadrupédie, de l'équilibrisme, du lever et porter, du lancer, de la défense naturelle et de la natation. Les élèves répartis en « vagues » de force homogène, exécutent les mouvements librement avec une intensité croissante. Le « Code de la Force » permet de contrôler les progrès de chacun, mais ceux-ci sont jugés au vu des résultats globaux aux dix séries. C'est qu'en effet, adversaire de la spécialisation, il laisse à chacun la possibilité de choisir son style et la forme du mouvement le plus économique. Le triple but de sa méthode consiste à développer les qualités individuelles, à augmenter le rendement utilitaire de l'individu (bien que peu de place soit laissé au geste professionnel) et à susciter le goût de l'effort.

Comme la gymnastique suédoise, l'hébertisme s'adresse à tous. Véritablement naturel et spontané, le mouvement développe simultanément le goût de l'effort et de la victoire car il est adapté aux possibilités de chacun. La méthode n'est cependant ni corrective, ni analytique, car pour Hébert le mouvement naturel est à la fois éducatif et utilitaire : « Au point de vue éducatif, on étudie le mécanisme d'exécution de l'exercice, on perfectionne la manière de l'exécuter ou on l'utilise pour obtenir un effet déterminé sur le corps. Du point de vue de l'application, on cherche uniquement à obtenir un résultat pratique sans s'occuper du mécanisme d'exécution ou de l'effet produit sur l'organisme ». Et pourtant, toute leçon d'entraînement comporte, pour chaque famille d'exercices, un exercice élémentaire et un exercice athlétique ou d'application.

Bien que la méthode naturelle constitue par conséquent une doctrine éducative cohérente, elle n'a pu réaliser l'unité des méthodes et en particulier réduire les dualismes, exercices construits et naturels, d'une part, et exercices naturels et activité sportive, d'autre part.

34.3. L'éclectisme

Trois méthodes d'éducation physique et sportive se développent par conséquent à partir du début du 20e siècle en France : le courant hygiéniste représenté par la méthode suédoise, la méthode naturelle visant au « développement physique complet par un retour raisonné aux conditions naturelles de la vie » et la méthode sportive véhiculée principalement par les associations sportives. La guerre des méthodes, qui persiste encore en partie de nos jours, traduit l'antagonisme fondamental qui oppose ces principales écoles.

34.3.1. Les oppositions

Les hygiénistes, comme les hébertistes, se rejoignent pour dénoncer les méfaits de la pratique sportive. Les premiers considèrent que les exercices sportifs constituent des activités trop violentes et conduisent, pour des questions d'amour-propre, au surmenage. En réalité, on sait que l'entraînement progressif et scientifiquement contrôlé, présente des garanties suffisantes sur le plan de la santé et ne nous autorise plus à condamner le sport. Georges Hébert énumère également les inconvénients de la pratique du sport dans son ouvrage « Le sport contre l'éducation » dont les arguments furent fréquemment repris par la suite. Non seulement le sport est dangereux car il épuise l'homme sans souci d'un effort économique, c'est-à-dire dosé et rythmé, mais il présente des dangers d'ordre moral et social. Le sport représente selon lui un produit social artificiel dont le primitif ignore les vaines compétitions qui aboutissent au professionnalisme et tournent au spectacle. Certes, le sport a une composante ludique, mais il représente, contrairement à l'opinion d'Hébert, plus qu'un divertissement car il exprime la totalité de la personnalité : ses motivations singulières, son histoire, ses avatars ou conflits, ses aspirations, ses capacités perceptives ou intellectuelles et ses possibilités morphologiques (voir 2e partie). Le fait sportif ne représente pas un produit artificiel de la société, mais découle des conditions socio-économiques par lesquelles l'individu accède au rang de personnalité.

A son tour, la gymnastique scientifique se voit reprocher d'être ennuyeuse et surtout, de ne pas connaître assez les effets des mouvements dont elle propose la réalisation. Non seulement on connaît mal les effets physiologiques des exercices sur l'organisme, mais on ne peut élaborer une éducation physique à partir des connaissances fragmentaires disponibles. De surcroît, les médecins « n'ont jamais pu présenter un exemple de sujets supérieurement développés et entraînés par leurs soins » (3).

Les conflits s'étendent à l'intérieur même du courant hygiénique, puisque Demeny dénonce le caractère parcellaire de la méthode suédoise et qu'on critique, en retour, ses visées spéculatives d'homme de laboratoire.

L'hébertisme se voit reprocher sa conception du geste naturel, qui représenterait, par définition, un mouvement technique parfait et qui atteindrait son meilleur développement dans les sociétés primitives. Une telle conception de l'homme ne correspond plus aux positions scientifiques actuelles selon lesquelles il se produit une constante adaptation de l'individu aux conditions particulières du milieu ; l'éducation de l'espèce humaine doit par conséquent s'appuyer sur des données scientifiques et non plus sur une méthode intuitive et subjective. Par ailleurs, l'acte instinctif représente à la fois une technique et une tendance. Demeurant fortement subordonnée chez l'homme à la nature même des motivations incitatrices, l'exécution motrice des actes instinctifs pourra atteindre une grande diversité. L'homme ne disposant pas d'un bagage de gestes spécifiques, puisque leur exécution dépend à la fois

(3) G. Hébert, *Education physique, virile et morale*, Vuibert, Paris.

des caractéristiques du milieu et des phénomènes d'ordre affectif toujours singuliers, il apparaît donc vain de vouloir rechercher et d'imiter les modèles dans les sociétés primitives.

34.3.2. Les rapprochements

La lutte des méthodes n'a pas totalement cessé de nos jours, bien que leurs applications se soient modifiées, ce qui a provoqué un infléchissement des différents systèmes les uns vers les autres.

• *La synthèse pratique des méthodes* s'est d'abord réalisée sur le terrain grâce à l'action des professeurs d'éducation physique, dont l'enseignement a toujours été marqué d'éclectisme. Ces actions pratiques s'appuient en partie sur la doctrine méthodique élaborée par la ligue française d'Education Physique (1949). Selon cette ligue, l'éducation physique doit d'abord revêtir des préoccupations hygiéniques et c'est la raison pour laquelle la gymnnastique construite y occupe une place prépondérante.

Les auteurs permettent cependant l'utilisation des exercices sportifs et de la méthode naturelle, car ils déterminent un rendement optimum fonctionnel. Bien que la ligue française réalise une certaine unité entre ces trois méthodes préconisées par les instructions officielles, on ne peut toutefois admettre que le rendement fonctionnel optimum ait pour concomitante la seule santé physique, morale ou sociale des individus, car on n'assignerait ainsi à l'éducation physique qu'un objectif limité.

• Partant d'une critique de l'éclectisme, prônée sous une forme déguisée par la ligue française d'Education Physique, *J. Le Boulch élabore une éducation fonctionnelle de la conduite motrice,* en refusant toute dualité arbitraire entre les exercices construits et les exercices fonctionnels. Considérant le mouvement, « non comme un processus ayant sa raison d'être en lui-même, mais au contraire comme ayant une signification en rapport avec la conduite de l'être dans son entier » (4), il opère une distinction entre les exercices construits et les exercices globaux d'adaptation libre. L'auteur substitue par conséquent le concept d'exercice global au terme fonctionnel, pour bien souligner que l'acte moteur ne constitue qu'un aspect de l'être et qu'on ne peut le dissocier des composantes physiologiques, affectives ou sociales (5). Aussi le rôle de l'éducation physique a-t-il pour but de « faire du corps un instrument parfait d'adaptation de l'individu à son milieu tant dans le

(4) J. Le Boulch, *Revue éducation physique et sports,* novembre 1961, p. 34.
(5) Le terme d'exercice fonctionnel apparaissait trop restrictif à l'époque, car il signifiait que l'exercice avait uniquement des répercussions au niveau des fonctions physiologiques (respiratoire, circulatoire, digestive).

domaine du travail que dans celui du loisir et de l'art» (6). L'auteur conçoit le corps comme un «fidèle instrument d'adaptation au milieu» et réduit le dualisme sujet-environnement après avoir nié celui du corps et du psychisme. Mais, bien qu'affirmant une certaine prééminence du milieu, J. Le Boulch n'explore pas les dimensions sociologiques du fait sportif, de même qu'il en méconnaît la nature expressive. Par l'activité corporelle, l'être en mouvement entre non seulement en communication avec le milieu environnant, mais il exprime simultanément des désirs, joies et doutes, conflits, angoisses, besoins ou aspirations (7). Il existe donc entre l'éducation physique et le sport des rapports extrêmement étroits, dès lors que l'on analyse leur signification pour l'individu et qu'on ne s'attache plus aux seules caractéristiques concrètement observables.

• L'école autrichienne n'exclut aucune forme d'éducation physique et sportive, dès lors qu'elle présente une valeur formatrice. Ces méthodes sont regroupées en tenant compte des besoins «naturels» et des intérêts de l'enfant, c'est-à-dire en considérant son évolution génétique. Jusqu'à douze ans, le maître laissera jouer les enfants librement. Puis il s'attachera à leur faire acquérir des schèmes moteurs adaptables à toutes les situations que la vie leur propose. Certains exercices auront pour but d'enseigner les mouvements naturels, de corriger les mauvaises postures ou difformités (gymnastique de maintien et correction), d'autres apprendront à l'enfant à s'ajuster aux diverses situations de la vie (exercices de conduite). C'est pourquoi, on enseignera aux enfants les divers moyens de locomotion (à pied, à ski ou sur glace), les luttes et les défenses, les sauts, etc. C'est donc l'idée de nature qui préside à l'élaboration de ce programme éducatif éclectique, dans la mesure où Gaulhofer et Streicher s'efforcent d'adapter les différentes méthodes de formation à l'évolution psychomotrice «naturelle» de l'enfant.

• Westergreen en Suède ou C. Diem en Allemagne s'efforcent également d'intégrer les multiples apports doctrinaux ou pratiques en une synthèse vivante. Le premier ne veut pas seulement que la méthode suédoise corrige ou prévienne les défauts de maintien, mais il cherche à développer tout à la fois les capacités physiques de force, vitesse, souplesse ou rythme et les dimensions sociales de l'être.

La gymnastique suédoise actuelle prétend donc s'adresser à l'homme tout entier. Le pédagogue allemand, quant à lui, cherche à faire prendre conscience à l'homme de son infériorité et subjectivité (Erlebniss) par des exercices de maintien ou de rythmique. Le Turnen et le sport constituent des activités complémentaires qui favoriseront chez l'homme la réalisation de grands types d'action (Lebensformen).

(6) J. Le Boulch, *Revue éducation physique et sports,* novembre 1961, p. 34.
(7) E. Thill, *Sport et personnalité,* Editions Universitaires, Paris, 1975.

On constate par conséquent que les systèmes éducatifs témoignent dans leur ensemble d'un profond besoin d'unité et d'une volonté d'élaborer un mode de classement pertinent de théories éducatives foisonnantes. Mais, écartelé par des doctrines opposées, aucun n'a su réellement réussir cette synthèse. Lorsque, par exemple, l'école autrichienne prône une éducation « naturelle » fondée sur les besoins de l'enfant, peut-on pour autant accepter que les buts de la nature soient les meilleurs ? Par ailleurs, l'étude des intérêts et de leur évolution psychogénétique reste à faire. Bien que la méthode suédoise ait considérablement changé depuis Ling, Westergren laisse en définitive peu de place à la gymnastique naturelle et aux sports. Enfin la distinction établie par Diem s'avère peu convaincante, car l'activité corporelle représente simultanément une activité pratique ou sociale, et un moyen de médiatiser le monde subjectif.

Nous verrons, qu'avec l'introduction des sciences humaines, l'éducation physique et sportive pourra échapper à cette problématique et réaliser, par une réflexion en profondeur, l'unité des méthodes.

35. Les grandes tendances actuelles de l'éducation physique et sportive en France

L'évolution des idées philosophiques et l'avènement des sciences au cours du 20e siècle, ont transformé progressivement les conceptions traditionnelles de l'éducation physique et du sport.

Le monisme (1) philosophique contemporain, en refusant de séparer le corps du psychisme, accorde par le fait même une importance accrue au corps qui devient l'instrument d'une éducation de l'homme dans sa totalité. Mais en redoutant de retomber dans le dualisme cartésien, l'éducateur « physique » ne tend à le former et à l'exercer, que dans la mesure où il est assuré de le dépasser et peut, implicitement, le nier (2).

La constitution d'une éducation corporelle correspond également à l'avènement de la science expérimentale qui rejette toute préoccupation métaphysique abstraite et se contente d'étudier l'être humain dans les faits. Désormais se manifestent la volonté d'abandonner toute pédagogie fondée sur l'intuition, et le désir d'utiliser des méthodes et des concepts ayant donné, dans d'autres domaines, la preuve de leur utilité. Mais alors, qu'initialement, les réformateurs prétendaient déduire leur démarche éducative des seules données positives de la biomécanique et de la physiologie, des progrès plus décisifs furent mis en œuvre grâce à l'introduction des dimensions psychiques et culturelles du mouvement. Les sciences humaines conduisirent non seulement à rejeter les conceptions traditionnelles « d'éducation physique », mais montrèrent que la nature psychique et sociale était soumise au déterminisme et qu'on pouvait, en conséquence, appréhender ses finalités.

(1) Le monisme est une doctrine philosophique qui, par opposition au dualisme (il existe aussi des doctrines pluralistes), ne connaît qu'une seule réalité de l'être (ou de la nature).
(2) M. Bernard, *L'ambivalence du corps,* Revue Esprit, mai 1975, p. 725.

35.1. Tendances actuelles de l'éducation physique

Les éducateurs physiques ont retenu traditionnellement les aspects biologiques du travail musculaire afin de réaliser des acquisitions plus sûres et durables des savoir-faire techniques : études des modes de travail des leviers humains, investigations des transferts d'apprentissage ou des aptitudes rythmiques, analyse de la résistance cardiaque. Mais refusant de prendre en considération le mouvement comme une réalité psychophysiologique, ils ont abordé l'homme de façon trop parcellaire et institué des modèles pédagogiques abstraits susceptibles de favoriser l'organisation de l'espace, du temps, du rythme, du schéma corporel, de la latéralité.

Réagissant contre ces théories réductionnistes et mécanistes, de nombreux praticiens ont fait appel aux sciences humaines pour appréhender l'enfant dans sa globalité agissante. En effet, la psychologie et la sociologie permettent d'échapper à la problématique des anciennes méthodes et de l'éclectisme, en montrant qu'une éducation corporelle ne saurait se confondre avec l'éducation physique marquée par le dualisme. Abordant le sujet de façon globale et faisant abstraction de ses montages et mécanismes internes, ces sciences ont montré que le mouvement ne constitue pas une mécanique au service de l'intention, mais représente une conduite complexe qui engage la totalité de la personnalité : avec ses besoins, désirs, pulsions, sentiments et mettant en œuvre des mécanismes intellectuels élaborés. *En relativisant la dimension technique du mouvement et en se fondant sur des impératifs scientifiques, certains éducateurs se proposent ainsi de redonner vie au corps, de privilégier la richesse de l'expérience vécue.*

a. Cette attitude sous-tend d'une manière générale les travaux réalisés par la Société française d'éducation et de rééducation psychomotrice, et s'exprime plus particulièrement au niveau des conceptions de P. Vayer. Selon cet auteur, l'éducation psychomotrice représente beaucoup plus qu'une technique de rééducation ; partageant la même finalité que l'éducation, elle vise à adapter ou réadapter l'enfant en favorisant son autonomie par des pratiques spécifiques empruntées à l'éducation physique. L'enfant, envisagé avant tout dans son unité, devient dans cette méthode l'artisan de sa propre réadaptation (3).

Ce souci de susciter l'activité de l'enfant et la volonté d'appuyer l'éducation sur une « science » du mouvement humain, se retrouve également dans la doctrine de l'éducation « psycho-cinétique » du Docteur J. Le Boulch. L'auteur démontre non seulement, par ses travaux sur la perception du temps (4), l'interdépendance étroite liant la motricité et le psychisme, mais il

(3) Voir la *Revue Education physique et sport,* n°s 85 et 86, 1967.
(4) J. Le Boulch, *Organisation du temps et maîtrise corporelle,* E.P.S., mars 1964.

considère le moi lui-même comme comme étant inséparable du monde et supprime un second dualisme : celui de l'être humain et de son environnement. A un être envisagé comme une totalité sera donc adaptée une éducation globale : la psycho-cinétique (5). La connaissance de l'enfant par la psychologie, la révélation de ses intérêts, la délimitation des différentes phases de son évolution, permettra d'aménager une éducation centrée sur l'expérience authentique vécue et favorisant l'action efficace sur le milieu. Mais sans doute, le développement systématique de la valeur motrice porte l'auteur à négliger la dimension sociale de l'activité corporelle, ce qui amène parallèlement R. Merand à développer sur le plan pratique, l'organisation de situations à base de jeux collectifs, stimulantes pour la maturation affective et sociale des individus.

b. A côté de ces conceptions psychomotrices, se développe la tendance humaniste de G. Rioux et R. Chappuis, qui puise ses méthodes et ses concepts de la phénoménologie, la caractérologie et la psychologie des groupes restreints. L'éducation corporelle est conçue comme « l'apprentissage d'une certaine façon d'être au monde », où le corps se révèle expression dynamique directe de l'unité totale (6). Il ne s'agit pas, selon ces conceptions, de plaquer sur l'élève des savoir-faire techniques aliénants, mais de faciliter l'intériorisation subjective du geste à acquérir (la technique sportive) ou d'enrichir la personnalité par la découverte de nouvelles manières d'exister (créativité). Dans le « champ thématique », l'objet, le partenaire et le groupe, deviennent les catalyseurs d'une promotion personnelle et des facteurs d'enrichissement de la personnalité par la création collective.

c. Le groupe de recherche en expression corporelle (G.R.E.C.) apparaît comme un courant de recherche théorique et éducative excluant la compétition sportive et comme un moyen de remise en cause de l'idéologie dominante (7). Alors que l'éducation physique et sportive traditionnelle procède par classements, comparaisons et sélections, l'expression corporelle marque le passage à un autre mode d'être : elle est à la fois expression, libération des affects et mise en œuvre de l'imaginaire par la création spontanée de symboles signifiants. L'intervention non-directive de l'animateur et la fonction dynamique du groupe, facilitent cette activité cathartique et symbolique qui met temporairement entre parenthèses le corps socialisé (8).

(5) J. Le Boulch, *Vers une science du mouvement humain,* Editions Sociales Françaises, Paris, 1971.
(6) G. Rioux, R. Chappuis, *Les bases psycho-pédagogiques de l'éducation corporelle,* Vrin, Paris, 1968.
(7) Ce groupe est constitué par un ensemble d'enseignants en éducation physique de l'Institut régional d'Education physique de Toulouse.
(8) Cl. Pujade Renaud, *L'expression corporelle impossible,* Revue Esprit, mai 1975, p. 758.

Cette tendance s'inscrit par conséquent à l'encontre de l'idéologie totalitaire du rendement moteur. Mais alors que les deux courants précédents cherchent à se maintenir en contrepoint des positions réductionnistes, le G.R.E.C. renonce à tout savoir antérieur susceptible d'entraver la créativité et la communication. Bien que s'alimentant à la méthodologie des sciences humaines, les principales tendances actuelles en éducation physique s'opposent par conséquent en raison de deux contradictions fondamentales :

- acceptation du sport de compétition ou refus de toute compétition ;
- inscription de l'éducation physique et sportive en contrepoint de l'idéologie révolutionnaire. On constatera donc, que les grandes tendances de l'éducation corporelle demeurent fortement déterminées par les structures de la société industrielle moderne, qui tente d'imposer des impératifs de rendement et l'impérialisme de la technicité.

35.2. Tendances actuelles de l'éducation sportive

35.2.1. Les déterminants socio-politiques

Reprenant l'histoire du développement de l'éducation physique et sportive en France (9), nous constatons que les groupements sportifs, peu nombreux à la veille de la première guerre mondiale, se multiplient rapidement à l'issue de celle-ci. Un Haut-Commissariat de l'éducation physique est créé dès 1922, afin de résoudre les problèmes que n'avait pas manqué de poser l'ouverture des associations civiles aux populations scolaires. Parallèlement, la mise en place des Instituts régionaux d'éducation physique, améliore la préparation des enseignants de cette discipline, formés jusque lors en un mois grâce aux initiatives de Demeny. A cette époque existent bien, comme nous l'avons vu, les Fédérations sportives ; mais l'Etat intervient peu dans la vie des associations, de sorte que le sport scolaire représente pour l'essentiel l'éducation physique et sportive du territoire.

La création d'un Secrétariat d'Etat regroupant l'éducation physique, le sport et les loisirs (1937), marque la volonté du Cabinet Chautemps, du Ministre de l'Education Nationale Jean Zay et du Secrétaire d'Etat Léo Lagrange, de promouvoir les activités corporelles en tant qu'élément d'une

(9) Le lecteur pourra se reporter à l'ouvrage de J. Thibault, *Sport et éducation physique 1870-1971*, Vrin, Paris, 1972.

culture moderne rénovée. La création du Brevet sportif populaire et l'aménagement de l'Office du sport scolaire et universitaire (O.S.S.U.), concrétise en outre cette volonté de sensibilisation de la masse à « l'effort de rénovation physique ».

On sait que le Gouvernement de Vichy organisera la gestion de « l'Education Générale », sur la base du respect des valeurs traditionnelles (Travail, Famille, Patrie). La Doctrine nationale constitue en fait un amalgamme de l'hébertisme, la pratique sportive et l'introduction d'activités culturelles.

Au lendemain de la libération, les activités physiques connaissent une promotion régulière, puisqu'elles vont dépendre successivement d'un Haut-Commissariat, d'un Secrétariat d'Etat, d'un Ministère, d'un Secrétariat d'Etat auprès du Premier Ministre. Cette promotion, loin d'avoir profité à l'éducation physique, favorise en réalité l'extension du sport de compétition. L'effet psychologique de la déroute des sélectionnés français aux Jeux Olympiques de 1960, et qui se traduit par des réactions passionnées au niveau du public, de la presse et du Parlement, amène les responsables à élaborer un plan de rénovation du Sport français (avril 1960). Le « plan Joxe-Herzog » se matérialise par l'attribution de nombreuses subventions aux fédérations, un effort d'équipement sans précédent, la réforme du sport scolaire et universitaire (A.S.S.U.), l'aménagement d'un plan de préparation olympique et la création de cadres nouveaux (éducateurs sportifs). Alors que la pratique et l'enseignement sportifs étaient restés jusque lors stationnaires, le choc psychologique provoqué par l'échec aux Jeux Olympiques de Rome, suscite un effort considérable en faveur du développement du sport de compétition.

Bien que timidement prônées par les Instructions officielles de 1945, *les activités sportives se substituent donc progressivement à l'éducation physique,* dont le formalisme des mouvements, l'abus du travail synergique et trop conduit, la répétition d'exercices en formations statiques et linéaires, avaient rebuté l'élève. Par les nouvelles Instructions officielles de 1967, mais surtout la loi sur la promotion du sport en 1975, l'éducation physique devient définitivement sportive. Avec le changement d'orientation politique de 1981 les professeurs d'éducation physique sont rattachés au Ministère de l'Education Nationale. Une agrégation et un corps universitaire d'enseignants sont créés. Une séparation s'opère entre le sport et l'éducation physique. Séparation concrétisée par la création d'un professorat de sport.

35.2.2. Les principaux secteurs de recherche

Parallèlement à ces changements de structure au niveau des institutions ou à caractère administratif, l'expansion considérable de la pratique sportive amena un certain nombre de chercheurs à s'intéresser au sportif de haute compétition. On s'aperçut en effet, que la réalisation de performances majeures requérait la mobilisation de la personnalité tout entière du compétiteur, et qu'à valeur physique égale, la victoire allait à ceux qui disposaient du meilleur « moral ». L'intuition psychologique de l'entraîneur s'avérant insuffisante pour affronter les difficultés et l'ampleur des problèmes posés, on fit donc appel de plus en plus à des spécialistes en sciences humaines afin de cerner les problèmes inhérents à la pratique sportive intensive, améliorer les techniques de l'assistance psychologique, dégager les motivations intrinsèques incitant au dépassement de soi, décrire les caractéristiques essentielles de la personnalité des hauts compétiteurs, susciter une meilleure cohésion des équipes.

Ce vaste effort d'investigation, qui avait initialement pour seule préoccupation l'amélioration des performances sportives, *allait assurer la réhabilitation du sport de compétition comme moyen éducatif de promotion des personnalités, tout en assouplissant par ailleurs la pédagogie de ces activités par une connaissance plus objective et une meilleure maîtrise de la situation éducative.*

Progressivement de nombreux chercheurs issus de différentes spécialités scientifiques se sont intéressés au domaine sportif et leurs travaux se sont substitués aux discours moralisateurs ou aux écrits sans fondements ni consistance qui avaient fleuri jusqu'alors (10).

• Dans le domaine de l'étude de la personnalité des sportifs, deux sortes d'approches sont mises en œuvre. La première, celle de M. Bouet, en s'attachant à éclaircir la multiplicité des facteurs conditionnant le phénomène sportif, a tenté de préciser la signification du sport et son rôle profond dans notre civilisation (11). En combinant les résultats d'une vaste enquête portant sur 1 600 sportifs et les informations apportées par un test projectif spécifique, il a pu délimiter les systèmes motivationnels incitant et sous-tendant les transactions compétitives (12).

Edgar Thill, après avoir dirigé le laboratoire de psychologie de l'I.N.S.E.P. pendant plusieurs années, est professeur à l'Université de Clermont-Ferrand et il continue à travailler dans le domaine de la psychologie du sport.

Edgard Thill, partant d'une appréhension globale de la personnalité et retenant l'idée d'une correspondance étroite entre le moi et l'environnement, a été amené à définir les caractéristiques des sujets se livrant à des activités sportives spécifiées (Volley ball, judo, football, athlétisme...). Le centre dominant de ses recherches porte sur le processus de structuration de la personnalité (13). Envisageant le comportement comme une fonction de la personne et de variables situationnelles, il a été conduit à élaborer un Questionnaire de Personnalité pour Sportifs (Q.P.S.) utilisable dans une perspective de recherche et d'applications pratiques (détection sportive et évaluation).

(10) De temps à autre sont encore publiés des livres sans base scientifique et énonçant des banalités (cf. Par exemple : *Le sport à l'école*, Belbenoit), mais ces exemples deviennent de plus en plus rares.
(11) M. Bouet, *La signification du sport,* Editions Universitaires, Paris, 1968.
(12) M. Bouet, *Les motivations des sportifs,* Editions Universitaires, Paris, 1969.
(13) E. Thill, *Sport et personnalité,* Editions Universitaires, Paris, 1975.

• L'attention de Raymond Thomas s'est concentrée dans le secteur des facteurs biologiques, psychologiques et sociologiques conditionnant la réussite sportive (14). Par des mesures et des observations objectives pratiquées sur des spécialistes, il a pu préciser le rôle et la valeur respective des différentes capacités motrices en recourant aux données récentes des sciences humaines et à des outils statistiques élaborés et a ainsi, enrichi considérablement le secteur des facteurs de la valeur motrice. Grâce à ce travail, R. Thomas a fourni les bases scientifiques d'une prospection sportive permettant de détecter les futurs champions. En effet, il a notamment fait connaître en France les recherches du psychologue américain Fleishman, lequel a réalisé un modèle de la motricité athlétique. Or le brevet d'aptitude physique (ou B.A.P.) utilisé pour la détection des sportifs de haut niveau a été conçu principalement à partir de ce modèle.

Le nom de R. Thomas se trouve associé à l'origine du service de la recherche de l'E.N.S.E.P. dont les travaux furent d'abord orientés vers l'analyse de la condition physique. Ce service, par la suite, a donné naissance aux laboratoires de l'I.N.S.E.P.

• Au domaine de la psychopathologie s'attache le nom du Docteur J. Segal, qui a été confronté aux difficultés éprouvées par certains sportifs en proie à des troubles d'adaptation et présentant des symptômes élevés d'angoisse ou des troubles névrotiques divers.

A cette psychothérapie on peut associer la méthode de relaxation, qui réalise une déconnection du sujet à l'égard des tensions pré ou post-compétitives et permet de régler le niveau de vigilance en faisant prendre conscience à l'athlète du niveau de ses tensions musculaires résiduelles (travaux du Docteur De Winter). Mais ce secteur a été relativement moins exploité en France, par rapport à d'autres pays étrangers. Il convient de noter également les recherches du Docteur Sivadon et de F. Gantheret, qui ont développé des conceptions originales sur le rôle des activités corporelles dans la thérapie des troubles mentaux (15).

• Un certain nombre d'études jalonnent le domaine riche de la psychologie sociale et de la dynamique des groupes restreints. A la suite de ses travaux portant sur les secteurs préférentiels de vision en situation de sports collectifs, Raymond Chappuis a effectué d'intéressantes recherches sur le problème de la

(14) R. Thomas, *La réussite sportive,* Presses universitaires de France, Paris, 1975.

(15) Sivadon et Gantheret, *La rééducation corporelle des fonctions mentales,* Editions Sociales Françaises, Paris, 1965.

relation, dont les implications pédagogiques sur la dynamique de l'équipe et l'attitude déterminante de l'éducateur, s'avèrent évidents. D'autres auteurs ont su mettre en évidence, par le biais de la sociométrie, les différents niveaux des réseaux de communication et de l'organisation opérationnelle, repérables à l'intérieur des équipes sportives.

A l'I.N.S.E.P. existent plusieurs laboratoires de recherche notamment de psychologie, de sociologie et d'histoire. Ces laboratoires centrent leurs travaux sur les thèmes suivants :

• *Unité de psycho-pédagogie* (J.P. Famose)

L'activité physique de l'enfant de 5 à 11 ans : analyse des conditions de la pratique de l'activité physique et sportive à l'école élémentaire, propositions pour un contenu pédagogique adapté.

• *Unité de sociologie* (M. Metoudi)

— Les déterminants sociaux des pratiques sportives.

— Les facteurs sociaux et institutionnels de la sécurité sportive.

• *Unité de biomécanique et de physiologie du mouvement* (J. Van Hoecke)

— Détermination de la part respective des métabolismes énergétiques et de l'énergie « élastique » dans la réalisation du geste moteur et de la performance sportive.

— Etude de la perception en fonction des contraintes de l'action.

— La modélisation du geste sportif avec engins.

• *Laboratoire de mesure* (A. Moreaux)

Création et mise au point de systèmes électroniques et informatiques, ainsi que l'interfaçage d'éléments existants.

• *Programme d'évaluation — détection* (H. Helall)

— Choix et création d'outils objectifs d'évaluation.

— Organisation scientifique de la détection du talent sportif.

• *Unité de psychologie* (G. Missoum)

— *Recherche :* Cette activité porte sur la mise au point d'outils d'évaluation adaptés au monde sportif et cherche à déterminer les facteurs conditionnant la réussite sportive.

— *Détection :* A partir de l'application de ces tests spécifiques, l'Unité de Psychologie participe à la formulation de pronostics de réussite, fournit aux cadres sportifs des bilans psychologiques et des recommandations pédagogiques.

— *Optimisation des performances :* Par une action de suivi psychologique à l'entraînement et en compétition, de préparation psychologique, de soutient personnel et de résolution de conflits, l'intervention psychologique s'attache à favoriser l'épanouissement des personnalités et à optimiser la réalisation des performances.

Différentes universités s'intéresent désormais au phénomène sportif :

a. A Tours s'est développé, sous l'impulsion du Professeur Georges

Rioux, ensuite de Raymond Chappuis, puis de Raymond Thomas, un travail de recherche sur les problèmes psychologiques et psychosociologiques soulevés par l'éducation corporelle et le sport, lesquels prennent ainsi pour la première fois en France leur véritable dimension humaine. Dans cette université existe, en 1981, un certificat de psychologie du sport placé sous la responsabilité de Raymond Thomas.

b. A Lille III Bernard Jeu joint à une connaissance théorique du sport une connaissance concrète. Il anime en effet la Ligue nordique de la Fédération Française de Tennis de Table et participe aux travaux du C.N.O.S.F. Professeur de philosophie, il a créé le centre lillois de recherche en analyse du sport auquel collabore activement le CROS de Lille et son président André Leclercq. Auteur de plusieurs ouvrages, dont « Le sport, l'émotion, l'espace » et « De la vraie nature du sport » (Ed. Vigot), Bernard Jeu est également président de l'U.E.R.E.P.S. de Paris V.

c. A Limoges, François Alaphilippe et Jean-Pierre Karaquillo, professeurs à la faculté de droit ont créé le centre de droit et d'économie du sport qui forme des spécialistes du droit sportif.

d. D'autres universitaires s'intéressent au sport et réalisent une partie de leurs travaux dans ce domaine. Ainsi, André Haumont à l'institut de sociologie urbaine de Paris effectue des recherches de sociologie sportive, Jean-Pierre Augustin et Jean-Paul Callède à Bordeaux appliquent les méthodes de l'éthologie et de la sociologie au sport.

Par ailleurs des sociétés scientifiques se sont formées au fil de ces dernières décennies. Il existe ainsi une société française de psychologie du sport et de l'éducation corporelle qui a été créée par Georges Rioux. Cette société est affiliée à la société internationale de psychologie sportive et elle organise périodiquement des colloques et participe aux congrès européens et mondiaux.

A partir de 1975 la Délégation Générale à la Recherche Scientifique et Technique (D.G.R.S.T.) a proposé des aides financières aux chercheurs voulant effectuer des études dans le domaine sportif. Mais ce sont surtout les physiologistes qui ont été les bénéficiaires de ces crédits et le domaine de l'effort musculaire a donné lieu à des recherches intéressantes dans de nombreuses facultés de médecine. Citons, par exemple, celles de Jean-René Lacour à Saint-Etienne, celles de Roland Flandrois à Lyon, celles de Hugues Monod à Paris VI et celles de Michel Rieu à Paris V.

35.3. Conclusion

Les implications pédagogiques de toutes ces recherches apparaissent fondamentales et, bien qu'elles n'aient pas toujours été appliquées par les hommes de terrain, elles ont suscité un renouvellement profond de l'enseignement sportif de masse. *Certaines d'entre elles, ont révélé le caractère essentiellement éducatif de ces formes d'expression de la personnalité, comblant ainsi en grande partie le fossé qu'on voulait maintenir entre la pratique de l'éducation physique traditionnelle et celle du sport.* De sorte que l'avènement des Sciences Humaines, en dénonçant les pratiques empiriques et les présupposés métaphysiques, a permis de réaliser, par une réflexion en profondeur, l'unité des méthodes.

On regrettera donc d'autant que les travaux effectués dans le domaine de la recherche sportive, particulièrement en Sciences Humaines, résultent souvent d'initiatives individuelles et ne jouissent d'aucun soutien officiel, comme cela est le cas dans d'autres pays européens. Alors que les multiples dispositifs institutionnels ont, semble-t-il, grandement facilité le développement de la pratique des activités corporelles, la canalisation de la recherche par ces mêmes institutions, l'empêche en quelque sorte de disposer d'elle-même. Le préjugé du dualisme cartésien s'avère sans doute plus tenace ou subtil qu'on ne pouvait l'imaginer a priori.

Bibliographie

M. BERLIOUX, *Olympica*, Flammarion, Paris, 1964.
M. BOUET, *Signification du sport*, Editions Universitaires, Paris, 1968.
B. GILLET, *Histoire du sport*, Presses Universitaires de France, Paris, 1949.
B. JEU, *Le sport, l'émotion, l'espace*, Ed. Vigot, 1981 (2e ed).
J.J. JUSSERAND, *Les sports et les jeux d'exercice dans l'ancienne France*, Plon, Paris, 1901.
E. LOISEL, *Les bases psychologiques de l'éducation*, A. Colin, Paris, 1955 (5e ed).
J. LE FLOC'HMOAN, *La genèse des sports*, Payot, Paris, 1962.
H.I. MARROU, *Histoire de l'éducation dans l'Antiquité*, Seuil, Paris, 1950 (2e ed).
Mc INTOSH, *Sport in Society*, Watts, London, 1963.
J. MEYNAUD, *Sport et politique*, Payot, Paris, 1966.
R. THOMAS, *L'éducation physique*, P.U.F., 1981 (2e ed).
J. ULMANN, *De la gymnastique aux sports modernes*, Vrin, Paris, 1971.
W. UMMINGER, *Des hommes et des records. Histoire de la performance à travers les âges*, Table Ronde, Paris, 1962.

QUATRIÈME PARTIE

Organisation et réglementation du sport en France et dans le monde

36. Introduction

36.1. Avant-propos

La Pratique des activités sportives en France est soumise à des réglementations d'origines diverses. Les règles édictées par la puissance publique s'imposent naturellement au domaine sportif, comme à tous les domaines de la vie sociale des individus. Mais l'activité sportive est telle qu'une importante réglementation émane également des groupements privés qui rassemblent ou organisent les pratiquants. Ainsi les règles sportives mises en place par les fédérations nationales ou internationales ont-elles été édictées avant toute intervention de la puissance publique dans le domaine du sport.

Pour faciliter l'étude de la réglementation du sport, les différents chapitres, correspondant au programme de l'examen du Brevet d'Etat d'éducateur sportif, ont été rédigés sur la base des textes législatifs et réglementaires. Ils résument les documents publiés au Journal Officiel.

Les sources de la réglementation d'ordre public sont diverses et hiérarchisées.

• *La Constitution*: Pays de droit écrit, la France a aujourd'hui une Constitution du 4 octobre 1958 qui est le texte fondamental et supérieur de toutes les autres règles de droit. Aucune de ces dernières ne sauraient contrevenir aux fondements exposés dans la Constitution. Cette dernière rappelle dans son préambule l'attachement du peuple français aux Droits de l'homme et du Citoyen. Elle organise également la séparation des pouvoirs législatif, exécutif et judiciaire.

• *La loi* émane du pouvoir législatif dévolu par l'article 34 de la Constitution au Parlement constitué des deux Chambres que sont l'Assemblée Nationale et le Sénat. Le domaine de la loi est défini et limité par la Constitution. La loi organise les principaux rapports entre l'Etat et le Citoyen et se trouve donc traditionnellement au dessus du décret d'application, émanation du pouvoir exécutif.

• *Les règlements*: Hors du domaine réservé du Président de la République, c'est le Premier Ministre qui exerce le Pouvoir Réglementaire et dirige l'action du Gouvernement. Les Règlements sont eux mêmes hiérarchisés. Les *décrets* émanent du Gouvernement (Premier Ministre et Ministres concernés). Ils résultent de l'exercice du pouvoir réglementaire autonome, tel qu'il découle de l'article 37 de la Constitution ou de l'exécution des lois en complétant ainsi la norme établie par le Parlement. Les Ministres participent également à la réglementation de leur domaine d'action par voie *d'arrêtés* éventuellement complétés ou explicités par des *circulaires*. On retrouvera ces différentes normes dans la réglementation du sport en France.

Les traités internationaux et plus particulièrement la réglementation de l'Union européenne, plus communément appelée Droit communautaire (directives, règlements, décisions), interfèrent de plus en plus dans la vie hexagonale (ex. art. 43 et 43.1 de la loi du 16 juillet 1984 modifiée par la loi du 13 juillet 1992).

Ces travaux ont abouti par l'adoption par l'Assemblée nationale et par la promulgation de la *loi du 16 juillet 1984 relative à l'organisation et à la promotion des activités physiques et sportives.*

Le nouveau texte de loi abroge la loi du 6 août 1963 et la loi du 29 octobre 1975. Il a été complété par des décrets et arrêtés d'application qui se substituent peu à peu à ceux des deux lois abrogées.

Les élections législatives de 1986 ont abouti à une nouvelle majorité parlementaire et à la nomination d'un nouveau gouvernement dirigé par Monsieur Jacques Chirac.

1988 a été marqué par la réélection de François Mitterrand à la présidence de la République et de nouvelles élections législatives.

Ces changements politiques n'amènent pas une remise en cause de la loi du 16 juillet 1984, qui reste le texte fondamental de l'organisation du sport en France. Par contre certaines dispositions de cette loi ont été combattues et un certain nombre de réformes envisagées par les auteurs de la loi n'ont pas été appliquées de la façon originellement prévue.

La loi n° 87-979 du 7 décembre 1987 a dans cet esprit apporté des modifications à la loi du 16 juillet 1984.

L'objet de cette réforme législative est très spécifique. Il s'agit de mettre fin à la difficulté rencontrée pour la création obligatoire de société sportive pour les groupements sportifs à « vocation professionnelle ». Dorénavant les groupements concernés peuvent continuer à utiliser le cadre associatif de la loi du 1er juillet 1901 auquel le mouvement sportif reste fortement attaché.

En 1989 est promulguée la loi n° 89-432 du 28 juin 1989* relative à la prévention et à la répression de l'usage de produits dopants à l'occasion des compétitions et manifestations sportives, qui abroge et remplace la loi de 1965.

En 1992, pour tenir compte d'une évolution extrêmement rapide des différentes questions inhérentes au sport (sécurité, professionnalisme, rapports entre pouvoirs publics et privés, fiscalité) apparaît un nouveau régime législatif. Il s'agit de la loi n° 92-652 du 13 juillet 1992* qui, d'une part modifie profondément, sans la remplacer la loi du 16 juillet 1994, et d'autre part édicte des mesures propres, notamment en fiscalité.

Ce nouveau texte législatif oblige le ministère de la Jeunesse et des Sports à préparer dans les meilleurs délais plus d'une vingtaine de décrets d'application et/ou d'arrêtés pour tenir compte de ces nouvelles dispositions législatives.

A l'issue des élections législatives de 1993, apparaît un nouveau gouvernement dirigé par M. Edouard Balladur, Premier ministre, qui nomme Mme Michèle Alliot-Marie, *nouveau* ministre chargé de la Jeunesse et des Sports.

36.2. La loi du 16 juillet 1984 relative à l'organisation et à la promotion des activités physiques et sportives (A.P.S.)

Plus de deux ans auront été nécessaires à Edwige Avice, alors ministre chargée de la Jeunesse et des Sports, pour faire adopter ce nouveau texte de loi. Sa préparation a en effet soulevé de nombreuses inquiétudes, dans le mouvement sportif notamment. Beaucoup se seraient contentés d'une simple remise à jour de la loi du 29 octobre 1975 par la voie réglementaire.

A l'issue d'une large consultation, le ministre devait présenter au Parlement les objectifs de cette réforme législative. Outre la remise à jour du cadre législatif des activités physiques et sportives, un certain nombre de progrès devaient être réalisés que Frédérique Bredin, ministre de la Jeunesse et des Sports (1991-1993), a actualisés avec les dispositions de la loi du 13 juillet 1992.

36.2.1. Une remise à jour du cadre législatif des A.P.S.

Les évolutions constatées dans la pratique des A.P.S. rendaient nécessaires une nouvelle répartition des missions concernant leur développement.

La volonté gouvernementale était d'élargir le champ des partenaires, la loi devait préciser les missions de chacun d'entre eux.

a. L'Etat

Bien entendu, l'Etat reste le premier responsable du développement des A.P.S. et plus particulièrement de la pratique sportive de haut niveau.

L'Etat a la charge de l'enseignement de l'éducation physique et sportive (E.P.S), mais également de la formation des cadres aux métiers du sport.

Le rattachement de l'E.P.S. au sein de l'Education nationale a justifié la participation de ce ministère à l'élaboration du projet de loi.

• Dans l'enseignement primaire et secondaire, les enseignants du ministère de l'Education nationale ont la responsabilité de l'enseignement de l'E.P.S.

• Dans l'Enseignement supérieur la pratique des A.P.S. est organisée conformément à la récente loi du 26 janvier 1984 qui rappelle le principe de l'autonomie des établissements d'enseignement.

• En fait, la principale innovation dans ce domaine est d'ordre structurelle et concerne le mouvement sportif scolaire et universitaire. Il est créé, une *Confédération du Sport scolaire et universitaire,* réunissant les fédérations et unions de tous les degrés d'enseignement, dont la vocation essentielle sera de favoriser les rapports entre le sport civil et le sport scolaire et universitaire aussi bien au plan national qu'aux échelons déconcentrés des régions et des départements.

• Si le développement des A.P.S. reste essentiellement du ressort du ministère de la Jeunesse et des Sports, il associe également le ministère de l'Education nationale, et intéresse d'autres ministères qui sont concernés à divers titres (cf. : ministère de l'Intérieur).

b. Les collectivités territoriales

• *Les collectivités locales* (communes, départements, régions) se sont vues attribuer de nouvelles responsabilités par les lois de décentralisation. La loi du 16 juillet 1984 tient compte de ces textes récents et fait appel au concours des collectivités territoriales pour favoriser le développement des A.P.S.

• *Les collectivités territoriales* sont conviées à favoriser la création d'associations sportives dans les établissements du premier degré, à aider au développement des associations sportives scolaires et universitaires en favorisant notamment leur accès aux équipements sportifs.

Les collectivités territoriales sont appelées également à participer à la mise en œuvre des formations aux métiers du sport.

Enfin et surtout, c'est dans le domaine de la création et de la gestion des équipements sportifs que les collectivités territoriales sont amenées à jouer un rôle déterminant dans le développement du sport en France.

La loi du 13 juillet 1992 crée au sein de la loi du 16 juillet 1984 un nouveau chapitre III *bis* qui précise le rôle des collectivités territoriales notamment dans leurs rapports avec l'Etat et les groupements sportifs (interdiction de cautionnement d'emprunt).

c. Le mouvement sportif

Bien entendu le mouvement sportif est également responsable du développement des A.P.S.

La loi du 16 juillet 1984 reonnaît et confirme le rôle éminent du Comité National Olympique et Sportif Français (C.N.O.S.F.). Elle reconnaît sa représentativité du mouvement sportif et reconduit ses missions antérieures.

La loi du 16 juillet 1984 innove surtout en reconnaissant à toutes les fédérations une mission de service public constituée par l'organisation et le développement des A.P.S.

Elle reconnaît une égale dignité de toutes les fédérations sportives, qu'elles soient unisports, multisports, ou affinitaires. Toutes les fédérations agréées par le ministère de la Jeunesse et des Sports concourent à l'exécution du service public. Elles sont soumises aux mêmes devoirs et bénéficient des mêmes droits. Elles sont aidées par le ministère, par le subventionnement et par la mise à disposition de personnels, agents de l'Etat, actions concrétisées aujourd'hui par la mise en place des conventions d'objectifs entre le M.J.S. et les fédérations sportives.

Cette reconnaissance en faveur des fédérations multisports tend à répondre à la demande grandissante pour de nouvelles formes de pratiques sportives, qu'elles soient d'entretien, de détente ou de loisir, qu'elles se tiennent dans un cadre traditionnel ou dans le milieu du travail.

- Quant aux *fédérations unisports,* elles se verront seules recevoir *la délégation* de pouvoir procéder aux sélections nationales, régionales et départementales et de délivrer les titres correspondants.

- *Les fédérations et unions scolaires et universitaires* restent soumises à la tutelle du ministère de l'Education nationale bien que le ministère de la Jeunesse et des Sports participe à la mise en œuvre de leurs activités.

d. Les entreprises

L'organisation des A.P.S. sur le lieu de travail est reconnu comme une condition essentielle du développement du sport pour tous.

La définition de la politique des A.P.S. dans l'entreprise est du ressort du comité d'entreprise dont le rôle dans le cadre des activités sociales et culturelles, est reconnu par le Code du travail et a été réaffirmé par les lois Auroux.

Dans les entreprises n'ayant pas de comité d'entreprise, les délégués du personnel et le chef d'entreprise exercent conjointement cette mission.

Hormis ces questions d'ordre structurel, la loi du 16 juillet 1984 tend à l'évolution des mentalités :

- les A.P.S. rentrent dans les programmes des stages de formation continue ;

- les A.P.S. ayant pour finalité l'hygiène et la sécurité dans l'entreprise sont encouragées ;
- la formation de cadres pour l'organisation des A.P.S. dans l'entreprise est reconnue et aidée par l'Etat. Les organisations professionnelles représentatives et les entreprises sont invitées à la mise en œuvre de ces formations.

La pratique des A.P.S. des agents des administrations et des entreprises publiques doit être également favorisée.

Enfin il faut mentionner l'appel fait aux entreprises pour le développement du sport de haut niveau, et pour l'insertion professionnelle des sportifs concernés. Cette politique de développement est favorisée par des conventions liant le ministère de la Jeunesse et des sports et les entreprises publiques ou privées.

e. Les structures de concertation et de coordination

Les partenaires intéressés au développement des A.P.S. sont donc variés et agissent tant au niveau local qu'aux échelons départemental, régional ou national.

La loi du 16 juillet 1984 prévoit la création d'un *Conseil National des Activités Physiques et Sportives* (C.N.A.P.S.) qui doit réunir les différents partenaires au niveau national.

La création de ce C.N.A.P.S. a soulevé de nombreuses inquiétudes. Il était à craindre qu'il ne se substitue au Comité National Olympique et Sportif Français (C.N.O.S.F.) du moins dans l'exercice de certaines de ses missions.

Le C.N.O.S.F. reste le partenaire privilégié de l'Etat, et lui seul représente le mouvement sportif, notamment pour la gestion du Fonds National de Développement du Sport (F.N.D.S.).

Quant au C.N.A.P.S., sa vocation est purement consultative et il devra à brève échéance refondre les différents hauts comités intervenant dans le domaine des A.P.S.

36.2.2. Des solutions aux problèmes posés par la pratique des activités physiques et sportives

Le mouvement sportif est quotidiennement confronté à de nombreuses difficultés auxquelles la loi du 16 juillet 1984 tente de répondre par un certain nombre d'innovations.

a. Les difficultés du sport professionnel

Les difficultés financières des clubs de football professionnel sont aujourd'hui connues de tous et certains scandales étalés sur la place publique ont poussé le législateur à proposer des solutions.

Il a semblé que le cadre juridique de l'Association, défini par la loi du 1er juillet 1901, n'était pas apte à garantir une rigueur de gestion aux clubs percevant des recettes et versant des salaires très importants.

Ces clubs peuvent, pour gérer leur activités professionnelles, constituer des *sociétés à objet sportif,* ou conjointement avec des collectivités locales, des *Sociétés d'Economie Mixte Sportives locales,* soumises au régime des sociétés anonymes régies par la loi du 24 juillet 1966 sur les sociétés commerciales.

Les sociétés anonymes sont en effet soumises à des obligations comptables très strictes et des commissaires aux comptes vérifient leur comptabilité et sont tenus de révéler toutes situations compromettantes ou illégales.

Cette option créée par la loi du 16 juillet 1984 a vivement inquiété le monde du football professionnel. Aussi un certain nombre de dérogations au droit des sociétés, au droit fiscal et social devront être mises en place pour permettre à ces nouvelles sociétés de répondre à leur objectif.

Depuis la réforme apportée à la loi du 16 juillet 1984 par la loi du 7 décembre 1987, les clubs à vocation professionnelle concernés peuvent conserver pour mener leur activité, le cadre associatif défini par la loi du 1er juillet 1901. Mais dans ce dernier cas la loi du 7 décembre 1987 prévoit l'application de certaines obligations statutaires et de règles émanant notamment du droit commercial.

Le premier club a opter pour le statut juridique des S.O.S. a été le Matra-Racing (Football) en 1988.

Ce système complexe réglementé par décrets, est dominé actuellement par l'actualité ; aussi convient-il de suivre les travaux de la Fédération française de football et la procédure qu'elle suit.

b. La protection des pratiquants et des organisateurs

Le premier volet de cette protection concerne la médecine du sport :

• Le principe du livret sportif contenant des renseignements d'ordre sportif et médical, adopté par certaines fédérations, est étendu à tous, et devra être remis au pratiquant avec sa première licence.

• Le certificat de non contre-indication à une pratique sportive pourra être délivré par tous les médecins. En contrepartie un effort dans la formation des médecins généralistes devra être fait. Aussi est-il prévu que des informations, sur le contrôle médico-sportif, soient données dans le programme d'étude et de formation de ces médecins.

• Pour le suivi médical des sportifs de haut niveau il est prévu de mettre en place une formation approfondie dans le cadre du 3e cycle des études médicales, débouchant sur une capacité de médecine du sport qui se substituera alors au certificat d'étude spéciale de biologie et de médecine du sport.

Le deuxième volet de la protection concerne l'assurance des organisateurs et des sportifs eux-mêmes :

- le développement du sport pour tous a particulièrement mis en évidence les carences existant en matière d'assurances sportives ;

- la loi du 16 juillet 1984 rend obligatoire l'assurance en responsabilité civile des organisateurs, de leurs préposés et des sportifs eux-mêmes.
- D'autre part la loi invite les groupements sportifs à proposer à leurs membres des contrats d'assurance individuelle.

  Mais pour être efficaces ces mesures devront être complétées par des décrets réévaluant le montant de la couverture proposée par ces assurances. (Voir décret n° 93-392 du 18 mars 1993)

c. Un statut pour les athlètes de haut niveau

La loi du 16 juillet 1984 reconnaît que le sport de haut niveau est source d'enrichissement et de progrès humain. Elle reconnaît également que le sportif de haut niveau joue un rôle social, culturel et national de première importance.

La réalité d'un statut pour les athlètes de haut niveau passe par la mise en place d'un label de «sportif de haut niveau» reconnu par une commission mixte associant l'Etat au mouvement sportif.

Les sportifs de haut niveau se voient alors reconnaître des droits à un système dérogatoire, pour l'aménagement des études, l'accès aux concours, l'allongement des cursus d'études, l'âge d'accès aux concours administratifs, le bénéfice d'horaires aménagés et enfin l'accès à une voie particulière du professorat de sports.

Le système dérogatoire s'applique depuis l'école jusqu'à l'université en passant par le service national et la vie professionnelle. (Voir charte du sport de haut niveau page 862)

d. Le renforcement de la politique de formation aux métiers des A.P.S.

Si la loi du 16 juillet 1984 reprend des dispositions de la loi du 6 août 1963 relative à l'exercice de la profession d'éducateur physique ou sportif, et abroge ce texte, elle apporte également des innovations:

- Un service public de formation est mis en place. Il associe l'ensemble du potentiel existant, aussi bien au ministère de l'Education nationale, et notamment dans les services publics de l'Enseignement supérieur, qu'au ministère de la Jeunesse et des Sports, qu'il s'agisse des établissements ou écoles nationales, des C.R.E.P.S. ou des services déconcentrés.

  Le service public de formation devra permettre le respect d'un principe fondamental: pas de diplôme sans formation.

- La seconde innovation réside dans la mise en place d'un professorat de sport. Le nouveau corps de fonctionnaires de catégorie A est créé par décret. Il permet au ministère de la Jeunesse et des Sports de s'appuyer sur un corps de techniciens sportifs de haut niveau.

e. La sécurité des équipements et des manifestations sportives

Les tragiques événements du Heyssel en Belgique (1985) et de Furiani en Corse (1992), malgré les règles de sécurité existantes, ont conduit le Conseil de l'Europe à édicter une charte contre la violence dans le sport (1987), et la France à durcir la réglementation française.

Une cascade de textes relatifs à la sécurité, prévus par les modifications apportées en 1992 à la loi de *1984*, concerneo :

— la sécurité des grandes manifestations sportives ;
— les procédures d'homologation des enceintes sportives ;
— les dérogations temporaires relatives aux débits de boisson dans les installations sportives ;
— l'interdiction de la mise en vente de buts mobiles non équipés d'un système de fixation ;
— la sécurité et le régime de déclaration des établissements où sont enseignés les A.P.S.

37. Structures publiques pour l'organisation du sport en France

37.1. Organisation générale du ministère chargé de la Jeunesse et des Sports

C'est un décret du 30 mars 1993 qui fixe la composition du gouvernement dirigé par M. Edouard Balladur.

Le domaine de la Jeunesse et des Sports fait l'objet d'un ministère confié à Mme Michèle Alliot-Marie, qui succède donc à Mme Frédérique Bredin.

Le ministère chargé du département ministériel de la Jeunesse et des Sports exerce son autorité sur une administration centrale, sur les services extérieurs déconcentrés que sont les directions régionales et départementales de la jeunesse et des sports, ainsi que sur un certain nombre d'établissements nationaux (voir schéma A).

37.2. Organisation de l'administration centrale du secrétariat d'Etat chargé de la Jeunesse et des Sports

(Décret n° 92-1471 du 31 décembre 1992)

L'administration centrale du ministère de la Jeunesse et des Sports comprend :
— la direction des sports ;
— la direction de la jeunesse et de la vie associative ;
— la direction de l'administration générale ;
— la délégation aux formations.

D'autre part sont directement rattachés au ministre :
— l'Inspection générale ;
— le bureau du cabinet ;
— le haut fonctionnaire de la Défense ;
— le bureau de la communication.

SCHEMA A

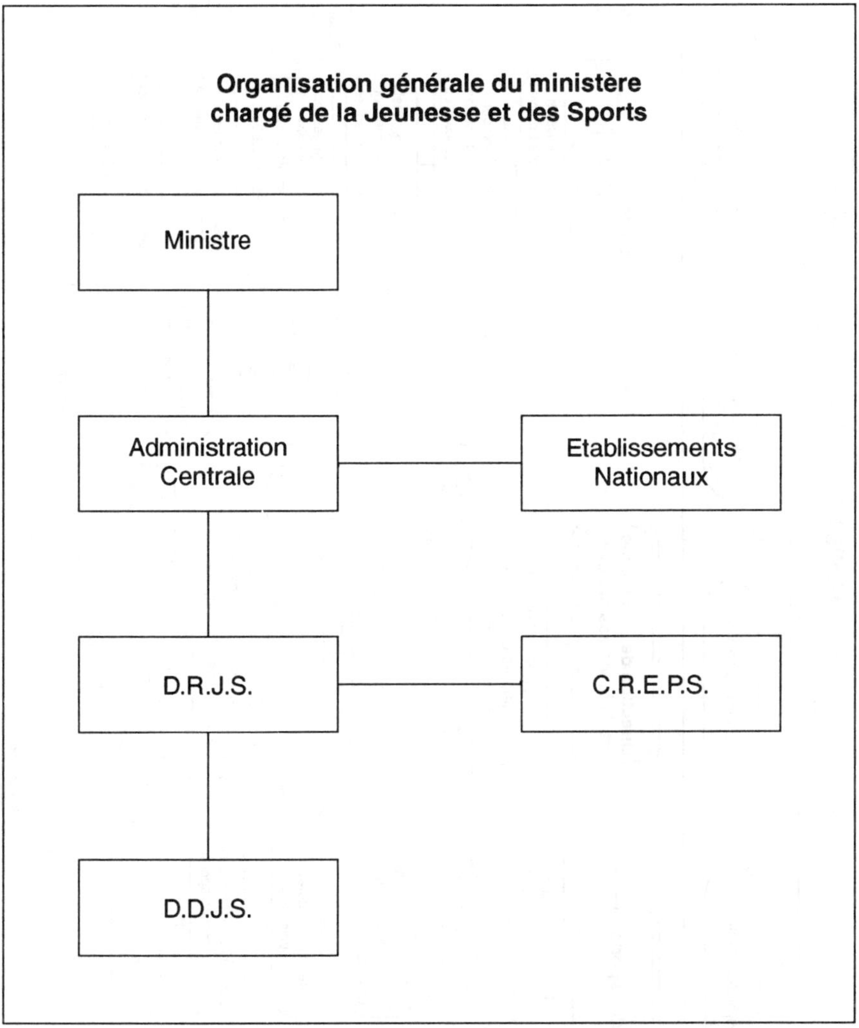

Schéma B (ci-contre) : administration centrale du ministère chargé de la Jeunesse et des Sports

SCHEMA B

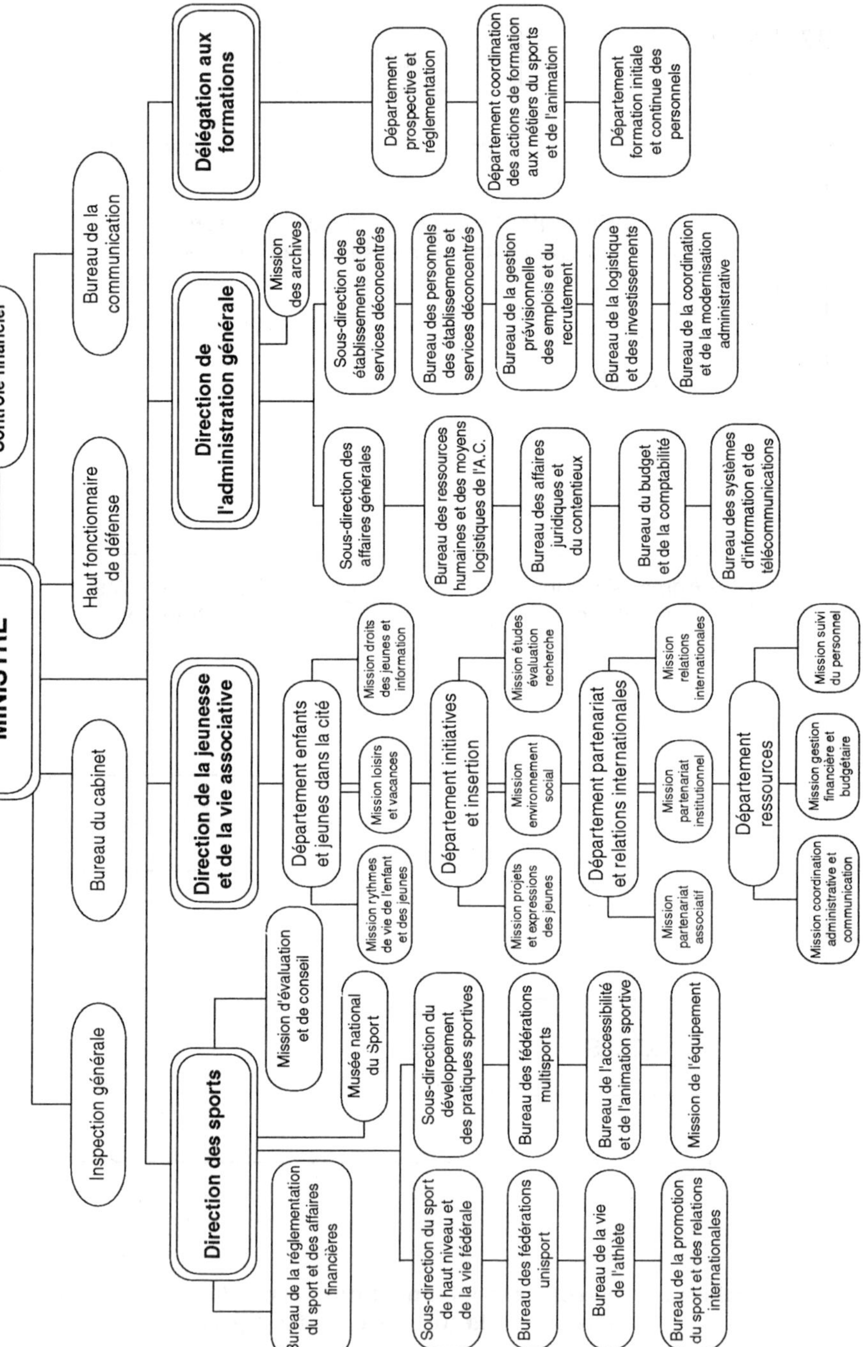
MINISTRE
Contrôle financier
Inspection générale
Bureau du cabinet
Haut fonctionnaire de défense
Bureau de la communication
Direction des sports
Bureau de la réglementation du sport et des affaires financières
Mission d'évaluation et de conseil
Musée national du Sport
Sous-direction du sport de haut niveau et de la vie fédérale
Bureau des fédérations unisport
Bureau de la vie de l'athlète
Bureau de la promotion du sport et des relations internationales
Sous-direction du développement des pratiques sportives
Bureau des fédérations multisports
Bureau de l'accessibilité et de l'animation sportive
Mission de l'équipement
Direction de la jeunesse et de la vie associative
Département enfants et jeunes dans la cité
Mission rythmes de vie de l'enfant et des jeunes
Mission loisirs et vacances
Mission droits des jeunes et information
Département initiatives et insertion
Mission projets et expressions des jeunes
Mission environnement social
Mission études évaluation recherche
Département partenariat et relations internationales
Mission partenariat associatif
Mission partenariat institutionnel
Mission relations internationales
Département ressources
Mission coordination administrative et communication
Mission gestion financière et budgétaire
Mission suivi du personnel
Direction de l'administration générale
Mission des archives
Sous-direction des affaires générales
Bureau des ressources humaines et des moyens logistiques de l'A.C.
Bureau des affaires juridiques et du contentieux
Bureau du budget et de la comptabilité
Bureau des systèmes d'information et de télécommunications
Sous-direction des établissements et des services déconcentrés
Bureau des personnels des établissements et services déconcentrés
Bureau de la gestion prévisionnelle des emplois et du recrutement
Bureau de la logistique et des investissements
Bureau de la coordination et de la modernisation administrative
Délégation aux formations
Département prospective et réglementation
Département coordination des actions de formation aux métiers du sports et de l'animation
Département formation initiale et continue des personnels

37.2.1. La direction des sports

A. — La direction des sports prépare et met en œuvre la politique en faveur des activités physiques et sportives sous toutes leurs formes et pour tous les âges : sport de haut niveau, sport pour tous et pratiques individuelles.

Elle a compétence en matière de sport civil, national et international et, en liaison avec le ministère chargé de l'éducation nationale, en matière de sport scolaire et universitaire international.

Elle prépare la réglementation relative aux métiers des activités physiques et sportives et en contrôle l'application.

B. — La direction des sports comprend :
— la sous-direction du sport de haut niveau et de la vie fédérale ;
— la sous-direction du développement des pratiques sportives ;
— le bureau de la réglementation du sport et des interventions financières ;
— la mission d'évaluation et de conseil.

Le musée national du Sport est, en outre, rattaché au directeur.

C. — La sous-direction du sport de haut niveau et de la vie fédérale suit les questions concernant le sport de haut niveau, la médecine du sport, la lutte contre le dopage, les relations avec les fédérations unisport et les relations sportives internationales.

A ce titre :
— elle assure la tutelle administrative des fédérations unisport ;
— elle gère l'aide de l'Etat à ces fédérations ainsi qu'aux organismes sportifs nationaux assimilés et en contrôle l'utilisation ;
— elle prépare et met en œuvre les dispositions réglementaires permettant de faciliter l'insertion sociale et professionnelle des sportifs de haut niveau ;
— elle organise la médecine du sport ;
— elle contribue au développement des relations sportives internationales ;
— elle assure la promotion du sport et elle contribue au développement de la recherche dans ce domaine.

Trois bureaux assurent ces missions :
a) le bureau des fédérations unisport ;
b) le bureau de la vie de l'athlète ;
c) le bureau de la promotion du sport et des relations internationales.

D. — La sous-direction du développement des pratiques sportives suit les questions concernant le sport pour tous, les relations avec les fédérations multisports, les actions d'animation et d'insertion par le sport, les équipements dans le domaine de la jeunesse et des sports.

A ce titre :
— elle assure la tutelle administrative des fédérations multisports ;

— elle gère l'aide de l'Etat à ces fédérations et en contrôle l'utilisation ;
— elle répartit entre les services déconcentrés du ministère les moyens destinés à l'aide aux associations sportives locales.

En liaison avec les collectivités territoriales, les associations et les groupements sportifs, elle définit des politiques destinées à permettre l'accès de chacun à la pratique sportive.

Elle programme l'affectation, dans le domaine du sport, des crédits d'investissement inscrits au budget de l'Etat et au Fonds national pour le développement du sport ; elle assure l'expertise et le contrôle des équipements sportifs. Elle apporte tous conseils techniques sur les équipements spécifiques aux domaines de la jeunesse et des sports.

Trois bureaux assurent ces missions :
a) le bureau des fédérations multisports ;
b) le bureau de l'accessibilité et de l'animation sportive ;
c) la mission de l'équipement.

E. — Le bureau de la réglementation du sport et des interventions financières élabore les textes législatifs et réglementaires concernant le sport et il en suit l'application. Il participe, pour le compte de la direction et dans les domaines de compétence de celle-ci, à la gestion budgétaire et financière, à la gestion des personnels affectés à la direction ainsi qu'à la coordination administrative générale.

F. — La mission d'évaluation et de conseil assure auprès des associations et des groupements sportifs des travaux d'audit, d'expertise financière et de conseil en gestion.

37.2.2. La direction de la jeunesse et de la vie associative

A. — La direction de la jeunesse et de la vie associative prépare et met en œuvre la politique en faveur de la jeunesse et de l'éducation populaire. Elle participe à l'élaboration et à la mise en œuvre de la politique de promotion de la vie associative.

Elle assure la coordination des actions interministérielles concernant la jeunesse.

Elle contribue à la protection de l'enfance et de la jeunesse ainsi qu'à la garantie de l'exercice de leurs droits.

Elle prépare la réglementation relative aux métiers de l'animation ainsi que celle concernant les centres de vacances et de loisirs, et elle en contrôle l'application ; elle détermine les qualifications et diplômes exigés pour l'encadrement de ces centres.

SCHEMA C

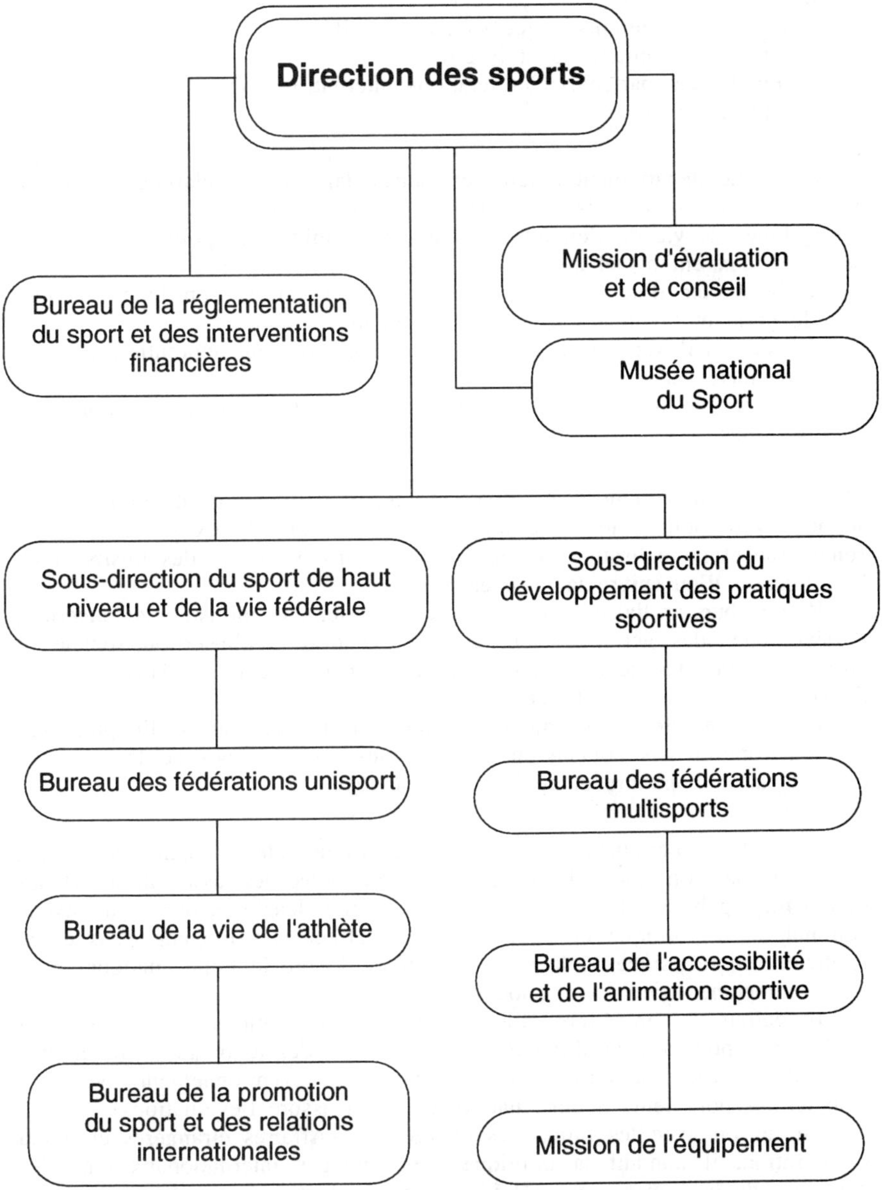
Direction des sports
Bureau de la réglementation du sport et des interventions financières
Mission d'évaluation et de conseil
Musée national du Sport
Sous-direction du sport de haut niveau et de la vie fédérale
Sous-direction du développement des pratiques sportives
Bureau des fédérations unisport
Bureau des fédérations multisports
Bureau de la vie de l'athlète
Bureau de l'accessibilité et de l'animation sportive
Bureau de la promotion du sport et des relations internationales
Mission de l'équipement

Elle participe, dans le domaine de compétence du ministère de la Jeunesse et des Sports, à la gestion du service des objecteurs de conscience.

B. — La direction de la jeunesse et de la vie associative comprend :
— le département enfants et jeunes dans la cité ;
— le département initiatives et insertion ;
— le département partenariat et relations internationales ;
— le département ressources.

C. — Le département enfants et jeunes dans la cité élabore et met en œuvre, en liaison avec la direction des sports, la politique d'aménagement des rythmes de vie de l'enfant et du jeune. Il anime des politiques visant à permettre aux enfants et aux jeunes :
— de bénéficier d'activités de loisirs et de vacances contribuant à leur éducation et favorisant leur épanouissement ;
— d'accéder à l'exercice de responsabilités facilitant leur apprentissage d'une citoyenneté active ;
— d'utiliser une information répondant à leurs attentes dans des domaines diversifiés.

D. — Le département initiatives et insertion est chargé de préparer des actions ayant pour objectifs d'apporter aide et conseil aux jeunes pour la conception et la réalisation de leurs projets dans le champ des loisirs et de la culture et d'en suivre la mise en œuvre.

Il contribue, en liaison avec les autres départements ministériels concernés, à développer des actions visant à la prévention, à l'insertion sociale et professionnelle des jeunes dans l'environnement social et dans tous les domaines de leur vie quotidienne.

Il met en œuvre des techniques d'évaluation, le recensement, l'exploitation et l'amélioration des connaissances dans tous les domaines de la jeunesse, de l'éducation populaire et de la vie associative.

E. — Le département partenariat et relations internationales coordonne et oriente la politique relative aux relations avec les associations et les organismes publics ou privés pouvant apporter leur concours, au niveau national, à la politique de la jeunesse ; il affecte les moyens de soutien, financiers ou techniques à la vie associative. Il gère le Fonds national pour le développement de la vie associative.

Il définit la procédure d'agrément des associations de jeunesse et d'éducation populaire et il procède à l'agrément des associations de niveau national ; il met en œuvre la politique de conventionnement avec ces associations pour leurs actions nationales et en assure l'évaluation.

En liaison avec les ministères chargés des Affaires étrangères et de la Coopération, il conduit la politique des échanges internationaux dans les domaines de la jeunesse et de l'éducation populaire.

Il assure la présence française dans les instances internationales ayant des programmes concernant la jeunesse et il suit les activités de l'Office franco-allemand pour la jeunesse et de l'Office franco-québécois pour la jeunesse.

F. — Le département ressources participe, pour le compte de la direction et dans les domaines de compétence de celle-ci, à la coordination administrative générale, à la communication, à la gestion budgétaire et financière, à la gestion des personnels. Il assure la gestion administrative des objecteurs de conscience.

SCHEMA D

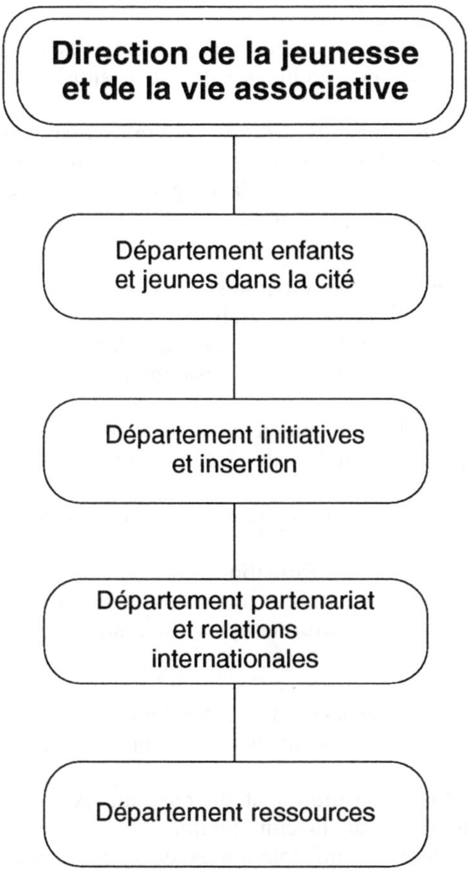

37.2.3. La direction de l'administration générale

A. — La direction de l'administration générale assure la coordination des actions administratives, juridiques et financières du ministère ainsi que la promotion, le contrôle et l'évaluation de la politique de modernisation de l'administration.

Elle est responsable de la gestion des personnels et des emplois.

Elle prépare et exécute le budget et le plan.

Elle gère les moyens de fonctionnement de l'administration centrale. Elle répartit les moyens de fonctionnement attribués aux services déconcentrés et aux établissements nationaux ; elle organise un dispositif de contrôle de gestion et en coordonne la mise en œuvre.

Elle oriente le développement de l'informatique et de la bureautique dans les services et établissements.

B. — La direction de l'administration générale comprend :

— la sous-direction des affaires générales ;
— la sous-direction des établissements et des services déconcentrés.

En outre, la mission des archives est placée auprès du directeur.

C. — La sous-direction des affaires générales assure, pour l'administration centrale, la gestion des personnels et des moyens logistiques. Elle a en charge l'informatisation des services, la préparation et l'exécution du budget, la coordination des affaires juridiques.

A ce titre :

— elle assure la représentation du ministère au plan interministériel pour les questions administratives et budgétaires ;
— elle gère les moyens de fonctionnement de l'administration centrale ;
— elle met en œuvre une gestion prévisionnelle des personnels affectés à l'administration centrale ;
— elle prépare les documents budgétaires et assure l'exécution des lois de finances. Elle gère les crédits de dépenses en capital et ordonnance les dépenses du ministère ;
— elle est chargée du contentieux relevant de la compétence de l'administration centrale ;
— elle répartit les crédits d'informatique, de bureautique et de télématique entre les services déconcentrés et entre les établissements nationaux. Elle définit les applications informatiques nationales et en coordonne la diffusion.

Ces missions sont réparties dans quatre bureaux qui sont :

a) le bureau des ressources humaines et des moyens logistiques de l'administration centrale ;
b) le bureau des affaires juridiques et du contentieux ;
c) le bureau du budget et de la comptabilité ;
d) le bureau des systèmes d'information et de télécommunication.

SCHEMA E

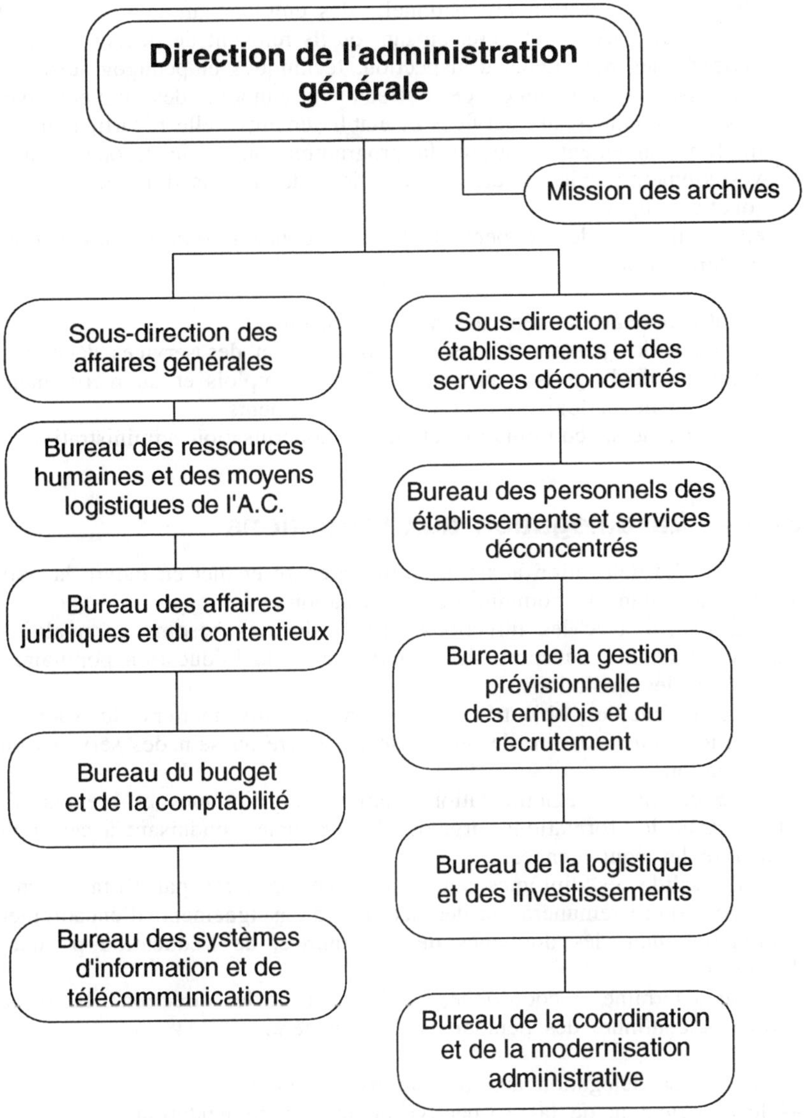
Direction de l'administration générale
Mission des archives
Sous-direction des affaires générales
Bureau des ressources humaines et des moyens logistiques de l'A.C.
Bureau des affaires juridiques et du contentieux
Bureau du budget et de la comptabilité
Bureau des systèmes d'information et de télécommunications
Sous-direction des établissements et des services déconcentrés
Bureau des personnels des établissements et services déconcentrés
Bureau de la gestion prévisionnelle des emplois et du recrutement
Bureau de la logistique et des investissements
Bureau de la coordination et de la modernisation administrative

D. — La sous-direction des établissements et des services déconcentrés coordonne l'action administrative des services déconcentrés et des établissements nationaux.

A ce titre :
— elle assure la gestion prévisionnelle des emplois qui leur sont affectés ;
— elle recrute, affecte et gère, en tant qu'ils relèvent de décisions de niveau national, les personnels d'inspection, techniques et pédagogiques ;
— elle assure la cohérence de l'affectation annuelle des moyens avec les missions confiées aux services et établissements ; elle répartit leurs crédits de fonctionnement et arrête la programmation de leurs opérations d'investissement ; elle assure l'évaluation de l'utilisation des crédits de fonctionnement ;
— elle veille au développement de la déconcentration et des actions de modernisation.

Quatre bureaux se répartissent ces missions :
a) le bureau des personnels des établissements et des services déconcentrés ;
b) le bureau de la gestion prévisionnelle des emplois et du recrutement ;
c) le bureau de la logistique et des investissements ;
d) le bureau de la coordination et de la modernisation administrative.

37.2.4. La délégation aux formations

A. — La délégation aux formations prépare et met en œuvre la politique du ministère dans le domaine de la formation.

En liaison avec les directions, elle évalue les besoins en qualifications dans les domaines du sport, de la jeunesse et de l'éducation populaire ; elle en observe les évolutions.

Elle définit les objectifs des formations aux métiers du sport et de l'animation ; elle s'assure de leur mise en œuvre au sein des services publics de formation.

Elle établit la réglementation relative aux diplômes et brevets d'Etat ; elle contrôle les formations, organise les examens conduisant à ces diplômes et délivre les équivalences.

Elle valide les diplômes autres que ceux délivrés par l'Etat, permettant d'exercer contre rémunération des activités d'enseignement, d'encadrement ou d'animation dans les domaines de la jeunesse, de l'éducation populaire et des sports.

Elle détermine et coordonne, en liaison avec les directions, la formation, initiale et continue, des personnels du ministère.

B. — La délégation aux formations comprend :
— le département de la prospective et de la réglementation ;
— le département de la coordination des actions de formation aux métiers du sport et de l'animation ;

— le département de la formation initiale et continue des personnels (voir schéma F).

SCHEMA F

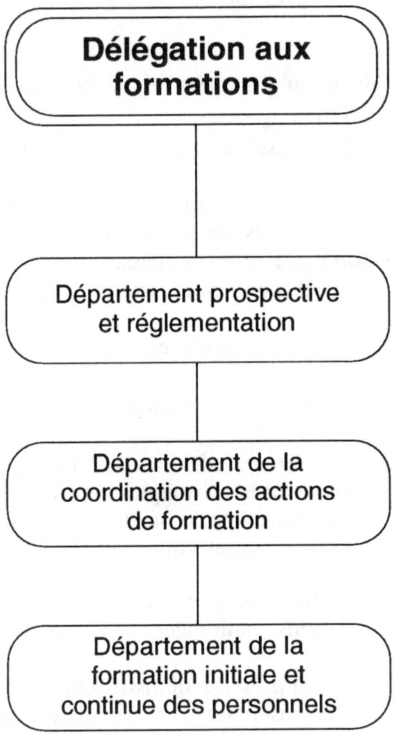

37.3. Conseils, comités et commissions ministériels et interministériels

Un certain nombre d'organismes sont placés auprès du ministre chargé des sports pour donner leur avis sur les questions dont ils sont saisis et peuvent effectuer des études et travaux de recherche sur les points relevant de leur compétence.

Conseil supérieur de la navigation de plaisance et des sports nautiques (Décret n° 67.315 du 31 mars 1967, modifié par décret du 11 juin 1987).

Placé auprès du ministre chargé de la Mer, du ministre chargé des Voies navigables, du ministre chargé des Sports et du ministre chargé du Tourisme, ce conseil donne son avis sur toutes les questions concernant la navigation de plaisance et les sports nautiques.

La présidence de cet organisme est assurée par Gérard d'Aboville.

Conseil national de l'éducation populaire et de la jeunesse
(Décret du 29 janvier 1986)

Ce conseil remplace le Conseil de la jeunesse et de l'éducation populaire et des sports créé en 1965.

Cet organisme, placé auprès du ministre chargé de la Jeunesse et des Sports, est consulté sur les projets de lois et de décrets de caractère général concernant l'éducation populaire ou la jeunesse et sur toute question d'intérêt général dans ces secteurs. Il peut faire toutes propositions utiles dans ce domaine.

Il comprend une centaine de membres représentant les diverses composantes de ces secteurs.

Le directeur de la Jeunesse est chargé du secrétariat permanent du Conseil.

Le décret du 29 janvier 1986 relatif à la composition et au fonctionnement du Conseil national des activités physiques et sportives, et du Conseil national de l'Education populaire et de la Jeunesse créé dans son titre III des organes consultatifs à ces Conseils qui sont :

- une commission consultative chargée d'émettre un avis sur les demandes d'agrément des associations nationales d'éducation populaire et de la jeunesse.
  Cette commission placée auprès du ministre chargé de la Jeunesse et des Sports, comprend 12 représentants, 6 de l'Administration et 6 des associations agrées ;
- une section permanente auprès du ministre chargé de la Jeunesse et des Sports chargée d'émettre l'avis prévu à l'article 8 du décret du 29 janvier 1960 (déclaration d'ouverture des établissements de vacance et protection des mineurs). Présidée par le ministre chargé de la Jeunesse et des Sports, elle comprend 8 membres ;
- une délégation permanente des conseils nationaux des activités Sportives et Physiques et de l'éducation Populaire et de la Jeunesse.
  Cette délégation, qui comprend 12 représentants donne son avis sur l'ordre du jour des sessions de chacun des deux conseils. Elle propose au ministre d'entreprendre des études, des recherches ou des rapports qui concernent le champ de compétence des deux conseils. Son secrétariat est assuré par la direction des Sports et par la direction de la Jeunesse.

Commission nationale des équivalences de dérogation de délivrance de diplôme par les fédérations sportives dirigeantes ou groupements attestant l'aptitude à l'exercice de la profession d'éducateur sportif, chargée également d'examiner les demandes d'admission par équivalence des diplômes étrangers

Cette commission, instituée par l'arrêté du 16 janvier 1990, a pour mission d'examiner les titres d'éducateur physique ou sportif délivrés par certains groupements privés ou fédérations et notamment certaines fédérations sportives dirigeantes à l'effet d'attester l'aptitude de leurs titulaires à l'exercice de la profession d'éducateur physique ou sportif.

Cette même commission examine les demandes d'admission par équivalence des diplômes étrangers.

Tant que des accords n'ont pas été conclus en la matière avec les pays étrangers intéressés, les décisions prises par le ministre chargé des Sports sont individuelles et ne font l'objet que de notification.

En cas d'accord, les équivalences sont prononcées par voie d'arrêtés.

Cette commission est présidée par le ministre chargé des Sports.

Comité consultatif de l'enseignement de la plongée subaquatique

Ce comité institué en 1965 a pour rôle :

— de donner son avis sur tous les problèmes qui concernent l'enseignement de la plongée subaquatique ;
— de mettre au point la ou les méthodes d'enseignements de la plongée subaquatique ;
— d'assurer la liaison entre la profession, les organisations sportives et les collectivités utilisant les services des moniteurs de plongée subaquatique ;
— de proposer la liste des diplômes qui peuvent donner droit à la délivrance par équivalence du brevet d'Etat de moniteur de plongée subaquatique ;
— de donner son avis sur toutes questions concernant l'enseignement de la plongée subaquatique.

Présidé par le ministre chargé des Sports, ce comité comprend outre les représentants du ministère aux Sports, les représentants des ministères concernés par l'enseignement de cette discipline, les représentants de la fédération française d'étude et de sports sous-marins, ainsi que ceux des organisations professionnelles.

Commission consultative du judo et jiu-jitsu, de l'aïkido, du karaté et des disciplines assimilées
(Décret n° 76.1021 du 4 novembre 1976, art. 2)

Conformément aux dispositions de la loi n° 75.988 du 29 octobre 1975, relative au développement de l'éducation physique et du sport, la loi n° 55.1563 du 28 novembre 1955 réglementant la profession de professeur de judo et de jiu-jitsu et l'ouverture de salles destinées à l'enseignement de ces sports de combat est abrogée à la date du 1er juillet 1977 par le décret n° 76.1021 du 4 novembre 1976 relatif à l'enseignement du judo et jiu-jitsu, de l'aïkido, du karaté et des disciplines assimilées. Toutes dispositions contraires à ce décret sont abrogées.

En son article 2 le décret du 4 novembre 1976 crée une commission consultative du judo et jiu-jitsu, de l'aïkido, du karaté et des disciplines assimilées.

Aux termes dudit décret (art. 1er) :

« Sont considérées comme disciplines celles qui offrent un ou plusieurs éléments techniques communs avec le judo, le jiu-jitsu, le karaté et l'aïkido.

La liste de ces disciplines est établie par arrêté du ministre chargé des Sports, prise après avis de la commission consultative instituée à l'article 2. »

Cette commission donne son avis au ministre chargé des Sports sur toutes les questions techniques, pédagogiques, administratives et de sécurité se rapportant aux disciplines précitées.

La composition et le fonctionnement de cette commission sont fixés par arrêté du ministre chargé des Sports.

Comité national des grades pour le judo et jiu-jitsu, l'aïkiko, le karaté et les disciplines assimilées
(Décret n° 76.1021 du 4 novembre 1976, art. 3)

Au comité national des grades pour le judo institué par l'arrêté du 30 juin 1971 est substitué, en vertu des dispositions de l'article 3 du décret n° 76.1021 du 4 novembre 1976, un comité national des grades pour le judo et jiu-jitsu, l'aïkido, le karaté et les disciplines assimilées.

Aux termes du décret :

« Nul ne peut se prévaloir d'un grade ou dan si celui-ci n'a pas été délivré par le comité national des grades, seul habilité à sanctionner la valeur sportive des pratiquants au regard de l'éthique et de la technique des disciplines considérées. »

La composition et le fonctionnement du comité national des grades sont fixés par arrêté du ministre chargé des Sports.

La fédération habilitée pour les disciplines considérées est représentée au sein de ce comité.

Comité consultatif de l'enseignement de la navigation à voile
(Arrêté du 2 septembre 1969)

Le comité consultatif de l'enseignement de la navigation à voile a pour mission de donner son avis au ministre chargé des Sports sur toutes les questions techniques, pédagogiques, administratives et de sécurité se rapportant à l'enseignement de la navigation à voile et à l'organisation des écoles.

Une section permanente est instituée au sein du comité consultatif de l'enseignement de la navigation à voile pour préparer et exploiter les travaux du comité consultatif plénier.

Commission consultative des activités de natation

Créée en vertu du décret n° 77.1177 du 20 octobre 1977, relatif à la surveillance et l'enseignement des activités de la natation.

Cette commission peut être consultée par le ministre chargé des Sports, sur les questions techniques, pédagogiques, administratives et de sécurité se rapportant aux activités de natation.

Comité interministériel de l'équitation, conseil supérieur de l'équitation, conseils hippiques régionaux

(Décret n° 673 du 11 août 1971)

Conseil supérieur du cheval

Dans chaque région de programme, il est créé un conseil hippique régional. Celui-ci assiste le préfet de région dans la conception et la mise en œuvre des mesures propres à assurer le développement des activités équestres.

Le conseil hippique régional propose au préfet de région les moyens susceptibles de réaliser ou d'améliorer la pleine utilisation des moyens consacrés à l'équitation, de coordonner l'action des services, organismes ou associations concourant à l'enseignement ou à la pratique de l'équitation.

Conseil supérieur des sports de montagne

Le conseil est rattaché au ministre chargé des Sports qui le préside.

Il donne son avis sur toutes les questions relatives aux sports de montagne dont il est saisi par l'ensemble des ministres concernés ou dont il décide l'examen. Il effectue ou fait effectuer des études et travaux de recherche avec le concours des services spécialisés des ministères concernés.

Sont membres de ce conseil les présidents des fédérations sportives concernées, les présidents des associations ou syndicats nationaux concernés, des représentants de l'administration.

Le secrétariat permanent de ce conseil est assuré par les soins de l'Ecole nationale de Ski et d'Alpinisme de Chamonix.

Commission nationale du sport de haut niveau

(Décret n° 93-1034 du 31 août 1993)

Placée sous la présidence du Ministre chargé des Sports elle participe à l'élaboration de la politique du sport de haut niveau.

Elle est constituée de représentants de l'administration, du Parlement et du mouvement sportif.

L'article 26 de la loi du 16 juillet 1984 donne une nouvelle mission à cette commission qui sera dorénavant chargée d'établir, sur avis des fédérations sportives intéressées, les critères permettant de définir dans chaque discipline la qualité de sportif de haut niveau.

De plus la commission propose au ministre la liste des sportifs de haut niveau.

Comité de l'éthique du loto sportif

La création en août 1985 du loto sportif a entraîné la mise en place de ce comité chargé de veiller à la régularité du déroulement des événements sportifs retenus pour le jeu. Ce comité peut ainsi donner des avis, faire des propositions et même faire procéder à des investigations sur les événements sportifs susceptibles d'être retenus pour le loto sportif.

Présidé par le Ministre chargé des Sports, le comité est composé :
— du directeur des sports,
— du directeur du budget,
— d'un député et d'un sénateur,
— du Président du C.N.O.S.F.,
— d'un membre du C.N.O.S.F. ainsi que de deux personnes qualifiées, désignées par le Ministre chargé des Sports.

Conseil national des activités physiques et sportives

(Décret du 29 janvier 1986)

L'article 33 de la loi du 16 juillet 1984 crée un Conseil national des A.P.S. (C.N.A.P.S.) qui est composé de toutes les parties concernées par les activités physiques et sportives.

Le conseil dont le rôle est consultatif donnera notamment son avis sur les projets de loi et décrets relatifs à la politique sportive qui lui sont soumis par le ministre chargé des Sports.

Tous les deux ans il tiendra à la disposition du ministre un rapport sur le bilan et les perspectives du développement des A.P.S.

Un décret en Conseil d'Etat déterminera la composition et le fonctionnement de ce conseil ainsi que les règles concernant les relations entre les différents organes consultatifs placés auprès du ministre chargé de la Jeunesse et des Sports.

Comité national de la recherche et de la technologie en A.P.S.

(Décret du 5 mars 1986)

L'article 34 de la loi du 16 juillet 1984 institue un Comité national de la recherche et de la technologie en activités physiques et sportives.

Le comité est placé sous la tutelle des ministres chargés de la Recherche, de l'Education nationale, de la Santé et des Sports.

Il a pour mission, dans le cadre des instances de recherche existantes, d'impulser et de promouvoir la recherche fondamentale et appliquée dans le domaine des A.P.S.

Commission nationale de lutte contre le dopage

Cet organisme est :
— prévu par l'art. 3 de la loi du 28 juin 1989 ;
— placé auprès du ministre chargé des Sports ;
— présidé par une personnalité nommée par le ministre ;
— composé de 31 membres (décret du 29 mai 1990) représentant l'État, le mouvement sportif et des personnalités qualifiées.

Son rôle est double :
— instance de propositions en matière de lutte contre le dopage ;
— instance de saisine en cas d'infraction.

Commission nationale de l'enseignement des A.P.S.

(Décret n° 93-1035 du 31 août 1993)

Comprenant 18 membres (6 représentants pour l'État, 6 pour le mouvement sportif et 6 exerçant des professions intéressées), elle a pour mission d'émettre un avis sur notamment :
— l'encadrement ou l'animation des A.P.S. ;
— l'homologation des diplômes pour l'enseignement ;
— l'interdiction d'exercice prévu par l'art. 48-1 de la loi de 1984.

Commission nationale de sécurité des enceintes sportives

(Décret n° 93-711 du 27 mars 1993 et Décret n° 93-708 du 27 mars 1993)

37.4. Les services déconcentrés du Secrétariat d'Etat

(Décret n° 86-689 du 17 mars 1986)

37.4.1. Les Directions Régionales de la Jeunesse et des Sports (D.R.J.S.)

Dans chaque région le Secrétariat d'Etat chargé de la Jeunesse et des Sports dispose d'une Direction Régionale. Les services administratifs de l'Etat sont coordonnés par un inspecteur occupant l'emploi de directeur régional de la Jeunesse et des sports. Il est assisté d'un adjoint et d'inspecteurs de la Jeunesse et des sports supervisant les différents services de la D.R.J.S.

Le directeur régional de la jeunesse, des sports et des loisirs est chargé, sous l'autorité du préfet de région, de mettre en œuvre la politique arrêtée, dans le domaine de la jeunesse et des sports par le gouvernement et mise en œuvre par le ministre chargé de la Jeunesse et des Sports.

Il est notamment chargé dans la région :

1. de coordonner, dans le respect des compétences dévolues aux préfets de département, l'action des directions départementales de la jeunesse et des sports et de leur apporter l'appui technique de ses services ;

2. d'apporter au conseil régional l'aide technique et le conseil de ses services ;

3. de participer à l'élaboration et au suivi des actions conduites soit par l'Etat, soit par les collectivités territoriales en matière d'équipement, d'animation et d'insertion professionnelle des jeunes ;

4. de coordonner l'action des organismes à caractère régional dans le domaine des activités physiques et sportives, de jeunesse et d'éducation populaire et, le cas échéant, de leur apporter l'aide technique et le conseil de ses services, et toutes autres actions à caractère interministériel qui leur sont confiées par le commissaire de la République de région.

Le directeur régional de la Jeunesse, des sports et des loisirs est chargé sous l'autorité directe du ministre chargé de la Jeunesse et des sports, de l'organisation des enseignements et des examens qui conduisent à la délivrance des diplômes d'Etat dans le domaine de la Jeunesse et des sports.

37.4.2. Les Directions départementales de la Jeunesse et des Sports (D.D.J.S.)

Dans chaque département, le secrétariat d'Etat dispose d'une structure administrative qu'est la D.D.J.S. Elle est dirigée par un inspecteur de la Jeunesse et des sports occupant l'emploi de Directeur départemental de la Jeunesse et des sports.

Le directeur départemental de la jeunesse, des sports et des loisirs est chargé, sous l'autorité du préfet de département, d'appliquer dans le domaine de la jeunesse, des sports, du temps libre et de l'éducation populaire la politique arrêtée par le gouvernement et mise en œuvre par le ministre chargé de la Jeunesse et des Sports.

Il est notamment chargé :

1. de l'animation et de la promotion des activités physiques et sportives, de jeunesse et d'éducation populaire, en liaison avec le mouvement associatif et les collectivités territoriales ;

2. d'assurer le contrôle administratif et technique de ces activités et de veiller au respect de la réglementation en vigueur pour ce qui concerne la protection des usagers et les installations destinées à leur accueil ;

3. d'apporter aux collectivités territoriales et aux organismes à caractère départemental l'appui technique et le conseil de ses services ;

4. de concourir à la mise en œuvre et au suivi des programmes d'équipements sportifs et socio-éducatifs ;

5. de participer aux actions menées en faveur de l'insertion professionnelle et sociale des jeunes.

37.5. Les établissements de formation et de recherche

(Décret n° 86-689 du 17 mars 1986)

Les établissements de formation et de recherche relevant du ministre chargé de la Jeunesse et des sports participent à la détermination des contenus et à la mise en œuvre des formations dans tous les secteurs de la compétence de ce ministre. Ils peuvent élaborer et exécuter des programmes de recherche dans les domaines des activités physiques et sportives, de la jeunesse, du temps libre et de l'éducation populaire, en liaison avec les établissements relevant de la tutelle d'autres départements ministériels ainsi qu'avec les associations ayant le même objet social.

Ont le caractère d'établissement de formation et de recherche du ministère chargé de la Jeunesse et des sports :

1. Les écoles et instituts nationaux de la jeunesse, des sports, du temps libre et de l'éducation populaire ci-après :
— Institut national du sport et de l'éducation physique ;
— Institut national de la Jeunesse ;
— Ecole nationale d'équitation ;
— Ecole nationale de ski et d'alpinisme ;
— Ecole nationale de voile.

2. Les établissements publics de formation auxquels des missions d'intérêt national sont confiées par décision conjointe du ministre de tutelle et du ministre chargé de la Jeunesse et des Sports.

3. Les centres d'éducation populaire et de sport (C.R.E.P.S.).

Ces centres participent aux actions régionales. Ils apportent leur concours aux directions régionales et départementales de la Jeunesse et des Sports dans l'exercice de leurs attributions.

37.5.1. L'Institut National du Sport et de l'Education Physique (I.N.S.E.P.)

Définition

L'Institut National du Sport et de l'Education Physique, dénommé I.N.S.E.P. a été créé par l'article 8 de la loi du 29 octobre 1975 relative au développement de l'éducation physique et du sport.

Les règles d'organisation et de fonctionnement de cet établissement sont fixées par le décret n° 76.1330 du 31 décembre 1976 (J.O. du 19 janvier 1977).

L'I.N.S.E.P. est un établissement public de l'Etat à caractère administratif, doté de la personnalité civile et de l'autonomie financière.

A. ORGANISATION ET FONCTIONNEMENT DE L'INSTITUT NATIONAL DU SPORT ET DE L'ÉDUCATION PHYSIQUE (I.N.S.E.P.)

L'I.N.S.E.P. est administré par un conseil d'administration et par un Directeur.

Le conseil d'administration comprend :

— six membres de droit ;
— six membres siégeant en raison de leur compétence ;
— six membres élus au scrutin majoritaire à un tour représentant les différentes catégories de personnels et d'usagers de l'établissement.

Le mandat des membres est de 3 ans à l'exception de celui des représentants, des stagiaires et des professeurs préparant le diplôme de l'Institut qui est de un an. Tous les mandats des membres du conseil d'administration sont renouvelables.

Le conseil d'administration délibère sur :

— le règlement intérieur de l'établissement ;
— l'organisation générale de l'établissement, et sur tous les objectifs et programme d'activités établis par le directeur ainsi que sur le budget, le compte financier et généralement, les questions qui sont de sa compétence en vertu des dispositions législatives et réglementaires en vigueur.

a) Organisation de l'I.N.S.E.P.

Cet établissement comprend, sous l'autorité du directeur, un secrétariat général et trois départements.

1. Le secrétaire général

Nommé par le ministre chargé des Sports, il coordonne les actions des différents départements, à l'exception des activités de recherche et remplace le Directeur en cas d'absence.

2. La recherche scientifique

La mission de recherche scientifique fondamentale et appliquée, en matière pédagogique, médicale et technique, s'exerce au sein de chaque département de l'I.N.S.E.P. ; à sa tête, un Chargé de mission prend les contacts utiles avec les secteurs de la recherche extérieure à l'établissement.

Il prépare les conventions qui peuvent éventuellement être passées avec les organismes extérieurs à l'établissement.

3. Le département du sport de haut niveau

Il traite de l'ensemble des problèmes techniques relatifs aux différentes disciplines sportives ayant trait à l'entraînement des athlètes séjournant à l'I.N.S.E.P.

Il travaille en liaison avec les écoles nationales et les centres d'éducation populaire et de sport et a pour mission de contrôler, de regrouper, d'organiser et d'accueillir les sportifs de haut niveau présentés par les fédérations habilitées.

4. Le département de la formation

Il assure directement ou avec le concours d'organismes spécialisés, la formation générale ou le complément de formation générale à l'insertion professionnelle des athlètes accueillis à l'I.N.S.E.P.

Il organise des stages de formation permanente dans le domaine du sport et de l'éducation physique.

Il donne, aux enseignants d'éducation physique et sportive, une formation supérieure sanctionnée par le diplôme de l'I.N.S.E.P. et déterminée par arrêté interministériel.

En accord avec le ministre des Affaires étrangères et le ministre chargé de la Coopération, il accueille des stagiaires étrangers, aux fins de leur permettre de préparer des différents diplômes, brevets et concours de l'I.N.S.E.P. Il assure depuis 1985 la préparation au concours du Professorat de sport.

5. Le département médical

Ce département assure un service de traitement de traumatologie sportive et de rééducation. Un service de surveillance médicale de direction des aptitudes, de contrôle médical et de prévention complète la mission de ce département auquel également incombe des activités de recherches dans le domaine du sport.

Un nouveau statut de l'I.N.S.E.P. est en préparation. Il viserait à promouvoir celui-ci au rang de grand établissement relevant de la loi d'application de l'enseignement supérieur.

I.N.S.E.P.

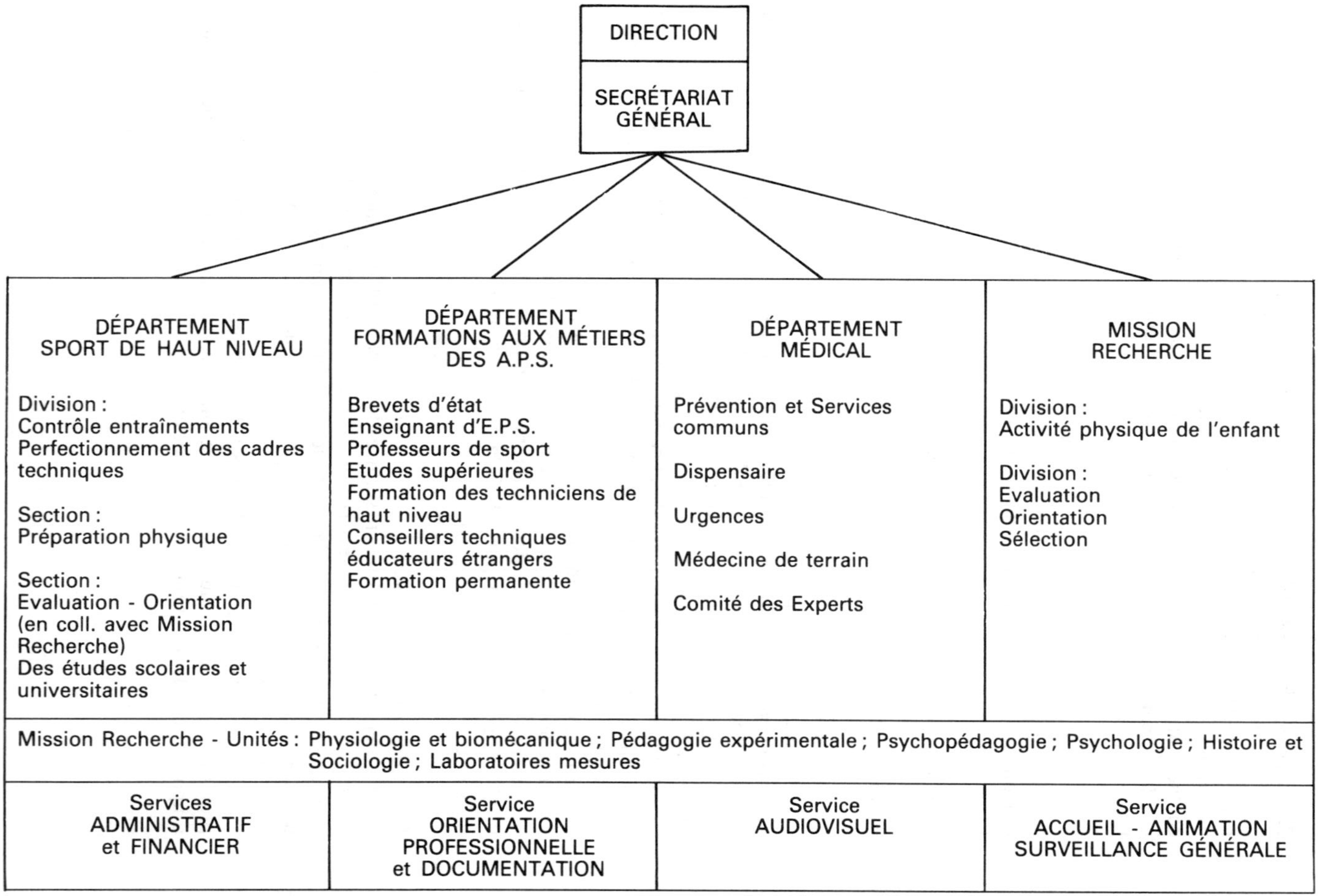
DIRECTION
SECRÉTARIAT GÉNÉRAL
DÉPARTEMENT SPORT DE HAUT NIVEAU
Division : Contrôle entraînements Perfectionnement des cadres techniques
Section : Préparation physique
Section : Evaluation - Orientation (en coll. avec Mission Recherche) Des études scolaires et universitaires
DÉPARTEMENT FORMATIONS AUX MÉTIERS DES A.P.S.
Brevets d'état
Enseignant d'E.P.S.
Professeurs de sport
Etudes supérieures
Formation des techniciens de haut niveau
Conseillers techniques éducateurs étrangers
Formation permanente
DÉPARTEMENT MÉDICAL
Prévention et Services communs
Dispensaire
Urgences
Médecine de terrain
Comité des Experts
MISSION RECHERCHE
Division : Activité physique de l'enfant
Division : Evaluation Orientation Sélection
Mission Recherche - Unités : Physiologie et biomécanique ; Pédagogie expérimentale ; Psychopédagogie ; Psychologie ; Histoire et Sociologie ; Laboratoires mesures
Services ADMINISTRATIF et FINANCIER
Service ORIENTATION PROFESSIONNELLE et DOCUMENTATION
Service AUDIOVISUEL
Service ACCUEIL - ANIMATION SURVEILLANCE GÉNÉRALE

37.5.2. L'Ecole Nationale de Ski et d'Alpinisme (E.N.S.A.)

Située à Chamonix — 74403

Créé par arrêté en date du 25 septembre 1953, l'établissement national chargé d'assurer l'enseignement des disciplines et activités ainsi que la formation et le perfectionnement des cadres et l'ensemble des recherches concernant les sports d'hiver et de montagne est dénommé : Ecole Nationale de Ski et d'Alpinisme.

Simple annexe à ses débuts de l'Institut National des Sports, cette école reçut son autonomie administrative et financière en 1945.

En 1975, M. Pierre Mazeaud, secrétaire d'Etat chargé des Sports, a inauguré les nouveaux locaux de l'E.N.S.A., plus vastes et mieux adaptés à l'enseignement des sports de montagne.

Missions

La mission principale de cet établissement est la formation et le perfectionnement des cadres professionnels : moniteurs de ski et guides, dont elle prépare aux diplômes délivrés par le ministre chargé des Sports.

L'E.N.S.A. organise des stages de pisteurs-secouristes, et de chefs de caravanes de secours en montagne. Elle donne des cours aux instructeurs fédéraux de ski et d'alpinisme et assure également le perfectionnement technique des personnels des Douanes, de la Gendarmerie et des Compagnies Républicaines de Sécurité (C.R.S.).

Les équipes de France des sports de montagne sont régulièrement accueillies par l'E.N.S.A. pour préparer des compétitions.

Des moniteurs de ski et des alpinistes étrangers suivent des stages au sein de cet établissement.

En accord avec le Ministère de la Jeunesse et aux Sports, des stages de mise en condition physique sont réservés aux athlètes des différentes spécialités sportives.

37.5.3. L'Ecole Nationale de Voile (E.N.V.)

(Décret n° 70-20 du 5 janvier 1970)

L'Ecole Nationale de Voile, située à Saint-Pierre-Quiberon dans le Morbihan, est un établissement public national à caractère administratif doté de la personnalité civile et de l'autonomie financière.

Elle a pour mission l'élaboration d'une doctrine en matière de navigation sportive à la voile et de pédagogie appliquée à la pratique de la voile.

Elle est chargée de la formation et du perfectionnement des personnels techniques d'encadrement et des entraîneurs destinés aux bases régionales, aux clubs, aux centres scolaires et de jeunesse.

L'Ecole Nationale de Voile a également pour mission l'information, dans les domaines qui la concerne, des personnels extérieurs du Ministère de la Jeunesse et aux Sports.

Elle représente l'établissement privilégié pour le perfectionnement des membres des équipes de France de voile et des jeunes espoirs, la formation et l'entraînement des clubs de bord et des équipages de croisière et de course de croisière appelés à représenter la France dans les grandes compétitions.

Enfin, un centre de documentation et de recherche dans le domaine de l'enseignement nautique et la pratique de la voile est constitué au sein de l'Ecole Nationale de Voile.

37.5.4. L'Ecole Nationale d'Equitation (E.N.E.)

(Décret n° 72-398 du 16 mai 1972)

L'Ecole Nationale d'Equitation est installée à Saumur. Elle a la forme d'un établissement public national à caractère administratif, doté de la personnalité civile et de l'autonomie financière, placé sous la tutelle du ministre chargé des Sports.

Les missions de l'Ecole Nationale d'Equitation sont les suivantes :

— former et perfectionner à l'échelon national des cadres de l'équitation, notamment par la préparation des candidats aux épreuves des brevets d'Etat d'éducateur sportif d'équitation créés en application de la loi 63.807 du 6 août 1963, réglementant la profession d'éducateur physique ou sportif (loi abrogée par la loi de 1984 qui conserve toutefois ces mesures) ;
— organiser des sessions de préparation aux compétitions nationales et internationales à la demande de la Fédération Equestre Française ;
— participer aux études et recherches sur les plans techniques et pédagogiques proposées par le *Conseil Supérieur de l'Equitation* ;
— constituer un centre de documentation dans le domaine de l'enseignement et de la pratique de l'équitation ;
— assurer, enfin, le maintien et le développement de l'équitation française.

37.5.5. L'Ecole Nationale de Ski Nordique de fond et de Saut de Premanon

Située aux Rousses — 38220

Cet établissement établi sur le flanc d'une combe du haut plateau jurassien bénéficie d'un enneigement abondant de la fin novembre à la mi-avril, malgré l'altitude moyenne de 1 100 à 1 600 mètres.

Achevée en 1969, l'école accueille ses premiers stagiaires en janvier 1970. Ses installations sont parfaitement adaptées aux enseignements techniques et pratiques qu'elle procure. Sa capacité d'hébergement est d'environ 100 personnes.

Stages

- *Stages d'hiver*

Ils sont spécialement organisés à l'attention des compétiteurs des sélections nationales et régionales de ski nordique de fond et de saut, ainsi qu'aux futurs cadres du ski nordique de fond.

Toutefois, l'école accueille des sportifs d'autres disciplines qui viennent rechercher une condition physique en pratiquant le ski nordique de fond.

- *Stages d'été*

Ces stages réunissent des skieurs de toutes spécialités et des compétiteurs des autres disciplines sportives.

- *Encadrement*

L'enseignement est assuré par les personnels spécialisés du ministère de la Jeunesse, des Sports. Notons que l'Ecole Nationale de Ski Nordique de Fond et de Saut est placée sous la double tutelle du ministre de l'Economie et des Finances (Direction Générale des Douanes) et du ministre chargé des Sports. La direction administrative de l'établissement est confiée à un Inspecteur principal des Douanes et la direction technique revient à un fonctionnaire du ministère chargé des Sports.

37.5.6. L'Institut National de la Jeunesse (I.N.J.)

L'Institut National de la Jeunesse est né de la transformation de l'ancien Institut National de l'Education populaire (I.N.E.P.) par un décret du 24 décembre 1987.

L'Institut national de la Jeunesse est un établissement public national à caractère administratif placé sous la tutelle du ministre chargé de la jeunesse et des sports. Sa vocation s'étend à l'ensemble des problèmes relatifs à la jeunesse et à la vie associative.

Sa mission générale est de contribuer à la réalisation de programmes d'action en faveur de la jeunesse et de la vie associative. Pour ce faire il est notamment chargé :

— d'organiser et d'accueillir des stages et sessions de formation,

— d'organiser des rencontres nationales et internationales, en liaison avec les administrations ou organismes compétents, notamment en matière de recherche,

— de gérer un Centre de ressources documentaires et d'en assurer l'exploitation.

Organisation administrative

L'Institut national de la Jeunesse est administré par un Conseil d'administration et dirigé par un directeur.

- Le Conseil d'administration comprend :
  - — quatre représentants du ministère chargé de la jeunesse et des sports ;
  - — de six représentants d'autres ministères (justice, défense, affaires étrangères, éducation nationale, affaires sociales, coopération) ;
  - — de trois personnalités désignées par le ministre chargé de la jeunesse et des sports parmi les responsables d'associations nationales agréées ;
  - — de trois personnalités qualifiées désignées par le ministre chargé de la jeunesse et des sports en raison de leurs compétences en matière de jeunesse ou de vie associative ;
  - — de deux représentants élus du personnel de l'I.N.J. ;
  - — le directeur, l'agent comptable et le contrôleur financier assistent aux réunions avec voix consultative.

- Le directeur de l'I.N.J. est responsable de la gestion administrative, technique et financière de l'établissement. Il conclut les conventions au nom de l'établissement. Il nomme à la plupart des emplois de l'établissement. Il représente l'établissement en justice et dans tous les actes de la vie civile. Il est responsable du bon fonctionnement général de l'établissement et veille notamment au respect des conventions d'utilisation passées avec les usagers. Il informe le Conseil d'administration de sa gestion.

37.5.7. Les Centres d'Education Populaire et de Sport (C.R.E.P.S.)

Les Centres d'éducation populaire et de sport sont des établissements publics nationaux à caractère administratif dotés de la personnalité morale et de l'autonomie financière.

Ce sont des établissements de formation qui interviennent dans les secteurs de compétence de la jeunesse et des sports, ils sont placés sous la tutelle du Secrétaire d'Etat.

Outre les activités de niveau national qu'ils assurent, leurs interventions s'exercent principalement dans le ressort de la région où ils sont implantés mais peuvent s'étendre à des actions de caractère interrégional.

Ils ont notamment pour mission :

— de participer à la préparation sportive en tant que centre national permanent d'entraînement des sportifs de haut niveau ;
— de participer à la formation des agents des différentes collectivités publiques et des cadres bénévoles ou permanents des associations ;
— de contribuer à l'animation sportive régionale ;
— d'entreprendre des actions d'études, de recherche et de documentation, en liaison avec l'ensemble des partenaires concernés ;
— de concourir au développement de la communication sociale.

Les centres d'éducation populaire et de sport sont administrés par un conseil d'administration et dirigés par un directeur, assisté d'un ou de plusieurs chefs de département, dont l'un a rang de directeur adjoint, qui sont nommés par le ministre chargé de la Jeunesse et des sports pour une période de cinq ans qui peut être renouvelée une fois dans le même établissement.

Le conseil d'administration comprend :

Six représentants de l'Etat, dont :

— deux directeurs départementaux de la jeunesse, des sports et des loisirs, désignés par le ministre chargé de la Jeunesse et des sports ;

— un membre désigné par le ministre de l'Education nationale ;

— trois membres désignés par le ministre chargé de la Jeunesse et des sports après avis du directeur régional ;

Six personnalités représentatives des collectivités territoriales :

Dont trois membres de droit :

— le président du conseil régional de la région siège ou son représentant ;

— le président du conseil général du lieu d'implantation du centre d'éducation populaire et de sport ou son représentant ;

— le maire de la commune du lieu d'implantation du centre d'éducation populaire et de sport ou son représentant ;

Trois conseillers régionaux désignés par le conseil régional ;

Six personnalités choisies pour leur compétence :

Trois dans le domaine du sport :

— le président du comité régional olympique et sportif, membre de droit ;

— un représentant du mouvement sportif, sur proposition du président du comité régional olympique et sportif ;

— un représentant des cadres techniques, sur proposition du directeur régional de la jeunesse, des sports et des loisirs ;

Trois dans le domaine de la jeunesse, de l'éducation populaire et du loisir social sur proposition du directeur régional de la jeunesse, des sports et des loisirs, dont un représentant des cadres techniques ;

Six représentants des personnels en fonctions dans l'établissement, élus selon des modalités qui seront fixées par arrêté ministériel :

— deux représentants des personnels de formation ou leurs suppléants ;

— deux représentants des personnels administratifs, d'intendance et soignant ou leurs suppléants ;

— deux représentants des personnels de service ou leurs suppléants ;

Une personnalité qualifiée désignée par le ministre chargé de la Jeunesse et des sports.

Les membres du conseil d'administration et leurs suppléants, autres que les membres de droit et les membres élus, sont nommés par arrêté du ministre chargé de la Jeunesse et des sports pour une durée de trois ans renouvelable. Le président du conseil d'administration est nommé par le ministre chargé de la Jeunesse et des sports parmi les membres du conseil d'administration ; il a voix prépondérante.

Le directeur, le ou les chefs de département, l'agent comptable et le contrôleur financier assistent aux réunions du conseil d'administration avec voix consultative.

Le commissaire de la République du département du siège assiste en tant que commissaire du Gouvernement à toutes les séances du conseil d'administration ; il est entendu à sa demande et reçoit copie des ordres du jour et des procès-verbaux ; il est assisté, dans cette mission, par le directeur régional de la jeunesse, des sports et des loisirs, qui le représente, en cas d'absence, au conseil d'administration.

38. Les structures privées dans l'organisation du sport en France

38.1. Les associations sportives

A la base de l'organisation du sport en France se trouvent les pratiquants réunis en associations sportives, très souvent affiliées aux fédérations sportives dirigeantes de la discipline qui les concerne.

Les comités départementaux et les ligues régionales sont les organismes intermédiaires reliant les associations aux fédérations. Ils constituent au regard de ces dernières les organes de décentralisation.

Seules les associations et fédérations sportives peuvent se voir accorder l'agrément ministériel. En effet, l'agrément d'une fédération suppose nécessairement celui de ses ligues ou comités régionaux ou départementaux.

Les comités départementaux et les ligues régionales des fédérations dirigeantes peuvent bénéficier de l'aide des directions régionales et départementales de la Jeunesse et des Sports sur les crédits dont la gestion est déconcentrée.

Les subventions sont accordées soit au titre des programmes nationaux d'aide spéciale de l'Etat, soit par les services extérieurs notamment à titre de garantie de déficit pour l'organisation de manifestations sportives.

Les pratiquants d'une activité sportive ne sont pas tous membres d'une association sportive. Quand ils le sont, ceux-ci peuvent être licenciés aux fins de participer aux compétitions.

Très rarement certaines fédérations délivrent des licences d'individuels. Ces titres sont délivrés provisoirement jusqu'à ce que le pratiquant obtienne une licence auprès d'une association sportive.

L'association sportive comprend évidemment des dirigeants qui sont tenus, dans la plupart des fédérations, de posséder une licence dite de dirigeant.

Le nombre d'associations sportives est supérieur à 160 000 et celui des licences sportives délivrées s'élève à plus de 12 millions.

La création d'une association sportive est régie par la loi du 1er juillet 1901 et par son décret d'application en date du 16 août 1901.

Aux termes de la loi, une association naît d'une « convention par laquelle deux ou plusieurs personnes mettent en commun d'une façon permanente leurs connaissances ou leur activité dans un but autre que de partager des bénéfices ».

Les activités des membres d'une association sportive sont donc désintéressées.

Toutefois si l'association ne doit pas poursuivre un but lucratif, elle peut réaliser des bénéfices qui sont utilisés pour assurer son fonctionnement.

La loi du 1er juillet 1901 distingue trois types d'association :

38.1.1. Les associations non déclarées

A ce niveau, le principe fondamental de la liberté d'association est exprimé. En effet, il est permis à des personnes qui voudraient poursuivre en commun un but désintéressé, sportif par exemple, de se grouper en association pour réaliser leur projet.

Réunies ainsi, sans formalité, sans déclaration, ces personnes constituent une association non déclarée au sens de la loi de 1901.

Mais, dans ces conditions, l'association en tant que telle, ne possède rien en propre, et si des biens sont utilisés par elle, ils seront la propriété indivise des sociétaires. Ce type d'association ne peut obtenir l'agrément du ministre chargé des Sports, ni bénéficier de l'aide de l'Etat ou de celle des collectivités publiques.

38.1.2. Les associations déclarées

Pour acquérir la personnalité morale, une association doit être déclarée à la préfecture du lieu où elle a son siège.

Cette simple déclaration confère aux dites associations ce qu'on a coutume d'appeler « la petite personnalité morale ».

L'association déclarée avec insertion de cette déclaration au Journal Officiel, jouit alors de la capacité juridique.

38.1.2.1. La capacité juridique des associations déclarées

- La capacité juridique de l'association déclarée est définie par l'article 6 de la loi du 1er juillet 1901. Cet article a d'ailleurs été récemment modifié par la loi du 23 juillet 1987 relative au développement du mécénat.

Toute association déclarée peut aujourd'hui :

— ester en justice,

— recevoir des dons manuels ainsi que des dons des établissements d'utilité publique,

— acquérir à titre onéreux,

— posséder et administrer, en dehors des subventions de l'Etat, des régions, des départements, des communes et de leurs établissements publics :

1. les cotisations de ses membres... ;

2. le local destiné à l'administration de l'association et à la réunion de ses membres ;

3. les immeubles strictement nécessaires à l'accomplissement du but qu'elle se propose.

La forme la plus employée pour la constitution d'une association sportive est celle de l'association déclarée. Elle permet, en effet, la perception des cotisations, l'affiliation aux fédérations dirigeantes, l'ouverture de comptes chèques bancaires ou postaux ou encore au Trésor et d'obtenir éventuellement l'agrément ministériel susceptible de lui faire bénéficier de l'aide de l'Etat et de celle des collectivités locales.

• Les associations déclarées peuvent obtenir la reconnaissance d'utilité publique, cette reconnaissance leur confère la grande personnalité morale.

Accordée par décret en Conseil d'Etat, la reconnaissance d'utilité publique donne à l'association une plus grande capacité que la simple association déclarée ; c'est ainsi qu'elle peut recevoir des dons et legs, avantage dont ne bénéficie pas l'association déclarée ordinaire.

Si la loi du 1er juillet 1901 constitue le droit commun des associations, certaines associations en raison de leur objet sont placées sous d'autres régimes associatifs. Ces associations sont alors soumises aux règles définies par des textes spéciaux et au droit commun fixé par la loi de 1901 quand les textes spéciaux ne les en écartent pas (ex. : les syndicats).

38.1.2.2. L'organisation interne de l'Association sportive

Les associations sportives soumises à des règles précises en matière administrative depuis 1945 relèvent aujourd'hui exclusivement des dispositions de la loi du 1er juillet 1901.

La loi du 16 juillet relative à l'organisation et à la promotion des A.P.S. reprend le principe associatif.

Dans son article 7, la loi précise que les groupements sportifs sont constitués sous forme d'association conformément aux dispositions de la loi du 1er juillet 1901, et, lorsqu'elles ont leur siège dans les départements du Bas-Rhin, du Haut-Rhin et de la Moselle, conformément aux articles 21 à 79 du Code civil local.

Toutefois, le libéralisme de la loi du 1er juillet 1901 ne doit pas entraîner d'abus, et l'esprit démocratique qu'elle contient doit être respecté.

L'article 1er de la loi du 16 juillet 1984 rappelle en effet que la promotion de la vie associative dans le domaine des activités physiques et sportives est favorisée par l'Etat et les personnes publiques par toutes mesures permettant le *fonctionnement démocratique* des associations et *l'exercice du bénévolat.*

L'organisation interne des groupements sportifs répond à ces principes de démocratie interne et de bénévolat des dirigeants. Le respect de ces conditions est d'ailleurs nécessaire pour l'obtention de l'agrément du ministère chargé des sports.

Cette organisation interne traditionnelle repose sur quatre organes :

• *L'Assemblée générale* a pour vocation de rassembler annuellement (Assemblée générale ordinaire) les adhérents de l'association. Ces derniers pourront ainsi s'informer, contrôler et décider sur les grandes orientations du groupement.

Pour ce faire l'Assemblée générale entend différents rapports présentés par les dirigeants du groupement.

— le rapport moral, le rapport d'activité et le rapport financier (comptes et bilans et éventuellement budget de l'association. L'Assemblée générale est un organe délibératif. Elle se prononce par le vote de ses membres sur les sujets dont elle doit connaître statutairement mais aussi sur les points qui sont inscrits à son ordre du jour.
— un des rôles essentiels de l'Assemblée générale est d'élire les dirigeants de l'association ce faisant elle organise la délégation des pouvoirs aux autres organes de l'association.

• *Le Conseil d'administration ou comité directeur* ou de direction est un organe délibératif plus souple. La périodicité de ses réunions est logiquement plus fréquente (par mois, par trimestre) que celle de l'Assemblée générale.

Le Conseil est surtout constitué par les dirigeants élus en assemblée générale. Il délibère sur les affaires courantes de l'association assurant ainsi son bon fonctionnement régulier.

• *Le bureau exécutif* regroupe les principaux dirigeants de l'association (président, secrétaire, Trésorier).

Il dirige les travaux des organes délibératifs et met en œuvre leurs décisions.

• *Les Commissions* ont un rôle consultatif. Elles étudient des sujets précis et font des propositions aux organes délibératifs.

38.1.3. Associations et « sociétés sportives »

Si le cadre juridique de l'association type loi de 1901 reste le modèle de principe adopté par les groupements sportifs, la loi du 16 juillet 1984 prévoit une exception.

En effet, lorsqu'un groupement sportif affilié à une fédération sportive participe habituellement à l'organisation de manifestations sportives payantes procurant des recettes importantes et lorsqu'il emploie des sportifs contre des rémunérations importantes, il peut, pour la gestion de ces activités, constituer une société anonyme.

On comprendra que ce nouveau cadre juridique s'adresse aux clubs menant des activités professionnelles. Cette constitution n'est obligatoire que pour les groupements percevant des recettes et versant des rémunérations dont les seuils sont fixés par décret en Conseil d'Etat (2,5 millions de francs). Tous les clubs professionnels ne sont donc pas astreints à cette obligation.

Le cadre juridique de la société anonyme diffère fondamentalement du cadre associatif.

Pour créer une société anonyme, les sociétaires devront constituer le capital social de la société (250 000 F pour le régime commun des S.A.). Chaque sociétaire est donc un actionnaire d'une société commerciale, et chaque action sera nominative.

Cette société adoptera selon le choix le régime juridique d'une société à objet sportif (S.O.S.) ou d'une société d'économie mixte sportive locale (S.E.M.S.L.).

Dans les deux cas, le club « association 1901 » sera l'un des principaux actionnaires. Les autres actions pouvant être souscrites par des personnes physiques ou d'autres personnes morales (associations ou entreprises).

La S.O.S. ne sera constituée que de personnes privées, les associations sportives détenant la majorité du capital social et la majorité des voix aux assemblées.

Pour les S.E.M.S.L. le capital est aussi constitué par une ou des collectivités territoriales. Dans ce cas la majorité des actions et des voix devront être détenues ensemble par les associations sportives et les collectivités territoriales.

Le régime juridique de ces sociétés déroge tout de même au droit commun des sociétés anonymes. En effet, le bénéfice réalisé ne pourra donner lieu à aucune distribution de dividendes et sera affecté à la constitution de réserves.

D'autre part, les membres élus des organismes de direction de ces sociétés ne pourront recevoir, au titre de leur fonction, que des remboursements de frais justifiés.

Des décrets en date du 11 mars 1986 sont venus compléter la loi du 16 juillet 1984. Les seuils de recettes et de rémunération entraînant l'obligation de constituer une société sont fixés à 2,5 millions de francs.

D'autre part ces sociétés doivent adopter des statuts types annexés à ces décrets.

Il faut noter que ces décrets ont été publiés peu de temps avant le changement de majorité parlementaire de 1986. La plupart des grands clubs concernés par ces dispositions n'ont toujours pas constitués de société. Le gouvernement actuel n'a pas voulu précipiter la mise en application de ces obligations.

Bien au contraire la loi du 7 décembre 1987 a modifié sur ce point la loi du 16 juillet 1984. Les groupements concernés peuvent constituer une société anonyme mais ils peuvent également conserver un statut associatif.

Dans ce dernier cas l'association sportive devra adopter des dispositions statutaires permettant d'assurer non seulement une démocratie interne, mais aussi un contrôle efficace des actes de ses dirigeants par l'assemblée générale. (Décret n° 90-65 du 16 janvier 1990.)

Ces associations seront d'autre part soumises à bon nombre des dispositions de la loi du 1er mars 1984 relative à la prévention et au règlement amiable des difficultés des entreprises. Notamment ces associations seront soumises aux obligations comptables relevant du droit commercial, et devront désigner un commissaire aux comptes.

Enfin plusieurs dispositions concernant la responsabilité civile et pénale applicables aux dirigeants des sociétés commerciales s'appliqueront aussi aux dirigeants de ces associations.

38.2. Les fédérations sportives

38.2.1. Les différents types de fédérations sportives

L'article 16 de la loi du 16 juillet 1984 relative à l'organisation et à la promotion des activités physiques et sportives prévoit quatre types de fédérations susceptibles de concourir à la mission de service public.

• *Les fédérations unisports* n'organisent la pratique que d'une seule discipline sportive ou alors plusieurs disciplines sportives à condition qu'elles aient entre elles un lien technique étroit reconnu par le ministère chargé des Sports.

• *Les fédérations multisports* quant à elles organisent plusieurs disciplines sportives bien distinctes. Ce sont généralement les fédérations affinitaires ou liées à un milieu socio-professionnel particulier.

• *Les fédérations affinitaires* sont par exemple la fédération sportive et gymnique du Travail (F.S.G.T.), l'Union des fédérations d'œuvres laïques d'éducation physique (U.F.O.L.E.P.) et l'Union du sport travailliste (U.S.T.). Ces fédérations affinitaires proposent à leurs membres des activités sportives comme élément de développement d'une conception d'ordre social, philosophique ou religieuse.

Dans la pratique elles favorisent grandement le développement du sport pour tous.

• *Les fédérations ou unions scolaires et universitaires* rassemblent les associations et les licenciés des établissements d'enseignement scolaire et universitaire. Ce sont entre autre l'Union Nationale du Sport Scolaire (U.N.S.S.) rassemblant les associations sportives du second degré de l'enseignement et la Fédération Nationale du Sport Universitaire (F.N.S.U.) rassemblant les associations des établissements d'enseignement supérieur.

L'art. 10 de la loi du 16 juillet 1984 prévoit que les fédérations et unions scolaires et universitaires soit rassemblées dans une confédération du sport scolaire et universitaire.

38.2.2. Mission des fédérations sportives

Les fédérations sportives regroupent les associations, les sociétés à objet sportif, les sociétés d'économie mixte sportives locales et les licenciés.

Les fédérations agréées par le ministre chargé des Sports participent à l'exécution d'une mission de service public. Ainsi sont-elles chargées de promouvoir l'éducation par les activités physiques et sportives :

- Elles développent et organisent la pratique des activités physiques et sportives.
- Elles assurent la formation et le perfectionnement de leurs cadres bénévoles.
- Elles délivrent les licences et les titres fédéraux.

Sur le plan interne les fédérations exercent un pouvoir disciplinaire, dans le respect des principes généraux du droit, à l'égard des groupements sportifs qui leur sont affiliés et de leurs licenciés. Elles font ainsi respecter les règles techniques et déontologiques de leur discipline.

L'article 18 de la loi du 16 juillet 1984 attribue aux fédérations un pouvoir de contrôle sur les manifestations sportives qu'elles n'organisent pas elles-mêmes. Ainsi toute personne physique ou morale de droit privé qui organise une manifestation sportive ouverte aux licenciés des fédérations sportives et donnant lieu à remise de prix dont la valeur excède un montant fixé par arrêté (10 000 F) doit demander l'agrément à la fédération intéressée au moins trois mois avant la date fixée pour le déroulement de cette manifestation.

Bien que placées sous la tutelle du ministre chargé des Sports, les fédérations exercent leurs activités en toute indépendance.

Les fédérations délégataires

La loi du 29 octobre 1975, aujourd'hui abrogée, confiait aux fédérations unisports dirigeantes un certain nombre de missions spécifiques dans leur discipline.

C'est par la procédure de l'habilitation que ce transfert de responsabilité de l'Etat aux fédérations dirigeantes était organisé.

La loi du 16 juillet 1984 fait disparaître l'habilitation et lui substitue la procédure de la délégation.

C'est le décret n° 85-238 du 13 février 1985 qui fixe les conditions d'attributions et de retrait de la délégation prévue à l'article 17 de la loi du 16 juillet 1984.

- *La délégation* ne peut être accordée qu'à des fédérations sportives agréées par le Ministère chargé des sports. C'est-à-dire qu'elles auront adopté des statuts conformes aux statuts types définis par le décret n° 85-236 du 13 février 1985 (voir 38.2.3.).

D'autre part cette délégation ne peut être attribuée qu'aux Fédérations constituées pour organiser la pratique d'une seule discipline sportive ou de disciplines connexes. Il s'agit bien entendu des fédérations que l'on recouvrait sous le vocable de « Fédération nationale unisport » bien que certaine d'entre elles organisent plusieurs disciplines sportives. Les liens techniques étroits entre ces disciplines entraînent leur prise en compte par une même fédération. Ainsi la Fédération Française d'Athlétisme ou encore la Fédération Française de Judo et Disciplines Associées sont-elles reconnues comme des Fédérations Nationales dirigeantes et peuvent se voir attribuer la délégation.

Cette délégation est attribuée pour une période de quatre ans qui débute au 1er janvier de l'année qui suit l'oganisation des derniers Jeux Olympiques. Elle cesse de plein droit en cas de retrait de l'agrément prévu par le décret n° 85-237 du 13 février 1985. Elle peut être également retirée après avis du C.N.O.S.F. lorsque les conditions prévues ci-dessous ne sont plus remplies ou lorsque la Fédération aura commis des manquements graves aux règlements internationaux ou aux règles techniques.

Si toutes les fédérations agréées participent à une mission de service public, les seules fédérations délégataires pourront mener les missions prévues par l'article 17 de la loi du 16 juillet 1984.

Les attributions déléguées sont l'organisation des compétitions sportives à l'issue desquelles sont délivrés les titres internationaux, nationaux, régionaux ou départementaux, ainsi que l'établissement des sélections correspondantes.

D'autre part les fédérations délégataires définissent, dans le respect des règlements internationaux, les règles techniques propres à leur discipline.

De plus le décret n° 85-238 attribue aux fédérations délégataires les missions de :

- communiquer au ministre chargé des Sports et à la Commission Nationale du Sport de haut niveau la liste de ceux de leurs licenciés qui sont aptes à obtenir la qualité de sportif de haut niveau ;
- donner leurs avis sur les projets de textes instituant les Brevets d'Etat d'Educateur Sportif, et d'être représentées dans les jurys d'examens qui décernent ces Brevets.

38.2.3. Organisation des fédérations (décret du 13 février 1985 relatif aux statuts types des fédérations sportives)

La loi du 29 octobre 1975 n'imposait de statuts types qu'aux seules fédérations sportives habilitées. Aujourd'hui, l'article 16 de la loi du 16 juillet 1984 prévoit que toutes les fédérations agréées par le ministère devront adopter des statuts conformes à des statuts types définis par décret en Conseil d'Etat. C'est à cette condition qu'elles pourront être associées à la mission de service public.

C'est le décret n° 85-236 du 13 février 1985 qui consacre les statuts types des fédérations sportives. Les Fédérations sont des Unions d'Associations. Elles se composent principalement des groupements sportifs affiliés. On notera que cette affiliation ne peut-être refusée à un groupement sportif. Les

CONSTITUTION ET FONCTIONNEMENT D'UNE ASSOCIATION SPORTIVE

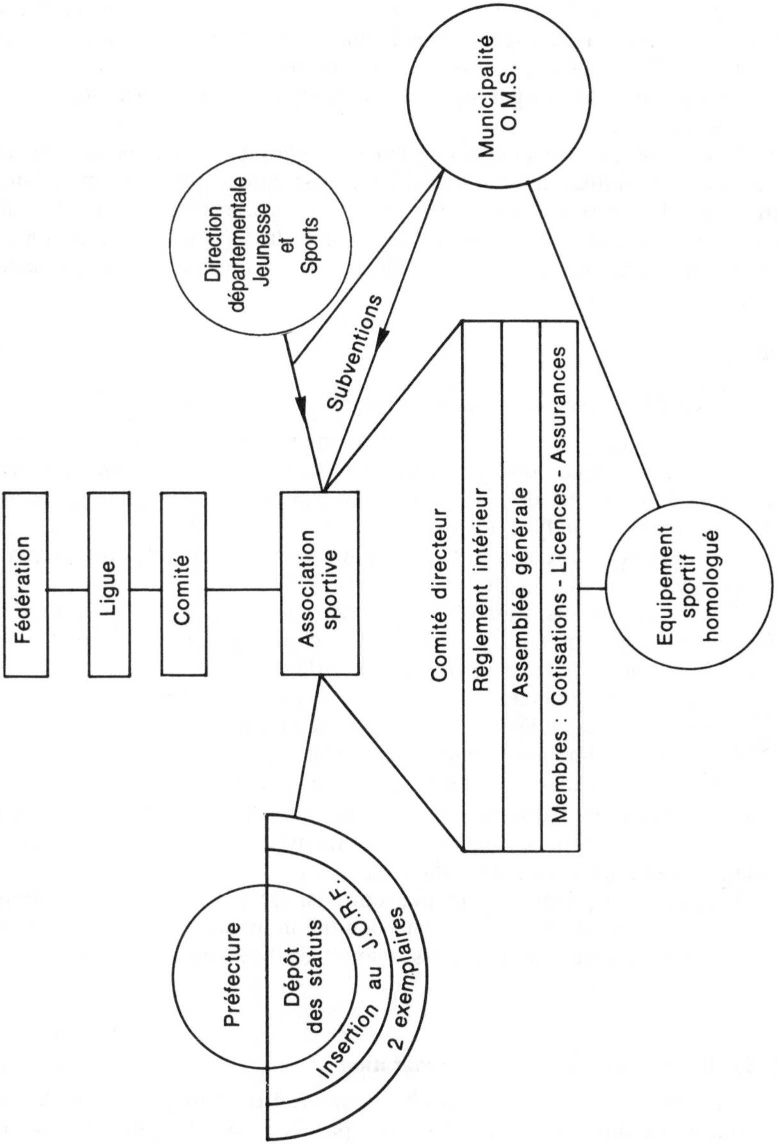

Fédérations exercant une mission de Service Public, elles doivent être ouvertes à tous à la triple condition bien entendu :

- que le groupement candidat à l'affiliation soit constitué pour la pratique de la discipline ou d'une discipline comprise dans l'objet de la Fédération ;
- qu'il réponde aux conditions fixées par le décret 85-237 du 13 février 1985 relatif à l'agrément des groupements sportifs ;
- et enfin que son organisation soit compatible avec les présents statuts fédéraux.

Les Fédérations peuvent également regrouper, à titre individuel, des personnes physiques, dont la candidature est agréée par le Comité Directeur, ainsi que des membres donateurs et des membres bienfaiteurs. Les Fédérations sont donc des Associations régies par la loi du 1er juillet 1901 et on comprendra que leur organisation interne soit soumise aux principes associatifs classiques.

1. L'Assemblée générale de la Fédération

L'Assemblée générale est réunie au moins une fois par an pour faire le point de la politique sportive menée par la Fédération et voter les différents rapports. Son rôle est donc classique par rapport aux Assemblées générales de toute association du type loi du 1er juillet 1901.

L'Assemblée générale de la fédération est composée des représentants des groupements affiliés.

Ces représentants sont obligatoirement licenciés à la Fédération et sont élus suivant l'un des trois modes suivant choisis par la Fédération :

- soit directement par les groupements affiliés ;
- soit par les Assemblées générales des organismes départementaux ;
- soit par les Assemblées générales des organismes régionaux.

On comprendra que le mode de désignation retenu sera variable suivant l'importance de chaque fédération quant au nombre de clubs qu'elle regroupe. Chaque représentant dispose d'un nombre de voix déterminé, en fonction du nombre de licenciés, délivrées par l'organisme qui l'a élu, et suivant un barème spécifique à chaque fédération.

On notera également que peuvent assister à l'Assemblée générale mais avec voix consultative les adhérents à titre individuel ainsi que, sous réserve de l'autorisation du président, les agents rétribués par la Fédération.

2. Le Comité directeur de la Fédération

Le Comité directeur se réunit au moins trois fois par an et délibère sur les questions qui ne sont pas traitées par l'Assemblée générale ou un autre organe de la fédération.

Le Comité directeur comprend entre 20 et 45 membres élus par l'Assemblée générale pour une durée de quatre ans.

Figure 38.1
Fonctionnement d'une association sportive

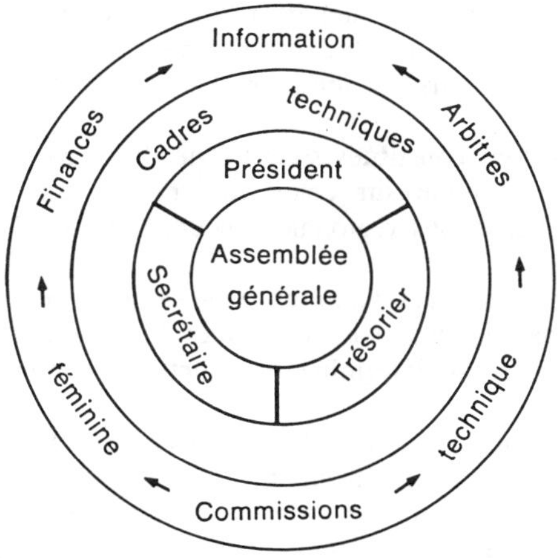

Des catégories particulières sont obligatoirement représentées au sein du Comité directeur qui doit comprendre au moins :

— *un médecin licencié,*
— *un éducateur sportif,*
— *la représentation des féminines et des corporatifs* est assurée par l'attribution pour chacune de ces catégories d'un siège lorsque l'effectif est inférieur à 10 % du nombre des licenciés et d'un siège supplémentaire par tranche de 10 %.

Ainsi à titre d'exemple, une fédération rassemble 25 % de licenciées féminines le Comité directeur doit comprendre au minimum trois d'entre elles.

Enfin lorsque la Fédération compte des athlètes de haut niveau, elle doit leur réserver au moins un ou deux sièges suivant que leur nombre soit inférieur ou égal et supérieur à 10.

On notera enfin que le directeur technique national avec voix consultative aux réunions du Comité directeur, les autres membres rétribués de la fédération peuvent y assister sur l'autorisation du président.

3. Le président et le bureau

Dès l'élection du comité directeur, l'assemblée générale élit, au scrutin secret, le président de la fédération. Il est choisi parmi les membres de ce comité directeur sur proposition de celui-ci.

Après l'élection du président, le comité directeur élit en son sein, toujours au scrutin secret, un bureau qui comprend au moins un secrétaire général et un trésorier. Le règlement intérieur de la fédération fixe de façon plus détaillée la composition du bureau. Le mandat du président et des membres du bureau prend fin avec celui du comité directeur.

4. Les organismes décentralisés des fédérations

Les organismes décentralisées sont généralement dénommés ligues ou comités régionaux ou comités départementaux. L'article 16 de la loi du 16 juillet 1984 précise que les fédérations peuvent déléguer à ces organes internes une partie de leurs attributions dans la limite de leur compétence territoriale.

Les organismes sont constitués sous forme d'associations déclarées et leur ressort territorial est calqué sur celui des services extérieurs du Ministère chargé des Sports (Directions régionales ou départementales de la jeunesse et des sports).

L'Assemblée générale des Comités départementaux doit se composer de représentants élus par les groupements affiliés à la Fédération. Le nombre de voix dont ils disposent est déterminé en fonction du nombre de licenciés de chaque groupement.

Pour les organismes régionaux les représentants à l'Assemblée générale peuvent être élus soit par les groupements affiliés, soit par les organismes départementaux, ils disposent d'un nombre de voix déterminé en fonction du nombre de licenciés des groupements locaux ou départementaux suivant le mode de leur désignation. Le Comité directeur de ces organismes doit être composé suivant les mêmes règles qui s'imposent au Comité directeur de la Fédération.

5. Les autres organes de la Fédération

Les commissions fédérales sont instituées par le comité directeur. Certaines d'entre elles peuvent être prévues par le Ministre chargé des Sports, leur création devient alors obligatoire. Un membre au moins du Comité directeur doit siéger dans chacune de ces commissions.

Ces commissions jouent un rôle important dans le bon fonctionnement de la Fédération. On peut penser en particulier à la commission médicale, aux commissions technique, de sélection, de formation...

Enfin, il faut signaler que les fédérations qui délivrent des licences professionnelles sont tenues d'instituer un organisme chargé de diriger ces activités à caractère professionnel. Les statuts fédéraux doivent dénommer cet organisme et indiquer s'il est doté ou non de la personnalité morale.

38.3. Agrément des groupements sportifs et des fédérations sportives

(Décret n° 85-237 du 13 février 1985)

L'intérêt de l'agrément est évident : il est rappelé par l'article 8 de la loi du 16 juillet 1984 qui rappelle que seuls les groupements sportifs agréés pourront bénéficier de l'aide de l'Etat. On pense bien entendu à la possibilité d'obtenir des subventions.

1. L'agrément des groupements sportifs

Il concerne les groupements sportifs visés par l'article 7 de la loi du 16 juillet 1984, c'est-à-dire les Associations sportives déclarées conformément aux dispositions de la loi du 1er juillet 1901.

Il concerne également les sociétés sportives prévues à l'article 11 de la loi du 16 juillet 1984. L'agrément de ces groupements est délivré par le préfet du département où se trouve leur siège social. La décision d'agrément est publiée au Recueil des actes administratifs du département (*Bulletin officiel de la Jeunesse et des Sports* : B.O.J.S.).

Un certain nombre de conditions s'imposent à l'obtention de l'agrément.

a. Les groupements concernés doivent assurer en leur sein la liberté d'opinion et le respect des droits de la défense, s'interdire toute discrimination illégale et veiller à l'observation des règles déontologiques du sport définies par le C.N.O.S.F.
b. Ils doivent respecter les règles d'encadrement, d'hygiène et de sécurité, applicables aux disciplines pratiquées par leurs membres.
c. A l'exception des groupements constitués pour la pratique de disciplines ne donnant pas lieu à l'organisation de compétitions et de ceux qui ont pour seul objet de coordonner l'action d'autres groupements sportifs agréés, ils doivent justifier de leur affiliation soit à une fédération sportive agréée, soit à une fédération liée à une fédération agréée par une convention approuvée par le Ministre chargé des sports.
d. Ils devront justifier de leur bon fonctionnement en fournissant à l'appui de leur demande d'agrément :
   — le procès-verbal de la dernière Assemblée générale du groupement ;
   — le bilan et le compte d'exploitation de l'exercice précédent la demande d'agrément ;
   — le budget de l'exercice en cours.

2. L'agrément des fédérations sportives

L'agrément concerne toutes les fédérations définies à l'article 16 de la loi du 16 juillet 1984, c'est-à-dire toutes les fédérations constituées conformément aux dispositions de la loi du 1er juillet 1901 qu'elles soient unisports ou multisports, affinitaires, scolaires ou universitaires.

L'agrément concerne également les unions constituées au sein de ces fédérations (organismes régionaux et départementaux). L'agrément est alors délivré par le Ministre chargé des sports et la décision conséquente est publiée au Bulletin Officiel du Ministère. Les fédérations devront satisfaire aux conditions précitées aux paragraphes a. et b. s'imposant à tous les groupements sportifs.

Elles devront justifier en outre qu'elles sont en mesure d'offrir à leurs membres les structures administratives et l'encadrement technique que requiert la pratique à tous les niveaux, des disciplines sportives pour lesquelles elles sont constituées.

Elles devront fournir également :— le procès verbal de leur dernière Assemblée générale ;— les comptes et bilans des trois derniers exercices précédant leur demande ;— le budget de l'exercice en cours.

3. Le retrait de l'agrément

La décision de retrait de l'agrément peut être prise par l'autorité qui l'a délivré, lorsque les conditions requises pour l'obtenir ne sont plus réunies ou encore pour tout motif grave, notamment tout fait contraire à la moralité publique.

38.3.1. Aides et subventions aux associations sportives

a. Subventions

C'est une aide financière accordée par l'Etat à des associations sportives remplissant des conditions administratives au regard d'activités méritoires et en tenant compte des difficultés financières de l'organisme.

• *Règles d'attribution*

Aide financière, la subvention ne doit pas être inférieure à une somme fixée par le ministre, autrement elle constituerait un encouragement moral, mais d'efficacité insignifiante.

La subvention ne peut être accordée qu'à des associations remplissant certaines conditions administratives :

— être déclarée à la préfecture ;

— être agréée par le ministère de la Jeunesse et des Sports.

La subvention est accordée en considération de l'activité de l'association sportive :

a. selon la nature des associations ;

b. selon son rayonnement ;

c. selon que les associations effectuent un contrôle médical convenable.

La subvention est attribuée en fonction des difficultés financières de l'association.

Les projets de budget présentés par les associations doivent :

1. en dépenses, correspondre aux besoins réels de fonctionnement ;
2. en recettes, faire état de tous les moyens dont elle dispose (cotisations et recettes des manifestations).

L'aide de l'Etat ne saurait être accordée à une association dont les adhérents ne consentent pas un effort suffisant pour assurer la vie de leurs clubs.

• *Formalités d'attribution :* les demandes doivent faire apparaître la situation administrative de l'association, les taux de cotisations, les subventions perçues, les activités de l'association, les effectifs et les recettes des manifestations.

• *Contrôle financier :* un contrôle financier est effectué par le Directeur départemental de la Jeunesse et des Sports.

N.B. En vertu du décret du 25 juin 1934 et du décret du 30 octobre 1935, toute association, société, collectivité privée, œuvre ou entreprise, pourra être invitée sous peine de perdre le bénéfice de la subvention, à présenter les pièces justificatives des dépenses et tous autres documents dont la production sera jugée utile.

b. Collectif sportif

A l'occasion des déplacements sportifs (« collectif sportif »), des réductions, variables suivant le nombre de voyageurs, ne s'appliquant que sur les relations ferroviaires des chemins de fer français, sont accordées à des groupes comportant 10 voyageurs au minimum.

Peuvent prétendre à ces réductions, les sportifs amateurs participant à une compétition officielle ou à des compétitions répondant à des conditions déterminées par voie de circulaires.

Important ; la participation à des stages ne donne pas lieu à la délivrance de titres de réduction.

Les équipes professionnelles de sport ne bénéficient pas des mesures de réduction.

c. Les contrats d'objectifs en faveur des fédérations sportives (voir p. 500)

38.3.2. Fiscalité des associations et des éducateurs sportifs

a. L'éducateur sportif

L'éducateur sportif qui s'engage dans cette profession doit savoir qu'il peut se trouver, suivant la position qu'il aura retenue, soit dans le régime des professions libérales, soit dans le régime général des salariés, soit dans les deux régimes.

Il relève du régime général des salariés quand il est engagé par un employeur auquel il est lié par un lien de subordination (contrat de travail) et par une rémunération pour les prestations qu'il rend dans le cadre de cette activité.

Il relève du régime des professions libérales (bénéfices non commerciaux) s'il décide de travailler d'une manière indépendante.

Enfin, dans le cas où l'éducateur sportif exerce une double activité, à titre indépendant et à titre salarié, il relève alors des deux régimes.

b. L'association

Cadre privilégié des prestations des éducateurs sportifs, qu'elles soient données de manière indépendante ou en tant que salariés, les associations sportives sous le régime de la loi du 1er juillet 1901, c'est-à-dire sans but lucratif, ont une fiscalité relativement complexe.

En effet, outre le régime de droit commun, celles-ci pour assurer leur existence opèrent des activités à caractère lucratif et tombent de ce fait sous le coup des différentes impositions en la matière. Le législateur a donc prévu pour permettre la pérennité des associations et parce que les activités commerciales déployées par ces organismes n'avaient qu'un caractère occasionnel, un régime fiscal de faveur par rapport aux entreprises commerciales.

On citera pour mémoire les différents impôts intéressant les associations sportives :

1. Régime de droit commun :
- taxe sur les spectacles ;
- taxe sur les salaires ;
- T.V.A. ;
- taxe foncière sur les propriétés bâties et non bâties ;
- taxe locale d'équipement ;
- taxe d'habitation.

2. Régime de faveur (exonération, dérogation ou abattement) :
- impôt sur les sociétés ;
- T.V.A. ;
- taxe professionnelle.

38.3.3. Charges sociales des associations sportives

Une circulaire du 10 février 1987, relative à la protection sociale des personnes exerçant une activité accessoire au sein d'une association sportive de jeunesse ou d'éducation populaire a précisé les charges sociales des associations employeurs agréées par la S.E.J.S.

Le code de la sécurité sociale prévoit que « sont affiliés obligatoirement aux assurances sociales du régime général, quel que soit leur âge et même si elles sont titulaires d'une pension, toutes les personnes, quelle que soit leur nationalité, de l'un ou de l'autre sexe, salariés ou travaillant à quelque titre ou en quelque lieu que ce soit, pour un ou plusieurs employeurs et quels que soient le montant et la nature de leur rémunération, la forme, la nature ou la validité de leur contrat » (article L 311-2).

Dans ces conditions, il appartient aux associations, comme à tout employeur de procéder à l'immatriculation de leurs collaborateurs au régime général de la sécurité sociale.

Toutefois, un aménagement des règles de sécurité sociale a été envisagé en faveur de toutes les associations agréées.

Ainsi les cotisations d'assurances sociales, d'accident de travail et d'allocations familiales dues pour l'emploi de personnes exerçant une activité accessoire d'au plus 480 heures par an au sein d'une association sportive agréée à l'exclusion du personnel administratif, pourront être calculées, pour chaque heure de travail, sur la base d'une assiette forfaitaire égale à la valeur horaire du S.M.I.C.

38.4. Le Comité National Olympique et Sportif Français (C.N.O.S.F.)

Siège social : 1, avenue Pierre-de-Coubertin, 75013 Paris.

Il est à noter qu'à l'occasion du congrès olympique de 1994, date du centenaire de la création du C.I.O., qui se déroulera à Paris, le nom de l'avenue de la Porte-de-Gentilly devrait être remplacé par celui d'avenue Pierre-de-Coubertin.

Le Comité national olympique et sportif français fondé en 1908 sous le titre du Comité national des Sports, est une association reconnue comme établissement d'utilité publique. Les statuts ont été approuvés par un décret du 15 avril 1985. Sa durée est illimitée.

Son emblème est composé d'un coq tricolore surmontant le symbole olympique.

Situation au C.N.O.S.F. au regard de la loi du 16 juillet 1984 relative à l'organisation et à la promotion des activités physiques et sportives

L'art. 19 de la loi du 16 juillet 1984 attribue au C.N.O.S.F. les prérogatives suivantes :

- il définit conformément aux missions qui lui sont dévolues par le C.I.O., les règles déontologiques du sport et veille à leur respect ;
- il est dépositaire du symbole olympique et reconnu propriétaire des emblèmes olympiques nationaux ;

- il mène au nom des fédérations sportives, ou avec elles, des activités d'intérêt commun;
- il représente le mouvement sportif au sein du conseil de gestion du Fonds national pour le développement du sport;
- Les conflits opposant les licenciés, les groupements sportifs et les fédérations sont, à la demande de l'une des parties, soumis au C.N.O.S.F. aux fins de conciliation.
- il sera associé à la promotion équitable des différentes disciplines sportives dans les programmes de radio-diffusion sonore et de télévision.

L'art. 17 prévoit que le C.N.O.S.F. donne son avis au ministre chargé des Sports pour fixer la liste des fédérations délégataires.

L'art. 26 prévoit qu'il désigne des membres au sein de la Commission nationale du sport de haut niveau.

D'autre part il faut noter que la loi du 16 juillet 1984 prévoit que les statuts du C.N.O.S.F. seront approuvés par décret en Conseil d'Etat.

Objet

Il regroupe les associations de caractère national régissant des activités physiques ou sportives placées sous le régime de la loi du 1er juillet 1901, et coordonne leurs efforts. Il représente le sport français auprès des pouvoirs publics et des organismes officiels en France et à l'étranger (U.N.E.S.C.O., Conseil de L'Europe). Le C.N.O.S.F. est le seul organisme habilité à assurer les relations avec le C.I.O., les Comités Nationaux Olympiques Etrangers, les Comités d'organisation des Jeux Olympiques et des Jeux régionaux, continentaux et intercontinentaux.

Le Comité National Olympique et Sportif Français veille au respect des principes définis par le baron Pierre de Coubertin, collabore à la préparation et à la sélection des athlètes français, contribue au développement du sport, à la promotion des sportifs et à la réalisation des infrastructures et des équipements sportifs.

D'une manière générale, le C.N.O.S.F. participe à tout ce qui est nécessaire à la pratique sportive en France.

Composition du C.N.O.S.F.

Le C.N.O.S.F. est composé:

— des fédérations nationales olympiques,
— des autres fédérations nationales dirigeantes,
— des fédérations multisports ou affinitaires,
— des fédérations scolaires ou universitaires,
— d'organisations nationales à vocation sportive,
— des membres français du C.I.O.,
— des présidents français de F.S.I.,

— des membres du Conseil d'Administration du comité,
— de membres d'honneur, honoraires et bienfaiteurs.

Assemblée générale

Les décisions sont prises en assemblée générale.
— chaque fédération nationale, groupement multisports et organisation nationale à vocation sportive dispose à l'assemblée générale d'une voix;
— chaque fédération nationale dirigeante dispose d'une voix supplémentaire;
— chaque fédération nationale régissant un sport reconnu par le Comité International Olympique reçoit 6 voix supplémentaires;
— chaque fédération nationale, groupement multisports et organisation nationale à vocation sportive totalisant plus de 100 clubs ou 2 500 licenciés dispose d'un nombre de voix supplémentaires proportionnel au nombre de ses clubs (sous réserve d'une moyenne au moins égale à 10 licenciés par club). Un barème est établi permettant de connaître le nombre de voix supplémentaires au regard du nombre de clubs.

Le Conseil d'Administration

Le Conseil d'administration est composé de:
— 20 membres élus appartenant au Collège des Fédérations olympiques;
— 7 membres élus appartenant au Collège des Fédérations dirigeantes non olympiques;
— 3 membres élus appartenant au Collège des Fédérations multisports, affinitaires et organisations nationales reconnues;
— 2 membres élus appartenant au Collège des Fédérations scolaires et universitaires;
— 2 membres élus représentant les C.R.O.S. ;
— 2 membres élus ayant qualité de membres sortants du Conseil d'administration ou ayant appartenu au comité exécutif ou bureau du Conseil;
— Des membres français en activité au C.I.O.

Le Conseil est complété avec voix consultative par:
— 1 représentant des D.T.N. ;
— 2 athlètes de haut niveau en activité;
— des présidents des différentes Commissions permanentes.

Le bureau est composé:
— du président;
— de 11 membres élus;
— des français membres du C.I.O.

Comités régionaux olympiques sportifs (C.R.O.S.)

Le C.N.O.S.F. est représenté sur le plan régional par des organismes chargés d'atteindre les objectifs définis par l'assemblée générale du

C.N.O.S.F. et qui décide de leur constitution et de leur suppression et détermine leurs limites géographiques conformément à la réglementation en vigueur.

L'article 19 de la loi du 16 juillet reconnaît aux C.R.O.S. la représentativité du C.N.O.S.F. dans chaque région.

Objet

L'association régionale dite C.R.O.S. a pour objet notamment:

— de grouper les ligues, comités ou unions des organismes nationaux, membres du C.N.O.S.F. ;
— de représenter le sport régional pour toutes les questions d'intérêt général auprès des pouvoirs publics et des organismes officiels régionaux ;
— de sauvegarder et développer l'esprit olympique suivant les principes définis par le baron de Coubertin ;
— d'apporter son assistance à la préparation et à l'organisation de Jeux régionaux ;
— de contribuer au développement du sport et d'en préserver l'esprit ;
— de favoriser la promotion des sportifs sur le plan social.
— de promouvoir la réalisation des infrastructures et des équipements nécessaires aux besoins et au développement des activités physiques et du sport ;
— de participer éventuellement à la gestion de tous organismes régionaux qui concourraient directement ou indirectement au développement du sport et des activités physiques et du plein air ;
— de créer des prix destinés à aider et à récompenser des groupements, des pratiquants et dirigeants ;
— d'entreprendre toute action susceptible d'apporter aux ligues, comités ou unions adhérents, une aide effective dans leur fonctionnement sur le plan de la recherche, de la prospective, de la documentation, de la propagande, etc. ;
— d'une manière générale, de faire directement ou indirectement tout ce qui sera nécessaire au développement de l'idée et de la pratique sportive dans la région.

Il peut, à cet effet, décider la constitution des commissions spécialisées ou de comités départementaux.

Comités départementaux olympiques et sportifs (C.D.O.S.)

L'art. 19 de la loi du 16 juillet 1984 reconnaît au C.D.O.S. leur représentativité du C.N.O.S.F. dans chaque département. La mission des C.D.O.S. est similaire à celle des C.R.O.S. mais dans la limite de leur ressort territorial qu'est le département.

Le conciliateur

Les nouvelles dispositions de la loi du 16 juillet 1984 prévoient la création d'une mission de conciliation au sein du C.N.O.S.F.

Lorsque le conflit concerne le mouvement sportif, et plus particulièrement les fédérations titulaires de la délégation du ministre chargé des Sports, qu'il résulte d'une décision prise dans le cadre de l'exercice de prérogatives de puissance publique ou pour l'application des statuts fédéraux et que cette décision soit ou non encore susceptible de recours internes, la saisine du C.N.O.S.F. est obligatoire, préalablement à tout recours contentieux.

La conciliation est mise en œuvre par un conciliateur désigné, pour chaque discipline sportive ou groupe de disciplines sportives ou dans chaque région, par le C.N.O.S.F.

Dans le délai d'un mois suivant la saisine, le conciliateur, après avoir entendu les intéressés, propose une ou des mesures de conciliation.

Cette ou ces mesures sont présumées acceptées par les parties sauf opposition notifiée au conciliateur et aux autres parties dans un nouveau délai d'un mois à compter de la formulation des propositions du conciliateur. La saisine du C.N.O.S.F. en application de ce principe suspend l'exécution de la décision litigieuse jusqu'à cette notification.

Le délai de recours contentieux recommence à courir à compter de ladite notification.

En cas de recours, la ou les mesures de conciliation proposées sont portées à la connaissance de la juridiction compétente. Celle-ci, lorsqu'il s'agit d'une décision individuelle prise à l'encontre d'une personne physique ou morale par une fédération dans l'exercice de ses prérogatives de puissances publique, est, nonobstant toute disposition contraire, le tribunal administratif de la résidence ou du siège des personnes faisant l'objet des décisions attaquées à la date desdites décisions.

38.5. Les offices municipaux des sports

Sous le nom d'Office des Sports (O.S.) est formée une association déclarée, régie par les dispositions de la loi du 1er juillet 1901 et du décret du 16 août 1901.

L'objet général de l'Office des Sports, en liaison avec les autorités municipales est :

— de soutenir, d'encourager et de provoquer tous efforts et toutes initiatives tendant à répandre et à développer la pratique de l'Education physique et des Sports et le contrôle médico-sportif ;

— de faciliter, dans les mêmes domaines, une coordination des efforts et le plein et le meilleur emploi des installations du personnel permanent et des animateurs bénévoles existant dans la commune intéressée.

L'Office des Sports se propose en particulier de soumettre à l'Administration Municipale, soit à la demande de cette dernière, soit de sa propre initiative, toutes propositions utiles en vue de l'organisation et du développement de l'Education physique et des Sports et tous projets d'équipement sportif qui lui paraissent convenables. L'Office des Sports donne son avis sur la répartition des subventions communales entre les différentes activités ou organismes sportifs sans procéder lui-même à cette répartition. Il examine les vœux et suggestions qui lui parviennent et assure éventuellement, sans poursuivre de but lucratif, l'exploitation et le plein emploi des terrains de sports, gymnases, piscines et d'une façon générale des installations sportives locales soit directement, soit avec les propriétaires, en réservant le droit d'utilisation prioritaire de ces installations aux scolaires.

38.5.1. Composition de l'Office des Sports

L'Office des Sports comprend des membres actifs, des membres honoraires et des membres d'honneur.

Les membres actifs de l'Association sont :

1. A titre personnel, les membres du Conseil municipal et les chefs des Services municipaux.
2. A titre personnel, les représentants des établissements scolaires et universitaires de la commune.
3. A titre personnel, le plus proche fonctionnaire du secrétariat d'Etat à la Jeunesse et aux Sports, chargé de l'Education physique et sportive dans les secteurs extra-scolaires.
4. Les responsables des entreprises se souciant de la formation physique et sportive de leur personnel.
5. Les représentants des Associations d'Education physique et de Sports de la commune, ainsi que les personnes connues pour leurs activités sportives qui désireraient faire partie de l'Office des Sports.
6. Les personnes auxquelles le Comité Directeur aura fait appel en raison de leur compétence dans le domaine de l'Education physique, des Sports, de l'Equipement sportif et du Contrôle médico-sportif.

N.B. Le directeur départemental de la Jeunesse et des Sports et le médecin inspecteur départemental de la Jeunesse et des Sports peuvent en outre assister aux séances de l'Office des Sports.

38.5.2. Fédération Nationale des Offices Municipaux des Sports

Siège : 8 et 10 rue de la Bienfaisance, Paris 8e.

Créée en 1958, la *Fédération Nationale des Offices Municipaux des Sports* regroupe :

— les offices municipaux des sports ;

— les offices d'éducation physique et sportive ;
— les offices communaux et intercommunaux ;
— les organismes constitués soit sur l'initiative (ou avec le patronage des municipalités, soit sur l'instigation de collectivités s'intéressant à l'intégration de la pratique du sport dans la vie du citoyen).

La Fédération Nationale des Offices Municipaux des Sports a pour but :
— de réunir, sur le plan national, les offices municipaux des sports et d'organismes similaires ;
— d'encourager et de coordonner l'activité de tous ses adhérents ;
— de susciter la création d'offices ou de groupements analogues dans les communes qui en sont dépourvues ;
— d'accueillir et d'examiner les vœux et les suggestions qui lui sont formulés ;
— de soumettre aux pouvoirs publics toutes propositions utiles en vue de l'organisation et du développement de l'éducation physique et des sports ;
— de mettre en œuvre tous les moyens propres à atteindre les objectifs qu'elle se trace.

Les offices et organismes adhérents qui ont été agréés par le Conseil d'administration sont membres de la Fédération. Celle-ci ne reconnaît qu'un seul Office
— par commune ;
— par arrondissement dans les grandes villes ;
— par groupements de communes, le cas échéant.

L'admission à la Fédération doit être demandée par écrit par le président de l'Office ou de l'Organisme intéressé.

39. Structures et actions adaptées aux différentes formes de pratique sportive

39.1. Sport de haut niveau

39.1.1. L'application de la loi du 16 juillet 1984

La loi du 29 octobre 1975, aujourd'hui abrogée, prévoyait des mesures à l'intention des sportifs de haut niveau des mesures de soutien.

Ainsi cette loi fixait notamment pour mission à l'Institut national des sports et de l'éducation physique (I.N.S.E.P.) de participer « à l'entraînement des équipes nationales ainsi qu'à la promotion des sportifs de haut niveau ».

La loi du 16 juillet 1984 consacre quant à elle une grande part au sport de haut niveau.

L'art. 26 de cette loi confie à la Commission nationale du sport de haut niveau, le soin de définir, sur avis des fédérations sportives concernées, les critères dans chaque discipline permettant d'obtenir la qualité de sportif de haut niveau. Elle est chargée également de proposer au ministre la liste des sportifs de haut niveau.

Les sportifs inscrits sur ces listes peuvent bénéficier de droits prévus par la loi :

- Ils bénéficient de formules adaptées ou d'aménagements horaires dans les établissements d'enseignement du secondaire et supérieur qui leur permettent de pousuivre leur carrière sportive.
- Dans le cadre du service national ils bénéficient d'affectations spéciales permettant de pratiquer le sport de haut niveau.
- Leur insertion professionnelle est favorisée :

  — Leur accès a des formations organisées dans des établissements d'enseignement supérieur leur est facilité, qu'il possède ou non des titres universitaires.

  — Les sportifs de haut niveau, sans remplir les conditions de diplôme exigées des candidats, peuvent faire acte de candidature aux concours de l'Etat, des départements, des communes, des établissements publics nationaux, départementaux et communaux, et de tout établissement en dépendant, ainsi que de toute société nationale ou d'économie mixte.

— Les limites d'âge supérieures fixées pour l'accès aux grades et emplois publics de l'Etat et des collectivités territoriales ne leur sont pas opposables.

— Les sportifs de haut niveau candidats au concours du professorat de sport bénéficieront d'une voie d'accès spécifique.

— Dans leur vie professionnelle les sportifs de haut niveau bénéficieront de conditions particulières d'emploi lorsqu'ils sont agent de l'Etat ou d'une collectivité territoriale, afin de poursuivre leur entraînement et de participer à des compétitions sportives.

— Ils bénéficieront éventuellement des conventions conclues entre les entreprises publiques ou privées et le ministère chargé des Sports.

Instruction 88-57 JS du 4 mars 1988 relative à la politique du sport de haut niveau

Texte adressé aux préfets de région et de département (directions régionales et départementales de la jeunesse et des sports) ainsi qu'aux directeurs des établissements nationaux.

Direction des sports

Aux termes de la loi n° 84-610 du 16 juillet 1984, le développement du sport de haut niveau incombe « à l'Etat et au mouvement sportif constitué des associations et des fédérations sportives, avec le concours des collectivités territoriales, des entreprises et de leurs institutions sociales » (article 1er, 4e alinéa).

Ce texte assigne ainsi à l'Etat un rôle de premier plan en matière de sport de haut niveau, dans le cadre d'un étroit partenariat avec le mouvement sportif. C'est dans le droit fil de cette disposition législative qu'ont été définis, en concertation avec les institutions sportives, les orientations et les moyens d'une politique nationale du haut niveau.

Cependant, la responsabilité prépondérante de l'Etat s'accompagne également de la contribution d'autres intervenants, notamment les collectivités territoriales. Ces collectivités ont toute latitude, en liaison avec les organisations sportives, aussi bien de s'associer à la réalisation de la politique nationale que de définir elles mêmes des politiques spécifiques d'intervention.

L'objet de la présente circulaire est donc, en précisant nettement les compétences de l'Etat dans le développement du sport de haut niveau, de clarifier les règles de votre action sur le terrain. Il est aussi de vous aider à mieux définir les principes de vos rapports avec les collectivités territoriales en la matière.

I. La politique nationale du sport de haut niveau

1. Définition

a. Cette politique doit traduire dans ses **principes** les obligations essentielles fixées par la loi :

— offrir aux athlètes les moyens d'atteindre le plus haut niveau sportif et le meilleur comportement lors des grandes compétitions internationales ;
— assurer aux sportifs de haut niveau les plus grandes chances de réussite sociale et professionnelle.

De tels objectifs procèdent à l'évidence de missions nationales, impliquant la responsabilité directe de l'Etat et du mouvement sportif. En effet, la compétition sportive contribue d'abord à la promotion du pays et au renforcement des relations internationales ; la réussite sportive, d'autre part, a valeur exemplaire pour le développement de l'activité physique en général, élément d'éducation et de culture. C'est donc une haute conception de l'homme et de la société qui inspire la définition d'une politique nationale du sport de haut niveau.

b. **Son contenu** s'organise aujourd'hui autour de deux axes majeurs :
— le renforcement, la rationalisation et l'individualisation des aides en faveur des athlètes du plus haut niveau ;
— le perfectionnement du système de formation offert aux espoirs, condition nécessaire à un renouvellement satisfaisant de l'élite.

A ces objectifs généraux s'ajoutent des mesures plus spécifiques, commandées par les échéances internationales (Jeux Olympiques) ou par la nécessité et l'urgence (lutte antidopage par exemple).

c. **Ses bénéficiaires** sont essentiellement les athlètes inscrits sur la liste des sportifs de haut niveau, arrêtée par le secrétaire d'Etat conformément à l'article 26 de la loi du 16 juillet 1984. Le décret du 5 mars 1987 et l'arrêté du 23 avril 1987 viennent d'améliorer ce système, à la fois en instituant une liste nationale plus sélective et en démultipliant le dispositif par des listes régionales, dans l'établissement desquelles vous serez appelés à intervenir.

Les aides de toute nature destinées aux sportifs de haut niveau sont réservées aux athlètes ayant juridiquement cette qualité, c'est-à-dire inscrits sur la liste nationale. Toutefois, pour ne pas pénaliser les athlètes qui seront retirés de cette liste du fait de la nouvelle classification, et pour contribuer à la formation des espoirs nationaux et régionaux, certaines aides pourront être accordées à des sportifs inscrits sur une liste régionale, soit de façon générale, soit à titre dérogatoire. Vous recevrez prochainement des instructions précisant vos responsabilités à cet égard.

d. **Son élaboration** est par nature nationale. Sous l'autorité du secrétaire d'Etat, la direction des sports assure la préparation et la réalisation de cette politique. La nécessaire concertation avec le mouvement sportif implique l'intervention du comité national olympique et sportif français (CNOSF) qui le représente : elle se déroule au sein de la commission nationale du sport de haut niveau. Les fédérations sportives sont elles-mêmes associées à la politique du haut niveau, notamment par la conclusion des contrats d'objectifs (cf : 2, a).

La déconcentration de certains aspects de la politique nationale est possible et souhaitable. Certes, une telle démarche doit encore observer une certaine prudence, compte tenu du souhait du mouvement sportif de conserver un « pilotage » relativement centralisé ; et en tout état de cause tant que la politique nationale n'aura pas trouvé pleinement son assise au niveau régional.

Néanmoins, je souhaite que vous exerciez d'ores et déjà des responsabilités dans le dispositif du sport de haut niveau. C'est pourquoi votre intervention est nécessaire dans plusieurs domaines, notamment la classification des sportifs de haut niveau, le fonctionnement des centres permanents d'entraînement et de formation ou encore le nouveau système des sections sport-études.

e. **Son cadre réglementaire** se construit progressivement. Vous trouverez en annexe, pour mémoire, la liste de l'ensemble des textes qui régissent le sport de haut niveau.

2. Mise en œuvre

La réalisation de la politique nationale du sport de haut niveau se traduit par un faisceau d'actions diversifiées. Je rappelle, en ce qui concerne les moyens de financement utilisés à cet égard, qu'ils proviennent à la fois du budget du secrétariat d'Etat et du Fonds national de développement du sport. Seules, bien entendu, les dépenses en personnels techniques relèvent exclusivement du budget de l'Etat.

a. **Les contrats d'objectifs**, qui constituent depuis 1986 le mode privilégié de négociation avec les fédérations sportives pour l'attribution des moyens, comportent un important volet « haut niveau ». A travers les engagements pris par les responsables fédéraux et les objectifs sportifs qu'ils s'assignent, la politique nationale du haut niveau y trouve, discipline par discipline, une application précise et détaillée sur le plan technique.

Sont en effet prévus dans les contrats les moyens relatifs à : la participation aux grandes compétitions et la réalisation de stages sportifs, l'acquisition de matériels sportifs, les aides financières individuelles aux athlètes, le fonctionnement de sections sport-études et de centres permanents d'entraînement et de formation implantés à l'extérieur des établissements de la jeunesse et des sports, l'organisation du suivi médical des équipes nationales, la participation des fédérations aux contrôles antidopage, les opérations de recherche technologique ou médicale, les relations internationales et les actions diverses favorisant le développement de la pratique sportive de haut niveau dans la discipline.

b. **La pratique sportive de haut niveau** implique, sous la responsabilité directe du secrétariat d'Etat en liaison étroite avec le mouvement sportif, des actions vigoureuses pour l'entraînement et son suivi.

— *Les centres permanents d'entraînement et de formation* sont depuis deux ans maintenant (circulaire n° 85-31B du 21 février 1985), les outils essentiels de la préparation sportive de haut niveau (olympique et non olympique). Ils permettent d'offrir aux athlètes les conditions d'accueil les mieux adaptées aux nécessités de l'entraînement et aux exigences de leur vie personnelle ou professionnelle.

Pour l'année 1990-1991 les structures de haut niveau comprenaient :

1. I.N.S.E.P.	1 centre national	48 sports dont 5 non olympiques	548 athlètes
2. B.J.	1 centre national	40 sports dont 15 non olympiques	471 athlètes
3. C.P.E.F.	108 centres	31 sports dont 12 non olympiques	2 280 athlètes
4. S.S.H.N.	41 sections	17 sports dont 3 non olympiques	874 athlètes
5. S.S.Milit.	28 sections	15 sports dont 6 non olympiques	332 athlètes

— **la sélection** des athlètes en vue de leur admission dans les centres permanents (ainsi que dans les sections sport-études) répond à une exigence de rigueur. Les sportifs doivent en effet :

— soit être inscrits sur la liste des sportifs de haut niveau, arrêtée par le secrétaire d'Etat sur proposition de la commission nationale du sport de haut niveau,
— soit avoir réussi à des tests de sélection établis par la direction des sports en concertation avec les fédérations concernées.

— **La surveillance médicale** a été récemment réorganisée par le décret n° 87-473 du 1er juillet 1987. Ce texte réglemente notamment :

— le contrôle médical préalable à la compétition, mis en place sous la responsabilité des fédérations organisatrices ;
— la surveillance médicale spécifique, exercée par des médecins de haute qualification, portant sur les sportifs classés sur les listes du haut niveau et sur ceux qui sont inscrits dans les centres permanents d'entraînement et de formation ;
— la prévention du dopage, obligatoire conjointe du secrétariat d'Etat et des fédérations sportives.

Sur ce dernier point, le souci de préserver à la fois l'intégrité physique des sportifs et l'éthique du sport commande une action plus rigoureuse encore. C'est pourquoi une commission consultative de lutte contre le dopage a été mise en place, et un projet de loi comportant des mesures renforcées est actuellement soumis au Parlement.

— Une attention particulière est à apporter à l'amélioration des divers **facteurs de la performance**, qu'ils soient techniques, physiologiques, psychologiques ou sociologiques. De même, le développement d'un système cohérent d'évaluation est en cours, avec le support d'un réseau progressivement implanté sur l'ensemble du territoire.

c. **Les formations aménagées** constituent une nécessité pour permettre de concilier les impératifs d'un entraînement de haut niveau et la préparation de la vie professionnelle des jeunes athlètes. Le secrétariat d'Etat multiplie les contacts pour développer et diversifier, sur une base réglementaire ou conventionnelle, le champ des possibilités offertes aux sportifs en fonction de leurs aspirations et de leurs aptitudes. Ainsi :

— en liaison avec le ministère de l'éducation nationale et le ministère de la recherche et de l'enseignement supérieur, fonctionnent conformément à la loi du 16 juillet 1984 (article 27 et 28) ;
— 170 sections sport-études des lycées et collèges, dont l'économie vient d'être réorganisée par la circulaire MEN/SEJS n° 88-026 du 27 janvier 1988 ;
— des cursus de formation spécialement adaptés pour les sportifs de haut niveau, dans 36 universités, écoles nationales d'ingénieurs et instituts universitaires de technologie ;
— en concertation avec des établissements d'enseignement privés ou consulaires, voire avec des chambres de commerce et d'industrie pour l'ensemble de leur réseau de formation, des formations aménagées et des conditions d'accès dérogatoires sont organisées pour les sportifs de haut niveau.

A cet ensemble s'ajoutent naturellement les dispositions prises par le secrétariat d'Etat, notamment à l'INSEP, les écoles nationales et les CREPS, pour préparer les jeunes athlètes à une carrière sportive professionnelle (brevets, d'Etat, professorat de sport, etc.).

Enfin, cette énumération n'est naturellement pas exclusive des multiples initiatives qui peuvent être prises par divers intervenants pour concourir à offrir aux sportifs des conditions de formation adaptées à leur situation.

d. **La préparation de l'insertion professionnelle** des sportifs de haut niveau est une préoccupation permanente. Le secrétariat d'Etat développe une politique de conventions avec les employeurs de toute nature (administrations, collectivités locales, entreprises publiques et privées). Ces conventions prévoient :

— des aménagements d'horaires, pouvant atteindre un mi-temps, pour permettre l'activité sportive ;

— le bénéfice d'une formation professionnelle en cours d'emploi ;
— l'intégration définitive dans l'emploi après la fin de la carrière sportive.

Aujourd'hui, des conventions d'insertion professionnelle ont été conclues avec 53 partenaires publics ou privés, et concernent l'emploi de 312 sportifs.

e. **Des aides diverses aux athlètes** peuvent être mises en place de manière indirecte ou directe.

— Lors de leur **service national,** des dispositions spécifiques sont prévues en faveur des sportifs de haut niveau. Un protocole conclu entre le ministère de la défense et le secrétariat d'Etat organise les conditions relatives au bataillon de Joinville (actuellement 500 postes). Pour la préparation des Jeux Olympiques, une centaine d'athlètes militaires pourra être mise à disposition des fédérations sportives (ce chiffre comprenant également des militaires de carrière). 26 sections sportives militaires permettent par ailleurs, au bénéfice de plus de 300 sportifs, des horaires aménagés en fonction de l'entraînement.

— **Des aides personnalisées** sont versées aux sportifs inscrits sur la liste nationale des athlètes de haut niveau par les fédérations. Ces aides sont globalement prévues par les contrats d'objectifs et sont mobilisées sur les ressources du fonds national de développement du sport. Elles apportent un concours financier aux athlètes, soit pour compenser les pertes de rémunération provoquées par leurs absences pour entraînement ou compétitions, soit pour les aider à régler les frais de pension liés aux stages sportifs et aux actions de formation.

Dans le même ordre d'idées, des avances à taux réduit peuvent être accordées sur les crédits du fonds national de développement du sport, notamment aux athlètes qui envisagent des créations d'entreprises. Enfin, des primes à la performance sont désormais prévues pour récompenser les sportifs qui auront remporté des médailles olympiques.

3. Une volonté de rigueur et d'efficacité

L'ensemble du dispositif qui vient d'être décrit ne saurait servir une véritable politique du sport de haut niveau sans la recherche constante de la plus grande qualité. C'est pourquoi une évaluation permanente et une grande rigueur sont nécessaires à la mise en œuvre de cette politique, et vous aurez à y apporter votre concours. Deux exemples peuvent illustrer cette démarche.

a. Les centres permanents d'entraînement et de formation

Pour conserver leur fonction de vivier de renouvellement de l'élite sportive, ces centres doivent satisfaire à quatre critères qui ont été définis par la commission nationale du sport de haut niveau :

— avoir indiscutablement un caractère de haut niveau ;
— être véritablement permanents ;

— permettre un entraînement régulier ;
— faciliter la formation scolaire, universitaire ou professionnelle.

Dès 1987, l'examen attentif de l'application de ces critères a conduit à déclasser 11 centres et à mettre en observation une vingtaine d'autres. Une évaluation d'ensemble est actuellement en cours pour tous les centres, qu'ils soient implantés en CREPS ou hors CREPS.

Le dialogue institué avec les fédérations sportives concernées devra conduire à prendre en compte leurs spécificités dans la définition des conditions de fonctionnement propres à chacun des centres de leur discipline. Ainsi, pour les sports collectifs, les critères généraux correspondent imparfaitement aux politiques fédérales engagées. Une adaptation du dispositif, qui trouvera son prolongement dans les contrats d'objectifs, est actuellement étudiée. Vous en avez eu un premier exemple à l'occasion de mon instruction n° 87-140 JS du 25 août 1987 relative au basket-ball.

Enfin, l'organisation administrative et juridique des centres permanents d'entraînement et de formation doit prochainement être clarifiée et renforcée : l'inspection générale de la jeunesse et des sports conduit actuellement une étude à ce sujet. Cette organisation évoluera probablement vers une déconcentration accrue.

D'une manière générale, je souhaite que vous suiviez avec une particulière attention le fonctionnement des centres existants dans votre circonscription. J'attacherai le plus grand prix aux observations, aux comptes rendus et aux suggestions que vous m'adresserez en vue d'améliorer ce dispositif.

b. Les sections sport-études

Un rapport conjoint des inspections générales de l'éducation nationale et de la jeunesse et des sports a mis en évidence certaines difficultés du dispositif créé en 1973 à remplir pleinement des objectifs de haut niveau. C'est pourquoi une concertation approfondie avec le ministère de l'Education nationale a abouti à la circulaire du 27 janvier 1988 sur le sport de haut niveau en milieu scolaire.

A compter de la rentrée 1989, le noyau central du système sera constitué par les centres permanents d'entraînement et de formation, qui seront liés par convention à des établissements scolaires voisins pour les activités de formation. Les sections sport-études qui font preuve d'un fonctionnement satisfaisant continueront leur activité, mais la renforceront par des liens contractuels avec les centres permanents de la région. Seules subsisteront de manière autonome les sections sport-études implantées dans des zones où n'existent pas encore de centres permanents d'entraînement et de formation.

Le dispositif nouveau se caractérise par deux traits essentiels : d'une part, la déconcentration des structures de coopération au niveau des préfets de région, et des recteurs d'académie, d'autre part le retour à la primauté des critères sportifs dans le recrutement des jeunes. Vous aurez un rôle important à jouer dans la mise en œuvre de ce système rénové, et je souhaite que vous preniez toutes les initiatives nécessaires pour l'animer et le développer.

Là encore, un examen rigoureux sera mis en œuvre dès cette année pour évaluer le fonctionnement des sections sport-études existantes et retenir celles qui pourront être maintenues en raison de leur qualité.

II. Les actions régionales en faveur du sport de haut niveau

1. La multiplication d'initiatives décentralisées

Comme il a été indiqué plus haut, le mouvement général de décentralisation a constitué un contexte favorable au développement d'initiatives régionales dans le domaine du sport. Un certain nombre de régions s'y intéressent activement, pour des raisons multiples : volonté d'aider l'extension de la pratique sportive régionale, de répondre aux besoins de formation qu'elle entraîne, de développer les emplois qui y sont liés, ou, plus simplement de se donner une image jeune et dynamique en termes de communication.

De telles initiatives peuvent se traduire dans une véritable politique régionale et bénéficier de moyens relativement importants de la collectivité concernée. Les actions dirigées vers le sport de haut niveau constitueront alors soit des mesures d'accompagnement à la politique nationale lorsqu'elle peut être déconcentrée, soit des mesures spécifiques tendant notamment à l'émergence d'un haut niveau régional ou à l'octroi d'aides aux athlètes.

Cette orientation, sans doute appelée à se renforcer, constitue en soi un élément très positif au moment où le développement du sport dans notre pays implique la coopération active de plusieurs partenaires. Toutefois, dans la mesure où votre concours est régulièrement sollicité pour la définition et l'application de ces initiatives régionales, il me semble indispensable de préciser les principes selon lesquels doivent s'organiser en la matière les rapports entre l'Etat et les collectivités territoriales intéressées.

2. Le rôle des services extérieurs

a. Les principes suivants doivent guider votre action.

En premier lieu, vous ne devez jamais perdre de vue que votre mission prioritaire est d'assurer, dans votre ressort territorial, l'application de la politique nationale du sport du haut niveau.

En second lieu, et par voie de conséquence, il vous appartient d'éclairer et d'appuyer, autant que possible, les initiatives des collectivités territoriales, surtout lorsqu'elles complètent et renforcent la politique nationale. Cette complémentarité, essentielle pour parvenir à une véritable cohérence du système du sport de haut niveau, doit viser à l'élargissement de la base de la pyramide de l'élite sportive. Votre action à cet égard s'exercera en étroite liaison avec les responsables régionaux du mouvement sportif, et notamment les comités régionaux olympiques et sportifs.

Pour cet objectif qui relève directement de votre responsabilité (cf. notamment l'arrêté du 23 avril 1987), votre action devra surtout rechercher un renforcement des aides aux jeunes espoirs du sport français.

Enfin, je vous demande de veiller à ce que ces nouveaux rapports avec les collectivités territoriales ne traduisent pas une nouvelle forme de tutelle, mais au contraire un partenaire constructif. De même, si le rôle pilote d'impulsion et de coordination appartient notamment aux directions régionales de la jeunesse et des sports, celles-ci doivent associer étroitement à ce type d'actions les directions départementales.

b. **Les interventions** que vous serez amenés à engager en matière d'actions régionales pour le sport de haut niveau pourront revêtir plusieurs formes.

— Tout d'abord, votre compétence technique doit vous conduire naturellement à assumer, pour les projets régionaux, une fonction **de conseil, d'expertise et d'instruction**. C'est dans cet exercice que vous devez rechercher une complémentarité maximale avec les orientations de la politique nationale. De même, votre situation sur le terrain vous permet d'exercer un rôle de coordination entre les partenaires essentiels que sont les collectivités territoriales, le mouvement sportif et, si possible, les responsables économiques.

— En concertation avec le comité régional olympique et sportif, vous pouvez également être à l'origine d'initiatives qui seront ensuite relayées par l'action décentralisée. La possibilité de créer une « **ligne régionale** » sur la part régionalisée du FNDS, qui a été ouverte (cf. mon instruction n° 87-198 JS du 13 novembre 1987 – note d'orientation sur le chapitre 03 du FNDS) donne au comité régional olympique et sportif et à vous-même les moyens, dans un cadre défini, d'animer une politique régionale ou d'aider à la réalisation d'actions décentralisées. Vous veillerez à doter cette ligne régionale d'un montant crédible, et à l'utiliser pour engager et catalyser des projets d'intérêt régional, conformément aux instructions rappelées ci-dessus (« soutien à la détection et à la formation au haut niveau régional »).

— Vous serez à même de participer directement à l'organisation de structures locales de préparation et de formation, dont le réseau pourra progressivement constituer un système probatoire dirigé vers le haut niveau : **les centres locaux d'entraînement.**

L'agrément de ces centres locaux observera la procédure suivante :

— Lorsque vous serez saisis d'une demande concernant un centre existant, ou dont la création est envisagée par une association sportive locale (ligue, comité ou club), vous l'instruirez au regard des critères suivants :

— équipements sportifs et personnels d'encadrement appropriés pour un entraînement de qualité ;

— suivi médical satisfaisant ;

— dispositions spécifiques d'aménagement de la scolarité en tant que de besoin ;

— plan de financement correct.

— Vous transmettrez le dossier à l'administration centrale (direction des sports), dont le rôle se bornera à vérifier auprès de la fédération sportive intéressée que le projet s'intègre bien dans la politique de développement de cette dernière.

— Vous prononcerez, si le projet est conforme aux orientations de la fédération, **l'agrément** du centre local d'entraînement. Ce label décerné par l'administration déconcentrée ne saurait ouvrir vocation à des financements nationaux, mais permettra de mobiliser efficacement les aides directes ou indirectes nécessaires (part régionale du FNDS, collectivités territoriales de haut niveau, entreprises).

Telles sont les indications et les instructions que je souhaite vous adresser au titre de la politique du sport de haut niveau. Je vous informerai régulièrement, à l'avenir, des évolutions de la politique nationale dans ce domaine. Votre rôle propre est important, à la fois comme relais de l'action de l'Etat en la matière et comme interface des initiatives décentralisées que vous aurez à catalyser au maximum. Je vous invite donc à utiliser pleinement les instruments dont vous disposez désormais, notamment la ligne régionale des dotations déconcentrées du FNDS, la nouvelle procédure d'agrément des centres locaux d'entraînement et, bien entendu, l'équipe technique régionale de cadres sportifs à votre disposition.

39.1.2. Le sportif de haut niveau, les arbitres et juges sportifs de haut niveau

Le décret n° 87-161 du 5 mai 1987, qui fixait les conditions de classement des sportifs de haut niveau, vient d'être abrogé et remplacé par le décret n° 93-1034 du 31 août 1993.

La qualité de sportif de haut niveau s'obtient par l'inscription sur une liste arrêtée par le ministre chargé des Sports.

Les demandes d'inscription sont faites par les seules fédérations délégataires. La Commission nationale de haut niveau étudie et transmet au ministre ses avis.

Ne peuvent obtenir la qualité de sportif de haut niveau que les sportifs pratiquant la compétition sur le plan international dans une discipline sportive inscrite au programme des Jeux Olympiques ou à défaut, dans une discipline sportive dont le caractère de haut niveau a été préalablement reconnu par la Commission nationale du sport de haut niveau.

Enfin les sportifs de niveau national et régional, ainsi que les sportifs sélectionnés dans une équipe de France et qui ne remplissent pas les conditions fixées, sont inscrits sur des listes régionales dans des conditions et modalités qui sont arrêtées par le ministre des Sports.

Le décret n° 93-1034 du 31 août 1993 fixe de nouvelles conditions de classement des sportifs de haut niveau. Celui-ci précise que la qualité de sportif de haut niveau s'obtient par l'inscription sur la liste des sportifs de haut niveau arrêtée par le ministre chargé des Sports dans les conditions fixées au troisième alinéa de l'article 26 de la loi du 16 juillet 1984 susvisée.

Un directeur technique national, désigné par le ministre chargé des Sports auprès de la fédération sportive concernée, en accord avec celle-ci, communique à la Commission nationale du sport de haut niveau les listes nominatives, établies par catégorie de classement, de ceux des licenciés de la fédération qui lui paraissent aptes à obtenir la qualité de sportif de haut niveau.

Nul ne peut être inscrit sur la liste des sportifs de haut niveau :

— s'il ne pratique ou n'a pratiqué la compétition sur le plan international dans une discipline inscrite au programme des Jeux Olympiques ou, à défaut, dans une discipline sportive dont le caractère de haut niveau a été préalablement reconnu par la Commission nationale du sport de haut niveau pour la période définie au premier alinéa de l'article 2 du décret du 13 février 1985 susvisé ;
— s'il ne justifie ou n'a justifié d'un niveau sportif suffisant dans les conditions prévues à l'article suivant du présent décret.

L'inscription sur la liste des sportifs de haut niveau est effectuée dans la catégorie Elite, la catégorie Senior, la catégorie Jeune pour les tranches d'âge immédiatement inférieures aux seniors, ou la catégorie Reconversion.

Peut être inscrit dans la catégorie Elite le sportif qui réalise une performance ou un classement significatifs à titre individuel, ou qui participe en qualité de membre titulaire d'une équipe aux Jeux Olympiques, aux championnats du monde ou aux championnats d'Europe.

Peut être inscrit dans la catégorie Senior ou Jeune le sportif sélectionné dans une équipe de France par le directeur technique national de la fédération sportive concernée pour participer à une compétition internationale officielle figurant au calendrier de la fédération internationale et conduisant à la délivrance d'un titre international ou à l'établissement d'un classement international.

La durée de validité de la performance ou du résultat pris en compte pour l'inscription ou le maintien dans une catégorie de sportifs de haut niveau est de deux ans pour la catégorie Elite. Elle est d'un an seulement pour les catégories Senior et Jeune.

Peut être inscrit dans la catégorie Reconversion le sportif ayant appartenu à la catégorie Elite ou ayant figuré pendant quatre ans en catégorie Senior, et qui cesse de remplir les conditions d'inscription dans l'une ou l'autre de ces catégories.

Peut également être inscrit dans cette catégorie le sportif inscrit en catégorie Elite avant la publication du présent décret. La durée de l'inscription en catégorie A (Senior), mentionnée au *a* de l'article 4 du décret du 5 mars 1987 susvisé, est assimilée, pour l'application du présent alinéa, à une durée équivalente en catégorie Senior.

L'inscription dans la catégorie Reconversion est valable un an ; elle peut être renouvelée pour la même durée dans la limite de cinq ans.

La qualité de sportif de haut niveau est retirée lorsque le bénéficiaire cesse de satisfaire aux conditions requises pour l'obtenir.

Elle peut, en outre, être retirée ou suspendue à tout moment :

— soit sur proposition de la fédération concernée, à la suite d'une sanction disciplinaire grave prise conformément aux dispositions prévues dans ses statuts et dans son règlement disciplinaire ou par suite d'un manquement aux obligations définies par la charte du sport de haut niveau ;
— soit à l'initiative du ministre chargé des Sports, ou à la demande de la fédération concernée, dans le cas d'infraction dûment constatée aux dispositions législatives et réglementaires relatives à la lutte contre le dopage.

Lorsque la demande de retrait ou de suspension est motivée par des raisons disciplinaires, la fédération sportive intéressée doit joindre à sa proposition toutes explications sur les faits reprochés à la personne en cause et faire connaître les arguments que celle-ci a développés pour sa défense devant l'organe ou l'autorité qui a pris la sanction ; dans ce cas, la décision de retrait ou de suspension de la qualité de sportif de haut niveau est prise par le ministre chargé des Sports après avis de la Commission nationale du sport de haut niveau.

Le retrait de cette qualité est de plein droit constaté par le ministre chargé des Sports lorsqu'une mesure administrative temporaire ou définitive est prononcée en application de l'article 11 de la loi du 28 juin 1989 susvisée.

A la demande du mouvement sportif, la loi de 1992 modifiant celle de 1984 a donné la possibilité au ministre de la Jeunesse et des Sports d'établir une liste des arbitres et des juges sportifs de haut niveau.

La qualité d'arbitre ou de juge sportif de haut niveau s'obtient par l'inscription sur la liste des arbitres et des juges sportifs de haut niveau arrêtée par le ministre chargé des Sports dans les conditions fixées au troisième alinéa de l'article 26 de la loi du 16 juillet 1984 précitée.

Les demandes d'inscription sur cette liste sont présentées par les fédérations sportives titulaires de la délégation mentionnée à l'article 17 de cette loi.

La qualité d'arbitre ou de juge sportif de haut niveau est retirée, sur proposition de la fédération sportive concernée, lorsque le bénéficiaire cesse de satisfaire aux conditions définies par la Commission nationale du sport de haut niveau pour l'obtenir.

Elle peut, en outre, être retirée ou suspendue à tout moment, par suite d'une sanction disciplinaire grave prise conformément aux dispositions prévues dans ses statuts et dans son règlement intérieur.

Lorsque la demande de retrait ou de suspension est motivée par des raisons disciplinaires, la fédération sportive intéressée doit joindre à sa proposition toutes explications sur les faits reprochés à la personne en cause et faire connaître les arguments que celle-ci a développés pour sa défense devant l'organe ou l'autorité qui a pris la sanction.

La décision de retrait ou de suspension de la qualité d'arbitre ou de juge sportif de haut niveau est prise après avis de la Commission nationale du sport de haut niveau (décret n° 93-1034 du 31 août 1993).

Sport de haut niveau

Application du décret du 31 août 1993

Listes des sportifs de haut niveau

1. Qualité de sportif de haut niveau

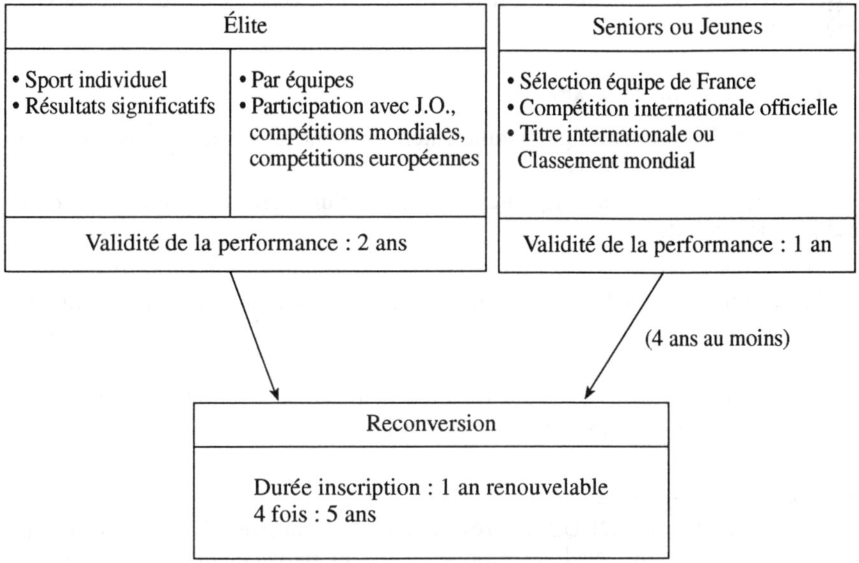

2. Autres listes

Espoirs	Partenaires d'entrainement
Compétition sportives < critères sportifs de haut niveau	Sportifs avec partenaires pour équipe de France

39.1.3. Structures et moyens en faveur du sport de haut niveau

39.1.3.1. Le Fonds National pour le Développement du Sport (F.N.D.S.)

Appelé de 1976 à 1978 Fonds National d'Aide au Sport de Haut Niveau selon les termes prévus par la loi, le Parlement, sur proposition du ministre chargé des Sports, a institué le Fonds National pour le Développement du Sport (F.N.D.S.) qui se substitue au Fonds National d'Aide au Sport de Haut Niveau.

Le Fonds National pour le Développement du Sport est alimenté par prélèvement automatique sur le loto, le loto sportif, et le pari mutuel urbain.

La gestion de ces ressources est effectuée par des commissions paritaires associant les représentants des administrations concernées et ceux du mouvement sportif.

• *Fonctionnement du F.N.D.S.*

Le F.N.D.S. fonctionne parallèlement aux moyens budgétaires. Il est un compte spécial du Trésor.

Cette caractéristique présente l'avantage d'une grande souplesse dans la gestion des crédits.

En effet :

— les dotations annuelles de crédits ne sont pas soumises à la procédure des négociations budgétaires, mais dépendent essentiellement des recettes du Fonds ;

— les crédits non utilisés en fin d'année peuvent, à la différence des crédits budgétaires, être reportés sur l'exercice suivant.

• *Conseil du F.N.D.S.*

Le conseil du F.N.D.S., présidé par le ministre chargé des Sports, comprend un nombre égal de représentants du mouvement sportif, désignés par le Comité National Olympique et Sportif Français (C.N.O.S.F.), et des représentants des administrations.

Des rapporteurs au Parlement du Budget, de la Jeunesse, des Sports et des Loisirs, participent au titre d'invités aux travaux du F.N.D.S.

Sur le plan national, le conseil du F.N.D.S. comprend deux sections :

• la section du sport de haut niveau,
• la section du sport de masse.

a. *Section du sport de haut niveau*

Elle a pour mission d'aider les athlètes de haut niveau dans l'accomplissement de leur carrière sportive et d'assurer en même temps leur insertion ou reconvertion professionnelle.

— Aides aux sportifs de haut niveau

Elles constituent une importante affectation des crédits et se traduisent par des bourses d'études ou de formation et des allocations de sommes représentant pour certains athlètes le manque à gagner qu'entraînent l'intensité des entraînements.

Pour exemple, plus de mille athlètes ont bénéficié, au titre de la section haut niveau du F.N.D.S., d'allocations.

— Subventions aux actions sportives

Elles sont affectées en vue de l'exécution des programmes sportifs prévus dans les plans de carrière de certains athlètes de haut niveau.

Elles permettent également le financement d'actions en faveur du sport de haut niveau, telles que les conventions avec des services hospitaliers qui assurent aux athlètes un suivi médical et des examens biologiques et endocriniens.

— Avances pour insertion professionnelle

Pour aider des sportifs qui, au moment de leur réinsertion professionnelle, rencontrent des difficultés financières pour entreprendre des carrières commerciales ou libérales, la section du sport de haut niveau peut octroyer des avances, remboursables sur cinq années et dont la limite a été fixée à 200 000 F maximum.

b. Section du sport de masse

Elle a pour mission de répondre aux besoins des associations sportives :

- en matière de fonctionnement,
- en matière d'équipements immobiliers.

Une commission régionale du Fonds présidée par le préfet de région et composée paritairement de représentants du ministère de la Jeunesse, des Sports et des Loisirs et du mouvement sportif propose au ministre la répartition des sommes affectées à la région qui se traduisent par :

- des subventions aux associations,
- des subventions d'équipement aux associations,
- des subventions d'équipement aux collectivités locales,
- des investissements à l'Etat.

- *Les commissions régionales du F.N.D.S.*

— instituées par l'A. du 13 mars 1979 puis modifiées par le décret n° 87-65 du 4 février 1987 ;

— dans chaque région, une commission régionale est chargée de faire des propositions ou suggestions au Conseil du F.N.D.S. ;

— elles donnent leur avis au préfet de région sur la répartition des aides accordées pour les organismes et actions d'intérêt régional ou local et au préfet de département pour les organismes et actions d'intérêt départemental ou local.

• *Ressources du F.N.D.S.*

En 1992, elles proviennent :

1. du prélèvement sur les sommes misées au loto sportif (30 %) et sur le match du jour (20 %) ;

2. du prélèvement sur les sommes misées au loto national (2,5 %) ;

3. du prélèvement des sommes engagées au pari mutuel urbain (0,077 %) ;

4. de l'excédent du produit de la taxe sur les débits de boissons (T.S.D.B.) ;

5. du remboursement des avances consenties aux A.S. ;

6. de recettes diverses et accidentelles.

Les trois premiers prélèvements représentent près de 95 % du montant global du F.N.D.S.

La loi de finances pour 1994 modifie ce schéma puisque désormais il sera prélevé :

— 2,3 % (des enjeux) de la Française des Jeux à la place des prélèvements du loto national et loto sportif,

— 0,1 % du P.M.U (au lieu de 0,077 %).

c. Evolution des ressources

L'évolution des ressources du F.N.D.S. depuis 1981 est indiquée dans le tableau ci-dessous.

	1987	1988	1989	1990	1991	1992
Loto sportif	469,4*	461,7	423,3	257,5	196,1	187,8
Loto national	253,1	287,9	295,1	324,9	373,3	343,6
Pari mutuel	17,5	22,6	23,8	25,9	26,5	30,6
T.S.D.B.	29,5	34,5	32,1	33,0	33,9	32,9
Remb. avances ..	0,6	1,1	0,9	0,4	0,4	0,4
Recettes diverses	3,1	2,8	6,9	0,1	0,1	0,1
Total	**773,3**	**810,9**	**776,1**	**642,0**	**630,5**	**595,4**

* En millions de francs.

Les recettes du Fonds ont plus que triplé de 1981 à 1987 et presque doublé de 1984 à 1987. La création du loto sportif en 1985 a eu un effet déterminant sur le volume des ressources du Fonds.

Cependant on constate que pour la première fois, en 1987, les recettes réelles sont inférieures de 26,5 MF à celles de l'exercice précédent et de 226,6 MF aux évaluations de la loi de finances pour 1987. Ceci est la conséquence d'une baisse du rendement du loto sportif qui a été atténuée mais non enrayée, par une réforme du jeu intervenue en septembre 1987 permettant d'augmenter le nombre de gagnants.

Pour 1994, la somme arrêtée par le ministère des Finances est de 850 millions de francs.

d. Pour l'année 1994, les recettes du F.N.D.S. sont estimées à 850 milliards de francs

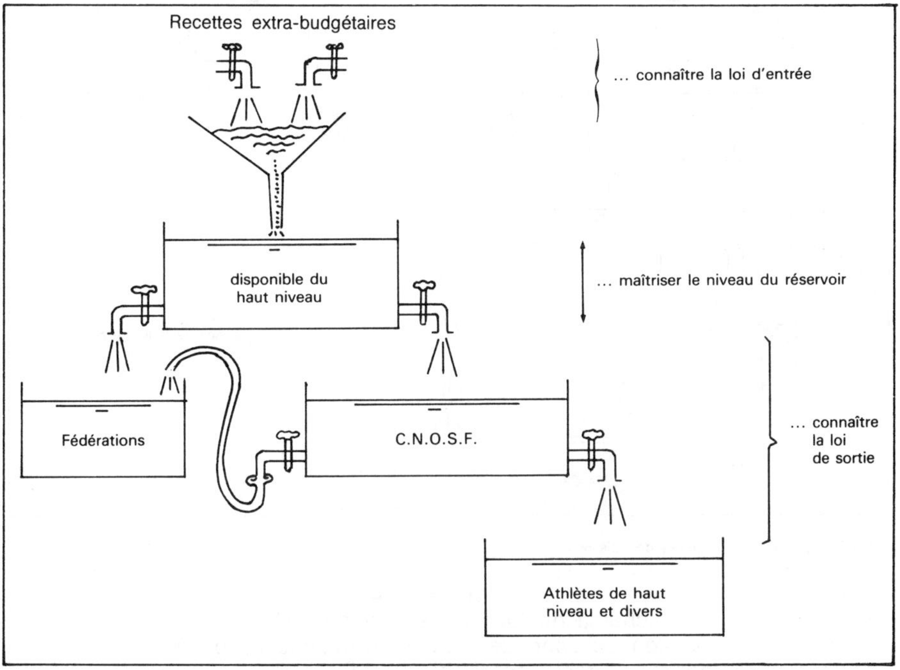

Figure 39.1
Schéma du fonctionnement du F.N.D.S. (Section du sport de haut niveau) (d'après un document établi par M. Claude Bruchon)

39.1.3.2. Structures ministérielles

a. La Commission Nationale du Sport de haut niveau (décret n° 93-1034 du 31 août 1993) (voir chap. 37.3)

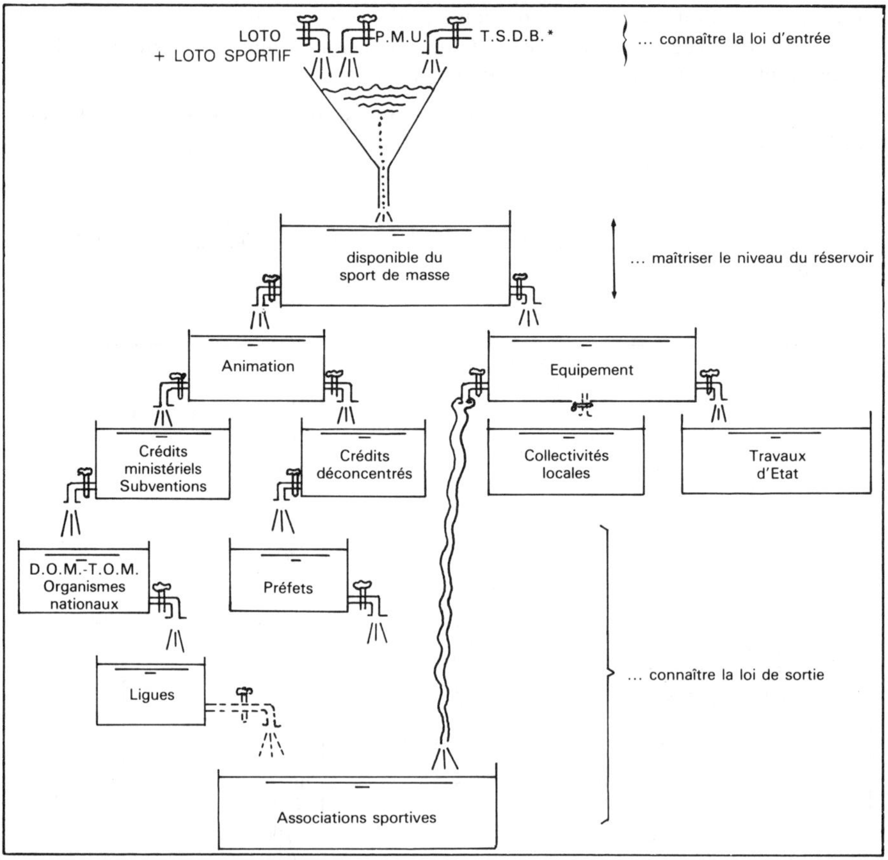

* Taxe Spéciale sur les Débits de Boissons.

Figure 39.2
Schéma du fonctionnement du F.N.D.S.
Section du sport de masse (et marché national)
(d'après un document établi par M. Claude Bruchon)

b. Structures de l'administration centrale

La récente réorganisation de l'administration centrale du Secrétariat d'Etat à la Jeunesse et aux Sports ne remet pas en cause les compétences et missions traditionnelles de l'Etat dans le domaine du sport de haut niveau. Aujourd'hui c'est au sein du département de la vie de l'athlète que ces compétences sont exercées.

c. Les centres permanents d'entraînement et de formation

La mise en place depuis 1981 d'une vaste politique de décentralisation a également concerné la pratique sportive de haut niveau. Le projet de création de Centres d'entraînement et de formation décentralisés a été lancé par le ministère chargé des Sports en liaison avec le C.N.O.S.F. et les Fédérations. La réalisation du projet a été placée sous la responsabilité de la Commission Nationale du Sport de haut niveau. Les Centres Nationaux ou Régionaux ainsi mis en place devraient permettre l'accueil des athlètes de haut niveau dans des conditions optimum de formation et d'entraînement.

Dès l'année 1985, 77 centres devaient être ouverts sur proposition des Fédérations, concernant 1 500 à 1 800 athlètes. En 1986, 2 100 sportifs devraient être répartis dans 90 centres.

d. La mission de préparation olympique : la S.E.P.O.

Depuis 1960 et les J.O. de Rome, la France a instauré une politique de préparation olympique dite permanente.

Marceau Crespin, premier délégué à la P.O. a été aujourd'hui remplacé par un groupement d'intérêt public (G.I.P.) prévu par l'article 50 de la loi du 16 juillet 1984 et dénommé « Sport d'élite et préparation olympique » (S.E.P.O.).

Cet organisme, installé à l'I.N.S.E.P., est composé par le ministère de la Jeunesse et des Sports, le C.N.O.S.F. et l'I.N.S.E.P.

Sa mission est de promouvoir l'équipe de France olympique avec l'appui des fédérations sportives. Elle organise notamment des stages de regroupement multi-disciplinaires en faveur des sportifs à potentiel olympique (missions de reconnaissance sur les sites olympiques), et publie un hebdomadaire intitulé *France J.O.*

39.1.3.3. Convention cadre pour le développement du sport de haut niveau

Signée en 1978 entre le ministre de la Jeunesse, des Sports et des Loisirs et le Comité National Olympique et Sportif Français, la « convention cadre pour le développement du sport de haut niveau » a été renouvelée dans les mêmes termes lors du colloque de Marly-le-Roi, tenu les 2 et 3 mars 1981.

Les deux signataires s'engagent :
- — à définir et mettre en œuvre une politique permanente du sport de haut niveau ;
- — à doter le sport français des structures techniques et médicales propres à atteindre cet objectif ;
- — à permettre aux athlètes de représenter dignement la France dans les compétitions internationales ;
- — à assurer leur préparation et à veiller à leur situation socio-professionnelle, et à leur garantir une situation professionnelle en rapport avec leurs capacités ;
- — à associer les présidents des fédérations sportives aux décisions relatives à la politique du sport de haut niveau dans leur discipline.

La commission du Sport de Haut Niveau est chargée de l'application de la convention.

Pour sa part, le C.N.O.S.F. s'engage à faire établir par les fédérations sportives des programmes pluri-annuels de développement du sport de haut niveau ;

— à veiller à la conformité de l'emploi par les fédérations sportives des moyens décidés par la commission du Sport de Haut Niveau ;
— à procéder, sur proposition des fédérations sportives, à l'engagement des athlètes aux Jeux Olympiques et aux jeux régionaux, en conformité avec les dispositions de la charte olympique.

Enfin, le ministre chargé des Sports s'engage :

— à présenter à la commission, avant décision, toute disposition relative au sport de haut niveau ;
— à remettre à la commission tout renseignement, notamment de nature financière, propre à faciliter sa tâche ;
— à dégager les moyens financiers permettant la mise en œuvre des décisions de la commission ;
— à maintenir l'aide de l'Etat aux fédérations sportives pour leurs activités internationales ;
— à prendre auprès des autres membres du Gouvernement les initiatives nécessaires à la solution des problèmes posés par le sport de haut niveau.

Des contrats, sous forme d'avenants à la présente convention, signés par le ministre chargé des Sports, le président de la fédération et les athlètes concernés pourront être passés, après accord de la commission, pour préciser les engagements respectifs des signataires, en vue de la réalisation des objectifs de la présente convention.

Arrêté fixant les modalités particulières d'examen du brevet d'Etat à 3 degrés d'éducateur sportif pour les athlètes de haut niveau

(Voir titre VII, arrêté du 30 novembre 1992, page 745)

39.1.3.4. Insertion sociale et professionnelle de l'athlète de haut niveau

a. Politique du sport de haut niveau

Dans un discours prononcé le 12 septembre 1981 à Lille, à l'occasion de l'ouverture des Championnat du monde d'halthérophilie Monsieur Pierre Mauroy, Premier ministre, a pour la première fois dans l'histoire de la Ve République, défini la politique de l'Etat en faveur du développement de la pratique sportive.

Cette action se traduit par un soutien renforcé et personnalisé en faveur du sport de haut niveau mais également par une aide accrue en direction de la pratique de masse.

Le choix de cet objectif répond au souci de mettre un terme à la distinction entre sport de masse et sport d'élite, d'éviter de poser en terme de reconversion, le problème de l'insertion socioprofessionnelle des sportifs de haut niveau et d'associer les entreprises et plus généralement le monde du travail à la promotion du sport de haut niveau.

L'instrument choisi par le ministère de la Jeunesse et des Sports pour atteindre cet objectif est l'accord contractuel par voie de convention entre le ministère et les grandes entreprises publiques ou privées ou d'autres administrations.

Ces conventions sont des engagements réciproques aux termes desquels une administration ou une entreprise publique ou privée s'engage à employer — sur recrutement externe ou interne — des athlètes de haut niveau sur des postes de travail à temps partiel (le plus souvent un mi-temps) tout en leur assurant une pleine rémunération. En contrepartie, l'Etat s'engage à favoriser par diverses modalités (subventions d'équipement, crédits d'éducateurs, formation d'un encadrement) la pratique sportive des salariés de l'entreprise.

L'objectif du ministère de la Jeunesse et des Sports est aussi de démultiplier son action par une régionalisation des conventions. Les maîtres d'œuvre de cette politique d'insertion sociale et professionnelle des athlètes de haut niveau seront placées sous l'autorité des préfets, les directions régionales et départementales de la Jeunesse et des Sports.

Ces conventions régionalisées pourraient être passées avec les collectivités locales qui, pour certaines, ont déjà fait des propositions, et avec les services extérieurs d'autres administrations ou avec des entreprises de la région.

Cette politique d'insertion professionnelle des athlètes de haut niveau répond à la volonté d'éviter l'étatisation ou la commercialisation du sport de haut niveau. Elle se situe entre la sponsorisation des athlètes par les universités adoptée outre-atlantique et la prise en charge totale des athlètes par l'Etat à l'instar des pays de l'Est.

b. Conventions

Des conventions ont été établies entre le ministre de la Jeunesse et des Sports et les organismes suivants : Ministère des P.T.T., Société Nationale Industrielle Aéroportiale, Electricité de France et le Gaz de France, Régie Autonome des Transports Parisiens, Société Nationale des Chemins de Fer Français, Compagnie I.B.M.-France, le Crédit Lyonnais, l'Union des Assurances de Paris, etc.

A titre d'exemple les conventions suivantes établissent les liens entre le ministère de la Jeunesse et des Sports et les organismes intéressés pour mettre en œuvre une politique sportive.

Convention entre le ministre de la Jeunesse et des Sports et Electricité de France et le Gaz de France

Le ministère de la Jeunesse et des Sports est chargé auprès du Gouvernement de la mise en œuvre d'une politique sportive globale comprenant le développement du sport de haut niveau et celui de la pratique sportive par le plus grand nombre, notamment au niveau des entreprises.

1. ÉLECTRICITÉ DE FRANCE ET LE GAZ DE FRANCE s'engagent à réserver 25 postes pour les athlètes de haut niveau désignés par le ministère de la Jeunesse et des Sports sur proposition des fédérations sportives concernées. Le recrutement de ces athlètes se fera dans le cadre des dispositions du statut national du personnel des industries électriques et gazières. Seront, également placés dans ces postes les sportifs répondant à la définition ci-dessus et faisant déjà partie du personnel d'ÉLECTRICITÉ DE FRANCE et du GAZ DE FRANCE.

Pendant leur carrière sportive les athlètes de haut niveau bénéficieront de conditions de travail leur permettant l'entraînement et la pratique sportive de haut niveau, tout en acquérant, ou améliorant, leur formation professionnelle.

A l'issue de leur carrière sportive, ils seront affectés dans des postes d'exploitation correspondant à la qualification acquise.

Afin de favoriser le développement de la pratique sportive au niveau situé en-dessous de celui qui est traité précédemment, les directions générales engageront rapidement négociations avec les organisations syndicales représentatives du personnel dans le but d'un réexamen des dispositions prises en faveur des agents d'ÉLECTRICITÉ DE FRANCE et du GAZ DE FRANCE participant à des compétitions officielles organisées par les fédérations sportives.

2. Le ministère de la Jeunesse et des Sports s'engage à aider ÉLECTRICITÉ DE FRANCE et GAZ DE FRANCE en contrepartie des dispositions du point 1, ainsi que les organismes sociaux du personnel, dans leurs efforts pour développer la pratique sportive au sein de l'entreprise, par des moyens financiers permettant de participer à la rémunération d'animateurs sportifs, à leur formation ou à l'acquisition de matériel sportif.

Le 10 février 1982,
à PARIS

Edwige AVICE,
Ministre de la Jeunesse et des sports.

Charles CHEVRIER,
Directeur général
d'Electricité de France

Jacques MAIRE
Directeur général adjoint
du Gaz de France

Convention entre

— le MINISTÈRE DÉLÉGUÉ A LA JEUNESSE ET AUX SPORTS représenté par Madame Edwige Avice, ministre délégué,

et

— le CRÉDIT LYONNAIS, représenté par Monsieur Jean Deflassieux, Président.

Dans le cadre des directives gouvernementales concernant le développement de la pratique des sports, le ministre chargé de la Jeunesse et des Sports met en œuvre les moyens nécessaires pour permettre aux meilleurs athlètes français de préparer parallèlement une carrière sportive de haut niveau et une intégration normale dans la vie active.

Pour mener à bien cette politique en offrant des conditions d'emploi et de préparation sportive, le ministre chargé de la Jeunesse et des Sports et le président du CRÉDIT LYONNAIS ont convenu ce qui suit :

1. Le CRÉDIT LYONNAIS est disposé à embaucher, dans le cadre de la Convention collective de la Banque, plusieurs athlètes de haut niveau dans la perspective de leur intégration normale au sein de la Banque.

- Cinq postes seront réservés dans un premier temps à des athlètes de haut niveau figurant sur les listes établies par le ministère chargé de la Jeunesse et des Sports et qui auront manifesté leur intérêt pour le développement d'une carrière bancaire.
- Une extension à dix postes sera envisagée ultérieurement si l'intégration des premiers athlètes s'avère, d'un commun accord, concluante.

2. Le recrutement, l'insertion et l'affectation des intéressés se feront conformément aux règles propres du Crédit lyonnais, en matière :

- d'âge,
- de qualification et d'aptitude,
- de formation scolaire et universitaire.

Les candidats retenus dans ce cadre bénéficieront de conditions de travail leur permettant l'entraînement et la pratique sportive de haut niveau tout en acquérant ou améliorant leur formation professionnelle.

Ils devront assurer un temps de travail effectif au moins égal à la moitié du temps de travail légal pratiqué dans la banque.

3. Au terme de leur situation d'athlètes de haut niveau, les intéressés seront affectés à temps complet à des postes correspondant à la qualification qu'ils auront acquise et leur permettant, suivant leurs capacités, un développement de carrière normal au sein du CRÉDIT LYONNAIS.

4. Les modalités pratiques de cette action seront arrêtées et suivies par les services concernés du ministère chargé des Sports et du CRÉDIT LYONNAIS qui devront rester en relation permanente. Au cours de réunions périodiques (une au moins par trimestre), rassemblant les deux parties, seront évoquées les différentes questions intéressant le bon déroulement de l'action entreprise.

5. Le ministre chargé de la Jeunesse et des Sports s'engage à aider le CRÉDIT LYONNAIS dans son effort de développement de la pratique sportive, notamment par la formation de cadres sportifs au sein de l'entreprise.

6. La présente convention est conclue pour une durée de deux ans. Elle sera ensuite renouvelée année par année, par tacite reconduction, sauf dénonciation par l'une ou l'autre partie, sous réserve d'un préavis de trois mois.

FAIT A PARIS, le 29.07.1982

LE MINISTRE DÉLÉGUÉ A LA JEUNESSE ET AUX SPORTS,	LE PRÉSIDENT DU CRÉDIT LYONNAIS,
Edwige AVICE	Jean DEFLASSIEUX

39.2. Pratique sportive individuelle pour le plus grand nombre

L'une des missions du Ministère de la Jeunesse et des Sports est d'assurer le développement de la pratique des activités physiques ou sportives par le plus grand nombre.

Une circulaire en date du 12 novembre 1981 fixe les grands axes des actions qui seront menées par le Ministère en vue du développement de la pratique sportive individuelle.

Une nouvelle circulaire du 8 mars 1985 redéfinit les objectifs et les fondements de la politique ministérielle pour le développement de la pratique des activités physiques et sportives pour le plus grand nombre. La volonté du Ministère est de démocratiser le sport, c'est-à-dire de mettre les A.P.S. à la portée de tous les individus quels que soient leur âge, leurs capacités physiques ou leur condition sociale. De plus, il convient de permettre à chacun d'exercer sa liberté de choix quant aux activités qu'il entend exercer, ses formes (ludique ou compétitive), son cadre (associatif, familial ou hors structures). Aussi convient-il :

- d'informer le public sur les différentes activités physiques ;
- d'assurer l'ouverture des Associations et notamment des Associations sportives sur le sport de loisir ;
- de favoriser la réalisation d'équipements ouverts de proximité ainsi que l'utilisation optimale de l'espace naturel pour la pratique des activités physiques et sportives.

Le ministère invite à l'élaboration de plans départementaux associant tous les partenaires au développement du sport (Etat, Collectivités territoriales, associations sportives, institutions sociales des entreprises).

Cette politique ministérielle s'organise autour de 6 axes principaux.

39.2.1. La promotion des activités physiques et sportives, l'information et la sensibilisation du public

Ce premier axe d'action vise essentiellement les non pratiquants. Cette promotion doit :

- associer information et animation afin de permettre une réelle découverte par le public ;
- se dérouler sur les lieux de vie de la population pour toucher tous les publics ;
- apporter des informations pratiques qui permettront au public de continuer à pratiquer l'activité de son choix.

Les réponses apportées au plan national telles que campagnes de promotion, semaine du sport pour tous, parcours du cœur, brochures de vulgarisation, programme informatique devront être intégrées dans la mise en œuvre des plans départementaux.

39.2.2. L'ouverture des Associations

Cette action est considérée comme fondamentale pour la réussite de la politique nationale. Le public qui souhaite pratiquer une activité physique de loisir en bénéficiant de la dimension supplémentaire qu'apporte la vie associative et de la sécurité procurée par un encadrement compétent doit pouvoir en faire le choix. La convention signée entre le ministère et le C.N.O.S.F. ainsi que la participation de la quasi totalité des fédérations à la semaine du sport pour tous, démontre l'intérêt du mouvement sportif pour cette question. Quant aux associations sportives locales, leur participation aux opérations « sport, vacances », doit être encouragée.

39.2.3. La formation des cadres

L'ouverture des associations et la création de sections loisir ne sont possibles que si les clubs peuvent disposer de cadres professionnels ou bénévoles compétents dans ce domaine. Le brevet d'Etat d'animateur d'activités physiques pour tous a été créé afin d'apporter une réponse aux besoins des collectivités locales, des entreprises et des associations en cadres professionnels de bon niveau.

C'est un arrêté du 10 octobre 1984 qui crée ce nouveau brevet d'Etat.

- Vocation du diplôme.

Le titulaire de ce diplôme a une formation qui lui permet d'animer pour le plus grand nombre des activités physiques dans une perspective de développement et de maintien des capacités individuelles. Toutefois le titulaire du diplôme ne peut assurer l'encadrement technique d'une discipline sportive ou de pleine nature réglementée par d'autres brevets d'Etats d'éducateur sportif. Il peut seulement apporter son soutien au cadre technique spécialisé. De même, il ne peut exploiter à titre libéral un établissement d'éducation physique ou sportive.

- Organisation de la formation.

1. Le test d'entrée en préformation comprend :
   — une épreuve de natation,
   — un test d'aptitude physique,
   — un parcours d'habileté motrice.

Le contenu du test d'entrée en préformation est détaillé en annexe de l'arrêté du 5 février 1985.

2. Le stage de préformation a une durée de 40 heures et précède la formation proprement dite qui n'est ouverte qu'aux détenteur de la formation commune aux brevets d'Etat d'éducateur sportif 1er degré. Le contenu du stage de préformation réside dans une approche technique et pédagogique des activités physiques pour tous, il organise l'animation par le stagiaire d'une séance d'activité physique pour tous.

3. La formation comprend :
a. un stage en situation,
b. des unités de formation,
c. un stage final,
pour une durée de 410 heures.

a. *Le stage en situation* d'une durée minimale de 50 heures s'effectue dans le cadre d'associations ou d'organismes agrées. Le candidat est suivi par un conseiller pédagogique.

b. *Les unités de formation* sont :
— pédagogie des activités physiques pour tous (80 h) ;
— développement et maintien des capacités physiques *par* les activités physiques d'entretien et d'expression (40 h) ;
— développement et maintien des capacités physiques *au travers* d'activités physiques pour tous (40 h) (jeux collectifs, d'opposition, d'adresse) ;
— développement et maintien des capacités physiques au travers d'activités physiques d'extérieur (40 h) ;
— perfectionnement des connaissances pour une catégorie d'âge particulière et les secteurs d'activités spécifiques (40 h) ;
— découverte et organisation d'activités physiques de pleine nature au travers de l'approche du milieu environnant (40 h).

c. Un stage final d'une durée de deux semaines aboutit à l'examen final. L'examen final comporte :
— un écrit de 3 heures (coef. 1) pour l'évaluation des connaissances ;
— une animation directe d'une séance d'une heure (coef. 1) ;
— une discussion de 30 minutes avec le jury (coef. 1).

39.2.4. L'ouverture des équipements existants et création d'équipements ouverts de proximité

Trois axes principaux peuvent être retenus :
1. L'ouverture libre des équipements sportifs existants au public grâce à une sensibilisation des collectivités locales ;
2. La réalisation d'équipements de proximité permettant la valorisation des espaces libres en zones urbanisées (mobilier sportif, parcours « sportez vous bien », parcours de type CRAPA) ;
3. L'utilisation des possibilités offertes par l'espace naturel environnant, notamment par la valorisation des plans de randonnée (pédestre, cycliste, équestre, nautique...) des bases de plein air, et la création de parcours de type CRAPA.

39.2.5. Actions en faveur des publics particuliers

a. Troisième âge, retraités et personnes âgées

Un effort de promotion de ce secteur est mené en liaison avec les fédérations. Pour favoriser cette action des stages de formation sont mis en place à destination des assistants départementaux.

Enfin un *diplôme d'animateur d'activités physiques du 3e âge* inscrit au groupe III du tableau A de l'arrêté du 30 juillet 1965 sanctionne les formations des fédérations œuvrant dans ce domaine.

La Circulaire du 8 mars 1985 apporte pour les actions en faveur de ce public particulier quelques orientations.

- Il est souhaitable de parvenir à l'intégration des retraités et personnes âgées dans les structures sportives ordinaires, afin d'éviter un cloisonnement supplémentaire préjudiciable à la bonne intégration sociale de ces personnes.
- L'accent doit être porté sur la formation des retraités pour l'encadrement des activités physiques pour d'autres retraités et des autres couches de la population.
- Enfin la mise en œuvre de ces actions doit se faire conjointement entre les services extérieurs du ministère, le mouvement sportif, les directions départementales ou régionales de l'action sanitaire et sociale, ainsi qu'avec l'U.N.O.P.A. (Union nationale des offices de personnes âgées).

b. Handicapés

Une réflexion sur le développement des activités sportives chez les handicapés est en cours.

Déjà un examen spécifique pour l'enseignement du sport aux handicapés physiques est en place. Il s'inscrit dans le cadre de la réglementation fixée par le décret du 15 juin 1972 portant création d'un Brevet d'Etat à 3 degrés d'éducateur sportif et par les arrêtés du 8 mai 1974 relatifs aux examens de formation commune et de formation spécifique pour la délivrance de ce brevet.

De même un arrêté du 20 juin 1984 crée le brevet d'Etat d'éducateur sportif du premier degré pour l'encadrement des activités physiques et sportives des personnes handicapées mentales. Cet arrêté complété par l'arrêté du 20 mai 1985 organise la formation spécifique à ce brevet. Une préformation de 80 heures est requise. Un stage en situation étalé sur 6 mois, cinq unités de formation de 40 heures chacune et un stage final de 40 heures aboutissent à un examen final. Des formations sur la pratique sportive des handicapés peuvent être intégrées dans les différents brevets d'Etat.

Pour ce public particulier également l'objectif est d'assurer chaque fois que possible l'intégration dans les structures et les manifestations sportives ordinaires.

c. Sport dans l'entreprise

L'entreprise est l'un des lieux où peut être menée l'action en faveur du développement des activités physiques par le plus grand nombre.

En outre, les contraintes dues au travail rendent nécessaire la pratique des activités physiques et sportives. Dans cet esprit, la promotion de l'éducation physique utilitaire et professionnelle (E.P.U.P.) est encouragée par le Ministère de la Jeunesse et des Sports.

Au sein des entreprises, le Comité d'Entreprise (obligatoire dans les entreprises de plus de 50 salariés) est compétent pour connaître ces problèmes.

« Les œuvres sociales établies dans l'entreprise au bénéfice des salariés ou anciens salariés de l'entreprise et au bénéfice de leur famille comprennent ... les œuvres sociales ayant pour objet l'utilisation des loisirs et l'organisation sportive » (article R.432-2 du Code du travail).

A l'initiative des directions d'entreprise, des activités physiques et sportives ont été introduites. Au stade initial, la pratique des activités physiques et sportives est obligatoire durant la formation des apprentis.

Au niveau de la formation continue, tous les stages de formation professionnelle continue visés à l'article L. 900.2 du Code du travail peuvent comporter des activités physiques et sportives, quel que soit l'âge des stagiaires.

Elles sont obligatoirement prévues dès lors que les stages s'adressent à des jeunes gens de moins de 18 ans (article L. 900.3 du Code du travail).

• *Certificat d'aptitude à l'animation des activités physiques et sportives dans les entreprises*

(Arrêté du 27 février 1978 — J.O. du 3 mars 1978 —)

En application de la loi du 29 octobre 1975 relative au développement de l'éducation physique et du sport, et notamment des dispositions de son article 16, un certificat d'aptitude à l'animation des activités physiques et sportives dans les entreprises a été créé par le ministère de la Jeunesse, des Sports et des Loisirs.

Il est intéressant de noter toutefois que ce certificat « ne confère aucune compétence en matière d'enseignement sportif ».

Il sanctionne la qualification de salariés d'entreprises, chargés à temps plein ou à temps partiel de l'organisation et du développement des activités physiques et sportives dans les entreprises. Son objet essentiel est de favoriser le développement des activités physiques et sportives dans les entreprises, d'inciter les entreprises à accorder un crédit horaire pour mener l'animation, d'enrichir les compétences des animateurs et d'associer les salariés des entreprises à toutes les manifestations « Sport pour Tous ».

Pour être admis à se présenter à cet examen, les candidats doivent remplir les conditions suivantes :

- être âgés de 20 ans au moins ;
- avoir travaillé 2 années au moins dans l'entreprise ;

- avoir suivi un stage probatoire d'une durée d'au moins 4 semaines.

Le candidat est présenté par l'entreprise où il exerce, après consultation du Comité d'Entreprise ou des délégués du personnel.

Aux termes du stage probatoire, les candidats au certificat d'aptitude à l'animation des activités physiques et sportives dans les entreprises doivent satisfaire à :

- une épreuve écrite portant sur l'administration des activités physiques et sportives dans les entreprises ;
- une épreuve orale sous forme de deux entretiens portant :
  a. sur l'animation des activités physiques et sportives dans l'entreprise ;
  b. l'initiation à la prévention, à l'hygiène et à la sécurité.

d. Les jeunes d'âge scolaire

La politique du Ministère chargé des sports en ce domaine est établie en liaison avec le Ministère de l'Education nationale. Cette politique commune a abouti à une circulaire du 13 décembre 1984 portant sur l'aménagement du temps scolaire dans le premier degré, sur le développement des liaisons de l'école avec les partenaires éducatifs locaux.

Cette entreprise d'ouverture de l'école sur son environnement a reçu l'aide du Ministère chargé des sports et particulièrement de ses services extérieurs que sont les Directions départementales de la Jeunesse et des Sports.

Pour le domaine sportif cette politique devait aboutir à la réalisation de projets communs aux équipes pédagogiques des écoles et aux associations sportives locales ou aux services municipaux des sports. Par ces actions communes pourra se concrétiser l'intervention des moniteurs municipaux des sports ou des animateurs sportifs des associations, auprès des jeunes d'âge scolaire. Les interventions extérieures nécessitent naturellement le contrôle de la compétence des cadres concernés par une procédure d'agrément.

Le programme d'aménagement du temps scolaire (ATS) a été remplacé au cours de l'année 1987 par un nouveau programme d'aménagement des rythmes extrascolaires (ARES) intitulé opération « Contrats bleus ».

Cette opération a fait l'objet de circulaires du 10 décembre 1986 et du 11 février 1987. Elle vise aux moyens de « Contrats bleus » passés entre l'Etat et les Communes en liaison avec les associations locales, à développer au bénéfice des enfants des écoles élémentaires publiques et privées la pratique volontaire d'activités sportives, culturelles et scientifiques.

Les activités proposées dans le cadre de ces contrats bleus ont lieu les jours de classe en dehors du temps scolaire, quelle que soit l'heure de la fin de celui-ci, et éventuellement entre les temps scolaires.

Un seuil minimal d'intérêt pour l'enfant des activités proposées se situe pour chaque enfant, à quatre heures par semaine, hors du temps scolaire réparties sur 2 jours de classe par semaine, à l'exclusion du mercredi et du samedi, pendant trente semaines par an.

Dans la plupart des cas ces activités ont lieu après le temps de classe, mais d'autres modalités peuvent être envisagées en fonction des données locales (périodes comprises entre les temps scolaires du matin et de l'après-midi, plages de temps libérées par l'école, etc.).

Si c'est la Commune qui se voit chargée de l'organisation générale des activités, ce sont surtout les associations locales qui assurent l'accueil et l'activité pédagogique des enfants. Pour sa part la direction départementale de la Jeunesse et des Sports est notamment chargée de s'assurer de la compétence des intervenants éventuellement de participer à leur formation dans le cadre du Service public régional de formation.

L'instruction du 13 avril 1989, relative aux rythmes de vie des enfants des écoles maternelles et élémentaires précise que dorénavant l'appellation qualifiant ces opérations s'intitule « Contrats d'aménagement du temps de l'enfant ». Par ailleurs, un nouveau label « le contrat de ville » témoigne de la qualité reconnue à une projet global.

Le B.A.P.A.A.T.

Un nouveau diplôme de niveau 5, le B.A.P.A.A.T. ou brevet d'aptitude professionnelle d'assistant-animateur-technicien de la jeunesse et des sports, a été créé par le décret du 12 janvier 1993. Il apporte une qualification professionnelle pour l'encadrement, l'animation et l'accompagnement des A.P.S. et des activités socioculturelles. L'arrêté du 4 mars 1993 précise qu'il existe trois options dans ce diplôme :
— loisirs du jeune enfant ;
— loisirs tout public ;
— loisirs de pleine nature.

40. L'organisation des activités physiques et sportives en milieu scolaire et universitaire

L'article 1er de la loi du 16 juillet 1984 relative à l'organisation et à la promotion des A.P.S. précise que les A.P.S. sont un élément fondamental de l'éducation.

Ces activités sont inscrites dans tout programme de formation. Elles sont exercées et sanctionnées comme toute autre discipline dans tous les examens ou concours, compte tenu des indications médicales.

Dans l'enseignement du premier et du second degré, tout élève bénéficie d'une initiation sportive. Cet enseignement est gratuit et à la charge de l'Etat. Il est donné soit par des enseignants, soit sous la responsabilité pédagogique de ces derniers, par des éducateurs sportifs.

Il est organisé par les établissements d'enseignement publics et privés et les associations sportives de ces établissements, avec le concours des services du ministère chargé des sports et des groupements sportifs.

Dans l'enseignement du premier degré, les activités physiques et sportives sont enseignées par les instituteurs.

Dans tout établissement du second degré public ou privé, il est créé une association sportive constituée conformément à des statuts types approuvés par décret en Conseil d'Etat.

Les associations des établissements de l'enseignement public du second degré sont obligatoirement affiliées à une union nationale du sport scolaire. (U.N.S.S.).

Les établissements publics à caractère scientifique et culturel concourent au développement des activités physiques et sportives dans les conditions fixées par la loi du 26 janvier 1984 sur l'enseignement supérieur.

Les conseils compétents peuvent soit rendre la pratique du sport obligatoire pour chaque étudiant, soit l'inscrire comme matière à option.

Il est créé une fédération nationale du sport universitaire (F.N.S.U.) à laquelle sont obligatoirement affiliées les associations sportives universitaires et dont les statuts sont soumis à approbation par décret en Conseil d'Etat.

Des formations en sciences et techniques des activités physiques et sportives (S.T.A.P.S.) sont organisées et sanctionnées conformément aux dispositions de la loi d'orientation du 26 janvier 1984 sur l'enseignement supérieur.

Le domaine de compétence du ministre de l'Education nationale couvre aujourd'hui l'éducation physique et sportive ainsi que le sport scolaire.

40.1. L'éducation physique et sportive à l'école élémentaire

Dans l'enseignement du premier degré, les activités physiques et sportives sont enseignées par les instituteurs formés, conseillés à cet effet et éventuellement assistés en cas d'impossibilité, par un personnel qualifié.

L'arrêté du 23 avril 1985 fixe les horaires d'éducation physique et sportive applicables aux différents cycles des études élémentaires. Ils sont de 5 heures hebdomadaires pour 27 heures au total.

Il convient de rappeler que l'éducation physique a été introduite dans les horaires et les programmes de l'enseignement élémentaire par l'arrêté organique du 18 janvier 1877.

200 000 instituteurs et institutrices enseignent l'E.P.S. aux 4 millions d'enfants de l'école élémentaire.

80 000 instituteurs enseignent l'E.P.S. aux 2 millions d'enfants des écoles maternelles.

40.1.1. Place de l'instituteur et programmes

L'instituteur est chargé d'enseigner l'éducation physique et sportive au même titre que le français, les mathématiques ou les disciplines d'éveil.

L'intervention de l'instituteur dans ce secteur d'activité permet, outre la coordination de l'action éducatrice, une coopération maître-élèves plus confiante.

L'unicité du maître est de règle. Toutefois dans les établissements à plusieurs classes, un instituteur ou une institutrice peut se voir confier l'enseignement de l'éducation physique et sportive dans une autre classe. Cette formule est appelée : semi-spécialisation. Elle correspond à un travail d'équipe.

La loi du 16 juillet 1984 rappelle ces principes ; toutefois elle prévoit qu'au sein de l'équipe pédagogique des instituteurs peuvent avoir acquis une qualification dominante en E.P.S. pendant leur formation initiale ou continue.

La loi prévoit également que toutefois, en tant que de besoin, un personnel qualifié et agréé peut assister l'équipe pédagogique, à la demande, et sous la responsabilité de cette dernière.

Les programmes d'E.P.S. à l'école primaire sont aujourd'hui définis par un arrêté du 15 mai 1985.

a. Nature et objectifs

L'éducation physique et sportive perfectionne les conduites motrices, améliore la sécurité et l'efficacité des actions, ainsi que l'aisance du comportement. Elle favorise le développement corporel, psychologique et social.

L'élève, qui connaît mieux ses limites, améliore ses performances et se situe parmi les autres. Le goût durable des pratiques sportives concourt à l'équilibre et à la santé, affermit le sens de l'effort, habitue à l'action collective. C'est pourquoi l'éducation physique et sportive est une éducation à la responsabilité.

b. Instructions

L'éducation physique et sportive à l'école élémentaire se fonde sur deux principes : la formation de l'élève est polyvalente, le maître est responsable de l'enseignement dispensé dans sa classe.

La polyvalence de la formation implique des activités diverses. Le maître assure le passage graduel des activités globales de la maternelle aux activités plus spécifiées du cours moyen, en évitant les spécialisations hâtives.

Afin que l'éducation physique et sportive soit un facteur de réussite, le maître est attentif aux différences motrices, physiologiques, intellectuelles, psychologiques et affectives des élèves. Il comprend la nécessité d'une pédagogie différenciée.

L'évaluation des progrès individuels et collectifs passe par l'élaboration de grilles de repères, et par la constitution d'un dossier : celui-ci sert de bilan et accompagne l'élève durant toute sa scolarité. A la fin du cours moyen, l'élève a la capacité de contrôler et d'identifier ses progrès.

Dans l'enseignement public, l'Union sportive de l'enseignement du premier degré (U.S.E.P.), fédération sportive scolaire et mouvement pédagogique, est appelée à jouer un rôle important dans le développement de la vie associative et dans la mise en œuvre des projets pédagogiques.

c. Programmes

• *Cours préparatoire*

Dans le prolongement de la maternelle, l'élève apprend à mieux connaître son corps et les possibilités qu'il lui offre ; il est mis en présence des autres dans des situations stimulantes :

— marcher, courir, lancer, sauter, rouler, grimper, danser, se tenir en équilibre, etc. ;
— manipuler des objets ou engins ;
— se familiariser avec l'eau ;
— s'adapter aux agrès et à des matériels divers : exploration, parcours de débrouillardise ;
— se déplacer et manier des engins avec ou sans support musical ou rythmique ;
— rondes et jeux chantés sur rythmes ou thèmes musicaux ;
— jeux de tradition enfantine, jeux collectifs avec ou sans matériel, jeux d'opposition.

- *Cours élémentaire*

Les activités deviennent plus spécifiques. Leur mise en œuvre doit permettre aux enfants de satisfaire leur besoin de mouvement par une pratique équilibrée et diversifiée.

— *Activités à caractère athlétique*
Diversifier et améliorer les actions de marche, de course, de sauts, d'équilibre, de porter, de lancer, à l'aide de parcours variés, d'obstacles, d'engins spécifiques.

— *Activités aquatiques*
Entrer dans l'eau, s'immerger, maîtriser sa respiration, se déplacer, nager.

— *Activités de pleine nature*
Initiation, parcours divers.

— *Activités à caractère gymnique*
Maîtriser des actions d'équilibre, d'agilité, de franchissement soit au sol, soit aux agrès: poutres, barres parallèles, barres fixes, espalier.

— *Activités de danse et d'expression*
Participer à des rondes et à des jeux chantés, à des danses individuelles ou collectives.
Découvrir le rythme et la mesure dans des évolutions variées.
Se familiariser avec les engins en gymnastique rythmique.

— *Jeux sportifs*
Jeux de tradition enfantine.
Jeux à base de course, de relais, de lancers.
Jeux collectifs améliorant placements et déplacements, maniement de balle, compréhension des rôles d'attaquant et de défenseur. Jeux d'opposition: maîtrise de l'équilibre, acceptation de la lutte loyale.

- *Cours moyen*

Les élèves s'engagent dans des activités plus spécifiées, individuelles ou collectives, à finalité sportive. Ils augmentent leur endurance, et s'orientent, en fonction de leur goût mais sans nuire à l'équilibre des diverses activités, vers des disciplines particulières.

— *Athlétisme*
Courses (d'endurance, de vitesse, de relais, etc.).
Lancers (balles, poids, etc.).
Sauts (hauteur, longueur, triple saut, etc.).

— *Natation*
Nage aisée, sur des distances longues, et en différents styles.
Plongeon, sauvetage.

— *Activités de pleine nature*
Activités terrestres: grands jeux, activités d'orientation, cyclotourisme, équitation, patinage.

Activités nautiques : canoë-kayak, voile.
Activités en terrain accidenté ou montagneux : escalade, ski, luge, en fonction des possibilités locales.

— *Gymnastique*
Parcours gymniques, gymnastique sportive, gymnastique rythmique sportive.

— *Danse et expression*
Danses créées ou apprises : maîtrise et enchaînement, individuels ou collectifs, des déplacements fondamentaux.

— *Jeux et sports collectifs*
Jeux de tradition.
Jeux régionaux.
Jeux et sports de combat.
Jeux et sports de raquette.
Sports collectifs : hockey, basket-ball, volley-ball, handball, football, rugby.

40.1.2. Le tiers temps pédagogique

a. Emploi du temps (règle générale)

Afin d'assurer l'indispensable continuité des exercices physiques, l'emploi du temps comporte, avant ou après les récréations, une séance quotidienne d'éducation physique d'une durée de 30 minutes.

b. Après-midi de plein air

Pour qu'elle figure expressément aux programmes, il est possible, en bloquant des heures imparties à l'éducation physique d'une part, aux activités dirigées d'autre part, de diposer du temps suffisant pour une sortie de plein air.

Les activités dirigées converties en une sortie de plein air doivent avoir une dominante correspondant à une activité physique.

Le libéralisme qui marque la rénovation pédagogique instituée par le tiers-temps pédagogique exclut tout découpage obligatoire de l'horaire d'éducation physique et sportive et conduit à laisser aux instituteurs le soin de prévoir une répartition tenant compte de tous les facteurs et principalement de l'âge des enfants, de leur milieu de vie, des intentions pédagogiques, de la disponibilité des équipements, des conditions de temps.

L'instituteur ou l'institutrice, responsable de l'organisation physique et sportive choisit les différents types de séances qu'il combine de façon harmonieuse, il est aidé dans cette tâche par le conseiller pédagogique de circonscription.

c. Rôle des conseillers pédagogiques de circonscription

Les conseillers pédagogiques de circonscription (C.P.C.) sont des instituteurs ou institutrices spécialisés en éducation physique et sportive, classés dans la catégorie des maîtres itinérants.

Leur tâche essentielle consiste à conseiller et à aider les maîtres titulaires et remplaçants dans l'organisation pédagogique des activités physiques et sportives. Ils doivent aussi contribuer à l'essor des activités physiques et sportives péri-scolaires et notamment dans le cadre de l'*Union Sportive des Ecoles Primaires* (U.S.E.P.). Les conseillers pédagogiques doivent favoriser les relations de l'école avec le secteur extra-scolaire et le sport civil. Ils collaborent au travail de formation organisé sous forme de stages par les *conseillers pédagogiques départementaux* (C.P.D.) avec l'accord des autorités compétentes.

A la rentrée de 1981, on comptait : 220 C.P.D., 1 002 C.P.C.

40.1.3. Formation des instituteurs et institutrices des écoles maternelles et élémentaires (1)

a. Unités de formation de base éducation physique et sportive (2 U.F.)

La formation initiale des élèves-instituteurs à l'Ecole Normale comporte désormais, en éducation physique et sportive, deux unités de formation dislactique de base dites : U.F. 1

Ces unités de formation ne sont pas séparables des autres activités physiques et sportives qui, sous la responsabilité principale des mêmes formateurs, concourent à la formation personnelle et professionnelle des futurs instituteurs.

Cette formation répond à une triple intention :

1. développer les composantes corporelles, motrices et sportives de la culture générale des élèves-instituteurs ;
2. permettre aux instituteurs d'acquérir la conviction :
   - que l'éducation des conduites motrices est une nécessité,
   - que cet aspect de la polyvalence est un atout pour l'efficacité de leur action éducative générale,
   - qu'ils doivent conduire les activités d'E.P.S. selon les mêmes démarches que les autres activités éducatives ;
3. assurer la formation pédagogique de base indispensable à l'enseignement de l'E.P.S.

Ces deux unités de formation (U.F. 1) doivent mettre tout élève-instituteur en mesure de faire face à l'ensemble des situations d'apprentissage qu'il lui reviendra de gérer.

(1) Une transformation du recrutement et des études des instituteurs est en cours de réalisation en 1985.

Elles constituent la part de l'éducation physique et sportive dans la *polyvalence minimale de base* de tout instituteur.

314 professeurs d'E.P.S. enseignent cette discipline dans les Ecoles Normales.

b. Unités de formation relevant du D.E.U.G. (2 U.F.)

Deux unités de formation relevant du D.E.U.G. peuvent être consacrées à l'éducation physique et sportive.

Elles sont conçues comme un approfondissement des connaissances et des compétences dans des domaines relevant des unités de formation de base en E.P.S. A ce titre, ces unités de formation s'articulent avec elles.

• *Objectifs*

A l'issue de ces unités de formation, l'élève-instituteur doit être capable :

1. d'identifier et de faire évoluer l'activité des enfants au travers d'une pratique physique diversifiée ;
2. d'identifier et de faire évoluer sa propre demande pédagogique dans le domaine de l'E.P.S. ;
3. de participer, au sein de l'équipe d'instituteurs de son école, à la mise en œuvre d'un programme d'enseignement de l'E.P.S. en relation avec le projet éducatif de l'école.

c. Unités de formation optionnelles en E.P.S. délivrées par les Ecoles Normales

Les unités de formation optionnelles en E.P.S. délivrées par les Ecoles Normales s'inscrivent dans l'ensemble de la formation qui doit permettre à l'instituteur de prendre en charge l'enseignement de l'E.P.S. à tous les niveaux : de l'école maternelle et de l'école élémentaire.

• *Intentions*

Les unités optionnelles complètent :

— les unités de formation de base (2 U.F.) E.P.S.,
— éventuellement, les unités de formation optionnelles dans le cadre du D.E.U.G. (2 U.F.).

Elles constituent un approfondissement des connaissances et un perfectionnement des compétences dans certains domaines. Elles participent à une dominante de la formation du futur instituteur.

• *Objectifs*

Les objectifs des unités de formation optionnelles délivrées par les Ecoles Normales sont les suivants :

— identifier et faire évoluer l'activité des enfants au travers d'une éducation physique et sportive diversifiée ;
— identifier et faire évoluer la démarche pédagogique de l'instituteur ;
— établir et mettre en œuvre, avec l'équipe pédagogique de son école, un programme complet d'enseignement de l'éducation physique et sportive ;

— répondre dans le domaine des activités physiques aux exigences d'une *école ouverte sur la vie* ;
— stages de formation professionnelle.

Dans le cadre de la formation permanente, des stages sont organisés. Ils ont accueilli 240 000 stagiaires en 1979.

40.1.4. Classes de neige, classes de mer, et classes vertes dans les écoles primaires élémentaires

a. Les classes de neige

Les classes de neige sont en principe des classes expérimentales du type « classes à mi-temps pédagogiques » destinées à étudier l'introduction dans les programmes scolaires d'une plus grande part d'activités physiques du plein air.

Il n'existe pas de classe conservant cette caractéristique pendant toute la scolarité, ni même l'année scolaire. Il s'agit de classes normales de l'enseignements du premier degré envoyées exceptionnellement en montagne telles qu'elles ont été constituées à la rentré des classes : mêmes maîtres — mêmes élèves.

Le séjour à la neige dure un mois au cours duquel le programme officiel de cette classe est étudié avec un emploi du temps aménagé à cet effet.

Les enfants peuvent pratiquer le ski et les sports d'hiver pendant une demi-journée chaque jour sous la surveillance de leurs instituteurs et de moniteurs spécialisés.

Le départ en montagne est organisé en accord avec les autorités académiques dont dépendent les classes et sous leur contrôle, par les collectivités locales, départements et communes, qui assurent la plus grande partie du financement.

L'initiative de ces départs de classes à la neige est donc laissée aux collectivités locales qui ne peuvent envisager cette réalisation que dans la mesure des moyens dont elles disposent.

b. Classes d'air pur, classes de mer

Tandis que les classes de neige sont régulièrement organisées, de très nombreuses initiatives apparaissent en vue d'étendre le mi-temps pédagogique à toutes sortes de réalisations d'inspiration voisine : classes d'air pur, classes d'altitude, classes vertes, classes de montagne, classes de mer, classes de soleil.

Les objectifs poursuivis en ce domaine sont de plusieurs ordres : il s'agit le plus souvent de permettre à de jeunes enfants des grandes cités urbaines de bénéficier des bienfaits d'un climat sain et de s'initier à un sport, tout en demeurant soumis durant cette période aux obligations de la scolarité normale.

A cet effet, des centres permanents de classes de mer et de classes vertes bénéficiant de l'aide de l'Education nationale ont été créés. Les centres accueillent pour des séjours de trois semaines soit des classes de départements extérieurs, soit des classes du département.

Soulignons que certaines classes vertes ont une dominante sportive. C'est ainsi que des classes vertes sont spécialisées en *équitation.* Elles ont parfois été improprement appelées « classes de cheval ».

Elles sont toutefois essentiellement des classes transplantées. Leur particularité consiste dans le fait que le cheval constitue, avec les activités physiques ou d'éveil auxquelles il se prête, l'un des centres d'intérêt autour duquel s'organise plus particulièrement le travail de la classe.

40.1.5. Organisation sportive dans les écoles primaires élémentaires — L'Union Sportive de l'Enseignement du Premier degré (U.S.E.P.)

En 1939, la commission scolaire de l'Union Française des Œuvres Laïques d'Education Physique (section sportive de la ligue française de l'enseignement) avait été habilités à « collaborer avec les autorités scolaires dans le domaine de l'éducation physique et à organiser au sein des établissements scolaires du premier degré ce qui est proprement athlétisme et sport, ainsi que les compétitions et championnats entrant tant dans le cadre de chaque école que le cadre du département de l'académie et de l'université ».

Malheureusement, la guerre, puis l'occupation, ne permirent pas à l'organisme ainsi créé d'obtenir des résultats comparables à ceux qui assurèrent le succès de l'office du sport scolaire et universitaire dans les établissements d'enseignement du second degré et du degré supérieur. Après la libération, l'Union Française des Œuvres Laïques d'Education Physique reprenant son activité, essaya en accord avec des instituteurs volontaires de réaliser la tâche esquissée en 1939.

L'Union sportive de l'enseignement du premier degré se propose beaucoup moins de mettre sur pied des compétitions, qui seraient parfois prématurées pour de jeunes organismes que d'instituer des épreuves propres à accroître l'épanouissement des enfants, à utiliser leur instinctive tendance au jeu, et à contrôler l'initiation sportive donnée en application régulière des programmes officiels d'éducation physique et de plein air.

Les associations sportives du premier degré sont soumises à des dispositions statutaires obligatoires définies par le décret n° 86-495 du 14 mars 1986 :

1. L'association est affiliée à l'Union Sportive de l'Enseignement du Premier degré (U.S.E.P.), association constituée au sein de l'union française

Tableau 40.1

U. S. E. P. Evolution du nombre de licences et de sociétés

ANNÉE SCOLAIRE	LICENCES			SOCIÉTÉS AFFILIÉES
	Pratiquants	Animateurs	Total	
1961 - 1962			457 033	11 983
1962 - 1963			484 625	12 165
1963 - 1964	(1)	(1)	520 605	12 194
1964 - 1965			570 161	12 712
1965 - 1966			611 168	13 133
1966 - 1967			628 831	13 282
1967 - 1968	627 808	23 944	651 752	13 187
1968 - 1969	644 968	26 875	671 843	13 139
1969 - 1970	697 430	31 177	728 607	13 802
1970 - 1971	713 324	35 396	748 720	14 748
1971 - 1972	728 454	37 573	766 027	15 159
1972 - 1973	696 374	40 845	737 219	15 627
1973 - 1974	723 052	43 637	766 689	15 968
1974 - 1975	716 128	43 501	759 629	16 114
1975 - 1976	751 707	46 199	797 907	16 681
1976 - 1977	792 040	50 862	842 902	17 676
1977 - 1978	—	—	837 105	18 071
1978 - 1979	872 945	61 445	934 390	18 888

Source : U.S.E.P.
(1) Chiffres non disponibles.
(Extrait du document : Statistiques Jeunesse et Sports - annuaire 1980).

des œuvres laïques d'éducation physique (U.F.O.L.E.P.), section sportive et de plein air de la ligue française de l'enseignement et de l'éducation permanente. Elle participe aux rencontres, épreuves et manifestations organisées ou contrôlées par l'U.S.E.P.

2. L'association comprend :

a. Le directeur de l'école, membre de droit ;

b. Des membres actifs volontaires : enseignants et membres de l'équipe éducative, parents des élèves de l'école, élèves-instituteurs de l'école normale d'instituteurs, élèves des différentes classes, ainsi que les personnels et animateurs de l'école agréés par le bureau de l'association.

Le titre de membre s'acquiert par la mise d'une licence U.S.E.P.

3. L'association est administrée par un comité directeur élu chaque année par une assemblée générale. Il comprend deux tiers d'adultes, dont au moins un parent d'élèves, et un tiers d'élèves élus respectivement par le collège des adultes et le collège des élèves.

4. Le comité directeur désigne, parmi ses membres adultes, un bureau composé d'un président, d'un secrétaire et d'un trésorier. Dans le cas où le directeur de l'école n'est pas membre du bureau, il assiste de plein droit aux réunions de celui-ci avec voix consultative.

Les statuts de l'U.S.E.P. ont fait l'objet d'une approbation par un décret du 13 mars 1986.

L'U.S.E.P. regroupe :

1. toutes les associations de l'enseignement public du premier degré organisant des activités sportives,

2. les associations sportives d'autres établissements d'enseignement publics accueillant des élèves du premier degré ayant reçu l'agrément des autorités académiques et du comité directeur de l'U.S.E.P.

3. des associations péri-scolaires agréées par le comité directeur de l'U.S.E.P.

L'U.S.E.P. est une fédération sportive scolaire, membre de la Confédération du sport scolaire et universitaire et représentée au Comité national olympique et sportif français.

L'U.S.E.P. est habilitée, au sein de l'Union Française des Œuvres Laïques d'Education Physique (U.F.O.L.E.P.) section sportive et de plein air de la Ligue française de l'enseignement et de l'étudiant permanente, à :

1. Organiser les activités et épreuves sportives scolaires et péri-scolaires des écoles publiques ;

2. Promouvoir le développement d'activités sportives volontaires diversifiées, complémentaires de l'éducation physique et sportive obligatoire et offertes à tous les élèves, dans un cadre associatif et dans une perspective de formation à la responsabilité, à l'autonomie, au civisme et à la démocratie ;

3. Concourir par des informations pédagogiques, des actions spécifiques de formation ou l'édition de publications pédagogiques, administratives et techniques, au travail des enseignants, des animateurs, des équipes éducatives, des formateurs intervenant dans les cadres scolaire et péri-scolaire.

En outre, en liaison avec les collectivités territoriales et le mouvement sportif, l'U.S.E.P. contribue à la cohérence nécessaire des activités physiques et sportives proposées aux élèves de l'enseignement du premier degré.

L'U.S.E.P. est administrée par une assemblée générale composée de représentants des comités départementaux. Un comité directeur de 9 membres est élu pour 4 ans par l'assemblée générale.

Au sein du bureau le président est élu par l'assemblée générale, les autres membres par le comité directeur.

40.1.6. L'aménagement du temps scolaire dans le premier degré. Développement des liaisons de l'école avec les partenaires éducatifs locaux (voir chap. 39.2.5.d)

L'initiation aux pratiques sportives dans le cadre de la scolarité du premier degré est un des éléments fondamentaux de la réussite de toute politique sportive. Si les équipes pédagogiques des écoles primaires ont naturellement la responsabilité des enseignements d'initiation sportive, il est important que ces formations débouchent sur une pratique sportive qui ne s'arrête pas aux portes de l'Ecole.

Une politique d'« ouverture » de l'école sur le monde socio-éducatif et particulièrement sportif environnant a été définie par une importante circulaire du 13 décembre 1984. Cette dernière révèle la volonté des Ministères de l'Education nationale et du Ministère chargé des sports d'œuvrer complémentairement au bénéfice de l'éducation globale de l'enfant. Cette circulaire souligne « l'importance que représente pour le développement harmonieux de l'enfant la prise en compte de la diversité des milieux de vie, la continuité et le caractère global de l'action éducative, du rôle du corps et de l'exercice de la motricité ».

Aussi l'école a-t-elle pour mission de favoriser en complément des Enseignements dispensés, le développement des activités socio-culturelles et sportives réalisées dans le temps péri et extra-scolaire.

Pour ce faire des aménagements du temps scolaire pourront être faits pour la réalisation de projets d'activités communs aux équipes pédagogiques des écoles et des partenaires éducatifs locaux (collectivités locales, offices municipaux des sports, associations sportives).

Les Directions Départementales de la Jeunesse et des Sports ont avec les Inspections Académiques, dans le cadre de leurs attributions respectives, un rôle prioritaire d'information, d'incitation, de coordination, d'animation de suivi, d'évaluation et de formation des intervenants dans ces projets.

En 1987, le programme d'aménagement du temps scolaires (A.T.S.) a laissé place à un nouveau programme d'aménagement des rythmes extra-scolaires (A.R.E.S.). Dans ce cadre, des « contrats-bleus » associent l'Etat, les collectivités locales et les groupements sportifs locaux.

En 1989, le secrétaire d'Etat chargé des Sports, Roger Bambuck, outre les dispositons précédentes, a introduit, pour aménager les rythmes de vie de l'enfant, deux formules nouvelles :
— des projets spécifiques
— et des contrats de ville.

40.2. Les activités physiques et sportives dans les établissements du second degré

Les activités physiques et sportives proposées aux élèves dans les établissements d'enseignement du second degré comprennent deux parties :

- une partie consacrée à la formation de base, portant sur trois heures hebdomadaires au niveau des collèges et deux heures hebdomadaires au niveau des lycées, à vocation d'éducation physique générale et comprenant des pratiques physiques et sportives diverses, organisées par classes ou divisions ;

- une partie optionnelle, comportant plusieurs spécialités selon un programme établi par l'établissement scolaire en fonction des moyens mis à sa disposition.

Ces activités sont pratiquées par groupe selon les options proposées.

40.2.1. Instructions officielles

40.2.1.1. Programmes et instructions pour le premier cycle (classes de 6ᵉ à 3ᵉ)
(Annexe à l'arrêté du 14 novembre 1985)

1. Nature et objectifs

Il existe dans notre société une pratique très répandue des activités physiques et sportives. Cette pratique est diversifiée et se donne des buts différents: sports, compétition, expression, entretien, etc. L'enseignement de l'éducation physique et sportive au collège intègre ces pratiques afin d'améliorer les capacités de l'élève et d'instaurer des compétences spécifiques; l'activité régulière développe la valeur physique des élèves, qui est relative aux possibilités de chacun. Par l'approbation des connaissances et le développement d'aptitudes variées, l'éducation physique et sportive permet à chacun de transformer de façon positive sa pratique et de la rendre plus raisonnée. Discipline d'enseignement, l'éducation physique et sportive participe ainsi au développement de la personnalité de l'élève.

L'éducation physique et sportive a d'abord pour finalité de développer les capacités motrices de l'élève. A cette fin, elle sollicite et développe les possibilités de chacun dans le domaine de l'efficacité motrice: vitesse, force, endurance, coordination, équilibre, souplesse, etc.: les facultés perceptives permettant l'identification, la sélection etl'utilisation des informations indispensables à la prise de décision dans l'action, la connaissance pratique et la maîtrise des réactions émotionnelles face à l'environnement physique et humain.

L'éducation physique et sportive développe des habiletés pouvant être réinvesties dans diverses activités: sportives, professionnelles ou de loisir. Elle apprend à l'élève à évaluer les difficultés rencontrées, la pertinence et les effets de ses actions, la manière de progresser dans des tâches nouvelles. Grâce à l'acquisition des compétences dans le domaine des activités physiques et sportives, l'éducation physique et sportive permet donc à l'élève une prise de conscience des possibilités de son corps; elle est l'un des moyens de l'apprentissage de soi; elle favorise l'expression et la création.

Elle contribue ainsi au développement de l'élève à son équilibre, à l'amélioration de sa santé et vise donc à offrir à chacun les meilleures conditions de réussite.

Elle s'appuie sur le goût de l'action et de la solidarité, elle développe le sens de l'effort et de la responsabilité, seul ou en coopération avec les autres: elle inspire le désir de dépassement de soi et l'esprit de compétition. Elle a donc à la fois une valeur individuelle et collective.

Ainsi l'éducation physique et sportive permet à l'élève de mieux se situer dans son environnement social, culturel et professionnel.

2. *Instructions*

L'éducation physique et sportive ne se confond pas avec les activités physiques qu'elle propose et organise. Ces dernières, outre leurs finalités propres, visent l'amélioration de la « condition physique », laquelle peut également être obtenue directement par des activités spécifiques telles que musculation, assouplissement, développement des capacités aérobies, etc.

Le choix des activités à enseigner s'effectue par le jeu combiné de leurs principales caractéristiques : les capacités et compétences que les activités permettent de développer, les difficultés d'apprentissage qu'elles impliquent, le type de relation qu'elles instaurent entre le sujet et l'environnement physique, le type de relation qu'elles instaurent entre le sujet et les autres, leur importance nationale ou locale.

Les professeurs d'éducation physique et sportive établissent une programmation des activités choisies qui précise notamment leur répartition selon des installations disponibles par les différentes classes. Elle fixe la durée des « cycles de formation ». Les séances sont suffisamment nombreuses et rapprochées dans le temps pour permettre de réels apprentissages.

Le professeur apprécie d'une part les conduites motrices développées au cours des apprentissages en jugeant la performance, c'est-à-dire le niveau de réalisation ou d'efficacité atteint, et le niveau d'habileté et d'apprentissage atteint par l'élève, d'autre part l'investissement et les connaissances pratiques relatives aux activités acquises.

L'élève doit connaître les résultats de son action. L'évaluation formulée par le professeur au début des apprentissages est ensuite directement effectuée par l'élève qui est alors en mesure d'identifier les difficultés rencontrées, ses possibilités individuelles, les contraintes et exigences de la tâche à accomplir. Il doit être en mesure d'apprécier progressivement la valeur de ses capacités physiques.

Le professeur peut constituer, dans la perspective d'une pédagogie différenciée, des groupes de travail homogènes ou hétérogènes selon les moments de son enseignement. La même remarque vaut pour la mixité.

Une attention particulière est apportée aux élèves présentant des handicaps de développement ou lorsqu'une contre-indication est constatée pour une ou plusieurs activités. Sans que l'on puisse confondre leur action avec une rééducation, les professeurs proposent les moyens d'organiser la pratique physique de ces élèves.

L'association sportive permet aux objectifs assignés à l'enseignement obligatoire de l'éducation physique et sportive de mieux se réaliser. La participation des élèves à des rencontres sportives adaptées à leur niveau et correspondant à leur goût leur permet d'utiliser et d'approfondir leurs acquis, d'améliorer leur maîtrise des activités sportives. L'association sportive leur permet également de concevoir, d'exercer des responsabilités et de coopérer avec des adultes. Cette vie associative scolaire établit des liaisons actives avec les groupements des associations constituant l'environnement sportif et culturel de l'établissement.

Programmes

L'éducation physique et sportive permet d'aborder un grand nombre d'activités parmi les groupes suivants :

— activités de pleine nature (ski, équitation, canoë-kayak, par exemple) ;
— activités physiques et sportives duelles (lutte, judo, tennis, escrime, par exemple) ;
— gymnastique sportive, gymnastique rythmique sportive ;
— danse, activités physiques d'expression ;
— sports collectifs (football, handball, basket-ball, rugby, volley-ball, par exemple) ;
— athlétisme ;
— natation sportive, sauvetage, natation synchronisée.

Douze séances organisées selon un ou deux cycles de formation sont un minimum au-dessous duquel les progrès ne peuvent être raisonnablement attendus et, en conséquence, évalués. Pour chaque élève, le progrès dans quatre activités de nature différente peut être considéré comme le niveau minimum d'exigences.

Classes de sixième et de cinquième

Au cours de cette période particulièrement favorable aux apprentissages moteurs, l'élève, par l'utilisation de critères de réussite simples et concrets, apprend à s'auto-évaluer, à apprécier et suivre l'évolution de ses apprentissages et de ses capacités motrices.

Pour respecter les caractéristiques de sa croissance, le professeur privilégie les exercices de faible intensité mais de longue durée ou intenses mais brefs. La priorité est donnée à l'affinement du geste, à sa précision, au développement des habiletés. La place des activités ludiques est importante ; elles permettent d'introduire des activités de libre contrat, qui impliquent la participation et la coopération et qui sont une incitation à l'apprentissage de la vie en groupe au sein de l'association sportive de l'établissement.

1. Les activités de pleine nature

Pratique et exercices naturels en pleine nature.

Parcours divers, orientation.

Grands jeux.

Activités sportives de pleine nature et notamment celles présentant un caractère régional (ski, notamment).

Adaptation de la difficulté des pratiques à l'âge et aux possibilités des élèves.

Découverte des règles de sécurité individuelles et collectives.

2. Les sports collectifs

La pratique de niveau élémentaire du basket-ball, du handball, du football, du rugby, du volley-ball, etc., est associé à l'apprentissage des règles fondamentales et à la maîtrise d'éléments techniques.

Compréhension des règles et des principes de fonctionnement propres à chaque sport collectif ; coopérer pour se confronter aux autres.

Organisation du jeu.

Eléments tactiques simples.

Apprentissage des éléments individuels du jeu.

3. Les activités duelles

Approche des principes de ces pratiques et connaissances des règles essentielles établissant les rapports d'opposition dans un esprit sportif.

Attaque et défense ; opposition et esquive ; parade.

L'élève cherche, construit et adapte une réponse à l'action d'autrui.

Eléments techniques de ces différents sports.

Pratique élémentaire dans des conditions évitant les risques.

4. Gymnastique sportive, gymnastique rythmique sportive

Les déplacements et la notion d'espace.

Position du corps dans l'espace et en rotation : les appuis et les suspensions.

Enchaînements simples.

Initiation aux équilibres sur des bases diverses.

Familiarisation avec les engins, maniement de petits engins.

Notion de rythme d'exécution.

5. Danse et activités d'expression

Ces activités mettent l'accent sur les possibilités de valeur expressive du mouvement et sur les correspondances du geste et de la musique.

Déplacements variés et enchaînement en musique :

— entraînement à la création de mouvements et déplacements divers en fonction d'idées ou de thèmes simples ;
— apprentissage du mouvement dans ses rapports avec la compréhension musicale.

Connaissance du corps comme moyen d'expression.

Notions de rythme, d'accents, de nuances, etc.

Notions sur la danse et les danses folkloriques.

6. Athlétisme

Le professeur maintient un juste équilibre entre les courses, les sauts et les lancers.

L'étude de la course, des sauts et des lancers met en relief des pratiques motrices et des facteurs d'exécution.

Allures de marche et de course.

Appuis et équilibres.

Rythmes et variations d'allure.

Impulsions et réceptions.

Notion d'effort (durée et répartition dans le temps).

Etc.

7. Natation

L'apprentissage de la natation est une adaptation progressive au milieu aquatique permettant un rapide accès aux diverses nages de compétition. La maîtrise de cette discipline et du milieu où elle s'exerce est en relation directe avec celle de la respiration :
— maîtrise du comportement et des déplacements dans l'eau ;
— maîtrise d'évolutions diverses sur l'eau et sous l'eau ; les plongeons élémentaires ;
— initiation aux quatre nages sportives.

Classes de quatrième et de troisième

L'intensité du travail augmente par la répétition des exercices ou par leur exécution à plus grande vitesse. La valorisation de l'image de soi dépend, en grande partie, de la maîtrise du corps et des possibilités qu'il offre pour agir. Pour cela les buts assignés aux apprentissages sont clairement identifiés, différenciés, accessibles à chacun et évaluables par l'élève lui-même.

A cette période de sa scolarité, l'élève cherche à s'affirmer, il subit des transformations staturales et pondérales importantes qui modifient la représentation qu'il a de son corps.

Les apprentissages s'effectuent moins facilement que précédemment, la maladresse apparaît. La variété des activités doit être réduite pour rechercher une stabilisation des apprentissages proposés et pour préparer progressivement l'élève au choix des activités qu'il souhaite privilégier.

1. Les activités de pleine nature

Les activités des deux années précédentes continuent à être pratiquées. D'autres peuvent être abordées :
— parcours et courses d'orientation ;
— randonnées, escalade et varappe élémentaire ;
— initiation au nautisme ;
— préparation à la vie de camp et à ses diverses techniques.

Dans tous les cas, la recherche d'un perfectionnement technique est assortie d'une éducation à la prévision du danger et aux parades.

Les sports collectifs

Perfectionnement des pratiques des années précédentes.

Orientation plus précise vers les formes réglementaires, en relation avec les techniques collectives et individuelles.

Accès aux niveaux plus élaborés de jeu.

3. Les activités duelles

Perfectionnement des pratiques abordées précédemment.

Apprentissage d'éléments techniques plus élaborés.

4. Gymnastique sportive, gymnastique rythmique sportive

Constructions et réalisations d'enchaînements variés à partir des difficultés gymniques acquises.

Apprentissage de l'évaluation des difficultés et des niveaux de réalisation à partir des «codes de pointage» adaptés.

Amélioration de la maîtrise des conditions de sécurité, des aides, des parades.

5. Danse et activités d'expression

Combinaisons, associations personnelles des figures et mouvements appris.

Recherche d'une meilleure compréhension de la musique et de l'expression.

Recherche de créations individuelles ou collectives.

Approche de la danse contemporaine artistique.

6. Athlétisme

L'intensité du travail augmente par la répétition plus importante des exercices ou par leur exécution à plus grande vitesse :
— apprentissage des allures en course ;
— développement des techniques athlétiques ;
— notions d'entraînement individuel.

7. Natation

Initiation au sauvetage.

Développement des techniques des quatre nages.

Pratique du water-polo et de la natation synchronisée, selon le niveau des élèves et les conditions d'enseignement.

40.2.1.2. Programmes et Instructions pour le second cycle (classes de seconde à terminale) (Arrêté du 14 mars 1986)

I. Nature et objectifs

L'éducation physique et sportive au lycée, ainsi que pour chacun des niveaux d'enseignement, assure, dans un but d'éducation, l'apprentissage des activités physiques et sportives. Ce faisant, elle fonde son enseignement sur des pratiques s'inscrivant dans l'organisation sociale d'activités de compétition, de loisir, d'entretien et d'expression, mais elle a également pour finalité d'agir sur l'élève en contribuant de façon déterminante à conserver et à enrichir son patrimoine biologique, à le faire accéder à la connaissance et à la maîtrise de faits de culture ainsi qu'à développer des capacités reposant sur les différents aspects de la conduite motrice.

Ainsi, c'est le comportement moteur au travers de l'amélioration des possibilités physiques, mais également l'affectivité et la connaissance, en relation avec l'environnement que l'éducation physique et sportive veut atteindre. Elle participe alors au développement de l'adolescent, à son épanouissement, au maintien de sa santé et contribue à le faire accéder à l'autonomie et à la responsabilité.

L'entrée en seconde qui s'accompagne le plus souvent d'un changement d'établissement place l'élève devant l'obligation de reconstruire son système de relations face à de nouveaux professeurs, à de nouveaux camarades et à un cadre différent.

En éducation physique et sportive, cette période est déterminante, car les modifications ressenties par l'adolescent sont perceptibles dans son comportement face aux activités qui sollicitent sa force, sa résistance et son adresse, mais également ses relations avec les autres.

En retour, l'éducation physique et sportive apporte une réponse attendue si elle propose à l'élève les moyens concrets de se réaliser, d'accéder à l'autonomie, de construire sa personnalité. Elle offre la possibilité d'éviter un désintérêt, voire une réaction de rejet qui marquerait l'attitude ultérieure de l'adolescent vis-à-vis des activités physiques et sportives et de leur pratique.

L'élève, confronté à une nouvelle approche de la scolarité et des méthodes de travail, perçoit qu'il entre dans une nouvelle période où des choix devront être effectués en permanence.

Cette période de déterminations et d'orientations successives sera subie si l'élève n'est pas armé pour répondre aux exigences de réalisations de ses aspirations.

La diversité de ses activités comme les choix qu'il effectue vont l'obliger à une organisation personnelle de son travail.

Donner les moyens d'agir par l'organisation du travail, l'acquisition de connaissances et l'enrichissement de « moyens et ressources » de l'activité motrice, c'est ce que propose l'éducation physique aux élèves du lycée par les approches suivantes :

— se connaître ;
— connaître les activités physiques et sportives ;
— connaître les autres.

1. Se connaître

Se connaître, c'est prendre conscience des différences, des particularités, des qualités et des possibilités des uns et des autres, c'est identifier les aptitudes et capacités, les caractéristiques morphologiques et les investir dans l'activité pour accéder à d'autres capacités.

Cette appréciation de soi paraît plus facilement acceptée si elle n'est pas immédiatement comparée à celle d'autrui ; en effet, beaucoup de lycéens se disent peu attirés par la confrontation sportive avec autrui, mais recherchent d'autres formes de pratique. Toutefois, les activités physiques seront présentées aussi bien sous leur forme compétitive que sous leur forme de mise à l'épreuve ou de confrontation à une norme établie. Il s'agira alors moins de faire choisir tel ou tel mode de pratique de façon définitive que de mettre concrètement en évidence leur particularité.

Ainsi, afin d'affirmer son identité, l'élève agit et se réalise dans la pratique d'un nombre progressivement plus limité d'A.P.S. qu'il choisira compte tenu des capacités d'organisation et d'enseignement dont dispose l'établissement.

Le lycée prépare à divers modes de pratique :

— la compétition (avec soi-même ou avec autrui) ;
— les activités d'entretien, pratiques corporelles visant directement les facteurs d'équilibre de motricité ;
— les activités esthétiques et d'expression ;
— les activités de réalisation collective au sein du groupe.

2. Connaître les activités physiques et sportives

Se connaître pour agir, mais aussi agir pour se connaître et connaître les activités, c'est accéder à une culture corporelle et sportive.

En E.P.S., les expériences motrices, perceptives et relationnelles éprouvées au cours de l'action constituent des savoirs qui pour ne pas être formalisés n'en sont pas moins des connaissances réelles. Par exemple, des élèves perçoivent les effets de l'effort sur la fonction cardiaque. Les connaissances théoriques sur la «fonction cardiaque» éclairent cette connaissance intime et donnent les moyens de mieux organiser ses efforts, de concevoir les éléments de son entraînement, de sa mise en condition. Il existe d'autres connaissances en relation avec l'éducation physique et sportive, qu'elles soient physiologiques, (système cardio-vasculaire, équilibre digestif et métabolisme, etc.) ou bio-mécaniques (conditions mécaniques de l'efficience et de la protection des articulations, etc.), psychologiques (l'effort, la concentration, etc.) ou bio-informationnelles (diverses perceptions...).

Parce que le corps n'est pas un objet extérieur pour celui qui agit, il ne suffit pas en éducation physique et sportive de construire un modèle abstrait pour comprendre le réel et agir sur lui. Il faut partir du réel (le corps en action) pour comprendre et accéder à un niveau supérieur d'habileté.

Enfin, l'E.P.S. permet d'accéder à la connaissance et à la maîtrise des caractéristiques des différentes activités sportives enseignées.

3. Connaître les autres

Les groupes de travail en éducation physique et sportive permettent dans l'action un brassage d'élèves présentant des caractéristiques sociales, physiques, psychologiques diverses. Les conditions pour que s'expriment la volonté de participation et d'intégration au sein du groupe et la solidarité sont ici présentes.

Les activités physiques et sportives sont fréquemment prétexte à une aide de la part d'autrui conférant ainsi la sécurité; elles impliquent dans les activités collectives la présence de partenaires et d'adversaires qui acceptent les mêmes règles. Il ne suffit pas, ici, d'être responsable de soi, de se mettre «en jeu», de se «prendre en charge» et d'organiser son activité; l'éducation physique et sportive renvoie le plus souvent à l'organisation collective des activités.

Organiser son action c'est aussi participer à l'organisation collective de l'activité enseignée.

La communication est nécessaire, l'élève verbalise, échange à partir du langage spécifique de l'éducation physique et sportive qui décrit et analyse la réalité des conduites motrices. L'élève communique pour comprendre ses difficultés, apprécier ses capacités et celles des autres, pour identifier et utiliser les informations (en particulier les critères de réussite) susceptibles d'aider à l'organisation de l'action personnelle et collective.

II. Instructions

Dans chaque établissement, les enseignants établiront un projet pédagogique d'enseignement comportant : objectifs, contenus, démarches, évaluation. On veillera à privilégier le travail autonome des élèves. De ce fait, ils pourront être impliqués dans la définition du projet.

D'autre part, l'organisation générale allant progressivement de la Seconde à la Terminale vers un enseignement par « options », la programmation des activités devra tenir compte de cette donnée, et, une fois recensées les installations disponibles, le choix des activités à enseigner s'effectuera par le jeu combiné de leurs principales caractéristiques :

— relations qu'elles instaurent entre le sujet et les autres ;
— type de relations qu'elles installent entre le sujet et l'environnement physique ;
— ressources et compétences qu'elles permettent de développer ;
— difficultés d'apprentissage qu'elles impliquent ;
— importance reconnue localement ou au plan national.

Après une période d'apprentissage et d'expériences multiples, le lycée est le moment des choix et l'occasion de découvrir d'autres modes de pratique. L'éventail proposé sera le plus large possible parmi les activités des groupes suivants :

— activités de pleine nature (ski, équitation, canoë-kayak, par exemple) ;
— activités physiques et sportives duelles (lutte, judo, tennis, escrime, par exemple) ;
— athlétisme ;
— danse et activités d'expression ;
— gymnastique sportive et gymnastique rythmique sportive ;
— natation sportive, sauvetage, natation synchronisée ;
— sports collectifs (football, rugby, basket-ball, hand-ball, volley-ball, par exemple).

Ces activités ont été regroupées selon un ordre non préférentiel. Cette classification, pour être provisoire, constitue un inventaire non exhaustif qui présente des commodités d'ordre conventionnel.

En revanche, les activités pratiquées par chacun des élèves étant progressivement moins nombreuses, la durée des temps de formation sera allongée pour chacune d'elles dans le but d'un réel approfondissement.

L'élève ayant appris au collège à se situer et à s'apprécier lui-même dans les A.P.S., il devient possible de favoriser les organisations autonomes individuelles et collectives nécessaires à une pédagogie du « contrat ». Dans ce cadre, l'élève fonde ses propres stratégies de progrès sur une connaissance des activités, éprouvées au cours d'apprentissages antérieurs. Cependant, la recherche de l'autonomie de l'élève ne doit pas conduire à écarter toute autre approche pédagogique plus directement « instructive » qui reste nécessaire selon le déroulement de la formation.

Pour une même classe (ou pour un niveau de classe, lorsque les plages horaires le permettent) il est possible de proposer des ateliers de travail différenciés en fonction des niveaux d'habileté atteints.

A partir de la classe de première, ces ateliers sont organisés selon les choix des activités effectués par les élèves. L'évaluation porte sur l'ensemble des dimensions telles qu'elles sont proposées pour le baccalauréat.

Simultanément, on peut envisager la constitution de groupes hétérogènes (mixité, niveaux d'habileté différentes), auxquels on proposera la réalisation d'activités collectives débouchant sur des tournois mixtes ou de rencontres diverses. L'organisation collective et l'initiative des élèves sont ici sollicitées afin d'entrer concrètement dans les modes de pratique adaptés à la vie quotidienne de l'adulte. La connaissance pratique des activités et de l'investissement personnel des élèves peut être évaluée à cette occasion.

L'évaluation visera à rendre l'action la plus efficace possible. Elle portera, d'une part, sur la performance et sur le niveau d'habileté ou d'apprentissage ; d'autre part, sur l'investissement personnel et les connaissances pratiques.

Ainsi conçue, elle ne se limite pas à satisfaire aux obligations institutionnelles d'évaluation terminale, mais doit constituer le moyen pour l'adolescent de « gérer » ultérieurement ses apprentissages dans sa vie d'adulte.

Pour cela, il faut en effet pouvoir comptabiliser les raisons de la réussite ou de l'échec, dans une analyse personnelle des conditions, de réalisations, pour décider ensuite de la stratégie à adopter.

Le même système d'évaluation pourra être proposé aux élèves handicapés lorsque leurs scolarisation ne relève pas d'un établissement spécialisé. Alors, en effet, sans envisager une « rééducation » qui n'est pas du ressort de l'établissement scolaire, les objectifs généraux de l'éducation physique et sportive peuvent leur être appliqués.

Un effet didactique sera cependant nécessaire permettant d'aller jusqu'à la création de tâches particulières adaptées à leurs ressources. Pour leur évaluation, il s'agira seulement de spécifier les niveaux d'exigences en fonction des handicaps.

III. Programmes

Pour établir un programme en éducation physique et sportive, il est nécessaire de retenir les aspects les plus généraux d'une population scolaire. Cela ne peut conduire à gommer les différences. Tout particulièrement celles concernant les lycéens. En effet, sous les comportements d'apparence relativement homogène, s'organise un processus de différenciation qui s'accentue puis se stabilise normalement au fil du développement de l'adolescent.

L'enseignement tiendra compte de ce facteur dans son approche pédagogique personnelle.

En seconde

Le nouvel environnement scolaire peut autoriser des activités jusqu'ici peu ou pas pratiquées. Leur présentation ne doit pas être contradictoire avec la volonté de consolider les acquis antérieurs, qui peuvent trouver là une nouvelle occasion de s'exprimer et de se développer. D'autre part, on recherchera une attitude dynamique de l'élève, aussi bien dans la construction de sa personnalité que dans ses relations avec le groupe.

A cet égard, l'association sportive de l'établissement, en diversifiant les modes de pratique par rapport au collège (y compris dans leur dimension d'activité de loisir ou d'expression), doit avoir une influence déterminante.

1. Activités de pleine nature

Les activités abordées au collège seront poursuivies selon les possibilités locales (ski, course d'orientation, escalade, varappe, nautisme, randonnées...). Des difficultés plus grandes seront graduellement introduites donnant chaque fois l'occasion de renforcer les mesures de coopération nécessaires à la sécurité des pratiquants.

2. Activités duelles

Diversification d'éléments techniques plus élaborés caractérisant les rapports d'opposition en attaque comme en défense (contre-attaque, contre riposte, anticipation, feinte).

Pratique plus structurée intégrant les facteurs de sécurité.

3. Athlétisme

Consolidation des acquis, recherche de pouvoirs nouveaux par l'apprentissage de nouvelles spécialités, ou par rattrapage des « manques ».

L'accent sera mis sur le caractère personnalisé de l'entraînement.

4. Danse et activités d'expression

Les habiletés et connaissances abordées au collège seront renforcées : compréhension du contenu expressif de la musique, sa transposition gestuelle ; combinaisons associations personnelles des figures et mouvements appris.

Les différents supports de l'expression corporelle seront exploités.

L'imagination créatrice sera sollicitée sur la base des contenus déjà maîtrisés.

5. Gymnastique sportive, gymnastique rythmique sportive

Les modifications physio-morphologiques inhérentes à cet âge peuvent perturber les habiletés précédemment acquises. Une réorganisation de la motricité spécifique de cette discipline sera souvent nécessaire. La recherche esthétique sera valorisée.

Consolidation des conditions de sécurité (aides-parades) permettant de solliciter le « cran » dans les meilleures conditions (risque subjectif maximum et risque objectif minimum).

6. Natation

Les conditions d'enseignement de la natation étant très variables, des

« remises à niveau » peuvent être nécessaires, en reprenant les thèmes abordés au collège. « L'aisance dans l'eau » sera alors l'objectif principal.

L'étude technique des quatre nages sera poursuivie y compris la technique des virages. Plusieurs formes de plongeons et d'évolutions sous l'eau (recherche de mannequin ou expression) tendant à associer les espaces aériens et aquatiques.

7. Sports collectifs

Des séances de formation, à partir des niveaux de jeu observés permettant d'atténuer l'hétérogénéité excessive due par exemple à des volumes de pratique antérieure disparates ou chercher à équilibrer les niveaux d'habileté dans les différents compartiments de jeu (joueur en attaque, sans ballon, avec ballon, joueur en défense, en rapport avec la cible...).

Organisation de l'équipe dans différents domaines : arbitrage, chronométrage, etc.

En première et terminale et première et seconde années du cycle d'études conduisant aux baccalauréats professionnels

Compte tenu des possibilités matérielles et des capacités d'enseignement, sous réserve également de conserver aux pratiques un équilibre compatible avec les objectifs généraux de l'éducation physique et des sports, l'enseignement par options permettra un réel approfondissement dans la connaissance et la pratique des activités et l'affinement des conduites motrices. Pour chaque élève, six activités réparties sur les deux années comprenant celles qui seront retenues pour les épreuves du baccalauréat constituent une indication raisonnable.

Sur le plan pédagogique, on veillera plus particulièrement aux objectifs de méthode (s'informer, observer, régler ses actions et se les représenter) et d'attitude (pensée critique et rationnelle : curiosité, créativité, sens de la responsabilité et de l'action efficace, communication, sens des valeurs morales nécessaires à la vie en société).

Enfin dans les classes conduisant aux baccalauréats professionnels il sera tenu compte des caractéristiques de la profession préparée pour que l'éducation physique et sportive permette l'amélioration ultérieure des conditions de vie et de sécurité.

Outre ses fonctions d'accès volontaire à la compétition et aux différentes formes de pratiques physiques, l'association sportive de l'établissement sera le lieu privilégié de l'exercice de ces valeurs à travers des prises de responsabilités effectives dans l'encadrement, l'animation de l'A.S. et dans la conception de son plan d'action.

1. Activités de pleine nature

Dans certaines circonstances, les activités de pleine nature pourront être pratiquées sous des formes plus élaborées : randonnées à ski, descentes de rivière, etc., concrétisant une connaissance sérieuse de l'activité.

2. Activités duelles

Préparation à différents modes de pratique allant de la compétition à des activités d'entretien et de loisir (tournois, rencontres, organisation...).

3. Athlétisme

L'effort soutenu sera valorisé.

Affinement des facteurs techniques d'exécution.

Recherche de la confrontation avec soi-même et avec les autres.

Prises de responsabilités, conduite d'entraînements personnels et collectifs.

4. Danse et activités d'expression

Approfondissement du travail précédent.

Enrichissement du « répertoire » gestuel ;

Recherche d'une synthèse de tous les moyens d'expression par la mise en action d'une recherche dans le domaine de l'interprétation musicale et de l'improvisation.

5. Gymnastique sportive, gymnastique rythmique sportive

Des progrès significatifs dans cette discipline nécessitent un entraînement assidu et prolongé. C'est l'activité optionnelle type. On recherchera une connaissance suffisante des principes d'action permettant de solliciter la créativité, notamment en G.R.S.

6. Natation

Recherche de rationalisation de l'entraînement par une préparation physique spécifique, l'affinement des sensations propulsives, adaptation cardio-respiratoire.

Aisance dans la durée et l'espace.

Orientation, éventuelle complémentaire : plongeon, water-polo, natation synchronisée, plongée sub-aquatique.

7. Sports collectifs

Affinement des choix tactiques.

Effort de maîtrise des principes d'action communs à plusiuers sports collectifs et facilitant ainsi de futurs apprentissages.

Accès à l'organisation autonome et rationnelle de rencontres, tournois, etc.

Tableau 40.2

Evolution des horaires d'E.P.S.

PREMIER CYCLE	Nombre de classes ou groupes d'E.P.S.			
Heures d'enseignement	1977-1978	1978-1979	1979-1980	1980-1981
Aucun enseignement	4 324	2 221	1 708	1 610
0 h 30	75	101	51	13
1 h	4 322	2 024	1 506	1 243
1 h 30	3 913	894	543	395
2 h	36 441	23 703	18 948	15 335
2 h 30	6 862	3 353	3 184	1 266
3 h	40 692	67 443	81 015	87 449
+ de 3 h	5 241	6 054	5 129	5 268
	Nombre d'élèves n'ayant reçu aucun enseignement			
	1977-1978	1978-1979	1979-1980	1980-1981
	107 828	53 170	39 823	39 931

SECOND CYCLE	Nombre de classes ou groupes d'E.P.S.			
Heures d'enseignement	1977-1978	1978-1979	1979-1980	1980-1981
Aucun enseignement	1 783	1 070	992	1 176
1 h	2 219	1 234	1 126	1 154
1 h 30	2 304	903	933	633
2 h	34 054	38 864	48 039	47 061
+ de 2 h	12 532	13 945	6 588	6 537
	Nombre d'élèves n'ayant reçu aucun enseignement			
	1977-1978	1978-1979	1979-1980	1980-1981
	47 224	30 528	25 828	31 482

(Extrait des « cahiers de l'Education nationale », n° 11 — janvier 1983, p. 8 et 9).

Tableau 40.3

Répartition des licences U.S.E.P. par rapport à la population scolaire du premier degré et par régions J.S.L. (années 1978-1979)

Régions J.S.L.	Nombres de licences (L)	Population scolaire (1) (P)	% L/P
Lille	145 293	337 531	43,0
Amiens	34 776	160 658	21,6
Paris	87 483	770 591	11,3
Orléans	39 093	183 191	21,3
Rouen	21 231	151 214	14,0
Caen	16 474	110 824	14,8
Rennes	24 683	140 395	17,5
Nantes	31 425	173 494	18,1
Poitiers	24 280	116 972	20,7
Limoges	20 732	50 060	41,4
Bordeaux	36 304	188 749	19,2
Toulouse	38 375	149 816	25,6
Reims	13 835	123 131	11,2
Nancy	45 159	201 857	22,4
Strasbourg	48 670	132 471	36,7
Besançon	20 881	96 372	21,7
Dijon	21 867	129 714	16,8
Clermont-Ferrand	21 645	92 524	23,3
Lyon	37 713	192 339	19,6
Grenoble	62 389	181 799	34,3
Montpellier	36 142	131 607	27,4
Aix	39 561	184 314	21,4
Nice	15 729	101 277	15,5
Ajaccio	1 199	17 080	7,0
FRANCE MÉTROPOLITAINE	884 939	4 117 980	21,5
D.O.M. T.O.M.	49 451	243 723	20,3
FRANCE	**943 390**	**4 361 703**	**21,4**

(1) La population scolaire prise en compte ne comprend pas les classes préélémentaires.

(Extrait du document : Statistiques Jeunesse et Sports - annuaire 1980).

40.2.2. Le sport optionnel

(circulaire S/DEPS/2 n° 77.130/B du 10 mai 1977)

Le sport optionnel s'inscrit dans le cadre de la nouvelle orientation de l'enseignement sportif.

Les objectifs du sport optionnel ont pour but de compléter la formation de base des élèves des collèges :

- classes de 6ᵉ et 5ᵉ : découvertes d'activités sportives nouvelles ;
- classes de 4ᵉ et 3ᵉ : choix et pratique de l'une d'entre elles.

Une circulaire du 14 décembre 1983 est venue restreindre le champ d'application de la circulaire du 10 mai 1977.

C'est donc au seul niveau des collèges que continue d'exister le vocable de « sport optionnel ». Il s'adresse au premier cycle mais également au second cycle court à finalité professionnelle.

a. Organisation du sport optionnel au niveau des collèges

L'organisation du sport optionnel incombe au chef d'établissement.

Les personnels enseignants d'éducation physique et sportive proposent les orientations, encadrent les séances.

Ils peuvent faire appel au service d'animation sportive.

b. Moyens financiers propres au sport optionnel

Une dotation budgétaire destinée à la pratique du sport optionnel permet aux directions départementales de la Jeunesse, des Sports et des Loisirs d'ouvrir un crédit aux établissements justifiant de dépenses :

- de fonctionnement (location des installations, transport) ;
- de personnel (vacations, traitements saisonniers, heures supplémentaires).

c. Moyens en personnels

Les enseignants en éducation physique et sportive assurent l'encadrement du sport optionnel.

A la demande du chef d'établissement, d'autres personnels peuvent prêter leur concours à cette activité :

- professeurs des autres disciplines ;
- personnels du service d'animation sportive ;
- éducateurs sportifs titulaires d'un brevet d'Etat.

Chargés d'une mission éducative par l'Administration, divers personnels, en vertu des dispositions de la loi du 5 avril 1937, sont couverts par l'Etat en ce qui concerne les accidents qui surviendraient aux élèves.

40.2.3. Option « Activités sportives spécialisées » en classes de lycée

(note de service n° 82-300 du 13 juillet 1982, B.O. n° 29 du 22-07-82).

Un arrêté du 31 octobre 1980 a prévu la possibilité pour les élèves des classes de seconde de lycées ayant choisi de suivre un enseignement d'initiation économique et sociale d'opter cumultativement pour un enseignement de 3 heures hebdomadaires d'« Activités sportives spécialisées », les autres élèves pouvant suivre cette option à titre complémentaire.

Cet enseignement peut être poursuivi à compter de la rentrée scolaire 1982 dans les classes de première des lycées, et à compter de la rentrée 1983 dans les classes terminales.

a. Ouverture de l'option

D'une façon générale, il appartient aux chefs d'établissement d'examiner la création de cette option au regard de l'ensemble des moyens en matériels et en personnels dont ils peuvent disposer, de façon permanente ou circonstancielle. A ce titre, les moyens des secteurs d'animation sportive (S.A.S.) relevant des directions départementales temps libre, jeunesse et sports, peuvent être pris en compte.

Les « Activités sportives spécialisées » doivent apparaître complémentaires et non supplétives de l'éducation physique et sportive, matière d'enseignement obligatoire. Ainsi l'option ne pourra être organisée dans les lycées qui n'assureraient pas intégralement l'horaire minimum prévu.

b. Accès à l'enseignement de l'option

Des actions d'information des élèves des classes de troisième des collèges doivent permettre de préciser les finalités de l'option (considérée comme un tout durant les trois années d'enseignement).

Le choix des « Activités sportives spécialisées » ne doit pas constituer un moyen de facilité permettant de respecter les horaires des classes de seconde.

Tous les élèves doivent avoir librement accès à l'enseignement de cette option. Aucune sélection, de quelque nature que ce soit, ne doit être opérée parmi les candidats dès lors que leur nombre ne dépasse pas les possibilités matérielles d'organisation.

L'aptitude physique des élèves à suivre ces activités sera appréciée dans le cadre des dispositions prévues par le décret n° 77.554 du 27 mai 1977 et l'arrêté du 5 juin 1979, le cas échéant après nouvel examen intervenant à la demande du chef d'établissement.

c. Organisation des enseignements

Les expériences conduites en classe de seconde ont comporté une grande diversité de situations allant de la classe composée uniquement d'élèves ayant choisi la même option au regroupement temporaire à l'occasion de l'option d'élèves inscrits dans des classes différentes.

Les résultats ne conduisent pas à privilégier l'une ou l'autre de ces formules.

Pour permettre à l'option d'atteindre pleinement ses objectifs, une globalisation mensuelle ou trimestrielle des horaires d'enseignement est envisageable. Elle permet l'organisation de séances plus longues, de stages ou de déplacements répondant à la pédagogie retenue.

Le contenu pédagogique de cette option sera précisé dans une annexe à l'arrêté du 9 mars 1982 portant modification des programmes des classes préparant au baccalauréat de l'enseignement du second degré, et instituant l'enseignement de nouvelles matières dans ces classes.

Il doit toutefois être souligné que les « Activités sportives spécialisées » s'inscrivant dans le cadre des finalités générales dévolues à l'enseignement optionnel dans les lycées, leur contenu doit permettre une personnalisation du cursus sans spécialisation prématurée, l'acquisition d'une méthodologie de haut niveau, l'apprentissage de l'autonomie, tout en jouant un rôle dans la formation du lycéen et en préparant son insertion dans les enseignements supérieurs et la vie active.

En conséquence, l'option ne peut se substituer aux sections sport-études, pas plus qu'elle ne peut constituer une préformation professionnelle aux métiers sportifs ou un cycle préparatoire aux unités d'enseignement et de recherche en éducation physique et sportive.

Elle doit permettre, en revanche, aux élèves d'acquérir une réelle compétence dans les disciplines enseignées, susceptibles de leur permettre de s'intégrer dans le mouvement associatif non seulement comme pratiquant, mais également comme animateur, arbitre, dirigeant.

40.2.4. Les sections « sport-études »

Pour permettre aux jeunes espoirs sportifs de progresser dans leur discipline tout en poursuivant des études normales, des structures spécifiques ont été mises en place par le ministère de l'Education nationale en liaison étroite avec le ministre de la Jeunesse et des Sports et le mouvement sportif.

L'admission des élèves s'y effectue de façon relative par décision d'une commission présidée par le chef d'établissement et comprenant des représentants des instances régionales ou départementales de la fédération sportive intéressée.

Si des aménagements d'emploi du temps sont recommandés, le volume horaire de l'entraînement sportif demeure compatible avec l'organisation scolaire générale de l'établissement.

a. Critères de création d'une section « sports-études » : rénovation et modifications

Un certain nombre de conditions préalables sont exigées des ministères de l'Education et de la Jeunesse et aux Sports pour l'ouverture d'une section.

1. Possibilité d'aménagement des horaires ;
   - possibilité d'organiser des cours de rattrapage,
   - choix d'un établissement suffisamment important,
   - conditions d'internat satisfaisantes.

2. Création d'une seule section :
   - recrutement des espoirs sportifs sur une base suffisante de sélection,
   - établissement pouvant organiser une éducation physique et sportive renforcée,
   - installations sportives adéquates,
   - infrastructure médicale permettant de répondre aux besoins d'une section *sports-études* et de participer à des recherches.

b. Organisation

L'entraînement sportif organisé dans le cadre de l'établissement pour les élèves de la section « sports-études » est obligatoire et confié à des personnels relevant des ministères intéressés. Des cadres spécialisés des fédérations ou des ligues peuvent être adjoints à ces personnels par le ministère chargé de la Jeunesse et des Sports.

Un emploi du temps spécifique et éventuellement personnalisé pouvant déborder des horaires habituels, sera établi pour les élèves de cette section.

c. Responsabilité

Pour les activités des sections « sports-études » se déroulant dans le cadre du service public d'enseignement, les règles posées par la loi du 5 avril 1937, en ce qui concerne la responsabilité civile des maîtres s'appliquent à l'ensemble de l'encadrement de la section « sports-études » :

- enseignants d'éducation physique et sportive ou
- cadres spécialisés des fédérations agréées par l'autorité administrative compétente et chargés d'une mission éducative.

Les représentants légaux des élèves doivent souscrire une assurance couvrant les dommages n'engageant pas la responsabilité de l'Etat et qui seraient causés ou subis par les élèves au cours de leurs activités sportives se situant dans le cadre scolaire.

40.2.5. Service d'animation sportive

a. Organisation

Le service d'animation sportive est caractérisé par sa souplesse, sa diversification, sa faculté d'adaptation aux circonstances locales. Il succède à l'ancien secteur extra-scolaire.

Le schéma d'organisation de ce service s'articule de la façon suivante :

— Au plan départemental, il regroupe toutes les activités du secteur extra-scolaire et des centres d'animation sportive.

— Le département est divisé en secteurs qui regroupent chacun les organismes existants (secteur extra-scolaire, bases de plein air, centre divers, centres d'animation sportive). Trois formes de secteurs sont envisagées :
  - secteur urbain (faible surface, forte densité de population) ;
  - secteur rural (grande surface, faible densité de population) ;
  - secteur départemental (exemple : une base de plein air ou un centre sportif).

A la tête de ces secteurs se trouvent les conseillers de secteur aidés par des animateurs.

b. Missions du service d'animation sportive

Son action s'exerce dans deux directions :

— Une animation directe relevant du directeur départemental de la Jeunesse et des Sports.

— Une animation en milieu fédéral à l'initiative du « mouvement sportif ».

Au niveau départemental, le service d'animation sportive a pour mission :

- d'informer,
- de proposer,
- de promouvoir une politique sportive,
- d'organiser,
- de coordonner
- et d'assurer la formation des cadres et des dirigeants.

Au niveau du secteur :

- il met en œuvre l'orientation sportive,
- propose des activités optionnelles,
- forme les futurs cadres sportifs.

c. Pratique optionnelle dans le « temps non contraint »

Une importante mission du service d'animation sportive est d'amener le plus grand nombre de personnes à une pratique sportive personnelle :

- jeunes scolaires et universitaires (hors du temps d'études) ;
- personnes engagées dans la vie professionnelle (hors du temps de travail) ;
- personnes dégagées des activités professionnelles (3e âge) ;
- personnes en situation particulière (certains malades, prédélinquants).

L'activité sportive a comme finalité la pratique sportive au sein des associations sportives scolaires ou civiles.

En liaison avec les organismes d'accueil, les activités sportives sont regroupées en « sections sportives ».

Les autres activités sont regroupées en « sections d'activités de loisirs » (sport pour tous, gymnastique d'entretien, éducation physique utilitaire, activités physiques du 3e âge...).

d. Pratique optionnelle dans le « temps contraint »

1. Dans le temps scolaire

La participation du Service d'animation sportive peut être un appoint à la pratique du sport optionnel (voir ci-dessus § c. — Sport optionnel).

2. Dans l'enseignement élémentaire

Cette participation doit répondre à une demande des directeurs d'écoles. Elle ne peut se substituer à l'éducation physique prévue dans le tiers temps pédagogique.

3. Dans l'enseignement secondaire

Le service d'animation sportive intervient à la demande du chef d'établissement.

Après avis favorables du Conseil d'administration des Associations des parents d'élèves et avec l'accord du ministre de l'Education et du ministre de la Jeunesse, des Sports et des Loisirs, l'équipe pédagogique détermine les orientations, élabore les projets, encadre les séances. Elle fait appel à sa convenance au personnel du service d'animation sportive.

Cette matière à option est inscrite à l'emploi du temps des élèves.

e. Interventions du service d'animation sportive

Deux formes d'intervention sont possibles :

- financière ;
- aide directe.

1. Aide financière

L'aide financière accordée par le Directeur départemental de la Jeunesse, des Sports et des Loisirs est destinée à couvrir les dépenses de fonctionnement, frais de transport des élèves, location d'installations, heures supplémentaires des enseignants.

2. *Aide directe*

L'aide directe se traduit par :

- l'appoint de cadres qualifiés ;
- l'accès à des installations sportives ;
- le soutien en matériel.

f. Animation en milieu fédéral

Il s'agit de l'animation spécifique sportive au niveau du département. Elle se traduit par une aide technique et pédagogique.

Au niveau départemental, en liaison avec les conseillers techniques régionaux et les cadres fédéraux, les conseillers techniques encadrent les pratiquants sportifs et assurent la formation et le perfectionnement des cadres sportifs.

Au niveau du secteur, les conseillers d'animation de secteur interviennent auprès des clubs pour lancer de nouvelles spécialités sportives et de nouvelles sections de clubs.

Dans leurs secteurs, ils ont pour mission d'informer, initier, de prospecter et d'organiser.

40.2.6. Le mouvement sportif du second degré

L'article 9 de la loi du 16 juillet 1984 prévoit que dans tous les établissements du second degré une association sportive est créée. Ces associations adoptent des dispositions statutaires obligatoires définies par décret en Conseil d'Etat.

40.2.6.1. Les Associations sportives
(Décret n° 86-495 du 14 mars 1986)

Les statuts des associations sportives des établissements d'enseignement du second degré doivent obligatoirement comporter les dispositions ci-dessous :

1. L'association est affiliée à l'Union Nationale du Sport Scolaire (U.N.S.S.).

2. L'association se compose :

a. du chef d'établissement ;
b. des enseignants d'éducation physique et sportive participant à l'animation de l'association dans le cadre du forfait horaire réservé à cet effet dans leurs obligations de service ;
c. des présidents des associations de parents d'élèves de l'établissement ou de leur représentant ;
d. des élèves inscrits dans l'établissement et titulaires de la licence délivrée par l'Union Nationale du Sport Scolaire ;
e. de tous les autres partenaires de la communauté éducative à jour de leur cotisation.

3. L'association est administrée par un comité directeur présidé par le chef d'établissement, président de l'association.

Le comité directeur élit parmi ses membres un trésorier, un secrétaire et un secrétaire adjoint. Le secrétaire est élu parmi les enseignants d'éducation physique et sportive, le secrétaire adjoint parmi les autres catégories de membres du comité directeur. Le trésorier doit être majeur.

Le nombre de membres du comité directeur est fixé par l'assemblée générale :

a. dans les collèges et lycées d'enseignement professionnel, le comité directeur se compose pour un tiers du chef d'établissement et des enseignants d'éducation physique et sportive animateurs de l'association, pour un tiers de parents d'élèves et autre membres de la communauté éducative, dont au moins un parent, pour un tiers d'élèves ;
b. dans les lycées, le comité directeur se compose pour un quart du chef d'établissement et des enseignants d'éducation physique et sportive animateurs de l'association, pour un quart de parents d'élèves et autres membres de la communauté éducative, dont au moins un parent d'élève, pour la moitié d'élèves.

4. L'animation de l'association est assurée par les enseignants d'éducation physique et sportive de l'établissement. Un personnel qualifié peut assister l'équipe pédagogique, à la demande et sous la responsabilité de cette dernière. Il devra alors recevoir l'agrément du comité directeur.

40.2.6.2. L'Union Nationale du Sport Scolaire (U.N.S.S.)

Les statuts de l'U.N.S.S. ont fait l'objet d'une approbation par un décret du 13 mars 1986.

L'association dite Union Nationale du Sport Scolaire (U.N.S.S.) a pour objet d'organiser et de développer la pratique d'activités sportives, composantes de l'éducation physique et sportive et l'apprentissage de la vie associative par les élèves qui ont adhéré aux associations sportives des établissements du second degré.

L'U.N.S.S. est une fédération sportive scolaire membre de la Confédération du sport scolaire et universitaire et représentée au Comité national olympique et sportif français.

Sont obligatoirement affiliées à l'Union Nationale du Sport Scolaire toutes les associations sportives des établissements du second degré de l'enseignement public.

Peuvent s'affilier les associations sportives des établissements d'enseignement privés qui ont adopté des statuts conformes au décret du 13 mars 1986 et qui acceptent le contrôle de l'U.N.S.S.

L'association est placée sous la tutelle du ministre chargé de l'Education nationale. Le ministre chargé des Sports participe à la définition ainsi qu'à la mise en œuvre des objectifs de l'U.N.S.S. dans les conditions prévues par ses statuts.

L'association comprend des organes centraux qui sont :
1. l'assemblée générale de 60 membres ;
2. le conseil d'administration de 20 membres ;
3. la direction nationale.

Il est créé au chef-lieu de chaque académie :
1. un conseil régional de l'U.N.S.S. de 20 membres ;
2. une direction de service régional de l'U.N.S.S.

Il est créé au chef-lieu de chaque département :
1. un conseil départemental de l'U.N.S.S. de 17 membres ;
2. une direction du service départemental de l'U.N.S.S.

L'assemblée générale, le conseil d'administration ainsi que les conseils régionaux et départementaux de l'U.N.S.S. sont des organes délibératifs. Ils sont composés de membres de droit et de membres élus, les directions nationales et les services régionaux et départementaux sont par contre des organes techniques essentiellement constitués par des fonctionnaires mis à disposition pour occuper ces emplois (enseignants d'E.P.S. surtout).

40.3. Les activités physiques et sportives dans l'enseignement supérieur

L'article 5 de la loi du 16 juillet 1984 prévoit que les établissements de l'enseignement supérieur organisent et développent la pratique des A.P.S. des étudiants et de leurs personnels conformément à la loi du 26 janvier 1984 sur l'enseignement supérieur.

40.3.1. Organisation et animation des activités physiques sportives et de plein air

En application de ce principe, le décret du 23 décembre 1970 (2) fixe les conditions de l'organisation et de l'animation des activités physiques, sportives et de plein air dans l'enseignement supérieur.

Les universités donnent une place à ces activités dans l'organisation pédagogique générale.

Elles procèdent à la création de services communs aux unités d'enseignements et de recherche, et créent, le cas échéant, des services communs à plusieurs universités.

Ces services sont dénommés :

« Service Universitaire des Activités Physiques, Sportives et de Plein Air » (S.U.A.P.S.P.A.)

(2) Décret n° 70-1269 du 23 décembre 1970 relatif à l'organisation des activités physiques, sportives et de plein air dans l'enseignement supérieur.

ou : « Service Interuniversitaire des Activités Physiques, Sportives et de Plein Air » (S.I.A.P.S.P.A.)

Ces services qui peuvent être avec des services identiques dans une autre agglomération de l'académie, ont pour mission d'établir les programmes d'activités, d'en informer les étudiants et de veiller au bon déroulement de ces activités.

Ils gèrent les installations sportives éventuellement affectées à l'université.

Les établissements publics à caractère scientifique et culturel indépendants sont, pour l'application du décret du 23 décembre 1970, assimilés aux universités.

Nota : En 1981, l'absence de statistiques prévues on a pu estimer que 200 000 étudiants environ (sur 900 000) pratiquaient une activité physique et sportive.

Organisation du S.U.A.P.S.P.A.

Le service est administré par un conseil des sports présidé par le président de l'université ou de l'établissement indépendant. Il comprend :

- des enseignants dont des enseignants d'E.P.S. ;
- des étudiants ;
- des représentants des services administratifs ;
- des personnalités extérieures à l'université.

Le S.U.A.P.S.P.A. est dirigé par un directeur choisi parmi les professeurs d'E.P.S.

Le Service Interuniversitaire des Activités Physiques, Sportives et de Plein Air (S.I.A.P.S.P.A.) est créé à l'initiative des universités. Elles établissent une convention soumise à l'approbation des ministres intéressés.

Cette convention fixe l'organisation et les missions du service. Celui-ci est administré par un conseil des sports comprenant :

- des enseignants (dont des professeurs d'E.P.S.) ;
- des étudiants ;
- des représentants des services administratifs des universités cocontractantes ;
- des personnalités extérieures.

Le directeur du S.I.A.P.S.P.A. est choisi parmi les professeurs d'E.P.S. des universités cocontractantes.

Le conseil du service élabore le budget du service qui est proposé à l'adoption du conseil de l'université.

40.3.2. Le mouvement sportif universitaire

40.3.2.1. Les Associations Sportives

Les associations sportives des établissements d'enseignement supérieur sont réglementées par le décret du 14 mars 1986 :

1. L'association est affiliée à la Fédération Nationale du Sport Universitaire (F.N.S.U.).

2. Le nombre des membres du comité directeur est fixé par l'assemblée générale.

   Le comité se compose paritairement :

a. du chef d'établissement, membre de droit, d'enseignants et de personnels de l'établissement ;
b. d'étudiants titulaires de la licence délivrée par la Fédération Nationale du Sport Universitaire et à jour de leur cotisation.

40.3.2.2. La Fédération Nationale du Sport Universitaire (F.N.S.U.)

Les statuts de la F.N.S.U. ont fait l'objet d'une approbation par un décret du 13 mars 1986.

L'association dénommée Fédération Nationale du Sport Universitaire (F.N.S.U.) a pour objet de promouvoir et d'organiser la pratique de la compétition sportive amateur pour les étudiants et élèves des universités et établissements d'enseignement supérieur ainsi que, sous réserve de conventions particulières avec l'Union Nationale du Sport Scolaire, pour les élèves des classes postérieures au baccalauréat.

A cette fin, la Fédération est notamment chargée de faciliter la conciliation entre la pratique sportive à tous les niveaux et la poursuite des études dans l'enseignement supérieur, de délivrer les titres de champion de France universitaire et de représenter le sport universitaire français auprès des instances sportives nationales et internationales.

Sont membres de la F.N.S.U. les associations sportives d'établissement d'enseignement supérieur, ainsi que les clubs universitaires remplissant les conditions fixées par le règlement général de la Fédération. Les élèves des classes post-baccalauréat sont membres individuels de la Fédération.

Dans chaque académie les associations sportives et clubs universitaires sont regroupés au sein d'un Comité Régional du Sport Universitaire (C.R.S.U.). Le C.R.S.U. est une association déclarée. Son assemblée générale est constituée des représentants des associations et de membres de droit (recteur, directeur régional de la Jeunesse et des sports, président du C.R.O.S.).

Elle compose un comité directeur paritaire de 12 à 24 membres.

Le C.R.S.U. bénéficie d'un directeur du service régional de la F.N.S.U.

Au niveau national, l'assemblée générale de la F.N.S.U. est constitué par des délégués désignés par les C.R.S.U. et par des membres de droit.

Sont membres de droit le ministre de l'Education nationale ou son représentant, le ministre chargé des Sports ou son représentant, le président du Comité national olympique et sportif français ou son représentant, le président de l'Union nationale des clubs universitaires ou son représentant, le premier vice-président de la conférence des présidents d'université ou son représentant, le président de la conférence des directeurs des grandes écoles ou son représentant.

Il est constitué aussi un comité directeur paritaire de 22 membres élus pour 2 ans et de 4 membres de droit.

Le directeur de la F.N.S.U. et ses adjoints sont des fonctionnaires mis à disposition de la fédération, le directeur est nommé par le ministre de l'Education nationale sur proposition du président de la fédération.

Tableau 40.4

Evolution du nombre des licences scolaires et universitaires

Années	Licences scolaires	Licences universitaires	Total licences
A.S.S.U.			
1971 - 1972	640 969	55 991	696 880
1972 - 1973	707 835	56 790	764 625
1973 - 1974	840 289	58 464	898 753
1974 - 1975	814 151	54 133	868 284
1975 - 1976	848 051	55 041	903 092
F.N.S.U. et U.N.S.S.			
1976 - 1977	928 003	59 808	987 811
1977 - 1978	—	—	1 044 059
1978 - 1979	769 602	39 422	809 024

Source : Statistiques Jeunesse et Sports - annuaire 1980.

Tableau 40.5.

Sport scolaire et universitaire : nombre de clubs et de licences, en 1977-1978 pour la France entière

Sport scolaire et universitaire	1977-1978			
	Clubs ou associations	Licences garçons	Licences filles	Total licences
Union nationale du sport scolaire (U.N.S.S.)	7 748	634 224	409 835	1 044 059
Fédération nationale du sport universitaire (F.N.S.U.)				
Union sportive de l'enseignement primaire (U.S.E.P.)	18 071	469 415	367 690	837 105
Union générale sportive de l'enseignement libre (U.G.S.E.L.)	1 155	147 256	135 150	282 406
TOTAL	**26 974**	**1 250 895**	**912 675**	**2 163 570**

Tableau 40.6.
Sport scolaire et universitaire : nombre de clubs et de licences, en 1978-1979 pour la France entière

Sport scolaire et universitaire	1978-1979			
	Clubs ou associations	Licences garçons	Licences filles	Total licences
Union nationale du sport scolaire (U.N.S.S.)	7 416	444 707	324 895	769 602
Fédération nationale du sport universitaire (F.N.S.U.)	443	30 886	8 536	39 422
Union sportive de l'enseignement primaire (U.S.E.P.)	18 888	525 232	409 158	934 390
Union générale sportive de l'enseignement libre (U.G.S.E.L.)	1 417	151 543	140 607	292 150
TOTAL	**28 164**	**1 152 368**	**883 196**	**2 035 564**

40.4. La Confédération du Sport Scolaire et Universitaire (C.S.S.U.)

Conformément aux dispositions de la loi du 16 juillet 1984, il a été constitué une confédération du sport scolaire et universitaire dont les statuts ont fait l'objet d'une approbation par un décret du 13 mars 1986.

Elle a pour objet de promouvoir et de développer la pratique volontaire du sport dans les enseignements pré-élémentaire, élémentaire, secondaire et supérieur, de coordonner cette pratique, d'organiser ou de contribuer à organiser des compétitions communes aux adhérents des associations membres.

La Confédération du sport scolaire et universitaire constitue, pour les pouvoirs publics, un interlocuteur privilégié pour toutes questions concernant la pratique sportive associative volontaire touchant plusieurs degrés d'enseignement.

Elle peut se voir confier par une ou plusieurs unions ou fédérations sportives scolaires ou universitaires des missions particulières, au plan national ou dans le domaine des relations internationales.

Sont obligatoirement affiliées à la Confédération du sport scolaire et universitaire les fédérations ou unions sportives scolaires ou universitaires dont les statuts ont été approuvés par décret en Conseil d'Etat, en application de l'article 10 de la loi du 16 juillet 1984.

L'assemblée générale se compose de membres élus et de membres de droit, disposant chacun d'une voix.

Les membres de droit sont le ministre de l'Education nationale, président, et sept personnalités compétentes, en matière d'éducation ou de sport nommées par lui.

Les membres élus sont les représentants directs des unions et fédérations membres. Ils sont au nombre de quatre par union ou fédération, désignés par le comité directeur ou le conseil d'administration de celle-ci.

La désignation des membres élus intervient, pour chacune des unions ou fédérations, après le renouvellement du comité directeur de celles-ci. Les membres de droit sont nommés par le ministre de l'Education nationale pour quatre ans. Leur mandat est renouvelable.

Un bureau est élu pour 4 ans par l'assemblée générale le président de la Confédération est le ministre de l'Education nationale ou son représentant.

40.5. Les personnels enseignants d'éducation physique et sportive

L'enseignement de l'éducation physique et sportive est assuré par des personnels spécialisés appartenant à différents corps — professeurs agrégés et professeurs d'E.P.S. titulaires, adjoints d'enseignement, chargés d'enseignement, professeurs adjoints, professeurs d'enseignement général de collège à valence éducation physique et sportive.

Leur nombre total est actuellement de plus de 23 000 dans les établissements d'enseignement du second degré, dont 60 % d'hommes et 40 % de femmes.

(Extrait de la brochure l'E.P.S. en France, ministère de l'Education nationale, édit. sept. 1983).

Le recrutement des professeurs adjoints d'E.P.S. est aujourd'hui arrêté.

40.5.1. Recrutement dans la fonction publique des professeurs d'éducation physique et sportive, et des professeurs agrégés d'éducation physique et sportive

a. Professeur d'éducation physique et sportive

Pour être recruté professeur d'éducation physique et sportive, il faut :

— être de nationalité française ;

— être âgé de 30 ans au plus au 1er janvier de l'année du concours. Cette limite d'âge peut être reculée d'une durée égale à celle des services civils valables ou validables pour la retraite dans la limite de 10 ans. Elle s'entend sans préjudice de l'application des dispositions en matière de

report des âges limites au titre du service militaire, du service national, des charges de famille et de l'accès aux emplois publics pour certaines catégories de femmes ;
— avoir été reconnu apte à enseigner l'éducation physique et sportive, par la commission médicale académique ;
— être titulaire de la licence en S.T.A.P.S. ;
— être titulaire soit de l'attestation de réussite au test de sauvetage, soit du diplôme d'Etat de maître-nageur datant de moins de cinq ans, soit du brevet national de réussite et de sauvetage aquatique ;
— être titulaire soit d'une unité de valeur en secourisme général et sportif, soit du brevet national de secourisme.

Les épreuves du concours de recrutement des professeurs d'éducation physique et sportive se répartissent en deux groupes :

• *Le premier groupe conduisant à l'admissibilité comporte :*
— une épreuve écrite portant sur les activités physiques et sportives et société ;
— une épreuve écrite portant sur l'approche scientifique et pédagogique de l'activité physique et sportive ;
— une épreuve orale portant sur la composition d'une séance d'éducation physique et sportive dans le domaine de l'option sportive du ou de la candidat(e) ;
— une épreuve physique d'option.

• *Le deuxième groupe conduisant à l'admission comporte :*
— une épreuve orale portant sur la pédagogie générale de l'éducation physique et sportive ;
— une épreuve orale portant sur la didactique et la pédagogie de l'éducation physique et sportive ;
— une épreuve orale portant sur l'organisation et la réglementation des institutions éducatives et des activités physiques et sportives ;
— une épreuve physique de polyvalence.

Les candidats(es) reçus(es) au concours de recrutement sont nommés(es) professeurs d'éducation physique et sportive stagiaires pendant un an et reçoivent une affectation dans un établissement scolaire.

Indice brut : début de carrière : 379
fin de carrière : 801.

b. Professeur agrégé d'éducation physique et sportive

L'arrêté du 24 septembre 1982 a institué une agrégation d'éducation physique et sportive. Les conditions préalables de titres universitaires pour l'inscription à ce concours sont celles fixées pour toutes les autres agrégations. En outre, peuvent faire acte de candidature, les professeurs d'éducation physique et sportive, les titulaires du C.A.P.E.P.S., les titulaires du diplôme de l'E.N.S.E.P.S. ou les titulaires du diplôme de l'I.N.S.E.P., à condition que ces diplômes aient été obtenus au plus tard à la fin de la session 1982-84, ainsi que les inspecteurs principaux de la jeunesse et des sports à vocation pédagogique, titularisés au plus tard au 31 décembre 1982.

Les épreuves du concours de recrutement de professeurs agrégés d'éducation physique et sportive se répartissent en deux groupes :

• *Le premier groupe conduisant à l'admissibilité comporte trois épreuves écrites portant sur :*
— activités physiques et sportives et civilisations ;
— éducation physique et sportive et développement de la personne ;
— sciences, techniques et didactiques des activités physiques, sportives et d'expression.

• *Le deuxième groupe conduisant à l'admission comporte :*
— une épreuve orale portant sur les finalités, la planification, la mise en place et l'évaluation de l'enseignement de l'éducation physique et sportive à partir d'une étude de dossier ;
— une leçon ;
— une réalisation par le candidat d'une prestation physique, magnétoscopée puis commentée.

Les professeurs agrégés d'éducation physique et sportive ont les mêmes indices que les autres professeurs agrégés, à savoir :

Indice brut : début de carrière : 427
fin de carrière : 1015.

40.5.2. Cursus universitaire en sciences et techniques des activités physiques et sportives (S.T.A.P.S.)

1er cycle

(Arrêté du 11 avril 1975 a créé un D.E.U.G. mention S.T.A.P.S.).

Ce diplôme, qui sanctionne un premier cycle pluridisciplinaire de culture générale et d'orientation, se prépare en deux ans dans les unités d'enseignement et de recherche en éducation physique et sportive (U.E.R.E.P.S.) ou unités de formation et de recherche en éducation physique et sportive (U.F.R.E.P.S.). Durant ces deux années, l'étudiant(e) devra pratiquer les activités physiques et sportives durant 400 heures au minimum.

L'accès dans les U.E.R.E.P.S. est réservé aux candidats justifiant soit du baccalauréat de l'enseignement du second degré, soit du baccalauréat de technicien, soit d'un titre français ou étranger admis en équivalence, soit d'une attestation de succès à l'examen spécial d'entrée dans les universités (branche A ou B).

En outre, pour être admis en première année, les candidats doivent subir avec succès un concours d'entrée organisé par chaque U.E.R.E.P.S.

Il appartient aux candidats(es) de formuler leur demande d'inscription dès le mois de janvier, pour la rentrée universitaire suivante auprès du directeur de l'U.E.R.E.P.S. de leur choix.

2e cycle

Au terme de ce premier cycle, un second cycle d'études permet d'obtenir la licence en S.T.A.P.S., créée par arrêté du 7 juillet 1977, ainsi que la maîtrise en S.T.A.P.S., créée par arrêté du 5 janvier 1982.

U.F.R.E.P.S	Dénomination du Diplôme d'Etudes Approfondies (D.E.A.)
Aix-Marseille II	Neurosciences option STAPS
Bordeaux II	Analyse interdisciplinaire des activités physiques et sportives dans la région Aquitaine
Clermont-Ferrand	Evaluation et amélioration de la performance motrice
Lyon	Didactique de l'éducation physique et sportive
Montpellier	Activités physiques et développement psychologique et moteur
Nancy	APS et travail
Paris V Paris X	Processus d'acquisition et de développement de l'efficacité motrice dans les activités physiques et sportives
Paris XI	Prospective des pratiques, des consommations et des espaces sportifs
Poitiers	Analyse pluridisciplinaire du sportif et de son environnement

Certaines U.F.R.E.P.S. sont également habilitées à délivrer un Diplôme d'Etudes Supérieures Spécialisées (D.E.S.S.) (3).

3e cycle

Un troisième cycle est ouvert au titulaire de la maîtrise. Il permet l'obtention en fin de 1re année d'un diplôme d'études approfondies en S.T.A.P.S. Actuellement, plusieurs U.F.R.E.P.S. sont habilitées à délivrer ce diplôme.

(3) Le lecteur intéressé par l'organisation des U.F.R.E.P.S. et les études que l'on peut poursuivre se réfèrera à : *« L'annuaire du monde sportif français »*. R. Thomas. Presses Universitaires de France, 1988.

41. Réglementation de la pratique sportive

41.1. Licence sportive et livret sportif

Une licence sportive est une pièce d'identité sportive délivrée par une fédération sportive ou par ses organismes décentralisés. Elle atteste de l'adhésion de son titulaire à une association sportive affiliée. Elle est valable une saison sportive dont la durée est fixée par chaque fédération.

Enregistrée et validée par les organismes compétents, elle constitue un titre inaliénable. Les règles de délivrance des licences sportives sont déterminées par les fédérations sportives. Une licence sportive permet à son titulaire de pratiquer la compétition sportive, en qualité d'amateur ou de professionnel selon des conditions fixées par chacune des fédérations sportives.

En signant une licence, son titulaire s'engage à se conformer aux règlements fédéraux et à respecter les principes de disciplines imposés par la fédération intéressée à ses membres.

La fédération sportive représente l'organe juridictionnel en matière de discipline.

L'article 35 de la loi du 16 juillet 1984 relative à l'organisation et à la promotion des activités physiques et sportives innove en imposant qu'un livret sportif individuel soit remis au sportif ou à son représentant légal, lors de la délivrance de sa première licence. Ce livret ne contiendra que des informations sportives ou médicales.

Le même article 35 rappelle que la participation aux compétitions organisées par les fédérations sportives est subordonnée à la présentation d'une licence portant attestation de la délivrance d'un certificat médical de non-contre-indication à la pratique de la discipline sportive concernée.

La participation des non-licenciés aux épreuves qui leur sont ouvertes est subordonnée également à la présentation de ce certificat médical.

Tableau 41.1

Année	Fédérations olympiques	Fédérations non olympiques	Groupements nationaux multisports	Groupements nationaux scolaires et universitaires	Total
1949	869 641	398 841	409 177	186 859	1 864 518
1950	909 391	400 112	440 756	331 102	2 081 361
1951	1 129 132	414 941	338 529	338 024	2 220 626
1952	1 131 421	441 461	336 167	382 005	2 291 054
1953	951 962	440 977	386 234	400 832	2 180 005
1954	980 360	449 984	384 360	425 835	2 240 539
1955	932 551	466 708	394 982	469 879	2 264 120
1956	923 690	490 909	393 327	494 271	2 302 197
1957	858 226	519 883	401 708	554 212	2 334 029
1958	907 677	600 460	401 464	589 293	2 498 894
1959	987 854	603 351	446 635	659 819	2 697 659
1960	1 035 552	601 677	505 751	729 901	2 872 881
1961	1 106 552	659 816	549 466	838 082	3 153 916
1962	1 186 826	671 363	575 849	892 185	3 326 223
1963	1 228 336	659 420	585 446	853 575	3 326 777
1964	1 319 999	723 003	619 198	922 556	3 584 756
1965	1 468 901	755 788	581 110	1 013 317	3 819 116
1966	1 606 399	717 248	620 766	1 079 241	4 023 654
1967	1 759 683	861 900	737 533	1 140 481	4 499 597
1968	1 864 420	921 232	778 682	1 156 873	4 721 207
1969	2 084 683	944 250	683 124	1 192 047	4 904 104
1970	2 252 655	989 221	696 770	1 297 452	5 236 098
1971	2 409 958	1 053 705	741 132	1 443 644	5 648 439
1972	2 668 271	1 176 153	884 922	1 681 894	6 411 240
1973	2 754 151	1 266 148	921 892	1 734 605	6 676 796
1974	2 877 938	1 371 155	946 642	1 865 746	7 061 481
1975	2 994 693	1 463 819	1 061 285	1 861 857	7 381 654
1976	3 087 003	1 704 476	1 104 303	1 950 081	7 845 863
1977	3 347 569	1 971 283	1 175 495	2 117 637	8 511 984
1978	3 567 163	1 892 585	945 297	2 163 570	8 568 615
1979	3 750 190	2 269 404	1 054 416	2 035 564	9 105 574
1980	3 824 008	2 478 802	1 108 093	2 089 673	9 501 176
1981	4 989 680	2 554 250	1 103 288	2 176 422	10 823 640
1983	5 620 054	2 190 713	1 218 487	2 338 059	11 367 313

Source : Fédération sportives. (Extrait du document : Statistiques Jeunesse et Sports - 1984).

41.2. Service médical à l'occasion de manifestations sportives importantes

A l'occasion de toute manifestation sportive importante, susceptible d'être suivie par un nombreux public, les fédérations, groupements sportifs et autres organisations, doivent prévoir un service médical destiné à venir en aide, non seulement aux *athlètes,* mais aussi aux *spectateurs.*

Ce service médical doit comporter un médecin-chef et, éventuellement, plusieurs adjoints aidés eux-mêmes par une équipe de secouristes (avec brancard et nécessaire de première urgence). Il doit y avoir une équipe par tribune principale.

L'infirmerie du stade doit être ouverte. Des infirmiers-secouristes, contrôlés par un médecin assistant, doivent y assurer une permanence.

Les frais occasionnés par ce service médical sont à la charge du groupement organisateur de la manifestation sportive. Les agents du secrétariat d'Etat à la Jeunesse et aux Sports (voir page 676 et suivantes) sont habilités à procéder à toutes inspections au sujet de l'organisation du service médical sportif sur les stades.

Ces personnels sont à la disposition des organisateurs des manifestations sportives pour leur fournir les noms et adresses des médecins susceptibles d'être pressentis pour compléter leur service médical.

41.3. Contrôle médical des activités physiques et sportives

Le décret n° 77.554 du 27 mai 1977 pris en vertu des dispositions de la loi du 29 octobre 1975 fixait les règles du contrôle médical des activités physiques et sportives. Celui-ci est obligatoire pour la pratique des activités physiques et sportives inscrites dans tout programme de formation et pour la participation aux compétitions organisées par les fédérations et groupements sportifs.

Le décret a largement été modifié et complété par le décret du 1er juillet 1987, relatif à la surveillance médicale des activités physiques et sportives, pris en application de l'article 35 de la loi du 16 juillet 1984.

a. Le contrôle médical préalable à la compétition

— Pour prendre part aux épreuves sportives inscrites au calendrier officiel des compétitions des fédérations sportives participant à l'exécution de la mission de service public défini à l'article 16 de la loi n° 84-610 du 16 juillet 1984, les licenciés et non-licenciés doivent avoir subi un contrôle médical.

— Le contrôle médical donne lieu à la délivrance d'un certificat médical de non-contre-indication à la pratique en compétition d'une ou de plusieurs activités sportives.

— Le contrôle médical est annuel. Le certificat est établi par tout médecin, suivant les règles de la profession.

— Un règlement, préparé par la commission médicale de chaque fédération, adopté par le comité directeur de la fédération et approuvé par le ministre chargé des Sports, définit la nature et les modalités de l'examen médical.

Ce règlement détermine notamment les conditions dans lesquelles les licenciés peuvent être admis à participer aux épreuves relevant d'une catégorie d'âge supérieure. Il définit les informations non soumises au secret médical que doit contenir le livret sportif individuel prévu à l'article 35 de la loi du 16 juillet 1984 précitée.

Le règlement médical est communiqué à tous les groupements sportifs affiliés à la fédération.

b. La surveillance médicale spécifique à certaines catégories de sportifs

— Une surveillance médicale particulière est exercée par des médecins titulaires du certificat d'études supérieures ou de la capacité de biologie et médecine du sport sur les sportifs de haut niveau figurant sur la liste mentionnée au deuxième alinéa de l'article 26 de la loi du 16 juillet 1984 précitée et sur tout sportif inscrit dans un centre régional d'entraînement et de formation pour le sport de haut niveau.

Une surveillance médicale particulière peut également être imposée aux personnes qui, sans appartenir aux catégories précédentes, participent habituellement à des activités sportives qui nécessitent des efforts soutenus et rapprochés dans des conditions définies par arrêté conjoint du ministre chargé des Sports et du ministre chargé de la Santé, pris après avis de la fédération intéressée.

— Les fédérations sportives participant à l'exécution de la mission de service public, définie à l'article 16 de la loi du 16 juillet 1984 précitée, assurent l'organisation de la surveillance médicale particulière des sportifs mentionnés à l'article 5 du présent décret.

Elles veillent à la santé du sportif et prennent à cet effet les dispositions nécessaires, notamment en ce qui concerne la nature des entraînements, les modes de sélection et le calendrier des épreuves. Elles déterminent, conformément à la procédure prévue à l'article 4 du présent décret, la nature des examens médicaux et leur fréquence, qui est au minimum de trois examens durant la saison sportive.

— Une surveillance médicale particulière est organisée au bénéfice des élèves et des étudiants inscrits dans des unités pédagogiques scolaires et universitaires spécialement aménagées en vue de la pratique des sports. La surveillance médicale particulière de ces élèves et étudiants comprend au moins un examen médico-sportif par trimestre. Elle est assurée sous la responsabilité du médecin inspecteur régional du ministère chargé des Sports. Le médecin de la fédération intéressée et le service de santé de l'établissement scolaire ou universitaire sont associés à cette surveillance médicale.

— Des mesures particulières définies par arrêté conjoint du ministre chargé du Travail et du ministre chargé des Sports fixent les modalités de la surveillance médicale des sportifs professionnels salariés.

c. Contrôle médical en matière d'éducation physique et sportive

Dans ce domaine le décret du 1er juillet 1987 ne modifie que très peu les prescriptions posées dans l'ancien décret du 27 mai 1977.

Le contrôle médical s'exerce sur les élèves des établissements d'enseignement du premier et du second degré, publics ou privés. Il a pour objet :

— de dépister les affections contre-indiquant la pratique de l'éducation physique et sportive ;

— d'assurer l'orientation sportive en fonction des prédispositions et des possibilités ;

— de classer les intéressés dans les groupes d'aptitudes définis par arrêté conjoint du ministre de la Santé et de la Sécurité sociale et du ministre chargé des Sports.

41.4. Surclassement de certains jeunes sportifs

Le décret du 1er juillet 1987 relatif à la surveillance médicale des activités physiques et sportives prévoit en son article 8 qu'un règlement établi par chaque fédération sportive et approuvé par le ministère chargé des Sports, détermine la nature de l'examen médical préalable aux compétitions, les catégories d'âge des concurrents et les conditions dans lesquelles ils peuvent être admis à participer aux compétitions relevant d'une catégorie d'âge supérieure.

Certains jeunes sportifs dont l'âge physiologique ne correspond pas à l'âge chronologique qui a servi de base pour leur classement dans une catégorie donnée, peuvent demander à bénéficier d'un surclassement.

Cette mesure d'admission à participer aux compétitions relevant d'une catégorie d'âge supérieur est prise par la fédération sportive intéressée (voir contrôle médical des activités physiques et sportives, paragraphe a).

Il résulte de cette disposition que les règles de surclassement définies par les fédérations sportives peuvent varier sensiblement d'une fédération à une autre. Le tableau ci-dessous fait ressortir les différentes modalités de surclassement adoptées par les fédérations sportives habilitées :

Le Syndicat National de Médecine physique et des sports, le Comité National des Sports (aujourd'hui C.N.O.S.F.) et la Société Médicale Française d'Education Physique et des Sports déclarent :

« Le certificat médical d'aptitude au sport, qui engage gravement la responsabilité de son signataire (1), ne peut pas faire l'objet d'un acte de " complaisance " ainsi que tout autre certificat médical conformément au code de déontologie. »

« Le sport est fait pour l'homme et non pas pour le sport, et il appartient au corps médical de s'opposer, quand il y a lieu, à certains excès préjudiciables à la santé présente ou à venir de nombreux pratiquants sportifs ».

41.5. Répression de l'usage des stimulants

(Loi n° 65.412 du 1er juin 1965 abrogée et remplacée par la loi n° 89.432 du 28 juin 1989 relative à la prévention et à la répression de l'usage des produits dopants à l'occasion des compétitions et manifestations sportives)

Cette loi, dite loi Bambuck, du nom du ministre chargé des Sports en 1989, bien qu'elle ait d'ailleurs été initiée par son prédécesseur, Christian Bergelin, comprend six titres qui portent sur :

— la prévention ;
— la commission nationale de lutte contre le dopage ;
— le contrôle ;
— les mesures administratives ;
— les dispositions pénales ;
— les dispositions diverses.

Il est à noter que cette loi intéresse les individus, mais également les animaux. Elle ne parle pas du mot « dopage » ou « doping », mais précise qu'il est interdit d'utiliser des substances ou procédés de nature à modifier artificiellement les capacités ou à masquer cet emploi.

(1) J.O. du 3 juin 1977.

De même, il est interdit :
— d'administrer ;
— de faciliter l'administration et l'application de procédés ou substances prohibées ;
— d'inciter à ces processus.

Le ministre chargé des Sports, en liaison avec les autres ministres concernés, doit s'assurer que des actions de prévention et d'éducation sont mises en œuvre pour lutter contre le dopage.

On peut ainsi relever quatre types d'actions :

- Des campagnes d'information vers les jeunes, notamment dans le cadre scolaire.
- L'intégration dans les programmes de formation à l'attention des
  — enseignants ;
  — entraîneurs ;
  — médecins.
- La recherche sur les effets du dopage.
- La mise en place du suivi médical à l'attention des sportifs de haut niveau.

Le décret n° 91.837 du 30 août 1991 concerne les contrôles prévus par la loi et précise :

- Qui va exercer ce contrôle : les agents de l'inspection de la jeunesse et des sports, ainsi que les médecins agréés.
- Quel est cet agrément : prévu par arrêté, il consiste pour l'agent à prêter serment devant le tribunal de grande instance (T.G.I.) de sa résidence, pour remplir avec honneur, conscience et probité, les missions de la loi de 1985.
- Quels types de contrôles vont être exercés :

— un entretien avec la personne contrôlée ;
— un ou plusieurs prélèvements : 70 ml d'urine, prise de sang, alcoolémie (par air expiré) ;
— un examen si nécessaire.

A l'issue de ces contrôles est dressé un procès-verbal.

- Quel procès-verbal : rédigé par le médecin ou l'agent de la jeunesse et des sports, il est adressé :

— au ministre chargé des Sports ;
— à la fédération sportive ;
— à la commission nationale de lutte contre le dopage.

- Quel laboratoire de contrôle : les laboratoires de contrôle anti-dopage sont agréés par le ministère chargé des Sports et celui de la Santé pour l'analyse de substances et la détection des procédés.

Le résultat des analyses est adressé :
— au M.J.S. ;
— au F.S. ;
— à la commission nationale de lutte contre le dopage.

Cette réglementation abroge et remplace le titre III du décret de 1987 relatif à la surveillance médicale. Depuis le 1er avril 1993, l'ensemble des fédérations sportives françaises ont adopté un dispositif réglementaire identique de lutte contre le dopage. La France est d'ailleurs l'un des seuls pays européens à avoir imposé un dispositif réglementaire.

Pour les sanctions, reportez-vous à la loi page 784 et pour les produits prohibés à l'arrêté page 793.

41.6. Lutte contre l'alcoolisme

Le Code des débits de boissons et des mesures contre l'alcoolisme prévoit, en son article L.17, qu'il est « interdit d'effectuer une publicité sous quelque forme qu'elle se présente, en faveur des boissons alcoolisées sur les stades, terrains de sports publics ou privés, dans les lieux où sont installés des piscines et dans les salles où se déroulent habituellement des manifestations sportives, ainsi que dans tous les locaux occupés par des associations de jeunesse ou d'éducation populaire ».

L'article 96 du Code des débits de boissons dispose que les ligues antialcooliques reconnues d'utilité publique peuvent exercer les droits reconnus à la partie civile par les article 2 et 36 du Code de procédure pénale.

Le ministre chargé des Sports a rappelé, dans la circulaire n° 74.174/B en date du 3 juillet 1974, aux présidents des fédérations sportives, qu'aucune publicité en faveur des boissons alcooliques ne doit apparaître sous quelque forme que ce soit dans les lieux où se déroulent des manifestations sportives.

Les chefs de services extérieurs du ministère ont été informés qu'il leur était interdit de participer à tout comité de patronage institué par une société de boisson alcoolique.

42. Bureau médical du ministère de la Jeunesse et des Sports

(circulaire n° 68.475 du 7 mars 1968)

42.1. Attributions et sections

Elles concernent le contrôle médical sportif, la surveillance des athlètes de haute compétition et la préparation médicale olympique. Elles englobent également le contrôle médical des futurs enseignants de l'éducation physique, la coordination des services médicaux des établissements du ministère de la Jeunesse et des Sports, la recherche médicale et psychologique appliquée aux sports, la participation à l'enseignement de la médecine du sport.

Le bureau médical est un service de la direction des Sports du secrétariat d'Etat, qui est actuellement rattaché au département de la Vie de l'athlète. Il comprend une section de gestion financière, d'équipement et de comptabilité, une section de préparation médicale olympique et une section du contrôle médical des futurs enseignants.

42.1.1. Première section : Gestion financière d'équipement et de comptabilité

Cette section gère les crédits afférents au contrôle médical sportif, achète et répartit le matériel médical destiné aux établissements du ministère de la Jeunesse et des Sports, contribue à l'enseignement de la médecine du sport.

Elle gère les crédits afférents à la préparation médicale olympique et aux services médicaux des fédérations sportives, notamment ceux provenant du F.N.D.S. (section haut niveau).

Elle gère également les crédits relatifs au fonctionnement et à l'équipement du laboratoire de toxicologie antidopage du ministère de la Jeunesse et des Sports, ainsi que les crédits relatifs au contrôle médical des élèves des sections sport-études.

42.1.2. Deuxième section : Préparation médicale olympique

Cette section coordonne les recherches scientifiques concernant la préparation olympique, établit des liaisons avec les universités, les différents organismes civils et militaires intéressés et les fédérations sportives. Elle centralise et diffuse les informations, coordonne les services médicaux et paramédicaux de la préparation olympique.

Elle est chargée des études et des recherches se rapportant à la toxicologie des sports. A ce titre, elle est responsable du contrôle antidopage.

42.1.3. Troisième section : Contrôle médical des futurs enseignants

Le bureau médical, dans le cadre de cette section, contrôle les aptitudes physique et morphologique des futurs enseignants d'éducation physique et sportive et préside la commission médicale nationale de surexpertise.

Elle surveille l'entraînement des athlètes de haute compétition et coordonne les services diététiques, de massage et de physithérapie des établissements du ministère de la Jeunesse et des Sports.

Enfin, elle met en place des consultations spécialisées, agrée et contrôle les médecins attachés au ministère de la Jeunesse et des Sports, contribue à l'enseignement de la médecine du sport et organise des stages, réunions et journées d'informations relatives à la médecine du sport.

42.2. Service médical des fédérations

Le service médical de chaque fédération est dirigé par un médecin fédéral national.

Les médecins fédéraux nationaux sont réunis dans un organisme central interfédéral qui est la commission médico-sportive nationale siégeant au Comité national olympique et sportif français. Cette commission est le moyen de liaison entre les médecins fédéraux nationaux et le bureau médical du ministère de la Jeunesse et des Sports.

Les médecins fédéraux nationaux sont assistés dans leurs tâches par des médecins fédéraux régionaux qui se réunissent en commissions médico-sportives régionales où ils réalisent la liaison avec les médecins régionaux et départementaux de la Jeunesse et des Sports.

42.2.1. Rôle du médecin fédéral national

Les fonctions sont les suivantes :

1. Organiser l'ensemble du service médical et notamment le contrôle médical sportif à l'échelon national.
2. Prévoir et surveiller l'organisation du service médical des grandes compétitions, les frais de ce service étant prélevés sur la recette des dites réunions.
3. Contrôler la gestion financière du service médical de fédération et prévoir les crédits correspondants.
4. Mettre sur pied la surveillance médicale des athlètes sélectionnés dans les équipes nationales ou internationales soit au cours de l'entraînement ou des stages, soit au cours des grandes compétitions.
5. Prendre toutes les décisions nécessaires en cas de litige survenu au point de vue du contrôle médical des licenciés de la fédération.
6. Se déplacer éventuellement avec l'équipe nationale.

42.2.2. Rôle du médecin fédéral régional

Les principales fonctions de ce médecin sont :

1. Contrôler l'existence et les conditions de délivrance des certificats médicaux d'aptitude aux sports dans sa région, aussi bien dans les associations que sur les terrains de sports.
2. Mettre en place le service médical des grandes manifestations sportives organisées par la fédération.
3. Prendre les décisions en cas de litige survenu à l'occasion du contrôle médical des licences de la fédération concernée.
4. Prendre les contacts nécessaires avec le médecin inspecteur régional de la Jeunesse et des Sports.

43. L'assurance des groupements sportifs et des pratiquants

Les règles imposées aux associations, dirigeants et participants en matière d'assurance lors des compétitions sportives étaient fixées par les arrêtés du 5 mai 1962 et du 6 juillet 1962 dits arrêtés « Herzog ».

Il faut noter que la plupart des fédérations sportives ont conservé et quelquefois étendu dans leur règlement intérieur les conditions d'assurance fixées par les arrêtés de 1962.

L'article 37 de la loi du 16 juillet 1984 institue un régime d'assurance obligatoire :

- Les groupements sportifs doivent souscrire pour l'exercice de leur activité un contrat d'assurance couvrant leur responsabilité.
- D'autre part l'organisation, par toute personne autre que l'Etat et les groupements sportifs, de manifestations sportives ouvertes aux licenciés des fédérations sportives est subordonnée à la souscription par l'organisateur d'un contrat d'assurance.
- Ces contrats d'assurance couvrent la responsabilité civile du groupement sportif, de l'organisateur, de leurs préposés et celle des pratiquants du sport. Un décret d'application de cet article 37 devra fixer les modalités de mise en œuvre des assurances obligatoires, notamment l'étendue des garanties et les modalités de contrôle.

Ces assurances obligatoires entreront en vigueur le premier jour du troisième mois suivant la publication du décret d'application.

Seules les collectivités territoriales pourront bénéficier de dérogations.

L'exploitation d'un établissement d'activités physiques et sportives sera également subordonnée à la souscription par l'exploitant d'un contrat d'assurance couvrant sa responsabilité civile ainsi que celle des enseignants, des préposés de l'exploitant, et des personnes habituellement ou occasionnellement admises à participer à ses activités.

Enfin si la loi du 16 juillet 1984 n'impose aucune assurance individuelle, son article 38 oblige les groupements sportifs à informer leurs adhérents de leur intérêt de souscrire un contrat d'assurance de personne ayant pour objet de proposer des garanties forfaitaires en cas de dommage corporel.

A cet effet, les groupements sportifs devront tenir à la disposition de leurs adhérents des formules de garantie susceptibles de réparer les atteintes à l'intégrité physique du pratiquant (voir décret n° 93-392 du 18 mars 1993).

44. L'enseignement sportif

La loi du 16 juillet 1984 relative à l'organisation et à la promotion des activités physiques et sportives a abrogé la loi du 6 août 1963 qui réglementait la profession d'éducateur physique ou sportif ainsi que les établissements où s'exerce cette profession.

Toutefois, il faut noter que le fond des dispositions prévues par la loi du 6 août 1963 a été repris dans la loi du 16 juillet 1984.

Bon nombre des textes pris en application de cette loi du 6 août 1963 restent donc d'actualité et constituent les principes fondamentaux de la déontologie de la profession d'éducateur physique ou sportif.

44.1. La réglementation de la profession d'éducateur physique ou sportif

L'article 43 de la loi du 16 juillet 1984 rappelle qu'à l'exception des agents de l'Etat pour l'exercice de leurs fonctions, nul ne peut enseigner contre rémunération les activités physiques ou sportives à titre d'occupation principale ou secondaire de façon régulière ou saisonnière, ni prendre le titre de professeur, d'entraîneur, de moniteur, d'éducateur ou tout autre titre similaire s'il ne remplit pas certaines conditions de qualification et de moralité.

44.1.1. Les conditions de qualification

L'éducateur sportif doit être titulaire d'un diplôme attestant sa qualification et son aptitude à ses fonctions.

Ce diplôme est un diplôme français défini et délivré par l'Etat ou délivré par équivalence par l'Etat, après avis de jurys qualifiés, ou bien un diplôme étranger admis en équivalence.

Ces brevets d'Etat d'Educateur Sportif comportent trois degrés :

- Le B.E.E.S. du premier degré confère la qualification pour l'animation et l'initiation dans la discipline sportive choisie.

• Le B.E.E.S. du second degré confère la qualification pour le perfectionnement des pratiquants et la formation des cadres dans la discipline choisie.

• Le B.E.E.S. du troisième degré confère la qualification supérieure d'éducateur sportif pour la discipline concernée.

Les brevets d'Etat sanctionnent une formation commune à toutes les disciplines sportives et une formation spécifique à chaque discipline.

Des arrêtés ont précisé les modalités d'examen et les programmes pour la formation commune et les formations spécifiques de chacun des 3 degrés de ces brevets d'Etat.

44.1.2. Les conditions de moralité

Toute condamnation à une peine d'emprisonnement sans sursis supérieure à quatre mois fait obstacle à l'exercice de la profession d'éducateur physique ou sportif.

Nul ne peut enseigner les fonctions d'éducateur physique ou sportif s'il a fait l'objet d'une condamnation pour crime ou pour attentat aux mœurs ou pour l'une des infractions visées aux articles L 627, L 627-2 et L 630 du Code de la santé publique.

44.1.3. Les conditions d'âge

Si les épreuves d'examen des brevets d'Etat sont aujourd'hui ouvertes aux candidats âgés d'au moins 16 ans, le diplôme ne peut être délivré qu'à l'âge de la majorité légale de 18 ans. Aussi l'exercice de la profession est soumise à cette condition d'âge de 18 ans.

44.1.4. L'obligation de déclaration

L'article 47-1 de la loi du 16 juillet 1984 prévoit une obligation de déclaration de la part de l'éducateur physique ou sportif auprès de l'autorité administrative, c'est-à-dire auprès de la préfecture du lieu d'exercice de la profession.

44.1.5. Sanctions (art. 49, loi du 16 juillet 1984)

Il est prévu des amendes de 6 000 à 50 000 francs et un emprisonnement de six mois à un an ou l'une de ces deux peines seulement pour ceux qui exerceraient une activité d'enseignement, d'encadrement ou d'animation d'une activité physique et sportive sans avoir procédé à la déclaration d'exercice ou en violation des dispositions légales.

44.2. Les différents cadres d'intervention de l'éducateur physique ou sportif

44.2.1. Le secteur privé : cadre d'intervention privilégié de l'éducateur physique ou sportif

a. Les groupements constituant le mouvement sportif

Ce sont bien entendu les clubs constitués en associations du type loi de 1901 qui ont principalement besoin des éducateurs physiques ou sportifs. Les sociétés à objet sportif et les sociétés d'économie mixte sportives locales prévues par la loi du 16 juillet 1984 auront également besoin de ces éducateurs diplômés.

Plus de 12 millions de pratiquants licenciés constituent aujourd'hui le mouvement sportif. Aussi pourrait-on penser que le nombre d'emplois d'éducateur physique ou sportif nécessaire à l'encadrement de ces pratiquants soit très important.

Or l'évolution du nombre de ces emplois ne se fait que lentement. Une grande majorité des clubs aujourd'hui encore s'appuient sur un encadrement technique bénévole et l'emploi d'éducateurs professionnels pose le difficile problème du financement de ces emplois.

Ce sont bien entendu les disciplines sportives qui ont la faveur du grand public qui drainent des moyens financiers susceptibles d'entraîner la création d'emploi d'éducateurs physiques ou sportifs.

Les éducateurs sportifs sont donc dans une situation très inégale devant l'emploi suivant la discipline qu'ils enseignent.

D'autre part l'importance des charges sociales et fiscales qui grèvent les rémunérations du travail freine le développement de la création d'emploi dans le secteur associatif.

Seules de grandes associations peuvent se permettre l'emploi d'éducateurs sportifs permanents. Les petits clubs locaux n'ont quant à eux que très rarement les moyens de s'offrir le service des éducateurs professionnels.

b. Les écoles et établissements privés d'enseignement et de formation continue

Les personnels d'enseignement de ces établissements ne sont pas des fonctionnaires de l'Etat et sont donc liés à leur établissement par des contrats de travail de droit privé. L'enseignement de l'éducation physique et des sports rentre dans la plupart des programmes d'enseignement de ces établissements, aussi sont-ils tenus de recruter des éducateurs physiques ou sportifs pour répondre à leurs besoins.

c. Les entreprises commerciales de loisir, de vacances et de tourisme

Le développement important de la pratique sportive de loisir a favorisé la création d'entreprises fournissant à leurs clients des enseignements sportifs, que ce soit à titre principal ou secondaire.

Ces entreprises ne peuvent bien entendu que recruter des éducateurs physiques ou sportifs professionnels répondant aux conditions légales d'exercice.

d. Les entreprises classiques

La loi du 16 juillet 1984 a consacré l'entreprise comme étant un lieu privilégié du développement des activités physiques ou sportives.

A l'initiative des comités d'entreprise, les délégués du personnel et des chefs d'entreprise, des activités physiques ou sportives peuvent être proposées aux personnels des entreprises et à leur famille.

Le monde du travail est donc susceptible de favoriser la création d'emplois d'éducateurs physiques ou sportifs.

Toutefois il faut noter que dans la plupart des cas, les entreprises préfèrent recruter leurs éducateurs ou animateurs parmi leur propre personnel. La création par un décret du 20 octobre 1982 d'un certificat d'aptitude à l'animation des activités physiques et sportives dans les entreprises, conforte cette tendance d'une part. D'autre part l'article 23 de la loi du 16 juillet 1984 permet de financer dans le cadre de la formation continue les stages destinés à la formation des éducateurs et animateurs sportifs nécessaires à l'encadrement des activités physiques et sportives dans l'entreprise.

e. Les conditions de travail des éducateurs physiques ou sportifs dans le secteur privé

Ces conditions de travail sont légalement celles prévues par le droit du travail, le droit social et le droit fiscal.

• Le régime du *travail salarié* est le régime classique applicable aux éducateurs physiques ou sportifs. Lorsque l'éducateur perçoit une rémunération, quelle que soit sa forme ou son appellation, et lorsqu'un lien de subordination existe entre l'employeur et l'éducateur, on présume automatiquement que ce dernier bénéficie d'un contrat de travail salarié.

En conséquence l'éducateur physique ou sportif est protégé par les règles du travail salarié. Les régimes du salaire minimum, du temps de travail hebdomadaire, des congés payés, du licenciement, s'appliquent aux conditions de travail de l'éducateur sportif.

D'autre part ce dernier bénéficie du régime commun de la Sécurité sociale et son employeur est tenu de remplir toutes les obligations qui en découlent.

• L'éducateur sportif *travailleur indépendant.* L'éducateur sportif peut exercer sa profession comme travailleur indépendant. Ce régime ne peut s'appliquer que lorsque l'éducateur n'est soumis à aucun lien de subordination. Il fournit alors ses prestations de service à ses clients et reçoit en contrepartie des honoraires.

Le travailleur indépendant est alors « son propre patron » et doit assumer à lui seul les obligations sociales et fiscales qui lui incombent.

44.2.2. Les éducateurs physiques ou sportifs dans le secteur public

a. L'Etat employeur

La loi du 11 janvier 1984 portant dispositions statutaires relatives à la fonction publique de l'Etat ne permet plus que de recruter les agents de l'Etat par concours d'accès à un corps de fonctionnaires.

Le recrutement d'agents contractuels est donc aujourd'hui très restreint et pour remplir des missions à durée limitée et déterminée ou pour remplir des emplois occasionnels ou saisonniers.

• Le ministère de l'Education nationale ne recrute ses enseignants d'éducation physique que par le concours du certificat d'aptitude à l'enseignement de l'éducation physique et sportive (C.A.P.E.P.S.).

• Le ministère de la Jeunesse et des Sports, s'il emploie encore un grand nombre d'agents contractuels titulaires des brevets d'Etat d'éducateur sportif, ne peut plus aujourd'hui recruté que des fonctionnaires titulaires possédant les diplômes requis pour exercer les fonctions de cadres techniques.

La création d'un corps de professeurs de sport permet au ministère de la Jeunesse et des Sports de recruter ses propres cadres techniques qui interviennent dans les fédérations, les établissements nationaux et régionaux et dans les services extérieurs du ministère.

• Dans les autres ministères les mêmes règles de recrutement s'appliquent. Seuls des agents civils ou militaires titulaires peuvent être recrutés. Ils peuvent occuper des emplois d'éducateurs ou de cadres physiques et sportifs que s'ils répondent aux exigences de qualification correspondantes.

• Si les diplômes requis pour l'enseignement des activités physiques et sportives, notamment les brevets d'Etat, sont aujourd'hui une condition nécessaire, ils ne sont plus suffisants pour obtenir des emplois de l'Etat.

Toutefois les ministères pour leur administration centrale ou pour leurs services extérieurs peuvent recruter des éducateurs physiques et sportifs contractuels. Mais ces emplois sont précaires, ils ne peuvent avoir qu'une durée limitée ou être saisonniers.

b. Les collectivités territoriales

Les lois de décentralisation récentes relatives aux libertés des communes, des départements et des régions, permettent à ces collectivités territoriales de recruter librement leurs agents dans le cadre de la fonction publique territoriale.

Les éducateurs physiques et sportifs peuvent donc trouver des emplois dans ces collectivités territoriales.

Ce sont surtout les communes qui offrent aujourd'hui des emplois de moniteurs municipaux des sports.

Ne peuvent être recrutés que les éducateurs titulaires des diplômes requis à l'exercice de leur profession.

Rattachés au service des sports des communes ces moniteurs interviennent surtout dans les écoles primaires, à la demande et sous la responsabilité des instituteurs et de leur équipe pédagogique. Ils peuvent également pour tout ou partie de leur temps de travail être mis à la disposition des associations sportives locales.

Une nouvelle filière sportive vient d'être mise en place au sein des collectivités territoriales. Il s'agit des :
— opérateurs territoriaux des A.P.S. ;
— éducateurs territoriaux des A.P.S. ;
— conseillers territoriaux des A.P.S.

44.3. Les établissements où s'exerce la profession d'éducateur physique ou sportif

Autrefois contenues dans la loi du 6 août 1963 abrogée les principales dispositions concernant les établissements où s'exerce la profession d'éducateur physique ou sportif sont reprises dans la loi du 16 juillet 1984.

Cette loi subordonne l'exploitation contre rémunération soit directement, soit par l'intermédiaire d'une autre personne, d'une salle, d'un gymnase et, d'une manière générale, d'un établissement d'activités physiques ou sportives à certaines conditions :

- L'exploitant ne devra pas avoir fait l'objet d'une peine d'emprisonnement sans sursis supérieure à quatre mois.
- L'établissement doit présenter des garanties d'hygiène et de sécurité définies par décret.
- L'exploitant doit souscrire un contrat d'assurance couvrant sa responsabilité civile, celle des enseignants, celle de ses préposés, ainsi que celle des personnes habituellement ou occasionnellement admises dans l'établissement pour y exercer les activités qui y sont enseignées.

- L'exploitant doit obligatoirement déclarer son établissement auprès de la préfecture.

La loi du 16 juillet 1984 prévoit des sanctions en cas d'inobservation de ses prescriptions :

- L'autorité administrative pourra s'opposer à l'ouverture, ou prononcer la fermeture temporaire ou définitive d'un établissement qui ne répondrait pas aux prescriptions prévues.
- D'autre part, quiconque ouvre ou fait fonctionner un établissement d'activités physiques ou sportives en infraction aux dispositions de la loi, ou maintient en activité un établissement frappé d'un arrêté d'interdiction, encoure une peine d'amende de 6 000 francs à 50 000 francs, et une peine d'emprisonnement de six mois à un an ou l'une de ces deux peines seulement.

44.4. Les personnels du ministère délégué à la Jeunesse et aux Sports de l'enseignement sportif

44.4.1. Les nouveaux corps de fonctionnaires du Ministère

La loi du 11 juin 1983 ne permet plus le recrutement de personnels contractuels pour remplir des emplois permanents. Il était donc important que le ministère délégué à la jeunesse et aux sports puisse bénéficier de corps de fonctionnaires qui lui soient propres. En effet depuis le rattachement de l'éducation physique et sportive au ministère de l'Education nationale, le ministère chargé des Sports ne pouvait pour assurer ses missions que s'appuyer sur des enseignants d'E.P.S. détachés sur les agents contractuels recrutés avant la loi du 11 juin 1983 et sur ses fonctionnaires des corps de l'Inspection de la Jeunesse et des Sports.

Trois importants décrets vont permettre de remédier à cet état de fait et permettre au ministère délégué à la Jeunesse et aux Sports de s'appuyer sur ses propres fonctionnaires.

Le décret n° 85-720 du 10 juillet 1985 relatif au statut particulier des professeurs de sport (voir en annexe).

Annexes

MINISTÈRE
JEUNESSE, SPORTS
ET LOISIRS

Direction des Sports

DÉCLARATION
DES PERSONNES DÉSIRANT ENSEIGNER
CONTRE RÉMUNÉRATION
LES ACTIVITÉS PHYSIQUES ET SPORTIVES

(A déposer en trois exemplaires
à la préfecture du domicile de l'intéressé)

Application de la loi n° 84-610 du 16 juillet 1984,
du décret n° 89-685 du 21 septembre 1989
et de l'arrêté du 4 octobre 1989

1. NOM :
   Prénom :
   Domicile :
   Date et lieu de naissance :
   Nationalité :

2. TITRES ET DIPLÔMES :
   Diplômes d'enseignement des activités physiques et sportives :*

3. DISCIPLINE ENSEIGNÉE :
   Lieu de l'enseignement (stade, salle, club, piscine, entreprise...) :
   Date du début de l'enseignement :

N.B. — Doivent être joints à cette déclaration :
— une fiche d'état civil datant de moins de trois mois ;
— un extrait du casier judiciaire de l'intéressé (bulletin n° 3) datant de moins de trois mois ;
— une copie certifiée conforme de chacun des titres ou diplômes invoqués ;
— un certificat médical de moins de 3 mois d'aptitude à la pratique et à l'enseignement des activités physiques et sportives renouvelable tous les ans.

* En application de l'art. 43 de la loi n° 84-610 du 16 juillet 1984 et l'art. 2 du décret n° 86-685 du 21 septembre 1989, les diplômes étrangers sont admis en équivalence par le ministre chargé des Sports après avis d'une commission.

MINISTÈRE
JEUNESSE, SPORTS
ET LOISIRS

Direction des Sports

DÉCLARATION
DES PERSONNES DÉSIRANT EXPLOITER
CONTRE RÉMUNÉRATION
UN DES ÉTABLISSEMENTS MENTIONNÉS
A L'ARTICLE 47 DE LA LOI DU 16 JUILLET 1984

(A déposer en trois exemplaires,
deux mois au moins avant l'ouverture,
sauf pour les collectivités territoriales,
de l'établissement considéré
à la préfecture du lieu de son implantation)

Application de la loi n° 84-610 du 16 juillet 1984,
du décret n° 89-685 du 21 septembre 1989
et de l'arrêté du 4 octobre 1989

I. 1°) *Cas d'une personne physique :*

NOM :
Prénom :
Domicile :
Date et lieu de naissance :

2°) *Cas d'une personne morale :*

Dénomination sociale :
Forme juridique :
Siège :
NOM, Prénom, date et lieu de naissance, domicile des administrateurs et gérants :

Domicile de l'exploitant :

II. 1°) *Objet principal de l'école ou de l'établissement déclaré* :

2°) *Nature des disciplines enseignées ou pratiquées* :

3°) *Lieu d'enseignement ou de pratique de ces disciplines* :

III. *Pour chaque personne devant, dans l'établissement, enseigner contre rémunération les activités physiques et sportives à quelque titre que ce soit :*

NOM :

Prénoms :

Domicile :

Date et lieu de naissance :

Titres et diplômes :

(Date et signature)

N.B. — A cette déclaration doivent être joints :

Pour l'exploitant *(cas d'une personne physique)*

— une fiche d'état civil datant de moins de trois mois ;
— un extrait du casier judiciaire de l'intéressé (bulletin n° 3) datant de moins de trois mois ;
— s'il enseigne contre rémunération des activités physiques et sportives : une copie de sa déclaration faite en application de l'article 3 du décret n° 89-685 du 21 septembre 1989.

Le décret n° 85-721 du 10 juillet 1985 relatif au statut particulier des conseillers d'éducation populaire et de jeunesse.

Le décret n° 85-722 du 10 juillet 1985 relatif au statut particulier des chargés d'éducation populaire et de jeunesse.

La création de ces nouveaux statuts de fonctionnaire a obligé le ministère à mettre en place un plan de mise en place des nouveaux corps par une note de service n° 85-107 B du 9 septembre 1985 (voir tableau 44.1).

Ce plan se divise en trois périodes :

— celle de la Constitution initiale du Corps qui prendra fin le 18 juillet 1985 durant cette période un certain nombre de personnels répondant aux conditions fixées par les décrets pourront être intégrés directement dans les nouveaux corps ;
— la période transitoire d'une durée de deux à dix ans est caractérisée par un assouplissement des règles qui régissent le recrutement dans les nouveaux corps. Ces dispositions sont énumérées dans les différents statuts ;
— la période de régime normal s'appliquera dans les 10 ans au maximum.

Ainsi les nouveaux corps seront-ils constitués suivant trois modes :

- *l'intégration directe ;*
- *l'intégration* par le tour extérieur (fonctionnaires titulaires) ;
- *les concours d'accès au corps.*

44.4.2. Les professeurs de sport

(Décret n° 85-720 du 10 juillet 1985 relatif au statut particulier des professeurs de sport) (voir annexes)

1. La constitution du corps (voir tableau 44.1)

Comme nous l'avons vu la constitution du corps se déroulera suivant trois périodes et trois modes.

a. L'intégration directe n'est possible que pour la période du 18 juillet 1985 jusqu'au 18 juillet 1987 :
  — les Conseillers techniques et pédagogiques de première catégorie ;
  — les agents contractuels de préparation olympique ;
  — les directeurs techniques nationaux ;
  — les enseignants des établissements nationaux et des C.R.E.P.S. ;
  — les enseignants dont l'indice brut est égal ou supérieur à 608 ;
  — les professeurs certifiés ; — les professeurs d'E.P.S.

pourront être intégrés sur leur demande dans le corps des professeurs de sport.

b. L'intégration par le tour extérieur concerne les fonctionnaires titulaires.

- En régime normal : pourront accéder au corps des professeurs de sport dans la limite d'une nomination pour neuf nominations prononcées l'année

Tableau 44.1

Tableau des possibilités d'accès aux nouveaux corps du M.J.S.

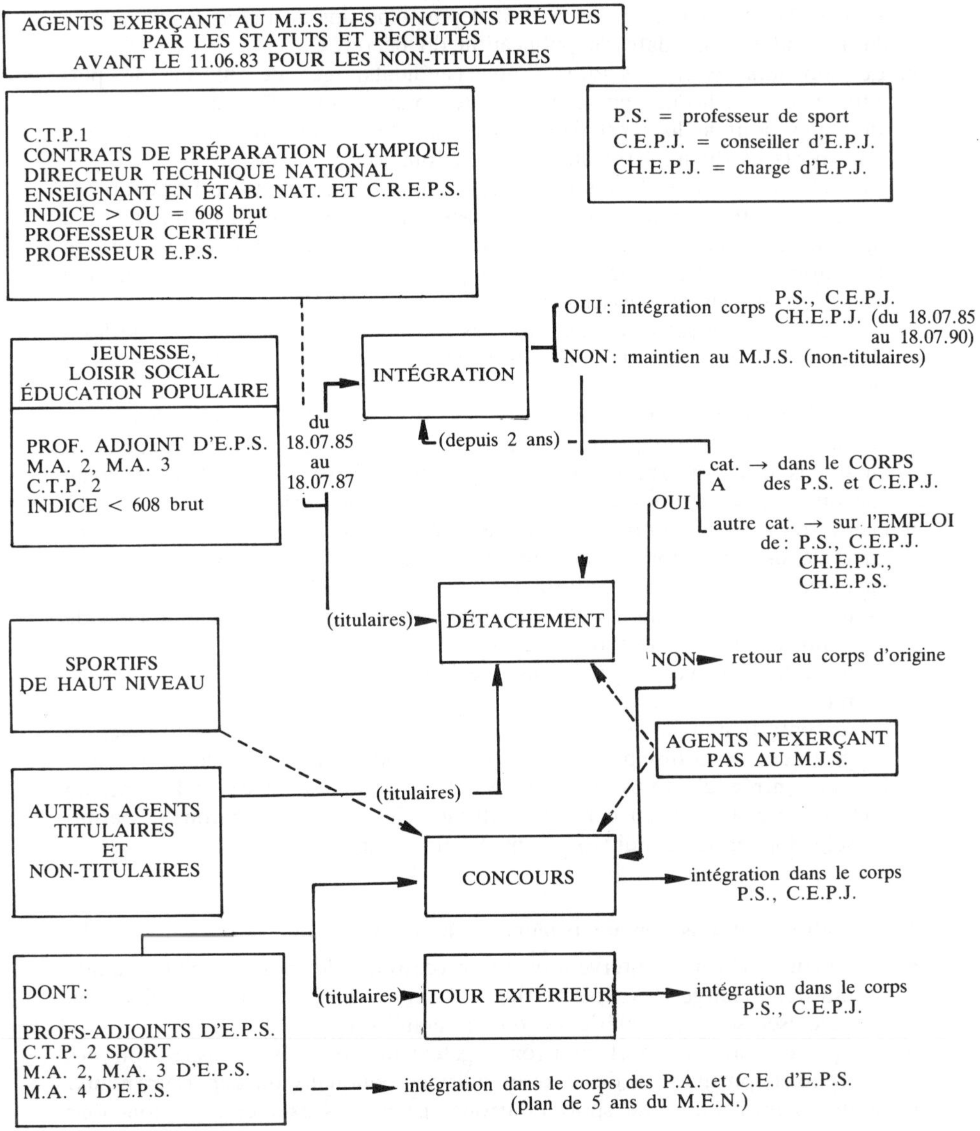

précédente au titre des concours classiques, les fonctionnaires âgés de 40 ans au moins et exerçant des fonctions dans le domaine des A.P.S. depuis plus de dix ans, dont cinq en qualité de titulaire. Ces nominations seront prononcées au choix après inscription sur une liste d'aptitude.

- Durant la période transitoire (jusqu'au 17 juillet 1995) le quota de nomination au tour extérieur est porté à trois pour neuf nominations, d'autre part la limite d'âge n'est pas opposable aux agents exercant leur activité dans le domaine des A.P.S. depuis cinq ans au moins avant la date du 17 juillet 1985, date de publication du décret.

c. Le concours externe s'adresse aux candidats âgés de 30 ans au plus titulaires de la licence en sciences et techniques des A.P.S. ou de titres ou diplômes dont la liste est fixée par un arrêté conjoint du ministre chargé des sports et du ministre chargé de la fonction publique.

d. Le concours interne s'adresse aux fonctionnaires ou agents de l'Etat ou des collectivités territoriales âgés de quarante ans au plus et justifiant de cinq ans de services publics effectifs en cette qualité. Durant la période transitoire la limite d'âge n'est pas opposable à ces agents s'ils ont effectué leur cinq années de service avant le 17 juillet 1985.

e. L'accès au professorat de sport par les sportifs de haut niveau (article 5 du décret n° 85-720 du 10 juillet 1985. (Note de service n° 85-101/B du 27 août 1985).

- Pour cinq nominations prononcées au titre des concours classiques une nomination peut être prononcée parmi les candidats ayant figuré pendant au moins trois ans sur la liste des sportifs de haut niveau et admis à un concours de sélection sur épreuves au terme d'un cycle de formation.
- Dès la rentrée d'octobre 1985 l'I.N.S.E.P. a été chargé de mettre en place un cycle de formation ouvert aux sportifs de haut niveau ayant satisfait à un examen probatoire comportant :
  — une composition sur un sujet portant sur les fondements scientifiques de l'entraînement sportif (coef. 2 : durée : 2 heures) ;
  — un entretien avec le jury dans une langue étrangère (coef. 1 : durée 15 mn) ;
  — un entretien avec le jury portant sur les connaissances théoriques et pratiques de la discipline choisie par le candidat (coef. 4 : durée 30 mn).
- Dès la rentrée d'octobre 1985, l'I.N.S.E.P. a mis en place également, un cycle de préparation au concours externe. Un examen probatoire a permis de sélectionner les candidats admis à cette préparation.

2. Le cadre d'intervention du professeur de sport

- Le milieu privilégié d'intervention des professeurs de sport est bien entendu le ministère chargé des Sports, que ce soit au sein de son administration centrale, ses services extérieurs, ou ses établissements.
- Les professeurs de sport pourront également être mis à disposition des fédérations sportives ou de leurs organismes régionaux ou départementaux.
- Enfin les professeurs de sport pourront égalements exercer leurs fonctions

dans le cadre d'autres ministères, de collectivités territoriales, éventuellement dans des groupements sportifs, et ce par la voie administrative du détachement ou de la mise à disposition.

3. Les missions du professeur de sport

Elles pourront prendre un triple aspect au cours du déroulement de sa carrière :

- l'entraînement et l'encadrement technique des sportifs ;
- la formation des cadres ;
- la gestion et l'administration des structures et organismes dans lesquels il interviendra.

4. L'avancement et la rémunération du professeur de sport

Le corps des professeurs de sport est un corps de catégorie A. Il comprend onze échelons. L'avancement peut avoir lieu à l'ancienneté, au choix ou au grand choix.

Les rémunérations sont établies suivant des indices ou indices nouveaux majorés.

1er échelon	331	Indices réels ou indices nouveaux majorés
11e échelon	649	

A ces rémunérations s'ajouteront un certain nombre d'indemnités en fonction des emplois ou missions confiés au professeur de sport.

44.4.3. Agents contractuels des cadres techniques et pédagogiques

Les agents contractuels des cadres techniques et pédagogiques de la Jeunesse et des Sports sont chargés du perfectionnement et de l'information du personnel enseignant d'éducation physique et sportive, des animateurs d'éducation populaire ou d'éducation sportive,

- de certains enseignements dans les établissements de la Jeunesse et des Sports ;
- de l'encadrement des stages ;
- d'élaboration de documents techniques concernant leur spécialité ;
- d'entraînement d'athlètes ;
- de la conduite des journées d'information ;

- de conférences ;
- de l'association de collectivités.

Ces agents contractuels sont répartis en deux catégories. Chaque catégorie comprend onze échelons.

Pouvaient être recrutés dans la deuxième catégorie des conseillers techniques et pédagogiques (C.T.P.), au titre des activités sportives les titulaires d'un brevet d'Etat d'éducateur sportif (2e degré) ou d'un titre admis en équivalence.

Pouvaient être recrutés dans la deuxième catégorie des conseillers techniques et pédagogiques au titre des activités de jeunesse, d'éducation populaire, d'animation culturelle et de loisirs, les titulaires :

- du diplôme d'Etat de conseiller d'éducation populaire (2e partie) ;
- d'une licence ou d'un diplôme admis en équivalence.

Pouvaient accéder en première catégorie les agents de deuxième catégorie justifiant de cinq années d'ancienneté.

Pouvaient être recrutés en première catégorie (dans la limite de 10 % des emplois) :

1. Les titulaires du brevet d'Etat d'éducateur sportif (3e degré) justifiant de quatre années d'ancienneté.
2. Les candidats ayant suivi une formation professionnelle équivalente à la maîtrise dans le domaine de l'animation et justifiant de quatre années d'activités.

Les C.T.P. 1 ont vocation à être intégrés dans le corps des professeurs de sport lors de la constitution initiale du corps.

44.4.4. Agents contractuels dits de « préparation olympique »

Ces agents dont la situation présente le triple caractère de n'avoir pas leur effectif fixé par des dispositions ayant force législative, de n'être soumis à aucun statut de droit public et d'être employés soit de façon intermittente, soit à l'occasion d'une tâche déterminée et limitée dans le temps, se répartissent du point de vue rémunération en deux catégories :

1. Agents liés par contrat de droit privé.
2. Agents appartenant à un corps de fonctionnaires.

— Les agents liés par contrat de droit privé ne peuvent bénéficier ni du régime des allocations familiales prévu par la loi du 22 août 1946, ni des dispositions de la loi du 30 octobre 1946 en matière de réparation d'accident du travail.

— Les agents appartenant à un corps de fonctionnaires sont, à l'exception des agents placés en congé de disponibilité, obligatoirement mis en position de détachement.

Les agents de préparation olympique ont vocation à être intégrés dans le Corps des professeurs de sport lors de la constitution initiale du corps.

44.4.5. Directeurs techniques nationaux

(Circulaire du 14 mars 1986)

Il y a maintenant vingt-cinq ans, les fédérations sportives les plus importantes se voyaient dotées par l'Etat d'un directeur technique national.

Depuis lors, le nombre de directeurs techniques nationaux n'a cessé de croître. Parallèlement à cette évolution quantitative, est intervenue une transformation dans le profil même de l'emploi de directeur technique national.

D'abord limitées dans un rôle strictement technique, les fonctions des directeurs techniques nationaux se sont, au fil du temps, élargies et diversifiées pour des raisons qui tiennent, notamment, à l'accroissement des compétences attribuées aux fédérations sportives, à l'augmentation des moyens mis à leur disposition (moyens financiers et en personnels) et à l'importance qu'a pris le sport de haute compétition au sein des médias.

S'il reste dans la plupart des cas un technicien de très haut niveau dans sa spécialité sportive, le directeur technique national est aussi devenu aujourd'hui le chef d'un équipe administrative et technique, un gestionnaire et un homme de communication.

De ce fait, il doit posséder des qualités humaines et des compétences professionnelles spécifiques, en rapport avec la mission qui est la sienne de nos jours.

1. Conditions de recrutement

Le candidat à une fonction de directeur technique national doit posséder des connaissances et une expérience suffisantes du monde sportif dans lequel il est appelé à intervenir.

S'il n'appartient pas au corps des professeurs de sport régi par le décret n° 85-720 du 10 juillet 1985, le candidat doit être titulaire :

- soit, d'un diplôme d'études générales d'un niveau au moins équivalent à la maîtrise et d'un diplôme technique spécifique correspondant au brevet d'Etat d'éducateur sportif de troisième degré ;
- soit, d'une maîtrise des sciences et techniques des activités physiques et sportives.

A l'appui de sa demande, l'intéressé fait en outre connaître ses réalisations éventuelles dans les domaines de l'entraînement, de la pédagogie ou de l'organisation du sport considéré.

2. Modalités de recrutement et de mise à disposition

Les candidatures sont proposées soit par les présidents des fédérations sportives, soit par le ministre chargé des Sports.

Le candidat retenu d'un commun accord est recruté puis nommé dans ses fonctions par le ministre chargé des Sports. Le contrat de rémunération conclu entre le directeur technique national et le ministre de la Jeunesse et des Sports a une durée de deux ans renouvelable lorsque le directeur technique est un fonctionnaire placé en position de détachement. Pour les agents non-titulaires, la durée des fonctions ne peut excéder six ans.

La mise à disposition ne peut intervenir qu'après signature d'une convention passée entre le ministre chargé des Sports et le président de la fédération d'accueil.

Chaque convention doit comporter, de la façon la plus claire possible, une liste des objectifs qui sont fixés au directeur technique national dans le cadre de sa mission ainsi que, en regard, les moyens techniques et les responsabilités exactes qui lui sont attribués au sein de la fédération pour pouvoir atteindre ces objectifs.

Ladite convention est valable pour la durée du mandat du président, à savoir une durée de quatre ans.

Avant sa nomination par le ministre chargé des Sports, le candidat à une fonction de directeur technique national prend obligatoirement connaissance du projet de convention de mise à disposition le concernant.

3. Durée de la mise à disposition et cessation de fonctions

Conformément aux dispositions de l'article 7 du décret du 16 septembre 1985 susmentionné, la durée de mise à disposition est de trois ans. Cette durée est automatiquement renouvelée par périodes de trois ans, sauf demande contraire adressée au ministre chargé des Sports trois mois au moins avant le terme prévu, soit par le président de la Fédération, soit par le directeur technique national en fonctions.

Dans le même délai, le ministre informe le cas échéant ces derniers de son intention de ne pas renouveler la convention.

En dehors du terme prévu par la convention, la mise à disposition peut prendre fin dans les cas énumérés au deuxième alinéa de l'article 7 du décret du 16 septembre 1985, c'est-à-dire :

1. Soit à la demande du ministre ou du président de la fédération ;
2. Soit à la demande du directeur technique national concerné.

Dans le premier cas, et dès que la demande de cessation de fonctions est envisagée, une réunion de concertation a lieu à l'initiative du directeur des sports. Elle regroupe le président de la fédération intéressée, le directeur technique national concerné et le directeur des Sports. Lorsque, à l'issue de cette réunion, la demande de cessation de fonctions est maintenue, la décision prise est portée par écrit à la connaissance de toutes les parties concernées. De plus, et sauf cas de faute disciplinaire, la fin de la mise à disposition et la cessation définitive des fonctions ne peuvent prendre effet qu'à l'issue d'un délai de trois mois.

Dans le deuxième cas, le délai de trois mois peut être prolongé par accord entre le ministre, le président de la fédération et le directeur technique national.

4. Sujétions du Directeur Technique National

Le directeur technique national rend compte au président de la fédération de tout ce qui a trait aux aspects techniques, sportifs, pédagogiques et promotionnels de la ou des discipline(s) régie(s) par celle-ci. Dans ces domaines, le président de la fédération approuve le programme de travail du directeur technique national et en contrôle l'exécution.

Agent de l'Etat, le directeur technique national relève sur le plan administratif de l'autorité du ministre chargé des Sports. Pour les matières qui relèvent de la compétence de l'Etat, il reçoit des instructions du ministre chargé des Sports, auxquelles il est tenu de se conformer dans le cadre de l'exécution de sa mission au sein de la fédération.

5. Fonctions du Directeur Technique National

Sous l'autorité du président de la fédération, le directeur technique national est chargé de proposer puis de mettre en œuvre la politique sportive de la fédération et d'en assurer le suivi dans le cadre de la présente instruction et de la convention signée avec le ministre.

Il est notamment responsable :

— de l'ensemble des équipes de France et de la politique sportive de haut niveau, pour laquelle il établit un programme pluriannuel spécifique, qu'il communique pour avis au ministère chargé des Sports ;

— de la formation et du perfectionnement des cadres techniques ;

— de la direction du personnel administratif mis à sa disposition ainsi que de celle de l'équipe technique qui l'entoure, et dont la composition et l'activité ne peuvent être modifiées sans son accord ;

— de la coordination des actions entre sa fédération et les fédérations sportives affinitaires, le sport scolaire et universitaire et le sport militaire.

Il participe à la politique de promotion et de développement du sport régi par la fédération.

Il propose la nomination des entraîneurs nationaux et des cadres techniques régionaux.

Les caractéristiques particulières de la mission de chaque directeur technique national, découlant de la spécificité des différentes disciplines concernées, sont précisées dans la convention de mise à disposition.

En tant qu'agent de l'Etat, le directeur technique national participe en outre à la mise en œuvre des orientations sportives générales qui sont définies par le ministre chargé des Sports.

6. Rapports avec la fédération sportive

Les fonctions du directeur technique national s'exercent essentiellement au sein de la fédération sportive, auprès de laquelle il est mis à disposition.

Le directeur technique national assiste de droit aux séances du comité directeur et de son bureau. Il assiste également aux réunions des commissions traitant de sujets en rapport avec sa mission.

Il reçoit délégation de signature pour l'exécution des décisions prises dans le domaine de ses attributions en accord avec le président fédéral. Cette délégation est portée à la connaissance du ministre chargé des Sports.

Il dispose de personnel de secrétariat et d'un local que la fédération réserve à son intention.

7. Rapports avec le ministre de la Jeunesse et des Sports

Les fonctions du directeur technique national s'exercent aussi dans les divers organismes intéressés par son activité :

La direction des Sports qui peut, en accord avec la fédération, demander au directeur technique national de faire des études ou d'accomplir des missions en France et à l'étranger ;

L'Institut national des sports et de l'éducation physique et les autres établissements dépendant du ministère de la Jeunesse et des sports ;

Les services extérieurs de la Jeunesse et des sports, et les centres régionaux de la Jeunesse et des sports.

8. Organisation du travail

Le directeur technique national organise administrativement son travail.

Chaque année, lors de journées d'étude et de coordination, il expose aux cadres techniques dont il est responsable sur le plan technique, le bilan de la saison écoulée et il leur donne les orientations ainsi que le programme de la saison future.

Le directeur technique national transmet directement ses instructions aux entraîneurs nationaux. Sauf pour les aspects purement techniques de son programme, il communique avec les conseillers techniques régionaux et départementaux par l'intermédiaire du représentant de l'état dans la région ou le département.

Le programme de travail du directeur technique national est présenté chaque année au directeur des Sports par le directeur technique national en présence du président de la fédération. Il est diffusé par ce dernier aux présidents des ligues et des comités départementaux ainsi qu'aux fédérations affinitaires, scolaires, universitaires et au commissariat aux sports militaires. Il est adressé aux services extérieurs de la Jeunesse et des Sports par le directeur des Sports et par l'intermédiaire du représentant de l'Etat dans la région ou le département.

Dans ses relations avec les medias, le directeur technique national doit conserver une position de réserve vis-à-vis du ministère et de la fédération.

9. Compte rendu et contrôle des activités et des missions

A la demande du directeur des Sports, le directeur technique national établit chaque année un rapport d'activités. Ce rapport doit comporter un bilan critique des résultats obtenus par rapport aux objectifs arrêtés dans le programme initial. Il propose, en outre, les moyens à mettre en œuvre pour remédier aux éventuelles insuffisances constatées.

Le cas échéant, le directeur technique national informe le directeur des Sports des difficultés majeures qu'il rencontrerait dans l'accomplissement de sa mission.

44.4.6. Entraîneurs nationaux

(Circulaire n° 70.64 B du 18 février 1970)

Les circulaires relatives aux directeurs techniques nationaux et aux conseillers techniques régionaux ont négligé jusqu'en 1970 de définir les attributions des entraîneurs nationaux et des entraîneurs nationaux adjoints, dont le rôle, comme leur nom l'indique, consiste en priorité à entraîner et à préparer les équipes nationales en vue des compétitions nationales et internationales.

Ces cadres techniques supérieurs sont placés sous l'autorité directe du directeur technique national qui détermine, en accord avec le président fédéral, les tâches qui leur sont confiées. En effet, les entraîneurs nationaux peuvent être appelés à encadrer d'autres équipes que les équipes nationales A, les équipes « espoirs » ou les équipes militaires par exemple. Ils peuvent également se voir confier des missions de détection et d'entraînement ayant un caractère interrégional.

44.4.7. Conseillers techniques régionaux et départementaux

(Circulaire n° 77.278 B du 12 octobre 1977)

La loi du 29 octobre 1975, relative au développement de l'éducation physique et du sport, définissait notamment, en son article 11, le concours apporté par l'Etat aux fédérations sportives :

« Sous la forme de cadres nationaux, régionaux ou départementaux recrutés et rémunérés par le ministère chargé des Sports, ces techniciens sont chargés, sous la responsabilité et la direction des fédérations, en particulier, de promouvoir le sport à tous les niveaux, de préparer la sélection et d'entraîner les équipes nationales, de découvrir les espoirs et de former les entraîneurs. »

La circulaire n° 77.278 B du 12 octobre 1977 rappelle les dispositions de cette loi et définit les fonctions des conseillers techniques régionaux (C.T.R.) et des conseillers techniques départementaux (C.T.D.) ainsi que les conditions de recrutement et de nomination de ces fonctionnaires. Cette circulaire qui préfigure le statut des cadres techniques placés auprès des fédérations fixe également les principes d'organisation du travail des conseillers techniques.

La situation hiérarchique et les obligations des C.T.R. et des C.T.D. fait l'objet des dispositions de la circulaire précitée.

a. Définition des fonctions des C.T.R. et des C.T.D.

Agents du ministère chargé des Sports, ces techniciens sont des éducateurs itinérants. Leur mission s'exerce dans trois directions :
— formation des cadres ;
— action de détection et de préparation de l'élite ;
— action en faveur de la pratique sportive de masse.

Exerçant à des niveaux territoriaux différents, les C.T.R. et les C.T.D. complètent leurs actions et sont les éléments majeurs de l'équipe régionale d'animation.

Des programmes d'action élaborés par les directeurs techniques nationaux et arrêtés par les fédérations sportives concernées feront l'objet de conventions entre les ligues ou comités régionaux sportifs et les directions régionales de la Jeunesse et des Sports.

Les C.T.R. et les C.T.D. sont chargés de l'application de ces conventions.

b. Recrutement et nomination

Les C.T.R. doivent justifier de la possession du brevet d'Etat du 2e degré d'éducateur sportif dans leur discipline.

Présentées par les fédérations sportives, proposées par les directeurs techniques nationaux, les nominations aux fonctions de C.T.R. et C.T.D. sont arrêtées par le ministre chargé des Sports.

Le ministre chargé des Sports peut mettre fin aux fonctions des C.T.R. et des C.T.D. soit pour des motifs disciplinaires, soit à la demande du président de la fédération sportive concernée.

c. Situation hiérarchique et obligations des C.T.R. et des C.T.D.

1. A l'égard de l'Administration

Les C.T.R. et les C.T.D. sont placés sous l'autorité administrative et hiérarchique du directeur régional ou départemental de la direction à laquelle ils sont affectés.

Ils résident au chef-lieu de la circonscription administrative.

Une note administrative leur est attribuée chaque année par le directeur régional (et pour les C.T.D. sur proposition du directeur départemental). Cette note est donnée après avis du président de la Ligue ou du Comité.

Le directeur technique national émet chaque année un avis sur la manière de servir de ces cadres (cet avis est communiqué au secrétariat d'Etat à la Jeunesse et aux Sports, aux directeurs régionaux, aux Inspecteurs principaux pédagogiques ainsi qu'aux intéressés).

Une note pédagogique est donnée aux C.T.R. et C.T.D. par l'Inspecteur principal pédagogique.

Les C.T.R. et les C.T.D. peuvent également être inspectés dans le cadre des missions de l'Inspection générale de la Jeunesse et des Sports.

2. A l'égard des organismes sportifs

Les C.T.R. et les C.T.D. prêtent leur concours technique aux organismes fédéraux et jouent un rôle au sein des commissions techniques des Ligues et Comités.

Ils ne peuvent avoir une action directe dans la vie élective et la gestion des Ligues et Comités.

Ils communiquent avec la fédération sportive par l'intermédiaire de la Ligue.

Ils participent, à la demande des fédérations, à l'encadrement des stages régionaux et inter-régionaux.

d. Organisation du travail

Les programmes d'activités sont définis par les responsables des Ligues ou Comités, les directeurs régionaux et départementaux, l'Inspecteur principal pédagogique et les C.T.R. et les C.T.D.

Quel que soit son statut, le C.T.R. ou le C.T.D. doit effectuer un service annuel au moins égal à 42 semaines correspondant à 1 680 heures de travail ou de formation continue. Deux semaines consécutives, au moins, doivent être accordées aux C.T.R et aux C.T.D. pendant les vacances d'été.

44.4.8. Conseillers techniques régionaux « plein air » et assistants départementaux « plein air »

(Circulaire n° 67.401 du 21 novembre 1967)

Le développement particulièrement important des activités sportives de plein air a montré l'intérêt de mettre en place du personnel chargé d'animer et de coordonner les actions menées sur le plan régional et départemental en faveur des sports de plein air.

a. Action du conseiller technique régional « plein air »

Le conseiller technique régional « plein air » exerce ses fonctions sous l'autorité du directeur régional de la Jeunesse et des Sports. Il a pour mission de donner aux activités de plein air et dans tous les domaines leur plus grand épanouissement. Il doit notamment assurer la liaison entre les conseillers techniques régionaux spécialistes de sports de plein air, organiser à l'échelon régional la formation et le perfectionnement des cadres « plein air ».

b. Action de l'assistant départemental

L'assistant départemental exerce ses fonctions sous l'autorité du directeur départemental de la Jeunesse et des Sports.

Dans le cadre de son action en faveur du développement du plein air, il coordonne l'action du personnel spécialiste de sports de plein air et suscite la création de centres d'activités physiques (base de plein air, centres de loisirs sportifs ou centres d'initiation aux différentes techniques sportives de plein air).

En outre, l'assistant départemental « plein air » encourage les associations et autres organismes à créer et développer des centres sportifs de plein air.

L'assistant départemental « plein air » a une action d'information à l'échelon départemental et local en faveur des activités de plein air.

Enfin, il lui appartient de rechercher dans tous les milieux les jeunes gens susceptibles d'être utilisés comme animateurs ou moniteurs et de favoriser leur formation.

Au plan administratif, l'assistant départemental « plein air » assure la gestion des crédits affectés aux activités de son secteur.

44.4.9. Vers des équipes techniques régionales

L'instruction du 15 novembre 1988 introduit et précise la notion d'équipe technique régionale.

En effet, les missions des cadres techniques ont considérablement évolué sans augmentation corrélative des effectifs. Aussi est-il constituée, à l'échelon régional, une équipe technique, composée de membres dont les actions et missions seront complémentaires et dont l'initiative de la création relève de la compétence de la direction Technique nationale fédérale intéressée.

Les missions de cette équipe seront définies par une convention négociée entre l'Etat, représenté par les différents chefs de service concernés, le D.T.N. et le mouvement sportif représenté par les présidents des comités régionaux et départementaux si nécessaire. Il sera ainsi établi pour chaque cadre technique une convention d'emploi annuelle fixant notamment le régime indemnitaire, les obligations de service et congé applicables au cadre conventionné.

45. Organisation internationale du sport

45.1. Les organisations sportives internationales

45.1.1. Les Fédérations Sportives Internationales

a. Bref historique

L'Union internationale des courses de yatchts peut être considérée comme le premier groupement sportif international (créée en 1875). Cependant les premières fédérations sportives internationales sont apparues avant 1894, année de la rénovation des Jeux Olympiques par Pierre de Coubertin, ce sont la Fédération de gymnastique (1881) et celle d'aviron et de patinage (1892).

La nécessité de créer des organismes internationaux est venue de la grande hétérogénéité des règlements sportifs d'un pays à l'autre. On compte actuellement une soixantaine d'organismes sportifs internationaux.

Composition, buts et dimensions des F.S.I. — Les Fédérations Olympiques.

Les fédérations sportives internationales sont des groupements à compétence internationale, constituées par l'association des fédérations sportives nationales régissant la même discipline sportive.

Leurs buts sont de trois ordres :
- établir les règlements régissant les compétitions dans leur sport,
- organiser et contrôler les compétitions à l'échelon mondial et continental dans leur sport,
- établir la liste des records mondiaux pour les sports comportant des mesures de performances (athlétisme — natation — haltérophilie).

Les F.S.I. ont des dimensions diverses répondant à certains critères :
- le nombre de fédérations nationales affiliées (1976).

Exemple :	— F.S.I.	Athlétisme	150 pays
	— F.S.I.	Football	142 pays
	— F.S.I.	Basket-ball	127 pays
	— F.S.I.	Volley-ball	115 pays
	— F.S.I.	Boxe	113 pays
	— F.S.I.	Cyclisme	113 pays

— le nombre de pratiquants (licenciés)

— F.S.I.	Basket-ball	70 millions
	Volley-ball	70 millions
	Football	26 millions
	Tir	26 millions
	Athlétisme	20 millions

— le rayonnement de chaque F.S.I. dépend en particulier de l'organisation régulière de compétitions internationales et surtout de la reconnaissance ou non par le Comité International Olympique.

Les Fédérations Sportives Internationales Olympiques sont reconnues par le Comité International Olympique ; seules, en effet, ces F.S.I. olympiques ont le droit et la possibilité de voir leur sport inscrit au programme des Jeux Olympiques, voici leurs noms par ordre alphabétique :

Athétisme, aviron, basket-ball, bobsleigh, boxe, canoë, cyclisme, équitation, escrime, football, gymnastique, haltérophilie, hand-ball, hockey sur gazon, hockey sur glace, judo, luge, lutte (natation, plongeon, water-polo), patinage sur glace, pentathlon moderne, ski, tir, tir à l'arc, volley-ball, yachting, et depuis le congrès de Baden le tennis et le tennis de table.

Ces F.S.I. sont aujourd'hui au nombre de 28.

b. Organisation et fonctionnement

Les F.S.I. étant des organismes supra-nationaux, elles n'obéissent pas à des « Statuts-Types », néanmoins certaines grandes lignes peuvent être dégagées.

L'organe délibératif. Il est constitué par l'assemblée générale appelée « congrès », qui regroupe les représentants (délégués) de toutes les fédérations ou unions nationales affiliées à la F.S.I.

La compétence du congrès s'étend à :
— l'élaboration des statuts de la F.S.I. et leur modification,
— l'élection des membres du « bureau exécutif »,
— l'approbation des règlements,
— l'examen des calendriers des compétitions,
— l'admission des nouvelles fédérations nationales,
— l'approbation du budget,
— la ratification des décisions sur les relations avec le C.I.O. et les autres F.S.I.

L'organe exécutif : il porte des noms différents selon les F.S.I. (comité exécutif, conseil d'administration, comité directeur, bureau central, bureau exécutif...) il est composé :
— d'un président élu par le congrès,
— d'un ou plusieurs vice-présidents élus,
— d'un secrétaire général,

— d'un trésorier,
— d'un certain nombre de membres (représentant les différents continents).

Cet organe exécutif est la cheville active de la F.S.I.

Les organes techniques : ce sont les différentes commissions chargées d'étudier un certain nombre de problèmes particuliers (finances, statut de l'amateur, arbitrage, règlements des tournois et compétitions, presse, homologation des records, contrôle médical, calendriers...).

Les organes de décentralisation : certaines Fédérations Sportives Internationales du fait de leur ampleur ont été conduites à décentraliser leur pouvoir et à confier l'organisation des compétitions et le contrôle de leur sport à certaines confédérations ou groupements continentaux, fédérations continentales, unions continentales, régions continentales, etc., qui restent cependant dépendantes des F.S.I.

Les finances et le budget des F.S.I. : les ressources des F.S.I. sont constitutées par les cotisations annuelles de leurs membres, à savoir les Fédérations nationales affiliées. A ces ressources s'ajoute, pour les F.S.I. olympiques, une partie des droits de retransmission des Jeux Olympiques par les différentes télévisions.

Les Fédérations Sportives Internationales sont indépendantes et autonomes, elles régissent de façon exclusive le sport qui les concerne, en particulier sur le plan technique, ce qui n'est pas sans poser quelques problèmes aux différents pays affiliés.

45.1.2. Comités Nationaux Olympiques

La reconnaissance d'un Comité National Olympique dans un pays n'implique pas la reconnaissance politique de ce pays. Cette reconnaissance n'a lieu que si le pays a bénéficié d'un gouvernement stable pendant une période raisonnable.

Seuls les Comités Nationaux Olympiques reconnus par le C.I.O. sont compétents pour inscrire les concurrents aux Jeux Olympiques.

Un Comité National Olympique doit être composée d'au moins cinq fédérations sportives nationales, elles-mêmes affiliées aux fédérations internationales régissant un sport aux Jeux Olympiques.

Le but des Comités Nationaux Olympiques est de veiller au développement et à la protection du mouvement olympique et du sport amateur. Ils organisent et contrôlent la représentation de leurs pays aux Jeux et sont chargés de l'équipement, du transport et du logement de la représentation de leur pays.

Les Comités Nationaux Olympiques ne doivent s'associer à aucune entreprise de nature politique ou commerciale. Ils ne doivent pas reconnaître plus d'une fédération nationale pour chaque sport, celle-ci devant être, en tout état de cause, affiliée à la fédération internationale.

Les Comités Nationaux Olympiques doivent être composés des membres suivants :
— des membres du Comité International Olympique pour leur pays s'il en existe ;
— des représentants des fédérations nationales dont le sport figure aux Jeux Olympiques.

Ne peuvent être admis au C.N.O. :
— une personne *classée professionnelle* dans un sport ;
— une personne tirant un *profit personnel* du sport ;
— une personne ayant rempli les fonctions d'entraîneur rémunéré de concurrents sportifs.

Les fonctions de membres d'un Comité National Olympique ne peuvent faire l'objet d'aucun salaire ou gratification. Les statuts et règlements des Comités Nationaux Olympiques doivent être en accord avec les règles olympiques.

Les Comités Nationaux Olympiques doivent être totalement apolitiques et ne tolérer aucune pression religieuse ou commerciale.

45.1.3. Le Comité International Olympique

Bref historique

C'est à l'occasion du Congrès international de Paris en 1894 qui a vu Pierre de Coubertin proposer la rénovation des Jeux Olympiques que fut créé le premier Comité International Olympique. Fondé par Pierre de Coubertin, ce comité comptait alors 15 membres choisis pour leur dévouement à la cause du sport et à l'olympisme mais aussi pour leur rayonnement international ; ils furent considérés comme les ambassadeurs du C.I.O. dans leur pays respectif et ce premier Comité fut présidé par le Grec Bikelas, pour la raison simple que les premiers Jeux Olympiques de l'ère moderne devaient avoir lieu à Athènes en Grèce, patrie des Jeux antiques.

La charte olympique

Loi fondamentale du Comité International Olympique la charte olympique a subi un certain nombre de modifications depuis sa première rédaction en 1921. Chaque année (ou presque) des rectificatifs apparaissent.

Cette charte comprend plusieurs parties :
— les Principes fondamentaux du mouvement olympique ;
— les Statuts du Comité International Olympique ;
— les Comités nationaux olympiques ;
— les Jeux Olympiques ;
— l'organisation des Jeux Olympiques ;

— les textes d'application ;
— quelques instructions ;
— les commissions du C.I.O. ;
— les récompenses olympiques du C.I.O.

Nota : La charte olympique peut être obtenue en s'adressant au Comité International Olympique. Château de Vidy, 1007, Lausanne (Suisse) au prix de 25 francs suisses (1978).

Les statuts olympiques sont précédés des principes fondamentaux qui définissent : les buts du mouvement olympique, le drapeau et le symbole olympique, l'ensemble du comité international olympique, les emblèmes des comités nationaux olympiques et celui d'un comité d'organisation. Ces principes édictent également les mesures propres à assurer la protection internationale du symbole et des emblèmes olympiques.

Buts du mouvement olympique

Le mouvement olympique réunit tous les quatre ans les athlètes du monde entier dans le but de développer les qualités physiques et morales de la jeunesse de tous les pays qui constitue la base du sport amateur.

Les Jeux Olympiques consacrent une Olympiade représentant une période de quatre ans. Aucune discrimination n'est admise à l'égard d'un pays ou d'une personne pour des raisons raciales, religieuses ou politiques.

Le Comité International Olympique conserve tous les droits sur les Jeux Olympiques et les Jeux Olympiques d'hiver.

C'est à une ville et non à un pays ou à un territoire qu'appartient la mission d'organiser les Jeux Olympiques.

Les Jeux Olympiques d'hiver ont lieu la même année que les Jeux Olympiques. Notons que le terme olympiade ne s'applique pas aux Jeux d'hiver.

Drapeau et symbole olympiques

Le drapeau olympique présenté par le baron Pierre de Coubertin en 1914 est à fond blanc et porte cinq anneaux entrelacés bleu, jaune, noir, vert et rouge.

Ces anneaux sont le symbole olympique dont la propriété est revendiquée par le Comité International Olympique.

L'utilisation du symbole olympique par des comités d'organisation des Jeux Olympiques est autorisée dans le cadre de leur activité par le C.I.O.

La devise olympique du C.I.O. est : Citius - Altius - Fortius.

Statut juridique du C.I.O.

Créé par le Congrès de Paris en 1894, le C.I.O. a été chargé du contrôle et du développement des Jeux Olympiques.

Définition

C'est une association internationale de droit suisse ayant la personnalité juridique. La durée du C.I.O. est illimitée. Son siège social est en Suisse.

Le Comité International Olympique a notamment pour objet les missions suivantes :
- — assurer la célébration régulière des Jeux ;
- — rendre les Jeux toujours plus dignes de leur glorieuse histoire ;
- — encourager l'organisation et le développement du sport amateur et des compétitions sportives ;
- — orienter et maintenir l'idéal olympique en encourageant l'amitié entre les sportifs de tous les pays.

Recrutement

Organisme permanent, le Comité International Olympique « se recrute lui-même » en procédant à l'élection de personnalités d'expression française ou anglaise, résidant dans un pays doté d'un comité national olympique.

Il n'est nommé, à l'exception des grands pays, qu'un seul membre par nation. Les membres du Comité International Olympique ne sont pas, aux termes du statut juridique du Comité International Olympique, les délégués de leur pays, mais sont les représentants du C.I.O. auprès de leurs pays respectifs.

L'âge maximum d'un membre est fixé à 72 ans si son élection est postérieure à 1965.

Un membre perd sa qualité de membre s'il n'habite plus son pays ou change de nationalité. En outre, si un membre du C.I.O. n'assiste pas pendant deux ans aux sessions, se désintéresse des travaux du C.I.O. ou ne cotise plus depuis un an, il perd également sa capacité de membre.

Si un membre n'est pas responsable des dettes contractées par le C.I.O., il peut, en revanche, être exclu du Comité s'il a d'une façon quelconque démérité.

Composition et buts du C.I.O.

Le C.I.O., comme l'a voulu son fondateur, était à l'origine et demeure encore de nos jours un organisme indépendant et permanent du Mouvement Olympique, dont la caractéristique essentielle et originale réside dans le mode de recrutement de ses membres, en effet ceux-ci sont cooptés et non élus. En 1984 leur nombre s'élève à 92, originaires de 69 pays, certains pays (23) en possèdent deux. Les 92 membres se répartissent ainsi sur les 5 continents :

Europe :	37 membres
Amériques (S. et N.) :	20 membres
Afrique :	14 membres
Asie :	18 membres
Océanie :	3 membres

Il est à remarquer que si les 92 membres du C.I.O. représentent 69 pays, le C.I.O. reconnaît 159 Comités nationaux olympiques. Cette distorsion n'est pas en contradiction avec le but que poursuivait Coubertin qui exigeait du C.I.O. d'être le garant de l'idée olympique et du mouvement olympique et non que ses membres soient les représentants de leurs pays au sein du C.I.O., mais plutôt que ceux-ci soient les porte-parole du C.I.O. dans leurs propres pays, cette idée est fondamentale.

Le C.I.O. dirige le mouvement olympique qui a pour but de :
— promouvoir le développement des qualités physiques et morales qui sont les bases du sport ;
— éduquer par le sport la jeunesse, dans un esprit de meilleure compréhension mutuelle et d'amitié, contribuant ainsi à construire un monde meilleur et plus pacifique ;
— faire connaître universellement les principes olympiques suscitant ainsi la bonne volonté internationale ;
— convier tous les athlètes du monde à un grand festival quadriennal du sport (les Jeux Olympiques).

Organisation et fonctionnement

Les membres du C.I.O. se réunissent en assemblée générale, appelée « session », une fois par an et deux fois les années des Jeux Olympiques. Les membres élisent leur président, dont le mandat est actuellement de huit ans, renouvelable pour des périodes successives de 4 ans.

Le C.I.O. a connu jusqu'à présent 6 présidents :
— D. Bikelas (Grèce) 1894-1896 ;
— P. de Coubertin (France) 1896-1925 ;
— Comte Baillet-Latour (Belgique) 1925-1942 ;
— D. Edström (Suède) 1946-1952 (intérim 1942-1946) ;
— A. Brundage (U.S.A.) 1952-1972 ;
— Lord Killanin (Irlande) 1972-1980 ;
— J.A. Sammaranch (Espagne).

Au cours des sessions du C.I.O. est élue à la majorité des suffrages la commission exécutive.

Elle est composée du président, des trois vice-présidents et de cinq membres du Comité International Olympique.

Les missions de la commission exécutive sont les suivantes :
— contrôle l'application des statuts ;
— prépare l'ordre du jour des sessions du C.I.O. ;
— propose les noms des personnalités susceptibles d'être élues par le C.I.O. ;
— gère le budget du C.I.O. ;
— nomme les directeurs ;
— assume la responsabilité de l'administration ;
— conserve les archives du C.I.O.

Cette commission exécutive se réunit plusieurs fois par an afin de préparer le travail des sessions du C.I.O. s'appuyant pour cela sur des commissions spécialisées (Académie Olympique internationale, culturelle, des finances, juridique, médicale, de presse, du programme, pour la solidarité olympique, de télévision, tripartite).

Les ressources du C.I.O. sont constituées par les cotisations des membres et une partie des droits de télévision sur la retransmission des Jeux Olympiques.

Les emblèmes olympiques (drapeau, anneaux, devise) sont la propriété exclusive du C.I.O.

Un certain nombre de récompenses sont décernées par le C.I.O. chaque année et une revue est publiée à raison de 8 numéros par an (abonnement 60 francs suisses).

Le Comité International Olympique n'est pas un organisme d'action mais de conception, il établit les règles (charte), les révise, les contrôle et les fait observer. Lui sont réservées les options de politique générale en matière olympique, qu'elles touchent à l'actualité, à la propagation de ses idées ou à la mise en œuvre de sa mission. S'il délègue ses pouvoirs en matière d'organisation des Jeux Olympiques (Comité d'organisation de la ville organisatrice et aux Fédérations Sportives Internationales), il demeure « l'arbitre suprême ».

Les Commissions du C.I.O.

Par la réunion de ses commissions le C.I.O. travaille de façon permanente à l'évolution et au développement de l'olympisme. Ces commissions sont les suivantes :

— Commission culturelle ;
— Commission des Finances ;
— Commission juridique et de révision de la Charte ;
— Commission pour l'Académie internationale Olympique ;
— Commission d'admission ;
— Commission des athlètes ;
— Commission médicale ;
— Commission des nouvelles sources de Financement ;
— Commission du Mouvement Olympique ;
— Commission pour le programme ;
— Commission pour le sport de masse ;
— Commission des moyens d'Information ;
— Commission de Presse ;
— Commission de Radio ;
— Commission de Télévision ;
— Commission pour la Solidarité Olympique ;
— Commission d'étude et d'évaluation pour la préparation des J.O. ;
— Le Conseil de l'Ordre Olympique.

Arbitrage

Le Comité International Olympique est investi de « l'autorité suprême » sur toutes les questions relatives aux Jeux Olympiques et au mouvement olympique. Toutefois, cette autorité est déléguée aux fédérations internationales en matière de contrôle technique de leurs sports respectifs.

45.2. Les compétitions internationales

45.2.1. Jeux olympiques (J.O.)

L'origine des Jeux Olympiques remonte à l'Antiquité, on pense que la première célébration date de l'an 776 avant Jésus-Christ, ils furent supprimés en 393 après Jésus-Christ.

C'est Pierre Coubertin qui eût l'idée de rénover ces Jeux Olympiques la décision intervint le 23 juin 1894 à l'occasion du Congrès international de Paris.

Dates	Jeux olympiques d'été	Dates	Jeux olympiques d'hiver
1896	Athènes (Grèce)		
1900	Paris (France)		
1904	Saint-Louis (U.S.A.)		
1908	Londres (Grande-Bretagne)		
1912	Stockholm (Suède)		
1916	1re Guerre mondiale		
1920	Anvers (Belgique)		
1924	Paris (France)		
1924	Chamonix-Mt-Blanc (France)		
1928	Amsterdam (Hollande)	1928	St-Moritz (Suisse)
1932	Los Angeles (U.S.A.)	1932	Lake Placid (U.S.A.)
1936	Berlin (Allemagne)	1936	Garmisch-Partenkirchen (Allemagne)
1940 1944	2e Guerre mondiale	1940 1944	2e Guerre mondiale
1948	Londres (Grande-Bretagne)	1948	St-Moritz (Suisse)
1952	Helsinki (Finlande)	1952	Oslo (Norvège)
1956	Melbourne (Australie)	1956	Cortina d'Ampezzo (Italie)
1960	Rome (Italie)	1960	Sqaw-Valley (U.S.A.)
1964	Tokyo (Japon)	1964	Innsbruck (Autriche)
1968	Mexico (Mexique)	1968	Grenoble (France)
1972	Munich (R.F.A.)	1972	Sapporo (Japon)
1976	Montréal (Canada)	1976	Innsbruck (Autriche)
1980	Moscou (U.R.S.S.)	1980	Lake-Placid (U.S.A.)
1984	Los Angeles (U.S.A.)	1984	Sarajevo (Yougoslavie)
1988	Séoul (Corée)	1988	Calgary (Canada)
1992	Barcelone (Espagne)	1992	Albertville (France)

a. Organisation des Jeux Olympiques

Le C.I.O. est seul compétent pour désigner la ville organisatrice des Jeux Olympiques, ce choix intervient lors d'une session ordinaire 6 ans avant la célébration de ces Jeux, ainsi Moscou qui organisa les Jeux de 1980 a été désignée en 1974. C'est en 1986 que le C.I.O a confié l'organisation des jeux d'été en 1992 à Barcelone et ceux d'hiver à Albertville.

Le C.I.O. délègue ses pouvoirs en matière d'organisation à une ville et non à un pays ou à un territoire. Certaines conditions sont exigées des villes candidates à l'organisation des Jeux Olympiques (candidature présentée par le maire de la ville, nomination d'un comité d'organisation, assurance du concours financier du gouvernement du pays, conformation aux règles édictées par le C.I.O. et F.S.I., réponse à un certain nombre de questionnaires, rejet de toute forme d'exploitation commerciale, etc.).

Le comité d'organisation des Jeux Olympiques (C.O.J.O.), ce comité est créé par le Comité national olympique du pays de la ville organisatrice. Il se compose :

— d'un haut comité comprenant un président, des représentants des fédérations sportives nationales du pays, des membres du C.N.O., des représentants du gouvernement, de la région, de la municipalité, etc. ;
— d'un bureau directeur et d'un secrétariat général ;
— d'un certain nombre de directions (techniques, village olympique, administration, cérémonies officielles, compétitions, etc.).

Les prérogatives et les devoirs du C.O.J.O. sont divers :

— il est investi des pouvoirs du C.I.O. pour organiser les Jeux Olympiques (organisation matérielle), village olympique, installations sportives, voies de communication,
— il doit consulter les F.S.I. pour l'organisation technique,
— il doit permettre au C.I.O. un rapport sur les Jeux Olympiques ainsi qu'un film,
— il doit prévoir des places réservées,
— il doit organiser une manifestation d'art national,
— il doit s'assurer la participation effective de l'Etat, de la région et de la municipalité,
— il doit contacter les services publics.

Les phases du travail du C.O.J.O. s'étendent sur 6 années.

— *Phase de planification :* elle dure 2 ans au minimum, elle a pour but de faire l'inventaire de tout ce qui est nécessaire en matière d'infrastructures et se superstructures, d'organisation et de fonctionnement des services généraux (hébergement, transports, santé, presse, billets, relations publiques, etc.) et ceci en fonction de la durée, du programme des Jeux, du nombre des pays participants, des athlètes, des accompagnateurs, des spectateurs ; également en fonction des normes, des règlements des F.S.I., etc. La situation géographique, politique, économique, démographique de la ville organisatrice sera également prise en compte.

Une fois l'inventaire des besoins effectué, le C.O.J.O. en évalue le coût et trouve les sources de financement (subventions de l'Etat, de la région, de la municipalité, emprunts, loterie, monnaies, etc.).

— *Phase de réalisation :* elle s'étend sur quatre années et se termine par la célébration des Jeux Olympiques. Cette phase a pour but de réaliser les infrastructures (routes, plans d'eau, voies ferrées, métro, aéroports, etc.), des superstructures (installations sportives, village olympique, centre de presse), de mettre en place et faire fonctionner les services généraux (transports, hébergement, relations publiques, santé, billets, sécurité, etc.), les services relatifs aux compétitions et au protocole.

Ces six années sont nécessaires à cette organisation qui connaît beaucoup d'aléas pour aboutir à cette grande célébration quadriennale où participent des milliers d'athlètes (7 000 à Munich), d'accompagnateurs, d'officiels et à

Tableau 45.1

Evolution du nombre de médailles gagnées par les Français aux Jeux olympiques

JEUX OLYMPIQUES D'ÉTÉ					JEUX OLYMPIQUES D'HIVER				
	Or	Argent	Bronze	Total		Or	Argent	Bronze	Total
1896 Athènes	7	4	2	**13**					
1900 Paris	22	30	24	**76**					
1908 Londres	6	5	8	**19**					
1912 Stockholm	17	7	3	**27**					
1920 Anvers	9	22	11	**42**					
1924 Paris	16	14	10	**40**	1924 Chamonix	—	—	1	**1**
1928 Amsterdam	8	12	5	**25**	1928 Saint-Moritz	1	—	—	**1**
1932 Los Angeles	12	5	3	**20**	1932 Lake Placid	1	—	—	**1**
1936 Berlin	7	6	5	**18**	1936 Garmisch	—	—	1	**1**
1948 Londres	11	6	14	**31**	1948 Saint-Moritz	2	1	2	**5**
1952 Helsinki	6	7	5	**18**	1952 Oslo	—	—	1	**1**
1956 Melbourne	4	4	6	**14**	1956 Cortina d'Ampezzo	—	—	—	—
1960 Rome	—	2	3	**5**	1960 Squaw-Valley	1	—	2	**3**
1964 Tokyo	1	8	6	**15**	1964 Innsbruck	3	4	—	**7**
1968 Mexico	7	3	5	**15**	1968 Grenoble	4	3	2	**9**
1972 Munich	2	4	7	**13**	1972 Sapporo	—	1	2	**3**
1976 Montréal	2	3	4	**9**	1976 Innsbruck	—	—	1	**1**
1980 Moscou	6	5	3	**14**	1980 Lake Placid	—	—	1	**1**
1984 Los Angeles	5	7	15	**27**	1984 Sarajevo	—	1	2	3
1988 Seoul	6	4	6	**16**	1988 Calgary	1	—	1	2

N. B. — Les Etats africains n'ont pas participé aux jeux de Montréal en 1976.
— Il faut noter les absences, notamment, des Etats-Unis, de la République fédérale d'Allemagne et du Japon aux jeux de Moscou en 1980.

Source : Les statistiques Jeunesse et Sports - annuaire 1980.

laquelle assistent des millions de spectateurs (4 500 000 à Munich) et plus d'un milliard de télespectateurs. Rappelons que les Jeux de Munich ont coûté plus de 3 milliards de francs français en 1972.

45.2.2. Les autres compétitions internationales

Championnats et coupes du monde

Chaque fédération sportive internationale, qu'elle soit olympique ou non, organise périodiquement (en général tous les quatre ans), son championnat du monde ou sa coupe du monde. La phase finale de ces championnats ou coupes du monde se déroule après les éliminatoires continentaux (poules de classement par exemple). Pour les Fédérations sportives internationales olympiques, ces championnats mondiaux ont lieu une année différente de celle de la célébration des Jeux Olympiques. Certaines fédérations olympiques n'ont pas de championnat du monde (ex. l'athlétisme).

Championnats continentaux — coupes continentales

Comme au niveau mondial, les fédérations sportives internationales ou leurs organisations continentales (organes de décentralisation) mettent sur pied périodiquement des championnats continentaux (chapionnat d'Europe d'athlétisme, d'aviron, de natation, de judo, de patinage, etc.) en dehors des années olympiques. Des coupes d'Europe sont également organisées (coupe d'Europe d'athlétisme, de natation, de football).

Jeux régionaux

Ce sont des compétitions au niveau continental (Asie, Afrique, Panaméricain) ou au niveau subcontinental Pacifique Sud, Maccabi, SE Asiatique, Commonwealth, Amérique Centrale et Caraïbes, Méditerranéens, etc.)

Ces jeux régionaux, pour être patronnés par le Comité international olympique, doivent respecter les règlements adoptés par le C.I.O. en 1952, qui sont en cours de révision et qui figurent dans les statuts olympiques.

Les jeux sont ouverts aux amateurs. Les concurrents doivent être affiliés aux fédérations nationales, elles-mêmes membres des F.S.I. nommés par le C.I.O. Les pays participants doivent avoir des C.N.O. reconnus par le C.I.O.

Les jeux régionaux se limitent aux sports contrôlés par les F.S.I. reconnues par le C.I.O. Leur organisation doit obéir aux règles de l'organisation des Jeux Olympiques.

Ils ne peuvent être organisés dans la période qui suit ou qui précède de douze mois les Jeux Olympiques. Ils ne se dérouleront pas plus d'une fois en 4 ans dans la même région.

- — Aucune restriction de nature politique n'est autorisée.
- — Le cérémonial des jeux peut s'inspirer des jeux Olympiques.
- — Le contrôle des compétitions est confié aux F.S.I.
- — Les règles et réglements des jeux doivent être approuvés par le C.I.O. et chaque F.S.I. intéressée.

— Seul le drapeau olympique peut être hissé sur le stade, les mots « olympique, olympiades, anneaux, devise », ne doivent pas être employés.
— Les pays qualifiés pour participer aux jeux d'une région particulière sont autorisés à s'organiser eux-mêmes en une fédération régionale ou groupement similaire.
Ex. : O.D.E.P.A. (organisation du sport panaméricain).
O.D.E.B.O. (Organisation du sport bolivien).
O.D.E.C.A.B.E. (Organisation du sport centro-américain et des Caraïbes), etc.
Dans les jeux régionaux, on distingue :

Au niveau continental

1. Les jeux africains

Ces jeux sont nés en 1960, à l'initiative de la France, sous le nom des jeux de la communauté qui eurent lieu à Tananarive où 13 pays étaient représentés, 800 concurrents ayant participé dans 8 sports différents. En 1961, ces jeux devinrent les jeux de l'amitié à Abidjan, puis à Dakar, en 1963.

Les premiers jeux africains eurent lieu en 1965 à Brazzaville, les deuxièmes jeux en 1973 à Lagos (Nigéria), 300 athlètes, 36 pays représentés, 9 disciplines olympiques et 2 autres disciplines non olympiques (tennis et tennis de table).

Les troisièmes jeux africains ont eu lieu en 1978 à Alger. Les quatrièmes jeux se déroulèrent à Nairobi (Kenya) en 1987 après une éclipse de 9 ans. Les jeux suivants eurent lieu en 1991 au Caire (Egypte) et en 1993 à Leyes (Nigeria).

— *Les jeux d'Afrique de l'Ouest*

Les deuxièmes jeux d'Afrique de l'Ouest ont eu lieu à Cotonou (Bénin) en 1979.

2. Les jeux asiatiques

Les premiers jeux asiatiques eurent lieu en 1951 à New Delhi. En 1974 les 7e jeux asiatiques se déroulèrent à Téhéran : 300 athlètes, 25 pays, 16 disciplines sportives.

Les onzièmes jeux se déroulèrent en Chine en septembre 1990.

3. Les jeux panaméricains

Ils virent le jour en 1951 à Buenos-Aires, puis à Mexico (1955), Chicago (1959), Sao Paulo (1963), Winnipeg (1967), Cali (1971), Mexico (1975), San Juan (1979).

Les dixièmes jeux ont eu lieu à Indianapolis (U.S.A.) du 10 au 23 août 1987 avec la participation de 4 453 athlètes de 38 pays.

Les onzièmes jeux se déroulèrent à La Havane (Cuba) en 1991.

Au niveau sub-continental

1. *Les jeux du Pacifique sud.*

Depuis 1963, tous les 3 ans, toute la jeunesse des îles du Pacifique sud est invitée à participer aux jeux du Pacifique sud qui se sont déroulés successivement à Suva (Fidji) 1963, à Nouméa (Nouvelle-Calédonie) 1966, à Port-Moresby (Papouésie, Nouvelle-Guinée) 1969, à Papeete (Tahiti, Polynésie française) 1971, à Guam (U.S.A.) 1975.

Ces jeux sont une étape vers les jeux du Pacifique ou jeux continentaux australiens.

Les derniers ont eu lieu à Nouméa (Nouvelle-Calédonie) en 1986.

2. *Les jeux de Maccabi.*

Organisés tous les 4 ans depuis 1932 en Israël, les 13e jeux se sont tenus en 1989 à Tel Aviv.

3. *Les jeux du sud-est asiatique.*

La 10e édition s'est tenue à Djakarta (Indonésie) en 1979.

4. *Jeux d'Amérique centrale et des Caraïbes.*

Les 13e jeux se déroulèrent à Medellin en 1978.

5. *Jeux sportifs centro-américains.*

Les premiers se déroulèrent en 1973.

Les 3e eurent lieu en 1981 à Managua (N.C.A.).

6. *Jeux sportifs bolivariens.*

La 9e édition s'est déroulée en 1981 à Lima (Pérou).

7. *Jeux du Commonwealth.*

Les 11e jeux ont eu lieu en 1978 à Edmonton (Canada).

8. *Jeux des îles de l'Océan indien.*

Les premiers jeux se sont tenus à l'île de la Réunion en 1979.

Ils ont lieu tous les 4 ans.

9. *Jeux méditerranéens.*

La 8e édition a eu lieu en 1979 à Split (Yougoslavie).

Les 10e jeux méditerranéens sont organisés en 1987 à Lattaquié (Syrie).

Les 11e jeux méditerranéens furent organisés en 1991 à Athènes et les 12e en 1993 en France dans le Languedoc-Roussillon.

Il est à noter que le président du Conseil International des Jeux Méditerranéens (C.I.J.M.) est M. Claude Collard ancien président du C.N.O.S.F.

10. *Spartakiades des peuples d'U.R.S.S.*

La 7e édition a eu lieu en 1979, 2 000 athlètes étrangers représentant 100 pays ont été invités à concourir avec l'élite sportive soviétique. La première édition s'est déroulée en 1928 pour commémorer le 10e anniversaire du mouvement sportif soviétique. Depuis 1956 elle a lieu tous les 4 ans, lors de la 6e spartakiade 7 000 athlètes prirent part aux compétitions.

La prochaine a eu lieu en 1990.

11. *Les Universiades ou jeux mondiaux universitaires.*

C'est en 1922 que le Français J. Petitjean organise à Paris les premiers jeux mondiaux universitaires d'été. Après maintes difficultés, l'essor de ces jeux s'affirme en 1957 où Paris organise cette « Universiade » avec un vif succès.

Il existe une Universiade d'hiver (jeux mondiaux universitaires d'hiver, de la neige et de la glace) et une Universiade d'été (athlétisme, gymnastique, natation, escrime, tennis, basket-ball, volley-ball).

Les Universiades ont lieu tous les deux ans.

12. *Les jeux de la francophonie*

Décidés lors de la réunion des pays francophones à Québec en 1987, la première édition se tint en juillet 1989 à Casablanca (Maroc).

Cette manifestation qui porte sur 4 disciplines (judo H. et F., athlétisme, football et basket féminin) regroupera 39 pays.

Bibliographie

Statuts et règlements des différentes fédérations sportives internationales.

Charte Olympique, Comité International Olympique, Château de Vidy, 1007, Lausanne (Suisse).

Fleuridas (C) — L'administration et l'organisation des Jeux Olympiques. Le problème du gigantisme des Jeux. Thèse pour le doctorat du 3e cycle, sciences de l'Education : éducation physique, Paris VII, 1974.

46. Loi n° 84-610 du 16 juillet 1984 relative à l'organisation et à la promotion des activités physiques et sportives

(modifiée par la loi n° 85-10 du 3 janvier 1985, puis par la loi n° 87-979 du 7 décembre 1987, puis par la loi n° 92-652 du 13 juillet 1992)

Les dispositions de la loi du 13 juillet 1992 sont présentées en caractères gras.

Art. 1er. — Les activités physiques et sportives constituent un facteur important d'équilibre, de santé, d'épanouissement de chacun ; elles sont un élément fondamental de l'éducation, de la culture et de la vie sociale. Leur développement est d'intérêt général et leur pratique constitue un droit pour chacun quels que soient son sexe, son âge, ses capacités ou sa condition sociale.

L'Etat est responsable de l'éducation physique et sportive, placée sous l'autorité du ministre en charge de l'Education nationale. Il assure ou contrôle, en liaison avec toutes les parties intéressées, l'organisation des formations conduisant aux différentes professions des activités physiques et sportives et la délivrance des diplômes correspondants.

Le sport de haut niveau est source d'enrichissement et de progrès humain. Le sportif de haut niveau joue un rôle social, culturel et national de première importance.

Le développement des activités physiques et sportives et du sport de haut niveau incombe à l'Etat et au mouvement sportif constitué des associations et des fédérations sportives, avec le concours des collectivités territoriales, des entreprises et de leurs institutions sociales. L'Etat, en liaison avec le mouvement sportif, assure au sportif de haut niveau les moyens de se perfectionner dans sa discipline sportive et veille à son insertion professionnelle.

La promotion de la vie associative dans le domaine des activités physiques et sportives est favorisée par l'Etat et les personnes publiques par toutes mesures permettant de faciliter le fonctionnement démocratique des associations et l'exercice du bénévolat.

Titre Ier
L'organisation des activités physiques et sportives

CHAPITRE Ier
L'éducation physique et sportive

Art. 2. — L'éducation physique et sportive et le sport scolaire et universitaire contribuent à la rénovation du système éducatif, à la lutte contre l'échec scolaire et à la réduction des inégalités sociales et culturelles.

Art. 3. — Après les concertations nécessaires, le ministre chargé de l'Education nationale définit les programmes scolaires de l'éducation physique et sportive. Cet enseignement est sanctionné par des examens et concours compte tenu des indications médicales.

Art. 4. — L'enseignement de l'éducation physique et sportive est dispensé dans les écoles maternelles et primaires et dans les établissements d'enseignement du second degré et d'enseignement technique. Il est assuré :

1. dans les écoles maternelles et primaires, par les instituteurs et les institutrices, réunis en équipe pédagogique. Ceux-ci peuvent acquérir une qualification dominante en éducation physique et sportive pendant leur formation initiale ou continue. Toutefois, en cas de besoin, un personnel qualifié et agréé peut assister l'équipe pédagogique, à la demande et sous la responsabilité de cette dernière ;
2. dans les établissements du second degré, par les personnels enseignants d'éducation physique et sportive.

Composantes de l'éducation physique et sportive, les activités physiques et sportives volontaires des élèves sont organisées dans les établissements par les associations sportives scolaires.

Les rythmes scolaires tiennent compte des besoins d'expression physique, d'éducation et de pratique corporelle et sportive.

Art. 5. — Les établissements de l'enseignement supérieur organisent et développent la pratique des activités physiques et sportives des étudiants et de leurs personnels conformément à la loi n° 84-52 du 26 janvier 1984 sur l'enseignement supérieur.

Des formations en activités physiques et sportives sont dispensées dans ces établissements.

Art. 6. — Dans les établissements relevant du ministre chargé de l'Education nationale et dans les établissements spécialisés, les élèves et étudiants handicapés bénéficient de l'enseignement de l'éducation physique et sportive en fonction de leurs besoins particuliers.

CHAPITRE II
Les associations et les sociétés sportives

Art. 7. — Sous réserve des dispositions de la section II ci-après, les groupements sportifs sont constitués sous forme d'associations conformément aux dispositions de la loi du 1er juillet 1901 et, lorsqu'elles ont leur siège dans les

départements du Bas-Rhin, du Haut-Rhin et de la Moselle, conformément aux articles 21 à 79 du code civil local.
Les associations sportives scolaires et universitaires sont régies, en outre, par les dispositions de la section première ci-après.

Art. 8. — Les groupements sportifs ne peuvent bénéficier de l'aide de l'Etat qu'à la condition d'avoir été agréés.
Les conditions de l'agrément et du retrait de l'agrément sont déterminées par décret en Conseil d'Etat.

Section Ire

Les associations sportives scolaires et universitaires

Art. 9. — Une association sportive est créée dans tous les établissements du second degré.
L'Etat et les collectivités territoriales favorisent la création d'une association sportive dans chaque établissement du premier degré.
Les associations sportives universitaires sont créées à l'initiative des établissements de l'enseignement supérieur.
Les associations sportives scolaires et universitaires bénéficient de l'aide de l'Etat. Les collectivités territoriales peuvent concourir au développement de ces associations, en particulier en favorisant l'accès à leurs équipements sportifs.
Les associations adoptent des dispositions statutaires obligatoires définies par décret en Conseil d'Etat.

Art. 10. — Les associations liées à l'article précédent sont affiliées à des fédérations ou à des unions sportives scolaires et universitaires. Ces fédérations et unions sont elles-mêmes affiliées à une confédération du sport scolaire et universitaire. Les statuts de ces unions et fédérations ainsi que ceux de la confédération sont approuvés par décret en Conseil d'Etat.

Section II

Les groupements sportifs à statut particulier

Art. 11. — Lorsqu'une association sportive affiliée à une fédération sportive régie par le chapitre III de la présente loi participe habituellement à l'organisation de manifestations sportives payantes procurant des recettes d'un montant supérieur à un seuil fixé par décret en Conseil d'Etat, et qu'elle emploie des sportifs contre des rémunérations dont le montant global excède un chiffre fixé par décret en Conseil d'Etat, elle doit, pour la gestion de ces activités, constituer une société anonyme régie par la loi n° 66-537 du 24 juillet 1966 sur les sociétés commerciales. Cette société adopte le régime juridique d'une société à objet sportif ou d'une société d'économie mixte sportive locale, conformément à des statuts types définis par décret en Conseil d'Etat.
En outre, l'association sportive qui ne répond pas aux conditions définies au premier alinéa du présent article et qui poursuit l'objet visé à l'article 12 peut, pour la gestion de ces activités, constituer une société conformément aux dispositions de la présente section.

Les relations entre l'association sportive et la société sont définies par une convention ratifiée par leurs assemblées générales respectives.

Cette convention entre en vigueur après son approbation par l'autorité administrative : un décret en Conseil d'Etat, pris après avis du Comité national olympique et sportif français, précise les conditions d'application du présent alinéa et notamment les stipulations que doit comporter la convention. La convention est approuvée lorsque ses stipulations sont conformes à celles déterminées par le décret précité et ne sont pas contraires aux dispositions de la présente loi. Elle est réputée approuvée si l'autorité administrative n'a pas fait connaître son opposition dans un délai déterminé.

La société constituée en application des dispositions du premier alinéa du présent article par une association sportive est tenue, solidairement avec cette association, d'exécuter le plan de continuation lorsque l'association est soumise aux dispositions de la loi n° 85-98 du 25 janvier 1985 relative au redressement et à la liquidation judiciaires des entreprises.

Par dérogation aux dispositions du premier alinéa du présent article, les associations sportives répondant aux critères définis à cet alinéa et soumises, à la date d'entrée en vigueur des dispositions de l'article 2 de la loi n° 92-652 du 13 juillet 1992, aux dispositions de l'article 11-1, ne sont pas tenues de constituer une société anonyme tant que leurs comptes annuels certifiés ne présentent pas de perte pendant deux exercices consécutifs. Un décret en Conseil d'Etat fixe les conditions d'application du présent alinéa.

Art. 11-1. — Toute association sportive répondant aux conditions posées au premier alinéa de l'article 11 et qui n'aura pas constitué une société anonyme par application des dispositions du dernier alinéa de cet article doit prévoir dans ses statuts les conditions dans lesquelles seront désignés le président, le conseil d'administration et des personnes ayant pouvoir de l'engager vis-à-vis des tiers ainsi que les conditions dans lesquelles l'assemblée générale contrôle leurs actes.

Les statuts doivent également prévoir l'obligation de réunir les membres de l'association en assemblée générale au moins une fois par an dans les six mois de la clôture de l'exercice, en vue notamment de l'approbation des comptes annuels et du vote du budget.

Un décret du Conseil d'Etat fixe les conditions d'application des alinéas ci-dessus.

Les dispositions prévues aux premier, deuxième, quatrième et cinquième alinéas de l'article 27 et à l'article 28 de la loi n° 84-148 du 1er mars 1984 relative à la prévention et au règlement amiable des difficultés des entreprises sont applicables aux associations sportives mentionnées au premier alinéa du présent article, nonobstant les conditions prévues au premier alinéa des articles 27 et 28 de la même loi.

Ces associations sportives bénéficient des dispositions des articles 35 à 38 de la loi n° 84-148 du 1er mars 1984 précitée.

La responsabilité des présidents et membres des conseils d'administration de ces associations est celle définie, selon les cas, par l'article 244, le deuxième

alinéa de l'article 246 et l'article 247 de la loi n° 66-537 du 24 juillet 1966 sur les sociétés commerciales.
Le commissaire aux comptes attire l'attention du président et des membres du conseil d'administration sur tout fait de nature à compromettre la continuité de l'activité qu'il a relevé au cours de sa mission. Il invite le président à faire délibérer l'organe collégial. Le commissaire aux comptes est convoqué à cette séance. La délibération est, le cas échéant, communiquée au comité d'entreprise. En cas d'inobservation des dispositions du présent alinéa ou si, en dépit des décisions prises, il constate que l'activité reste compromise, le commissaire aux comptes établit un rapport spécial qui est adressé aux sociétaires ou présenté à la prochaine assemblée. Ce rapport est communiqué, le cas échéant, au comité d'entreprise.
Les dispositions de l'article 437 et du 1. de l'article 439 de la loi n° 66-537 du 24 juillet 1966 précitée leur sont applicables.

Art. 11-2. — **Les groupements sportifs mentionnés au premier et au dernier alinéa de l'article 11 ne peuvent céder leurs dénominations, marques ou tous autres signes distinctifs, ni en autoriser l'usage, ni concéder une licence d'exploitation qu'à un autre groupement sportif et après approbation de l'autorité administrative.**

Art. 12. — **Les sociétés mentionnées à l'article 11 ci-dessus ont pour objet la gestion et l'animation d'activités sportives organisées par les fédérations sportives ; elles peuvent, en outre, mener toutes actions en relation avec cet objet, et notamment des actions de formation au profit des sportifs participant à leurs activités.**

Art. 13. — **Le capital de ces sociétés est composé d'actions nominatives.**
Le bénéfice, au sens de l'article 346 de la loi du 24 juillet 1966 précitée, est affecté à la constitution de réserves qui ne peuvent elles-mêmes donner lieu à aucune distribution.
Les membres élus des organismes de direction de ces sociétés ne peuvent recevoir, au titre de leurs fonctions, que le remboursement des frais justifiés.
L'association sportive doit détenir au moins un tiers du capital social et des droits de vote à l'assemblée générale de la société à objet sportif concernée.
Sauf en cas de succession ou de liquidation de communauté de biens entre époux, l'autorité administrative peut s'opposer à toute cession de titres conférant un droit de vote ou donnant accès au capital d'une société à objet sportif dont les conditions ou les effets seraient contraires aux dispositions de la présente loi.

Art. 14. — **Toute association sportive répondant, à la date de la publication du décret prévu à l'article 11-1, aux conditions posées au premier alinéa de l'article 11 doit, dans un délai d'un an à compter de cette date, soit constituer une société anonyme conformément aux dispositions de l'article 11, soit mettre ses statuts en conformité avec les dispositions de l'article 11-1.**

En outre, toute association sportive doit, dans un délai d'un an à compter de la date à laquelle elle remplit les conditions posées au premier alinéa de l'article 11, soit constituer une société anonyme conformément aux dispositions de cet article, soit mettre ses statuts en conformité avec les dispositions de l'article 11-1.
A défaut cette association sportive est exclue, à compter de l'expiration des délais visés aux alinéas précédents, des compétitions organisées par les fédérations mentionnées à l'article 16 ci-après.

Art. 15. — Les dispositions du 2. de l'article 11 de la loi n° 83-597 du 7 juillet 1983 relative aux sociétés d'économie mixte locales sont remplacées par les dispositions suivantes :
2. Aux sociétés d'économie mixte sportives constituées en application des articles 11 à 14 de la loi n° 84-610 du 16 juillet 1984 relative à l'organisation et à la promotion des activités physiques et sportives dans lesquelles la majorité du capital social et la majorité des voix dans les organes délibérants sont détenues par l'association sportive seule, ou conjointement par l'association sportive et les collectivités territoriales.

Art. 15-1. — Il est interdit à toute personne privée, directement ou par personne interposée, d'être simultanément porteur de titres conférant un droit de vote ou donnant accès au capital de plus d'une société mentionnée à l'article 11 et dont l'objet social porte sur une même discipline sportive.
Toute cession opérée en violation des dispositions du premier alinéa du présent article est nulle.
Il est interdit à tout porteur de droit privé de titres conférant un droit de vote ou donnant accès au capital de l'une des sociétés mentionnées à l'article 11 de consentir un prêt à une autre société dont l'objet social porte sur la même discipline sportive, de se porter caution en sa faveur ou lui fournir un cautionnement.
Toute personne physique ou le président, l'administrateur ou le directeur d'une personne morale qui aura contrevenu aux dispositions du troisième alinéa du présent article sera puni d'une amende de 18 000 F à 300 000 F et d'un emprisonnement de six mois à un an ou de l'une de ces deux peines seulement.

Art. 15-2. — Aucune personne physique ou morale ne peut exercer l'activité consistant à mettre en rapport à titre occasionnel ou habituel, contre rémunération, les parties intéressées à la conclusion d'un contrat par lequel un ou plusieurs sportifs s'engagent à participer contre rémunération à une ou plusieurs manifestations sportives, si elle n'a fait une déclaration préalable à l'autorité administrative. Un décret en Conseil d'Etat fixe la liste des fonctions et professions incompatibles avec les activités d'intermédiaire.
Sous réserve, pour les personnes ne possédant pas la nationalité française, des engagements internationaux souscrits par la France, une personne établie ou domiciliée hors de France ne peut exercer l'activité définie au premier alinéa de cet article que par l'intermédiaire d'une personne établie

ou domiciliée en France et répondant aux conditions fixées par le présent article.
La personne exerçant l'activité mentionnée au premier alinéa ne peut agir que pour le compte d'une des parties signataires du même contrat, qui peut seule la rémunérer. Le montant de la rémunération perçue par l'intermédiaire est au maximum de 10 % du montant du contrat conclu.
Le ministre chargé des Sports peut, par arrêté motivé, prononcer à l'encontre d'une personne exerçant l'activité mentionnée au premier alinéa qui aura porté atteinte aux intérêts matériels ou moraux d'un ou plusieurs sportifs, ou d'un ou plusieurs groupements sportifs, l'interdiction d'exercer, à titre temporaire ou définitif, tout ou partie des fonctions mentionnées au premier alinéa.
Cet arrêté est pris après avis d'une commission comprenant des représentants de l'Etat ou du mouvement sportif, des collectivités territoriales et des différentes catégories de personnes intéressées. Toutefois, en cas d'urgence, le ministre peut, sans consultation de la commission, prononcer une interdiction temporaire d'exercer d'une durée limitée à trois mois.
Toute convention relative à la rémunération d'une personne exerçant l'activité définie au premier alinéa en méconnaissance des dispositions du présent article sera réputée nulle et non écrite, que le débiteur de la rémunération soit un sportif ou une personne physique ou morale qui se serait substituée à lui ; cette disposition est d'ordre public.
Nul ne peut exercer l'activité définie au premier alinéa s'il a fait l'objet d'une interdiction d'exercice des professions industrielles, commerciales ou libérales en application de la loi n° 47-1635 du 30 août 1940 relative à l'assainissement des professions commerciales et industrielles ou de l'article 1750 du code général des impôts.
Quiconque exercera l'activité définie au premier alinéa en méconnaissance des dispositions du présent article sera puni d'une amende de 12 000 F à 120 000 F et d'un emprisonnement de six mois à un an, ou de l'une de ces deux peines seulement.

Chapitre III
Les fédérations sportives

Art. 16. — Les fédérations sportives, constituées conformément à la loi du 1er juillet 1901, regroupent les associations sportives, les sociétés à objet sportif, les sociétés d'économie mixte sportives locales et les licenciés d'une ou plusieurs disciplines sportives. Ces fédérations sont les fédérations unisports ou multisports, les fédérations affinitaires et les fédérations sportives scolaires et universitaires.
Elles exercent leur activité en toute indépendance.
A condition d'avoir adopté des statuts conformes à des statuts types définis par décret en Conseil d'Etat, les fédérations sportives agréées par le ministre chargé des Sports participent à l'exécution d'une mission de service public. A ce titre, elles sont chargées notamment de promouvoir l'éducation par les activités physiques et sportives, de développer et d'organiser la pratique des activités

physiques et sportives. Elles assurent la formation et le perfectionnement de leurs cadres bénévoles. Elles délivrent les licences et les titres fédéraux. Un décret en Conseil d'Etat détermine les conditions d'attribution et de retrait de l'agrément.
Elles ont un pouvoir disciplinaire, dans le respect des principes généraux du droit, à l'égard des groupements sportifs qui leur sont affiliés et de leurs licenciés, et font respecter les règles techniques et déontologiques de leurs disciplines. Elles peuvent déléguer à des organes internes une partie de leurs attributions dans la limite de la compétence territoriale de ces derniers.
Les fédérations sportives qui participent à l'exécution d'une mission de service public adoptent des règlements disciplinaires conformes à un règlement type défini par décret en Conseil d'Etat après avis du Comité national olympique et sportif français.
Les fédérations sportives peuvent recevoir un coucours financier et en personnel de l'Etat conformément à l'article 44 de la loi n° 84-16 du 11 janvier 1984 portant dispositions statutaires relatives à la fonction publique de l'Etat. **Des conventions conclues entre l'Etat et les fédérations sportives mentionnées à l'article 17 fixent les objectifs permettant le développement des disciplines sportives ainsi que le perfectionnement et l'insertion professionnelle des athlètes, et précisent les engagements souscrits à cet effet. De telles conventions peuvent être également conclues avec les autres fédérations mentionnées au présent article.**
Les fédérations sont placées sous la tutelle du ministre chargé des Sports, à l'exception de la confédération du sport scolaire et universitaire, des fédérations et unions sportives scolaires et universitaires qui sont placées sous la tutelle du ministre chargé de l'Education nationale. Toutefois, le ministre chargé des Sports participe à la définition et à la mise en œuvre des objectifs de ces groupements. Les ministres de tutelle veillent, chacun en ce qui le concerne, au respect par les fédérations des lois et règlements en vigueur.

Art. 17. — Dans chaque discipline sportive et pour une période déterminée, une seule fédération reçoit délégation du ministre chargé des Sports pour organiser les compétitions sportives à l'issue desquelles sont délivrés les titres internationaux, nationaux, régionaux ou départementaux et procéder aux sélections correspondantes. Cette fédération définit, dans le respect des règlements internationaux, les règles techniques propres à sa discipline. Un décret en Conseil d'Etat détermine les conditions d'attribution et de retrait de la délégation.
Un arrêté du ministre chargé des Sports fixe la liste de ces fédérations, après avis du Comité national olympique et sportif français.
Quiconque organise des compétitions sportives à l'issue desquelles est délivré un titre de champion international, national, régional ou départemental, sans être titulaire de la délégation du ministre chargé des Sports, sera puni d'une amende de 5 000 F à 15 000 F et, en cas de récidive, d'une amende de 10 000 F à 30 000 F. Toutefois, les fédérations visées à l'article 16 ayant reçu mission de service public de l'Etat peuvent délivrer des titres nationaux, régionaux ou départementaux en faisant suivre ces titres

de la mention de la fédération. La liste de ces titres est précisée par décret en Conseil d'Etat.
Quiconque organise des compétitions sportives à l'issue desquelles est délivré un titre susceptible de créer une confusion avec l'un des titres mentionnés à l'alinéa premier sera puni des mêmes peines.

Art. 17-1. — **Lorsque le ministre chargé des Sports défère aux juridictions administratives compétentes les actes pris en vertu de la délégation mentionnée à l'article 17 qu'il estime contraires à la légalité, il peut assortir son recours d'une demande de sursis à exécution. Il est fait droit à cette demande si l'un des moyens invoqués dans le recours paraît, en l'état de l'instruction, sérieux et de nature à justifier l'annulation de l'acte attaqué. Il est statué dans un délai d'un mois sur les demandes de sursis à exécution.**
Sans préjudice des recours directs dont elle dispose, toute personne physique ou morale qui s'estime lésée par une décision individuelle prise dans le cadre de la délégation mentionnée à l'article 17 ci-dessus peut, dans le délai de deux mois à compter de la notification de la décision, demander au ministre chargé des Sports de mettre en œuvre la procédure prévue à l'alinéa précédent.
Les décisions réglementaires des fédérations sportives disposant de la délégation mentionnée à l'article 17 sont publiées sans délai dans l'un des bulletins figurant sur une liste arrêtée par le ministre chargé des Sports après avis du Comité national olympique et sportif français.

Art. 17-2. — **Il est interdit à tout groupement qui ne bénéficie pas de la délégation du ministre chargé des Sports instituée à l'article 17 d'utiliser dans son titre ou de faire figurer dans ses statuts, contrats, documents ou publicités l'appellation « Fédération française de » ou « Fédération nationale de » suivie du nom d'une ou plusieurs disciplines sportives.**
Les groupements constitués avant la date de publication de la loi n° 92-652 du 13 juillet 1992 se mettent en conformité avec les dispositions du présent article dans le délai d'un an à compter de cette date.
Les dispositions de cet article ne s'appliquent pas aux fédérations sportives agréées par le ministre chargé des Sports à la date de la publication de la loi n° 92-652 du 13 juillet 1992.
Les présidents administrateurs ou directeurs des groupements qui auront méconnu les dispositions du présent article seront punis d'une amende de 5 000 F à 15 000 F et, en cas de récidive, d'une amende de 10 000 F à 30 000 F.

Art. 18. — **Toute personne physique ou morale de droit privé, autre que celles visées à l'article 16, qui organise une manifestation sportive ouverte aux licenciés de la fédération sportive délégataire de la discipline concernée et donnant lieu à remise de prix dont la valeur excède un montant fixé par arrêté, doit demander l'agrément de la fédération délégataire en application de l'article 17 de la présente loi, au moins trois mois avant la date fixée pour le déroulement de la manifestation.**

Quiconque organise une manifestation sportive en infraction aux dispositions de l'alinéa précédent est puni d'une amende de 5 000 F à 15 000 F et, en cas de récidive, d'une amende de 10 000 F à 30 000 F.
Tout licencié qui participe à une manifestation qui n'a pas reçu l'agrément de la fédération dont il est membre s'expose aux sanctions disciplinaires du règlement intérieur de cette fédération.

Art. 18-1. — Le droit d'exploitation d'une manifestation ou d'une compétition sportive appartient à l'organisateur de cet événement, tel qu'il est défini aux articles 17 et 18.
Le détenteur du droit d'exploitation d'une manifestation ou d'une compétition sportive ne peut imposer aux sportifs participant à cette manifestation ou à cette compétition aucune obligation portant atteinte à leur liberté d'expression.

Art. 18-2. — La cession du droit d'exploitation d'une manifestation ou d'une compétition sportive à un service de communication audiovisuelle ne peut faire obstacle à l'information du public par les autres services de communication audiovisuelle.
Ces extraits sont diffusés gratuitement au cours des émissions d'information.
Leur diffusion s'accompagne dans tous les cas d'une identification suffisante du service de communication audiovisuelle cessionnaire du droit d'exploitation de la manifestation ou de la compétition.
Un décret en Conseil d'Etat, pris après avis du Conseil supérieur de l'audiovisuel, fixe, en tant que de besoin, les conditions d'application du présent article.
Les conventions portant cession exclusive du droit d'exploitation audiovisuelle des manifestations ou compétitions sportives ne peuvent être conclues pour une durée supérieure à cinq ans.

Art. 18-3. — La cession du droit d'exploitation d'une manifestation ou d'une compétition sportive à un service de communication audiovisuelle ne fait pas obstacle à la diffusion partielle ou intégrale de cette manifestation ou de cette compétition par un autre service de communication audiovisuelle lorsque le service cessionnaire du droit d'exploitation n'assure pas la diffusion en direct d'extraits significatifs de la manifestation ou de la compétition sportive.
Un décret en Conseil d'Etat, pris après avis du Conseil supérieur de l'audiovisuel, fixe, en tant que de besoin, les conditions d'application du présent article, compte tenu notamment de la nature et de la durée de la manifestation ou de la compétition. Ce décret précise également les conditions dans lesquelles est assimilée à la diffusion en direct une diffusion reportée à une heure de grande écoute ou retardée en raison de motifs sérieux.

Art. 18-4. — La cession du droit d'exploitation d'une manifestation ou d'une compétition sportive n'autorise ni l'organisateur de cette manifesta-

tion ou de cette compétition ni le concessionnaire de ce droit à s'opposer au libre accès des journalistes et des personnels des entreprises d'information écrite ou audiovisuelle aux enceintes sportives.
Un décret en Conseil d'Etat précise en tant que de besoin les conditions d'application du présent article.

Art. 19. — Les fédérations et les groupements sportifs sont représentés au Comité national olympique et sportif français. Ce comité définit, conformément aux missions qui lui sont dévolues par le Comité international olympique, les règles déontologiques du sport et veille à leur respect. Les conflits opposant les licenciés, les groupements sportifs et les fédérations sont, à la demande de l'une des parties, soumis au Comité national olympique et sportif français aux fins de conciliation. Le comité est dépositaire du symbole olympique et reconnu propriétaire des emblèmes olympiques nationaux.
Il mène, au nom des fédérations sportives ou avec elles, des activités d'intérêt commun.
Il représente le mouvement sportif au sein du conseil de gestion du Fonds national pour le développement du sport créé par la loi de finances pour 1979, n° 78-1239 du 29 décembre 1978.
Dans des conditions fixées par décret, le comité est associé à la promotion équitable des différentes disciplines sportives dans les programmes de radiodiffusion sonore et de télévision.
Les statuts du comité sont approuvés par décret en Conseil d'Etat. Le comité est représenté dans chaque région par le comité régional olympique et sportif et, dans chaque département, par un comité départemental olympique et sportif.
Lorsque le conflit mentionné au premier alinéa du présent article concerne des fédérations titulaires de la délégation du ministre chargé des Sports, qu'il résulte d'une décision prise dans le cadre de l'exercice de prérogatives de puissance publique ou pour l'application des statuts fédéraux et que cette décision soit ou non encore susceptible de recours internes, la saisine du Comité national olympique et sportif français est obligatoire préalablement à tout recours contentieux. La conciliation est mise en œuvre par un conciliateur désigné, pour chaque discipline sportive ou groupe de disciplines sportives ou dans chaque région, par le Comité national olympique et sportif français. Dans le délai d'un mois suivant la saisine, le conciliateur, après avoir entendu les intéressés, propose une ou des mesures de conciliation. Cette ou ces mesures sont présumées acceptées par les parties sauf opposition notifiée au conciliateur et aux autres parties dans un nouveau délai d'un mois à compter de la formulation des propositions du conciliateur.
La saisine du Conseil national olympique et sportif français, en application de l'alinéa précédent, suspend l'exécution de la décision litigieuse jusqu'à cette notification. Le délai de recours contentieux recommence à courir à compter de ladite notification.
En cas de recours, la ou les mesures de conciliation proposées sont portées à la connaissance de la juridiction compétente. Celle-ci, lorsqu'il s'agit d'une décision individuelle prise à l'encontre d'une personne physique ou

morale par une fédération dans l'exercice de ses prérogatives de puissance publique est, nonobstant toute disposition contraire, le tribunal administratif de la résidence ou du siège des personnes faisant l'objet des décisions attaquées à la date desdites décisions.

CHAPITRE III *bis*
Le rôle des collectivités territoriales

Art. 19-1. — L'Etat et les collectivités territoriales peuvent conclure des conventions portant sur des concours particuliers dans le domaine des activités physiques et sportives, dans les conditions définies à l'article 7 de la loi n° 92-125 du 6 février 1992 relative à l'administration territoriale de la République.

Art. 19-2. — Les collectivités territoriales ou leurs groupements ne peuvent accorder de garanties d'emprunt ni leur cautionnement aux associations sportives et aux sociétés anonymes visées aux articles 7 et 11 de la présente loi.

CHAPITRE IV
La pratique des activités physiques et sportives dans l'entreprise, en stage de formation et au service national

Art. 20. — L'organisation des activités physiques et sportives sur le lieu de travail est une condition essentielle du développement du sport pour tous.
Le comité d'entreprise favorise la promotion des activités physiques et sportives de l'entreprise et participe à leur financement. L'association sportive de l'entreprise est chargée de l'organisation et du développement des activités physiques et sportives dans le cadre des activités sociales et culturelles prévues par l'article L. 432-8 du code du travail.
Cette mission peut être assurée, en l'absence de comité d'entreprise, par les délégués du personnel conjointement avec le chef d'entreprise, conformément aux dispositions de l'article L. 422-5 du même code.
L'association sportive d'entreprise ou commune à plusieurs entreprises, constituée conformément à l'article 7 de la présente loi et à l'article L. 432-8 précité, organise la pratique des activités physiques et sportives dans l'entreprise. La pratique des activités physiques et sportives des agents des administrations publiques et du personnel des entreprises publiques est favorisée.

Art. 21. — Conformément aux dispositions de l'article 6 de la loi n° 82-1097 du 23 décembre 1982 relative aux comités d'hygiène, de sécurité et des conditions de travail, des activités physiques à finalité professionnelle peuvent être organisées en vue de la prévention des risques professionnels dans les entreprises.

Art. 22. — L'article L. 900-3 du code du travail est remplacé par les dispositions suivantes :
« *Art. L. 900-3.* — Les actions visées à l'article L. 900-2 peuvent comprendre des activités physiques et sportives régulières et contrôlées. Ces activités sont

prévues dès lors que les actions s'adressent à des stagiaires de moins de dix-huit ans ou qu'elles excèdent une durée déterminée. »

Art. 23. — Les stages destinés à la formation des éducateurs et animateurs sportifs nécessaires à l'encadrement des activités physiques et sportives dans l'entreprise peuvent être organisés conformément au livre IX du code du travail.

Art. 24. — L'organisation et le développement de la pratique des activités physiques et sportives dans les structures spécialisées du travail accueillant des personnes handicapées font l'objet de mesures spéciales d'adaptation.

Art. 25. — Les adhérents aux associations sportives, lorsqu'ils sont appelés à effectuer leur service national, peuvent participer, sous réserve des nécessités du service, aux compétitions régionales, nationales et internationales organisées par les fédérations.

CHAPITRE V
Le sport de haut niveau

Art. 26. — Une commission nationale du sport de haut niveau, composée de représentants de l'Etat, du Comité national olympique et sportif français et des collectivités territoriales ainsi que de personnalités qualifiées désignées parmi des sportifs de haut niveau, fixe, après avis des fédérations sportives concernées, les critères permettant de définir, dans chaque discipline, la qualité de sportif, d'arbitre et de juge sportif de haut niveau. Cette commission élabore une charte du sport de haut niveau qui est fondée sur les règles déontologiques des sportifs de haut niveau. Elle examine les conditions d'application des normes des équipements sportifs définies par les fédérations pour la participation aux compétitions sportives.
Le ministre chargé des Sports arrête, au vu des propositions de la commission nationale mentionnée au premier alinéa ci-dessus, la liste des sportifs de haut niveau et des arbitres et des juges sportifs de haut niveau.
Un décret du Conseil d'Etat fixe les conditions d'application du présent article, notamment les conditions dans lesquelles une personne peut être radiée de la liste prévue à l'alinéa précédent.

Art. 27. — Les établissements scolaires du second degré permettent, selon des formules adaptées, la préparation des élèves en vue de la pratique sportive de haut niveau.
Les établissements de l'enseignement supérieur permettent aux sportifs de haut niveau de poursuivre leur carrière sportive par les aménagements nécessaires dans l'organisation et le déroulement de leurs études.

Art. 28. — Les établissements de l'enseignement supérieur favorisent l'accès des sportifs de haut niveau, qu'ils possèdent ou non des titres universitaires, à des enseignements de formation ou de perfectionnement, dans les conditions définies par les articles 5 et 14 de la loi n° 84-52 du 26 janvier 1984 sur l'enseignement supérieur.

Les sportifs de haut niveau, sans remplir les conditions de diplôme exigées des candidats, peuvent faire acte de candidature aux concours de l'Etat, des départements, des communes, des établissements publics nationaux, départementaux et communaux et de tout établissement en dépendant, ainsi que de toute société nationale ou d'économie mixte. Le statut particulier du corps des professeurs de sport peut fixer une proportion d'emplois réservés aux sportifs de haut niveau, même n'appartenant pas à l'administration, ayant figuré pendant trois ans au moins sur la liste visée à l'article 26 de la présente loi. Les candidats devront satisfaire aux épreuves d'un concours de sélection spécifique.

Art. 29. — Les limites d'âge supérieures fixées pour l'accès aux grades et emplois publics de l'Etat et des collectivités territoriales ne sont pas opposables aux sportifs de haut niveau figurant sur la liste visée à l'article 26 de la présente loi.

Les candidats n'ayant plus la qualité de sportif de haut niveau peuvent bénéficier d'un recul de ces limites d'âge égal à la durée de leur inscription sur la liste visée à l'article 26 de la présente loi. Cette durée ne peut excéder cinq ans.

Art. 30. — Le sportif de haut niveau bénéficie, pendant la durée du service national, d'une affectation dans des unités dotées des équipements et de l'encadrement lui permettant de pratiquer le sport de haut niveau, sous réserve des nécessités du service.

Art. 31. — S'il est agent de l'Etat ou d'une collectivité territoriale, le sportif de haut niveau bénéficie, afin de poursuivre son entraînement et de participer à des compétitions sportives, de conditions particulières d'emploi, sans préjudice de carrière, dans des conditions fixées par décret en Conseil d'Etat.

Art. 32. — Le ministre chargé des Sports conclut des conventions avec des entreprises publiques ou privées en vue de faciliter l'emploi des sportifs de haut niveau et leur reclassement, de garantir leur formation et leur promotion et de leur assurer des conditions particulières d'emploi compatibles avec leur entraînement et la participation à des compétitions sportives.

CHAPITRE VI
Le conseil national des activités physiques et sportives

Art. 33. — Il est créé un conseil national des activités physiques et sportives composé de toutes les parties concernées par les activités physiques et sportives. Ce conseil, dont le rôle est consultatif, donne notamment son avis sur les projets de loi et de décret relatifs à la politique sportive qui lui sont soumis par le ministre chargé des Sports, sans préjudice des missions confiées au Comité national olympique et sportif français aux articles 17, 19 et 26 de la présente loi. Tous les deux ans, il tient à la disposition du ministre chargé des Sports un rapport sur le bilan et les perspectives de développement des activités physiques et sportives.

Un décret en Conseil d'Etat détermine la composition et le fonctionnement de ce conseil et les règles concernant les relations entre les différents organes consultatifs placés auprès du ministre chargé du Temps libre, de la Jeunesse et des Sports.

CHAPITRE VII
Le Comité national de la recherche et de la technologie

Art. 34. — Il est institué un Comité national de la recherche et de la technologie en activités physiques et sportives, placé sous la tutelle des ministres chargés de la Recherche, de l'Education nationale, de la Santé et des Sports.
Il a pour mission, dans le cadre des instances de recherche existantes, d'impulser et de promouvoir la recherche fondamentale et appliquée dans le domaine des activités physiques et sportives.
Un décret détermine la composition et le fonctionnement de ce comité.

CHAPITRE VIII
Surveillance médicale et assurance

Art. 35. — Un livret sportif individuel est remis au sportif, ou à son représentant légal, lors de la délivrance de sa première licence. Ce livret ne contient que des informations sportives et médicales.
La participation aux compétitions organisées par chacune des fédérations visées à l'article 16 est subordonnée à la présentation d'une licence portant attestation de la délivrance d'un certificat médical de non-contre-indication à la pratique de la discipline concernée ou, pour les non-licenciés, à la présentation de ce seul certificat médical pour les épreuves qui leur sont ouvertes. Le non-respect de cette disposition donne lieu à sanctions. Les modalités d'application du présent article sont déterminées par décret en Conseil d'Etat.

Art. 36. — Les médecins de santé scolaire, les médecins du travail, les médecins militaires et les médecins généralistes contribuent, en liaison avec les médecins spécialisés, aux actions de prévention concernant la pratique des activités physiques et sportives grâce à une formation initiale nécessaire à la pratique des examens médico-sportifs, contenue dans le second cycle des études médicales, et grâce à une formation continue adaptée.
Le troisième cycle des études médicales comprend une formation spécialisée en médecine du sport.

Art. 37. — Les groupements sportifs souscrivent pour l'exercice de leur activité un contrat d'assurance couvrant leur responsabilité dans les conditions définies au troisième alinéa du présent article.
L'organisation par toute personne autre que l'Etat et les groupements sportifs de manifestations sportives ouvertes aux licenciés des fédérations sportives visées à l'article 16 ci-dessus est subordonnée à la souscription par l'organisateur d'un contrat d'assurance.
Ces contrats d'assurance couvrent la responsabilité civile du groupement sportif, de l'organisateur, de leurs préposés et celle des pratiquants du sport. Des

dérogations peuvent être accordées aux collectivités territoriales par arrêté conjoint du ministre chargé de l'Economie et des Finances et du ministre chargé des Sports.
L'exploitation d'un établissement visé à l'article 47 est également subordonnée à la souscription par l'exploitant d'un contrat d'assurance couvrant sa responsabilité civile, celle des enseignants visée à l'article 43 et de tout préposé de l'exploitant, ainsi que des personnes habituellement ou occasionnellement admises dans l'établissement pour y exercer les activités qui y sont enseignées.
Un décret fixe les modalités d'application des assurances obligatoires instituées par les alinéas précédents, notamment les modalités de contrôle.
Ces assurances obligatoires entrent en vigueur le premier jour du troisième mois suivant la publication du décret visé à l'alinéa précédent. Quiconque contrevient aux dispositions du présent article est puni d'une amende de 6 000 F à 50 000 F et d'un emprisonnement de six mois à un an ou de l'une de ces peines seulement.

Art. 38. — Les groupements sportifs sont tenus d'informer leurs adhérents de leur intérêt à souscrire un contrat d'assurance de personne ayant pour objet de proposer des garanties forfaitaires en cas de dommage corporel.
A cet effet, les groupements sportifs doivent tenir à la disposition de leurs adhérents des formules de garantie susceptible de réparer les atteintes à l'intégrité physique du pratiquant.
Lorsque les fédérations sportives définies au troisième alinéa de l'article 16 proposent à un licencié de souscrire simultanément à la délivrance de la licence et à un contrat d'assurance collectif qu'elles ont négocié, le prix de cette souscription doit être indiqué distinctement et le licencié a la possibilité de refuser de souscrire au contrat.

Art. 38-1. — Les fédérations sportives définies au troisième alinéa de l'article 16 ne peuvent conclure de contrat d'assurance collectif qu'après un appel à la concurrence.

CHAPITRE IX
Les équipements sportifs

Art. 39. — Après consultation des fédérations intéressées et des collectivités territoriales, il est établi un schéma directeur d'équipements sportifs d'intérêt national dans le cadre du Plan.

Art. 40. — Lors de la prise de décision de création d'écoles élémentaires et de l'établissement du schéma prévisionnel des formations, prévus à l'article 13 de la loi n° 83-663 du 22 juillet 1983, il est tenu compte de la nécessité d'accompagner toute construction d'un établissement scolaire des équipements nécessaires à la pratique de l'éducation physique et sportive.

Art. 41. — Tout propriétaire d'un équipement sportif est tenu d'en faire déclaration à l'administration en vue de l'établissement d'un recensement des équipements.

Les dispositions de l'alinéa précédent ne sont pas applicables aux équipements sportifs à usage exclusivement familial ni à ceux relevant du ministre chargé de la Défense.
Un décret en Conseil d'Etat détermine les conditions d'application du présent article.

Art. 42. — La suppression totale ou partielle d'un équipement sportif privé dont le financement a été assuré par une ou des personnes morales de droit public pour une partie au moins égale à un pourcentage fixé par décret en Conseil d'Etat ainsi que la modification de son affectation sont soumises à l'autorisation de la personne morale de droit public ayant participé seule ou ayant participé pour la plus grande part à ce financement. L'avis du maire de la commune où est implanté l'équipement est joint à la demande d'autorisation. Cette autorisation est subordonnée à la condition que cet équipement soit remplacé par un équipement sportif équivalent.
Toute modification d'affectation en l'absence d'autorisation entraîne de droit le reversement à la personne ou aux personnes morales de droit public mentionnées au premier alinéa de l'ensemble des subventions perçues. Un décret fixe les conditions d'application du présent alinéa.

Art. 42 bis. — Un décret en Conseil d'Etat, pris après avis de la commission mentionnée à l'article 26, fixe les conditions d'entrée en vigueur des règlements fédéraux relatifs aux normes des équipements sportifs requises pour la participation aux compétitions sportives organisées par les fédérations mentionnées à l'article 17.

CHAPITRE X
La sécurité des équipements et des manifestations sportives

Art. 42-1. — Sans préjudice des dispositions du code de l'urbanisme et du code de la construction de l'habitation applicables aux établissements recevant du public, les enceintes destinées à recevoir des manifestations sportives ouvertes au public font l'objet d'une homologation délivrée par le représentant de l'Etat, après avis de la commission de sécurité compétente ou, dans les conditions prévues par arrêté du ministre chargé des Sports, de la Commission nationale de sécurité des enceintes sportives.
La délivrance de l'homologation est subordonnée :
- **à la conformité de l'enceinte et des ouvrages qui la composent aux dispositions et normes techniques relatives à la construction, à la desserte et à l'accès des bâtiments qui leur sont applicables ;**
- **au respect de toute prescription particulière rendue nécessaire par la configuration de l'enceinte, son environnement ou l'usage auquel elle est destinée.**

L'arrêté d'homologation fixe l'effectif maximal des spectateurs qui peuvent être admis simultanément dans l'enceinte ainsi que la nature et la répartition des places offertes. Seules des places assises peuvent être prévues dans les tribunes.

Il fixe également, en fonction de cet effectif et de la configuration de l'enceinte, les conditions d'aménagement d'installations provisoires destinées à l'accueil du public.

Il peut imposer l'aménagement d'un poste de surveillance de l'enceinte.

Les dispositions de l'arrêté d'homologation s'imposent à l'exploitant de l'enceinte et à tout organisateur d'une manifestation sportive publique dans l'enceinte.

L'autorisation d'ouverture au public ne peut intervenir avant l'expiration d'un délai de quinze jours suivant la délivrance de l'homologation.

Toute modification permanente de l'enceinte, de son aménagement ou de son environnement nécessite la délivrance d'une nouvelle homologation. Le retrait de l'homologation vaut retrait de l'autorisation d'ouverture au public. Il est prononcé, sauf cas d'urgence, après consultation du maire et de la commission de sécurité compétente.

Les établissements sportifs de plein air dont la capacité n'excède pas 3 000 spectateurs et les établissements sportifs couverts dont la capacité d'accueil n'excède pas 500 spectateurs ne sont pas soumis à homologation.

Un décret en Conseil d'Etat fixe les conditions d'application du présent article. Ce décret fixe en particulier les conditions d'homologation des enceintes sportives ouvertes au public à la date de publication de la loi n° 92-652 du 13 juillet 1992 dans un délai de deux ans à compter de cette date pour les établissements de plein air pouvant accueillir au moins 15 000 spectateurs et les établissements couverts pouvant accueillir au moins 2 000 spectateurs, et dans un délai de trois ans pour les enceintes sportives dont la capacité d'accueil est inférieure à ces seuils.

Art. 42-2. — L'autorisation d'ouverture au public des installations provisoires aménagées dans une enceinte sportive soumise aux dispositions de l'article 42-1 est accordée par le maire dans les conditions prévues par les dispositions du code de la construction et de l'habitation et par l'arrêté d'homologation.

Ces installations provisoires doivent faire l'objet, après achèvement des travaux, d'un avis délivré, à l'issue d'une visite sur le site, par la commission de sécurité compétente. Cet avis est notifié à l'autorité titulaire du pouvoir d'autoriser l'ouverture au public. La commission émet un avis défavorable si tout ou partie des conditions d'aménagement de ces installations fixées par l'homologation prévue à l'article 42-1 ne sont pas respectées.

Un décret en Conseil d'Etat fixe les conditions d'application du présent article. Ce décret précise notamment les délais dont doivent disposer la commission de sécurité pour rendre ses avis et le maire pour prendre sa décision.

Art. 42-3. — Les fédérations mentionnées à l'article 17 édictent des règlements relatifs à l'organisation de toutes les manifestations dont elles ont la charge dans le respect notamment des règles définies en application de l'article L. 123-2 du code de la construction et de l'habitation.

Ces fédérations ne peuvent déléguer leurs compétences pour l'organisation de manifestations sportives nécessitant des conditions particulières de sécurité. Elles doivent signaler la tenue de ces manifestations aux autorités détentrices des pouvoirs de police. Les catégories de manifestations concernées par les dispositions du présent alinéa sont arrêtées par voie réglementaire.

Art. 42-4. — Sera puni d'une amende de 600 F à 15 000 F quiconque aura accédé en état d'ivresse à une enceinte où se déroule une manifestation sportive.

Art. 42-5. — Sera puni d'une amende de 600 F à 20 000 F quiconque aura introduit dans une enceinte où se déroule une manifestation sportive des boissons des deuxième, troisième, quatrième et cinquième groupes, telles que définies à l'article L. 1er du code des débits de boisson et des mesures contre l'alcoolisme.

Art. 42-6. — Quiconque aura organisé une manifestation sportive publique dans une enceinte non homologuée ou en violation des prescriptions imposées par l'homologation sera puni d'une peine d'emprisonnement de six mois à deux ans et d'une amende de 10 000 F à 50 000 F ou de l'une de ces deux peines seulement.
En cas de récidive, il sera prononcé une peine d'emprisonnement de six mois à cinq ans et une amende de 20 000 F à 1 000 000 F ou l'une de ces deux peines.
Ces peines sont également applicables à quiconque aura émis ou cédé, à titre gratuit ou onéreux, des titres d'accès à une manifestation sportive en nombre supérieur à l'effectif de spectateurs fixé par l'arrêté d'homologation.
Elles sont portées au double si l'auteur de l'infraction est également reconnu coupable d'homicide involontaire ou de blessures et coups involontaires.
En cas de condamnation, le tribunal peut interdire l'organisation de manifestations sportives publiques dans l'enceinte. L'exécution provisoire de l'interdiction peut être ordonnée.

Art. 42-7. — Sera punie d'une amende de 600 F à 200 000 F toute personne qui, lors d'une manifestation sportive, aura, notamment par mégaphone, haut-parleur ou tout autre moyen d'amplification phonique ou visuelle, provoqué les spectateurs à la haine ou à la violence à l'égard de l'arbitre ou d'un groupe de personnes ou favorisé l'excitation du public.

Art. 42-8. — Les fédérations sportives agréées en application de l'article 16 de la présente loi, les associations de supporters et les associations ayant pour objet la prévention de la violence à l'occasion des manifestations sportives agréées par le ministre chargé des Sports et ayant été déclarées depuis au moins trois ans au moment des faits peuvent exercer les droits reconnus à la partie civile en ce qui concerne les infractions mentionnées aux articles 42-4 à 42-6.

Lorsqu'un club accueille, à l'occasion d'une compétition exceptionnelle, une équipe de catégorie supérieure, il n'est pas tenu de mettre ses équipements aux normes techniques applicables pour les compétitions auxquelles participent des équipes de cette catégorie. Cette dispense ne concerne pas les normes de sécurité.

Titre II
Les formations et les professions

Art. 43. — Nul ne peut enseigner, encadrer ou animer contre rémunération une activité physique ou sportive, à titre d'occupation principale ou secondaire, de façon régulière, saisonnière ou occasionnelle, ni prendre le titre de professeur, moniteur, éducateur, entraîneur ou tout autre titre similaire, s'il n'est titulaire d'un diplôme inscrit, en fonction du niveau de formation auquel il correspond et des professions auxquelles il donne accès, sur une liste d'homologation des diplômes des activités physiques et sportives.
L'inscription sur cette liste des diplômes délivrés par l'Etat et des diplômes français ou étrangers admis en équivalence est de droit.
Un décret en Conseil d'Etat fixe les conditions d'inscription sur la liste d'homologation des diplômes délivrés, notamment par les fédérations sportives, à l'issue des formations reconnues par l'Etat après avis d'une commission comprenant des représentants de l'administration, du mouvement sportif et des professions intéressées. Seuls peuvent être homologués les diplômes correspondant à une qualification professionnelle qui n'est pas couverte par un diplôme d'Etat.
Les dispositions qui précèdent ne s'appliquent ni aux agents de l'Etat ni aux agents titulaires des collectivités territoriales, pour l'exercice de leurs fonctions.
Nul ne peut exercer les fonctions mentionnées au présent article s'il a fait l'objet d'une condamnation pour crime ou pour attentat aux mœurs ou pour l'une des infractions visées aux articles L. 627, L. 627-2 et L. 630 du code de la santé publique.

Art. 43-1. — Le ministre chargé des Sports peut, de façon dérogatoire, délivrer à titre temporaire ou définitif à des personnes de nationalité française ou à des ressortissants des Etats membres de la Communauté européenne particulièrement qualifiés qui ont manifesté leur aptitude aux fonctions postulées des autorisations spécifiques d'exercer les professions et de prendre les titres déterminés en application du premier alinéa de l'article 43. Cette autorisation est délivrée après avis d'une commission composée pour moitié de représentants de l'Etat et pour moitié de représentants des personnels mentionnés à l'article 43 et de leurs employeurs ainsi que de personnes qualifiées.

Art. 44. — Les programmes de formation des professions des activités physiques et sportives comprennent un enseignement sur le sport pour les handicapés.

Art. 45. — Les établissements de formation de l'Etat et les établissements agréés assurent la formation initiale et la formation continue des cadres rémunérés des activités physiques et sportives visés à l'article 43.

Les associations et fédérations sportives, les organisations syndicales représentatives, les collectivités territoriales et, le cas échéant, les entreprises participent à la mise en œuvre de ces formations.

Les fédérations sportives assurent la formation et le perfectionnement des cadres fédéraux. Elles peuvent bénéficier, à cet effet, de l'aide des établissements de formation visés au premier alinéa du présent article, des services extérieurs de l'Etat et des collectivités territoriales.

Art. 46. — Le service public de formation, comprenant notamment l'institut national du sport et de l'éducation physique, les établissements nationaux ou régionaux relevant du ministre chargé des Sports et les établissements relevant du ministre chargé de l'Education nationale, participe à la mise en œuvre de la politique nationale de développement des activités physiques et sportives en assurant :

— la formation initiale et continue des professeurs de sport, des cadres de métiers des activités physiques et sportives et des dirigeants sportifs ;

— les liaisons avec les fédérations sportives, les ligues et les comités départementaux pour le développement d'actions communes ;

— la préparation et la formation des sportifs de haut niveau ;

— la recherche et la diffusion des connaissances dans le domaine des activités physiques et sportives ;

— le suivi médical et paramédical des sportifs et le développement de la médecine du sport.

La formation initiale et continue des enseignants en éducation physique et sportive est assurée par les établissements d'enseignement supérieur. Les établissements visés au premier alinéa du présent article peuvent y concourir.

Art. 47. — Les établissements dans lesquels sont pratiquées des activités physiques et sportives doivent présenter pour chaque type d'activités et d'établissements des garanties d'hygiène et de sécurité définies par voie réglementaire.

Nul ne peut exploiter contre rémunération soit directement, soit par l'intermédiaire d'une autre personne, un établissement dans lequel sont organisées des activités physiques et sportives s'il a fait l'objet d'une condamnation visée au dernier alinéa de l'article 43.

Art. 47-1. — Un décret en Conseil d'Etat fixe les conditions dans lesquelles les personnes visées aux articles 43 et 43-1 et les responsables des établissements visés à l'article 17 déclarent leur activité à l'autorité administrative.

Ce décret prévoit également les conditions dans lesquelles peuvent être fixées des normes techniques applicables à l'encadrement des activités physiques et sportives.

Art. 48. — L'autorité administrative peut s'opposer à l'ouverture ou prononcer la fermeture temporaire ou définitive d'un établissement qui ne présenterait pas les garanties prévues à l'article 47 et ne remplirait pas les conditions d'assurance visées à l'article 37.

L'autorité administrative peut prononcer également la fermeture temporaire ou définitive d'un établissement lorsque son maintien en activité présenterait des risques particuliers pour la santé et la sécurité physique ou morale des pratiquants ou exposerait ceux-ci à l'utilisation de substances ou de procédés interdits par la loi n° 89-432 du 28 juin 1989 relative à la prévention et à la répression de l'usage des produits dopants à l'occasion des compétitions et manifestations sportives.

Art. 48-1. — **Le ministre chargé des Sports peut, par arrêté motivé, prononcer à l'encontre de toute personne dont le maintien en activité constituerait un danger pour la santé et la sécurité physique ou morale des pratiquants l'interdiction d'exercer, à titre temporaire ou définitif, tout ou partie des fonctions mentionnées à l'article 43 et de prendre les titres correspondants. Le ministre chargé des Sports peut, dans les mêmes formes, enjoindre à toute personne exerçant en infraction aux articles 43 et 43-1 de cesser son activité dans un délai déterminé.**

Cet arrêté est pris après avis d'une commission comprenant des représentants de l'Etat, du mouvement sportif et des différentes catégories de personnes intéressées. Toutefois, en cas d'urgence, le ministre peut, sans consultation de la commission, prononcer une interdiction temporaire d'exercice limitée à trois mois.

Un décret en Conseil d'Etat fixe les conditions d'application du présent article.

Art. 49. — **Quiconque exerce une activité d'enseignement, d'encadrement ou d'animation d'une activité physique et sportive, sans avoir procédé à la déclaration requise en application de l'article 47-1, ou en violation d'un arrêté pris en application de l'article 48-1, sera puni d'une amende de 6 000 F à 50 000 F et d'un emprisonnement de six mois à un an ou de l'une de ces deux peines seulement.**

Sera puni des mêmes peines quiconque exploite un établissement sans avoir procédé à la déclaration requise en application de l'article 47-1 ou le maintien en activité en violation de l'article 48.

Art. 49-1. — **Outre les officiers et agents de police judiciaire agissant conformément aux dispositions du code de procédure pénale, les fonctionnaires du ministère chargé des Sports habilités à cet effet par le ministre chargé des Sports et assermentés dans des conditions fixées par décret en Conseil d'Etat peuvent rechercher et constater par procès-verbal les infractions prévues par les dispositions de la présente loi et les textes pris pour leur application.**

Les fonctionnaires du ministère chargé des Sports mentionnés à l'alinéa précédent peuvent accéder aux établissements mentionnés à l'article 47 en vue de rechercher et de constater les infractions, demander la communi-

cation de tous documents professionnels et en prendre copie, recueillir, sur convocation ou sur place, les renseignements et justifications. Les fonctionnaires ne peuvent accéder à ces établissements que pendant leurs heures d'ouverture au public, et, s'ils ne sont pas ouverts au public, qu'entre 8 heures et 20 heures. Ils ne peuvent accéder aux locaux qui servent pour partie de domicile aux intéressés.

Le procureur de la République est préalablement informé par les fonctionnaires mentionnés au deuxième alinéa des opérations envisagées en vue de la recherche des infractions.

Les procès-verbaux font foi jusqu'à preuve contraire et sont transmis au procureur de la République dans les cinq jours, suivant leur établissement. Une copie en est également remise à l'intéressé.

Quiconque se sera opposé, de quelque façon que ce soit, à l'exercice des fonctions dont sont chargés les agents mentionnés au présent article sera puni d'une amende de 6 000 F à 50 000 F et d'un emprisonnement de six mois à un an ou de l'une de ces deux peines seulement.

Art. 50. — Des groupements d'intérêt public dotés de la personnalité morale et de l'autonomie financière peuvent être constitués soit entre des personnes morales de droit public, soit entre une ou plusieurs d'entre elles et une ou plusieurs personnes morales de droit privé pour exercer ensemble, pendant une durée déterminée, des activités d'intérêt commun ayant un rapport avec l'objet de la présente loi.

Ces activités doivent relever de la mission ou de l'objet social de chacune des personnes morales composant le groupement.

Les dispositions de l'article 21 de la loi n° 82-610 du 15 juillet 1982 d'orientation et de programmation pour la recherche et le développement technologique de la France sont applicables aux groupements prévus au présent article.

Art. 51. — La présente loi est applicable à la collectivité territoriale de Mayotte.

Art. 52. — L'acte dit loi du 26 mai 1941 de la loi n° 63-807 du 6 août 1963, la loi n° 75-988 du 29 octobre 1975 ainsi que toutes dispositions contraires à la présente loi sont abrogés.

La présente loi sera exécutée comme loi de l'Etat.

47. Brevet d'Etat d'éducateur sportif à trois degrés

47.1. Brevet d'Etat d'éducateur sportif : principes

Décret n° 91-260 du 7 mars 1991 relatif à l'organisation et aux conditions de préparation et de délivrance du brevet d'Etat d'éducateur sportif

Le Premier ministre,
Sur le rapport du ministre d'Etat, ministre de l'Education nationale, de la Jeunesse et des Sports,
Vu la loi n° 84-610 du 16 juillet 1984 modifiée relative à l'organisation et à la promotion des activités physiques et sportives, et notamment ses articles 43 et 46 ;
Vu la loi n° 90-547 du 4 juillet 1990 relative aux droits et obligations de l'Etat et des départements concernant les instituts universitaires de formation des maîtres, à la maîtrise d'ouvrage de constructions d'établissements d'enseignement supérieur et portant diverses dispositions relatives à l'éducation nationale, à la jeunesse et aux sports, et notamment son article 39 ;
Vu le décret n° 87-161 du 5 mars 1987 fixant les conditions générales d'attribution et de retrait de la qualité de sportif de haut niveau ;
Vu le décret n° 89-685 du 21 septembre 1989 relatif à l'enseignement contre rémunération et à la sécurité des activités physiques et sportives.

Décrète :

Titre Ier
Dispositions générales

Art. 1er. — Les diplômes définis et délivrés par l'Etat en application du présent décret attestent, conformément au premier alinéa de l'article 43 de la loi du 16 juillet 1984, des qualifications et de l'aptitude à enseigner contre rémunération les activités physiques et sportives.

Art. 2. — Il est institué auprès du ministre chargé des Sports une commission nationale de l'emploi et des formations en activités physiques et sportives comprenant des représentants de l'administration, des employeurs et des personnels techniques. Cette commission suit l'évolution du marché de l'emploi dans le secteur des activités physiques et sportives. Elle fait toute proposition pour adapter les qualifications à cette évolution. Elle est saisie pour avis de toute création d'un nouveau diplôme en application du présent décret et peut être consultée sur toute modification des compétences attestées par ces diplômes ou de leurs modalités de délivrance.

Art. 3. — Les fédérations sportives titulaires de la délégation du ministre chargé des Sports en application de l'article 17 de la loi du 16 juillet 1984 participent à la mise en œuvre des formations conduisant aux diplômes mentionnés au présent décret. Elles sont saisies pour avis de tout projet de texte relatif aux diplômes de leur discipline et sont représentées dans les jurys d'examens qui les délivrent.

Titre II
Du brevet d'Etat d'éducateur sportif

Art. 4. — Le brevet d'Etat d'éducateur sportif porte mention d'une option qui précise les activités physiques et sportives concernées ou le public spécifique visé ainsi que le degré de ce brevet qui en compte trois.

Art. 5. — Les brevets d'Etat de chaque degré sont créés dans chaque option par un arrêté du ministre chargé des Sports. Cet arrêté définit le référentiel des compétences professionnelles requises pour l'obtention du diplôme. Il précise également les conditions d'accès et les modes de préparation susceptibles, pour chaque degré considéré, d'être mis en place parmi ceux définis à l'article 7 ci-dessous.

Art. 6. — Les brevets d'Etat sont délivrés, à chaque degré et dans chaque option :

1. aux candidats ayant satisfait à un examen comportant les épreuves instituées par l'arrêté mentionné à l'article 5 ;
2. aux candidats ayant subi avec succès un contrôle continu des connaissances organisé au sein d'établissement publics d'enseignement ;
3. aux candidats ayant satisfait aux épreuves organisées dans le cadre d'une formation modulaire ;
4. aux sportifs de haut niveau inscrits ou ayant été inscrits depuis moins de cinq ans sur la liste mentionnée à l'article 26 de la loi du 16 juillet 1984, ayant subi une formation aménagée et ayant été déclarés admis par le jury. Peuvent bénéficier de la même disposition, après avis d'une commission composée de représentants de l'Etat et du Comité national olympique et sportif français, les athlètes figurant sur les listes régionales mentionnées à l'article 7 du décret du 5 mars 1987 susvisé.

Art. 7. — Peuvent s'inscrire, sous réserve des exigences particulières instituées au profit des sportifs de haut niveau au 4. de l'article 6 ci-dessus, aux épreuves ou examens conduisant à la délivrance des brevets d'Etat :

1. au brevet d'Etat du premier degré, les candidats âgés de plus de dix-huit ans ;
2. au brevet d'Etat du deuxième degré, les candidats titulaires du brevet d'Etat du premier degré depuis deux ans au moins ;
3. au brevet d'Etat du troisième degré, les candidats titulaires du brevet d'Etat du deuxième degré depuis quatre ans au moins.

Titre III
Du certificat de préqualification, du certificat de qualification complémentaire et de l'attestation de qualification et d'aptitude

Art. 8. — Il est institué un certificat de préqualification dans le domaine des activités physiques et sportives dans les conditions définies à l'article 1er. Ce certificat est valable trois ans à compter de sa délivrance qui peut intervenir :
1. après succès aux épreuves de sélection pour l'accès aux formations avec contrôle continu des connaissances ;
2. après succès à un examen de préformation aux formations modulaires ;
3. après succès à une épreuve spéciale pour les candidats mentionnés au 4. de l'article 6.
Il peut, par décision spécialement motivée du ministre chargé des Sports, être prorogé d'un an, à deux reprises au maximum.

Art. 9. — Ce certificat est délivré pour une option mentionnée à l'article 4 ci-dessus.

Art. 10. — Il peut être institué des certificats de qualification complémentaire attestant, conformément au premier alinéa de l'article 43 de la loi du 16 juillet 1984 susvisée, d'une qualification et d'une aptitude professionnelle pour des activités ou des secteurs particuliers pour lesquels il n'existe pas de brevet d'Etat d'éducateur sportif spécifique.
Ce certificat est délivré après réussite à des épreuves d'évaluation des compétences requises pour l'encadrement de cette activité.

Art. 11. — Nul ne peut s'inscrire en vue de l'obtention d'un certificat de qualification complémentaire s'il n'est titulaire du brevet d'Etat dans l'une des options donnant accès à ce certificat.

Art. 12. — Une attestation de qualification et d'aptitude aux fonctions mentionnées à l'article 43 de la loi du 16 juillet 1984 susvisée peut être délivrée, après avis de jurys qualifiés, par le ministre chargé des Sports aux personnes justifiant d'une expérience professionnelle et de titres équivalents aux brevets d'Etat mentionnés à l'article 4 du présent décret.

Titre IV
Organisation administrative

Art. 13. — Le directeur régional de la jeunesse et des sports par délégation du ministre chargé des Sports :

1. désigne les jurys qualifiés conformément aux dispositions générales fixées par arrêté du ministre chargé des Sports pour les brevets d'Etat du premier et du deuxième degré ;
2. préside ces jurys ou en délègue la présidence et délivre ces diplômes ;
3. agrée et contrôle les stages pédagogiques organisés pour les candidats mentionnés au 2. et 3. de l'article 6 ci-dessus ;
4. autorise les sportifs de niveau régional à suivre la formation spéciale mentionnée au 4. de l'article 6 dans les conditions prévues au même article.

Art. 14. — Les brevets d'Etat du troisième degré sont délivrés par le ministre chargé des Sports sur proposition de jurys qu'il désigne.

Titre V
Dispositions diverses et transitoires

Art. 15. — Les candidats qui ne remplissent pas les conditions d'ancienneté de diplôme mentionnées à l'article 7 sont autorisés par le ministre chargé des Sports à s'inscrire aux brevets d'Etat du second et du troisième degré s'ils justifient d'une expérience professionnelle ou sportive d'une durée équivalente à celles mentionnées à cet article ayant conduit à des titres professionnels ou sportifs particuliers.

Art. 16. — Les étrangers titulaires de diplômes non susceptibles d'être admis en équivalence de diplômes français peuvent être dispensés d'une partie de la formation nécessaire à l'obtention des diplômes régis par le présent décret. Ces dispenses sont accordées par le ministre chargé des Sports après avis de la commission instituée à l'article 2 du décret du 21 septembre 1989.

Art. 17. — Des arrêtés du ministre chargé des Sports fixent, en tant que de besoin, les modalités d'application du présent décret, et notamment :
1. la composition des commissions instituées aux articles 2 et 6 ;
2. le contenu de la formation et les modalités d'organisation des examens et épreuves ;
3. la composition des jurys ;
4. la forme et les conditions de délivrance des diplômes ;
5. les conditions d'organisation et d'agrément des stages pédagogiques ;
6. les options, activités ou secteurs pour lesquels sont institués des certificats en application du titre III ci-dessus ;
7. la nature de l'expérience professionnelle et les modalités de reconnaissance des titres mentionnés à l'article 12.

Art. 18. — Le décret n° 72-490 du 15 juin 1972 portant création d'un brevet d'Etat d'éducateur sportif à trois degrés est abrogé.

Art. 19. — Le ministre d'Etat, ministre de l'Education nationale, de la Jeunesse et des Sports, et le secrétaire d'Etat à la Jeunesse et aux Sports sont chargés, chacun en ce qui le concerne, de l'exécution du présent décret, qui sera publié au *Journal Officiel* de la République française (*J.O.* du 9 mars 1991, page 3394).

47.2. Arrêté du 30 novembre 1992

Fixant les contenus et les modalités d'obtention du brevet d'Etat d'éducateur sportif à trois degrés en application du décret n° 91-260 du 7 mars 1991

Le ministre de la Jeunesse et des Sports,
Vu la loi n° 84-610 du 16 juillet 1984 modifiée relative à l'organisation et à la promotion des activités physiques et sportives ;
Vu la loi n° 90-587 du 4 juillet 1990 relative aux droits et obligations de l'Etat et des départements concernant les instituts universitaires de formation des maîtres, à la maîtrise d'ouvrage de constructions d'établissements d'enseignement supérieur et portant diverses dipositions relatives à l'éducation nationale, à la jeunesse et aux sports (art. 39) ;
Vu le décret n° 89-685 du 21 septembre 1989 relatif à l'enseignement contre rémunération et à la sécurité des activités physiques et sportives ;
Vu le décret n° 91-260 du 7 mars 1991 relatif à l'organisation et aux conditions de préparation et de délivrance du brevet d'Etat d'éducateur sportif,

Arrête :

Art. 1er. — Le brevet d'Etat d'éducateur sportif est un diplôme professionnel délivré en application de l'article 1er du décret n° 91-260 du 7 mars 1991.
Le brevet d'Etat d'éducateur sportif comporte trois degrés et atteste de l'aptitude et de la qualification de son titulaire à enseigner les activités physiques et sportives sous toutes les formes, notamment d'accompagnement, d'animation, d'initiation ou d'entraînement.
En outre, il confère à son titulaire :
— pour le premier degré, la qualification nécessaire à l'organisation et à la promotion des activités physiques et sportives, dans une option sportive ;
— pour le deuxième degré, la qualification nécessaire au perfectionnement technique et à la formation des cadres dans une option sportive, ainsi qu'une qualification approfondie en gestion et promotion des activités physiques et sportives ;
— pour le troisième degré, la qualification nécessaire pour l'expertise et la recherche.
Chacun des trois degrés du brevet d'Etat d'éducateur sportif comprend :
— une partie commune à l'ensemble des options ;
— une partie spécifiques à chaque option.
Le brevet d'Etat d'éducateur sportif est délivré, sous réserve des dispositions des articles 2 et 3 ci-dessous, au vu des attestations de réussite à la partie commune et à la partie spécifique.

Art. 2. — La partie commune du brevet d'Etat d'éducateur sportif s'obtient :
— soit par la réussite à un examen ;
— soit à l'issue d'une formation relevant du ministre chargé des Sports et évaluée en contrôle continu des connaissances. Le candidat à cette formation subit une ou plusieurs épreuves de sélection ;
— soit sur présentation d'une ou plusieurs qualifications sanctionnant les mêmes capacités.

Art. 3. — La partie spécifique du brevet d'Etat d'éducateur sportif s'obtient :
— soit par la réussite à son examen ; pour le brevet d'Etat d'éducateur sportif du premier degré, le candidat doit obtenir l'attestation de réussite à la partie commune avant de s'inscrire à la partie spécifique ;
— soit à l'issue d'une formation évaluée en contrôle continu des connaissances, incluant un stage pédagogique en situation. Le candidat à cette formation subit une ou plusieurs épreuves de sélection et se voit délivrer un livret de formation ;
— soit à l'issue d'une formation modulaire, qui comprend :
- un test de sélection ;
- un stage de préformation sanctionné par un examen qui entraîne la délivrance d'un livret de formation ;
- un stage pédagogique en situation ;
- des unités de formation ;
- un examen final, pour lequel le candidat doit produire lors de l'inscription l'attestation de réussite à la partie commune et avoir suivi le stage pédagogique en situation ainsi que les unités de formation pour s'inscrire à l'examen final.

Dans chaque option sportive, un ou des arrêtés, pris en application de l'article 5 du décret n° 91-260 du 7 mars 1991, déterminent le contenu de la partie spécifique.

Art. 4. — Les sportifs mentionnés au quatrième paragraphe de l'article 6 du décret n° 91-260 du 7 mars 1991 peuvent obtenir le brevet d'Etat d'éducateur sportif du premier et du deuxième degré à l'issue d'une formation aménagée et évaluée en contrôle continu des connaissances, qui leur est réservée, et qui comprend :
— une épreuve spéciale sanctionnée par la délivrance d'un livret de formation ;
— des unités de formation ;
— une évaluation terminale de synthèse.

Les unités de formation et l'examen terminal portent sur les programmes de la partie commune et de la partie spécifique de l'option correspondante.

Art. 5. — Les livret de formation constitue le certificat de préqualification au sens de l'article 8 du décret n° 91-260 du 7 mars 1991. Il atteste de la qualité d'éducateur sportif stagiaire ainsi que de l'aptitude de celui-ci à enseigner contre rémunération la discipline sportive concernée dans le cadre exclusif du stage pédagogique en situation prévu dans les articles 32 et 43 du présent arrêté.

Titre Ier
Conditions et formalités d'inscription

Art. 6. — L'attestation de formation aux premiers secours (A.F.P.S.) ou tout titre équivalent est exigé pour l'inscription à l'examcn de la partie commune et aux tests ou épreuves de sélection.
Le candidat dispensé de l'examen de la partie commune doit présenter l'attestation de formation aux premiers secours lors de son inscription à l'une des modalités d'obtention de la partie spécifique prévues à l'article 3.

Art. 7. — Le candidat à la partie commune et à la partie spécifique du brevet d'Etat d'éducateur sportif à trois degrés doit satisfaire aux conditions prévues à l'article 7 du décret n° 91-260 du 7 mars 1991 et fournir un dossier d'inscription comprenant, en sus des pièces mentionnées à l'article 6, les pièces suivantes :
— une fiche d'inscription normalisée ;
— une fiche individuelle d'état civil datant de moins de trois mois à la date de clôture de l'inscription ;
— deux photos d'identité ;
— trois enveloppes timbrées ;
— un timbre fiscal dont le montant est fixé par arrêté ;
— un certificat médical de non-contre-indication à la pratique et à l'enseignement de l'option sportive concernée datant de moins de trois mois à la date de clôture de l'inscription à la partie spécifique,

le cas échéant :
— les pièces complémentaires éventuellement prévues par les arrêtés pris en application de l'article 5 du décret n° 91-260 du 7 mars 1991 ;
— pour les personnes handicapées, l'avis de la commission prévue aux articles 55, 56 et 57 ;
— l'attestation de réussite à la partie commune du brevet d'Etat d'éducateur sportif du premier degré, ou tout titre admis en équivalence, pour s'inscrire à la partie spécifique du brevet d'Etat d'éducateur sportif du premier degré, organisée sous forme d'examen ;
— l'attestation de réussite au test de sélection ou l'attestation de dispense prévue à l'article 46, pour l'inscription au stage de préformation du brevet d'Etat d'éducateur sportif organisé sous forme modulaire ;
— une attestation certifiant la qualité d'athlète de haut niveau, au titre de la fédération sportive concernée par l'option sportive mentionnée à l'article 4 du décret n° 91-260 du 7 mars 1991, titulaire de la délégation instituée à l'article 17 de la loi du 16 juillet 1984 modifiée ;
— une attestation de la fédération sportive concernée par l'option sportive mentionnée à l'article 4 du décret n° 91-260 du 7 mars 1991, titulaire de la délégation instituée à l'article 17 de la loi du 16 juillet 1984 modifiée, précisant le ou les titres sportifs permettant au candidat de bénéficier des points de bonification prévus au présent arrêté, ainsi que l'année d'obtention de ces titres ;

— une copie du brevet d'Etat du premier degré d'éducateur sportif ou d'un titre admis en équivalence, pour s'inscrire aux épreuves du deuxième degré du brevet d'Etat d'éducateur sportif ;
— une copie du brevet d'Etat du deuxième degré d'éducateur sportif ou d'un titre admis en équivalence, pour s'inscrire aux épreuves du troisième degré du brevet d'Etat d'éducateur sportif.

En outre, les sportifs mentionnés au quatrième paragraphe de l'article 6 du décret n° 91-260 du 7 mars 1911 doivent présenter :
— pour l'aviron et le canoë-kayak : une attestation d'aptitude à effectuer, sans limite de temps, un parcours de 200 mètres nage libre, départ plongé ;
— pour la natation : une copie certifiée conforme du certificat de formation aux activités de premiers secours en équipe délivrée par le ministère de l'Intérieur (direction de la sécurité civile) ;
— pour le ski nautique et la voile : une copie certifiée conforme du permis nécessaire pour la conduite des bateaux à moteur en mer conforme à la réglementation en vigueur.

Art. 8. — Le dossier d'inscription, prévu à l'article 7 ci-dessus, devra être adressé pour chaque degré du brevet d'Etat d'éducateur sportif à la direction départementale de la jeunesse et des sports du lieu de domicile du candidat, au plus tard deux mois avant la date fixée pour les examens et épreuves suivants :
— l'examen de la partie commune prévu à l'article 2 ci-dessus ;
— l'examen de la partie spécifique prévu à l'article 3 ci-dessus ;
— les épreuves de sélection pour l'accès aux formations en contrôle continu des connaissances prévues aux articles 2 et 3 ci-dessus ;
— l'épreuve spéciale prévue à l'article 4 ci-dessus ;
— le test de sélection et l'examen de préformation de la formation modulaire prévus à l'article 3 ci-dessus.

Pour faire acte de candidature à l'examen final de la formation modulaire prévu à l'article 44 du présent arrêté, le candidat doit adresser un dossier complémentaire au directeur départemental de la jeunesse et des sports du lieu de son domicile, deux mois au moins avant la date fixée pour le début des épreuves, comprenant :
— la photocopie du livret de formation, faisant foi des étapes franchies ;
— l'attestation de réussite à la partie commune du brevet d'Etat d'éducateur sportif du premier degré ou tout titre admis en équivalence ;
— deux enveloppes timbrées portant le nom, le prénom et l'adresse du candidat ;
— un certificat médical de non-contre-indication à la pratique et à l'enseignement de l'option sportive concernée datant de moins de trois mois à la date de clôture de l'inscription,

le cas échant, pour les personnes handicapées, l'avis de la commission prévue aux articles 55, 56 et 57.

Le rapport de stage pédagogique en situation prévu à l'article 32 du présent arrêté et, éventuellement, le rapport de stage du candidat sont remis au président du jury au plus tard au début des épreuves de l'examen final.

Titre II
Composition du jury

Art. 9. — Le jury des épreuves conduisant à l'obtention de la partie commune est composé des personnes suivantes :

1. En ce qui concerne le brevet d'Etat d'éducateur sportif du premier degré, organisé sous forme d'examen et de contrôle continu des connaissances :

— le directeur régional de la jeunesse et des sports ou son représentant, membre de l'un des corps de l'inspection de la jeunesse, des sports et des loisirs, ou directeur départemental de la jeunesse et des sports, ou directeur d'un établissement public d'enseignement relevant du ministre chargé des Sports, président ;
— un ou plusieurs membres de l'un des corps de l'inspection de la jeunesse, des sports et des loisirs ;
— un ou plusieurs cadres techniques et pédagogiques relevant du ministre chargé des Sports ;
— une ou plusieurs personnalités qualifiées ;

2. En ce qui concerne le brevet d'Etat d'éducateur sportif du deuxième degré, organisé sous forme d'examen et de contrôle continu des connaissances :

— le directeur régional de la jeunesse et des sports ou son représentant, membre de l'un des corps de l'inspection de la jeunesse, des sports et des loisirs, ou directeur départemental de la jeunesse et des sports, ou directeur d'un établissement public d'enseignement relevant du ministre chargé des Sports, président ;
— le président du comité régional olympique et sportif (C.R.O.S.) ou son représentant ;
— un ou plusieurs membres de l'un des corps de l'inspection de la jeunesse, des sports et des loisirs :
— un ou plusieurs cadres techniques et pédagogiques relevant du ministre chargé des Sports ;
— une ou plusieurs personnalités qualifiées ;

3. En ce qui concerne le brevet d'Etat d'éducateur sportif du troisième degré, organisé sous forme d'examen et de contrôle continu :

— le ministre chargé des Sports ou son représentant, président ;
— le directeur de l'Institut national du sport et de l'éducation physique (I.N.S.E.P.) ou son représentant ;
— le président du Comité national olympique et sportif français (C.N.O.S.F.), ou son représentant ;
— un membre de l'un des corps de l'inspection de la jeunesse, des sports et des loisirs ;
— le directeur technique national de la fédération sportive concernée par l'option sportive mentionnée à l'article 4 du décret n° 91-260 du 7 mars 1991, fédération titulaire de la délégation instituée à l'article 17 de la loi du 16 juillet 1984 modifié, ou son représentant ;
— un membre de l'enseignement supérieur ;
— une ou plusieurs personnalités qualifiées.

Art. 10. — Le jury des épreuves conduisant à l'obtention de la partie spécifique est composé des personnes suivantes :

1. En ce qui concerne le brevet d'Etat d'éducateur sportif du premier degré, organisé sous forme d'examen, de contrôle continu des connaissances et de formation modulaire :

— le directeur régional de la jeunesse et des sports ou son représentant, membre de l'un des corps de l'inspection de la jeunesse, des sports et des loisirs, ou directeur départemental de la jeunesse et des sports, ou directeur d'un établissement public d'enseignement relevant du ministre chargé des Sports, président ;
— un représentant de la (des) fédération(s) sportive(s) concernée(s) par l'option sportive mentionnée à l'article 4 du décret n° 91-260 du 7 mars 1991, titulaire(s) de la délégation instituée à l'article 17 de la loi du 16 juillet 1984 modifiée, ou son représentant ;
— un ou plusieurs cadres techniques et pédagogiques relevant du ministre chargé des Sports ;
— une ou plusieurs personnalités qualifiées ;
— un ou plusieurs représentants d'une organisation de professionnels de l'enseignement dans l'option sportive concernée.

A l'exception des épreuves ou test de sélection et de l'examen de préformation de la formation modulaire, la composition des différents jurys est complétée par un représentant d'une organisation d'employeurs dans le domaine concerné.

2. En ce qui concerne le brevet d'Etat d'éducateur sportif du deuxième degré, organisé sous forme d'examen, de contrôle continu des connaissances et de formation modulaire :

— le directeur régional de la jeunesse et des sports ou le membre d'un des corps de l'inspection de la jeunesse, des sports et des loisirs chargé par le ministre de la coordination nationale de l'option sportive, ou son représentant, président ;
— un membre de l'un des corps de l'inspection de la jeunesse, des sports et des loisirs, le directeur d'un établissement public relevant du ministre chargé des Sports ayant assuré la formation :
— un représentant de la (des) fédération(s) sportive(s) concernée(s) par l'option sportive mentionnée à l'article 4 du décret n° 91-260 du 7 mars 1991, fédération(s) titulaire(s) de la délégation instituée à l'article 17 de la loi du 16 juillet 1984 modifiée, ou son représentant ;
— le directeur technique national de la fédération sportive concernée par l'option sportive mentionnée à l'article 4 du décret n° 91-260 du 7 mars 1991, fédération titulaire de la délégation instituée à l'article 17 de la loi du 16 juillet 1984 modifiée, ou son représentant ;
— un ou plusieurs cadres techniques et pédagogiques relevant du ministre chargé des Sports ;
— une ou plusieurs personnalités qualifiées, un ou plusieurs représentants d'une organisation de professionnels de l'enseignement dans l'option sportive concernée.

A l'exception des épreuves ou test de sélection et de l'examen de préformation de la formation modulaire, la composition des différents jurys est complétée par un représentant d'une organisation d'employeurs dans le domaine concerné.
3. En ce qui concerne le brevet d'Etat d'éducateur sportif du troisième degré, organisé sous forme d'examen, de contrôle continu des connaissances et de formation modulaire :
— le ministre chargé des Sports ou son représentant, président ;
— le directeur de l'I.N.S.E.P. ou son représentant ;
— le membre de l'un des corps de l'inspection de la jeunesse, des sports et des loisirs, chargé par le ministre de la coordination nationale de l'option sportive concernée ;
— le directeur technique national de la fédération sportive concernée par l'option sportive mentionnée à l'article 4 du décret n° 91-260 du 7 mars 1991, fédération titulaire de la délégation instituée à l'article 17 de la loi du 16 juillet 1984 modifiée, ou son représentant ;
— un membre de l'enseignement supérieur ;
— une ou plusieurs personnalités qualifiées.

Art. 11. — Le jury du brevet d'Etat d'éducateur sportif des premier et deuxième degrés réuni à l'issue d'une formation réservée aux candidats mentionnés au 4e paragraphe de l'article 6 du décret n° 91-260 du 7 mars 1991 est composé des personnes suivantes :
— le directeur régional de la jeunesse et des sports ou son représentant, membre de l'un des corps de l'inspection de la jeunesse, des sports et des loisirs, ou directeur départemental de la jeunesse et des sports, ou directeur de l'établissement public d'enseignement relevant du ministre chargé des Sports dans lequel est organisée la formation, président, le membre de l'un des corps de l'inspection de la jeunesse, des sports et des loisirs chargé par le ministre de la coordination nationale de l'option sportive concernée ;
— le directeur technique national de la fédération sportive concernée par l'option sportive mentionnée à l'article 4 du décret n° 91-260 du 7 mars 1991, fédération titulaire de la délégation instituée à l'article 17 de la loi du 16 juillet 1984 modifiée, ou son représentant ;
— un ou plusieurs cadres techniques et pédagogiques relevant du ministre chargé des Sports ;
— une ou plusieurs personnalités qualifiées.

Titre III
Points de bonification pour titres sportifs

Art. 12. — Des points de bonification sont attribués au candidat à la partie commune du brevet d'Etat d'éducateur sportif du premier degré, lorsque celui-ci possède un ou des titres sportifs énumérés en annexe I.
Le candidat inscrit à la formation mentionnée à l'article 4 du présent arrêté ne peut pas en bénéficier.
Les points de bonification sont à ajouter au total général des points obtenus. Ces titres sportifs doivent être acquis en qualité de licencié d'une fédération

sportive concernée par l'option sportive mentionnée à l'article 4 du décret n° 91-260 du 7 mars 1991. Cette fédération est titulaire de la délégation instituée à l'article 17 de la loi du 16 juillet 1984 modifiée.

Titre IV
Nature des épreuves de l'examen conduisant à la délivrance du brevet d'Etat d'éducateur sportif à trois degrés

A. — Partie commune

Art. 13. — Le candidat à l'examen de la partie commune du brevet d'Etat d'éducateur sportif du premier degré doit satisfaire à des épreuves portant sur le programme des connaissances fixé en annexe II au présent arrêté. Cet examen comprend :

A. — Une épreuve écrite (durée : deux heures ; coefficient 2) :
L'épreuve écrite comporte deux questions (notées sur 20, affectées chacune d'un coefficient 1) relatives à l'activité du pratiquant. Pour répondre à ces questions, le candidat fait référence aux connaissances nécessaires à l'éducateur sportif, connaissances issues de la biomécanique, de la physiologie et des sciences humaines.

B. — Deux épreuves orales :
Une interrogation portant sur « l'éducateur sportif et les pratiquants » (notée sur 20 ; préparation : trente minutes maximum, exposé : dix minutes maximum, entretien : dix minutes maximum ; coefficient 1).
Une interrogation portant sur « le cadre institutionnel et réglementaire dans lequel s'inscrit la pratique des activités physiques et sportives » (notée sur 30 : préparation : trente minutes maximum, exposé : dix minutes, entretien : dix minutes maximum ; coefficient 1).

C. — Epreuve facultative :
Le candidat peut choisir une épreuve facultative parmi celles énumérées ci-dessous :
— une épreuve orale (entretien : dix minutes) de langue dans l'une des langues vivantes étrangères suivantes : anglais, allemand, espagnol, italien. Cette épreuve est destinée à évaluer les capacités du candidat à s'exprimer en connaissant le vocabulaire lié aux activités physiques et sportives ;
— une épreuve pratique d'informatique (durée : quinze minutes) portant sur la mise en forme de textes et le traitement de données relatives aux activités physiques et sportives ;
— une épreuve orale (entretien : quinze minutes) portant sur la gestion d'une structure de petite taille ouverte à la pratique des activités physiques et sportives.

Pour cette épreuve, seuls sont pris en compte les points au-dessus de 10 sur 20, qui sont ajoutés au total général des points obtenus aux épreuves obligatoires.

Art. 14. — Le candidat ayant obtenu, pour l'ensemble des épreuves définies à l'article 13 ci-dessus, une moyenne égale ou supérieure à 10 sur 20 est proposé à l'admission définitive à l'examen de la partie commune du brevet d'Etat du premier degré et reçoit une attestation de réussite.

Art. 15. — Le candidat à l'examen de la partie commune du brevet d'Etat d'éducateur sportif du deuxième degré doit satisfaire à des épreuves portant sur le programme des connaissances fixé en annexe III au présent arrêté. Cet examen comprend :

A. — Trois épreuves écrites (coefficient 3) :
Une épreuve de culture générale. Partant d'une question ou de l'analyse d'un texte, cette épreuve conduit à développer une réflexion sur le phénomène sportif permettant de juger des qualités de réflexion, de synthèse et de rédaction du candidat (notée sur 20 ; durée : trois heures ; coefficient 1).
Une épreuve relative à l'optimisation de la performance. Dans cette épreuve, le candidat développe son analyse en faisant notamment référence aux données scientifiques (notée sur 20 ; durée : trois heures ; coefficient 1).
Une composition au choix du candidat relative à la formation des cadres ou à la promotion des activités physiques et sportives (notée sur 20 ; durée : trois heures ; coefficient 1).

B. — Trois épreuves orales (coefficient 3) :
Une interrogation portant sur le sport dans son environnement socio-économique et juridique (notée sur 20 ; préparation : une heure maximum, exposé et entretien : trente minutes maximum ; coefficient 1) ;
Une question se rapportant aux situations rencontrées par le pratiquant sur le terrain. Les sciences biologiques et les sciences humaines servent de référence au candidat pour son exposé (notée sur 20 ; préparation : une heure maximum, exposé et entretien : trente minutes maximum ; coefficient 1) ;
Une épreuve de langue destinée à vérifier les connaissances du candidat dans l'une des langues vivantes suivantes : anglais, allemand, espagnol, italien.
Le candidat doit présenter au jury un choix de textes sur le sport (revues, journaux, articles de presse, extraits d'articles ou autres publications). L'ensemble de ces textes représente dix à quinze pages de format 21 × 29,7. Lors de cette épreuve, le candidat prépare un commentaire écrit d'une vingtaine de lignes d'un texte choisi par le jury parmi les textes présentés. Ce travail sert d'introduction à un dialogue entre le candidat et le jury (notée sur 20 ; préparation : quarante minutes maximum, durée de l'entretien : trente minutes maximum, coefficient 1).

C. — Une épreuve (coefficient 1) *au choix du candidat parmi :*
Une épreuve orale de gestion portant au choix du candidat sur :
- — la gestion budgétaire d'une association ou d'une structure privée ouverte à la pratique des activités physiques et sportives ;
- — la gestion du personnel ;
- — les données budgétaires d'une collectivité locale ou de l'Etat en relation avec les activités physiques et sportives.

A partir d'un dossier de quinze pages maximum remis lors de l'examen relatif à l'un de ces thèmes, le candidat présente au jury une situation concrète qui

sert de point de départ à l'entretien (notée sur 20 ; durée : trente minutes maximum) ;
Une épreuve pratique portant sur le traitement informatique de données. A partir d'une situation concrète relative aux activités physiques et sportives choisie par le jury, le candidat propose une solution à l'aide de logiciels connus (notée sur 20 ; préparation : une heure maximum ; durée : trente minutes maximum).

Art. 16. — Le candidat ayant obtenu, pour l'ensemble des épreuves définies à l'article 15 ci-dessus, une moyenne égale ou supérieure à 10 sur 20 est proposé à l'admission définitive à l'examen de la partie commune du brevet d'Etat d'éducateur sportif du deuxième degré et reçoit une attestation de réussite.

Art. 17. — Le candidat à l'examen de la partie commune du brevet d'Etat d'éducateur sportif du troisième degré doit satisfaire à des épreuves portant sur le programme des connaissances fixé en annexe 4 au présent arrêté. Cet examen comprend :

A. — La soutenance d'un mémoire relatif à une recherche sur un aspect d'une discipline sportive en s'appuyant notamment sur les sciences biologiques ou les sciences humaines (durée : une heure ; coefficient 4).
Le sujet de mémoire doit être soumis par le candidat à l'approbation du ministre chargé des Sports.
Huit exemplaires sont envoyés au secrétariat du lieu d'examen au moins deux mois avant la date prévue pour la soutenance.
Le document doit comprendre quarante pages minimum dactylographiées (page de format 21 × 29,7 recto seulement).

B. — Une interrogation de langue vivante étrangère (coefficient 1) au choix parmi l'anglais, l'allemand, l'espagnol, l'italien qui comprend :
— la traduction en français d'un texte d'une vingtaine de lignes dactylographiées maximum (page de format 21 × 29,7) (préparation : une heure maximum). Le candidat est jugé tant sur la pertinence de la traduction que sur la compréhension du texte ;
— un entretien avec le jury (durée : trente minutes maximum). Le candidat doit prouver une connaissance parlée de la langue étrangère considérée tant du point de vue de la compréhension que du point de vue de l'expression.

L'entretien peut se référer au texte de la traduction ou peut être élargi à des problèmes généraux du sport.

C. — Une épreuve au choix parmi (coefficient 1) :
— une épreuve de langue destinée à vérifier sa connaissance d'une langue vivante étrangère distincte de celle choisie à l'épreuve B, parmi les langues suivantes : anglais, allemand, espagnol, italien. Le candidat doit présenter au jury un choix de textes sur le sport (revues, journaux, articles de presse, extraits d'article ou autres publications). L'ensemble de ces textes représente dix à quinze pages de format 21 × 29,7.

Lors de cette épreuve, le candidat prépare un commentaire écrit d'une vingtaine de lignes d'un texte choisi par le jury parmi les textes présentés. Ce travail sert d'introduction à un dialogue entre le candidat et le jury (préparation : quarante minutes maximum ; entretien : trente minutes maximum) ;

— une épreuve pratique d'informatique portant sur la conception d'une base de données ou d'un programme en tant qu'outil d'analyse des activités physiques et sportives (à partir de logiciels connus) (notée sur 20 ; préparation : une heure maximum ; durée : une heure) ;

— une épreuve de gestion portant sur la gestion d'une fédération ou sur les finances publiques. Le candidat présente un dossier de quinze pages maximum remis lors de l'inscription relatif à une situation concrète qui sert de point de départ à l'entretien (notée sur 20 ; durée : trente minutes maximum).

Art. 18. — Le candidat ayant obtenu pour l'ensemble des épreuves à l'article 17 ci-dessus une moyenne égale ou supérieure à 10 sur 20 est proposé à l'admission définitive à l'examen de la partie commune du brevet d'Etat d'éducateur sportif du troisième degré et reçoit une attestation de réussite.

B. — Partie spécifique

Art. 19. — Pour se présenter à la partie spécifique du brevet d'Etat d'éducateur sportif à trois degrés, un niveau de pratique du candidat peut être exigé dans les conditions fixées par arrêté pris en application de l'article 5 du décret n° 91-260 du 7 mars 1991.

Conformément à l'article 44 de la loi n° 84-610 du 16 juillet 1984 modifiée susvisée, la formation spécifique comprend un enseignement sur le sport pour les personnes handicapées. Cette formation est donnée en collaboration avec les fédérations sportives titulaires de la délégation instituée à l'article 17 de la loi du 16 juillet 1984 modifiée susvisée pour la pratique des activités physiques et sportives par des personnes handicapées.

Art. 20. — Le candidat à la partie spécifique du brevet d'Etat d'éducateur sportif du premier degré doit satisfaire à une épreuve générale, une épreuve pédagogique et une épreuve technique.

Pour les options à spécialités sportives multiples, un choix parmi une ou plusieurs spécialités peut être prévu.

Une épreuve générale (coefficient 4) comprenant :

— un écrit portant sur les aspects techniques du sport concerné (noté sur 20 ; durée : trois heures ; coefficient 2) ;

— un oral portant sur l'environnement socio-économique et juridique du sport ou des sports concerné(s) par l'option sportive mentionnée à l'article 4 du décret n° 91-260 du 7 mars 1991, (notée sur 20 ; préparation : trente minutes maximum ; exposé : trente minutes maximum ; coefficient 2).

Une épreuve pédagogique (coefficient 4) comprenant :

— la présentation et la conduite de séance(s) (coefficient 3). Celle(s)-ci porte(nt) sur la pratique de l'option sportive concernée. Le candidat bénéficie d'un temps de préparation d'une heure maximum, lui permettant notamment de faire une présentation écrite de la séance. Il est jugé sur le choix des outils didactiques, des méthodes pédagogiques et des attitudes d'enseignement ;

— un entretien avec le jury de l'épreuve pédagogique (coefficient 1). La conduite de l'entretien par le jury doit permettre au candidat de justifier sa démarche pédagogique et d'effectuer l'analyse critique de la ou des séance(s) réalisée(s).

Une épreuve technique (coefficient 4) comprenant :

— une épreuve comportant la réalisation d'une ou de plusieurs prestations physiques relatives à l'option sportive choisie (notée sur 20 ; coefficient 3).

Pour certaines spécialités, des dispositions particulières figurant dans les arrêtés pris en application de l'article 5 du décret n° 91-260 du 7 mars 1991 peuvent permettre d'exiger que l'épreuve soit subie selon les règles d'acquisition d'un classement ou d'un grade se rapportant à un niveau de pratique attesté par la fédération sportive concernée par l'option sportive mentionnée à l'article 4 du décret n° 91-260 du 7 mars 1991. Cette fédération est titulaire de la délégation instituée à l'article 17 de la loi du 16 juillet 1984 modifiée susvisée ;

Toutefois le candidat peut être dispensé de l'épreuve technique s'il fournit une attestation de performance réalisée dans les conditions prévues par l'arrêté pris en application de l'article 5 du décret n° 91-260 du 7 mars 1991. Dans ce cas, le candidat se voit attribuer une note conformément aux dispositions définies par l'arrêté établissant le programme de la partie spécifique de l'option concernée ;

— un oral portant sur les règlements techniques de la ou des fédération(s) sportive(s) concernée(s) par l'option sportive mentionnée à l'article 4 du décret n° 91-260 du 7 mars 1991. Cette ou ces fédérations sont titulaires de la délégation instituée à l'article 17 de la loi du 16 juillet 1984 susvisée (notée sur 20 ; préparation : trente minutes maximum ; exposé : trente minutes maximum ; coefficient 1).

Art. 21. — Le candidat ayant obtenu, pour l'ensemble des épreuves définies à l'article 20 ci-dessus, une moyenne égale ou supérieure à 10 sur 20 est proposé à l'admission définitive du brevet d'Etat d'éducateur sportif du premier degré. Le candidat qui a obtenu pour l'ensemble des épreuves définies à l'article 20 une moyenne inférieure à 10 sur 20 peut sur demande écrite conserver le bénéfice de la note à l'épreuve (générale, pédagogique et/ou technique) dans laquelle ou lesquelles il a obtenu une note supérieure ou égale à la moyenne.

Art. 22. — Le candidat à la partie spécifique du brevet d'Etat d'éducateur sportif du deuxième degré doit satisfaire à une épreuve générale, une épreuve pédagogique et une épreuve technique.

Une épreuve générale (coefficient 3) comprenant :

— un écrit portant sur l'ensemble des dimensions de la pratique de haut niveau de l'option sportive concernée (noté sur 20 ; durée trois heures ; coefficient 2 ;

— un oral portant sur l'organisation et la réglementation nationale et internationale de l'option sportive concernée (noté sur 20 ; préparation : trente minutes ; exposé : trente minutes ; coefficient 1).

Une épreuve pédagogique (coefficient 4) comprenant :

— la présentation et la conduite de séance(s) de perfectionnement et/ou d'entraînement (coefficient 3).

Celle(s)-ci porte(nt) sur la pratique de l'option sportive concernée et s'adresse(nt) à des éducateurs et/ou des pratiquants. Le candidat bénéficie d'un temps de préparation d'une heure maximum, lui permettant notamment de faire une présentation écrite de la ou des séance(s). Il est jugé sur le texte de présentation du contenu technique et pédagoqigue ainsi que sur la conduite de la ou des séances ;

— un entretien avec le jury (durée : trente minutes ; coefficient 1).

Celui-ci porte sur la préparation et la présentation d'un rapport sur l'organisation et la conception d'un stage ou d'un cycle de stages de formation de cadres régionaux. Ce rapport est le compte rendu d'un stage que le candidat a réellement dirigé ou auquel il a été associé dans les trois ans précédant l'examen. Des moyens audiovisels peuvent être utilisés.

Une épreuve technique (coefficient 2) :

Cette épreuve comporte la réalisation d'une ou de plusieurs difficultés techniques relatives à l'option sportive choisie.

Pour certaines spécialités, des dispositions particulières figurant dans les arrêtés pris en application de l'article 5 du décret n° 91-260 du 7 mars 1991 peuvent permettre d'exiger que l'épreuve soit subie selon les règles d'acquisition d'un classement ou d'un grade se rapportant à un niveau de pratique attesté par la fédération sportive concernée par l'option sportive mentionnée à l'article 4 du décret n° 91-260 du 7 mars 1991. Cette fédération est titulaire de la délégation instituée à l'article 17 de la loi du 16 juillet 1984 modifiée susvisée.

Toutefois, le candidat peut être dispensé de l'épreuve technique s'il fournit un certificat, signé par le directeur technique national, attestant qu'il a déjà satisfait à l'exécution de ces difficultés dans les conditions prévues par l'arrêté pris en application de l'article 5 du décret n° 91-260 du 7 mars 1991. Dans ce cas, le candidat se voit attribuer une note conformément au barème publié dans l'arrêté définissant le programme de la partie spécifique de l'option sportive concernée. S'il s'agit de la même épreuve que celle subie à l'examen du brevet d'Etat d'éducateur sportif du premier degré, le candidat peut conserver le bénéfice de la performance prise en compte lors de l'examen du premier degré du brevet d'Etat d'éducateur sportif.

Art. 23. — Le candidat ayant obtenu une moyenne égale ou supérieure à 10 sur 20 pour l'ensemble des épreuves définies à l'article 22 ci-dessus est proposé à l'admission définitive à l'examen de la partie spécifique et reçoit une attestation de réussite.

Le candidat qui a obtenu à l'ensemble des épreuves définies à l'article 22 ci-dessus une moyenne inférieure à 10 sur 20 peut, sur demande écrite, conserver le bénéfice de la note à l'épreuve (générale, pédagogique et/ou technique) dans laquelle ou lesquelles il a obtenu une note supérieure ou égale à la moyenne.

Art. 24. — Le candidat à la partie spécifique du brevet d'Etat d'éducateur sportif du troisième degré doit satisfaire aux épreuves suivantes :

A. — Organisation, direction et enseignement en situation de responsabilité d'au moins deux stages nationaux d'une durée minimale de tente-cinq heures chacun, sous le contrôle du directeur technique national ou de son représentant (coefficient 3).
Ces stages portent sur :
— l'entraînement d'athlètes ;
— la formation de cadres.
Le candidat est jugé sur la conception, l'organisation, le déroulement de ces stages et sur le rapport qu'il en effectue.
La note globale définitive est attribuée d'après le rapport général établi par le directeur technique national ou son représentant ou, à défaut, par le cadre technique de haut niveau mentionné.

B. — Soutenance d'un mémoire portant sur une étude prospective de l'organisation de l'option sportive en ce qui concerne les compétitions, la formation des cadres, la détection, la sélection et la préparation de sportifs de haut niveau sous leurs aspects techniques, administratifs et sociaux. Ce document doit comprendre vingt-cinq pages au minimum (durée : une heure ; coefficient 3).

Art. 25. — Le candidat ayant obtenu une moyenne égale ou supérieure à 10 sur 20 pour l'ensemble des épreuves définies à l'article 24 ci-dessus est proposé à l'admission définitive de la partie spécifique et reçoit une attestation de réussite.

Titre V
Nature du contrôle continu des connaissances conduisant au brevet d'Etat d'éducateur sportif à trois degrés au cours d'une formation relevant du ministre chargé des Sports

Art. 26. — La formation conduisant au brevet d'Etat d'éducateur sportif à trois degrés par un contrôle continu des connaissances, au cours d'une formation relevant du ministre chargé des Sports, est soumise à l'agrément du directeur régional de la jeunesse et des sports.
La formation est organisée dans le cadre du service public de formation coordonné par le directeur régional de la jeunesse et des sports. Elle est réalisée par une équipe de formation dont les membres sont désignés par le chef de l'établissement ou du service concerné.

Art. 27. — La formation mentionnée à l'article 26 ci-dessus porte :
— soit sur la partie commune ;
— soit sur la partie spécifique, à laquelle ne peuvent s'inscrire que les candidats titulaires de l'attestation de réussite à la partie commune ;
— soit sur la partie commune et la partie spécifique.

Art. 28. — Le directeur régional de la jeunesse et des sports, au vu des acquis professionnels ou des qualifications reconnues sanctionnant les mêmes compétences, peut valider ces acquis ou dispenser de tout ou partie de la formation et de l'évaluation.

Art. 29. — La formation conduiant à l'obtention de la partie commune du brevet d'Etat d'éducateur sportif à trois degrés sous forme de contrôle continu des connaissances se déroule après réussite à une ou plusieurs épreuves de sélection.

Pour la partie commune du brevet d'Etat d'éducateur sportif du premier degré :

— soit au cours d'un stage d'une durée minimum de 160 heures pouvant s'échelonner sur une période de douze semaines maximum ;

— soit au cours d'un stage d'une durée minimum de 200 heures réparties sur une période de neuf mois maximum.

Pour la partie commune du brevet d'Etat d'éducateur sportif du deuxième degré :

— soit au cours d'un stage d'une durée minimum de 300 heures pouvant s'échelonner sur une période de vingt-cinq semaines maximum ;

— soit au cours d'un stage d'une durée maximum de 350 heures réparties sur une période d'un an maximum.

Pour la partie commune du brevet d'Etat d'éducateur sportif du troisième degré :

— soit au cours d'un stage d'une durée minimum de 300 heures pouvant s'échelonner sur une période de vingt-cinq semaines maximum ;

— soit au cours d'un stage d'une durée minimum de 350 heures réparties sur une période d'un an maximum.

Cette formation peut être fractionnée en plusieurs unités de formation correspondant aux différentes parties du programme citées en annexe II pour le premier degré, en annexe III pour le deuxième degré et en annexe IV pour le troisième degré du présent arrêté.

Le jury, conforme à l'article 9 du présent arrêté, établit la liste des personnes proposées à l'admission définitive, au vu des résultats obtenus lors du contrôle continu des connaissances de la partie commune. Le candidat reçoit une attestation de réussite.

La partie commune ne peut être obtenue si une note inférieure à 10 sur 20 est attribuée à l'une des unités de formation qui la composent. Le candidat peut garder le bénéfice de la ou des unités de formation pour laquelle ou lesquelles il a obtenu une note égale ou supérieure à 10 sur 20 pour une formation s'effectuant dans le même établissement.

Art. 30. — Le candidat à la formation spécifique évaluée par un contrôle continu des connaissances qui a subi avec succès les épreuves de sélection reçoit un livret de formation délivré par le directeur régional de la jeunesse et des sports. Cette formation peut être fractionnée en une ou plusieurs unités de formation et se déroule dans les conditions prévues dans les arrêtés pris en application de l'article 5 du décret n° 91-260 du 7 mars 1991.

Conformément à l'article 44 de la loi n° 84-610 du 16 juillet 1984 modifiée susvisée, la formation spécifique comprend un enseignement sur le sport pour les personnes handicapées. Cette formation est donnée en collaboration avec les fédérations sportives, titulaires de la délégation instituée à l'article 17 de la loi du 16 juillet 1984 modifiée susvisée, pour la pratique des activités physiques et sportives par des personnes handicapées.

Art. 31. — Les modalités d'organisation des épreuves de sélection sont fixées par le chef de l'établissement ou du service concerné.
Chaque étape de la formation fait l'objet d'une évaluation par l'équipe de formateurs. La décision relative à cette évaluation doit être portée sur le livret de formation.

Art. 32. — Le stage pédagogique en situation qui est inclus dans la formation à la partie spécifique a pour objet de mettre le stagiaire en situation de responsabilité dans une structure d'animation, d'enseignement ou d'entraînement agréée par le directeur régional de la jeunesse et des sports conformément à l'article 13-3 du décret n° 91-260 du 7 mars 1991 susvisé et dans les conditions fixées à l'article 34 du présent arrêté.
Il s'effectue dans sa totalité en présence de pratiquants, sous le contrôle d'un conseiller de stage désigné selon les modalités définies à l'article 33.

Art. 33. — Le conseiller de stage est désigné par le directeur régional de la jeunesse et des sports après consultation des personnes mentionnées à l'article 34 du présent arrêté.
Il est titulaire au minimum du brevet d'Etat d'éducateur sportif du premier degré de l'option sportive concernée ou d'un titre ou diplôme admis en équivalence, pour les formations du premier degré. Il est titulaire au minimum du brevet d'Etat d'éducateur sportif du deuxième degré de l'option sportive concernée ou d'un titre ou diplôme admis en équivalence, pour les formations du deuxième degré.
Le conseiller de stage a pour rôle de préparer le stagiaire à ses futures fonctions et de le conseiller dans les domaines technique et pédagogique, dans le respect des règles techniques et déontologiques de la ou des disciplines sportives concernées. Il rédige un rapport en fin de stage pédagogique en situation et le joint au livret de formation du candidat.
Il peut exercer cette fonction auprès de deux stagiaires maximum.

Art. 34. — Le directeur régional de la jeunesse et des sports agrée les structures d'animation, d'enseignement ou d'entraînement dans lesquelles se déroule le stage pédagogique en situation ainsi que les unités de formation après consultation d'une commission composée des personnes suivantes :
— un cadre technique spécialiste de l'option sportive concernée ;
— un représentant de la (des) fédération(s) sportive(s) concernée(s) ;
— toute personne susceptible d'éclairer les travaux de cette commission.
Une convention dont le contenu est fixé par l'annexe V du présent arrêté est établie avant le début du stage pédagogique en situation entre le (ou les) représentant(s) de la (ou des) structure(s) mentionnée(s) à l'article 31 et le chef de l'établissement ou du service responsable de la formation.

Art. 35. — Le jury, conforme à l'article 10 du présent arrêté, et dans une composition identique à celui des épreuves de sélection, établit la liste des personnes admises au brevet d'Etat d'éducateur sportif à trois degrés, au vu des résultats obtenus lors du contrôle continu des connaissances et au vu du dossier individuel de chaque candidat. Ce dossier comprend le livret de formation.

Art. 36. — Après délibération du jury, le candidat qui a échoué à une ou plusieurs unités de formation de la partie spécifique peut être autorisé par le directeur régional de la jeunesse et des sports à suivre cette ou ces unités de formation sans avoir à refaire l'ensemble de la formation, dans le cadre :

— soit d'une autre session de formation relevant du ministère chargé des Sports organisée sous la forme d'un contrôle continu des connaissances. Dans ce cas, le candidat soit suivre cette ou ces unités de formation au sein de l'établissement dans lequel il a suivi la formation. Si celle-ci n'est pas reconduite par le centre de formation, le directeur régional de la jeunesse et des sports peut autoriser le candidat à compléter sa formation dans un autre centre relevant du ministère chargé des Sports ;

— soit d'une formation modulaire conduisant à la délivrance du brevet d'Etat d'éducateur sportif du 1er degré dans la même option, en bénéficiant des allégements suivants :

ÉTAPES VALIDÉES en contrôle continu des connaissances	ALLÉGEMENT en formation modulaire
Epreuves de sélection	Test de sélection
Unité de formation	Unité de formation correspondante
Stage pédagogique	Stage pédagogique, cependant le candidat n'est pas dispensé du rapport exigé à l'examen final

Art. 37. — La formation évaluée par un contrôle continu des connaissances et portant sur la partie commune et la partie spécifique se déroule conformément aux dispositions des articles ci-dessus précisant la nature des épreuves conduisant à l'obtention du brevet d'Etat d'éducateur sportif à trois degrés par un contrôle continu des connaissances.

Titre VI
Nature des épreuves conduisant à la délivrance du brevet d'Etat d'éducateur sportif à trois degrés à l'issue d'une formation modulaire

Art. 38. — Des arrêtés pris en application de l'article 5 du décret n° 91-260 du 7 mars 1991 déterminent les modalités de la formation modulaire particulières à chaque option. Ils peuvent prévoir un ordre particulier de passage des unités de formation et conditionner l'accès au stage pédagogique en situation.

Art. 39. — Sous réserve des dispositions des arrêtés spécifiques, le test de sélection est organisé sous forme d'une ou de plusieurs épreuve(s) d'évaluation de niveau sous la responsabilité du directeur régional de la jeunesse et des sports. En cas de succès, celui-ci délivre une attestation de réussite.

Art. 40. — Le stage de préformation est organisé sous la responsabilité du directeur régional de la jeunesse et des sports.
Ce stage permet à l'équipe des formateurs d'apprécier les capacités physiques, le niveau technique, les motivations du stagiaire ainsi que ses capacités à l'animation en effectuant un bilan de ses connaissances avant l'entrée en formation et d'en déduire un plan de formation personnalisé.
A l'issue de ce stage, un examen permet d'évaluer :
— les capacités du candidat à l'animation (notée sur 20 ; coefficient 1) ;
— les capacités physiques et techniques du candidat (notées sur 20 ; coefficient 1).
Toutefois, lorsque les arrêtés spécifiques le prévoient, les aptitudes et les motivations liées à l'exercice professionnel peuvent faire l'objet d'une évaluation.

Art. 41. — Les candidats ayant satisfait aux épreuves de l'examen prévu à l'article 40 ci-dessus reçoivent un livret de formation délivré par le directeur régional de la jeunesse et des sports du lieu où s'est déroulé l'examen de préformation.

Art. 42. — Des unités de formation sont mises en place dans le cadre de structures agréées par le directeur régional de la jeunesse et des sports selon les modalités identiques à celles prévues à l'article 34 du présent arrêté.

Conformément à l'article 44 de la loi n° 84-610 du 16 juillet 1984 modifiée susvisée, la formation spécifique comprend un enseignement sur le sport pour les personnes handicapées. Cette formation est donnée en collaboration avec les fédérations sportives, titulaires de la délégation instituée à l'article 17 de la loi du 16 juillet 1984 modifiée susvisée, pour la pratique des activités physiques et sportives par des personnes handicapées.

Pour se présenter à l'examen final du 1er degré, prévu à l'article 44 du présent arrêté, le candidat doit avoir suivi une ou plusieurs unité(s) de formation dans chacun des domaines obligatoires suivants :
I. — initiation et perfectionnement technique ;
II. — pédagogie de la pratique sportive de compétition ;
III. — pédagogie adaptée à des pratiques de loisir sportif ;
IV. — environnement du sport concerné : réglementation, milieu naturel, environnement économique et social.

Pour se présenter à l'examen final du deuxième degré prévu à l'article 44 du présent arrêté, le candidat doit avoir suivi une ou plusieurs unité(s) de formation dans chacun des domaines obligatoires suivants :
I. — approfondissement technique ;
II. — management et entraînement à la compétition ;
III. — formation et cadres ;
IV. — environnement du sport concerné.

Pour se présenter à l'examen final du troisième degré prévu à l'article 44 du présent arrêté, les candidats doivent avoir subi une ou plusieurs unité(s) de formation dans chacun des domaines obligatoires suivants :

I — étude prospective ;
II. — mémoire, recherche et méthodologie ;
III. — langues étrangères.

Par ailleurs, il doit avoir encadré au moins deux stages nationaux.

Les arrêtés spécifiques peuvent, en fonction de l'option sportive dans les trois degrés, proposer des domaines obligatoires ou facultatifs en plus des domaines ci-dessus.

Art. 43. — Le stage pédagogique se déroule dans les conditions prévues à l'article 32 du présent arrêté.

Art. 44. — L'examen final comprend trois épreuves.

Une épreuve générale (durée : précisée dans les arrêtés spécifiques ; coefficient 4) comprenant :

a) Un écrit portant sur les aspects techniques du sport concerné (note sur 20 ; coefficient 2) ;

b) Un oral relatif à l'environnement économique ou social du sport concerné (noté sur 20 ; coefficient 2).

Pour les disciplines de pleine nature, cet oral relatif à l'environnement peut intégrer la connaissance du milieu naturel.

Une épreuve pédagogique (coefficient 4) comprenant :

— la présentation et conduite de séance(s) (notée sur 20 ; coefficient 3). Cette ou ces séances portent sur la pratique de l'option sportive concernée. Le candidat bénéficie d'un temps de préparation d'un maximum d'une heure lui permettant de faire une présentation écrite de la ou des séquence(s) ; il est jugé sur le choix des outils didactiques, des méthodes pédagogiques et des attitudes d'enseignement :

— un entretien avec le jury (noté sur 20 ; durée minimum : quinze minutes ; coefficient 1). La conduite de l'entretien par le jury doit permettre au candidat d'expliquer la démarche pédagogique et de faire l'analyse critique de la ou des séances.

Une épreuve technique (coefficient 4) comprenant :

— un test pratique (noté sur 20 ; coefficient 3). Ce test comporte la réalisation d'une ou de plusieurs difficultés techniques relatives à l'option sportive choisie.

Pour certaines spécialités, des dispositions particulières figurant dans les arrêtés pris en application de l'article 5 du décret n° 91-260 du 7 mars 1991 peuvent permettre d'exiger que l'épreuve soit subie selon les règles d'acquisition d'un classement ou d'un grade se rapportant à un niveau de pratique attesté par la fédération sportive concernée par l'option sportive mentionnée à l'article 4 du décret n° 91-260 du 7 mars 1991. Cette fédération est titulaire de la délégation instituée à l'article 17 de la loi du 16 juillet 1984 modifiée susvisée.

Toutefois, le candidat peut être dispensé de l'épreuve technique s'il fournit une attestation de performance réalisée dans les conditions prévues par l'arrêté spécifique et qui est convertie en note.

— un oral portant sur les règlements techniques de la ou des fédération(s) sportive(s) concernée(s) par l'option sportive mentionnée(s) à l'article 4 du décret n° 91-260 du 7 mars 1991. Cette fédération est titulaire de la délégation instituée à l'article 17 de la loi du 16 juillet 1984 modifiée susvisée (noté sur 20 ; durée minimum : quinze minutes ; coefficient 1).

Toutefois, lorsque les arrêtés spécifiques le prévoient, une épreuve liée à l'exercice professionnel peut faire l'objet d'une évaluation.

Art. 45. — Le candidat qui a obtenu une moyenne égale ou supérieure à 10 sur 20 aux épreuves définies à l'article 44 ci-dessus est proposé à l'admission définitive du brevet d'Etat d'éducateur sportif à trois degrés.

Pour certaines options sportives, une ou des unités de formation mentionnées à l'article 42 peuvent être sanctionnées par une épreuve notée sur 20. Dans ce cas, les arrêtés spécifiques précisent les conditions d'admission définitive.

Le candidat ajourné peut conserver sur sa demande écrite le bénéfice de la note à l'épreuve (générale, pédagogique et/ou technique) dans laquelle il a obtenu une note supérieure ou égale à 10 sur 20.

Art. 46. — Pour chaque option sportive, l'arrêté spécifique fixe, le cas échéant, la liste des diplômes ou attestations qui peuvent dispenser du test de sélection, du stage et de l'examen de préformation, d'une ou plusieurs unités de formation mentionnées à l'article 42 du présent arrêté, de tout ou partie du stage pédagogique en situation ainsi que d'une ou plusieurs épreuves de l'examen final.

Art. 47. — Le candidat ayant débuté une formation en contrôle continu des connaissances et qui a été autorisé par le président du jury mentionné à l'article 10 à suivre une formation modulaire bénéficie des allégements prévus à l'article 36 du présent arrêté.

Titre VII
Nature des épreuves conduisant au brevet d'Etat d'éducateur sportif des premier et deuxième degrés et réservées aux candidats étant ou ayant été sportifs de haut niveau

Art. 48. — Le brevet d'Etat d'éducateur sportif du premier degré et du deuxième degré peut être délivré aux candidats étant ou ayant été sportifs de haut niveau dans les conditions fixées à l'article 6 du décret n° 91-260 du 7 mars 1991, après avoir suivi une formation en contrôle continu des connaissances organisée par un établissement public d'enseignement relevant du ministre chargé des Sports.

L'option sportive du brevet d'Etat d'éducateur sportif doit correspondre à la discipline dans laquelle le candidat est ou a été inscrit sur la liste nationale des sportifs de haut niveau.

Cette formation a pour le brevet d'Etat d'éducateur sportif premier degré un volume horaire minimal de cent quatre-vingt-dix heures et pour le brevet d'Etat d'éducateur sportif deuxième degré un volume horaire minimal de deux cent quarante heures, sauf allégement prévu à l'article 50, et ne distingue pas partie commune et partie spécifique. Elle se déroule à l'issue d'un stage d'orientation et de sélection dans les conditions prévues à l'article 49 du présent arrêté.

Art. 49. — Une épreuve spéciale destinée à évaluer les connaissances du candidat est organisée au cours d'un stage d'orientation et de sélection de quarante heures. Ce stage doit permettre à l'équipe des formateurs d'apprécier le niveau technique et les motivations du stagiaire, d'effectuer un bilan de ses connaissances avant l'entrée en formation et de construire un plan de formation individualisé.
Le candidat qui a réussi avec succès l'épreuve spéciale reçoit un livret de formation délivré par le directeur régional de la jeunesse et des sports dont relève l'établissement public d'enseignement qui assure la formation.

Art. 50. — A l'issue de l'épreuve spéciale mentionée à l'article 49, le jury peut décider d'alléger la formation du candidat de tout ou partie des unités de formation.

Art. 51. — La formation pour le brevet d'Etat d'éducateur sportif premier degré comprend :
— une unité de formation Animation et entraînement (durée minimale : quarante heures) ;
— une unité de formation Organisation (durée minimale : quarante heures) ;
— une unité de formation Pédagogie d'une durée minimale de cent dix heures : cette unité comprend un stage en situation d'une durée minimale de cinquante heures ;
— une unité de formation facultative au choix :
  • langue vivante :
  • gestion ;
  • informatique.

La formation pour le brevet d'Etat d'éducateur sportif deuxième degré comprend :
— une unité de formation Entraînement (durée minimale : quatre-vingts heures ; cette unité comprend un stage en situation de quarante heures) ;
— une unité de formation Gestion et management (durée minimale : quatre-vingts heures) ;
— une unité de formation Formation de cadres (durée minimale : quatre-vingts heures : cette unité comprend un stage en situation de formation de cadres régionaux, de quarante heures) ;
— une unité de formation facultative au choix :
  • langue vivante ;
  • informatique.

Conformément à l'article 44 de la loi n° 84-610 du 16 juillet 1984 modifiée susvisée, la formation pour le premier et le deuxième degré comprend un enseignement sur le sport pour les personnes handicapées. Cette formation est donnée en collaboration avec les fédérations sportives, titulaires de la délégation instituée à l'article 17 de la loi du 16 juillet 1984 modifiée susvisée, pour la pratique des activités physiques et sportives par des personnes handicapées.
Chaque étape de la formation pour le premier et le deuxième degré fait l'objet

d'une évaluation par l'équipe de formateurs. Cette évaluation doit être portée sur le livret de formation.

Art. 52. — Les stages en situation, mentionnés à l'article 58, ont pour objet de mettre le stagiaire en situation de responsabilité dans une structure d'entraînement et de formation, agréée par le directeur régional de la jeunesse et des sports conformément à l'article 13-3 du décret n° 91-260 du 7 mars 1991 susvisé et dans les conditions fixées à l'article 34 du présent arrêté.
Ils s'effectuent dans leur totalité en présence de pratiquants, sous contrôle d'un conseiller de stage désigné selon les modalités définies à l'article 33.

Art. 53. — L'évaluation terminale de synthèse pour le premier et le deuxième degré est organisée à l'issue de la formation. Elle consiste à partir d'un cas pratique soumis au candidat en une épreuve d'entretien (notée sur 20 ; préparation : deux heures ; exposé : vingt minutes ; entretien : 30 minutes).

Art. 54. — Le jury, conforme à l'article 11 du présent arrêté, établit la liste des personnes admises au brevet d'Etat d'éducateur sportif du premier degré et du deuxième degré, au vu des résultats obtenus lors de l'évaluation terminale de synthèse et au vu du dossier individuel de chaque candidat. Ce dossier comprend le livret de formation.
Après délibération du jury, le candidat qui a échoué à une ou plusieurs unités de formation et/ou à l'évaluation terminale de synthèse peut être autorisé par le directeur régional de la jeunesse et des sports à suivre cette ou ces unités de formation sans avoir à refaire l'ensemble de la formation.

Titre VIII
Dispositions particulières en faveur des personnes hancicapées

Art. 55. — La commission prévue à l'article 43 de la loi du 16 juillet 1984 modifiée, réunie en sous-commission spécialisée, est saisie par le directeur régional de la jeunesse et des sports sur la demande des personnes handicapées qui désirent que des adaptations soient apportées à l'organisation de l'examen ou de la formation conduisant au brevet d'Etat d'éducateur sportif à trois degrés.

Art. 56. — Au vu des attestations médicales présentées par le candidat, la sous-commission spécialisée formule un avis relatif à :
— la compatibilité entre le handicap présenté et les contraintes de l'exercice professionnel dans l'option sportive choisie, le cas échéant, indique les restrictions aux prérogatives du diplôme délivré ;
— la compatibilité entre le handicap présenté et les épreuves conduisant à l'obtention du brevet d'Etat d'éducateur sportif à trois degrés dans l'option sportive choisie et propose, le cas échéant, l'aménagement d'une ou plusieurs épreuves du brevet d'Etat d'éducateur sportif à trois degrés.

Art. 57. — Au vu de l'avis rendu par la sous-commission spécialisée, le directeur régional de la jeunesse et des sports décide de l'aménagement éventuel de la formation ou de l'examen conduisant à l'obtention du brevet d'Etat d'éducateur sportif à trois degrés dans l'option sportive choisie.

Titre IX
Dispositions générales

Art. 58. — Le président du jury du brevet d'Etat d'éducateur sportif à trois degrés peut, à tout moment, décider de suspendre le déroulement des épreuves, notamment pour raison de sécurité.

Art. 59. — L'attestation de qualification et d'aptitude aux fonctions mentionnées à l'article 43 (1) de la loi du 16 juillet 1984 modifiée est délivrée par le ministre chargé des Sports, après avis d'un jury qualifié composé de la façon suivante :
— le directeur des sports ou son représentant, président ;
— le directeur technique national de la discipline concernée, ou, s'il n'existe pas de direction technique, un cadre technique désigné par le ministre chargé des Sports ;
— un membre de l'un des corps d'inspection de la jeunesse, des sports et des loisirs chargé par le ministre de la coordination nationale du brevet d'Etat d'éducateur sportif à trois degrés de l'option sportive concernée ;
— un ou plusieurs représentants d'une organisation de professionnels éducateurs sportifs diplômés d'Etat dans l'option sportive concernée ou son représentant ;
— un ou plusieurs représentants d'une organisation d'employeurs dans le domaine considéré ;
— le cas échéant, le directeur de l'établissement national spécialisé dans l'option sportive concernée.
Le jury pourra demander au candidat d'être présent lors de l'étude de son dossier.

Art. 60. — L'attestation de qualification et d'aptitude peut être délivrée dans des conditions définies par arrêté spécifique à chaque discipline, aux personnes pouvant justifier :
— d'une expérience professionnelle confirmée et attestée ;
— de titre sportif, de diplôme, de certification, de compétence, permettant d'identifier le niveau des connaissances et capacités professionnelles correspondant aux niveaux évalués par le brevet d'Etat d'éducateur sportif à trois degrés.

Art. 61. — Le candidat mentionné à l'article 60 désirant obtenir l'attestation de qualification et d'aptitude constitue un dossier comprenant :
— une demande sur papier libre ;
— une fiche individuelle d'état civil datant de moins de trois mois ;
— un certificat médical de non-contre-indication à la pratique et à l'enseignement du sport concerné ;
— un extrait du casier judiciaire ;
— toutes pièces permettant de justifier le niveau de connaissances, l'expérience et les capacités professionnelles du candidat ;
— toutes pièces permettant d'apprécier les titres dont le candidat prétend se prévaloir.
Ce dossier sera déposé à la direction départementale de la jeunesse et des sports du lieu de domicile du candidat. Il fait l'objet d'un avis du directeur

régional de la jeunesse et des sports, puis est transmis au directeur des sports afin d'être soumis au jury qualifié mentionné à l'article 59.

Art. 62. — Les titres et diplômes reconnus comme ayant des prérogatives équivalentes à chacun des degrés du brevet d'Etat d'éducateur sportif sont énumérés en annexe VI au présent arrêté.
Les dispenses permettant des allègements de formation ou d'examen sont énumérées en annexe VII au présent arrêté.

Art. 63. — Les dispositions du présent arrêté prennent effet deux mois après sa publication excepté les articles des titres IV et VI qui prennent effet à compter du 1er septembre 1993.

Art. 64. — Les arrêtés :
— du 8 mai 1974 relatif au brevet d'Etat à trois degrés d'éducateur sportif (examens de formation commune et examens de formation spécifique) ;
— du 18 février 1986 modifié relatif à la formation spécifique du brevet d'Etat d'éducateur sportif du premier degré,
sont abrogés à l'exception des articles et annexes traitant des dispositions correspondant aux articles des titres IV et VI du présent arrêté qui sont abrogés à compter du 1er septembre 1993.
Les arrêtés :
— du 13 août 1985 relatif aux modalités d'obtention du brevet d'Etat d'éducateur sportif du premier degré par un contrôle continu des connaissances au cours d'une formation organisée par un établissement ou service relevant du ministre chargé des sports ;
— du 24 septembre 1979 relatif aux modalités particulières d'examen du brevet d'Etat d'éducateur sportif du premier degré pour les athlètes de haut niveau ;
— du 13 décembre 1979 relatif aux programmes de formation et modalités d'organisation du stage prévu à l'intention des athlètes de haut niveau pour la délivrance du brevet d'Etat du premier degré d'éducateur sportif ;
— du 26 février 1980 relatif aux modalités particulières de délivrance du brevet d'Etat du deuxième degré d'éducateur sportif pour les athlètes de haut niveau,
sont abrogés, ainsi que les dispositions contraires au présent arrêté contenues dans les divers arrêtés relatifs aux brevets d'Etats d'éducateur sportif.

Art. 65. — Le directeur des sports est chargé de l'exécution du présent arrêté, qui sera publié au *Journal officiel* de la République française.

Fait à Paris, le 30 novembre 1992.

Pour le ministre et par délégation :
Le directeur des sports,
P. GRAILLOT

Nota — Les annexes du présent arrêté sont publiées au *Bulletin officiel* du ministère, qui est disponible au Centre national de documentation pédagogique, B.P. 107-05, 75224 Paris Cedex 05, au prix de 20 F.

48. Le Professorat de sport

48.1. Décret n° 85-720 du 10 juillet 1985 relatif au statut particulier des professeurs de sport

Le Premier ministre,

Sur le rapport du ministre de l'économie, des finances et du budget, du ministre de l'intérieur et de la décentralisation, du ministre de l'éducation nationale, du ministre délégué à la jeunesse et aux sports et du secrétaire d'Etat auprès du Premier ministre, chargé de la fonction publique et des simplifications administratives,

Vu la loi n° 83-634 du 13 juillet 1983 portant droits et obligations des fonctionnaires et la loi n° 84-16 du 11 janvier 1984 portant dispositions statutaires relatives à la fonction publique de l'Etat et notamment l'article 79 ;

Vu la loi n° 84-53 du 26 janvier 1984 portant dispositions statutaires relatives à la fonction publique territoriale ;

Vu la loi n° 84-610 du 16 juillet 1984 relative à l'organisation et à la promotion des activités physiques et sportives ;

Vu le décret n° 51-1423 du 5 décembre 1951 modifié relatif à la fixation des règles suivant lesquelles doit être déterminée l'ancienneté du personnel nommé dans l'un des corps de fonctionnaires de l'enseignement relevant du ministère de l'éducation nationale ;

Vu le décret n° 72-581 du 4 juillet 1972 portant statut particulier des professeurs certifiés ;

Vu le décret n° 79-474 du 7 juin 1979 relatif aux dispositions applicables aux conseillers techniques et pédagogiques de la jeunesse, des sports et des loisirs ;

Vu le décret n° 80-627 du 4 août 1980 relatif au statut particulier des professeurs d'éducation physique et sportive ;

Vu les avis du comité technique paritaire ministériel du ministère du temps libre, de la jeunesse et des sports en date du 18 mai 1984 et du comité technique paritaire ministériel de la jeunesse et des sports en date du 13 novembre 1984 ;

Vu l'avis du conseil supérieur de la fonction publique d'Etat en date du 20 décembre 1984 ;

Le Conseil d'Etat (section des finances) entendu ;

Décrète :

Art. 1er — Les professeurs de sport forment un corps régi par les lois du 13 juillet 1983 et du 11 janvier 1984 susvisées et par le présent décret qui fixe leur statut particulier.

CHAPITRE 1er
Dispositions générales

Art. 2. — Le corps des professeurs de sport est classé dans la catégorie A prévue à l'article 29 de la loi du 11 janvier 1984 susvisée. Ce corps comprend un seul grade divisé en onze échelons.

Ses membres sont nommés et titularisés par arrêté du ministre chargé de la jeunesse et des sports ; le ministre prononce les affectations et les mutations.

Art. 3. — Les professeurs de sport exercent leurs missions dans le domaine des activités physiques et sportives soit dans les cadres de l'administration, soit auprès des fédérations et groupements sportifs.

CHAPITRE II
Recrutement

Art. 4. — Les professeurs de sport sont recrutés par la voie de deux concours distincts ouverts :

1. Le premier, aux candidats âgés de trente ans au plus, titulaires de la licence en sciences et techniques des activités physiques et sportives ou de titres ou diplômes dont la liste est fixée par arrêté conjoint du ministre chargé de la jeunesse et des sports et du ministre chargé de la fonction publique ;
2. Le second, aux fonctionnaires ou agents de l'Etat ou des collectivités territoriales âgés de quarante ans au plus et justifiant de cinq ans de services publics effectifs en cette qualité.

La proportion des emplois offerts aux candidats mentionnés au 2e de l'alinéa précédent ne peut excéder la moitié du nombre total des emplois mis aux deux concours. Les emplois qui n'auraient pas été pourvus par la nomination de candidats à l'un des concours pourront être attribués aux candidats de l'autre concours dans la limite de 10 p. 100 du nombre total des emplois offerts au titre du 1er et du 2e ci-dessus.

En outre, peuvent accéder au corps des professeurs de sport, dans la limite d'une nomination pour neuf nominations prononcées l'année précédente au titre des 1er et 2e ci-dessus, les fonctionnaires âgés de quarante ans au moins et exerçant les fonctions définies à l'article 3 depuis plus de dix ans, dont cinq en qualité de titulaire. Ces nominations sont prononcées au choix après inscription sur une liste d'aptitude.

Le nombre d'inscriptions sur la liste d'aptitude ne peut excéder de plus de 50 p. 100 le nombre de nomination prévues en application de l'alinéa précédent.

Les conditions d'âge et de durée de services prévues au présent article s'apprécient au 1er janvier de l'année au titre de laquelle est ouvert le concours ou établie la liste d'aptitude.

Lorsque le nombre de professeurs de sport nommés pendant une année déterminée au titre du 1er et du 2e ci-dessus n'est pas un multiple de neuf, le reste est ajouté au nombre des professeurs de sport nommés au titre des concours de l'année suivante pour le calcul des nominations à prononcer au cours de cette nouvelle année au titre de la liste d'aptitude.

Art. 5. — Pour cinq nominations prononcées au titre de l'article 4 du présent décret une nomination peut être prononcée parmi les candidats ayant figuré pendant au moins trois ans sur la liste des sportifs de haut niveau fixée par arrêté du ministre chargé de la jeunesse et des sports et admis à un concours de sélection sur épreuves, au terme d'un cycle de formation dont les modalités sont définies par un arrêté du ministre chargé de la jeunesse et des sports.

Art. 6. — Les modalités d'organisation des concours mentionnés aux articles 4 et 5 sont fixées par arrêté conjoint du ministre chargé de la jeunesse et des sports et du ministre chargé de la fonction publique.

Art. 7. — La liste d'aptitude prévue à l'article 4 est arrêté chaque année par le ministre chargé de la jeunesse et des sports, sur la proposition des chefs de service ou d'établissements nationaux ou régionaux et après avis de la commission administrative paritaire du corps des professeurs de sport.

Art. 8. — Les candidats reçus aux concours prévus aux articles 4 et 5 sont nommés professeurs de sport stagiaires. Après un stage d'un an, ceux dont les services ont donné satisfaction sont titularisés en qualité de professeurs de sport. Dans le cas contraire, ils peuvent être soit licenciés, soit autorisés à accomplir une seconde année de stage, à l'issue de laquelle ils sont soit titularisés, soit licenciés, soit, s'ils étaient déjà fonctionnaires, remis dans leur corps d'origine.

Les professeurs de sports recrutés par voie de liste d'aptitude sont, après un stage probatoire d'une année, soit titularisés, soit replacés dans leur corps d'origine.

La période de stage est prise en compte dans la limite d'une année pour le calcul de l'ancienneté dans le corps des professeurs de sport.

Les modalités d'organisation et le contenu du stage sont fixés par arrêté du ministre chargé de la jeunesse et des sports.

Art. 9. — Peuvent être placés en position de détachement dans le corps des professeurs de sport les fonctionnaires de catégorie A dans la limite de 20 p. 100 de l'effectif budgétaire du corps sous réserve des dispositions prévues à l'article 17.

Art. 10. — Les fonctionnaires placés en position de détachement depuis deux ans au moins dans le corps des professeurs de sport peuvent être sur leur demande, intégrés dans ce corps ; leur intégration s'effectue à l'échelon qu'ils avaient en position de détachement.

CHAPITRE III

Reclassement, notation, avancement, mutation

Art. 11. — Les dispositions du décret du 5 décembre 1951 modifié susvisé sont applicables aux professeurs de sport pour leur classement dans le corps des professeurs de sport.

Pour l'application de ces dispositions, le coefficient caractéristique 135 est attribué à ce corps.

Art. 12. — Le ministre chargé de la jeunesse et des sports attribue une note chiffrée aux professeurs de sport sur proposition du chef de service ou d'établissement.

La note chiffrée et les appréciations sont communiquées à l'agent qui peut saisir la commission administrative paritaire d'une demande de révision. La note éventuellement révisée peut faire l'objet d'une péréquation à l'échelon national.

Art. 13. — Le professeur de sport, détaché dans d'autres départements ministériels, auprès de collectivités territoriales ou auprès de fédérations et groupements sportifs, reçoit, compte tenu des notes et appréciations proposées par l'autorité auprès de laquelle il est détaché, une note chiffrée arrêtée par le ministre chargé de la jeunesse et des sports.

Art. 14. — L'avancement d'échelon des professeurs de sport a lieu partie au grand choix, partie au choix, partie à l'ancienneté.

Il prend effet du jour où les intéressés remplissent les conditions prévues aux dispositions ci-après.

Echelons	**Grand choix**	**Choix**	**Ancienneté**
Du 1er au 2e échelon			1 an
Du 2e au 3e échelon	1 an		1 an 6 mois
Du 3e au 4e échelon	1 an		1 an 6 mois
Du 4e au 5e échelon	2 ans		2 ans 6 mois
Du 5e au 6e échelon	2 ans 6 mois	3 ans	3 ans 6 mois
Du 6e au 7e échelon	2 ans 6 mois	3 ans	3 ans 6 mois
Du 7e au 8e échelon	2 ans 6 mois	3 ans	3 ans 6 mois
Du 8e au 9e échelon	2 ans 6 mois	3 ans 6 mois	4 ans
Du 9e au 10e échelon	2 ans 6 mois	3 ans 6 mois	4 ans 6 mois
Du 10e au 11e échelon	2 ans 6 mois	3 ans 6 mois	4 ans 6 mois

Le ministre chargé de la jeunesse et des sports établit pour chaque année :

a. Une liste de professeurs de sport atteignant au cours de cette période l'ancienneté d'échelon requise pour être promus au grand choix. Les promotions sont prononcées après avis de la commission administrative paritaire nationale dans la limite de 30 p. 100 de l'effectif des professeurs inscrits sur cette liste ;

b. Une liste des professeurs de sport atteignant au cours de cette période l'ancienneté d'échelon requise pour être promus au choix. Les promotions sont prononcées après avis de la commission administrative paritaire nationale, dans la limite des cinq septièmes de l'effectif des professeurs inscrits sur cette liste.

Les fonctionnaires qui ne bénéficient pas d'une promotion au grand choix ou au choix sont promus lorsqu'ils justifient de la durée de services prévus pour l'avancement à l'ancienneté.

Art. 15. — Indépendamment des mutations prononcées en cours d'année dans l'intérêt du service, le tableau des mutations est établi chaque année. Les conditions de dépôt des demandes sont fixées par arrêté du ministre chargé de la jeunesse et des sports. Les mutations sont prononcées par le ministre chargé de la jeunesse et des sports, après avis de la commission administrative paritaire. La commission administrative est également informée des demandes de détachement et de mise à disposition auprès des organismes et des collectivités territoriales.

CHAPITRE IV
Dispositions transitoires

Art. 16. — Les conseillers techniques et pédagogiques de première catégorie, les agents bénéficiant d'un contrat de préparation olympique ou exerçant les fonctions de directeur technique national des sports, les personnels enseignant dans les établissements nationaux du ministère de la jeunesse et des sports, les agents dont le classement correspond à l'indice égal ou supérieur à 608 brut peuvent, pendant une période de deux ans à compter de la date de publication du présent décret et sur leur demande, être intégrés et reclassés selon les conditions prévues par le décret du 5 décembre 1951 susvisé s'ils exercent les fonctions définies à l'article 3 ci-dessus à la date de publication du présent décret et, pour les agents non titulaires, s'ils ont été recrutés avant la date de publication de loi n° 83-481 du 11 juin 1983.

Art. 17. — Les professeurs relevant des dispositions des décrets du 4 juillet 1972 et du 4 août 1980 susvisés, exerçant à la date de publication du présent décret les fonctions définies à l'article 3 ci-dessus, peuvent, pendant une période de deux ans à compter de la date de publication du présent décret et sur leur demande, être intégrés et reclassés dans le corps des professeurs de sport à l'indice égal ou immédiatement supérieur à celui dont ils bénéficiaient dans leur situation antérieure, l'ancienneté d'échelon acquise antérieurement étant maintenue.

Les agents mentionnés à l'alinéa précédent peuvent également être détachés dans le corps des professeurs de sport. Les détachements ainsi prononcées ne sont pas pris en compte pour l'application des dispositions de l'article 9.

Art. 18. — Pendant une période de dix ans à compter de la date de publication du présent décret, la limite prévue au troisième alinéa de l'article 4 ci-dessus est portée à trois nominations pour neuf nominations prononcées l'année précédente au titre des 1er et 2e de cet article.

Art. 19. — Pendant une période de dix ans à compter de la date de publication du présent décret, la limite d'âge prévue au paragraphe 2 de l'article 4 n'est pas opposable aux agents exerçant les fonctions définies à l'article 3 ci-dessus depuis cinq ans au moins à la date de publication du présent décret.

Art. 20. — Le ministre de l'économie, des finances et du budget, le ministre de l'intérieur et de la décentralisation, le ministre de l'éducation nationale, le ministre délégué à la jeunesse et aux sports, le secrétaire d'Etat auprès du Premier ministre, chargé de la fonction publique et des simplifications administratives, et le secrétaire d'Etat auprès du ministre de l'économie, des finances et du budget, chargé du budget et de la consommation, sont chargés chacun en ce qui le concerne, de l'exécution du présent décret, qui sera publié au Journal officiel de la République française.

Fait à Paris, le 10 juillet 1985.

Laurent FABIUS

Par le Premier ministre :
Le ministre délégué à la jeunesse et aux sports,
Alain CALMAT

Le ministre de l'économie, des finances et du budget
Pierre BÉRÉGOVOY

Le ministre de l'intérieur et de la décentralisation,
Pierre JOXE

Le ministre de l'éducation nationale,
Jean-Pierre CHEVÈNEMENT

Le secrétaire d'Etat auprès du Premier ministre,
chargé de la fonction publique
et des simplifications administratives,
Jean LE GARREC

Le secrétaire d'Etat auprès du ministre de l'économie,
des finances et du budget, chargé du budget
et de la consommation,
Henri EMMANUELLI

48.2. Arrêté du 11 février 1986

Modalités d'organisation des concours de recrutement des professeurs de sport

Article premier. — Les professeurs de sport sont recrutés dans les conditions fixées aux articles 4, 5 et 6 du décret n° 85-720 du 10 juillet 1985 susvisé et suivant les modalités définies par le présent arrêté.

Art. 2 (modifié par l'arrêté du 15 mai 1986). — Les concours de recrutement visés à l'article premier comportent différentes options choisies parmi les disciplines régies par les fédérations, et dont la liste figure en annexe 1.

L'arrêté portant ouverture des concours fixe en annexe la liste des disciplines correspondant aux options ouvertes pour chaque session.

Art. 3. — Les candidats au concours externe et au concours de sélection sur épreuves pour les sportifs de haut niveau subissent les épreuves suivantes :

I. Epreuve d'admissibilité

Epreuve n° 1

Composition à partir d'un sujet portant sur les fondements scientifiques de l'optimisation de la performance sportive (durée de l'épreuve : quatre heures, coefficient 3).

Epreuve n° 2

Epreuve écrite pouvant comporter plusieurs questions et portant sur l'ensemble des connaissances relatives à la discipline choisie par le candidat et figurant en annexe I (durée de l'épreuve : quatre heures, coefficient 3).

Epreuve n° 3

Epreuve physique d'évaluation de niveau dans une spécialité choisie par le candidat, figurant en annexe I et appartenant à la discipline retenue pour l'épreuve n° 2 et évaluée selon des modalités propres à chaque discipline et en application des règlements des fédérations sportives internationales (coefficient 3).

II. Epreuve d'admission

Epreuve n° 4

Epreuve orale portant sur le sport dans son environnement institutionnel, socio-économique et réglementaire. Exposé et entretien avec le jury, à partir d'un sujet tiré au sort par le candidat (durée de la préparation : trente minutes, de l'exposé : dix minutes, de l'entretien : vingt minutes ; coefficient 2).

Epreuve n° 5

Epreuve orale de langue étrangère. A partir d'un document fourni par le jury dans la discipline du candidat et écrit dans une des langues figurant en annexe II du présent arrêté, choisie par le candidat, ce dernier devra présenter le texte en français et un condensé des idées essentielles. Ce condensé sera suivi d'une conversation avec le jury dans la langue étrangère concernée (durée de la préparation : quarante-cinq minutes, de la présentation : dix minutes, de la conversation : quinze minutes ; coefficient 2).

Epreuve n° 6

Epreuve pratique d'observation et d'intervention pédagogique dans la spécialité pratiquée par le candidat :

1. A la suite de l'observation d'un document audiovisuel et des indications fournies par le jury, le candidat devra présenter les aspects particuliers de la situation sportive proposée. En outre, il exposera au jury le résultat de son analyse et les enseignements qu'il pourrait en tirer pour fonder l'entraînement du sportif, du groupe de sportifs ou de l'équipe observés (durée : trente minutes ; coefficent 1) ;

2. A partir de l'observation d'un sportif ou d'un groupe de sportifs et des indications particulières fournies par le jury, le candidat devra présenter et mettre en œuvre des exercices propres à améliorer les comportements observés. En outre, il exposera, au cours de l'entretien qui suivra, les raisons de ses choix et le plan d'action à plus long terme qu'il envisage (durée de l'épreuve : une heure ; coefficient 2).

Epreuve n° 7

Epreuve orale de pédagogie de l'entraînement dans la discipline choisie par le candidat.

Ce dernier remettra au jury un dossier sur ses expériences acquises.

L'exploitation du dossier permettra au jury de formuler deux sujets d'interrogation qui porteront : l'un sur la composition d'une séance d'entraînement, l'autre sur la construction d'un programme de préparation.

L'exposé du candidat sera suivi d'un entretien complémentaire (durée de la préparation : une heure, de l'exposé et de l'entretien : une heure ; coefficient 2).

Art. 4. — La définition des épreuves est identique pour le concours externe, le concours interne et le concours de sélection sur épreuves pour les sportifs de haut niveau, hormis l'épreuve n° 3 de l'admissibilité, qui devient pour les candidats au concours interne :

Epreuve n° 3

Epreuve orale. Entretien à partir d'un exposé portant sur un sujet formulé par le jury permettant de mettre en évidence les compétences du candidat relatives, selon son choix, à ses fonctions professionnelles ou au domaine de sa discipline. Pour cette épreuve, le candidat devra fournir au jury un dossier retraçant, selon son choix, son expérience professionnelle ou son expérience dans sa discipline (durée de l'épreuve : trente minutes ; coefficient 3).

Art. 5. — Aux points obtenus à l'issue des épreuves d'admissibilité peuvent s'ajouter, en vue de la détermination de la liste des admissibles, des bonifications pour la qualité de sportif de haut niveau établies sur les bases fixées en annexe III du présent arrêté.

La bonification accordée ne peut en aucun cas excéder cinq points.

La bonification est arrêtée par le jury d'admissibilité après examen des dossiers des candidats par une commission composée de trois membres du jury, dont son président.

Art. 6. (modifié par l'arrêté du 15 mai 1986). — Le nombre de places mises aux concours et leur répartition entre concours externe, concours interne et concours de sélection sur épreuves pour les sportifs de haut niveau sont fixés par arrêté conjoint du ministre chargé des Sports et du ministre, chargé de la Fonction publique.

Les dates d'ouverture des sessions, les modalités d'inscription et les centres d'épreuves sont fixés par arrêté du ministre chargé des Sports.

49. Le Professorat d'éducation physique et sportive

49.1. Epreuves du C.A.P.E.P.S. à compter de la session de 1986

(Instruction du 18 octobre 1985)

L'arrêté du 27 août 1985 publié au *Journal officiel* du 28 septembre 1985 modifie, à compter de la session de 1986, les épreuves du certificat d'aptitude au professorat d'éducation physique et sportive.

L'objet de la présente instruction est de donner aux candidats des précisions relatives aux épreuves d'admissibilité et aux épreuves d'admission du concours.

49.1.1. Epreuve d'admissibilité

Première épreuve

Le candidat à partir de références historiques, sociologiques, épistémologiques et de sa culture en ces matières doit analyser l'état des connaissances scientifiques et techniques des activités physiques et sportives et de l'éducation physique et sportive. Il doit montrer, par son aptitude à l'analyse et à la synthèse, sa maîtrise de ces savoirs et sa compréhension de leurs origines, de leur liaison et de leur articulation, de leur diversité et de leur hétérogénéité, ainsi que des facteurs de leur développement et de leur évolution.

Deuxième épreuve

Cette composition portera particulièrement sur le processus d'apprentissage des élèves, les démarches pédagogiques utilisées, les contenus de la discipline, leur relation avec les autres activités et l'environnement, en liaison avec une connaissance approfondie des activités physiques et sportives.

Troisième épreuve

Cette composition portera sur les sciences biologiques, les sciences psychobiologiques et les sciences humaines en relation avec les activités physiques et sportives. Elle devra permettre au candidat, qui fera appel à la formation qu'il a acquise dans les sciences précitées, de manifester son aptitude à maîtriser les diverses connaissances scientifiques propres aux activités physiques et sportives.

49.1.2. Epreuves d'admission

Première épreuve

A partir d'un document qui prendra la forme d'un dossier établi après un stage de quelques semaines en établissement scolaire, l'épreuve doit permettre d'évaluer l'aptitude du candidat à mettre en œuvre les connaissances acquises en vue d'apporter des solutions et des réponses, qu'il devra justifier, à des situations pédagogiques concrètes.

Deuxième épreuve

L'épreuve consiste à effectuer une prestation physique et à satisfaire aux exigences d'un entretien de façon à mettre en valeur sa pratique d'une activité physique et sa capacité d'analyse et de réflexion sur cette dernière et sur la famille ou le groupement d'activités auquel elle appartient.

Troisième épreuve

L'épreuve qui a pour point de départ une prestation physique doit permettre au jury d'apprécier l'aptitude du candidat à maîtriser une pratique physique à des fins pédagogiques.

Les conditions de réalisation de cette prestation, tirée au sort, doivent en effet permettre d'évaluer sa capacité à intervenir dans un des différents domaines des activités physiques et sportives pratiquées en établissement.

L'entretien qui porte sur un domaine qui s'élargit progressivement au fur et à mesure de son déroulement doit conduire à évaluer la capacité à la fois d'analyse et de synthèse et l'aisance du candidat à inscrire une prestation spécifique dans un ensemble d'activités plus large. Cet entretien doit permettre en outre d'apprécier le niveau de polyvalence du candidat.

49.2. Modalités des épreuves d'admission du concours de recrutement des professeurs d'éducation physique et sportive. Application de l'arrêté du 27 août 1985.

Texte adressé aux recteurs, aux inspecteurs pédagogiques régionaux d'éducation physique et sportive, aux inspecteurs d'académie des départements et territoires d'outre-mer, aux conseillers culturels des ambassades de France, au directeur de l'Institut national du sport et de l'éducation physique et aux présidents et directeurs des unités d'enseignement et de recherche en éducation physique et sportive.

Références: décret n° 79-454 du 11 juin 1979, arrêté d'ouverture du concours en date du 20 septembre 1985.

49.2.1. Epreuves d'admission

Première épreuve

« Epreuve de méthodologie et de didactique consistant en un exposé et un entretien à partir d'un document ou d'un ensemble de documents, mis au point par le candidat après un stage en situation pédagogique ».

Durée: 1 heure 30 (exposé: 30 minutes, entretien: 1 heure).

Préparation: 1 heure.

Note sur 20, coefficient 4.

Cette épreuve a pour but d'apprécier essentiellement les capacités du candidat à concevoir, construire, évaluer et ajuster son enseignement (et indirectement à conduire cet enseignement) de manière à rendre son action pédagogique plus efficace.

Le candidat au cours de l'épreuve doit être en mesure de justifier ses choix didactiques et pédagogiques, lors du stage, en s'appuyant d'une part sur les connaissances acquises au cours de sa formation et notamment celles qui sont évaluées par les trois épreuves écrites du concours, d'autre part sur son expérience personnelle tant dans le domaine des activités physiques que dans celui de la pédagogie.

Dès son arrivée, le candidat remet au secrétariat du concours (l'heure de présentation du candidat au centre du concours lui sera précisée dans sa convocation) le dossier du stage pédagogique qu'il a effectué.

A l'exception des dossiers servant de support aux épreuves de l'agrégation, les autres seront restitués à l'issue des épreuves d'admission. Dès la fin du concours de l'agrégation d'éducation physique et sportive, les dossiers ayant servi de support aux épreuves, seront également renvoyés aux candidats.

Le dossier sera présenté dans une chemise à élastiques à trois rabats, sur laquelle seront portés les nom et prénoms du candidat en capitales d'imprimerie et à l'intérieur de laquelle se trouveront cinq sous-chemises comprenant les documents ci-dessous, classés A1, A2, B1, B2 et C.

A — Deux documents établis par le conseiller pédagogique;

A1 — Une fiche descriptive du stage rédigée par le conseiller pédagogique sur formule réglementaire et signée par le chef d'établissement;

A2 — Le programme général de l'éducation physique et sportive de l'établissement concerné, établi par l'équipe pédagogique.

B — Deux documents présentés par le candidat;

B1 — Le projet pédagogique établi pour la période du stage, pour chaque classe enseignée;

B2 — Les préparations de séances, en tant que document prévisionnel dont l'exécution est subordonnée aux réactions des élèves; les constats et bilans faits après chaque séance (ces documents seront visés, datés et signés chaque jour par le conseiller pédagogique, ou lors de chacune des visites du conseiller pédagogique auprès des candidats maîtres auxiliaires).

C — Analyse didactique et pédagogique du document A2. Cette analyse (qui n'excédera pas 4 pages dactylographiées) sera effectuée avec le conseiller pédagogique et devra permettre que le lien qui doit exister entre les documents A2 et B1 sont mis en relief.

L'exploitation de toutes ces pièces par le jury sera d'autant plus efficace qu'elles seront précises et concises (numérotage des pages par sous-chemise suppression des feuillets sous plastique, des collages et montages divers de documents).

Le jury remettra au candidat, au début de la période de préparation de l'épreuve, l'ensemble de son dossier de stage ainsi qu'une fiche sur laquelle il portera les sujets de l'exposé: programme ou projets pédagogiques, séances déterminées, activités, procédures d'évaluation, etc.

Deuxième épreuve

« L'épreuve consiste à effectuer une prestation physique et à satisfaire aux exigences d'un entretien, de façon à mettre en valeur sa pratique d'une activité physique et sa capacité d'analyse et de réflexion sur cette dernière et sur la famille ou le groupement d'activités auquel elle appartient.

Prestation physique

Note sur 20, coefficient 2.

« Elle porte sur une activité choisie par le candidat dans une des familles ou groupement d'activités figurant en annexe 1 de l'arrêté. La famille ou le groupement d'activités précités ne peuvent être choisis par le candidat au titre de la 3e épreuve d'admission. Le choix du candidat intervient au moment de l'inscription au concours ».

En règle générale et sauf dispositions contraires prévues ci-après, le règlement de cette prestation est conforme à celui des fédérations internationales.

La notation se fait au 1/2 point près (au 1/2 point inférieur si une approximation est nécessaire).

Entretien

Durée : 30 minutes, note sur 20, coefficient : 2.

« L'entretien porte sur la technologie, la didactique et la pédagogie de l'activité choisie et de la famille ou groupement d'activités correspondant à l'activité choisie ».

Cet entretien se déroule après un temps de réflexion de 15 minutes sur une question ayant comme support la prestation physique du candidat.

Il peut porter sur tous les domaines et tous les milieux de pratique de l'activité principale du candidat. Il s'étend à la famille ou à un groupement d'activités.

1. Athlétisme

Prestation physique

La prestation physique est organisée selon la réglementation en vigueur adoptée par l'I.A.A.F.

Elle se déroulera sur un stade homologué (les courses se déroulant corde à gauche. Art. 161, alinéa 5 du code international).

La notation s'effectue par référence au barème Letessier (7e édition) ; un point de la note correspond à un point de la cotation dans les limites suivantes :

Hommes : de 0 à 20 en correspondance avec la cotation de 30 à 50.

Femmes : de 0 à 20 en correspondance avec la cotation de 23 à 43.

Pour les mesures des lancers, on se référera à la table Letessier qui prévoit la mesure au centimètre près.

Entretien

L'entretien porte, à partir de la prestation physique (échauffement compris), sur l'activité choisie, le groupe d'activités et de manière complémentaire, au choix du candidat, sur un groupe d'activités relevant de la famille athlétisme.

Exemple :

Prestation physique : 110 m haie.

Entretien : activité : haies,

groupe d'activités : courses,

groupe d'activités complémentaires : sauts ou lancers au choix du candidat.

2. Sports collectifs

Prestation physique

La prestation physique porte sur des matches ou parties de matches disputés en appliquant le règlement du sport collectif considéré (règlement fédéral en vigueur).

La composition des équipes peut être modifiée par le jury au cours de l'épreuve.

Entretien

L'entretien porte sur l'activité retenue pour la prestation physique et s'étend à un groupe formé par cette activité et une autre activité sport collectif choisie par le candidat parmi celles citées en annexe 1 de l'arrêté.

3. Natation

Prestation physique

La réglementation de la FINA en vigueur au 1er octobre 1985 est respectée (pour les épreuves de 100 m, en cas de disqualification dans une spécialité autre que nage libre, le candidat se verra appliquer le barème de nage libre).

Les épreuves sont notées par référence au barème Letessier (7e édition) ; un point de la note correspond à un point de la cotation dans les limites suivantes :

Hommes : de 0 à 20 correspondance avec la cotation de 30 à 50.

Femmes : de 0 à 20 correspondance avec la cotation de 25 à 45.

Entretien

L'entretien se déroule conformément aux dispositions générales indiquées dans la présente note de service.

4. Gymnastique sportive

Prestation physique

Le candidat choisit l'une des 4 épreuves du programme masculin : sol, saut de cheval, barres parallèles, barre fixe.

La candidate choisit l'une des quatre épreuves du programme féminin : saut de cheval, barres asymétriques, poutre, sol.

Le code de pointage de la fédération internationale de gymnastique (F.I.G.) (édition 1985) est applicable pour toutes les épreuves selon les modalités suivantes :

Candidats

— Concours (art. 21 du code F.I.G.) pour les épreuves du sol, des barres parallèles et de la barre fixe.

— Concours III aménagé pour les sauts de cheval :

- Le gymnaste doit effectuer deux sauts différents ;
- Si les deux sauts sont identiques, le second est coté 00/10 ;
- Un seul essai est accordé pour chacun des deux sauts ;
- Les deux sauts doivent appartenir à des degrés de valeur D (note de départ 9,60 pts) ;
- Pour les sauts de valeur C une déduction de 0,5 point sera effectuée.

50. Dopage et surveillance médicale

50.1. Loi n° 89-432 du 28 juin 1989

Relative à la prévention et à la répression de l'usage des produits dopants à l'occasion des compétitions et manifestations sportives (1)

L'Assemblée nationale et le Sénat ont adopté,
Le président de la République promulgue la loi dont la teneur suit :

Art. 1er

I. — Il est interdit à toute personne d'utiliser, au cours des compétitions et manifestations sportives organisées ou agréées par des fédérations sportives ou en vue d'y participer, les substances et les procédés qui, de nature à modifier artificiellement les capacités ou à masquer l'emploi de substances ou de

---

(1) Travaux préparatoires : loi n° 89-432.

Sénat :
Projet de loi n° 29 (1988-1989) ;
Rapport de M. François Lesein, au nom de la commission des affaires culturelles, n° 228 (1988-1989) ;
Discussion et adoption le 4 avril 1989.

Assemblée nationale :
Projet de loi, adopté par le Sénat, n° 551 ;
Rapport de M. Alain Néri, au nom de la commission des affaires culturelles, n° 683 ;
Discussion et adoption le 18 mai 1989.

Sénat :
Projet de loi, modifié par l'Assemblée nationale, n° 317 (1988-1989) ;
Rapport de M. François Lesein, au nom de la commission des affaires culturelles, n° 335 (1988-1989) ;
Discussion et adoption le 2 juin 1989.

Assemblée nationale :
Projet de loi, adopté avec modifications part le Sénat en deuxième lecture, n° 727 ;
Rapport de M. Alain Néri, au nom de la commission des affaires culturelles, n° 777 ;
Discussion et adoption le 21 juin 1989.

procédés ayant cette propriété, sont déterminés par arrêté conjoint des ministres chargé des Sports et de la Santé.

Dans les mêmes conditions, il est interdit, sans préjudice du principe de la liberté de prescription à des fins thérapeutiques, d'administrer les substances définies au précédent alinéa ou d'appliquer les procédés visés à cet alinéa, d'inciter à l'usage de telles substances ou de tels procédés ou de faciliter leur utilisation.

Le médecin qui, à des fins thérapeutiques, prescrit un traitement à une personne, est tenu, à la demande de celle-ci, de lui indiquer si ce traitement fait appel à des substances ou des procédés interdits en vertu du premier alinéa du présent article.

II. — Dans les mêmes conditions que celles définies au paragraphe I du présent article, il est interdit d'administrer ou d'appliquer aux animaux des substances ou procédés qui, de nature à produire les mêmes effets que ceux définis au paragraphe I du présent article, sont déterminés par arrêté conjoint des ministres chargés des Sports, de la Santé et de l'Agriculture.

Il est interdit de faciliter l'administration de telles substances ou d'inciter à leur administration ainsi que de faciliter l'application de tels procédés ou d'inciter à leur application.

Titre I
De la prévention

Art. 2. — Pour garantir un développement des activités physiques et sportives conforme aux principes définis par l'article 1er de la loi n° 84-610 du 16 juillet 1984 relative à l'organisation et à la promotion des activités physiques et sportives, le ministre chargé des Sports, en liaison avec les autres ministres concernés, s'assure que des actions de prévention et d'éducation sont mises en œuvre pour lutter contre le dopage.

Ces actions comprennent :
— une campagne d'information auprès des jeunes, notamment dans le cadre du sport scolaire ;
— l'intégration dans les programmes de formation dispensés aux éducateurs, enseignants et entraîneurs ainsi qu'aux médecins du sport, d'éléments sur les dispositifs de lutte contre le dopage ;
— un programme de recherche sur les effets de substances dopantes sur l'être humain à moyen et à long terme ainsi que sur la préparation des athlètes de haut niveau ;
— la mise en place d'un suivi médical spécifique en faveur des sportifs de haut niveau, notamment par une surveillance médicale systématique des athlètes et par la création de structures médicales adaptées.

Titre II
De la commission nationale de lutte contre le dopage

Art. 3. — Il est institué, auprès du ministre chargé des Sports, une commission nationale de lutte contre le dopage présidée par une personnalité nommée par le ministre chargé des Sports et composée à parts égales de représentants de l'Etat, de dirigeants et de sportifs de haut niveau représentant le mouvement sportif et de personnalités qualifiées, notamment de spécialistes médicaux ou scientifiques de la lutte contre le dopage.

Cette commission est chargée de proposer au ministre chargé des Sports toute mesure tendant à prévenir et à combattre le dopage et à assurer entre toutes les disciplines une égalité au regard des contrôles réalisés en vertu des articles 6 et 8.

Elle remet chaque année, à l'ouverture de la seconde session ordinaire, au Gouvernement et au Parlement, un rapport d'évaluation des actions menées en matière de lutte contre le dopage. Ce rapport devra comprendre à la fois le bilan des mesures et des sanctions prises en ce domaine par les fédérations sportives et le compte rendu d'exécution de la présente loi.

Dans les conditions définies à l'article 10, la commission est saisie ou se saisit des cas d'infraction aux dispositions de la présente loi et propose, dans les conditions prévues par l'article 11, au ministre chargé des Sports des sanctions administratives à l'encontre des contrevenants.

La commission est obligatoirement consultée par le ministre chargé des Sports sur tout projet de texte législatif ou réglementaire concernant le dopage.

Cette commission peut collaborer aux travaux du Comité national de la recherche et de la technologie institué par la loi n° 84-610 du 16 juillet 1984 précitée.

Les membres et les agents de la commission sont astreints au secret professionnel pour les faits, actes et renseignements dont ils ont pu avoir connaissance en raison de leurs fonctions, dans les conditions et sous les peines prévues à l'article 378 du code pénal.

Titre III
Du contrôle

Art. 4. — Les ministres compétents agréent des agents de l'inspection de la jeunesse et des sports, des médecins ou des vétérinaires pour procéder, sur instruction du ministre chargé des Sports, aux enquêtes et contrôles nécessaires à l'application de la présente loi. Ces enquêtes et contrôles peuvent être également demandés par les fédérations sportives. Dans les mêmes conditions, les agents de l'inspection de la jeunesse et des sports agréés en application de l'alinéa précédent peuvent seuls procéder à des perquisitions et saisies selon les modalités prévues à l'article 7.

Art. 5. — Les enquêtes, contrôles, perquisitions et saisies prévus par le présent titre donnent lieu à l'établissement de procès-verbaux.

Les procès verbaux sont transmis aux ministres compétents, aux fédérations concernées et à la Commission nationale de lutte contre le dopage. Un double en est laissé aux parties intéressées. Ils font foi jusqu'à preuve contraire.

Art. 6. — Les personnes mentionnées à l'article 4 peuvent accéder aux lieux où se déroulent les compétitions ou les manifestations ou des entraînements y préparant, ainsi qu'aux lieux où sont organisés des entraînements par les fédérations sportives, entendre les personnes ou se faire présenter les animaux s'y trouvant et recueillir tout renseignement nécessaire à l'accomplissement de leur mission. Les informations nominatives à caractère médical ne sont recueillies que par les médecins agréés.

Art. 7. — Sans préjudice des dispositions à l'article 6, les agents de l'inspection mentionnés à l'article 4 ne peuvent effectuer des visites en tous lieux où les pièces, objets et documents se rapportant aux infractions aux dispositions définies par la présente loi sont susceptibles d'être détenus, et procéder à leur saisie, que sur autorisation judiciaire donnée par ordonnance du président du tribunal de grande instance dans le ressort duquel sont situés les lieux à visiter ou d'un juge délégué par lui. Lorsque ces lieux sont situés dans le ressort de plusieurs juridictions et qu'une action simultanée doit être menée dans chacun d'eux, une ordonnance unique peut être délivrée par l'un des présidents compétents.

Le juge doit vérifier que la demande d'autorisation qui lui est soumise est fondée ; cette demande doit comporter tous les éléments d'information de nature à justifier la visite.

La visite et la saisie s'effectuent sous l'autorité et le contrôle du juge qui les a autorisées. Il désigne un ou plusieurs officiers de police judiciaire chargés d'assister à ces opérations et de le tenir informé de leur déroulement. Lorsqu'elles ont lieu en dehors du ressort de son tribunal de grande instance, il délivre une commission rogatoire pour exercer ce contrôle au président du tribunal de grande instance dans le ressort duquel s'effectue la visite.

Le juge peut se rendre dans les locaux pendant l'intervention. A tout moment, il peut décider la suspension ou l'arrêt de la visite.

L'ordonnance mentionnée au premier alinéa du présent article n'est susceptible que d'un pourvoi en cassation selon les règles prévues par le code de procédure pénale. Ce pourvoi n'est pas suspensif.

La visite, qui ne peut commencer avant six heures ou après vingt et une heures, s'il s'agit de lieux privés, est effectuée en présence de l'occupant des lieux ou de son représentant. Toutefois, elle pourra avoir lieu à toute heure du jour et de la nuit s'il s'agit de lieux ouverts au public ou recevant du public.

L'officier de police judiciaire veille au respect du secret professionnel et des droits de la défense, conformément aux dispositions du troisième alinéa de l'article 56 du code de procédure pénale ; l'article 58 de ce code est applicable.

Les agents de l'inspection mentionnés à l'article 4, l'occupant des lieux ou son représentant ainsi que l'officier de police judiciaire peuvent seuls prendre connaissance des pièces et documents avant leur saisie.

Les inventaires et mises sous scellés sont réalisés conformément à l'article 56 du code de procédure pénale.

Les originaux du procès-verbal et de l'inventaire sont transmis au juge qui a ordonné la visite.

Les pièces et documents qui ne sont plus utiles à la manifestation de la vérité sont restitués à l'occupant des lieux.

Art. 8. — Sous peine des sanctions prévues à l'article 11, toute personne participant aux compétitions et manifestations visées à l'article 1er et aux entraînements y préparant ou organisés par une fédération sportive est tenue de se soumettre aux prélèvements et examens médicaux, cliniques et biologiques effectués par les médecins agréés à cet effet et destinés à déceler éventuellement la présence de substances interdites dans l'organisme et à mettre en évidence, le cas échéant, l'utilisation de procédés prohibés.

Dans le même but, les vétérinaires agréés à cet effet peuvent procéder aux mêmes prélèvements et examens sur tout animal participant aux compétitions, manifestations et entraînements visés au premier alinéa du présent article.

Les médecins et les vétérinaires mentionnés ci-dessus sont assistés, à leur demande, par un membre délégué de la fédération sportive compétente.

Un décret en Conseil d'Etat détermine les examens et prélèvements autorisés pour l'application du premier alinéa du présent article.

Art. 9. — Toute personne appelée à intervenir dans les enquêtes, contrôles, perquisitions et saisies est tenue au secret professionnel dans les termes de l'article 378 du code pénal et passible des peines prévues audit article.

Titre IV
Des mesures administratives

Art. 10.

I. — Lorsque les enquêtes, contrôles, perquisitions et saisies prévus au titre précédent ont fait apparaître qu'une personne, visée au premier alinéa de l'article 1er de la présente loi, a contrevenu aux dispositions de cet alinéa ou lorsque cette personne a refusé de se soumettre, s'est opposée ou a tenté de s'opposer à ces enquêtes, contrôles, perquisitions et saisies, la Commission nationale de lutte contre le dopage est saisie :

— par le ministre chargé des Sports lorsque la fédération sportive compétente n'a pris aucune sanction ou a pris une sanction que le ministre juge

insuffisante, ou qui n'est pas appliquée, ou a été dans l'impossibilité de prendre une sanction à l'encontre de cette personne ;
— par la fédération sportive compétente lorsque celle-ci souhaite que les sanctions prises à l'encontre de cette personne s'imposent aux autres fédérations.

La commission peut également décider de se saisir, lorsqu'elle juge que la sanction prononcée par la fédération sportive compétente est insuffisante ou n'est pas appliquée, ou que celle-ci n'a pris aucune sanction.

Concomitamment à la saisine de la commission, le ministre chargé des Sports peut interdire, à titre provisoire, à cette personne de participer aux compétitions et manifestations sportives définies à l'article 1er de la présente loi. Cette interdiction cesse de produire ses effets au plus tard trois mois après sa notification si la commission n'a fait aucune proposition dans un délai de trois mois à compter de sa saisine ou lorsque la commission propose au ministre chargé des Sports de ne pas prendre de mesure ou lorsque la mesure prévue à l'article 11 est notifiée.

II. — Lorsque les enquêtes, contrôles, perquisitions et saisies prévus au précédent titre ont fait apparaître qu'une personne a contrevenu aux dispositions du deuxième alinéa du paragraphe I de l'article 1er de la présente loi ou à celles du paragraphe II de l'article précité, ou s'est opposée ou a tenté de s'opposer à ces enquêtes, contrôles, perquisitions et saisies, la Commission nationale de lutte contre le dopage est saisie ou se saisit dans les mêmes conditions que celles définies par les deuxième, troisième et quatrième alinéas du paragraphe I du présent article.

Dans les mêmes conditions et les mêmes délais que ceux prévus au dernier alinéa du paragraphe I, le ministre chargé des Sports peut interdire, à titre provisoire, à cette personne de participer, directement ou indirectement, à l'organisation et au déroulement des compétitions et manifestations visées à l'article 1er et aux entraînements y préparant ou d'exercer les fonctions définies au premier alinéa de l'article 43 de la loi n° 84-610 du 16 juillet 1984 précitée.

III. — Les mesures d'interdiction provisoire prévues à cet article sont prises dans le respect des droits de la défense.

Les personnes concernées par les paragraphes I et II du présent article sont entendues à leur demande par la Commission nationale de lutte contre le dopage.

Art. 11. — Sur proposition de la Commission nationale de lutte contre le dopage, le ministre chargé des Sports peut prononcer une décision d'interdiction temporaire ou définitive de participer aux compétitions et manifestations visées à l'article 1er, à l'encontre de toute personne :
— qui aura contrevenu aux dispositions du premier alinéa de l'article 1er de la présente loi ;
— ou qui aura refusé de se soumettre, se sera opposée ou aura tenté de s'opposer aux enquêtes, contrôles, perquisitions et saisies prévus au titre précédent.

Lorsqu'une personne, pour les mêmes faits que ceux définis ci-dessus, a fait l'objet de la part d'une fédération sportive d'une mesure d'interdiction temporaire ou définitive de participer aux compétitions et manifestations sportives organisées ou agréées par cette fédération, la décision prise par le ministre chargé des Sports en application du premier alinéa du présent article se substitue à cette mesure.

Dans les mêmes formes, le ministre chargé des Sports peut prononcer une décision d'interdiction temporaire ou définitive de participer, directement ou indirectement, à l'organisation et au déroulement des compétitions et manifestations visées à l'article 1er et aux entraînements y préparant ainsi qu'une décision d'interdiction temporaire ou définitive d'exercer les fonctions définies au premier alinéa de l'article 43 de la loi n° 84-610 du 16 juillet 1984 précitée à l'encontre de toute personne :

a) Qui aura contrevenu aux dispositions du deuxième alinéa du paragraphe I de l'article 1er ou à celles du paragraphe II de cet article ;

b) Qui se sera opposée ou aura tenté de s'opposer aux enquêtes, contrôles, perquisitions et saisies prévus au titre précédent.

Lorsqu'une personne, pour les mêmes faits que ceux définis aux deux alinéas ci-dessus, a fait l'objet de la part d'une fédération sportive d'une mesure d'interdiction temporaire ou définitive de participer, directement ou indirectement, à l'organisation et au déroulement des compétitions ou manifestations sportives organisées ou agréées par cette fédération et aux entraînements y préparant, la décision prise par le ministre chargé des Sports en application du cinquième alinéa du présent article se substitue à cette mesure.

Art. 12. — Nul ne peut faire l'objet des mesures prévues par le présent titre s'il n'a été invité à consulter, en compagnie d'un de ses représentants, l'ensemble des pièces du dossier sur lequel la commission est appelée à statuer, quinze jours au moins avant la réunion de celle-ci, et s'il n'a été mis en mesure de présenter des observations orales en défense soit personnellement, soit par son représentant, lors de cette réunion, ainsi que de convoquer tout témoin ou expert nécessaire à sa défense.

La commission délibère hors de la présence de l'intéressé ou de son représentant, des représentants de la fédération délégataire et du service instructeur.

Art. 13. — Dans les mêmes conditions que celles définies aux articles 10 et 11, le ministre chargé des Sports peut décider que l'animal auquel a été administrée une substance prohibée ou appliqué un procédé interdit ne participera pas, à titre provisoire, temporaire ou définitif, aux compétitions et manifestations visées à l'article premier.

Dans ce cas, l'entraîneur ou le propriétaire concerné peut invoquer les dispositions prévues par l'article précédent.

Titre V
Dispositions pénales

Art. 14.

I. — Sera puni d'un emprisonnement de six mois à deux ans et d'une amende de 5 000 F à 100 000 F, ou de l'une de ces deux peines seulement :

a) Quiconque aura enfreint les interdictions définies au deuxième alinéa de l'article 1er de la présente loi, lorsque les substances utilisées ne sont pas visées à l'article L. 627 du code de la santé publique ;

b) Quiconque aura enfreint les interdictions définies au paragraphe II de l'article 1er de la présente loi ;

c) Quiconque aura enfreint les mesures d'interdiction prises par le ministre chargé des Sports en application des articles 10 et 11 de la présente loi ;

d) Quiconque se sera opposé, de quelque façon que ce soit, à l'exercice des fonctions dont sont chargées les personnes mentionnées à l'article 4 de la présente loi.

La peine d'emprisonnement sera de deux à quatre ans :

1. Lorsque les substances visées au *a* du présent article auront été administrées à un mineur ;
2. Lorsque l'usage de ces substances aura été facilité à un ou des mineurs ;
3. Lorsqu'un ou des mineurs auront été incités à utiliser ces substances ;
4. Lorsque les procédés visés au premier alinéa du paragraphe I de l'article 1er auront été, dans les conditions définies à cet article, appliqués à un ou des mineurs.

II. — Sera puni d'un emprisonnement de deux ans à dix ans et d'une amende de 5 000 F à 500 000 F, ou de l'une de ces deux peines seulement, quiconque aura facilité l'usage ou incité à l'utilisation de substances visées à l'article L. 627 du code de la santé publique ou administré de telles substances, dans les conditions définies à l'article 1er de la présente loi.

La peine d'emprisonnement sera de cinq à dix ans lorsque l'usage desdites substances aura été facilité à un ou des mineurs ou lorsque ces substances auront été administrées à un ou des mineurs ou lorsqu'un ou des mineurs auront été incités à les utiliser.

Art. 15. — Les fédérations sportives agréées en application de l'article 16 de la loi n° 84-610 du 16 juillet 1984 précitée peuvent exercer les droits reconnus à la partie civile en ce qui concerne les faits constituant une infraction aux dispositions de la présente loi.

Titre VI
Dispositions diverses

Art. 16. — Des décrets en Conseil d'Etat fixent les modalités d'application de la présente loi.

Les fédérations sportives visées au troisième alinéa de l'article 16 de la loi n° 84-610 du 16 juillet 1984 précitée doivent adopter dans leur règlement des dispositions définies par décret en Conseil d'Etat et relatives aux contrôles organisés en application de l'article 4 de la présente loi et aux sanctions disciplinaires infligées, individuellement ou collectivement, aux membres licenciés des fédérations ou aux membres licenciés des groupements sportifs affiliés aux fédérations qui ont contrevenu aux dispositions de l'article 1er de la présente loi.

A l'expiration d'un délai d'un an à compter de la publication du décret en Conseil d'Etat prévu au deuxième alinéa, peuvent seules bénéficier de l'agrément du ministre chargé des Sports les fédérations sportives précitées qui ont mis en conformité leurs règlements avec les dispositions définies par ce décret.

Art. 17. — La loi n° 65-412 du 1er juin 1965 tendant à la répression de l'usage des stimulants à l'occasion des compétitions sportives est abrogée.

La présente loi sera exécutée comme loi de l'Etat.

Fait à Paris, le 28 juin 1989.

Par le président de la République : FRANÇOIS MITTERRAND

Le Premier ministre,
MICHEL ROCARD

Le ministre d'Etat, ministre de l'Education nationale, de la Jeunesse et des Sports,
LIONEL JOSPIN

Le garde des sceaux, ministre de la Justice,
PIERRE ARPAILLANGE

Le ministre de l'Intérieur,
PIERRE JOXE

Le ministre de l'Agriculture et de la Forêt,
HENRI NALLET

Le ministre de la Solidarité, de la Santé et de la Protection sociale,
CLAUDE EVIN

Le secrétaire d'Etat auprès du ministre d'Etat, ministre de l'Education nationale, de la Jeunesse et des Sports, chargé de la Jeunesse et des Sports,
ROGER BAMBUCK

50.2. Arrêté du 3 janvier 1991

Relatif aux substances et aux procédés mentionnés à l'article 1er de la loi n° 89-432 du 28 juin 1989 relative à la prévention et à la répression de l'usage des produits dopants à l'occasion des compétitions et manifestations sportives

Le ministre délégué à la Santé et le secrétaire d'Etat à la Jeunesse et aux Sports,

Vu la loi n° 89-432 du 28 juin 1989 relative à la prévention et à la répression de l'usage des produits dopants à l'occasion des compétitions et manifestations sportives, et notamment son article 1er, premier alinéa,

Vu l'avis de la Commission nationale de lutte contre le dopage en date du 25 septembre 1990,

Arrêtent :

Art. 1er. — Les substances visées à l'article 1er de la loi du 28 juin 1989, qu'elles soient ou non incluses dans un médicament ou toute préparation, sont déterminées en annexe au présent arrêté.

Art. 2. — Le dopage sanguin, défini comme l'administration de sang ou de produits du sang ou de produits susceptibles d'augmenter ou de stimuler la production de globules rouges, est un procédé de nature à modifier artificiellement les capacités des personnes participant à des compétitions et manifestations sportives.

Art. 3. — Le présent arrêté sera publié au *Journal officiel* de la République française.

Fait à Paris, le 3 janvier 1991.

Le ministre délégué à la Santé,
BRUNO DURIEUX

Le secrétaire d'Etat à la Jeunesse et aux Sports,
ROGER BAMBUCK

ANNEXE

1. Amphétamines et autres excitants

AMFECLORAL.
AMFEPENTOREX**.
AMFEPRAMONE.
AMFETAMINIL.
AMIPHENAZOL*.
AMPHETAMINE**.
AMINOREX.
AMPYZINE.
BEMEGRIDE*.
BENFLUOREX.
BENZPHETAMINE**.
BENZYLEPHEDRINE*.
BITOLTEROL*.
BROLAMFETAMINE**.
CAFEDRINE*.
CAFEINE***.
CATHINE.
CATHINONE**.
CHLORPHENTERMINE**.
CLENBUTEROL.
CLOBENZOREX.
CLOFOREX.
CLOMINOREX.
CLORPRENALINE*.
CLORTERMINE.
COCAINE**.
CROPROPAMIDE*.
CROTETAMIDE*.
CYCLOPENTAMINE*.
DIFEMETOREX.
DIMETAMFETAMINE.
DIOXIFEDRINE*.
EPHEDRINE*.
ETAFEDRINE*.
ETAMIVAN*.
ETILAMFETAMINE**.
ETILEFRINE*.
ETOLOREX.
FENBUTRAZATE**.
FENCAMFAMINE.
FENETYLLINE**.
FENFLURAMINE.
FENISOREX.
FENOTEROL*.
FENOZOLONE.
FENPROPOREX.
FLUCETOREX.
FLUDOREX.
FLUMINOREX.
FORMETOREX.
FURFENOREX.
HEPTAMINOL*.
HYDROXYAMFETAMINE.
IBOGAINE (IBOGA)*.
INDANOREX.
ISOPRENALINE*.
LEVOPHACETOPERANE**.
MAZINDOL*.
MECLOFENOXATE.
MECLOQUALONE**.
MEFENOREX**.
MEPHENTERMINE.
METAMFEPRAMONE.
METARAMINOL*.
METHAMPHETAMINE**.
METHOXAMINE*.
METHOXYPHEDRINE*.
METHOXYPHENAMINE.
METHYLEPHEDRINE*.
METHYLPHENIDATE**.
MIDODRINE.
MORAZONE.
MORFOREX.
NICETHAMIDE*.
ORCIPRENALINE*.
ORTETAMINE.
OXIFENTOREX.
OXILOFRINE*.
PEMOLINE.
PENTETRAZOL.
PENTOREX**.
PHENDIMETRAZINE**.
PHENMETRAZINE**.
PHENTERMINE**.
PHENYLEPHRINE*.
PHENYLPROPANOLA-MINE*.
PHOLEDRINE*.
PIPRADOL*.
PIRBUTEROL*.
PROLINTANE.
PROPYLHEXEDRINE*.
PYROVALERONE**.
RIMITEROL*.
SALBUTAMOL*.
SOTERENOL*.
STRYCHNINE.
SYNEPHRINE*.
TERBUTALINE*.
TULOBUTEROL*.
TIFLOREX.
XYLOPROPAMINE*.

2. Stupéfiants anti-douleurs et autres anti-douleurs

ACETORPHINE**.
ACETYLALPHAMETHYL-FENTANYL**.
ACETYLDIHYDROCO-DEINE**.
ACETYLMETHADOL**.
ALFENTANIL**.
ALLYLPRODINE**.

---

* Substances ou classes de substances dont l'utilisation peut faire l'objet d'une justification thérapeutique.
** Substances classées comme stupéfiants (arrêté du 22 février 1990 paru au *Journal officiel* du 7 juin 1990).
*** Pour la caféine, l'analyse d'un échantillon urinaire sera considérée comme positive si la concentration en caféine dans l'échantillon urinaire dépasse 12 microgrammes par millilitre.

ALPHACETYLMETHA-
DOL**.
ALPHAMEPRODINE**.
ALPHAMETHADOL**.
ALPHAMETHYLFENTA-
NYL**.
ALPHAMETHYLTHIOFEN-
TANYL**.
ALPHAPRODINE**.
ANILERIDINE**.
BENZETHIDINE**.
BENZYLMORPHINE**.
BETACETYLMETHA-
DOL**.
BETA-HYDROXYFENTA-
NYL**.
BETA-HYDROXY-ME-
THYL-3-FENTANYL**.
BETAMEPRODINE**.
BETAMETHADOL**.
BETAPRODINE**.
BEZITRAMIDE**.
BUTYRATE
DE DIOXAPHETYL**.
BUPRENORPHINE.
BUTORPHANOL.
CANNABIS ET CANNABI-
NOIDES.
CETOBEMIDONE**.
CLONITAZENE**.
CODEINE**.
CODOXIME**.
DESOMORPHINE**.
DEXTROMORAMIDE**.
DEXTROPROPOXY-
PHENE***.
DEZOCINE.
DIAMORPHINE**.
DIAMPROMIDE**.
DIETHYLTHIAMBU-
TENE**.
DIFENOXINE***.
DIHYDROCODEINE**.
DIHYDROHEROINE.
DIHYDROMORPHINE**.
DIMENOXADOL**.
DIMEPHEPTANOL**.
DIMETHYLTHIAMBU-
TENE**.
DIPHENOXYLATE***.
DIPIPANONE**.
DROTEBANOL**.
ETHYLMETHYLTHIAMBU-
TENE**.
ETONITAZENE**.
ETORPHINE**.
ETOXERIDINE**.
ETHYLMORPHINE**.
FENTANYL**.
FURETHIDINE**.
HYDROMORPHINOL**.
HYDROCODONE***.
HYDROMORPHONE**.
HYDROXYPETHIDINE**.
ISOMETHADONE**.
LEVOMETHORPHANE**.
LEVOMORAMIDE**.
LEVOPHENACYLMOR-
PHANE**.
LEVORPHANOL**.
METAZOCINE**.
METHADONE**.
METHYLDESORPHINE**.
METHYLDIHYDROMOR-
PHINE**.
METHYL-3-FENTANYL**.
METHYL-3-THIOFENTA-
NYL**.
METOFOLINE.
METOPON**.
MORAMIDE**.
MORPHERIDINE**.
MORPHINE**.
MYROPHINE**.
NALBUPHINE.
NICOCODINE**.
NICODICODINE**.
NICOMORPHINE**.
NORACYMETHADOL*.
NORCODEINE**.
NORLEVORPHANOL**.
NORMETHADONE**.
NORMORPHINE**.
NORPIPANONE**.
OPIUM**.
OXYCODONE**.
OXYMORPHONE**.
PARA-FLUOROFENTA-
NYL**.
PENTAZOCINE**.
PETHIDINE
(MEPERIDINE)**.
PHENADOXONE**.
PHENAMPROMIDE**.
PHENAZOCINE**.
PHENOMORPHANE**.
PHENOPERIDINE**.
PHOLCODINE***.
PIMINODINE**.
PIRITRAMIDE**.
PROFADOL.
PROHEPTAZINE**.
PROPERIDINE**.
PROPIRAM***.
RACEMETORPHANE**.
RACEMORAMIDE**.
RACEMORPHANE**.
SUFENTANIL**.
THEBACONE**.
THEBAINE**.
THIOFENTANYL**.
TILIDINE**.
TRIMEPERIDINE**.

3. Cortisone et autres corticoïdes par voie générale

ALCLOMETASONE.
AMCINAFAL.
AMCINAFIDE.
AMCINONIDE.
BECLOMETHASONE.
BETHAMETHASONE.
BUDESONIDE.
CHLOROPREDNISONE.
CLOBETASOL.
CLOBETASONE.
CLOCORTOLONE.
CLOPREDNOL.
CORTISONE.
CORTIVAZOL.
CORTODOXONE.
DEFLAZACORT.
DEPRODONE.
DESCINOLONE.
DESONIDE.
DESOXIMETASONE.
DESOXYCORTONE.
DEXAMETHASONE.
DICHLORISONE.
DIFLORASONE.
DIFLUCORTOLONE.
DIFLUPREDNATE.
DROCINONIDE.
ENDRISONE.
FLUAZACORT.
FLUCLOROLONE.
FLUDROCORTISONE.
FLUDROXYCORTIDE.
FLUMETASONE.
FLUMOXONIDE.
FLUNISOLIDE.
FLUOCINOLONE.
FLUOCINONIDE.
FLUOCORTINE.

FLUOCORTOLONE.
FLUOROMETHOLONE.
FLUPEROLONE.
FLUPREDNIDENE.
FLUPREDNISOLONE.
FORMOCORTAL.
HALCINONIDE.
HALOMETASONE.
HALOPREDONE.
HYDROCORTAMATE.
HYDROCORTISONE.
MAZIPREDONE.
MEDRYSONE.
MEPREDNISONE.
METHYLPREDNISOLONE.
NIVACORTOL.
PARAMETHASONE.
PREDNICARBATE.
PREDNISOLONE.
PREDNISONE.
PREDNYLIDENE.
PREGNENOLONE.
PROCINONIDE.
TETRAHYDROCORTISOL.
TIXOCORTOL.
TRALONIDE.
TRIAMCINOLONE.

4. Testostérone et autres anabolisants

ANDROISOXAZOLE.
ANDROSTANOLONE.
BOLANDIOL.
BOLASTERONE.
BOLDENONE.
BOLENOL.
BOLMANTALATE.
CHLORDROLONE.
CLOSTEBOL.
CLOXOTESTOSTERONE.
DEHYDROCHLORME-THYLTESTOSTERONE.
DROSTANOLONE.
ETHYLESTRENOL.
FLUOXYMESTERONE.
FORMEBOLONE.
FURAZABOL.
MEBOLAZINE.
MESABOLONE.
MESTANOLONE.
MESTEROLONE.
METANDIENONE.
METENOLONE.
METHANDRIOL.
METHYLANDROSTAN-DIOL.
METHYLTESTOSTERONE.
METRIBOLONE.
MIBOLERONE.
NANDROLONE.
NORBOLETONE.
NORCLOSTEBOL.
NORETHANDROLONE.
OXABOLONE.
OXANDROLONE.
OXYMESTERONE.
OXYMETHOLONE.
PENMESTEROL.
PROPETANDROL.
QUINBOLONE.
SILANDRONE.
STANOZOLOL.
STENBOLONE.
TESTOLACTONE.
TESTOSTERONE.
TIBOLONE.
TIOMESTERONE.
TRENBOLONE.
TRESTOLONE.
ZERANOL.

5. Hormones peptidianes

SOMATOTROPINE (H.G.H.).
CORTICOTROPINE (A.C.T.H.).
MENOTROPINE.
TETRACOSACTIDE.
GONADOTROPHINE CHORIONIQUE (H.C.G.).
GONADORELINE.
ERYTHROPOIETINE (E.P.O.).

6. Diurétiques et produits masquants

ACETAZOLAMIDE.
ACIDE ETACRYNIQUE.
ACIDE FURACRINIQUE.
ACIDE TIENILIQUE.
ALTIZIDE.
AMANOZINE.
AMBUSIDE.
AMILORIDE.
AMINOMETRADINE.
AMPYRIMINE.
AZOSEMIDE.
BEMETIZIDE.
BENDROFLUMETHIAZIDE.
BENZOLAMIDE.
BENZTHIAZIDE.
BENZYLHYDROCHLORO-THIAZIDE.
BESUNIDE.
BUMETANIDE.
BUTIZIDE.
CANRENOATE DE POTASSIUM.
CANRENONE.
CARZENIDE.
CHLORAMINOPHENA-MIDE.
CHLORAZANIL.
CHLORMERODRINE.
CHLOROTHIAZIDE.
CLORTALIDONE.
CLOFENAMIDE.
CLOPAMIDE.
CLOREXOLONE.
CYCLOPENTHIAZIDE.
CYCLOTHIAZIDE.
DICLOFENAMIDE.
DIPHENYLMETHANSUL-FONAMIDE.
DISULFAMIDE.
EPITIZIDE.
ETHIAZIDE.
ETHOXYZOLAMIDE.
ETOZOLINE.
FENQUIZONE.
FLUMETHIAZIDE.
FUROSEMIDE.
FURTERENE.
HYDROCHLOROTHIAZIDE.
HYDROFLUMETHIAZIDE.
IBOPAMINE.
INDAPAMIDE.
MEBUTIZIDE.
MEFRUSIDE.
MERSALYL.
METHALTHIAZIDE.
METHAZOLAMIDE.
METHYCLOTHIAZIDE.
METICRANE.
METOLAZONE.
MUZOLIMINE.
OZOLINONE.
PARAFLUTIZIDE.
PENFLUTIZIDE.
PIRETANIDE.
POLYTHIAZIDE.

PROBENECIDE.
QUINETHAZONE.
SPIRONOLACTONE.
SPIROXASONE.
SULOCARBILATE.
TECLOTHIAZIDE.
TRIAMTERENE.
TRICLORMETHIAZIDE.
XIPAMIDE.

7. *Bêta-bloquants**

ACEBUTOLOL.
ALTENOLOL.
BEFUNOLOL.
BETAXOLOL.
BEVANTOLOL.
BISOPROLOL.
BOPINDOLOL.
BUFETOLOL.
BUFURALOL.
BUNITROLOL.
BUNOLOL.
BUPRANOLOL.
BUTIDRINE.
BUTOFILOLOL.
CARAZOLOL.
CARTEOLOL.
CELIPROLOL.
CETAMOLOL.
CLORANOLOL.
ESMOLOL.
INDENOLOL.
LABETALOL.
LEVOBUNOLOL.
MEPINDOLOL.
METALOL.
METIPRANOLOL.
METOPROLOL.
MOPROLOL.
NADOLOL.
NIFENALOL.
OXPRENOLOL.
PAMATOLOL.
PENBUTOLOL.
PINDOLOL.
PRACTOLOL.
PROCINOLOL.
PRONETALOL.
PROPANOLOL.
SOTALOL.
TALINOLOL.
TERTATOLOL.
TIMOLOL.
TIPRENOLOL.
TOLAMOLOL.
TOLIPROLOL.

8. *Anesthésiques locaux**

APTOCAINE.
ARTICAINE.
BENZOCAINE.
BETOXYCAINE.
BUPIVACAINE.
BUTACAINE.
BUTANILICAINE.
BUTOFORME.
BUTOXYCAINE.
CHLOROPROCAINE.
CINCHOCAINE.
CLODACAINE.
CYCLOMETHYCAINE.
DEXIVACAINE.
DIAMOCAINE.
DIMETHOCAINE.
DYCLONINE.
ETHYLE (CHLORURE D').
ETIDOCAINE.
EUPROCINE.
HEXYLCAINE.
HYDROXYPROCAINE.
LEUCINOCAINE.
LIDOCAINE.
MENGLYTATE.
MEPIVACAINE.
MEPRYLCAINE.
METABUTETHAMINE.
MYRTECAINE.
NICOTINOYLPROCAINE.
ONOCAINE.
ORTHOCAINE.
OXETACAINE.
OXYBUPROCAINE.
PARETHOXYCAINE.
PARIDOCAINE.
PHENACAINE.
PHENODIANISYL.
PIPEROCAINE.
PIRIDOCAINE.
POLYCAIN.
PRAMOCAINE.
PRILOCAINE.
PROCAINE.
PROPANOCAINE.
PROPIPOCAINE.
PROPOXYCAINE.
PROXYMETACAINE.
PYRROCAINE.
QUINISOCAINE.
RISOCAINE.
RODOCAINE.
TETRACAINE.
TOLYCAINE.
TRIMECAINE.

50.3. Arrêté du 22 janvier 1991

Relatif aux substances et aux procédés mentionnés à l'article 1er, paragraphe II, de la loi n° 89-432 du 28 juin 1989 relative à la prévention et à la répression de l'usage des produits dopants à l'occasion des compétitions et manifestations sportives

Le ministre de l'Agriculture et de la Forêt, le ministre délégué à la Santé et le secrétaire d'Etat à la Jeunesse et aux Sports,
Vu la loi n° 89-432 du 28 juin 1989 relative à la prévention et à la répression de l'usage des produits dopants à l'occasion des compétitions et manifestations sportives, et notamment son article 1er, paragraphe II, visant les animaux ;
Vu l'avis de la Commission nationale de lutte contre le dopage en date du 25 septembre 1990,

Arrêtent :

Art. 1er. — Les substances visées à l'article 1er de la loi du 28 juin 1989, qu'elles soient ou non incluses dans un médicament ou toute préparation, sont regroupées par classes pharmacologiques en annexe au présent arrêté.

Art. 2. — Sont des procédés de nature à modifier les capacités des animaux participant à des compétitions et manifestations sportives :
Le dopage sanguin, défini comme l'administration de sang ou de produits du sang ou de produits susceptibles d'augmenter ou de stimuler la production de globules rouges ;
La névrectomie, définie comme la section des nerfs des membres des animaux ;
L'usage d'appareillages infligeant des stimuli électriques ou thermiques aux animaux ;
L'usage des procédés dits de barrage.

Art. 3. — Le présent arrêté sera publié au *Journal officiel* de la République française.

Fait à Paris, le 22 janvier 1991.

Le ministre de l'Agriculture et de la Forêt,
LOUIS MERMAZ

Le ministre délégué à la Santé,
BRUNO DURIEUX

Le secrétaire d'Etat à la Jeunesse et aux Sports,
ROGER BAMBUCK

ANNEXE

Agents rubéfiants

Substances antibiotiques, antibactériennes et antivirales (1) :
Aminosides.
Antiseptiques.
Bêta-lactamines.
Chloramphénicol et thiamphénicol.
Interféron.
Macrolides et apparentés.
Nitrofurannes.
Polypeptides.
Quinolones.
Rifamycines et antituberculeux.
Sulfamides et sulfones.
Tétracyclines.

Substances antiparasitaires :
Acaricides.
Antifongiques.
Anthelminthiques.
Insecticides.
Protozoocides.

Immuno-modulateurs :
Immuno-dépresseurs.
Immuno-stimulants.

Substances modifiant la coagulation du sang :
Anticoagulants.
Hémostatiques généraux et coagulants.

Sécrétions endocriniennes et leurs équivalents synthétiques :
Androgènes.
Catécholamines.
Estrogènes.
Glucocorticoïdes.
Hormones hypophysaires.
Hormones peptidiques.
Hormones thyroïdiennes.
Minéralocorticoïdes.

---

(1) Pour les chiens de traineau et de pulka : sauf prescription du vétérinaire officiel, à joindre au procès-verbal de l'épreuve, effectuée au cours de la compétition, à la suite d'un accident ayant lieu pendant celle-ci et en prévention de complications septiques présumées inévitables ; ainsi que pour les affections diarrhéiques survenant lors de courses de plus d'une journée.

Progestagènes (2).
Prostaglandines.

Stimulants de l'hématopoïèse.

Stimulants généraux de l'organisme.

Substances cytotoxiques :
Cytostatiques.

Substances agissant sur le système cardio-vasculaire :
Analeptiques circulatoires.
Anti-angoreux.
Anti-arythmiques.
Anti-athéromateux.
Antihypertenseurs.
Bêta-bloquants.
Cardiotoniques.
Vasoconstricteurs.
Vasodilatateurs.

Substances agissant sur le système digestif :
Antidiarrhéiques.
Anti-émétiques.
Antisécrétoires gastriques.
Antispasmodiques et antisécrétoires anticholinergiques.
Antispasmodiques musculotropes.
Cholérétiques.
Emétiques.
Hépatoprotecteurs.
Purgatifs.
Stimulants sécrétoires.

Substances agissant sur le système musculo-squelettique :
Anabolisants.
Analgésiques mineurs.
Anti-inflammatoires non stéroïdiens (3).
Myorelaxants.

---

(2) Pour les chiens de traineau et de pulka : sauf pour les chiennes, en vue de supprimer l'apparition des chaleurs, sur prescription vétérinaire.
(3) Pour les chevaux de sept ans et plus :
Liste des substances pour lesquelles un niveau maximal est autorisé :
Oxyphénylbutazone : concentration plasmatique inférieure ou égale à deux microgrammes par millilitre.
Phénylbutazone : concentration plasmatique inférieure ou égale à deux microgrammes par millilitre.

Substances agissant sur le système nerveux :
Analgésiques centraux.
Anesthésiques généraux.
Anesthésiques locaux.
Anorexigènes.
Anticholinergiques.
Antidépresseurs.
Anti-épileptiques.
Antihistaminiques.
Antimigraineux.
Antiparkinsoniens.
Antisérotonine.
Anxiolytiques.
Barbituriques.
Bêta-agonistes.
Curarisants.
Hypnotiques non barbituriques.
Mydriatiques.
Neuroleptiques.
Parasympatolytiques.
Parasympatomimétiques.
Psychodysleptiques.
Psychostimulants.
Sympatolytiques.
Sympatomimétiques.

Substances agissant sur le système respiratoire :
Analeptiques respiratoires.
Antitussifs.
Bronchodilatateurs.
Expectorants.
Fluidifiants.
Mycolytiques.
Vasoconstricteurs O.R.L.

Substances agissant sur le système urinaire :
Antispasmodiques.
Diurétiques.
Inhibiteurs de la sécrétion urinaire.
Modificateurs de pH.

51. Fonction publique territoriale des activités physiques et sportives

51.1. Décret n° 92-368 du 1er avril 1992

Portant statut particulier du cadre d'emplois des opérateurs territoriaux des activités physiques et sportives

Le Premier ministre,

Sur le rapport du ministre de l'Intérieur,

Vu le code des communes ;

Vu le code du service national ;

Vu la loi n° 71-577 du 16 juillet 1971 d'orientation sur l'enseignement technologique modifiée ;

Vu la loi n° 83-634 du 13 juillet 1983 modifiée portant droits et obligations des fonctionnaires ;

Vu la loi n° 84-53 du 26 janvier 1984 modifiée portant dispositions statutaires relatives à la fonction publique territoriale ;

Vu la loi n° 84-610 du 16 juillet 1984 modifiée relative à l'organisation et à la promotion des activités physiques et sportives ;

Vu le décret n° 65-773 du 9 septembre 1965 relatif au régime de retraite des fonctionnaires affiliés à la Caisse nationale de retraite des agents des collectivités territoriales ;

Vu le décret n° 85-643 du 26 juin 1985 modifié relatif aux centres de gestion institués par la loi n° 84-53 du 26 janvier 1984 modifiée ;

Vu le décret n° 86-41 du 9 janvier 1986 relatif à la titularisation des agents des collectivités territoriales des catégories C et D ;

Vu le décret n° 87-1107 du 30 décembre 1987 modifié portant organisation des carrières des fonctionnaires territoriaux de catégories C et D ;

Vu le décret n° 87-1108 du 30 décembre 1987 modifié fixant les différentes échelles de rémunération pour les catégories C et D des fonctionnaires territoriaux ;

Vu le décret n° 90-929 du 20 septembre 1990 relatif à la fonction publique territoriale ;

Vu le décret n° 90-830 du 20 septembre 1990 modifiant divers échelonnements indiciaires applicables aux fonctionnaires territoriaux ;
Vu le décret n° 90-939 du 17 octobre 1990 fixant les règles d'assimilation prévues à l'article 16 *bis* du décret du 9 septembre 1965 relatif au régime des retraites des fonctionnaires affiliés à la Caisse nationale de retraite des agents des collectivités locales, et notamment son article 15 ;
Vu le décret n° 92-23 du 8 janvier 1992 relatif à l'homologation des titres et des diplômes de l'enseignement technologique ;
Vu l'avis du Conseil supérieur de la fonction publique territoriale en date du 21 novembre 1991 ;
Le Conseil d'Etat (section de l'intérieur) entendu,

Décrète :

Titre I
Dispositions générales

Art. 1er. — Les opérateurs territoriaux des activités physiques et sportives constituent un cadre d'emplois sportif de catégorie C au sens de l'article 5 de la loi n° 84-53 du 26 janvier 1984 susvisée.
Ce cadre d'emplois comprend les grades d'aide opérateur territorial des activités physiques et sportives, d'opérateur territorial des activités physiques et sportives, d'opérateur territorial des activités physiques et sportives qualifié et d'opérateur territorial des activités physiques et sportives principal.
Les grades d'aide opérateur, d'opérateur, d'opérateur qualifié, sont soumis aux dispositions des décrets n° 87-1107 et n° 87-1108 du 30 décembre 1987 et du décret n° 90-830 du 20 septembre 1990 susvisés. Ils relèvent respectivement des échelles 3, 4 et 5 de rémunération.
Le grade d'opérateur principal est soumis aux dispositions de l'article 8 du décret n° 87-1107 du 30 décembre 1987 précité. Son échelonnement indiciaire est fixé conformément à l'article 1er du décret n° 90-830 du 20 septembre 1990 précité.

Art. 2. — Les membres du cadre d'emplois sont chargés d'assister les responsables de l'organisation des activités physiques et sportives. Ils peuvent en outre être responsables de la sécurité des installations servant à ces activités. Les titulaires d'un brevet d'Etat de maître nageur-sauveteur ou de tout autre diplôme reconnu équivalent sont chargés de la surveillance des piscines et baignades.

Titre II
Conditions d'accès

Art. 3. — Le recrutement en qualité d'opérateur territorial des activités physiques et sportives intervient après inscription sur la liste d'aptitude établie en application des dispositions de l'article 36 de la loi du 26 janvier 1984 précité.

Art. 4. — Sont inscrits sur la liste d'aptitude prévue à l'article 3 les candidats déclarés admis à un concours externe avec épreuves ouvert aux candidats

titulaires au moins d'un titre ou diplôme homologué au niveau V selon la procédure définie par le décret n° 92-23 du 8 janvier 1992 susvisé.
Le concours comprend des épreuves d'admissibilité et des épreuves d'admission.
Les modalités d'organisation ainsi que la nature des épreuves sont fixées par décret ; le programme des épreuves est fixé par arrêté conjoint du ministre chargé des Collectivités territoriales et du ministre chargé des Sports.

Titre III
Nomination et titularisation

Art. 5. — Les candidats inscrits sur la liste d'aptitude prévue à l'article 3 et recrutés sur un emploi d'une collectivité ou d'un établissement public sont nommés stagiaires par l'autorité territoriale investie du pouvoir de nomination pour une durée d'un an.
Ceux qui, antérieurement à leur nomination, avaient la qualité de fonctionnaire sont dispensés de stage à condition qu'ils aient accompli deux ans au moins de services publics effectifs dans un emploi de même nature.

Art. 6. — Les stagiaires sont rémunérés sur la base de l'indice afférent au 1er échelon de leur grade.
Toutefois, ceux qui ne sont pas dispensés de stage et qui, auparavant, avaient la qualité de fonctionnaire ou d'agent non titulaire de la fonction publique peuvent opter pour le traitement indiciaire correspondant à leur situation antérieure. Cette disposition ne peut avoir pour effet d'assurer aux intéressés un traitement supérieur à celui auquel ils auraient droit s'ils étaient classés dans leur grade, en application des articles 5 à 7 du décret n° 87-1107 du 30 décembre 1987 précité.

Art. 7. — La titularisation des stagiaires intervient à la fin du stage par décision de l'autorité territoriale. Lorsque la titularisation n'est pas prononcée, le stagiaire est soit licencié s'il n'avait pas préalablement la qualité de fonctionnaire, soit réintégré dans son grade d'origine.
Toutefois, l'autorité territoriale peut, à titre exceptionnel, décider que la période de stage est prolongée d'une durée maximale d'un an.

Titre IV
Avancement

Art. 8. — Peuvent être nommés opérateurs territoriaux des activités physiques et sportives au choix, par voie d'inscription sur un tableau d'avancement établi après avis de la commission administrative paritaire, en application du 1. de l'article 79 de la loi du 26 janvier 1984, les aides opérateurs comptant au moins huit ans de services effectifs dans leur grade.

Art. 9. — Peuvent être nommés opérateurs territoriaux des activités physiques et sportives qualifiés au choix, par voie d'inscription sur un tableau d'avancement établi après avis de la commission administrative paritaire, en application du 1. de l'article 79 de la loi du 26 janvier 1984, les opérateurs comptant six

ans de services effectifs au moins dans leur grade, y compris la période de stage.
Le nombre d'opérateurs qualifiés ne peut représenter un effectif supérieur à 25 p. 100 des opérateurs et opérateurs qualifiés des activités physiques et sportives. Toutefois, lorsque cet effectif est inférieur à 4, une nomination peut être prononcée.

Art. 10. — Peuvent être nommés opérateurs territoriaux des activités physiques et sportives principaux au choix, par voie d'inscription sur un tableau d'avancement établi après avis de la commission administrative paritaire, en application du 1. de l'article 79 de la loi du 26 janvier 1984, les opérateurs qualifiés comptant deux ans d'ancienneté au 9e échelon de leur grade.
Le grade d'opérateur principal comporte trois échelons.
La durée maximale et la durée minimale du temps passé dans chaque échelon sont fixées ainsi qu'il suit :

ÉCHELONS	DURÉE	
	Maximale	Minimale
3e échelon	—	—
2e échelon	4 ans	3 ans
1er échelon	3 ans	2 ans

Les fonctionnaires promus sont reclassés dans le grade d'opérateur principal conformément au tableau ci-après :

OPÉRATEUR QUALIFIÉ	OPÉRATEUR PRINCIPAL	
Echelons	Echelons	Ancienneté d'échelons
9e échelon	1er	1/2 de l'ancienneté acquise au-delà de 2 ans
10e échelon	1er	1/2 de l'ancienneté acquise majorée de 1 an
11e échelon	2e	Ancienneté acquise dans la limite de 4 ans

Les opérateurs principaux bénéficiaires de ces dispositions ne doivent pas représenter un effectif supérieur à 10 p. 100 de l'effectif total du cadre d'emplois dans la collectivité ou l'établissement. Toutefois, lorsque cet effectif est inférieur à dix et supérieur ou égal à trois, une nomination peut être prononcée.

Titre V
Détachement

Art. 11. — Les fonctionnaires appartenant à un cadre d'emplois, corps ou emploi de catégorie C ne peuvent être détachés dans le présent cadre d'emplois au grade d'opérateur, d'opérateur qualifié ou d'opérateur principal, que si l'indice brut de début de leur grade ou emploi d'origine est au moins égal à l'indice brut afférent au 1er échelon, respectivement, du grade d'opérateur, d'opérateur qualifié ou d'opérateur principal.

Art. 12. — Le détachement intervient à l'échelon du grade comportant un indice égal ou, à défaut, immédiatement supérieur à celui dont bénéficie le fonctionnaire dans son cadre d'emplois, corps ou emploi d'origine.
Le fonctionnaire détaché conserve, dans la limite de la durée maximale de service exigée pour l'accès à l'échelon supérieur de son nouveau grade, l'ancienneté d'échelon acquise dans son précédent grade ou emploi lorsque le détachement ne lui procure pas un avantage supérieur à celui qui aurait résulté d'un avancement dans son grade ou emploi d'origine.

Art. 13. — Les fonctionnaires détachés dans le présent cadre d'emplois concourent pour l'avancement de grade et d'échelon avec l'ensemble des fonctionnaires territoriaux de ce cadre d'emplois s'ils justifient dans leur ancien corps, cadre d'emplois ou emploi d'une durée de service au moins équivalente à celle exigée des fonctionnaires territoriaux pour parvenir au grade et à l'échelon qui leur attribué dans leur emploi de détachement.

Art. 14. — Les fonctionnaires détachés dans le présent cadre d'emplois peuvent, sur leur demande, y être intégrés lorsqu'ils ont été détachés depuis deux ans au moins. L'intégration est prononcée par l'autorité territoriale dans le grade et l'échelon atteints dans le cadre d'emplois d'accueil, avec conservation de l'ancienneté acquise dans cet échelon.
Lorsqu'ils sont intégrés, ces fonctionnaires sont réputés détenir dans le cadre d'emplois l'ancienneté exigée pour parvenir à l'échelon auquel ils ont été classés.

Titre VI
Constitution initiale du cadre d'emplois et autres dispositions transitoires

Art. 15. — Sont intégrés en qualité de titulaires dans le présent cadre d'emplois :
a) Au grade d'opérateur territorial des activités physiques et sportives qualifié, les agents communaux titulaires d'un emploi de :
— moniteur de 1re catégorie ;
— maître nageur-sauveteur.
b) Au grade d'aide opérateur territorial des activités physiques et sportives, les agents communaux titulaires d'un emploi d'aide-moniteur.

Art. 16. — Sont intégrés en qualité de titulaires dans le cadre d'emplois au grade d'aide-opérateur les fonctionnaires territoriaux qui ont été nommés dans

un emploi classé à l'échelle 3 de rémunération et qui exercent des fonctions mentionnées à l'article 2.
Sont intégrés en qualité de titulaires dans le cadre d'emplois au grade d'opérateur les fonctionnaires territoriaux qui ont été nommés dans un emploi classé à l'échelle 4 de rémunération et qui exercent des fonctions mentionnées à l'article 2.
Sont intégrés en qualité de titulaires dans le cadre d'emplois au grade d'opérateur qualifié les fonctionnaires territoriaux qui ont été nommés dans un emploi classé à l'échelle 5 de rémunération et qui exercent des fonctions mentionnées à l'article 2.
Les fonctionnaires intégrés sont classés dans leur grade au même échelon que celui qu'ils avaient atteint dans leur précédent emploi. Ils conservent l'ancienneté d'échelon acquise dans leur précédent emploi.

Art. 17. — Sont intégrés en qualité de titulaires dans le présent cadre d'emplois au grade d'opérateur principal, lorsqu'ils se trouvaient en position d'activité et occupaient effectivement leur emploi à la date de publication du présent décret, les fonctionnaires des départements, des régions et des établissements publics en relevant, titulaires d'un emploi à caractère sportif dont l'indice brut terminal est au moins égal à l'indice brut 449 et exerçant les fonctions mentionnées à l'article 2.

Art. 18. — Sont intégrés et classés dans les conditions fixées à l'article 16 du présent décret les fonctionnaires territoriaux en position de détachement, de hors-cadre, de disponibilité, de congé parental, d'accomplissement du service national ou mis à disposition d'une organisation syndicale en application de l'article 100 de la loi du 26 janvier 1984 précitée.
Pour les fonctionnaires territoriaux en position de détachement, seule est prise en considération la situation dans la collectivité ou l'établissement d'origine.

Art. 19. — Peuvent être intégrés en qualité de titulaires, selon les modalités du décret n° 86-41 du 9 janvier 1986 susvisé, les agents territoriaux remplissant les conditions fixées par le décret, qui ont demandé à bénéficier des dispositions de ce décret et qui assurent les fonctions ou occupent les emplois mentionnés à l'article 2 ci-dessus. Ils sont intégrés et classés dans leur grade dans les conditions mentionnées à l'article 16 ci-dessus.

Art. 20. — Sont intégrés dans le présent cadre d'emplois, respectivement aux grades d'aide-opérateur, d'opérateur, d'opérateur qualifié et d'opérateur principal les fonctionnaires territoriaux nommés dans des emplois créés en application de l'article L. 412-2 du code des communes, s'ils exercent les fonctions mentionnées à l'article 2 ci-dessus et s'ils bénéficient d'une échelle indiciaire dont l'indice afférent à l'échelon de début n'est pas inférieur respectivement aux indices bruts 232, 238, 249 et 396. Ils sont classés dans leur grade dans les mêmes conditions que celles mentionnées à l'article 12 du présent décret.

Art. 21. — Les fonctionnaires territoriaux titulaires intégrés dans le cadre d'emplois qui, à la date de publication du pésent décret, ont atteint un échelon comportant un indice supérieur à l'indice de l'échelon terminal de leur grade d'intégration sont intégrés à l'échelon terminal de ce grade mais conservent, à titre personnel, l'indice afférent à l'échelon qu'ils avaient atteint.

Art. 22. — Les fonctionnaires sont intégrés dans le cadre d'emplois des opérateurs territoriaux des activités physiques et sportives par arrêté de l'autorité territoriale dont ils relèvent. Cette intégration prend effet à la date de publication du présent décret.

Art. 23. — Les règles prévues au présent chapitre pour les fonctionnaires titulaires sont applicables aux agents stagiaires dans les mêmes conditions.
Les agents stagiaires ainsi intégrés poursuivent leur stage en application des règles antérieures.
Si à l'issue du stage la titularisation n'est pas prononcée, ils sont soit licenciés s'ils n'avaient pas la qualité de fonctionnaire, soit, s'ils avaient cette qualité, réintégrés dans leur emploi d'origine.

Art. 24. — Les services publics effectifs accomplis dans leur ancien emploi par les fonctionnaires intégrés en application du présent titre sont considérés comme des services effectifs accomplis dans le grade d'intégration.

Art. 25. — A titre transitoire, jusqu'au 31 juillet 1996, la proportion du nombre des emplois d'opérateurs territoriaux des activités physiques et sportives principaux, par rapport à l'effectif total du cadre d'emplois, est fixée par dérogation à l'article 10, ainsi qu'il suit :
— à compter de la date de la création du grade : 2,5 p. 100 ;
— à compter du 1er août 1993 : 5 p. 100 ;
— à compter du 1er août 1995 : 7,5 p. 100.
Toutefois, lorsque l'effectif du cadre d'emplois est supérieur ou égal à trois, un fonctionnaire peut être promu à compter du 1er février 1994.

Titre VII
Dispositions relatives aux titulaires de pensions accordées en application du décret n° 65-773 du 9 septembre 1965 relatif au régime de retraite des fonctionnaires affiliés à la Caisse nationale de retraite des agents des collectivités locales

Art. 26. — Pour l'application de l'article 16 *bis* du décret n° 65-773 du 9 septembre 1965 susvisé, les assimilations prévues pour fixer les émoluments de base mentionnés à l'article 15 dudit décret sont effectuées conformément aux dispositions d'intégration des opérateurs territoriaux des activités physiques et sportives prévues aux articles 15 à 18 et 22 du présent décret et aux dispositions de l'article 15 du décret n° 90-939 du 17 octobre 1990.

Art. 27. — Le ministre d'Etat, ministre de l'Economie, des Finances et du Budget, le ministre de l'Intérieur, le ministre de la Jeunesse et des Sports, le ministre délégué au Budget et le secrétaire d'Etat aux Collectivités locales sont chargés, chacun en ce qui le concerne, de l'exécution du présent décret, qui sera publié au *Journal officiel* de la République française.

Fait à Paris, le 1er avril 1992.

Par le Premier ministre : ÉDITH CRESSON

Le ministre de l'Intérieur,
PHILIPPE MARCHAND

Le ministre d'Etat, ministre de l'Economie, des Finances et du Budget,
PIERRE BÉRÉGOVOY

Le ministre de la Jeunesse et des Sports,
FRÉDÉRIQUE BREDIN

Le ministre délégué au Budget,
MICHEL CHARASSE

Le secrétaire d'Etat aux Collectivités locales,
JEAN-PIERRE SUEUR

51.2. Décret n° 93-553 du 26 mars 1993

Relatif aux conditions d'accès et aux modalités d'organisation du concours externe pour le recrutement des opérateurs territoriaux des activités physiques et sportives

Le Premier ministre,
Sur le rapport du ministre de l'Intérieur et de la Sécurité publique,
Vu la loi n° 71-577 du 16 juillet 1971 sur l'enseignement technologique ;
Vu la loi n° 84-53 du 26 janvier 1984 modifiée portant dispositions statutaires relatives à la fonction publique territoriale ;
Vu le décret n° 85-1229 du 20 novembre 1985 modifié relatif aux conditions générales de recrutement des agents de la fonction publique territoriale ;
Vu le décret n° 92-368 du 1er avril 1992 portant statut particulier du cadre d'emplois des opérateurs territoriaux des activités physiques et sportives, notamment son article 4 ;
Vu l'avis du Conseil supérieur de la fonction publique territoriale en date du 10 février 1993,

Décrète :

Chapitre I
Nature des épreuves du concours

Art. 1er. — Le concours externe d'accès au cadre d'emplois des opérateurs territoriaux des activités physiques et sportives comporte des épreuves d'admissibilité et d'admission.

Art. 2. — Les épreuves d'admissibilité du concours externe de recrutement des opérateurs territoriaux des activités physiques et sportives comprennent :
1. Un questionnaire de vingt questions à choix multiples relatif à la connaissance de la réglementation sportive, de l'organisation du sport dans les collectivités territoriales et de la sécurité dans les équipements sportifs (durée : trente minutes ; coefficient 2) ;
2. La rédaction d'un rapport établi à partir d'un dossier relatif à un événement ou à un incident ayant eu lieu sur un équipement sportif (durée : une heure trente ; coefficient 3).

Art. 3. — Peuvent être seuls autorisés à se présenter aux épreuves d'admission les candidats déclarés admissibles par le jury.

Art. 4. — Les épreuves d'admission du concours externe comprennent :
1. Un entretien avec les membres du jury sur les connaissances du candidat dans le domaine des activités physiques et sportives ainsi que sur sa motivation pour occuper un emploi d'opérateur territorial des activités physiques et sportives (durée : vingt minutes ; coefficient 2).
2. Une épreuve physique comprenant (coefficient 1) :
— un parcours de natation ;
— une épreuve de course.

Art. 5. — Les programmes de chacune des épreuves prévues aux articles 2 et 4 ci-dessus sont fixés par arrêté conjoint du ministre chargé des Collectivités locales et du ministre chargé des Sports.

Chapitre II
Organisation des concours

Art. 6. — Chaque session de concours fait l'objet d'un avis qui précise la date limite de dépôt des inscriptions, la date des épreuves, le nombre de postes à pourvoir et l'adresse à laquelle les candidatures doivent être déposées.
Les avis de concours sont publiés au recueil des actes administratifs du département concerné deux mois au moins avant la date limite du dépôt des candidatures.
Le président du centre de gestion compétent assure cette publicité pour les collectivités et établissements affiliés.
Les collectivités et établissements non affiliés assurent par eux-mêmes cette mission.

Art. 7. — Le jury est nommé par arrêté de l'autorité territoriale de la collectivité ou de l'établissement qui organise le concours.

Il comprend au moins trois et au plus cinq membres. A l'exception des membres mentionnés à l'article 42 de la loi n° 84-53 du 26 janvier 1984 et facultativement du président du jury, les autres membres sont choisis sur une liste dressée, chaque année pour son ressort, par le président du tribunal administratif.

L'arrêté prévu au premier alinéa du présent article désigne le remplaçant du président dans le cas où celui-ci serait dans l'impossibilité de poursuivre sa mission.

En cas de partage égal des voix, la voix du président est prépondérante.

Les correcteurs sont désignés par arrêté de l'autorité territoriale précitée pour participer avec les membres du jury à la correction des épreuves.

Les épreuves écrites sont anonymes ; chaque composition est corrigée par deux correcteurs.

Art. 8. — Il est attribué à chaque épreuve une note de 0 à 20. Chaque note est multipliée par le coefficient correspondant.

Le jury arrête, pour chaque concours, la liste des candidats admis à se présenter aux épreuves d'admission, d'après le total des points qu'ils ont obtenus à l'ensemble des épreuves d'admissibilité.

Toute note inférieure à 5 sur 20 à l'une de ces épreuves entraîne l'élimination de la liste d'admissibilité.

Art. 9. — Les jurys peuvent, compte tenu notamment du nombre des candidats, se constituer en groupes d'examinateurs en vue de la correction des épreuves écrites et des interrogations orales.

Art. 10. — A l'issue des épreuves, le jury arrête la liste d'admission. La liste d'aptitude est établie par ordre alphabétique.

Art. 11. — Le ministre de l'Intérieur et de la Sécurité publique, le ministre de la Jeunesse et des Sports et le secrétaire d'Etat aux Collectivités locales sont chargés, chacun en ce qui le concerne, de l'exécution du présent décret, qui sera publié au *Journal officiel* de la République française.

Fait à Paris, le 26 mars 1993.

Par le Premier ministre : PIERRE BÉRÉGOVOY

Le ministre de l'Intérieur et de la Sécurité publique,
PAUL QUILÈS

Le ministre de la Jeunesse et des Sports,
FRÉDÉRIQUE BREDIN

Le secrétaire d'Etat aux Collectivités locales,
JEAN-PIERRE SUEUR

51.3. Arrêté du 26 mars 1993

Fixant le programme des matières des épreuves du concours externe pour le recrutement des opérateurs territoriaux des activités physiques et sportives

Le ministre de la Jeunesse et des Sports et le secrétaire d'Etat aux Collectivités locales,

Vu la loi n° 84-53 du 26 janvier 1984 modifiée portant dispositions statutaires relatives à la fonction publique territoriale ;

Vu le décret n° 92-368 du 1er avril 1992 portant statut particulier du cadre d'emplois des opérateurs territoriaux des activités physiques et sportives ;

Vu le décret n° 93-553 du 26 mars 1993 relatif aux conditions d'accès et aux modalités d'organisation du concours externe pour le recrutement des opérateurs territoriaux des activités physiques et sportives ;

Vu l'avis du Conseil supérieur de la fonction publique territoriale en date du 10 février 1993,

Arrêtent :

Art. 1er. — Le programme des matières sur lesquelles portent les épreuves du concours externe pour le recrutement des opérateurs territoriaux des activités physiques et sportives mentionnées à l'article 2 du décret du 26 mars 1993 susvisé est le suivant :

A. — *Epreuves écrites d'admissibilité*

1. Questionnaire à choix multiples relatif à la connaissance de la réglementation sportive et de l'organisation du sport dans les collectivités territoriales portant sur :

a) L'organisation du sport au niveau local :

Le rôle et le fonctionnement des collectivités territoriales et de leurs établissements publics, des établissements scolaires et des associations dans le domaine des activités physiques et sportives.

b) La réglementation sportive et la sécurité :

— les règles d'hygiène et de sécurité dans les salles et les équipements sportifs ;

— la notion de responsabilité : morale, civile, pénale, professionnelle ;

— la notion de faute : responsabilité personnelle des agents ; responsabilité des collectivités territoriales.

2. Rédaction d'un rapport à partir d'un dossier sur un événement ou incident ayant eu lieu sur un équipement d'activités physiques et sportives.

L'épreuve permet de vérifier la capacité du candidat à rédiger un rapport écrit circonstancié à partir d'un événement ou d'un incident ayant eu lieu sur un équipement sportif. Il peut s'agir de tout équipement sportif fréquenté par différents publics et recevant ou non des spectateurs.

B. — *Epreuve d'admission*

Le programme et le barème de notation des épreuves physiques prévues à l'article 4 (2.) du décret du 26 mars 1993 susvisé figurent dans l'annexe au présent arrêté.

Art. 2. — Le directeur de l'administration générale du ministère de la Jeunesse et des Sports et le directeur général des collectivités locales sont chargés, chacun en ce qui le concerne, de l'exécution du présent arrêté, qui sera publié au *Journal officiel* de la République française.

Fait à Paris, le 26 mars 1993.

Le ministre de la Jeunesse et des Sports,
FRÉDÉRIQUE BREDIN

Le secrétaire d'Etat aux Collectivités locales,
JEAN-PIERRE SUEUR

51.4. Décret n° 92-363 du 1er avril 1992

Portant statut particulier du cadre d'emplois des éducateurs territoriaux des activités physiques et sportives

Le Premier ministre,
Sur le rapport du ministre de l'Intérieur,
Vu le code des communes ;
Vu le code du service national ;
Vu la loi n° 83-634 du 13 juillet 1983 modifiée portant droits et obligations des fonctionnaires ;
Vu la loi n° 84-53 du 26 janvier 1984 modifiée portant dispositions statutaires relatives à la fonction publique territoriale ;
Vu la loi n° 84-594 du 12 juillet 1984 modifiée relative à la formation des agents de la fonction publique territoriale ;
Vu la loi n° 84-610 du 16 juillet 1984 modifiée relative à l'organisation et à la promotion des activités physiques et sportives ;
Vu le décret n° 65-773 du 9 septembre 1965 relatif au régime de retraite des fonctionnaires affiliés à la Caisse nationale de retraite des agents des collectivités locales ;
Vu le décret n° 85-643 du 26 juin 1985 modifié relatif aux centres de gestion institués par la loi n° 84-53 du 26 janvier 1984 modifiée ;

Vu le décret n° 86-227 du 18 janvier 1986 relatif à la titularisation des agents des collectivités territoriales des catégories A et B ;

Vu le décret n° 87-811 du 5 octobre 1987 modifié relatif au Centre national de la fonction publique territoriale ;

Vu le décret n° 87-1107 du 30 décembre 1987 modifié portant organisation des carrières des fonctionnaires territoriaux de catégories C et D ;

Vu le décret n° 90-929 du 20 septembre 1990 relatif à la fonction publique territoriale ;

Vu le décret n° 90-939 du 17 octobre 1990 fixant les règles d'assimilation prévues à l'article 16 *bis* du décret du 9 septembre 1965 relatif au régime de retraite des fonctionnaires affiliés à la Caisse nationale de retraite des agents des collectivités locales, et notamment son article 15 ;

Vu l'avis du Conseil supérieur de la fonction publique territoriale en date du 21 novembre 1991 ;

Le Conseil d'Etat (section de l'intérieur) entendu,

Décrète :

Titre Ier
Dispositions générales

Art. 1er. — Les éducateurs territoriaux des activités physiques et sportives constituent un cadre d'emplois sportif de catégorie B au sens de l'article 5 de la loi n° 84-53 du 26 janvier 1984 susvisée.

Ce cadre d'emplois comprend les grades d'éducateur de 2e classe, d'éducateur de 1re classe et d'éducateur hors classe.

Art. 2. — Les membres du cadre d'emplois exercent leurs fonctions sous l'autorité des directeurs généraux des services des départements et des régions, des secrétaires généraux ou secrétaires des communes, ou des directeurs d'établissements publics, et, le cas échéant, des directeurs généraux adjoints des départements et des régions, des secrétaires généraux adjoints des communes, des directeurs adjoints des établissements publics ou des administrateurs territoriaux et des conseillers territoriaux des activités physiques et sportives en poste dans la collectivité ou l'établissement.

Ils conduisent et coordonnent sur le plan administratif, social, technique, pédagogique et éducatif, les activités physiques et sportives de la collectivité ou de l'établissement public, assurent l'encadrement des personnels qui s'y consacrent, veillent à la sécurité du public et surveillent les installations. Ils sont également chargés de l'encadrement des groupes d'enfants et d'adolescents qui pratiquent les activités sportives ou de plein air de la collectivité.

Les éducateurs des activités physiques et sportives occupant les fonctions de chef de bassin assurent l'encadrement des activités de natation. Ils veillent à la sécurité du public et à la bonne tenue d'un ou plusieurs bassins.

Titre II
Modalités de recrutement

Art. 3. — Le recrutement en qualité d'éducateur territorial des activités physiques et sportives intervient après inscription sur les listes d'aptitude établies :
1. En application des dispositions de l'article 36 de la loi du 26 janvier 1984 précitée ;
2. En application des dispositions du 2. de l'article 39 de ladite loi.

Art. 4. — Sont inscrits sur la liste d'aptitude prévue au 1. de l'article 3 les candidats déclarés admis :
1. A un concours externe sur épreuves ouvert, pour la moitié au moins des postes à pourvoir, aux candidats titulaires du baccalauréat de l'enseignement secondaire ou d'un titre ou diplôme de niveau équivalent figurant sur une liste établie par décret ;
2. A un concours interne sur épreuves ouvert, pour la moitié au plus des postes à pourvoir, aux fonctionnaires et agents publics ainsi qu'aux agents en fonctions dans une organisation internationale intergouvernementale. Les candidats doivent justifier au 1er janvier de l'année du concours de quatre ans au moins de services effectifs, compte non tenu des périodes de stage ou de formation dans une école ou un établissement ouvrant accès à un grade de la fonction publique.

Le Centre national de la fonction publique territoriale est chargé de la coordination générale de l'organisation de ces concours. Nul ne peut participer plus de trois fois au total à l'un ou l'autre de ces concours.
Lorsque le nombre des candidats ayant subi avec succès les épreuves d'un concours externe ou d'un concours interne est inférieur au nombre des places offertes à ce concours, le jury peut modifier la répartition des places entre les deux concours dans la limite de 15 p. 100 des places offertes à l'un ou l'autre des concours ou d'une place au moins.
Les concours comprennent des épreuves d'admissibilité et des épreuves d'admission dont les modalités sont fixées par arrêté conjoint du ministre chargé des Collectivités territoriales et du ministre chargé du Sport.
Les modalités d'organisation des concours, les règles de discipline et la date d'ouverture des épreuves ainsi que la liste des candidats admis à y prendre part sont fixées par le président du Centre national de la fonction publique territoriale. Celui-ci arrête également la liste d'aptitude.

Art. 5. — Peuvent être inscrits sur la liste d'aptitude prévue au 2. de l'article 3 les membres du cadre d'emplois des opérateurs territoriaux des activités physiques et sportives, comptant au moins quatre ans de services effectifs dans le grade d'opérateur qualifié ou d'opérateur principal, en position d'activité ou de détachement dans un emploi d'une collectivité territoriale et qui ont satisfait à un examen professionnel.
Le Centre national de la fonction publique territoriale est chargé de la coordination générale de l'organisation de l'examen professionnel prévu ci-dessus. L'examen comporte des épreuves dont les modalités sont fixées par décret et

les programmes par arrêté conjoint du ministre chargé des Collectivités territoriales et du ministre chargé des Sports.

Art. 6. — Les fonctionnaires territoriaux mentionnés à l'article 5 peuvent être recrutés en qualité d'éducateur stagiaire à raison d'un recrutement au titre de la promotion interne pour quatre recrutements intervenus dans la collectivité ou établissement ou l'ensemble des collectivités et établissements affiliés à un centre de gestion de candidats admis au concours externe ou interne ou de fonctionnaires du cadre d'emplois, à l'exclusion des nominations intervenues à la suite d'une mutation à l'intérieur de la collectivité et des établissements en relevant.

Titre III
Nomination, formation initiale et titularisation

Art. 7. — Les candidats inscrits sur la liste d'aptitude prévue à l'article 4 et recrutés sur un emploi d'une des collectivités ou établissements publics mentionnés à l'article 2 de la loi du 26 janvier 1984 susvisée sont nommés éducateurs des activités physiques et sportives de 2e classe stagiaires pour une durée d'un an par l'autorité territoriale investie du pouvoir de nomination.
Au cours de leur stage, ils sont astreints à suivre une période de formation de six mois. Les périodes de formation sont organisées par le Centre national de la fonction publique territoriale ; elles comportent des sessions théoriques de spécialité d'une durée totale de quatre mois au moins et des stages pratiques accomplis notamment auprès de la collectivité ou de l'établissement qui a procédé au recrutement.

Art. 8. — Les fonctionnaires inscrits sur la liste d'aptitude prévue à l'article 5 ci-dessus et recrutés sur un emploi d'une des collectivités ou établissements publics mentionnés à l'article 2 de la loi du 26 janvier 1984 précitée sont nommés éducateurs de 2e classe stagiaires par l'autorité territoriale investie du pouvoir de nomination.
Ces fonctionnaires sont astreints à une période de stage d'une durée de six mois pendant laquelle ils sont placés en position de détachement auprès de la collectivité ou de l'établissement qui a procédé au recrutement. Durant cette période, ils suivent un cycle de perfectionnement de spécialité, éventuellement discontinu, organisé par le Centre national de la fonction publique territoriale, d'une durée de trois mois, dont un mois de stage pratique qui ne peut être effectué dans la collectivité ou l'établissement public qui a procédé au recrutement.

Art. 9. — La titularisation des stagiaires intervient, par décision de l'autorité territoriale, à la fin du stage de formation mentionné aux articles 7 et 8, au vu notamment d'un rapport établi par le président du Centre national de la fonction publique territoriale. Lorsque la titularisation n'est pas prononcée, le stagiaire est soit licencié, s'il n'avait pas auparavant la qualité de fonctionnaire, soit réintégré dans son cadre d'emplois, corps ou emploi d'origine.

Toutefois, l'autorité territoriale peut, à titre exceptionnel et après avis du président du Centre national de la fonction publique territoriale, décider que la période de stage est prolongée d'une durée maximale de neuf mois pour les stagiaires mentionnés à l'article 7, et de quatre mois pour les stagiaires mentionnés à l'article 8.

Art. 10. — Les stagiaires mentionnés à l'article 7 sont rémunérés par la collectivité ou l'établissement qui a procédé au recrutement sur la base de l'indice afférent au premier échelon du grade d'éducateur de 2e classe.
Toutefois, ceux qui avaient auparavant la qualité de fonctionnaires perçoivent le traitement indiciaire correspondant à leur situation antérieure si ce traitement est supérieur à celui correspondant au 1er échelon du grade d'éducateur de 2e classe.
Lorsque ces fonctionnaires sont titularisés, ils sont placés, sous réserve des règles définies aux articles 11, 12 et 13, à l'échelon du grade d'éducateur de 2e classe correspondant à l'ancienneté acquise depuis leur nomination dans le cadre d'emplois sans qu'il soit tenu compte de la prolongation éventuelle de la période de stage prévue au deuxième alinéa de l'article 9.

Art. 11. — Les fonctionnaires appartenant à un cadre d'emplois ou à un corps de catégorie B, ou titulaires d'un emploi de même niveau, sont classés à l'échelon comportant un indice égal ou, à défaut, immédiatement supérieur à celui qu'ils détenaient dans leur grade ou leur emploi d'origine.
Dans la limite de l'ancienneté maximale éxigée pour une promotion à l'échelon supérieur, ils conservent l'ancienneté d'échelon acquise dans leur précédent grade ou emploi lorsque l'augmentation de traitement consécutive à leur titularisation est inférieure à celle qui résulterait d'un avancement d'échelon dans leur ancienne situation.
Les candidats nommés alors qu'ils ont atteint l'échelon le plus élevé de leur précédent grade ou emploi conservent leur ancienneté d'échelon dans les mêmes conditions et limites lorsque l'augmentation de traitement consécutive à leur titularisation est inférieure à celle qui résulte de leur élévation audit échelon.

Art. 12. — Les fonctionnaires appartenant à un cadre d'emplois ou à un corps de catégorie C ou D ou titulaires d'un emploi de même niveau sont classés dans le grade d'éducateur de 2e classe sur la base de la durée maximum de service exigée pour chaque avancement d'échelon en prenant en compte une fraction de leur ancienneté dans leur cadre d'emplois, corps ou emploi d'origine.
L'ancienneté dans le cadre d'emplois, corps ou emploi d'origine correspond, dans la limite maximale de vingt-neuf ans pour un cadre d'emplois, corps ou emplois de la catégorie D, et de trente-deux ans pour un cadre d'emplois, corps ou emploi de la catégorie C, au temps nécessaire pour parvenir sur la base des durées maximales de services à l'échelon occupé par l'intéressé, augmenté de l'ancienneté acquise dans cet échelon.

Cette ancienneté est retenue à raison des :
a) Trois douzièmes lorsqu'il s'agit d'un cadre d'emplois, corps ou emploi de la catégorie D ;

b) Huit douzièmes pour les douze premières années et sept douzièmes pour le surplus lorsqu'il s'agit d'un cadre d'emplois, corps ou emploi de la catégorie C.

L'application des dispositions qui précèdent ne peut pas avoir pour effet de classer un fonctionnaire dans une situation plus favorable que celle qui aurait été la sienne si, préalablement à sa nomination dans le cadre d'emplois, il avait été promu au grade supérieur.

Par dérogation aux dispositions qui précèdent, les fonctionnaires titulaires d'un grade de catégorie C non classé dans une échelle de rémunération définie par le décret n° 87-1107 du 30 décembre 1987 susvisé peuvent être classés, s'ils y ont intérêt, à un échelon du grade qui comporte un traitement égal ou, à défaut, immédiatement supérieur au traitement perçu en dernier lieu.

Dans la limite de l'ancienneté maximum de service exigée pour une promotion à l'échelon supérieur, ils conservent l'ancienneté d'échelon qu'ils avaient acquise dans leur précédent grade lorsque l'augmentation de traitement consécutive à leur nomination est inférieure à celle que leur aurait procurée un avancement d'échelon dans leur ancienne situation.

Les agents nommés alors qu'ils ont atteint l'échelon le plus élevé de leur précédent grade conservent leur ancienneté d'échelon dans les mêmes conditions et limites lorsque l'augmentation de traitement consécutive à leur nomination est inférieure à celle que leur avait procurée leur nomination à cet échelon.

Art. 13. — Les agents non titulaires sont classés dans le grade d'éducateur de 2e classe à un échelon déterminé en prenant en compte les services accomplis dans un emploi situé au niveau de la catégorie B à raison des trois quarts de leur durée, et ceux accomplis dans un emploi situé à un niveau inférieur à raison de la moitié de leur durée.

Les agents non titulaires qui ont occupé antérieurement des emplois d'un niveau inférieur à celui qu'ils occupent au moment de leur admission comme stagiaires peuvent demander que la totalité de leur ancienneté de service soit prise en compte dans les conditions fixées ci-dessus pour des emplois du niveau inférieur.

Dans tous les cas, les services pris en compte doivent avoir été accomplis de façon continue. La continuité des services n'est interrompue ni par l'accomplissement des obligations du service national ni par les congés réguliers. Toutefois sont retenus les services accomplis avant une interruption de fonctions inférieure à trois mois si cette interruption est du fait de l'agent, ou inférieure à un an dans le cas contraire.

Les dispositions qui précèdent ne peuvent avoir pour effet de placer les intéressés dans une situation plus favorable que celle qui résulterait d'un classement à un échelon comportant un traitement égal ou, à défaut, immédiatement supérieur à celui perçu dans leur ancien emploi avec conservation de l'ancienneté d'échelon dans les conditions définies aux deuxième et troisième alinéas de l'article 11.

Lorsque l'application des dispositions des articles 12 et 13 aboutit à classer les agents intéressés à un échelon doté d'un indice ou d'un traitement inférieur à celui dont ils bénéficiaient dans leur emploi précédent, les intéressés conservent, à titre personnel, le bénéfice de leur indice ou traitement antérieur jusqu'au jour où ils atteignent dans leur grade un échelon comportant un indice au moins égal.

Art. 14. — Les stagiaires mentionnés à l'article 8 sont rémunérés par la collectivité ou l'établissement qui a procédé au recrutement. Ils sont placés à l'échelon du grade d'éducateur de 2e classe comportant un traitement égal ou, à défaut, immédiatement supérieur à celui dont ils bénéficiaient dans leur emploi d'origine.

Lorsque leur nomination ne leur procure pas une augmentation de traitement égale ou supérieure à celle qu'ils auraient obtenue par un avancement d'échelon dans leur précédente situation, ils conservent l'ancienneté d'échelon acquise dans leur précédent grade dans la limite nécessaire à un avancement d'échelon.

Pour l'application de ces dispositions aux fonctionnaires parvenus à l'échelon maximum de leur grade, le bénéfice retiré de leur nomination en qualité d'éducateur de 2e classe doit être comparé à l'augmentation de traitement obtenue lors du dernier avancement d'échelon dans le grade d'origine.

Lorsque ces fonctionnaires sont titularisés, ils sont placés à l'échelon et avec l'ancienneté d'échelon qu'ils détiennent au jour de leur titularisation, sans qu'il soit tenu compte de la prolongation éventuelle de la période de stage prévue au deuxième alinéa de l'article 9.

Titre IV
Avancement

Art. 15. — Le grade d'éducateur des activités physiques et sportives de 2e classe comprend douze échelons. Le grade d'éducateur de 1re classe comprend cinq échelons. Le grade d'éducateur hors classe comprend sept échelons.

Art. 16. — La durée maximale et la durée minimale du temps passé dans chacun des échelons des grades sont données dans le tableau page suivante.

Art. 17. — Peuvent être nommés éducateurs de 1re classe les éducateurs de 2e classe comptant trois ans de services effectifs en cette qualité et ayant atteint au moins le huitième échelon de leur grade, après inscription sur un tableau d'avancement dans la limite fixée à l'alinéa suivant.

Le nombre des éducateurs de 1re classe ne peut être supérieur à 30 p. 100 du nombre d'éducateurs des activités physiques et sportives de 1re et de 2e classe de la collectivité. Lorsque la proportion de 30 p. 100 est atteinte, il peut être procédé à la promotion des fonctionnaires remplissant les conditions pour bénéficier d'un avancement dans la limite de :

— un cinquième de leur effectif à la date de parution du décret ;

— quatre cinquièmes de leur effectif au 1er août 1993.

La totalité des fonctionnaires remplissant les conditions pour bénéficier d'un avancement peut être promue à compter du 1er août 1994.

GRADES ET ÉCHELONS	DURÉES	
	Maximale	Minimale
Educateur des activités physiques et sportives hors classe :		
7ᵉ échelon	—	—
6ᵉ échelon	2 ans 6 mois	2 ans
5ᵉ échelon	2 ans 6 mois	2 ans
4ᵉ échelon	2 ans	1 an 6 mois
3ᵉ échelon	2 ans	1 an 6 mois
2ᵉ échelon	2 ans	1 an 6 mois
1ᵉʳ échelon	2 ans	1 an 6 mois
Educateur des activités physiques et sportives de 1ʳᵉ classe :		
5ᵉ échelon	—	—
4ᵉ échelon	4 ans	3 ans
3ᵉ échelon	3 ans	2 ans 3 mois
2ᵉ échelon	3 ans	2 ans 3 mois
1ᵉʳ échelon	3 ans	2 ans 3 mois
Educateur des activités physiques et sportives de 2ᵉ classe :		
12ᵉ échelon	—	—
11ᵉ échelon	4 ans	3 ans
10ᵉ échelon	3 ans	2 ans 3 mois
9ᵉ échelon	3 ans	2 ans 3 mois
8ᵉ échelon	3 ans	2 ans 3 mois
7ᵉ échelon	3 ans	2 ans 3 mois
6ᵉ échelon	2 ans	1 an 6 mois
5ᵉ échelon	1 an 6 mois	1 an 6 mois
4ᵉ échelon	1 an 6 mois	1 an 6 mois
3ᵉ échelon	1 an 6 mois	1 an 6 mois
2ᵉ échelon	1 an 6 mois	1 an 6 mois
1ᵉʳ échelon	1 an	1 an

Art. 18. — Peuvent être nommés éducateurs des activités physiques et sportives hors classe après inscription sur un tableau d'avancement dans la limite fixée au dernier alinéa :

1. Les éducateurs des activités physiques et sportives de 1ʳᵉ classe comptant trois ans de services effectifs dans leur grade ;

2. Les éducateurs des activités physiques et sportives de 2e classe ayant six ans de services effectifs dans leur grade et les éducateurs des activités physiques et sportives de 1re classe ayant satisfait à un examen professionnel organisé par le Centre national de la fonction publique territoriale.

Le nombre des éducateurs des activités physiques et sportives hors classe ne peut être supérieur à 21,5 p. 100 des effectifs du cadre d'emplois.

Art. 19. — Les fonctionnaires promus sont classés à l'échelon comportant un indice égal ou, à défaut, immédiatement supérieur à celui dont ils bénéficiaient antérieurement. Ils conservent leur ancienneté d'échelon dans la limite de l'ancienneté maximale exigée pour une promotion à l'échelon supérieur lorsque l'avantage qui résulte de leur nomination est inférieur à celui qu'ils auraient retiré d'un avancement d'échelon dans leur ancien grade.
Les candidats nommés alors qu'ils ont atteint l'échelon le plus élevé de leur précédent grade ou emploi conservent leur ancienneté d'échelon dans les mêmes conditions et limites lorsque l'augmentation de traitement consécutive à leur titularisation est inférieure à celle qui résulte de leur élévation audit échelon.

Titre V
Dispositions diverses

Art. 20. — Les fonctionnaires de catégorie B exerçant des fonctions de même nature peuvent être détachés dans le cadre d'emplois des éducateurs des activités physiques et sportives s'ils justifient d'un des diplômes ou titres mentionnés au 1. de l'article 4.
Le détachement intervient dans les conditions de grade, d'échelon et d'ancienneté prévues par l'article 21.

Art. 21. — Le détachement dans le cadre d'emplois des éducateurs territoriaux des activités physiques et sportives intervient :
1. Pour les fonctionnaires titulaires d'un grade ou d'un emploi dont l'indice brut terminal est au moins égal à 579, dans le grade d'éducateur hors classe s'ils ont atteint un échelon dont l'indice brut est au moins égal à 384 ;
2. Pour les fonctionnaires titulaires d'un grade ou d'un emploi dont l'indice brut terminal est au moins égal à 533 dans le grade d'éducateur de 1re classe s'ils ont atteint un échelon dont l'indice brut est au moins égal à 418 ;
3. Pour les autres fonctionnaires dans le cadre d'éducateur de 2e classe.

Le détachement intervient à l'échelon du grade comportant un indice égal ou, à défaut, immédiatement supérieur à celui dont bénéficie le fonctionnaire dans son grade ou dans son emploi d'origine. Le fonctionnaire conserve à cette occasion, dans la limite de la durée maximale de services exigée pour l'accès à l'échelon supérieur de son nouveau grade, lorsque le détachement ne lui procure pas un avantage supérieur à celui qui aurait résulté d'un avancement dans son corps, cadre d'emplois ou emploi d'origine.

Art. 22. — Les fonctionnaires détachés dans le présent cadre d'emplois concourent pour l'avancement de grade et d'échelon avec l'ensemble des fonctionnaires territoriaux de ce cadre d'emplois s'ils justifient dans leur ancien corps, cadre d'emplois ou emploi, d'une durée de services au moins équivalente à celle qui est exigée des fonctionnaires territoriaux pour parvenir au grade et à l'échelon qui leur est attribué dans leur emploi de détachement.

Art. 23. — Les fonctionnaires détachés dans le cadre d'emplois des éducateurs territoriaux des activités physiques et sportives peuvent, sur leur demande, y être intégrés lorsqu'ils y ont été détachés depuis deux ans au moins.
L'intégration est prononcée par l'autorité territoriale dans le grade, l'échelon, et avec l'ancienneté dans l'échelon détenue par le fonctionnaire dans l'emploi de détachement au jour où elle intervient.
Lorsqu'ils sont intégrés, ces fonctionnaires sont réputés détenir dans le cadre d'emplois des éducateurs territoriaux des activités physiques et sportives l'ancienneté exigée pour parvenir à l'échelon auquel ils ont été classés.

Art. 24. — Les fonctionnaires territoriaux appartenant au cadre d'emplois des éducateurs territoriaux des activités physiques et sportives font l'objet d'une notation chaque année de la part de l'autorité territoriale compétente.
Leur valeur professionnelle est appréciée notamment en fonction de leurs aptitudes générales, de leur efficacité, ainsi que de leurs qualités d'encadrement et de leur sens des relations humaines.

Titre VI
Constitution initiale du cadre d'emplois et autres dispositions transitoires

Art. 25. — Sont intégrés en qualité de titulaires dans le cadre d'emplois des éducateurs territoriaux des activités physiques et sportives, lorsqu'ils se trouvent en position d'activité à la date de publication du présent décret, les fonctionnaires territoriaux titulaires suivants :
1. Au grade d'éducateur de 2e classe :
a) Les agents communaux titulaires des emplois suivants :
— chef de bassin ;
— moniteur de 2e catégorie ;
— moniteur de 1re catégorie titulaire d'un brevet d'Etat d'éducateur sportif (B.E.E.S.) du 1er degré ;
— maître nageur titulaire d'un brevet d'Etat d'éducateur sportif des activités de la natation (B.E.E.S.A.N.) du 1er degré.
b) Les fonctionnaires des départements, des régions et de leurs établissements publics titulaires d'un emploi à caractère sportif comportant l'exercice des fonctions mentionnées à l'article 2 du présent décret dont l'indice brut terminal est au moins égal à 474, ou qui a été défini par référence à l'un des emplois mentionnés ci-dessus. Les intéressés doivent, en outre, être titulaires d'un diplôme permettant l'accès au concours externe d'éducateur sportif et avoir une ancienneté de services d'au moins six ans dans un emploi public à caractère sportif.

2. Au grade d'éducateur de 1re classe :
a) Les agents communaux titulaires de l'emploi de moniteur-chef ;
b) Les fonctionnaires des départements, des régions et de leurs établissements publics titulaires d'un emploi à caractère sportif comportant l'exercice des fonctions mentionnées à l'article 2 dont l'indice brut terminal est au moins égal à l'indice brut 533 ou qui a été défini par référence à l'emploi mentionné ci-dessus. Les intéressés doivent, en outre, être titulaires d'un diplôme permettant l'accès au concours externe d'éducateur sportif et avoir une ancienneté de services d'au moins six ans dans un emploi public à caractère sportif.
3. Au grade d'éducateur hors classe :
a) Les agents communaux titulaires de l'emploi de chef de service des sports ;
b) Les fonctionnaires des départements, des régions et de leurs établissements publics titulaires d'un emploi à caractère sportif comportant l'exercice de fonctions mentionnées à l'article 2 du présent décret dont l'indice brut terminal est au moins égal à l'indice brut 579 ou qui a été défini par référence à l'emploi mentionné ci-dessus. Les intéressés doivent, en outre, être titulaires d'un diplôme permettant l'accès au concours externe d'éducateur sportif et avoir une ancienneté de services d'au moins six ans dans un emploi public à caractère sportif.

Art. 26. — Sont intégrés en qualité de titulaires dans le cadre d'emplois des éducateurs territoriaux des activités physiques et sportives, les fonctionnaires territoriaux titulaires qui occupaient un des emplois mentionnés à l'article 25 et qui, à la date de publication du présent décret, se trouvent en position de détachement, de disponibilité, de hors cadre, de congé parental ou sont mis à la disposition d'une organisation syndicale, en application de l'article 100 de la loi du 26 janvier 1984 précitée.

Art. 27. — Sont intégrés en qualité de titulaires dans le cadre d'emplois des éducateurs des activités physiques et sportives les fonctionnaires territoriaux qui, nommés pour exercer les fonctions mentionnées à l'article 2 du présent décret aux emplois créés en application de l'article L. 412-2 du code des communes comportant un indice terminal au moins égal à l'indice brut 533, remplissent, à la date de publication du présent décret, les conditions suivantes :
1. Posséder un diplôme permettant l'accès au concours externe d'éducateur territorial des activités physiques et sportives ;
2. Avoir une ancienneté de services d'au moins six ans dans un emploi public comportant un indice terminal au moins égal à l'indice brut 474.

Art. 28. — Peuvent être intégrés en qualité de titulaires, selon les modalités du décret n° 86-227 du 18 février 1986 susvisé, les agents territoriaux remplissant les conditions fixées par le décret qui ont demandé à bénéficier des dispositions de ce décret et qui assurent les fonctions ou occupent les emplois mentionnés à l'article 25.

Art. 29. — Sont intégrés en qualité de titulaires dans le cadre d'emplois des éducateurs territoriaux des activités physiques et sportives sur proposition motivée de la commission paritaire compétente, en fonction notamment des responsabilités qu'ils ont excercées :

1. Les fonctionnaires mentionnés aux articles 25 et 26 qui ne remplissent pas les conditions d'ancienneté requises ;
2. Les titulaires d'emplois mentionnés à l'article 27 qui, ne possédant pas le diplôme prévu au 1. de cet article ou n'ayant pas l'ancienneté de services exigée par le 2. du même article, ont une qualification permettant de les assimiler, en raison de leur niveau de responsabilité, à celle d'un éducateur de 1re classe ou hors classe.

Art. 30. — Dans les six mois qui suivent la publication du présent décret, les fonctionnaires mentionnés à l'article 29 saisissent la commission paritaire d'un dossier retraçant leur carrière. Ils informent l'autorité territoriale de cette saisine.

Art. 31. — Les fonctionnaires et agents sont intégrés dans le cadre d'emplois des éducateurs territoriaux des activités physiques et sportives par arrêté de l'autorité territoriale dont ils relèvent. Cette intégration prend effet à la date de publication du présent décret.
La commission paritaire compétente formule, dans le délai de quatre mois à compter de sa saisine, une proposition d'intégration.

Art. 32. — L'intégration des fonctionnaires pour la constitution initiale du cadre d'emplois des éducateurs territoriaux des activités physiques et sportives intervient à l'échelon de grade comportant un indice égal ou, à défaut, immédiatement supérieur à celui dont bénéficie le fonctionnaire dans son grade ou son emploi d'origine nonobstant les articles 17 et 18, dans les conditions prévues à l'article 21 et au deuxième alinéa de l'article 23.
Ces fonctionnaires conservent, dans la limite de l'ancienneté maximale exigée pour une promotion à l'échelon supérieur, l'ancienneté d'échelon acquise dans le précédent grade ou emploi, sous réserve que la durée totale des services effectifs qu'ils ont accomplis dans ces emplois soit au moins égale à celle qui est nécessaire pour parvenir à l'échelon dans lequel ils sont classés.

Art. 33. — Les fonctionnaires territoriaux titulaires intégrés dans le présent cadre d'emplois qui, à la date de publication du présent décret, ont atteint un échelon comportant un indice supérieur à l'indice de l'échelon terminal de leur grade d'intégration sont intégrés à l'échelon de ce grade mais conservent, à titre personnel, la rémunération afférente à l'échelon qu'ils avaient atteint.

Art. 34. — Les règles prévues pour les fonctionnaires titulaires mentionnés aux articles 25, 26, 27 et 29 ci-dessus sont applicables aux fonctionnaires stagiaires qui occupaient ou occupent les emplois énumérés à ces articles.
Les fonctionnaires stagiaires ainsi intégrés poursuivent leur stage en application des règles antérieures.
Si, à l'issue du stage, la titularisation n'est pas prononcée, ils sont soit licenciés s'ils n'avaient pas la qualité de fonctionnaire, soit, s'ils avaient cette qualité, réintégrés dans leur emploi d'origine.

Art. 35. — Les candidats mentionnés à l'article 116 de la loi du 26 janvier 1984 précitée sont inscrits de plein droit sur les listes d'aptitude pour l'accès au grade d'éducateur des activités physiques et sportives de 2e classe établies conformément aux dispositions de l'article 3 du présent décret.
Les fonctionnaires inscrits sur un tableau d'avancement établi conformément aux dispositions antérieures à la loi du 26 janvier 1984 précitée bénéficient de cette inscription au plus tard jusqu'à l'établissement du tableau d'avancement établi conformément à l'article 80 de ladite loi.

Art. 36. — Les services publics effectifs accomplis dans leur ancien emploi par les fonctionnaires intégrés en application du présent titre sont considérés comme des services effectifs accomplis dans le grade d'intégration.

Art. 37. — Par dérogation aux dispositions de l'article 4 (2.), le nombre des postes à pourvoir au titre du concours interne est porté aux deux tiers pendant une période de trois ans à compter de la date de publication du présent décret.

Art. 38. — Les concours de recrutement aux emplois mentionnés à l'article 25 qui sont ouverts avant la date de publication du présent décret restent soumis aux textes qui régissent, à la date du présent décret, le recrutement à ces emplois. Les agents reçus à ces concours peuvent être recrutés jusqu'au 31 décembre 1991. Ils sont intégrés en qualité de stagiaires à la date de leur recrutement dans les conditions fixées à l'article 34.

Art. 39. — Sont intégrés dans le présent cadre d'emplois les opérateurs territoriaux des activités physiques et sportives occupant à la date de leur intégration les emplois de moniteur de 1re catégorie ou de maître nageur qui, dans un délai de trois ans à compter de la date de publication du présent décret, obtiennent le brevet d'Etat d'éducateur sportif du 1er degré, ou le brevet d'Etat d'éducateur sportif des activités de la natation du 1er degré.

Art. 40. — Il est créé à la base du grade d'éducateur des activités physiques et sportives de 1re classe les échelons provisoires suivants :

ÉCHELONS ET INDICES	DURÉES	
	Maximale	Minimale
1er échelon provisoire (283)	1 an 6 mois	1 an
2e échelon provisoire (321)	2 ans	1 an 6 mois
3e échelon provisoire (348)	2 ans	1 an 6 mois
4e échelon provisoire (376)	2 ans	1 an 6 mois
5e échelon provisoire (399)	2 ans 6 mois	2 ans

Art. 41. — Il est créé à la base du grade d'éducateur des activités physiques et sportives hors classe les échelons provisoires suivants :

ÉCHELONS ET INDICES	DURÉES	
	Maximale	Minimale
1er échelon provisoire (283)	1 an 6 mois	1 an
2e échelon provisoire (321)	2 ans	1 an 6 mois
3e échelon provisoire (348)	2 ans	1 an 6 mois
4e échelon provisoire (376)	2 ans	1 an 6 mois

Titre VII
Dispositions relatives aux titulaires de pensions accordées en application du décret n° 65-773 du 9 septembre 1965 relatif au régime de retraite des fonctionnaires affiliés à la caisse nationale de retraite des agents des collectivités locales

Art. 42. — Pour l'application de l'article 16 *bis* du décret n° 65-773 du 9 septembre 1965 susvisé, les assimilations prévues pour fixer les émoluments de base mentionnés à l'article 15 dudit décret sont effectuées conformément aux dispositions d'intégration des éducateurs territoriaux des activités physiques et sportives prévues aux articles 25, 26, 31, premier alinéa et 32 du présent décret et aux dispositions de l'article 15 du décret n° 90-939 du 17 octobre 1990 susvisé.

Art. 43. — Le ministre d'Etat, ministre de l'Economie, des Finances et du Budget, le ministre de l'Intérieur, le ministre de la Jeunesse et des Sports, le ministre délégué au Budget et le secrétaire d'Etat aux Collectivités locales sont chargés, chacun en ce qui concerne, de l'exécution du présent décret, qui sera publié au *Journal officiel* de la République française.

Fait à Paris, le 1er avril 1992.

Par le Premier ministre : ÉDITH CRESSON

Le ministre de l'Intérieur,
PHILIPPE MARCHAND

Le ministre d'Etat, ministre de l'Economie, des Finances et du Budget,
PIERRE BÉRÉGOVOY

Le ministre de la Jeunesse et des Sports,
FRÉDÉRIQUE BREDIN

Le ministre délégué au Budget,
MICHEL CHARASSE

Le secrétaire d'Etat aux Collectivités locales,
JEAN-PIERRE SUEUR

51.5. Décret n° 93-567 du 27 mars 1993

Relatif aux conditions d'accès et aux modalités d'organisation des concours pour le recrutement des éducateurs territoriaux des activités physiques et sportives

Le Premier ministre,
Sur le rapport du ministre de l'Intérieur et de la Sécurité publique,
Vu la loi n° 71-577 du 16 juillet 1971 sur l'enseignement technologique ;
Vu la loi n° 84-53 du 26 janvier 1984 modifiée portant dispositions statutaires relatives à la fonction publique territoriale ;
Vu la loi n° 84-594 du 12 juillet 1984 modifiée relative à la formation des agents de la fonction publique territoriale ;
Vu le décret n° 85-1229 du 20 novembre 1985 modifié relatif aux conditions générales de recrutement des agents de la fonction publique territoriale ;
Vu le décret n° 92-363 du 1er avril 1992 portant statut particulier du cadre d'emplois des éducateurs territoriaux des activités physiques et sportives ;
Vu l'avis du Conseil supérieur de la fonction publique territoriale en date du 10 février 1993,

Décrète :

Titre Ier
Conditions d'accès

Art. 1er. — Les candidats au concours externe d'accès au cadre d'emplois des éducateurs territoriaux des activités physiques et sportives doivent être titulaires :
1. Du baccalauréat de l'enseignement général,
ou
2. D'un titre ou diplôme homologué au moins au niveau IV en application de l'article 8 de la loi du 16 juillet 1971 susvisée.

Art. 2. — Il est créé auprès du président du Centre national de la fonction publique territoriale une commission qui a pour mission de se prononcer sur la recevabilité des demandes d'admission à concourir émanant de candidats ne possédant pas l'un des diplômes réglementairement requis mais titulaires d'un diplôme d'un niveau équivalent au baccalauréat de l'enseignement secondaire.
La commission comprend, outre son président, conseiller du corps des membres des tribunaux administratifs et des cours administratives d'appel, six membres, dont :
a) Deux membres de l'enseignement supérieur nommés par le président du Centre national de la fonction publique territoriale ;
b) Un représentant du ministre chargé de l'Enseignement supérieur ;

c) Un représentant du ministre chargé de la Jeunesse et des Sports ;
d) Deux fonctionnaires territoriaux de catégorie A dont un appartenant au cadre d'emplois des conseillers territoriaux des activités physiques et sportives et titulaire du grade le plus élevé dans ce cadre d'emplois.

Art. 3. — Les dépenses afférentes à la mise en place et au fonctionnement de la commission visée à l'article précédent sont prises en charge par le Centre national de la fonction publique territoriale.

Titre II
Organisation des concours

Chapitre Ier
Dispositions générales

Art. 4. — Les concours d'accès au cadre d'emplois des éducateurs territoriaux des activités physiques et sportives comprennent un concours externe et un concours interne.

Art. 5. — L'ouverture des concours mentionnés à l'article 4 est arrêtée par le président du Centre national de la fonction publique territoriale.

Chapitre II
Du concours externe et du concours interne

Art. 6. — Les épreuves d'admissibilité du concours externe de recrutement des éducateurs territoriaux des activités physiques et sportives comprennent :
1. Une composition sur un sujet d'ordre général permettant d'apprécier la culture et les connaissances du candidat sur l'organisation et la promotion des activités physiques et sportives en France (durée : trois heures ; coefficient 3) ;
2. La rédaction d'une note à partir des éléments d'un dossier relatif aux différents secteurs d'intervention des collectivités territoriales dans le domaine des activités physiques et sportives (durée : trois heures ; coefficient 2) ;
3. Une composition à partir d'une question relative à des problèmes rencontrés par le pratiquant sportif sur le terrain et permettant d'apprécier les connaissances du candidat dans le domaine des sciences biologiques et des sciences humaines (durée : deux heures ; coefficient 2).

Art. 7. — Les épreuves d'admissibilité du concours interne de recrutement des éducateurs territoriaux des activités physiques et sportives comprennent :
1. Une composition sur un sujet d'ordre général permettant d'apprécier la culture et les connaissances du candidat sur l'organisation et la promotion des activités physiques et sportives en France (durée : trois heures ; coefficient 3) ;
2. La rédaction d'une note à partir des éléments d'un dossier portant sur l'animation sportive dans une collectivité territoriale (durée : trois heures ; coefficient 2).

Art. 8. — Peuvent être seuls autorisés à se présenter aux épreuves d'admission les candidats déclarés admissibles par le jury.

Art. 9. — Les épreuves d'admission au concours externe et au concours interne comprennent :
1. Une épreuve physique comprenant (coefficient 1) :
— un parcours de natation ;
— une épreuve de course.
2. La présentation et la conduite d'une séquence d'activités physiques et sportives dans une discipline, au choix du candidat formulé au moment de l'inscription au concours, permettant d'évaluer ses capacités dans le cadre de l'organisation d'une séance et de la place de cette séance dans un cycle d'activités physiques et sportives (préparation : trente minutes ; présentation : trente minutes) puis, au cours d'un entretien (durée : vingt minutes) de celles à justifier ses choix (coefficient 3) ;
3. Un entretien avec le jury visant à apprécier la capacité du candidat à justifier le choix et la mise en œuvre d'une activité dans le cadre d'une politique sportive territoriale (préparation : vingt minutes ; entretien : vingt minutes ; coefficient 2).

Art. 10. — En outre, s'ils en ont exprimé le souhait au moment de l'inscription au concours, les candidats peuvent demander à subir l'une des épreuves facultatives suivantes :
1. Une épreuve de langue vivante étrangère : anglais, allemand, italien, espagnol, portugais, néerlandais, russe ou arabe moderne (durée : vingt minutes après une préparation de même durée ; coefficient 1) ;
2. Une épreuve orale portant sur le traitement automatisé de l'informatique (durée : vingt minutes après une préparation de même durée ; coefficient 1).
La note obtenue à cette épreuve facultative ne peut entrer en ligne de compte en vue de l'admission que pour la part excédant la note 10 sur 20.

Art. 11. — Les programmes de chacune des épreuves prévues aux articles 6 à 10 ci-dessus sont fixés par arrêté du ministre chargé des Collectivités locales et du ministre chargé des Sports.

Chapitre III
Organisation des concours

Art. 12. — Chaque session de concours fait l'objet d'une publicité au *Journal officiel* de la République française qui précise la date limite de dépôt des inscriptions, la date des épreuves, le nombre de lauréats prévu pour chaque concours ainsi que l'adresse à laquelle les candidatures doivent être déposées. Le président du Centre national de la fonction publique territoriale assure cette publicité.

Art. 13. — Les jurys des concours sont nommés par arrêté du président du Centre national de la fonction publique territoriale sur la base d'une liste dressée chaque année par le conseil d'administration du Centre national de la fonction publique territoriale après avis du conseil d'orientation.
Le jury de chaque concours comprend, outre le président, neuf membres ainsi répartis :

a) Deux élus locaux ;
b) Deux personnalités qualifiées ;
c) Deux fonctionnaires territoriaux dont au moins un de catégorie A appartenant au cadre d'emplois des conseillers territoriaux des activités physiques et sportives et titulaire du grade le plus élevé dans ce cadre d'emplois ;
d) Trois membres de l'enseignement supérieur.

Le président et deux membres de ces jurys sont communs au jury du concours externe et au jury du concours interne.

L'arrêté prévu au premier alinéa du présent article désigne pour chaque jury le remplaçant du président dans le cas où celui-ci serait dans l'impossibilité de poursuivre sa mission.

En cas de partage égal des voix, la voix du président est prépondérante.

En fonction de la nature particulière des épreuves, des examinateurs spéciaux peuvent être nommés par arrêté du président du Centre national de la fonction publique territoriale.

Les correcteurs sont désignés par arrêté du président du Centre national de la fonction publique territoriale pour participer avec les membres du jury à la correction des épreuves.

Les épreuves écrites sont anonymes ; chaque composition est corrigée par deux correcteurs.

Art. 14. — Il est attribué à chaque épreuve une note de 0 à 20. Chaque note est multipliée par le coefficient correspondant.

Le jury arrête, pour chacun des concours, la liste des candidats admis à se présenter aux épreuves d'admission, d'après le total des points qu'ils ont obtenus à l'ensemble des épreuves d'admissibilité.

Toute note inférieure à 5 sur 20 à l'une des épreuves entraîne l'élimination de la liste d'admissibilité.

Toute note inférieure à 5 sur 20 à l'épreuve obligatoire d'éducation physique entraîne l'élimination de la liste d'admission.

Art. 15. — Les jurys peuvent, compte tenu notamment du nombre des candidats, se constituer en groupes d'examinateurs en vue de la correction des épreuves écrites et des interrogations orales.

Art. 16. — A l'issue des épreuves d'admission, les jurys arrêtent, dans la limite des places mises au concours, une liste d'admission distincte pour chacun des concours.

Le président du jury transmet les listes mentionnées ci-dessus au président du Centre national de la fonction publique territoriale avec un compte rendu de l'ensemble des opérations.

La liste d'aptitude est établie par ordre alphabétique.

Art. 17. — Le ministre de l'Intérieur et de la Sécurité publique, le ministre de la Jeunesse et des Sports et le secrétaire d'Etat aux Collectivités locales sont chargés, chacun en ce qui le concerne, de l'exécution du présent décret, qui sera publié au *Journal officiel* de la République française.

Fait à Paris, le 27 mars 1993.

Par le Premier ministre : PIERRE BÉRÉGOVOY

Le ministre de l'Intérieur et de la Sécurité publique,
PAUL QUILÈS

Le ministre de la Jeunesse et des Sports,
FRÉDÉRIQUE BREDIN

Le secrétaire d'Etat aux Collectivités locales,
JEAN-PIERRE SUEUR

51.6. Arrêté du 27 mars 1993

Fixant le programme des épreuves des concours externe et interne pour le recrutement des éducateurs territoriaux des activités physiques et sportives

Le ministre de la Jeunesse et des Sports et le secrétaire d'Etat aux Collectivités locales,
Vu la loi n° 84-53 du 26 janvier 1984 modifiée portant dispositions statutaires relatives à la fonction publique territoriale ;
Vu la loi n° 84-594 du 12 juillet 1984 modifiée relative à la formation des agents de la fonction publique territoriale ;
Vu le décret n° 92-363 du 1er avril 1992 portant statut particulier du cadre d'emplois des éducateurs territoriaux des activités physiques et sportives ;
Vu le décret n° 93-567 du 27 mars 1993, relatif aux conditions d'accès et aux modalités d'organisation des concours pour le recrutement des éducateurs territoriaux des activités physiques et sportives ;
Vu l'avis du Conseil supérieur de la fonction publique territoriale en date du 10 février 1993,

Arrêtent :

Art. 1er. — Le programme de la première épreuve d'admissibilité du concours externe et du concours interne pour le recrutement des éducateurs territoriaux des activités physiques et sportives prévue aux articles 6-1° et 7-1° du décret du 27 mars 1993 susvisé est fixé comme suit :

A. — *La place du sport dans la société*

Le sport en relation avec l'éducation, la cité, l'argent et les médias.

B. — *L'organisation du sport en France*

Le cadre législatif et réglementaire des activités physiques et sportives en France ;

L'organisation des activités physiques et sportives : l'éducation physique et sportive ; les associations et sociétés sportives ; les fédérations sportives ; le rôle des collectivités territoriales ; le sport de haut niveau ; la surveillance médicale et les assurances ; les équipements sportifs ; la sécurité des équipements et des manifestations sportives ;

Les formations et les professions ;

Les structures juridiques, leur financement et leurs moyens en personnel ;

Le service des activités physiques et sportives : l'Etat, les collectivités territoriales, les personnes privées et autres structures concourant au développement et à la promotion de ces activités.

Art. 2. — Le programme de la deuxième épreuve d'admissibilité du concours externe des éducateurs territoriaux des activités physiques et sportives prévue à l'article 6-2° du décret du 27 mars 1993 susvisé est fixé comme suit :

Cette épreuve vise à apprécier la capacité du candidat à traiter d'un problème. Le candidat s'appuie sur les éléments qu'il juge pertinents dans le dossier fourni.

Les secteurs d'intervention des collectivités territoriales dans le domaine des activités physiques et sportives comprennent :

- — le mouvement sportif ;
- — le milieu éducatif scolaire ;
- — l'organisation des manifestations sportives ;
- — les écoles municipales des sports ;
- — les activités de loisirs ;
- — les pratiques inorganisées ;
- — le contrôle médical.

Art. 3. — Le programme de la troisième épreuve d'admissibilité du concours externe des éducateurs territoriaux des activités physiques et sportives prévue à l'article 6-3° du décret du 27 mars 1993 susvisé est fixé comme suit :

1. *Sciences biologiques*

a) L'acte moteur du point de vue de l'anatomie fonctionnelle :

- — la charpente humaine, les principales chaînes musculaires, le jeu articulaire ;
- — les précautions à prendre dans la pratique des activités physiques : problèmes liés à la croissance ; problèmes liés à des sollicitations inadaptées de certaines régions corporelles (colonne vertébrale, épaule, genou).

b) L'acte moteur du point de vue physiologique :

- — le muscle : propriétés mécaniques et fonctionnement énergétique ;
- — les grandes fonctions : les principales réactions immédiates à l'exercice ; les principales adaptations à long terme ;
- — le système nerveux de la vie de la relation : son rôle dans l'organisme ; son organisation générale ;
- — la relation entre maturation et exercice dans la construction de l'habileté motrice.

2. *Sciences humaines*

L'évolution de la motricité : apprentissage et développement ;
L'éducateur en relation avec des personnes de différents âges, de sexe féminin ou masculin ;
Le contexte sociologique de la pratique et de l'encadrement des activités physiques et sportives ;
Le fonctionnement du groupe.

Art. 4. — Le programme de la seconde épreuve d'admissibilité du concours interne des éducateurs territoriaux des activités physiques et sportives prévue à l'article 7 (2°) du décret du 27 mars 1993 susvisé est fixé comme suit :
Cette épreuve doit permettre d'évaluer la capacité du candidat à synthétiser un dossier, donner des conclusions et suggérer des solutions pour aider à la décision de l'autorité territoriale. Les dossiers ont trait à l'animation sportive dans une collectivité territoriale :
— l'organisation sportive auprès des différents publics : scolaires, clubs, publics inorganisés ;
— les manifestations sportives, les activités périscolaires, les activités organisées à l'occasion des vacances.

Art. 5. — Le programme et le barème de notation de la première épreuve d'admission commune au concours externe et au concours interne des éducateurs territoriaux des activités physiques et sportives prévue à l'article 9 (1°) du décret du 27 mars 1993 susvisé est fixé selon des dispositions contenues dans l'annexe au présent arrêté.

Art. 6. — Le programme de la deuxième épreuve d'admission commune au concours externe et au concours interne des éducateurs territoriaux des activités physiques et sportives prévue à l'article 9 (2°) du décret du 27 mars 1993 susvisé est fixé comme suit :
— la détermination d'objectifs en fonction du rythme et de la succession des tâches au sein d'une séance, de la place de la séance dans un cycle ;
— l'organisation et la gestion d'un groupe ;
— la communication avec un groupe et la relation avec un pratiquant sportif.
Le candidat appuie sa réflexion sur des indices relatifs au déroulement de la séance, à l'activité des pratiquants sportifs et à sa propre implication.
Cette réflexion porte sur des connaissances théoriques qui aident à l'interprétation :
— de l'activité des pratiquants sportifs ;
— du fonctionnement du groupe ;
— des choix pédagogiques et didactiques.

Art. 7. — Le programme de la troisième épreuve d'admission commune au concours externe et au concours interne des éducateurs territoriaux des activités physiques et sportives prévue à l'article 9 (3°) du décret du 27 mars 1993 susvisé est fixé comme suit :
— le processus d'élaboration d'un projet : détermination des objectifs, des moyens, des indicateurs quantitatifs et qualitatifs ;

— la justification des choix au regard des connaissances relatives aux catégories d'activités physiques et sportives ; aux publics ; au contexte sociologique, économique et politique ; aux valeurs associées à la pratique de ces activités.

Art. 8. — Le programme de l'épreuve orale facultative d'admission des concours externe et interne pour le recrutement des éducateurs territoriaux des activités physiques et sportives prévue à l'article 10 (2°) du décret du 27 mars 1993 susvisé portant sur des questions ayant trait au traitement automatisé de l'information est le suivant :
— l'information : représentation de l'information ; les différents supports de l'information (caractéristiques, utilisation) ;
— le matériel : les mémoires, les organes de traitement, les unités périphériques, les différents types d'ordinateurs, les éléments consécutifs d'un réseau de transmission de données ;
— les logiciels : systèmes d'exploitation, traducteurs de langage, progiciels ;
— la bureautique : les fichiers, notions générales sur le droit de l'informatique.

Art. 9. — Le directeur de l'administration générale du ministère de la Jeunesse et des Sports et le directeur général des collectivités locales sont chargés, chacun en ce qui le concerne, de l'exécution du présent arrêté, qui sera publié au *Journal officiel* de la République française.

Fait à Paris, le 27 mars 1993.

Le ministre de la Jeunesse et des Sports,
FRÉDÉRIQUE BREDIN

Le secrétaire d'Etat aux Collectivités locales,
JEAN-PIERRE SUEUR

51.7. Décret n° 93-559 du 26 mars 1993

Relatif à l'organisation de la formation initiale d'application des éducateurs territoriaux des activités physiques et sportives stagiaires

Le Premier ministre,
Sur le rapport du ministre de l'Intérieur et de la Sécurité publique,
Vu la loi n° 84-53 du 26 janvier 1984 modifiée portant dispositions statutaires relatives à la fonction publique territoriale ;
Vu la loi n° 84-594 du 12 juillet 1984 modifiée relative à la formation des agents de la fonction publique territoriale ;

Vu le décret n° 85-1229 du 20 novembre 1985 modifié relatif aux conditions générales de recrutement des agents de la fonction publique territoriale ;
Vu le décret n° 92-363 du 1er avril 1992 portant statut particulier du cadre d'emplois des éducateurs territoriaux des activités physiques et sportives, et notamment ses articles 7 et 8 ;
Vu l'avis du Conseil supérieur de la fonction publique territoriale en date du 10 février 1993,

Décrète :

Art. 1er. — La formation initiale d'application des éducateurs territoriaux des activités physiques et sportives stagiaires prévue aux articles 7 et 8 du décret du 1er avril 1992 susvisé est organisée par le Centre national de la fonction publique territoriale selon les modalités prévues aux articles ci-après.

Art. 2. — En application des articles 11, 13 et 14 de la loi du 12 juillet 1984 modifiée susvisée, le contenu de la formation, et notamment des sessions théoriques de spécialités et des cycles de perfectionnement prévus aux articles 7 et 8 du décret du 1er avril 1992 susvisé, est arrêté par le Centre national de la fonction publique territoriale.

Art. 3. — Le contenu de cette formation est établi au vu des fonctions, tâches et emplois mentionnés au titre Ier du décret du 1er avril 1992 susvisé.

A cette fin, des formations de spécialités sont organisées dans les domaines suivants :
1. L'environnement juridique et sociologique des activités physiques et sportives :
— le droit et l'économie du sport ;
— la sociologie des pratiques sportives ;
— les structures juridiques des groupements sportifs et le contrôle des clubs ;
— la connaissance des pratiques sportives.
2. La gestion du sport dans les collectivités territoriales :
— la gestion d'un service des sports ;
— la création et l'entretien des équipements sportifs et de loisirs.
3. L'organisation et la mise en œuvre du sport dans les collectivités territoriales :
— l'encadrement des activités physiques et sportives ;
— la connaissance du public et des stratégies d'intervention ;
— la sécurité et les premiers soins.

Ces sessions de formation permettent au candidat de situer son action au sein de la collectivité ou de l'établissement et, notamment, de comprendre :
— l'organisation institutionnelle des collectivités territoriales ;
— les différentes formes et pratiques sportives :
Les publics et leurs besoins ;
Les structures sportives ;
Les conditions d'utilisation des équipements sportifs et de loisirs.

Art. 4. — Dès qu'une autorité territoriale a procédé au recrutement d'un candidat inscrit sur l'une des listes d'aptitude permettant l'accès au cadre d'emplois des éducateurs territoriaux des activités physiques et sportives, elle est tenue de faire connaître au Centre national de la fonction publique territoriale la nature des tâches en vue desquelles le stagiaire a été recruté, de manière à assurer l'organisation de la formation initiale de l'intéressé.

Art. 5. — Le ou les stages pratiques prévus aux articles 7 et 8 du décret du 1er avril 1992 susvisé peuvent s'effectuer dans les services d'une collectivité territoriale, d'un établissement public ou d'une entreprise ainsi qu'au sein d'une administration de l'Etat.
Le stage prévu à l'article 8 du décret du 1er avril 1992 susvisé comporte une période accomplie en dehors de la collectivité ou de l'établissement d'affectation d'une durée d'un mois.
Les stages pratiques effectués par le stagiaire au sein de sa collectivité ou de l'établissement qui a procédé à son recrutement sont organisés par l'autorité territoriale, sur la base des objectifs et des modalités déterminés par le Centre national de la fonction publique territoriale.

Art. 6. — Le Centre national de la fonction publique territoriale définit un calendrier des stages théoriques et pratiques qu'il fait connaître aux autorités territoriales et aux stagiaires.
Le Centre national de la fonction publique territoriale définit, en accord avec l'autorité territoriale, les périodes consacrées aux stages en tenant compte des besoins du service et du déroulement des stages qui doivent s'effectuer en application des articles 7 et 8 du décret du 1er avril 1992 susvisé.

Art. 7. — A l'issue de chaque période de formation, le président du Centre national de la fonction publique territoriale porte à la connaissance de l'autorité territoriale son appréciation écrite sur le stagiaire, et notamment sur les aptitudes dont il a fait preuve au cours de la session ou du cycle.

Art. 8. — Le ministre de l'Intérieur et de la Sécurité publique et le secrétaire d'Etat aux Collectivités locales sont chargés, chacun en ce qui le concerne, de l'exécution du présent décret, qui sera publié au *Journal officiel* de la République française.

Fait à Paris, le 26 mars 1993.

Par le Premier ministre : PIERRE BÉRÉGOVOY

Le ministre de l'Intérieur et de la Sécurité publique,
PAUL QUILÈS

Le secrétaire d'Etat aux Collectivités locales,
JEAN-PIERRE SUEUR

51.8. Décret n° 92-364 du 1er avril 1992

Portant statut particulier du cadre d'emplois des conseillers territoriaux des activités physiques et sportives

Le Premier ministre,

Sur le rapport du ministre de l'Intérieur,

Vu le code des communes ;

Vu le code du service national ;

Vu la loi n° 83-634 du 13 juillet 1983 modifiée portant droits et obligations des fonctionnaires ;

Vu la loi n° 84-53 du 26 janvier 1984 modifiée portant dispositions statutaires relatives à la fonction publique territoriale ;

Vu la loi n° 84-594 du 12 juillet 1984 modifiée relative à la formation des agents de la fonction publique territoriale ;

Vu la loi n° 84-610 du 16 juillet 1984 modifiée relative à l'organisation et à la promotion des activités physiques et sportives ;

Vu le décret n° 65-773 du 9 septembre 1965 relatif au régime de retraite des fonctionnaires affiliés à la Caisse nationale de retraite des agents des collectivités locales ;

Vu le décret n° 85-1076 du 9 octobre 1985 pris pour l'application des articles 4, 5 et 6 de la loi n° 84-594 du 12 juillet 1984 et relatif à l'exercice du droit à la formation des agents de la fonction publique territoriale ;

Vu le décret n° 86-227 du 18 février 1986 relatif à la titularisation des agents des collectivités territoriales des catégories A et B ;

Vu le décret n° 87-811 du 5 octobre 1987 modifié relatif au Centre national de la fonction publique territoriale ;

Vu le décret n° 90-829 du 20 septembre 1990 relatif à la fonction publique territoriale ;

Vu le décret n° 90-939 du 17 octobre 1990 fixant les règles d'assimilation prévues à l'article 16 *bis* du décret du 9 septembre 1965 relatif au régime de retraite des fonctionnaires affiliés à la Caisse nationale de retraite des agents des collectivités locales, et notamment son article 15 ;

Vu l'avis du Conseil supérieur de la fonction publique territoriale en date du 21 novembre 1991 ;

Le Conseil d'Etat (section de l'intérieur) entendu,

Décrète :

Titre Ier
Dispositions générales

Art. 1er. — Les conseillers territoriaux des activités physiques et sportives constituent un cadre d'emplois sportif de catégorie A au sens de l'article 5 de la loi n° 84-53 du 26 janvier 1984 susvisée.
Ce cadre d'emplois comprend les grades de conseiller et de conseiller principal.
Le grade de conseiller comporte deux classes.

Art. 2. — Les membres du cadre d'emplois des conseillers territoriaux des activités physiques et sportives exercent leurs fonctions dans les régions, les départements, les communes et leurs établissements publics, dont le personnel permanent affecté à la gestion et à la pratique des sports est supérieur à dix agents. Ils sont chargés d'assurer la responsabilité de l'ensemble des activités et conçoivent à partir des orientations définies par l'autorité territoriale les programmes des activités physiques et sportives.
Ils assurent l'encadrement administratif, technique et pédagogique des activités physiques et sportives y compris celles de haut niveau. A ce titre, ils conduisent et coordonnent des actions de formation de cadres. Ils assurent la responsabilité d'une équipe d'éducateurs sportifs.
Les titulaires du grade de conseiller territorial des activités physiques et sportives principal exercent leurs fonctions dans les communes de plus de 10 000 habitants, les départements, les régions ainsi que les établissements publics dont les compétences, l'importance du budget, le nombre et la qualification des agents à encadrer permettent de les assimiler à une commune de plus de 10 000 habitants.

Titre II
Modalités de recrutement

Art. 3. — Le recrutement en qualité de conseiller territorial des activités physiques et sportives intervient après inscription sur les listes d'aptitude établies :
1. En application des dispositions de l'article 36 de la loi du 26 janvier 1984 précitée ;
2. En application des dispositions du 2° de l'article 39 de ladite loi.

Art. 4. — Sont inscrits sur la liste d'aptitude prévue au 1° de l'article 3 les candidats déclarés admis :
1. A un concours externe ouvert, pour les deux tiers au moins des postes à pourvoir, aux candidats titulaires d'un diplôme national sanctionnant un second cycle d'études supérieures, ou d'un titre ou d'un diplôme de niveau équivalent figurant sur une liste établie par décret ;
2. A un concours interne ouvert, pour le tiers au plus des postes à pourvoir, aux fonctionnaires et agents publics ainsi qu'aux agents en fonctions dans une organisation internationale intergouvernementale. Les candidats doivent justifier,

au 1er janvier de l'année du concours, de quatre ans au moins de services publics effectifs, compte non tenu des périodes de stage ou de formation dans une école ou un établissement ouvrant accès à un grade de la fonction publique.

Nul ne peut participer plus de trois fois au total à l'un ou l'autre de ces concours.
Lorsque le nombre des candidats ayant subi avec succès les épreuves d'un concours externe ou d'un concours interne est inférieur au nombre de places offertes à ce concours, le jury peut modifier la répartition des places entre les deux concours dans la limite de 15 p. 100 des places offertes à l'un ou l'autre des concours ou d'une place au moins.
Les concours comprennent des épreuves d'admissibilité et des épreuves d'admission dont les modalités sont fixées par décret et les programmes par arrêté conjoint du ministre chargé des Collectivités territoriales et du ministre chargé des Sports.
Le Centre national de la fonction publique territoriale est chargé de la coordination générale de l'organisation de ces concours. Les règles de discipline, la date d'ouverture des épreuves et la liste des candidats admis à y prendre part sont fixées par le président du Centre national de la fonction publique territoriale. Celui-ci arrête également la liste d'aptitude.

Art. 5. — Peuvent être inscrits sur la liste d'aptitude prévue au 2° de l'article 3 les éducateurs des activités physiques et sportives hors classe qui, âgés de quarante ans au moins, justifient de plus de cinq années de services effectifs accomplis en qualité de fonctionnaire territorial de catégorie B en position d'activité ou de détachement.

Art. 6. — Les fonctionnaires territoriaux mentionnés à l'article 5 peuvent être recrutés en qualité de conseiller territorial des activités physiques et sportives stagiaire, à raison d'un recrutement au titre de la promotion interne pour quatre recrutements intervenus dans la collectivité ou l'établissement ou l'ensemble des collectivités et établissements affiliés à un centre de gestion, de candidats admis au concours externe ou interne ou de fonctionnaires du cadre d'emplois, à l'exclusion des nominations intervenues à la suite d'une mutation à l'intérieur de la collectivité et des établissements en relevant.

Titre III
Nomination, formation initiale et titularisation

Art. 7. — Les candidats inscrits sur la liste d'aptitude prévue à l'article 4 et recrutés sur un emploi d'une des collectivités ou établissements publics mentionnés à l'article 2 sont nommés conseillers territoriaux des activités physiques et sportives stagiaires de 2e classe, pour une durée de dix-huit mois, par l'autorité territoriale investie du pouvoir de nomination.
Au cours de leur stage, ils sont astreints à suivre une période de formation d'un an. Les périodes de formation sont organisées par le Centre national de la fonction publique territoriale ; elles comportent des sessions théoriques de spécialités d'une durée totale de quatre mois au moins et des stages pratiques

accomplis notamment auprès de la collectivité ou de l'établissement qui a procédé au recrutement.

Art. 8. — Les fonctionnaires inscrits sur la liste d'aptitude prévue à l'article 5 et recrutés sur un emploi d'une des collectivités ou établissements publics mentionnés à l'article 2 sont nommés conseillers territoriaux des activités physiques et sportives stagiaires par l'autorité territoriale investie du pouvoir de nomination.
Ces fonctionnaires sont astreints à une période de stage d'une durée de six mois pendant laquelle ils sont placés en position de détachement auprès de la collectivité ou de l'établissement qui a procédé au recrutement. Durant cette période, ils suivent un cycle de perfectionnement de spécialités, éventuellement discontinu, organisé par le Centre national de la fonction publique territoriale, d'une durée de trois mois dont un mois de stage pratique qui ne peut être effectué dans la collectivité ou l'établissement qui a procédé au recrutement.

Art. 9. — La titularisation des stagiaires intervient, par décision de l'autorité territoriale, à la fin du stage de formation mentionné aux articles 7 et 8, au vu notamment d'un rapport établi par le président du Centre national de la fonction publique territoriale. Lorsque la titularisation n'est pas prononcée, le stagiaire est soit licencié s'il n'avait pas auparavant la qualité de fonctionnaire, soit réintégré dans son cadre d'emplois, corps ou emploi d'origine.
Toutefois l'autorité territoriale peut, à titre exceptionnel et après avis du président du Centre national de la fonction publique territoriale, décider que la période de stage est prolongée d'une durée maximale d'un an pour les stagiaires mentionnés à l'article 7 et de deux mois pour les stagiaires mentionnés à l'article 8.

Art. 10. — Les stagiaires mentionnés à l'article 7 sont rémunérés par la collectivité ou l'établissement qui a procédé au recrutement sur la base de l'indice afférent au 1er échelon de la seconde classe du grade de conseiller.
Toutefois, ceux qui avaient auparavant la qualité de fonctionnaire perçoivent le traitement indiciaire correspondant à leur situation antérieure, si ce traitement est supérieur à celui correspondant au 1er échelon de la seconde classe du grade de conseiller.
Lorsque ces fonctionnaires sont titularisés, ils sont placés à l'échelon de la seconde classe du grade de conseiller correspondant à l'ancienneté acquise depuis leur nomination dans le cadre d'emplois sans qu'il soit tenu compte de la prolongation éventuelle de la période de stage prévue au deuxième alinéa de l'article 9.

Art. 11. — Les fonctionnaires appartenant à un cadre d'emplois ou à un corps de catégorie A, ou titulaires d'un emploi de même niveau, sont classés à l'échelon comportant un indice égal ou, à défaut, immédiatement supérieur à celui qu'ils détenaient dans leur grade ou leur emploi d'origine.
Dans la limite de l'ancienneté maximale exigée pour une promotion à l'échelon supérieur, ils conservent l'ancienneté d'échelon acquise dans leur précédent grade ou emploi lorsque l'augmentation de traitement consécutive à leur

titularisation est inférieure à celle qui résulterait d'un avancement d'échelon dans leur ancienne situation.

Les candidats, nommés alors qu'ils ont atteint l'échelon le plus élevé de leur précédent grade ou emploi, conservent leur ancienneté d'échelon dans les mêmes conditions et limites lorsque l'augmentation de traitement consécutive à leur titularisation est inférieure à celle qui résulte de leur élévation audit échelon.

Art. 12. — Les fonctionnaires appartenant à un cadre d'emplois ou à un corps de catégorie B ou titulaires d'un emploi de même niveau sont classés à un échelon déterminé en prenant en compte, sur la base des durées maximales pour chaque avancement d'échelon, une partie de leur ancienneté retenue dans cette catégorie.

L'ancienneté retenue est la durée de la carrière nécessaire pour accéder au grade et à l'échelon que les intéressés ont atteint, à la date de leur admission comme stagiaire, augmentée, le cas échéant, de l'ancienneté acquise dans cet échelon.

La durée de la carrière est calculée sur la base :

a) De la durée statutaire maximale du temps passé dans les échelons du grade détenu ;

b) Lorsqu'il y a lieu, de l'ancienneté en catégorie B qu'il est nécessaire d'acquérir au minimum dans le ou les grades inférieurs pour accéder au grade détenu, en tenant compte pour les avancements d'échelon de la durée statutaire maximale.

L'ancienneté retenue ainsi déterminée n'est pas prise en compte en ce qui concerne les cinq premières années ; elle est prise en compte à raison de la moitié pour la fraction comprise entre cinq ans et douze ans et des trois quarts pour l'ancienneté excédant douze ans.

L'application des dispositions qui précèdent ne peut avoir pour effet de classer un fonctionnaire dans une situation plus favorable que celle qui aurait été la sienne si, préalablement à sa nomination dans le cadre d'emplois, il avait été promu au grade supérieur.

Art. 13. — Les fonctionnaires appartenant à un cadre d'emplois ou à un corps de catégorie C ou D ou titulaires d'un emploi de même niveau sont classés à un échelon déterminé de la seconde classe du grade de conseiller territorial des activités physiques et sportives en appliquant les modalités prévues à l'article 12 à la fraction de l'ancienneté qui aurait été prise en compte pour le reclassement en catégorie B en application des dispositions de l'article R. 414-5-2 du code des communes.

Art. 14. — Les agents non titulaires sont classés dans le grade de conseiller à un échelon déterminé en prenant en compte, sur la base des durées maximales exigées pour chaque avancement d'échelon, une fraction d'ancienneté de service qu'ils ont acquise à la date de leur admission comme stagiaire dans les conditions suivantes :

1. Les services accomplis dans un emploi du niveau de la catégorie A sont retenus à raison de la moitié de leur durée jusqu'à douze ans et des trois quarts au-delà de douze ans ;

2. Les services accomplis dans un emploi du niveau de la catégorie B ne sont pas retenus en ce qui concerne les sept premières années ; ils sont pris en compte à raison de six seizièmes pour la fraction comprise entre sept ans et seize ans et de neuf seizièmes pour l'ancienneté excédant seize ans ;
3. Les services accomplis dans un emploi du niveau des catégories C ou D ne sont pas retenus en ce qui concerne les dix premières années ; ils sont pris en compte à raison des six seizièmes pour l'ancienneté excédant dix ans.

Les agents non titulaires qui ont occupé antérieurement des emplois d'un niveau inférieur à celui qu'ils occupent au moment de leur admission comme stagiaire peuvent demander que la totalité de leur ancienneté de service soit prise en compte dans les conditions fixées ci-dessus pour des emplois du niveau inférieur.

Dans tous les cas, les services pris en compte doivent avoir été accomplis de façon continue. La continuité des services n'est interrompue ni par l'accomplissement des obligations du service national ni par les congés réguliers. Toutefois, sont retenus les services accomplis avant une interruption de fonctions inférieure à trois mois si cette interruption est du fait de l'agent, ou inférieure à un an dans le cas contraire.
Les dispositions qui précèdent ne peuvent avoir pour effet de placer les intéressés dans une situation plus favorable que celle qui résulterait d'un classement à un échelon comportant un traitement égal ou, à défaut, immédiatement supérieur à celui perçu dans leur ancien emploi avec conservation de l'ancienneté d'échelon dans les conditions définies aux deuxième et troisième alinéas de l'article 11.

Art. 15. — Les stagiaires mentionnés à l'article 8 sont rémunérés par la collectivité ou l'établissement qui a procédé au recrutement. Ils sont placés à l'échelon de la seconde classe du grade de conseiller comportant un traitement égal ou, à défaut, immédiatement supérieur à celui dont ils bénéficieraient dans leur emploi d'origine.
Lorsque leur nomination ne leur procure pas une augmentation de traitement égale ou supérieure à celle qu'ils auraient obtenue par un avancement d'échelon dans leur précédente situation, ils conservent l'ancienneté d'échelon acquise dans leur précédent grade dans la limite nécessaire à un avancement d'échelon.
Pour l'application de ces dispositions aux fonctionnaires parvenus à l'échelon maximum de leur grade, le bénéfice retiré de la nomination en qualité de conseiller territorial des activités physiques et sportives doit être comparé à l'augmentation de traitement obtenue lors du dernier avancement d'échelon dans le grade d'origine.
Lorsque ces fonctionnaires sont titularisés, ils sont placés à l'échelon et avec l'ancienneté d'échelon qu'ils détiennent au jour de leur titularisation, sans qu'il soit tenu compte de la prolongation éventuelle de la période de stage prévue au deuxième alinéa de l'article 9.

Art. 16. — Lorsque l'application des articles 12 à 15 aboutit à classer les agents intéressés à un échelon doté d'un indice ou d'un traitement inférieur à celui dont ils bénéficiaient dans leur emploi précédent, les intéressés conservent, à titre personnel, le bénéfice de leur indice ou traitement antérieur jusqu'au jour où ils atteignent dans leur grade un échelon comportant un indice au moins égal.

Titre IV
Avancement

Art. 17. — La seconde classe du grade de conseiller territorial des activités physiques et sportives comprend neuf échelons. La première classe du grade de conseiller comprend cinq échelons.
Le grade de conseiller principal comprend six échelons.

Art. 18. — La durée maximale et la durée minimale du temps passé dans chacun des échelons des grades et classes sont fixées ainsi qu'il suit :

GRADES ET ÉCHELONS	DURÉES	
	Maximale	Minimale
Conseiller territorial principal :		
6e échelon	—	—
5e échelon	4 ans	3 ans
4e échelon	3 ans	2 ans 6 mois
3e échelon	3 ans	2 ans 6 mois
2e échelon	3 ans	2 ans 6 mois
1er échelon	2 ans	1 an 6 mois
Conseiller territorial de 1re classe :		
5e échelon	—	—
4e échelon	3 ans	2 ans 6 mois
3e échelon	3 ans	2 ans 6 mois
2e échelon	3 ans	2 ans 6 mois
1er échelon	2 ans	1 an 6 mois
Conseiller territorial de 2e classe :		
9e échelon	—	—
8e échelon	2 ans	1 an 6 mois
7e échelon	2 ans	1 an 6 mois
6e échelon	2 ans	1 an 6 mois
5e échelon	2 ans	1 an 6 mois
4e échelon	2 ans	1 an 6 mois
3e échelon	2 ans	1 an 6 mois
2e échelon	1 an 6 mois	1 an
1er échelon	1 an 6 mois	1 an 6 mois

Art. 19. — Peuvent être nommés à la 1re classe du grade de conseiller, après inscription sur un tableau d'avancement dans la limite fixée à l'alinéa suivant, les conseillers de 2e classe ayant une ancienneté de deux ans et six mois dans le 9e échelon de cette classe.
Le nombre de conseillers de 1re classe ne peut être supérieur à 40 p. 100 du nombre des conseillers de 1re et de 2e classe. Toutefois, lorsque ce nombre est inférieur à trois, une nomination peut être prononcée.

Art. 20. — Peuvent être nommés au grade de conseiller principal après inscription sur un tableau d'avancement :
1. Les conseillers comptant au moins trois ans d'ancienneté dans le 5e échelon de la 1re classe du grade de conseiller ;
2. Après un examen professionnel organisé par le Centre national de la fonction publique territoriale, les conseillers qui comptent au 1er janvier de l'année au titre de laquelle est dressé le tableau d'avancement au moins un an d'ancienneté dans le 6e échelon de la seconde classe du grade de conseiller et justifient d'une durée de sept ans de services effectifs accomplis en position d'activité ou de détachement dans un cadre d'emplois, corps ou emploi de catégorie A, la période de stage précédant la titularisation, le temps effectivement accompli au titre du service militaire obligatoire ou du service national actif et la fraction qui excède la douzième année de l'ancienneté acquise dans un grade de catégorie B étant assimilés dans la limite de trois ans à des périodes de services effectifs.

Le nombre des conseillers principaux ne peut être supérieur à 30 p. 100 du nombre des conseillers et conseillers principaux.

Art. 21. — Les fonctionnaires promus sont classés à l'échelon comportant un indice égal ou, à défaut, immédiatement supérieur à celui dont ils bénéficiaient antérieurement. Ils conservent leur ancienneté d'échelon dans la limite de l'ancienneté maximale exigée pour une promotion à l'échelon supérieur lorsque l'avantage qui résulte de leur nomination est inférieur à celui qu'ils auraient retiré d'un avancement d'échelon dans leur ancien grade.
Les fonctionnaires nommés alors qu'ils ont atteint l'échelon le plus élevé de leur précédent grade ou emploi conservent leur ancienneté d'échelon dans les mêmes conditions et limites lorsque l'augmentation de traitement consécutive à leur nomination est inférieure à celle que leur avait procurée leur nomination à cet échelon.

Titre V
Dispositions diverses

Art. 22. — Les professeurs d'éducation physique et sportive, les professeurs de sport, les inspecteurs de la jeunesse et des sports, peuvent être détachés dans le cadre d'emplois prévu dans le présent décret.
Le détachement intervient dans les conditions de grade, d'échelon et d'ancienneté prévues par l'article 23.

Art. 23. — Le détachement dans le cadre d'emplois des conseillers territoriaux des activités physiques et sportives intervient :
1. Pour les fonctionnaires titulaires d'un grade dont l'indice brut terminal est au moins égal à 801 dans le grade de conseiller principal, s'ils ont atteint au moins l'indice brut 780 ;
2. Pour les autres fonctionnaires, dans le grade de conseiller.
Le détachement intervient à l'échelon du grade comportant un indice égal ou, à défaut, immédiatement supérieur à celui dont bénéficie le fonctionnaire dans son grade ou son emploi d'origine. Le fonctionnaire conserve à cette occasion, dans la limite de la durée maximale de services exigée pour l'accès à l'échelon supérieur de son nouveau grade, l'ancienneté d'échelon acquise dans son précédent grade, lorsque le détachement ne lui procure pas un avantage supérieur à celui qui aurait résulté d'un avancement dans son corps, cadre d'emplois ou emploi d'origine.

Art. 24. — Les fonctionnaires détachés dans le cadre d'emplois des conseillers territoriaux des activités physiques et sportives concourent pour l'avancement de grade et d'échelon avec l'ensemble des fonctionnaires territoriaux de ce cadre d'emplois s'ils justifient dans leur ancien corps, cadre d'emplois ou emploi, d'une durée de services au moins équivalente à celle qui est exigée des fonctionnaires territoriaux pour parvenir à la classe et à l'échelon qui leur est attribué dans leur emploi de détachement.

Art. 25. — Les fonctionnaires détachés dans le cadre d'emplois des conseillers territoriaux des activités physiques et sportives peuvent, sur leur demande, y être intégrés lorsqu'ils y ont été détachés depuis deux ans au moins. L'intégration est prononcée par l'autorité territoriale dans le grade, l'échelon et avec l'ancienneté dans l'échelon détenus par le fonctionnaire dans l'emploi de détachement au jour où elle intervient.
Lorsqu'ils sont intégrés, ces fonctionnaires sont réputés détenir dans le cadre d'emplois des conseillers territoriaux des activités physiques et sportives l'ancienneté exigée pour parvenir à l'échelon auquel ils ont été classés.

Art. 26. — Les fonctionnaires territoriaux appartenant au cadre d'emplois des conseillers territoriaux des activités physiques et sportives font l'objet d'une notation chaque année de la part de l'autorité territoriale compétente.
Leur valeur professionnelle est appréciée notamment en fonction de leurs aptitudes générales, de leur efficacité, de leurs qualités d'encadrement et de leur sens des relations humaines.

Titre VI
Constitution initiale du cadre d'emplois et autres dispositions transitoires

Art. 27. — Sont intégrés en qualité de titulaires dans le cadre d'emplois des conseillers territoriaux des activités physiques et sportives lorsqu'ils se trouvent en position d'activité à la date de publication du présent décret et exercent les fonctions mentionnées à l'article 2 les fonctionnaires territoriaux suivants :

1. Les fonctionnaires des départements, des régions et des établissements publics départementaux et régionaux titulaires d'un emploi doté d'un indice brut terminal au moins égal à 780. Les intéressés doivent en outre remplir, à la date de publication du présent décret, la double condition de posséder un diplôme permettant l'accès au concours externe de conseiller territorial des activités physiques et sportives et d'avoir occupé pendant au moins dix ans, dans un service à vocation sportive, un emploi public comportant un indice brut terminal au moins égal à 690.
2. Les fonctionnaires titulaires d'un emploi spécifique créé sur le fondement de l'article L. 412-2 du code des communes dont l'indice brut terminal est au moins égal à 780 et qui remplissent, à la date de publication du présent décret, la double condition de posséder un diplôme permettant l'accès au concours externe de conseiller territorial des activités physiques et sportives et d'avoir occupé pendant au moins dix ans, dans un service à vocation sportive, un emploi public comportant un indice brut terminal au moins égal à 690.

Art. 28. — Sont intégrés en qualité de titulaires dans le cadre d'emplois des conseillers territoriaux des activités physiques et sportives les fonctionnaires qui, ayant antérieurement occupé un des emplois mentionnés à l'article 27, se trouvent à la date de publication du présent décret en position de détachement, de disponibilité, de hors cadres, d'accomplissement du service national ou de congé parental ou à la disposition d'une organisation syndicale en application de l'article 100 de la loi du 26 janvier 1984 précitée.
Les intéressés doivent remplir à la date de publication du présent décret les conditions de diplômes et d'ancienneté prévues pour les titulaires de ces emplois.

Art. 29. — Sont intégrés en qualité de titulaires dans le cadre d'emplois des conseillers territoriaux des activités physiques et sportives sur proposition motivée de la commission prévue à l'article 30 en fonction notamment des responsabilités qu'ils ont exercées les titulaires d'emplois mentionnés à l'article 27 qui ne remplissent pas l'une des deux conditions de diplôme et d'ancienneté prévues pour les titulaires de ces emplois.

Art. 30. — Il est créé une commission d'homologation chargée d'examiner les demandes d'intégration dans le cadre d'emplois des conseillers territoriaux des activités physiques et sportives qui sont formulées par les fonctionnaires susceptibles d'être intégrés dans ce cadre d'emplois en application de l'article 29.
Cette commission comprend :
1. Trois élus, désignés par les membres élus du Conseil supérieur de la fonction publique territoriale représentant les collectivités territoriales ;
2. Trois fonctionnaires territoriaux, occupant l'un des emplois mentionnés à l'article 27 et désignés par les membres du Conseil supérieur de la fonction publique territoriale en qualité de représentants des fonctionnaires territoriaux ;
3. Trois personnalités, dont au moins un fonctionnaire chargé de mission d'inspection, désignées par le ministre chargé des collectivités locales parmi

les membres en fonctions ou honoraires en Conseil d'Etat et de la Cour des comptes, ou parmi les fonctionnaires chargés de mission d'inspection.

Un membre du Conseil d'Etat assure la présidence de la commission.

Chaque titulaire a un suppléant désigné dans les mêmes conditions.

La commission peut s'adjoindre des personnes qualifiées, choisies notamment parmi les fonctionnaires de l'Etat, les fonctionnaires territoriaux et les magistrats en fonctions ou honoraires des juridictions administratives, chargées d'instruire et de rapporter les demandes. Elle entend, le cas échéant, le fonctionnaire interessé et toute personne dont elle juge l'audition nécessaire.

La commission statue à la majorité des membres présents, après avoir recueilli l'avis de l'autorité territoriale.

Le Centre national de la fonction publique territoriale assure et prend en charge les moyens de fonctionnement de la commission d'homologation.

Art. 31. — Un arrêté du ministre de l'intérieur fixe le modèle de la demande à présenter par les fonctionnaires mentionnés à l'article 29 à la commission prévue à l'article 30.

Dans les six mois qui suivent la publication de cet arrêté, les fonctionnaires mentionnés à l'article 29 saisissent la commission d'homologation de leur demande, assortie d'un dossier comportant les pièces justificatives relatives à leurs diplômes, à leur ancienneté de services, aux fonctions et aux responsabilités par eux exercées au sein de la collectivité ou de l'établissement.

Ils informent l'autorité territoriale dont ils dépendent de cette saisine.

Art. 32. — Les fonctionnaires sont intégrés à titre personnel dans le cadre d'emplois des conseillers territoriaux des activités physiques et sportives par arrêté de l'autorité territoriale dont ils relèvent. Cette intégration prend effet à la date de publication du présent décret.

Lorsqu'elle a été saisie d'une demande qu'elle a estimée recevable, la commission d'homologation formule, dans les six mois à compter de l'expiration du délai mentionné au deuxième alinéa de l'article 31, une proposition d'intégration qu'elle notifie à l'intéressé et à l'autorité territoriale concernée, et qui est également communiquée par ses soins au représentant de l'Etat dans le département ou la région.

Art. 33. — L'intégration des fonctionnaires pour la constitution initiale du cadre d'emplois des conseillers territoriaux des activités physiques et sportives intervient, nonobstant les dispositions des articles 2, 19 et 20, dans les conditions prévues aux articles 23 et 25 (deuxième alinéa) du présent décret.

Ces fonctionnaires conservent, dans la limite de l'ancienneté maximale exigée pour une promotion à l'échelon supérieur, l'ancienneté d'échelon acquise dans le précédent grade ou emploi, sous réserve que la durée totale des services effectifs qu'ils ont accomplis dans ces emplois soit au moins égale à celle qui est nécessaire pour parvenir à l'échelon dans lequel ils sont classés.

Art. 34. — Les fonctionnaires territoriaux intégrés dans le cadre d'emplois des conseillers territoriaux des activités physiques et sportives qui, à la date de publication du présent décret, ont éteint un échelon comportant un indice supérieur à l'indice de l'échelon terminal de leur grade d'intégration sont intégrés à l'échelon terminal de ce grade mais conservent, à titre personnel, l'indice afférent à l'échelon qu'ils avaient atteint.

Art. 35. — Les règles prévues pour les fonctionnaires titulaires mentionnés aux articles 27 à 29 sont applicables aux fonctionnaires stagiaires qui occupaient ou occupent les emplois énumérés à ces articles.

Les fonctionnaires stagiaires ainsi intégrés poursuivent leur stage en application des règles antérieures et continuent d'être rémunérés en application de ces mêmes règles.

Si, à l'issue du stage, la titularisation n'est pas prononcée, ils sont soit licenciés s'ils n'avaient pas la qualité de fonctionnaire, soit, s'ils avaient cette qualité, réintégrés dans leur emploi d'origine.

Art. 36. — Les services publics effectifs accomplis dans leur ancien emploi par les fonctionnaires intégrés en application du présent titre sont considérés comme des services effectifs accomplis dans le grade d'intégration.

Art. 37. — Pendant une période de trois années à compter de la date de publication du présent décret, la proportion de postes à pourvoir au titre du concours interne est portée à 50 p. 100, à raison de :

a) 25 p. 100 aux fonctionnaires et agents publics justifiant de quatre années de services publics ;

b) 25 p. 100 aux éducateurs hors classe occupant à la date de leur intégration l'emploi de chef de service des sports.

Titre VII
Dispositions relatives aux titulaires de pensions accordées en application du décret n° 65-773 du 9 septembre 1965 relatif au régime de retraite des fonctionnaires affiliés à la caisse nationale de retraite des agents des collectivités locales

Art. 38. — Pour l'application de l'article 16 *bis* du décret n° 65-773 du 9 septembre 1965 susvisé, les assimilations prévues pour fixer les émoluments de base mentionnés à l'article 15 dudit décret sont effectuées conformément aux dispositions d'intégration des conseillers territoriaux des activités physiques et sportives prévues aux articles 27 (1.), 28, 32, 33 et 34 du présent décret et aux dispositions de l'article 15 du décret n° 90-939 du 17 octobre 1990 susvisé.

Toutefois, lorsque le titulaire de la pension se trouvait lors de la liquidation de celle-ci dans une des situations mentionnées à l'article 29 du présent décret, l'assimilation de son emploi est effectuée dans le cadre d'emplois des conseillers territoriaux des activités physiques et sportives sur la base du grade et de l'échelon doté de l'indice égal ou immédiatement inférieur à celui détenu dans l'emploi d'origine. Dans ce cas, il conserve à titre personnel le bénéfice de son ancien indice.

Art. 39. — Le ministre d'Etat, ministre de l'Economie, des Finances et du Budget, le ministre de l'Intérieur, le ministre de la Jeunesse et des Sports, le ministre délégué au Budget et le secrétaire d'Etat aux collectivités locales sont chargés, chacun en ce qui concerne, de l'exécution du présent décret, qui sera publié au *Journal officiel* de la République française.

Fait à Paris, le 1er avril 1992.

Par le Premier ministre : ÉDITH CRESSON

Le ministre de l'Intérieur,
PHILIPPE MARCHAND

Le ministre d'Etat, ministre de l'Economie, des Finances et du Budget,
PIERRE BÉRÉGOVOY

Le ministre de la Jeunesse et des Sports,
FRÉDÉRIQUE BREDIN

Le ministre délégué au Budget,
MICHEL CHARASSE

Le secrétaire d'Etat aux Collectivités locales,
JEAN-PIERRE SUEUR

51.9. Décret n° 93-555 du 26 mars 1993

Relatif aux conditions d'accès et aux modalités d'organisation des concours pour le recrutement des conseillers territoriaux des activités physiques et sportives

Le Premier ministre,
Sur le rapport du ministre de l'Intérieur et de la Sécurité publique.
Vu la loi n° 71-577 du 16 juillet 1971 sur l'enseignement technologique ;
Vu la loi n° 84-53 du 26 janvier 1984 modifiée portant dispositions statutaires relatives à la fonction publique territoriale ;
Vu la loi n° 84-594 du 12 juillet 1984 modifiée relative à la formation des agents de la fonction publique territoriale ;
Vu le décret n° 85-1229 du 20 novembre 1985 modifié relatif aux conditions générales de recrutement des agents de la fonction publique territoriale ;
Vu le décret n° 92-364 du 1er avril 1992 portant statut particulier du cadre d'emplois des conseillers territoriaux des activités physiques et sportives ;
Vu l'avis du Conseil supérieur de la fonction publique territoriale en date du 10 février 1993.

Décrète :

Titre Ier

Conditions d'accès au concours externe

Art. 1er. — Les candidats au concours externe d'accès au cadre d'emplois des conseillers territoriaux des activités physiques et sportives doivent être titulaires :

1. D'un diplôme national ou reconnu ou visé par l'Etat sanctionnant une formation d'une durée totale au moins égale à trois années d'études supérieures après le baccalauréat ; ou
2. D'un titre ou diplôme homologué au moins au niveau II des titres et diplômes de l'enseignement technologique, en application de l'article 8 de la loi du 16 juillet 1971 susvisée.

Art. 2. — Il est créé auprès du président du Centre national de la fonction publique territoriale une commission qui a pour mission de se prononcer sur la recevabilité des demandes d'admission à concourir émanant de candidats ne possédant pas l'un des titres ou diplômes réglementairement requis mais titulaires d'un diplôme d'un niveau équivalent ou supérieur à quatre années d'études supérieures après le baccalauréat. La commission peut entendre les candidats si elle le juge utile.

La commission comprend, outre son président, conseiller du corps des membres des tribunaux administratifs et des cours administratives d'appel, six membres dont :

a) Deux membres de l'enseignement supérieur nommés par le président du Centre national de la fonction publique territoriale ;

b) Un représentant du ministre chargé de l'Enseignement supérieur ;

c) Un représentant du ministre chargé des Sports ;

d) Deux fonctionnaires de catégorie A dont un appartenant au cadre d'emplois des conseillers territoriaux des activités physiques et sportives et titulaire du grade le plus élevé dans ce cadre d'emplois.

Art. 3. — Les dépenses afférentes à la mise en place et au fonctionnement de la commission visée à l'article précédent sont prises en charge par le Centre national de la fonction publique territoriale.

Titre II

Organisation des concours

Chapitre Ier

Dispositions générales

Art. 4. — Le concours d'accès au cadre d'emplois des conseillers territoriaux des activités physiques et sportives comprend un concours externe et un concours interne.

Art. 5. — L'ouverture des concours mentionnés à l'article 4 est arrêtée par le président du Centre national de la fonction publique territoriale.

CHAPITRE II
Du concours externe et du concours interne

Art. 6. — Les épreuves d'admissibilité du concours externe pour le recrutement des conseillers territoriaux des activités physiques et sportives comprennent :

1. Au choix du jury soit une composition, soit une note de synthèse portant sur un sujet d'ordre général relatif aux aspects éthiques, sociaux, économiques, législatifs et réglementaires du sport en France, dans la Communauté européenne et au niveau international ou sur un sujet d'ordre général relatif aux institutions politiques et administratives de la France (durée : quatre heures ; coefficient 3) ;
2. Une composition se rapportant aux connaissances relatives à la pratique et à l'enseignement des activités physiques et sportives. Cette épreuve doit permettre de vérifier les connaissances du candidat dans les domaines des sciences biologiques et des sciences humaines (durée : quatre heures ; coefficient 3) ;
3. La rédaction d'une note ayant pour objet de vérifier l'aptitude des candidats à l'analyse d'un dossier soulevant un problème d'organisation ou de gestion du sport rencontré par une collectivité territoriale (durée : trois heures ; coefficient 3) ;
4. Une composition permettant d'apprécier les connaissances du candidat dans l'un des domaines suivants choisi par le candidat au moment de l'inscription :

a) Les techniques et méthodes de l'entraînement sportif ;

b) L'enseignement des activités physiques et sportives ;

c) La sociologie des pratiques sportives ;

d) La gestion financière appliquée aux services des sports ;

e) La conception et l'entretien des équipements sportifs et de loisirs (durée : trois heures ; coefficient 2).

Art. 7. — Les épreuves d'admissibilité du concours interne pour le recrutement des conseillers territoriaux des activités physiques et sportives comprennent :

1. Une composition sur un sujet portant sur l'organisation des activités physiques et sportives en France et sur la mise en œuvre des politiques sportives menées par les collectivités territoriales (durée : quatre heures ; coefficient 2) ;
2. Une note de synthèse à partir d'un dossier portant sur l'action des collectivités territoriales dans le domaine des activités physiques et sportives (durée : quatre heures ; coefficient 3) ;
3. Une composition sur un sujet au choix du candidat effectué au moment de l'inscription portant sur :

a) L'organisation et la promotion d'un service des sports ;

b) Les techniques et les méthodes de l'entraînement sportif ;

c) La conception et l'entretien des équipements sportifs et de loisirs (durée : trois heures ; coefficient 2).

Art. 8. — Peuvent être seuls autorisés à se présenter aux épreuves d'admission du concours externe et du concours interne les candidats déclarés admissibles par le jury.

Art. 9. — Les épreuves d'admission du concours externe sont les suivantes :
1. Une épreuve physique comprenant :
— un parcours de natation ;
— une épreuve de course (coefficient 1).
2. Un entretien de culture générale avec le jury à partir d'un sujet tiré au sort sur un thème relatif au champ d'application des activités physiques et sportives (durée : trente minutes après une préparation de même durée ; coefficient 2) ;
3. Une épreuve orale de langue vivante comportant la traduction d'un texte dans l'une des langues étrangères suivantes au choix du candidat : allemand, anglais, italien, espagnol, portugais, néerlandais, russe ou arabe moderne (durée : vingt minutes après une préparation de même durée ; coefficient 1).

Art. 10. — Les épreuves d'admission du concours interne sont les suivantes :
1. Le commentaire d'un texte court relatif à l'actualité sportive suivi d'une conversation avec le jury (durée : trente minutes après une préparation de même durée ; coefficient 2) ;
2. Une interrogation orale portant au choix du candidat sur l'un des deux thèmes non retenu lors de la troisième épreuve d'admissibilité figurant à l'article 7 (3.) du présent décret (durée : trente minutes après une préparation de même durée ; coefficient 2).
Les candidats au titre du concours interne peuvent demander, lors de leur inscription, à subir en cas d'admissibilité les épreuves facultatives suivantes :
1. Une épreuve physique comprenant :
— un parcours de natation ;
— une épreuve de course (coefficient 1) ;
2. Une épreuve orale de langue vivante comportant la traduction d'un texte dans l'une des langues étrangères suivantes au choix du candidat : allemand, anglais, italien, espagnol, portugais, néerlandais, russe ou arabe moderne (durée : vingt minutes après une préparation de même durée ; coefficient 1).
Les notes obtenues aux épreuves facultatives ne peuvent entrer en ligne de compte en vue de l'admission que pour la part excédant les notes 10 sur 20.

Art. 11. — En outre, les candidats au titre du concours externe et du concours interne peuvent demander, lors de leur inscription, à subir en cas d'admissibilité, une épreuve orale consistant en une interrogation sur les questions ayant trait à la gestion et au traitement automatisé de l'information (durée : dix minutes après une préparation de même durée ; coefficient 1).
La note obtenue à cette épreuve facultative ne peut entrer en ligne de compte en vue de l'admission que pour la part excédant la note 10 sur 20.

Art. 12. — Les programmes de chacune des épreuves prévues aux articles 6 à 11 ci-dessus sont fixés par arrêté conjoint du ministre chargé des Collectivités locales et du ministre chargé des Sports.

Chapitre III
Organisation des concours

Art. 13. — Chaque session de concours fait l'objet d'une publicité au *Journal officiel* de la République française qui précise la date limite de dépôt des inscriptions, la date des épreuves, le nombre de lauréats prévu pour chaque concours et l'adresse à laquelle les candidatures doivent être déposées. Le président du Centre national de la fonction publique territoriale assure cette publicité.

Art. 14. — Les jurys des concours sont nommés par arrêté du président du Centre national de la fonction publique territoriale, sur la base d'une liste dressée par le conseil d'administration du Centre national de la fonction publique territoriale après avis du conseil d'orientation.

Le jury de chaque concours comprend, outre le président, neuf membres ainsi répartis :

a) Deux élus locaux ;

b) Deux fonctionnaires territoriaux de catégorie A dont un appartenant au cadre d'emplois des conseillers territoriaux des activités physiques et sportives et titulaire du grade le plus élevé dans ce cadre d'emplois ;

c) Deux personnalités qualifiées ;

d) Trois membres de l'enseignement supérieur.

Le président et deux membres de ces jurys sont communs au jury du concours externe et au jury du concours interne.

L'arrêté prévu au premier alinéa du présent article désigne le remplaçant du président dans le cas où celui-ci serait dans l'impossibilité de poursuivre sa mission.

En cas de partage égal des voix, la voix du président est prépondérante.

En fonction de la nature particulière des épreuves, des examinateurs spéciaux peuvent être nommés par arrêté du président du Centre national de la fonction publique territoriale.

Les correcteurs sont désignés par arrêté du président du Centre national de la fonction publique territoriale pour participer avec les membres du jury à la correction des épreuves.

Les épreuves écrites sont anonymes ; chaque composition est corrigée par deux correcteurs.

Art. 15. — Il est attribué à chaque épreuve une note de 0 à 20. Chaque note est multipliée par le coefficient correspondant.

Le jury arrête, pour chacun des concours, la liste des candidats admis à se présenter aux épreuves d'admission, d'après le total des points qu'ils ont obtenus à l'ensemble des épreuves d'admissibilité.

Toute note inférieure à 5 sur 20 à l'une de ces épreuves entraîne l'élimination de la liste d'admissibilité.

Toute note inférieure à 5 sur 20 à l'épreuve physique obligatoire pour les candidats au concours externe entraîne l'élimination de la liste d'admission.

Art. 16. — Les jurys peuvent, compte tenu notamment du nombre des candidats, se constituer en groupes d'examinateurs en vue de la correction des épreuves écrites et des interrogations orales.

Art. 17. — A l'issue des épreuves d'admission, les jurys arrêtent, dans la limite des places mises au concours, une liste d'admission distincte pour chacun des concours.
Le président du jury transmet les listes mentionnées ci-dessus au président du Centre national de la fonction publique territoriale avec un compte rendu de l'ensemble des opérations.
La liste d'aptitude est établie par ordre alphabétique.

Art. 18. — Le ministre de l'Intérieur et de la Sécurité publique, le ministre de la Jeunesse et des Sports et le secrétaire d'Etat aux Collectivités locales sont chargés, chacun en ce qui le concerne, de l'exécution du présent décret, qui sera publié au *Journal officiel* de la République française.

Fait à Paris, le 26 mars 1993.

Par le Premier ministre : PIERRE BÉRÉGOVOY

Le ministre de l'Intérieur et de la Sécurité publique,
PAUL QUILÈS

Le ministre de la Jeunesse et des Sports,
FRÉDÉRIQUE BREDIN

Le secrétaire d'Etat aux Collectivités locales,
JEAN-PIERRE SUEUR

51.10. Arrêté du 26 mars 1993

Fixant le programme des épreuves des concours externe et interne pour le recrutement des conseillers territoriaux des activités physiques et sportives

Le ministre de la Jeunesse et des Sports et le secrétaire d'Etat aux Collectivités locales,
Vu la loi n° 84-53 du 26 janvier 1984 modifiée portant dispositions statutaires relatives à la fonction publique territoriale ;
Vu la loi n° 84-594 du 12 juillet 1984 modifiée relative à la formation des agents de la fonction publique territoriale ;
Vu le décret n° 92-364 du 1er avril 1992 portant statut particulier du cadre d'emplois des conseillers territoriaux des activités physiques et sportives ;

Vu le décret n° 93-555 du 26 mars 1993 relatif aux conditions d'accès et aux modalités d'organisation des concours pour le recrutement des conseillers territoriaux des activités physiques et sportives ;
Vu l'avis du Conseil supérieur de la fonction publique territoriale en date du 10 février 1993,

Arrêtent :

Art. 1er. — Le programme des épreuves d'admissibilité du concours externe pour le recrutement des conseillers territoriaux des activités physiques et sportives prévues à l'article 6 du décret du 26 mars 1993 susvisé est fixé comme suit :

1. Première épreuve d'admissibilité

I. — Aspects éthiques, sociaux, économiques, législatifs et réglementaires du sport en France, dans la Communauté européenne et au niveau international
1. Les aspects éthiques, sociaux, économiques.
2. L'organisation du sport en France : les structures juridiques, leur financement et leurs moyens en personnel ; le service public, les personnes privées et autres structures concourant à l'organisation et au développement des activités physiques et sportives.
3. La législation et la réglementation relatives à l'organisation du sport en France.
4. L'organisation du sport au niveau international ; le sport et les relations internationales ; le sport et la Communauté européenne.

II. — Les institutions politiques et administratives de la France
1. Droit constitutionnel et institutions politiques : sources, théorie, institutions politiques comparées ; régime politique français ; droits de l'homme et libertés publiques.
2. Droit administratif et institutions administratives : sources, structures et fonctionnement de l'administration, fonction publique, justice administrative.
3. Décentralisation, organisation territoriale, notions en matière de finances locales.

2. Deuxième épreuve d'admissibilité

I. — Sciences biologiques
Le programme, intégrant les variables âge et sexe des pratiquants sportifs, comprend :
1. Physiologie : l'organisme humain comme « système ouvert » à l'environnement : aspects bio-énergétiques et aspects bio-informationnels.
2. Anatomie bio-mécanique : fonctionnement de l'appareil locomoteur et le respect de son intégrité (l'analyse du mouvement ; le geste sportif et l'appareil locomoteur).

II. — Sciences humaines
Le contexte social, économique et politique de la pratique et du développement des activités physiques et sportives ;
Le fonctionnement du groupe ;
La relation formateur-pratiquant sportif ;
L'apprentissage et la formation ;
L'investissement du pratiquant sportif et le rapport investissement-performance.

3. Troisième épreuve d'admissibilité

L'épreuve permet d'évaluer la capacité du candidat à synthétiser un dossier, à formuler des conclusions et à suggérer des solutions pour aider à la décision de l'autorité territoriale. Les dossiers à traiter portent sur les différents domaines du sport dans les collectivités territoriales.

4. Quatrième épreuve d'admissibilité

a) Les techniques et les méthodes de l'entraînement sportif :
Le programme, intégrant les variables, d'une part, âge et sexe des pratiquants sportifs, et d'autre part, carrière, saison, séance d'activités physiques et sportives, comprend :
La notion de performance ;
L'entraînement ;
La prévention en matière de dopage.

b) L'enseignement des activités physiques et sportives :
L'analyse et le choix des activités physiques et sportives dans le cadre d'un cycle, d'une séance ; sa programmation ;
Les styles d'enseignement ;
L'apprentissage ;
Le fonctionnement du groupe ; l'évaluation ;
L'environnement matériel, social, économique et politique des activités physiques et sportives.

c) La sociologie des pratiques sportives :
Le programme comprend :
Les modalités de recueil de données sur les différents publics sportifs et sur les cadres de pratiques sportives (humains, structurels) :
— définition des catégories et des typologies sociologiques ;
— catégories d'acteurs sociaux ;
— catégories de structures.
Le cadre théorique d'interprétation et de construction d'hypothèses sur les thèmes relatifs à :
— l'analyse de la différenciation sociale ;
— les représentations sociales ;
— les identités sociales.

d) La gestion financière appliquée aux services des sports :
Les techniques budgétaires : les grands principes du droit budgétaire ; la préparation, l'exécution et le contrôle de l'exécution du budget ;
L'analyse de gestion ; les charges fixes et variables, les charges directes et indirectes ; le seuil de rentabilité ; la notion de coût global ;
L'analyse budgétaire et l'analyse des écarts ;
Les tableaux de bord de suivi financier.

e) Le fonctionnement et les techniques d'entretien des équipements sportifs et de loisirs :
Les études des besoins ;
Les différentes phases de programmation, les caractéristiques, les normes et l'homologation d'un équipement sportif ;
La constitution et la réalisation des sols ;
Les techniques d'entretien des équipements sportifs.

Art. 2. — Le programme des épreuves d'admissibilité du concours interne pour le recrutement des conseillers territoriaux des activités physiques et sportives prévues à l'article 7 du décret du 26 mars 1993 susvisé est fixé comme suit :

1. Première épreuve d'admissibilité

I. — L'organisation du sport en France
Le cadre législatif et réglementaire de l'organisation du sport en France ;
L'organisation des activités physiques et sportives ; l'éducation physique et sportive ; les associations et les sociétés sportives ; les fédérations sportives ; le rôle des collectivités territoriales ; le sport de haut niveau ; la surveillance médicale et les assurances ; les équipements sportifs ; la sécurité des équipements et des manifestations sportives ;
Les formations et les professions ;
Les structures juridiques, leur financement et leurs moyens en personnel ;
Le service des activités physiques et sportives : l'Etat, les collectivités territoriales, les personnes privées et les autres structures concourant au développement et à la promotion des activités physiques et sportives.

II. — Les politiques sportives territoriales
Les politiques en matière d'équipement, de soutien et d'organisation des activités physiques et sportives, de manifestations sportives ;
Les enjeux des politiques sportives territoriales.

2. Deuxième épreuve d'admissibilité

L'épreuve permet d'évaluer les capacités du candidat à synthétiser un dossier, à en extraire les éléments déterminants qui permettent de suggérer des solutions adaptées soumises à la décision de l'autorité territoriale. Le dossier porte sur un des aspects de l'action des collectivités territoriales dans le domaine des activités physiques et sportives.

3. Troisième épreuve d'admissibilité

a) L'organisation et la promotion d'un service des sports :
Le rôle et les missions, l'organisation et la structuration, l'organigramme et la place du service des sports dans l'organisation sportive locale ;
Les métiers et le statut du personnel des services des sports ;
La gestion et la promotion d'un service des sports.

b) Les techniques et les méthodes de l'entraînement sportif :
Le programme, intégrant les variables, d'une part, âge et sexe des pratiquants sportifs, et d'autre part, carrière, saison et séance, comprend :
La notion de performance ;
L'entraînement ;
La prévention en matière de dopage.

c) La conception et l'entretien des équipements sportifs et de loisirs :
Les études des besoins, la programmation et les caractéristiques d'un équipement sportif ;
Les normes et l'homologation ;
La constitution et la réalisation des sols ;
Le fonctionnement et les techniques d'entretien des équipements sportifs.

Art. 3. — Le programme de l'épreuve physique d'admission aux concours interne et externe de conseiller territorial des activités physiques et sportives prévue à l'article 9-1. et au 1. du deuxième alinéa de l'article 10 du décret du 26 mars 1993 susvisé est fixé selon les dispositions contenues dans l'annexe au présent arrêté.

Art. 4. — Le programme de l'épreuve orale facultative d'admission du concours externe et interne d'accès au grade de conseiller territorial des activités physiques et sportives prévue à l'article 11 du décret du 26 mars 1993 susvisé portant sur des questions ayant trait au traitement automatisé de l'information est le suivant :

I. — Systèmes informatiques
1. Les équipements :
Les ordinateurs ;
Les périphériques ;
Les réseaux.

2. Les logiciels :
Les systèmes d'exploitation ;
Les langages et les progiciels.

3. Les différents types d'information informatique :
L'informatique centralisée ;
L'informatique répartie.

4. Les fichiers.

5. Les banques et les bases de données.

II. — Bureautique
1. Le matériel ;
2. Les logiciels ;
3. Les applications.

III. — Gestion de l'informatique
1. Le schéma directeur et le cahier des charges ;
2. L'informatique et les conditions de travail ;
3. L'acquisition et l'implantation d'un système ;
4. La maintenance et le développement ;
5. Le personnel informaticien.

IV. — Droit du traitement et de la communication de l'information
1. Les principes généraux du droit du logiciel ;
2. L'informatique et les libertés ;
3. L'accès aux documents administratifs.

Art. 5. — Le directeur de l'administration générale du ministère de la Jeunesse et des Sports et le directeur général des collectivités locales sont chargés, chacun en ce qui le concerne, de l'exécution du présent arrêté, qui sera publié au *Journal officiel* de la République française.

Fait à Paris, le 26 mars 1993.

Le ministre de la Jeunesse et des Sports,
FRÉDÉRIQUE BREDIN

Le secrétaire d'Etat aux Collectivités locales,
JEAN-PIERRE SUEUR

51.11. Décret n° 93-560 du 26 mars 1993

Relatif à l'organisation de la formation initiale d'application des conseillers territoriaux des activités physiques et sportives stagiaires

Le Premier ministre,
Sur le rapport du ministre de l'Intérieur et de la Sécurité publique,
Vu la loi n° 84-53 du 26 janvier 1984 modifiée portant dispositions statutaires relatives à la fonction publique territoriale ;
Vu la loi n° 84-594 du 12 juillet 1984 modifiée relative à la formation des agents de la fonction publique territoriale ;
Vu le décret n° 85-1229 du 20 novembre 1985 modifié relatif aux conditions générales de recrutement des agents de la fonction publique territoriale ;
Vu le décret n° 92-364 du 1er avril 1992 portant statut particulier du cadre

d'emplois des conseillers territoriaux des activités physiques et sportives, et notamment ses articles 7 et 8 ;
Vu l'avis du Conseil supérieur de la fonction publique territoriale en date du 10 février 1993,

Décrète :

Art. 1er. — La formation initiale d'application des conseillers territoriaux des activités physiques et sportives prévue aux articles 7 et 8 du décret du 1er avril 1992 susvisé est organisée par le Centre national de la fonction publique territoriale selon les modalités prévues aux articles ci-après.

Art. 2. — En application des articles 11, 13 et 14 de la loi du 12 juillet 1984 modifiée susvisée, le contenu de la formation et, notamment, des sessions théoriques de spécialités et du cycle de perfectionnement de spécialités prévus aux articles 7 et 8 du décret du 1er avril 1992 susvisé est arrêté par le Centre national de la fonction publique territoriale.

Art. 3. — Le contenu de cette formation est établi au vu des fonctions, tâches et emplois mentionnés au titre Ier du décret du 1er avril 1992 susvisé.
Elle comporte une formation générale relative aux institutions des collectivités territoriales, à l'aide à la décision et à l'encadrement, ainsi qu'à la gestion des personnels et des moyens.

En outre, la formation de chaque stagiaire est adaptée aux tâches en vue desquelles il a été recruté. A cette fin, des formations sont organisées dans les matières suivantes :
1. L'environnement juridique, sociologique des activités physiques et sportives :
— le droit et l'économie du sport ;
— la sociologie des pratiques sportives ;
— les structures juridiques des groupements sportifs et le contrôle des clubs ;
— la connaissance des pratiques sportives ;
2. La gestion du sport dans les collectivités territoriales :
— la gestion d'un service des sports ;
— la création et l'entretien des équipements sportifs et de loisirs ;
3. L'organisation et la mise en œuvre du sport dans les collectivités territoriales :
— l'encadrement des activités physiques et sportives ;
— la connaissance des publics et des stratégies d'intervention.

Art. 4. — Dès qu'une autorité territoriale a procédé au recrutement d'un candidat inscrit sur l'une des listes d'aptitude permettant l'accès au cadre d'emplois des conseillers territoriaux des activités physiques et sportives, elle est tenue de faire connaître au Centre national de la fonction publique territoriale la nature des tâches en vue desquelles le stagiaire a été recruté, de manière à assurer l'organisation de la formation initiale de l'intéressé.

Art. 5. — Le ou les stages pratiques prévus aux articles 7 et 8 du décret du 1er avril 1992 susvisé peuvent s'effectuer dans les services d'une collectivité

territoriale, d'un établissement public ou d'une entreprise ainsi qu'au sein d'une administration de l'Etat.
Le stage pratique d'une durée d'un mois prévu à l'article 8 du décret du 1er avril 1992 susvisé doit être accompli en dehors de la collectivité ou de l'établissement public d'affectation.
Les stages pratiques effectués par le stagiaire au sein de sa collectivité ou de l'établissement qui a procédé à son recrutement sont organisés par l'autorité territoriale, sur la base des objectifs et des modalités déterminés par le Centre national de la fonction publique territoriale.

Art. 6. — Le Centre national de la fonction publique territoriale définit un calendrier des stages théoriques et pratiques qu'il fait connaître aux autorités territoriales et aux stagiaires.
Le Centre national de la fonction publique territoriale définit, en accord avec l'autorité territoriale, les périodes consacrées aux stages en tenant compte des besoins du service et du déroulement des stages qui doivent s'effectuer en application des articles 7 et 8 du décret du 1er avril 1992 susvisé.

Art. 7. — A l'issue de chaque période de formation, le président du Centre national de la fonction publique territoriale porte à la connaissance de l'autorité territoriale son appréciation écrite sur le stagiaire, et notamment sur les aptitudes dont il a fait preuve au cours de la session ou du cycle.

Art. 8. — Le ministre de l'Intérieur et de la Sécurité publique et le secrétaire d'Etat aux Collectivités locales sont chargés, chacun en ce qui le concerne, de l'exécution du présent décret, qui sera publié au *Journal officiel* de la République française.

Fait à Paris, le 26 mars 1993.

Par le Premier ministre : PIERRE BÉRÉGOVOY

Le ministre de l'Intérieur et de la Sécurité publique,
PAUL QUILÈS

Le secrétaire d'Etat aux Collectivités locales,
JEAN-PIERRE SUEUR

52. Charte du sport de haut niveau et assurances en responsabilité civile des organisateurs de manifestations sportives

52.1. Charte

Le sport de haut niveau joue un rôle social et culturel de première importance. Conformément aux valeurs de l'Olympisme énoncées dans la Charte olympique et aux principes déontologiques du sport, il doit contribuer, par l'exemple, à bâtir un monde pacifique et meilleur, soucieux de préserver la dignité humaine, la compréhension mutuelle, l'esprit de solidarité et le fair-play. Toute personne bénéficiant d'une reconnaissance par l'Etat de sa qualité de sportif de haut niveau, d'arbitre ou de juge sportif de haut niveau ou exerçant une responsabilité dans l'encadrement technique ou la gestion du sport de haut niveau doit s'efforcer d'observer en toute circonstance un comportement exemplaire, fidèle à son engagement dans la communauté sportive, et de nature à valoriser l'image de son sport et de son pays.

L'Etat et le mouvement sportif sont garants du respect des principes énoncés dans la présente charte. Avec le concours des collectivités territoriales et des entreprises, ils veillent à ce que soient réunis les moyens nécessaires pour soutenir le développement du sport de haut niveau, en vue de favoriser l'accès des sportifs à leur plus haut niveau de performance et à la meilleure expression de leurs capacités sociales et professionnelles.

La commission nationale du sport de haut niveau a établi les dispositions qui suivent, conformément aux règles déontologiques du sport et en application de la loi n° 84-610 du 16 juillet 1984 modifiée relative à l'organisation et à la promotion des activités physiques et sportives. Elle peut être saisie de toute difficulté d'interprétation soulevée par l'application de la présente charte.

CHAPITRE I
Des sportifs

Règle I. — Dans le plein exercice de ses droits et libertés de citoyen, chaque sportif de haut niveau est responsable de la bonne conduite de sa carrière sportive, ainsi que de la préparation de son avenir socio-professionnel. Il veille à l'exécution de ses obligations à l'égard de son pays et de la fédération à laquelle, en tant que licencié, il a volontairement adhéré.

Règle II. — En considération de l'engagement personnel et de l'importance de la préparation exigés par la recherche de la plus haute performance, tout sportif de haut niveau a accès, dans les conditions et limites réglementaires, aux dispositions, mesures et aides destinées :
- à favoriser sa réussite sportive,
- à compenser les dépenses que lui occasionne son activité sportive,
- à faciliter la mise en œuvre d'un projet de formation en vue de son insertion socio-professionnelle.

L'Etat et le mouvement sportif ont le devoir de veiller à l'attribution équitable et cohérente des aides accordées aux sportifs de haut niveau. A cet effet, ceux-ci doivent communiquer à leur fédération la nature et le montant des concours publics qui leur sont individuellement accordés. Toute demande d'aides personnalisées à l'Etat doit être instruite par la fédération et formulée par elle ; elle doit comporter notamment l'indication des ressources dont disposent les intéressés. Ces informations restent condidentielles.

Règle III. — L'Etat et la fédération dont le sportif de haut niveau est le licencié s'assurent que celui-ci bénéficie d'un régime de protection sociale couvrant l'ensemble des risques sociaux à prendre en compte pendant la durée de sa carrière sportive de haut niveau.

Règle IV. — Dans l'exercice de sa liberté d'opinion et de sa liberté de communiquer des informations ou des idées, le sportif de haut niveau est tenu de préserver l'image de sa discipline et du sport français en général, ainsi que de ne pas porter atteinte à l'intimité, l'honneur ou la considération d'autrui.
Le droit à l'exploitation de son image est garanti au sportif de haut niveau, sous réserve des dispositions des règles IX et X ci-après. Ce droit individuel comprend la liberté de s'opposer à tout enregistrement privé et celle de commercialiser l'utilisation de l'image personnelle.

Règle V. — Tout contrat sur la base duquel un sportif de haut niveau perçoit une rémunération en contrepartie de prestations sportives, ou liées à son activité sportive, doit être compatible avec les dispositions de la présente charte et les règlements fédéraux.

Règle VI. — Les sportifs de haut niveau participent à la lutte contre le dopage et aux actions de prévention menées dans ce domaine par l'Etat et le mouvement sportif. Ils s'interdisent de recourir à l'utilisation de substances ou de procédés interdits.

Règle VII. — Les sportifs de haut niveau définissent en accord avec la direction technique nationale de leur fédération leur programme d'entraînement, de compétitions et de formation. Ils bénéficient d'un suivi régulier organisé à leur intention tant sur le plan social que sportif.
Afin de préserver leur intégrité physique, ils se soumettent aux examens médicaux préventifs réglementaires.

Règle VIII. — Les sportifs de haut niveau sont représentés au comité directeur de leur fédération, au conseil d'administration du C.N.O.S.F., à la commission nationale du sport de haut niveau, à la commission nationale de prévention et de lutte contre le dopage ainsi que dans toutes les instances collégiales compétentes pour traiter de leurs intérêts collectifs.

CHAPITRE II
Des équipes

Règle IX. — Pour les sports individuels comme pour les sports collectifs, toute équipe de sportifs est directement et exclusivement soumise à l'autorité du responsable désigné par le groupement sportif ou par la fédération sous l'égide de qui elle a été constituée.
Selon les cas, le groupement sportif ou la fédération dispose de droits exclusifs d'exploitation de l'image collective de l'équipe à l'occasion des activités sportives de celle-ci et pour la promotion de ces seules activités. Tout contrat individuel contraire leur est inopposable.
L'étendue des droits et obligations de chacun est déterminée par les règlements fédéraux applicables ainsi que par les usages qui définissent discipline par discipline la nature et le degré d'organisation collective nécessaire à la cohésion et au bon fonctionnement de l'équipe. Elle peut être précisée dans des contrats individuels adaptés aux caractéristiques de l'équipe sous réserve qu'ils soient compatibles avec les principes énoncés dans la présente charte et avec la réglementation fédérale.

Règle X. — Chaque fédération peut mettre en place pour la durée d'une ou plusieurs saisons sportives un collectif national de préparation pouvant comprendre une ou plusieurs équipes à l'égard desquelles elle dispose exclusivement des prérogatives mentionnées à la règle précédente.
Le programme de chacune des équipes est élaboré et exécuté sous la responsabilité du directeur technique national. Il s'appuie sur un calendrier de stages, entraînements et compétitions ; il peut également, en considération des impératifs pratiques et de recherche propres à certaines disciplines, comporter des choix techniques notamment sur les équipements et le matériel utilisé. Les groupements sportifs affiliés et les instances fédérales régionales et départementales sont tenus de favoriser sa réalisation.
Tout sportif de haut niveau auquel il est proposé de participer au collectif national de préparation n'accepte qu'en s'engageant à respecter le programme et les choix techniques établis dans une convention conclue avec sa fédération. Cette convention précise les adaptations individuelles du programme et définit les aides et concours de toute nature qui en contrepartie bénéficieront à

l'intéressé. Le groupement sportif dont celui-ci est membre est également signataire de la convention lorsqu'elle comporte des dispositions relatives à l'étendue des droits et obligations.

Un sportif non inscrit sur la liste des sportifs de haut niveau peut être admis dans des conditions identiques à participer à tout ou partie du programme du collectif national de préparation.

Règle XI. — La constitution des équipes de France est prioritaire. Elle incombe aux fédérations investies à cet effet d'une délégation de pouvoir de l'Etat.

Chaque fédération délégataire est tenue d'établir des sélections en vue d'assurer la meilleure participation nationale possible aux compétitions prévues dans la convention d'objectifs qu'elle a conclue avec l'Etat et qui répondent aux priorités définies par la commission nationale du sport de haut niveau. Ces sélections sont décidées en application d'un règlement qui en définit les principales modalités.

Tout licencié doit honorer les sélections établies par la fédération dont il relève. En cas de refus sans motif légitime il s'expose le cas échéant à l'exclusion du collectif de préparation auquel il avait été admis à participer et à des sanctions pouvant aller jusqu'à la perte de la qualité de sportif de haut niveau.

CHAPITRE III
Des compétitions

Règle XII. — Au cours des compétitions auxquelles ils participent, les sportifs de haut niveau sont tenus de respecter les règles sportives, les arbitres et les juges. Ils doivent en toutes circonstances faire preuve de loyauté et de tolérance à l'égard de leurs partenaires et de leurs concurrents.

Règle XIII. — Les droits d'exploitation d'une compétition sportive appartiennent à l'organisateur de l'événement qui peut conclure toute convention en vue de partenariats autorisés par la loi ou de la diffusion de cet événement par les moyens audiovisuels appropriés.

Dans l'exercice de ses droits, l'organisateur est tenu de préserver le droit à l'information. A cet effet les contrats relatifs à la diffusion de l'événement doivent se conformer non seulement aux lois et règlements en vigueur mais encore aux usages conventionnellement reconnus en ce domaine.

Parallèlement, ni les sportifs ni les responsables de leurs équipes ne peuvent opposer à quiconque un accord d'exclusivité de nature à entraver la liberté de l'information. Les contrats de partenariat conclus par l'organisateur ne peuvent empiéter sur les droits individuels des sportifs ainsi que sur les droits collectifs des équipes tels que définis par les règles ci-dessus. Dans cette limite, l'étendue des droits et des obligations de chacun peut être précisée par accords conclus avec les organisateurs.

Règle XIV. — Les compétitions inscrites aux calendriers officiels arrêtés par les fédérations sportives délégataires ou par les fédérations internationales auxquelles celles-ci sont affiliées constituent l'ensemble de référence des

confrontations qui permettent le classement des valeurs et l'émergence de l'élite sportive.
L'Etat, le mouvement sportif ainsi que les collectivités territoriales et toutes les personnes physiques ou morales, notamment les sportifs de haut niveau, apportent un soutien prioritaire à ce système de référence. En conséquence, les sportifs de haut niveau, les arbitres et les juges sportifs sont tenus de participer prioritairement aux compétitions organisées sous l'égide ou avec l'agrément de leur fédération.

52.2. Assurances en responsabilité civile des organisateurs de manifestations sportives

Décret n° 93-392 du 18 mars 1993 pris pour l'application de l'article 37 de la loi n° 84-610 du 16 juillet 1984 modifiée relative à l'organisation et à la promotion des activités physiques et sportives

Le Premier ministre,
Sur le rapport du ministre de l'économie et des finances et du ministre de la jeunesse et des sports,
Vu le code des assurances ;
Vu la loi n° 84-610 du 16 juillet 1984 modifiée relative à l'organisation et à la promotion des activités physiques et sportives, notamment son article 37 ;
Vu l'avis du Conseil national des assurances (commission de la réglementation) en date du 18 décembre 1992,

Décrète :

Art. 1er. — Les contrats d'assurance garantissant, en application de l'article 37 de la loi du 16 juillet 1984 modifiée susvisée, les conséquences pécuniaires de la responsabilité civile encourue par :
a) Les groupements sportifs, les organisateurs de manifestations sportives prévus à l'article 37 de cette loi, les exploitants d'établissements d'activités physiques et sportives prévus à l'article 47 de cette loi ;
b) Leurs préposés, rémunérés ou non ;
c) Les licenciés et pratiquants,
ne peuvent pas déroger aux dispositions définies ci-dessous. Les contrats fixent librement l'étendue des garanties.

Art. 2. — Les contrats mentionnés à l'article 1er prévoient que les licenciés et pratiquants sont considérés comme tiers entre eux.

Art. 3. — Les contrats mentionnés à l'article 1er peuvent comporter des clauses excluant de la garantie les dommages causés :
a) Aux personnes énoncées au *a* de l'article 1er ;
b) Aux représentants légaux des personnes morales prévues au *a* de l'article 1er ;
c) A leurs préposés lorsque s'applique la législation sur les accidents du travail et les maladies professionnelles ;
d) Aux biens dont les personnes mentionnées aux *a* et *b* de l'article 1er sont propriétaires, locataires, dépositaires ou gardiens ;
e) Par tous engins ou véhicules ferroviaires, aériens, spatiaux, maritimes, fluviaux ou lacustres sauf si la pratique du (ou des) sport(s) concerné(s) implique, par nature, l'utilisation de tels engins ou véhicules ;
f) Par toute pollution de l'atmosphère, des eaux ou du sol ou par toute autre atteinte à l'environnement qui ne résulterait pas d'un événement accidentel imputable directement à l'assuré ou à toute personne dont il est civilement responsable ;
g) A l'occasion d'activités devant faire l'objet de la souscription d'un contrat d'assurance en vertu d'une obligation légale.

Art. 4. — L'assureur ne peut pas opposer à la victime et à ses ayants droit :
a) Une franchise ;
b) Une réduction proportionnelle de l'indemnité ;
c) La déchéance.
Il peut exercer une action en remboursement des sommes versées à la victime et payée en lieu et place de l'assuré.

Art. 5. — La garantie prévue par les contrats mentionnés à l'article 1er s'applique aux dommages subis par les victimes pendant la durée du contrat et ayant fait l'objet d'une réclamation dans un délai prévu au contrat et qui ne peut être inférieur à six mois.

Art. 6. — La souscription des contrats mentionnés à l'article 1er est justifiée par la production d'une attestation, notamment aux fonctionnaires du ministère chargé des Sports habilités en application de l'article 49-1 de la loi du 16 juillet 1984 modifiée susvisée.
Ce document vaut présomption de garantie. Il doit comporter nécessairement les mentions suivantes :
— la référence aux dispositions légales et réglementaires ;
— la raison sociale de la ou des entreprises d'assurances agréées ;
— le numéro du contrat d'assurance souscrit ;
— la période de validité du contrat ;
— le nom et l'adresse du souscripteur ;
— l'étendue et le montant des garanties.

Art. 7. — Le souscripteur fournit à la demande de toute personne garantie par le contrat un document reprenant les mentions énumérées à l'article 6.

Art. 8. — Le décret n° 91-582 du 19 juin 1991 définissant l'étendue minimale da la garantie et les modalités de contrôle de l'obligation d'assurance est abrogé.

Art. 9. — Le ministre de l'Economie et des Finances et le ministre de la Jeunesse et des Sports sont chargés, chacun en ce qui le concerne de l'exécution du présent décret, qui sera publié au *Journal officiel* de la République française.

53. Lexique des sciences humaines appliquées au sport

Ce lexique a pour but de familiariser l'éducateur sportif avec certains concepts utilisés de nos jours dans le domaine du sport et de l'éducation corporelle. Il ne prétend être ni exhaustif, ni épuiser tous les sens possibles des concepts présentés.

Activité (méthode, école)

Méthodes pédagogiques suscitant l'activité de l'enfant pour satisfaire ses besoins fondamentaux et ses motivations intrinsèques. Elles mettent le plus souvent l'enfant en situation de groupe et lui proposent des conditions d'acquisition analogiques à celles de la vie réelle.

Adaptation

a) En psychopédagogie, elle consiste en une modification d'une discipline afin qu'elle convienne mieux aux possibilités, intérêts et besoins des enfants.

b) Piaget définit ce concept comme résultant de l'équilibre entre l'accommodation, par laquelle le sujet se transforme afin d'ajuster sa conduite aux caractéristiques nouvelles d'une situation (ex. l'imitation), et l'assimilation qui représente au contraire une modification imposée par le sujet au monde extérieur afin de l'adapter à ses propres structures.

assimilation + accommodation = adaptation.

Adolescence

Succédant à la préadolescence, l'adolescence constitue avec elle une période (de 12 à 18 ans), caractérisée par une poussée biologique intense, à laquelle s'associent des transformations importantes au niveau de la personnalité des sujets.

Affectivité

Sous le terme affectivité on englobe les sentiments proprements dits et les émotions d'une part, et d'autre part les facteurs conatifs, c'est-à-dire les tendances (besoins, pulsions) et une tendance supérieure, la volonté.

On considère l'affectivité comme une régulation des forces dont dispose l'individu ou facteurs énergétiques poussant à l'action.

Agressivité

Poussée instinctive portant le sujet à détruire autrui (sadisme) ou tournée vers le sujet lui-même (masochisme).

Combativité : agressivité non lésante nécessaire à la réussite sportive.

Amateurisme

Ethymologiquement, l'amateur représente celui qui aime, celui qui trouve dans la pratique sportive un plaisir direct et non provoqué par le gain financier qui peut s'y attacher. Cette définition par les intentions est inapplicable, elle ne permet pas de classer les sportifs en amateurs et professionnels. On définit l'amateur par opposition au professionnel. Est amateur celui qui ne fait pas profession du sport qu'il pratique. Les définitions officielles ont évolué. Elles ont souvent constitué des moyens permettant une certaine ségrégation. En 1866, pour l'Amateur Athletic Association, « est amateur tout gentleman qui n'a jamais pris part à un concours public ouvert à tout venant, ou pour de l'argent provenant des admissions sur le terrain ou d'autres sources ; ou qui n'a jamais été à aucune période de sa vie, professeur ou moniteur d'exercice de ce genre comme moyen d'existence, qui n'est ni ouvrier, ni artisan, ni journalier ». Cette dernière clause exclut donc clairement certaines catégories sociales. D'autres définitions plus récentes aboutissent peut-être au même résultat : « est amateur la personne qui participe ou qui a toujours participé au sport sans en retirer de gain matériel ». Seules pourraient être amateurs les personnes disposant de loisirs et de revenus suffisants. D'autre part, la notion de gain reste à préciser. Lors des compétitions, une coutume s'est instaurée consistant à offrir une récompense au gagnant. Les organisateurs ont ensuite donné des sommes d'argent à la place de cadeaux qui ne répondaient pas la plupart du temps au désir du compétiteur. Le législateur a dû alors fixer une limite à la somme d'argent remise à un athlète. Mais les enchères ont rendu caduque cette réglementation. Les responsables ont proposé d'instaurer une catégorie intermédiaire entre celle des purs amateurs et celle des professionnels, à savoir la classe des non-amateurs. Entrent dans cette catégorie des sujets qui auraient le droit de tirer profit de leur talent sportif, mais qui auraient aussi l'obligation d'apprendre ou d'exercer un métier.

Animateur (animateur sportif)

Ethymologiquement, animer signifie donner vie. L'animateur est celui qui par sa fonction ou spontanément met de la vie dans une réunion, dans un groupe. Dans un cas plus précis, l'animateur sportif a pour tâche d'offrir à toutes les catégories de la population le maximum d'occasions de pratiquer des activités sportives. Il doit former, informer, organiser, accroître la participation de chacun. De ce fait, sa propre formation comportera notamment l'apprentissage de techniques de psychosociologie et de gestion. Son travail s'étend de l'initiation et de la sensibilisation à l'approfondissement de la pratique sportive. On peut classer les animateurs sportifs de la manière suivante :

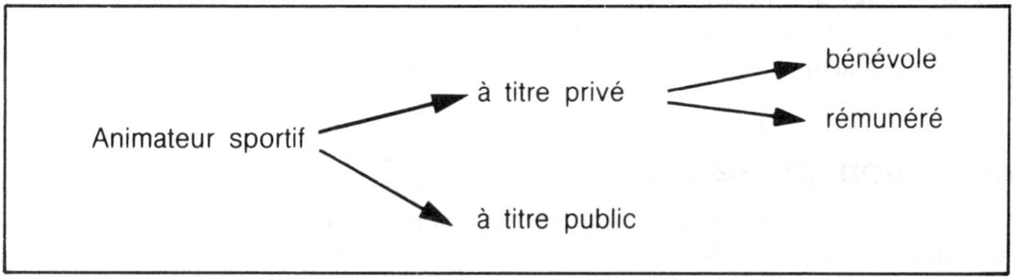

Figure 50.1

Si l'on possède certains renseignements sur les animateurs employés à titre public, c'est-à-dire notamment les professeurs et maîtres d'E.P.S. chargés d'animation, en revanche on n'a que fort peu d'information sur les bénévoles (quelles sont leurs motivations ?) de même que sur ceux qui sont rémunérés à titre privé, par des associations par exemple.

Anthropologie

Science de l'homme pris dans l'ensemble de ses déterminants préhistoriques, archéologiques, juridiques, ethnologiques, linguistiques, psychologiques, sociologiques...

Anticipation

Réponse à un pré-signal portant le sujet à prévoir les caractéristiques d'une situation nouvelle et qui lui permet d'agir, de connaître ou de créer plus efficacement.

Par exemple, le joueur de football anticipe sur telle action amorcée par un partenaire ou adversaire.

Apprentissage

Il y a apprentissage, lorsqu'une réaction se modifie de manière systématique et relativement durable, c'est-à-dire dans une direction déterminée, en cas de répétition d'une situation stimulante (apprentissage par exercice), ou en dépendance de l'expérience antérieure d'une situation donnée (apprentissage par transfert).

Les comportements adaptatifs acquis par un individu revêtent des aspects variés, tels que l'habituation, considérée comme l'apprentissage de l'aspect négatif de la vigilance, le conditionnement (voir conditionnement), l'idéation ou l'abstraction.

Aptitude

Disposition naturelle relevant du génotype et favorisant l'acquisition d'une certaine tâche, intellectuelle ou motrice.

La capacité, bien que conditionnée par l'aptitude, dépend au contraire des conditions d'acquisition et de l'influence du milieu (capacité = aptitude + acquisition).

Aspiration (niveau d')

Le niveau d'aspiration désigne le but réaliste que le sujet estime pouvoir atteindre ; il dépend de la confiance du sujet en ses capacités actuelles relativement à la performance à atteindre. Il dégage l'image de soi.

Le niveau d'expectation définit le but idéal auquel l'individu voudrait prétendre dans les actions qu'il entreprend. Il dégage l'idéal de soi.

Ainsi, tout sportif réfère son succès ou échec par rapport à la valeur affectée à sa performance vis-à-vis de son niveau d'aspiration. Vaincre un adversaire réputé faible, peut être considéré comme une insuccès. De même, les résultats sportifs d'un concurrent influencent directement le niveau d'aspiration d'un sujet.

Enfin l'entraîneur doit savoir que le niveau d'aspiration dépend d'échelles de référence sociale. La société établit des normes de performances. Avec la montée des records, les aspirations s'élèvent. Un athlète qui, il y a quelques années, se fixait comme espérance 18 mètres au lancer de poids, se fixera maintenant 20 mètres.

Attitude

a. Position du corps préparatrice à la perception et à l'action.

b. Disposition mentale déterminée par l'expérience, exerçant une influence directrice sur les réactions du sujet induites par les objets ou situations du monde externe.

L'attitude constitue donc un ensemble stable et systématisé de croyances, de principes et d'idées intervenant comme un centre permanent de références de tout ce que l'individu pense, fait ou dit.

La connaissance des attitudes de groupes sociaux vis-à-vis du sport permet de mesurer certaines résistances vis-à-vis de ce fait social et de les expliquer en les reliant à d'autres variables.

Audio-visuels (moyens)

Ensemble de procédés de reproduction et de diffusion des images et des sons utilisés dans la communication de masse.

Autorité

Pouvoir ou influence qui, s'exerçant sur un individu, l'amène à se conformer à ce qui est exigé ; on distingue deux types d'autorité :

a. de droit et reconnue ;
b. informelle, pour celle-ci on parle plutôt de leadership.

Déjà les Romains distinguaient l'autorité *potestas*, fondée sur le statut, c'est-à-dire le pouvoir légal et formel, et l'autorité *auctoritas* reposant sur le prestige. L'autorité dite légitime implique une série de rôles hiérarchisés. Le directeur technique a autorité sur les conseillers techniques. Cette forme d'autorité semble de plus en plus contestée. Elle le sera d'autant que le niveau supérieur sera incompétent. Pour assurer la cohésion d'une équipe de travail, il est nécessaire de répartir le pouvoir. Une école psychologique (Adorno T.W., *The authoritarian personality*, New York, 1950) a décrit un type psychologique individuel particulier, la personnalité autoritaire, dont l'origine serait à rechercher dans une éducation trop rigide.

Certaines personnes, sans grandes capacités, mais à forte ambition, à qui l'on délègue de petits pouvoirs font alors preuve d'une autorité à la hauteur de leur compétence et cherchent à valoriser leur estime personnelle. Ne disposant que d'un champ d'influence très réduit, ils exercent à l'intérieur de celui-ci un maximum de contrainte. Ce phénomène peut notamment se remarquer dans quelques établissements de cadres lorsque l'on met un bureau à la disposition de certains individus.

Biomécanique

La biomécanique étudie les mouvements de l'homme et de l'animal sous l'angle des lois de la mécanique.

Boîte noire

Concept cybernétique consistant à ne recenser que les entrées et les sorties (input, output) d'une machine ; les mécanismes internes ne sont pas étudiés car ils sont considérés comme inaccessibles.

Bouc émissaire

Souffre-douleur d'un groupe.

Capacité

(Voir Aptitude).

Caractère

Ensemble de dispositions permanentes régissant chaque individu dans ses rapports avec le monde extérieur ou avec lui-même et qui lui donnent un style d'action caractéristique permettant de réaliser son « portrait ».

Classification

Une classification consiste à regrouper des objets (le terme objet étant pris dans un sens très général) en un certain nombre de catégories mutuellement exclusives. Ainsi on peut, dans un club, distinguer les licenciés de sexe masculin et les licenciées de sexe féminin. Nous aurons dans cet exemple deux classes. A l'intérieur de chacune d'elles, les « objets » sont équivalents du point de vue du critère. Les classifications peuvent être plus ou moins riches. Certaines sont de type descriptif, d'autres de type explicatif. Dans les premières, il s'agit d'un regroupement d'après un principe superficiel qui n'introduit qu'une structure très pauvre. Ainsi l'on peut classer les livres d'une bibliothèque d'après leur format. Dans les secondes, le regroupement est opéré à l'aide d'un principe très profond.

De nombreux auteurs ont proposé des classifications des jeux. Citons la plus connue, celle de Caillois qui distingue essentiellement les jeux de compétition (Agon), de hasard (Aléa), de mime (Mimicry) et de vertige (Ilynx). Dans le domaine sportif, la plupart des classifications sont de type descriptif et non explicatif. On peut, ainsi, distinguer sports individuels et sports collectifs, en les appelant au besoin sports sans co-présence et sports avec co-présence. Cette distinction ne semble guère faire ressortir de dimension fondamentale. Des spécialistes étrangers ont proposé de telles classifications. Ainsi Berger (1969) élabore une classification à l'aide de trois variables, l'incertitude, la présence d'adversaire, le risque. Elle constitue des classes en fonction de ces trois critères. Cette classification a priori ne semble pas dégager de dimensions importantes. Le sport est fondé sur l'incertitude, la présence réelle ou non d'un adversaire et sur le risque. Même une classification fondée sur un principe physiologique telle la mise en condition physique apparaît plus intéressante. On peut ainsi distinguer trois classes. La première comprend les disciplines hautement génératrices de condition physique — ski de fond, aviron, course à pied —, la deuxième celle moyennement génératrice de condition physique — basket, handball, football, tennis —, enfin la dernière, les sports très peu générateurs de conditions physique — natation, escrime, golf.

Il semble nécessaire, pour élaborer de véritables classifications, d'utiliser les méthodes statistiques d'analyse multi-dimensionnelle afin de pouvoir accéder aux dimensions cachées (cf. Thomas, *La réussite sportive*, P.U.F., 1975 et Sports et Sciences Ed. Vigot 1981).

Clinique (étude)

Etude des personnes normales ou malades par l'observation directe, qui met l'accent sur l'individualisation et la compréhension des phénomènes.

Cognitif

Qui a trait à la connaissance et aux mécanismes d'accession au savoir intellectuel. Synonyme d'intellectuel par opposition au domaine conatif ou affectif.

Cohésion

La cohésion est le résultat des forces d'attraction exercées par le groupe à l'égard de ses membres et tendant à les maintenir en son sein. C'est, en définitive, la résultante de toutes les forces attractives que l'on peut déceler notamment par le moyen du test sociométrique.

Chez les auteurs américains, cohésion et moral sont devenus des termes interchangeables.

Combativité

(Voir Agressivité).

Communication consommatoire

Communication ayant pour but d'exprimer à un récepteur l'état d'esprit, l'état psychologique de l'émetteur. Elle a une fonction libératrice en libérant les tensions cathartiques.

L'entraîneur et l'entraîné usent fréquemment de la communication consommatoire.

Compensation

Mécanisme d'auto-défense de la personnalité se traduisant par la recherche d'une satisfaction ou valorisation dans un domaine donné, afin de contrebalancer une insatisfaction dans un autre domaine. Ainsi, un sentiment d'infériorité d'origine psychologique peut-il amener le sujet à montrer sa supériorité dans le domaine de la réussite sportive.

Compétition

Lutte entre les individus ou les groupes en vue d'un but ou d'un objet. La situation compétitive s'oppose à la situation coopérative.

Pour Margaret Mead, trois composantes fondamentales existent dans chaque société : coopérative, compétitive et individuelle. Les sociétés occidentales actuelles sont essentiellement compétitives.

La compétition sous-tend la sélection suivant le modèle de Darwin de la lutte pour la vie. Ceci explique la mise en question du sport par un certain courant de pensée actuel.

Compétition renvoie à concurrence et à sélection.

Comportement

Désigne au sens large l'ensemble des actions et réactions d'un individu. Au sens strict, le Behaviorisme définit la psychologie comme l'étude du comportement humain dans ses manifestations extérieures et ses relations avec le milieu strictement observables, sans tenir compte de la conscience.

Condition physique

Etat qui permet de supporter facilement un effort. Le concept de condition physique recoupe celui de santé, mais ne lui est pas superposable. Le physiologiste mesure la condition physique d'un sujet grâce à des tests cardio-vasculaires (Ruffier-Dickson, etc.), donnant ainsi une définition opératoire. Mais la condition physique comprend également des éléments psychologiques qui, dans ce cas, ne sont pas pris en compte.

Les Anglo-saxons disposent du terme « physical fitness », souvent traduit par condition physique. Traduire, c'est trahir et l'idée d'adaptation contenue dans le concept anglo-saxon ne semble pas émerger dans le terme français. (cf. R. Thomas, La condition physique P.U.F. « Que sais-je ? » 1982).

Conditionnement

(Voir Apprentissage).

Le réflexe conditionné ou conditionnel est une réponse acquise sous l'influence d'un excitant nouveau (stimulus conditionnel), d'abord associé à l'excitant primitif (stimulus inconditionnel), puis substitué à lui. Il y a donc conditionnement lorsqu'une réponse est déclenchée par une stimulation qui, antérieurement à l'apprentissage, n'avait aucune action sur cette réponse.

Le conditionnement se trouve à la base de la formation de nos habitudes et de notre comportement. On distingue deux voies d'apprentissage par conditionnement : le conditionnement simple, passif (Pavlov) et le conditionnement instrumental ou moteur (Skinner).

Conduite

Concept plus général que celui du comportement, intégrant l'ensemble des réponses significatives (aussi bien purement extérieures que symboliques ou inconscientes), par lesquelles l'être intègre les tensions qui menacent son équilibre et son unité.

Conflit

Processus social qui met l'accent sur les différences réelles ou perçues entre des individus ou des groupes et qui simultanément en minimise les points communs.

Conscient

Selon la psychanalyse, le conscient représente l'ensemble des idées, images, souvenirs et représentations que l'individu peut évoquer de façon volontaire et qu'il devient ainsi capable de contrôler ou de ranimer selon ses besoins et ses désirs.

L'inconscient se situe en deçà du monde des idées et des actes contrôlés et se compose de forces obscures, d'instincts puissants inassouvis ou détournés de leur but. L'individu ne peut contrôler ces forces et cependant elles régissent pour une grande part son comportement. Selon Freud et ses continuateurs, c'est dans ses contenus qu'il faut rechercher les motivations principales de nos actes. Ainsi, considèrent-ils l'activité sportive comme une forme d'expression privilégiée de l'instinct d'agressivité ou un moyen de canaliser, voire de réprimer, les instincts sexuels.

Découverte (pédagogie de la)

Méthode de pédagogie consistant à laisser à l'individu lui-même le souci de trouver la solution d'une situation-problème.

Dépendance

Relation unissant étroitement une personne à une autre, la rendant très influençable par les opinions, actes ou valeurs de cette dernière.

Directif

Qui intervient directement afin d'orienter vers un but fixé. La méthode directive est une méthode pédagogique fondée essentiellement sur l'autorité du maître et favorisant le phénomène de dépendance des élèves vis-à-vis des maîtres.

Docimologie

La docimologie constitue une science qui a pour objet l'étude systématique des examens, en particulier des systèmes de notation et du comportement des examinateurs et des examinés (Y. de Landsheere). Elle propose des méthodes et des techniques objectives et rigoureuses de mesure des performances des élèves.

Doping ou dopage

Utilisation par un compétiteur d'un agent étranger à l'organisme ou de substances physiologiques, dans le but d'augmenter artificiellement la performance. Les autorités médicales ont dressé une liste de substances rigoureusement interdites, passant ainsi d'une définition par les propriétés à une définition plus précise par énumération.

Drill

Dressage pédagogique.

Dynamique de groupe

Expression consacrée par K. Lewin, qui délimite un domaine important de la psychologie et qui comporte deux acceptations :

- ensemble de phénomènes psychosociaux qui se produisent dans les groupes restreints ;
- ensemble de méthodes qui permettent d'agir sur la personnalité par le moyen *de ces petits groupes ou groupes restreints.*

Egocentrisme

Forme de rapport avec le monde extérieur qui consiste à ramener tout à son expérience personnelle et à ses propres intérêts, humeurs et valeurs.

Empathie

Mode de connaissance d'autrui par intuition et compréhension immédiate.

Emotion

Réaction affective, généralement assez brusque, qui présente un versant psychologique et un versant physiologique (participation des centres diencéphaliques).

Sur le plan psychologique, l'émotion entraîne une régression, c'est-à-dire un retour à des comportements appris antérieurement. On observe une dégradation de l'action.

Certains psychologues préfèrent parler de niveau d'activation plutôt que d'émotion, qui ne serait pour eux qu'une très forte activation. Dans cette optique, une performance motrice quelconque est liée à la grandeur de l'activation. La première s'améliore avec l'élévation de la seconde jusqu'à un maximum, pour décroître ensuite.

Emotivité

Composante constitutionnelle qui fait qu'un individu est plus ou moins sensible à des situations émouvantes.

Enseignement

Action d'instruire. (Voir Education et Pédagogie).

Ergonomie

Science du travail qui s'appuie sur des sciences fondamentales telles que la physiologie des mouvements ou de la fatigue, la biomécanique et l'analyse du système homme-machine, la psycho-sociologie des conditions et milieux de travail.

Estime de soi

Négociation entre l'image que le sujet se fait de lui-même et de ses comportements.

Expectation

(Voir Aspiration).

Extraversion

(Voir Introversion).

Extrinsèque

(Voir Motivation et Intrinsèque).

Fantasme

Croyance imaginaire affectivement très chargée qui peut orienter le comportement et introduire des facteurs inconscients de distorsion de la perception.

Echauffement

Ensemble des activités auxquelles se livre le sportif avant une compétition ou un entraînement proprement dit, en vue de pouvoir réaliser des efforts d'intensité élevée. La plupart des entraîneurs pensent que l'échauffement permet au sujet de tirer le profit maximum de son effort. En fait les effets de l'échauffement sont très discutables. Le lecteur pourra se reporter au livre de Karpovich : *Physiologie de l'activité musculaire* (pages 56-59) cité en bibliographie.

Education

Action exercée par un adulte sur un être jeune en vue de susciter et de développer chez l'enfant un certain nombre d'états physiques et mentaux que réclament de lui la société globale ou le milieu auquel il est particulièrement destiné (Durkheim).

Ego

Synonyme du terme « le Moi ».

Fatigue

La fatigue, considérée comme l'ensemble des facteurs limitatifs de l'effort, ne résulte pas seulement du fonctionnement excessif en durée ou en intensité d'un organe, mais dépend également des composants psychologiques (importance de la motivation, niveau d'aspiration ou d'expectation) et des facteurs sociologiques (présence de spectateurs, par exemple).

Feed back (rétro-action)

Désigne en cybernétique l'information en retour qui permet la régulation automatique d'une opération en cours, et par extension, les signes perceptibles permettant à une personne de savoir si son message a été bien reçu et compris.

Le feed bask prend une importance capitale dans la communication pédagogique, car plus qu'ailleurs, faire comprendre et se faire comprendre constituent des exigences primordiales.

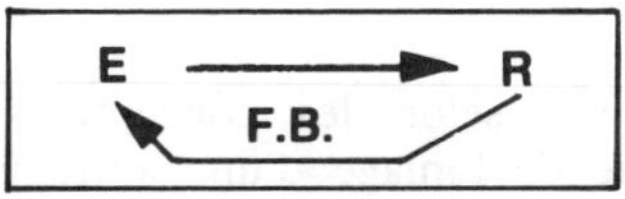

Figure 50.2

Formel

Désigne l'aspect officiel et connu des relations ou de l'organisation sociale, par opposition à l'aspect informel. Le chef informel est le membre du groupe qui prend une influence en dehors de l'autorité hiérarchique institutionnalisée.

Frustration

Résultat de la rencontre entre un instinct ou besoin, et un obstacle externe (pression ou règle sociale) ou barrière psychologique interne (la conscience morale). Elle peut déclencher, soit une riposte agressive contre l'agent frustrateur ou le sujet lui-même, soit une fuite dans le rêve ou l'imaginaire.

Gène

Elément spécifique localisé dans les chromosomes, qui détermine le développement d'un caractère héréditaire de l'individu.

Génotype

Ensemble de caractères héréditaires transmis.

Groupe restreint

Petit groupe (de 4 à 12 personnes environ) dans lequel chaque membre a une perception individualisée de chacun des autres et entretient avec lui des relations de face à face. En principe, les membres poursuivent ensemble les mêmes buts et partagent le même système de valeur.

Homéostasie

Tendance à maintenir constantes les conditions internes de vie face aux variations du milieu extérieur.

Homoergie

Même activité sportive. Terme créé par Raymond Thomas, (Thèse de doctorat. Contribution à l'étude scientifique des facteurs de la réussite sportive. Tours. 1974. P. 394), pour souligner l'influence du milieu parental dans la pratique sportive. Les enfants choisissent souvent la même spécialité que celle pratiquée par leur père ou leur mère. Ce terme d'homoergie a depuis été repris par quelques auteurs qui ont malheureusement oublié de citer leur source.

Identification

L'identification constitue, selon les conceptions psychanalytiques, une quasi-assimilation psychique de l'image d'une autre personnalité réalisée par un individu (W.J. Schraml).

C'est par voie d'identification que l'être fait l'acquisition de ses rôles sociaux.

Ce type de virtualité offert à l'athlète par l'entraîneur, subit donc l'empreinte de la genèse individuelle et plus particulièrement celles des anciennes relations intersubjectives vécues avec les parents. Par sa situation, sa fonction et les identifications qu'il provoque, l'entraîneur fournit au sujet des modèles de conduite, renforce son moi-idéal et élève son niveau d'aspiration.

Imitation

Reproduction consciente ou inconsciente d'un phénomène quelconque (gestes, sons, modèle...). A différencier de l'identification qui représente un processus dynamique inconscient.

J. Piaget distingue, selon le niveau de développement de l'enfant, différentes formes d'imitation : l'imitation réflexe (0 à 2 mois), l'imitation fonctionnelle (2 à 6 mois), l'imitation différée (vers 2 ans), cette dernière favorisant l'acquisition de la fonction symbolique.

Outre son rôle important dans le domaine de l'apprentissage, l'imitation constitue un fait social fondamental en suscitant chez l'individu l'assimilation de normes ou de systèmes de valeur.

Inconscient

(Voir Conscient).

Informel

(Voir Formel).

Intelligence

On conçoit d'une manière générale l'intelligence comme une aptitude permettant l'adaptation au milieu ou aux données d'une situation (intelligence pratique) ou comme une aptitude à saisir des rapports (intelligence conceptuelle).

Quotient intellectuel (voir test).

Interaction

Action réciproque des personnes et des groupes. Les interactions influençant directement les niveaux cognitifs et socio-affectifs des participants, l'éducateur pourra se servir du groupe comme facteur de pression pédagogique.

Intrinsèque (motivation)

Qui est lié au vécu et à la personnalité du sujet. S'oppose à extrinsèque, c'est-à-dire qui est imposé de l'extérieur.

L'action éducative faisant appel aux motivations intrinsèques (besoin de curiosité, de réalisation ou d'affirmation de soi, par exemple), s'avérera plus efficace que celle se fondant sur l'utilisation de motivations extrinsèques (la punition, par exemple).

Inhibition

Le terme comporte deux sens :

a. biologique : action nerveuse freinant ou arrêtant une fonction ;

b. psychologique : attitude de ralentissement ou de blocage qui s'opère dans certaines tâches et dont la prolongation devient pathologique.

En évitant le jeu des réponses réflexes, ce mécanisme psycho-physiologique peut néanmoins adapter la conduite aux pressions et aux sollicitations de la vie sociale.

Institution

Le terme comporte deux sens qui se recoupent :

a. sens juridique : forme d'organisation sociale avec des statuts, des règlements et qui est créé par une loi. Exemple : le Parlement ;

b. sens des sciences humaines : ce qui façonne, forme les conduites et les contrôle. Ensemble de normes, d'usages qui préexistent à l'individu.

Les institutions constituent la culture.

Institutionnelle (pédagogie)

La pédagogie institutionnelle se définit par la vacance du pouvoir dans un groupe et par la possibilité donnée à ce groupe de se doter d'institutions satisfaisantes grâce aux initiatives divergentes des participants (M. Lobrot).

Le principe pédagogique consiste à remettre entre les mains des élèves tout ce qui est possible, le maître se contentant de répondre à la demande des éduqués. Mais les organisations inventées par les participants dépendant de l'organisation d'ensemble et en particulier des cadres institutionnels, l'autogestion pédagogique devra s'accompagner nécessairement d'une remise en cause des institutions socio-politiques (voir pédagogie non directive).

Intervall training

Méthode d'entraînement consistant à faire parcourir des courtes distances aux individus en vue d'augmenter leurs possibilités cardio-pulmonaires, en accordant une importance particulière aux temps de repos aménagés entre les intervalles de travail. (Cf. *« Intervall training »* de Fox et Mattews, Ed. Vigot frères.)

Kinesthésie

Forme de sensibilité proprioceptive dont les informations proviennent des récepteurs articulaires, musculaires, tendineux et cutanés, qui renseigne le sujet sur les positions et les mouvements des différents segments de son corps.

La kinesthésie entre dans l'élaboration du schéma corporel (voir ce terme).

Latence

a. Désigne en physiologie le temps séparant le début d'un stimulus et le début de la réponse et s'appliquant aux organes isolés (le muscle, par exemple).

b. En psychologie, ce concept revêt deux significations :

- soit il désigne le temps de réaction psychologique ;
- soit il concerne la période de l'enfance au cours de laquelle s'atténuent, selon la théorie psychanalytique, les manifestations sexuelles (entre 6-7 ans et 11-12 ans).

Latéralité

Prédominance fonctionnelle d'un côté du corps sur l'autre, correspondant à des différences de développement au niveau des hémisphères cérébraux opposés (croisement des voies nerveuses).

Cette latéralité s'apprécie au moyen de tests simples (voir Zazzo, *Manuel pour l'examen psychologique de l'enfant,* Delachaux et Niestlé).

Leader

Meneur détenant une autorité ou exerçant une influence sur le comportement d'un groupe ou d'une personne.

Leadership

Rôle ou fonction exercé par le meneur.

Libido

Energie spécifique sexuelle selon Freud, alors que selon Jung, elle représente une énergie psychique générale dont la force est inhérente à de nombreux autres actes.

Loisir

Ensemble d'occupations auxquelles l'individu peut s'adonner de son plein gré, soit pour se reposer, soit pour se divertir, soit pour développer son information ou sa formation désintéressée, sa participation sociale volontaire après s'être libéré de ses obligations professionnelles, familiales et sociales (J. Dumazedier).

Ludique

Conduite de jeu.

Manipulation

Action consistant à utiliser autrui pour ses propres fins. Il y a manipulation lorsque la relation est vécue comme un combat. Autrui est considéré comme une chose. « La relation duelle devient duel » (Ardoino). Il s'agit de « posséder autrui », d'orienter son comportement sans l'informer que l'on poursuit un but personnel. Il existe des techniques de manipulation permettant de diriger l'opinion, d'infléchir le comportement d'une personne ou d'un groupe.

Maturation

Phénomènes bio-psychologiques et sociaux conduisant l'être à la maturité.

L'enfant naît en état de prématuration en raison de son inachèvement nerveux aux plans anatomique (myélinisation non achevée de certaines fibres nerveuses) et fonctionnel (connexions intersyaptiques à développer).

Contrairement donc aux autres espèces, l'homme naît inachevé, ce qui le met en situation de totale dépendance et favorise les processus d'apprentissage sous l'influence des stimulations extérieures sociales, organisant les grands systèmes fonctionnels dans le sens de leurs intégrations respectives, mais aussi de leur originalité.

Métabolisme

Phénomènes essentiellement physico-chimiques qui, par dégradation (catabolisme) ou par synthèse (anabolisme), produisent de l'énergie et assurent le renouvellement des substances de l'organisme.

Morpho-psychologie

Système d'interprétation du caractère fondé sur l'analyse des formes physiques observables, tels que le visage, la main ou la constitution physique générale.

Motivation

Besoin ou état de tension mettant l'organisme en mouvement jusqu'à ce qu'il ait réduit la tension initiale (D. Lagache).

Tout comportement est donc motivé, par des facteurs physiologiques, psychologiques et sociaux. Certains déterminants n'accèdent pas à la conscience du sujet (par exemple, la volonté de puissance, le besoin de compensation ou de sur-compensation), d'où la difficulté à les identifier.

La réussite sportive dépendant d'une combinaison favorable des aptitudes et des motivations, on conçoit donc que la détermination et l'exploitation des motivations représentent une des tâches fondamentales de l'entraîneur *(voir entraîneur)*.

Non directive (pédagogie)

L'attitude non directive consiste à mettre les membres d'un groupe en mesure d'élucider, et, si possible, de résoudre eux-mêmes les problèmes qu'ils rencontrent, tant au niveau des tâches qu'au niveau des sentiments mutuellement ressentis (J. Ardoino).

Névrose

Les névroses sont des maladies de la personnalité caractérisées par des conflits intrapsychiques, inhibant les conduites sociales et qui s'accompagnent de souffrance psychique (anxiété). Dans les névroses, il n'y a pas d'altération grave de la conscience, ni de l'intelligence, mais surtout prédominance des perturbations affectives.

La vie sociale se maintient donc, malgré une diminution de l'adaptation à la réalité (H. Ey).

Norme

a. En statistique, est normal ce qui s'observe le plus fréquemment. Le Belge Quetelet (1796-1874), étudiant les tailles des soldats, démontra que la répartition des fréquences suit une loi simple dénommée loi normale ou loi de Laplace-Gauss, du nom des mathématiciens qui l'ont étudiée.

b. En sociologie, ce terme revêt un sens d'obligation. La société ou le groupe exerçant une pression sur les membres dans le sens d'une uniformisation des comportements (les normes du groupe), est considéré comme déviant, celui de ses membres qui ne se comporte pas conformément à la règle, à l'idéal ou au but commun.

Opinion

Expression verbale d'une attitude

Pédagogie

Alors que l'éducation appartient au domaine de l'action, la pédagogie constitue une réflexion sur cette action. Définie comme la théorie et la pratique de l'éducation, la pédagogie permet de dépasser l'action éducative empirique en tirant la leçon des réussites et des échecs (Dottrens et Mialaret).

Perception

H. Pieron définit la perception « comme la prise de connnaissance sensorielle d'événements externes qui ont donné naissance à des sensations plus ou moins nombreuses et complexes ». Toute perception est une gnosie, c'est-à-dire une possibilité de reconnaissance des objets en fonction de leurs qualités sensorielles.

Personnalité

On définit habituellement la personnalité comme l'organisation dynamique des aspects cognitifs (c'est-à-dire intellectuels), affectifs, conatifs (c'est-à-dire pulsionnels et volitionnels), physiologiques et morphologiques de l'individu. Une des raisons pour lesquelles ce concept s'est imposé au détriment de celui de caractère, réside dans le fait que ce dernier a été le plus souvent conçu comme une manière pour l'être de se poser comme permanent et identique. Or, si les modes de réaction acquis par l'enfant dans son milieu de vie réalisent un prototype de conduites ultérieures possibles, il s'avère également qu'ils constituent des modèles dynamiques susceptibles d'évoluer et d'imposer des significations nouvelles aux objets. La personne vivant en constante interaction avec le milieu de vie, tous deux constituent une totalité dynamique qui met en forme le vécu du sujet qui éprouve la situation.

Projection

Dans son acception générale, la projection représente un comportement typique dans lequel l'individu attribue à autrui ses propres impressions, désirs, sentiments, motivations ou intentions. Ce mécanisme semble avoir pour but de détourner la personnalité d'une réalité désagréable et d'éviter le déplaisir, en déplaçant sur autrui les processus qui peuvent provoquer cette dissatisfaction.

Les phénomènes de projection se manifestent dans la vie quotidienne de façon courante. Un sujet agressif, par exemple, ne pouvant justifier à ses yeux son agressivité, imputera des intentions malveillantes aux personnes qui l'entoure.

Psychanalyse

La psychanalyse, dont S. Freud fut l'initiateur, constitue à la fois :

- une méthode d'examen des individus ;
- une méthode de traitement des troubles psychiques ;
- une théorie d'explication du psychisme fondée sur l'hypothèse du déterminisme scientifique (une quantité de phénomènes comme les rêves ou les oublis ne sont pas le produit du hasard, mais résultent du travail de l'inconscient) ;
- une hypothèse générale tendant à considérer toutes les réactions de l'esprit humain (art, science, religion) et la plupart de nos réactions, comme exprimant des désirs non conscients.

Psychodrame

Technique de cure des névroses et des inadaptations sociales introduite par Moreno, dont le but est d'opérer une prise de conscience des rôles et des attitudes du sujet. Elle consiste techniquement à faire jouer aux sujets les épisodes de leur vie ou de la situation actuelle (fonction expressive des conflits ou des sentiments), puis de leur faire apprendre à jouer des rôles nouveaux (en se mettant à la place des autres personnages, par exemple).

Psychologie

La psychologie humaine a pour objet d'étude l'homme dans la double perspective de ses comportements et de ses états de conscience, elle cherche à formuler les lois de ces phénomènes, à en expliquer la genèse afin de pouvoir éventuellement les modifier (Delay-Pichot).

Psychose

Maladie mentale grave dans laquelle le malade n'a pas conscience de son mal et ne peut porter aucune réflexion critique sur ce qui l'envahit. Le malade ne se rend pas compte de son aliénation (interprétations délirantes, hallucinations) et ne peut assumer le désir de guérir ou de coopérer à la guérison.

Psychisme

Lieu sans frontières à la fois conscient, préconscient et inconscient, où s'organise l'affectivité, le caractère, l'intelligence, et qui entretient d'étroites relations avec le corps.

Psychologie sociale

La psychologie sociale étudie les interactions entre les personnes et entre les personnes et les groupes. Une grande partie de son champ de recherche est constituée par la dynamique des groupes.

Psychomotricité

Concept mal défini. La notion de motricité fait référence à une optique physiologique (neurologique), celle de psychomotricité à une optique plus psychologique dans laquelle le geste est envisagé comme exprimant la personnalité tout entière.

Questionnaire

Outil permettant de recueillir des faits ou des opinions, en interrogeant des sujets par une suite de propositions. Exemple d'une question de fait : quelle est votre date de naissance ? Exemple d'une question d'opinion : que pensez-vous du professionnalisme sportif ? La construction d'un questionnaire répond à une technique précise.

Quotient intellectuel

Le quotient intellectuel ou rapport de l'âge mental à l'âge réel

$$\text{Q.I.} = \frac{\text{A.M.} \times 100}{\text{A.R.}}$$

est une méthode élaborée par le psychologue allemand Stern en vue d'apprécier le développement intellectuel des sujets.

La notion d'âge mental, obtenue à partir de la somme des réussites d'un sujet à un ensemble d'épreuves variées et de difficultés graduées, est donc rapportée à l'âge réel du sujet ; ce procédé s'avère plus significatif du niveau de développement, que la prise en compte du retard ou de l'avance exprimés en année et en mois, tels qu'ils ressortent du mode de calcul initialement proposé par Binet et Simon.

Réflexe

Phénomène nerveux au cours duquel une excitation provoque automatiquement la mise en jeu d'un effecteur (muscle, sécrétion, mouvement), en raison des connexions existantes.

Réflexe conditionné

(Voir Conditionnement et Apprentissage).

Refoulement

Le refoulement agit comme un agent d'arrêt ou de retour dans l'inconscient, de désirs, d'idées inconscientes, qui tentent de pénétrer dans le conscient. Le refoulement s'exerce contre toute tendance (agressive, sexuelle par exemple) qui n'est pas acceptée socialement.

Relaxation

Méthode de psychothérapie consistant à obtenir le relâchement musculaire le plus efficace possible et une économie des forces nerveuses, en vue de résoudre indirectement des états de tensions psychiques.

Alors que les réductions et les contrôles de l'excitabilité centrale sont amenés volontairement par Jacobson, grâce à un travail physiologique analytique et progressif, Schultz (training autogène) cherche à déclencher de façon globale la « déconnection organismique » en se fondant sur une adhésion avant tout mentale du participant.

L'utilisation de la relaxation s'avère intéressante en sport, car elle suscite un affinement sensible du sens musculaire et du schéma corporel, une meilleure prise de conscience des états de tension résiduels et des possibilités accrues d'inhiber le tonus au niveau de certaines parties du corps.

Réussite sportive

Ethymologiquement réussir signifie sortir de. Ceci explique qu'anciennement la réussite pouvait signifier aussi bien une issue défavorable qu'une issue favorable. Actuellement le terme n'est employé que dans un sens favorable, comme synonyme de succès.

La réussite sportive est le résultat final des pratiquants qui dominent la hiérarchie de la discipline qu'ils ont choisie. L'étude des facteurs explicatifs de cette réussite sportive a été réalisée dans l'ouvrage : « La réussite sportive » R. Thomas, P.U.F., 1975.

Rôle

Modèle organisé des conduites, relatif à une certaine position de l'individu dans un système interactionnel (Rocheblave-Spenle).

Schéma corporel

Image personnelle, représentation que nous avons de notre corps. Conscience de nos posture et attitudes corporelles. Le schéma corporel est appris. Il se construit pendant l'enfance. Ce concept est important à étudier pour pouvoir comprendre certaines disciplines sportives telles que le plongeon ou la gymnastique.

Parallèlement au concept de schéma corporel, celui de schéma d'action semble aussi important. C'est l'image d'un mouvement à exécuter.

Sociogramme

Représentation topographique des structures des réseaux de communication et des réseaux affectifs d'un groupe restreint.

Sociométrie

La sociométrie est une technique qui, par le test sociométrique, permet de repérer la structure informelle d'un groupe restreint (voir informel et groupe restreint).

Sociologie

Terme créé par Auguste Comte pour désigner l'étude scientifique des sociétés et des phénomènes sociaux.

Soma

Ensemble des tissus, liquides ou organes qui constituent la charpente et les fonctions corporelles. Comme ensemble des formes et des fonctions objectives, le soma s'oppose à la psyché, à l'esprit (Lafon).

L'homme constitue un ensemble psycho-somatique (voir psychisme).

Sport

Pour Loy, le sport est une activité motrice bien codifiée à caractère compétitif accentué et institutionnalisée.

Sur le plan individuel, le sport représente l'affirmation de soi dans le domaine moteur.

Sport-études (section)

Section regroupant des jeunes sportifs en nombre limité, pratiquant une même spécialité sportive, intégrés à une communauté scolaire normale et bénéficiant d'un horaire aménagé leur permettant de se livrer à un entraînement soutenu, de participer à des compétitions et de poursuivre leurs

Le concept des sections sport-études a été refondu dans un ensemble plus large, compte tenu de l'évolution du sport de haut niveau qui compte désormais sur :

1. des centres nationaux d'entraînement (C.N.E.) ;
2. des centres permanents d'entraînement et de formation (C.P.E.F.) ;
3. des sections sportives de haut niveau (S.S.H.N.).

LISTE DES CENTRES PAR FÉDÉRATION
Saison 93/94

Fédération	Type	Implantation	Département	Capacité
Athlétisme	C.N.E.	I.N.S.E.P.	75	120
1 C.N.E.	C.P.E.F.	Talence	33	20
16 C.P.E.F.	C.P.E.F.	Clermont-Ferrand	63	25
3 S.S.H.N.	C.P.E.F.	C.R.E.P.S. Boulouris	83	10
	C.P.E.F.	C.R.E.P.S. La Réunion	97	19
	C.P.E.F.	C.R.E.P.S. Montpellier	34	10
	C.P.E.F.	C.R.E.P.S. Nancy	54	32
	C.P.E.F.	C.R.E.P.S. Pointe-à-Pitre	97	29
	C.P.E.F.	C.R.E.P.S. Poitiers	86	15
	C.P.E.F.	C.R.E.P.S. Strasbourg	67	26
	C.P.E.F.	C.R.E.P.S. Toulouse	31	28
	C.P.E.F.	C.R.E.P.S. Wattignies	59	15
	C.P.E.F.	Dijon	21	21
	C.P.E.F.	Grenoble-Bourgoin	38	15
	C.P.E.F.	Lyon	69	36
	C.P.E.F.	Rennes	35	25
	C.P.E.F.	Salon-de-Provence	13	20
	S.S.H.N.	Lievin	62	17
	S.S.H.N.	Rennes	35	27
	S.S.H.N.	Toulouse	31	16
Capacité d'accueil				**526**
Aviron	C.N.E.	I.N.S.E.P.	75	18
1 C.N.E.	C.P.E.F.	Lyon-Aiguebelette	69	18
2 C.P.E.F.	C.P.E.F.	Nantes	44	18
Capacité d'accueil				**54**
Badminton	C.N.E.	I.N.S.E.P.	75	34
1 C.N.E., 1 C.P.E.F.	C.P.E.F.	C.R.E.P.S. Chatenay-Malabry	92	12
Capacité d'accueil				**46**

Fédération	Type	Implantation	Département	Capacité
Base Ball	C.N.E.	I.N.S.E.P.	75	22
1 C.N.E., 1 C.P.E.F.	C.P.E.F.	C.R.E.P.S. Montpellier	34	18
Capacité d'accueil				**40**
Basket-ball	C.P.E.F.	I.N.S.E.P.	75	29
Boxe anglaise	C.N.E.	I.N.S.E.P.	75	23
Boxe française	C.N.E.	I.N.S.E.P.	75	17
1 C.N.E., 1 C.P.E.F.	C.P.E.F.	C.R.E.P.S. Vichy	03	12
Capacité d'accueil				**39**
Canoë-kayak	C.N.E.	I.N.S.E.P.	75	18
1 C.N.E.	C.P.E.F.	Angers	49	17
9 C.P.E.F.	C.P.E.F.	Besançon	25	40
1 S.S.H.N.	C.P.E.F.	Vallon-Pont-d'Arc	07	17
	C.P.E.F.	C.R.E.P.S. Poitiers	86	17
	C.P.E.F.	C.R.E.P.S. Wattignies	59	15
	C.P.E.F.	Dijon	21	15
	C.P.E.F.	Lyon	69	20
	C.P.E.F.	Rennes	35	20
	C.P.E.F.	Toulouse	31	15
	S.S.H.N.	Caen	14	11
Capacité d'accueil				**205**
Cyclisme	C.N.E.	I.N.S.E.P.	75	15
1 C.N.E.	C.P.E.F.	C.R.E.P.S. Nancy	54	20
2 C.P.E.F.	C.P.E.F.	C.R.E.P.S. Talence	33	15
Capacité d'accueil				**50**
Escalade	C.P.E.F.	C.R.E.P.S. Aix-en-Provence	13	10
Escrime	C.N.E.	I.N.S.E.P.	75	43
1 C.N.E.	C.P.E.F.	C.R.E.P.S. Aix-en-Provence	13	20
5 C.P.E.F.	C.P.E.F.	C.R.E.P.S. Chatenay-Malabry	92	15
1 S.S.H.N.	C.P.E.F.	C.R.E.P.S. Reims	51	20
	C.P.E.F.	C.R.E.P.S. Talence	33	10
	C.P.E.F.	C.R.E.P.S. Wattignies	59	15
	S.S.H.N.	Tarbes	65	19
Capacité d'accueil				**142**
Golf	C.P.E.F.	C.R.E.P.S. Toulouse	31	10

Fédération	Type	Implantation	Département	Capacité
Gymnastique	C.N.E.	I.N.S.E.P.	75	33
1 C.N.E.	C.P.E.F.	Antibes	06	25
13 C.P.E.F.	C.P.E.F.	Calais	62	8
	C.P.E.F.	C.R.E.P.S. Strasbourg	67	16
	C.P.E.F.	Créteil	94	15
	C.P.E.F.	Evry	91	12
	C.P.E.F.	Forbach	57	12
	C.P.E.F.	Lyon	69	12
	C.P.E.F.	Marseille Saint-Giniez	13	14
	C.P.E.F.	Montceau-les-Mines	71	40
	C.P.E.F.	Nantes	44	12
	C.P.E.F.	Orléans	45	12
	C.P.E.F.	Saint-Etienne	42	8
	C.P.E.F.	Vernon	27	12
Capacité d'accueil				**217**
Haltérophilie	C.N.E.	I.N.S.E.P.	75	13
1 C.N.E.	C.P.E.F.	C.R.E.P.S. Aix-en-Provence	13	20
3 C.P.E.F.	C.P.E.F.	C.R.E.P.S. Reims	51	8
	C.P.E.F.	C.R.E.P.S. Toulouse	31	8
Capacité d'accueil				**49**
Hand-ball	C.P.E.F.	C.R.E.P.S. Dijon	21	12
2 C.P.E.F.	C.P.E.F.	C.R.E.P.S. Talence	33	12
Capacité d'accueil				**24**
Hockey sur gazon	C.P.E.F.	C.R.E.P.S. Chatenay-Malabry	92	30
2 C.P.E.F.	C.P.E.F.	C.R.E.P.S. Wattignies	59	30
Capacité d'accueil				**60**
Judo	C.N.E.	I.N.S.E.P.	75	147
1 C.N.E.	C.P.E.F.	Caen	14	30
10 C.P.E.F.	C.P.E.F.	C.R.E.P.S. Chatenay-Malabry	92	30
	C.P.E.F.	C.R.E.P.S. Poitiers	86	51
	C.P.E.F.	C.R.E.P.S. Strasbourg	67	50
	C.P.E.F.	C.R.E.P.S. Talence	33	20
	C.P.E.F.	Grenoble	38	50
	C.P.E.F.	Marseille	13	80
	C.P.E.F.	Orléans	45	90
	C.P.E.F.	Rennes	35	25
	C.P.E.F.	Wasquehal	59	90
Capacité d'accueil				**663**

Fédération	Type	Implantation	Département	Capacité
Karaté	C.P.E.F.	C.R.E.P.S. Chatenay-Malabry	92	12
Lutte	C.N.E.	I.N.S.E.P.	75	49
1 C.N.E.	C.P.E.F.	C.R.E.P.S. Dijon	21	20
2 C.P.E.F.	C.P.E.F.	C.R.E.P.S. Wattignies	59	25
	S.S.H.N.	Font-Romeu	66	18
Capacité d'accueil				**112**
Natation	C.N.E.	I.N.S.E.P.	75	48
1 C.N.E.	C.P.E.F.	Brest	29	12
10 C.P.E.F.	C.P.E.F.	C.R.E.P.S. Antibes	06	12
2 S.S.H.N.	C.P.E.F.	C.R.E.P.S. Poitiers	86	12
	C.P.E.F.	C.R.E.P.S. Talence	33	12
	C.P.E.F.	C.R.E.P.S. Toulouse	31	10
	C.P.E.F.	Le Canet	66	12
	C.P.E.F.	Lyon	69	12
	C.P.E.F.	Marseille	13	10
	C.P.E.F.	Mulhouse	68	10
	C.P.E.F.	Tours	37	10
	S.S.H.N.	Font-Romeu	66	14
	S.S.H.N.	Limoges	67	15
Capacité d'accueil				**189**
Parachutisme	C.P.E.F.	Gap	05	50
Pelote basque	C.P.E.F.	Bayonne	64	50
2 C.P.E.F.	C.P.E.F.	C.R.E.P.S. La Réunion	97	10
Capacité d'accueil				**60**
Pentathlon moderne	C.N.E.	I.N.S.E.P.	75	15
1 C.N.E., 1 C.P.E.F.	C.P.E.F.	C.R.E.P.S. Aix-en-Provence	13	5
1 S.S.H.N.	S.S.H.N.	Font-Romeu	66	10
Capacité d'accueil				**20**
Rugby	C.P.E.F.	C.R.E.P.S. Toulouse	31	30
1 C.P.E.F.	S.S.H.N.	Sceaux	92	30
3 S.S.H.N.	S.S.H.N.	Toulouse	31	66
	S.S.H.N.	Ussel	19	30
Capacité d'accueil				**156**
Rugby à XIII	C.P.E.F.	C.R.E.P.S. Toulouse	31	30

Fédération	Type	Implantation	Département	Capacité
Ski	C.P.E.F.	Barcelonette / Briançon	04-05	30
1 C.P.E.F.	S.S.H.N.	Albertville	73	64
2 S.S.H.N.	S.S.H.N.	Saint-Jean-de-Maurienne	73	23
Capacité d'accueil				**117**
Ski nautique	C.P.E.F.	C.R.E.P.S. Boulouris	83	10
Sport boules	C.P.E.F.	Saint-Vulbas	01	20
Sports de glace	C.N.E.	I.N.S.E.P.	75	39
1 C.N.E.	C.P.E.F.	Colombes	92	20
2 C.P.E.F.	C.P.E.F.	E.N.S.A. Chamonix	74	10
Capacité d'accueil				**69**
Surf	C.P.E.F.	Biarritz	64	12
Tennis	C.P.E.F.	Paris Roland-Garros	75	30
6 C.P.E.F.	C.P.E.F.	C.R.E.P.S. Boulouris	83	20
1 S.S.H.N.	C.P.E.F.	C.R.E.P.S. Poitiers	86	12
	C.P.E.F.	C.R.E.P.S. Reims	51	10
	C.P.E.F.	C.R.E.P.S. Talence	33	12
	C.P.E.F.	I.N.S.E.P.	75	21
	S.S.H.N.	Biarritz	64	6
Capacité d'accueil				**111**
Tennis de table	C.N.E.	I.N.S.E.P.	75	25
1 C.N.E.	C.P.E.F.	Caen	14	15
5 C.P.E.F.	C.P.E.F.	C.R.E.P.S. Montpellier	34	12
1 S.S.H.N.	C.P.E.F.	C.R.E.P.S. Nancy	54	10
	C.P.E.F.	C.R.E.P.S. Talence	33	10
	C.P.E.F.	C.R.E.P.S. Wattignies	59	10
	S.S.H.N.	Talence	33	7
Capacité d'accueil				**89**
Tir	C.N.E.	I.N.S.E.P.	75	17
1 C.N.E.	C.P.E.F.	C.R.E.P.S. Strasbourg	67	20
3 C.P.E.F.	C.P.E.F.	C.R.E.P.S. Talence	33	20
	C.P.E.F.	C.R.E.P.S. Toulouse	31	12
Capacité d'accueil				**69**
Tir à l'arc	C.N.E.	I.N.S.E.P.	75	24
1 C.N.E., 1 C.P.E.F.	C.P.E.F.	C.R.E.P.S. Boulouris	83	10
Capacité d'accueil				**34**

Fédération	Type	Implantation	Département	Capacité
Trampoline	C.P.E.F.	Antibes	06	10
2 C.P.E.F.	C.P.E.F.	Rennes	35	25
1 S.S.H.N.	S.S.H.N.	Bois-Colombes	92	13
Capacité d'accueil				**48**
Triathlon	C.P.E.F.	C.R.E.P.S. Boulouris	83	12
Voile	C.P.E.F.	Brest	29	25
9 C.P.E.F.	C.P.E.F.	Basse-Normandie (Caen/Grandville)	14-50	16
	C.P.E.F.	C.R.E.P.S. Boulouris	83	10
	C.P.E.F.	Hyères	83	25
	C.P.E.F.	La Baule	44	15
	C.P.E.F.	La Rochelle	17	18
	C.P.E.F.	Le Havre	76	10
	C.P.E.F.	Marseille	13	10
	C.P.E.F.	Wimereux	62	10
Capacité d'accueil				**139**
Vol à voile	C.P.E.F.	Saint-Auban	05	10
Volley-ball	C.P.E.F.	C.R.E.P.S. Boulouris	83	20
6 C.P.E.F.	C.P.E.F.	C.R.E.P.S. Montpellier	34	21
1 S.S.H.N.	C.P.E.F.	C.R.E.P.S. Strasbourg	67	20
	C.P.E.F.	C.R.E.P.S. Talence	33	10
	C.P.E.F.	C.R.E.P.S. Wattignies	59	20
	C.P.E.F.	I.N.S.E.P.	75	26
	S.S.H.N.	Montpellier	34	13
Capacité d'accueil				**130**

Statistique

Science ayant pour but de recueillir un ensemble de données relatives à un phénomène aléatoire (on dira alors plutôt les statistiques ; exemple : nombre de licenciés par sport pour telle année) et d'exploiter cette information pour établir toutes relations de causalité par l'analyse et l'interprétation.

Statut

Position reconnue ou octroyée à une personne dans un groupe, par rapport aux autres membres qui en font partie. A cette position dans l'organisation et dans la hiérarchie sociale sont associées à des degrés plus ou moins divers, de la considération, de l'estime et du respect.

Stress

Pression forte et subite s'exerçant sur un organisme, un sujet ou un groupe et provoquant des réactions automatiques d'alarme, de défense, de fuite ou de choc.

Surmoi

Conception psychanalytique de la conscience morale, en majeure partie inconsciente, qui se constitue chez l'enfant vers 5 ans par voie d'identification à la personne des parents. Le surmoi impose, au sein de la personnalité, une limitation aux exigences irrationnelles du monde de l'inconscient.

Surcompensation

Physiologie : Selon certains auteurs, on assisterait au cours d'une activité musculaire et de la période qui succède aux phénomènes suivants : les sources d'énergie diminuent pendant le travail, puis à la fin de celle-ci commence leur reconstitution. Mais au lieu de simplement remonter au niveau initial (état des sources d'énergie avant l'activité), la concentration des sources d'énergie dépasserait cette valeur initiale pour n'y redescendre qu'ensuite comme l'indique le graphique ci-dessous.

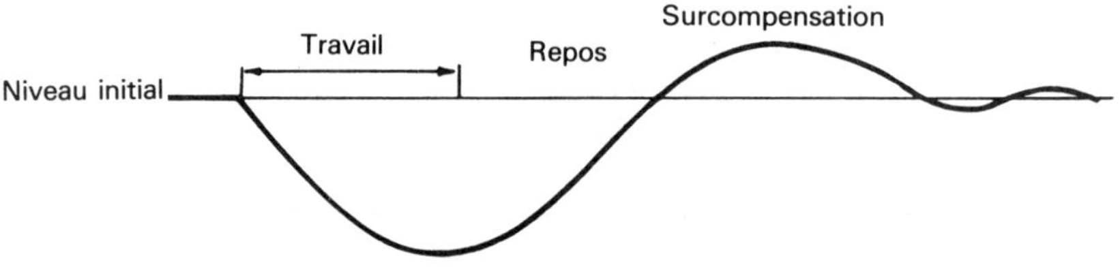

Figure 50.3

Pour les entraîneurs qui pensent que cette thèse est exacte, il faut fonder la répartition des efforts sur la courbe ci-dessus. Après une première période de travail suit un repos. On doit reprendre l'effort au moment ou le niveau des sources d'énergie est maximum. La thèse présente également des implications au niveau de la compétition. Il faut que les réserves d'énergie soient à leur niveau maximum.

Il conviendrait donc de bien déterminer l'intensité et surtout le moment du dernier effort avant la compétition. Les réserves en glycogène du foie et du muscle pourraient ainsi être accrues.

Psychologie : Mécanisme de défense de la personnalité en réaction à une infériorité ressentie, frustration ou échec, qui consiste en un effort excessif pour réussir dans le domaine où le sujet se sentait inférieur. Il existe ainsi de nombreux champions dans le domaine du sport, qui, à force de travail et de volonté, ont surcompensé leurs aptitudes physiques ou organiques initialement inférieures à la moyenne.

Se différencie de la compensation qui satisfait le moi dans un autre domaine (voir ce mot).

Test

Situation standardisée, servant de stimulus à un comportement. Ce comportement est évalué par comparaison statistique avec celui d'autres individus placés dans la même situation, permettant ainsi de classer le sujet examiné, soit quantitativement, soit typologiquement (P. Pichot).

On peut classer les tests en deux grandes catégories :

a. Les tests d'efficience qui évaluent l'aspect cognitif de la personnalité (tests d'intelligence de type verbal ou non verbal, test perceptivo-moteurs, tests d'aptitude...) ;

b. Les tests de personnalité explorent les aspects non cognitifs de la personnalité ; alors que les tests cognitifs mesurent un rendement les tests de personnalité décrivent un mode de réaction ou une structure (questionnaires de personnalité, tests projectifs).

Tonus

Légère tension affectant en permanence tout muscle squelettique à l'état de repos et qui disparaît après section du nerf moteur.

Vigilance

Etat du système nerveux qui conditionne la réactivité du sujet et sa capacité d'adaptation. Synonyme d'attention. La vigilance conditionne la performance (cf. le chapitre sur l'apprentissage ; effet de l'émotion, loi de Yerkes et Dodson).

54. Principaux sigles utilisés en éducation physique et sportive

A.P.I.J.	Association presse information jeunesse
B.A.S.E.	Brevet d'aptitude à l'animation socio-éducative
B.E.P.	Brevet d'études professionnelles
B.T.S.	Brevet de technicien supérieur
C.A.P.A.S.E.	Certificat d'aptitude à la promotion des activités socio-éducatives
C.A.P.	Certificat d'aptitude professionnelle
C.A.P.E.S.	Certificat d'aptitude au professorat d'enseignement secondaire
C.A.P.E.P.S.	Certificat d'aptitude à l'enseignement de l'éducation physique et sportive
C.E.	Conseiller d'éducation
C.E.G.	Collège d'enseignement général
C.E.M.E.A.	Centres d'entraînement aux méthodes d'éducation active
C.E.S.	Collège d'enseignement secondaire
C.I.O.	Comité international olympique
C.N.O.S.F.	Comité national olympique et sportif français
C.R.D.P.	Centre régional de recherche et de documentation pédagogique
C.R.E.P.	Centre régional d'éducation populaire
C.R.E.P.S.	Centre régional d'éducation physique et sportive
C.T.D.	Conseiller technique départemental
C.T.R.	Conseiller technique régional
D.E.U.G.	Diplôme d'études universitaires générales
D.T.N.	Directeur technique national
E.I.S.	Ecoles interarmes des sports
E.N.	Ecole normale
E.N.A.	Ecole nationale d'administration
E.N.N.A.	Ecole normale nationale d'apprentissage
E.N.S.A.	Ecole nationale de ski et d'alpinisme
E.N.S.E.P.S.	Ecole Normale Supérieure d'éducation physique et sportive
E.P.S.	Education physique et sportive
F.E.N.	Fédération de l'éducation nationale
F.F.A.	Fédération française d'athlétisme
F.F.B.	Fédération française de boxe
F.F.B.B.	Fédération française de basket-ball
F.F.C.	Fédération française de cyclisme
F.F.E.	Fédération française d'escrime
F.F.E.P.G.V.	Fédération française d'éducation physique et de gymnastique volontaire
F.F.E.S.S.M.	Fédération française d'études et de sports sous-marins
F.F.F.	Fédération française de football
F.F.H.B.	Fédération française de handball

F.F.H.C.	Fédération française haltérophile et culturiste
F.F.G.	Fédération française de golf
F.F.G.	Fédération française de gymnastique
F.F.J.D.A.	Fédération française de judo et disciplines assimilées
F.F.L.T.	Fédération française de lawn tennis
F.F.L.	Fédération française de lutte
F.F.M.	Fédération française de motocyclisme
F.F.M.J.C.	Fédération française des maisons de jeunes et de la culture
F.F.N.	Fédération française de natation
F.F.P.	Fédération française de parachutisme
F.F.R.	Fédération française de rugby
F.F.S.	Fédération française de ski
F.F.S.A.	Fédération française des sociétés d'aviron
F.F.S.R.	Fédération française de surf-riding
F.F.T.	Fédération française de tir
F.F.T.A.	Fédération française de tir à l'arc
F.F.T.T.	Fédération Française de Tennis de Table
F.F.V.	Fédération française de voile
F.F.V.B.	Fédération française de volley-ball
F.N.S.U.	Fédération nationale du sport universitaire
F.O.N.J.E.P.	Fonds de coopération de la jeunesse et de l'éducation populaire
F.S.C.F.	Fédération sportive et culturelle de France
F.S.G.T.	Fédération sportive et gymnique du travail
I.N.E.P.	Institut national d'éducation populaire
I.N.R.D.P.	Institut national de recherche et de documentation pédagogique
I.N.S.	Institut national des sports
I.N.S.E.P.	Institut national du sport et de l'éducation physique
I.R.E.P.S.	Institut régional d'éducation physique et sportive
L.E.P.	Lycée d'enseignement professionnel
M.A.	Maître auxilliaire
M.A.I.F.	Mutuelle d'assurance des instituteurs de France
M.G.E.N.	Mutuelle générale de l'éducation nationale
O.F.A.J.	Office franco-allemand pour la jeunesse
O.F.Q.J.	Office franco-québécois pour la jeunesse
P.E.G.C.	Professeur d'enseignement général de collège
S.E.J.S.	Secrétariat d'état à la jeunesse et aux sports
S.T.A.P.S.	Sciences et techniques des activités physiques et sportives
U.C.P.A.	Union nationale des centres sportifs de plein air
U.E.R.	Unité d'enseignement et de recherche
U.E.R.E.P.S.	Unité d'enseignement et de recherche en éducation physique et sportive
U.F.R.	Unité de formation et de Recherche
U.F.C.V.	Union française de centres de vacances
U.F.O.L.E.P.	Union française des œuvres laïques d'éducation physique
U.F.R.S.T.A.P.S.	Union de formation et de recherche en sciences et techniques des activités physiques et sportives
U.G.S.E.L.	Union générale sportive de l'enseignement libre
U.N.S.S.	Union nationale du sport scolaire
U.S.E.P.	Union sportive de l'enseignement du premier degré
U.V.	Unité de valeur

Chez le même éditeur :

Collection Sport + Enseignement sous la direction de R. Thomas

Alderman R.B. - *Manuel de psychologie du sport* (n°68)
d'Arripe/Lamour - *CAPEPS et agrégation d'EPS* (n°152)
Bachmann E. - *1000 exercices et jeux de volley-ball* (n°101)
Bakker/Whiting/Van der Brug - *Psychologie et pratiques sportives* (n°136)
Barreau/Morne - *Sport, expérience corporelle et science de l'homme* (n°72)
Battista/Vivès - *Exercices de gymnastique. Souplesse et force* (n°16)
Bayer C. - *L'enseignement des jeux sportifs collectifs* (n°25)
Bayer C. - *Handball. La formation du joueur* (n°63)
Beaudou A. - *Pratique du canoë-kayak* (n°107)
Bettoli B. - *Fiches d'exercices et de jeux pour l'école et le club* (n°132)
Billi E. - *1000 exercices et jeux de rugby* (n°141)
Bini/Cochin/Leroux - *Le football des très jeunes* (n°135)
Bodo-Schmid A. - *Gymnastique rythmique sportive* (n°8)
Bonnet J.-P. - *Vers une pédagogie de l'acte moteur* (n°67)
Bontemps L. - *Danse sur glace* (n°116)
Boulgakova N. - *Sélection et préparation des jeunes nageurs* (n°123)
Bosc/Grosgeorges - *L'entraîneur de basket-ball* (n°23)
Brugger - *1000 exercices et jeux d'échauffement* (n°160)
Bruggmann B. - *1000 exercices et jeux de football* (n°95)
Brunet-Guedj - *Le genou du sportif en pratique courante* (n°58)
Bucher/Messmer/Salzmann - *1000 exercices et jeux de natation* (n°87)
Bucher W. - *1000 exercices et jeux de tennis* (n°120)
Bucher W. - *1000 exercices et jeux de tennis de table* (n°158)
Bucher W. - *1000 exercices et jeux sportifs par spécialités* (n°122)
Busch W. - *Le football à l'école* (n°43)
Caja/Mouraret - *Guide de préparation au B.E.E.S. 1er degré* (n°99)
Cathelineau/Target - *Manuel de pédagogie sportive* (n°125)
Chazaud P. - *Sports accidents et sécurité* (n°41)
Chazaud P. - *B.E.E.S. 1er et 2e degré. Sciences humaines* (n°88)
Chesneau/Duret - *Fiches techniques de football* (n°113)
Choque J. - *1 000 exercices et jeux de gymnastique récréative pour les enfants* (n° 163) *à paraître*
Cometti/Petit/Pougheon - *B.E.E.S 1er et 2e degré. Sciences biologiques* (n°111)
Counsilman J.E. - *La natation de compétition* (n°86)
Costill D.L. - *La course de fond. Approche scientifique* (n°48)
Costill D.L. *La natation* (n°154)
David F. - *Patinage artistique à roulettes* (n°91)

1993 - 216 pages

1981 - 382 pages

1995 - 208 pages

4e éd. 1994 - 304 pages

3e éd. 1990 - 528 pages

1992 - 360 pages

2e éd. 1991 - 128 pages

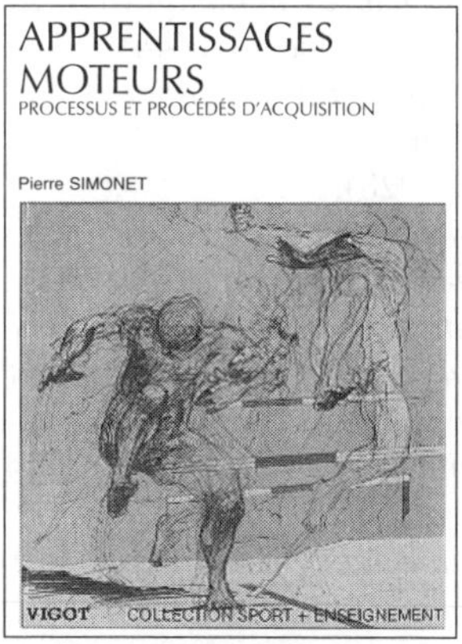

1985 - 224 pages

3e éd. 1994 - 192 pages

Dechavanne/Paris - *Éducation physique de l'adulte* (n°54)
Dechavanne N. - *L'éducateur sportif d'activités physiques pour tous* (n°128)
Deléris C. - *Rugby. un combat commun à l'école et au club* (n°150)
Delignières D./Duret P. - *Lexique thématique en sciences et techniques des activités physiques et sportives* (n° 162)
Demey - *La gymnastique vertigineuse à l'école* (n°157)
Dessons/Drut/Hébrard/Hubiche/Lacour/Maigrot/Monneret - *Les courses* (n°3)
Dietrich K. - *Le football* (n°21)
Dottax D. - *Volley-ball. Du smach au match* (n°102)
During B. - *Des jeux aux sports* (n°77)
Dürrwachter G. - *Le volley-ball* (n°22)
Fluri H. - *1000 exercices et jeux de vacances* (n°108)
Fox/Mathews - *Interval training* (n°14)
François G. - *B.E.S.S. 1er et 2e degré. Sciences juridiques* (n°94)
Fröhner B. - *Volley-ball. L'entraînement par les jeux* (n°146)
Gautier/Millot - *1500 exercices et jeux de ski alpin* (n°137)
Génèty/Brunet-Guedj - *Traumatologie du sport en pratique médicale courante* (n°11)
Got/Alazard - *Le sport sans risque* (n°98)
Gouraud/Levrat/Imbert - *L'aviron* (n°127)
Guibbert L. - *1000 exercices et jeux de musculation* (n°121)
Hahn E. - *L'entraînement sportif des enfants* (n°106)
Hinz L. - *Les lancers* (n°144)
Hort/Flöthner - *Les bases scientifiques de la musculation et de la traumatologie* (n°75)
Hotz A. - *Apprentissage psychomoteur* (n°89)
Houvion/Prost/Raffin-Peyloz - *Les sauts* (n°5)
Joffre R. - *Activités physiques éducatives* (n°134)
Kaneko A. - *Gymnastique olympique* (n°35)
Käsler H. - *Le handball* (n°18)
Keller J. - *Activités sportives et motricité de l'enfant* (n°138)
Kissling R. - *1000 exercices et jeux de handball* (n°115)
Koch K. - *Gymnastique à l'école primaire* (n°44)
Kos/Teply/Volráb - *Gymnastique : 1200 exercices* (n°74)
Lambert G. - *L'haltérophilie* (n°27)
Lambert G.- *La musculation* (n°28)
Lamour H. - *Traité thématique de pédagogie de l'EPS* (n°93)
Letzelter H. et M. - *Entraînement de la force* (n°129)
Maccario B. - *Théorie et pratique de l'évaluation dans la pédagogie des APS* (n°56)
Malamas J.-P. - *Apprendre la plongée. Un jeu d'enfant* (n°80)
Malamas J.-P. - *1000 exercices et jeux en natation sous-marine et en plongée* (n°126)
Marchal J.-C. - *Jeux traditionnels et jeux sportifs* (n°124)
Mariot/Rongeot - *Handball comportemental* (n°73)
Mayer J.F. - *Cyclisme. Entraînement, pédagogie* (n°110)
Meunier-Fromenti J. - *Musique et mouvement* (n°130)
Missoum G. - *Psychopédagogie des activités du corps* (n°32)

Murer/Bucher - *1000 exercices et jeux d'athlétisme* (n°84)
Néaumet P. - *Annales et historique du CAPES* (n°55)
Noret A. - *Le dopage* (n°46)
Oglesby C.A. - *Le sport et la femme. Du mythe à la réalité* (n°61)
Osth/Fellke - *Comment gagner au tennis de table* (n° 159)
Osthassel/Sologub - *Le badminton. Techniques, tactiques* (n°140)
Palmer M.L. - *Science de l'enseignement de la natation* (n°81)
Peix-Arguel M. - *Danse et enseignement. Quel corps ?* (n°37)
Pelon G. - *Situations éducatives de jeux collectifs pour l'école élémentaire* (n°142)
Perès/Fleury - *La formation aux métiers sportifs de la montagne* (n°104)
Peys J.P. - *Rugby total et entraînement* (n°119)
Piard C. - *Fondements de la gymnastique. Technologie et pédagogie* (n°59)
Piard C. - *Éducation gymnique féminine* (n°156)
Pociello C. - *Sports et société* (n°49)
Pozzo/Studeny - *Théorie et pratique des sports acrobatiques* (n°103)
Rieu/Marchon - *Mini-tennis - tennis - maxi-tennis* (n°96)
Rivière D. - *Handball. Conseils d'un entraîneur à ses joueurs* (n°114)
Robinson J. - *Éléments du langage chorégraphique* (n°51)
Schmidt R. - *Apprentissage moteur et performance* (n°145)
Schönborn R. - *Pratique du tennis* (n°69)
Schuster T. - *Le jeu d'échecs. Problèmes simples* (n°139)
Seners P. - *L'enseignement de l'athlétisme en milieu scolaire et son évaluation* (n°118)
Seners P. - *La leçon d'EPS* (n°147)
Spöhel U. - *1000 exercices et jeux de gymnastique aux agrès* (n°105)
Starzinski T. - *Le triple saut* (n°100)
Thill/Thomas/Caja - *Manuel de l'éducateur sportif (Préparation au B. E)* (n°12)
Thomas R. et coll. - *Annales du B.E.E.S.* (n°40)
Thomas R. (sous la direction de) - *La relation au sein des APS* (n°71)
Thomas/Eclache/Keller - *Les aptitudes motrices. Structure et évaluation* (n°117)
Thomas R. - *Préparation psychologique du sportif* (n°133)
Thomas R. - *Le sport et les médias* (n°151)
Vary P. - *1000 exercices et jeux de basket-ball* (n°109)
Vayre D. - *Le V.T.T. à l'école, l'école du V.T.T.* (n°161)
Vayer/Roncin - *Le corps et les communications humaines* (n°92)
Verger M. - *Perfectionnement et entraînement en natation sportive* (n°143)
de Vincenzi J.-P. - *Fiches techniques de basket ball* (n°155)
Wadler/Hainline - *L'athlète et le dopage* (n°148)
Waehner K. - *Outillage chorégraphique* (n°149)
Weineck J. - *Manuel d'entraînement* (n°65)
Weineck J. - *Biologie du sport* (n°131)
Wirhed R. - *Football : s'entraîner pour gagner* (n°153)

Collection Sport + Initiation sous la direction de R. Thomas

Bosc/Grosgeorges - *Guide pratique du basket-ball*
Bosc G. - *Le basket-ball. Jeu et sport simple*
Carbassc/Taberna - *La lutte Sambo*
Chollet D. - *Approche scientifique de la natation sportive*
Goriot G. - *Technique et pédagogie des sauts*
Hostal P. - *Gymnastique aux agrès. Enseignement primaire*
Piard C. - *Gymnastique et enseignement programmé*
Piégelin - *Enseignement de la voile*
Schmidt M. - *Nager. De la découverte à la performance*
Selinger/Ackermann/Blount - *Power volley-ball*
Taberna P. - *La lutte. Situations pédagogiques*
Thiel/Hecker - *Handball. Le gardien de but*

Collection Pratique

Beaudou/Cézard/Chapuis/Frossard/Olive - *Pratique du canoë-kayak*
Bellanger G. - *Pratique du catamaran*
Berthet F. - *Pratique du golf*
Caravano P. - *Pratique de la musculation*
Haymann/Meseck - *Pratique du squash*
Jutel A. - *Pratique de la course à pied*
Jutel A. - *La course à pied au féminin*
Konopka P. - *Pratique du cyclisme*
Kremer/Engelhard - *Pratique du triathlon*
Preibsch/Reichardt - *Pratique de la gymnastique douce*
Salomon/Vigier - *Pratique de l'escalade*
Saunders V. - *Golf : guide complet de l'entraînement*
Sternad D. - *Pratique du stretching*
Van den Plas R. - *Pratique du V.T.T.*

Collection *1000 exercices et jeux de*

E. Bachmann. *1000 exercices et jeux de volley-ball.*
E. Billi. *1000 exercices et jeux de rugby.*
L. Brugger, A. Schmid, W. Bucher. *1000 exercices et jeux d'échauffement.*
B. Bruggmann. *1000 exercices et jeux de football.*
W. Bucher, C. Messmer, F. Salzmann. *1000 exercices et jeux de natation.*
W. Bucher. *1000 exercices et jeux de tennis.*
W. Bucher. *1000 exercices et jeux de tennis de table.*
W. Bucher. *1000 exercices et jeux sportifs par spécialités.*
J. Choque. *1000 exercices et jeux de gymnastique récréative pour les enfants* (à paraître).
H. Fluri. *1000 exercices et jeux de vacances.*
G. Gautier, T. Millot. *1500 exercices et jeux de ski alpin.*
L. Guilbert. *1000 exercices et jeux de musculation.*
R. Kissling. *1000 exercices et jeux de handball.*
J.-P. Malamas. *1000 exercices et jeux en natation sous-marine et en plongée.*
K. Murer, W. Bucher. *1000 exercices et jeux d'athlétisme.*
V. Spöhel. *1000 exercices et jeux de gymnastique aux agrès.*
P. Vary. *1000 exercices et jeux de basket-ball.*

Aubin Imprimeur
LIGUGÉ, POITIERS

IMPRESSION – FINITION

Achevé d'imprimer en juillet 1995
N° d'impression L 49355
Dépôt légal juillet 1995
Imprimé en France